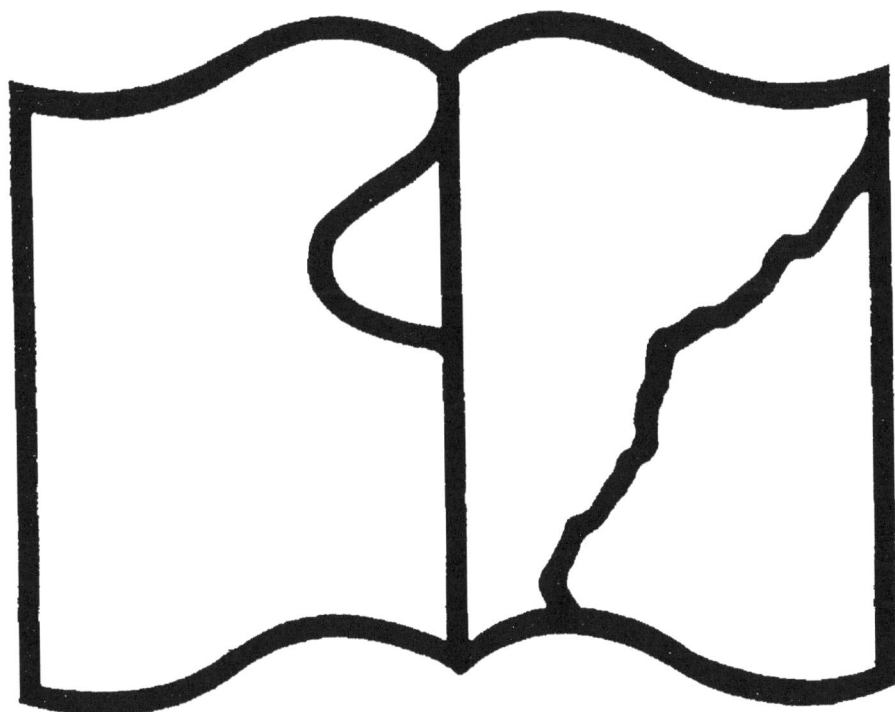

Texte détérioré — reliure défectueuse

NF Z 43-120-11

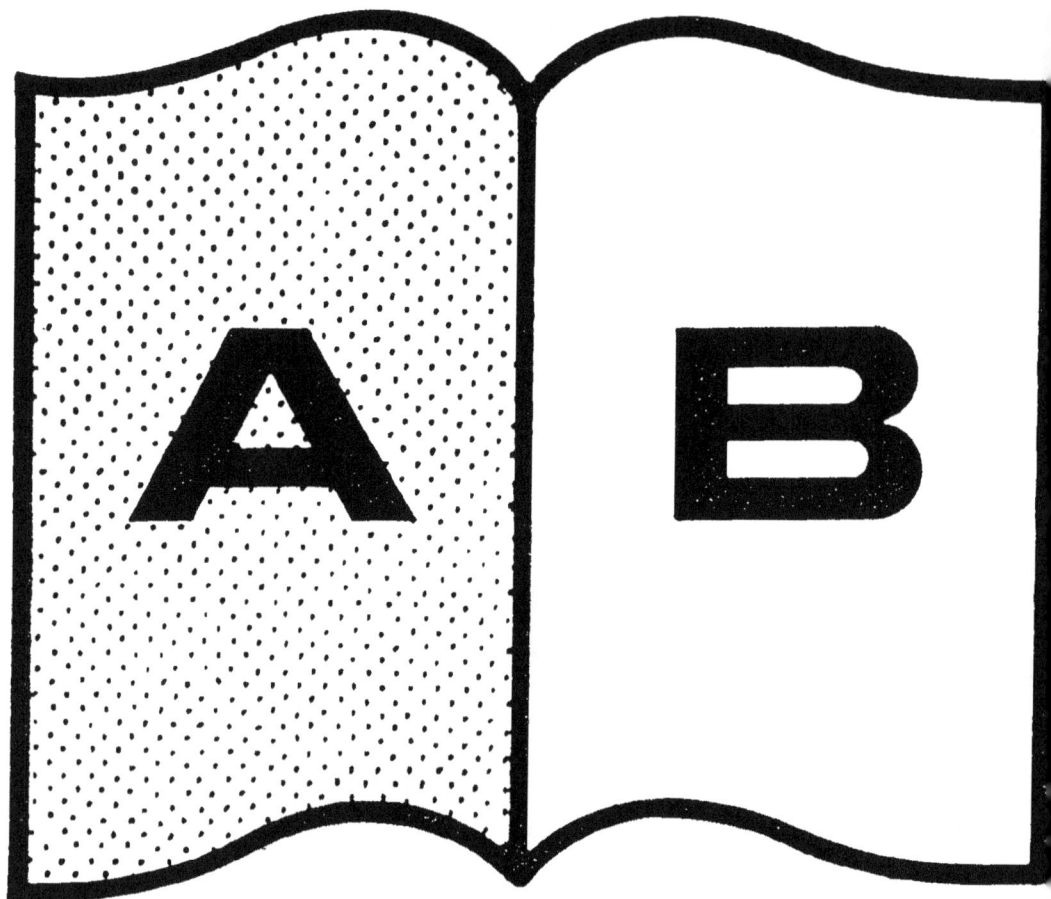

Contraste insuffisant

NF Z 43-120-14

L'AFFAIRE DREYFUS

La Revision
du Procès de Rennes

15 Juin 1906 - 12 Juillet 1906

MÉMOIRE

De Mᵉ Henry MORNARD

Pour M. Alfred DREYFUS

1907

LIGUE FRANÇAISE
POUR LA DÉFENSE DES DROITS DE L'HOMME ET DU CITOYEN
1, RUE JACOB
PARIS

Revision
du Procès de Rennes

~~~~~~~~

MÉMOIRE

De Me Henry MORNARD

Pour M. Alfred DREYFUS

L'AFFAIRE DREYFUS

La Revision
du Procès de Rennes

15 Juin 1906 - 12 Juillet 1906

MÉMOIRE

De Mc Henry MORNARD

Pour M. Alfred DREYFUS

1907

LIGUE FRANÇAISE
POUR LA DÉFENSE DES DROITS DE L'HOMME ET DU CITOYEN
1, RUE JACOB
PARIS

lumière définitive sur une affaire obscurcie de toutes manières par les passions déchaînées, a, en faisant droit aux conclusions de la défense, poussé ses investigations sur toutes les
articulations que l'accusation avait offlciellement ou officieusement relevées contre Dreyfus.

Cette scrupuleuse et méticuleuse instruction n'a rien laissé
subsister des prétendus éléments du crime relevé par l'accusation à la charge de Dreyfus. Mais elle a malheureusement,
d'autre part, révélé bien des faits dolosifs commis par les artisans de l'accusation, crimes ou délits sur lesquels le législateur a étendu le voile de l'amnistie par la loi du 27 décembre 1900.

L'instruction a été close par arrêt du 19 novembre 1904,
qui a renvoyé l'affaire devant les Chambres réunies.

II. — Ce sont les résultats définitifs de cette instruction
absolument décisive que l'exposant doit analyser aujourd'hui.
Mais avant de procéder à cette analyse méthodique, il convient de jeter un coup d'œil rapide sur les origines de l'accusation et sur ses différentes phases.

Un tableau d'ensemble des systèmes successifs et contradictoires de l'accusation fera bien apparaître le véritable caractère du procès Dreyfus, et permettra de se rendre compte
du bizarre état d'esprit d'un certain nombre d'officiers, qui se
sont rendus coupables d'actions abominables, avec la conviction sans cesse affirmée par eux qu'ils faisaient ainsi acte de
service et œuvre méritoire.

Après ce résumé des systèmes successifs de l'accusation,
une deuxième partie du présent mémoire sera consacrée à
l'examen analytique du procès de Rennes, et de l'accusation
dans la forme qu'elle revêtait devant le dernier Conseil de
Guerre.

Dans une troisième partie seront examinés les faits révélés depuis le procès de Rennes, et leur répercussion sur les
articulations de l'accusation présentées aux juges de Rennes.

Une quatrième partie sera relative au commandant Esterhazy.

Enfin l'étude des conséquences juridiques à déduire des
faits établis dans l'instruction sera l'objet d'une cinquième
et dernière partie.

PREMIÈRE PARTIE

Les systèmes successifs de l'accusation   p. 5

SECTION I

PREMIER SYSTÈME D'ACCUSATION

Devant le Conseil de guerre de Paris : *L'acte d'accusation d'Ormescheville. — Les fraudes initiales. — Lettre du service des renseignements à la Libre Parole. — Rapport mensonger d'Henry, du 15 octobre 1894 et son faux témoignage du 8 novembre 1894. — Suppression par le service des renseignements des rapports de police détruisant les assertions de l'accusation relatives à la fréquentation par Dreyfus des cercles où l'on joue. — Constitution d'un dossier secret et manœuvre dolosive à l'égard de la défense. — Faux témoignage d'Henry devant le Conseil de Guerre.*

III. — L'acte d'accusation dressé par M. le commandant d'Ormescheville le 3 décembre 1894 a mis, par l'inanité des preuves qu'il invoquait, l'angoisse dans tous les esprits lorsque ce document fut publié en 1898. Il est à remarquer cependant que cet acte d'accusation qui résumait les dépositions « accentuées bien plutôt qu'affaiblies » (1) n'a jamais pu être remplacé comme document judiciaire. Les systèmes d'accusation qui ont été successivement érigés contre Dreyfus pour suppléer à l'acte d'accusation primitif, lorsque ses fragiles preuves eurent été réduites à néant, n'ont jamais revêtu les formes judiciaires : la raison en est que les formes judiciaires, exigeant des faits probants et une argumentation précise, se prêtent mal à la mise en œuvre des légendes et des mystères.

L'acte d'accusation d'Ormescheville déclarait :

La base de l'accusation portée contre le capitaine Dreyfus est une

---

(1) Rapport du président Ballot-Beaupré, p. 15.

lettre missive écrite sur du papier pelure, non signée et non datée, qui se trouve au dossier, établissant que des documents militaires confidentiels ont été livrés à une puissance étrangère (1).

p. 6 Cette déclaration était d'ailleurs semblable à celle de M. le lieutenant-colonel Du Paty de Clam, officier de police judiciaire, dans son rapport au Ministre de la Guerre, d'octobre 1894.

Tous les officiers entendus devant la Cour de Cassation en 1899, et au procès de Rennes, ont été unanimes sur ce point : Jamais, avant l'arrivée du bordereau et la découverte d'une certaine similitude d'écriture entre ce document et des pièces émanant de Dreyfus, le capitaine Dreyfus n'avait été l'objet d'une incrimination.

Si bien, disait M. le Procureur Général dans ses conclusions devant la Chambre criminelle, *qu'il est vrai de dire, comme je l'ai écrit dans mon réquisitoire, après M. le Général Zurlinden (2), que c'est bien la similitude d'écriture qui est incontestablement le point de départ de l'affaire Dreyfus (3).*

Cette similitude d'écriture avait été admise par deux experts en écriture sur quatre, et affirmée d'autorité par M. Bertillon, chef du service de l'identification judiciaire. On attribuait dans ces conditions le bordereau à Dreyfus ; on avait ensuite procédé à une enquête à l'effet d'établir que Dreyfus avait à sa disposition, à la date à laquelle on fixait le bordereau (avril ou mai 1894), les documents paraissant visés dans cette lettre missive. L'enquête n'avait pas démontré que Dreyfus se fût procuré ces documents ; mais on en pouvait déduire que, tout au moins pour certains d'entre eux, Dreyfus aurait eu la possibilité de se procurer.

Comme mobile du crime abominable relevé contre Dreyfus, on alléguait de prétendus besoins d'argent de l'accusé qui, d'après les rapports d'agents suspects, aurait fréquenté des maisons de jeu.

Tel était tout le système d'accusation présenté et discuté devant le Conseil de guerre de Paris, en 1894. *Il reposait tout entier sur le bordereau ; et la similitude relevée entre l'écriture de ce document et celle de Dreyfus en était l'argument fondamental.*

(1) Cass. 1899, t. 2, p. 74.
(2) Rennes, 1, 207.
(3) Cass. (Débats 1904), p. 67.

IV. — Cette base de l'accusation était assurément des plus fragiles, surtout si l'on considère que les experts en écriture étaient divisés par moitié sur le fait capital : l'identité de l'écriture de Dreyfus et de l'écriture du document.

On peut s'étonner que des poursuites aient été engagées aussi légèrement contre un officier français. Mais on trouve l'explication de ce fait dans l'état d'esprit qui régnait alors à l'Etat-major de l'armée.

Dans une lettre du 14 mai 1903, figurant au dossier et adressée par M. le Colonel du Génie en retraite Sever à M. le Ministre de la Guerre, le colonel rappelle une accusation de trahison avec l'agent B. dont il fut lui-même l'objet en juin 1894, le piège grossier qui lui avait été tendu alors ; et p. 7 il conclut en ces termes :

> Vous savez de quel esprit clérical était animé en 1894-1895 l'Etat-major général. Moi et bien d'autres à cette époque nous lui attribuions la responsabilité des agissements du procès Dreyfus ; en 1898 seulement nous avons pu deviner la part qu'y avait prise le lieutenant-colonel Henry. Ce qu'on avait fait contre le capitaine, on l'avait tenté sans résultat contre moi. Mais on pouvait le retenter à nouveau : j'ai demandé ma retraite.

L'antisémitisme d'ailleurs avait déjà eu l'occasion de s'exercer contre Dreyfus lui-même au sortir de l'Ecole de Guerre, où ses notes avaient été abaissées à raison de sa qualité d'israélite (1).

Il sévissait avec intensité au Ministère de la Guerre (2) ; et le service des renseignements, que dominait le colonel Sandherr, en était tout particulièrement imprégné.

L'antisémitisme du colonel Sandherr était aussi violent que peu dissimulé, surtout dans cette dernière période de son existence. M. Lalance, ancien député protestataire au Reichstag, en témoignait en ces termes au procès Zola :

> M. le Colonel Sandherr, que je connaissais depuis son enfance, était un bon militaire, un brave et loyal citoyen, mais il avait hérité de son père l'intolérance. De plus, en 1893, il fut atteint de la maladie cérébrale dont il devait mourir trois ans après. Il fut envoyé cette année-là à Bussang, dans les Vosges, pour y faire une cure. Pendant son séjour, il y eut à Bussang une cérémonie patriotique, la remise du drapeau au bataillon de chasseurs à pied. Tous les baigneurs s'y rendirent. Auprès d'eux il y avait un juif, alsacien sans doute, qui pleurait d'émotion. Le colonel Sandherr se retourna vers ses voisins et leur dit : « Je me méfie de ce

---

(1) Rennes, t. 2, p. 178-180. Conclusions de M. le Procureur général Baudouin, p. 185.
(2) Rennes, t. 1, p. 373, in fine Picquart.

larmes. » Ces messieurs lui demandèrent d'expliquer sa pensée et ils lui dirent : « Nous savons qu'il y a dans l'armée des officiers juifs qui font bien leur devoir, qui sont patriotes et intelligents. » Le colonel Sandherr répondit : « Je me méfie de tous les juifs. » Voilà l'homme, messieurs les jurés, qui a dirigé l'accusation. On peut supposer qu'il s'est laissé diriger par la passion plutôt que par la justice (1).

Avec les idées préconçues qui guidaient le colonel Sandherr, et qui formulaient, pour la police du service des renseignements, une règle plaçant *a priori* tous les juifs dans la catégorie des suspects, toute une accusation devenait redoutable par cela seul qu'elle était dirigée contre un juif.

p. 8 *Dans un pareil milieu, un officier israélite qu'une circonstance quelconque (comme la similitude d'écriture) faisait effleurer d'un soupçon était nécessairement un homme perdu.*

Le colonel Sandherr, dit à Rennes le colonel d'Aboville, dans sa déposition (2) en apprenant que les soupçons se portaient sur le capitaine Dreyfus, s'était frappé le front en disant : « J'aurais dû m'en douter. »

Quelque temps après, l'arrestation de Dreyfus, officier israélite, est annoncée à grands fracas par la *Libre Parole*, journal du service des renseignements, qui avait été informé par une lettre d'Henry. M. Risler, maire du septième arrondissement de Paris, rencontre alors le colonel Sandherr, son ami d'enfance ; et M. Risler rend compte de son entrevue en ces termes :

Peu de jours après la divulgation de l'arrestation de Dreyfus, je rencontrai ,sur le pont de la Concorde, le colonel Sandherr qui venait de quitter son bureau au Ministère. J'étais très lié avec lui ; nous avions fait ensemble nos études au Collège de Mulhouse. J'étais très occupé et douloureusement affecté, comme Alsacien, de la trahison imputée à un de nos compatriotes. Lorsque le colonel Sandherr m'eut appris que l'officier incriminé était bien originaire de Mulhouse, et qu'il appartenait à une famille d'industriels très connue dans toute cette région de l'Alsace, j'en ai été stupéfait, et je lui ai dit : « Mais il n'est pas possible qu'un officier alsacien, sortant de nos grandes écoles militaires et dans sa situation de famille et de fortune, ait trahi son pays. C'est absolument incompréhensible » lui disais-je. — « *Tu as raison, me répondit Sandherr, ce serait incompréhensible pour tout autre, mais c'est un juif.* » (3).

Tel était l'esprit qui régnait au bureau des renseignements et à l'état-major de l'armée.

Il est même remarquable que les intelligences les plus libres et les plus éclairées, comme celle du colonel Picquart,

(1) Procès Zola, t. 2, p. 178.
(2) Rennes, t. 1, p. 578.
(3) Déclaration de M. Risler du 12 juillet 1904. Production 1.

n'échappaient pas à la contamination du milieu, et voyaient dans le juif, d'une manière générale, l'homme subordonnant toutes choses à la question d'argent. Il existe à cet égard au dossier un rapport caractéristique du capitaine Tassin, en date du 6 septembre 1898, sur des propos tenus par le colonel Picquart, le jour même de la dégradation de Dreyfus (1).

La trahison de l'officier juif, Judas par prédestination, devient bien vite, avec cet état d'esprit, un véritable dogme, une sorte de vérité révélée qui échappe à la discussion. Quant aux simulacres de preuve, qu'il faudra bien fournir puisqu'on institue une poursuite judiciaire, le bureau des renseignements en fait son affaire : il ne laissera pas échapper le juif.

V. — Aussi dès la découverte de la similitude d'écriture, **p. 9** les manœuvres criminelles commencent.

1° Au Conseil des Ministres, au gouvernement militaire de Paris, de très vives oppositions aux poursuites s'étaient manifestées. M. Hanotaux, Ministre des Affaires étrangères, et le général Saussier, Gouverneur militaire de Paris, avaient très vigoureusement résisté au projet de poursuites que leur avait communiqué le général Mercier, Ministre de la guerre (2). Celui-ci « prit l'engagement que, s'il ne trouvait pas d'autres preuves contre l'officier dont il s'agissait, la poursuite n'aurait pas lieu » (3).

Le bureau des renseignements parvient à faire violer cet engagement. Dreyfus est arrêté, et pour supprimer les objections du général Saussier, l'ordre d'écrou fut, contrairement à la loi, signé par le Ministre lui-même. Le commandant Fornizetti, directeur de la prison, recevant l'ordre d'écrou signé de la main même du Ministre, recevait en même temps « l'injonction de ne pas rendre compte au Gouverneur de Paris de l'incarcération de Dreyfus » (4). Puis le bureau des renseignements, pour imposer silence à tous les scrupules d'équité et de légalité qu'il avait rencontrés, eut recours aux procédés d'intimidation de la presse antisémite. Dès le 27 octobre, M. Papillaud, rédacteur à la *Libre Parole*, reçoit

(1) Rapport Bard, p. 57 *in fine*.
(2) Hanotaux (Cass. 1899. t. 1ᵉʳ, p. 642. Rennes, 1-222).
(3) Rennes, 1-219. Hanotaux.
(4) Rennes, 3-104. Forzinetti.

de ce service une lettre signée Henry, l'avisant que le capitaine Dreyfus, officier israélite, est arrêté pour espionnage.
« Tout Israël est en mouvement, ajoute la lettre. *Faites compléter ma petite enquête au plus vite* » (1). La *Libre Parole*
faisait donc déjà fonction d'agent du service des renseignements. Invité par la Cour de Cassation, dans sa dernière instruction, à s'expliquer sur ces faits, M. Papillaud a refusé de
répondre. Le commandant Cuignet reconnaît lui-même que
ces abominables divulgations, faites par le bureau des renseignements à la presse, n'avaient d'autre but que « forcer la
main au gouvernement et avoir le procès » (2).

2° Il fallait créer des simulacres de preuves pour ce procès contre l'officier juif, que des manœuvres dolosives avaient
ainsi rendu nécessaire.

Henry n'hésite pas, et, chargé de conduire Dreyfus à la
prison, il dresse un rapport extra-réglementaire pour attester
que Dreyfus lui avait tenu des propos mensongers. Il est matériellement établi aujourd'hui que ce rapport, en date du
15 octobre 1894, *confirmé le 8 novembre 1894 à l'instruction,*
p. 10 *par le commandant Henry, sous la foi du serment* (3), *constituait un audacieux mensonge* (4).

3° Pour expliquer le crime incompréhensible de Dreyfus,
l'acte d'accusation d'Ormescheville alléguait les besoins d'argent occasionnés par la passion du jeu.

Bien que le capitaine Dreyfus nous ait déclaré, dit M. d'Ormescheville,
n'avoir jamais eu le goût du jeu, *il appert cependant des renseignements
que nous avons recueillis à ce sujet qu'il aurait fréquenté plusieurs
Cercles de Paris où l'on joue beaucoup.* Au cours de son interrogatoire,
il nous a bien déclaré être allé au Cercle de la Presse, mais comme invité,
et pour y dîner ; il a affirmé n'y avoir pas joué. Les Cercles tripits de
Paris tels que le Washington-Club, le Betting-Club, ceux de l'escrime et
de la Presse n'ayant pas d'annuaire et leur clientèle étant en général peu
recommandable, les témoins que nous aurions pu trouver auraient été
très suspects, nous nous sommes par suite dispensé d'en entendre (5).

C'était apporter une affirmation et récuser en même temps
tous témoins contraires qu'aurait pu faire entendre la dé-

(1) Cass., 1899. Débats, p. 433.
(2) Cass., 1899, 1-342. Cuignet.
(3) Cass., 1899, 2-47.
(4) Cass., Rapport Bard, p. 105.
(5) Cass., 1899, t. 2, p. 82 et 83.

fense. Mais les Cercles de jeu sont surveillés par la police ; et la préfecture de police pouvait faire la lumière sur ce point.

Un rapport lui avait été demandé par le Ministère de la Guerre. Ce rapport établissait qu'une confusion manifeste avait été commise entre le capitaine Dreyfus et un de ses homonymes (1). *Comme il ruinait l'accusation, puisque le crime ignominieux demeurait ainsi sans mobile, le rapport remis au bureau des renseignements avait été par lui purement et simplement supprimé.*

Cette fraude abominable, commise par le bureau des renseignements contre le capitaine Dreyfus, fut découverte le 24 avril 1899, par la déposition de M. le Préfet de police.Lépine, devant les Chambres réunies (2). La minute du rapport fut d'ailleurs retrouvée à la Préfecture de police.

4° Malgré toutes ces fraudes, l'accusation basée toujours uniquement sur une similitude d'écriture d'ailleurs contestée, semblait encore en très mauvaise posture. Le colonel Du Paty de Clam, officier de police judiciaire, qui, en dépit de ses procédés d'instruction inavouables, n'avait pu obtenir aucun élément de preuve, écrivit alors un rapport au Ministre de la Guerre, dont copie figure au dossier et dont le colonel Du Paty de Clam a d'ailleurs rappelé les termes dans sa déposition des 22 et 24 mars 1904 (3). p. 11

Il paraît certain maintenant, disait le rapport, qu'il (le capitaine Dreyfus) n'avouera pas. Or, il semble très difficile d'exposer devant un Tribunal certains faits qui sont de nature à amener des complications extérieures pouvant coïncider avec le changement de plan. D'autre part, *la fragilité de la preuve matérielle qui servira de base à l'accusation pourrait fort bien déterminer un acquittement.* En conséquence, l'officier de police judiciaire estime en l'état actuel de son information, qu'il y aurait peut-être lieu d'abandonner les poursuites, en prenant toutefois les précautions nécessaires contre le capitaine Dreyfus, pour l'empêcher de communiquer avec les agents étrangers jusqu'à la mise en vigueur du nouveau plan.

Aucune charge sérieuse ne pouvant être relevée contre le capitaine israélite, l'officier de police judiciaire proposait donc seulement de le déshonorer, et de le mettre à l'index.

Mais une autre solution prévalut. Les preuves manquaient : on fabriquerait un dossier mystérieux pour y sup-

(1) Rapport du 9 nov. 1894, Cass. 1899, t. 2, p. 349.
(2) Cass 1899, t. 2, p. 11 et 12.
(3) Enquête, t. 1, p. 189.

pléer. Le lieutenant-colonel Du Paty de Clam « impressionnable, ardent, romanesque » (1), était bien le collaborateur qui convenait au colonel Sandherr pour établir le roman ; et l'officier de police judiciaire, multipliant ses procédés étranges d'instruction, rédigea un rapport accusateur tenu secret pour rendre toute défense impossible.

La constitution d'un dossier secret se fit donc avec un commentaire audacieux du colonel Du Paty de Clam, qui devait égarer des juges privés de tout moyen de contrôle, mais qui ne résistait pas un instant à un examen critique. Le colonel Picquart qui, plus tard, comme chef du service des renseignements, pouvait se rendre compte de la valeur de ce dossier composé de quatre pièces, fut épouvanté de son inanité, lorsqu'il en prit connaissance pour raffermir sa foi chancelante en la culpabilité de Dreyfus (2).

Cette manœuvre criminelle, qui faisait des débats et de la défense un simple simulacre, était un attentat non seulement contre l'honneur et la liberté de l'accusé, mais aussi contre la bonne foi des juges (3) ; elle fut longtemps niée avec force serments par ses auteurs, mais dut être avouée par eux après qu'elle eût été rendue évidente par l'arrêt de la Cour de Cassation du 3 juin 1899.

5° Comme enfin en dépit de toutes ces fraudes, et malgré les commentaires les plus tendancieux donnés, à des pièces insignifiantes que l'on dérobait aux regards indiscrets de la défense, l'accusation restait toujours dépourvue de charge précise contre l'accusé, le commandant Henry fit un second faux témoignage à l'audience. Il affirma savoir d'une personne honorable connaissant la vérité (mais que son patriotisme lui interdisait de nommer), qu'un officier traître se trouvait au deuxième bureau de l'Etat-major, et que le traître était Dreyfus. La teneur du témoignage d'Henry est connue par la déposition du colonel Picquart (4) ainsi que par une note du général Gonse (pièce 35 du dossier secret). Les prétendus dires de la personne honorable, M. de Valcarlos, attaché

p. 12

Enquête, t. 2, p. 238. Général Luxer.
(2) Rennes, t. 1, p. 431, Cass. 1899, 1, p. 155.
(3) Conclusions de M. le Procureur général Baudoin, p. 82.
(4) Cass. 1899, t. 1, p. 130. — Conf., Lépine, Cass. 1899, t. 2, p. 10. — Note Demange, Cass. 1899, débats 604 et 605. Note Dreyfus, *Ibid.* p. 608.

militaire espagnol, en France, sont consignés dans deux rapports d'ailleurs très suspects de l'agent Guénée (pièces 33 et 34 du même dossier). Il n'y est pas question de Dreyfus personnellement ; il n'est pas davantage question dans ces rapports d'un officier du deuxième bureau ; et l'agent Guénée a lui-même attesté que ni Dreyfus, ni le deuxième bureau n'avaient été expressément visés par ces extraordinaires communications (1).

M. le général Mercier, à Rennes (2), a cité une communication faite directement à Henry, par M. de Valcarlos, en juin 1894 ; et M. le général Zurlinden a fait allusion à cette communication dans sa lettre au Ministre de la justice, du 10 septembre 1898 :

Deux mois plus tard, dit le général Zurlinden, en juin 1894, dans une conversation avec le commandant Henry, X. (M. de Varcarlos) revint sur cette même question, il renouvela son accusation en la précisant et en spécifiant que le correspondant de A et de B était un officier appartenant ou ayant appartenu récemment au deuxième bureau de l'Etat-major de l'armée (3).

Or il n'a jamais été retrouvé trace de cette prétendue communication directe de M. de Valcarlos à Henry, sur la présence d'un officier traître au deuxième bureau. Alors qu'on avait classé soigneusement les prétendues communications faites par M. de Valcarlos à Guénée, Henry recevant lui-même une communication de la même source, et bien plus précise, n'en avait conservé aucune note.

Bien plus, on exerce, d'après la foi due aux rapports de Guénée, une surveillance sur les officiers du Ministère en général, et quand serait arrivée l'indication bien autrement précise que l'officier traître se trouvait au deuxième bureau, indication donnée directement par de Valcarlos à Henry, on n'en aurait tenu nul compte. Jamais le deuxième bureau n'a été spécialement surveillé (4).

La seule trace de la prétendue communication faite par P. 13 *Valcarlos à Henry sur l'existence d'un officier traître au deuxième bureau, se trouve dans la pièce 35 du dossier secret,*

(1) Cass. 1899, t. 1, p. 727.
(2) Rennes, t. 1, p. 85.
(3) Conf. Cass. 1899. Débats, p. 442 et 443.
(4) Déposition de Boisdeffre, Enquête, t. 1, p. 391. Déposition Roget, 2 mai 1904, Enquête, t. 1, p. 614 et 615. Déposition Davignon, 4 juin 1904, Enquête, t. 1, p. 862.

*qui est une relation dressée par le général Gonse, après le
procès de 1894, de la déposition faite par Henry devant le
Conseil de guerre de Paris.*

Et Henry lui-même, lorsqu'il avait fait devant le Conseil
de guerre sa première déposition comme délégué du service
des renseignements, n'avait pas parlé de la communication
qu'il aurait reçue au sujet de la présence d'un traître au
deuxième bureau.

C'est seulement lorsqu'il voit s'écrouler toute l'accusation
péniblement dressée contre le juif, qu'il demande à être rappelé pour déposer à nouveau, et que, la mémoire lui étant
subitement revenue, il fait sa sensationnelle déposition :

Je tiens d'une personne honorable que quelqu'un trahissait au
deuxième bureau, et le traître le voici (1).

Le faux témoignage est évident : la raison de l'invention
d'une communication relative à l'existence d'un traître au
deuxième bureau ne l'est pas moins. Elle est faite pour accréditer l'audacieuse interprétation donnée par le commentaire du dossier secret à la pièce connue sous le nom de pièce
Davignon (2).

Il résulte, au surplus, de la déposition de M. Wattinne
devant la Cour, le 4 juin 1904 (3), qu'au Ministère de la
guerre on savait parfaitement que jamais Dreyfus n'avait
été désigné comme traître par M. de Valcarlos. M. Wattinne,
qui a rédigé, sur les documents fournis par le commandant
Henry, le rapport connu sous le nom de rapport Gonse-Wattinne, dépose :

Je me rappelle un passage du rapport dans lequel j'indiquais que
Valcarlos avait désigné Dreyfus, et le général de Boisdeffre a biffé une
phrase qui contenait cette pensée.

*La dernière enquête de la Cour de Cassation a révélé que
le faux témoignage d'Henry, qui pesait encore sur le procès
de Rennes, avait eu des proportions infiniment plus considérables. Ces graves révélations et leurs conséquences seront
examinées dans une autre partie du mémoire.*

VI. — Ce fut grâce à ces fraudes et à ces crimes que la

(1) Cass., 1899, t. 1-130.
(2) Voir le commentaire de cette pièce .Déposition Cuignet, Cass. 1899,
1-361.
(3) Enquête, t. 1, p. 879.

bonne foi des juges militaires fut surprise par le service des renseignements, et que le premier Conseil de guerre de Paris p. 14 condamna Dreyfus à l'unanimité par arrêt du 22 décembre 1894.

Ces cinq faits criminels (lettre de divulgation à la *Libre Parole*, rapport mensonger, suppression de pièces à décharge, communication aux juges d'un dossier secret dolosivement constitué, et faux témoignages), *par lesquels le bureau des renseignements avait réussi à transformer en vérité judiciaire le dogme préconçu de la culpabilité de l'officier israélite, n'avaient pas eu seulement pour résultat de provoquer une épouvantable erreur judiciaire : ils avaient aussi pour conséquence fatale d'entraîner nécessairement de nouvelles manœuvres criminelles pour étouffer toute tentative de revision de la condamnation.*

Le bureau des renseignements devait conserver pieusement le culte de la culpabilité de l'officier juif, pour la proclamation de laquelle il avait commis tant d'actes abominables. Mais il savait que cette culpabilité, affirmée *a priori*, n'était pas démontrée. *Six mois après la condamnation, quand, en juillet 1895, le colonel Picquart prend la direction du service des renseignements, le général de Boisdeffre lui déclare : « L'affaire Dreyfus n'est pas finie, elle ne fait que commencer ; » et il lui prescrit de nourrir le dossier en faisant des recherches sur les points obscurs de l'accusation* (1).

Ainsi le procès était terminé, et on reconnaissait à l'Etat-Major que l'accusation jugée fondée par un jugement définitif restait encore à établir !

SECTION II

DEUXIÈME SYSTÈME D'ACCUSATION

Après la découverte de l'auteur du bordereau, Esterhazy : *Deuxième série de fraudes du service des renseignements : la cause de ces fraudes. — Faux témoignages du général Mer-*

(1) Cass., 1899, t. 1, p. 142. Picquart, et t. 1, p. 266 de Boisdeffre.

cier et du colonel Henry au procès Zola pour nier la communi-
cation d'un dossier secret aux juges. — Campagne de presse
du service des renseignements contre Dreyfus, le colonel Pic-
quart et le Ministre de la Guerre général Billot. — Le faux
Weyler. — Le faux Blanche. — Le faux Speranza. — La fal-
sification du Petit Bleu. — Le faux Henry. — Les instruc-
tions données par le service des renseignements à Esterhazy.
p. 15 *— Les lettres de chantage au Ministre de la Guerre et au*
Président de la République. — Le général de Pellieux trompé
par le service des renseignements. — Toute l'instruction et
les débats du procès Esterhazy faussés par les fraudes du
service des renseignements. — Construction d'un second sys-
tème d'accusation contre Dreyfus : le rapport Gonse-Wat-
tinne et le discours de M. Cavaignac.

VII. — Le premier système d'accusation formulé dans
l'acte d'accusation d'Ormescheville et basé sur l'écriture du
bordereau devait être bientôt complètement ruiné.

Le nouveau chef du service des renseignements, lieutenant-colonel Picquart, voyait, en mars 1896, son attention
appelée sur le commandant Esterhazy par un petit bleu émanant de l'agent A, arrivé par la voie ordinaire, et paraissant
bien révéler des relations d'espionnage entre l'expéditeur A
et le destinataire Esterhazy.

Poursuivant ses investigations de ce côté, le colonel Picquart constatait bientôt l'identité absolue d'écriture existant
entre le bordereau et les documents écrits par le commandant Esterhazy, identité d'ailleurs évidente et immédiatement
constatée par M. Bertillon lui-même (1).

Tout l'acte d'accusation d'Ormescheville s'écroulait par
la base.

Mais la condamnation d'Esterhazy, c'eût été la revision
du procès Dreyfus, et *cette revision c'eût été la mise au jour*
des faux témoignages d'Henry, des manœuvres dolosives du
général Mercier et du bureau des renseignements.

C'est ce qui explique toute la nouvelle série de fraudes
commises alors pour tromper le Ministre général Billot, l'of-

(1) Rennes, t. 3, p. 269.

ficier de police judiciaire général de Pellieux, et les juges d'Esterhazy. M. le colonel Du Paty de Clam l'a avoué dans sa déposition du 22 mars 1904 (1). Deux raisons, a-t-il dit, lui ont été données pour motiver l'injonction qui lui était faite de sauver Esterhazy. La première résidait dans la crainte de complications diplomatiques pouvant être entraînées par la revision du procès Dreyfus. (Mais on ne voit pas en quoi les gouvernements étrangers, qui ont toujours proclamé l'innocence de Dreyfus, auraient pu s'irriter de voir la justice française rendre une décision conforme à leurs propres déclarations officielles et officieuses). La seconde raison « c'était *que la communication de documents faite en 1894, ce qu'on appelait le petit dossier, pourrait entraîner la mise en accusation du Ministre d'alors, et que notre devoir d'ancien subordonné de ce Ministre nous obligeait à faire le possible pour* p. 16 *le couvrir jusqu'à l'heure où il jugerait à propos de se dénoncer lui-même* ».

Le général Mercier ne pouvait, en effet, laisser faire la revision du procès Dreyfus sans s'avouer coupable lui-même : et sa terreur de la révélation de l'acte commis par lui en 1894 était telle, qu'il n'hésita pas, pour le dissimuler, à faire un faux témoignage au procès Zola, en violant tout à la fois son serment de dire toute la vérité, et sa parole d'honneur de soldat.

A une question de Mᵉ Labori, l'interrogeant sur le point de savoir s'il était exact qu'une pièce secrète eût été communiquée aux juges en dehors de la défense, il répondait :

Monsieur le Président, je n'ai pas à revenir sur le procès Dreyfus, mais si j'avais à y revenir, puisqu'on me demande ma parole de soldat, ce serait pour dire que Dreyfus était justement et légalement condamné (2).

Au même procès Zola, Henry, qui n'en était pas à un faux témoignage près, avait également nié la communication du dossier secret aux juges, ainsi que le fit expressément remarquer le général de Pellieux lui-même (3).

Le général Mercier, à raison des craintes que lui inspirait la révélation possible de son acte, avait d'ailleurs fait disperser les pièces du dossier secret. Il avait même été jus-

(1) Enquête, t. 1, p. 191 *in fine*.
(2) Procès Zola, t. 1, p. 171.
(3) Procès Zola, t. 2, p. 121.

qu'à faire détruire le commentaire. Une copie s'en était retrouvée en 1897 : il la fît également brûler. Toutes ces fraudes furent découvertes devant la Cour de Cassation, et le général Mercier dut les avouer à Rennes (1), reconnaissant d'ailleurs que, contrairement à ce qu'il avait juré au procès Zola, la communication du dossier secret aux juges avait bien eu lieu, et qu'elle s'était faite par son ordre (2).

Quant à la destruction du commentaire et de sa copie, le général Mercier dut avouer de même à Rennes qu'*elle avait eu pour but d'empêcher la revision* : « Il n'y avait aucune raison particulière, dit-il, sauf qu'à ce moment la campagne pour la revision était commencée et que, comme je vous l'ai dit, par des considérations patriotiques, j'estimais qu'il ne fallait fournir aucun prétexte pouvant faire décider la revision (3). »

On comprend, dès lors, que les subordonnés du général Mercier, en voyant la terreur que lui inspirait l'idée d'une découverte possible de ses actes dolosifs de 1894, par l'effet d'une procédure de revision, aient, à raison d'une fausse conception du devoir professionnel et du dévouement aux chefs, formé, comme le déclare Du Paty de Clam, le projet de sauver le général Mercier en falsifiant le procès Esterhazy. Il est à remarquer, d'ailleurs, que le général Mercier se refuse obstinément à répondre, quand il est interrogé sur Esterhazy et les manœuvres auxquelles donna lieu le procès de ce dernier (4).

Le colonel Du Paty de Clam était, au surplus, personnellement intéressé, comme le général Mercier, à empêcher la revision. Son instruction judiciaire, et les procédés dont il s'était servi, gagnaient à rester dans l'ombre ; et il avait été l'un des artisans de la manœuvre dolosive du général Mercier en ce qui concerne les pièces secrètes.

De son côté le commandant Henry, qui avait affirmé, sous la foi du serment, savoir que le traître était Dreyfus, ne pou-

(1) Rennes, t. 2, p. 221.
(2) Rennes, t. 1, p. 99, et t. 2, p. 197.
(3) Rennes, t. 1, p. 163.
(4) Rennes, t. 2, p. 212.

vait laisser faire la revision. Les autres officiers du bureau des renseignements, qui avaient aidé Henry à faire disparaître les rapports de police favorables à Dreyfus, étaient intéressés également à défendre l'œuvre de 1894, et à maintenir le dogme de la trahison de l'officier juif.

Le nouveau chef du service, le lieutenant-colonel Picquart, était l'obstacle le plus sérieux pour la nouvelle campagne du bureau des renseignements. Il fut l'objet des mêmes manœuvres, et victime des mêmes procédés, que le capitaine Dreyfus : articles de journaux rédigés au bureau des renseignements, faux témoignages et fabrication de faux documents, furent les armes employées.

VIII. — Tandis que contre Dreyfus on fabriquait le faux Weyler, attribué par le commandant Cuignet à Du Paty (1), tandis que du bureau des renseignements partaient les articles de presse dirigés contre Dreyfus, et dénaturant, dans un sens favorable à l'accusation, les indications du dossier secret (articles de l'*Eclair* du 10 et 14 septembre 1896) (2), on se livrait à de basses manœuvres contre le chef du service ; et comme le général Billot, ministre de la Guerre, se montrait hésitant, le bureau des renseignements travailla contre le ministre lui-même.

L'état-major, dit le commandant Cuignet, reprochait violemment au général Billot de ne pas défendre assez énergiquement l'œuvre de 1894 (3).

Le général Billot, dépose M. Wattinne, le 4 juin 1904 (4), était à ce moment-là attaqué avec la dernière violence dans les journaux, *et j'avais pu savoir mieux que personne que la campagne dirigée contre lui était alimentée par son état-major même.* **p. 18**

Et plus loin il ajoute :

Nous causions de tout cela avec le ministre de la Guerre, *nous sentions la trahison de l'état-major qui passait son temps à combattre son chef* et à agir contre ses instructions formelles.

On peut noter en passant que cette mainmise du bureau des renseignements sur le ministre s'est perpétuée : que ce bureau, après avoir contraint le général Mercier à faire, sans preuves, le procès Dreyfus, après avoir forcé la main au géné-

(1) Cass., 1899, t. 1, p. 343.
(2) Cass., 1899, t. 1, p. 342, Cuignet.
(3) Cass., 1899, t. 1, p. 341, Cuignet.
(4) Enquête, t. 1, p. 865 et 875.

ral Billot, contre lequel il menait campagne, après avoir trompé le général Zurlinden par la falsification du « petit bleu », après avoir collectionné les fiches de ses louches agents contre M. de Freycinet et autres, « roulait » encore le général de Galliffet (1).

Contre Picquart on fabrique, après avoir détourné sa correspondance, les deux faux « Blanche» et « Speranza » qui procèdent de la même conception que le faux Weyler, et tendent à établir la preuve d'un concert entre Picquart, Dreyfus et quelques autres personnages. Ces faux, dont le procédé de fabrication décèle indiscutablement l'origine, proviennent certainement du bureau des renseignements. Ils sont attribués à Du Paty de Clam par le commandant Cuignet (2), par M. Wattinne (3) et par M. Gribelin (4).

De même, on altère au bureau des renseignements l'adresse du « petit bleu » afin de faire croire à une machination de Picquart (5). Le colonel Picquart fut poursuivi de ce chef sur l'ordre du général Zurlinden ; mais il fut établi par l'instruction Tavernier et les rapports d'experts, que les altérations du « petit bleu » avaient eu lieu au bureau des renseignements après le départ de Picquart. Le général Zurlinden fut obligé de le reconnaître (6).

p. 19   Henry ne reste pas inactif, et en homme toujours précis, après son faux témoignage de 1894 affirmant que le traître était Dreyfus, il fabrique un document où Dreyfus était désigné en toutes lettres, comme ayant eu des relations d'espion-

(1) Déposition du général Galliffet, du 11 juin 1904. Enquête, t. 1, p. 898
(2) Cass., 1899, t. 1, p. 345.
(3) Déposition Wattinne. — Déposition du 4 juin 1904. — Enquête, t. 1, p. 874.
(4) Interrogatoire Gribelin du 29 juillet 1903, cité par le commandant Targe, le 19 mars 1904. (Enquête, t. 1. p. 55), confirmé par Gribelin, le 28 mars 1904. Enquête, t. 1, p. 147).
(5) Rennes, t. 1, p. 464, 466, 633 à 635 ; Picquart. — Les auteusr de cette falsification, d'après Gribelin, seraient Henry et Lauth (interrogatoire du 29 juillet 1903) et le commandant Cuignet (déclaration du 30 juillet 1903). Le colonel Du Paty de Clam a mis en œuvre toutes les machinations préparées contre Picquart dans un réquisitoire violent, du 24 janvier 1898, cité par le commandant Targe (Déposition du 21 mars 1904, Enquête, t. p. 98. Une note du commandant Cuignet est inspirée du même esprit. Enquête, t. 2, p. 305).
(6) Rennes, t. 3, p. 476.

nage avec les agents A... et B... Ce nouveau faux simplifie la situation.

On éloigne Picquart sous le prétexte d'une mission qu, doit le conduire peu à peu en Tunisie, jusque dans une région dont reviennent rarement les témoins gênants (1). Le commandant Henry prend sa place comme chef de service : il avait, par ses nouveaux faux, sauvé du même coup son faux témoignage de 1894, et son avancement dans le service, compromis par la présence de Picquart.

Le général Billot est maintenant à la discrétion du bureau: comme le général Mercier, il obéit ; et il est dans l'état d'esprit qui convient pour répondre à l'interpellation Castelin (18 novembre 1896).

IX. — Si les nouveaux faux fabriqués au service des renseignements avaient perdu le colonel Picquart, et écarté pour les manœuvriers criminels de 1894 le péril d'une revision, la découverte d'un officier taré, en relations au moins suspectes avec l'agent A, et ayant une écriture identique à celle du bordereau n'en ruinait pas moins irrémédiablement, l'acte d'accusation d'Ormescheville.

Tant que la ruine de l'acte d'accusation dressé contre Dreyfus restait inconnue au public, il y avait peu de risques pour le bureau des renseignements ; et la nécessité de la réédification d'un nouveau système pour justifier *a posteriori* l'axiome de la traîtrise d'un officier israélite ne se faisait pas sentir.

Mais le 10 novembre 1896, le journal le *Matin* publiait le *fac-similé* du fameux bordereau, d'après la photographie fournie par l'expert en écriture Teysonnières (2). L'écriture d'Esterhazy, toujours aux abois et engagé en mille entreprises interlopes, court partout. Le danger est imminent.

M. le sénateur Scheurer-Kestner a eu mains des spécimens d'écriture d'Esterhazy, il a reconnu l'erreur judiciaire commise, il en a parlé au général Billot. Une campagne s'organise au service des renseignements, entre le colonel Henry « très agité, très tourmenté, (3) » et le colonel Du Paty de

(1) Ce fut le général Leclerc, nouveau chef de Picquart, qui lui interdit d'aller plus loin que Gabès. pour remplir une mission à laquelle ce général ne comprenait rien lui-même. (Cass., t. 1, 197 ; Rennes, t. 1, p. 461. — Comparez, Gonse, Cass. t. 1, p. 254).

(2) Rennes, t. 3, Temps, p. 363 à 365 et 368.

(3) Rennes, t. 2, p. 159, Gonse.

Clam. Une lettre anonyme part, malgré la défense du ministre, pour mettre Esterhazy sur ses gardes. Puis se produisent
les extraordinaires collusions entre Esterhazy, le colonel
Du Paty de Clam, Henry et Gribelin qui, déguisés avec de
p. 20   fausses barbes et des lunettes bleues, vont à des rendez-vous
mystérieux dicter à leur protégé de véritables lettres de chantage (1) pour le Président de la République et le Ministre de la
Guerre ; qui lui remettent frauduleusement à cet effet une
pièce secrète du ministère de la Guerre ; qui, après les poursuites engagées sur la dénonciation de Mathieu Dreyfus, lui
indiquent sur quoi il sera interrogé et ce qu'il faudra répondre. Ce sont-là des collusions établies et avouées, qui suffiraient à enlever tout crédit à la parole de leurs instigateurs (2).

L'instruction du procès Esterhazy est faite par le général
de Pellieux, officier de police judiciaire. Il est chargé de rechercher si le bordereau est d'Esterhazy, après qu'on lui a
présenté, d'une part, comme indiscutablement authentique,
le document fabriqué par Henry qui désignait Dreyfus comme
le traître, et après qu'on lui a affirmé, d'autre part, l'inau-
thenticité du « petit bleu » (3).

> *Il est très certain*, dit le colonel Ducassé, qui fit fonction de greffier
> près du général de Pellieux, *et je le dis très franchement, sans la moindre
> hésitation, que le général de Pellieux a été trompé : on lui a lancé dans
> les jambes des témoignages qui étaient suspects, on lui a lancé dans les
> jambes de faux documents* (4).

Même collusion entre le bureau des renseignements et les
experts, qui constituaient la grosse inquiétude d'Esterhazy :

> Comprenez donc bien que, si vous êtes véritablement les maîtres de
> l'instruction et des experts, écrivait-il dans un passage guillemeté d'une
> lettre saisie chez lui et par lui reconnue ,je ne puis que m'en rapporter

---

(1) De ces lettres de chantage déjà publiées (Cour de Cass., débats,
p. 472 et suiv.) on doit rapprocher une série de lettres anonymes dues
aux mêmes machinations, et citées par le commandant Targe (Déposition
du 19 mars 1904). Enquête, t. 1, p. 82 et s.
(2) Rapport Ballot-Beaupré (Cass., débats, p. 63). Rapprochez le rapport Pellieux sur une démarche d'Esterhazy, le 3 juillet 1898, tendant à
dévoiler les agissements du colonel Du Paty et même de sa femme. —
Déposition Targe du 19 mars 1904. Enquête, t. 1, p. 74 et 79. — Rapport
du général Renouard (Cass., 1899, t. p. 202).
(3) Déposition du colonel Ducassé du 9 mai 1904. Enquête ,t. 1, p. 710.
Il semble que ces communications aient été ordonnées par le général
Billot lui-même. (Voir la lettre du 19 novembre 1897 citée par le commandant Targe dans sa déposition du 19 mars 1904, Enquête, t. 1, p. 68).
(4) Déposition Ducassé. Enquête, t. 1, p. 712.

absolument à vous, mais que si cela vous échappe comme je le crains, je suis dans l'obligation absolue de démontrer que le bordereau est calqué par Dreyfus avec mon écriture (1).

L'identité de l'écriture n'étant pas contestable, on sortait de difficulté en admettant que le bordereau avait été calqué par Dreyfus sur de l'écriture d'Esterhazy. Ses conseillers du service des renseignements lui avaient même suggéré une histoire extraordinaire, et reconnue depuis inexacte, sur la fa- p. 21 çon dont Dreyfus se serait procuré des spécimens d'écriture d'Esterhazy pour les calquer (2).

Par prudence, on fit déposer les experts devant le Conseil de guerre en audience de huis clos.

Le général de Pellieux avait pris, en réalité, la direction effective des débats (3) : Esterhazy fut acquitté le 11 janvier 1898, par un Conseil de guerre que le bureau des renseignements avait criminellement abusé, comme il avait criminellement abusé celui de 1894 (4).

X. — Mais le procès d'Esterhazy, suivi du procès Zola, devait révéler la ruine irrémédiable du premier système d'accusation édifié contre le capitaine Dreyfus.

L'acte d'accusation d'Ormescheville fut en effet publié par le journal le *Siècle*, le 7 janvier 1898. Le fac-similé du bordereau avait été publié par le *Matin*, dès le 10 novembre 1896, les spécimens d'écriture pouvaient être étudiés. Ils furent discutés au procès Zola, en février 1898, par les hommes les plus qualifiés pour l'étude des documents écrits : M. Paul Meyer, directeur de l'Ecole des Chartes, M. Emile Molinier,

(1) Cassation, Rapport Bard, p. 81.
(2) Cass., 1899, débats, p. 488. (Rapport Ballot-Beaupré, p. 77-78). Rapprochez Targe, déposition du 19 mars 1904, Enquête, t. 1, p. 72.
(3) Déposition du général de Luxer du 4 juillet 1904, Enquête, t. 2, p. 235.
(4) Les mêmes hommes ont abusé la justice civile au procès Zola. M. le commandant Targe, analysant dans sa déposition du 21 mars 1904, (Enquête, t. 1, p. 106), les documents prouvant le concert des témoins militaires conclut : « Il résulte, de la lecture de ces documents, ce fait certain : nous avons vu qu'au procès Esterhazy on avait fait la conviction des juges après celle du général de Pellieux et du rapporteur, et qu'on leur avait prouvé d'abord que Dreyfus était le vrai coupable ; par conséquent l'acquittement d'Esterhazy devait nettement résulter du jugement, et il ne pouvait pas en être autrement. Au procès Zola, on semble avoir employé la même tactique ; on a prouvé à M. l'avocat général que Dreyfus était coupable : c'était la façon la plus certaine de voir condamner Zola pour avoir osé proclamer son innocence. »

archiviste paléographe, M. Auguste Molinier, professeur à l'Ecole des Chartes, etc.

L'acte d'accusation d'Ormescheville, édifié sur une préten-due similitude entre l'écriture du bordereau et l'écriture de Dreyfus, se transformait en un acte d'accusation contre Es-terhazy acquitté.

Il fallait trouver un autre système pour démontrer le pos-tulatum intangible du service des renseignements, la culpa-bilité de l'officier israélite. La nécessité en fut reconnue au ministère de la Guerre. M. le général Billot fit appel à son gendre, M. Wattinne, substitut du procureur de la Républi-que au Tribunal de la Seine et lieutenant de réserve, qui devait établir son travail *sous la surveillance et sur les indi-cations du service des renseignements.*

p. 22 Je me rendis alors compte, dépose M. Wattinne (1), tout le monde s'en doutait un peu, que les charges contre Dreyfus étaient de deux ordres : *en premier lieu c'était le dossier officiel, celui qui avait servi à la condamnation de 1894, et dans lequel on convenait qu'il n'y avait abso-lument rien ;* puis il y avait un certain nombre de pièces qu'i étaient clas-sées purement et simplement au service des renseignements. Ces pièces, ainsi qu'il me fut dit, ne constituaient pas un véritable dossier, elles étaient d'ailleurs fort peu nombreuses.

M. Wattinne se mit à l'œuvre sous la haute direction du général Gonse. C'était le service des renseignements, a dé-claré M. Wattinne, qui faisait le choix des pièces (2).

Je ne pouvais pas, a-t-il ajouté, faire personnellement ce travail ; je n'aurais pas mieux demandé, et j'aurais voulu le faire moi-même ; mais j'étais lieutenant, travaillant sous les ordres d'un général de division, et il y avait un général de brigade et un colonel. Les pièces sont parvenues par le service des renseignements ; est-ce Henry qui a fait lui-même les dossiers ; a-t-il pris d'autres officiers pour l'aider, je n'en sais rien. C'est lui, par exemple, qui les apportait le matin.

Comment le service des renseignements présentait-il ces pièces à M. Wattinne ? et quelle origine leur attribuait-il ? de quelle façon certifiait-il leur authenticité ? Il est facile de s'en rendre compte :

Henry avait reçu de M. Lépine, préfet de police, les rap-ports établissant que l'agent Guénée, dans ses notes où Drey-fus était présenté comme un joueur fréquentant les maisons de jeu des Cercles Washington, Betting-Club et de l'Escrime,

(1) Déposition du 4 juin 1904, Enquête, t. 1, p. 864.
(2) *Ibid.*, Enquête, t. 1, p. 878.

avait fait une confusion manifeste (1). Henry ou ses collègues du service avaient supprimé du dossier les rapports de la préfecture de police, mais ils y avaient maintenu les notes de Guénée dont l'inexactitude était démontrée. Quand M. Wattinne établit son trvail, *Henry lui présenta comme des rapports officiels de la préfecture de police les notes de Guénée que la préfecture de police avait, dans ses propres rapports, reconnues et proclamées fausses ;* et on lit avec stupéfaction dans le rapport signé du général Gonse, le 1er juin 1898 :

Dreyfus avait, d'autre part, la passion du jeu. Il existe à Paris des Cercles en apparence régulièrement constitués qui ne sont en réalité que des tripots et qui ne vivent que grâce à la tolérance de la police. Les noms des visiteurs ne sont pas inscrits.*La préfecture de police affirme cependant avec une rare énergie que Dreyfus a fréquenté successivement le Cercle Washington, le Betting-Club et le Cercle de l'Escrime. Il y devait des sommes importantes. On sent, en lisant ces renseignements, que la préfecture de police a reçu des déclarations précises et formelles, mais que les personnes qui ont fait ces déclarations ont averti à l'avance qu'elles refuseraient de témoigner en justice, sans doute pour conserver* aux Cercles leur renommée d'absolue discrétion et pour échapper à une fermeture certaine. (Rapport Gonse-Wattinne *in fine.*)

p. 23

Cette effrayante falsification du dossier était immédiatement suivie dans le rapport Gonse-Wattinne, de la mise en œuvre d'une pièce due au général Gonse (pièce 96 du dossier secret), où ce général, prétendant rapporter *textuellement* des propos tenus par MM. Painlevé et Hadamard, n'avait pas craint de les dénaturer pour en faire une charge contre Dreyfus.

Mais, même ainsi choisies, les pièces du dossier secret apparaissaient peu probantes. M. Wattinne explique qu'il a examiné les questions soulevées par ces divers documents.

Dans le travail que j'ai fait plus tard, dit-il, *comme nous n'étions arrivés à aucune espèce de certitude,* j'ai eu bien soin d'adopter la version la plus favorable à Dreyfus... Seulement, conclut-il, le point de départ étant faux comme je le disais tout à l'heure, la conclusion était forcément erronée, et *j'ai admis que la preuve de la culpabilité de Dreyfus était faite par le faux Henry* (2).

Tel était *le second système d'accusation* édifié sur les indications du service des renseignements contre Dreyfus. *Il n'était plus basé, comme l'acte d'accusation d'Ormescheville, sur une similitude d'écriture entre le bordereau et les écrits*

(1) Cass. 1899, t. 2, p. 11, 12 et 349.
(2) *Ibid.,* p. 23 et 24.

de Dreyfus : il reposait sur le faux Henry. Il était certainement téméraire *a priori*, de bâtir toute une accusation sur ces
documents secrets, d'origine toujours suspecte ; et M. Wattinne, un peu effrayé lui-même de ne rien pouvoir mettre
d'autre à la base de son nouveau système d'accusation, faisait
remarquer au colonel Henry : « Il faut voir les choses comme
elles sont : *s'il y a un seul faux dans les documents que vous
nous présentez, toute l'affaire Dreyfus s'écroule. Et je vois
encore, poursuit M. Wattinne, le colonel Henry avec le mouvement d'épaules qui lui était habituel me disant : Mais vous
pouvez être bien tranquille, marchez donc carrément. Et il
mentait avec tant d'aisance, tant de naturel, son attitude était
si vraie en apparence, que je fus rassuré* » (1).

*Ce rapport, inspiré par le service des renseignements,
était, comme l'explique M. Wattinne, l'œuvre du général
Gonse beaucoup plus que celle de M. Wattinne lui-même* (2).

p. 24   XI. — Le second système d'accusation avait été édifié par
le rapport Gonse-Wattinne exclusivement sur le dossier secret à la date du 1ᵉʳ juin 1898. Il fut mis en œuvre cinq semaines plus tard, par M. Cavaignac, dans son retentissant discours du 7 juillet 1898.

*C'est toujours le dossier secret qui sert de base au système,
et c'est le faux Henry qui en fournit l'assise fondamentale.*
On y annexe deux autres lettres qui constitueraient, l'une
une réponse à la lettre fausse fabriquée par Henry, l'autre
une réplique à cette réponse. M. Cavaignac y joignait en outre
deux autres pièces où le nom de Dreyfus ne figurait pas en
toutes lettres, mais où on rencontrait l'initiale D.

Enfin M. Cavaignac avait encore puisé dans ce dossier
secret les pièces et rapports sur lesquels on a construit la
légende des aveux.

Ainsi, chose au moins étrange, le capitaine Dreyfus était
toujours proclamé justement et légalement condamné. Mais
tout le dossier judiciaire disparaissait dans ce deuxième système d'accusation, imaginé après coup, pour justifier l'affirmation intangible de la culpabilité du juif. Le capitaine Dreyfus demeurait dans sa cellule au régime de la double boucle,
à raison d'une accusation dont il ignorait toutes les articula-

(1) *Ibid.*, p. 16.
(2) *Ibid.*, p. 39.

tions. Le réquisitoire de M. Cavaignac, substitué à celui de M. d'Ormescheville, fut l'objet d'une sorte de promulgation : il fut officiellement affiché dans toutes les communes de France ; mais on se garda d'en envoyer un exemplaire à l'Ile-du-Diable.

SECTION III

TROISIÈME SYSTÈME D'ACCUSATION

Après la découverte du faux Henry : *La fausseté du document fabriqué par Henry signalée officiellement au Ministre de la Guerre avant son discours à la tribune. — Parjure d'Henry. — Ruine du second système d'accusation : ses conséquences d'après le général de Pellieux. — Dissimulation de la lettre du général de Pellieux. — Poursuites judiciaires machinées au service des renseignements contre Picquart. — Manœuvres du général Zurlinden aveuglé par le service des renseignements. — Le service de renseignements et le général Chanoine. — Proposition de dessaisissement de la Chambre criminelle. — Campagne et manœuvres organisées contre la Cour de Cassation par le service des renseignements et le général Zurlinden. — Troisième système d'accusation.* p. 25 *— Le témoin Depert. — La fausse photographie contre Picquart. — Le général Gonse, rédigeant la pièce 96 du dossier secret, dénature les faits qu'elle rapporte. — La fausse attestation du général Le Belin de Dionne. — La falsification par Henry et Du Paty de la pièce 44. — Les manœuvres du commandant Cuignet. — Le refus par les généraux Mercier et de Boisdeffre de répondre aux questions qui leur sont posées comme témoins. — Effondrement du troisième système d'accusation.*

XII. — Le second système d'accusation par lequel le service des renseignements espérait justifier *a posteriori* la condamnation de l'officier israélite, frauduleusement obtenue en 1894, reposait tout entier sur le faux Henry (prétendue lettre de l'agent B. à l'agent A. recommandant à ce dernier de toujours nier leurs relations avec ce juif).

C'est avec le faux Henry que le service des renseignements avait surpris la religion du général Billot, Ministre de la Guerre.

C'est avec le faux Henry que le service des renseignements avait trompé le général de Pellieux et falsifié l'instruction de l'affaire Esterhazy.

C'est avec le faux Henry que le général de Pellieux et le général de Boisdeffre avaient trompé le jury statuant sur le procès Zola (1).

C'est avec le faux Henry que le service des renseignements, en de mystérieuses communications à la presse, trompait l'opinion publique et le pays tout entier.

Il fallait à Henry et à ses complices une singulière audace pour agir de la sorte. La déposition de M. Paléologue devant la Cour de Cassation en 1899, avec pièces du dossier du Ministère des Affaires étrangères à l'appui, en donne la mesure.

Dans le courant de novembre 1897, dit M. Palélogue (2), le comte Tornielli eut occasion d'entretenir M. Hanotaux de la question Dreyfus. Il déclara que le.colonel Panizzardi n'avait jamais entretenu de rapports avec Dreyfus ; il proposa même d'admettre M. Panizzardi à apporter son témoignage en justice. Il ajoutait que les lettres attribuées par la presse au colonel Panizzardi et qui auraient été échangées entre lui et tout autre officier étranger au sujet de l'affaire Dreyfus étaient apocryphes. Le 15 janvier 1898, l'ambassadeur d'Italie réitéra officiellement par écrit ses déclarations et sa proposition : il insistait de nouveau sur le caractère apocryphe des lettres que la presse prétendait avoir été adressées par le colonel Panizzardi à un de ses collègues étrangers. Après entente avec le Ministre de la Guerre, le Ministre des Affaires étrangères, se fondant d'une part sur des considérations juridiques, et d'autre part sur des considérations de politique générale, décida qu'il n'y avait pas lieu d'admettre le colonel Panizzardi à témoigner sur l'affaire Dreyfus. Cette décision fut notifiée oralement le 28 janvier au comte Tornielli.

p. 26

Ainsi lorsque M. Cavaignac produisit le faux Henry à la tribune de la Chambre des députés, il était officiellement avisé par le prétendu signataire du document que cette lettre ne pouvait être qu'un faux. Mais le colonel Henry et ses collègues, pour se sauver eux-mêmes, étaient nécessairement obligés d'affirmer que les agents A. et B. déguisaient la vérité, et que la parole de ces officiers supérieurs étrangers ne pouvait prévaloir contre les faux documents fabriqués au service des renseignements.

XIII. — M. Cavaignac, comme le général Mercier et le

(1) Procès Zola, t. 2, p. 118 et 127.
(2) Cass. 1899, t. 1, p. 393, Paléologue.

général Billot, se laissa dominer et tromper par les officiers de ce service. Il affirma l'authenticité du document fabriqué par Henry. Six semaines après son discours du 7 juillet 1898, le 14 août, M. Cavaignac était obligé de constater par lui-même la matérialité du faux : l'affirmation du colonel Paniz-zardi contraire aux protestations et serments d'Henry, était donc la seule exacte. Le colonel Henry fut forcé de le recon-naître, *après s'être parjuré huit fois encore dans l'interroga-toire que lui fit subir M. Cavaignac* (1).

Il n'en demeure pas moins toujours de tradition au ser-vice des renseignements, après cette cruelle leçon, de préfé-rer à la parole d'honneur des officiers étrangers A. et B. la parole du colonel Henry, faussaire et faux témoin, qui fut, au dire d'un de ses successeurs, « le meilleur, le plus droit et loyal » des chefs de ce service (2).

Et cette tradition est imposée comme un dogme en quel-que sorte corrélatif à celui de la culpabilité du capitaine Drey-fus.

La reconnaissance de la matérialité du faux Henry, base du second système d'accusation, n'en amenait pas moins, à nouveau, la ruine de l'accusation. M. Wattinne l'avait déclaré lui-même à Henry, en édifiant ce second système : « *S'il y a un seul faux dans les documents que vous nous présentez, toute l'affaire s'écroule.* » Une fois encore, la vérité néces-saire de la culpabilité de Dreyfus restait, sans démonstration, à l'état de simple postulatum.

La conséquence inéluctable de la révélation du faux Henry fut immédiatement proclamée par le général de Pel-lieux, l'un de ceux qu'avait trompés le service des renseigne-ments.

A la suite de ce fait, dépose le colonel Ducassé (3), le général de Pellieux n'y alla pas par quatre chemins, il dit très carrément : *Un dossier où il y a un faux est un dossier suspect; on ne peut pas condamner sur dossier suspect ; non seulement la revision s'impose, mais la cassation du procès, et on ne peut pas réunir de nouveau un conseil de guerre en lui donnant à juger sur un dossier contaminé.*

p. 27

C'était, en effet, la seule conclusion loyale à tirer de la

(1) Rapport Bard, p. 106.
(2) Lettre du capitaine François du 28 avril 190 (Dossier Dautriche).
(3) Déposition du 9 mai 1904, Enquête, t. 1, p. 714.

découverte de ce faux, qui devait en révéler tant d'autres. Le capitaine Galon, qui est resté officier d'ordonnance du général de Pellieux jusqu'à son décès, a déposé lui aussi que le général de Pellieux répétait : « A partir d'aujourd'hui la revision s'impose » ; et il ajouta que les sentiments du général de Pellieux, motivés par le faux Henry, étaient restés absolument les mêmes jusqu'à sa mort (1).

Ces sentiments s'étaient traduits dans une demande de mise à la retraite adressée à M. le Ministre de la Guerre, le 31 août 1898, ainsi conçue :

Dupe de'gens sans honneur, ne pouvant plus espérer compter sur la confiance des subordonnés sans laquelle le commandement est impossible, et de mon côté *ne pouvant avoir confiance en ceux de mes chefs qui m'ont fait travailler sur des faux, je demande ma mise à la retraite.*

Cette lettre, révélée à la Chambre des députés dans sa séance du 6 avril 1893 (2), fut toujours dissimulée au président du Conseil des ministres. Les deux attestations, en sens contraire, signées par le général Zurlinden et produites toutes deux à la Chambre des députés à la séance du 9 avril 1903, ne permettent pas de discerner si la responsabilité de cette dissimulation incombe au ministre de la guerre, M. Cavaignac, ou au gouverneur de Paris, général Zurlinden.

La dissimulation n'en est pas moins certaine. On fit reprendre au général de Pellieux sa demande de mise à la retraite : la déposition du capitaine Gallon atteste qu'on ne le fit point changer de sentiment.

XIV. — Après avoir ainsi étouffé le cri de la conscience révoltée du général de Pellieux, il fallait étouffer la voix du témoin le plus dangereux, le colonel Picquart. Quarante-huit heures après l'acquittement d'Esterhazy, prononcé le 11 janvier 1898, le colonel Picquart avait été puni de soixante jours d'arrêt de forteresse à raison des dénégations opposées par lui aux faux témoignages produits dans ce procès.

La lettre de protestation de Zola contre les scandales de l'instruction Esterhazy avait paru le 13 janvier ; et à raison des nouveaux débats apparaissant à l'horizon, le 21 janvier,

(1) Déposition du 4 juin 1904. Enquête t. 1, p. 881 et 882.
(2) Revision du procès de Rennes, p. 503, 546, 547 et 557. — Conf. Déposition du commandant Targe du 19 mars 1904, Enquête, t. 1, p. 77.

le général Billot avait envoyé le colonel Picquart devant un Conseil d'enquête (1).

p. 2

Le Conseil d'enquête, réuni sous la présidence du général de Saint-Germain, avait émis son avis le 1ᵉʳ février 1898 (2). Le 5 février, une note de l'*Agence Havas* avait annoncé que le Ministre ne ferait connaître sa décision au sujet de Picquart « qu'après le procès Zola » ; ce qui décelait l'intention bien nette d'arrêter sur les lèvres de Picquart, déposant comme témoin, des vérités compromettantes (3).

Picquart ayant obéi à sa conscience au procès Zola, terminé le 23 février, avait été mis en réforme à la date du 26.

Quand M. Cavaignac eut fait à la Chambre des députés son retentissant discours du 7 juillet 1898, Picquart avait écrit le surlendemain, 9 juillet, une lettre très respectueuse au Président du Conseil des ministres, se déclarant prêt à

...... établir devant toute juridiction compétente que les deux pièces qui portent la date de 1894 ne sauraient s'appliquer à Dreyfus, et que celle qui porte la date de 1896 a tous les caractères d'un faux.

Il ajoutait que

...... manifestement la bonne foi de M. le Ministre de la Guerre avait été surprise.

M. le Ministre de la Guerre lui démontra le contraire en répondant, le 12 juillet, par une plainte contre lui et Mᵉ Leblois, pour prétendue infraction à la loi relative à l'espionnage, et en le faisant arrêter le 13 juillet (4).

Le 14 août, le général Roget et le capitaine Cuignet révèlent à M. Cavaignac la matérialité du faux Henry. Cette révélation est dissimulée au président du Conseil jusqu'au 30 août : M. Cavaignac, Ministre de la guerre n'en parle au président du Conseil qu'après un voyage au Mans, où le général Mercier exerce son commandement (5). Il revient de ce voyage avec la volonté arrêtée d'empêcher à tout prix une revision, qui devait nécessairement révéler les agissements

(1) Cass., 1899, t. 2, 149.
(2) Cass., 1899, t. 2. p. 168.
(3) Conforme. Cass., 1-221 Bertulus ; contesté par le général Gonse. Cass., 1-572.
(4) Instruction Fabre, p. 3 et 8.
(5) Séance de la Chambre des députés du 6 avril 1903. Revision du procès de Rennes, p. 504.

du général Mercier en 1894. Le général de Boisdeffre donne
sa démission, et les tentatives pour annuler et dissimuler
cette démission échouent : M. Cavaignac est obligé de se retirer. Le général Zurlinden lui succède ; mais après conférence
avec son service de renseignements, il se rend immédiatement compte que, comme l'a déclaré le colonel Du Paty de
Clam, il faut empêcher la revision afin de sauver le général
Mercier ; et il écrit le 10 septembre au Ministre de la justice
qu'il est opposé à la revision : elle ne lui paraît pas justifiée
et *elle serait dangereuse* (1).

p. 29

Immédiatement, pour l'étouffer, il met en œuvre une accusation criminellement préparée contre Picquart par le service des renseignements : le 14 septembre il adresse au Ministre de la justice une note accusant Picquart des falsifications
du « petit bleu », machinées contre cet officier par le service
des renseignements lui-même (2). Le 16 septembre, M. le général Zurlinden adresse au Gouverneur militaire de Paris
l'ordre de faire ouvrir une enquête contre le colonel Picquart,
pour faux et usage de faux concernant le « petit bleu ». Il
démissionne le 17, reprend ses fonctions de Gouverneur militaire le 19, et reçoit le 20 en cette qualité, l'ordre qu'i la rédigé le 16 comme Ministre de la guerre (3). Il était certain,
de la sorte, que l'ordre du ministre Zurlinden serait exécuté
avec toute la rigueur désirable par le gouverneur Zurlinden.
D'urgence il demande à la justice civile, saisie de la première
plainte contre Picquart et Leblois, de se dessaisir au profit de
la justice militaire. C'est ce qu'exposa le minstère public le
21 septembre 1898, à l'audience de la huitième chambre du
Tribunal correctionnel de la Seine (4).

L'illusion n'était plus permise pour le colonel Picquart :
il fit la déclaration suivante à l'audience (5).

Je viens d'apprendre ici la réalité de l'abominable machination à
laquelle je ne voulais pas croire ce matin, c'est cette accusation de faux
au sujet du « petit bleu ». Vous comprendriez mieux cette affaire si les
débats avaient lieu, car ils vous éclaireraient sur la bonne foi de mes
accusateurs. J'irai peut-être ce soir au Cherche-Midi. C'est probablement

(1) Instruction Fabre, p. 284.
(2) Instruction Fabre, p. 284.
(3) Instruction Fabre, p. 294 et 295.
(4) Instruction Fabre, p. 266.
(5) Instruction Fabre, p. 279.

la dernière fois, avant cette instruction secrète, que je puis dire un mot en public. *Je veux que l'on sache, si l'on trouve dans ma cellule le tacet de Lemercier-Picard ou le rasoir de Henry, que ce sera un assassinat, car jamais un homme comme moi ne pourra avoir un instant l'idée du suicide.* J'irai le front haut devant cette accusation et avec la même sérénité que j'ai apportée toujours devant mes accusateurs. . .

Cette déclaration fut peut-être le salut pour le colonel Picquart.

Lemercier-Picart, agent besogneux qui s'était livré à de louches besognes autour de l'affaire Dreyfus, avait été trouvé **p. 30** pendu en des circonstances extraordinairement suspectes, quand son témoignage eût pu être utilement recueilli (1).

Le colonel Henry, après l'aveu d'un de ses faux, avait été retrouvé la gorge ouverte d'un coup de rasoir, en des conditions qui autorisèrent les plus graves soupçons, au moment où il devait rendre ses comptes à la justice.

Le colonel Picquart, troisième témoin, également dangereux (quoique pour d'autres causes) eut la vie sauve ; mais il dut déposer, comme officier rejeté de l'armée, et poursuivi tout à la fois pour faux, usage de faux et espionnage. Le général Zurlinden, fidèle exécuteur de l'œuvre perpétrée au bureau des renseignements, espérait rendre ainsi suspecte la parole d'un témoin, dont on avait pu fermer éternellement la bouche.

Le colonel Picquart paya le crime du service des renseignements de quatre-vingts jours de mise au secret et d'une année de prison préventive ; et le général Zurlinden, sans un mot d'excuse et de regret, reconnut à Rennes qu'il avait ordonné cette instruction déshonorante, et qu'elle avait tourné à la confusion des accusateurs de Picquart (2) ; il ajoutait ne pas croire qu'il y eût eu manœuvre de la part des falsificateurs du « petit bleu » !

XV. — Tandis que le général Zurlinden, aveuglé par le service des renseignements et les nécessités de la défense du général Mercier, réduisait le lieutenant-colonel Picquart à

(1) Instruction Bertulus. Conf. Cass., 1, 467, Trarieux. Voir aussi la déclaration de Gribelin citée par le commandant Targe (déposition du 19 mars 1904, Enquête, t. 1, p. 55). Lemercier-Picart aurait notamment collaboré au faux Henry. — *Adde* : déposition Séverine du 18 avril 1904, Enquête, t. 1, p. 383 et déposition Cordier (Rennes, t. 2, p. 542).

(2) Rennes, t. 3, p. 476.

l'impuissance par les procédés qui viennent d'être rappelés, le général Chanoine lui succédait au ministère de la Guerre.

Ce nouveau ministre a déclaré devant la Cour de Cassation (1) que l'affaire était à ses yeux passée du terrain judiciaire sur le terrain politique, qu'il n'avait plus alors les dossiers de l'affaire Dreyfus, remis antérieurement au garde des Sceaux, mais qu'il possédait au ministère d'autres sources d'information et documents pour former sa conviction.

J'ai interrogé, a-t-il dit (2), un certain nombre de personnes qui sont parfaitement au courant de ce qui s'est passé lors du procès de 1894.

Ce sont donc encore les auteurs des machinations du procès de 1894 qui ont déterminé, chez le général Chanoine, la conviction qu'il fallait empêcher une revision projetant la lumière sur tous ces agissements criminels.

p. 31

Avec juste raison, le général de Négrier pouvait, en ces conditions, proclamer dans un toast retentissant du 19 septembre 1898, que « jamais, à aucune époque, les chefs de l'armée n'avaient été plus unis, *plus prêts à se dévouer les uns pour les autres* ». *Quatre ministres de la guerre successivement, en effet, suivant les suggestions de leur service des renseignements, s'employaient à étouffer la revision pour sauver le général Mercier et les autres auteurs des fraudes de 1894.* Il est manifeste que la seule conviction de la culpabilité de Dreyfus ne pouvait justifier un tel acharnement contre la revision du procès de 1894 : la revision, en effet, entraînait purement et simplement de nouveaux débats, où la culpabilité du traître devait s'affirmer plus éclatante, si, comme on le proclamait, le temps n'avait fait que confirmer le bien fondé du verdict de condamnation. *C'était donc bien, comme l'a reconnu le colonel Du Paty de Clam, la crainte de la révélation des actes commis par le général Mercier, qui motivait toutes ces résistances.*

Le général Chanoine ne pouvant empêcher le ministre de la Justice de saisir la Cour de Cassation, alla, pour entraver l'œuvre de la revision, jusqu'à trahir ses devoirs de ministre, et jusqu'à provoquer, par un scénario habilement préparé

(1) Cass., 1899, t. 1-50.
(2) *Ibid.*, p. 51 *in fine.*

avec les défenseurs du général Mercier (1), le renversement du cabinet dont il faisait partie : *la manœuvre fut effectuée le 25 octobre 1898, l'avant-veille du jour fixé pour les débats devant la Cour de Cassation.*

XVI. — Par arrêt du 29 octobre 1898, la Cour de Cassation déclarait la revision recevable en la forme, et ordonnait une enquête. Les menaces, les injures, les procédés de chantage de la presse du service des renseignements, n'avaient pu avoir raison de la conscience des juges ; il fallait dessaisir une juridiction qui ne savait pas obéir.

Six jours après l'arrêt ordonnant l'instruction, une proposition de loi est faite par M. Gerville-Réache pour dessaisir la Chambre criminelle de l'affaire Dreyfus. Une nouvelle proposition de même nature est faite, le 12 novembre, par M. Massabuau.

Le président du Conseil des ministres nouvellement constitué avait reculé devant la violation des principes essentiels du droit public et privé que proposait M. Gerville-Réache : il avait annoncé qu'il combattrait la proposition. Les agents du Ministre de la guerre manœuvrent alors suivant leurs procédés habituels.

Le colonel Picquart, prisonnier militaire conformément p. 32 au plan préparé par le colonel Du Paty de Clam (2) et le général Zurlinden, est accompagné lorsqu'il vient comme témoin devant la Cour, par un autre officier, le capitaine Herqué, qui espionne les magistrats, dénature leurs paroles et leurs actes, et rédige des rapports suivant la formule de Guénée (3). Ces rapports sont quotidiens du 22 novembre 1898 au 5 décembre 1898. La besogne est complétée par des rapports d'un autre agent nommé Magnin. Le dossier, ainsi constitué au gouvernement militaire de Paris, est communiqué au Ministère de la guerre, le 5 janvier 1899, et sous la haute direction du commandant Cuignet, les informations calomnieuses

(1) Dans la *Libre Parole* du 24 mai 1903, M. Gaston Méry reconnaît que le coup de théâtre du 25 octobre 1898 était préparé d'avance ; le général Chanoine avait fait connaître sa résolution à quelques personnes, notamment à Guérin, l'agent antisémite.

(2) Voir le rapport de du Paty de Clam du 24 janvier 1898, cité par le commandant Targe (déposition du 21 mars 1904, Enquête, t. 1, p. 98).

(3) Dossier Herqué-Magnin, du gouvernement militaire de Paris, déposé par le commandant Targe, le 21 mars 1904, Enquête, t. 1, p. 95-96.

furent mises en œuvre pour faire transformer en loi les propositions Gerville-Réache et Massabuau. Le général Zurlinden, interrogé sur ce point dans sa déposition du 29 mars 1904, a essayé de se dérober derrière l'imprécision de ses souvenirs. Mis en présence de sa lettre du 28 février 1899, par M. le Procureur général, il a été forcé de reconnaître que s'il n'avait donné aucun ordre formel au capitaine Herqué, *il avait approuvé l'initiative qu'il avait prise.* Il a prétendu seulement pour s'excuser n'y avoir pas attaché d'importance !

Sans insister sur ces ignominies qui secondaient l'immonde campagne des journaux recevant le mot d'ordre du service des renseignements, il suffit de constater que cette criminelle manœuvre aboutit au résultat cherché.

Sous le prétexte qu'une juridiction si atrocement calomniée et si publiquement vilipendée, n'aurait pas, malgré l'inexactitude reconnue et proclamée des articulations mensongères dirigées contre elle, l'autorité nécessaire pour imposer son arrêt au public, on proposa de ne pas lui laisser seule la responsabilité de la sentence définitive (1).

La loi de dessaisissement, imposée au Parlement par les défenseurs de ceux pour la sauvegarde desquels tant de crimes avaient été déjà commis, fut votée le 1er mars 1899. C'était, comme il fut dit à la Chambre des députés, « une prime à la calomnie ».

Mais si la manœuvre avait eu pour résultat de renvoyer la demande de revision devant les magistrats dont on avait osé pointer d'avance les préventions hostiles, l'affaire ne restait pas moins pendante devant de véritables juges : la nouvelle infamie commise ne pouvait donc avoir le résultat final qu'en espéraient ses auteurs.

p. 33   XVII. — Après avoir essayé de déshonorer des magistrats que leur devoir obligeait à faire la lumière sur les causes initiales de la condamnation de Dreyfus, et par suite sur les actes commis pour obtenir cette condamnation, après avoir fait dessaisir ces juges coupables de n'avoir pas trahi leur devoir, après avoir fait porter l'affaire devant une juridiction hostile *a priori*, il fallait bien cependant reconstruire un troi-

---

(1) Lettre du premier président Mazeau au Garde des Sceaux, du 27 janvier 1899.

sième système d'accusation contre Dreyfus. Devant des juges, on ne pouvait, comme au Ministère de la guerre, se contenter de proclamer le dogme de la trahison de l'officier juif, traître par prédestination.

Or, il était impossible de songer à justifier la condamnation par l'acte d'accusation d'Ormescheville qui s'était effondré lamentablement.

Aussi n'en fut-il plus question, *et on l'abandonna même si complètement qu'on changea, pour les besoins du nouveau système, la date même du bordereau et du prétendu crime de Dreyfus.*

L'acte d'accusation d'Ormescheville plaçait le bordereau au mois d'avril, et argumentait sur cette date. Dreyfus était accusé d'avoir livré des documents secrets antérieurs à avril ou mai 1894 (1). *Le nouveau système construit devant la Cour de Cassation accusait Dreyfus d'une trahison commise en septembre 1894 et consistant dans la remise de documents secrets à cette date.*

S'il ne pouvait plus être question du premier système d'accusation d'Ormescheville, il ne pouvait plus être question davantage du second système d'accusation que le rapport Gonse-Wattinne et le discours de M. Cavaignac avaient essayé de reconstruire, puisque ce second système d'accusation avait pour assise fondamentale le faux Henry et le dossier secret, et que, suivant l'expression même du général de Pellieux, on ne pouvait « juger sur un dossier contaminé. »

Si invraisemblable que cela puisse paraître, le troisième système d'accusation, par lequel on essayait à nouveau de justifier l'acte de foi à la traîtrise de l'officier juif, trouvait sa base principale dans... les aveux de Dreyfus.

Le commandant Cuignet, qui était devant la Cour de Cassation le porte-parole du service des renseignements et le représentant officiel du Ministère de la guerre, s'exprimait en ces termes (2).

Je dois déclarer à la Cour sur quoi s'est fondée jusqu'à présent ma p. 34

(1) Rapport Ballot-Beaupré, p. 104 et 105. Il est à noter que cette date d'avril ou mai 1894, assignée au bordereau au procès de 1894 comme au procès Esterhazy, était devenue un moyen de défense pour Esterhazy. — (Interrogatoire Ravary. — Cass. t. 2, p. 12). Réquisitoire du Procureur général, p. 330.

(2) Cass. 1899, t. 1, p. 349.

conviction de la culpabilité de Dreyfus. *Cette conviction est basée sur trois ordres de faits ou de documents que je classe ainsi qu'il suit dans l'ordre de l'importance qu'ils ont à mes yeux :* 1° *les aveux ;* 2° *la discussion technique du bordereau ;* 3° *ce qu'on est convenu d'appeler le dossier secret.*

Ainsi la question d'écriture, capitale dans le premier système d'accusation, est cette fois prudemment laissée dans l'ombre. Le dossier secret si formidable et si décisif (parce qu'il était secret) dans le deuxième système d'accusation où il avait le rôle capital, est relégué au troisième plan : il n'a plus qu'une valeur d'appoint.

J'ai dit, ajoute le commandant Cuignet (1), que dans mon esprit ce dossier dit secret n'avait qu'une importance relative ; mais alors que les établir la culpabilité de Dreyfus. Je n'ai pas voulu dire, par là, que le dossier dit secret n'avait qu'une imp ortance relative ; mais alors que les aveux et la discussion technique du bordereau me paraissent fournir une preuve directe de culpabilité, celle-ci ne ressort au contraire de l'examen du dossier *que par une suite de déductions et de présomptions concordantes.*

On n'y trouvait guère, en effet, suivant une heureuse expression des accusateurs, que « la preuve de culpabilité par prétérition d'innocence (2) ».

C'était encore attacher trop d'importance à ce « dossier contaminé » ; et les événements postérieurs ont montré combien était juste l'appréciation du général de Pellieux à cet égard.

Néanmoins, et pour proclamer la culpabilité de Dreyfus, on imaginait avec les éléments tirés de ce dossier secret quatre faits nouveaux de trahison qui n'avaient rien à voir avec le bordereau. On prétendait ainsi démontrer que Dreyfus avait été justement condamné pour avoir livré les documents secrets d'avril 1894, spécifiés par l'acte d'accusation d'Ormescheville : 1° parce que le bordereau visait en réalité d'autres documents qui étaient des pièces secrètes de septembre 1894 ; 2° parce que Dreyfus avait commis quatre autres délits d'espionnage non compris dans les poursuites de 1894, et découverts depuis grâce à la sagacité du service des renseignements. Ces quatre délits nouveaux étaient : 1° livraison à l'Allemagne des secrets de fabrication de l'obus Robin (3) ;

(1) Cass. t. 1, p. 356.
(2) Cass. 1-363. Voyez conclusions de M. le Procureur général Baudouin, p. 164.
(3) Cass. 1899. — Roget, t. I, p. 64.

2° livraison à la même puissance d'une instruction sur le chargement des obus à la mélinite (1). 3° livraison à la même puissance d'une minute du Ministère de la guerre concernant la répartition de l'artillerie lourde aux armées (2). 4° livraison à la même puissance des cours de l'école de guerre (3).

p. 35

XVIII. — Tel était le troisième système d'accusation. Il devait s'écrouler comme les deux premiers, en dépit des fraudes nouvelles combinées pour le soutenir.

L'assise fondamentale du système, les affirmations concernant les propos qualifiés aveux (même indépendamment de toute recherche et vérification pour contrôler l'exactitude des rapports les concernant), ne pouvait guère résister au premier examen critique. C'est ce qu'observait M. le conseiller Bard dans son rapport (4).

Les accusateurs le sentaient eux-mêmes si bien qu'un faux témoin fut recruté pour apporter à la Cour des propos plus explicites en ce qui concerne l'aveu. Le soldat Depert, de la Garde républicaine, devenu depuis brigadier, s'est subitement rappelé, le 7 novembre 1898, dans une conversation avec son adjudant, que, quatre ans auparavant, Dreyfus avait dit devant lui : « Pour être coupable, je suis coupable, mais je ne suis pas seul. »

Immédiatement des rapports sont dressés par les soins du gouvernement militaire de Paris, qui constitue un dossier transmis ensuite au ministère de la Guerre (5). Malgré une lettre du ministre de l'Intérieur, M. Dupuy, adressant à son collègue de la Guerre des renseignements recueillis, qui déjà faisaient apparaître la supercherie (6), le service des renseignements envoya son précieux témoin devant la Cour de Cassation. M. Durlin, directeur du Dépôt, d'après les faits rapportés par Depert, eut été l'interlocuteur direct de Dreyfus, au moment où les propos contenant des aveux auraient été tenus. Une confrontation eut lieu entre Depert et M. Durlin : elle établit que les prétendus aveux faits à ce moment étaient des protestations d'innocence.

(1) Cass. 1899. — Roget, t. 1, p. 65.
(2) Cass. 1899. — Roget, t. 1, p. 65.
(3) Cass. 1899, Cuignet, t. 1, p. 360.
(4) Rapport Bard, p. 57 et suiv.
(5) Cass. t. 2, p. 141.
(6) Cass. t. 2, p. 147.

Il est juste d'ajouter qu'*aucune enquête ne fut faite pour chercher qui avait suggéré à Depert, quatre ans après les événements, des souvenirs si erronés et si brusques.*

Mais il est à noter, en passant, que dans la dernière instruction encore, on retrouvera des témoins de même ordre, qui s'évanouiront sans laisser de traces aussitôt que leur faux témoignage sera reconnu.

p. 36 Les adversaires de la revision ne furent pas plus heureux, avec un nouveau faux dirigé contre Picquart. Armés d'un rapport de Guénée (1), ils accusaient Picquart d'être un correspondant de l'agent A. avec lequel il se serait rencontré mystérieusement à Carlsruhe. Une photographie instantanée faisait foi de l'exactitude de l'assertion. Gribelin a connu cette photographie (2) sans savoir qui l'avait faite. Malheureusement pour les fauteurs de cette machination, Picquart pouvait justifier d'un alibi à l'époque où l'on plaçait l'entrevue, et la fausse photographie dut rester dans l'ombre (3).

L'étrange dénaturation des faits commise par le général Gonse dans la pièce 96 du dossier secret, et par M. le général Roget dans sa déposition du 28 janvier 1899 (4), au sujet des prétendus renseignements fournis par la famille Hadamard sur la moralité de Dreyfus, ne réussit pas davantage. Les faits furent rétablis devant la Cour par les dépositions Painlevé, d'Ocagne et Hadamard (5). Les généraux Gonse et Roget, mis en demeure par M. Painlevé, à Rennes, de s'expliquer sur ces faits, alléguèrent seulement qu'ils n'avaient attaché aucune importance à ces attestations : ils les avaient jugées dignes cependant des honneurs du dossier secret (6), et on en avait fait le couronnement du rapport Gonse-Wattinne.

La fausse attestation du général de Dionne (pièce 97 du dossier secret) qui s'efforçait de jeter la déconsidération sur

---

(1) Commandant Targe, déposition du 13 juin 1904. Enquête t. 1, p. 977.
(2) Déclaration Gribelin du 29 juillet 1903. — Targe, déposition du 19 mars 1904, Enquête, t. 1, p. 55. — Conf. Targe, déposition du 21 mars 1904. Enquête, t. 1 p. 100.
(3) Cass., 1899, Griset, 1-387 ; Picquart, Cass., 1-210. Trarieux, Rennes, t. 3, p. 477.
(4) Cass., 1-632.
(5) Cass., 1-754.
(6) Rennes, t. 3, p. 331 et suiv., 345 et 346.

Dreyfus, et son attitude pendant son séjour à l'Ecole de Guerre, échoua aussi misérablement que la fausse attestation du général Gonse dans la pièce 96. Elle se heurtait aux notes sur la conduite et les aptitudes, sur la valeur morale et intellectuelle de Dreyfus au moment de sa sortie de l'Ecole de Guerre ; et *ces notes, qui furent retrouvées au cours de l'instruction de la Cour de Cassation étaient rédigées et signées par le même général de Dionne* (1). La déformation des souvenirs du général de Dionne, sous l'empire de la passion, est assurément l'explication la plus courtoise qui puisse être donnée de l'attestation de complaisance, délivrée par lui au général Gonse pour « nourrir » le dossier.

L'audacieuse falsification de la pièce 44 du dossier secret, où le service des renseignements avait substitué, pour la dépêche de l'agent B, en date du 2 novembre 1894, un texte composé de mémoire par Henry et Du Paty au texte officiel, ne p. 37 réussit pas davantage. La manœuvre fut démasquée par la déposition de M. Paléologue devant les chambres réunies le 29 mars 1899 (2).

La falsification était ici tellement monstrueuse que pour essayer de donner le change, le commandant Cuignet accusa de faux le Ministre des Affaires étrangères, M. Delcassé (et nécessairement aussi M. Hanotaux, puisque d'après lui le faux eût été commis en 1894), l'administration des postes qui avait retrouvé le décalque de la dépêche originale dans ses archives, et tous les fonctionnaires mêlés à la question ; comme d'ailleurs il devait plus tard accuser M. le sénateur Trarieux de trahison, en faisant constituer contre lui un dossier par les agents du service ; comme d'ailleurs il devait accuser toute la chambre criminelle de forfaiture et trahison (3) ; comme d'ailleurs il devait accuser de faux le colonel Bourdeaux (4), etc.

Vainement encore le général Mercier, reculant cette fois devant le faux témoignage commis par lui au procès Zola, se contentait-il devant la Cour de Cassation de commettre le

(1) Cass., 1899, débats, p. 585.
(2) Cass., débats, p. 508.
(3 et 4) Déposition Cuignet, du 14 et du 10 mai 1904, Enquête, t. 1, p. 816 et 830.

simple délit de l'art. 80 C. instr. crim., en refusant de répondre sur la question de communication d'un dossier secret aux
juges de 1894 ; et vainement le général de Boisdeffre suivait-il
l'exemple de son ancien ministre. D'autres témoins, comme
M. Casimir Périer, ancien président de la République,
s'étaient montrés plus respectueux de la justice : ils avaient
répondu aux questions posées ; et cette pitoyable manœuvre
des généraux Mercier et de Boisdeffre échouait encore.

XIX. — En dépit de cette nouvelle série de manœuvres,
la vérité ne pouvait pas ne pas apparaître aux juges ayant
mission de la chercher, et résolus à faire leur devoir : le troisième système d'accusation devait s'écrouler fatalement
comme les deux premiers, dès qu'on en abordait l'étude critique.

La légende des aveux, nouvelle base du système, n'avait
aucune consistance, et le capitaine Lebrun-Renault le reconnaissait plus tard à Rennes lorsqu'il déclarait finalement :

*Je n'ai aucune impression là-dessus... C'est une question personnelle.
Il m'a dit telle phrase, que l'on considère cela comme on voudra ! Cela
peut être pour les uns des aveux, pour les autres une explication de sa
conduite, c'est l'affaire de chacun* (1).

p. 38   M. le président Ballot-Beaupré dans son rapport (2), et
M. le Procureur général Manau (3) dans ses conclusions,
avaient fait justice de cette étrange légende qui, considérée
comme insignifiante à son origine, avait pris des proportions
considérables sous le souffle du service des renseignements,
impuissant à combler par des preuves sérieuses le vide de ses
accusations contre Dreyfus.

L'argumentation technique, bâtie sur le bordereau, construction ingénieuse mais très hasardée de l'imagination, ne
pouvait être prise véritablement en considération dans un
débat judiciaire (4).

Enfin le dossier secret était plus faible encore, puisque les
déductions à en tirer étaient tout aussi incertaines que celles
de l'argumentation technique, et puisque, d'autre part, il était
matériellement plus que suspect.

(1) Rennes, t. 3, p. 78 et 80.
(2) Cass., débats, p. 178 et suiv.
(3) *Ibid.*, p. 297 et suiv.
(4) Rapport Ballot-Beaupré, p. 184.

La révélation de la communication aux juges d'un dossier dérobé à l'examen de la défense et où figurait même la pièce « ce canaille de D... », reconnue devant la Cour inapplicable à Dreyfus, la découverte de lettres d'Esterhazy sur papier pelure identique au papier du bordereau, lettres reconnues et par l'expéditeur et par les destinataires, l'identité absolue d'écriture entre le bordereau et les documents écrits par Esterhazy, tout commandait la revision.

La Cour l'ordonna par arrêt des Chambres réunies du 3 juin 1899. Elle prenait soin de spécifier :

Qu'on ne peut l'écarter en invoquant des faits postérieurs au jugement comme les propos tenus le 5 janvier par Dreyfus devant le capitaine Lebrun-Renault ; qu'on ne saurait, en effet, voir dans ces propos un aveu de culpabilité, puisque non seulement ils débutent par une protestation d'innocence, mais qu'il n'est pas possible d'en fixer le texte exact et complet par suite des différences existant entre les déclarations successives du capitaine Lebrun-Renault et celles des autres témoins ; et qu'il n'y a pas lieu de s'arrêter davantage à la déposition de Depert, contredite par celle du directeur du Dépôt qui, le 5 janvier 1895, était auprès de lui.

Ainsi s'écroulait, pour la troisième fois, le système nouveau réédifié par le service des renseignements pour tenter de justifier l'affirmation préconçue de la culpabilité de l'officier israélite, et pour essayer de sauver les auteurs des manœuvres criminelles perpétrées contre Dreyfus à l'origine même du procès.

L'affaire était renvoyée devant le Conseil de guerre de Rennes. La loyauté eût, en de telles conditions, commandé l'aveu de l'erreur commise. Elle exigeait cet aveu d'autant plus impérieusement que, pour obtenir le vote de la loi de dessaisissement, les accusateurs de Dreyfus, comptant sur les p. 39 préventions hostiles de la juridiction choisie par eux, avaient eux-mêmes proclamé la nécessité pour tous de s'incliner avec respect devant l'arrêt des Chambres réunies. Mais le 5 juin 1899, le cabinet Dupuy avait décidé la mise en accusation du général Mercier ; le 6 juin, la Chambre des députés avait voté une résolution ajournant après le Conseil de guerre de Rennes le débat sur cette mise en accusation.

Il fallait donc, à Rennes, arriver à provoquer par tous moyens une nouvelle condamnation de Dreyfus, pour sauver le général Mercier.

p. 41

DEUXIÈME PARTIE

Le procès de Rennes

I. — Lorsqu'il s'agit de présenter devant le Conseil de Guerre de Rennes une accusation en forme, M. le commandant Cuignet reprit imperturbablement le système qui s'était effondré devant la Cour de Cassation, en y ajoutant toutefois la démonstration Bertillon.

Ma conviction sur la culpabilité de Dreyfus, a dit le commandant Cuignet (1), est basée, comme je l'ai dit devant la Chambre criminelle, sur des considérations tirées de trois ordres de faits ou de documents, savoir : les aveux recueillis par le capitaine Lebrun-Renault, la discussion technique du bordereau, enfin l'examen du dossier secret. *Je puis ajouter maintenant une quatrième preuve dans le détail de laquelle je n'entrerai pas : c'est la démonstration graphologique faite par M. Bertillon.*

La nécessité de cette quatrième épreuve était, en effet, devenue impérieuse, depuis qu'il s'était révélé que l'écriture du bordereau était identique à celle d'Esterhazy ; il fallait établir que cette écriture était une écriture mystérieuse, cryptographique, dont plusieurs personnes pouvaient avoir la clef, Dreyfus aussi bien qu'Esterhazy.

Un immense effort fut fait en ce sens devant le Conseil de guerre, et il n'est pas douteux que M. Bertillon, comme on le verra plus tard, n'ait joué dans les débats de Rennes un rôle très important.

Mais pour que le troisième système d'accusation, ruiné par l'arrêt de la Cour de Cassation, pût être repris de la sorte devant la juridiction de renvoi, il fallait, de toute nécessité, devant le Conseil de guerre de Rennes, sortir de la légalité. On n'y manqua point.

La présente partie du mémoire doit donc se diviser en deux sections. Dans la première seront examinées les illégalités qui ont rendu possible la reprise d'un système d'accusation déclaré mal fondé, au moins en certaines de ses parties, par l'arrêt des Chambres réunies. Dans la seconde seront analysées les thèses et articulations qui ont constitué l'ensemble de l'accusation devant les juges de Rennes.

(1) Rennes, 1-487.

p. 42

SECTION I

LES ILLÉGALITÉS DU PROCÈS DE RENNES

Violation des art. 445 C. instr. crim. et 108 C. just. milit. : pas de nouvel acte d'accusation. — Violation de l'arrêt de la Cour de Cassation et des instructions ministérielles enjoignant au commissaire du gouvernement de faire respecter les limites tracées par l'arrêt de renvoi. — Violation de l'art. 7 du C. just. milit. : les fonctions effectives de commissaire du Gouvernement attribuées au général Mercier et à d'autres généraux. — Violation des droits de la défense, à laquelle on impose la continuation des débats, alors que l'un des défenseurs avait été, par une tentative d'assassinat, mis dans l'impossibilité de remplir sa mission. — Production, comme en 1894, d'articulations clandestines.

II. — Une première illégalité qui, d'après les faits aujourd'hui révélés à la Cour, paraît bien avoir été intentionnelle, a vicié tous les débats, et a fortement contribué à ériger le Conseil de guerre de Rennes en une sorte de Tribunal supérieur aux Chambres réunies de la Cour de Cassation, chargé de reviser les arrêts de la Cour suprême.

Cette première illégalité réside dans la violation de l'article 445 C. instr. crim. : aucun nouvel acte d'accusation n'a été dressé avant les débats du Conseil de guerre de Rennes. L'exposant a déjà établi, devant la Chambre criminelle, l'existence de cette première illégalité (1). Il se réfère à cette démonstration qu'il rappelle sommairement.

L'art. 445 stipule que, dans les affaires devant être soumises au jury, le procureur général près la Cour de renvoi dresse un nouvel acte d'accusation. Aucune formalité analogue n'est prescrite en cas de renvoi devant le Tribunal correctionnel.

La raison en est facile à apercevoir : c'est que les juridictions correctionnelles *motivent leurs arrêts, tandis que le jury ne motive pas ses verdicts.* Le jury se borne à adopter ou à rejeter, par une simple affirmation ou négation, *une ac-*

(1) Revision du procès de Rennes, p. 235 et suiv.

cusation dont les termes sont précisés en un acte dressé avant les débats.

Lors donc que le jury est saisi après un arrêt de revision, il devient juridiquement nécessaire qu'un acte d'accusation rédigé à l'avance, fixe, dans les limites qui auront été tracées par l'arrêt de la Cour de Cassation, l'accusation sur laquelle le jury aura à se prononcer par oui ou par non. Le législateur, *pour empêcher un conflit d'arrêt* a voulu interdire à la juridiction de renvoi de sortir du cercle qui aurait été tracé par la Cour régulatrice.

p. 43

Du principe de l'impossibilité légale d'un conflit d'arrêts et des conséquences qui en découlent, même en l'absence d'un texte précis, le Conseil d'Etat a fait récemment une remarquable application en annulant un arrêt de la Cour des Comptes.

Considérant, dit le Conseil, que l'art. 27 de la loi du 16 septembre 1807 ouvre un recours en cassation devant le Conseil d'Etat contre les arrêts de la Cour des Comptes pour violation des formes de la loi, et que l'ordonnance royale du 1" septembre 1819 dispose qu'en cas de cassation l'affaire est renvoyée devant une Chambre de la Cour autre que celle qui en a connu pour être statué au fond sur le compte en litige ; qu'il résulte de ces dispositions que la Cour des Comptes est placée sous l'autorité souveraine du Conseil d'Ltat statuant au Contentieux pour l'interprétation de la loi, et qu'elle est tenue de faire application de la décision du Conseil au jugement de l'affaire·à l'occasion de laquelle les questions de légalité ont été définitivement résolues par le Conseil ; que cette interprétation de l'art. 17 de la loi du 16 septembre 1807 n'est contredite par aucun texte et *que seule elle peut assurer la solution définitive des affaires en faisant obstacle à des conflits dont le législateur ne saurait être présumé avoir admis la possibilité.* Qu'il résulte de ce qui précède que la Cour, par l'arrêt attaqué a *méconnu l'autorité de la chose jugée* sur le point de droit et commis un excès de pouvoir (Cons. d'Etat, 8 juillet 1904, Botta).

Précisément pour faire obstacle à des conflits dont il ne saurait être présumé avoir admis la possibilité, le législateur en matière de revision ordonne, par l'art. 445, C. Inst. crim., que l'accusation, déterminée par l'arrêt de revision, sera formulée dans un acte d'accusation précisant les limites de la discussion devant la juridiction de renvoi.

III. — Il n'est pas douteux qu'en matière de revision, le Conseil de guerre ne soit assimilable au jury. Comme le jury, en effet, le Conseil de guerre rend un verdict non motivé. Comme le jury il statue par une affirmation ou une négation sur l'admission ou le rejet d'une accusation dont les termes et les limites ont été précisés en un acte rédigé à l'avance.

Cet acte, c'est le rapport prescrit par l'art. 108 du Code de justice militaire, et dont il doit être donné lecture aux débats en vertu de l'art. 121 du même code ; absolument comme l'acte d'accusation prescrit par l'art. 241, C. Instr. crim., pour les affaires soumises au jury, doit être lu à l'ouverture des débats de la Cour d'assises en vertu de l'art. 313, même code.

La Cour de Cassation a d'ailleurs, sur de très remarquables conclusions de M. le Procureur général Dupin, consacré, en matière de revision, l'assimilation des Conseils de guerre p. 44 aux Cours d'assises, par un arrêt du 30 décembre 1842 (1).

Les règles de la procédure criminelle instituée par le Code de justice militaire ne peuvent d'ailleurs être respectées, que si un nouveau rapport ou acte d'accusation est rédigé après l'arrêt de revision.

En effet, c'est un ordre de mise en jugement qui saisit le Conseil de guerre de renvoi. Cet ordre de mise en jugement fut signé, en l'espèce, par le général Lucas, commandant le 10ᵉ corps d'armée, le 23 juillet 1899 (2), conformément à l'art. 108.

Mais il résulte de cet article (voy., deuxième paragr. de l'art.), comme d'ailleurs de l'art. 155, relatif aux Conseils de guerre *en temps de guerre*, que *l'ordre de mise en jugement doit toujours être donné par l'officier qui a ordonné l'information*. Le commandant du 10ᵉ corps d'armée devait donc, pour se conformer aux règles de la procédure, ordonner l'information sur les bases établies par l'arrêt de la Cour de Cassation, avant d'ordonner la mise en jugement.

C'est seulement au vu d'un nouveau rapport rédigé d'après cet ordre d'informer dans les limites tracées par la Cour suprême, qu'il pouvait rendre son ordonnance de mise en jugement. *Le commandant du 10ᵉ corps d'armée ne pouvait, après arrêt de REVISION, rendre son ordonnance de mise en jugement sur une ordonnance d'informer émanant du Gouverneur militaire de Paris.* L'ordre de mise en jugement du général Lucas, qui n'a été précédé d'aucun nouvel ordre d'informer et d'aucun nouveau rapport, est donc radicalement nul, comme contraire tant aux dispositions de

(1) Revision du procès de Rennes, p. 236. — Dalloz, répert. Vᵒ Cassation, p. 366, note 1.
(2) Rennes, t. 1, p. 2.

l'art. 445, C. Instr. crim., qu'aux dispositions de l'art 108. C. just. militaire. Cette nullité entraîne la nullité de tout ce qui a suivi l'ordre de mise en jugement. *Il est à remarquer, comme conséquence, que depuis le 31 décembre 1894, date de l'arrêt du Conseil de revision, il n'a été fait aucun acte valable de poursuite contre Dreyfus.*

IV. — Comme aux termes de l'art. 121 du Code de justice militaire, il fallait nécessairement donner lecture du rapport ou acte d'accusation qu'on s'était bien gardé de faire dresser, on donna lecture aux débats... du rapport de M. d'Ormescheville, dressé sur l'ordre d'informer du Gouverneur militaire de Paris, du 3 novembre 1894.

On assista alors à des débats aussi contraires aux règles du simple bon sens qu'aux principes juridiques. En effet, alors que le rapport ou acte d'accusation accusait Dreyfus d'avoir livré des documents datés d'avril ou mai 1894, que d'ailleurs il spécifiait, les débats portaient, sur la livraison de documents tout autres : pièces secrètes de septembre 1894.

p. 45 L'accusation à Rennes, même en ce qui concerne le bordereau, était si différente de l'accusation présentée par le rapport d'Ormescheville, que le général Mercier, invité par Me Labori à indiquer comment il pouvait concilier le système d'Ormescheville avec son propre système d'accusation, répondit qu'il n'avait pas à concilier le système d'Ormescheville, puisqu'il le combattait (1).

Alors que le rapport relevait contre Dreyfus une accusation unique, celle de la livraison des documents visés au bordereau, *Dreyfus a été jugé à Rennes sur d'autres faits d'espionnage pour lesquels aucun rapport ou acte d'accusation n'a jamais été dressé, (livraison des secrets de fabrication de l'obus Robin et de l'obus à mélinite, livraison des cours de l'école de guerre, livraison de la minute Bayle sur l'attribution de l'artillerie lourde aux armées) (2).*

Dreyfus était jugé à Rennes sur des faits de trahison absolument différents de ceux relevés contre lui, par le rapport d'Ormescheville, et c'était le rapport d'Ormescheville, dont

(1) Rennes, 2-207.
(2) Ces prétendus actes d'espionnage étaient d'ailleurs inconnus en 1894, comme l'a déclaré le général Mercier à Rennes, t. 2, p. 210.

*il était donné lecture aux débats en vertu de l'art. 121, C. just.
militaire.*

Rien ne peut mieux souligner l'illégalité flagrante commise à Rennes, par la violation des prescriptions des art. 445
C. Instr. crim., et 108, C. just. militaire.

*Cette violation de la loi paraît d'ailleurs avoir été inten-
tionnelle.* Elle avait une cause : la volonté de considérer
comme nul et non avenu l'arrêt de la Cour de Cassation, et de
ne tenir aucun compte des limites fixées par la Cour suprême
à la juridiction de renvoi.

V. — Dès le début du procès de Rennes, en effet, une note
avait été adressée par le Ministre de la guerre, après entente
avec le président du Conseil et avec le Ministre de la justice,
au commissaire du Gouvernement. Elle indiquait à ce magistrat son devoir : précisant les questions définitivement tranchées par la Cour de Cassation, elle le priait de veiller à ce
que, devant la juridiction de renvoi, les débats restassent
dans les limites tracées par l'arrêt de la Cour suprême (1).

Ce fut une profonde stupéfaction pour tous, de voir combien l'arrêt de la Cour de Cassation était violé par le Conseil
de guerre de Rennes. Le Ministre de la guerre, général de
Galliffet, qui cependant avait l'habitude de voir ses ordres
méconnus par ses subordonnés, s'en étonne lui-même.

A un moment donné, au cours des débats, dépose le commandant
Targe (2), le général de Galliffet est étonné de voir le Commissaire du
Gouvernement tenir si peu de compte des instructions qu'il lui a envoyées
au début, et il télégraphie au commandant du 10ᵉ corps, à Rennes, pour
lui demander si ses instructions ont bien été remises. On lui répond que
oui, qu'elles ont été notifiées le 19 juillet au commissaire du Gouvernement.

p. 46

Mais probablement, pour qu'il ne restât pas trace de la
violation intentionnelle de la loi par lui commise, le commissaire du Gouvernement avait extrait du dossier et em-
porté (comme propriété personnelle, a-t-il dit) (3), l'instruction qui lui avait été notifiée sur les conséquences légales de
l'arrêt de la Cour de Cassation.

Le général de Galliffet, dans sa déposition devant la Cour

(1) Targe, déposition du 19 mars 1904, Enquête, t. 1, p. 49.
(2) Targe, *ibid.*, Enquête, t. 1, p. 49.
(3) Targe, *ibid.*, Enquête, *ibid.*

de Cassation du 11 juin 1904 (1) confirme la déposition du commandant Targe, appuyée d'ailleurs sur des documents versés au dossier.

Vous êtes-vous rendu compte, lui demande M. le Procureur général, que les instructions excellentes que vous donniez ainsi n'avaient pas été respectées ?
R. — Oui, Monsieur.
M. le procureur général. — Et alors ?
R. — C'est pour cela que j'ai été mis en cause si longtemps par le célèbre commandant Carrière : j'ai été accusé de lui avoir envoyé l'ordre de conclure à l'acquittement pour Dreyfus. Je ne suis pas très fort en jurisprudence, mais j'avais affaire à un homme de haute valeur qu'on appelle M. Cretin. Celui-ci s'était mis en rapport avec de hauts magistrats pour l'éclairer, et j'en ai conclu que *la Cour de cassation ayant dressé l'acte d'accusation, le commandant Carrière devait se conformer aux limites tracées par l'acte d'accusation, sauf à conclure comme il voudrait. Le commandant Carrière se déroba à cet ordre et je lui ai envoyé un rappel à l'ordre. J'étais parfaitement convaincu que mon rappel à l'ordre ne serait pas entendu. J'étais enchanté d'ailleurs qu'il ne fût pas entendu, permettez-moi de le dire, parce que je ne voulais pas qu'on puisse dire plus tard que le procès avait tourné autrement qu'il n'a tourné par ma faute, sous prétexte que j'avais empêché la vérité de se produire.*

Ainsi le général de Galliffet *reconnaît que l'illégalité commise a été commise intentionnellement ; il était convaincu d'avance que son rappel à la légalité se briserait contre une volonté bien arrêtée de la violer.* Il s'en félicite d'ailleurs, parce que cette illégalité commise a contribué pour une bonne part à la condamnation, lui, ministre de la Guerre, échappe du moins aux attaques ordurières et calomnieuses des journaux au service du bureau des renseignements.

VI. — Le commandant Carrière n'avait pas, au surplus, il faut le reconnaître, pleine liberté pour agir. Il n'était commissaire du Gouvernement que de nom : les fonstions effectives de commissaire du gouvernement ont été remplies à Rennes par le général Mercier, qui avait d'ailleurs plusieurs généraux comme suppléants.

p. 47

Il suffit de lire les débats pour le constater (2).

(1) Galiffet, Enquête, t. 1, p. 902.
(2) Le fait est constant, et il en a même été tiré pour les débats telle conséquence que de droit. « M. le général Mercier, disait Mᵉ Labori, vient ici moins comme témoin que pour assister M. le commissaire du Gouvernement. J'ai donc le droit de préciser la portée de sa question. » Le président du Conseil de guerre acquiesça à la demande de Mᵉ Labori (Rennes, t. 3, p. 31).

Ni le général Mercier, ni le général Roget qui déposaient à Rennes comme témoins sous la foi du serment, n'ont apporté aux juges de témoignages sur des faits précis constatés par eux-mêmes. Ils ont apporté au Conseil *des argumentations*. On en peut dire autant d'ailleurs de la plupart des témoinsmilitaires ayant fait à Rennes une longue déposition.

C'est une pratique nouvelle et assurément illégale, que celle du réquisitoire prononcé sous la foi du serment prêté par le témoin (1). Mais cette pratique contenait en elle-même une autre violation de la loi, peut-être plus grave encore et bien autrement redoutable pour l'accusé, la violation de l'art. 7 du Code de justice militaire.

Aux termes de cet article, les Commissaires du gouvernement doivent être pris parmi les *officiers supérieurs* et non parmi les *officiers généraux*. La raison en est que, d'après l'art. 3, le président du Conseil de guerre étant un colonel, il est inadmissible que le Commissaire du gouvernement soit un général, c'est-à-dire un officier d'un grade supérieur à celui du président. Les réquisitions du Commissaire du gouvernement seraient, pour un subordonné, quelque peu empreintes du caractère d'injonction : la défense resterait impuissante en face d'un tel adversaire.

Quelle puissance ne devait pas avoir sur les juges de Rennes, dont le plus haut gradé était un colonel, le réquisitoire fait sous la foi du serment par un général de division, ancien ministre de la Guerre et ancien commandant de corps d'armée ! Puissance rendue plus grande encore, sans doute, par la déclaration du général Mercier, publiée quatre jours avant l'ouverture des débats dans l'un des moniteurs du service des renseignements (l' *Intransigeant* du 3 août 1899). « *Dreyfus sera sûrement condamné de nouveau, car dans cette affaire il y a sûrement un coupable, et ce coupable c'est lui ou moi. Comme ce n'est pas moi, c'est Dreyfus.* »

Il est à noter que la défense a dû protester contre cette façon de présenter la question : « Je ne veux surtout pas, disait Me Demange, que la question puisse se poser entre le

(1) Voy. Nouguier, Cour d'assises, n° 2207 et suiv., et arrêts cités.

p. 48 général Mercier et le capitaine Dreyfus (1). « Mais il faut reconnaître que le général Mercier était autorisé à poser la question de cette façon, à raison du projet de mise en accusation le concernant, projet dont la Chambre des députés avait, le 5 juin 1899, ajourné la discussion jusqu'après le jugement du Conseil de guerre. Le général Mercier eut grand soin de rappeler aux juges ce procès de mise en accusation devant la Haute Cour (2).

VII. — Ce ne pouvait être, d'autre part, qu'en qualité de Commissaire du gouvernement adjoint que le général Mercier se trouvait détenteur de copies de la plupart des pièces appartenant au dossier secret, pièces qu'il a versées aux débats au cours de sa déposition. S'il n'eût pas été considéré comme personne qualifiée pour détenir ces pièces, le général Mercier aurait été assurément poursuivi sur-le-champ pour infraction à la loi du 18 avril 1886 ; et en dehors des fonctions de commissaire par lui remplies au procès, le général Mercier n'en avait alors assurément aucune, le qualifiant pour détenir légalement les pièces dont il a fait usage.

La chose était si évidente que la question fut catégoriquement posée devant le Conseil de guerre de Rennes. A quel titre, fut-il demandé, M. le général Mercier est-il détenteur de toutes les pièces du dossier secret (3) ? A cette question encore, le général Mercier a refusé de répondre, comme il refusait de répondre devant la Cour de Cassation en 1899, sur la question de communication d'un dossier secret aux juges de 1894. Même question lui fut posée devant la Chambre criminelle, le 26 mars 1904 : le général Mercier s'est encore dérobé, prétextant, cette fois, l'absence de souvenirs, et déclarant *qu'il recevait alors de toutes mains ces documents du dossier secret* (4).

Le général Chamoin, de son côté, a déclaré que son attention avait été appelée sur cette détention illégale de documents par le général Mercier, qu'il en avait rendu compte au ministre, et qu'il s'était étonné de l'absence de réserves du Commissaire du gouvernement à cet égard (5). Mais il

(1) Rennes, t. 3, p. 541.
(2) Rennes, t. 1, p. 99.
(3) Rennes, t. 2, p. 24.
(4) Mercier, déposition du 26 mars 1904. Enquête, t. 1, p. 293.
(5) Chamoin, déposition du 29 mars 1904, Enquête, t. 1, p. 339.

était manifeste que le commandant Carrière ne se considérait, à l'égard du général Mercier, que comme un commissaire suppléant : son absence de réserves est donc toute naturelle.

On peut s'expliquer que, dans ces conditions, M. Carrière, simple commandant, et remplissant de fait les fonctions de Commissaire en sous ordre du général Mercier, n'ait pas eu l'autorité nécessaire pour faire respecter l'arrêt de la Cour de Cassation. M. le général Mercier, en effet, dans son réquisitoire devant le Conseil de guerre, avait affirmé sa volonté très nette de ne tenir aucun compte de cet arrêt, et son mépris absolu de la légalité. Le général Mercier fit d'ailleurs imprimer son réquisitoire, qu'il distribua aux juges comme *vade mecum* (1) ; fidèle à ses principes, il négligea de le remettre aux défenseurs.

p. 49

Il est hors de contestation possible que cette dévolution des fonctions de Commissaire du gouvernement au général Mercier, ne fût encore une monstrueuse illégalité, rendant devant le Conseil de guerre toute défense absolument vaine.

VII. — Les droits de la défense devaient, d'autre part, être violés par un crime. Quelques minutes avant l'ouverture de la troisième audience publique, dans laquelle le général Mercier devait subir les questions de la défense, le 14 août 1899, Mᵉ Labori tombait sous la balle d'un assassin.

Les faits sont éloquents par eux-mêmes et se passent de tout commentaire.

A Rennes, la défense était représentée par deux avocats, Mᵉ Demange, avocat de Dreyfus déjà au procès de 1894, et Mᵉ Labori qui avait été l'avocat du colonel Picquart. Le colonel Picquart, en conséquence de l'arrêt des Chambres réunies de la Cour de Cassation, venait d'être l'objet d'un arrêt de non-lieu, rendu par la Chambre des mises en accusation de la Cour de Paris (13 juin 1899). Mais il restait toujours sous le coup de poursuites en Conseil de guerre pour prétendue communication à Mᵉ Leblois, d'un dossier relatif à un sieur Boulot.

_____

(1) C'est cette brochure imprimée que la sténographie officielle appelle *Compte-rendu sténographique revisé par le général Mercier* (Rennes, t. 1, p. 75, notes 1 et 2).

Devant le Conseil de guerre de Rennes, il était accusé par tous les témoins du service des renseignements, d'avoir machiné de toutes pièces la revision de l'affaire Dreyfus, moyennant de fortes sommes d'argent payées par les juifs. C'est surtout contre le colonel Picquart qu'a été forgée l'odieuse légende du « syndicat ». C'est contre lui qu'avaient été perpétrés un bon nombre de faux et de faux témoignages. Une connaissance approfondie de l'instruction Tavernier était nécessaire pour faire, devant le Conseil de guerre de Rennes, la lumière sur toutes ces machinations, englobant dans une même haine le colonel Picquart et le capitaine Dreyfus.

Mᵉ Labori était chargé plus particulièrement de cette mission que ne pouvait assumer Mᵉ Demange. Mᵉ Demange, en effet, ne connaissait pas les dossiers des instructions dirigées contre Picquart, client de Mᵉ Labori ; et malgré tout son dévouement, il ne pouvait, après l'assassinat tenté sur son vaillant confrère, substituer Mᵉ Labori. Le travail écrasant de longues audiences quotidiennes, la difficulté même de circuler (puisqu'il ne pouvait faire un pas sans être sous la surveillance étroite de la police, obligée de le protéger contre de nouveaux attentats possibles), ne lui permettaient pas de faire séance tenante, et au cours même des débats, l'étude nécessaire des dossiers Picquart.

p. 50

VIII. — D'autre part, si le général Mercier était plus spécialement chargé du réquisitoire contre Dreyfus, le réquisitoire contre Picquart devait être prononcé par le général Roget, le surlendemain de l'attentat commis sur Mᵉ Labori, 16 août. Au début de cette audience, le capitaine Dreyfus prit des conclusions, à fin de faire suspendre les audiences pendant huit jours, les médecins déclarant que Mᵉ Labori pourrait sans doute, au bout de ce laps de temps, assister aux séances. Il eût suffi pour respecter tout à la fois les droits de la défense et les prescriptions de l'art. 129, C. just., milit., prescrivant de ne pas suspendre les débats plus de 48 heures, de tenir les audiences tous les deux jours pour l'audition de témoins secondaires.

Mᵉ Demange soutint ces conclusions.

Il y a, cela est vrai, disait-il, deux défenseurs ; mais personne ne s'en étonnera, lorsqu'on constate également que ce n'est pas seulement un adversaire que j'ai en face de moi. *Vous avez entendu deux réquisitoires.*

Vous en entendrez encore d'autres avant même que le commandant Carrière prenne la parole. La tâche est donc assez lourde pour être partagée entre deux (1).

M. le commandant Carrière reconnut, avec M⁰ Demange, qu'il y avait, parmi les témoins, des aide-commissaires dangereux. « Qu'il y ait des témoins, dit-il, qui, avec leur autorité, puissent être dangereux pour la défense, je le veux bien. Ils sont plus dangereux que moi, bien certainement ». Mais il ajoutait « *que la disparition d'une des unités de combat* » n'affaiblissait pas encore suffisamment la défense à son gré.

Le Conseil de guerre rejeta les conclusions à l'unanimité, alléguant qu'il y avait *un intérêt majeur* à ce que les débats fussent poursuivis sans interruption (2).

M⁰ Demange en fut réduit à protester contre cette décision, lorsqu'il se trouvait, par l'effet de cette manœuvre, dans l'impossibilité d'interroger les témoins (3).

L'assassinat tenté sur M⁰ Labori est un crime sans doute sans précédent dans les annales judiciaires. Quels qu'en aient p. 5t été les instigateurs et les auteurs, il est certain que le refus de suspension des débats, prononcé dans de telles conditions, portait un coup terrible à la défense, dont les droits se trouvaient ainsi violés de la façon la plus manifeste.

Enfin, on doit ajouter que l'illégalité commise en 1894 a été certainement commise à nouveau en 1899. Il est certain que les juges ont fait état d'articulations qui n'ont pas été produites aux débats, et qui dès lors provenaient soit de productions clandestines faites à l'insu de la défense, soit d'éléments extrinsèques que les juges ont d'eux-mêmes été chercher en dehors des débats. C'est ce qui résultera indiscutablement de l'analyse du procès de Rennes, à laquelle il va être procédé pour dégager tous les éléments de l'accusation sur laquelle ont statué les juges de Rennes.

IX. — Ainsi les illégalités avaient été multipliées, et rendaient en réalité la défense illusoire :

La violation de l'art., 445 C. Inst., crim., et de l'art., 108 C. just., milit., par la suppression de tout nouvel acte d'accusation ;

(1) Rennes, t. 1-227.
(2) Rennes, t. 1-228 et 229.
(3) Rennes, t. 1-331.

La violation de l'arrêt des Chambres réunies qui, nécessairement dans les circonstances où elle se produisait (avec cette aggravation de la méconnaissance intentionnelle des instructions ministérielles données sur ce point), affichait le mépris absolu et de l'arrêt de revision et de la juridiction dont il émanait ;

La violation de l'art. 7 du C. de just., milit., par l'appel aux fonctions de Commissaire du gouvernement, de généraux (et spécialement du général Mercier) formulant leurs réquisitions sous la foi du serment devant un tribunal d'officiers inférieurs en grade, sommant ces juges de choisir entre eux et le capitaine Dreyfus, se substituant au commandant Carrière, même pour la détention des documents secrets du Ministère de la guerre ;

La monstrueuse violation des droits de la défense, à laquelle on imposait la continuation des débats après qu'un des défenseurs était tombé sous les balles d'un assassin ;

Enfin l'illégalité, imitée du procès de 1894, consistant à présenter aux juges, en dehors des débats, les plus graves articulations ;

Tout cela montrait bien que les officiers du service des renseignements, et le général Mercier, avaient une foi médiocre en la valeur du quatrième système d'accusation, qu'ils réédifiaient péniblement sur les ruines des trois premiers.

Mieux eût valu, sans doute, pour l'honneur de ces officiers, reconnaître loyalement l'erreur commise ; et l'on doit faire remarquer ici que l'attitude de la défense leur facilitait singulièrement l'accomplissement de ce devoir, pénible assurément à raison des actes précédemment commis. La défense avait toujours pris la courtoisie pour règle de conduite ; et cette règle a été, devant la Cour de Cassation, définie ainsi qu'il suit, par un témoin, qui d'ailleurs là critique et la qualifie de consigne. « *Cette consigne, dit le colonel Picquart* (1), *consistait en ceci : ne pas attaquer les généraux, ne pas attaquer les militaires d'une façon générale, ne pas prononcer le mot de fraude, ne pas prononcer le mot de faux témoignage, enfin avoir complètement l'air de croire à la bonne foi de ses adversaires.* »

p. 52

(1) Déposition du 16 mai 1904, Enquête, t. 1, p. 839.

C'était un *marché de dupes*, proclame le colonel Picquart.
— Il n'y avait pas *marché*, mais il y avait bien *duperie*.

Au respect de l'adversaire, à la loyauté de la discussion, à l'appel à la concorde dans la recherche de la vérité, le service des renseignements a répondu cette fois encore par la fraude et par les manœuvres criminelles.

Il reste à examiner comment, à Rennes, il essayait une quatrième fois de justifier le dogme de la culpabilité de l'officier juif.

SECTION II

Le quatrième système d'accusation présenté au Conseil de guerre de Rennes : *L'accusation telle qu'elle se présentait légalement après l'arrêt de revision. — Nouvelle reconstruction illégale de l'accusation. — Les quatre ordres de « faits ou documents » qui la constituent. — Leur analyse. — Les allégations accessoires. — Les articulations illégalement produites aux juges. — Tableau récapitulatif de tout l'ensemble de l'accusation à Rennes.*

X. —Que restait-il de l'accusation après l'arrêt de revision ? Les instructions ministérielles rédigées en conformité de l'arrêt des Chambres réunies, et rappelant les principes juridiques en la matière, le précisaient avec beaucoup de netteté.

Il importe, en premier lieu, disaient ces instructions, envoyées par lettre ministérielle du 18 juillet 1899 au général commandant le 10ᵉ corps d'armée à Rennes, de fixer les effets de répercussion nécessaire de l'arrêt de la Cour de Cassation du 3 juin 1899, sur la procédure à suivre devant le nouveau Conseil de guerre ; en d'autres termes, de marquer en quelle mesure cette juridiction est liée par l'arrêt qui a ordonné la revision.

Il suffit, pour cela faire, de rechercher les points de fait qui ont été tranchés par la Cour de Cassation. Son arrêt, supérieur à toute contradiction, échappe à tout contrôle ; la Cour de Cassation, par exception en la matière, a jugé en fait et souverainement.

Mais il *faut déterminer les points de fait qu'elle a jugés ; ceux que, par son affirmation intangible, elle a placés pour toujours au-dessus de toute atteinte et de toute discussion.*

L'arrêt de la Cour de Cassation a successivement porté sur deux moyens de revision, et sur une fin de non-recevoir opposée comme une sorte d'objection à la revision.

I. Moyen pris de ce que la pièce dite « ce canaille de D... » aurait été p. 53 secrètement communiquée au Conseil de guerre de 1894.

Les instructions font remarquer que, sur ce point, il est définitivement jugé par la Cour de Cassation que la communication a eu lieu, et que, par suite, le fait de la communication ne peut plus être remis en discussion devant le Conseil de guerre de Rennes. Puis elles continuent en ces termes:

II. Moyen concernant la pièce dite « le bordereau ».

La Cour de Cassation, avec une netteté désormais au-dessus de toute discussion judiciaire, affirme les deux faits suivants :

1° L'authenticité des deux lettres sur papier pelure datées du 17 avril 1892 et 17 août 1894, saisies au mois de novembre 1898, n'est pas douteuse ;

2° Elles émanent de l'officier qui, en décembre 1897, avait expressément nié s'être jamais servi de papier de cette nature.

Ces deux points sont désormais fixés par l'arrêt de la Cour de Cassation. Le Conseil de guerre de renvoi ne pourrait légalement en tolérer l'examen ou la discussion devant lui.

Toute procédure ayant pour but de contredire ces deux faits serait nulle pour excès et abus de pouvoir.

La Cour de Cassation a laissé au Conseil de guerre de renvoi le soin de reconnaître l'attribution du bordereau.

Elle s'est contentée de relever les éléments du fait nouveau, créant une présomption d'innocence. Elle s'est bornée à constater que les faits qu'elle relève, inconnus du Conseil de guerre qui a prononcé la condamnation de 1894, *tendent à démontrer que le bordereau n'aurait pas été écrit par Dreyfus ; qu'ils sont de nature, par suite, à établir l'innocence du condamné.*

Dans ces conditions, s'il appartient ici au Conseil de guerre de renvoi de faire état de l'enquête et de la procédure suivie par la Cour de Cassation, aussi bien que des constatations de son arrêt, il n'en est pas moins libre de parcourir, sans obstacles juridiques, la voie qui conduit à une conviction raisonnée.

Il importe de noter qu'en ce qui touche Esterhazy, le Conseil de guerre a le droit et le devoir d'embrasser les éléments complets du débat, sans s'arrêter devant le fait de son acquittement par un autre Conseil de guerre. Si, en effet, le bénéfice de cet acquittement lui reste matériellement acquis, il ne saurait avoir pour conséquence de léser les intérêts primordiaux et d'ordre public qu'engage la revision en matière pénale. Aucune objection tirée de l'acquittement d'Esterhazy ne pourra donc faire obstacle aux témoignages, aux productions documentaires, aux arguments établissant sa culpabilité.

III. Fin de non-recevoir tirée de ce que Dreyfus aurait, au mois de janvier 1895, tenu certains propos devant Lebrun-Renault et devant Depert. La Cour de Cassation déclare qu'on ne saurait voir, dans les premiers, un aveu de culpabilité et qu'il n'y a pas lieu de s'arrêter davantage aux seconds.

Il y a là encore, de la part de la Cour souveraine, une affirmation intangible et dont il y aura lieu à l'audience de faire respecter le caractère souverain.

p. 54 *A cet égard, aucun témoignage ne pourra donc être reçu par la juridiction de renvoi, aucune appréciation ni aucune discussion ne pourront être légalement admises, la Cour suprême ayant définitivement prononcé..*

Toute procédure ayant pour but d'atteindre ces constatations serait abusive et nulle pour excès de pouvoir.

Quant au cadre même de la poursuite, il est déterminé souverainement aussi par la Cour de Cassation. Elle a renvoyé Dreyfus devant le Conseil de guerre de Rennes, pour être jugé sur la question suivante :

Dreyfus est-il coupable d'avoir, en 1894, pratiqué des machinations ou entretenu des intelligences avec une puissance étrangère ou un de ses agents, pour l'engager à commettre des hostilités ou entreprendre la guerre contre la France, ou pour lui en procurer les moyens, en lui livrant les notes et documents mentionnés dans le bordereau sus-énoncé?

Tel est l'unique point à juger par le Conseil de guerre.

Lorsqu'il y a lieu à revision, l'accusé, de même qu'il bénéficie des faits survenus postérieurement à sa condamnation, doit de même être jugé tant sur les charges acquises postérieurement à cette condamnation que sur celles retenues antérieurement contre lui. Mais il résulte de la formule de renvoi qu'il ne peut être fait état devant le Conseil de guerre de Rennes contre Dreyfus de charges survenues depuis l'arrêt du 22 décembre 1894, qu'autant qu'elles tendraient à établir, dans le cadre précis de la question formulée par l'arrêt de cassation du 3 juin 1899, que Dreyfus a livré les notes et documents énumérés dans le bordereau.

Les principes élémentaires de la justice veulent que la preuve de tout autre acte de trahison, si le même accusé en était soupçonné, ne puisse être recherché qu'à la suite et en exécution d'un nouvel ordre d'informer conformément à l'art. 99 du C. de justice militaire.

Enfin, les instructions ministérielles rappelaient ensuite les principes juridiques interdisant aux témoins de déposer sur autre chose que sur des faits par eux constatés, et *d'empiéter sur la mission du ministère public* en apportant, au lieu de témoignages, de véritables argumentations de réquisitoire.

Parmi les principes juridiques violés par le Commissaire du Gouvernement et le Conseil de guerre de Rennes, figurent notamment, on l'a constaté, tous ceux sur lesquels les instructions ministérielles avaient appelé plus particulièrement l'attention.

XI. — Ainsi donc, la légende des aveux dont il a été fait justice définitivement par l'arrêt de la Cour suprême, doit disparaître des débats judiciaires, où d'ailleurs de telles légendes ne devraient jamais figurer.

Les accusations de trahison autres que celles relatives au bordereau (telles que celles relatives à l'obus Robin, à la livraison des cours de l'école de guerre, à la livraison de la minute du commandant Bayle, etc.), ne peuvent trouver place aux débats qu'après un nouvel ordre d'informer.

L'accusation se limite à la livraison des notes énumérées au bordereau. La question d'attribution de ce document n'est pas expressément tranchée par la Cour de Cassation, qui se borne à constater souverainement l'authenticité d'ailleurs p. 55 évidente des lettres sur papier pelure, écrites par Esteryazy

les 17 avril 1892 et 17 août 1894, reconnues tant par l'expéditeur Esterhazy que par les destinataires M. Rieu, tailleur, et M° Callé, huissier, dans leurs dépositions recueillies
par la Cour.

Cette question d'attribution du bordereau, fortement pré-
jugée par la Cour de Cassation, mais réservée par son arrêt
au Conseil de guerre de renvoi (parce que sans cette réserve
aucun renvoi n'eût été possible), s'est trouvée tranchée à l'ouverture même des débats par l'aveu d'Esterhazy. Le 6 août
1899, en effet, le commandant Esterhazy écrivait officiellement au Commissaire du gouvernement une lettre se trouvant au dossier, lettre dans laquelle, vaincu par l'évidence,
il avoue avoir écrit le bordereau, affirmant seulement qu'il
n'y avait pas là de sa part un acte de traître, mais un acte
d'agent du service des renseignements.

Il n'y avait plus, en ces conditions, qu'à abandonner loyalement l'accusation contre Dreyfus, et... à laisser la Chambre
des Députés discuter la mise en accusation du général Mercier. Cette conséquence devait faire reculer devant l'acte de
justice. On maintint l'accusation en dépit de tout.

De même que, durant les années précédentes, des crimes
avaient été commis pour sauver le général Mercier, comme
l'a avoué le colonel Du Paty de Clam, de même à Rennes les
quelques officiers compromis déjà dans les actes malhonnêtes
accomplis à cet effet, n'hésitèrent pas à en commettre de nouveaux, pour sacrifier le capitaine juif au salut de l'ancien
Ministre de la guerre. La légalité ne fut pas respectée, cela
est constaté déjà ; la bonne foi ne le fut pas davantage.

XII. — Sans se soucier dons de la légalité, le commandant
Cuignet, le « professeur en dossier secret (1) » à qui incombait, en cette qualité, la tâche de rebâtir une accusation, reprit purement et simplement son système de la Cour de Cassation, dont il essaya de boucher les fissures avec la démonstration cryptographique de M. Bertillon.

La démonstration de la culpabilité de Dreyfus, a-t-il déclaré, est basée
comme je l'ai dit devant la Chambre criminelle, sur des considérations
tirées de trois ordres de faits ou de documents, savoir : les aveux recueillis
par le capitaine Lebrun-Renault, la discussion technique du bordereau,
enfin l'examen du dossier secret. Je puis ajouter maintenant une qua-

(1) Général Chamoin, déposition du 29 mars 1904, Enquête, t. 1, p. 334.

trième preuve dans le détail de laquelle je n'entrerai pas : c'est la démonstration graphologique faite par M. Bertillon (1).

Ainsi quatre ordres de « faits ou documents » sont invo- p. 56
qués à Rennes pour reconstituer une quatrième fois l'accusation, pour démontrer cette vérité nécessaire de la culpabilité
de l'officier juif, qu'avait érigée en dogme le service des renseignements. Ces quatre ordres de faits ou documents sont :
1° les aveux ; 2° la discussion technique ; 3° le dossier secret;
4° la cryptographie.
ces divers ordres de considérations, afin de rechercher dans
Mais il importe de pénétrer davantage dans le détail de
chacun d'eux toutes les articulations accusatrices dirigées
contre le capitaine Dreyfus, et d'exposer, dans toutes ses parties come dans tout son ensemble, le système d'accusation
soumis aux juges de Rennes.

XIII. — a) Dans le premier ordre de « faits ou documents » (aveux), on ne trouve plus à Rennes qu'une seule
articulation accusatrice : les propos tenus par Dreyfus au
capitaine Lebrun-Renault constitueraient des aveux de culpabilité. Le témoin Depert, vraiment par trop compromettant, fut laissé de côté. Mais l'accusation s'est rattachée dé-
sespérément aux prétendus aveux Lebrun-Renault. Toute
une audience, celle du 31 août 1899 (2), fut consacrée à l'audition de témoignages déjà reçus et appréciés par la Cour de
Cassation. Un seul témoin a entendu lui-même les propos
de Dreyfus : c'est le capitaine Lebrun-Renault. D'autres, le
capitaine Anthoine, le lieutenant-colonel Guérin étaient des
témoins de second degré, qui n'avaient rien entendu de la
bouche de Dreyfus. Enfin, les deux derniers, commandant de
Mitry et contrôleur Peyrolles, étaient des témoins de troisième degré, répétant des propos qui leur auraient été rapportés par d'autres, comme ayant été tenus par des personnes
ayant elles-mêmes entendu Dreyfus !

Le seul fait accusateur relevé contre Dreyfus résidait donc
dans des propos uniques : ceux qu'il avait tenus devant le
capitaine Lebrun-Renault, et qui avaient été ensuite diver-
sement colportés.

(1) Rennes, 1-487.
(2) Rennes, 3-73.

Dans l'ordre de considérations, intitulé par le commandant Cuignet « les aveux », et maintenu illégalement à Rennes par l'accusation, un seul fait est donc à retenir : *les propos tenus par Dreyfus devant le capitaine Lebrun-Renault.*

XIV. — *b*) Le second ordre de « faits ou documents », dit le commandant Cuignet, se trouve dans la discussion technique du bordereau.

Mais ce second ordre de considérations ne laisse pas, à l'analyse, comme le premier, apparaître une articulation unique.

En lui-même, il comporte une argumentation technique sur chacun des cinq articles du bordereau et sur la phrase finale. Chacune de ces argumentations s'étaye sur des raisonnements, qu'on s'efforce de faire sortir des pièces du dossier secret. C'est là, à proprement parler, *la discussion technique du bordereau.*

p. 57

Mais cette discussion repose tout entière sur une proposition fondamentale : *les notes énumérées par le bordereau sortaient du ministère de la Guerre ; il y avait, au ministère de la Guerre, un officier qui trahissait.*

Cette proposition, difficile et même impossible à établir par voie de déductions tirées de l'argumentation technique, se prouvait devant le Conseil de guerre de Rennes *par la voie directe*. L'existence d'un officier traître au ministère de la Guerre était une affirmation intangible apportée « par une personne haut placée dans la diplomatie étrangère, qui était surtout très bien placée pour recueillir des renseignements près des attachés militaires étrangers (1) ».

Cette personne a été, depuis, nominativement désignée : c'est M. le marquis de Valcarlos, qui était encore attaché militaire espagnol au moment du procès de Rennes.

C'était, en somme, bien qu'atténué, le témoignage sensationnel d'Henry au procès de 1894, qu'on reproduisait au procès de Rennes, en le faisant endosser par M. de Valcarlos.

Dans l'ordre de considérations intitulé « discussion technique du bordereau », on rencontre donc, pour la justification des propositions fondamentales que comporte cette discus-

(1) Mercier, Rennes, 1-84.

sion technique, deux choses à retenir dans le système de l'accusation :

En premier lieu, les *affirmations de M. de Valcarlos*, rapportées par Guénée et Henry, attestant qu'il y avait un officier traître au ministère de la Guerre et spécialement au deuxième bureau.

En second lieu, *la discussion technique du bordereau* proprement dite, qui tendait à déterminer, par voie de raisonnements, l'individualité de cet officier traître du ministère de la Guerre.

XV. — c) Le « troisième ordre de faits ou documents », dit le commandant Cuignet, réside dans le dossier secret.

C'est effectivement celui qu'indique le général Mercier, après avoir terminé dans son réquisitoire la discussion technique du bordereau. Par cette discussion technique, conclut en s'adressant aux juges M. le Commissaire du gouvernement Mercier, « *vous arriverez déjà à cette conviction morale que la loi vous demande de considérer comme une condition nécessaire et suffisante pour la condamnation* (1). ».

Puis, immédiatement, il indique, en puisant dans le dossier secret, de nouveaux faits de trahison à la charge de Dreyfus.

Ce sont : 1° la livraison à l'Allemagne de l'instruction de p. 58 mai 1889, sur le chargement des obus à la mélinite ;

2° La livraison à la même puissance de secrets relatifs à l'obus Robin ;

3° La livraison à la même puissance d'une note du 27 mars 1893 sur la répartition de l'artillerie lourde aux armées ;

4° La livraison à l'agent B. de l'organisation militaire des chemins de fer français.

Ces quatre faits de trahison indiqués par le général Mercier sont laissés, pour le développement de l'argumentation, aux soins d'autres commissaires du Gouvernement.

La question relative au chargement des obus à la mélinite est présentée par le général Gonse qui, il est vrai, n'osait déjà

(1) Rennes, 1-134.

plus guère à Rennes faire de cette articulation une charge
sérieuse contre Dreyfus (1).

L'accusation concernant l'obus Robin, sur laquelle Dreyfus fut interrogé au début du procès (2), fut présentée aussi
par le général Gonse (3) et M. Cavaignac (4), discutée contradictoirement par le général Deloye et le commandant Hartmann (5).

L'accusation concernant la livraison de la note sur l'attribution de l'artillerie lourde aux armées est développée par
le général de Boisdeffre (6) et par le général Gonse (7).

Enfin, la livraison à l'agent B. de l'organisation militaire
des chemins de fer est une accusation reprise à satiété par les
nombreux commissaires du Gouvernement entendus à Rennes, y compris le commandant Carrière (8). Nombreux furent
les témoins appelés devant le Conseil de guerre pour attester
que Dreyfus s'occupait de ces questions de chemins de fer,
mobilisation, concentration, couverture, questions étroite-
ment connexes. Même un témoin, entendu à titre de renseignement, le boyaudier Villon, « homme d'une haute valeur »
pour le général Billot (9), a raconté au Conseil, avoir entendu
des généraux allemands proclamer, dans un restaurant, que
Dreyfus leur livrait en 1894 tout *le plan de mobilisation.*
C'était là une accusation de première importance, parce
qu'elle cadrait bien avec l'autre accusation (relative au bordereau), d'avoir livré une note sur les troupes de couverture.

p. 59 On ne s'étonne donc point de voir commissaires du Gouvernement et témoins y revenir constamment.

A ces quatre accusations annexes tirées du dossier secret,
s'en joignait une cinquième concernant la livraison à l'agent A
de parties confidentielles de cours professés à l'Ecole de
guerre. Cette cinquième accusation était basée sur la pièce 27

(1) Rennes, t. 1, p. 540 ; Conf. Mercier, t. 2, p. 403.
(2) Rennes, t. 1, p. 34 et 35.
(3) Rennes, t. 1-540.
(4) Rennes, t. 1-188.
(5) Rennes, t. 111, p. 67 et 215.
(6) Rennes, t. 1-530.
(7) Rennes, t. 1-546.
(8) Mercier, Rennes, 1-81 et 134 ; Cuignet, 1-497 et 486 ; Boisdeffre,
1-518 ; Gonse, 1-545 ; Carrière, 3-585.
(9) Rennes, t. 1-176.

du dossier secret, qu'appuyait un procès-verbal dressé par le commandant Rollin et le capitaine Cuignet. Quelles qu'aient été les explications fournies aux juges pendant le dépouillement du dossier secret, elle n'avait pas été sans laisser dans leur esprit une impression profonde, dont on retrouve la trace en des questions posées par l'un d'eux (lieutenant-colonel Brongniart) au commandant Rollin (1).

Enfin, pour faire un relevé absolument complet des actes d'espionnage ou trahison imputés à Dreyfus au moyen de déductions spécieuses tirées du dossier secret, il faut noter encore l'accusation formulée par le général Mercier, d'avoir livré aux agents A. et B. des plans directeurs de forteresse. Cette accusation était uniquement basée sur la pièce connue sous le nom de lettre « Ce canaille de D... ». Communiqué aux juges de 1894, le document avait été, devant la Cour de Cassation en 1899, reconnu inapplicable à Dreyfus par tous les témoins de l'accusation eux-mêmes, à ce point que la Cour en avait pris acte dans son arrêt ordonnant la revision. Mais le général Mercier, que le respect de la légalité n'a jamais embarrassé dans l'affaire Dreyfus, n'en reprenait pas moins l'articulation accusatrice basée sur la lettre « Ce canaille de D... ». Sans doute il voulait ainsi atténuer la félonie commise en communiquant secrètement aux premiers juges une pièce d'accusation en réalité inapplicable à l'accusé. Il précisait à Rennes cette accusation relative aux plans directeurs, au début même de son réquisitoire (2).

Ainsi donc, si l'on fouille le dossier secret jusqu'en ses moindres détails, on y trouve à l'analyse six faits précis de trahison imputés à Dreyfus, concernant :

1° *Les plans directeurs ;*
2° *Le chargement des obus à la mélinite ;*
3° *L'obus Robin ;*
4° *Les cours de l'Ecole de guerre ;*
5° *L'attribution de l'artillerie lourde aux armées ;*
6° *L'organisation militaire des chemins de fer français.*

XVI. — Ces six chefs d'accusation étaient soulevés à Ren-

(1) Rennes, t. 2-13.
(2) Rennes, t. 1, p. 81 et 82.

nes d'une façon notoirement illégale, puisque jamais, pour ces accusations, aucun ordre d'informer et de mise en juge-
ment n'était intervenu, et que l'information irrégulière, poursuivie ténébreusement à cet égard par les ennemis du malheureux capitaine israélite, avait été *plus qu'incorrecte.*

p. 60

Mais ils avaient incontestablement l'avantage, pour le service des renseignements, de faire de Dreyfus, en quelque sorte, le type du traître, trahissant par prédestination, satisfaisant au besoin de trahir, qui est dans la nature juive, et n'ayant pu, dans toute sa carrière, connaître un renseignement confidentiel sans en trafiquer aussitôt. C'était, en un mot, la réalisation du type popularisé par les journaux antisémites organes du service des renseignements.

Toutefois, les déductions trop ingénieuses tirées du dossier secret pour établir ces six chefs d'accusation supplémentaires, paraissaient sans doute un peu ténues à leurs auteurs eux-mêmes. Aussi, quand l'esprit des juges eût été bien préparé, par les réquisitoires multiples, à accueillir ces accusations successives, surgit brusquement et opportunément le témoin capital affirmant savoir, de source sûre, qu'en effet Dreyfus était bien le traître légendaire dépeint par le service des renseignements.

Ce témoin était merveilleusement choisi : d'origine étrangère, descendant d'une ancienne dynastie serbe, ancien officier de cavalerie en Autriche et habitant la France comme réfugié politique, il se présentait bien ainsi tout à la fois comme un personnage digne de foi, et comme un homme que les circonstances politiques ont forcément mêlé au monde de la police internationale. C'était le témoin Cernuszky.

Il devait être très renseigné sur les pratiques et le personnel de l'espionnage ; et il l'était en effet : tout ce qu'avait deviné la perspicacité du service des renseignements était exact.

Dreyfus était bien le plus important des quatre espions à gages, entretenus à titre permanent en France par les nations étrangères. En 1894, il avait livré notamment des documents de premier ordre, vus par le témoin lui-même entre les mains d'un officier d'état-major étranger : c'était une vingtaine de feuilles de cartes routières d'état-major, contenant les renseignements de réquisitions, cantonnements, viabilité des routes au point de vue des transports militaires ; c'étaient les graphiques de l'exploitation des chemins de fer de l'Est et du P.-L.-M. en vue de la mobilisation, avec annotations sur les quais d'embarquement et les ressources militaires des environs des stations ; c'étaient des notes sur le fonctionnement des transports en cas de mobilisation, des renseignements sur la réorganisation des différents corps de troupe et l'approvisionnement en avant des munitions.

Et comme Cernuszky, ébloui lui-même de tant de richesses, demandait à l'officier d'état-major étranger comment il obtenait de si opulentes moissons :

(Souvenez-vous d'une chose, mon camarade, lui était-il répondu : en France, on peut tout avoir en y mettant le prix, et puis *à quoi bon avoir des juifs si on ne s'en servait pas ?* p. 61
Je n'eus pas à demander à l'officier étranger, ajoutait Cernuszky, qui lui procurait ces pièces, puisqu'il m'avait déjà dit que son informateur au bureau de l'état-major général était le capitaine Dreyfus. Deux jours après cette entrevue, l'officier étranger quittait précipitamment Paris : son départ avait l'apparence d'une fuite. A quelque temps de là, les journaux annoncèrent l'arrestation du capitaine Dreyfus (1).

C'était la confirmation éclatante de toute la thèse du bureau des renseignements ; et le témoin Cernuszky, de l'ancienne dynastie royale de Serbie, ancien officier de l'armée autrichienne, réfugié politique, « affirmait de la façon la plus absolue, l'exactitude des faits rappelés, » par lui.

Aussi le général Chamoin, délégué du ministre de la Guerre, qui, dans ses lettres quotidiennes, déclarait au ministre que l'acquittement paraissait inévitable, lui écrivait cette fois, le jour de la déposition de Cernuszky (4 septembre 1899):

Mon général, quelle matinée ! L'intervention de M. Cernuszky, lieutenant de cavalerie autrichienne, réfugié politique, d'une ancienne famille royale de Serbie, a jeté le désarroi dans les esprits (2).

Le lendemain, le réfugié politique continuait à huis clos la consécration de l'œuvre du bureau des renseignements.

Le témoignage de Cernuszky était le digne couronnement « du troisième ordre de faits ou documents », celui du dossier secret.

XVII. — *d)* On arrive ainsi au quatrième ordre de consi-

(1) Rennes, t. 3-314.
(2) Général Chamoin, déposition du 29 mars 1904, Enquête, t. 1, p. 323.

dérations invoqué devant le Conseil de guerre de Rennes par le commandant Cuignet, celui qui est tiré de la cryptographie.

Pourquoi le commandant Cuignet qui, devant la Cour de Cassation avait complètement négligé le « redan » de M. Bertillon (1), s'y réfugie-t-il au contraire devant le Conseil de guerre, et invoque-t-il cette fois « quatre ordres de faits ou documents » au lieu de trois ?

Je puis ajouter maintenant, dit-il à Rennes, une quatrième preuve dans le détail de laquelle je n'entrerai pas : c'est la démonstration graphologique faite par M. Bertillon (2).

La raison en est fort simple. Il n'est plus douteux, à Rennes, que le bordereau soit revêtu de l'écriture d'Esterhazy. La p. 62 Cour de Cassation, sans le proclamer, l'a mis en évidence ; et après son arrêt, Esterhazy démasqué et vaincu par la vérité, a été acculé à l'aveu. Il a avoué avoir écrit le bordereau, s'embrouillant en des explications incohérentes, pour démontrer que, bien qu'ayant écrit le bordereau à raison duquel Dreyfus a été condamné, c'est lui, Esterhazy, qui est l'officier loyal, et Dreyfus qui est le traître.

Mais si Esterhazy a écrit le bordereau, comment soutenir encore l'accusation contre Dreyfus ? Le général Billot, après s'être posé la question, avait essayé de la résoudre par l'hypothèse d'une complicité entre Esterhazy écrivant le bordereau et Dreyfus fournissant les documents ; et il avait prescrit des recherches à ce sujet (3). Il s'est même plaint à Rennes du résultat infructueux des recherches de Picquart à cet égard. Mais ni le général Gonse, ni le colonel Henry ne furent plus heureux dans les recherches de cette nature. Dreyfus, jusqu'à son retour de l'Ile-du-Diable, ignorait même l'existence d'Esterhazy.

Il fallait trouver autre chose pour soutenir, contre l'officier israélite, l'accusation basée sur un document écrit par un autre. M. Bertillon fut le sauveur, avec sa géniale invention d'écriture cryptographique.

Il ne peut contester que l'écriture d'Esterhazy soit identique à celle du bordereau ; et, appelé à s'expliquer à cet égard, il répond :

(1) Cass., 1899, t. 1-349.
(2) Rennes, 1-487.
(3) Billot, Rennes, 1-178.

On peut supposer que l'écriture sur gabarit n'est pas une invention propre à l'accusé, mais une invention, un secret de chancellerie qui a été communiqué à plusieurs espions à la fois, dans le but que, s'il arrivait malheur à l'un, on pût substituer l'un à l'autre ; c'est une hypothèse, je n'en réponds pas ; vous pouvez supposer aussi que l'écriture a été imitée par Esterhazy antérieurement à celle de Dreyfus, simplement pour se substituer à lui depuis 1894 (1).

L'hypothèse d'Esterhazy, homme de paille, et s'exerçant, notamment dans sa lettre sur papier pelure *du 17 avril 1892*, à imiter la fameuse écriture du bordereau *de 1894* pour faire reviser une condamnation prononcée *le 22 décembre 1894*, puis se livrant, en 1897 et 1898, avec les officiers du service des renseignements, aux complots les plus criminels précisément pour empêcher cette revision, est peut-être l'idée la plus bouffonne qui soit sortie de la tête de M. Bertillon.

Mᵉ Demange, à Rennes, lui montre l'évidence, et M. Bertillon répond (2).

Je n'ai cure de l'écriture d'Esterhazy, elle ne touche en rien à ma déposition ; aussi je n'ai pas consacré à cette étude la précision que j'ai employée à l'étude du bordereau. D'ailleurs je n'ai jamais été officiellement chargé de l'examen de l'écriture d'Esterhazy. Toutefois, j'ai fait des études de ce genre et je ne crois pas qu'il y a beaucoup de documents d'Esterhazy qui ont été écrits sur le gabarit ; on a dû le lui communiquer en même temps qu'il jouait son rôle d'homme de paille, et il a complété cela en écrivant de la même façon, je le crois très facilement, soit qu'il l'ai fait depuis 1894 ou depuis 1895, soit qu'il l'ait fait antérieurement en application de l'espèce de secret de chancellerie qui permettrait aux espions de se substituer l'un à l'autre.

p. 63

La cryptographie de M. Bertillon *avec son secret de chancellerie* était une explication (extravagante sans doute, mais enfin une explication) de cette accusation, unique dans les fastes judiciaires, qui s'attaquait à l'officier Dreyfus, parce que l'officier Esterhazy avait écrit une lettre à un agent étranger pour lui livrer des documents.

Aussi la cryptographie de M. Bertillon a-t-elle joué à Rennes un rôle considérable.

On découvrit, dans l'armée, un officier qui avait compris le système de M. Bertillon ; on l'amena pour le dire au Conseil de guerre de Rennes : c'était le capitaine Valerio. Il refit la démonstration, et conclut (3).

(1) Rennes, 2-369.
(2) Rennes, 2-372.
(3) Rennes, 2-397.

Le commandant Esterhazy a prétendu être l'auteur du bordereau. Il, peut dire « je l'ai obtenu de mon écriture naturelle ». Nous lui répondrons « Ce n'est pas vrai, parce qu'il est démontré péremptoirement et géométriquement que le bordereau est un document forgé ».

Enfin, à une question posée par Mᵉ Demange, qui sollicitait une explication sur le point de savoir pourquoi Dreyfus, après avoir tant peiné cryptographiquement, pour se créer un moyen de défense, n'avait pas usé de ce moyen, fruit de tant de labeur, M. le capitaine Valerio répondit :

Peut-être a-t-il eu vent du travail de M. Bertillon (1).

En vain, la défense appela-t-elle, pour faire entendre quelques paroles de raison au Conseil de guerre sur cette question d'écriture géométrique, M. Bernard, ingénieur des mines (2), et M. Paraf-Javal, dessinateur (3). Le goût des mystères cryptographiques hantait les esprits. Une preuve éclatante s'en trouve dans les conclusions mêmes de M. le Commissaire du Gouvernement Carrière.

Il y a quelque chose qui m'a frappé, disait-il (4), quand nous avons reçu les volumineux paquets d'écriture qui venaient de l'Ile-du-Diable. Nous avons trouvé là des lettres et des brouillons de lettres de Dreyfus.

p. 64 Voilà un homme qui écrit à sa femme une lettre quelconque, des pensées d'ordre général, ne portant sur rien de spécial, n'ayant aucun caractère de particularité ; et cette lettre de dix lignes, écrite sur un cahier de brouillon, on la bâtonne, on la recommence, toujours à la même date, à peu près dans les mêmes termes, sans une idée nouvelle, 'rien, rien. Deuxième expédition du brouillon de la même lettre, puis troisième, puis quatrième jusqu'à trente ! Si nous avions affaire à une nature inculte, à un homme d'une portée intellectuelle infime, nous dirions : « C'est un travail mécanique qui s'est fait sans aucune préoccupation de l'esprit, sans but appréciable. » Cela pourrait prendre. Mais de la part de Dreyfus, nous ne pouvons pas accepter cette version-là.

Et alors je m'étais dit, cherchant l'explication de cette bizarrerie : « Il y a peut-être là un secret de cryptographie, un secret de correspondance. » Tout prisonnier qui est au secret, qui est privé de relations libres avec les siens, avec ses amis, a toujours un très grand intérêt à pouvoir correspondre avec sa famille.

Cela est de règle commune et se conçoit parfaitement.

Et je me demandais si ces répétitions multiples (il y en a une quantité considérable), si ces répétitions ne répondaient pas à une idée de ce genre, si l'arrangement de certains mots ne correspondait pas à une convention antérieure.

Incapable de vérifier par moi-même, j'ai provoqué un examen cryptographique. Il n'y avait rien. (*Mouvement.*)

L'examen cryptographique n'a absolument rien donné.

(1) Rennes, 2-397.
(2) Rennes, 2-436.
(3) Rennes, 2-404.
(4) Rennes, 3-581.

Mais si cela n'a rien donné, c'est qu'il y a autre chose. (*Rumeurs*.)

Cette autre chose, c'était un exercice de graphologie apparent.

L'écriture de Dreyfus de cette époque n'est plus l'écriture de Dreyfus d'autrefois.

Pourquoi cette simulation ? Pourquoi ces transformations d'écriture, alors qu'il est à l'Ile-du-Diable ? Je n'y comprend rien.

En s'exprimant ainsi, M. le commandant Carrière *était sérieux. Il est parfaitement exact qu'un expert commis par lui, M. le capitaine Valerio, a étudié, pour y chercher de la cryptographie, les cahiers d'écriture où, dans son tombeau de l'Ile-du-Diable, le malheureux prisonnier traçait des lignes incohérentes, s'efforçant, par un travail mécanique, d'arrêter dans son cerveau le travail de sa pensée douloureuse.*

Un expert a fait cela ! Son rapport est au dossier de Rennes (1). L'expert n'a rien trouvé !

Et dans ce même dossier on trouve d'autres rapports (2), émanant d'un officier supérieur, le commandant Corps, qui a découvert, lui aussi, un gabarit sur lequel a été tracée l'écriture du bordereau... et ce gabarit est tout à fait différent de celui de M. Bertillon.

Le bordereau aurait donc été écrit sur deux gabarits qui ne concordent pas !

Tel était dans son ensemble, le quatrième ordre de considérations très spéciales, qui devaient particulièrement séduire, par son mystère, une accusation incapable d'affronter une discussion sérieuse, et se réfugiant en conséquence volontiers dans l'incompréhensible. Aussi verrons-nous, devant la Cour de Cassation, les accusateurs de Dreyfus tenter un suprême effort de ce côté, et publier courageusement, sous le voile de l'ananymat, une volumineuse brochure sur le travail de M. Bertillon. p. 65

Si ardue que soit la tâche, il sera nécessaire de faire pénétrer quelque lumière au milieu de ces ténèbres, et de montrer ce qui se cache en réalité derrière ces mystères *de la cryptographie.*

XVIII. — Telle est l'analyse du système d'accusation avec ses quatre ordres de faits et documents, tel qu'il fut recons-

(1) Pièce n° 74.
(2) Pièces n°° 11. 12. 13, 14 et 15, liasse 1.

titué à Rennes, dans les réquisitoires des différents commis-saires du gouvernement, entendus sous le nom de témoins.

C'est dans ces réquisitoires qu'il a fallu rechercher les éléments de l'accusation, puisqu'il n'y a pas eu, à Rennes, d'acte d'accusation, l'acte d'accusation d'Ormescheville étant non seulement abandonné, mais même combattu par le général Mercier et ses suppléants.

En pointant avec un soin méticuleux tout ce qui a été al-légué, même dans les formes les plus vagues, par les témoins les plus suspects, qui souvent s'abstenaient de prêter ser-ment, on peut encore relever quelques propos sur la compé-tence spéciale de Dreyfus, sur sa présence au ministère en dehors des heures réglementaires de service, sur des conver-sations à lui prêtées au sujet de femmes galantes et de jeu, sur des voyages à l'étranger. Tous ces menus propos, qui par leur insignifiance même échappent à la discussion, ont été re-levés par M. le Procureur général dans son premier réquisi-toire (1). Il en est de même de quelques logogriphes présentés au sujet d'informes pièces du dossier secret, où l'on relève des preuves de culpabilité par prétérition d'innocence (2). M. le Procureur général a établi l'inconsistance de toutes ces insi-nuations. M. Alfred Dreyfus leur a, de son côté, fait l'honneur d'une discussion (3).

La valeur de ces allégations qui, il faut le reconnaître, n'ont jamais été prises en sérieuse considération, est donc déjà détruite par le réquisitoire de M. le Procureur général et la discussion de M. Alfred Dreyfus. Ces allégations n'en sont pas moins à retenir, car il importera de rechercher com-ment, dans un procès criminel, de semblables procédés d'ins-truction ont pu avoir lieu, et comment ont été racolés les témoins amenés à la barre du Conseil de guerre.

p. 66 De même seront à retenir et à examiner les allégations et articulations apportées par le service des renseignements contre les affirmations officielles des gouvernements étran-gers. *Le dossier du Ministère des affaires étrangères contient*

(1) Revision du procès de Rennes, p. 356 à 365.
(2) *Ibid*, p. 340 à 348.
(3) Mémoire de M. A. Dreyfus. Revision du procès de Rennes, p. 423 à 444.

la preuve directe de l'erreur commise en ce qui concerne Alfred Dreyfus. Le service des renseignements a souligné lui-même l'importance capitale de ce dossier, par la violence de ses attaques contre le ministère des affaires étrangères, et contre tous ceux qui avaient recueilli la parole d'honneur des agents A. et B. détenteurs de la vérité.

Toute cette partie du procès est donc à retenir : *propos sur la conduite et la manière d'être de Dreyfus, logogriphes du dossier secret, allégations contre la bonne foi des affirmations officielles des gouvernements étrangers.* La moralité du procès se dégagera de cette discussion.

On a ainsi le tableau complet de tout ce qui a été versé dans les débats de Rennes.

XIX. — Mais pour ne rien négliger, pour que rien ne reste dans l'ombre, il faut, à côté de ce qui a été versé au procès de Rennes, faire la part aussi de ce qui a été jeté dans l'esprit des juges sans être produit aux débats.

Assurément (ce qui a été exposé déjà au sujet de la cryptographie le démontre surabondamment) les légendes mystérieuses trouvaient un facile accès près du Conseil de guerre. Le service des renseignements en a singulièrement abusé. Le 14 août, l'un des journaux recevant les communications de ce service, publiait une lettre ouverte au général Mercier. Cette lettre, datée du 13 août (1), sommait le général Mercier de produire au Conseil de guerre la photographie du bordereau annoté par l'empereur d'Allemagne, et dont le document, figurant au dossier, n'aurait été qu'un décalque.

D'après le *Gaulois*, la restitution du document original aurait été exigée par l'ambassadeur d'Allemagne, ce qui aurait été la cause de la démarche de M. de Münster, présentée par le général Mercier à Rennes, sous un jour particulièrement dramatique (2). Mais le général Mercier serait resté détenteur d'une photographie du bordereau original reproduisant l'annotation, où, bien entendu, Dreyfus était nommé en toutes lettres.

Sous une forme ou sous une autre, il est certain que cette articulation, avec ou sans documents à l'appui, a été produite

(1) Voir le texte (Revision du procès de Rennes, p. 535).
(2) Rennes, t. 1-97.

aux juges et qu'elle a fait impression sur leur esprit : les questions posées par eux aux témoins en font foi.

p. 67 A l'audience même du 14 août, un membre du Conseil de guerre pose la question au général Mercier (1).

Mon général, n'a-t-on jamais fait l'hypothèse que le bordereau sur papier calque pouvait être la copie d'un bordereau original?

Le général Mercier qui, par sa déposition, avait donné corps à la légende, en dénaturant la démarche de l'ambassadeur d'Allemagne, répond alors d'une façon équivoque :

J'ai vu cette *hypothèse* dans les journaux ; mais elle n'a jamais été faite à CE MOMENT-LA au Ministère de la guerre. Nous avons toujours ADMIS que le document sur papier pelure était bien le document original du bordereau.

L'hypothèse n'a pas été faite en 1894 au Ministère de la guerre, dit-il ; on *a admis* au Ministère que le document sur papier pelure était l'original.

Mais on n'avait à *admettre*, on devait *savoir* à ce moment-là, que le bordereau sur papier pelure était bien le document saisi.

Et ce que l'on a *admis* au Ministère, le général Mercier laisse entendre qu'on l'a admis à raison d'une fiction imposée par les exigences de M. de Münster. Pourquoi, en effet, le général Mercier, s'est-il plu à dramatiser de la sorte la démarche de l'ambassadeur d'Allemagne, qui s'expliquait si simplement ?

Pourquoi n'a-t-il pas répondu clairement et nettement à la question visant le bordereau annoté ?

Pourquoi le général Mercier n'a-t-il pas déclaré sans ambages au Conseil de guerre de Rennes, comme il a dû le faire, par la suite, devant la Cour de Cassation, qu'il s'agissait là d'une légende complètement inexacte, à laquelle rien n'avait pu donner lieu (2) ?

Les mêmes préoccupations d'esprit se font jour dans les questions posées par deux membres du Conseil de guerre à Mme veuve Henry (3) ?

L'interrogeant sur le dépouillement des papiers fait par

(1) Rennes, 1-149.
(2) Mercier, déposition, du 26 mars 1904, et déposition du 2 mai 1904. Enquête, t. 1, p. 256 et 584.
(3) Rennes, 1-263.

le commandant Henry, lors de l'arrivée du bordereau, l'un d'eux lui demande : « Ce papier, que votre mari dépouillait le soir tard, vous rappelez-vous si c'était du papier épais ? » Puis l'autre l'interroge sur le point de savoir si la table, ou partie de la table sur laquelle travaillait Henry, était dégarnie de tapis en toile cirée, afin de connaître si cette table offrait le point d'appui solide et résistant qui est nécessaire au travail de décalque.

Il est donc certain qu'il a été fait état, par les juges, de l'articulation relative au bordereau annoté. Comment et sous quelle forme cette articulation a-t-elle été produite aux juges ? Un seul point est certain, c'est qu'elle ne se trouve nulle part. p. 68 dans la procédure ; qu'elle n'est pas davantage dans les dépositions des témoins, et qu'on ne la rencontre pas plus dans les pièces du dossier secret.

Donc, ou une production clandestine et ignorée de la défense a été faite aux juges de 1899 comme aux juges de 1894 ; ou les juges de 1899 ont fait état d'articles de journaux, de pièces extrinsèques aux débats. Dans les deux cas, une illégalité a été commise à cet égard, ainsi qu'on l'a déjà signalé plus haut.

Mais l'illégalité de la production de cette articulation accusatrice n'empêche pas son existence en fait : cette articulation doit donc être retenue à côté de toutes les accusations produites aux débats, afin d'avoir l'ensemble absolument complet de tout ce qui a été déversé à Rennes sur la tête de l'accusé.

XX. — On arrive, de la sorte, après une analyse méticuleuse de tous les débats de Rennes, à dresser ainsi qu'il suit le tableau résumé des chefs d'accusation ou articulations dirigés contre Dreyfus, au cours des nombreux réquisitoires prononcés contre lui.

PREMIER ORDRE DE FAITS OU DOCUMENTS

(*Aveux.*)

1° Propos de Dreyfus devant le capitaine Lebrun-Renault.

DEUXIÈME ORDRE DE FAITS OU DOCUMENTS

(*Discussion technique.*)

2° Affirmations de M. de Valcarlos ;
3° Discussion technique du bordereau.

TROISIÈME ORDRE DE FAITS OU DOCUMENTS
(Dossier secret.)

4° Plans directeurs ;
5° Chargement des obus à la mélinite ;
6° Obus Robin ;
7° Cours de l'Ecole de guerre ;
8° Attribution de l'artillerie lourde aux armées ;
9° Organisation militaire des chemins de fer ;
10° Témoignage Cernuszky.

QUATRIÈME ORDRE DE FAITS OU DOCUMENTS
(Cryptographie.)

11° Système Bertillon-Valerio. Système Corps.

ALLÉGATIONS ANNEXES PRODUITES AUX DÉBATS

12 Propos sur la conduite et la manière d'être de Dreyfus. — Logogriphes du dossier secret. — Allégations contre la bonne foi des affirmations officielles des gouvernements étrangers.

p. 69   ARTICULATIONS ILLÉGALEMENT PRODUITES EN DEHORS DES DÉBATS

13° Bordereau annoté par l'Empereur d'Allemagne ou Lettre de l'Empereur.

Chacun de ces articles doit être repris et examiné à la lumière des faits nouveaux. La Cour pourra constater, après cet examen, *qu'il n'existe plus aucune charge possible contre Dreyfus pour aucun de ces articles.* Elle pourra malheureusement constater aussi, *qu'à la base de chacune de ces articulations de l'accusation contre Dreyfus, on rencontre souvent la fraude, et parfois le crime de ses accusateurs.*

TROISIÈME PARTIE

Répercussion des Faits et Documents révélés par l'enquête sur chacune des parties de l'accusation présentée aux juges de Rennes.

I. — L'exposant doit reprendre maintenant chacune des parties de l'accusation présentée devant les juges de Rennes, et rechercher ce qu'elle devient en présence des faits et documents révélés par la dernière enquête de la Cour de Cassation.

Le peu de bonne foi dont avait fait preuve le service des renseignements au sujet du procès de Rennes, rendait nécessaire une lumière définitive sur tous les points de ce procès. Cette pleine lumière a été faite par l'instruction. Examinant les résultats de cette instruction, l'exposant se verra contraint, non sans tristesse, à mettre en évidence maint acte abominable. Il ne cherche pas à incriminer des hommes qui, sans doute, ont été entraînés beaucoup plus loin qu'ils ne l'eussent voulu, dans la voie fatale où les avaient engagés les fautes initiales commises au procès de 1894. Mais sans attaquer les hommes, il doit exposer les actes qui furent commis : les nécessités de la justice l'exigent.

Une à une, chacune des articulations de l'accusation dégagée de l'analyse des débats de Rennes, dans la partie qui précède, va être maintenant examinée. Chacune d'elles fera l'objet d'une section spéciale, en suivant l'ordre du tableau récapitulatif qui constitue le résumé de la partie précédente.

SECTION I

Propos de Dreyfus devant le capitaine Lebrun-Renault : *L'impression du capitaine Lebrun-Renault.* — *Constitution en 1897-1898, du « dossier des aveux ».* — *Fausse date de la déclaration Lebrun-Renault.* — *Date suspecte de la lettre du général Gonse.* — *Lettre du colonel Risbourg, du 6 janvier 1895, en discordance avec son rapport du 27 août 1898.* —

*Télégramme officiel du commandant Guérin, du 5 janvier
1895, en contradiction avec son rapport du 14 février 1898.*

p. 72 II. — En ce qui concerne les prétendus aveux, l'exposant
aurait pu s'en référer purement et simplement à l'arrêt des
Chambres réunies du 3 juin 1899 qui, écartant la fin de non-
recevoir opposée de ce chef à la première demande de revision, avait proclamé *qu'on ne saurait voir, dans les propos
tenus le 5 janvier 1895 par Dreyfus, devant le capitaine Lebrun-Renault, un aveu de culpabilité.*

Comme le rappelaient les instructions ministérielles du
18 juillet 1899, « la Cour suprême ayant définitivement prononcé, toute procédure ayant pour but d'atteindre ces constatations devait être abusive et nulle pour excès de pouvoir. »

La nullité prévue et signalée d'avance a été volontairement commise pour tenter, en réformant l'arrêt de la Cour
suprême de reconstituer une prétendue preuve de culpabilité d'ores et déjà détruite. Mais l'illégalité commise n'a pas
produit le résultat cherché.

A Rennes, comme devant la Cour de Cassation, le capitaine Lebrun-Renault s'est refusé à dire qu'il ait eu, en en-
tendant Dreyfus, l'impression d'un aveu. La question lui fut
formellement posée. Il répondit :

*Je n'ai aucune impression là-dessus. Le capitaine Dreyfus m'a dit
beaucoup de choses pendant l'heure où je suis resté avec lui, des choses
moins importantes que celle-là ; entre autres choses j'ai retenu cette
phrase, je l'ai répétée à mes chefs. — « Je ne peux pas expliquer cette
phrase, » dit-il encore (1).*

On insiste, on le presse vivement, il reprend toujours :

*C'est une question personnelle. Il m'a dit telc phrase, que l'on consi-
dère cela comme on voudra. Cela peut être pour les uns des aveux et pour
les autres une explication de 'sa conduite, c'est l'affaire de chacun (2).*

Voilà ce que dit la seule personne ayant entendu Dreyfus.

Manifestement, c'était bien là l'impression vague et confuse *qu'avaient faite sur l'esprit du capitaine Lebrun-Renault,
au jour de la dégradation,* les propos de Dreyfus, qui entre-
mêlait, d'une façon peu intelligible pour son auditeur absolument ignorant des faits, les dires du Ministre, ceux de
Du Paty de Clam et ses propres réflexions.

(1) Rennes, 3-78.
(2) Rennes, 3-80.

C'est le vague de cette impression qui explique que Lebrun-Renault écrit dans son rapport : « rien à signaler » (1).

C'est le vague de cette impression qui explique, que, racontant le soir même de la dégradation, sa conversation avec Dreyfus, il ne parle que de protestations d'innocence (2).

C'est le vague de cette impression qui explique que, le Ministère de la guerre ayant, à la suite d'une communication à la presse, mandé dès le lendemain le capitaine Lebrun- p. 73 Renault, ne fit dresser aucun rapport sur les dires de cet officier.

L'affaire a été terminée, dit le général Gonse (3), *parce que le général Mercier n'a pas voulu qu'on fit de procès-verbal ni rien au sujet des aveux.*

L'impression qui en était restée, a dit le colonel Picquart, était celle « d'un bruit sans consistance » (4).

On comprend dès lors pourquoi le capitaine Lebrun-Renault, envoyé à l'Elysée, toujours au même sujet, oublie totalement d'y parler d'aveux (5).

III. — Lorsque trois années plus tard, au moment des procès Esterhazy et Zola, le service des renseignements, sous la direction du général Gonse et d'Henry, constituait des dossiers pour empêcher la revision, afin de « couvrir » le général Mercier, un dossier dit « des aveux » fut composé avec soin.

On y plaçait diverses déclarations, en date de 1898, émanant des divers témoins entendus depuis, et une déclaration de M. Lebrun-Renault, datée du 20 octobre 1897, faite en présence de MM. Gonse et Henry (6).

Mais, à part une lettre écrite par le général Gonse au général de Boisdeffre, et restée entre les mains de son expéditeur, lettre portant la date du 6 janvier 1895, et parlant d'ailleurs, non pas d'aveux, mais de « *demi-aveux ou commencements d'aveux mélangés de réticences ou de mensonges* (7) », ce dossier n'était assorti d'aucune pièce de l'époque où les propos avaient été tenus par Dreyfus. Même la feuille du

(1) Cass. 1899, t. 1-277.
(2) Cass. 1899. Hérisson, 1-402 et 2-120.
(3) Déposition du 24 mars 1904. Enquête, t. 1, p. 233.
(4) Cass. 1899, Picquart, 1-142.
(5) Lebrun-Renault, Rennes, 3-77.
(6) Voir ces diverses déclarations, Cass. 1899, t. 2-131 et suiv.
(7) Cass. 1899, t. 2, p. 131.

carnet où Lebrun-Renault aurait consigné des notes à cet égard avait été par lui détruite (1).

C'était là un fait singulier, qui avait provoqué l'étonnement de tous les magistrats examinant le dossier. Pourquoi cette absence complète de tous documents contemporains des prétendus aveux ?

IV. — On trouve sur ce point des explications dans la dernière instruction.

M. le commandant Targe dépose en ces termes devant la Cour de Cassation (2) :

. Je verse aux débats :
1° Le dossier des aveux déjà communiqué à la Cour en 1898 ;
2° Un dossier contenant des pièces nouvelles.

p. 74 Les aveux de Dreyfus sont certifiés par les témoignages. Le premier est une déclaration du capitaine Lebrun-Renault, écrite de sa main :
C'est la pièce n° 2 du dossier ancien. Sur le même papier et au-dessous de la déclaration Lebrun-Renault, le général Gonse a certifié, de sa main, que la déclaration Lebrun-Renault a été faite en sa présence et devant le lieutenant-colonel Henry, le 20 octobre 1897. Le général Gonse a lui-même daté son attestation du 20 *octobre* 1897. Or, *Henry n'a été promu lieutenant-colonel que vingt jours après, le 10 novembre, ainsi que le prouve le numéro* du Journal officiel *que je verse au dossier. Donc l'attestation du général Gonse n'a pu être écrite le 20 octobre et j'en tire cette conclusion indiscutable : le général Gonse n'hésite pas à antidater une pièce.* Or, la seule pièce contemporaine fournie à l'appui des aveux, est une lettre du général Gonse au général de Boisdeffre, datée du 6 janvier 1895. La date de cette lettre a été contestée par plusieurs personnes, dont le colonel Picquart. Je crois que la lettre a été, en réalité, fabriquée entre octobre 1897 et janvier 1898. En effet, dans certains dossiers se trouve une série de notes destinées à fournir soit aux ministres successifs, soit peut-être au général de Pellieux, l'énumération des pièces accusatrices de Dreyfus. *Dans l'une, datée d'octobre 1897 et écrite en entier de la main du général Gonse, je vois l'énumération des pièces prouvant les aveux, et il n'est pas question de la pièce du 6 janvier* 1895, la plus grave contre Dreyfus. En janvier 1898, nous avons un bordereau de la main de du Paty avec correction de la main du général Gonse et la pièce du 6 janvier 1895 apparaît pour la première fois. Elle a été mentionnée de la main du commandant Lauth, dans la colonne observations, *à l'appui de la déclaration Lebrun-Renault du* 20 *octobre* 1897. *Ces faits m'amènent à penser que le général Gonse a écrit sa lettre entre octobre* 1897 *et janvier* 1898.

Voici donc, dans le « dossier des aveux » deux pièces signées ou contresignées du général Gonse. La première, déclaration de Lebrun-Renault, contresignée par Gonse et Henry, *porte certainement une date fausse. Elle est certainement*

(1) Rennes, 3-80.
(2) Première déposition, Enquête, t. 1, p. 43.

*postdatée : la preuve matérielle en est faite par le simple rap-
prochement des mentions qu'elle contient, avec les mentions
de l'Annuaire militaire et du journal officiel produit.*

V. — La seconde pièce, lettre du général Gonse, porte une
date plus que suspecte. Lettre prétendue restituée à l'expéditeur par le destinataire, elle n'est renfermée dans aucune enveloppe portant le cachet de la poste.

Signalant à la Cour de Cassation, en 1899, l'importance
de cette lettre, le général Gonse en parlait en ces termes (1) :

Le lendemain, le chef d'état-major, après avoir causé des aveux
avec moi, quand il arriva au ministère, *me rendit ma lettre que je con-
servai dans l'armoire de fer de mon bureau comme document historique et
comme contenant des renseignements d'une grande importance. Cette
pièce est restée dans mon armoire jusqu'à l'automne de 1897, époque à
laquelle M. le général Billot, alors ministre de la Guerre, me prescrivit de
réunir tout ce qui avait trait aux aveux de Dreyfus, et de faire faire notamment une déclaration écrite au capitaine Lebrun-Renault, ce qui fut fait
vers la fin d'octobre 1897.*

Comment expliquer, dès lors, que précisément dans ce p. 75
rapport de fin octobre 1897, écrit en entier de la main du général Gonse, et énumérant les pièces justificatives des aveux.
le même général Gonse ne mentionne pas son « document
historique contenant des renseignements d'une grande importance », et dont il s'était constitué le vigilant gardien en
l'enfermant dans son armoire de fer ?

Interrogé à cet égard par M. le Procureur général, le général Gonse répond (2) :

On ne contestait pas, à ce moment-là, les aveux, il n'y avait pas d'enquête, il n'y avait rien.
M. le Procureur général. — La preuve qu'on se préoccupait de les
établir, c'est précisément les autres pièces que vous mentionnez dans le
bordereau et qui avaient trait aux aveux. Par conséquent, vous connaissez tout ce qui peut établir les aveux et vous ne parlez pas de votre
lettre.
M. le général Gonse. — *Oui, je ne parlais pas de ma lettre parce que
je l'avais oubliée.* Il faut demander aux témoins de cette époque qui ont vu
ma lettre et qui pourront en témoigner. On conteste ma lettre ; j'affirme
je l'ai écrite ; je n'avais pas d'intérêt à ne pas l'écrire en 1895. *Le généra'
chef d'état-major était absent ; je lui rends compte, il me rend ma lettre ;
je la mets dans mon armoire ; je l'oublie ou tout au moins je la laisse
de côté ; je n'y pense plus ; et c'est alors, quand je reprends l'affaire ab
ovo, que je reprends la lettre et que je la mets dans le dossier.*

Il est inadmissible que la lettre, considérée *comme docu-*

(1) Cass., 1899, 1-246.
(2) Gonse. Déposition du 24 mars 1904. Enquête, t. 1, p. 233.

ment historique d'une grande importance sur la question des
aveux, conservée comme telle par le général Gonse dans son
armoire de fer, soit par ce même général totalement oubliée
quand il constitue le « dossier des aveux » et dresse le bor-
dereau des pièces pouvant servir à les établir.

La lettre existe, des témoins l'ont vue, et elle est produite. Mais il s'agit de déterminer sa date. Le colonel Picquart a démontré à Rennes (1) que, placée à la date du
6 janvier 1895, la lettre du général Gonse au général de Boisdeffre, pour lui rendre compte des événements du jour, demeurerait un mystère incompréhensible, puisque le général
Gonse y passait sous silence l'événement qui l'avait le plus
ému, (démarche de M. de Münster près de M. Casimir Périer).

M. le général de Boisdeffre prête au général Gonse l'appui
de ses souvenirs, et confirme la date du 6 janvier 1895 (2).
Mais on se heurte toujours alors à l'objection capitale du colonel Picquart : comment cette lettre, écrite le 6 janvier 1895
pour rendre compte au chef d'état-major des événements importants qui s'étaient produits dans la journée, passe-t-elle
complètement sous silence l'événement qui préoccupait le
p. 76 plus M. Gonse, c'est-à-dire l'entrevue de M. de Münster et du
Président Casimir Périer ?

Pour y échapper, M. le général de Boisdeffre est obligé de
changer la date de cette entrevue et de la fixer en décembre 1894 (3). Or, sur ce point, les souvenirs du général de
Boisdeffre devant la Cour de Cassation, qui ne concordent
plus, d'ailleurs, avec les souvenirs du général de Boisdeffre
à Rennes (4), *sont certainement inexacts.* M. le président
Casimir Périer l'a démontré (5), et sa démonstration est corroborée par la déposition de M. Hanotaux (6). L'entrevue a
bien eu lieu le 6 janvier 1895, au jour où le général Gonse a
placé sa lettre.

Il semble matériellement impossible d'attribuer à cette
lettre la date du 6 janvier 1895, quand l'auteur et détenteur de

(1) Rennes, t. 1, p. 383.
(2) Général de Boisdeffre. Déposition du 25 avril 1904. Enquête, t. 1,
p. 484.
(3) *Ibid.* p. 492.
(4) Rennes, 1-532.
(5) Casimir Périer. Déposition du 9 mai 1904. Enquête, t. 1, p. 673.
(6) Hanotaux. Déposition du 2 mai 1904. Enquête, t. 1, p. 591.

cette lettre, en constituant le « dossier des aveux » dont elle était la pièce fondamentale à raison précisément de sa date, n'a aucun souvenir de son existence en octobre 1897.

Ainsi donc, l'examen du « dossier des aveux », rapproché des nouveaux documents produits, révèle déjà une date certainemnt fausse sur la déclaration de Lebrun-Renault devant Gonse et Henry, et une date extraordinairement suspecte sur la lettre du général Gonse.

VI. — M. le commandant Targe continue sa déposition en ces termes (1).

Enfin, au sujet des aveux, il y a, parmi les documents fournis, une lettre du général Risbourg, du 27 août 1898, à M. Cavaignac, Ministre de la guerre. D'après cette lettre, le général Risbourg aurait, le 6 janvier 1895, interrogé le capitaine Lebrun-Renault et reçu de lui la confirmation des aveux. Or, voici une lettre du colonel Risbourg, datée du 6 janvier 1895, au Gouverneur militaire de Paris, relative à une enquête sur les divulgations faites au *Figaro* par le capitaine Lebrun-Renault. *Il résulte de cette lettre que le colonel Risbourg n'a pas vu le capitaine Lebrun-Renault, ou tout au moins, il ne le dit pas, et il n'est nullement question des aveux.*

Enfin, les déclarations de Lebrun-Renault ont été confirmées par le témoignage du colonel Guérin et par celui du capitaine d'Attel, reproduit par les capitaines Antoine et de Mittry. Voici la situation : Lebrun-Renault et d'Attel ont entendu les aveux à 8 heures 50. Lebrun-Renault sort de la pièce où il gardait Dreyfus; il trouve à la porte le commandant Guérin et il lui fait part de ce qu'il vient d'entendre. Cette déclaration paraît si importante au commandant Guérin qu'il groupe immédiatement tous les officiers présents, et il invite Lebrun-Renault à répéter ce qu'il vient de lui dire. Neuf heures sonnent. La dégradation a lieu. Le commandant Guérin y assiste, puis il envoie un télégramme au général Saussier. *D'après sa déposition à Rennes, les seuls événements importants de la matinée étaient, pour le commandant Guérin, les aveux de Dreyfus et l'échéance de trois ans qu'il avait fixée pour qu'on lui rende justice. Or,* voici le télégramme que le commandant Guérin adressait de l'Ecole militaire, à 9 heures 20 minutes, au général Saussier. Ce télégramme a été retrouvé aux archives du Gouvernement militaire à Paris. Je le verse aux débats. Il est ainsi conçu : « *Ecole militaire 9 heures 20 minutes du matin, 5 janvier 1895; commandant Guérin à Gouverneur militaire de Paris : Parade terminée, Dreyfus a protesté de son innocence et crié Vive la France! Pas d'autre incident.* »

J'ai donc établi, je crois, que la lettre du général Gonse, du 6 janvier 1895, avait été très vraisemblablement établie trois ans plus tard, et, par contre, je produis à la Cour deux pièces contemporaines, le télégramme Guérin et la lettre du colonel Risbourg, qui toutes deux tendent à prouver que les aveux n'ont jamais existé.

p. 77

VII. — Ainsi dans ce « dossier des aveux », constitué en 1898, on vient de relever deux documents du général Gonse,

(1) Même déposition, Enquête, t. 1, p. 44.

l'un portant une date certainement fausse, l'autre devenu, d'après les nouvelles révélations, extrêmement suspect. Il faut encore classer, avec ces documents frelatés, la lettre du général Risbourg à M. Cavaignac, en date du 27 août 1898 (1), *qui ne concorde en aucune façon avec la lettre écrite par ce même officier (alors colonel), au Gouverneur de Paris, le 6 janvier 1895.*

Un quatrième document se présente, c'est le rapport du lieutenant-colonel Guérin, du 14 février 1898 (2) : *il est en contradiction flagrante avec le télégramme officiel de ce même officier alors commandant, adressé le jour même de la dégradation (5 janvier 1895), après la parade terminée, au Gouverneur militaire de Paris.*

Voilà comment fut constitué, trois ans après les propos de Dreyfus qualifiés aveux, le « dossier des aveux ».

Répondant au capitaine Lebrun-Renault, à Rennes, le capitaine Dreyfus s'exprimait en ces termes en s'adressant au président (3) :

Permettez-moi, mon colonel, d'exprimer mon émotion de voir aujourd'hui qu'après cinq ans, quelqu'un qui a entendu des paroles débutant par une protestation d'innocence et finissant par une protestation d'innocence, paroles qu'il n'a pas comprises, se soit permis d'aller transformer ces paroles devant des chefs, sans en demander à l'intéressé lui-même une explication franche et nette. Ce sont là des procédés devant lesquels tous les honnêtes gens ne peuvent que s'indigner.

Le président s'adresse alors au capitaine Lebrun-Renault, pour lui demander « Avez-vous quelque chose à ajouter ? » Et le capitaine Lebrun-Renault, sans tenter une explication de son injustifiable conduite, ne peut que courber la tête en répondant : « Non, Monsieur le Président, je n'ai rien à ajouter à ma déclaration. »

Mais en réalité, le capitaine Lebrun-Renault, il faut le remarquer, n'avait jamais déclaré avoir considéré lui-même comme aveux de culpabilité les propos tenus devant lui par Dreyfus. Il n'a fait, comme le général Risbourg et le lieutenant-colonel Guérin, que céder aux sollicitations du général Gonse, s'efforçant de constituer un « dossier des aveux. »

p. 78

(1) Cass., 1899, t. 2, p. 137.
(2) Cass., 1899, t. 2, p. 138.
(3) Rennes, t. 3, p. 83.

Il est toutefois profondément triste *de constater que ces officiers, lorsqu'ils ont délivré leurs complaisantes déclarations, n'ont retrouvé dans leur mémoire obscurcie par la passion, que des souvenirs en complète discordance ou contradiction avec les documents signés par eux-mêmes à l'époque où se plaçaient les faits objets de leurs certificats : tel le général Le Belin de Dionne déclarait, en son certificat du 1er juin 1898, le contraire de ce qu'il attestait en 1892 dans ses notes sur Dreyfus pendant son séjour à l'Ecole de Guerre* (1).

Il est toutefois profondément triste de *constater que la main du général Gonse, après avoir si étrangement falsifié les propos Hadamard (2) consignés par lui dans la pièce n° 96 du dossier secret, se soit permis d'aussi singulières fantaisies pour les dates des pièces réunies dans le « dossier des aveux »*.

La légende des aveux, dont la Cour de Cassation avait déjà proclamé l'inanité dans son arrêt du 3 juin 1899, ne reposait que sur des déclarations de complaisance, où sont consignés des souvenirs prodigieusement déformés et contraires à la réalité.

Telle est la conclusion qu'imposent, au sujet de la première articulation de l'accusation à Rennes, les documents révélés par la nouvelle instruction.

SECTION II

AFFIRMATIONS DE M. DE VALCARLOS

L'agent Guénée : Révélations sur son rôle dans le service des renseignements. — Caractère de ses rapports sur les informations de M. de Valcarlos. — Rôle de M. de Valcarlos, d'après l'accusation à Rennes. — Fabrication de nouveaux registres de comptabilité au service des renseignements. — Raison de cette fabrication. — Dissimulation de mensualités portées comme payées à Valcarlos, et majoration fictive des dépenses faites par Picquart. — Raison de la conservation

(1) Cass. 1899. Débats, p. 585.
(2) Rennes, t. 3, p. 338 et suiv.

des anciens registres. — Où vont les mensualités portées comme payées à Valcarlos. — La caisse noire d'Henry. — Témoignage de M. de Valcarlos devant la Cour : les rapports de Guénée sont faux. — Démarches faites près de M. de Valcarlos après le procès de 1894, par Guénée, Henry et le général Roget. — Démarche comminatoire faite près de M. de Valcarlos avant le procès de Rennes, par les ordres du général Mercier.

p. 79

I. — Avec la section II, l'exposant aborde la discussion du second ordre « de faits et documents » présenté par l'accusation à Rennes, celui qui est relatif à « la discussion technique du bordereau ».

Cette discussion technique repose, ainsi qu'on l'a déjà fait remarquer, sur une proposition fondamentale extrinsèque au bordereau : « Il y avait lors du printemps 1894, au Ministère de la guerre, et spécialement au deuxième bureau, un officier qui trahissait ».

C'est cette proposition qu'Henry avait encore précisée davantage dans son faux témoignage de 1894, en affirmant que le traître était Dreyfus.

Sans s'approprier les précisions du colonel Henry, l'accusation reprenait encore à Rennes, pour la placer à la base de sa discussion technique, la même proposition : *il y avait, au printemps 1894, un officier traître au deuxième bureau de l'Etat-Major du Ministère de la guerre.*

II. — Quel était le personnage présenté comme auteur responsable de cette proposition d'une si extraordinaire gravité ?

Lors de son faux témoignage en 1894, Henry, adjuré par Dreyfus de faire connaître ce personnage, s'était réfugié dans un mutisme prudent :

Quand un officier a dans sa tête un secret redoutable, avait-il déclaré, il ne le confie pas même à son képi (1).

Plus tard, alors qu'on discutait la première demande de revision, quelques vagues indications furent données sur le personnage, auquel le bureau des renseignements entendait

(1) Cass., 1899. Débats, p. 605, et déposition Picquart. Cass., 1899, t. 1, p. 130.

faire endosser la responsabilité de l'affirmation d'Henry. Le général Mercier avait imité, il est vrai, la réserve du colonel Henry (1).

Mais le général de Boisdeffre avait parlé de « deux rapports écrits par un agent dont l'honnêteté était connue, et confirmés par une déclaration verbale faite par un personnage diplomatique (2) ».

Le colonel Picquart d'autre part, invoquant ses souvenirs de chef du service des renseignements, s'exprimait en ces termes (3) :

Cette personne, je l'ai caractérisée de rastaquoère, et, à mon avis, ce n'est pas autre chose : elle était en relations avec le monde diplomatique étranger, et racontait à Henry, soit directement, soit par l'intermédiaire d'un policier de bas étage, nommé Guénée, ce que disaient, entre eux, les attachés militaires, et elle le répétait, sans se rendre compte, bien souvent, de la valeur de ce qu'elle entendait. **p. 83**

J'ai d'ailleurs donné à cet homme, par l'intermédiaire de Henry, une somme de 1.200 francs pour rémunérer ses services.

J'attire l'attention sur le policier Guénée, qu'il serait très utile d'entendre : il habite rue Marie-Louise, n° 14 (je crois). Il était agent spécial du bureau des renseignements et le bras droit de Henry. C'est lui qui a fait divers rapports de police au sujet de Dreyfus ; il serait intéressant de savoir s'il ne les a pas faits presque tous. Il en a fait sur moi, alors que j'étais encore chef du service des renseignements (et par conséquent son chef), ainsi que j'ai pu m'en convaincre tout dernièrement par l'instruction de M. le capitaine Tavernier. Je crois également que c'est lui (mais je ne puis l'affirmer) qui a fourni des rapports de police au général de Pellieux. Je crois, en tous cas, avoir reconnu de son écriture dans le dossier secret Dreyfus.

Enfin l'agent du service, Guénée, avait désigné l'informateur comme « un très grand seigneur ayant le titre d'excellence, aimant beaucoup la France » (4). Ces indications étaient encore bien mystérieuses. Toutefois le rapprochement des dépositions de MM. de Boisdeffre et Picquart, et de Guénée, indiquait bien qu'au service des renseignements, la personnalité de l'informateur avait été précisée.

III. — Cet informateur bénévole, personnage diplomatique, n'avait jamais donné aucune information directe. *Aucun document signé de lui ou émanant de lui n'a jamais figuré au dossier.*

(1) Cass., 1899, t. 1, p. 5.
(2) De Boisdeffre, Cass. 1899, t. 1, p. 250.
(3) Cass., 1899, t. 1, p. 130.
(4) Cass., 1899, t. 1, p. 720.

Ses prétendues informations n'ont jamais trouvé place que dans deux rapports de l'agent Guénée, auxquels on attribue les dates de mars et avril 1894.

M. le général Mercier à Rennes (1) semble articuler qu'un troisième rapport, dû à Henry, se serait produit à la date de juin 1894. Ce troisième rapport aurait spécifié que, d'après l'informateur, l'officier traître se trouvait au deuxième bureau. *Il n'y a là qu'une équivoque regrettable, dont s'est d'ailleurs bien gardé M. Cavaignac* (2).

Il n'a jamais existé, sur les révélations du mystérieux informateur, que les deux seuls rapports de Guénée, où il n'est question d'ailleurs, ni de Dreyfus, ni du deuxième bureau.

Cette précision n'a jamais été donnée que par Henry, dans sa seconde et théâtrale déposition devant les juges de 1894 ; et on n'en trouve une trace écrite que dans la relation de ce témoignage d'Henry, dressée par le général Gonse, postérieurement au procès de 1894 (pièce 35 du dossier secret).

p. 81   Qu'était donc l'agent Guénée, ce policier de bas étage prétendant rapporter les sensationnelles informations du personnage diplomatique ?

Le colonel Picquart, dans la déposition citée plus haut, l'avait déjà caractérisé. M. le juge d'instruction Bertulus (3) l'avait signalé comme très suspect. M. Maillet a donné aux juges de Rennes (4) des indications précises sur le genre de besogne qui lui était confiée par le service des renseignements.

Les dépositions mêmes de Guénée devant la Cour de Cassation en 1899, suffiraient d'ailleurs à faire juger cet ancien agent de la police des mœurs (5).

Mais les découvertes faites par M. le commandant Targe, dans les archives du service des renseignements, et les dossiers par lui versés à l'appui de sa déposition (6) font la pleine lumière sur ce personnage. C'était par son intermédiaire que le service des renseignements avait constitué ce que le commandant Targe appelait justement « les cartons

(1) Rennes, t. 1, p. 85.
(2) Rennes, t. 1, p. 187.
(3) Cass., 1899, t. 1, p. 237.
(4) Rennes, t. 3, p. 353 et suiv.
(5) Cass., 1899, t. 1, p. 719-729.
(6) Déposition du 13 juin 1904, Enquête, t. 1, p. 977.

de l'agence Tricoche et Cacolet », collectionnant des fiches immondes et diffamatoires sur toutes les personnes susceptibles d'offrir une résistance aux volontés du service, fournissant des documents à l'appui de toutes les accusations qu'il plaisait au service de lancer dans la presse. C'était Guénée notamment qui avait mis au point l'accusation lancée contre Picquart, d'avoir eu des relations d'espionnage avec l'agent A, accusation assortie d'une fausse photographie instantanée (1).

Guénée était donc l'agent à tout faire, qui documentait avec des pièces ou rapports fabriqués par lui, les accusations ou articulations du service des renseignements.

Et c'est de cet agent qu'émanent les deux seuls rapports contenant la grave et sensationnelle affirmation du personnage diplomatique !

IV. — Ces rapports de l'agent Guénée, auxquels le service des renseignements attribuait la date de mars et avril 1894, *arrivaient d'ailleurs (comme plus tard le faux Henry) avec une opportunité un peu inquiétante pour tout esprit critique.*

En effet ils venaient, avec un à-propos singulier, confirmer une interprétation au moins risquée, donnée par le service des renseignements à deux pièces venant de lui parvenir, et plus tard communiquées secrètement aux juges de 1894.

Le premier document du dossier secret dans l'ordre chronologique des pièces, dit le commandant Cuignet (2), est un télégramme adressé à un agent étranger désigné sous le nom de A et dont la traduction est la suivante : « Les choses aucun signe de l'Etat-major général. » La pièce est du 29 décembre 1893. Or, postérieurement à ce télégramme, au commencement de 1894, on reçut une note memento, écrite par l'agent à qui le télégramme était adressé, et qui paraît être une réponse. La traduction de cette note memento est la suivante : « Doute, preuve, lettre de service. Situation dangereuse pour moi avec un officier français. Ne pas conduire personnellement de négociations, apporter ce qu'il a, absolu. bureau des renseignements. Aucune relation corps de troupes. Importance seulement sortant du Ministère. Déjà quelque part ailleurs. » Il a paru généralement, et il me paraît à moi encore aujourd'hui, que ces deux pièces se complètent l'une l'autre et peuvent se commenter ainsi qu'il suit : « On dit à l'agent A que les documents produits par lui ne portent aucun signe prouvant qu'ils sortent de l'Etat-major général ; et l'agent A répond que lui aussi a éprouvé ou éprouve des doutes. Il semble bien cependant qu'il s'agit d'un officier, et l'agent A ajoute que

p. 82

(1) Targe, *ibid.* p. 977. — Trarieux, Rennes, t. 3, p. 477.
(2) Cass., 1899, t. 1-359.

l'officier ou lui-même n'a aucune relation avec le corps de troupes, qu'il n'attache d'importance qu'aux pièces sortant du ministère : *il faut donc que l'officier, dans l'esprit de l'agent A, appartienne au Ministère.* »

C'est là le commentaire du service des renseignements, commentaire qui devait être rédigé par Du Paty de Clam et soumis secrètement aux juges. Sainement interprété, comme l'a démontré le colonel Picquart, le memento de l'agent A était surtout accusateur pour Esterhazy. L'agent A n'eût pas eu de doutes sur l'origine des documents, s'il s'était agi de Dreyfus. Mais il hésite, parce qu'il s'agit d'Esterhazy, qu'il y a toujours risque pour lui à traiter avec un officier français, qu'il n'a pas beaucoup d'intérêt à établir des relations avec un officier de troupes, les documents importants étant ceux du Ministère de la guerre. L'interprétation du service des renseignements ne semblait donc pas résister à l'examen ; et cependant la sagacité divinatoire de cette interprétation se trouve tout à coup mise en évidence par les graves confidences du personnage mystérieux.

Il est vraiment singulier que l'interprétation si hasardée du bureau des renseignements soit si opportunément confirmée par une information sensationnelle, et que cette information si extraordinaire et si opportune soit apportée par Guénée, le fabricant de rapports au service dudit bureau.

Mais il y a plus : une autre pièce du dossier secret, arrivée elle aussi en janvier 1894, et connue sous le nom de pièce Davignon, reçoit du service des renseignements une interprétation peut-être plus divinatoire encore.

Dans cette pièce, lettre de B à A., B. dit à son correspondant :

J'ai écrit encore au colonel Davignon, et c'est pour ça que je vous prie, si vous avez l'occasion de vous occuper de cette question avec votre ami, de le faire particulièrement, en façon que Davignon ne vient pas à le savoir. Du reste, il répondrait pas, car il faut jamais faire voir qu'un (agent) s'occupe de l'autre.

p. 83

Voilà que de cette pièce, on prétend, par interprétation, déduire que B. et A. *ont pour ami un officier traître au deuxième bureau*, parce que le colonel Davignon, dont il est parlé dans la lettre, est sous-chef au deuxième bureau ! (1).

(1) Cuignet (Cass. 1899, t. 1, p. 362). Cette pièce faisait également partie du dossier commenté par Du Paty de Clam pour les juges de 1894. Picquart, (Cass. 1899, t. 1, p. 136).

Et voilà encore que dans cette fantastique interprétation de la pièce Davignon, l'extraordinaire sagacité du bureau des renseignements a deviné juste..... car, à point nommé encore, le sensationnel informateur joue son rôle ; il précise : l'officier traître de l'Etat-major est au deuxième bureau, ou s'y est trouvé dans les premiers mois de 1894.

Le doute sur la réalité de ces informations par trop providentielles s'accentue encore, lorsque l'on consulte la déposition de Guénée devant la Cour de Cassation en 1899. Pressé de questions, il avoue que son informateur prétendu ne lui a jamais parlé ni de Dreyfus, ni du deuxième bureau, ni même d'officier traître ou de « *loup dans la bergerie* ».

Cette personne m'a simplement dit : Cherchez, vous avez quelqu'un dans les bureaux de l'Etat-major qui renseigne les agents d'une puissance étrangère (1).

Or ce propos, même s'il avait été réellement tenu, s'expliquerait très naturellement, comme l'a fait remarquer le colonel Picquart (2).

La chose est fort possible : les agents étrangers venaient régulièrement au deuxième bureau, où ils étaient fort bien accueillis, et où on leur donnait tous les renseignements non confidentiels dont ils pouvaient avoir besoin.

Revenant avec plus de détails sur ces explications dans sa déposition du 7 mai 1904, le colonel Picquart conclut en disant :

Il est donc fort possible que, dans une conversation, M. de Valcarlos ait dit à Guénée, qui connaissait mal l'organisation de l'Etat-major et surtout ce qui se passait au deuxième bureau, que les officiers étrangers et attachés militaires étaient très bien renseignés par un officier du deuxième bureau. Il n'y avait rien de mal à cela.

Ces rapprochements suffiraient déjà par eux-mêmes, à établir le véritable caractère des extraordinaires informations du personnage mystérieux.

Si ces informations n'ont pas été inventées de toutes pièces par Guénée, elles étaient la transformation d'un propos banal p. 84 *en un renseignement de police. Guénée avait joué son rôle ordinaire, consistant à appuyer de ses rapports de policier les affirmations formulées a priori par le bureau des renseignements.*

(1) Cass. 1899, t. 1, p. 727.
(2) Cass. 1899, t. 1, p. 136. Rennes, t. 1-394 ; déposition du 7 mai 1904, Enquête, t. 1, p. 654.

Telles sont les conclusions où conduit déjà le simple examen des pièces produites : l'exactitude absolue de ses conclusions a été démontrée par les graves révélations de la nouvelle instruction.

V. — Si la personnalité de l'agent Guénée et le caractère des services qu'il rendait au bureau des renseignements étaient à Rennes, éclairés d'une lumière moins crue que devant la Cour de Cassation ; si l'on n'avait pas encore fait les découvertes des dossiers de cet agent, révélant le concert abominable de ce bas policier avec les officiers du service et spécialement avec Henry, l'accusation s'était cependant rendu compte qu'il fallait couvrir l'ignominie de l'intermédiaire Guénée par l'auréole d'honorabilité de l'informateur mystérieux.

Tous les témoins de l'accusation exaltaient donc les mérites de cet informateur.

« C'est une personne haut placée dans la diplomatie étrangère, dit le général Mercier, qui était surtout très bien placée pour recueillir des renseignements auprès des attachés militaires étrangers (1) ».

« C'est un de ces rares agents diplomatiques étrangers disposés à servir les intérêts de la France au lieu de les combattre », ajoute M. Cavaignac (2).

Et M. le commandant Cuignet insiste (3) : « C'est un personnage considérable... Il a chez nous toutes ses attaches de famille. Il y a été élevé, il y a vécu. »

M. le général de Boisdeffre ajoute son mot à ce concert de louanges (4). « C'est une personne dans une situation mondaine très belle et ayant appartenu au monde diplomatique ».

Comment le colonel Picquart avait-il pu qualifier cette personne de rastaquouère ? Le colonel en a donné les raisons: en rémunération des services rendus par cette personne considérable, Henry avait demandé à son chef de payer pour elle des dettes de jeu s'élevant à 1.200 francs (5).

La défense, autorisée par le qualificatif que le colonel Picquart apliquait au personnage mystérieux, avait pressé le général Gonse de questions sur le point de savoir si la per-

(1) Mercier, Rennes, 1-84.
(2) Cavaignac, Rennes, 1-187.
(3) Cuignet, Rennes, 1-495.
(4) De Boisdeffre, Rennes, 1-518.
(5) Rennes, t. 1-394. Cass. Déposition du 7 mai 1904. Enquête, t. 1, p. 656.

sonne honorable ne touchait pas des mensualités au service des renseignements ; et le général Gonse avait répondu qu'on lui remboursait seulement ses dépenses. « Il était entendu qu'il ne devait pas en être de sa poche » (1).

Le Commissaire du Gouvernement concluait alors en ces termes dans son réquisitoire (2) : p. 85

Messieurs, nous avions dans le monde diplomatique, à cette époque, un ami bienveillant, qui était en relations avec MM. A. et B. ; en relations mondaines, quelque peu officielles ; il nous avertissait, c'était notre ami, il nous faisait avertir (j'en parlerai tout à l'heure), et comme on ne suivait pas exactement ses indications, il y revenait sans cesse. Cherchez Guénée. Il s'adressait à Guénée : « deuxième bureau : officiers, pas des gens subalternes, vous vous trompez. »

Eh bien, cet agent-là est un homme sérieux, un homme important. Il y a un témoin qui a voulu le discréditer dans l'esprit du Conseil, et pour cela il a dit : « Cet homme-là est un rasta ; je lui ai donné douze cents francs. »

Oui, ce n'est pas douze cents francs qu'il lui a donné, il lui a donné quinze cents francs, il lui en a donné bien d'autres, lui et d'autres, mais pourquoi ? Ah ! la vérité peut quelquefois n'être pas vraisemblable. Voici le cas très simple : Ce personnage, le bienveillant ami de la France qui s'entremettait pour nous rendre service, lorsqu'il engageait des frais pour nous procurer des renseignements, si les renseignements coûtaient douze cents francs, il disait qu'ils lui en coûtaient douze cents, et on lui payait tout ce qu'il avait déboursé.

Etait-ce un homme à gages ? Non. D'abord on vous a dit ici et on vous a répété de source certaine et autorisée *que les agents sont payes par mensualités ;* on ne leur donne pas une somme pour telle ou telle mission. Il sont payés par mensualités ; s'ils ont des frais pour telle ou telle chose, on les indemnise des frais qu'il ont faits *en dehors des mensualités qu'ils reçoivent.* C'était le cas de M. V. ; M. V. était un parfait honnête homme, qui est officier de la Légion d'honneur, et ses services vis-à-vis de la France n'ont peut-être pas été récompensés comme ils le méritaient.

Le personnage ainsi désigné était M. le marquis de Valcarlos, alors attaché militaire d'Espagne.

VI. — L'instruction de la Cour de Cassation a révélé qu'il n'y avait, à la base de toutes ces déclarations qu'une série de manœuvres criminelles.

Afin de pouvoir apporter aux juges de Rennes les déclarations qui viennent d'être citées, le général Gonse, le colonel Henry et l'archiviste Gribelin avaient fabriqué toute une série de registres correspondant à vingt-deux mois de comptabilité.

(1) Rennes, t. 1-545 et 561.
(2) Rennes, t. 3, p. 586.

L'aveu en fut fait le 17 septembre 1903 devant le ministre de la Guerre par Gribelin qui, instrument passif entre les mains d'Henry, avait reçu l'ordre de refaire toute la comptabilité. Le but était de dissimuler les mensualités portées comme payées à Valcarlos « *afin de pouvoir, le cas échéant, démentir le lieutenant-colonel Picquart, pièces en mains (1)* ».

Tous les détails de cette falsification de comptabilité et la manière dont furent fabriqués les nouveaux registres, ont été exposés dans un rapport de M. Cretin, directeur de la justice militaire (2). M. le contrôleur général Cretin analyse les faits, y relève tous les éléments du crime de faux, et conclut en ces termes :

p. 87

> Donc, aucun des éléments du crime ne fait défaut. La responsabilité en incombe : 1° Au chef de service Henry qui paraît avoir joué dans cette affaire le rôle principal ; 2° au comptable archiviste Gribelin, qui a exécuté le faux et ne peut se retrancher derrière les ordres qu'il aurait reçus ; 3° au sous-chef d'état-major général, le général Gonse, qui, par sa signature, a donné à un document falsifié les apparences d'une pièce authentique. Ces faits sembleraient devoir tomber sous l'application des art. 257 du C. de just. milit., 145 et suivants du C. pén., mais la loi du 27 décembre 1900 sur l'amnistie fait obstacle à ce que des poursuites judiciaires soient exercées.

VII. — Interrogé par la Cour de Cassation, Gribelin a reconnu tous les faits consignés dans le rapport de M. le contrôleur général Cretin, mais s'est élevé contre la responsabilité pénale qu'on voulait lui faire encourir. Il n'a été, dit-il, qu'un subordonné exécutant les ordres de son chef (3) :

> M. le contrôleur général Cretin, dit-il, paraît avoir oublié que, lorsqu'un subordonné reçoit un ordre de son supérieur relativement au bien du service, il n'a qu'à obéir sans discuter. Il est cependant toléré, surtout en matière de service des bureaux, que le subordonné présente au supérieur les observations qu'il juge utiles. Mais, si ce dernier renouvelle l'ordre, il n'y a plus qu'à s'incliner. J'ai donc obéi et, en pareille circonstance, malgré ce qu'en pense M. le contrôleur Cretin, j'obéirais encore, couvert en cela, non seulement par l'ordre reçu, mais par le texte même des règlements militaires. En effet, lorsqu'un chef d'un grade quelconque est présenté à la troupe, la formule de réception se termine par ces mots :
> « Et vous lui obéirez en tout ce qu'il vous commandera pour le bien du service et l'exécution des règlements militaires. »
> Or, il n'est pas niable que le bien du service voulait qu'on masquât Valcarlos.
> J'ajouterai que l'ordre de recopier le registre m'a été renouvelé sous une forme toute particulière que j'ai encore très présente à la mémoire ; le colonel Henry m'a dit : « En ce qui touche aux fonds secrets, vous

(1) Voir cette déclaration au rapport de M. le conseiller Boyer, p. 40.
(2) Transcrit dans le rapport Boyer, p. 40 et suiv.
(3) Gribelin, déposition du 21 mars 1904, Enquête. t. 1, p. 136.

n'êtes qu'un porte-plume. » Cela explique que je lui ai demandé, à lui seul responsable des fonds secrets, de signer le registre afin de lui enlever le caractère personnel que mon écriture, même sans ma signature, pouvait lui donner. Cela explique aussi que j'ai préparé la signature du lieutenant-colonel Henry sur la partie du registre recopiée qui ne se rapportait pas à sa gestion.

J'ignore les raisons que le colonel Henry aura pu invoquer auprès du général Gonse pour l'amener à signer le registre. J'avais reçu l'ordre de préparer la signature du général Gonse. J'ai exécuté l'ordre. En ce qui me concerne, je m'élève très fort contre cette théorie de M. le contrôleur général Cretin, à savoir que je n'aurais pas dû obéir, puisque je n'étais pas couvert par l'ordre. Ce serait une singulière armée, si cela pouvait s'appeler une armée, que celle dans laquelle les subordonnés discuteraient les ordres et obéiraient au gré de leur convenance. **p. 87**

En ce qui concerne la gestion des fonds secrets, je n'avais et ne pouvais avoir aucune responsabilité morale ou matérielle, autrement ce serait la négation absolue du principe en vertu duquel le chef de service des renseignements est seul juge de l'emploi de ces fonds et en est seul responsable vis-à-vis du chef de l'Etat-major. Tous les chefs du service des renseignements sous les ordres desquels j'ai servi, Sandherr, Picquart, Henry, ont revendiqué ce droit de disposer des fonds et en ont accepté la pleine responsabilité. Seul Henry, pour des raisons que j'ignore, a fait signer le registre par le sous-chef d'Etat-major.

Cette déclaration, très caractéristique parce qu'elle montre à raison de quel état d'esprit les actes les plus malhonnêtes ont pu trouver, au service des renseignements, des concours empressés et dévoués, confirme pleinement la matérialité des faits consignés au rapport de M. le contrôleur général Cretin, et d'ailleurs constatés par la Cour elle-même, les registres ayant été produits.

VIII. — Le général Gonse, dans sa déposition du 22 mars 1904, a dû reconnaître aussi la matérialité des faits. Il a avoué que, pour dissimuler les mensualités portées sur la comptabilité originaire comme payées à Valcarlos sous le nom de V. C. (service de Paris), puis sous la mention Vésigneul (V. C.) ou simplement Vésigneul, on avait refait entièrement vingt-deux mois de comptabilité, en substituant aux mensualités Valcarlos, des mensualités payées à *Juana*.

Le général Gonse a allégué, comme excuse, la nécessité d'empêcher les indiscrétions concernant Valcarlos. Cette explication n'explique rien, puisque précisément le nouveau pseudonyme Juana, porté sur les registres fabriqués après coup, et l'ancienne désignation V. C. ou Vésigneul, étaient connus exactement par les mêmes personnes. Seul l'ancien chef du service des renseignements, colonel Picquart, pouvait être trompé par ce changement de pseudonyme, parce qu'il

7

avait quitté le service avant la substitution du pseudonyme Juana au pseudonyme Vésigneul. On est donc invinciblement ramené à l'explication donnée spontanément par Gribelin : le travail avait été commandé par Henry « afin *de pouvoir, le cas échéant, démentir le lieutenant-colonel Picquart, pièces en mains.* »

Il est d'ailleurs absolument impossible d'apercevoir, en dehors de cette raison, une utilité quelconque à la fabrication des nouveaux registres.

Il fallait, dit le général Gonse, prendre ses précautions en vue du procès Zola, pour éviter une indiscrétion éventuelle qui eût « brûlé » le précieux informateur Valcarlos. Mais en admettant qu'une allégation quelconque eût été produite au procès Zola en ce qui concerne les informations fournies par Valcarlos, en quoi la production des registres eût-elle été utile pour établir publiquement que Valcarlos n'était pas un informateur ?

Les registres fabriqués pouvaient bien servir à démentir Picquart présentant Valcarlos comme un vulgaire agent de renseignements *à appointements mensuels* ; ils ne pouvaient servir à démentir une indiscrétion révélant que Valcarlos était un informateur, mais un *informateur désintéressé,* suivant la thèse même du service des renseignements, puisqu'à raison précisément de son caractère désintéressé, son nom ne devait point se trouver sur les registres.

D'autre part, comme il fut fait observer au général Gonse (1), ce n'est pas au moment du procès Zola, (février 1898), mais avant même la publication de la lettre de Zola, que la falsification avait été opérée. Elle avait été faite en novembre 1897, c'est-à-dire au moment où tout le service des renseignements, aidé de Du Paty de Clam et du général Gonse, se portait au secours d'Esterhazy pour « sauver le général Mercier », en empêchant la revision du procès Dreyfus.

L'explication donnée par Gribelin, qui est d'ailleurs la seule possible, apparaît alors comme corroborée par toutes les manœuvres criminelles employées à cette époque pour perdre Picquart et falsifier l'instruction Esterhazy.

_____

(1) Déposition du 22 mars 1904. Enquête, t. 1, p. 219.

IX. — De plus, M. le général Gonse se trouve, il l'a reconnu lui-même (1), dans l'impossibilité d'expliquer une autre falsification de la comptabilité par laquelle on majorait les dépenses faites pendant la gestion de Picquart, pour diminuer d'autant celles faites pendant la gestion d'Henry.

M. le général Gonse s'est borné à affirmer qu'il ne comprenait rien à cela, qu'il ne l'avait pas autorisé, pas plus que l'enlèvement, à l'aide du chlore, de certaines inscriptions et de certains visas, signalé par M. le Procureur général (2).

Ici encore Gribelin seul donne une explication.

M. le contrôleur général Cretin, dans sa déposition du 28 mars 1894, après avoir confirmé devant la Cour les constatations et termes de son rapport, s'exprime en ces termes :

> J'ai demandé en outre à M. l'archiviste Gribelin s'il pouvait m'expliquer une substitution de chiffres qui figure au mois d'avril 1896 dans la comptabilité refaite : à la date du 20 avril, une dépense de 15.000 francs pour achat de documents a été, par surcharge majorée de mille francs, ce qui a obligé, pour établir la balance entre les recettes et les dépenses, de forcer également le chiffre des recettes. L'explication suivante m'a été donnée par M. l'archiviste Gribelin. Le lieutenant-colonel Henry avait dit que son prédécesseur, le lieutenant-colonel Picquart, gaspillait les fonds secrets et payait souvent des documents bien au-delà de leur valeur. Ce serait pour étayer cette affirmation qu'il aurait forcé la dépense du 20 avril 1896. p. 89
>
> Je demande à la Cour la permission de lui faire, à propos de cet incident, une remarque que j'ai omise tout à l'heure. Si, suivant la théorie exposée par M. le général Gonse, la comptabilité du service des renseignements n'avait aucun caractère sérieux, si on pouvait, sans inconvénient, substituer des écritures à d'autres, l'exemple que je viens de citer montrerait quel parti dangereux un Chef de service pourrait tirer de cette tolérance, notamment en faisant disparaître la trace de dépenses qu'après coup, il se rendait compte avoir été abusives ou inopportunes.

M. Gribelin a confirmé devant la Cour de Cassation l'explication de cette autre falsification de la comptabilité (3). L'accusation de gaspillage et de dépenses exagérées pour la surveillance Esterhazy, ainsi préparée contre Picquart par ces nouveaux faux du colonel Henry, avait été présentée à Rennes avec une particulière violence par le général Roget (4), à tel point que le colonel Picquart dut, pour se justifier, de-

(1) Déposition du 22 mars 1904, Enquête, t. 1, p. 218.
(2) Ibid., p. 318.
(3) Gribelin, déposition du 11 juin 1904, Enquête, t. 1, p. 913.
(4) Rennes, t. 1-300 et 565.

mander une enquête sur sa gestion. Cette enquête encore tourna à la confusion de ses accusateurs (1).

Ce qu'il y a lieu de constater ici, c'est que tous ces odieux tripotages dans les écritures de la comptabilité du service des renseignements, effectués au moment où l'on falsifiait l'instruction Esterhazy, avaient un double but : perdre le colonel Picquart, et sauver d'autre part la foi due aux informations de « la personne honorable ».

X. — Là ne se borne pas encore la série des actes criminels qui doivent être relevés dans cette partie du procès.

Une question se posait : pourquoi le colonel Henry, après avoir fabriqué des registres nouveaux destinés à dissimuler les mensualités versées à Valcarlos et à majorer les dépenses faites par le colonel Picquart, avait-il conservé les anciens.

M. le contrôleur général Cretin en donnait deux raisons : d'une part le colonel Henry *voulait se réserver la faculté de produire les anciens ou les nouveaux registres suivant les besoins de la cause* ; d'autre part Gribelin, qui s'était prêté à la fabrication des nouveaux registres, aurait peut-être reculé devant la destruction des anciens (2).

p. 9 Il est probable, étant donné la déclaration de principes faite par Gribelin devant la Cour, que si l'archiviste Gribelin avait reçu d'Henry l'ordre de détruire les anciens registres, il aurait fidèlement exécuté la consigne.

Mais Henry n'a pas donné cet ordre : il voulait se réserver la faculté, en produisant l'une ou l'autre comptabilité, de ruiner ou d'exalter le témoignage de Valcarlos suivant l'attitude de ce dernier. *Il n'était donc pas sûr du témoignage de Valcarlos.*

XI. — Qu'étaient-ce alors que ces étranges mensualités portées sur les premiers registres comme payées à M. le marquis de Valcarlos, grand d'Espagne de première classe et attaché militaire à l'ambassade d'Espagne ?

Qui donc les payait ? L'archiviste comptable Gribelin ? Non, *Gribelin ne connaissait pas M. de Valcarlos et ne l'avait*

(1) Gonse, 22 mars 1904, Enquête, t. 1, p. 218. Picquart, 7 mai 1904. *Ibid.* p. 664. — M. le procureur général et M. le général Roget. Déposition du 7 mai 1904, *Ibid.* p. 617.

(2) Cretin, déposition du 28 mars 1904, Enquête, t. 1, p. 299.

jamais vu : il se bornait à remettre 400 francs par mois à Henry, pour M. de Valcarlos (1).

Le colonel Picquart ne connaissait pas davantage Valcarlos. Pendant toute la gestion du colonel Picquart, jamais cet informateur de premier ordre n'a fourni un renseignement militaire quelconque, ce qui est au moins bizarre de la part d'un agent de renseignements payé mensuellement. Aussi le colonel Picquart ne se doutait même point du paiement des mensualités à Valcarlos. Voici en quels termes dépose le colonel Picquart, le 7 mai 1904 (2) :

Lorsque j'ai pris le service, on m'a dit qu'un attaché militaire espagnol, le marquis de Valcarlos. était en très bonnes relations avec le commandant Henry, et que c'était lui qui était la personne honorable dont Henry avait parlé dans sa déposition de 1894. Je dois dire que pendant tout le temps où j'étais chef du service des renseignements, pas une seule indication ayant une importance militaire quelconque n'a été donnée par M. de Valcarlos.

Quand Henry l'avait vu, il me disait que M. de Valcarlos lui avait parlé de tels changements qui avaient eu lieu dans le personnel de l'ambassade d'Espagne, que les attachés militaires allaient donner un thé en l'honneur d'un de leurs collègues qui allait quitter Paris... des renseignements de ce genre qui ne dépassent en aucune façon la portée des conversations mondaines. Aussi j'ai été fort étonné de voir qu'au procès de Rennes plusieurs témoins ont affirmé que M. de Valcarlos avait donné des renseignements militaires. Pour moi, je n'en ai jamais connu un seul, ou plutôt si :

Un jour que je poussais Henry dans ses retranchements et que je lui disais : « Mais enfin, votre Valcarlos, vous n'en tirez donc jamais rien », Henry est arrivé avec une histoire tellement ridicule que je ne sais pas si je dois la raconter à la Cour.

M. le Président. — Parfaitement.

Le Témoin. — Henry m'a dit : M. de Valcarlos est à Dieppe, où il a vu une chose fort importante : un yacht de plaisance est amarré vis-à-vis du Casino. et le soir les gens qui montent ce yacht immergent dans la mer des objets bizarres qui sont certainement des torpilles'; ce doit être des engins que l'ennemi (les Anglais, les Allemands, je ne sais qui) déposent là pour s'en servir en cas de guerre, afin de détruire les chemins de fer côtiers.

J'ai dit à Henry que cette histoire était ridicule, mais il y tenait, et je crois même que je l'ai autorisé à pousser ses investigations à cet égard. Naturellement elles n'ont rien donné. Cela est le seul renseignement d'apparence militaire qui, soi-disant, ait jamais été donné par M. de Valcarlos.

Vers la fin de mon séjour au bureau des renseignements, je me suis occupé beaucoup, comme vous le savez, de l'affaire Dreyfus et de l'affaire Esterhazy. Je le faisais d'après les ordres mêmes de mes chefs, puisque le général de Boisdeffre m'avait prié de nourrir le dossier Dreyfus. Naturellement, j'ai dit à Henry : *Demandez donc à votre ami*

p. 91

(1) Gribelin. Déposition du 11 juin 1904, Enquête, t. 1, p. 913. — Déposition du 21 mars 1904, *Ibid*, p. 148.
(2) Déposition Picquart, du 7 mai 1904, Enquête, t. 1, p. 655.

de Valcarlos de préciser ses souvenirs, ce que vous avez dit en 1894 est déjà quelque chose, mais enfin, comment M. de Valcarlos savait-il que quelqu'un trahissait au deuxième bureau ? Qui a-t-il voulu désigner ?

Henry ne m'a jamais rien rapporté, il m'a toujours dit : il n'y a rien à en tirer, j'ai essayé, il se bute, il ne veut rien dire.

Quand j'ai pris le service, Henry m'avait dit : le marquis de Valcarlos nous a donné un renseignement important dont j'ai parlé au Conseil de guerre en 1894, il a dit qu'un officier trahissait au deuxième bureau, il serait bon de faire avoir à M. de Valcarlos la rosette de la Légion d'honneur.

J'avoue que cette idée de récompenser un service semblable par un grade dans la Légion d'honneur ne me souriait guère. Aussi, j'ai fait longtemps la sourde oreille.

Mais un jour — c'était à la fin de 1895 — Henry vint me trouver et me dit : *M. de Valcarlos vient de faire une grosse perte au jeu, il est très gêné, voudriez-vous l'aider ?* — Je veux bien, à combien cela se monte-t-il ? — A 1.500 francs. — Je vais vous les donner immédiatement, mais il ne sera plus question de rosette.

J'étais d'ailleurs enchanté de cette circonstance qui me permettait de ne plus donner suite au projet d'Henry. J'en ai rendu compte immédiatement au général Gonse, je lui ai dit : le marquis de Valcarlos s'est fait payer, il ne peut plus être question de la rosette. Le général Gonse en a rendu compte au général de Boisdeffre. Le général de Boisdeffre ne peut pas manquer de se souvenir de la conversation qu'il a eue à ce moment-là avec moi, et dans laquelle d'ailleurs, il m'a dit : « Alors, Picquart, vous croyez qu'il ne s'agit plus de la rosette ? » — Non, mon général, lui ai-je répondu, du moment qu'il est payé il n'y a plus à y songer.

J'ai le vague souvenir que, peu de temps après, M. de Valcarlos a rendu une partie de l'argent. C'est ce qui vous explique pourquoi j'ai dit, en 1898, 1.200 francs au lieu de dire 1.500 francs. Mais je serais désireux de revoir les registres de comptabilité pour savoir si cette somme est bien portée et comment elle est portée, car il y a une chose qui m'a profondément étonné. J'ai entendu dire ici, lors des audiences de mars 1904, que M. de Valcarlos recevait des mensualités ; *or, je n'en ai jamais rien su*, et je désirerais savoir sous quelle rubrique sont portés ces 1.500 francs que je connais très bien.

Les mensualités payées par Henry à Valcarlos deviennent de plus en plus suspectes.

p. 9) Henry, pensant évidemment ces mensualités connues de Picquart, n'avait pas à éviter de discréditer Valcarlos dans l'esprit de son chef. Ce souci n'était pas le sien en effet, puisque précisément il demandait à Picquart 1.500 francs pour payer des dettes de jeu du grand informateur. Il est même à remarquer que cette histoire de dettes de jeu, racontée par Henry, est plus que suspecte : les 1.500 francs paraissent bien avoir été demandés en réalité pour payer le voyage à Cuba d'un agent (Maistre Amabile), chargé d'étudier la manière dont se comportait un matériel d'artillerie fourni aux Espagnols par la maison Krupp, et à peu près analogue à celui expérimenté pour le compte de l'Allemagne (1).

D'autre part, comme l'a fait remarquer le colonel Picquart (2), si les mensualités payées à Valcarlos lui avaient été connues, il les aurait signalées à la Cour en 1898, lorsqu'il articulait devant elle que les prétendues informations de Valcarlos n'étaient pas désintéressées. Il n'aurait pas été rechercher, comme preuve de son allégation, ce remboursement de dettes de jeu ; il aurait dit, purement et simplement :

« Ces informations venaient d'un agent appointé qui recevait des mensualités. »

XII. — La suspicion qui s'attache à ce paiement de mensualités s'aggrave de plus en plus. Personne au service des renseignements, sauf Henry, ne connaît M. de Valcarlos ; c'est Henry qui est censé lui remettre tous les mois les mensualités portées en compte comme touchées par Valcarlos, sous les initiales V. C. ou le pseudonyme Vésigneul. Ces mensualités de Valcarlos sont inconnues du chef de service ; et pendant les deux années où Picquart est en fonctions, cet agent, qui touche si ponctuellement ses mensualités, ne fournit pas un seul renseignement militaire. Picquart l'eût évidemment cassé aux gages, s'il avait connu les mensualités.

M. de Valcarlos allait-il donc, sans passer par le service des renseignements, porter ses informations à M. le général Gonse, sous-chef d'Etat-major ?

M. le général Gonse est interrogé à cet égard : a-t-il été en relations avec Valcarlos ?

JAMAIS ! répond le général Gonse (3), et je puis dire que tout à l'heure, j'étais dans le salon d'attente ; j'ai vu entrer M. de Valcarlos que je ne connaissais pas. Nous avons échangé un salut comme des gens qui se rencontrent dans un salon. Nous sommes restés près d'une heure ensemble ; nous n'avons pas échangé une parole, et même je me disais : quel est donc ce Monsieur qui est là ? Lorsqu'un garçon a appelé M. de Valcarlos, j'ai fait une tête, comme on dit vulgairement, parce que je ne me figurais pas du tout qu'il avait cette allure-là. Je ne le connaissais pas.

Cet attaché militaire, informateur de premier ordre, qui p. 93

(1) Note de Gribelin du 15 novembre 1898. — Déposition Gribelin du 11 juin 1904. Enquête, t. 1, p. 911. — De Boisdeffre, Rennes, 1-518. — Cuignet, Rennes, 1-495.

(2) Picquart, déposition du 7 mai 1904, Enquête, t. 1, p. 657.

(3) Déposition du 22 mars 1904, Enquête, t. p. 212.

est totalement inconnu au service des renseignements, que n'a jamais vu le sous-chef d'Etat-major dont dépend ce service, devient véritablement fantastique.

Mais le général de Boisdeffre, comme chef d'Etat-major, est nécessairement en relation avec tous les attachés militaires étrangers, il connaît donc forcément l'attaché militaire espagnol, et il s'est bien certainement entretenu avec lui.

Non, répond le général de Boisdeffre. Il a vu M. de Valcarlos, il a dîné avec lui. Jamais il ne lui a parlé de ce qu'il y avait de plus important pour l'Etat-major. *Il a été détourné de le faire par le commandant Henry ou le colonel Sandherr. « Si vous avez l'air de le considérer comme un homme venant apporter des renseignements, lui avail-on d t, vous le ferez rentrer dans le silence le plus complet (1). »*

Ainsi, non seulement, cet informateur n'apporte plus aucune information, après sa déclaration sensationnelle qui avait corroboré si opportunément l'interprétation divinatoire donnée par le service des renseignements au memento de l'agent A. et à la pièce Davignon ; non seulement il est complètement inconnu de tous ceux qui, normalement, devraient être en relations avec lui ; non seulement il touche indéfiniment des mensualités en échange desquelles il n'apporte aucun renseignement militaire ; non seulement Henry réclame, pour prétendues dettes de jeu de son informateur, une somme due pour voyage d'étude d'un agent ; non seulement Henry porte chaque mois au compte de cet informateur une somme de quatre cents francs, qu'il se charge exclusivement de remettre lui-même ; mais encore il empêche le chef d'Etat-major de causer avec cet informateur, lorsqu'il en a l'occasion.

A Picquart, lui demandant comment il se fait que rien n'arrive par cette voie, Henry répond : « Il est buté, il ne veut rien dire ». Au général de Boisdeffre, au contraire, il recommande de ne pas tarir cette précieuse source d'informations qui ne donnait rien : ne lui parlez pas, il ne dirait plus rien. — Mais Henry encaisse soigneusement chaque mois la mensualité, qu'il entend seul faire parvenir à destination.

XIII. — Toute cette histoire d'informateur n'est plus seulement suspecte ; elle est inadmissible.

L'examen de la comptabilité fournit la clef de ce mystère.

_____

(1) Déposition de Boisdeffre du 25 avril 1904, Enquête, t. 1, p. 480.

Le colonel Picquart a recherché et retrouvé, devant la Cour, sur les registres, la trace du payement fait pour prétendues dettes de jeu.

En examinant les livres de caisse que vous mettez sous mes yeux, a-t-il dit (1), je vois que le 4 décembre 1895, il y a une dépense de 1.500 francs pour un nommé Charles, et, entre parenthèses : « Avance remboursable ». Cette avance de 1.500 francs au compte d'un nommé Charles, se rapporte absolument à ce que je vous ai dit tout à l'heure pour la somme donnée à M. de Valcarlos qui, à ce moment, a fait des pertes de jeu. Un peu plus loin, je vois : « 26 décembre, remboursement d'une partie de l'avance Charles », ce qui fait que la somme restée finalement entre les mains de M. de Valcarlos est de 1.300 francs.

p. 94

Cette indication a été confirmée par Gribelin (2). *Mais sur le registre de comptabilité intitulé « relevé des comptes »; indiquant par noms d'agent toutes les sommes touchées par chaque agent, on ne trouve aucun compte ouvert sous le nom de Valcarlos, Vésigneul ou Juana (pseudonymes donnés à Valcarlos pour les mensualités).*

Interrogé sur cet oubli extraordinaire, Gribelin a déclaré que ce registre avait été ouvert uniquement pour les agents travaillant « *au document* », mais non pour les agents travaillant *au mois*. Malheureusement, comme le lui fit observer, pièces en mains, M. le Procureur général, *cette explication est matériellement inexacte, et se trouve contredite à chaque page de registre par les écritures de Gribelin lui-même* (3).

Ainsi toutes les mensualités portées en dépense comme versées à Valcarlos n'entraient dans le compte d'aucun agent. Où passaient-elles donc ?

Poursuivant ses investigations, M. le Procureur général relève, sur le registre des dépenses 96-97-98, une somme de 4.000 francs « avances pour fusils et canons », *sans indication de reçu ;* plus loin, une nouvelle somme de 4.000 francs pour « service frontière », *portée dans les mêmes conditions anormales.*

Gribelin explique (4) :

Le service frontière : *c'étaient des sommes mises de côté par te colonel Henry* pour organiser un service dans le Luxembourg en cas de

(1) Picquart, déposition du 7 mai 1904, Enquête, t. 1, p. 655.
(2) Déposition du 11 juin 1904, Enquête, t. 1, p. 910 et s.
(3) Gribelin, déposition du 11 juin 1904, *Ibid*, p. 913.
(4) *Ibid.*, p. 914.

guèrre, et il avait mis de côté certaines sommes qu'il avait fait sortir de la caisse et que j'ai fait rentrer par un procès-verbal daté de quelques jours après sa mort. J'ai fait rentrer une somme de 25 ou 26.000 francs.

M. le Procureur général continue son interrogatoire (1) :

D. — Henry n'a-t-il pas pris des fonds pour les garder en réserve ?

R. — Je viens de dire que, pour le service frontière, il avait pris 4.000 francs et les avait gardés en réserve.

D. — Je trouve un procès-verbal de recolement des fonds du service des renseignements, dressé le 1ᵉʳ septembre 1898, après la mort d'Henry.

R. — C'était pour remettre tous ces fonds dans la même caisse.

D. — Ce procès-verbal a pour but de constater la situation financière du service à ce moment. Il est signé par le général Gonse et par vous.

Il avait été remis au général Gonse par Henry, au moment de son arrestation, 5.585 francs mis en réserve *pour certaines missions secrètes, et dont il n'est pas justifié par écritures.*

Qu'est-ce que ces missions ? qui est-ce qui les organisait ?

R. — *Le chef du service des renseignements.*

D. — Et d'où venait l'argent ?

R. — *C'est cet argent qui est porté sous la rubrique : réserve frontière, 4.000 francs. Ce ne peut être que cela.*

D. — Vous croyez que c'est sous cette rubrique que toutes ces sommes figurent ?

R. — *Je sais qu'Henry avait constitué une réserve en dehors de la caisse pour son service de frontière, c'est pour faire disparaître cela que, quand il est mort, j'ai demandé qu'on fît le recolement des fonds et qu'on mît tout dans la même caisse.*

D. — Vous étiez préoccupé de voir qu'il y avait des fonds qui n'étaient pas mentionnés et dont il n'était fait aucun état.

R. — C'était mon devoir ; le chef étant mort, j'ai dit : l'argent, il faut le ramasser.

Gribelin a d'ailleurs complété ces aveux au procès Dautriche, et reconnu l'existence d'une réserve occulte créée par Henry, au moyen de dépenses fictives portées sur ses registres.

Ainsi, il y avait une caisse irrégulière à côté de la caisse régulière; il y avait une « caisse noire » constituée par Henry au moyen de dépenses fictives portées en compte dans la comptabilité régulière, généralement sous la rubrique « service frontière ». On a trouvé à la mort d'Henry 25 ou 26.000 francs dans cette caisse noire avec laquelle il organisait des « missions secrètes ».

On sait maintenant où passaient les mensualités Valcarlos, qui n'entraient au compte d'aucun agent de la comptabilité régulière.

(1) *Ibid.*, p. 917.

On sait maintenant comment étaient alimentées les campagnes et les missions secrètes d'Henry, missions secrètes qui n'avaient assurément rien à voir avec le service, puisque les missions secrètes *du service* étaient alimentées par la caisse *du service*. La constitution d'une caisse noire, frauduleusement constituée, était nécessaire à Henry pour la rémunération des concours indispensables à l'exécution des manœuvres criminelles si souvent relevées dans l'affaire Dreyfus.

XIV. — Telles sont les constatations matérielles faites sur la comptabilité et les pièces annexes versées aux débats. On doit maintenant en rapprocher les témoignages des personnes directement mises en cause par les assertions d'Henry.

Le personnage considérable qui jouait le rôle de mystérieux informateur, n'avait jamais été nommé expressément par l'accusation. On en chuchotait le nom, on ne le prononçait pas aux débats publics. M. le ministre de la Guerre, dans sa lettre au Garde des Sceaux, du 19 octobre 1903, et M. le Garde des Sceaux, dans sa lettre au Procureur général, du 25 décembre 1903, le désignaient clairement : c'était M. le marquis de Valcarlos, ancien attaché militaire espagnol. M. le Procureur général l'avait donc nommé dans son réquisitoire ; et il fut de ce chef violemment pris à partie par les défenseurs de la condamnation de Dreyfus (1). p. 96

Pourquoi ne pas nommer M. de Valcarlos ?

Redoutait-on de « brûler » un agent ? Mais depuis la sensationnelle information de 1894, pas un seul renseignement militaire n'était arrivé par cet informateur ; et depuis la mort d'Henry (1898) et de Guénée (1899), personne au Ministère de la guerre n'était en relations avec M. de Valcarlos.

Ne redoutait-on pas plutôt le démenti indigné d'un homme bassement et lâchement compromis par les viles manœuvres d'Henry et de Guénée, qui avaient traîtreusement abusé de sa naïve confiance pour lui faire endosser la responsabilité de leurs faux témoignages ?

L'événement devait prouver que cette raison était la seule exacte.

Dès que son nom est publié par les journaux, avant même

(1) Conclusions de M. le Procureur général Baudouin, p. 212.

les débats, M. de Valcarlos écrit une lettre de protestation au journal le *Gil Blas* qui l'avait désigné comme un informateur payé.

J'ai hâte de m'expliquer devant la justice, écrivait-il à ce journal, le 26 février 1904, sur mes relations avec le colonel Henry et sur les circonstances dans lesquelles m'ont été remises quelques sommes d'argent destinées d'ailleurs à un tiers que je ferai connaître (1).

Le 5 mars 1904, la Cour ordonnait l'enquête, et le 22 mars, M. de Valcarios lui faisait cette déclaration (2) :

Je ne connaissais pas le colonel Henry il m'a été présenté par Guénée, sous prétexte qu'il venait de la part du Ministre de la Guerre. Le colonel Henry m'a parlé des fuites qui se passaient au Ministère de la guerre et *je lui ai répondu : même si je savais qui, je ne vous le dirais pas. Voilà ce que j'ai dit au colonel Henry.*
Maintenant je ne savais nullement que j'allais être mêlé dans une affaire comme celle-là. Plus tard, le colonel Henry m'a supplié de lui trouver un homme qui puisse faire des voyages pour lui. Je lui ai dit : parfaitement, je tâcherai de vous trouver cet homme-là, parlant plusieurs langues, et je lui ai fait dire le jour où je l'ai connu : voilà l'homme que je tiens à votre disposition. Il m'a remis pour lui 500 francs. J'ai remis moi, personnellement, un reçu de ces 500 francs au colonel Henry, pour cet homme qui avait fait avant un travail sur l'île de Cuba qui doit exister au Ministère de la Guerre. Plus tard, quand il m'a remis d'autres acomptes pour compléter la somme de 1.500 francs, je les ai remis également à cet homme.
Maintenant, comme annuités, je n'en ai jamais touché parce que je n'ai besoin ni de cadeaux ni d'annuités.

p. 97

J'aurais cru qu'on m'aurait appelé au procès de Rennes, du moment que l'on me mettait en cause, que j'aurais pu me justifier, voir ce qu'il y avait contre moi, défaire les témoignages qui étaient faux, *alors qu'on me faisait parler sans que j'aie parlé* et que j'aurais pu dire ce que je dis. J'étais attaché militaire au corps diplomatique en ce moment, je ne pouvais pas demander à être entendu.
Avant le second procès de Rennes, le général Roget est venu chez moi ; Guénée m'a supplié de le recevoir au nom du Ministre de la Guerre, je l'ai reçu, malgré que je ne voulusse plus voir Guénée que je jugeais un homme fort dangereux et fort nuisible. Le général Roget m'a dit : Nous savons que vous ne vous êtes jamais occupé de l'affaire Dreyfus, par conséquent vous pouvez être tranquille, jamais on ne parlera de vous.
Maintenant, étant à Dieppe, vient le colonel de la Cornilière, que je ne voyais pas depuis de longues années, *chargé par le ministre de la Guerre ou le service d'Etat-major de me dire que si je bougeais on me briserait.* Cela m'était absolument égal : je suis resté en France pour répondre de mes actes. Je ne réponds pas des actes des autres. Le général Mercier m'a mêlé à des actes qui sont une infamie et une déloyauté vis-à-vis de moi. C'est aux autres à trouver, ce n'est pas à moi à dire. Je me tiens maintenant à vos ordres si vous voulez bien m'interroger.

(1) Revision du procès de Rennes, p. 642.
(2) De Valcarlos. Déposition du 22 mars 1904, Enquête, t. 1, p. 152.

M. de Valcarlos, interrogé, déclare n'avoir jamais touché de mensualités, et reconnait avoir reçu pour remettre à un agent, celui de Cuba (Maistre Amabile), une somme totale de 1.500 francs. Il a connu Guénée qu'il rencontrait dans les cafés, qui s'asseyait à sa table, qui cherchait à le circonvenir. et qu'il eut même la naïveté de présenter à des amis.

Bien avant le Conseil de Rennes et après le Conseil de guerre de Paris, dit-il (1), Guénée me dit un jour : Vous rendriez un grand service si vous vouliez nous affirmer que celui qui donne les renseignements aux attachés militaires est un officier du Ministère de la guerre? J'ai répondu à Guénée que sous aucun prétexte et aucune pression je n'affirmerais ce fait qui était faux et que je ne pouvais garantir.

D. — *A quelle époque se serait passé ce fait?*

Le témoin. — *Dans les six ou sept mois après la première condamnation,* ce qui prouve la canaillerie de cet homme qui venait s'asseoir à ma table ! Je n'allais pas le chercher comme on l'a dit, je le croyais un très brave homme, *j'ai eu le malheur de le présenter à des amis et je le regrette beaucoup.*

« ... Je l'avais connu, dit plus loin M. de Valcarlos (2), *très longtemps,* on le prenait pour un homme très honnête. Je m'arrêtais au café du Helder ou plutôt au café où il y a maintenant un bouillon, sur le boulevard. Il venait s'asseoir à ma table, je causais avec lui comme je cause avec tout le monde, sans y attacher aucune importance . »

Guénée cependant insistait toujours pour obtenir de M. de Valcarlos après la condamnation de 1894, une déclaration confirmant son fantaisiste rapport.

Lui et Henry, avec son sensationnel témoignage, s'effrayaient eux-mêmes sans doute du terrible usage qu'ils avaient fait d'un rapport dont ils connaissaient le peu de consistance. Guénée demande à M. de Valcarlos de lui écrire : M. de Valcarlos en dépose en ces termes (3) : p. 98

D. — M. le marquis de Valcarlos nous a dit qu'après le premier Conseil de guerre, Guénée lui avait demandé de lui écrire.

Le Témoin. — Oui après le premier Conseil de guerre, parce qu'il voulait avoir une preuve contre moi, pour se garantir de la canaillerie qu'il avait faite.

D. — C'est verbalement que cette demande vous a été faite?

Le Témoin. — Il me l'a faite verbalement et je lui ai répondu verbalement.

D. — Comment vous a-t-il demandé cela?

Le Témoin. — Il m'a dit : Vous pourriez nous rendre un grand service ; je lui ai dit : ces choses-là, je ne les fais pas.

D. — Voulez-vous reproduire ce qu'il vous a dit?

Le Témoin. — Il m'a demandé de lui écrire une lettre par laquelle je lui dirais que le capitaine Dreyfus — je ne savais pas s'il existait —

(1) Déposition du 22 mars 1904, Enquête, t. 1, p. 155.
(2) *Ibid.,* p. 160.
(3) *Ibid.,* p. 162.

était en rapport avec tous nous autres, et je lui ai dit que je ne signerais jamais une chose comme celle-là. C'est après le premier procès ; et vous voyez que si j'avais signé cela, c'était ma condamnation dans le second procès, parce qu'il avait déjà préparé son infamie dans cette lettre qu'il voulait que je lui donne !

Par Guénée, M. de Valcarlos a connu aussi Henry. A quelle époque ? Il semble qu'il y ait un certain flottement dans ses souvenirs à cet égard. Bien qu'il ne puisse préciser, dit-il, il croit que ce fut avant la condamnation de 1894. Mais il rattache le fait à la mission de Maistre Amabile, qui paraît bien, d'après la comptabilité, se placer en décembre 1895 (1).

A la question : Avez-vous été en rapport avec Henry, le témoin répond (2) :

> Je ne connaissais pas Henry, il est venu me voir de la part du Ministre de la guerre, c'est pour cela que je cherche Maistre Amabile pour faire les voyages pour eux. Quand il m'a parlé de fuites, je lui ai dit : Je ne sais pas qui, mais même si je le savais, je ne vous le dirais pas.
> D. — A quelle époque ?
> Le Témoin. — Je ne peux pas préciser la date parce que je ne pouvais pas supposer que je serais le pivot d'une combinaison de ce calibre-là.
> D. — Avant ou après la condamnation de 1894 ?
> Le Témoin. — C'est avant ; ça a été la préparation d'avant, ils ont cherché l'homme pour le fourrer dedans, car c'est ce qu'on appelle fourrer dedans un homme, et c'est même une chose déloyale et canaille !
> D. — A peu près au mois de juin 1894 ?
> Le Témoin. — Non, ils ont préparé avant.
> D. — Mais à quelle époque aurait eu lieu votre entretien ?
> Le premier procès a eu lieu au mois de novembre, et ici on mentionne un propos que vous auriez tenu au mois de juin 1894. Vous reconnaissez qu'à cette époque vous avez vu Henry, mais que vous n'avez pas tenu le propos ?
> Le Témoin. — Je vous l'ai dit !
> D. — C'était pour dissiper une erreur de date.
> Le Témoin. — Et je vous dirai une chose : c'est que si j'avais cru que j'étais en face de deux gaillards de ce calibre-là, j'aurais pris un sténographe derrière moi pour inscrire ce qu'ils disaient. J'ai eu une vie honnête en France pendant vingt ans, j'ai été attaché militaire ; je ne fais pas responsables ces deux hommes qui n'étaient que deux machines, je fais responsable l'homme (général Mercier), qui a tout dirigé contre moi, l'homme qui a fait cette chose qui a été travaillée comme un filet. J'ai été le but, j'ai été leur victime ; moi je ne veux pas l'être et je ne la serai pas.

XV. — L'indignation de M. de Valcarlos est assurément bien légitime. Mais il semble que le général Mercier soit bien innocent de cette machination, et que l'infortuné marquis ait

p. 99

(1) La guerre de Cuba n'a d'ailleurs commencé qu'en 1895 pour se terminer en 1898.

(2) *Ibid.*, p. 155, *in fine*.

été victime tout à la fois de sa naïveté à l'égard de Guénée, et des déloyales transformations que ce dernier faisait subir aux conversations tenues devant lui, pour en tirer les éléments de notes de police.

Les témoignages sont parfaitement concordants sur le fond de la question.

Guénée, devant la Cour de Cassation (1) en 1899, avait fait un aveu :

Cette personne (Valcarlos) m'a simplement dit : Cherchez, vous avez quelqu'un dans les bureaux de l'Etat-major qui renseigne les agents d'une puissance étrangère.

C'était, comme l'a expliqué le colonel Picquart (2), un propos qui, s'il a été tenu, se référait à un fait vrai, parfaitement naturel et légitime.

Le chef du deuxième bureau, M. le colonel Le Loup de Sancy, chargé officiellement des rapports avec les attachés militaires étrangers, ayant été lui-même attaché militaire à Berlin, s'efforçait d'entretenir avec les attachés militaires en France, les relations les plus courtoises, et de leur procurer tous les renseignements non confidentiels susceptibles de les intéresser.

Rien d'étonnant donc à ce que M. de Valcarlos, inconscient du rôle d'informateur qu'on voulait lui faire jouer, ait dit devant Guénée dans une conversation banale, et sans y attacher la moindre importance : vous avez quelqu'un dans les bureaux de l'Etat-major qui renseigne bien les attachés militaires étrangers.

Pour le policier Guénée, pareil propos devenait immédiatement une indication de première importance et était consigné comme tel dans ses rapports à Henry ; et cependant, même dans son rapport de mars 1894, Guénée parle simplement d'un officier qui *renseigne admirablement* les attachés militaires ; il ne spécifie pas que les renseignements donnés portent sur des sujets confidentiels. C'est seulement dans le rapport d'avril, qu'il est question de « loup dans la bergerie », p. 100 expression bien vague d'ailleurs, mais laissant supposer un acte malhonnête.

Toutefois, visiblement, les deux compères Henry et Guénée trouvent eux-mêmes que le propos attribué à Valcarlos

(1) Cass., 1899, t. 1-727.
(2) Déposition du 7 mai 1904, Enquête, t. 1, p. 654.

n'a pas de portée sérieuse, puisque 6 ou 7 mois après la condamnation de Dreyfus, Guénée déclare cette fois formellement à M. de Valcarlos, en vue d'obtenir une affirmation
précise : Vous rendriez un grand service, si vous vouliez nous
dire ou nous écrire que le traître livrant des renseignements
aux attachés militaires était un officier du Ministère de la
guerre.

*Il est évident qu'Henry cherchait à faire ainsi authenti-
quer après coup sa déposition devant le Conseil de guerre de
1894, et à faire endosser de la sorte par Valcarlos la responsabilité de son faux témoignage.*

XVI. — Que se passa-t-il lors de la première revision,
entre les émissaires du service des renseignements et M. de
Valcarlos ?

Ici encore, si les témoins discutent avec passion des détails
contradictoires, leurs témoignages sont pleinement concordants sur le fond.

On sentait fort bien, parmi les défenseurs de l'œuvre de
1894, que les rapports de Guénée étaient extraordinairement
suspects ; et on aurait voulu les étayer par une déclaration ou
un témoignage de M. de Valcarlos lui-même.

La preuve s'en trouve dans une démarche faite près de
M. de Valcarlos par le général Roget. M. de Valcarlos a déclaré devant la Cour, dans sa déposition citée plus haut, que
Guénée l'avait supplié de recevoir le général Roget, et
qu'après avoir résisté aux instances de cet homme sur le caractère duquel il était désormais fixé, il avait fini par céder.

Sur ce premier point, la déposition de M. de Valcarlos est
absolument confirmée par celle du général Roget. Ce dernier,
dans sa déposition du 2 mai 1904 (1) déclare en effet qu'après
avoir lu le rapport Gonse-Wattinne, il avait voulu se rendre
compte « de la valeur à accorder aux rapports de l'agent
Guénée ». Il ajoute que « le témoignage d'Henry était *un peu*
suspect ». Avant de déposer devant la Chambre Criminelle,
lors de la première revision, il a voulu voir M. de Valcarlos
pour être édifié. Il a fait demander une entrevue par Guénée : Guénée fit des objections.

Je dis à l'agent Guénée : Puisque vous êtes si bien avec M. de Val-

(1) Roget, déposition du 2 mai 1904, Enquête, t. 1, p. 603.

carlos, vous pourrez bien me procurer une entrevue avec lui, je n'ai pas à interroger M. de Valcarlos, je voudrais le voir simplement et peut-être *lui donner une assurance qui lui sera agréable.*

Guénée finit par céder, fit la démarche et revint dire au général Roget :

M. de Valcarlos est entré dans une colère furieuse, il a refusé d'entendre parler de vous ; comme j'ai insisté beaucoup, il a consenti à vous voir.

Les deux dépositions de M. de Valcarlos et du général **P. 101** Roget concordent donc absolument.

Mais que s'est-il passé à l'entrevue ? Quelles déclarations y ont été faites par le général Roget et par M. de Valcarlos.

M. de Valcarlos dépose :

Le général Roget m'a dit : Nous savons que vous ne vous êtes jamais occupé de l'affaire Dreyfus, par conséquent vous pouvez être tranquille, jamais on ne parlera de vous.

Telle aurait été l'assurance donnée à Valcarlos par le général Roget : ce qui concorderait bien avec la déposition du général Roget lui-même, déclarant avoir dit à Guénée qu'il avait l'intention de « donner à M. de Valcarlos une assurance qui lui serait agréable. »

Mais le général Roget déclare que c'est là « *un abominable mensonge* (1) ».

Il n'a, après avoir demandé une entrevue avec M. de Valcarlos pour lui porter une assurance agréable, rien dit du tout à M. de Valcarlos (2).

Nous avons, dit-il, causé quelques instants, mais je ne suis guère intervenu dans la conversation, je l'écoutais parler, j'intercalais une interjection de temps en temps, mais je crois bien que c'est lui qui a fait tout le discours.

Donc, d'après sa déposition, M. le général Roget, après avoir demandé une entrevue à M. de Valcarlos et lui avoir promis par l'intermédiaire de Guénée de lui porter une assurance agréable, ne lui a porté que... quelques interjections.

Les deux témoins ne sont pas d'accord en ce qui concerne l'assurance donnée par M. le général Roget à M. de Valcarlos

---

(1) Déposition du 2 mai 1904, *Ibid.*, p. 604.
(2) *Ibid.*, p. 603.

dans cette entrevue, il faut donc laisser de côté ce premier point.

Mais qu'a dit de son côté, au cours de cette entrevue, M.de Valcarlos ?

M. le général Roget dépose (1) :

Il m'a parlé de ses relations avec Henry, très amicales, me disant qu'il le voyait souvent, et dans le courant de la conversation, il a glissé qu'il l'avait vu très préoccupé au moment où des fuites se produisaient au Ministère et qu'il lui avait dit : Cherchez, Henry, vous trouverez (c'était une expression que j'avais vue dans un des rapports de Guénée). *Mais il se défendit en même temps d'avoir donné des indications précises pouvant mettre sur la trace de Dreyfus. Je compris qu'il avait la préoccupation de se dégager du témoignage qu'avait fait Henry devant le Conseil de guerre, dans lequel il avait dit : une personne honorable m'a dit... etc., et le traître le voilà...*

p. 102   Ici, rien n'est plus net, et les deux témoins sont bien d'accord. M. de Valcarlos a toujours reconnu (tout en les déplorant) les relations qu'il avait nouées avec Guénée et Henry, et dont ces derniers ont si frauduleusement abusé. Mais il a formellement déclaré qu'à toutes leurs incitations tendant à lui faire donner une indication sur l'existence d'un officier traître au Ministère, il avait toujours répondu : cherchez, c'est votre affaire, je ne puis rien vous dire, je ne dirai rien, et si je savais quelque chose je ne vous le dirais pas.

Or, d'après M. le général Roget lui-même, M. de Valcarlos lui aurait déclaré avoir dit à Henry : cherchez, vous trouverez ; et il se serait défendu d'avoir jamais donné d'indications précises. M. le général Roget a compris, il le dit lui-même, que M. de Valcarlos avait la préoccupation de se dégager du témoignage d'Henry.

C'est la pleine confirmation de ce qu'a déclaré M. de Valcarlos. Appartenant alors au personnel diplomatique, il ne peut intervenir dans des débats où il n'est d'ailleurs point nommé. Mais voyant renouveler, quoique plus discrètement par le général Roget, au moment de sa déposition devant la Cour de Cassation, des démarches déjà faites antérieurement par Guénée et Henry, il ne manque pas de lui faire comprendre qu'il n'a jamais rien eu à dire à Guénée et à Henry, et qu'il entend se dégager de toute solidarité avec le service des renseignements.

La Cour sait comment il a été tenu compte de cet avertis-

(1) *Ibid.*, p. 25.

sement lors de l'instruction de 1898-1899. L'existence de la
prétendue information de la personne honorable a continué
à être affirmée ; on s'est borné seulement à dissimuler l'identité de cette personne derrière un voile impénétrable, pour
empêcher un éclatant démenti.

XVII. — Cependant la condamnation de 1894 est cassée,
de nouveaux débats sont ordonnés et le procès va se rouvrir
devant le Conseil de guerre de Rennes. Le danger, du côté de
M. de Valcarlos, paraît d'autant plus redoutable que cet attaché militaire est en instance pour être relevé de ses fonctions diplomatiques. (Il fut mis à la retraite par décision du
20 octobre 1899 (1).

On lui envoie donc un émissaire, le colonel de la Cornillière, pour lui dire : si vous bougez on vous brisera (2).

M. le général Mercier, déposant quelques jours après,
M. de Valcarlos, reconnaît avoir envoyé près de lui M. de la
Cornillère, beau-frère de M. de Valcarlos, en lui communiquant le rapport Guénée, et en lui disant : « voilà ce qui peut
nécessiter la comparution de votre beau-frère comme
témoin. »

Mais, d'après lui, M. de la Cornillière lui aurait ainsi rendu p. 163
compte de sa mission :

Il m'a dit (3) qu'il avait eu une explication très vive, et qu'en définitive ils avaient abouti à cette conclusion que le colonel consentait à
paraître comme témoin au Conseil de guerre, si c'était indispensable, et
à confirmer verbalement le témoignage écrit que je viens de vous lire
(rapport Guénée).

Mais alors, si comme le lui demandait le colonel de la
Cornillière, de la part du général Mercier, M. de Valcarlos
confirme le rapport Guénée et consent à certifier son exactitude sous la foi du serment, pourquoi *cette explication très
vive* ?

La question est posée au général Mercier qui répond (4).

*Parce que le colonel de la Cornillière a su que depuis une certaine
époque M. de Varcarlos était attaché au service du bureau de statistique
et qu'il y touchait de l'argent. Voilà très certainement ce qui a provoqué
l'explication pénible entre les deux beaux-frères. Ce n'est pas le fait
d'avoir rendu service à l'armée française et à la nation française, mais le
fait au point de vue mondain d'avoir touché de l'argent au bureau de
statistique.*

(1) De Valcarlos, déposition du 28 mars 1904, Enquête, t. 1, p. 159.
(2) *Ibid.*, p. 153, 157 et 734.
(3) Mercier, déposition du 26 mars 1904, Enquête, t. 1, p. 275 *in fine*.
(4) *Ibid.*, p. 276.

Comment ? le général Mercier envoie M. de la Cornillière à M. de Valcarlos pour l'inviter, lui informateur désintéressé, qui sera présenté comme tel au Conseil de guerre, lui ce haut personnage, grand ami de la France, dont tous les généraux et anciens ministres de la guerre témoins au procès de Rennes (Gonse, Boisdeffre, Mercier, Cavaignac, etc.) doivent célébrer les louanges, à venir devant le Conseil de guerre certifier son information sous la foi du serment ; et pour faciliter à M. de la Cornillière la réussite de sa mission, *il lui révèle que M. de Valcarlos touchait des mensualités à la section de la statistique.*

Mais c'est la confirmation éclatante de ce qu'avait déclaré M. de Valcarlos : M. de la Cornillière est venu lui dire de laisser sans protestation présenter le rapport Guénée au Conseil de guerre de Rennes, *sous peine d'être brisé par la révélation de la comptabilité où étaient portées les mensualités.*

Voilà pourquoi les anciens registres, ceux où Henry avait porté comme mensualités payées à Valcarlos, les sommes versées dans sa caisse noire, n'avaient pas été détruits. On se réservait, comme l'a dit M. le Contrôleur général Cretin, de produire suivant les besoins de la cause, l'une ou l'autre des comptabilités.

La première était un instrument de chantage contre M. de Valcarlos, la seconde était un instrument de défense contre le témoignage de Picquart.

p. 104 On ne peut d'ailleurs admettre un seul instant que M. de Valcarlos ait promis son témoignage aux accusateurs de Dreyfus, *puisque ceux-ci ne l'ont pas fait venir à Rennes pour affirmer sous la foi du serment l'exactitude d'une information si vivement discutée devant le Conseil de guerre de Rennes.*

M⁰ Demange fit remarquer avec beaucoup de force à Rennes (1) que l'accusation était si peu sûre elle-même de la prétendue information donnée par son grand personnage, qu'elle n'avait pas osé faire appel au témoignage de cet informateur.

Or ledit informateur (qui ne donnait pas d'informations tout au moins depuis quatre ans) aurait fait dire au général Mercier, par le colonel de la Cornillière, qu'il était tout prêt

(1) Rennes, t. 3-659.

à déposer à Rennes ; et on ne l'aurait néanmoins pas fait venir devant le Conseil de guerre.

Cette attitude de l'accusation, inexplicable avec la version du général Mercier, ne s'explique que trop bien par les déclarations de M. de Valcarlos.

XVIII. — Sur le désir manifesté par la Cour d'entendre M. de la Cornillière, M. le général Mercier déclara qu'il était mort.

Mort aussi est M. Cloutier, le témoin auquel M. de Rochefort et son secrétaire de rédaction, M. Ayraud Degeorge, ont fait appel, pour attester la foi de M. de Valcarlos en la culpabilité de Dreyfus ; morts ou disparus les garçons de bureau (1), qui auraient vu M. de Valcarlos pénétrer à l'*Intransigeant*, alors que M. de Rochefort et M. Ayraud Degeorges sont obligés de reconnaître ne l'avoir jamais aperçu.

Mais il n'y a pas toutefois à suspecter l'affirmation de M. de Rochefort, de M. Ayraud Degeorge ou de M. Gaston Jollivet, attribuant à M. de Valcarlos une opinion défavorable à la cause du capitaine Dreyfus. Leurs souvenirs, même en en admettant l'exactitude d'ailleurs contestée (2), s'expliqueraient facilement. Il est très peu de personnes en France qui n'aient cru à la culpabilité du capitaine Dreyfus, et qui n'aient fait crédit de l'autorité de la chose jugée. Les officiers étrangers, à la face desquels les accusateurs de Dreyfus jettent si volontiers l'outrage, ont eux-mêmes cru à la justice de la condamnation prononcée par leurs frères d'armes français, tant que la publication des documents de l'accusation ne leur eut pas démontré l'erreur judiciaire commise.

L'affirmation faite par M. de Valcarlos devant la Cour, sous la foi du serment, et à laquelle on ne peut opposer que les papiers, d'ailleurs équivoques, des faussaires Guénée et **p. 105** Henry, porte sur un point très précis : elle n'est pas l'expression d'une opinion. C'est une attestation sous serment que jamais il n'a dit à Guénée ou à Henry, avant ou après la condamnation de 1894, connaître l'existence d'un officier traître au Ministère de la guerre.

(1) Ayraud-Degeorge, déposition du 30 avril 1904. Enquête, t. 1, p. 408.
(2) De Valcarlos, deuxième déposition du 14 mai 1904. Enquête, t. 1, p. 737.

L'affirmation de la présence d'un officier traître au Ministère de la guerre n'a jamais figuré que dans un rapport de
complaisance de Guénée, l'homme à tout faire du service des
renseignements : Guénée a, soit inventé de toutes pièces le
renseignement contenu dans ce rapport, soit déformé pour
l'adapter aux circonstances, un propos mal compris sur la
courtoisie du chef du deuxième bureau à l'égard des attachés militaires.

Pour faire endosser après coup la responsabilité de ce
rapport du policier à une personne honorable, susceptible de
lui donner tout le poids de son autorité, il n'est pas de manœuvres dolosives et de crimes qui n'aient été commis.

Les affirmations de M. de Valcarlos, présentées par l'ac-
cusation comme ayant une importance décisive, n'existent
en réalité au dossier que sous les espèces uniques d'un témoi-
gnage de M. de Valcarlos attestant, sous la foi du serment,
n'avoir jamais tenu les propos à lui prêtés par les faussaires
Guénée et Henry.

Dans cette deuxième section encore, relative à la proposition fondamentale qui, pour l'accusation, servait de base
à la discussion technique du bordereau, on ne trouve donc
plus, à l'examen, absolument rien à la charge de Dreyfus ;
on y trouve malheureusement beaucoup trop à la charge de
ses accusateurs.

SECTION III

LA DISCUSSION TECHNIQUE DU BORDEREAU

Défaut de base de la discussion technique présentée par
l'accusation. — Commission des généraux : ses conclusions.
— Le bordereau ne peut pas avoir été écrit par un officier
d'artillerie. — Première note du bordereau : révélation de
l'erreur du capitaine Le Rond ; révélation des détails de la
trahison Greiner ; révélation des documents sur le 120 court
antérieur à 1894 ; avis de la commission des généraux. —
Deuxième note du bordereau : la circulaire du 15 octobre
1894 ; révélation de la dénaturation de cette circulaire à
Rennes par le général Mercier ; Esterhazy et les troupes de
couverture. — Troisième note du bordereau : révélation de
la dénaturation par l'accusation des expressions employées

dans les documents confidentiels sur l'organisation de l'ar-
tillerie en cas de mobilisation ; révélations sur le règlement p. 106
concernant les manœuvres de batteries attelées ; avis de la
Commission des généraux. — Quatrième note du bordereau:
Déposition de M. Hanotaux ; le principal secret sur Mada-
gascar, connu et divulgué par un officier de marine; enquête
sur cette divulgation établissant la parfaite honorabilité de
son auteur. — Cinquième note du bordereau : La lettre du
colonel Leclerc ; avis de la Commission des généraux. — La
phrase finale du bordereau : elle n'a jamais pu être écrite par
Dreyfus même dans le système de l'accusation ; dénaturation
par l'accusation d'une lettre de l'Etat-major à la section du
personnel ; destruction par le service des renseignements de
deux attestations ruinant le système de l'argumentation
technique.

I. — Cette troisième partie de l'accusation n'a pas mieux
résisté que les deux premières à l'instruction. Sur ce troisième point encore, la thèse de l'accusation, éclairée à la
lumière des faits nouveaux, se retourne contre les accusateurs mêmes de Dreyfus. D'une part, en effet, il est aujour-
d'hui certain que cette construction spécieuse de l'argumentation technique, faite pour abuser les esprits, a été établie
sur de véritables supercheries.

D'autre part, il est évident que l'examen critique du bordereau exclut la personnalité de Dreyfus comme auteur de
ce document : ce ne peut être en effet un artilleur qui a rédigé
le bordereau ; ce ne peut être Dreyfus qui a écrit à la date
où l'accusation place en dernier lieu le bordereau (fin août
ou commencement septembre 1894) : « *Je vais partir en ma-*
nœuvres ».

Il est vraiment indigne d'un esprit sérieux de prétendre
arriver avec certitude à déterminer la personnalité de l'auteur du bordereau d'après *l'étude critique de notes que l'on*
ne connaît pas (1) : c'est cependant ce qu'a fait l'accusation à
Rennes. Mais *la teneur du bordereau lui-même qui seule est*
connue peut, dans une certaine mesure, se prêter à une étude
de ce genre, non pas pour déterminer d'une manière certaine

(1) Sur ce point l'exposant s'en réfère aux observations déjà présentées devant la Chambre Criminelle (*Revision du procès de Rennes*, p. 242
et 243).

la personnalité de l'auteur, mais pour déterminer les catégories de personnes qui peuvent ou ne peuvent pas s'être exprimées dans les termes connus du bordereau à la date attribuée à ce document.

Il est assez symptomatique à cet égard de constater que, pour la discussion technique et « mathématique » du bordereau, les artisans de l'accusation prétendent raisonner sur *la teneur inconnue* de notes hypothétiques, mais ne tiennent aucun compte de la *teneur connue du bordereau*. Ils sont même obligés de changer et de dénaturer les termes de ce bordereau, pour les faire cadrer avec leurs hypothèses sur les notes inconnues qui ont été livrées.

p. 107 C'est ainsi, par exemple, que les mots « *frein hydraulique du 120* », désignant très exactement le frein d'un canon de siège, sont transformés en ceux de « *frein hydropneumatique du 120 court* » qui désignent un organe d'un canon de campagne.

C'est ainsi encore que les mots « quelques renseignements intéressants » sont transformés en ceux de « rapports officiels ou copies de rapports officiels du ministère de la Guerre ».

Il est à noter, d'ailleurs, qu'à l'origine *les renseignements intéressants* étaient restés pour l'accusation de simples *renseignements intéressants*, et qu'on n'y avait attaché qu'une médiocre importance (1). C'est beaucoup plus tard, dans le troisième système d'accusation, où l'argumentation technique prenait une place importante, que les *renseignements intéressants* et les *notes* du bordereau devinrent des documents officiels, des rapports du Ministère de la guerre (2).

Si contraire aux principes de l'instruction criminelle et si spécieuse qu'elle soit, la discussion technique a été, pour l'accusation, un second « redan » ajouté à celui construit par M. Bertillon avec son écriture kutschique. Il importait donc de projeter une lumière définitive sur cet amas d'hypothèses et de subtilités.

A la demande de M. le Procureur général, dont M. le général Mercier s'était plu à récuser l'autorité sur les discussions techniques d'artillerie, M. le ministre de la Guerre a

_____

(1) Casimir Périer, déposition du 9 mai 1904. Enquête, t. 1, p. 679. — Cavard, déposition du 4 juin 1904, *Ibid,* p. 892.
(2) Cavaignac, Cass., 1899, 1-18.

nommé une Commission de quatre experts. Ces quatre experts ont été pris parmi les généraux n'ayant jamais été mêlés aux incidents de l'affaire Dreyfus, et tout particulièrement qualifiés pour émettre un avis en pareille matière. Ils ont été pris : deux dans le cadre de réserve et deux dans le cadre de l'armée active. Cette commission était composée de :

M. le général de division Balaman, du cadre de réserve, ancien président du comité technique de l'artillerie, *président*.

M. le général de division Villien, inspecteur permanent des fabrications de l'artilerie ;

M. le général de division Brun, commandant l'Ecole supérieure de Guerre ;

M. le général de brigade Séard, du cadre de réserve, ancien directeur de l'Ecole de pyrotechnic, ancien chef du deuxième bureau (matériel) de la diroction d'artillerie au ministère de la Guerre.

La commission a rédigé un rapport en date du 18 mai 1904 et chacun de ses membres est venu devant la justice affirmer, sous la foi du serment, la sincérité des conclusions du rap- p. 108 port sur lesquelles les quatre généraux ont été unanimes, ainsi qu'ils l'ont déclaré devant la Cour.

Ce rapport et les documents qu'il vise détruisent complètement l'argumentation technique présentée par l'accusation.

Il est à noter que sur chacun des cinq articles du bordereau, et sur la phrase finale de ce document, des révélations nouvelles ont ruiné de fond en comble toute « la discussion mathématique » que proposait l'accusation.

II. — Tout d'abord, il a été allégué, devant le Conseil de guerre de Rennes, par les témoins de l'accusation, que les documents du bordereau révélaient : par leur composition, un artilleur ; par leur nature, un officier d'état-major ; par leur diversité, un stagiaire.

Le document émane d'un artilleur, dit le général Mercier (1), parce que trois documents sur cinq concernent le service de l'artillerie.

Cette observation n'a aucune valeur. Le bordereau n'étant que la continuation d'actes de trahison antérieurs, rien ne peut établir que, dans les envois précédents, la proportion ne

(1) Rennes, 1-107.

fut pas renversée.D'ailleurs,même cette apparence extérieure tirée du nombre des documents d'artillerie, est tout à fait superficielle, car le seul document dont on connaisse exactement le titre et le contenu, le manuel de tir, *a été emprunté* et, par suite, ne peut entrer dans le compte de documents émanant spécialement d'un artilleur.

Cette opinion que le document émane d'un artilleur a été combattue, ajoute le général Mercier (1), par le général Sebert et par le lieutenant-colonel Hartmann « qui ont prétendu qu'un officier d'artillerie n'aurait pas dit : *le canon de 120*, mais aurait dit : *le canon de 120 court* ; n'aurait pas dit : *le frein hydraulique*, mais aurait dit : *le frein hydropneumatique* (2) ; n'aurait pas dit que la pièce *s'est conduite* de telle façon, mais aurait dit : *s'est comportée* ».

Toutefois, dit le général Mercier :

Je crois que pour des officiers, très distingués d'ailleurs, comme le général Sebert et le lieutenant-colonel Hartmann, mais qui sont surtout des officiers de bureau, nourris dans le sérail de la nomenclature, cette objection peut avoir de la valeur, mais non pour des officiers de régiment, pour des officiers de service. Il arrivera à chaque instant qu'ils emploieront l'expression : *hydraulique* au lieu de *hydropneumatique* ; l'expression : *canon de 120* au lieu de *canon de 120 court*, surtout quand il s'ait de batteries de campagne ; il ne peut y avoir le moindre doute que ce soit du 120 court qu'il est question, et il n'est pas besoin de préciser. Quant à dire qu'une pièce s'est conduite ou comportée de telle façon, c'est absolument la même chose, c'est une affaire de préférence.

p. 109   Le général Deloye (3), interrogé à Rennes sur les mêmes questions, répond ainsi :

Hydropneumatique est plus vrai, c'est certain...
Vous savez qu'on lâche quelquefois une expression, un mot, qu'on peut faire un lapsus... il est certain qu'hydropneumatique est la seule expression réelle. Pourtant il faut dire que nous sommes au début (4), la pièce n'est pas beaucoup connue... un mot a pu passer pour un autre, je n'en fais pas une grosse affaire.

Et sur la question de savoir si, dans le langage courant des artilleurs, on dit : cette pièce *s'est conduite* de telle ou telle manière ou bien *s'est comportée*, il répond :

(1) Rennes, 1-107.
(2) En admettant qu'il s'agisse dans le bordereau du canon de 120 court et de son frein hydropneumatique.
(3) Rennes, 3-58.
(4) Cette affirmation du général Deloye est inexacte. En 1894, on n'en était pas au début. Dès 1891, deux batteries du 37 régiment d'artillerie à Bourges avaient été dotées du canon de 120 court. Ces batteries avaient exécuté les écoles à feu et avaient figuré aux grandes manœuvres de corps d'armée qui eurent lieu en 1891. (Rennes, 3-192, Hartmann.)

Je ne fais pas de différence sur les deux expressions (1).

III. — Voici ce que dit, sur le même sujet, la Commission des généraux (2).

Le premier point à éclaircir, c'est évidemment celui-ci : de quel frein et de quelle pièce l'auteur du bordereau a-t-il voulu parler?

Si l'on prend le texte au pied de la lettre, on doit croire qu'il s'agit du canon de 120 de siège et place, qui a longtemps existé seul, et qu'on avait par suite, l'habitude de désigner sous le nom de canon de 120, sans l'addition d'aucune épithète. On l'a plus tard appelé canon long, après l'adoption d'un court, mais d'ordinaire seulement dans le cas où, soit le sujet traité, soit les phrases précédentes, pouvaient laisser supposer qu'il pouvait aussi bien être question du canon court.

En dehors de ces cas, et par suite des anciennes habitudes, l'expression « canon de 120 » faisait naître dans l'esprit de tout artilleur l'idée de l'ancien canon de siège et place.

L'expression « frein hydraulique » confirme cette idée, car le frein du canon de 120 long est simplement hydraulique.

Si cette interprétation, rigoureusement conforme au texte, était admise, on pourrait en conclure immédiatement, sans autre examen, que le bordereau n'a pas été écrit par un artilleur, car il n'aurait pu venir à l'esprit d'aucun artilleur de prétendre renseigner sur le canon de 120 long et sur son frein hydraulique, depuis longtemps universellement connus.

Mais, comme le bordereau mentionnait trois documents relatifs à l'artillerie, ceux qui ont eu à l'examiner tout d'abord ont cru pouvoir, par cela seul, l'attribuer à un officier de cette arme, ce qui les a amenés tout naturellement à conclure qu'il ne pouvait y être question, malgré l'impropriété des termes, que du canon de 120 court et de son frein hydropneumatique.

Cette interprétation, dont la justesse est loin d'être démontrée, étant p. 110 admise, il y a lieu de se demander pourquoi l'auteur du bordereau n'a pas été plus précis? Etait-il indifférent d'employer ou non les termes exacts?

On a vu plus haut que l'ancien canon de 120 était destiné à l'attaque et à la défense des places. Le canon de 120 court, au contraire, est un canon de campagne spécial, qui a le double avantage de faire intervenir, dans la bataille, des projectiles beaucoup plus puissants que ceux des autres canons de campagne, et de pouvoir, grâce à un tir plus plongeant, atteindre l'ennemi derrière des couverts. L'introduction de batteries de 120 court dans nos armées avait donc de l'importance. C'était, de plus, une nouveauté bien caractérisée, car jamais encore aucun canon d'un genre analogue n'avait pris place dans notre artillerie de campagne. Il valait donc la peine de préciser si l'on prétendait fournir des renseignements sur la nouvelle pièce.

Il convient maintenant d'examiner quelles idées s'attachent aux désignations « frein hydraulique » et « frein hydropneumatique ». Le frein hydraulique sert uniquement à amortir, puis à arrêter le recul. Son emploi exige le concours d'une organisation spéciale ayant pour objet de ramener la pièce en batterie. Le frein hydropneumatique remplit au contraire, à lui seul, les deux fonctions : 1° arrêter le recul; 2° ramener la pièce à son point de départ. Cette dernière fonction est remplie par de l'air à haute pression: de là, la terminaison pneumatique. Il est très

(1) Rennes, 3-65.
(2) Enquête, t. 1, p. 958.

difficile de maintenir l'étanchéité d'un engin de ce genre, et la solution du problème avait coûté de longues et patientes recherches au commandant Locard, qui l'étudiait depuis 1880. Une solution tout à fait satisfaisante est si malaisée à obtenir qu'encore aujourd'hui la plupart des puissances étrangères emploient simplement des ressorts pour ramener la pièce à sa position initiale.

Dans ces conditions, étant donnée l'importance des idées nouvelles caractérisées par les expressions « canon de 120 court » et « frein hydropneumatique », comment peut-on expliquer qu'un traître, livrant la réalisation de ces idées, ait pu négliger les expressions mêmes qui en étaient comme l'étiquette ? Les marchands n'ont pas l'habitude de déguiser de bonnes marchandises sous des appellations qui les déprécient. Si cependant cela se produit, on peut être certain qu'il s'agit de marchandises de hasard, dont ils ignorent la valeur. Il n'est sans doute pas impossible qu'un artilleur ait pu parfois, soit par inadvertance, soit pour abréger, dire le canon de 120 et son frein, au lieu de 120 court et son frein hydropneumatique, mais ce ne pouvait être que dans des circonstances tout à fait différentes. Encore n'eût-il pas dit le 120 et son frein hydraulique, le mot hydraulique n'ajoutait rien, sinon une idée fausse.

Finalement, qu'il s'agisse du canon de 120 long et son frein hydraulique, ou du canon de 120 court et de son frein hydropneumatique, il paraît presque impossible d'admettre que la phrase qui s'y rapporte ait été écrite par un artilleur ».

Plus loin (1) la Commission s'exprime ainsi :

Une autre question a encore été soulevée au sujet des mêmes membres de phrase du bordereau : dit-on, dans le langage courant, entre artilleurs : « Cette pièce s'est conduite de telle manière », ou bien, « cette pièce s'est comportée de telle manière ? »

On peut répondre, sans hésitation, l'habitude est de dire : s'est comportée.

p. 111   Il n'est sans doute pas absolument impossible qu'en simple conversation un officier d'artillerie ait pu dire (le mot propre, ainsi qu'il arrive parfois, ne se présentant pas tout de suite) : « Cette pièce s'est conduite de telle façon. » Mais les membres de la Commission ont l'entière conviction de n'avoir jamais, au cours de leur longue carrière d'artilleur, appliqué à une pièce de canon l'expression : « s'est conduite », et ils n'ont aucun souvenir de l'avoir entendu employer par des camarades ou de l'avoir rencontrée dans leurs lectures. *Du reste, pour mieux éclairer la question, ils ont fait faire des recherches dans 30 rapports pris au hasard*, des Commissions de Calais et de Bourges, chargées depuis longtemps des essais du matériel et de l'artillerie. On y a trouvé 15 fois l'expression « se comporte » ou « s'est comportée », et pas une seule fois l'expression « se conduit » s'est conduite ».

On peut donc dire que l'expression « s'est conduite » serait, dans la bouche et surtout sous la plume d'un artilleur, une expression tout à fait anormale.

En résumé donc, la Commission des quatre généraux, contrairement aux assertions des témoins de l'accusation les généraux Mercier et Deloye, confirme les témoignages du général Sebert et du lieutenant-colonel Hartmann, démontrant

(1) Enquête, t. 1, p. 961.

que les termes mêmes du bordereau décèlent un officier étranger à l'arme de l'artillerie.

IV. — Les témoins de l'accusation ont prétendu ensuite que la qualité *d'officier d'Etat-major*, attribuée à l'auteur du bordereau, était impliquée par la nature de la note sur les troupes de couverture, celle de *stagiaire*, par la diversité des documents.

Un pareil argument ne pourrait se déduire que du contenu même des notes et documents, lesquels sont inconnus.

Mais il y a mieux. La discussion à laquelle se sont livrés à cet égard les témoins de l'accusation, en particulier le général Mercier (1), pour essayer de démontrer que la note du bordereau sur les troupes de couverture ne pouvait se référer qu'à un travail secret fait en juillet et août, à l'Etat-major, et communiqué aux commandants de corps d'armée par une circulaire du 15 octobre 1894, *est absolument fausse*. Il sera facile d'établir, pièces en mains, l'erreur commise sur ce point : elle sera démontrée dans la discussion des hypothèses émises à propos de cette note du bordereau sur les troupes de couverture.

S'il est impossible, par suite, de prouver que l'auteur du bordereau est un officier d'Etat-major, il devient superflu d'examiner s'il est un stagiaire. Cependant, admettons un instant que les hypothèses émises au sujet de la qualité d'officier d'Etat-major attribuée à l'auteur du bordereau soient exactes ; pourquoi un stagiaire plutôt qu'un titulaire ? Parce qu'un stagiaire passe par tous les bureaux! Mais les stagiaires sont affectés dans chaque bureau à une section déterminée ; chacun reste cantonné dans la tâche qui lui est p. 112 assignée. Au contraire, d'après l'accusation elle-même, les travaux du plan résultent d'ententes communes entre les différents bureaux. Les titulaires sont donc bien plus à même que les stagiaires de posséder cette science universelle nécessaire, paraît-il, à l'auteur du bordereau.

Ajoutons, d'autre part, que si le stagiaire passe successivement par les quatre bureaux, c'est seulement au bout de ses deux années de stage qu'il a participé aux travaux des quatre bureaux. Il faut donc, dans le système de l'accusation, que le stagiaire envoie, par le bordereau, le produit de deux

(1) Rennes, 1-126 à 129.

années d'espionnage, il faut qu'il envoie des renseignements dont certains auront deux années de date ! On ne peut concilier cette conséquence nécessaire de la qualité de stagiaire attribuée à l'auteur du bordereau, avec l'assertion de l'accusation que toutes les notes du bordereau visaient des questions de la dernière heure et tout récemment étudiées à l'Etat-major.

Les qualités d'artilleur, d'officier d'Etat-major et de stagiaire attribuées *a priori* par l'accusation à l'auteur du bordereau sont donc inadmissibles.

Il convient maintenant d'examiner les énonciations du bordereau, et d'apprécier la valeur des arguments fondés — sauf pour le manuel de tir — sur la nature absolument hypothétique des documents envoyés.

V. — *Une note sur le frein hydraulique du 120 et la manière dont s'est conduite cette pièce.*

Il faut remarquer tout d'abord, comme il a déjà été dit, que les termes employés par l'auteur du bordereau désignent, sans discussion possible, le 120 long qui est muni d'un frein hydraulique. Il n'est moyen de les appliquer au 120 court, muni d'un frein hydropneumatique, qu'en supposant que l'auteur du bordereau *se serait trompé* dans la désignation qu'il en faisait. Qu'il s'agisse de l'un ou de l'autre engin, l'auteur du bordereau ne peut donc être, on l'a déjà fait remarquer, un officier d'artillerie.

Le général Mercier a déclaré, à Rennes (1), qu'il ne pouvait être question du frein hydraulique modèle 1883, qui était complètement dans le domaine public, mais qu'il s'agissait du frein hydropneumatique modèle 1891, tenu dans le plus grand secret (2), puisque les détails n'en avaient été envoyés à la section technique de l'artillerie que le 8 juin 1894 (3), et qu'un personnel très restreint de la fonderie de Bourges et des commissions d'expériences de Bourges et de Calais le connaissait seul (4). Il a fait remarquer que le capitaine Dreyfus avait été à Bourges, à l'école de pyrotechnie, depuis le 1er octobre 1889 jusqu'au 1er novembre 1890, c'est-à-dire

(1) Rennes, 1-118, 119.
(2) *Ibid.*, 1-118, 119.
(3) *Ibid.*, 1-118, 119.
(4) *Ibid.*, 1-118, 119.

pendant la période où se faisaient les expériences relatives
à la pièce de 120 et à son frein hydropneumatique. Avec l'esprit chercheur qu'on lui connaît, a-t-il dit, il est *incontestable* qu'il a *dû* s'initier aux détails de fonctionnement et de
construction du frein de 120 (1). Il a ajouté que le capitaine
Dreyfus avait *pu* également se procurer, à la direction d'artillerie au Ministère, des renseignements sur la façon dont
cette pièce de 120 s'était comportée, les écoles à feu ayant
commencé fin avril 1894 (2).

Enfin le général Mercier a continué son argumentation, p. 113
en se demandant si Esterhazy aurait pu se renseigner sur le
frein du 120 (3). Il a prétendu que si Esterhazy, à la vérité,
avait été aux écoles à feu du camp de Châlons du 5 au 9 août,
écoles à feu de la 3e brigade, le canon de 120 court n'y avait
pas été tiré à cette date, mais seulement dans les journées
suivantes (4). Il reconnaît qu'il y eût des manœuvres de
masse ayant duré du 11 au 22 août, que dans ces manœuvres
on a tiré avec des batteries de 120 ; mais comme le capitaine
Le Rond en a déposé devant la Chambre criminelle (dans la
première enquête), de très grandes précautions auraient été
prises pour empêcher les officiers d'approcher des batteries
et d'examiner les canons (5) ; d'ailleurs, Esterhazy n'aurait
pas assisté aux manœuvres de masse, et la lettre d'Esterhazy, du 11 août, du camp de Châlons, disant qu'il allait
encore y passer quatre ou cinq jours, comme la lettre datée
du 17 avril de Rouen, disant qu'il rentrait du camp de Châlons, contiendrait un mensonge (6).

Le général Deloye de son côté déclarait à Rennes « qu'il
n'apportait aucun fait nouveau sur l'affaire Dreyfus, mais
qu'il se considérait comme un expert venant dire ce qu'il pensait en toute conscience des impossibilités qu'on avait alléguées contre la culpabilité de l'accusé (7)... sans toutefois se
faire juge de celle-ci... (8). Dans ces conditions, il alléguait
que le canon de 120 n'avait pu être par trahison connu de
l'étranger, fin 1890 ; que le sieur Boutonnet avait bien été ar-

(1) Rennes, 1-118, 119.
(2) Rennes, 1-119, 120.
(3) Rennes, 1-119, 120.
(4) Rennes, 1-119, 120.
(5 et 6) Rennes, 1-119, 120.
(7) Rennes, 3-231.
(8) Rennes, 3-237.

rêté et condamné le 20 août 1890, mais qu'à cette époque il y avait, à la section technique où était cet employé félon, un très petit nombre de documents susceptibles de donner des renseignements très positifs ; que dans les années suivantes où eurent lieu les expériences, les communications faites aux corps et aux divers services avaient été des communications générales ; qu'on donnait à chacun des notions, des renseignements, sur la manière dont la pièce allait, et pas autre chose (1).

p. 114   Le général Deloye rapporte ensuite que le frein hydro-pneumatique est de l'invention du commandant Locard, « que le commandant tenait à ce secret d'une façon très nette, qu'il en avait fait une sorte de condition et ne le donnait qu'à bon escient (2) », que personne n'avait pu avoir connaissance du dispositif de ce frein alors qu'il n'était pas qualifié pour cela (3). Il ajoutait que les tables de construction de l'affût du 120 court et de son frein n'avaient jamais été faites (4), qu'il n'y avait, dans les cours de l'école d'application, professés en 1892-1893, et dans une conférence faite à Saint-Cyr en 1892, que des renseignements théoriques généraux au sujet du matériel du 120 court, mais rien sur la façon dont le frein pouvait fonctionner, ni aucune indication permettant de la reconstituer (5). Il déclarait qu'au printemps de 1894, d'avril jusqu'en août, le frein du canon 120 court avait été essayé dans huit écoles d'artillerie, mais que les communications qui avaient été faites pour ces expériences avaient été des communications générales, ne contenant aucune indication sur la construction du frein (6). Il ajoutait que le 29 mai 1894 des dossiers relatifs à l'affût et au frein du 120 avaient été envoyés à la fonderie de Bourges, soumis à la section technique de l'artillerie le 7 juin, mais n'étaient allés que dans le bureau du Président du comité et de ses adjoints, pour y être étudiés (7).

En résumé, les généraux Mercier et Deloye n'ont jamais apporté aucune preuve directe contre le capitaine Dreyfus.

(1) Rennes, 3-58, 59.
(2) Rennes, 3-59.
(3) Rennes, 3-59.
(4) Rennes, 3-62.
(5) Rennes, 3-62.
(6) Rennes, 3-63.
(7) Rennes, 3-61, 62.

Ils ont apporté une argumentation en se plaçant dans l'hypothèse où la note du bordereau *que l'on ne connaît pas*, donnerait des renseignements détaillés sur le frein hydro-pneumatique et les plans de sa construction. Le général Deloye a même dit, partant de cette idée préconçue et que rien ne vient justifier, que celui qui livrait de pareils renseignements ne pouvait être qu'un gros seigneur (1).

Enfin, le général Deloye donnait des renseignements d'une exactitude contestable sur l'époque à laquelle le canon de 120 court a été adopté et mis en service. Puis il attestait que jamais, avant le bordereau de 1894, des travaux confidentiels concernant ce canon n'avaient été livrés à l'étranger.

VI. — En réponse à cette argumentation de l'accusation, le capitaine Dreyfus avait déclaré n'avoir connu du frein hydropneumatique que son principe, n'avoir vu le canon de 120 court que deux fois, la première dans la cour de la fonderie de Bourges, la seconde, dans la cour de l'école d'artillerie de Calais ; ne l'avoir jamais vu ni tirer, ni manœuvrer ; n'a- p. 115 voir pas plus qu'aucun stagiaire de l'Etat-major de l'armée en 1893 et 1894, assisté aux écoles à feu, enfin n'avoir jamais eu connaissance de la manière dont la pièce s'était comportée aux manœuvres (2).

Jamais aucune des affirmations du capitaine Dreyfus n'a pu être infirmée, jamais aucune preuve n'a été fournie qu'il ait eu, ou cherché à avoir une connaissance particulière du 120 court et de son frein hydropneumatique, soit à Bourges où il était à la pyrotechnie et non à la fonderie, soit au ministère.

Il y a d'ailleurs deux objections capitales contre les hypothèses émises au sujet du capitaine Dreyfus, relativement à son séjour à Bourges. S'il avait pu se procurer dès 1889-1890, époque de son séjour, des renseignements sur le frein hydropneumatique, il est inadmissible : 1° qu'il n'eût pas connu le nom exact du frein et l'auteur du bordereau ne le connaît pas (dans l'hypothèse où c'est bien du 120 court qu'il est parlé) ; 2° que trahissant, il ait gardé par devers lui ces renseignements depuis 1890 jusqu'en 1894.

(1) Rennes, 3-64 et 239.
(2) Rennes, 1-22, 23 ; 3-67, 70.

Enfin, il est établi que Dreyfus n'a jamais porté un intérêt spécial au frein hydropneumatique, puisque, à plusieurs reprises, depuis 1891 jusqu'à 1894, absorbé par d'autres travaux, il a refusé de se rendre à l'invitation du commandant Ducros le conviant à aller visiter les ateliers de construction de Puteaux, où il aurait pu recueillir des renseignements précieux sur les canons à frein alors en construction (1).

Quant à Esterhazy, si un officier d'artillerie ne pouvait pas, en effet, s'illusionner sur le peu de valeur d'un renseignement concernant le 120 long, il en était tout autrement d'un officier d'infanterie qui, comme Esterhazy, avait vu tirer le 120 long aux écoles à feu de Châlons en 1894.

S'agit-il, au contraire, du 120 court, s'il n'est pas établi qu'Esterhazy ait été en possession de documents sur le 120 court, il est établi : 1° qu'il s'est trouvé au camp de Châlons à une époque où il y avait des pièces de 120 court ; 2° qu'il a été tiré des croquis dudit canon à la presse régimentaire de plusieurs régiments d'artillerie ; 3° que le commandant Esterhazy était très curieux des questions d'artillerie.

VII. — Aux assertions des généraux Mercier et Deloye, la défense opposait, devant le Conseil de guerre, la discussion du colonel Hartmann. Le lieutenant-colonel Hartmann faisait connaître à Rennes que, si l'on s'en tenait strictement aux termes du bordereau, on devrait penser qu'il s'agit du frein hydraulique modèle 1883, du canon de 120 de siège et place ; et il soutenait que si l'on avait demandé, en 1894, à un artilleur quelconque de parler du frein hydraulique du 120, il n'aurait songé, à cette époque, qu'au frein modèle 1883 du 120 long. Il ajoutait que, si le bordereau, dans ces conditions, ne pouvait être attribué à un officier d'artillerie, la même impossibilité n'existait pas pour des officiers des autres armes, qui ne sont pas toujours au courant de notre matériel de siège et place, et qui sont exposés à considérer comme ayant de l'actualité des modèles déjà anciens, lorsque dans les polygones ils assistent accidentellement à des tirs de siège (2). Aussi devait-on retenir ce fait que le 120 long avait été tiré au camp de Châlons devant les officiers supé-

p. 116

(1) Rennes, Ducros, 3-183, 184 et 187.
(2) Rennes, Hartmann, 3-189, 224.

rieurs du 3ᵉ corps (1) ayant assisté, du 6 au 9 août, aux écoles à feu de la 3ᵉ brigade d'artillerie (2).

Le lieutenant-colonel Hartmann examinait ensuite l'hypothèse admise *a priori* par l'accusation, qu'il s'agissait, dans le bordereau, du canon de 120 court (3). Le lieutenant-colonel Hartmann faisait alors observer que le canon de 120 court proposé par le capitaine Bacquet avait été mis en construction en 1887, à la fonderie de Bourges, que son organe essentiel était le frein hydropneumatique du commandant Locard; que ce spécimen avait été expérimenté successivement par les commissions de Bourges et de Calais jusqu'en 1890, date de la fin des essais techniques du frein du 120 court; que des rapports et des procès-verbaux avaient été établis par les deux commissions, ces documents ne contenant, d'après le général Deloye, que des renseignements généraux sur le frein hydropneumatique, tout en étant, bien entendu, complets en ce qui concerne les essais (4). Le témoin ajoutait qu'à la suite de ces essais, la Fonderie avait construit deux batteries de 120 léger en 1890, destinées à faire des essais en grand ; que, par conséquent, le canon de 120 court, *loin de constituer une innovation en 1894, comme on l'a dit à plusieurs reprises, était arrêté en tant que système d'artillerie, à quelques détails près, en 1890 :* en 1891, la 5ᵉ et la 6ᵉ batteries du 37ᵉ régiment d'artillerie avaient été armées des nouvelles pièces, avaient fait d'abord des écoles à feu au polygone de Bourges, puis avaient pris part, toujours en 1891, aux manœuvres de corps d'armée dans l'Est (5).

L'objet de ces essais en grand, défini par la note ministérielle du 15 avril 1891, était, non pas d'expérimenter les bouches à feu, dont le lieutenant-colonel Hartmann le répète, le modèle était définitivement arrêté, mais de vérifier si les batteries de 120 court étaient susceptibles de constituer un matériel de campagne (6).

Le lieutenant-colonel Hartmann appelle alors tout particulièrement l'attention sur cette note du 15 avril 1891, parce p. 117 qu'il en résulte que le canon de 120 court formait déjà des

(1) Officiers parmi lesquels était Esterhazy.
(2) Rennes, Hartmann, 3-189, 224.
(3) *Ibid.*, 3-189.
(4) Rennes, 3-191.
(5) *Ibid.*, 3-192.
(6) *Ibid.*, 3-192.

batteries à cette époque, qu'il figurait déjà dans des manœuvres suivies officiellement par des officiers étrangers, et qu'il était, par suite, loin d'être inexistant, comme l'avait allégué un autre témoin (1).

Le général Deloye (Rennes, 3, p. 61) avait dit en effet à ce sujet : Cela paraît à peu près arrêté et cela n'a pourtant vraiment pas de figure, cela n'est définitif qu'en 1891, 1892, 1893 et même bien plus tard.

Le lieutenant-colonel Hartmann continuait sa démonstration en s'appuyant sur la note même du général Deloye. D'après cette note, pour les renseignements détaillés sur le frein, sur son tracé, sur ses joints, la Fonderie aurait constamment conservé, à l'étude du frein hydropneumatique, un caractère confidentiel ; et en 1894, personne, en dehors d'un personnel très restreint, n'aurait pu avoir connaissance de cet engin. Des renseignements de cette note, il résultait donc qu'un officier étranger à la Fonderie, même résidant à Bourges de 1887 à 1891, même employé dans un autre établissement comme l'Ecole de Pyrotechnie, ne pouvait avoir à sa disposition les tables de construction du frein par une voie normale et régulière : car il était démontré aussi que ce n'était pas par de simples conversations qu'il aurait pu être initié aux détails du frein et aux secrets de la fabrication. Il en était de même pour les rapports des commissions d'expériences (2).

Mais un rapport, continuait le colonel Hartmann, avait rendu compte au conseil supérieur de la Guerre de l'emploi des deux batteries de 120 court qui avaient été construites en 1890, et, sur l'avis de ce conseil, on décidait, fin 1891, l'adjonction à l'artillerie de campagne de quelques batteries de 120 court (3). La plus grande partie de ce matériel avait été terminée à la fin de 1893, et un certain nombre de batteries avaient été constituées à la fin de 1893 et au commencement de 1894 (4). *Durant cette période, les renseignements généraux avaient commencé à circuler sur le 120 court*, non seulement dans le *Bulletin des questions à l'étude* (5), *mais*

(1) Rennes, 3-192.
(2 et 3) *Ibid.*, 3-192.
(4) *Ibid.*, 3-199.
(5) Rennes, 3-192, 193.

encore dans divers documents, comme les cours des Ecoles militaires (1).

En février 1894, le 26ᵉ régiment, en garnison au Mans, avait fait tirer à la presse régimentaire une instruction sur la batterie de campagne de 120 court. Cette instruction donnait la composition de la batterie, la description du canon, de l'affût, du frein hydropneumatique (2).

En avril 1894, chaque batterie armée du 120 court avait **p. 118** reçu un règlement provisoire sur le 120 court, et tous les officiers avaient pu se le procurer, non seulement à Bourges, mais dans toutes les brigades d'artillerie (3). Des conférences sur ce canon avaient été organisées en présence de tous les officiers (4). Aux écoles à feu, on n'avait écarté personne du tir de ces batteries, qui avait commencé en avril (5).

Le lieutenant-colonel Hartmann admettait ensuite, avec le général Deloye, qu'en 1894, personne, en dehors du personnel spécial de la Fonderie, ne pouvait avoir connaissance du dessin du frein hydropneumatique (6). Mais il ajoutait aussi qu'aucun officier d'artillerie, faisant partie de l'Etat-major, n'aurait pu en conséquence avoir normalement ces renseignements à sa disposition ; que le capitaine Dreyfus, par suite, n'aurait pu se les procurer qu'en les demandant à certains officiers : on ne prouvait pas qu'il eût fait pareille demande (7).

Le capitaine Carvallo, qui était en 1894 lieutenant d'artillerie à Poitiers, avait confirmé, à Rennes, la déposition du lieutenant-colonel Hartmann, et déclaré qu'au commencement de 1894, deux batteries de son régiment avaient été armées du 120 court, que chacun des officiers et sous-officiers avait reçu un exemplaire du règlement de la nouvelle pièce, dans lequel se trouvait, à part le détail des joints, la description complète du frein hydropneumatique (8).

Le général Sebert également confirmait, à Rennes, les

(1) Rennes, 3-197.
(2) *Ibid.*, 3-201, 202.
(3) Rennes, 3-201, 202.
(4) Rennes, 3-194.
(5) Rennes, 3-202 à 205. — Rennes, Bruyerre, 3-144 à 146 ; Carvallo, 3-156, 158.
(6) Rennes, 3-196 et suiv., 218, 219.
(7) Rennes, 3-199, 200.
(8) Rennes, 3-150, 154, 156.

déclarations du lieutenant-colonel Hartmann en ce qui concerne les essais et l'emploi du 120 court et de son frein hydropneumatique de 1888 à 1890. Il ajoutait que les termes du bordereau indiquaient que ce document n'avait pas été rédigé par un homme technique comme un officier d'artillerie, mais qu'il avait dû l'être par un officier d'infanterie, et encore peu lettré (1).

VIII. — Telles étaient, à Rennes, les argumentations techniques présentées aux juges en ce qui concerne la première note du bordereau.

Trois révélations nouvelles ont été sur ce point apportées par l'instruction de la Chambre criminelle.

En premier lieu, l'accusation opposait aux témoignages de MM. Hartmann, Bruyerre et Carvallo, les dires du capitaine Le Rond. Ce dernier avait attesté à Rennes les extraordinaires précautions prises au camp de Châlons pour dissimuler les pièces du 120 court aux officiers venus pour les voir tirer (2).

p. 119 Mais l'erreur du capitaine Le Rond a été établie et expliquée dans l'enquête à laquelle vient de se livrer la Chambre criminelle, par le général de division Balaman (3), ancien président du Comité technique de l'artillerie. Le capitaine Le Rond, a-t-il déclaré, a fait une confusion en prétendant que de très grandes précautions avaient été prises pour empêcher les officiers d'approcher des batteries, au camp de Châlons, en 1894, et d'examiner les pièces. Jamais cet ordre singulier n'a existé. En réalité, a-t-il dit, avant le feu proprement dit, on envoyait des reconnaissances faites par les officiers, et comme les officiers, qui assistaient en spectateurs, arrivaient sur la position avant la reconnaissance, celle-ci ne se rendait pas bien compte de ce qui se passait. On a alors interdit aux officiers spectateurs de devancer les batteries sur les positions, mais *jamais il n'a été interdit de regarder les canons.* Le général Balaman a déclaré ensuite que le capitaine Le Rond avait peut-être été envoyé pour faire circuler des officiers se trouvant près des batteries et gê-

(1) Rennes. 3-170, 171, 178, 179.
(2) Le Rond. Rennes, 2-117.
(3) Déposition du général Balaman, du 13 juin 1904. Enquête, t. 1, p. 971.

nant les manœuvres ; que peut-être il avait attribué l'ordre
à lui donné au désir de dissimuler (à des officiers !) la pièce
de 120 court, que de là pouvait provenir son erreur, mais
que certainement les ordres, qu'il disait avoir reçus, n'a-
vaient jamais existé, ou que du moins son interprétation
desdits ordres n'était pas conforme à la réalité.

IX. — En second lieu, une autre révélation des plus
graves s'est produite en ce qui concerne l'assertion par le
général Deloye, que les puissances étrangères n'avaient pu
avoir connaissance du canon de 120 court et de son frein,
par la trahison, avant 1894.

Voici ce qu'a déclaré à ce sujet, devant la Chambre criminelle, le commandant Targe, officier d'ordonnance du Ministre de la guerre (1) :

Un dossier, communiqué par M. le Procureur général, est le dossier
Greiner. Celui-ci a été condamné le 6 septembre 1892 à vingt ans de
travaux forcés et vingt ans d'interdiction de séjour pour espionnage et
vol à l'aide de fausses clefs.

Les documents livrés par Greiner sont des plus nombreux ; leur énumération, qui est au dossier de la procédure, contient 10 à 15 pages ;
on trouve des documents extrêmement importants, comme par exemple
la livraison de deux rapports de la Commission d'expériences de Calais,
relatifs au 120 court, datés de 1890 tous les deux, dans lesquels on trouve
des renseignements très détaillés sur le 120 court...

Cette question de la livraison par Greiner des rapports de la Commission de Calais sur le 120 court avait attiré l'attention de la Cour en
1899, et elle avait été attirée par ce fait qu'une des pièces du dossier
secret, la pièce 125, montre que l'agent A avait, au commencement de
1892, envoyé à son gouvernement les deux rapports.

La Cour avait demandé au Ministre de la guerre de lui donner en **p. 120**
communication ces deux rapports, et je trouve au dossier de la revision,
en 1899, une lettre d'envoi de ces deux rapports, que le Ministre de la
guerre avait accompagnée d'une note sur le matériel de 120 court. Bien
que cette note soit signée du directeur de l'artillerie (général Deloye), je
dois constater qu'elle n'est pas de bonne foi : ce n'est pas seulement mon
avis que j'exprime, mais celui des officiers compétents qui l'ont examinée.

Cette note avait cherché à faire ressortir ce fait que les rapports de
la Commission de Calais ne contiennent pas les tables de construction du
frein hydropneumatique et, par conséquent, sont sans intérêt. En réalité,
c'est une équivoque qu'on cherche à créer ; les tables de construction
sont des documents à grande échelle très détaillés, qui peuvent servir
à un ouvrier, à un contre-maître, à exécuter un matériel dont, souvent,
il ne connaît pas le fonctionnement ; mais pour un ingénieur, un officier
compétent, ces tables sont certainement moins intéressantes à consulter
qu'un dessin schématique qui permet de se rendre compte, d'un seul
coup d'œil, de l'ensemble et du fonctionnement d'un système ; dans les

(1) Déposition du 11 juin 1904, Enquête, t. 1, p. 956.

tables de construction, le moindre détail, tel que la forme d'un écrou, est traité de la même façon et sous la même forme que les détails importants du frein. Eh bien, tous ces détails empêchent de se rendre compte de l'ensemble du système, et les tables de construction elles-mêmes sont trop volumineuses et trop détaillées pour permettre de se rendre compte d'un système d'artillerie.

Au contraire, le dessin schématique qui accompagnait le rapport de la Commission de Calais était autrement intéressant, parce que les personnes exercées pouvaient se rendre compte, d'un seul coup d'œil, de l'ensemble du système.

De ces actes de trahison commis par Greiner, je dois arriver à une autre conclusion : c'est qu'il ne faudrait pas conclure de l'importance des documents livrés par un espion à l'importance de la situation de cet espion. Si l'on appliquait la théorie du général Deloye, l'homme qui a livré les documents devrait être « un grand seigneur » ; en réalité, c'est un employé modeste qui, à l'aide de fausses clefs, ouvrait le bureau du ministre, du chef d'Etat-major et de tous les officiers ayant un emploi de confiance au ministère de la Marine.

La pièce 125 du dossier secret montre, en effet, qu'à la date 1er février 1892 l'agent A transmettait à son ministre le rapport n° 1 du 17 janvier 1890, relatif aux épreuves de transport et de tir du matériel du 120 léger, le rapport n° 2 du 14 mars 1890 concernant la même bouche à feu, onze dessins et photographies relatifs à cette bouche à feu et à ses munitions.

Le rapport de la commission de Calais, ainsi livré au commencement de 1892 à l'agent A, contenait tous les renseignements et dessins sur le frein hydropneumatique. Le général Deloye, dans sa déposition devant la Cour de Cassation (1), a prétendu avoir ignoré ces faits de trahison Greiner. Mis en présence des pièces elles-mêmes, par M. le Procureur général, il a été obligé de reconnaître que les rapports livrés par Greiner fournissaient tout ce qu'il y avait d'utile sur le frein hydropneumatique, et a déclaré qu'à cet égard la

p. 121 note du bordereau pouvait avoir simplement la valeur d'une confirmation des documents officiels précédemment livrés, la valeur d'un « recoupement ». Toutefois, a-t-il ajouté, il ne faut pas perdre de vue que la note annoncée dans le bordereau est indiquée comme donnant la manière dont la pièce s'est comportée. Mais il y a lieu de remarquer sur ce point, que Dreyfus n'avait jamais vu tirer ni manœuvrer la pièce de 120 court. Ces révélations ruinent donc totalement l'argumentation des généraux Mercier et Deloye à Rennes.

(1) Général Deloye. Déposition du 25 avril 1904, Enquête, t. 1, p. 468.

X. — Enfin une troisième et non moins grave révélation se trouve dans l'avis de la commission technique des quatre généraux qui a départagé les deux témoins experts de Rennes. Qui du général Deloye ou du colonel Hartmann devait être considéré comme étant dans le vrai au point de vue technique ?

Le rapport des généraux experts, qui s'appuie notamment sur quelques documents dissimulés aux juges de Rennes, répond à cette question : *Les faits nouveaux qu'il apporte et qu'il commente ne laissent rien subsister de l'accusation à cet égard.*

Une question qui a donné lieu à de longues controverses, dit le rapport, a été celle de savoir quelle pouvait être l'importance du document livré. Et d'abord quelles étaient les sources où le traître aurait pu puiser ? Les renseignements écrits, existant en 1894, étaient les suivants :

1° Les rapports n°° 1 et 2 de la question 510 de la Commission d'expériences de Calais. Cette question avait pour titre : Matériel de 120 léger ; c'est ainsi qu'on avait appelé tout d'abord le matériel adopté plus tard sous la désignation de matériel de 120 court. Les deux rapports avaient été tirés à 20 exemplaires numérotés et portant l'indication : « Ce document ne doit être communiqué qu'aux officiers. » Le rapport n° 1 du 17 janvier 1890 et le procès-verbal n° 1 de la question contiennent la description du matériel, avec un dessin schématique du frein hydropneumatique. Le rapport n° 2 contient les tables de tir sommaires. Tous deux donnent des renseignements intéressants sur le fonctionnement du matériel, les effets des projectiles, etc... (ce sont ces deux rapports qui furent livrés par l'espion Greiner).

2° Le bulletin n° 9 des questions à l'étude, en date du 1er mai 1889. Ce bulletin, tiré à 130 exemplaires environ, non numérotés et non confidentiels, contient un dessin schématique d'un frein hydropneumatique Locard, appliqué à un canon de 57 m/m.

3° Les cours des écoles de Fontainebleau et de Versailles, ainsi qu'une conférence faite à St-Cyr ; on n'y trouve que des renseignements généraux.

4° Une brochure autographiée au 26e régiment d'artillerie, au Mans, en février 1894, et dont un exemplaire avait été remis à chaque officier du régiment. Il est à remarquer que cette brochure, en dehors du dessin schématique, du frein et des indications sur son fonctionnement, contenait beaucoup d'autres renseignements utiles, notamment sur les projectiles et leur répartition dans les coffres ; elle donnait même la composition de la batterie, et son titre était : Batterie de campagne de 120 court. Elle ne portait d'ailleurs aucune inscription indiquant qu'elle dût être considérée comme confidentielle (1).

(1) M. le commandant Targe a signalé, dans sa déposition du 21 mars 1904, Enquête, t. 1, p. 121, l'existence de cette brochure retrouvée dans les archives de la direction de l'artillerie, et il résulte de ses explications qu'elle a été dissimulée aux juges de Rennes ; la brochure a été supprimée en effet dans le dossier relatif à l'artillerie communiqué à Rennes. Le général Deloye a confirmé les renseignements donnés par le commandant Targe, tout en protestant qu'il n'y avait pas eu de sa part une pensée de dissimulation. (Déposition du 25 avril 1904, Enquête, t. 1, p. 470 et s.)

5° Le règlement provisoire sur le service du canon de 120 court, envoyé dans les corps en avril et mai 1894 (300 exemplaires non numérotés et non confidentiels). Les renseignements sur le matériel y sont très détaillés, notamment en ce qui concerne le frein hydropneumatique, mais on n'y trouve aucun dessin à l'appui.

p. 122

6° Le règlement sur le matériel de 155 court, modèle 1890, qui avait été approuvé par le ministre dès le 16 mars 1891. Tiré en 1891 à 150 exemplaires confidentiels et numérotés, il avait été mis aussitôt en essai dans les corps de troupes. Il contient les mêmes renseignements (6 pages de texte) sur le frein hydropneumatique (identique à celui du 120 court) que le règlement provisoire du 120 court, et en outre 4 dessins schématiques du frein et de sa pompe de rechargement.

En dehors des documents écrits, des renseignements auraient pu être recueillis, soit *de visu*, soit dans des conversations échangées entre officiers, par suite des nombreux essais auxquels le matériel avait donné lieu. En outre des expériences exécutées à diverses époques aux manœuvres d'armée, à Calais, à Bourges, à Poitiers, il est particulièrement à noter que le canon de 120 court avait été tiré, au printemps de 1894, dans diverses écoles d'artillerie. Dans presque toutes, des conférences avaient été faites à ce sujet et l'on avait invité tous les officiers d'artillerie, quelquefois même les autres officiers de la garnison, à assister aux tirs. Il ne faut d'ailleurs pas oublier que, tous les ans, les officiers supérieurs d'infanterie et de cavalerie sont convoqués aux écoles à feu d'artillerie. Le canon de 120 court a été notamment tiré au camp de Châlons, où se trouvent toute l'année des officiers de toutes armes, d'abord par le 29° régiment qui y a fait ses écoles à feu de fin avril au 25 mai, ensuite par deux batteries du même régiment qui ont pris part aux manœuvres de masse du 11 au 22 août...

En somme, il ressort clairement de tout ce qui précède qu'il était possible, et on peut dire facile pour un grand nombre d'officiers, artilleurs ou non, de se procurer les moyens de fournir une « note donnant des renseignements intéressants », sur le canon de 120 court et sur son frein hydropneumatique.

Mais on a voulu aller plus loin et l'on s'est demandé si quelqu'un des documents ci-dessus énumérés contenait des renseignements assez complets et assez précis pour permettre la construction d'un frein hydropneumatique pareil à celui du canon de 120 court ?

Assurément non. Le secret était tout entier dans certains organes intérieurs qu'on n'eût pu connaître qu'en démontant le frein, ou en voyant les dessins très détaillés. Outre que le démontage dans les corps de troupe était interdit, il n'eût pu être opéré que par des ouvriers spéciaux envoyés par la fonderie de Bourges. Si le fait s'était produit, on en aurait trouvé trace à la Fonderie ou ailleurs. Quant aux dessins, ils étaient entre les mains du commandant Locard d'abord, du commandant Baquet, ensuite. Ces deux officiers supérieurs ont gardé le secret avec un soin jaloux ; *aucun autre officier ne le connaissait à Bourges, même à la fonderie, et à plus forte raison dans les autres établissements de la place.* Les dessins destinés à l'établissement des tables de construction du canon et du frein portent la date du 29 mai 1894. Le directeur de la Fonderie les adressa par lettre du même jour à la troisième direction, qui les transmit, par dépêche du 7 juin 1894, à la section technique de l'artillerie, place St-Thomas-d'Aquin. *Ces dessins ne sont pas passés par l'Etat-major général ; aucun officier de cet Etat-major n'eût pu les connaître sans des complicités dont aucun indice n'a pu être découvert.* En

p. 123

somme, rien n'autorise à penser que le secret ait été livré, et il ne semble pas que le frein hydropneumatique du canon de 120 court ait été reproduit à l'étranger.

Il semble donc bien, comme l'indique le texte du bordereau, et en supposant qu'il s'applique au canon de 120 court et à son frein hydropneumatique, qu'il s'agit d'une simple note, donnant peut-être, au moins dans l'esprit de son auteur, des renseignements intéressants, mais ne pouvant permettre en aucune façon la construction d'un engin secret.

Les faits nouveaux révélés ne laissent donc rien subsister des raisonnements de l'accusation sur la première note du bordereau.

XI. — *Une note sur les troupes de couverture (quelques modifications seront apportées par le nouveau plan).*

L'accusation a prétendu, devant le Conseil de guerre de Rennes (1), que la note du bordereau sur les troupes de couverture ne pouvait se référer qu'à un travail secret fait en juillet et en août à l'Etat-major, et communiqué aux commandants de corps d'armée par une circulaire du 15 octobre 1894.

En 1894, le capitaine Dreyfus n'avait, en aucune façon, collaboré à l'établissement du nouveau plan. Il avait été, pendant le premier semestre de 1894, attaché à la section allemande du deuxième bureau ; pendant le premier trimestre du deuxième semestre de la même année, c'est-à-dire jusqu'à son départ du Ministère de la guerre, il avait été attaché à la section des manœuvres du troisième bureau. Il n'avait été chargé, durant cette dernière période, concurremment avec d'autres stagiaires, que de la surveillance de l'autographie de tableaux d'approvisionnement des troupes de couverture. Or, ces tableaux n'ont aucun rapport avec les plans de transport, ils n'en ont qu'un très vague avec le dispositif de couverture. Voici ce qu'en a dit M. Cuignet, dans l'enquête de 1899, devant la Cour de Cassation (2) :

Je dois aussi déclarer que l'instruction sur la constitution des approvisionnements des troupes de couverture ne contient pas, à beaucoup près, des renseignements précis et détaillés sur la couverture. Cette instruction, en effet, uniquement destinée aux services administratifs, se borne à indiquer, pour chaque centre d'approvisionnements, la quantité de vivres et de munitions qu'il y a lieu d'entretenir. La lecture de cette instruction ne permet pas de connaître quelles seront les troupes qui seront alimentées par le centre d'approvisionnements ; elle ne donne pas non plus l'emplacement de ces troupes ; elle fait seulement connaître que, **p. 124**

(1) Rennes, 1-126 à 129.
(2) Cass., 1-353.

dans un rayon déterminé, autour des centres d'approvisionnements, il y aura tant d'hommes à pourvoir.

D'après le lieutenant-colonel Picquart (1), quoique les unités ne soient pas désignées par leurs numéros, ces tableaux d'approvisionnement peuvent cependant donner des indications sur le nombre d'unités affectées à certains emplacements.

Mais il y a lieu de remarquer à cet égard :

1° Que la surveillance de l'autographie des tableaux d'approvisionnements a été exercée à tour de rôle par plusieurs stagiaires. Le capitaine Dreyfus n'a surveillé que les séances du 30 août, 3, 4, 17 et 25 septembre 1894 (d'après une note communiquée au Conseil de guerre de Rennes, par le général de Galliffet, figurant au dossier) ; il n'a donc connu qu'une partie restreinte de ces tableaux (2) ;

2° Que les dates des dernières séances surveillées par le capitaine Dreyfus, sinon toutes, sont postérieures à la date d'envoi du bordereau.

XII. — Mais l'argumentation fondamentale du général Mercier reposait sur une circulaire envoyée le 17 octobre 1894 aux commandants de corps d'armée, et dont la note du bordereau aurait été en quelque sorte une épreuve avant la lettre. S'expliquant sur cette question de couverture, le général Mercier expose qu'on espérait d'abord, à l'Etat-major, pouvoir établir un dispositif de troupes de couverture commun aux plans de mobilisation n°ˢ XII et XIII. Il continue sa déposition en ces termes :

On ne put pas arriver à faire un dispositif des troupes de couverture. On renonça à l'idée d'en faire un ; on se contenta de faire un dispositif applicable au 1ᵉʳ octobre qui se rapprochait le plus près possible de celui qui devrait être mis en vigueur le 1ᵉʳ avril, et l'impression des instructions relatives aux troupes de couverture commence le 30 août. Les modifications sont apportées aux commandants des corps d'armée intéressés, le 17 octobre, par des officiers de l'Etat-major général de l'armée, qui rapportent, en échange, les anciens documents. C'est, par conséquent, le 17 octobre seulement que les commandants de corps d'armée reçoivent l'avis *que le nouveau plan relatif aux troupes de couverture va être mis en vigueur à partir du 20 octobre, mais que quelques modifications devront être apportées par le nouveau plan.* C'est seulement à cette date du 17 octobre que les commandants de corps d'armée en reçoivent avis. Or, l'Allemagne en avait reçu avis six semaines auparavant.

(1) Rennes, 1-380.
(2) Rennes, 1-127, *Adde*, Rennes, 3-239.

Ainsi, messieurs, voilà un document de la première importance : celui qui est relatif aux troupes de couverture ; ces troupes de couverture sont destinées à former le rideau de protection derrière lequel doit se faire, en toute sécurité, la concentration des armées. Ce sont ces troupes de couverture qui doivent essuyer le premier choc, soit offensivement soit défensivement, et c'est de ces premiers engagements, soit au point de vue matériel, soit au point de vue moral, que dépendront dans une certaine mesure les grandes batailles qui suivront. *Eh bien ! l: secret du dispositif est fourni à l'Allemagne six semaines avant que le: commandants des corps intéressés en soient prévenus, et, comme pour mieux accentuer la marque de fabrique, on met, entre parenthèses : « Quelques modifications seront apportées par le nouveau plan. »* C'est-à-dire un secret intime, un secret de famille, qui n'est encore connu que de quelques officiers d'Etat-major de l'armée, ceux employés au 3° bureau et ceux du 4°, employés à la section de l'Est.

p. 125

XIII. — Il y avait, dans cette argumentation du général Mercier, une étrange dénaturation de la circulaire du 15 octobre 1894, envoyée le 17 octobre aux commandants de corps d'armée et dont un exemplaire figure au dossier.

Nulle part dans cette circulaire on ne trouve la phrase fatidique, donnant, d'après le général Mercier, « la marque de fabrique » de l'Etat-major : « quelques modifications seront apportées par le nouveau plan. »

Non seulement cette phrase ne s'y trouve point ; mais elle ne pouvait s'y trouver, parce qu'elle eût été en complète contradiction avec le texte même de la circulaire. En effet, tous les emplacements que doivent occuper les troupes affectées à la couvertiture au titre du plan XIII sont indiqués aux commandants de corps d'armée. Ils sont spécifiés dans les tableaux des premières destinations joints à la circulaire.

Mais la circulaire ajoute :

Les 65°, 66°, 41°, 58° et 49° bataillons de chasseurs de réserve, dont il est fait mention dans les instructions et qui figurent sur les tableaux de première destination, ont actuellement une autre affectation qu'ils conserveront jusqu'au moment de la mise en vigueur du plan XIII. Ce n'est qu'à partir de ce moment qu'ils seront employés à la couverture, et qu'ils se rendront aux emplacements qui leur seront indiqués sur les tableaux des premières destinations.

Ce n'est donc certainement pas le dispositif de troupes de couverture indiqué par cette circulaire que fait connaître la note du bordereau, *puisque ce dispositif établit toutes les modifications nécessitées par la mise en vigueur du plan XIII.*

En envoyant ce dispositif, l'auteur du bordereau n'aurait pu écrire : « quelques modifications seront apportées par le nouveau plan », puisque le nouveau plan ne devait apporter aucune modification à ce dispositif.

Il aurait pu écrire seulement : le dispositif que je vous envoie n'entrera en vigueur qu'avec le nouveau plan.

La lecture de la circulaire visée par le général Mercier confirme donc les souvenirs un peu vagues du colonel Picquart qui, à Rennes, s'expliquait en ces termes (1).

p. 126   Je comprends qu'au 4ᵉ bureau (2), par exemple, on ait trouvé qu'il y avait des modifications importantes entre le mois d'octobre et le mois d'avril suivant, en ce qui concerne les troupes de couverture, parce qu'il s'agissait de faire les transports de ces troupes, mais les emplacements mêmes où les troupes devaient être placées étaient à peu de chose près exactement les mêmes au mois d'octobre 1894 qu'au mois d'avril 1895, lorsque le nouveau plan a paru. C'est par scrupule que je vous dis que je crois qu'il y avait des modifications infimes, je crois même qu'il n'y en avait pas du tout.

Le général Mercier avait-il dans l'esprit le souvenir de la fin de cette circulaire, où on trouve l'expression de *modifications ?* Cela est possible, mais il s'agit là d'un tout autre ordre d'idées.

La circulaire porte en effet *in fine.*

Vous remarquerez enfin que *quelques modifications ont été apportées dans la constitution des centres de fabrication.* Les centres nouveaux sont ceux dont l'organisation a été proposée par M. l'Intendant général de la sixième région dans la lettre n° 741 du 4 avril 1894, que vous m'avez transmise par bordereau du 8 août.

Ainsi la phrase du bordereau « quelques modifications seront apportées par le nouveau plan » n'est pas, comme l'avait affirmé le général Mercier, à Rennes, une « marque de fabrique » qu'on trouve dans la circulaire du 15 octobre 1894.

Cette phrase n'est pas et ne pouvait pas être dans la circulaire, car elle eût été en pleine contradiction avec son contexte.

L'expression « quelques modifications » s'y rencontre bien. Mais il s'agit de modifications qui ont été apportées et non qui seront apportées; et ces modifications concernent non le dispositif de couverture mais les centres de fabrication.

La dénaturation du document servant de base à l'argumentation technique relative à la note sur les troupes de couverture ne pouvait pas être plus complète.

(1) Rennes, t. 1, 389-390.
(2) Bureau des chemins de fer.

XIV. — Esterhazy, qui n'a jamais appartenu à l'Etat-major, a-t-il pu faire une note sur les troupes de couverture ?

Les troupes de couverture, on le sait, sont celles qui, stationnées à la frontière de l'Est, sont destinées aux premières heures de la mobilisation à supporter le premier choc, et qui sont renforcées par les troupes de l'intérieur, divisions de cavalerie indépendante, bataillons de chasseurs à pied, etc. Or, on remarquera d'abord que tout officier intelligent et expérimenté comme l'était Esterhazy, peut, en prenant une carte de l'emplacement des troupes en temps de paix, déterminer les positions qu'elles auront à occuper à la mobilisation. On sait, du reste, qu'Esterhazy était constamment à la recherche de semblables renseignements. Il a pu en recueil- p. 127 lir, en particulier au camp de Châlons où il était en 1894, auprès d'officiers faisant partie des troupes de couverture. Il avait d'ailleurs tous les éléments d'une note fournissant « quelques renseignements intéressants », dans le journal des *Sciences militaires,* journal qui était à sa disposition dans les bibliothèques d'officiers, et qui en *mai 1894* avait inséré un article sur « *le 6me corps et les troupes de couverture.* »

Mais il y a plus, Esterhazy, ceci n'avait pas encore été révélé, *a appartenu lui-même à une troupe de couverture.* En 1890, il était, en effet, capitaine adjudant-major au 18me bataillon de chasseurs à pied, à Courbevoie. Or, tous les bataillons de chasseurs de France, ceux de l'intérieur comme ceux de la frontière, sont troupes de couverture. Il est certain que les officiers du 18me bataillon de chasseurs devaient s'entretenir fréquemment de leur rôle en cas de mobilisation. Ce sont là conversations courantes qu'Esterhazy a dû recueillir soigneusement. Enfin, *en 1894,* la date est à retenir, le 18me bataillon de chasseurs a été envoyé tenir garnison à Stenay où il est encore aujourd'hui. Ce mouvement et les conséquences qui en résultaient, tant pour l'effectif des troupes de couverture prêtes, à la première heure, dans la région de Sedan, Stenay, Verdun, que pour leurs emplacements, pouvait faire le fond d'une note sur les troupes de couverture.

Esterhazy, enfin, a certainement entendu parler, au camp de Châlons, du nouveau dispositif de couverture en vigueur depuis le 1er mars 1894, portant réorganisation du commandement et du groupement des troupes de couverture ; Esterhazy savait que des modifications seraient apportées à ce dispositif, puisque, à cette époque, tous les journaux avaient annoncé qu'à l'issue des manœuvres, il devait y avoir des changements de garnison dans les troupes appartenant à la couverture (7ᵐᵉ division de cavalerie de Melun à Meaux ; 5ᵐᵉ division de cavalerie de Meaux à Provins, etc.)

Le général Mercier ne dit-il pas lui-même à Rennes (1) que, forcément, quand le dispositif du 1ᵉʳ mars a été mis à exécution, on savait qu'il devait y avoir des modifications ? Esterhazy ne devait-il pas attribuer ces modifications au nouveau plan, et par conséquent mettre la phrase : « quelques modifications seront apportées par le nouveau plan » ?

De toutes ces révélations il résulte nettement aujourd'hui:

1° *Que la note du bordereau sur les troupes de couverture ne pouvait pas se référer, comme l'a prétendu le général Mercier, et à sa suite les autres témoins à charge, au travail secret fait en juillet et août à l'Etat-major, et communiqué aux commandants de corps d'armée par la circulaire du 15 octobre 1894 ; que le bordereau ne portait pas, contrairement à l'affirmation du général Mercier, la « marque de fabrique » dont était revêtue la circulaire confidentielle ; que son attribution à un officier d'Etat-major est une hypothèse erronée.*

p. 128

2° *Qu'un officier comme Esterhazy, n'appartenant pas à l'Etat-major, pouvait faire une note sur les troupes de couverture, et dire presque nécessairement, en visant le dispositif du 1ᵉʳ mars 1894: « quelques modifications seront apportées par le nouveau plan. »*

Sur la seconde note du bordereau encore, l'argumentation de l'accusation s'évanouit complètement à la lumière des révélations nouvelles.

XV. — *Une note sur une modification aux formations de l'artillerie.*

Pour cette note, il est impossible, le mot « formation » ayant plusieurs sens, de déterminer avec certitude de quelle formation il s'agit.

Le mot « formation » s'applique plus généralement aux formations du temps de paix et aux formations de manœu-

(1) Rennes, 1-126.

vres. Cependant il s'applique aux formations des armées, des divisions, des brigades. L'accusation a alors soutenu qu'il s'agissait des formations de guerre, pour le cas de mobilisation ; ce que rien ne permet d'affirmer.

Le général Mercier (1) a voulu établir à Rennes qu'il s'agissait des « formations de campagne de l'artillerie », relatées dans une circulaire du 4 juillet 1894. Il a prétendu que cette circulaire contenait dans son texte deux fois le mot « formation » employé dans le sens qu'il lui attribue : formations de campagne de l'artillerie ; que cette lettre du 4 juillet parvint le 8 juillet dans les différents bureaux ; qu'à ce moment le capitaine Dreyfus venait d'arriver au troisième bureau ; et qu'il était absolument inadmissible qu'il n'ait pas eu connaissance de ce document.

Le général Deloye a fait observer à Rennes que « pour savoir d'une façon tout à fait précise et certaine les formations dont il s'agissait dans la note, il faudrait voir la pièce (2) » ; mais « pourtant, ce qui paraissait le plus probable, c'est qu'il s'agissait de formations nouvelles dans les corps d'artillerie, dans la mobilisation, par suite de la suppression des pontonniers et de la création des batteries correspondantes qui ont été alors réparties d'une autre manière, et qui ont amené une modification tout à fait radicale (3). » Il a ajouté que « les impossibilités alléguées par la défense n'existaient pas » (4).

XVI. — Le capitaine Dreyfus déclarait qu'en 1894, tout ce qu'il savait à ce sujet, c'était la suppression des deux régiments de pontonniers et la création de batteries nouvelles, sans connaître d'ailleurs leur destination ; il affirmait avoir ignoré la note envoyée en juillet au commandant Mercier-Milon, du troisième bureau, et communiquée aux officiers. p. 129

Il faut d'ailleurs remarquer que si le capitaine Dreyfus avait connu la note envoyée en juillet au commandant Mercier-Milon, il l'aurait émargée, comme cela se faisait pour toutes les notes communiquées aux officiers ; et il n'a jamais été prouvé ni même allégué qu'il l'eût émargée.

(1) Rennes, 1-124.
(2) Rennes, 3-65, 237.
(3) Rennes, 3-65.
(4) Rennes, 3-238.

XVII. — Le lieutenant-colonel Hartmann (1) faisait remarquer à Rennes, que l'expression « formation de l'artillerie », pouvait s'appliquer aux formations de campagne et aux formations de manœuvre.

Il vous a été déclaré (par le général Mercier), ajoutait-il, qu'il ne pouvait être question dans cette note que de la répartition de l'artillerie en cas de mobilisation et, cela étant, la dépêche ministérielle du 4 juillet 1894, relative à l'organisation de l'artillerie dans le plan de 1895, vous a été signalée comme contenant les renseignements livrés.

Si cette dépêche a été mise ainsi en cause (par le général Mercier), c'est que le mot « formation » y serait appliqué dans le sens de « formation de campagne de l'artillerie », et que ce mot servirait ainsi (toujours d'après le général Mercier), de trait d'union entre la dépêche et le bordereau. Si vous voulez bien vous reporter au texte de cette dépêche, vous constaterez que le mot « formation » n'y a nullement la signification de « formation de campagne de l'artillerie », ni celle de « répartition des unités de l'arme dans les divisions et dans les corps d'armées »; *Bien mieux, le mot « formation » n'y est même pas appliqué à l'artillerie.*

On est donc en droit de dire, en comparant les termes de cette dépêche du 4 juillet 1894, que cite le lieutenant-colonel Hartmann, et ce qu'en a dit le général Mercier, que ce dernier a apporté au Conseil des affirmations notoirement inexactes, en s'appuyant encore sur un document dont il dénaturait le sens.

Cependant le lieutenant-colonel Hartmann (2) discutait les deux hypothèses, soit qu'il s'agisse de formations du temps de guerre, soit qu'il s'agisse de formations de manœuvres.

En ce qui concerne la première hypothèse, le lieutenant-colonel Hartmann déclarait qu'avant le 4 juillet 1894, quelques officiers seulement du premier bureau de l'Etat-major de l'armée avaient été chargés de s'occuper de l'organisation de l'artillerie pour le plan de 1895. Or, pendant le 1er semestre de 1894, le capitaine Dreyfus étant au deuxième bureau, p. 130 n'aurait pu avoir de renseignements précis qu'en s'adressant à un camarade du premier bureau, ou à des officiers de la troisième direction ; ce qu'on n'a pas établi. Après le 4 juillet 1894, poursuivait le colonel Hartmann, les bases de l'organisation de l'artillerie pour le plan de 1895 ont été communiquées aux divers bureaux de l'Etat-major, mais en même temps aux corps d'armée où l'on a fait des autographies de la dépêche et des tableaux annexes, autographies

(1) Rennes, 3-207.
(2) Rennes, 3-209.

qui ont été remises à tous les corps de troupe de l'artillerie, et à de nombreux services, y compris ceux de l'intendance ; donc, à partir du 4 juillet 1894, ces renseignements auraient pu être obtenus aussi bien dans les corps d'armée qu'à l'Etat-major.

En ce qui touche la deuxième hypothèse (1), c'est-à-dire au cas où on prendrait la note du bordereau dans le sens de formations de manœuvres de l'artillerie, le lieutenant-colonel Hartmann attestait, à Rennes, qu'en 1894, la troisième brigade d'artillerie de Versailles avait été chargée d'expérimenter un projet de règlement sur les manœuvres de batteries attelées comportant des modifications importantes aux formations jusqu'alors en usage, et que les officiers de toutes armes ayant assisté, du 6 au 9 août, aux écoles à feu de la troisième brigade au camp de Châlons (et parmi lesquels figurait Esterhazy), avaient vu manœuvrer les batteries et les groupes d'après les méthodes nouvelles de ce règlement: ils avaient donc pu se rendre compte des innovations introduites dans ces formations.

Et le lieutenant-colonel Hartmann faisait observer que la phrase du bordereau : « Une modification aux formations de l'artillerie », s'adaptait parfaitement à cette dernière hypothèse. Le général Sebert (2) confirmait, à Rennes, cette appréciation du lieutenant-colonel Hartmann.

XVIII. — Quelle lumière nouvelle est apportée sur cette discussion par l'enquête de la Cour de Cassation ?

Le rapport des quatre généraux experts ruine encore complètement sur ce point toute l'argumentation présentée par l'accusation à Rennes.

Il s'exprime en ces termes :

Le mot « formation » peut être pris dans deux sens différents.

1° Il peut se rapporter aux unités tactiques formées à la mobilisation, à la répartition de ces unités tactiques, concurremment avec celles du temps de paix, entre les unités d'ordre supérieur : divisions, corps d'armée, etc.

2° Il peut se rapporter aussi à la disposition des divers éléments d'une troupe, les unes par rapport aux autres, dans les manœuvres, soit de parade, soit de guerre...

Les deux interprétations ont été soutenues dans les débats de l'affaire Dreyfus.

(1) Rennes, 3-209, 210.
(2) Rennes, 3-172.

p. 131   A l'appui de la première, on a fait valoir les considérations suivantes.

Du mois de mai au mois d'août 1894, la 3ᵉ direction et l'Etat-major ont fréquemment correspondu au sujet des formations de l'artillerie qui résulteraient de la suppression des pontonniers et de leur remplacement par deux régiments d'artillerie de campagne. L'organisation de l'artillerie, en cas de mobilisation, a subi, à cette époque, une transformation radicale de nature à intéresser vivement une puissance étrangère, un dossier volumineux existe à ce sujet dans les archives de la 3ᵉ direction. Une des pièces de ce dossier (août 1894) (1) résume toutes les dispositions prises. Elle émane de l'Etat-major de l'armée (1ᵉʳ bureau) qui en a à la minute, et porte la mention : confidentielle.

Il est tout d'abord à remarquer qu'aucune des pièces du dossier indiqué n'a pour titre « *formation de l'artillerie* ». Le titre est tantôt : *Mobilisation des régiments d'artillerie*, tantôt : *Organisation de l'artillerie dans le plan de 1895*. Un traître qui aurait pu livrer cette organisation n'aurait certainement pas manqué de l'indiquer bien clairement, et de le faire sonner bien haut. Personne n'ignore quelle extrême importance on attache, à juste titre, à tout ce qui se rapporte au plan de mobilisation.

Est-il vraisemblable que le traître ait employé l'expression tout à fait modeste de « formation » sans souffler mot ni de la mobilisation, ni du plan de 1895, lorsque les titres des documents eux-mêmes étaient formés de ces mots infiniment plus imposants? De plus, en dévoilant une partie si importante de la mobilisation générale, il aurait fourni un renseignement d'une importance telle qu'il n'eût pas un instant senti le besoin de corser son envoi, de battre les buissons pour réunir un assemblage disparate de documents quelconques, comme l'a fait l'auteur du bordereau, s'efforçant visiblement de remplacer la qualité par la quantité.

Reste la seconde interprétation du mot « formation ». Il faut se rappeler, à ce sujet, que les régiments de la 3ᵉ brigade d'artillerie étaient chargés d'essayer, pendant leur séjour au camp de Châlons en juillet et août 1894, un projet de revision du règlement sur les manœuvres de batteries attelées. Or, si l'on examine dans ce document ce qui se rapporte aux manœuvres de guerre, on trouve successivement :

Pour la batterie (Titre IV, article II) les paragraphes portant les titres suivants :

IV. Des formations de la batterie de guerre.
V. Formation de rassemblement.
VI. Formation de marche.
VII. Formation préparatoire de combat.
VIII. Formation de combat.

Pour le groupe des batteries de guerre (Titre IV, art. II, chap. 1ᵉʳ).

V. Formation de marche.
VI. Formation préparatoire de comba'.
VII. Formation de combat.

Pour la manœuvre de plusieurs groupes réunis (Titre V, chap. 3).

II. Formations.
V. Formation préparatoire de combat.
VI. Formation de combat.

_____

(1) Cette date (août 1894) qu'on trouve dans une annexe à la première enquête de la Chambre criminelle (2ᵉ partie, p. 780), est certainement erronée, car tout était terminé fin juin. Le résultat définitif a été en effet, notifié aux corps d'armée par dépêche ministérielle du 4 juillet 1894.

Enfin, l'appendice n° 1 se rapportant aux *sections de munitions et de* **p. 132** *parc* comprend les paragraphes ci-après.

II. Formation de rassemblement.

III. Formation de marche.

IV. Formation sur le champ de bataille.

Or, si l'on suppose qu'il ait pu se trouver, au camp de Châlons, un officier en quête de documents à livrer, soit que cet officier ait appartenu à l'artillerie, soit simplement qu'il se soit trouvé en contact avec les officiers de cette arme, n'est-il pas évident que son attention a dû évidemment se porter sur toutes les nouveautés qui faisaient alors l'objet des essais de l'artillerie.

Or, le règlement des manœuvres en était une. Il était journellement mis en pratique sous ses yeux.

Le texte en était entre ses mains ou entre les mains des officiers qu'il fréquentait ; très peu de temps était nécessaire pour y copier la partie réellement intéressante, c'est-à-dire les formations de guerre. En en faisant son envoi, le traître ne devait-il pas employer tout naturellement le mot « formation » qui constituait le titre vingt fois répété de tous les paragraphes ? (L'expression du bordereau était « modification aux formations de l'artillerie ». C'est que la nouvelle théorie avait été présentée comme une simple modification à l'ancienne, si bien qu'au 11° régiment d'artillerie, pour pouvoir disposer d'un plus grand nombre d'exemplaires, on avait autographié et remis à certains officiers, probablement aussi aux sous-officiers, les modifications à apporter à l'ancien règlement pour le mettre d'accord avec le nouveau projet).

On reconnaîtra que cette hypothèse prend un singulier caractère de probabilité si l'on veut bien remarquer que les trois nouveautés essayées au camp de Châlons en 1894 étaient le manuel de Tir, le canon de 120 court (à noter que le canon de 120 long a été aussi tiré au camp de Châlons, avec son frein hydraulique), le projet de règlement sur les batteries attelées, nouveautés qui se trouveraient ainsi faire justement l'objet des trois notes du bordereau se rapportant à l'artillerie.

Sur la troisième note du bordereau encore, les révélations nouvelles ne laissent rien subsister de l'argumentation technique de l'accusation.

XIX. — *Une note relative à Madagascar.*

Ici comme partout, l'accusation abandonne, en 1899, le terrain qu'elle avait choisi en 1894 ; et l'on entend avec stupéfaction le ministère public déclarer lui-même inexacts, dans son réquisitoire, les faits imputés au capitaine Dreyfus, en 1894, par l'acte d'accusation reproduit au procès de Rennes : le commissaire du Gouvernement leur en substitue d'autres tout à fait différents.

En 1894, en effet, il avait été soutenu que le bordereau se référait à un travail sur Madagascar, fait en février 1894, à l'Etat-major ; ce travail était d'ailleurs une note géographique peu importante et point confidentielle (1).

(1) Rennes, Picquart,1-390, 391.

On a prétendu au contraire, au procès de Rennes, que cette note se référait à un travail fait en août (1).

Il faut remarquer que ce travail, élaboré au mois p. 138 d'août 1894, avait été fait, non dans les bureaux du ministère de la Guerre, mais par une commission mixte composée de délégués de divers ministères, et dont faisait partie M. du Paty ; celui-ci était dépositaire de ce travail à l'Etat-major, et il ne peut prouver ni que le document lui ait jamais été dérobé, ni qu'il ait jamais été communiqué au capitaine Dreyfus.

La note du bordereau étant en réalité inconnue, il n'est pas possible de dire ce qu'elle contenait ; et, à l'époque dont il s'agit, bien des publications sur Madagascar pouvaient fournir les éléments d'une note à un officier étranger à l'Etat-major.

XX. — Mais ici encore la nouvelle enquête de la Cour de Cassation a véritablement ruiné le système présenté par l'accusation à Rennes.

M. Hanotaux, dans sa déposition (2), a signalé à la Cour *la grosse préoccupation du ministère en ce qui concerne Madagascar, et le secret à garder sur le plan de campagne projeté par la voie de Majunga.*

Il ajoute :

Nous avons été tout à fait surpris, on en trouverait le témoignage dans les délibérations interministérielles à cette époque, quand *nous avons vu circuler dans la presse un plan complet, très précis, dans lequel il était déclaré nettement que l'expédition ne passerait pas par la voie de Tamatave mais bien par celle de Majunga. Ceci a été l'objet de préoccupations très grandes de notre part. Je me souviens très bien qu'au Ministère des affaires étrangères, j'ai fait faire des recherches pour savoir comment un pareil projet avait pu se répandre dans le public.*

M. Hanotaux signale notamment, à cet égard, l'article paru dans le journal *Le Yacht*, à la date du 22 septembre 1894, sous la signature de M. E. Weyl, ancien officier de marine (3).

Il est donc absolument évident aujourd'hui que *les renseignements sur l'expédition de Madagascar, considérés comme les plus confidentiels par le Gouvernement, pouvaient être facilement recueillis en dehors même de toute*

(1) Rennes, Mercier, 1-120, 121, 122.
(2) Hanotaux. Déposition du 2 mai 1904, Enquête t. 1, p. 593.
(3) Conf., Cass., 1899. Débats, p. 109.

préoccupation d'espionnage, puisqu'ils étaient publiés par des journalistes.

Ajoutons qu'une enquête provoquée par M. Emile Weyl lui-même, au Ministère de la marine, et faite par le vice-amiral Human alors chef d'Etat-major de la marine (1) a établi comment l'honorable officier avait très légitimement connu les renseignements par lui publiés.

Sur la quatrième note du bordereau encore, l'argumentation technique de l'accusation ne peut donc plus rester debout.

XXI. — *Le projet de Manuel de Tir de l'artillerie de campagne (14 mars 1894).* p. 134

Il résulte des termes mêmes du bordereau que, pour son auteur, le manuel envoyé était « extrèmement difficile à se procurer » ; et il y est formellement expliqué que la cause de cette difficulté réside dans la fixité du nombre d'exemplaires qui ont été envoyés *dans les corps*, et dans la responsabilité des officiers détenteurs qui doivent rendre leurs manuels après les manœuvres.

De cette phrase du bordereau, il résulte avec évidence que le manuel dont il s'agit est un manuel emprunté à un officier « des corps »; cette seule constatation suffirait à écarter l'hypothèse d'un officier d'artillerie et de l'Etat-major de l'armée, qui avait des manuels à sa disposition au Ministère.

Esterhazy se trouvant à Rouen dans la deuxième quinzaine d'août, avec le lieutenant d'artillerie Bernheim, qui y était en congé, lui demanda le manuel de tir ; celui-ci lui répondit qu'il s'en *considérait comme personnellement responsable* (2), termes reproduits par l'auteur du bordereau.

La difficulté de se procurer le manuel n'existait ni pour le capitaine Dreyfus, ni pour aucun officier d'artillerie, mais elle existait pour un officier étranger à l'arme : la preuve en est que dans la deuxième quinzaine d'août, Esterhazy en a, sans l'obtenir, demandé un au lieutenant Bernheim.

XXII. — Le général Mercier allègue, à Rennes, « que la discussion n'a pu donner sur ce point que des résultats confus, par suite du très grand nombre des exemplaires qui ont été distribués à ce moment-là du manuel de tir du

---

(1) Dossiers Picquart. Pièces annexes dossier 2-n° 52.
(2) Rennes, 3-141.

14 mars 1894 (1) », que, cependant, la direction de l'artillerie avait envoyé au ministère, le 18 mai, dix exemplaires du nouveau manuel de tir, qui avaient été répartis entre les différents bureaux de l'Etat-major, et que le deuxième bureau dont faisait partie le capitaine Dreyfus, en avait reçu trois le 28 mai (2).

Le lieutenant-colonel Jeannel déclarait de son côté qu'en 1894 le capitaine Dreyfus était venu lui demander en communication un exemplaire du projet du manuel de tir d'artillerie de campagne, et qu'il lui avait rendu deux ou trois jours après l'exemplaire communiqué (3). Cette communication aurait été faite dans les premiers jours de juillet ou avant (4).

L'allégation produite par le lieutenant-colonel Jeannel, du deuxième bureau, d'avoir remis un manuel de tir au capitaine Dreyfus est inexacte, d'après les souvenirs du capitaine p. 135 Dreyfus. En tout cas, cette communication n'aurait pu être faite dans les premiers jours de juillet, car, à cette date, le capitaine Dreyfus était, non plus au deuxième bureau, mais bien au troisième bureau, où il y avait des exemplaires du manuel de tir à la disposition des stagiaires, et où il aurait eu les plus grandes facilités pour en avoir un, si seulement il en avait exprimé le désir, ce qu'il n'a pas fait. Le capitaine Dreyfus a expliqué qu'il avait dû se produire une confusion dans l'esprit du lieutenant-colonel Jeannel, auquel il avait demandé, pendant son séjour au deuxième bureau, en février ou mars 1894, un manuel de tir de *l'artillerie allemande*, pour une étude qu'il faisait sur cette artillerie, étude qui se trouve au dossier.

D'ailleurs, en admettant même comme exacte l'allégation du lieutenant-colonel Jeannel, le capitaine Dreyfus, dit le lieutenant-colonel Jeannel, lui aurait rendu le manuel deux ou trois jours plus tard (5) : par conséquent, Dreyfus n'aurait pu l'envoyer ou le faire copier plus d'un mois après, c'est-à-dire à l'époque où l'on place aujourd'hui la date d'envoi du bordereau.

(1) Rennes, 1-117.
(2) Rennes, 1-117.
(3) Rennes, 2-77, 79.
(4) Rennes, 2-77, 79.
(5) Rennes, 2-77.

Le général Mercier disait, en outre, à Rennes :

Je remarquerai que la dernière phrase : « Si vous voulez y prendre ce qui vous y intéresse et le tenir à ma disposition après, je le prendrai, à moins que vous ne vouliez que je le fasse copier... » s'applique assez bien à la situation. « Je le prendrai », cela veut dire que, sachant *qu'il devait aller aux manœuvres (je l'établirai tout à l'heure) il pouvait prendre le manuel*, c'est-à-dire le demander à son chef de bureau. Cette phrase s'applique parfaitement bien à son départ pour les manœuvres (1).

Ici encore, l'argumentation du général Mercier est plus que téméraire. D'abord le capitaine Dreyfus, comme on l'établira plus loin, savait qu'il n'irait pas aux manœuvres ; ensuite, comment le général Mercier, qui est un artilleur, peut-il dire qu'un officier d'artillerie « sachant qu'il devait aller aux manœuvres, pouvait prendre le manuel » alors que le . général Mercier sait parfaitement bien qu'un manuel de tir n'est d'aucune utilité aux manœuvres et n'a son emploi qu'aux écoles à feu ? (2).

Le général Deloye alléguait à Rennes :

Je sais que nous avons envoyé un très petit nombre de projets de manuel aux bureaux de l'Etat-major de l'armée... Je sais ensuite, et j'ai retrouvé la trace de cet incident dans une mention au crayon sur un bordereau d'envoi, qu'un officier de l'Etat-major est venu nous dire : « Mais les stagiaires vont aller aux écoles à feu et ils n'ont pas de manuel, vous ne nous en avez pas envoyé assez (3) ».

Cette mention au crayon, comme l'a fait remarquer le capitaine Dreyfus à Rennes, est matériellement inexacte. p. 136 car aucun stagiaire n'a été ni ne devait aller aux écoles à feu en 1894.

Le général Deloye prétendait d'autre part que le manuel avait été envoyé avec une lettre indiquant le caractère confidentiel du document.

XXIII. — Au contraire, le lieutenant-colonel Picquart déclarait, à Rennes, que ce manuel n'était nullement secret ni confidentiel, qu'il en avait eu un certain nombre dans les casiers ouverts de son bureau (4).

M. Bruyerre, ancien sous-lieutenant de réserve au 29e régiment d'artillerie, faisait connaître au Conseil de guerre que le manuel de tir n'était pas considéré, en mai 1894, comme un document confidentiel, au 29e régiment d'artillerie ; qu'à

---

(1) Rennes, 1-117.
(2) Rennes, 2-84.
(3) Rennes, 3-66.
(4) Rennes, 3-391, 392.

cette époque, son régiment avait exécuter des copies, à la presse régimentaire, du manuel en question ; qu'il était admis que les officiers d'infanterie pouvaient en recevoir communication (1).

M. de Fonds-Lamothe, ancien capitaine d'artillerie, breveté d'Etat-major, stagiaire en 1894 à l'Etat-major de l'armée, attestait qu'en 1894, il y avait au bureau du capitaine de service deux manuels en permanence à la disposition des officiers ; que les exemplaires qu'il y avait vus ne portaient aucune mention « confidentiel ».

Le lieutenant-colonel Hartmann déclarait de son côté, que le projet de manuel de tir en 1894 avait été autographié à la section technique à plus de 300 exemplaires en deux tirages, que, seuls, les bordereaux du premier envoi, expédiés aux commandants de corps d'armée le 16 mars 1894, portaient la mention « confidentiel », mais qu'aucune mention de ce caractère confidentiel n'avait été apposée sur les projets de manuel qui n'étaient même pas numérotés (2) ; qu'enfin tous les officiers d'artillerie en avaient, et pouvaient très bien les prêter pour quelques jours à des officiers d'infanterie (3).

Le général Sebert a fait, à Rennes, « une remarque » qui, suivant lui, prouve péremptoirement que l'auteur du bordereau n'est pas un officier d'artillerie : c'est qu'un officier d'artillerie eût su ce qu'il y avait d'intéressant dans le manuel, et n'eût pas manqué de le signaler au destinataire du bordereau ; si donc l'auteur du bordereau écrit à son correspondant, officier d'infanterie : « Voyez ce qui vous intéresse dans ce manuel », c'est qu'il n'appartient pas à l'arme de l'artillerie (4).

Le capitaine Moch, de son côté, avait fait remarquer devant la Cour de Cassation, en termes très judicieux, que l'auteur du bordereau n'était sans doute pas un artilleur émé-
p. 137 rite, puisque sa connaissance de l'artillerie ne lui avait même pas permis de comprendre le titre du manuel, qu'il avait dénaturé dans sa lettre d'envoi (5).

(1) Rennes, 3-146, 147, 148.
(2) Rennes, 3-211.
(3) Rennes, 3-211, 213, 214.
(4) Rennes. 3-175.
(5) Cass., 1899, t. 1, p. 512.

XXIV. — Il y a lieu de relever, en outre, une observation du lieutenant-colonel Hartmann, qui fournit sur la question un élément de solution important.

En 1894, le Ministre a envoyé aux corps de troupe de l'artillerie une réglette de correspondance pour leur faciliter l'application des méthodes formulées dans le projet de manuel de tir dont il est question au bordereau. Cette réglette a été mise en essai en même temps que le projet de manuel dont elle est solidaire.

Le projet de manuel se comprend sans réglette de correspondance ; mais la réglette de correspondance ne se conçoit pas sans manuel. Si donc un officier en cause s'est procuré, en 1894, une réglette de correspondance, il faut en conclure que, certainement, il a eu à sa disposition, à la même époque, un projet de manuel provenant d'une source ou d'une autre.

Or, Esterhazy a emprunté une réglette de correspondance au lieutenant Bernheim, qui la lui a envoyée du Mans, dès son retour à son régiment, après la conversation qu'il avait eue avec Esterhazy, à Rouen, dans la deuxième quinzaine d'août. Jamais Esterhazy n'a rendu cette réglette, malgré les réclamations réitérées du lieutenant Bernheim (1).

XXV. — Quelle lumière nouvelle l'instruction de la chambre criminelle a-t-elle projeté sur la discussion relative au manuel de tir ? Un premier document dérobé aux yeux des juges de Rennes est à signaler.

Dans sa déposition devant la Chambre criminelle, le 19 mars 1904 (2), le commandant Targe a constaté que le manuel de tir n'était certainement pas confidentiel en 1894; il a versé aux débats un exemplaire portant l'indication : « 8e régiment d'artillerie, telle batterie, reçu le 14 avril 1894 » qui ne porte nullement la mention « confidentiel ».

Dans cette même déposition, le commandant Targe a versé aux débats une lettre du colonel Leclerc, commandant le 29e régiment d'artillerie, qui confirme les déclarations faites à Rennes par M. Bruyerre. Cette lettre est datée du 19 avril 1899 ; elle ne fut communiquée ni à la Cour de Cassation en 1899, ni au Conseil de guerre de Rennes où

(1) Rennes, 3-141, 142.
(2) Enquête, t. 1, p. 65.

M. Bruyerre était, à raison de sa déposition, violemment attaqué par le général Roget (1). On lit dans cette lettre (2) :

p. 138   Il a bien été tiré à la presse du régiment, en 1894, un certain nombre d'exemplaires du document (manuel de tir). Je n'ai pu parvenir à savoir le nombre d'exemplaires tirés, mais celui que je vous envoie portant l'indication : maréchal des logis fourrier, il est vraisemblable qu'on en a distribué à tous les sous-officiers et aussi aux officiers de réserve présents à cette époque.

Le tirage a été fait entre le 25 mars et le 25 avril 1894, date du départ du régiment pour le camp de Châlons...

Enfin, les exemplaires tirés à la presse ne portent aucune mention « confidentiel ».

La déposition de M. Bruyerre était donc rigoureusement exacte ; et le document officiel qui en établissait l'exactitude avait été distrait du dossier soumis aux juges de Rennes.

XXVI. — Indépendamment de la lettre du colonel Leclerc, un autre document nouveau, d'une importance capitale, vient encore sur ce point, faire table rase de toute l'argumentation technique de l'accusation. Ce document, c'est le rapport des quatre généraux experts. Il s'exprime en ces termes :

Le projet de manuel de tir était-il confidentiel ? C'est ici qu'il faut distinguer soigneusement entre la théorie et la pratique, entre la lettre et l'esprit. Le bordereau d'envoi, émané de la 3ᵉ direction, portait bien la rubrique « confidentiel », mais il ne semble pas que le mot soit arrivé à tous les échelons de la hiérarchie. En tout cas, le manuel lui-même ne portait pas cette indication et aucun exemplaire n'en était numéroté. Il n'est pas exact, contrairement à ce que dit le bordereau, qu'il dût être retiré après les manœuvres. On l'a retiré, paraît-il sans qu'on saisisse bien la raison (à laquelle l'affaire Dreyfus ne peut pas être étrangère) lorsqu'on l'a remplacé par le manuel de 1895.

Quoi qu'il en soit, le projet de manuel de 1894, dont plus de deux mille exemplaires avaient été envoyés par la 3ᵉ direction, ne pouvait être confidentiel. Il devait en effet servir aux écoles à feu, et, par suite, être l'objet d'instructions faites non seulement aux officiers de l'armée active, mais aussi à ceux de la réserve, qui, tous les ans, sont appelés en grand nombre à cette époque, et même aux sous-officiers que l'on doit exercer à remplir les fonctions de chef de section. Du reste on avait un peu abusé, dans les divers services de la guerre du mot « confidentiel », tellement qu'il avait fallu introduire ensuite les mots « très confidentiel », « confidentiel numéroté », et enfin le mot « secret ».

L'usage de ces diverses expressions n'avait pas manqué de beaucoup affaiblir la valeur première du mot « confidentiel ». Aussi cette qualification, appliquée à un document non numéroté aussi banal que les nombreux manuels de tir qui, à cette époque, se succédaient régulièrement, d'année en année, ne pouvait-elle avoir qu'une importance assez médiocre.

(1) Rennes, 3-152.
(2) Enquête, t. 1, p. 66.

Cela est si vrai que, dans un régiment au moins, le 29ᵉ d'artillerie, on n'avait pas hésité à faire autographier le projet de 1894 par la presse régimentaire. Il semble qu'il ait été distribué à profusion, même aux sous-officiers, car l'exemplaire parvenu à la Commission porte la suscription : Maréchal des logis fourrier.

Bien rares eussent été les officiers disposés à refuser la communication, ou même le prêt de leur manuel à un officier d'une autre arme et surtout aux officiers supérieurs convoqués pour assister aux écoles à feu ; ces officiers n'y viennent pas seulement pour voir les effets des projectiles, mais aussi pour se rendre compte de la plus ou moins grande facilité de réglage, du temps qu'il exige, et par suite des règles de tir. **p. 139**

Les difficultés signalées par l'auteur du Bordereau indiquent seulement qu'ici au moins, il a voulu faire valoir sa marchandise. Si par hasard il avait été sincère en s'imaginant des difficultés qui n'existaient pas, il faudrait simplement en conclure qu'il se faisait une idée bien imparfaite des habitudes de l'artillerie, de la préparation et du fonctionnement des écoles à feu.

Enfin, à propos de la réglette de correspondance, les quatre généraux experts s'expriment ainsi :

Une question a été aussi soulevée à propos de cet instrument. Dans le projet de manuel de 1894, le capitaine réglait la hausse. Or, à chaque changement de hausse correspondait un changement de l'évent à déboucher. Les lieutenants, ou d'une façon générale les chefs de section, étaient chargés d'indiquer cet évent. Ils avaient donc besoin d'avoir en mains une sorte de table faisant connaître les évents correspondant aux hausses.

Tel était l'objet de la réglette de correspondance, qui permettait en outre facilement de déterminer la correction à faire à la dérive. Ainsi que l'indique le manuel de tir on pouvait, à la rigueur, faute d'une réglette, y suppléer par l'emploi d'une hausse de rechange. Mais cela nécessitait un petit effort de mémoire et de petits calculs, toutes choses qu'il est bon d'éviter pendant le combat.

En somme, la réglette de correspondance doit être considérée comme une annexe sinon indispensable, tout au moins fort utile du manuel de tir.

En résumé, sur la cinquième note du bordereau comme sur les quatre précédentes, l'argumentation technique de l'accusation s'effondre encore misérablement devant les révélations nouvelles.

XXVII. — Le bordereau se termine par ces mots : « *Je vais partir en manœuvres.* »

Cette mention du bordereau a été, de la part de l'accusation, l'objet de deux interprétations contraires : après avoir, en 1894, appliqué le mot « manœuvres » à un voyage d'Etat-major que le capitaine Dreyfus avait accompli en juin, l'accusation a prétendu l'appliquer, en 1899, aux grandes manœuvres qui avaient eu lieu en septembre.

Si la première interprétation reposait sur une méconnaissance par trop hardie du sens des mots, la seconde rencontre une objection plus grave encore, puisque le capitaine Dreyfus n'a pas été aux manœuvres.

Sans doute, le général Mercier est venu déclarer à Rennes que si le capitaine Dreyfus n'était pas allé aux manœuvres de septembre 1894, il avait *dû croire* jusqu'au dernier moment qu'il y pourrait aller (1). Il a prétendu que la circulaire du 17 mai 1894, annonçant aux stagiaires qu'ils feraient leur stage réglementaire de trois mois dans les corps de troupes, n'impliquait pas du tout qu'ils n'iraient pas aux manœuvres (2).

p. 140   Il n'y a pas ici une seule assertion du général Mercier qui soit exacte. La situation avait été nettement fixée par la circulaire du 17 mai 1894 (3), qui excluait, pour les stagiaires de deuxième année, toute participation aux manœuvres, puisqu'elle fixait l'époque du service à faire dans les corps de troupe au dernier trimestre de l'année, c'est-à-dire à une époque où ces corps de troupe ont terminé les manœuvres. Il est donc absolument faux que le capitaine Dreyfus ait jamais pu espérer aller aux grandes manœuvres. S'il a pu, comme tout stagiaire, regretter de n'y point participer, jamais, par aucune parole, il n'a exprimé l'espérance d'y aller, ni par aucune démarche, tenté de réaliser pareille espérance chimérique.

On a opposé (4) en vain qu'en mai, aussitôt après la circulaire, le plus ancien des stagiaires serait allé solliciter du général de Boisdeffre une modification permettant aux stagiaires de prendre part aux manœuvres, qu'il aurait reçu la promesse de recevoir satisfaction, si la chose était possible, et que par une circulaire du 28 août seulement (5), les stagiaires auraient été avertis qu'ils devaient renoncer à aller aux manœuvres, les chefs de bureau ayant réclamé leur présence au Ministère pour les besoins du service.

En admettant que cette démarche ait été réellement faite auprès du général de Boisdeffre, par le plus ancien des stagiaires, qui d'ailleurs n'en est pas venu témoigner, le capitaine Dreyfus n'en a pas eu connaissance ; et personne n'a

(1) Rennes, 1-132.
(2) Rennes, 1-132.
(3) Extrait cité, Rennes, 3-289, 290.
(4) Rennes, Boisdeffre, 3-297.
(5) Rennes, Boisdeffre, 3-298.

jamais attesté lui avoir fait part de pareille démarche. En outre, aucun des chefs de bureau ainsi mis en cause n'a jamais attesté avoir eu besoin d'insister auprès du général de Boisdeffre, pour que l'exécution de cette circulaire du 17 mai fût maintenue. Enfin et surtout, on n'a pu produire la prétendue circulaire du 28 août, pour la bonne raison qu'elle n'existe pas. En réalité, la seule communication qui ait été faite aux stagiaires, précisément entre le 27 et le 29 août, *a été une note sur laquelle* les stagiaires devaient inscrire les régiments dans lesquels ils désiraient faire leur stage pendant le dernier trimestre de l'année, note qui n'était autre chose que l'exécution normale et régulière de la circulaire du 17 mai. Le document figure au dossier (pièce 116 du dossier de Rennes, lettre n° 3058 de l'Etat-major, à la section du personnel).

Il résulte donc clairement de ce qui précède qu'à aucun moment le capitaine Dreyfus n'a pu espérer l'abandon des mesures prescrites par la circulaire du 17 mai. Le fait est si certain, qu'en 1894, M. du Paty ayant émis à l'audience du Conseil de guerre l'idée que les manœuvres dont il s'agissait au bordereau pouvaient bien être, non pas le voyage d'Etat-major de juin, mais les grandes manœuvres, le capitaine p. 441 Dreyfus a immédiatement opposé à cette hypothèse, sans qu'aucune objection pût lui être faite, la circulaire du 17 mai, dont il demanda la production (1).

La phrase finale du bordereau exclut donc nécessairement le capitaine Dreyfus comme auteur possible du document.

Quant à Esterhazy, s'il n'a pas assisté aux grandes manœuvres, il a été aux écoles à feu du camp de Châlons, en août 1894 ; il a pu assister, à titre individuel, en septembre 1894, aux manœuvres de forteresse de Vaujours, près Paris, auxquelles prenait part son régiment. Il est même à noter que dans son compte au Crédit foncier, à Paris, on lui voit opérer un retrait de fonds de 300 francs à la date du *18 septembre 1894*. On voit au même compte des opérations effectuées encore à la date des 4 et 25 octobre 1894.

Ce qui est d'ailleurs caractéristique, c'est que, lorsqu'il annonce son départ pour les manœuvres, il emploie cette

(1) Rennes, Demange, 3-305. — Cass. 1899. — Note Demange à Mornard. — Débats, p. 602.

formule incorrecte : « Je pars en manœuvres », que nous trouvons notamment dans une lettre authentique de lui, de 1886. Partant aux manœuvres de cadres, il écrit : « Non seulement, je pars pour le camp, mais je pars en manœuvres. »

XXVIII. — Sur cette dernière partie de la discussion technique du bordereau, un fait d'une extrême gravité a été d'autre part révélé, au cours de l'enquête. Ici un dol abominable avait été commis contre l'accusé. Il a été découvert incidemment par une déposition du capitaine de Pouydraguin.

Le 19 avril 1904, le capitaine de Pouydraguin dépose devant M. le conseiller Le Grix, au sujet d'une lettre de lui, lue aux débats, par le général Mercier, et reproduisant ses précédentes déclarations sur les connaissances de Dreyfus en ce qui concerne la concentration.

M. le conseiller Le Grix lui représente ses déclarations produites aux débats de Rennes, et le capitaine de Pouydraguin répond :

Ces déclarations ont été par moi rédigées pour M. le lieutenant-colonel Henry, qui me les avait demandées afin de les remettre au général Gonse. (Je faisais alors partie du bureau des renseignements). J'en ai d'ailleurs rédigé quelques autres pour le même officier et à sa demande. *C'est ainsi qu'ayant été interrogé sur la date à laquelle nous devions partir aux manœuvres en 1894, j'avais répondu par une note remise au colonel Henry que, dès le printemps 1894, nous avions été avertis et nous savions formellement que les stagiaires ne devaient pas aller aux manœuvres cette année-là, et que les manœuvres devaient être remplacées par un stage de trois mois dans les armes différentes, en octobre, novembre et décembre.*

p. 142 C'était la confirmation catégorique de ce qu'avait déclaré la capitaine Dreyfus, de ce qu'il avait déjà dit au procès de 1894, de ce qui avait paru sans réplique à ce moment où les souvenirs sur la question étaient très précis dans toutes les mémoires.

Mais la déclaration remise par le capitaine de Pouydraguin à Henry ruinait toute l'argumentation technique de l'accusation, puisque la phrase finale du bordereau excluait nécessairement la possibilité d'attribuer ce document à Dreyfus.

Cette déclaration fut alors, suivant le procédé invariablement suivi par le service des renseignements pour toutes les pièces établissant l'innocence de Dreyfus, purement et simplement détruite.

Il y a plus encore : lorsqu'on s'efforce, en bâtissant le

quatrième système d'accusation contre Dreyfus, d'atténuer la force probante de la circulaire du 17 mai 1894, le service des renseignements suggère, aux anciens stagiaires de 1894, l'idée de démarches faites pour obtenir la permission d'aller aux manœuvres nonobstant la circulaire. Le capitaine Janin, du 130e d'infanterie, est sollicité en ce sens et ne trouve rien à cet égard dans ses souvenirs. Il transmet la même consigne suggestive au capitaine de Pouydraguin : « N'avons-nous pas fait des demandes, démarches ou quelque chose ? » écrit-il ; et il ajoute : « Rassemblez, s'il vous plaît, vos souvenirs, et envoyez-moi le résultat, *c'est pour le bien public.* (Général Roget). »

Mais le capitaine de Pouydraguin, à raison de l'attestation déjà délivrée par lui à Henry, a des souvenirs plus nets et plus précis.

> Vers la même époque (juillet 1899), dépose-t-il, *le capitaine Janin du 130e d'infanterie m'a écrit une lettre que je vous remets, et dans laquelle il me demandait de rappeler mes souvenirs relativement à l'affaire Dreyfus, si nous comptions en 1894 aller aux manœuvres, et vers quelle date nous avions su, d'une façon ferme, que nous n'irions pas. Je lui ai répondu comme je l'avais déjà fait dans la déclaration par moi précédemment remise au colonel Henry pour le général Gonse, déclaration qui, me dites-vous, n'a pas été retrouvée, que, dès le printemps, nous savions d'une façon certaine que nous n'irions pas aux manœuvres cette année 1894, les manœuvres devant être, pour nous, remplacées par un stage. Ces renseignements m'étaient demandés pour le général Roget.*

Ainsi, *une seconde fois,* une attestation établissant la fausseté des faits sur lesquels l'accusation cherche à bâtir son système, parvient aux accusateurs, et *une seconde fois cette attestation* est détruite. Devant le Conseil de guerre de Rennes, l'accusation n'en présente pas moins imperturbablement son système.

Cet inqualifiable procédé, qu'on retrouve à chaque instant dans l'affaire Dreyfus, se passe de commentaire.

Sur la phrase finale du bordereau, comme sur les cinq notes énoncées dans ce document, l'argumentation technique de l'accusation s'écroule sous les révélations nouvelles. Elle p. 143 n'a d'ailleurs pu être maintenue à Rennes, que parce qu'un dol criminel avait cette fois encore détruit à deux reprises une preuve de l'inapplicabilité du bordereau à Dreyfus.

XIX. — En résumé, de cette troisième partie de l'accusa-

11

tion, comme des deux premières, rien n'est resté debout. Chacune des propositions de l'argumentation technique est aujourd'hui démontrée inexacte.

Ce qui résulte de la discussion technique aujourd'hui, c'est

1° Que le bordereau n'a pu être écrit par un officier d'artillerie ;

2° Que les notes énumérées au bordereau ont dû être livrées par un officier étranger à l'État-major et à l'artillerie ;

3° Que jamais Dreyfus n'a pu écrire en août ou septembre 1894, la phrase « je vais partir en manœuvres » ;

4° Que certainement, par conséquent, le bordereau ne peut être attribué à Dreyfus.

La prétendue preuve de culpabilité se transforme donc en une preuve d'innocence.

Il est douloureux de constater que cette troisième partie de l'accusation reposait, comme les deux premières, sur des actes dolosifs et parfois criminels des accusateurs.

SECTION IV

LA LIVRAISON DES PLANS DIRECTEURS DE FORTERESSE ET LA PIÈCE N° 371 DU DOSSIER SECRET

Inanité de cette accusation constatée par l'arrêt des Chambres réunies du 3 juin 1899. — Maintien de l'accusation à Rennes par le général Mercier ; raison de cette attitude. — Déclaration sollicitée du capitaine de Pouydraguin et refusée par lui. — Argumentation du général Mercier ; la pièce « ce canaille de D. » et la pièce n° 371. — Dissimulation par le service des renseignements de trois pièces ruinant l'accusation de livraison de plans directeurs à l'égard de Dreyfus. — Dissimulation des recherches faites sur ce point à l'École de guerre. — Falsification au service des renseignements des deux pièces servant de base à l'accusation : falsification de la date de la pièce « ce canaille de D. » ; falsification de l'initiale indicatrice du nom dans la pièce n° 371. — Le service des renseignements ne devait pas ignorer à quelles personnes s'appliquaient les pièces par lui falsifiées.

I. — Avec la section IV, commence l'examen du troisième ordre « de faits et documents » présenté par l'accusation devant le Conseil de guerre. p. 144

Dans ce dossier secret, l'accusation à Rennes avait prétendu relever la preuve d'un certain nombre de faits d'espionnage ou trahison imputables à Dreyfus, indépendamment du fait relatif au bordereau.

Pour ces autres faits d'espionnage, jamais un ordre d'informer n'a été donné, jamais un rapport ou acte d'accusation n'a été rédigé, jamais un ordre de mise en jugement n'est intervenu. Le Conseil de guerre de Rennes a été néanmoins illégalement saisi de ces accusations par les réquisitoires des Commissaires du gouvernement successifs qu'il a entendus.

Le premier de ces faits d'espionnage concerne la livraison des plans directeurs de forteresse.

L'accusation relative à cet acte d'espionnage trouvait son unique base dans une pièce du dossier secret, connue sous le nom de pièce : « ce canaille de D... »

Cette pièce avait fait partie du dossier secret communiqué au Conseil de guerre de 1894, avec un commentaire destiné à tromper les juges. Voici comment s'exprime à cet égard le colonel Picquart, dans sa déposition devant la Cour, le 7 mai 1904 (1) :

Cette partie du commentaire relative à la pièce « ce canaille de D... » est absolument perfide et ne supporte pas la discussion un seul instant. Cela peut impressionner des officiers qui ne sont pas absolument au courant de ce qui passe au Ministère, qui ne savent pas ce que c'est que le premier bureau, comment les dossiers des places fortes sont conservés à ce bureau ; mais c'est monstrueux aux yeux de quelqu'un qui connaît la maison. C'est pourquoi lorsque j'ai vu ceci, j'ai eu un sentiment d'angoisse profonde, parce que je me suis dit que ce commentaire avait passé sous les yeux du général Gonse, du général de Boisdeffre et du Ministre, qui savaient parfaitement de quoi il retournait, et qu'il y avait là tout au moins une légèreté extraordinaire quand il s'agissait de la liberté et de l'honneur d'un homme. Je le répète, cette partie concernant la discussion de la valeur de la pièce « ce canaille de D... » est monstrueuse.

M. le Procureur général. — Voulez-vous nous dire en quoi ?

Le Témoin. — Voici :

On écarte d'abord la possibilité que les plans directeurs aient été pris au service géographique, on écarte la possibilité qu'ils aient été pris au service du Génie, mais on dit qu'ils ont pu être pris au premier bureau, à la section des places fortes, où se trouve précisément un dossier concernant la place de Nice dont les plans directeurs ont été livrés ; et on

(1) Picquart. Déposition du 7 mai 1904, Enquête, t. 1, p. 658.

ajoute que les mots des serrures des armoires secrètes du premier bureau n'ont pas été changés depuis l'époque où Dreyfus appartenait à ce premier bureau, que par conséquent Dreyfus a pu revenir au premier bureau auquel il n'appartenait plus et cela tout exprès pour prendre les plans directeurs. Or, au premier bureau de l'Etat-major de l'armée, chaque place forte a son dossier qui se compose de ce qu'en terme de génie on appelle un discours, c'est-à-dire un texte ; à l'appui de ce texte, il y a des cartes ; elles ne sont pas là en dépôt, elles sont à l'appui d'un **p. 145** texte, elles sont probablement entoilées, réunies, enfin, elles font un tout avec le dossier. Eh bien, imaginer qu'un officier qui veut livrer un plan ira prendre ce dossier dont on se sert tous les jours et qu'il s'exposera ainsi au risque d'être surpris, c'est déjà énorme ; mais penser cela d'un officier qui n'a pas appartenu depuis un an à ce bureau, penser qu'il se glissera dans ce bureau pour faire cette œuvre stupide et qui le ferait découvrir, c'est impossible... Au moment où il aurait fait cela, Dreyfus était attaché au deuxième bureau, il n'appartenait plus au premier bureau depuis un an. Donc Dreyfus aurait pénétré dans le premier bureau, où sa présence aurait excité des soupçons, il aurait ouvert des armoires secrètes, il aurait été prendre un dossier dont on se servait tous les jours à ce moment-là, le tout pour livrer un plan qui n'a pas une valeur énorme ? C'est absolument fou ou c'est complètement malhonnête d'imaginer cela, et vraiment je ne comprends pas que la chose, ayant passé sous les yeux du sous-chef d'Etat-major, du chef d'Etat-major et du Ministre, ces officiers généraux n'aient pas dit : Halte-là ! cela ne tient pas debout un seul instant, ce n'est pas possible. D'ailleurs le dossier lui-même aurait été bien plus intéressant pour une puissance étrangère que les cartes, et la pièce « ce canaille de D.. » nous apprend qu'on n'a livré que des cartes.

Enfin, le résultat voulu a été obtenu, l'impression a été faite sur l'esprit des juges.

Je me souviens très bien que la copie du commentaire que j'ai vue et qui a été conservée au service des renseignements était bien de la main de du Paty de Clam ; il a une écriture caractéristique que j'ai bien reconnue. D'ailleurs, le colonel Sandherr m'avait dit que je trouverais le dossier secret communiqué aux juges avec le commentaire fait par M. du Paty de Clam.

II. — Les observations du colonel Picquart étaient si péremptoires que, lorsqu'il fallut discuter la portée de la pièce « ce canaille de D... » au moment de la première revision, les témoins les plus hostiles à Dreyfus durent renoncer à en faire état.

M. Cavaignac lui-même qui, cependant, dans le deuxième système d'accusation édifié contre Dreyfus, s'était appuyé sur la pièce « ce canaille de D... » ; qui, dans son discours à la Chambre, avait invoqué cette pièce concurremment avec le faux Henry, dut reconnaître devant la Cour de Cassation la justesse des critiques. « Il pense que cet acte de trahison ne s'adapte pas aussi bien que les autres avec les conditions que remplissait Dreyfus (1). »

(1) Cavaignac, Cass., 1899, t. 1-35.

La question avait été alors si complètement élucidée, notamment par la déposition de M. le sénateur Trarieux (1), que la Cour, dans son arrêt du 3 juin 1899, avait retenu le fait de l'inapplicabilité à Dreyfus de la pièce « ce canaille de D... ». L'arrêt porte :

Sur le moyen tiré de ce que la pièce secrète dite « ce canaille de D... » aurait été communiquée au Conseil de guerre.

Attendu que cette communication est prouvée à la fois par la déposition du Président Casimir-Perier et par celles des généraux Mercier et **p. 146** de Boisdeffre eux-mêmes ; que, d'autre part, le président Casimir-Perier a déclaré tenir du général Mercier que l'on avait mis sous les yeux du Conseil de guerre la pièce contenant les mots : « ce canaille de D... », regardée alors comme désignant Dreyfus ; que, d'autre part, les généraux Mercier et de Boisdeffre, invités à dire s'ils savaient que la communication avait eu lieu, ont refusé de répondre, et qu'ils l'ont ainsi reconnu implicitement ;

Attendu que la révélation, postérieure au jugement, de la communication aux juges d'un document qui a pu produire sur leur esprit une impression décisive, *et qui est aujourd'hui considéré comme inapplicable au condamné*, constitue un fait nouveau de nature à établir l'innocence de celui-ci.

III. — Aussi, devant le Conseil de guerre de Rennes, les commissaires du Gouvernement n'osèrent point reprendre l'accusation concernant la livraison des plans directeurs, et basée sur la pièce « ce canaille de D... ».

Un seul persista superbement dans cette accusation : M. le général Mercier.

La raison en est facile à apercevoir. M. le général Mercier reste prisonnier des responsabilités de son acte de 1894 ; et ces responsabilités, au moment du procès de Rennes, n'étaient pas purement morales, puisque de ce chef, M. le général Mercier était l'objet d'un projet de mise en accusation, projet sur lequel la Chambre des Députés avait sursis à statuer jusqu'après le verdict du Conseil de guerre.

Ayant communiqué aux juges du Conseil de guerre de 1894 une pièce inapplicable à Dreyfus, avec un commentaire « perfide et monstrueux », qu'il avait, il est vrai, pris soin de faire détruire en original et en copie (mais dont le projet s'est retrouvé entre les mains du colonel Du Paty de Clam), M. le général Mercier ne peut pas avouer que la pièce est inapplicable à Dreyfus : il est condamné à rester perpétuellement dans la « perfidie » commise en 1894.

(1) Trarieux, Cass., 1899, t. 1, p. 467 et suiv.

Aussi, comme on ne pouvait raisonnablement chercher dans la pièce « ce canaille de D. » une preuve de trahison de Dreyfus, sans l'appuyer de quelque autre document, on avait fait des démarches à l'effet de trouver des déclarations de complaisance sur cette question.

Le capitaine de Pouydraguin avait délivré quelques déclarations tendancieuses sur les connaissances techniques de Dreyfus, déclarations dont le général Mercier et M. Cavaignac firent d'ailleurs usage à Rennes (1). On s'adressa à lui pour la question des plans directeurs.

On fit appel à mes souvenirs, dépose le capitaine de Pouydraguin (2), pour savoir si j'avais eu connaissance, lors de ma visite de la place de Pontarlier, en 1891, *de la perte d'un plan directeur* et des demandes que le capitaine de génie Mustelier avait adressées à cet égard à quelques-uns des officiers du groupe, *et si Dreyfus était avec nous.* J'ai répondu que je n'avais jamais entendu parler de cette perte et des réclamations qui en auraient été la suite.

p. 147 Ne pouvant trouver de ce côté une déclaration de complaisance, ne pouvant davantage demander à Guénée un rapport pour confirmer son interprétation de la pièce « ce canaille de D... », puisque Guénée était mort, M. le général Mercier étayait son argumentation relative à cette pièce en la rapprochant d'un autre document du dossier secret, où se rencontrait également l'initiale D (pièce n° 371 du dossier secret).

IV. — Il déposait en ces termes (3) :

La lettre suivante, qui me fut remise par le service des renseignements, est la lettre connue sous le nom de la lettre « ce canaille de D... »

16 *avril* 1894.

Mon cher ami,

Je (4) regrette de ne pas vous avoir vu avant mon départ : du reste, je serai de retour dans huit jours. Si joint douze **plans directeurs** (de Nice) que ce canaille de D... m'a donnés pour vous. Je lui ai dit que vous n'aviez pas l'intention de reprendre les relations. Il prétend qu'il y a eu malentendu et qu'il ferait tout son possible pour vous satisfaire. Il dit qu'il s'était entêté et que vous ne lui en voulez pas. Je lui ai répondu

(1) Mercier. Rennes, t. 1-114 ; Cavaignac, t. 1-188.
(2) Déposition du 19 avril 1904, devant M. le conseiller Le Grix, Enquête, t. 2, p. 212.
(3) Rennes, t. 1-81.
(4) La citation faite par le général Mercier n'est pas rigoureusement exacte. On rétablit ici le texte de la lettre (Conf. Conclusions de M. le Procureur général Baudouin. — Revision du procès de Rennes, p. 343).

qu'il était fou et que je ne croyais pas que vous voudriez reprendre les relations avec lui. Faites ce que vous voudrez. Au revoir, je suis très pressé.

ALEXANDRINE.

Messieurs, on a vivement contesté que cette lettre pût être attribuée à Dreyfus. On a donné de cela différentes raisons. On a dit d'abord que le sans-gêne avec lequel la personne dont il s'agit était traitée ne pouvait pas s'appliquer à un personnage aussi utile pour les Allemands que l'était un officier de l'Etat-major général.

Je ne crois pas que cette raison puisse être bonne. Il est évident que plus la position d'un agent de trahison est élevée, plus ceux qui s'en servent doivent avoir de mépris pour lui lorsqu'il trahit son pays. Quant au sans-gêne avec lequel ils le traitent, ce sans-gêne peut être justifié par cette considération qu'ils l'ont complètement à leur discrétion et qu'ils peuvent, à un certain moment, le brûler, le vendre, le livrer à son gouvernement. Cette idée-là peut expliquer certains faits qui seront portés à votre connaissance; elle peut expliquer que celui qui commet une trahison de ce genre-là, non seulement prend des précautions pour pouvoir démentir, dans le cas où cette trahison viendrait à être accidentellement connue, mais prend aussi des précautions extrêmement minutieuses pour pouvoir nier dans le cas où ses propres complices, ceux qui exploitent sa trahison et en profitent, viendraient à être vendus et à être livrés à son gouvernement.

Une autre considération que l'on a fait valoir à l'appui de cette idée que la lettre ne pouvait être attribuée à Dreyfus, a été la déclaration que le comte Tornielli a faite à M. le sénateur Trarieux.

Eh bien, Messieurs, en fait de diplomatie, je crois qu'il faut accepter avec une très grande réserve des déclarations de cet ordre. Naturelle- **p. 140** ment je n'entends pas dire du mal de M. Tornielli personnellement, mais je dirai que parfois notre propre diplomatie a été obligée de faire des déclarations absolument contraires à la vérité. Je vous rappellerai, en outre, que le comte de Munster, lors de l'affaire Boutonnet, avait donné sa parole d'honneur que le traître Boutonnet n'avait pas de relations avec l'attaché militaire d'Allemagne, et que les faits sont venus lui donner un démenti. Je ne dis pas qu'il soit de mauvaise foi, mais il était mal renseigné. Par conséquent, il faut examiner avec une extrême méfiance ces démentis de la diplomatie étrangère, qui peuvent être opposés par raison d'Etat et, dussent même ces démentis venir d'une bouche impériale ou royale, je vous demanderai de ne les accepter qu'avec une extrême réserve.

Du reste, nous allons prendre la diplomatie italienne en pleine contradiction avec elle-même. Il se trouve au dossier secret une lettre de M. le commandant Panizzardi à Schwartzkoppen, lettre qui a été reçue, paraît-il, en 1894, mais qui avait été laissée de côté et qui n'est entrée dans le dossier secret qu'en 1896, car je n'ai pas connu cette lettre. En voici le texte :

Lettre de Panizzardi à Schwartzkoppen, mars 1894.

« Le docteur m'a défendu de sortir. Ne pouvant aller chez vous demain, je vous prie de venir chez moi dans la matinée, car D... m'a apporté beaucoup de choses très intéressantes. Il faut partager le travail ayant seulement dix jours de temps. »

On dit donc dans cette lettre : « D... m'a apporté des choses très intéressantes. » Or, le comte Tornielli a dit, dans ses déclarations à

M. Trarieux, que l'initiale D dans la lettre *ce canaille de D...* devait être attribuée à un alcoolique nommé Dubois qui, effectivement, avait livré certaines choses à l'Italie, mais qui n'avait jamais rien livré d'intéressant. Si donc Dubois n'a jamais rien livré d'intéressant, l'initiale D ne peut pas s'appliquer à lui. A qui donc s'applique-t-elle ? Vous voyez qu'il y a là une contradiction.

Lorsque nous avons reçu la lettre *ce canaille de D...* je soupçonnai d'abord Dubois, que l'on connaissait pour donner de mauvais renseignements ; il a été l'objet d'une surveillance très attentive, mais on a reconnu qu'il ne pouvait être en rien la personne indiquée dans la lettre. On a soupçonné aussi un garçon de bureau du nom de Duchet qui, lui aussi, paraissait avoir des allures un peu louches, un peu méfiantes. On a reconnu que ces allures provenaient uniquement de ce que, lui aussi, se trouvait souvent en état d'ébriété et que, dans cet état, il cherchait à éviter de se faire prendre en flagrant délit. Ces deux pistes ont été abandonnées et on a reconnu que l'iniale D ne pouvait pas s'appliquer à ces deux personnages.

Il y a une raison particulière pour que, au moment où cette lettre nous est arrivée, on ait pu attribuer au capitaine Dreyfus la livraison des plans directeurs de Nice ; cette raison est celle-ci : pendant le mois de mars 1894, je me suis très vivement préoccupé de la situation de la place de Nice qui, en ce moment, avait été divisée en trois groupes. Cette organisation ne me paraissait pas rationnelle et j'avais l'intention de mettre la question à l'étude. Du 1er au 7 avril je fis un voyage à Nice pour me rendre compte par moi-même de l'état des choses.

J'étais accompagné de M. le commandant Legrand, actuellement officier d'ordonnance de M. le Président de la République ; mais ce voyage n'a été connu que plusieurs jours après qu'il avait pris fin. A **p. 149** ce moment, pendant le mois de mars 1894 et pendant que j'étudiais la question de Nice, un très grand nombre de documents relatifs aux plans directeurs circulaient dans les divers bureaux du ministère auxquels je demandais des renseignements, notamment dans les 1er et 3e bureaux. Voici la liste des documents qui existaient au dossier de 1894 et qui existent encore au ministère de la Guerre dans un dossier comprenant les années 1894, 1895 et 1896. Ce sont des cartes au 20.000e, au 50.000e et au 80.000e, parmi lesquelles se trouve précisément le plan directeur de Nice. Je verse ces documents aux débats. Vous voyez que le Ministère de la guerre, pendant le mois de mars 1894, était richement approvisionné en documents relatifs à Nice, et il était assez naturel, puisque une fuite s'est produite, de dire qu'elle était partie du ministère de la Guerre.

V. — Le général Mercier reprend donc à Rennes, en ce qui concerne la pièce « ce canaille de D... », l'argumentation présentée dans le commentaire soumis aux juges de 1894, commentaire dont le projet a été retrouvé entre les mains de Du Paty de Clam, et annexé à sa déposition du 26 mars 1904.

Le colonel Picquart a démontré que les plans directeurs ne pouvaient, comme le veut le général Mercier, provenir du 1er bureau. Le général Mercier parle, il est vrai, à Rennes des 1er et 3e bureaux où existaient, dit-il, des plans directeurs de la place de Nice pendant le mois de mars 1894. La pièce « ce canaille de D... » est datée du *16 avril 1894*. Mais Dreyfus a quitté le 1er bureau dès le *4 juillet 1893*, et il n'est entré au 3e bureau que le *4 juillet 1894* (Note du capitaine Junck, du 13 mai 1898, pièce n° 13 du dossier secret).

Le commandant Cuignet, ne pouvant abandonner le général Mercier, mais ne pouvant davantage réfuter le colonel Picquart, fait une déposition sur ce point pleine de réticences ; il s'exprime en ces termes (1) :

La deuxième constatation qui résulte de l'examen du dossier secret, après la constatation de l'entente qui existe enre les deux agents A et B., c'est que des fuites ont été constatées à l'Etat-major général de l'armée. Ces fuites, à mon sentiment du moins, n'ont pas été constatées d'une façon certaine avant la fin du mois de décembre 1893 ; antérieurement à cette date, il y a eu des documents livrés et qui provenaient peut-être de l'Etat-major. Je veux parler des plans directeurs.

Ils se trouvent, en effet, ou peuvent se trouver occasionnellement au 1er bureau de l'Etat-major de l'armée, lorsqu'ils ont été joints aux journaux de mobilisation adressés à ce bureau. Ils se trouvent aussi en grand nombre au service géographique chargé de les établir, de les imprimer, de les éditer. Mais je ferai remarquer que le service géographique est établi dans des locaux indépendants de ceux qui sont affectés spécialement à l'Etat- major. Si ces plans sont partis du 1er bureau, l'objection ne subsiste plus. Mais encore une fois, rien ne prouve qu'ils soient sortis de l'un ou de l'autre de ces bureaux, ni même qu'ils ne soient pas sortis des directions du génie, des chefferies établies en province qui ont chacune les plans afférents à leur région.

Toutes ces équivoques laissent cependant des traces dans **p. 150** l'esprit des juges. Une question est posée au commandant Cuignet par l'un des juges sur « le volume que représentent douze feuilles de plan directeur (2) ».

La défense intervient en ces termes (3) :

M* *Demange*. — Je vous prierai, Monsieur le Président, de poser à M. Cuignet une question au sujet des plans directeurs. M. le commandant Cuignet a dit, dans sa déposition devant la Cour de Cassation, et il l'a du reste répété ici, que la première partie du dossier lui montrait que, dans le courant de 1893, il y avait des fuites au ministère de la Guerre, et que les plans directeurs de places fortes parvenaient à une puissance étrangère.

M. Cuignet a ajouté : « J'ignore absolument si ces fuites peuvent être attribuées en tout ou en partie à Dreyfus; et rien dans le dossier ne me permet, je crois, d'affirmer quoi que ce soit à ce sujet. » Maintient-il son appréciation ?

Le Président. — *On appelle cela des plans, mais il est entendu que ce ne peut être que des fragments de plans.* Monsieur le commandant Cui-

(1) Rennes, t. 1, p. 494.
(2) Rennes, 1-504.
(3) Rennes, 1-513.

gnet, maintenez-vous ce que vous avez dit devant la Cour de Cassation à ce sujet ?

Le commandant Cuignet. — Pour que l'on puisse être accusé d'avoir livré des documents, il faut d'abord que l'on se soit trouvé dans la possibilité d'apporter des documents, et quand cette possibilité est établie, il faut encore qu'il soit démontré que le crime a été commis.

Le capitaine Dreyfus avait-il la possibilité d'avoir des plans directeurs ? Je réponds : oui. Il pouvait en trouver au 1er bureau qui n'en détient pas d'une façon normale, mais qui peut en avoir quelquefois, et qui, en réalité, en a souvent. Il pouvait se les procurer encore au service géographique. Maintenant, se les est-il réellement procurés et les a-t-il livrés ? Je l'ignore absolument, ainsi que je l'ai dit, car rien n'indique dans le dossier que des plans directeurs aient été livrés.

Le Président. — Ces plans directeurs sont assemblés et ils constituent une grande carte sur laquelle sont portés tous les ouvrages de fortification de la place dont il s'agit. Mais au 1er bureau il ne peut y avoir que des fragments de ce plan, des petits morceaux. Est-ce que ces plans, qui étaient au 1er bureau étaient des plans assemblés ou des fragments ?

Le commandant Cuignet. — Dans les documents que nous possédons, rien n'indique qu'il s'agit de feuilles assemblées ou de feuilles distinctes. Chacune de ces feuilles porte un numéro et rien ne dit si elles sont encore indépendantes les unes des autres, ou si elles sont assemblées.

Le général Gonse de son côté (1), sans oser argumenter sur la pièce « ce canaille de D... », avait aussi tenté de venir au secours du général Mercier dans son accusation relative à la livraison des plans directeurs de la place de Nice.

VI. — Toutes ces équivoques et ces réticences n'avaient évidemment d'autre but que de jeter le trouble dans l'esprit des juges relativement à une question définitivement élucidée et tranchée par la Cour de Cassation.

p. 181 On cherchait à atténuer « la perfidie » commise au procès de 1894... en la renouvelant au procès de Rennes.

D'autre part, pour détruire le témoignage péremptoire de M. le comte Tornielli, apporté par M. Trarieux, et révélant l'identité du fournisseur de plans directeurs, le général Mercier abusait de l'identité d'initiales (lettre D) figurant sur la pièce « ce canaille de D... » et sur la pièce n° 371 « D... m'a apporté des choses très intéressantes ». Le pauvre hère Dubois, auquel M. le comte Tornielli appliquait la pièce « ce canaille de D... », ne pouvait être l'individu désigné sous l'initiale D dans la pièce n° 371, puisque D... apportait des choses très intéressantes. »

Mais ici encore, le commandant Cuignet est visiblement

(1) Rennes, 1-541.

très embarrassé pour donner un appui secourable au général Mercier, car devant la Cour de Cassation il avait reconnu le caractère suspect de l'initiale D portée sur la pièce n° 371.

Interpellé par la défense à cet égard, il répond (1) :

Lorsque j'ai examiné ce document, il m'a paru très suspect. Je ne dis pas qu'il est faux, je dis qu'il m'a paru suspect. Le texte est certainement authentique, mais le D m'a paru ajouté ou du moins être une surcharge. Il est en effet plus empâté que le reste de l'écriture. L'intervalle qui sépare le D du commencement de la phrase qui suit semble anormal par rapport aux intervalles observés dans le corps de la lettre. Enfin, en regardant de plus près, je me suis rendu compte que le papier avait été gommé sous la lettre D, que le quadrillage avait été atteint par la gomme. J'apercevais encore, en regardant à la loupe, les traces d'une autre lettre sous le D, lettre que je ne pouvais pas reconstituer ; alors je me suis demandé si cette surcharge avait eu pour but de renforcer le D primitif, qui aurait été effacé (car la pièce est au crayon), ou bien si cette surcharge avait été faite sur une lettre qui n'était pas un D, *auquel cas la pièce eût été complètement falsifiée.* Je ne pouvais résoudre la question moi-même, je l'ai soumise au ministre et nous avons mis la pièce parmi les documents suspects. Lorsque je me suis présenté de la part du ministre devant la Chambre criminelle de la Cour de Cassation, je lui ai présenté la pièce en question en lui faisant part de mes constatations premières et en disant que je ne pouvais pas dire que c'était un faux, mais que le document était resté suspect en raison précisément de ces constatations. La Cour de Cassation a partagé, je crois, ma manière de voir, puisqu'elle a soumis la pièce à une expertise (dont je ne connais pas le résultat).

En fait « M. Bertillon, chargé par la Chambre criminelle d'expertiser cette pièce, avait déclaré que si le grattage et la surcharge étaient certains, tout au moins il lui apparaissait comme non moins évident que la lettre D, couvrait une autre lettre D, c'est-à-dire la même lettre (2). »

Aussi M. Cavaignac qui, dans son discours à la Chambre des députés, du 7 juillet 1898, avait, lui aussi, à côté de la pièce « ce canaille de D... », invoqué la pièce « D. m'a apporté des choses très intéressantes », maintenait-il encore son accusation à Rennes. Il se bornait à déclarer qu'il considérait pourtant comme douteux que ces deux pièces s'ap- p. 152 pliquassent à Dreyfus (3).

Le Commissaire du gouvernement Carrière, de son côté, sans oser revenir sur l'accusation concernant les plans directeurs, faisait grand état de la pièce n° 371, mais il ne s'in-

(1) Rennes, t. 1-515.
(2) M. le Procureur général Baudouin (Revision du Procès de Rennes, p. 220).
(3) Rennes, 1-203.

quiétait pas de préciser quelle était, à son sens, l'initiale réelle portée sur cette pièce (1).

VII. — Qu'a révélé l'instruction nouvelle en ce qui concerne cette partie de l'accusation ?

Elle a confirmé pleinement ce qu'avait déclaré M. le comte Tornielli, et ce que ne voulait pas admettre, à Rennes, le général Mercier. Mais elle a révélé, d'autre part, que l'accusation du général Mercier relativement aux plans directeurs, n'avait pu être reproduites à Rennes, qu'à raison : 1° d'une dissimulation de pièces par le service des renseignements ; 2° d'une falsification de la pièce « ce canaille de D. » et de la pièce n° 371 par le même service.

VIII. — On trouvait déjà au dossier secret :

1° Une pièce du *1er décembre 1892* (n°s 17 et 17 *bis*) d'où il résulte que la puissance à laquelle appartient l'agent A. lui envoyait à cette date 6.000 francs pour renouer d'anciennes relations avec les fournisseurs des plans directeurs.

Si les plans directeurs sortent, comme le veut le général Mercier, du ministère de la Guerre, ce n'est pas avec Dreyfus qu'il s'agissait, en décembre 1892, de *renouer* des relations à cet égard, puisque Dreyfus est entré au ministère de la Guerre seulement en 1893.

2° Une pièce (n° 152) fournissant la preuve que tous ces plans directeurs de forteresse étaient fournis et achetés en grand par les agents A. et B., *au prix de dix francs* la pièce.

S'il s'agit de documents payés une somme aussi minime, il semble donc que le fournisseur ne doive pas être un officier d'Etat-major comme Dreyfus.

3° Une autre pièce où on lit : « l'Homme des fortifications de la Meuse m'a laissé complètement en plan. S'il devait venir pendant mon absence et qu'il apporte quelque chose, vous pouvez, sur sa demande, lui donner *une avance de 200 francs au maximum. Sans cela pas un sou.* Il faut qu'il apporte au moins le reste des forts de la Meuse, les deux plans de Toul, etc. »

Cette pièce encore prouve que le fournisseur est « *un pau-*

(1) Rennes, 3-584.

vre hère », comme le disait M. le comte Tornielli, et non un officier d'Etat-major, comme le veut le général Mercier.

4° Enfin les pièces 254, 320 et 322 où les agents A. et B. *nomment Dubois en toutes lettres*. Ces pièces ne spécifient pas, il est vrai, que Dubois livre des plans directeurs, mais p. 153 elles indiquent que Dubois est en relation d'espionnage avec les agents A. et B.

IX. — Cet ensemble de documents fournissait déjà des présomptions concordantes de l'exactitude de la révélation faite par M. le comte Tornielli à M. le sénateur Trarieux, en ce qui concerne le rôle joué par Dubois comme fournisseur de plans directeurs.

Si le général Mercier a eu la possibilité, à Rennes, de combattre ces présomptions au moyen de sa fragile et équivoque argumentation, c'est que trois documents d'une importance considérable étaient dissimulés, aux yeux des juges, par le service des renseignements.

a) Un premier document, dont la traduction est donnée par la note 5 annexée au rapport du Ministre de la guerre, en date du 19 octobre 1903, et dont l'original est produit, est ainsi conçu :

AMBASSADE IMPÉRIALE (DE L'AGENT A)

EN FRANCE

L'ATTACHÉ MILITAIRE   *Paris, le 25 mai* 1892.

J. N° 29 SECRET

J'ai l'honneur de transmettre ci-joint à votre Excellence huit nouveaux plans directeurs des régions d'Arras et de Laon, ainsi que deux plans de Toul, en vous priant très respectueusement de vouloir bien me retourner le plus tôt possible les huit plans directeurs.

AGENT A

major de l'Etat-major

et attaché militaire

A son Excellence M. le comte von..., lieutenant-général de l'armée royale et chef de l'Etat-major de l'armée, chevalier de plusieurs ordres, à B.

Ainsi la livraison de plans directeurs se faisait couramment en 1892, c'est-à-dire avant que Dreyfus ne fut au ministère de la Guerre, et pendant qu'il était encore à l'Ecole de guerre.

Le service des renseignements avait voulu naturellement établir qu'en 1892 les plans directeurs livrés à l'agent A. ne sortaient pas du ministère de la Guerre, *mais de l'Ecole de guerre, puisque Dreyfus était à l'Ecole de guerre*.

Le commandant Targe dépose en ces termes, le 21 mars 1904 (1) :

En juillet 1898 on poursuit l'enquête contre Dreyfus, et on s'inquiète de la disparition des plans directeurs qui remonte, nous l'avons vu, à 1890 et à 1892. On consulte l'Ecole supérieure de guerre, et le colonel Davignon, qui est à ce moment commandant en second de l'Ecole, écrit au **général Gonse** :

Paris, le 28 juillet 1898.

p. 154   Mon général,

« J'ai l'honneur de vous adresser les réponses aux deux questions que vous m'avez fait poser au commencement du mois par M. le capitaine Cuignet relativement à la collection des plans directeurs déposés à l'Ecole de guerre. »

Je passe à la conclusion :

« *Jamais ces plans n'ont été communiqués et encore moins mis à la disposition des officiers élèves. Je crois donc pouvoir vous affirmer que l'Ecole est absolument en dehors de toute soustraction ou indiscrétion commise en matière de plans directeurs.* »

Ainsi, *le service des renseignements possède la preuve de la livraison des plans directeurs à l'agent A., avant l'arrivée de Dreyfus au ministère de la Guerre en 1891-1892. Il cherche à établir que la fuite provient alors de l'Ecole de guerre où se trouvait Dreyfus. Il acquiert la preuve que la fuite ne venait point de là, que Dreyfus y était totalement étranger. Le service des renseignements supprime alors du dossier les documents établissant la livraison de plans directeurs à l'agent A., pendant l'année 1892.*

b) Dreyfus quitte le Ministère, il est incarcéré en octobre 1894. Les livraisons de plans directeurs à l'agent A. continuent. Le service des renseignements en a la preuve : il la supprime, comme il a supprimé la preuve de la livraison de ces plans directeurs antérieurement au séjour de Dreyfus au ministère de la Guerre.

Le document suivant, supprimé du dossier secret soumis aux juges de Rennes, a été retrouvé au service des renseignements et produit à la Cour. (La traduction en est donnée dans la note 6 annexée au rapport au ministre de la Guerre du 19 octobre 1903).

_____

(1) Déposition du 21 mars 1904, Enquête, f. 1; p. 115.

AMBASSADE IMPÉRIALE (DE L'AGENT A.)
EN FRANCE

Arrivé et traduit le 7-12-97.

« J'ai l'honneur de transmettre à la section centrale un envoi comprenant :

1° 50 plans directeurs 1/10.000 de Calais, région de Boulogne, dont les n°° 186, 200 et 215 à l'échelle du 1/120.000 ont été envoyés le 14-3-94 sous le numéro J. 17 secret ;

2° 5 plans directeurs 1/10.000 de Mézières. Je demande instamment que les 55 plans soient ménagés le plus possible et me soient renvoyés avant le 1ᵉʳ novembre au soir ;

3° Un calque... »

Comme le fait remarquer M. le Ministre, cette lettre est certainement postérieure à 1894.

En effet, elle se réfère à une lettre du 14-3-94 ; donc elle est postérieure à cette date du 14-3-94. La lettre citée de 94 p. 155 porte le numéro d'ordre n° J. 17 secret. Or la lettre en question postérieure à la lettre du 14-3-94 n° J. 17 secret, porte elle-même la mention J. n° 12 secret. Elle est donc certainement postérieure à l'année 1894.

c) Enfin un troisième document, extrêmement caractéristique, fait connaître le prix payé pour ces fameux plans pendant l'année 1893. Ce prix est de 20 francs pour les feuilles entières et de 10 francs pour les demi-feuilles.

De plus, au lieu d'une seule lettre indicatrice du nom de l'agent, le document en fait connaître deux. Ces deux lettres sont D. B. ; ce qui concorde admirablement avec le nom de Dubois révélé par M. le comte Tornielli, et retrouvé d'ailleurs comme désignant un fournisseur de documents d'espionnage dans plusieurs pièces du dossier secret citées plus haut.

Ce troisième document, dont la traduction est donnée dans la note 7 annexée au rapport du ministre de la Guerre du 19 octobre 1903, est un extrait d'un calepin du major de S... Il est ainsi conçu :

« Notes d'un calepin du major de S...

D. B. reçoit pour :

2 feuilles Reims	....	40
30 feuilles entières Salins	....	600
13 demi-feuilles —	....	130
		770

47 feuilles à 20 Verdun............ P40
  5 feuilles à 10   — 50
                                                    _____
                                                    1.760

dont payé le 30-1-93 600
       —·   15 » 500   1.100
                                                    _____
              reste 660
payé le 12-3-93.

Sur une autre feuille :

Donné à D. B.
      le 30-1-93   avance   600
      le 15-2-93   —   500
      le 13-3-93   payé   660 »

Il était évident que les lettres D. B. révélaient très claire-
ment l'exactitude de l'indication de M. le comte Tornielli, et
ne pouvaient en aucune façon désigner Dreyfus. Il était non
moins évident que ce relevé de comptes pour des feuilles et
p. 156 *demi-feuilles de plans directeurs payées à raison de 20 et*
10 francs l'une à un pauvre diable auquel on était obligé
même de faire des avances avant la livraison, ne pouvait
concerner un officier d'Etat-major dans la situation de Drey-
fus.

Aussi le service des renseignements, qui avait supprimé
du dossier les documents prouvant la livraison des plans
directeurs avant l'arrivée de Dreyfus au ministère de la
Guerre, et après sa sortie de ce ministère, avait-il supprimé
de même les documents révélant pour la période de séjour
de Dreyfus au ministère, les prix, le mode de règlement et les
indications sur le nom du fournisseur de plans directeurs.

X. — La suppression par le service des renseignements de
pièces ruinant les articulations de l'accusation est une
manœuvre dolosive trop souvent constatée, pour qu'il y ait
lieu de s'étonner de la retrouver une fois encore ici.

Mais des actes plus graves avaient été commis.

Il résulte, en effet, du rapprochement de tous ces documents, que la *pièce « ce canaille de D... », datée du 16 avril*
1894, porte une date fausse.

Le colonel Cordier (1), dans sa déposition devant la Cour de Cassation, le 27 décembre 1898, avait indiqué que cette pièce était arrivée au service avant l'affaire Greiner (c'est-à-dire en 1892) ; que « vers l'époque de cette affaire » elle avait été communiquée à une autre administration (évidemment l'administration de la Marine de qui dépendait l'affaire Greiner), et qu'elle avait fait retour au service au moment de l'affaire Dreyfus.

Vivement combattu par le général Roget, le colonel Cordier a maintenu son affirmation à Rennes, déclarant que ses souvenirs étaient très fermes à cet égard (2).

Ces souvenirs étaient très près de la vérité. Il suffit de rapprocher et de comparer les documents du dossier secret. et les pièces retrouvées aux archives du service des renseignements où elles étaient dissimulées, pour constater que la pièce est bien de 1892.

Deux hypothèses doivent être successivement examinées au sujet de cette pièce, parce que ces deux hypothèses contraires ont été successivement présentées par l'accusation, suivant les besoins de sa discussion.

XI. — Première hypothèse : la pièce est une lettre de B. à A. C'est la thèse présentée par le colonel Du Paty de Clam, dans son commentaire secret destiné aux juges de 1894. C'est d'ailleurs d'après ce commentaire que le colonel Picquart, dans sa lettre au Garde des Sceaux, lors de la première revision, avait indiqué la pièce « ce canaille de D... », comme émanant de l'agent B. (3) ; le colonel Picquart l'a rappelé à p. 157 Rennes (4).

Le commentaire de Du Paty, aujourd'hui retrouvé et annexé par lui à sa déposition du 26 mars 1904, ne pouvait d'ailleurs, à raison de sa thèse, attribuer la lettre « ce canaille de D... », à l'agent A. Il fallait qu'elle fût de l'agent B.

En effet, le bordereau commence par les mots « *Sans nouvelles m'indiquant que vous désirez me voir*, etc. ». Le colonel Du Paty déduit de ces expressions, que l'auteur du bordereau cherche à reprendre des relations interrompues

(1) Cordier, Cass., 1-298.
(2) Rennes, 2-511.
(3) Rapport Bard, p. 111.
(4) Rennes, 1-405.

avec l'agent A., destinataire du bordereau. Or précisément, la lettre « ce canaille de D... » révèle une rupture de relations entre le fournisseur de plans directeurs et *le destinataire de cette lettre*. Ce serait ces relations, rompues au moment de la lettre « ce canaille de D... », que l'auteur du bordereau chercherait, par son envoi, à renouer avec l'agent A. Il faut par conséquent de toute nécessité, dans ce système, que le destinataire du bordereau et le destinaire de la lettre « ce canaille de D... » soient une seule et même personne, l'agent A.

Il y a donc eu, dit le commentaire du colonel du Paty, d'après la lettre, relations, puis brouille : l'auteur de la trahison cherche à renouer. Il se peut donc que la lettre incriminée marque la fin de la brouille, et que ce canaille de D... soit la même personne que l'auteur de la lettre incriminée (bordereau).

Si l'on admettait cette thèse, si le destinataire de la lettre « ce canaille de D... », était l'agent A. (1), ladite lettre se placerait certainement, non pas en 1894, *mais entre mai et décembre 1892*.

Les documents ci-dessus analysés montrent, en effet, que le 25 mai 1892, l'agent A. transmet encore à son Etat-major des plans directeurs, et que *le 1re décembre 1892* (pièce 17 du dossier secret), des fonds lui sont envoyés *pour renouer* les relations avec le fournisseur de plans directeurs. *La rupture des relations entre l'agent A. et le fournisseur de plans directeurs a donc eu lieu entre mai et décembre 1892, et c'est forcément dans cette période de mai à décembre 1892, qu'il faut placer la lettre « ce canaille de D... », si l'agent A. est le destinataire de ladite lettre.*

XII. — Deuxième hypothèse : la pièce est une lettre de A. à B. Ce n'est plus A., c'est B. qui devient le destinataire. Ainsi le veulent les nouveaux besoins de l'accusation.

Mais dans ce cas encore, la lettre est de 1892 ; elle ne se

p. 158

(1) Pour combattre cette thèse, on a fait valoir que les plans de Nice convenaient beaucoup mieux à l'agent B, qu'à l'agent A. Cette considération paraît être de peu de valeur, car la pièce n° 152 du dossier secret montre précisément l'agent A se faisant livrer les plans directeurs d'Albertville et de Briançon. Les plans de la région sud-est ne laissaient donc pas l'agent A indifférent. D'autre part, il est à remarquer que les expressions incorrectes de la pièce « ce canaille de D... », rédigée en français, semblent désigner comme auteur l'agent B. plutôt que l'agent A.

place plus, il est vrai, entre mai et décembre, mais très probablement dans le courant de décembre 1892.

Ceci résulte avec évidence du rapprochement des documents plus haut cités, avec le texte de la lettre « ce canaille
de D », et avec les déclarations du général Gonse à Rennes.

*Nous arrivons maintenant, dit le général Gonse (1) , à 1892, nous
trouvons des débris de demandes de cartes pour Nice. Eh bien, je vous
ferai remarquer qu'en 1892 Dreyfus était à l'École de guerre (2), qu'il
avait fait un voyage dans le sud-est. On demandait à ce moment-là,
l'agent B. à l'agent A., les cartes dont il avait parlé, qu'il avait besoin
des cartes de Nice.*

B. demande donc à A. des cartes de Nice en 1892 ; et la
lettre « ce canaille de D... », écrite par A. à B. porte : Ci-
joint 12 plans directeurs de Nice que ce canaille de D... m'a
donnés pour vous.

C'est une réponse à la demande de plans de Nice, faite par
B. à A., en 1892, d'après le général Gonse lui-même. A., qui
a repris ses relations avec le fournisseur de plans directeurs,
sur l'ordre qui lui en a été donné le 1er décembre 1892, satisfait à la demande de son collaborateur. Il n'a certainement
pas attendu jusqu'en avril 1894 pour la reprise des relations
ordonnées le 1er décembre 1892. La preuve s'en trouve dans
le document cité plus haut, où l'on constate des paiements
faits à D. B. pour fournitures de plans directeurs *en janvier*
et février 1893.

La lettre « ce canaille de D... » implique, par son texte,
que l'agent A. a demandé les plans de Nice au fournisseur
des plans directeurs, *dès la reprise de ses relations avec ce*
fournisseur. Le texte de la lettre indique en effet que l'agent
A., en demandant les plans de Nice, a eu une explication
avec ce canaille de D..., pour lui dire que si, lui, reprenait les
relations, l'agent B., n'était pas dans les mêmes dispositions.

Je lui ai dit, porte la lettre, que vous n'aviez pas l'intention de

(1) Rennes, 1-541.
(2) On a vu plus haut qu'on avait dissimulé aux juges de Rennes le
rapport du colonel Davignon *au général Gonse,* en date du 28 juillet 1898,
établissant que la fuite de plans directeurs ne pouvait provenir de l'École
de guerre. *Le général Gonse ayant reçu lui-même ce rapport fait remarquer aux juges de Rennes qu'en 1892 Dreyfus était à l'École de guerre,
en leur cachant par une inqualifiable dissimulation, que, d'après les recherches faites, les plans directeurs livrés ne sortaient certainement pas
de l'École de guerre.*

reprendre les relations. Il prétend qu'il y a eu un malentendu et qu'il ferait tout son possible pour vous satisfaire. Il dit qu'il s'était entêté et que vous ne lui en voulez pas. Je lui ai répondu qu'il était fou, et que je ne croyais pas que vous voudriez reprendre les relations avec lui. Faites ce que vous voudrez.

p. 159   C'est donc bien au moment où l'on s'explique avec « ce canaille de D... », sur la reprise des relations, *c'est-à-dire en décembre 1892,* que se place la lettre par laquelle l'agent A. envoie à l'agent B. les plans de Nice à lui demandés, dit le général Gonse, dans cette année 1892.

La lettre « ce canaille de D... », si elle est de A. à B. se place donc en décembre 1892.

De toutes façons, soit qu'elle émane de B., soit qu'elle émane de A., elle est certainement de 1892, comme l'avait déclaré le colonel Cordier : tous les documents relatifs aux demandes de plans de Nice et à la rupture de relations avec le fournisseur de plans directeurs, lui impriment nécessairement cette date.

D'autre part, le général Mercier déclare, dans sa déposition citée plus haut, qu'au moment où parvint la pièce « ce canaille de D... » au ministère de la Guerre, on soupçonna et on surveilla un garçon de bureau du nom de Duchet, comme pouvant être la canaille de D... Or le dossier relatif à la surveillance de Duchet montre que cette surveillance a commencé et a été très rigoureusement exercée en 1892. En 1894 de nouvelles investigations paraissent, il est vrai, provoquées par la même pièce : c'est ainsi qu'on trouve une note de mai 1894 du directeur du service géographique au sujet des plans de Nice. Ces rapprochements démontrent l'exactitude des souvenirs du colonel Cordier. La pièce « ce canaille de D... », qui est de 1892, est arrivée, en 1892, au service des renseignements, où elle a provoqué la surveillance de Duchet. Elle a été, fin 1892, communiquée pour le procès Greiner, au ministère de la Marine où pouvaient avoir été pris des plans *de Nice.* Elle a fait retour en 1894 au ministère de la Guerre où elle a provoqué de nouvelles recherches.

XIII. — La date du *16 avril 1894* n'a été donnée à la pièce avant sa communication aux juges de 1894, que parce que devant le Conseil de guerre de Paris, on attribuait au bordereau la date d'avril ou mai 1894. C'est pour la même raison que, d'après les faux rapports de Guénée, les prétendues révélations de M. de Valcarlos se plaçaient aussi en mars et avril 1894.

Le témoignage du colonel Cordier, auquel les documents dissimulés par le service des renseignements apportent aujourd'hui une si éclatante confirmation, avait été combattu à Rennes par le commandant Lauth.

Le commandant Lauth, arrivé au service des renseignements en août 1893 (1), prétendait opposer une contradiction au colonel Cordier. Mais sa contradiction est plus apparente que réelle. Le commandant Lauth allègue, en effet, qu'il aurait lui-même recollé la pièce à la fin de l'année 1893 (2).

Cette allégation, même exacte, ne détruirait pas l'affirmation du colonel Cordier, corroborée par les pièces nouvellement découvertes, puisque, d'après le colonel Cordier, la pièce arrivée lors du procès Greiner aurait été, à cette époque, communiquée à une autre administration, pour faire ensuite retour au service des renseignements. Il se pourrait donc très bien que le commandant Lauth eût recollé la pièce revenant en mauvais état au service des renseignements, après communication à une autre administration. **p. 160**

Ce qui est dans tous les cas certain, même d'après les déclarations du commandant Lauth, c'est que la date du 16 avril 1894, portée sur la pièce « ce canaille de D. », est encore un faux. La pièce ne pouvait être datée par son auteur, du 16 avril 1894, puisqu'elle était recollée par le commandant Lauth, au service des renseignements, à la fin de 1893.

XIV. — La pièce « ce canaille de D... » n'a pas été seule falsifiée.

Le service des renseignements, pour ne pas ruiner l'argumentation du général Mercier sur ce point, avait retenu dans ses archives, ainsi qu'on l'a vu, des documents jetant une lumière décisive sur cette question de livraison de plans directeurs. Il fournissait par contre, à l'appui de l'argumentation de l'accusation, deux documents dont le général Mercier faisait grand usage à Rennes : ces deux documents, portant tous deux l'initiale D, *avaient été tous deux falsifiés.* Le pre-

(1) Rennes, 1-607.
(2) Rennes, 2-531.

mier (lettre « ce canaille de D... ») avait reçu une date fausse
pour être mis en harmonie avec l'accusation ; le second (lettre « D. m'a porté beaucoup de choses très intéressantes »),
avait subi, pour le même motif, une grave altération.

Cette pièce ne portait pas, à l'origine, l'initiale D, mais
l'initiale P. Une main criminelle avait substitué, par un grattage et une retouche, la fausse initiale D à l'initiale réelle P,
afin de pouvoir appliquer la pièce à Dreyfus.

Le commandant Cuignet avait lui-même, dès 1899, signalé
le grattage et présenté la pièce comme suspecte (1) ; mais
M. Bertillon, consulté par la Chambre criminelle, avait déclaré reconnaître encore un D sous le grattage (2).

Les documents retrouvés au ministère de la Guerre établissent qu'avant le grattage la pièce portait l'initiale P. Deux
copies de la pièce, faites au moment de son arrivée, en mars
1894, pour le ministre de la Guerre et pour le chef d'Etat-major, ont été retrouvées : elles portent toutes deux l'initiale P.

XII. — La première fut retrouvée par le général Zimmer
et le capitaine Targe, le 30 juillet 1903, dans un coffre-fort
p. 161 du bureau des renseignements. Le général Zimmer et le
capitaine Targe en ont dressé un procès-verbal, en date du
30 juillet 1903, qui est produit. Le capitaine Targe et le
général Zimmer ont attesté, sous la foi du serment (3), la
sincérité de ce procès-verbal. Après la découverte de cette
première copie, le capitaine Targe a interrogé l'archiviste Gribelin pour avoir la preuve de l'authenticité de ladite copie.

> Je dois vous dire, dépose le commandant Targe, que cette copie
> ayant été trouvée libre dans un coffre-fort, nous avons craint immédiate-
> ment, l'officier général précité et moi, de nous voir accusés de l'y avoir
> introduite, et c'est la nécessité dans laquelle nous étions de trouver une
> copie authentique, mais de la trouver en présence de témoins, sans
> soupçon possible à notre égard, qui m'a fait demander à M. l'archiviste
> Gribelin s'il n'existait pas une collection de ces copies. Et c'est ainsi que,
> par M. Gribelin, j'ai été mis sur la voie des copies de tous les bordereaux
> saisis par la Cour et dans lesquelles nous avons trouvé la pièce dite des
> chemins de fer.

Cette déposition est confirmée par l'archiviste Gribelin (4).

(1) Cass., 1899, t. 1-372.
(2) Revision du procès de Rennes. Conclusions de M. le Procureur
général Baudouin, p. 220.
(3) Targe. Déposition du 19 mars 1904, Enquête, t. 1, p. 54. Général
Zimmer : Déposition du 28 mars 1904. Enquête, t. 1, p. 297.
(4) Gribelin. Déposition 21 mars 1904, Enquête, t. 1, p. 139.

Lorsque le capitaine Targe m'a montré la pièce, il m'a dit : il y a
un D, il y avait un P.

Moi j'ai dit, je ne sais pas. Mais vous, ce que vous pouvez faire, c'est
vous assurer, comme il y a une copie, comment elle est faite. Le capitaine Targe est allé voir aux archives la pièce sur laquelle il y avait
un P, tandis que sur l'original actuel il y a un D. Si on a copié la pièce
avec P. c'est probablement qu'il y avait un P. *Il n'y a même pas d'erreur*
possible parce que la pièce tire toute sa valeur de l'initiale. C'est l'initiale
P ou D qui donne toute la valeur à la pièce. Par conséquent, il est certain
que le copiste a dû faire attention. Il n'y a pas d'erreur de copiste à
invoquer. Je crois qu'il y avait un P sur l'original.

C'est ainsi que, grâce à Gribelin, la seconde copie de la
pièce a été retrouvée dans un bordereau signé du colonel
Sandherr. Procès-verbal de la découverte de cette seconde
copie a été dressé aussitôt, le 6 octobre 1903, par MM. Targe,
Gribelin et Dautriche. Ce procès-verbal, produit aux débats,
est ainsi conçu :

Paris, le 6 octobre 1903.

PROCÈS-VERBAL

DE CONSTATATIONS DE PIÈCES

Le 6 octobre 1903, les soussignés Targe, capitaine, officier d'ordonnance de M. le Ministre de la guerre, Gribelin, officier d'administration
de première classe à l'Etat-major de l'armée, Dautriche, officier d'administration de première classe au 2e bureau de l'Etat-major de l'armée,
agissant en exécution des ordres du Ministre de la guerre, ont procédé
à des recherches dans les archives de la section des renseignements, en
vue de retrouver s'il existait des copies d'une pièce faisant partie d'un
dossier secret et ainsi conçue :

Mars 1894.   p. 162

Mon très cher ami,

Hier au soir, j'ai fini par faire appeler le médecin, qui m'a défendu
de sortir. Ne pouvant donc aller chez vous demain, je vous prie de
venir chez moi dans la matinée, car D... m'a porté beaucoup de choses
très intéressantes, et il faut partager le travail, ayant seulement 10 jours
de temps. Tâchez donc de dire à l'Ambassadeur que vous ne pouvez
pas monter.

Tout à vous,

A.

Dans un cartonnier portant l'indication 1894 — Bordereaux du cabinet
du Ministre, du n° 1 au n° 48. — Les soussignés ont trouvé un bordereau
portant le n° 33, daté du 21 mars 1894, signé lieutenant-colonel Sandherr,
contenant deux documents secrets et huit autres documents.

Ce bordereau et son contenu sont annexés au présent procès-verbal
dans un scellé ouvert. L'un des documents secrets est la copie faite, à
la machine à écrire, de la pièce reproduite ci-dessus avec la différence
suivante :

au lieu de...... car D m'a porté
la pièce porte...... car P m'a porté.

Les soussignés ont immédiatement inscrit la date du jour et apposé
leurs signatures sur ladite copie.

A la demande de M. Gribelin, les soussignés constatent que les deux documents secrets énumérés par le bordereau signé de M. le lieutenant-colonel Sandherr sont contenus dans une chemise portant leur analyse, *portant la date du 21 mars 1894* et écrite en entier de la main de M. Gribelin.

Signé : TARGE, GRIBELIN, DAUTRICHE.

Comme MM. Targe et Gribelin, M. Dautriche a affirmé, sous la foi du serment, le 28 mars 1904, devant la Chambre criminelle, la sincérité de ce procès-verbal.

XIII. — De ces constatations, il résulte que la pièce est arrivée en mars 1894 ; la date qu'elle porte paraît donc sincère. Mais cette date serait, s'il en était besoin, une preuve de plus que la pièce, à son arrivée, ne portait pas l'initiale D.

Si en effet, arrivée en mars 1894, elle avait présenté cette initiale D, elle eut été communiquée aux juges de 1894, au même titre que la pièce « ce canaille de D. »

Le commandant Cuignet devait donc être dans le vrai, lorsque sa déposition du 6 janvier 1899 (1), il plaçait la date probable de la falsification au mois d'août ou septembre 1896, au moment où le service des renseignements constituait un nouveau dossier entre les mains du général Gonse, « au moment où paraissaient les articles de l'*Eclair*, où parvenait la lettre signée Weyler, et quelques semaines seulement avant la production du faux Henry. »

p. 163 Le colonel Du Paty de Clam déclare d'ailleurs avoir vu cette pièce au moment du procès Zola (février 1898), et l'avoir signalée lui-même comme suspecte au général Gonse : « jamais, lui avait-il dit, l'agent B. n'a fait un D comme celui-là ». (2).

Quant à la personnalité désignée par cette lettre P, elle était parfaitement connue du service des renseignements au moment où, vers la fin de 1896, il falsifiait la pièce « P m'a porté beaucoup de choses très intéressantes », pour l'appliquer à Dreyfus.

Cette initiale P désignait un officier étranger qui avait des relations avec A. et B., et qui était en mesure de leur procurer notamment les cours de l'Ecole d'application de Fontainebleau. Le nom de cet informateur, commençant par un

(1) Cass., 1899, t. 1-373.
(2) Du Paty de Clam, déposition du 22 mars 1904, Enquête, t. I, p. 185.

P, est désigné en toutes lettres dans une note du service des renseignements, du 11 juillet 1896, communiquée à la Cour (dossier 5 a), et que rappelle M. le commandant Targe dans sa déposition du 21 mars 1904 (1).

Enfin, Messieurs, dit le commandant Targe, je trouve, dans ce dossier, une note à laquelle j'ai souvent fait allusion dans mes dépositions en Chambre du Conseil : c'est celle relative aux copies des cours de l'Ecole d'application. Je serai obligé, en en donnant lecture, de cacher certains noms, mais enfin, je me ferai facilement comprendre.

La note vient du service des renseignements, elle est datée du 11 juillet 1896 :

NOTE.

... a l'honneur d'attirer l'attention sur les faits suivants :

Le nouvel attaché militaire de... telle puissance, a de fréquentes conférences avec les agents A. et B. Dans une de ces conférences, en juin dernier, il a été question du cours de Fontainebleau.

2° Un cours de fortification de l'Ecole de Fontainebleau se trouvait à... en juin dernier. On paraissait y attacher beaucoup d'importance, et on l'a fait copier par des officiers.

L'exemplaire dont il est question portait encore le paraphe d'un officier roumain qui a suivi les cours de l'Ecole, de 1893 à 1895. Le service connaît le nom de cet officier ;

3° Deux officiers roumains suivent encore en ce moment les cours de l'Ecole de Fontainebleau (1894-1896) et sont en relations étroites avec leur attaché.

Des officiers roumains ont également suivi récemment les cours de l'Ecole supérieure de guerre (2).

Le nom de l'officier étranger, que désigne en toutes lettres l'original de ce document, se retrouve encore, en toutes lettres également, dans la pièce n° 310 du dossier secret, correspondance entre les agents A. et B., dans laquelle l'un s'excuse près de l'autre d'avoir été obligé d'admettre P... en tiers dans une partie projetée.

La falsification de la seconde pièce « P... m'a porté beau- p. 164 coup de choses très intéressantes, » était donc opérée par des hommes sachant très bien que leur falsification avait pour objet d'appliquer à Dreyfus une pièce désignant un informateur parfaitement connu et sans aucun rapport avec Dreyfus.

XIV. — Ainsi l'accusation d'avoir livré des plans directeurs, portée contre Dreyfus devant les juges de Rennes par le général Mercier, ne reposait, elle aussi, que sur la fraude du service des renseignements.

(1) Déposition du 21 mars 1904, Enquête, t. 1, p. 111.
(2) Il en existait notamment dans les promotions 93-94 et 94-95.

Des révélations de l'instruction il résulte :

Que des plans directeurs ont été livrés, à des prix d'ailleurs fort modiques, avant l'arrivée de Dreyfus au Ministère.

Que cette livraison s'est continuée après son arrestation et après son internement à l'Ile-du-Diable.

Que les plans étaient payés 10 et 20 francs à un pauvre hère, D. B., auquel l'agent A. se trouvait même obligé de faire des avances d'argent.

Qu'une accusation n'a pu être portée contre Dreyfus de ce chef, qu'en dissimulant au Conseil de guerre les pièces révélant la réalité des faits relatifs à ces livraisons de plans.

Que le service des renseignements, dérobant aux yeux des juges les documents d'où ressortait la vérité sur la livraison des plans directeurs, leur soumettait, au contraire, afin de soutenir son accusation, deux pièces préalablement falsifiées pour les besoins de la cause.

Que le même service ne pouvait ignorer que l'une de ces pièces concernait D. B., le pauvre hère de Dubois, et que l'autre concernait l'officier étranger P...

Que les falsifications opérées avaient donc pour but de mettre au compte de l'officier israélite des actes d'espionnage accomplis par des agents que devait connaître le service des renseignements.

Dans cette partie de l'accusation encore, les charges réunies contre Dreyfus ne révèlent plus, à l'examen, que le dol et le crime de ses accusateurs.

SECTION V

LIVRAISON D'UNE COPIE DE L'INSTRUCTION CONFIDENTIELLE
DU 12 JUIN 1889 SUR LE CHARGEMENT DES OBUS EN MÉLINITE

Accusation formulée par le général Roget et reprise à Rennes par les généraux Mercier et Gonse. — Constatations du général Gonse. — Rapport de M. Bertillon. — Les propositions tendancieuses de l'accusation ruinées par les propres constatations du général Gonse et de M. Bertillon. — Révélations nouvelles: le dossier Boutonnet. — L'accusation **p. 165** *avait, par ses manœuvres, porté au compte de Dreyfus un acte d'espionnage commis par Boutonnet.*

I. — L'accusation dirigée contre Dreyfus, en ce qui concerne la livraison de l'instruction confidentielle sur le chargement des obus en mélinite, n'a jamais été qu'une articulation tendancieuse dénuée de toutes preuves. Il importe de
montrer comment on bâtissait une accusation au service des
renseignements du Ministère de la guerre, quand il s'agissait de charger l'officier juif.

L'accusation sur ce point a été formulée, pour la première
fois, devant la Cour de Cassation par le général Roget, dans
sa déposition du 21 novembre 1898 (1) :

> Un autre fait du même genre est relatif au chargement des obus à
> mélinite, qui parait aussi avoir été livré à une puissance étrangère : la
> découverte de l'acte de trahison est très antérieure au procès Dreyfus.
> C'est en 1890 que le service des renseignements reçut des débris de
> papier calciné, sur lesquels il ne restait que l'extrémité des lignes, à
> droite.
>
> Ce papier était un papier pelure analogue à celui du bordereau ; ce
> document fut envoyé à la Direction de l'artillerie, et l'on y reconnut la
> copie d'une instruction relative au chargement des obus à mélinite.
>
> L'enquête faite à cette époque avait fait ressortir que le document
> venait de l'Ecole de pyrotechnie. Ce fait ne fournit pas d'autres indica-
> tions que celles-ci : Dreyfus était à l'Ecole de pyrotechnie à ce moment,
> et il y a la coïncidence du papier pelure du bordereau. Ce document
> existe encore, et on l'a fait expertiser au point de vue de l'écriture, sans
> aboutir à un résultat décisif.

De son côté, le commandant Cuignet était revenu sur
cette accusation, mais avec un peu plus de réserve, car à
l'époque où il déposait, la communication du dossier secret
à la Cour était ordonnée.

Néanmoins le commandant Cuignet déclare, dans sa déposition du 6 janvier 1899 (2), qu'il est extraordinaire de voir
cet acte de trahison se commettre dans le temps où Dreyfus
est employé à l'Ecole de pyrotechnie, école qui possède *un
exemplaire* de l'instruction secrète sur le chargement des
obus en mélinite ; qu'il n'est pas moins extraordinaire de
voir que *la copie de ce document a été faite sur papier pelure
analogue au papier pelure du bordereau de 1894.*

Il eut été sans doute impossible de rédiger un acte d'accusation concernant Dreyfus pour ce fait de trahison. Aussi
n'en fit-on point ; mais on reprit illégalement cette accusation

(1) Cass., t. 1-65.
(2) Cass., t. 1-369.

à Rennes. Les généraux Mercier et Gonse la présentèrent au Conseil de guerre (1).

Trois propositions étaient donc formulées pour servir de base à l'accusation dirigée contre Dreyfus.

p. 166   1° L'enquête avait fait ressortir, disait le général Roget, que le document venait de l'Ecole de pyrotechnie.

2° L'expertise en écriture n'avait pas donné de résultat décisif.

3° Le papier sur lequel était copiée l'instruction livrée à une puissance étrangère était analogue à celui du bordereau.

II. — Que sont devenues à l'examen ces trois propositions.

L'enquête avait fait ressortir que le document venait de l'Ecole de pyrotechnie, allègue d'abord le général Roget.

En réalité, l'instruction avait fait ressortir qu'il y avait toutes probabilités pour que le document provint, non de l'Ecole de pyrotechnie, mais de la section technique de l'artillerie.

En effet, les débris de la copie livrée à la puissance étrangère sont parvenus au service des renseignements en novembre 1890 ; et la direction de l'artillerie à qui ils furent communiqués établit qu'il s'agissait là d'une copie de l'instruction confidentielle du 12 juin 1889 sur le chargement des obus en mélinite. (Rapport du général Gonse du 10 mai 1898, pièce 76 du dossier secret).

Une note du 21 mai 1898 (pièce 80 du dossier secret) est ainsi conçue :

L'instruction pour le chargement des obus en mélinite a été approuvée le 12 juin 1889 ; elle a été autographiée à 200 exemplaires par la section technique de l'artillerie.

Le tirage était achevé le 3 septembre 1889, date à laquelle la section technique a adressé 170 exemplaires au Ministère de la Guerre.

Le document portait la mention : *confidentiel*, et tous les exemplaires étaient numérotés.

La répartition des documents s'est faite le 18 septembre 1889 ; un exemplaire de la dépêche et du bordereau confidentiels concernant cette répartition sont joints à la présente note.

Des exemplaires de l'instruction ont été adressés aux généraux commandant l'artillerie, aux directeurs des établissements de l'artillerie, aux présidents des commissions d'expérience.

L'exemplaire n° 42 a été attribué à l'Ecole de pyrotechnie. Aucun exemplaire n'a été envoyé aux corps de troupes.

(1) Gonse, t. 1-540 ; Mercier, t. 1-134 et t. 2-403.

Ainsi l'enquête n'avait pas révélé que le document venait de l'Ecole de pyrotechnie. Bien au contraire, elle montrait que cette école était dépositaire d'un exemplaire unique et numéroté. Si Dreyfus, simple attaché à l'Ecole de pyrotechnie, avait voulu prendre non pas même copie, mais simplement connaissance de ce document secret, dont l'école possédait un exemplaire unique, il est évident qu'il aurait dû former des demandes à cet effet, et qu'on aurait trouvé des traces écrites de ces demandes, ou des témoignages pour les attester. Ce genre de témoignage s'est toujours trouvé très facilement.

Rien n'a été découvert à cet égard.

Mais ce que révélait l'instruction, c'est que la plus grande p. 167 part des chances de fuites se trouvait à la section technique de l'artillerie. C'est là en effet, que l'instruction du 12 juin 1889 avait été élaborée, c'est là qu'on avait autographié ce document secret, c'est de là qu'étaient partis tous les exemplaires.

La première proposition formulée contre Dreyfus était donc contraire à la réalité des faits.

III. — La seconde proposition était que l'expertise sur l'écriture n'avait pas donné de résultat décisif.

Deux documents sont à consulter à cet égard.

Le premier est un procès-verbal de constatation dressé le 23 mai 1898, par le général Gonse, le lieutenant-colonel Gaudin, le capitaine Junk et l'archiviste Gribelin.

Ce procès-verbal constate l'état des fragments de la copie saisis par le service des renseignements. Au sujet des constatations faites sur le fragment n° 1, le procès-verbal s'exprime en ces termes : « Ce fragment porte des mots répétés, *le copiste peu intelligent où pressé aura copié deux fois un même membre de phrase.* »

Ce copiste peu intelligent, qui ne comprend pas exactement ce qu'il copie, ne paraît pas devoir s'identifier à Dreyfus, l'officier dont l'accusation reconnaissait et proclamait elle-même l'intelligence supérieure et les connaissances techniques.

Déjà ce premier document compromet singulièrement la seconde proposition du général Roget.

Le deuxième document est le rapport de M. Alphonse Bertillon, en date du 2 juin 1898.

M. Alphonse Bertillon, chef du service de l'identité judiciaire, n'a jamais été expert en écriture. Mais commé on
voulait, en l'espèce, un expert sans parti pris et tout à fait
impartial, c'était sur lui que s'était porté le choix du ministre ; et pour plus de sécurité on avait averti M. Bertillon
qu'il s'agissait de retrouver l'écriture de Dreyfus dans celle
des fragments saisís.

M. .Bertillon n'a pu cependant conclure à l'identité, ni
même à la similitude d'écriture. Mais la façon dont il s'efforce d'atténuer la vérité doit être mise en évidence.

Le rapport est ainsi conçu :

Paris, le 2 juin 1898.

Monsieur le Ministre,

Vous m'avez fait remettre récemment une série de 4 petits morceaux
de manuscrits sur papier pelure carbonisé (dont les photographies sont
ci-jointes) aux fins *d'en comparer l'écriture à celle d'Alfred Dreyfus et à
celle du bordereau, qui lui a été judiciairement attribué.*

p. 168   Les formes graphiques communes *à l'écriture du bordereau* et à
l'écriture des papiers incinérés sont nombreuses, relativement à la quantité minime de mots dont on dispose.

Signalons notamment la grande ressemblance des *d*, des *a*, des *m*.

Suit un tableau rapprochant des fragments de photographies.

Il y a un ensemble d'analogies assurément digne de remarque.

Si nous passons maintenant à la recherche des différences de forme,
nous serons frappés tout d'abord par le tracé du *p* qui, sur les écrits
carbonisés, se rapproche du modèle de la bâtarde, tandis que dans l'écriture connue de A. Dreyfus cette lettre ne présente rien de calligraphique.

Signalons aussi sur les pièces carbonisées le *B* majuscule de *Bien*,
qui est d'une forme anglaise classique quoique un peu gauche, dont
l'écriture de A. Dreyfus ne nous a fourni jusqu'ici aucun spécimen.

Enfin les habitudes graphiques qui dénotent l'expéditionnaire : l'observation d'une marge régulière sur la droite du papier, la coupe précise
des mots qui en résulte, la présence d'un tiret de réunion sous la dernière
lettre où il coupe le mot, etc.... ne s'observent pas chez A. Dreyfus.

*Mais ces différences, à cause de leur exagération même, pourraient
être hypothétiquement expliquées par un déguisement :* il ne convient
donc pas de leur attribuer une importance décisive.

En revanche, les différences que l'on remarque dans l'allure générale
de l'écriture des documents dont il s'agit méritent d'attirer sérieusement
notre attention.

Tandis que l'écriture du bordereau, comme celle des pièces authentiques, procède par saccades, autrement dit est sautillante, celle des morceaux carbonisés repose régulièrement sur la portée. Enfin l'opposition
des pleins et des déliés est nette et accentuée, à l'inverse de l'écriture
de A. Dreyfus.

A signaler tout particulièrement, sous ce point de vue spécial, le
petit mot *dyna*, commencement de dynamite, qui figure dans le morceau,

n° 2, et notamment dans ce mot, la lettre *a*, *qui nous semble avoir été coulée avec le coup de pouce d'un plumitif professionnel.*

Par contre, les quelques spécimens de petite ronde que nous possédons de Dreyfus semblent montrer qu'il n'a conservé aucun souvenir des tours de main de la calligraphie.

Or, il est de principe constant chez les experts en écritures, qu'on ne peut déguiser son écriture que par une altération en moins ou une dégénérescence, mais non par une amélioration véritable.

Aussi je n'hésite pas à affirmer très catégoriquement que lesdits experts seraient unanimes à déclarer qu'il n'y a pas d'identité possible de main entre les écrits carbonisés et ceux attribués à Dreyfus (pièces authentiques ou bordereau).

Néanmoins mon avis personnel est loin d'être aussi absolu.

J'ai démontré, en décembre 1894, que l'écriture de Dreyfus (à tout le moins celle dont il est servi pour le bordereau) était une écriture artificielle.

Jusqu'à quel point sa nouvelle écriture différait-elle de l'ancienne, l'absence complète de pièces authentiques de comparaison antérieures à 1892 ne permet pas quant à présent de le rechercher ; mais enfin on *peut craindre que le même scripteur qui avait inventé l'écriture simili forgée n'ait également, avant 1892, cherché à s'abriter derrière une amélioration générale et profonde de l'écriture, justement parce qu'il s'agissait là d'un caractère de non identité unanimement et ouvertement professé par les experts professionnels.* p. 169

C'est une erreur à nos yeux de raisonner de l'écriture d'un document d'espionnage de la même façon qu'il est d'usage de le faire pour l'examen d'une lettre anonyme occasionnelle. L'espionnage est une espèce de profession qui crée une situation permanente toute spéciale.

Il ne faut pas oublier, dans cet ordre d'idées, que A. Dreyfus passe pour avoir été élève au collège Chaptal, où, à l'inverse de ce qui se pratique dans les lycées, les écritures classiques, ronde et bâtarde, sont enseignées aux jeunes gens, de sorte qu'il n'aurait eu, dans cette hypothèse, qu'un réapprentissage à faire.

Inutile de faire ressortir que si ces conjectures sont à mes yeux suffisantes pour m'empêcher d'affirmer catégoriquement que les pièces carbonisées ne sont pas de la main de Dreyfus, elles ne sauraient, par contre, corroborer de la moindre façon l'hypothèse inverse.

L'attribution de ces écrits à Dreyfus ne commencerait à revêtir quelque vraisemblance que du jour où l'on retrouverait, sur des spécimens authentiques de son ancienne écriture, quelques traces des formes graphiques et des caractères de régularité que nous offrent les écrits carbonisés.

Nous ne saurions trop déplorer, à ce sujet, que parmi les pièces de comparaison mises à la disposition des experts, il ne s'en soit trouvé qu'une seule (celle relative aux grands parcs d'artillerie) du millésime 1892.

Aussi longtemps que l'expertise ne pourra mettre en œuvre que des documents postérieurs, au minimum, de plus d'un an à l'invention de l'écriture artificielle de Dreyfus, mon opinion sera : *que l'attribution à Dreyfus des documents carbonisés n'est pas fondée en fait : que c'est une conjecture qui est certainement du domaine des choses possibles, mais qu'il serait grandement téméraire de la mettre en avant.*

Le chef du service de l'identité judiciaire,
Signé : ALPHONSE BERTILLON.

Ainsi M. Alphonse Bertillon lui-même, dans un rapport

dont la Cour peut apprécier l'esprit, déclare qu'on peut supposer que Dreyfus, inventeur de l'écriture forgée du bordereau, a inventé encore une autre forgerie en 1890 !

Mais il reconnaît qu'il serait grandement téméraire de mettre en avant pareille conjecture.

Il déclare : « *Je n'hésite pas à affirmer très catégoriquement que lesdits experts (experts en écriture) seraient unanimes à déclarer qu'il n'y a pas identité possible de mains entre les écrits carbonisés et ceux attribués à Dreyfus (pièces authentiques ou bordereau).* »

Comme opinion personnelle, le chef du service de l'identité judiciaire, après son thème et ses variations habituelles sur les écritures forgées, proclame : « *que l'attribution à Dreyfus des documents carbonisés n'est pas fondée en fait* ».

C'est ce que M. le général Roget déclare *ne pas aboutir à un résultat décisif.*

La proposition de M. le général Roget sur ce second point est tout aussi inexacte que la première.

p. 170 IV. — La troisième proposition, concernant l'analogie du papier de la copie saisie par le service des renseignements avec le papier du bordereau, ne pouvait avoir de portée que contre Esterhazy.

Depuis plus de dix ans qu'on fait des recherches concernant les actes et les écrits de Dreyfus, on n'a jamais trouvé de pièces écrites par lui sur papier pelure ; et malgré tout le soin que prenait le service des renseignements de faire disparaître ou falsifier toute pièce à charge contre Esterhazy, la Cour de Cassation a pu saisir, en 1898, deux lettres sur papier pelure, d'une indiscutable authenticité, écrites par Esterhazy en 1892 et en 1894.

Esterhazy, qui, guidé par le service des renseignements, avait, lors de l'instruction de son procès, nié s'être jamais servi de papier pelure, a été obligé d'avouer, devant la Cour de Cassation (1).

« Je ferai remarquer seulement, a-t-il dit, que j'écris presque toujours sur du papier mince ; et si par hasard on avait eu l'idée de vouloir se servir du même papier que moi, il n'eût pas été difficile de s'en procurer. »

(1) Cass. 1899, t. 1-597.

La troisième proposition du général Roget, si elle avait été exacte, n'eût donc pu fournir un indice que pour une accusation dirigée contre Esterhazy.

Mais cette troisième proposition était, elle aussi, inexacte. Les fragments de la copie d'instruction sur le chargement des obus à la mélinite sont bien en papier mince, mais ce papier n'a aucune analogie avec le papier du bordereau.

Le coupable, en ce qui concerne la livraison de l'instruction sur le chargement des obus en mélinite, n'est pas plus Esterhazy que Dreyfus.

V. — La production à la Cour de Cassation de certains dossiers relatifs à des affaires d'espionnage, dont M. le Procureur général avait demandé communication au parquet de la Seine, permet aujourd'hui de discerner la vérité.

Parmi ces dossiers figure celui d'une affaire Boutonnet. Boutonnet était un archiviste de la section technique de l'artillerie, qui a été condamné à cinq ans de prison, en 1890, pour espionnage. Boutonnet, employé civil avait mis à sac, au profit des attachés militaires étrangers, les archives de la section technique pendant les années 1889 et 1890.

Le commandant Hartmann avait signalé à la Cour les circonstances de son arrestation, dans sa déposition du 19 janvier 1899 (1).

L'étude du dossier Boutonnet donne lieu à plus d'une constatation intéressante. Sur le point spécial examiné ici, M. le commandant Targe s'exprime en ces termes (2) :

p. 171
En ce qui concerne Boutonnet, une question me semble également ne pas avoir été fouillée : c'est une question dont parle le dossier secret ; c'est celle relative à la livraison à une puissance étrangère de l'instruction sur le chargement des obus à la mélinite.
Dans la pièce n° 67 du dossier secret, le commandant Cuignet relève, à la charge de Dreyfus, la livraison de ce document. Il dit qu'une expertise a été faite par M. Bertillon ; la conclusion, dit-il, du travail de l'expert, ne permet de rien affirmer. « On ne peut toutefois s'empêcher d'être frappé de cet emploi du papier pelure, comme dans le bordereau de 1894... » En réalité, c'est du papier mince sur lequel était copiée, autant qu'on peut le voir par des fragments calcinés qui restent, cette instruction sur le chargement des obus à mélinite ; mais quant au rapport de l'expert, il n'a pas du tout le sens que lui attribue le commandant Cuignet. Voici la conclusion de l'expert :
..... C'est signé de M. Bertillon.

(1) Cass. t. 1-519.
(2) Déposition du 11 juin 1904, Enquête, t. 1, p. 956.

Eh bien, je crois que si on rapprochait l'écriture des fragments calcinés qui nous restent au dossier de l'écriture de Boutonnet telle qu'elle résulte des lettres qui sont au dossier communiqué par le parquet de la Seine, on ferait des constatations assez curieuses sur la similitude de ces deux écritures.

Mais la similitude frappante existant entre l'écriture de Boutonnet et celle des fragments de la copie de l'instruction sur les chargements des obus en mélinite n'est pas la seule remarque à faire.

Cette instruction a été approuvée le 12 *juin* 1889 et autographiée le 3 *septembre* 1889 ; les fragments de la copie livrée ont été apportés au service des renseignements en *novembre* 1890. Or, *c'est en 1889 et 1890 que Boutonnet faisait ses livraisons de documents confidentiels, précisément aux agents chez qui le contre-espionnage a retrouvé les fragments de la copie livrée.*

L'instruction avait été élaborée et autographiée *à la section technique de l'artillerie, et c'est à cette section où il était le plus facile de se procurer le document : Boutonnet était employé civil aux archives de la section technique de l'artillerie.*

La copie avait été faite sur un *papier pelure ou tout au moins sur un papier très mince :* la section technique où Boutonnet était employé est, à raison des travaux spéciaux qui s'y effectuent, *abondamment pourvue de papiers de cette nature.*

Le procès-verbal dressé le 23 mai 1898 par le général Gonse, le lieutenant-colonel Gaudin, le capitaine Junk et l'archiviste Gribelin constatait que *le copiste de l'instruction était un homme peu intelligent, ne paraissant pas se rendre un compte exact du sens du texte par lui copié : or Boutonnet était un employé subalterne, civil, et ne connaissant point les questions militaires.*

M. Bertillon, dans son rapport du 2 juin 1898, constate dans les fragments de la copie à lui soumis *les habitudes graphiques de l'expéditionnaire* (observation d'une marge régulière à droite, coupe précise des mots, présence de traits de réunion sous la dernière lettre où le mot est coupé) ; il constate l'existence de « lettres coulées avec le coup de pouce d'un *plumitif professionnel* ». *Boutonnet, employé archiviste, était*

p. 172

*un de ces « plumitifs professionnels » à la section technique
de l'artillerie.*

VI. — L'instruction sur le chargement des obus en mélinite était donc un des trop nombreux documents pris par
Boutonnet dans les archives de la section technique de l'artillerie, pour en faire trafic avec les agents étrangers. La remarque faite par le commandant Targe, à propos des actes
d'espionnage Greiner, pourrait trouver sa place encore en ce
qui concerne les livraisons faites par Boutonnet. Quoi qu'en
ait dit le général Deloye, l'importance des documents livrés
n'est nullement un indice que l'espion soit « un gros seigneur », c'est-à-dire un officier d'un grade élevé ayant rempli
des fonctions importantes. Greiner et Boutonnet étaient tous
deux des employés subalternes, et ils ont livré aux agents
étrangers des documents de premier ordre.

En résumé, les révélations et les dossiers produits à la
Cour dans sa dernière instruction ne permettent aucun doute:
*l'accusation portée contre Dreyfus en ce qui concerne la li-
vraison de l'instruction sur le chargement des obus en mélinite n'a jamais eu de base sérieuse, elle n'était que la réunion
d'articulations tendancieuses, véritables manœuvres dolosives à l'égard de l'accusé.*

Après avoir reporté sur le capitaine Dreyfus l'acte d'espionnage relatif au canon de 120 court, commis par Greiner,
l'acte d'espionnage relatif aux plans directeurs commis par
Dubois, l'acte d'espionnage révélé par la pièce n° 371 commis
par l'officier étranger P., on portait encore au compte de l'officier juif l'acte d'espionnage relatif aux obus à la mélinite,
commis par Boutonnet, et on lui faisait endosser l'acte d'espionnage révélé par le bordereau, commis par Esterhazy.

L'officier juif, le traître par prédestination, c'était, suivant l'expression même de l'agent Guénée, « la tête de
turc (1) ».

(1) Guénée, Cass., 1899, t. 1-726.

SECTION VI

L'OBUS ROBIN

Formule de l'accusation contre Dreyfus. — Déclaration de l'ingénieur Robin. — Désaccord des témoins-experts, général Deloye et lieutenant-colonel Hartmann. — Avis formulé le p. 173 *18 mai 1904, par la Commission des généraux, instituée pour l'examen des questions techniques. — L'accusation n'a plus de base. — Inexactitudes et dissimulations relevées dans la note du général Deloye, du 12 février 1899, et dans les pièces du dossier secret nᵒˢ 68 à 70. — Révélation de la note du Directeur de l'Ecole de pyrotechnie, du 8 février 1899. — Révélation de la note du présideŋt du Comité de l'artillerie du 9 février 1899. — Révélation de la note de la direction de l'artillerie du 23 mai 1898. — Les bulletins des questions à l'étude et ce qu'ils contenaient ; l'espion Boutonnet. — Révélation de l'acte d'espionnage commis par Greiner, en 1892, au sujet de l'obus Robin.*

I. — L'accusation dirigée contre Dreyfus d'avoir livré à l'Allemagne les secrets de fabrication de l'obus Robin ne reposait, elle aussi, que sur des articulations tendancieuses. Aucun fait précis n'a été prouvé, ni même allégué. L'accusation prétendait dégager une charge contre Dreyfus de certains rapprochements présentant une apparence spécieuse. Mais cette apparence, même simplement spécieuse, n'avait pu être conservée aux articulations dirigées contre Dreyfus, qu'à raison de dissimulations dolosives, ici encore prodigieusement multipliées.

C'était au général Roget qu'avait été confiée la mission de mettre en œuvre les éléments de cette accusation particulièrement délicate à présenter.

Il s'était exprimé en ces termes devant la Cour de Cassation, lors de la première revision : (1).

En 1896, le service des renseignements a reçu une instruction relative au chargement du shrapnell de campagne d'une puissance étrangère. Ce

(1) Cass., 1899, t. 1-64.

document fut envoyé à la direction de l'artillerie, qui fut très surprise de remarquer que cet obus ressemblait singulièrement à un obus adopté en France et qui est dit « OBUS ROBIN ». Ce qu'il y a de singulier dans cette rencontre, c'est que la construction de l'obus n'est pas due à des calculs de savants pouvant se rencontrer en deux pays différents, mais à un tour de main de contremaître. L'obus a été adopté par cette puissance en 1891. Dreyfus a été à l'école de pyrotechnie de Bourges, où se faisaient les études de l'obus Robin, de septembre 1889 à la fin de 1890, Il n'y a jusque-là qu'un simple rapprochement. Ce qu'on a su depuis, c'est que Dreyfus, étant à l'Ecole de guerre, a adressé à un de ses camarades de la pyrotechnie (le capitaine Rémusat) une demande de renseignements sur les dernières expériences faites sur l'obus Robin. Il disait dans la lettre au capitaine Rémusat qu'il demandait ce renseignement sur l'ordre de ses professeurs du cours d'artillerie à l'Ecole de guerre. Le capitaine Rémusat, se fondant sur le secret que doivent conserver les expériences de pyrotechnie, refusa de répondre à Dreyfus.

Il est constant, d'autre part, que les professeurs du cours d'artillerie à l'Ecole de guerre n'ont jamais chargé Dreyfus de demander des renseignements au sujet de l'obus Robin. Ils n'ont d'ailleurs pas l'habitude de charger leurs élèves de commissions de cette sorte. Quand ils veulent des renseignements sur les dernières expériences de l'artillerie, ils s'adressent p. 174 à la section technique de l'artillerie à Saint-Thomas-d'Aquin, où on leur donne tous renseignements dont ils ont besoin, en spécifiant quels sont ceux qu'ils peuvent enseigner à leurs élèves.

Cette découverte relative à l'obus Robin indique tout au moins que Dreyfus cherchait à se procurer, sous des prétextes mensongers, des renseignements relatifs aux expériences les plus secrètes, avec cette coïncidence particulière que l'obus a été justement livré à une puissance étrangère.

II. — Pour cette accusation encore, on ne trouve aucun ordre d'informer, aucun ordre de mise en jugement, aucun acte d'accusation. Mais à Rennes, Dreyfus n'en est pas moins interrogé sur cet acte d'espionnage. Le président le questionna (1) sur sa prétendue lettre au capitaine Rémusat. Dreyfus répondit n'avoir aucun souvenir de cette lettre, et dans tous les cas n'avoir certainement pas demandé des renseignements sur l'obus Robin, de la part de ses professeurs de l'Ecole de guerre.

Il est d'ailleurs à noter que le capitaine Rémusat, ami du colonel Henry (voir sa lettre du 24 juin 1898, pièce 72 du dossier secret), place lui-même la prétendue lettre de Dreyfus fin 1890 ou commencement 1891, et déclare n'y avoir pas répondu, (Note Rémusat, du 18 avril 1898, et lettre Rémusat du 3 juillet 1898, pièces 71 et 73 du dossier secret). La prétendue lettre de Dreyfus prouverait donc qu'au commencement de 1891 Dreyfus n'était pas documenté sur l'obus Robin, puisqu'il aurait sollicité, sans en obtenir, des renseignements

(1) Rennes, 1-34.

sur cet obus. Or, le shrapnel allemand a été adopté *en février* *1891.* (Note du 13 février 1898, du général Gonse, pièce 70 du dossier secret.)

Mais, à défaut de la prétendue lettre de Dreyfus au capitaine Rémusat, qui était toujours demeurée introuvable et qui, à raison de sa date, ne pouvait être retenue comme charge, l'accusation s'était adressée à M. l'ingénieur Robin lui-même. Dreyfus, étant à Bourges, en 1889-1890, ne lui avait-il pas demandé quelque indication sur ses études et ses recherches ?

M. Robin avait répondu au général Deloye : « Le capitaine Dreyfus ne m'a jamais rien demandé de ces affaires, rien, rien, rien, encore rien. Le seul renseignement qu'il m'ait demandé une fois, c'est quel moyen on pourrait employer pour faire tourner un peu plus vite des broches de filature. Voilà tout (1) ».

C'est cependant en de pareilles conditions que les allégations tendancieuses du général Roget sont reprises comme accusation devant le Conseil de guerre de Rennes, contre le capitaine Dreyfus. Le général Mercier (2), M. Cavaignac (3), et le général Gonse (4) reproduisent l'articulation du général Roget.

p. 175 Le général Deloye et le lieutenant-colonel Hartmann (ce dernier dans la mesure où le président voulut bien le laisser déposer), discutèrent, devant le Conseil, la question technique de savoir si le shrapnel allemand était copié sur l'obus Robin.

Le général Deloye maintint devant le Conseil les affirmations d'une note qu'en février 1899 il avait rédigée pour la Cour de Cassation (5) ; il affirma « que ces projectiles étrangers (shrapnel allemand de 1891) présentent la plus grande analogie avec l'obus Robin, une analogie telle qu'on ne connaît pas de projectiles d'autres puissances étrangères qui soient fondés sur le même principe (6) ».

Le lieutenant-colonel Hartmann se déclara, au contraire, en audience publique (7), prêt à démontrer, non seulement

(1) Rennes, t. 3-235. — (2) Rennes, t. 1-134.
(3) Rennes, t. 1-188. — (4) Rennes, t. 1-540.
(5) Cass., 1899, t. 2-322.
(6) Rennes, t. 3-67.
(7) Rennes, t. 3-215.

que les shrapnel allemands c/91 et c/96 n'ont aucune analogie sérieuse avec l'obus Robin, mais encore qu'ils diffèrent profondément comme principe, comme fonctionnement, comme mode de construction. Mais n'étant pas autorisé à se servir, en audience publique, des documents du dossier secret d'artillerie apportés par le général Deloye et nécessaires pour faire cette démonstration, le lieutenant-colonel Hartmann dut demander à la faire à huis clos (1).

III. — De ces deux affirmations contraires d'officiers, ayant en quelque sorte joué le rôle d'experts techniques dans le procès, laquelle devait-on prendre comme conforme à la réalité des faits ?

Etait-il vrai ou inexact que le shrapnel allemand fût copié sur l'obus Robin, et que cette similitude décelât nécessairement un acte de trahison.

La commission de généraux experts chargée, au cours de l'instruction devant la Cour de Cassation, d'étudier les questions techniques soulevées par le procès, et composée des généraux Balaman, Villien, Brun et Séard a été saisie de la difficulté :

La question qui avait été posée à la Commission était la suivante :

Est-il exact que les shrapnells allemands c/91 et c/96 aient été copiés sur notre obus Robin ?

La Commission a fait la réponse suivante :

L'obus Robin de 80 fut adopté le 1ᵉʳ juin 1895.

La comparaison de cet obus avec le shrapnell allemand c/91, fait ressortir les points suivants :

Dans l'obus allemand comme dans l'obus Robin, les balles sont maintenues par de la poudre comprimée, mais là s'arrête la ressemblance. L'organisation des deux projectiles est de tous points différente :

1° *Dans l'obus Robin*, l'ogive (partie antérieure de l'enveloppe) est vissée dans le corps cylindrique de cette enveloppe ; *dans l'obus allemand*, c'est le culot (partie arrière) qui est vissé ;

2° Tandis que le chargement de *l'obus Robin* en balles et en poudre se fait directement dans l'enveloppe, *les Allemands* chargent d'abord une sorte d'étui en laiton qui, ensuite, est introduit dans l'enveloppe. Ils interposent entre l'étui et le culot de l'obus des rondelles de zinc et de caoutchouc pour empêcher les ballottements ; *rien de semblable dans l'obus français* ;

3° *Le chargement de l'obus allemand* se fait par parties successives composées chacune de trois couches de balles et d'une couche de poudre ; *il en est tout autrement dans l'obus français* ;

p. 176

(1) Rennes, t. 3-215.

4° *Dans l'obus allemand*, la communication du feu de la fusée à la poudre comprimée se fait par l'intermédiaire d'un « godet à anneau » (une sorte d'entonnoir à double paroi qui contient de la poudre entre les deux parois) et d'un tube central rempli de poudre à fusil. *Dans l'obus Robin*, le feu est communiqué grâce à une planchette d'inflammation.

On voit finalement que les deux obus n'ont qu'un principe commun, consistant à maintenir les balles par de la poudre comprimée.

Mais il était impossible que ce principe fût tenu secret. Il était forcément connu de la plupart des officiers de Bourges et de beaucoup d'ouvriers de l'Ecole de pyrotechnie ; on peut dire qu'il était dans l'air. L'énonciation en est si simple, elle exige si peu de paroles, que la moindre conversation entre officiers ou entre ouvriers devait suffire à le faire arriver aux oreilles de quelqu'un des agents de l'étranger existant nécessairement dans une ville qui possède les principaux établissements de l'artillerie.

On ne cherchait d'ailleurs pas à le tenir secret, car le bulletin n° 8 des questions à l'étude, en date du 1ᵉʳ juillet 1888, bulletin non confidentiel qui était en permanence sur toutes les tables des bibliothèques de toutes les écoles d'artillerie, faisait connaître ce principe et donnait même le dessin d'un obus de 57 m/m, qui en constituait une première application. Quelques mois après (1ᵉʳ janvier 1890), le bulletin n° 2, toujours non confidentiel, donnait, non seulement le dessin d'un obus Robin de 80, mais encore une description complète du chargement.

Quoi qu'il en soit, les Allemands n'ont utilisé que l'idée, consistant à remplacer, par de la poudre, les matières inertes employées jusque-là, idée qui, comme il a été montré ci-dessus, devait, en supposant qu'ils ne l'aient pas eue eux-mêmes, arriver fatalement à leur connaissance.

Aucun des dispositifs employés par eux pour la réalisation de cette idée ne concorde ni avec ceux de l'obus Robin, ni même avec aucun de ceux qui ont été essayés en divers moments à l'Ecole de pyrotechnie. Du reste, leur obus est de 1891, tandis que le nôtre n'a été adopté qu'en 1895.

Quant à l'obus c/96, c'est un obus à charge arrière qui diffère peu, si ce n'est par quelques détails insignifiants, des nombreux obus à charge arrière, essayés ou adoptés un peu partout. Il a seulement ceci de particulier, qu'une partie du chargement est formée de balles de plomb maintenues par de la poudre comprimée, comme dans l'obus c/91.

IV. — Ainsi s'écroule encore une fois une argumentation perfide de l'accusation contre Dreyfus.

Mais comment les notes fournies à la Cour de Cassation et à Rennes pour jeter le doute dans les esprits avaient-elles donc été établies ? Y avait-il eu simple négligence de la part des auteurs de ces notes, ou avait-on voulu induire le juge en erreur en dissimulant une partie de la vérité ?

Les documents versés aux débats par M. le commandant Targe permettront à la Cour de se former une opinion sur ce point.

p. 177 Les pièces fournies aux juges comprenaient une note du général Deloye du 12 février 1899 (1), produite à la Cour de

(1) Note du général Deloye du 12 février 1899. Cass. 1899, t. 2-333.

Cassation en réponse à la déposition du commandant Hartmann, et trois notes versées au dossier secret sous les n°ˢ 68,
(69 et 70). De ces trois dernières notes, la première (pièce 68),
en date du 10 mai 1898, émanait du service des renseignements : la deuxième, en date du 18 février 1898 (pièce 69),
était du général Deloye ; et la troisième, portant la date du
13 mai 1898, était signée du général Gonse (pièce 70).

En ce qui concerne le premier de ces quatre documents
(note du général Deloye, du 12 février 1899), M. le commandant Targe s'exprime en ces termes (1) :

Après la déposition du colonel Hartmann devant la Cour de Cassation, la direction de l'artillerie prépare une note réfutant les allégations
de cet officier. Cette note est imprimée dans les documents annexés à
l'enquête de la Chambre criminelle. La partie qui traite de l'obus Robin
est la « Dix-huitième Question », p. 781, de la deuxième partie de l'enquête.

Pour rédiger cette note, la direction de l'artillerie au Ministère de la
guerre a demandé des renseignements à l'Ecole de pyrotechnie et au
président du Comité de l'artillerie.

La note que l'on fournit à la Cour dit ceci :

« Le shrapnell C/91 présente la plus grande analogie avec l'obus
Robin. »

Et plus loin :

« Sauf des différences de détail, le shrapnell C/91 reproduisait les
caractères et les dispositions essentiels de l'obus Robin. »

*Or, en rédigeant cette note, on était en possession des renseigne-
ments envoyés par le président du Comité de l'artillerie et par l'Ecole de
pyrotechnie.*

*La note du Comité, datée du 9 février 1899. montre : 1° Que le bul-
letin des questions à l'étude n'est devenu confidentiel qu'à partir de son
quatorzième numéro du 1ᵉʳ mars 1891, et que lorsqu'on a voulu faire rentrer
les 14 premiers bulletins, tirés chacun à 130 exemplaires, il y a eu une
moyenne de 85 à 90 exemplaires qui n'ont pas été retrouvés. Ce renseignement n'a pas été donné dans la note fournie à la Cour de Cassation ;
2° Que les études d'obus ont suivi, en France et en Allemagne, des voies
parallèles, et que, dans leurs essais, les Allemands ont eu à vaincre les
mêmes difficultés que nous.*

Il est donc vraisemblable de supposer qu'ils n'avaient pas profité de
nos études.

*Cela, la note du directeur de l'Ecole de pyrotechnie, en date du 8 fé-
vrier 1899, va le montrer encore davantage.*

*On a communiqué à cet officier supérieur la note sur le shrapnell
C/91, et on lui demande de faire rechercher — je cite le texte — si à une
époque quelconque des études concernant l'obus Robin, l'Ecole de pyrotechnie a été amenée à examiner les dispositifs de confection ou de chargement qui se rapprochent de ceux indiqués dans ladite note. Voici la
réponse du colonel directeur de l'Ecole de pyrotechnie :*

*J'ai l'honneur de vous faire connaître qu'aucun des dispositifs de con-
fection ou de chargement décrits dans la note accompagnant votre dépêche
n'a été essayé, ni étudié par l'Ecole de pyrotechnie.*

(1) Déposition du 21 mars 1904. Enquête, t. 1, p. 123.

p. 178 V. — Les dissimulations ou inexactitudes singulières relevées dans la note du général Deloye, en date du 12 février 1899, se retrouvent non moins graves dans les notes du dossier secret (pièces 68 à 70).

Ici encore la déposition du commandant Targe s'appuie sur des documents produits à la Cour. Elle est conçue en ces termes (1) :

En 1896, le service des renseignements se procure et communique à la direction de l'artillerie une copie de l'instruction sur le chargement de l'obus allemand C/91. Contrairement aux assertions contenues dans les notes 67-68 du dossier secret, *on semble n'avoir fait à cette époque aucune attention à la similitude que pouvait présenter cet obus avec notre obus Robin. Du reste nous avons retrouvé, dans un bordereau portant le n° 45 du 25 avril 1893, bordereau au dépouillement duquel il a été procédé par une délégation de la Cour, la preuve que le 23 février 1893, la section de statistique avait déjà transmis à l'artillerie une correspondance et deux croquis relatifs au shrapnell C/91.* Au commencement de 1898, le capitaine Rémusat fait connaître la prétendue lettre de Dreyfus lui demandant des renseignements sur l'obus Robin. Sa déclaration, pièce 91 du dossier secret, est du 18 avril 1898. Comme il en avait parlé auparavant, on peut supposer que la note du 18 février 1898, n° 69 du dossier secret, répondait à une demande de renseignement adressée à la direction de l'artillerie. Cette note contient la phrase suivante :

L'organisation et le chargement du shrapnell C/91 sont calqués sur ceux de notre obus Robin.

C'est absolument inexact ; le simple examen des dessins représentant les deux projectiles montre que les différences sont très nombreuses.

Il semble, en outre, qu'à la suite de la déclaration du capitaine Rémusat, on ait demandé de nouvelles explications à la direction de l'artillerie, car nous possédons la minute d'une note datée du 23 mai 1898 répondant à diverses questions. *Cette note n'a pas été jointe au dossier de l'artillerie. Elle contredit la note du 18 février 1898 jointe au dossier secret, car elle fait ressortir de nombreuses différences existant entre l'obus Robin et le shrapnell C/91.*

En énumérant dans cette note les documents dans lesquels on pouvait, en 1890, trouver des renseignements sur l'obus Robin, on oublie les « bulletins des questions à l'étude » qui, dans les bibliothèques des Ecoles d'artillerie, se trouvaient à la disposition de tous les officiers d'artillerie. Enfin, la note se termine par cette phrase, que le colonel Gaudin, chef du bureau du Matériel, a ajoutée de sa main.

« Mais c'était principalement à l'Ecole de pyrotechnie, où l'obus avait été inventé, et où se poursuivaient les études, qu'on pouvait avoir, en 1890, des renseignements précis et détaillés sur l'organisation de l'obus Robin et sur sa fabrication. »

Vous voyez donc dans quel esprit la note était rédigée.

VI. — *Pourquoi la note du général Deloye, du 12 février 1899, dissimulait-elle à la Cour la déclaration faite le 8 février 1899 par le Directeur de l'Ecole de Pyrotechnie « qu'au-*

(1) Déposition du 21 mars 1904. Enquête, t. 1, p. 122.

cun des dispositifs de confection ou de chargement décrits
dans la note (sur le shrapnel allemand) n'a été ni essayé ni p. 179
étudié par l'École de pyrotechnie » ?

C'est qu'on ne voulait pas ruiner l'articulation que le
shrapnel allemand révélait un tour de main de fabrication découvert à Bourges, alors qu'en réalité, comme l'a exposé la
commission des généraux experts, il n'y a, comme principe
commun entre les deux obus, que le maintien des balles par
de la poudre comprimée à l'intérieur du projectile.

*Pourquoi la même note dissimulait-elle la déclaration du
président du Comité de l'artillerie, du 9 février 1899*, faisant
connaître que les études sur les procédés les plus convena-
bles pour mettre en œuvre ce principe avaient suivi une marche parallèle en France et en Allemagne, pour aboutir à un
résultat définitif en Allemagne à la date de 1891, tandis que
l'obus Robin avait été adopté en France seulement en 1895 ?
C'est toujours qu'on voulait laisser croire à la surprise d'un
secret de fabrication à Bourges.

*Pourquoi la même note dissimulait-elle la divulgation des
« bulletins des questions à l'étude » révélée par la déclaration
du président du Comité de l'artillerie ?* C'est que, comme était
obligé de le reconnaître M. le général Deloye, le *bulletin des
questions à l'étude* contenait des descriptions de l'obus Robin.
Le général Deloye ne parlait, il est vrai, dans sa note (1), que
du bulletin n° 8 du 1er juillet 1888. Mais il résulte des documents produits (2) qu'indépendamment de ce bulletin du
1er juillet 1888 on trouvait le principe et la discussion de l'obus
Robin : 1° dans le bulletin n° 11 du 1er janvier 1890, p. 10 :
2° dans le bulletin n° 12 du 1er mai 1890, p. 18 ; 3° dans le
bulletin n° 13 du 1er novembre 1890, p. 17 ; 4° dans le bulletin
n° 15 du 1er juillet 1891, p. 18.

On comprend dès lors pourquoi le général Deloye dissimulait aux juges la déclaration du président du Comité d'artillerie du 9 février 1899, révélant que le bulletin des questions à
l'étude était devenu confidentiel seulement à partir de son
14e numéro du 1er mars 1891.

*Pourquoi les notes du dossier secret dissimulaient-elles les
renseignements déjà recueillis à la date du 23 février 1893*

---

(1) Cass., 1899, t. 2, p. 333.
(2) Targe, déposition du 21 mars 1904. Enquête, t. 1, p. 122.

sur le shrapnel allemand ? C'est que ces renseignements montraient précisément que le shrapnel adopté en Allemagne, dès février 1891, n'était en aucune façon la copie de l'obus Robin non encore adoptée en France à cette époque.

Pourquoi la note de la direction de l'artillerie, du 23 mai 1898, avait-elle été complètement éliminée des renseignements consignés au dossier secret ? C'est que cette note faisait ressortir les nombreuses différences existant entre l'obus Robin et le shrapnel allemand.

Enfin *pourquoi les pièces du dossier secret, énumérant les documents dans lesquels on pouvait, en 1890, trouver des renseignements sur l'obus Robin oubliaient-elles de mentionner les bulletins des questions à l'étude ?* C'est que ces bulletins, alors non confidentiels, se trouvaient dans les bibliothèques des écoles d'artillerie, à la disposition de tous les officiers d'artillerie. C'est que, même confidentiels, ces bulletins avaient été mis à la disposition de l'agent A. par Boutonnet, l'archiviste de la section technique de l'artillerie, arrêté le 23 août 1890, et condamné la même année pour espionnage au profit de l'Allemagne.

p. 180

VII. — Enfin, le dossier de l'espion Greiner, condamné le 6 septembre 1892, par la Cour d'assises de la Seine, dossier dont M. le Procureur général avait demandé la production, et qui a été soumis à l'examen de M. le commandant Targe, a fourni une dernière révélation d'une extrême gravité.

L'énumération des documents livrés par Greiner à l'Allemagne figure à ce dossier.

On trouve, dit. M. le commandant Targe (1), *parmi les documents livrés par Greiner, un rapport de la commission d'expériences de Bourges ; c'est le rapport n° 1 sur les obus à balles de petit calibre et les affûts sans recul, et nous trouvons dans ce rapport des renseignements non seulement très détaillés sur l'obus Robin, sur son chargement, mais encore le plan à grande échelle de l'obus Robin.*

Des révélations et documents nouvellement produits, il résulte donc :

1° *Que le shrapnel allemand de 1891 et l'obus Robin de 1895 diffèrent essentiellement, et que, par suite, on ne peut accuser Dreyfus d'avoir permis aux Allemands de copier notre obus Robin dans leur shrapnel de 1891, sous le prétexte*

(1) Déposition du 11 juin 1904, t. 1, p. 5.

qu'il se trouvait à Bourges en 1889-1890, au moment des études sur l'obus Robin, et qu'il avait demandé à l'ingénieur Robin le moyen de faire tourner plus rapidement des broches de filature.

2° Que les articulations tendancieuses de l'accusation n'ont pu être maintenues qu'à raison de multiples dissimulations de documents provenant du Comité technique de l'artillerie, et signalant tant les différences profondes de l'obus Robin et du shrapnel, que les abondantes sources d'information sur les études relatives à l'obus Robin où les Allemands auraient pu puiser.

3° Que si les Allemands avaient eu besoin, pour établir ou modifier leur shrapnel, de prendre connaissance des études, même confidentielles, poursuivies sur l'obus Robin, ils auraient été servis à cet égard très complètement par l'espion Boutonnet d'abord, par l'espion Greiner ensuite.

En ce qui concerne ce chef d'accusation encore, il ne reste p. 181 donc plus absolument rien à la charge de Dreyfus. De même que pour les chefs précédemment examinés, on ne peut relever, dans cette sixième section, que des manœuvres dolosives tendant à rejeter, comme toujours, sur la tête de l'officier juif, des actes d'espionnage commis par deux espions, l'espion Boutonnet et l'espion Greiner.

SECTION VII

LES COURS DE L'ÉCOLE DE GUERRE

Formule de l'accusation contre Dreyfus. — Les pièces du dossier secret ; procès-verbal du commandant Rollin et du capitaine Cuignet. — Les révélations nouvelles. — Déclarations de l'archiviste Gribelin, du 29 juillet 1903 et du 17 octobre 1903. — Leur concordance avec le dossier de 1894. — Réticences du lieutenant-colonel Rollin et révélations du commandant Cuignet. — Les dissimulations à Rennes et le faux témoignage du lieutenant-colonel Rollin.

I. — Le dossier secret fournissait encore la base d'une

autre accusation dirigée contre Dreyfus : celle d'avoir livré
à l'agent A. des cours confidentiels de l'Ecole de guerre sur
l'organisation défensive des Etats. Cette accusation, signalée
par le général Roget (1), est plus particulièrement l'œuvre
du commandant Cuignet, qui la formulait en ces termes dans
sa déposition du 5 janvier 1899 (2).

Postérieurement encore, le service des renseignements reçoit 32 feuilles
contenant la copie partielle d'un cours de l'Ecole de guerre sur l'organisation défensive des Etats (pièce 27), en juillet 1894 ; cette copie émane
de l'entourage de l'agent A... ; elle est de la main d'une personne qui
travaille habituellement près de lui. Rapprochée du cours professé à
l'Ecole de guerre, de 1890 à 1892 et de 1893 à 1894, on constate que la
copie est la reproduction littérale des moyens de défense existant autour
de Lyon, ou à établir aux environs de cette place au moment de la
mobilisation. Cette partie du cours est la troisième du cours de fortification permanente professé à l'Ecole de guerre.

Or, en même temps que la copie, nous recevons une lettre écrite par
l'agent A..., et dans laquelle il annonce (pièce 29) l'envoi des deux premières parties de ce cours ; il insiste sur le caractère confidentiel du
document ; il fait remarquer que les officiers étrangers admis à l'Ecole de
guerre comme élèves ne sont pas autorisés à suivre le cours ; il insiste
enfin pour qu'on veuille bien faire autographier ou imprimer la copie qu'il
adresse et pour qu'on lui adresse deux exemplaires du tirage, en même
temps qu'on lui renverra la copie. Nous n'avons pas retrouvé cette copie
des deux premières parties du cours, mais il paraît vraisemblable d'admettre que la copie de la troisième partie, dont nous possédons un
fragment, a été faite pour compléter les envois faits précédemment, et
que cette partie, après avoir été imprimée ou autographiée, a fait retour
à l'agent A... dans les conditions indiquées par lui dans sa lettre précédente. Je crois devoir indiquer à ce sujet que, dans la collection des
cours de l'Ecole de guerre de Dreyfus, collection qui a été saisie chez
lui après son arrestation et dont il a été dressé un inventaire annexé au
dossier, la 3e partie du cours de fortification n'est pas reliée, alors que
les autres cours le sont tous. Non seulement cette partie n'est pas reliée,
mais elle a été retrouvée, dans ses cours, *incomplète* et répartie entre
plusieurs paquets.

p. 182

Le lendemain, 6 janvier, le commandant Cuignet fait une
légère rectification :

En ce qui concerne les cours de l'Ecole de guerre dont nous possédons une copie partielle, dit-il, j'ai parlé d'une lettre d'envoi adressée par
l'agent A. ; j'ai oublié de dire que, dans cette lettre, on précise que le
cours envoyé est celui professé en 1893-1894 (3).

Il était difficile de ne pas faire cette rectification, puisque
la lettre de l'agent A. (pièce 29 du dossier secret), produite à
la Cour à cette époque, débute par ces mots :

(1) Cass., 1899, t. 1-66.
(2) Cass., 1899, t. 1-360.
(3) Cass., 1899, t. 1-364.

J'ai l'honneur de transmettre ci-joint la copie de la première partie du cours *professé en 1893-1894 à l'Ecole supérieure de guerre par le colonel Duval-Laguierce sur l'organisation défensive des Etats*.

La lettre donne même des détails très précis sur l'organisation des cours, expose qu'en première année le cours est professé par le major Ancelle et en seconde année seulement par le colonel Duval-Laguierce. Elle ajoute : « Ce cours est considéré comme confidentiel, et les officiers de nationalité étrangère qui auraient été autorisés à suivre les cours de l'Ecole, ne peuvent y assister. »

L'agent A. demande que, dans le cas où on ferait reproduire le cours, on veuille bien lui en envoyer deux exemplaires, et qu'on lui restitue le plus tôt possible la copie qu'il transmet.

II. — Une vérification s'imposait donc : Dreyfus avait été à l'Ecole de guerre pendant les années 1891 et 1892, et les copies transmises par l'agent A. à son Etat-major étaient des copies du cours professé en 1893-1894. N'y avait-il pas, depuis 1891-1892, quelques petites modifications dans les cours, permettant de reconnaître si le cours communiqué à l'agent A. était une copie littérale du cours suivi par Dreyfus ou une copie littérale du cours professé en 1893-1894 ?

La recherche fut faite par le général Chamoin. Il constata que la copie de l'agent A. était une reproduction littérale du cours de 1893-1894, présentant avec le cours suivi par Dreyfus quelques différences notables. Le général Chamoin en fit part aux Chambres réunies, en présentant le dossier secret (1) : on en retrouve la trace dans le mémoire de l'exposant, produit le 24 avril 1899, où on lit (2) :

p. 183

> La Cour sait que les cours dont il s'agit, professés tous les deux ans sur le même sujet, et d'après un plan à peu près analogue, offrent cependant d'une année à l'autre des variantes de détail. Elle sait que, vérification faite, la copie livrée à l'agent A. est bien la reproduction littérale du cours professé en 1893-1894, ainsi d'ailleurs que le déclare la lettre d'envoi.

M. le général Chamoin déclare avoir fait la même observation devant le Conseil de guerre de Rennes, dans une séance à huis-clos ; et il fit d'ailleurs, après le procès de Rennes, le 19 septembre 1899, joindre au dossier une note ainsi conçue :

(1) Chamoin. Déposition du 29 mars 1904. Enquête, t. 1, p. 334.
(2) Cass. Débats, p. 566.

Paris, *le 19 septembre* 1890.

Au cours de sa déposition devant la Chambre criminelle, M. le commandant Cuignet a parlé de la copie faite à l'Ambassade l'Allemagne d'un cours de l'Ecole de guerre sur l'organisation défensive des Etats (pièce 27 du dossier secret).

Cet officier supérieur a cru pouvoir affirmer que cette copie était la reproduction littérale des cours professés en 1890-1892 et 1893-1894.

D'un examen plus approfondi de la question, il résulte :

1° Que la copie saisie à l'ambassade d'Allemagne est en effet la reproduction littérale des cours de 1892-1894.

2° Que, par contre, elle présente des différences notables avec le texte des cours de 1890-1892 qui correspond aux années d'école de l'ex-capitaine Dreyfus.

III. — En dépit de ces explications, les pièces versées au dossier secret, concernant cette question des cours de l'Ecole de guerre, avaient fait, sur l'esprit des juges de Rennes, une impression profonde. On en trouve la preuve dans les questions par eux adressées aux témoins à cet égard.

Que trouvait-on donc dans ce dossier secret ?

Indépendamment de la copie des cours saisie par le service des renseignements (pièce 27), et de la lettre d'envoi de l'agent A. plus haut mentionnée, et arrivée au service en août 1894 (pièce 29), on y trouvait une note du service des renseignements du 26 mai 1898 (pièce 30), et un procès-verbal dressé le 20 novembre 1898 par le commandant Rollin et le capitaine Cuignet (pièce 32).

p. 184   La note du service, après avoir signalé la lettre de l'agent A. et la copie de cours à laquelle elle se référait, ajoute : « Après enquête, il a été constaté que cette copie, comprenant 32 pages en 16 feuilles, était extraite du cours de fortification de l'Ecole supérieure de guerre, fait en 1890-1892, pages 140 et suivantes, et en 1892-1894, pages 153 et suivantes. »

Aucune rectification n'avait été apportée à cette note officielle, atténuée seulement par une simple déclaration verbale du général Chamoin.

La note ajoutait :

On ne possède pas la preuve que la communication faite de ce cours aux Allemands doive être attribuée à Dreyfus, *mais il est vraiment étrange, pour ne pas dire plus, que par-*

tout où il passe on constate des fuites absolument anorma-
les. »

On retrouve là toujours la même proposition : pour l'officier juif, la trahison est une fonction de nature. C'est d'ailleurs ce que le témoin Cernuszky doit venir bientôt affirmer
avec éclat à la barre du Conseil de guerre.

Mais la note du service du 26 mai 1898 est singulièrement
renforcée par le procès-verbal du commandant Rollin et du
capitaine Cuignet, rédigé d'une façon très habile pour jeter
le trouble dans les esprits.

Ce procès-verbal (pièce 32 du dossier secret) est ainsi
conçu :

Paris, le 20 novembre 1898.

Nous soussignés, Rollin, chef de bataillon d'infanterie hors cadres,
officier d'ordonnance du ministre de la Guerre, et Cuignet, capitaine d'infanterie hors cadres au 4ᵉ bureau de l'Etat-Major de l'Armée, détaché
provisoirement au cabinet du Ministre de la Guerre, certifions le fait
suivant :

Le 19 novembre courant, le lieutenant-colonel Boissonnet, chef du
3ᵉ bureau de l'Etat-major de l'armée, fit parvenir au cabinet du ministre
un certain nombre de paquets scellés, indiqués sur le bordereau ci-joint
et contenant des documents saisis chez Dreyfus après son arrestation en
1894.

Ces documents étaient restés, depuis cette époque, enfermés dans une
armoire du 3ᵉ bureau de l'Etat-major de l'armée.

En faisant l'inventaire de ces documents, le commandant Rollin et
le capitaine Cuignet ont constaté la particularité suivante, au sujet du
cours de fortification permanente professé en 1890-1892 à l'Ecole supérieure de guerre, et dont Dreyfus possédait un exemplaire :

*Alos que presque tous les cours dont Dreyfus était détenteur — et
notamment les deux premières parties du cours de fortification permanente — ont été reliés, il n'en est pas de même de la 3ᵉ partie (organisation défensive des Etats) dont la 1ʳᵉ section a été trouvée incomplète
dans le paquet nᵒ 6 (pages 81 à 134), et la 2ᵉ section a été trouvée complète
dans le paquet nᵒ 5.*

Or, c'est précisément un fragment de la 3ᵉ partie du cours de fortification permanente, dont on possède la copie de la main du comte de X...,
secrétaire à l'ambassade de...

Cette copie produit les pages 140 à 149 de la 2ᵉ section, mais, de
ce qui précédait, le comte de X... avait déjà copié 94 pages de son
écriture.

Signé : CUIGNET-ROLLIN.

C'est ce qu'affirmait encore le commandant Cuignet, dans p. 185
sa déposition du 5 janvier 1899, citée plus haut :

Non seulement cette partie (3ᵉ partie du cours de fortification) n'est
pas reliée, mais elle a été retrouvée dans ses cours *incomplète* et répartie
entre plusieurs paquets.

On conçoit que les juges du Conseil de guerre, si faciles à

impressionner défavorablement à l'égard de l'accusé, aient-été émus par ces déclarations. Aussi le commandant Rollin, l'officier supérieur qui avait signé le procès-verbal, est-il interrogé à cet égard (1).

Le lieutenant-colonel Brongniart. — Lorsqu'on a fait une perquisition chez l'accusé, on a trouvé des cours non reliés qui se rapportaient précisément à la défense de la France. N'y avez-vous pas pris part ?

Le commandant Rollin. — Ce n'était pas une perquisition, mon colonel, c'était des cours qui étaient dans le cabinet du ministre et qu'on avait apportés là après la perquisition ; avec le commandant Cuignet, nous avons examiné ces cours et constaté notamment qu'il manquait un certain nombre de pages à un cours de fortifications.

Le lieutenant-colonel Brongniart. — Vous n'avez pas d'indications nouvelles à fournir sur ce point ?

Le commandant Rollin. — NON.

IV. — Quelles sont, sur cette question, les révélations nouvelles apportées par l'instruction ?

Tout d'abord on s'explique mal que, dans le procès-verbal Rollin-Cuignet, on ait pu relever, comme fait à charge de Dreyfus, la circonstance que la 3e partie du cours de fortification permanente, saisie chez lui, ait été trouvée non reliée.

A cet égard, la note du 19 octobre 1903 adressée par le Ministre de la guerre au Ministre de la justice s'exprime en ces termes :

Il y a lieu de remarquer que si la 3e partie du cours de fortification permanente saisi chez Dreyfus n'était pas reliée, ce fait est à l'éloge de Dreyfus. Cette 3e partie est en effet confidentielle, et Dreyfus a agi prudemment en ne la confiant pas à un relieur.

Mais cette question de reliure n'était évidemment soulevée, dans le procès-verbal Rollin-Cuignet, qu'accessoirement à la question des fascicules manquants.

Or, sur cette question principale des fascicules manquants, M. l'archiviste Gribelin fait, le 17 octobre 1903, la déclaration suivante :

En ma qualité de greffier de l'officier de police judiciaire chargé de l'instruction préliminaire contre Dreyfus, j'affirme qu'il n'a pas été constaté qu'il manquait des pages dans les cours de l'Ecole de guerre, lorsqu'ils ont été saisis chez Dreyfus et placés sous scellés.

J'ajoute que le soin minutieux apporté par le lieutenant-colonel du Paty et par moi à l'inventaire et à l'examen des documents saisis, permet, non seulement de déclarer qu'il n'a pas été constaté qu'il manquait des pages dans les cours en question, ce qui est vérité légale, établie par les procès-verbaux dressés en la circonstance, mais d'AFFIRMER QU'IL NE MANQUAIT AUCUNE PAGE DANS LESDITS COURS.

GRIBELIN.

p. 186

(1) Rennes, t. 2-13, Rollin.

Dans un interrogatoire du 29 juillet 1903, dont il a été dressé procès-verbal, M. Gribelin s'exprime de la façon suivante :

Je jure sur l'honneur que dans les cours saisis chez Dreyfus, il ne manquait pas de feuilles.

Les déclarations de M. Gribelin, des 29 juillet et 17 octobre 1903, ont été par lui confirmées sous la foi du serment, dans sa déposition du 21 mars 1904 (1).

Si on se reporte au dossier de 1894, on peut faire d'ailleurs des constatations qui corroborent les déclarations de M. Gribelin.

L'officier de police judiciaire, colonel Du Paty de Clam, et le rapporteur, commandant d'Ormescheville, connaissaient l'existence de la livraison faite à l'agent A. d'une copie des cours de l'Ecole de guerre.

Le colonel Du Paty de Clam, sous le prétexte d'obtenir des spécimens d'écriture du capitaine Dreyfus pour les experts, lui dictait même des fragments de la copie livrée à l'agent A. Dès son second interrogatoire, en date du 18 octobre 1894, il interroge le capitaine Dreyfus sur ce point (2).

« Avez-vous fait faire des copies de certains cours de l'Ecole de guerre ? »

Sur la réponse négative de l'accusé, il ne pose plus aucune question.

De même M. le commandant d'Ormescheville, dans son interrogatoire du 20 novembre 1894, demande à Dreyfus (première question) :

« Avez-vous fait copier tout ou partie des cours de l'Ecole de guerre ? »

Dreyfus répond non ; et le commandant d'Ormescheville n'insiste pas plus que le colonel Du Paty.

Il est évident cependant que les cours saisis chez Dreyfus ont été vérifiés par l'officier de police judiciaire et le capitaine rapporteur, afin de chercher une solution de la question posée par eux à l'accusé ; et si des manquants avaient été constatés, Dreyfus eut certainement été interpellé sur ce point.

Les déclarations faites sous serment par l'archiviste Gri- **p. 187**

---

(1) Gribelin. Déposition du 21 mars 1904. Enquête, t. 1. p. 133-134.
(2) Rapport Bard, p. 35.

belin sont donc pleinement confirmées par les procès-verbaux
d'interrogatoire de 1894.

V. — Mais les déclarations de l'archiviste Gribelin ne
constituent pas les seules révélations nouvelles de l'instruction sur la question des cours de l'Ecole de guerre.

Les rédacteurs du procès-verbal soumis aux juges de Rennes ont reconnu eux-mêmes que les constatations consignées
par eux dans ce document étaient erronées.

Dans sa déposition du 29 mars 1904, le commandant Rollin, devenu lieutenant-colonel, pressé de questions par M. le
Procureur général, s'était constamment dérobé derrière une
équivoque.

Je me suis borné, disait-il (1), à faire cette constatation avec le commandant Cuignet, *je n'ai pas eu d'autre rôle*. Il était facile de faire une
enquête à ce moment-là ; mais je n'avais pas qualité à cet effet... Je me
suis borné à faire cette constatation matérielle. Je n'étais pas chargé de
la confection du dossier, ni de le commenter ; le commandant Cuignet en
était seul chargé. Je n'avais à tirer aucun commentaire de ce dont j'étais
témoin. J'ai certifié qu'il y avait des manquants, et que ces manquants
correspondaient à la partie qui traite de l'organisation défensive des
Etats.

Ainsi le commandant Rollin avait signé un procès-verbal
de constatations avec le capitaine Cuignet. Dans le scellé qu'il
avait ouvert, il y avait des manquants ; il l'a constaté. Voilà
tout. Quant aux enquêtes dont ces constatations devaient
être le point de départ, ce n'était pas son affaire (bien qu'il
fut chef du service des renseignements). Quant à l'usage à
faire ou à ne pas faire du procès-verbal dressé par lui avec
le capitaine Cuignet, cela ne le regardait pas davantage, cela
regardait exclusivement le capitaine Cuignet. Telle est la
déclaration du lieutenant-colonel Rollin.

VI. — Il fallait donc s'adresser au capitaine Cuignet devenu commandant, pour connaître la vérité.

Six semaines plus tard, le commandant Cuignet, dans sa
déposition du 14 mai 1904, s'exprime en ces termes devant la
chambre criminelle (2).

Maintenant je vais rétablir la vérité.

Pour l'expliquer, je suis obligé d'entrer dans quelques détails au sujet
de mon installation au ministère. Il y a, attenant au cabinet du ministre,
une pièce qu'on appelle la « chambre bleue » ; c'est une ancienne chambre
à coucher dont l'alcôve contenait, de mon temps, le téléphone, et à

(1) Rollin. Déposition du 29 mars 1904. Enquête, t. 1, p. 365.
(2) Cuignet. Déposition du 14 mai 1904. Enquête, t. 1, p. 752.

laquelle étaient annexés deux cabinets de toilette. Cette pièce me servait de cabinet de travail dans le jour, et la nuit elle servait de chambre à coucher au commandant Rollin, alors chef du service des renseignements. Je n'avais pas été consulté à ce sujet, mais au fond, j'en étais très heureux, parce qu'il y avait là un officier la nuit qui pouvait garder mes dossiers, lesquels étaient placés dans un des deux cabinets de toilette. **p. 188**

De ce fait que mon cabinet de travail était la chambre à coucher du commandant Rollin la nuit, il arrivait que nous avions des rapports fréquents. Quand j'arrivais le matin, parfois je le surprenais au lit ; dans la journée, je le voyais revenir dans sa chambre ; nous avions donc entre nous, de ce fait, des rapports fréquents.

Or, un jour, le chef du 3ᵉ bureau, le colonel Boissonnet vint me trouver et me dit que, depuis l'arrestation de Dreyfus, il y avait dans les locaux occupés par son service une série de paquets très encombrants, dont il ne savait que faire, et qui lui paraissaient être mieux à leur place dans le cabinet du ministre que dans les locaux occupés par son service. J'en rendis compte à M. de Freycinet, qui m'invita à prier le colonel Boissonnet de faire remettre tous ces paquets au cabinet du ministre dans la pièce que j'occupais. C'est ainsi que j'ai reçu les divers paquets contenant les documents saisis chez Dreyfus au moment de son arrestation.

Le lendemain de leur arrivée, — c'était un dimanche, — le commandant Rollin, qui se trouvait dans sa chambre, me demanda s'il n'y avait pas intérêt de faire le collationnement de ce qu'il y avait dans ces paquets. Je lui dis que je n'y voyais pas d'inconvénient. Il décacheta lui-même la série des paquets pendant que je continuais un travail que j'avais commencé. A un moment donné, il vint à moi et me dit : « C'est extraordinaire ! Le cours de fortification n'est pas complet et c'est précisément de ce cours que nous avons une copie du comte de X... »

A cette nouvelle, j'arrivai auprès de la table où le commandant Rollin compulsait les documents, je constatai qu'en effet le cours relatif à la fortification n'était pas relié ; que les feuilles autographiées se trouvaient en deux paquets. Et alors, ensemble, le commandant Rollin et moi, nous en rendîmes compte à M. de Freycinet, qui fut frappé de cette circonstance et donna l'ordre de faire le rapport dont je viens de donner lecture à la Cour. Ce rapport fait, je repris mon travail.

Le commandant Rollin continua à examiner les pièces.

Un jour, longtemps après, cinq ou six semaines après ma déposition devant la Chambre criminelle, mais antérieurement à la présentation du dossier secret devant les Chambres réunies, le commandant Rollin me dit un matin : « Nous nous sommes trop pressés, j'ai retrouvé le cours entier de l'Ecole de guerre. » Un peu stupéfait d'avoir cédé peut-être un peu trop facilement à ce que m'avait dit le commandant Rollin, je constate cependant que le cours était complet. Ensemble nous remarquons, non pas que le cours était très dissemblable, très différent du cours de 1892-1894, mais qu'il y avait quelques légères différences, notamment celle-ci :

Au sujet du camp retranché de Lyon dans le cours de 1892-1894, dont la copie du comte de X... était la reproduction, il y avait une phrase qui n'était pas reproduite dans le cours de 1890-1892, celui saisi chez Dreyfus.

En outre, et ce qui aurait dû nous frapper davantage, le comte de X... avait copié textuellement tous les indications portées sur les feuilles autographiées du cours de 1892-1894 qui lui avaient été remises, et sur une de ces feuilles il y avait, dans le bas, la date du cours. Cette annotation avait été reproduite exactement à sa place.

Cette remarque me montrait, en effet, que le cours copié par le comte de X... ne pouvait pas être le cours de Dreyfus, mais le cours professé deux ans plus tard.

Ennuyé de cette découverte, parce que cela m'avait fait faire un rapport inexact, je priai le commandant Rollin de venir avec moi chez M. de Freycinet et de lui en rendre compte, ce que nous fîmes. M. de Freycinet nous reçut l'un et l'autre, et nous dit : « C'est ennuyeux, le dossier a maintenant été présenté à la Chambre criminelle, il aurait mieux valu s'en apercevoir plus tôt, on aurait annexé une note au rapport pour dire que la conclusion de ce rapport avait été reconnue inexacte ; mais il n'y a pas péril en la demeure, le dossier va revenir devant les Chambres réunies ; vous, commandant Cuignet, vous serez encore chargé de la présentation, et vous pourrez dire aux Chambres réunies que les conclusions de ce rapport sont inexactes, vous expliquerez dans quelles conditions il a été établi. C'est ce qui fut fait par le général Chamoin et par moi. Si, parmi les membres de la Cour, il y a ici quelques conseillers qui appartenaient aux Chambres réunies à cette époque, ils se rappelleront peut-être ce détail. »

VII. — Ainsi le procès-verbal dressé le 20 novembre 1898, par le capitaine Cuignet et le commandant Rollin ne contient que des constatations fausses.

Il est faux qu'il y ait eu des manquants dans les cours saisis chez Dreyfus.

Il est faux que la copie livrée à l'agent A. soit celle du cours professé à l'Ecole de guerre quand Dreyfus y était élève.

Le procès-verbal, dont les auteurs connaissent l'inexactitude, est néanmoins maintenu au dossier. Aucune pièce écrite et annexe n'en rectifie les fausses constatations.

Une rectification purement verbale est faite, et seulement sur le second point (non concordance entre les cours livrés et les cours suivis par Dreyfus comme élève).

Quant à l'affirmation fausse, relative à l'existence de manquants dans les cours saisis chez Dreyfus, aucune rectification écrite ou orale n'a eu lieu ni devant la Cour de Cassation en 1899, ni devant le Conseil de guerre (le général Chamoin n'ayant pas vérifié lui-même l'exactitude de cette affirmation du procès-verbal Rollin-Cuignet).

M. le Procureur général a interrogé le commandant Cuignet et lui a demandé comment il se faisait que, maintenant au dossier un procès-verbal où se trouvaient constatées des choses fausses, il n'ait point annexé à ce document un procès-verbal rectificatif. Le commandant Cuignet répondit (1) avoir reçu de M. de Freycinet, ministre de la Guerre, un ordre ainsi conçu : « Vous n'annexerez rien à votre procès-

_____

(1) Déposition du 14 mai 1904. Enquête, t. 1, p. 753.

verbal, mais vous appellerez l'attention des Chambres réunies sur l'inexactitude de ce rapport. »

M. de Freycinet interrogé le 4 juin 1904 par M. le Procureur général sur le point de savoir s'il est exact qu'il ait « donné l'ordre de ne pas rectifier par écrit cette erreur », répond :

> Je ne me souviens pas de cet incident. La seule chose que je puis **p. 190** dire, c'est que s'ils (le commandant Rollin et le capitaine Cuignet) m'ont indiqué cela, je leur ai dit de faire une rectification (1).

En venant signer sa déposition, M. de Freycinet y fait une addition ainsi conçue :

> Le témoin déclare ajouter que non seulement il n'a pas empêché de faire la rectification, mais qu'il a prescrit de la faire lorsque le général Chamoin exposerait le dossier secret à la Cour, Chambres Réunies. Et en fait, le général Chamoin qui, de concert avec le commandant Cuignet, avait relevé l'erreur vers le milieu de mars, en a fait part à la Cour quelques jours après, en expliquant que la date des feuillets, indiquée d'abord comme étant 1890-1892 ou 1893-1894 (lors de la première communication à la Chambre criminelle en janvier 1899) était réellement 1893-1894. M. Ballot-Beaupré, dans son rapport lu à la Cour (Chambres réunies) le 29-30 mai, écarte le chef d'accusation en se basant précisément sur ce que la date était 1893-1894.

Mais il n'y a toujours là qu'une rectification, d'ailleurs purement verbale, d'une seule des deux constatations fausses du procès-verbal si étrangement maintenu au dossier, sans annexe rectificative.

M. le Procureur général pose une dernière question au commandant Cuignet sur ce point (2) :

> *M. le Procureur général.* — Vous savez que, dans le dossier secret, il y avait une pièce qui portait votre signature, qui était inexacte : vous n'avez pas considéré qu'il y avait un devoir de conscience de venir le dire au Conseil de guerre ?
> *R.* — Non.
> *M. le Procureur général.* — C'est bien, la justice appréciera.

Tout commentaire serait en effet superflu.

VIII. — Si les réticences du commandant Cuignet sont coupables, les agissements du lieutenant-colonel Rollin sont plus graves encore.

Comme on l'a vu plus haut, le lieutenant-colonel Rollin

---

(1) Déposition de M. de Freycinet du 4 juin 1904, Enquête, t. 1, p. 889 et 891.
(2) Déposition du commandant Cuignet du 14 mai 1904. Enquête, t. 1, p. 758.

avait reconnu, avec le commandant Cuignet, que leur procès-verbal commun était complètement faux, qu'il n'y avait pas de manquants dans les cours saisis chez Dreyfus, et que ces cours n'étaient d'ailleurs pas ceux dont copie avait été livrée à l'agent A.

Il ne fait aucune rectification : cela ne le regardait pas, dit-il, parce que c'était au commandant Cuignet qu'il appartenait de composer et de commenter son dossier, d'y placer ou d'en retirer les pièces qui convenaient.

Mais, à Rennes, le lieutenant-colonel Rollin est directement interpellé sur ce point par le premier juge assesseur du Conseil de guerre :

p. 191   Le lieutenant-colonel Brongniart lui rappelle qu'on a trouvé chez Dreyfus des cours non reliés qui se rapportent précisément à la défense de la France. « N'avez-vous pas pris part à cette perquisition ? » demande-t-il au témoin.

Le lieutenant-colonel Rollin répond :

Ce n'était pas une perquisition, mon colonel, c'était des cours qui étaient dans le cabinet du ministre, et qu'on avait apportés là après la perquisition ; avec le commandant Cuignet nous avons examiné ces cours et constaté notamment qu'il manquait un certain nombre de pages à un cours de fortifications.

Visiblement troublé par ce fait des manquants, le lieutenant-colonel Brongniart lui demande alors : « Vous n'avez pas d'indications nouvelles à fournir sur ce point ? »

Ce n'est assurément plus ici au commandant Cuignet que seul il appartient de répondre à la question posée par le premier juge assesseur du Conseil de guerre au lieutenant-colonel Rollin.

C'est lui, Rollin, qui est directement interrogé sur le point de savoir s'il n'y a pas quelque chose de nouveau en ce qui concerne les faits constatés par le procès-verbal portant sa signature.

Cet homme sait que les constatations de son procès-verbal sont fausses ; c'est lui-même qui en a découvert la fausseté, qui a procédé avec le commandant Cuignet aux contre-vérifications nécessaires ; cet homme sait qu'il a le devoir de dire à la justice toute la vérité et rien que la vérité, de parler sans haine et sans crainte ; cet homme sait qu'il dépose dans un procès où il s'agit de l'honneur et de la liberté d'un frère d'armes.

Et le commandant Rollin, devenu lieutenant-colonel, ré-
pond d'un mot à la question du lieutenant-colonel Brongniart;
« NON » (1).

IX. — Telles sont les les turpitudes sur lesquelles reposait
l'accusation d'avoir livré des cours confidentiels de l'école de
guerre, dirigée à Rennes contre le capitaine Dreyfus. Voilà
ce qu'a révélé l'instruction. *Ce chef d'accusation relevé en*
dehors de tout ordre d'informer et de mise en jugement, et
sans acte d'accusation, ne s'appuyait que sur des attestations
fausses ; et les artisans de l'accusation en connaissaient la
fausseté, lorsque, dans leurs dépositions frauduleuses, ils
trompaient les juges du Conseil de guerre.

SECTION VIII

p. 192

ATTRIBUTION DE L'ARTILLERIE LOURDE AUX ARMÉES

Formule de l'accusation devant le Conseil de guerre. —
Memento de l'agent A. et son commentaire par le service des
renseignements. — Recherches de la minute du commandant
Bayle et fiche accusatrice contre Dreyfus. — La fiche est en
contradiction avec le rapport rédigé par le colonel Du Paty
de Clam, en 1894, comme officier de police judiciaire. — La
minute du commandant Bayle retrouvée à la place où elle
devait être classée et où on ne l'avait pas cherchée. — Le com-
mentaire du service des renseignements dénaturait le me-
mento de l'agent A. et le travail du commandant Bayle. — Le
memento est la preuve d'un acte d'espionnage commis après
l'incarcération de Dreyfus à l'Ile-du-Diable.

I. — Dans les sections précédentes, nous avons vu l'accusation, par des dissimulations et fraudes diverses, présenter
aux juges comme ayant été commis par Dreyfus des actes
d'espionnage antérieurs au bordereau et émanant de divers
espions connus (Dubois, Boutonnet, Greiner, l'officier étranger P.).

Avec la section VIII, commence la série d'accusations
portées contre Dreyfus, à raison d'actes d'espionnage commis

(1) Rennes, t. 2-13.

postérieurement à son incarcération et à sa déportation à l'Ile-du-Diable.

L'officier juif continue à être « la tête de turc », suivant l'expression de 'Guénée ; il continue à personnifier le traître légendaire, qui trahit toujours et nécessairement tant qu'il respire, même quand il est privé de tout mouvement, dans son cachot de l'Ile-du-Diable, par les étreintes de la double boucle.

L'accusation portée contre Dreyfus d'avoir livré à l'agent A l'organisation de la répartition de l'artillerie lourde (canon de 120 court) aux armées, est basée sur un memento de l'agent A., arrivé au service des renseignements par la voie ordinaire *le 28 décembre 1895* (pièce 83 du dossier secret).

A cette date du 28 décembre 1895, il y a quatorze mois et demi que Dreyfus est arrêté, il y a un an qu'il est condamné, il y a neuf mois qu'il est à l'Ile-du-Diable ; et les actes d'espionnage découverts par le service des renseignements sont encore portés au compte du capitaine juif.

II. — Cette accusation avait été formulée devant la Cour de Cassation, le 21 novembre 1898, par le général Roget (1), dans les termes suivants :

p. 193

Enfin il y a un troisième fait encore plus intéressant : c'est celui qui se rapporte à des renseignements donnés à une puissance étrangère sur l'attribution de l'artillerie lourde aux armées.

Il s'agit du canon de 120 court, qui forme un matériel de gros calibre, destiné à suivre les armées en campagne. Une pièce arrivée au ministère, toujours par la même voie, en octobre ou novembre 1895, montre que l'agent étranger que nous avons désigné sous le nom de A... venait d'avoir connaissance qu'un certain nombre de batteries de 120 avaient été attribuées à la 9° armée ; cet agent exprime dans la même note, à propos de la désignation de la 9° armée, qu'il lui manque une armée, et émet la supposition que, pour tromper, il y a exprès, dans la série des numéros, un numéro qui manque.

Ces renseignements sont parfaitement exacts et montrent que cet agent était bien renseigné. Quant à l'attribution de l'artillerie lourde de la 9° armée, le renseignement venait d'une pièce officielle de l'année 1893. Une note émanant de la 3° direction (direction de l'artillerie) avait été adressée au premier bureau de l'Etat-major de l'armée au sujet de l'affectation des batteries de 120 aux armées. Le premier bureau, après avoir fait un résumé de la question à son point de vue personnel, avait adressé la note de la troisième direction, et la note qu'il en avait extraite à son point de vue, au troisième bureau de l'Etat-major de l'armée, chargé de soumettre la question au Conseil supérieur de la guerre.

L'enquête faite à ce sujet a prouvé que la note de la troisième direc-

(1) Cass., 1899, t. 1-65.

tion avait été étudiée au premier bureau dans la section du commandant Bayle, que c'est le commandant Bayle qui avait fait la note pour le troisième bureau, que Dreyfus travaillait avec le commandant Bayle, et que quand on a recherché la minute de la note du premier bureau, cette minute avait disparu, et jamais on ne détruit de minutes au Ministère de la guerre.

La minute était de la main du commandant Bayle.

M. le commandant Cuignet (1) était revenu sur cette accusation à peu près dans les mêmes termes, dans sa déposition du 6 janvier 1899.

Mais comme il présentait le dossier secret, on avait appelé son attention sur la date du memento de l'agent A.

SUR INTERPELLATION

On a la preuve de l'acte de trahison dont je viens de parler par une note de l'agent A... (pièce 83) parvenue au service des renseignements le 28 décembre 1895.

DEMANDE PAR UN CONSEILLER

D. — Est-il impossible que l'acte de trahison, qui serait établi par le memento parvenu au service des renseignements le 28 décembre 1895 n'ait eu lieu qu'en 1895 ?

R. — Non, évidemment. Cela n'est pas impossible. Je veux seulement faire remarquer que, partout où est passé Dreyfus (Ecole de pyrotechnie, 1ᵉʳ bureau de l'Etat-major, section du commandant Bayle), on a constaté des fuites de renseignements secrets concernant l'artillerie.

III. — Toujours sans ordre d'informer, sans ordre de mise en jugement et sans acte d'accusation concernant cet acte d'espionnage, ce chef d'accusation est repris à Rennes devant le Conseil de guerre. Dans son interrogatoire, le Président questionne Dreyfus sur la minute rédigée au bureau du commandant Bayle et disparue des archives (2). p. 194

Le Président. — Au 1ᵉʳ bureau, vous étiez l'adjoint du commandant Bayle ?

Le Capitaine Dreyfus. — J'ai été sous ses ordres pendant trois semaines.

Le président. — A ce moment, il a étudié la répartition des batteries de 120 entre les différents corps d'armée, il a rédigé une note à ce sujet dont vous avez eu connaissance.

Le Capitaine Dreyfus. — Je ne la connais pas.

Le Président. — Vous travailliez avec lui ; cette note a disparu, on n'a jamais pu la retrouver dans les archives du ministère. Vous n'en avez jamais eu connaissance ?

Le Capitaine Dreyfus. — On n'en a jamais parlé en 1894.

Le général Mercier, énumérant tous les actes d'espion-

(1) Cass., 1899, t. 1, p. 370-371.
(2) Rennes, t. 1-26.

nage qu'il impute à Dreyfus, dit de même dans son réquisitoire (1).

Ajoutez enfin les fuites qui se sont produites à l'Etat-major général et dont je n'ai pas fait mention encore, du premier semestre de 1893, au 1er bureau, d'une note sur l'emploi de l'artillerie lourde de campagne, note en date du 27 mars 1893, dont la copie se trouve encore dans les archives de l'Etat-major général, mais dont la minute a disparu du 1er bureau ; or, cette minute était ou du commandant Bayle, aujourd'hui décédé, ou du capitaine Dreyfus qui lui était adjoint à cette époque. Ajoutez encore qu'en 1895 nous avons été prévenus que l'Allemagne était au courant de la formation de notre artillerie lourde de campagne.

Vainement le colonel Picquart s'efforce-t-il de montrer que l'accusation abuse des articulations tendancieuses et des équivoques.

A un moment donné, dit-il (2), nous avons eu la preuve que A. connaissait les indications contenues dans une note de la direction de l'artillerie, à une date... je ne sais plus laquelle... je crois que c'est en 1896 ; du Paty de Clam s'est immédiatement offert pour procéder à une enquête, et il a été prouvé qu'il s'agissait d'une correspondance entre la direction de l'artillerie et le 1er bureau.

On a dit depuis qu'il s'agissait d'une question dont s'était occupé le commandant Bayle, mort depuis, et avec qui Dreyfus avait travaillé.

Le commandant Bayle avait fait une réponse dont la minute manque.

Je vous avoue que je croirai cela quand on me montrera que la pièce à laquelle on fait allusion a bien été écrite par le commandant Bayle.

Il me semble que si on veut admettre cette indication comme preuve postérieure, c'est à l'accusation à fournir, non pas seulement une indication vague, mais les détails les plus précis sur la manière dont cette pièce a disparu.

p. 195   D'ailleurs, qui prouve que Dreyfus s'est occupé de cette question ? On a dit qu'il avait travaillé à cette pièce. Ici encore, il faudrait le prouver. Il a travaillé à un moment donné avec M. le commandant Bayle, mais est-ce bien à l'époque à laquelle le fait s'est produit ?

J'ai cherché au Ministère de la guerre à avoir des renseignements. A cette époque-là, dès qu'on arrivait aux questions précises, on ne trouvait plus personne. On disait : « C'est évidemment Dreyfus qui a dû faire cela ; oui, il était ici ; oui, il était là... »

Mais quand j'ai voulu arriver à la chose précise — et il faut la chose précise, la date, le jour, le numéro de la pièce, seules indications probantes — on n'est arrivé à rien.

Le général Mercier revient à la charge en ces termes (3) :

M. le colonel Picquart, en faisant allusion à une chose que j'ai dite dans ma déposition relativement à une pièce qui aurait disparu du 1er bureau de l'Etat-major, à une note relative à l'affectation de l'artillerie lourde de campagne aux armées, M. le colonel Picquart a dit que l'enquête à ce sujet avait été faite par le colonel du Paty, et qu'à la pièce dont on

(1) Rennes, t. 1-134.
(2) Rennes, t. 1-413, in fine.
(3) Rennes, t. 1-483.

avait constaté la disparition, on n'avait pas pu assigner de date. L'enquête a été faite, non pas par le colonel du Paty, mais par le lieutenant-colonel Marsaud qui était à ce moment sous-chef du 1er bureau dans lequel devait se faire l'enquête.

Je crois vous avoir dit, dans ma déposition, que cette note sur l'affectation de l'artillerie lourde aux armées, qui avait été faite par le 1er bureau à la suite d'une communication de la 3e direction, cette pièce est datée du 27 mars, et que la copie en existe encore dans les archives du chef d'Etat-major général.

C'est la minute qui a disparu du 1er bureau, datée du 22 mars 1893, et je vous ai dit que cette minute avait été attribuée par l'enquête au commandant Bayle ou au capitaine Dreyfus qui lui était adjoint.

Je précise sur ce point.

Il est à remarquer que le besoin de démentir Picquart a mal servi le général Mercier, car si le colonel Marsaud et le colonel Boucher ont été mêlés à ces recherches de la minute du commandant Bayle, c'est bien le colonel Du Paty qui en a suivi tout l'ensemble, ainsi qu'il l'a reconnu devant la Cour (1).

Après le président dans son interrogatoire, et le général Mercier dans son réquisitoire, les généraux de Boisdeffre et Gonse insistent à leur tour sur cette question de la disparition de la minute rédigée par le commandant Bayle ou Dreyfus au premier bureau.

Le général de Boisdeffre s'exprime ainsi (2) :

Le général de Boisdeffre. — Après le procès et la condamnation, les fuites ont à peu près complètement cessé pendant un an. Cependant, en 1895, on a découvert une nouvelle fuite. C'est un document qui parlait de l'attribution de l'artillerie à une armée, la 9e armée, et auquel était jointe une note indiquant que l'agent étranger était parfaitement renseigné à cet égard, et qu'il se rendait compte qu'on avait sauté évidemment le p. 196 numéro d'une armée.

On fit une enquête pour savoir à quoi se rapportait ce renseignement. Cette enquête prouva que le renseignement remontait à 1893, dans le dernier trimestre.

Au moment où on avait fait la répartition de l'artillerie dans les différentes armées, une note avait été envoyée par la direction de l'artillerie au 1er bureau, lequel avait refait une autre note pour le 3e bureau, et quant on avait recherché cette dernière note au 1er bureau, on s'était aperçu avec étonnement que cette minute avait disparé.

Il se trouvait que la minute en question avait été faite par le commandant Bayle, auquel était adjoint le capitaine Dreyfus, pendant qu'il était au 1er bureau.

(1) Du Paty de Clam. Déposition du 26 mars 1904. Enquête, t. 1. p. 252.
(2) Rennes, t. 1-530.

Et le général Gonse, ancien sous-chef d'Etat-major, doublant la déposition de son ancien chef, répète (1) :

Maintenant nous avons encore le 3ᵉ memento, qui est relatif à l'artillerie de la 9ᵉ armée.

Eh bien ! on a fait des enquêtes là-dessus et on a vu que cela voulait dire que l'artillerie de la 9ᵉ armée manquait en effet. C'était le numéro de l'armée qui manquait.

On a cherché à voir si, en 1895, il y avait des fuites nouvelles ; on n'en a pas trouvé. On a été aux renseignements et on a constaté qu'il y avait eu un échange de notes au moment où on avait organisé les batteries lourdes, c'est-à-dire de 120, entre le 1ᵉʳ, le 3ᵉ bureau et la 3ᵉ direction, dans le but de soumettre la question au Conseil supérieur de la guerre.

On a cherché au 1ᵉʳ bureau, on n'a plus trouvé la minute de la note originale. C'était une note qui avait été faite par le commandant Bayle où par le capitaine Dreyfus, qui était adjoint au commandant Bayle.

Le commandant Bayle est mort, par conséquent on ne peut pas savoir exactement comment la chose s'est passée ; mais enfin il y a là encore quelque chose de caractéristique, bien que ce ne soit qu'une présomption.

IV. — Qu'y avait-il encore derrière ce chef d'accusation réédité à satiété devant le Conseil de guerre par tous les généraux occupant les fonctions de commissaires du Gouvernement ?

Il importe tout d'abord de citer le memento de l'agent A., arrivé le 28 décembre 1895 au service des renseignements, ainsi que l'atteste la date portée sur la pièce par ce service lui-même. Ce memento est ainsi conçu (pièce 83 du dossier secret).

Lettre 3ᵉ direction au sujet du 120 affecté à l'artillerie de la 9ᵉ armée (*ces mots en français dans le texte*). Changé par mégarde (*aus unfersehen wechsellt*) 9ᵉ armée, n'a pas jusqu'à présent. Une armée doit manquer pour tromper. Angleterre-Torpilleurs.

p. 197 La note du service des renseignements, en date du 2 octobre 1897 (pièce 84 du dossier secret), qui donne de ce memento une traduction et un commentaire extraordinairement libres, s'exprime en ces termes (2).

A la fin de 1895, un memento émanant d'un agent étranger, et dont on ne saurait préciser la date, parvenait à l'Etat-major de l'armée.

Ce memento est ainsi conçu :

« Lettre 3ᵉ direction au sujet du 120 affecté à l'artillerie de la 9ᵉ armée. Débrouiller pourquoi la 9ᵉ armée n'en a pas jusqu'à présent. Une armée doit manquer pour tromper. Angleterre- Torpilleurs. »

(1) Rennes, t. 1-546.
(2) Texte cité par le commandant Targe. Enquête, t. 1, p. 124-125.

Abstraction faite d'une question de marine, indifférente dans l'espèce, le memento vise l'organisation de notre artillerie lourde d'armée.

Le bordereau écrit par Dreyfus en 1894, mentionnant *une note sur la manière dont le canon de 120 court s'est comporté* (1), l'agent étranger savait déjà que nos essais de batteries attelées de 120 avaient réussi. Son memento prouve qu'il savait aussi que nous organisions avec ces batteries de 120 une artillerie d'armée, et qu'en principe toutes nos armées en seraient dotées, puisqu'il se propose de débrouiller pourquoi cette affectation n'est pas encore réalisée en ce qui concerne la 9ᵉ armée.

On rechercha dans quels documents avaient pu être puisés des renseignements aussi secrets : 1° sur le principe de l'affectation des batteries de 120 à toutes les armées, y compris la 9ᵉ ; 2° sur la lacune existant dans la série de 1 à 9 sur le numérotage.

Les recherches établirent que ces renseignements auraient pu être tirés d'une note émanant de la 3ᵉ direction, adressée le 23 mars 1893 au 1ᵉʳ bureau de l'État-major de l'armée, et transmise par lui le 27 mars au 3ᵉ bureau. *En même temps le 1ᵉʳ bureau, qui avait besoin de garder trace du contenu de ce document trop long pour être copié* in extenso, *le faisait résumer par un officier. La copie de ce résumé fut adressée au 3ᵉ bureau, et enfermée, ainsi que la note de la 3ᵉ direction, dans l'armoire de fer où ces deux pièces se trouvent encore actuellement.*

La minute du résumé dut être classée dans une armoire à secret de la section du commandant Bayle au 1ᵉʳ bureau. Lorsque le memento parvint à l'État-major général, on chargea le lieutenant-colonel Marsaud, sous-chef du 1ᵉʳ bureau, de vérifier si cette minute était à sa place. *Elle manquait au dossier.* On rechercha quel était officier qui avait pu établir le résumé et en écrire la minute. Cet officier ne pouvait être que le commandant Bayle, officier des plus sûrs, ou son stagiaire. Ce stagiaire était Dreyfus.

V. — Il y a dans cette note une inexactitude matérielle qui paraît, étant donné l'argumentation, avoir été intentionnelle.

Si l'on se reporte à la note du 27 mars 1893 élaborée au 1ᵉʳ bureau, on constate *que ce n'est en aucune façon un résumé de la note de la 3ᵐᵉ direction, destiné à rester comme tel dans les archives du 1ᵉʳ bureau. C'était, tout au contraire, une étude critique de la note de la 3ᵐᵉ direction, étude faite par le 1ᵉʳ bureau pour être soumise au Conseil supérieur de la guerre.*

« Le premier examen du projet de la 3ᵐᵉ direction, dit cette p. 198 note, conduit le premier bureau à présenter les conclusions suivantes : 1°..., 2°..., 3°..., 4°... »

. Il s'agissait donc, en réalité, d'une note ou fiche *annexe* à un dossier complet de présentation au Conseil supérieur de la guerre.

(1) Il est à noter que l'expression « s'est conduite », employée dans le bordereau, est tellement anormale, que le service des renseignements lui-même la rectifie, par mégarde.

Une conséquence matérielle s'en déduisait en ce qui concerne le classement de la minute au 1ᵉʳ bureau. C'est ce qu'expose le capitaine Hallouin, capitaine à l'état-major de l'armée (1) :

> Dans l'espèce, il ne s'agit pas d'une véritable note envoyée directement de bureau à bureau, mais d'une simple fiche annexée à un dossier complet de présentation au Conseil supérieur de la guerre.
>
> Par suite, c'est en vain qu'on a cherché, dans la correspondance du 1ᵉʳ bureau avec les autres bureaux et avec la direction, la trace d'une minute sur laquelle cette fiche aurait été copiée. La minute, si elle existait, devait avoir été classée dans un dossier spécial (notes pour le chef d'Etat-major, rapports au ministre, qui préparent et précèdent la présentation des affaires au Conseil Supérieur de la guerre).

D'autre part, la copie de la note du premier bureau, en date du 27 mars 1893, qui avait été retrouvée au ministère de la Guerre et versée au dossier Dreyfus, à l'appui du commentaire du service des renseignements, présentait certaines particularités ; et ces particularités (absence d'indication du bureau destinataire, absence de toute mention d'enregistrement à l'entrée et à la sortie par les bureaux compétents) étaient bien de nature à guider les recherches de tout officier initié aux pratiques et errements suivis à l'Etat-major de l'armée, ainsi que l'expose le capitaine Hallouin dans sa déposition du 28 mars 1904.

VI. — Comment ces particularités et la teneur même de la note n'avaient-elles pas attiré l'attention du colonel Du Paty et du colonel Marsaud ? Comment, par suite, avait-on cherché la minute précisément là où elle ne devait pas être, c'est-à-dire dans la correspondance de bureau à bureau, au lieu de chercher là où elle devait être, c'est-à-dire dans les rapports au ministre de la Guerre ?

Comment, d'autre part, n'avait-on pas dressé un procès-verbal des recherches faites par les colonels Du Paty, Marsaud et Boucher ? En ce qui concerne les cours de l'Ecole de guerre, procès-verbal des recherches et constatations avait été dressé par le commandant Rollin et le capitaine Cuignet. Ici, aucun procès-verbal n'est rédigé. Le général de Boisdeffre déclare qu'on lui a rendu compte verbalement des recherches faites (2) : il n'a prescrit la rédaction d'aucun rapport.

---

(1) Déposition du 28 mars 1904. Enquête, t. 1, p. 301 *in fine*.
(2) De Boisdeffre, déposition du 25 avril 1904. Enquête, t. 1, p. 484.

Ce rapport ou procès-verbal, précisant les conditions
mêmes des recherches faites et leurs résultats, paraissait p. 199
cependant d'autant plus nécessaire, que *l'affirmation par le
service des renseignements de la disparition de la minute
allait directement à l'encontre des constatations du rapport
du colonel Du Paty de Clam, en date du 31 octobre 1894, par
lequel le colonel rendait compte au ministre de la·Guerre
de ses opérations d'officier de police judiciaire.*

« Les indications contenues dans cette lettre (bordereau),
porte le rapport du colonel Du Paty (1), ayant permis de
circonscrire le champ des investigations au personnel du
Ministère de la guerre, on procéda à une enquête discrète
parmi le personnel permanent de l'Etat-major de l'armée.
*De cette enquête, il résulta 1° qu'aucun document secret
n'avait disparu ; 2°... »*

De même qu'au ministère de la Marine une enquête avait
eu lieu lors de l'affaire Greiner pour la constatation de l'existence aux archives ou de la disparition des document secrets,
de même au ministère de la Guerre, le colonel Du Paty,
après l'arrivée du bordereau, avait fait procéder à une vérification analogue ; et cette vérification avait dû se faire avec
plus de minutie encore dans les bureaux où Dreyfus, l'officier arrêté, avait été stagiaire. Le colonel Du Paty constate
cependant, dans son rapport sur ses opérations, que d'après
les résultats de son enquête aucun document secret n'a disparu.

Et trois ans plus tard on constate qu'un document secret,
en minute, a précisément disparu d'un des bureaux où
Dreyfus avait travaillé. *N'était-on pas autorisé de dire en ces
conditions, que la fuite du document avait eu lieu nécessairement après l'arrestation de Dreyfus ?*

Il fallait évidemment, en un cas semblable, dresser un
procès-verbal constatant les circonstances dans lesquelles on
avait procédé à des recherches nouvelles, les indications
matérielles qui avaient guidé les nouveaux enquêteurs, et
les raisons expliquant l'erreur singulière du colonel Du
Paty dans son rapport de 1894 ?

Au lieu d'un rapport ou procès-verbal régulier, une fiche,
laconique et significative mais anonyme, avait été purement

---

(1) Rapport Bard, p. 23.

et simplement épinglée sur la copie de la minute du commandant Bayle.

Cette fiche au crayon bleu était ainsi conçue :

« *La minute de cette note, faite par Dreyfus au 1er bureau, n'a pas été retrouvée lors de l'enquête : son contenu a été porté en partie à la connaissance des Allemands. On en a la preuve écrite.* »

VII. — Que dissimulaient donc encore ces étranges manières de procéder et ces irrégularités substantielles ?

p. 200 Le commandant Targe le fait connaître dans sa déposition du 21 mars 1904 (1) :

Il est fait allusion (dans les dépositions faites contre Dreyfus) à une enquête qui aurait été faite au Ministère de la guerre après la réception du memento de l'agent étranger. Il ne reste aucune trace officielle de cette enquête. Seule, une fiche au crayon bleu, non datée, de la main du colonel Boucher, indique que la minute serait de Deyfus.

Or, Messieurs, *les recherches antérieures n'ont pas dû être faites avec le grand désir de trouver, car il a fallu à peine quelques instants de recherches pour retrouver dans les archives du 1er Bureau, dans un carton portant la suscription :* « *Rapports aux Ministres, Notes au chef d'État-Major* », *une copie de la note en question. Cette note porte au crayon de la main du commandant Bayle, le mot* « MINUTE » *et l'examen de nombreuses pièces de comparaison montre que le commandant Bayle ne gardait pas ses brouillons primitifs et inscrivait lui-même le mot minute sur les pièces qu'il gardait comme minutes définitives.*

Enfin, cette mention du mot « minute » *par le commandant Bayle n'a pas été mise pour être soumise à la Cour de cassation, ni pour les besoins de la cause ; elle est forcément antérieure à l'arrivée même du memento de l'agent étranger au Ministère de la guerre. Ce memento est arrivé le 28 décembre 1895, et le commandant Bayle a quitté l'État-major de l'armée le 3 juillet 1895 ; il est mort le 20 novembre de la même année.*

J'en tire la conclusion suivante :

1° *Dreyfus n'avait pas écrit la minute*, mais surtout

2° *Aucune minute n'avait disparu des archives du 1er bureau de l'État-major de l'armée au Ministère de la guerre.*

Le dossier que je verse comprend les rapports adressés par le chef d'État-major de l'armée sur cette question : les documents annexés à ces rapports traitent de questions secrètes de mobilisation. Ils seront joints au dossier secret.

Le capitaine Hallouin a confirmé les déclarations du commandant Targe (appuyées d'ailleurs sur les documents produits), en indiquant dans tous les détails comment la minute du commandant Bayle avait été retrouvée (2), et retrouvée très facilement d'après les mentions mêmes de la copie que l'on possédait.

(1) Targe. Déposition du 21 mars 1904. Enquête, t. 1, p. 126.
(2) Hallouin. Déposition du 28 mars 1904. Enquête, t. 1, p. 301.

VIII. — Cette révélation capitale dispenserait sans doute de toute autre observation.

Cependant, pour montrer jusqu'à quel point la passion a toujours en cette affaire dénaturé, par de prétendues argumentations, les pièces servant de base aux accusations, il importe, en terminant, de rapprocher et de comparer entre eux le memento de l'agent A. reçu le 28 décembre 1895, et la minute du commandant Bayle du 27 mars 1893.

Le memento de l'agent A. fait connaître expressément qu'il a entre les mains un document de la 3ᵉ direction au p. 201 *sujet du 120 affecté à l'artillerie de la 9ᵉ armée.*

Le service des renseignements soutient, *contrairement aux expressions mêmes de ce memento, que le document dont* l'agent A. est en possession *n'est pas un document de la 3ᵉ direction (direction de l'artillerie), mais un résumé de ce document fait dans un bureau de l'Etat-major où Dreyfus a été stagiaire.*

Ce postulatum serait déjà par lui-même inadmissible, quand bien même la minute du commandant Bayle constituerait un résumé de la note de la 3ᵉ direction, comme l'allègue le service des renseignements pour les besoins de sa thèse.

Mais cette affirmation est elle-même inexacte : *la minute du commandant Bayle ne constitue pas un résumé de la note de la 3ᵉ direction* : c'est un travail original du 1ᵉ bureau. L'exposant l'a déjà fait remarquer ; et le capitaine Hallouin l'observe de même, et en déduit les conséquences.

Après avoir invité la Cour à se reporter au travail du commandant Bayle, il continue en ces termes (1) :

Vous y verrez que le 1ᵉʳ bureau ne s'est pas contenté d'analyser les propositions du service de l'artillerie, mais qu'il a émis un avis, posé des conclusions, touchant ces propositions.

Dans le cas où l'agent A aurait véritablement reçu une note contenant les appréciations du 1ᵉʳ bureau, portant l'*attache* de l'Etat-major, *attache* à laquelle il tenait par-dessus tout, pourquoi cet agent eût-il employé, dans son memento, l'expression inexacte « lettre ou note de la 3ᵉ direction », au lieu d'écrire simplement : « Note de l'Etat-major ».

Si le memento est authentique, tout porte à croire que c'est bien une note de la 3ᵉ direction qui est tombée entre les mains de l'agent A., puisqu'il l'affirme lui-même, et non pas une note du 1ᵉʳ bureau.

Tout est donc faux dans le système si péniblement cons-

(1) Déposition du 28 mars 1904. Enquête, t. 1, p. 302.

truit contre Dreyfus, et le fait matériel de la disparition de la
minute Bayle, et le caractère attribué au travail du commandant Bayle, et l'argumentation bâtie sur le memento de
l'agent A.

IX. — Enfin il y a lieu, pour conclure sur ce point, de
rappeler à l'attention de la Cour la date d'arrivée du memento
de l'agent A., parvenu au service des renseignements par la
voie ordinaire, le 28 décembre 1895.

Dans une réponse à un questionnaire du général Gonze,
d'avril 1898, on lit :

Peut-on affirmer que les pièces arrivant par la voie ordinaire ne dataient jamais de plus d'un mois ?

p. 202   Réponse de la main d'Henry.

*D'une manière générale, les pièces ne dataient que d'un mois ou cinq
semaines au plus, quelquefois de deux ou trois jours seulement* (1).

Une vérification a été faite à la demande de M. le Procureur général.

Le chef du 2me bureau de l'État-major général de l'armée
a procédé à un relevé complet de toutes les pièces secrètes
arrivées par la voie ordinaire pendant tout un semestre (premier semestre 1895). *Leur date était toujours très voisine de
la date d'arrivée au service des renseignements* (2) ; la Cour
sait d'ailleurs aujourd'hui exactement d'où provenaient les
documents secrets recueillis par cette voie : forcément ils
devaient toujours être de date récente.

Il n'est donc plus possible d'abuser les esprits, en alléguant que le memento arrivé le 28 décembre 1895 pouvait être
considéré comme ayant *plus de quinze mois de date*.

*L'acte d'espionnage révélé par le memento se plaçait en
conséquence, au plus tôt en novembre 1905, plus d'un an
après l'arrestation de Dreyfus. Il ne pouvait constituer une
charge contre l'officier israélite : il prouvait, au contraire,
que le fournisseur de l'agent A., si singulièrement protégé
par les passions antisémites et l'extraordinaire aveuglement
du service des renseignements, continuait tranquillement
son trafic après l'incarcération du capitaine juif.*

X. — Des révélations nouvelles de l'instruction il résulte

(1) Voy. Targe. Déposition du 13 juin 1904. Enquête, t. I, p. 983.
(2) *Ibid.*, p. 984.

donc que, pour faire retomber sur Dreyfus un acte d'espionnage se manifestant quinze mois après son arrestation, le service des renseignements avait imaginé la disparition d'une minute se trouvant toujours au Ministère, exactement à la place qu'elle devait occuper, et où on ne l'avait pas cherchée ; qu'il avait dénaturé le memento de l'agent A., inexactement traduit et faussement commenté ; qu'il avait dénaturé le travail du 1er bureau auquel il avait attribué un caractère tout différent de son caractère réel ; qu'il avait attribué faussement à Dreyfus la rédaction d'une minute émanant en réalité du commandant Bayle ; qu'il avait ainsi, par ses extraordinaires négligences ou ses manœuvres, fait rejeter sur la tête du capitaine israélite, un acte d'espionnage commis plus d'un an après l'arrestation de Dreyfus, par le correspondant de l'agent A.

SECTION IX

p. 203

ORGANISATION MILITAIRE DES CHEMINS DE FER

La pièce n° 26 du dossier secret. — L'accusation à Rennes. — Nombreux témoignages produits à l'appui de ce chef d'accusation. — Révélations nouvelles : le commentaire du dossier secret établi par Du Paty en 1894. — Les copies de la pièce 26 faites le 1er avril 1895 par Gribelin. — Les bordereaux du colonel Sandherr. — La pièce 26 et son annexe la pièce 267. — Henry avait porté la date d'avril 1894 sur une pièce écrite le 28 mars 1895 à 3 heures du soir — Raison de la date fausse d'avril 1894 et époque de la falsification. — Le général Mercier déclare à la Cour que la pièce 26 ne prouve aucune trahison. — Motifs de cette déclaration. — Les témoins à charge du procès de Rennes se trouvent aujourd'hui avoir fait des témoignages prouvant l'innocence et la loyauté de l'accusé.

I. — Commentant le dossier secret devant la Chambre criminelle, M. le commandant Cuignet, dans sa déposition du 5 janvier 1899 (1), avait appelé l'attention de la Cour sur la pièce n° 26 de ce dossier.

_____

(1) Cass., 1899, t. 1-359.

Cette pièce, lettre de B. à A., est parvenue par la voie ordinaire au service des renseignements, et porte à l'encre rouge, de la main d'Henry, la date d'avril 1894. Elle est ainsi conçue :

Mon cher,

J'ai reçu. Merci. Il faut que vous ayez l'obligeance de m'envoyer de suite ce que vous avez copié, car il est nécessaire que je finisse, parce que pour le 31 je dois envoyer à Rome ; et avant ce temps-là, vous avez encore à copier la partie copiée par moi. *Je vous annonce que j'aurai l'organisation des chemins de fer.*

Alexandrine.

Comme commentaire, le commandant Cuignet disait à la Cour :

Je fais simplement remarquer que Dreyfus, au moment où la pièce est arrivée au service des renseignements (avril 1894) venait de quitter le 4º bureau de l'Etat-major de l'armée (service militaire des chemins de fer), où il avait accompli un stage de six mois (du 1ᵉʳ juillet au 31 décembre 1893).

II. — Sans ordre d'informer, sans ordre de mise en jugement et sans acte d'accusation, Dreyfus est encore, dans les nombreux réquisitoires qu'il subit, accusé devant les juges de Rennes d'avoir livré à l'agent B., et par suite à l'agent A., l'organisation militaire des chemins de fer.

Le général Mercier précise l'accusation ainsi qu'il suit (1):

p. 204   Peu après, à la même époque, c'est-à-dire au premier trimestre 1894, on a saisi aussi une lettre du commandant Panizzardi, adressée au colonel de Schwartzkoppen, dans laquelle il le prévient qu'il va avoir à sa disposition l'organisation militaire des chemins de fer français. *Eh bien, cette organisation militaire des chemins de fer français ne pouvait provenir que du 4º bureau.* Or, le capitaine Dreyfus avait été au 4º bureau pendant tout le deuxième semestre 1893. Cette lettre du commandant Panizzardi est du commencement de 1894.

Le capitaine Dreyfus était non seulement au 4º bureau, mais il était attaché à la section technique qui était la plus importante au point de vue des transports stratégiques, et à la fin de son stage au 4º bureau on avait fait aux stagiaires une conférence sur l'organisation militaire des chemins de fer français, conférence qui ne se faisait que tous les ans à la fin du stage accompli par les officiers détachés dans ce bureau.

C'est encore par cette accusation que le général Mercier termine sa discussion technique sur le bordereau, à laquelle elle sert de point d'appui. Avec le bordereau en effet, Dreyfus livrait une note sur les troupes de couverture : cette note était le complément naturel de la livraison de l'organisation

(1) Rennes, t. 1-81.

des chemins de fer par lui faite en avril 1894, au moment où il quittait le 4ᵉ bureau.

Ajoutez enfin cette fuite, disait le général Mercier, que je vous ai déjà signalée au 4ᵉ bureau, lorsque B. écrit à A. : « *Je vais être mis en possession de l'organisation militaire des chemins de fer français* » exactement au moment où Dreyfus quittait le 4ᵉ bureau et avait été mis lui-même au courant de cette organisation (1).

La lettre de B. à A., d'avril 1894, est si accablante pour Dreyfus, aux yeux du général Mercier, qu'il déclare (2) l'avoir fait joindre au dossier secret communiqué au Conseil de guerre de 1894, à l'insu de la défense. Cette déclaration certifie encore pour les juges de Rennes la date d'avril 1894 attribuée à la lettre de B. à A. (pièce n° 26, connue sous le nom de lettre des chemins de fer).

Le commandant Cuignet (3) revient sur cette accusation ; l'organisation militaire des chemins de fer, dit-il, ne peut être connue qu'à l'Etat-major, et Dreyfus seul a pu livrer ces documents confidentiels.

Antérieurement à la lettre Davignon, dépose-t-il, nous avions reçu une autre lettre dont j'ai oublié de parler ; c'est une lettre écrite par l'agent B· à l'agent A., dans laquelle B. indique qu'il va recevoir l'organisation des chemins de fer. *Or, on ne peut avoir l'organisation des chemins de fer qu'à l'Etat-major de l'armée.* En dehors de l'Etat-major de l'armée, il n'y a pas de service de chemins de fer, et à l'Etat-major ce service est exécuté au 4ᵉ bureau. La lettre à laquelle je fais allusion est du commencement de 1894, et le capitaine Dreyfus a quitté le 4ᵉ bureau de l'Etat-major de l'armée au mois de décembre 1893.

Le général de Boisdeffre (4) et le général Gonse (5) rap- p. 205 pellent à leur tour le même acte d'espionnage à la charge de Dreyfus.

III. — Pour corroborer l'accusation basée sur la pièce 26 du dossier secret, nombre de témoins étaient venus attester la connaissance approfondie que Dreyfus possédait de notre organisation militaire des chemins de fer, et l'intérêt qu'il portait à cette question.

C'était le capitaine de Pouydraguin qui, dans une attestation lue par le général Mercier (6), certifiait les connaissances

(1) Rennes, t. 1-134.
(2) Rennes, t. 1-483.
(3) Rennes, t. 1-497.
(4) Rennes, t. 1-518.
(5) Rennes, t. 1-545.
(6) Rennes, t. 1-114.

de Dreyfus en ce qui concerne la concentration, ajoutant, il est vrai, qu'il n'avait attaché aucune importance à l'incident par lui rapporté, cet incident ne révélant rien de spécial à Dreyfus.

C'était le général Vanson qui délivrait au général Mercier une attestation de même nature (1). Lui aussi d'ailleurs, comme le capitaine de Pouydraguin, faisait remarquer que les faits par lui rapportés démontraient les connaissances acquises par Dreyfus sur les questions de concentration, et rien de plus.

C'était le général Fabre (2) qui était venu déclarer à la barre du Conseil de guerre que Dreyfus, stagiaire d'Etat-major, *s'instruisait trop en ce qui concerne l'organisation des chemins de fer !*

C'était le colonel Bertin-Mourot à son tour qui affirmait (3) un fait d'ailleurs reconnu par Dreyfus lui-même (4), à savoir que les graphiques des chemins de fer concernant la mobilisation avaient été à la disposition de l'accusé.

C'était le capitaine Boullenger (5), qui attestait lui aussi les connaissances de Dreyfus sur ces questions de chemins de fer.

C'était le commandant Maistre (6), qui faisait une déposition de même nature.

C'était le commandant Roy (7), qui attestait à son tour la curiosité manifestée par Dreyfus pour ces questions.

C'était le capitaine Junck (8), qui témoignait de la science acquise par Dreyfus à cet égard.

C'était le général Roget qui, revenant sur le même fait, rappelait que le capitaine Linder, en 1893, au 3ᵉ bureau, avait chargé Dreyfus de dessiner trois cartes de la concentration et de la mobilisation des armées (9).

p. 206   C'était le commandant Cuignet qui, avant de présenter son accusation basée sur la pièce n° 26, rapportait en ces ter-

(1) Rennes, t. 1-111.
(2) Rennes, t. 1-569.
(3) Rennes, t. 2-44.
(4) Rennes, t. 2-46.
(5) Rennes, t. 2-74.
(6) Rennes, t. 2-84.
(7) Rennes, t. 2-92.
(8) Rennes, t. 1-639.
(9) Rennes, t. 1-290 et 318.

mes un fait personnel destiné à mettre ladite accusation en relief (1).

Ainsi que je l'ai dit tout à l'heure, j'étais titulaire à l'Etat-major de l'armée alors que le capitaine Dreyfus y accomplissait un stage pendant le deuxième semestre de 1893. J'étais affecté au service central du 4ᵉ bureau et, entre autres attributions, j'avais à traiter les questions qui se rapportaient au point de vue des chemins de fer, au dispositif des mines établies sous les voies ferrées pour interrompre la circulation au moment opportun. Je n'ai pas à insister sur le caractère secret des questions de cette nature.

Le capitaine Dreyfus était stagiaire au réseau de l'Est, et son chef direct, M. le commandant Berlin, m'avait chargé de l'étude des mêmes questions, spécialement pour le réseau de l'Est. Le capitaine Dreyfus ne possédait que les renseignements relatifs à son réseau, et non l'ensemble des renseignements que détenait le service central. Un jour, le capitaine Dreyfus vint me trouver et me demanda de lui communiquer l'ensemble des indications que je possédais. Il motiva sa demande par le désir qu'il avait de s'instruire et par la nécessité où il se trouvait, disait-il, de connaître l'ensemble de la question, pour mieux exécuter le travail qui lui était confié. Je lui répondis que cette nécessité ne me paraissait pas évidente, et qu'en tout état de cause, il ferait mieux de s'adresser à son chef direct, M. le commandant Berlin. Il prétexta que le commandant Berlin lui refusait toute espèce de renseignements. Néanmoins, je n'accédai pas à sa demande.

Il revint à la charge plusieurs jours de suite, si bien que, obsédé par ses démarches, n'ayant d'ailleurs aucune raison de me défier de lui, attendu que par sa situation il connaissait déjà bien des secrets, je finis par entrer dans des explications que je supposais d'abord devoir être courtes, mais qui, peu à peu, devinrent l'objet d'une véritable conférence. Le capitaine Dreyfus se montra très intéressé. Il prit de nombreuses notes. Moins d'un an plus tard, une perquisition fut faite à son domicile par le commandant du Paty de Clam. Ces notes ne furent pas retrouvées. On a retrouvé ses cours, ses travaux à l'Ecole de guerre. Que sont devenues ces notes? Je l'ignore. Il est difficile d'admettre qu'il les ait détruites, étant donnée l'importance qu'il semblait attacher aux renseignements qu'elles contenaient et l'insistance qu'il avait mise à les obtenir.

Cette articulation tendancieuse avait, il est vrai, manqué son effet, en présence de la déclaration faite par Dreyfus (2) et confirmée par le colonel Berlin (3) : les renseignements sollicités du commandant Cuignet lui avaient été demandés par Dreyfus, sur l'ordre de son chef, le colonel Berlin lui-même.

C'était ensuite le garde Ferret (4), qui, muet en 1894, s'était subitement souvenu, en 1899, sur l'invitation du général Mercier, qu'il avait vu, à la fin de 1893, Dreyfus vers une

(1) Rennes, t. 1-486.
(2) Rennes, t. 1-516.
(3) Rennes, t. 2-42.
(4) Rennes, t. 2-30.

p. 207 heure de l'après-midi, avec un personnage habillé en civil, dans le bureau du Ministère de la guerre où s'étudiait l'organisation des chemins de fer, bureau auquel Dreyfus était d'ailleurs alors affecté.

C'était enfin le témoin Cernuszki (1) qui lui, avait vu, de ses yeux vu les graphiques des chemins de fer de l'Est et de P. L. M., en vue de la mobilisation, avec tous les renseignements y afférents, entre les mains d'un officier supérieur d'une puissance centrale de l'Europe : et cet officier supérieur, s'enfuyant de France quelque temps avant l'arrestation de Dreyfus, lui avait dit que son informateur à l'Etat-major général était le capitaine Dreyfus !

Le commandant Carrière enfin, dans son réquisitoire, passant en revue les pièces du dossier secret, s'exprimait en ces termes sur la pièce 26 (2) :

Avril 1894 (n° 26) B. à A... il lui annonce qu'il va recevoir l'organisation des chemins de fer français, au point de vue technique militaire, bien entendu ; ce n'est pas le journal des chemins de fer courant. Eh bien, où peut-on prendre cela ? Si on me demandait cela, à moi, où irais-je le prendre ? Je n'en sais rien ; je ne le prendrais nulle part, à coup sûr. Si on le demandait aux juges qui siègent ici, qui sont des techniciens dans leur partie, si on leur demandait des renseignements comme ceux-là, croyez-vous qu'ils les fourniraient ? Non, ils ne pourraient pas les fournir parce qu'ils ne les ont pas. Esterhazy était-il plus capable qu'eux ? Non. S'il a servi d'intermédiaire à Dreyfus, je le veux bien ; mais celui-là seul peut fournir un document qui peut l'avoir sous la main, qui peut se le procurer à sa source, là où il est. Ce ne sont pas des documents de commerce, cela.

Cette accusation illégalement relevée contre Dreyfus d'avoir livré l'organisation militaire des chemins de fer, avait donc en fait pris une place capitale dans les débats de Rennes.

IV. — Quelles sont, sur ce point encore, les révélations de l'instruction ?

Tout d'abord il était inexact que la pièce d'avril 1894 (n° 26 du dossier secret) eût été communiquée aux juges du Conseil de Guerre de 1894, ainsi que l'avait affirmé le général Mercier devant les juges de Rennes (3).

La découverte du commentaire rédigé par le colonel Du Paty pour l'interprétation du dossier communiqué secrète-

(1) Rennes, t. 3-314.
(2) Rennes, t. 3-585.
(3) Rennes, t. 1-483.

ment aux juges de 1894 en fournit la preuve certaine : il n'y est aucunement question de la lettre de B. à A. annonçant la prochaine livraison de l'organisation des chemins de fer.

Aussi le général Mercier, dans sa déposition du 26 mars 1904, n'a-t-il plus maintenu devant la Cour l'affirmation qu'il avait portée sur ce point devant le Conseil de guerre de Rennes. Il allégua qu'il avait été trompé par ses souvenirs (1). p. 208

Mais il devient alors inexplicable que cette pièce, si accablante pour Dreyfus, comme on l'a répété à satiété devant le Conseil de guerre de Rennes, n'ait pas été produite devant le Conseil de guerre de Paris en 1894.

La pièce est arrivée, dit l'accusation, au service des renseignements en *avril 1894. C'est cette date d'avril 1894 que porte également la pièce « ce canaille de D... », soumise secrètement aux juges de 1894. C'est en avril 1894 que, pour les besoins de l'accusation, on plaçait alors le bordereau,* sur lequel reposait l'accusation ostensible soumise à ces mêmes juges.

A ces mêmes juges encore, *les rapports Guénée* (?) *et le témoignage d'Henry* font, d'autre part, connaître qu'il y a un traître parmi les officiers de l'Etat-major *au printemps 1894.* Toutes ces circonstances donnaient un intérêt capital à la pièce d'*avril 1894* révélant la livraison de l'organisation des chemins de fer ; et cette pièce décisive est cependant distraite du dossier par le service des renseignements. Elle n'est pas, comme les autres, soumise aux juges de 1894 !

Manifestement, il faut en conclure que si la pièce n'a pas été produite avec la pièce « ce canaille de D... », la pièce Davignon, le memento de l'agent A. et le commentaire de Du Paty, *c'est qu'elle n'était pas à cette époque entre les mains du service des renseignements.*

La déduction à tirer des constatations faites sur le commentaire retrouvé du colonel Du Paty, *c'est donc que la date d'avril 1894, portée sur la pièce des chemins de fer comme date d'arrivée de ladite pièce au service des renseignements, est une date fausse.*

V. — L'exactitude de cette conclusion, à laquelle condui-

(1) Mercier, déposition du 26 mars 1904. Enquête, t. 1, p. 258.

sent nécessairement les constatations faites sur le commentaire soumis aux juges de 1894, a, d'autre part, été matériellement établie. Toute une série de faits matériels absolument concordants, révélés dans l'instruction de la Chambre criminelle, ont indiscutablement démontré que la pièce sur laquelle Henry avait frauduleusement inscrit la date d'*avril 1894* comme date d'arrivée au service des renseignements, avait été écrite par son auteur *le 28 mars 1895*, et que, quatre jours après, elle était entre les mains du service des renseignements. Le 1ᵉʳ avril 1895, le colonel Sandherr en envoyait une copie au ministre de la Guerre et au chef d'Etat-major avec d'autres pièces arrivées le même jour, et notamment avec une lettre de B. à A., faisant précisément suite à la lettre dite des chemins de fer. Les deux bordereaux, adressés l'un au ministre de la Guerre, l'autre au chef de l'Etat-major, ont été retenus par la Cour avec leur contenu (copies faites par Gribelin des pièces saisies par le service des renseignements).

p. 209

M. le commandant Targe a résumé, dans sa déposition du 19 mars 1904 (1), à propos du rapport Gonse-Wattinne, les constatations faites par la Cour elle-même, contradictoirement avec lui. Il s'est exprimé en ces termes :

... Le sixième rapport est le rapport Gonse-Wattinne ; il est daté du 1ᵉʳ juin 1898 ; nous y voyons apparaître, sous le n° 59, la pièce « des chemins de fer », avec la mention : « Reçue en avril 1894 », et on souligne que cette pièce est accusatrice de Dreyfus. Nous y voyons aussi figurer, sous le n° 104, la pièce 267, avec la mention : « Reçue en avril 1895. »

Je crois, à cette occasion, Messieurs, devoir résumer tous les arguments qui ont été donnés à des séances précédentes, et surtout en Chambre du Conseil, au sujet de la date exacte de la pièce 26.

Je prétends établir deux points : 1° que la pièce 26 a été matériellement altérée, et 2° que cette pièce est de 1895 et non de 1894.

Dans le rapport du ministre en date du 19 octobre 1903, nous vous disions : « Je possède la preuve que la pièce a été réellement écrite le 28 mars 1895 » ; et, dans la note 11, jointe audit rapport, nous ajoutions : « Cela résulte de la découverte de la copie faite à l'arrivée de ladite pièce, copie de la main de M. Gribelin, contenue dans un bordereau établi le 1ᵉʳ avril 1895 et signé du lieutenant-colonel Sandherr. »

I. Je dis d'abord que la pièce 26 a été *matériellement altérée*. En effet :

1° La copie faite par Gribelin porte, en haut, l'indication : « 28 mars, 3 heures du soir. » Cette indication n'existe plus sur l'original ;

2° L'examen de la pièce, la filigrane du papier, sa comparaison avec des pièces écrites sur du papier semblable (notamment la pièce 267), montrent avec évidence que le haut de la pièce a été enlevé.

L'altération matérielle de la pièce 26 est donc établie.

II. Je vais établir maintenant le deuxième point, à savoir : que la

(1) Targe, déposition du 19 mars 1904. Enquête, t. I, p. 52.

pièce 26 est du 28 mars 1895 comme la pièce 267. Voici les arguments que je puis donner comme démonstration :

1° M. Gribelin a copié la pièce 26 en 1895 ; cela résulte de la mention, de sa main, « 1er avril 1895 » mise sur la chemise renfermant, dans le bordereau du 1er avril 1895, les copies des deux pièces 26 et 267 du dossier secret ;

2° Le bordereau signé Sandherr, qui contient ces pièces, est du 1er avril 1895 ; or, un bordereau transmet tous les jours ou tous les deux jours au ministre les pièces arrivées depuis l'établissement du bordereau précédent, cela a été constaté par la délégation de la Cour, qui a procédé au dépouillement de la série complète des bordereaux de 1893 à 1900, qui avait été mise sous scellés au ministère de la Guerre ;

3° La pièce 267 est du 28 mars 1895 à 6 heures du soir, et elle a été communiquée au ministre le 1er avril 1895. Cela est établi :

a) Par la mention à l'encre rouge portée au bord inférieur gauche, par le service des renseignements « 28 mars 1895 » ;

b) Par la mention au crayon portée au bord inférieur gauche par le service des renseignements : « Ministre, Etat-major, 1er avril 1895. »

c) Enfin, cette pièce 267 figure, comme je l'ai déjà dit, avec le n° 104 au p. 210 rapport Wattinne avec la mention « Reçue en avril 1895 ». — « Lettre de B. à A. relative au télémètre. Signé : Alexandrine » ;

4° Comme dernier argument, l'examen du texte des pièces 26 et 267 montre sans contestation possible qu'elles sont du même jour. Voici le texte de la pièce 26 :

28 MARS, 3 HEURES DU SOIR,

MON CHER,

J'ai reçu, merci.

Il faut que vous ayez l'*obligeance de m'envoyer de suite ce que vous avez copié*, car il est nécessaire que je finisse, parce que pour le 31 *je dois envoyer à Rome, et avant ce temps vous aurez encore à copier la partie copiée par moi.* Je vous annonce que j'aurai l'organisation des chemins de fer.

Signé : ALEXANDRINE.

Et la pièce 267 est ainsi conçue :

28 MARS, 6 HEURES DU SOIR,

Je vous prie, mon cher ami, de *m'envoyer ce que vous avez copié du télémètre, car comme je vous le disais dans la lettre que mon domestique vous a apportée aujourd'hui à 3 heures, j'en ai besoin, devant envoyer le tout à Rome, et remarquant que dans ce même temps vous aurez aussi à copier les parties que j'ai copiées moi-même.*

Si à 9 heures de demain Charles n'est pas venu, j'enverrai le mien chez vous.

Tout à vous,

Signé : ALEXANDRINE.

La pièce 26 est donc incontestablement du 28 mars 1895, 3 heures du soir.

D'autre part Gribelin, dans sa déposition du 21 mars 1904, a d'abord formellement reconnu que la date *avril 1894* avait été portée sur la pièce 26 par la main d'Henry (1). Il recon-

(1) Gribelin. Déposition du 21 mars 1904. Enquête, t. 1, p. 141 et 142.

nut aussi formellement avoir fait les deux copies des deux lettres de B. à A. (pièces 26 et 267), le même jour, soit le 1er avril, soit le 31 mars 1895.

D'autre part encore, et pour ne laisser subsister aucune équivoque possible, M. le Procureur général a demandé le relevé des dates de tous les documents secrets compris dans les bordereaux, adressés comme bulletin au Ministre par le service des renseignements, pendant tout le premier semestre 1895. Ce relevé a été fait par le chef du 2e bureau de l'Etat-major, et il est versé aux débats. On y constate que toutes les pièces communiquées étaient d'une date très voisine de la date d'envoi du bulletin des renseignements (1).

Cette constatation concorde rigoureusement avec une déclaration d'Henry, faite en avril 1898 au général Gonse, qui p. 211 cherchait à préciser la date probable du bordereau d'après sa date d'arrivée au service des renseignements.

« D'une manière générale, déclare Henry, les pièces ne dataient jamais que d'un mois ou cinq semaines au plus ; quelquefois de deux ou trois jours seulement » (2).

La déclaration d'Henry est d'ailleurs corroborée par celles de toutes les personnes ayant participé au service de « la voie ordinaire ». L'agent Brucker, la femme Bastian et Gribelin (3) ont tous trois témoigné en ce sens. Le mode de fonctionnement de ce service ne pouvait livrer aux agents que des pièces de date récente.

VI. — Il n'est donc pas possible d'échapper, par une équivoque quelconque, aux conséquences des constatations matérielles faites par la Cour. *La pièce 26 est arrivée au service non pas en avril 1894, mais le 31 mars ou le 1er avril 1895 ; et elle avait été écrite par l'agent B. le 28 mars 1895, à 3 heures du soir. La main criminelle d'Henry avait arraché la partie supérieure de la lettre qui portait la date inscrite par son auteur l'agent B., puis elle avait inscrit dans le bas comme date d'arrivée au service, « avril 1894 », afin de pouvoir appliquer le document à Dreyfus.*

Ces falsifications de date étaient au surplus l'une des fraudes habituelles d'Henry dans son service. On le voit encore

(1) Targe. Déposition du 13 juin 1904. Enquête, t. 1, p. 984.
(2) Targe. Déposition du 13 juin 1904. Enquête, t. 1, p. 983.
(3) Enquête, t. 1, p. 306, 309 et 140.

user du même procédé contre Picquart, et falsifier des dates d'extraits de journaux, afin de faire croire que l'enquête de Picquart sur Esterhazy avait précédé l'arrivée du « petit bleu », et que, par suite, ce « petit bleu » devait avoir été fabriqué par Picquart pour les besoins de la cause (1).

La falsification de la pièce 26 a eu lieu évidemment au moment de l'élaboration du rapport Gonse-Wattinne, puisqu'on ne voit cette pièce figurer dans aucun des cinq rapports antérieurs donnant l'énumération des documents secrets à la charge de Dreyfus (2).

C'est dans ce rapport qu'elle apparaît pour la première fois. C'est au moment où il faisait le triage des pièces pour le travail de M. Wattinne, qu'Henry se livrait à ces falsifications en grand. C'est à ce moment que M. Wattinne appelait l'attention d'Henry sur la nécessité d'une vérification méticuleuse, la découverte d'un seul faux devant avoir pour conséquence fatale l'écroulement de l'accusation. C'est à ce moment qu'après avoir audacieusement falsifié la plupart des pièces (quand il ne les fabriquait pas entièrement lui-même), il répondait à M. Wattinne inquiet : « Vous pouvez être bien tranquille, marchez donc carrément (3). » p. 212

Quant à la date choisie, *avril 1894*, elle s'explique facilement : c'est *au mois d'avril 1894* que, pour les besoins de l'accusation, on avait alors placé la date du bordereau. Aussi voit-on de même porter la fausse date du *16 avril 1894* sur la pièce « ce canaille de D... », écrite en 1892 ; aussi voit-on, dans les faux rapports de Guénée fixer au *printemps 1894* l'affirmation de l'existence d'un officier traître à l'Etat-major ; substituer l'initiale D à l'initiale P.

L'époque de l'élaboration du rapport Gonse-Wattinne, sur pièces choisies par Henry (4), est le moment de la grande fabrication des faux. Lorsque, pour édifier le système d'accusation présenté en 1898-1899 à la Cour de Cassation, on a changé la date du bordereau pour la transporter d'avril à septembre 1894, Henry n'était plus là.

Aussi ne trouve-t-on pas, dans le dossier secret, de pièces

(1) Cass., 1899, t. 1-147. Picquart.
(2) Targe. Déposition du 19 mars 1904. Enquête, t. 1, p. 50 et 52.
(3) Wattinne, déposition du 4 juin 1904. Enquête, t. 1, p. 867 et 868.
(4) Wattinne, déposition du 4 juin 1904. Enquête, t. 1, p. 867.

accusatrices pour Dreyfus en date d'août-septembre 1894. Henry, dans ses fabrications, mettait tout à la date de mars-avril 1894, parce que c'était la date adoptée au service des renseignements pour le bordereau, au moment où son travail de faussaire battait son plein.

VII. — M. le général Mercier, qui attachait à Rennes une si grande importance à la pièce n° 26 d'avril 1894, annonçant la livraison de l'organisation des chemins de fer, *ne lui en attribue plus aucune devant la Cour de Cassation.*

. La pièce, dit-il, n'a jamais pu être considérée comme constituant une preuve de culpabilité, puisque le fait de trahison n'a pas été accompli de toute façon, même si la pièce date de 1894 (1).

Il est fort instructif de rapprocher cette déclaration de celle faite par le même général Mercier à Rennes (2) et plus haut citée.

En fait, par la pièce 26, B. annonce à A. qu'il *va recevoir* l'organisation des chemins de fer. Il ne l'a donc pas encore, elle lui est seulement promise ; et Me Demange avait fait remarquer, en conséquence, qu'on n'avait pas la preuve d'une livraison réellement effectuée.

Le général Mercier admet aujourd'hui qu'il n'y a jamais eu acte de trahison, en ce qui concerne l'organisation des chemins de fer. Cette affirmation s'impose en réalité à lui comme une nécessité.

En effet, si l'organisation militaire des chemins de fer a été livrée aux attachés militaires en avril 1895, il y a nécessairement à cette date, d'après l'argumentation même du général Mercier, un officier d'Etat-major autre que Dreyfus qui trahit au 4e bureau. « Cette organisation militaire des chemins de fer ne pouvait provenir, affirmait-il à Rennes, que du 4e bureau. » Or s'il y a, en avril 1895, un officier traître au 4e bureau, cet officier est véhémentement suspect d'être aussi le fournisseur des notes du bordereau qui, dans le système du général Mercier, provenaient également de l'Etat-major. On ne peut, en effet, supposer *a priori* que les bureaux de l'Etat-major fussent une pépinière de traîtres, et qu'il s'y rencontrât plusieurs officiers félons.

D'autre part, si, pour éviter cette conséquence nécessaire,

p 213

(1) Mercier, déposition du 26 mars 1904. Enquête, t. 1, p. 264.
(2) Rennes, 1-91.

le général Mercier avait admis qu'il n'y avait pas, en avril
1895, de traître au ministère de la Guerre et spécialement
au 4e bureau, il eut été alors obligé de reconnaître que les personnes étrangères au ministère pouvaient, même en l'absence de traître dans les bureaux de l'Etat-major, se procurer des notes sur les questions secrètes étudiées dans ces bureaux, et notamment sur les questions de mobilisation, concentration et couverture, dont l'ensemble constitue l'organisation militaire des chemins de fer. Dans ce cas, et de l'aveu
même du général Mercier, son argumentation technique sur
les notes du bordereau aurait dû être tenue comme dépourvue de tout caractère sérieux.

Pour éviter de tomber dans ce dilemme, le général Mercier
a préféré admettre que jamais l'organisation militaire des
chemins de fer n'avait été livrée.

VIII. — Mais que la livraison promise le 28 mars 1895 ait
été réalisée ou non, il est aujourd'hui un fait certain : *l'acte
de trahison n'a pu être accompli par Dreyfus, puisqu'à cette
date du 28 mars 1895, Dreyfus est en prison depuis six mois,
et que les attachés militaires n'ont pas encore l'organisation
militaire des chemins de fer* : ils en sont encore à l'espérer.

*Par suite, toutes les dépositions faites à Rennes par les
témoins à charge attestant que Dreyfus avait une connaissance approfondie de l'organisation des chemins de fer, qu'il
avait à sa disposition les graphiques des chemins de fer concernant la mobilisation, deviennent des dépositions à décharge d'une importance capitale.*

*Dreyfus, le prétendu traître, connaissait tout de notre or-
ganisation militaire des chemins de fer ; il avait à sa disposition des documents de premier ordre, tous les graphiques
concernant la mobilisation ; et ce prétendu informateur des
attachés militaires ne leur a pas livré l'organisation des chemins de fer qu'il connaissait si bien, et dont il avait sous la
main tous les éléments.*

Les attachés militaires, six mois après la condamnation du
capitaine Dreyfus, étaient obligés, pour obtenir cet objet de
leur convoitise, de s'adresser aux informateurs que les ma- p. 214
nœuvres criminelles du service des renseignements s'employaient à sauver, afin de faire maintenir dans son cachot
l'officier juif,

*Le capitaine de Pouydraguin et le général Vanson, le gé-
néral Fabre, le colonel Bertin-Mourot, le capitaine Boullenger, le commandant Maistre, le commandant Roy, le capitaine Junck, le général Rogel et le commandant Cuignet ont
donc apporté, devant les juges de Rennes, des témoignages
qui constituent en réalité aujourd'hui un éclatant hommage à
la loyauté du capitaine Dreyfus.*

On retrouve, à la fin de cette section, la même conclusion
qu'à la fin des sections précédentes.

L'accusation dirigée contre le capitaine Dreyfus n'avait à
sa base que des actes dolosifs de ses accusateurs, et spécialement ici un crime de faux très nettement caractérisé. A la lumière des révélations de l'instruction, les preuves de culpabilité invoquées contre lui se sont transformées en preuves
évidentes de son innocence.

SECTION X

LE TÉMOIN CERNUSZKY

Témoignage sensationnel : *Effet produit. — Teneur du
témoignage. — La fausseté du témoignage résulte aujour-
d'hui des révélations concernant la pièce du dossier secret relative à la livraison de l'organisation des chemins de fer : rétractation de Cernuszky sur ce point. — Fausseté du témoignage concernant les prétendues révélations de Mosetig et
de Schönbeck. — Fausseté du témoignage concernant le rapport qui, en 1896, aurait signalé Dreyfus comme le principal
espion. — Fraude du service des renseignements en ce qui
concerne ce rapport. — Le faux témoignage de Cernuszky lui
avait été inspiré par ceux qui l'envoyaient à Rennes. — L'inspiration vient du service des renseignements . — Le faux témoignage de Cernuszky apparaît comme ayant été payé par
le service des renseignements. — Témoignages concordants
recueillis à cet égard. — Manœuvres employées par les officiers du service des renseignements à l'égard de Wessel et
de Przyborowski, pour éviter la révélation de la subornation
du témoin Cernuszky. .. Une somme de 20.000 francs a disparu de la caisse de réserve du service des renseignements le*

16 août 1899, sans qu'on en puisse justifier l'emploi. — Con-
tradiction des officiers du service dans leurs essais d'explica-
tions sur ce point. ... Falsifications constatées et avouées des
livres de comptabilité pour les mentions relatives à cette
somme de 20.000 francs.

I. — Les accusations tirées du dossier secret étaient épui- p. 215
sées. Après la légende des aveux, construite sur des déclarations aussi inexactes que complaisantes ; après les prétendues affirmations du marquis de Valcarlos, contraires au
témoignage de leur auteur, mais consignées dans les faux
rapports de Guénée ; après les dissimulations et les fraudes
de la « discussion technique du bordereau », le dossier secret
avait fait passer sous les yeux troublés des juges de Rennes
tous ses documents mystérieux et énigmatiques, que des falsifications criminelles avaient transformés en pièces à charge
contre Dreyfus.

Grâce à ce travail de faussaire, le service des renseignements avait pu imputer à Dreyfus tous les actes de trahison
des espions passés, présents et futurs.

C'était le capitaine israélite qui avait livré les plans directeurs vendus par Dubois aux agents A. et B.

C'était le capitaine israélite qui avait livré les « choses
intéressantes » apportées à ces mêmes agents par l'officier
étranger P.

C'était le capitaine israélite qui avait livré les secrets du
chargement des obus en mélinite vendus par Boutonnet.

C'était le capitaine israélite qui avait livré le frein hydropneumatique du 120 court, vendu par Greiner.

C'était le capitaine israélite qui avait livré les secrets de
l'obus Robin, dont les études successives avaient été vendues
par Boutonnet d'abord et par Greiner ensuite.

C'était le capitaine israélite qui, possesseur des cours de
l'Ecole de guerre 1891-1892, avait livré les cours de 1893-
1894 à l'agent A., alors que celui-ci les recueillait concurremment avec les cours de l'Ecole de Fontainebleau, communiqués par un officier roumain (1).

C'était le capitaine israélite qui avait livré, quinze mois
après son incarcération, les secrets de la répartition de l'ar-

(1) Voyez note du service des renseignements du 11 juillet 1896, citée
plus haut, p. 163.

tillerie lourde aux armées, parce qu'une minute d'un document secret (d'ailleurs à sa place dans les archives du Ministère de la guerre) n'avait pas été retrouvée par les accusateurs.

C'était le capitaine israélite qui, après son incarcération encore, avait livré de même l'organisation des chemins de fer, livraison peut-être jamais opérée, mais présentée comme effectuée en avril 1894, par l'effet d'une audacieuse falsification de pièces.

C'était le capitaine israélite qui était le seul auteur possible des notes énumérées dans le bordereau écrit par Esterhazy.

Partout où il passe enfin, disaient et répétaient les artisans de l'accusation, on constate des fuites. C'est le juif qui trahit toujours et partout, parce que sa fonction naturelle est de trahir ; c'est le Judas par prédestination.

p. 216 Tel était le dogme qui avait servi de point de départ au procès Dreyfus ; telle était la conclusion que le service des renseignements tirait triomphalement des pièces falsifiées par ses soins. Tel était le thème qu'avec accompagnement de mystères cryptographiques et de légendes fantastiques, on faisait entendre tous les jours aux malheureux juges dont on égarait la raison.

Après un mois de ce traitement intensif, brusquement, l'avant-veille de la clôture des débats, surgit devant le Conseil de guerre énervé et troublé, le témoin Eugène Cernuszky, descendant d'une ancienne dynastie royale de Serbie, officier de cavalerie démissionnaire de l'armée autrichienne, réfugié politique.

En homme averti, qui, comme réfugié politique et officier étranger démissionnaire, connaît tous les arcanes de la police internationale de l'espionnage, il venait, de sa royale parole, rendre hommage à la merveilleuse perspicacité du service des renseignements, qui avait su faire jaillir la lumière de tous ses documents informes, qui, sans idée préconçue et sans parti pris avait réussi à dégager cette éclatante vérité : l'officier juif trahit partout où il passe.

II. — Lui, Cernuszki, avait constaté par lui-même l'exactitude matérielle des assertions du service des renseignements.

Il savait de source sûre, que Dreyfus était le plus important de tous les espions, et, qu'en y mettant le prix on pouvait
tout avoir en France où il y a des officiers juifs. « A quoi
bon avoir des juifs, si on ne s'en servait pas », lui avait
déclaré l'officier supérieur d'état-major étranger, auquel
Dreyfus livrait tous les secrets et notamment tous les documents de la mobilisation, dont le détail était donné avec une
extraordinaire précision.

Dans cette atmosphère saturée de mystère, l'effet de cette
déposition sensationnelle fut foudroyant.

*« La foudre serait tombée au milieu du Conseil de guerre
que l'émotion n'aurait pas été plus grande, la déclaration a
été sensationnelle ».*

Ainsi s'exprime le témoin Deglas qui, ami de Cernuszky,
l'accompagnait à Rennes, et qui a, devant M. le conseiller
Laurent Atthalin, fourni des indications sur les circonstances anormales de cette déposition (1).

Sans doute ceux qui, au milieu du désarroi général des
esprits, étaient encore en état de raisonner à la fin de ces
étonnants débats, estimaient sans portée la déposition Cernuszky (2) : elle ne prouvait rien parce qu'elle voulait prouver trop.

Mais ceux qui suivaient, dans l'esprit des juges, l'effet
produit par cette litanie sans cesse répétée du juif trahissant
partout où il passe, des fuites constatées dans tous les bu- p. 217
reaux où avait été l'officier israélite, avaient bien lieu de s'a-
larmer de cette consécration éclatante donnée par le témoin
Cernuszky à la thèse du service des renseignements.

Il suffit de se reporter aux débats (3), pour constater la
juste alarme des défenseurs, M⁰ˢ Demange et Labori, qui,
pressentant le faux témoin se rendaient compte qu'ils ne
pouvaient plus, à cette heure tardive, arriver à détruire ce
faux témoignage inopiné, et à réparer les ravages exercés
sur l'esprit désemparé des juges.

De son côté, M. le général Chamoin, délégué du ministre
de la Guerre, qui, quotidiennement, écrivait à son ministre
pour lui rendre compte des audiences, qui pronostiquait l'ac-

(1) Deglas. Déposition du 14 mai 1904. Enquête t. 2, p. 118.
(2) Paléologue. Déposition du 29 mars 1904. Enquête, t. 1. p. 358.
(3) Rennes, t. 3, p. 315-316.

quittement dans ces lettres précédentes, écrit lè jour de la déposition de Cernuszky :

Mon général. — Quelle matinée! L'intervention de M. Cernuszki, lieu-
tenant de cavalerie autrichienne, réfugié politique, d'une ancienne famille
de Serbie, a jeté le désarroi dans les esprits (1).

.. Au moment même où s'ouvrait la deuxième instance en revision, le général Billot déclarait d'ailleurs encore au général André « *que la déposition Cernuszky, à Rennes, avait confirmé sa conviction* (2). »

III. — Quelle était donc cette déposition ?

Sous le prétexte d'une connaissance insuffisante de la langue française, le témoin Cernuszky, au lieu de déposer oralement, avait fait donner lecture d'une note rédigée par lui à l'avance et ainsi conçue (3) :

Moi, j'affirme de la façon la plus absolue l'exactitude des faits rappelés ci-dessous :

1° J'ai quitté l'Autriche en 1894, à la suite d'événements politiques auxquels j'avais été mêlé comme descendant d'ancienne dynastie serbe.

Je suis venu en France en juillet 1894, puis y ai séjourné de septembre 1894 à février 1895; et enfin de 1895 à ce jour comme réfugié politique.

Craignant que je ne sois inquiété en France, un de mes amis, alors chef de section au ministère des affaires étrangères d'une puissance de l'Europe centrale, et que je demande au conseil la permission de ne pas nommer, m'indiqua, en août 1894, d'une façon précise, les noms de quatre personnes aux gages de différentes nations étrangères en France, qui auraient pu, sur les instigations d'une de ces nations, devenir dangereuses pour ma sécurité en lançant contre moi une dénonciation calomnieuse quelconque.

Le premier et le plus important de ces quatre noms était celui du capitaine Dreyfus.

p. 218

2° Pendant mon service militaire en Autriche, comme lieutenant de cavalerie, je fis la connaissance, en 1894, d'un officier supérieur du grand Etat-Major d'une autre puissance de l'Europe centrale, attaché à la personne du souverain de ce pays.

Je suis resté depuis en relations d'intimité avec cet officier. En 1894, au commencement de septembre, je le rencontrai à Genève et, dans un de nos entretiens, il me confirma les noms des quatre agents de l'étranger en France qui m'avaient déjà été indiqués. Il en ajouta même deux autres, et, en les classant par ordre d'importance, il commença par celui du capitaine Dreyfus, qu'il me signala comme son informateur au bureau de l'Etat-Major général de l'armée française.

3° Dans la deuxième quinzaine de septembre ou les premiers jours d'octobre 1894, j'ai retrouvé à Paris ce même officier d'Etat-Major étranger.

(1) Lettre du général Chamoin au ministre de la Guerre, du 4 septembre 1899. Enquête, t. 1, p. 323 et t. 2, p. 61.
(2) Targe. Déposition du 19 mars 1904. Enquête, t. 1, p. 78.
(3) Rennes, t. 3-313.

A la suite d'une invitation qu'il me fit, je me rendis un jour vers trois heures à l'hôtel qu'il habitait, « le Nouvel Hôtel », rue Lafayette, 49 ; il rentrait au moment même où j'arrivais ; je montai dans sa chambre et il retira devant moi des poches de son pardessus deux enveloppes volumineuses ; l'officier les ouvrit et examina les papiers qu'elles contenaient.

Ayant aperçu des cartes militaires, je lui demandai ce qu'il avait entre les mains ; il hésita un instant à me répondre, puis avec une certaine forfanterie, il me tendit les papiers en me disant : « Comme vous n'êtes pas Français, mon camarade, je ne vois pas d'inconvénient à vous montrer ces documents ; vous verrez du reste ce dont je suis capable. »

Bien qu'il feignît de voyager pour des affaires commerciales, je n'ignorais pas, à la suite de nos entretiens de Genève, le but réel de ses déplacements.

Il voyageait d'ailleurs toujours sous des noms d'emprunt. J'examinai tous les papiers en question, et je reconnus des documents militaires français de première importance. Je me souviens parfaitement qu'il y avait :

a) Une vingtaine de feuilles de cartes, que j'appellerai, d'après les termes employés dans l'armée autrichienne, cartes routières d'Etat-Major de mobilisation contenant, par signes conventionnels et par chiffres, les renseignements de réquisitions, cantonnements, viabilité des routes au point de vue des transports militaires, etc... J'ai remarqué spécialement la feuille de Dijon.

b) Les graphiques de l'exploitation des chemins de fer de l'Est et du P.-L.-M. en vue de la mobilisation, avec en marge des annotations remarquables sur les quais d'embarquement et des renseignements contenant les environs de ces stations au point de vue des ressources militaires.

Etait jointe à ces graphiques une note explicative du système employé pour le fonctionnement des transports en cas de mobilisation.

c) Diverses feuilles contenant des renseignements sur la réorganisation des différents corps de troupe et l'approvisionnement en avant des munitions pendant le combat et la marche.

— « Mais, lui dis-je alors, comment vous est-il possible d'obtenir de pareils documents

— « Souvenez-vous d'une chose, mon camarade, me répondit-il ; en France, on peut tout avoir en y mettant le prix, et puis, à quoi bon avoir des Juifs, si on ne s'en servait pas ? »

Je n'eus pas à demander à l'officier étranger, qui lui procurait ces pièces, puisqu'il m'avait déjà dit que son informateur au bureau de l'Etat-Major général était le capitaine Dreyfus.

Deux jours après cette entrevue, l'officier étranger quittait précipitamment Paris ; son départ ayant l'apparence d'une fuite.

A quelque temps de là, les journaux annoncèrent l'arrestation du p. 219 capitaine Dreyfus.

4° Vers la fin de mai 1896, je reçus la visite d'un agent envoyé par le ministre de la guerre, auquel je fis le récit ci-dessus. Ce récit donna lieu à la rédaction d'un procès-verbal signé de cet agent et de moi, dans lequel je citai les noms des personnes aux gages des puissances étrangères et en particulier de Dreyfus. Ce document doit exister au ministère de la guerre. Je prie M. le président de vouloir bien le faire chercher.

Après lecture de cette déposition, Cernuszky est invité à préciser à huis-clos ses déclarations. Mais Me Labori demande au Conseil de vouloir bien renvoyer au lendemain cette séance de huis-clos. Très justement, en effet, Mᵉ Labori faisait observer qu'on ne pouvait entendre à titre de renseignement, et sans prestation de serment, un témoin qui, surgissant inopinément, apportait au Conseil de pareilles révélations. Il déclarait donc réclamer un délai de 24 heures afin de pouvoir notifier régulièrement le témoin au Commissaire du Gouvernement, pour que la déposition fût faite sous la foi du serment.

C'est ce qui eut lieu, et le lendemain le témoin Cernuszky reprit, dans ces conditions, sa déposition à huis-clos, sous serment.

La teneur de cette déposition à huis-clos peut être facilement reconstituée.

Tout d'abord une note de la main de Cernuszky et versée par lui au dossier de Rennes où elle se retrouve, donne le canevas de ses indications sur les noms des personnes lui ayant fourni les révélations sensationnelles qu'il apportait à la barre du Conseil, et sur les noms des espions prétendus employés par les puissances étrangères.

Cette note est ainsi conçue (1) :

Autriche :

    M. le conseiller aulique, MOSETIG.
        par intermédiaire de M. ADAMOVICH.

Allemagne :

    M. le comte de SCHONBECK.
Noms donnés par Autriche :
    officiers : DREXFUS.

Ici un nom bâtonné mais qu'on arrive à lire encore, celui de :
        CREMIEUX-FOA.
    civils : GUENEE.
        HOFFMANN.

Noms donnés par Allemagne :
    officier : WEIL.
    civil : LOBE ou LEBEL ou LEBLOIS.

p. 220

Nom sous lequel le comte de Schönbeck a été à Paris :
    M. KOSTELLETZKY, éditeur d'un livre de voyage de publicité de Munich.

        Adalbertstrasse.

A Genève il a été sous le nom d'un fabricant de machines de Strasbourg.

(1) Enquête, t. 2, p. 62.

(Tous les noms des espions prétendus, sauf celui de Dreyfus, sont barrés au crayon).

Un autre document contemporain corrobore et complète les indications de cette note : c'est la lettre que le général Chamoin adressait, le 9 septembre 1899, après le huis-clos, au Ministère de la guerre.

M. le général Chamoin écrit en ces termes : (1)

J'ai dit au capitaine Hallouin, de la manière la plus claire, mais sans prononcer un nom, le résultat de l'audience à huis-clos en ce qui concerne Cernuszki. Le nom de Weil revient toujours. Les autres noms sont Dreyfus, Guénée, notre agent ! Un sieur Hoffmann dont il a donné l'adresse à Paris, puis un officier qui aurait été tué à l'ennemi en Afrique, et dont il ne veut pas donner le nom. Enfin il y en a un sixième : le nom commence par Le... Impossible, nous dit Cernuszki, de retrouver la fin du mot. Ces renseignements ont été donnés par un conseiller aulique de Vienne et par un officier allemand M. Schœnbeck, de Munich. Ce dernier pourrait bien être cet officier allemand condamné pour espionnage, à Paris, en 1895... On a pris des noms de convention et l'audience publique aura lieu demain.

M. Paléologue qui, comme le général Chamoin, assistait à l'audience de huis-clos où déposa Cernuszky, a d'autre part déclaré devant la Cour de Cassation que M. le conseiller aulique Mosetig avait été mis en cause par Cernuszky (2).

Indépendamment de ces documents écrits et de ces témoignages émanant de personnes qui ont assisté à la déposition de Cernuszky à huis-clos, d'autres témoignages ont été recueillis qui sont pleinement concordants. Celui de M. Deglas, le compagnon de Cernuszky à Rennes, est particulièrement important.

Le 14 mai 1904, M. Deglas dépose en ces termes devant M. le conseiller Laurent Atthalin : (3)

Cernuszki m'a dit qu'on lui avait signalé quatre personnes notamment comme espions : Dreyfus tout particulièrement, Crémieux-Foa, Guénée et un homme Hoffmann. Ce dernier serait le correspondant à Paris d'un banquier de Francfort.

D. — Vous a-t-il parlé d'un nommé Weil?

R. — Je crois, mais sans certitude.

D. — D'un sieur Lobel ou Leblois?

R. — Il me semble bien qu'il a prononcé ce nom-là, mais en ajoutant qu'il n'était pas très sûr. Ces noms lui avaient été donnés, disait-il, verbalement et en l'air, tandis que les noms de Dreyfus, Crémieux-Foa, Guénée et Hoffmann lui avaient été donnés par écrit dans une lettre émanant d'un de ses amis attaché à la diplomatie autrichienne, lettre qu'il a même, je crois, passée au Conseil de guerre.

p. 221

(1) Enquête, t. 1, p. 323 et t. 2, p. 61.
(2) Déposition du 29 mars 1904. Enquête, t. 1, p. 358.
(3) Enquête, t. 2, p. 118.

Enfin, on peut encore invoquer les souvenirs du général Roget que Cernuszky était allé trouver à Rennes avant de déposer devant le Conseil de guerre. Ses souvenirs, quoique incomplets, concluaient également à la déposition faite au Conseil de guerre par Cernuszky lui-même (1).

Cette note donne donc bien le résumé des indications de noms faites à huis-clos par le témoin Cernuszky. Jointe à la déclaration lue en audience publique et rapportée plus haut, elle fournit tout l'ensemble de la déposition du témoin.

IV. — Le témoin Eugène Cernuszky, descendant d'une ancienne dynastie royale de Serbie, officier de cavalerie démissionnaire de l'armée autrichienne, réfugié politique, *joignait à tous ces titres celui de faux témoin* : c'est ce qu'a révélé l'instruction.

Les circonstances dans lesquelles ce faux témoignage a été élaboré et produit offrent en outre une exceptionnelle gravité.

La fausseté du témoignage éclate aujourd'hui à la lecture seule de sa déposition. Qu'affirme en effet Cernuszky ?

Fin septembre ou commencement d'octobre, il voit à Paris un officier d'Etat-major étranger, d'une puissance de l'Europe centrale autre que l'Autriche. La désignation de la puissance ne prête à aucune équivoque. Cet officier d'Etat-major étranger est nanti de cartes militaires ; il les montre à Cernuszky. C'était des cartes routières d'Etat-major de mobilisation contenant, par signes conventionnels et par chiffres, les renseignements de réquisitions, cantonnements, viabilité des routes au point de vue des transports militaires. *C'était les graphiques de l'exploitation des chemins de fer de l'Est et du P.-L.-M. en vue de la mobilisation avec, en marge, des annotations remarquables sur les quais d'embarquement et des renseignements concernant les environs de ces stations au point de vue des ressources militaires. Etait jointe à ces graphiques une note explicative du système employé pour le fonctionnement des transports en cas de mobilisation.* C'était encore des renseignements sur la réorganisation des différents corps de troupes et l'approvisionnement en avant des munitions pendant le combat et la marche. Tout cela a été

(1) Déposition du 2 mai 1904. Enquête, t. 1, p. 613.

vendu par un juif : l'espion qui servait si libéralement cet officier supérieur allemand était le capitaine Dreyfus, son infor- p. 222
mateur au bureau de l'Etat-major général ; et l'officier allemand s'enfuyait de Paris quelques jours avant l'arrestation
du capitaine Dreyfus.

Voilà textuellement les faits affirmés : les graphiques
des chemins de fer de l'Est et de P.- L.-M. en vue de la mobilisation, et tous les renseignements complémentaires constituant tout l'ensemble de l'organisation militaire des chemins
de fer avaient été livrés, fin septembre, à l'Allemagne par
Dreyfus.

Or, il est établi aujourd'hui que les agents A. et B., six
mois après l'arrestation de Dreyfus, en étaient encore à attendre la livraison de cette organisation militaire des chemins de fer, qu'on leur faisait espérer le 28 mars 1895.

Le descendant de l'ancienne dynastie serbe mentait donc,
lorsqu'il déclarait avoir vu à Paris, en septembre-octobre,
1894, entre les mains de l'officier supérieur allemand, les
documents constitutifs de cette organisation des chemins de
fer livrés par le capitaine Dreyfus.

V. — Cette déduction, qui se tire nécessairement du rapprochement du texte même de la déposition Cernuszky et
du texte vrai de la pièce n° 26 du dossier secret, audacieusement falsifié par le service des renseignements, avait déjà été
exposée dans les conclusions et la plaidoirie soumises à la
Chambre criminelle en mars 1904 (1). Ces conclusions et
plaidoirie ont été publiées après les débats, et le témoin Cernuszky a compris qu'il était nécessaire de se dégager ; il s'est
rétracté sur cette question de livraison par Dreyfus de l'organisation des chemins de fer, essayant d'expliquer qu'il y
avait eu confusion de personne, et alléguant qu'il avait averti
de cette confusion les juges de Rennes eux-mêmes.

Cernuszky en effet, qui s'est réfugié à l'étranger, et qui a
refusé de déférer à la citation dont il était l'objet, a préféré
ne pas venir s'expliquer devant la Cour de Cassation sur les
circonstances extraordinaires de sa sensationnelle déposition
à Rennes. Mais le 24 octobre 1904, il écrivait à la Cour (lettre
jointe au dossier) (2) :

(1) Revision du procès de Rennes, p. 459 et 262.
(2) Enquête, t. 2, p. 175 et 176.

Avant que le Président m'ait posé une autre question, je faisais la déclaration suivante : Pendant mon séjour à Genève, en 1894, j'ai vu un jour un officier étranger, un de mes amis, en conversation avec un monsieur à la brasserie d'Anspach. Plus tard, mon ami, l'officier étranger, me désigna ce même monsieur, me disant que ce serait un certain capitaine Dreyfus, son informateur au bureau de l'État-major de l'armée française. A Paris, plus tard, en voyant les photographies de l'accusé Dreyfus, j'ai cru être sûr que c'était bien la même personne que celle que j'ai vue en 1894 à Genève. Maintenant que j'ai l'occasion de voir de près l'accusé, je suis certain que j'ai fait une erreur, et je suis certain qu'il n'est pas la personne que j'ai vue à Genève et qui m'a été désignée comme s'appelant Dreyfus. Par conséquent, toutes les parties de ma

p. 223 déposition ayant trait à l'officier étranger ne concernaient en rien l'accusé Dreyfus, et doivent être considérées comme nulles et non avenues.

Un des membres du Conseil de guerre me posait une question concernant les documents que j'avais vus à Paris. Ma réponse était que, étant certain maintenant que l'accusé n'était pas la personne que j'avais vue à Genève, les documents en question n'ont rien à faire avec lui et que je refuse de répondre.

A cette lettre est jointe un exemplaire de la note lue en audience publique à Rennes, sur lequel Cernuszky a effacé, à l'encre rouge, tout ce qui doit, d'après lui, être retranché de sa déposition. Ce sont les parties figurant sous le 2° et le 3°, c'est-à-dire toutes les affirmations plus haut relatées attestant que Cernuszky avait vu lui-même, en septembre 1894, à Paris, entre les mains d'un officier supérieur allemand, tous les documents concernant l'organisation militaire des chemins de fer.

VI. — *La rétractation de Cernuszky, en ce qui concerne la livraison des documents de mobilisation constitutifs de l'organisation militaire des chemins de fer, s'imposait à raison des révélations de l'instruction déjà publiées.*

Mais l'affirmation par Cernuszky d'avoir fait cette rétractation devant les juges de Rennes est une nouvelle imposture.

Il suffit de se reporter aux débats de Rennes pour le constater. Mᵉ Labori en effet a pris acte en audience publique, au lendemain de la déposition faite à huis-clos, de ce qui avait été déclaré en audience secrète, s'abstenant seulement de prononcer les noms.

Mᵉ Labori constate, avec l'assentiment du Président (1), que Cernuszky a reconnu s'être trompé. Le Président fait observer que cette reconnaissance d'erreur *a porté sur un seul point* ; et Mᵉ Labori précise.

(1) Rennes, t. 3-553.

M⁰ Labori. — *Oui, sur un point ; sur le reste il a maintenu sa décla-ration.* Mais je constate un fait certain, c'est qu'il a dit qu'il n'avait aucun fait nouveau à faire connaître. Il avait cru, sur une photographie, — je ne parle pas des renseignements ni des noms qu'il a donnés, je n'en ai pas le droit, — reconnaître Dreyfus !

Ce qui est certain, c'est qu'il a dit : « *J'avais cru, sur une photogra-phie, reconnaître Dreyfus pour une personne avec qui j'avais déjeuné en Suisse ; je ne le reconnais plus.* »

Comment se fait-il qu'il ait demandé le huis-clos pour compléter sa déposition sur des faits nouveaux, alors qu'il a vu ici, pendant la première partie de sa déposition, le capitaine Dreyfus ?

Ces constatations très nettes et très claires, concordant avec la première partie de la lettre de rétractation de Cer-nuszky, du 24 octobre dernier, ne laissent place à aucune équivoque.

Cernuszky a purement et simplement déclaré ne plus re-connaître 'en l'accusé la personne avec laquelle il avait p. 224 déjeuné en Suisse, et qui lui avait été désignée comme étant Dreyfus.

Mais sur ce point seul, (et le président du Conseil de guerre l'avait fait préciser par M⁰ Labori), sur ce point seul, Cernuszky avait reconnu s'être trompé. Une déclaration de M⁰ Demange, que produit l'exposant, précise au surplus très exactement, de la même façon le point spécial sur lequel avait porté la reconnaissance d'erreur faite par Cernuszky à huis-clos. (Voir prod. 2).

Aujourd'hui où éclate la fausseté de son témoignage, le descendant de l'ancienne dynastie royale de Serbie essaye de se dégager. Mais il est trop tard.

Il a dit et déclaré qu'un officier supérieur de l'Etat-major allemand lui avait révélé avoir pour informateur à l'Etat-major général français le capitaine Dreyfus. Il a dit et dé-claré que ce même officier lui avait montré, en septembre-octobre 1894, tous les documents relatifs à l'organisation mi-litaire des chemins de fer livrés par son informateur, en pré-cisant qu'il fallait bien se servir des juifs.

Que Cernuszky ait, à huis-clos, déclaré ne plus recon-naître en Dreyfus la personne vue à Genève, l'affirmation de l'officier allemand disant avoir pour informateur à l'Etat-major général un capitaine Dreyfus, officier israélite, était plus que suffisante pour identifier l'accusé. Il n'y a pas eu à l'Etat-major général en 1894 deux officiers israélites ayant tous deux grade de capitaine et s'appelant tous deux Dreyfus.

Les conséquences que Cernuszky prétend aujourd'hui, dans son intérêt personnel, tirer de ce fait qu'il n'aurait plus reconnu en Dreyfus la personne de Genève sont donc absurdes.

Il est à noter, d'ailleurs, que la défense, à Rennes, ne s'était pas crue autorisée à déduire ces conséquences singulières de la déclaration faite à huis-clos par Cernuszky. Le passage des débats plus haut cité en fait foi.

Il est à remarquer aussi que le général Chamoin, dans la lettre ci-dessus rapportée, où il rend compte au ministre de l'audition de Cernuszky à huis-clos, ne lui parle même point d'une rétractation dudit témoin sur les faits qui l'avaient si profondément troublé, lors de la déclaration en audience publique. La reconnaissance par Cernuszky que Dreyfus n'était pas la personne vue à Genève en 1894, lui avait paru, à bon droit, d'un intérêt secondaire, et n'infirmer en rien les précisions du témoignage fait en audience publique.

Les efforts tentés par Cernuszky pour se dégager de son faux témoignage sont donc absolument vains.

VII. — Là, d'ailleurs, ne se borne pas la fausseté du témoignage apporté à Rennes par le sensationnel témoin.

Des quatre articles de sa déclaration à Rennes, le témoin p. 225 *Cernuszky est obligé de confesser aujourd'hui que deux (les n⁰ˢ 2 et 3) étaient faux.*

Les deux autres l'étaient également.

Le premier article concernait les révélations à lui faites par « un chef de section au ministère des Affaires étrangères d'une puissance de l'Europe centrale ». Par cette désignation, ainsi qu'il le déclara à huis-clos, et que le révèle sa note jointe au dossier, Cernuszky indiquait « M. le conseiller aulique Mosetig », qui se serait expliqué à cet égard par l'intermédiaire d'un Serbe, M. Adamovich. Les espions, ainsi démasqués par M. le conseiller aulique Mosetig, auraient été deux officiers, Dreyfus et Crémieux-Foa, et deux civils, Guénée et Hoffmann.

Or, le 7 novembre 1899, la déposition de M. le conseiller aulique Mosetig était authentiquement recueillie à Vienne à la requête de Dreyfus. Cette déposition porte (1) :

Je n'ai jamais, ni d'un officier allemand, ni d'une autre personne

(1) Enquête, t. 2, p. 55.

quelconque, reçu une information qui disait que l'Allemagne ou un autre État aurait entretenu en France quatre espions, parmi lesquels se seraient trouvés Esterhazy, Guénée et Dreyfus. Je ne me rappelle pas avoir jamais parlé à un Serbe nommé Adamovich, et je suis certain de ne pas le connaître.

Cette déposition est produite : il n'y est pas question de Crémieux-Foa, ce nom n'ayant été découvert que postérieurement, par l'examen attentif de la note de Cernuszky, où le nom de Crémieux-Foa avait été bâtonné.

Le démenti de M. le conseiller aulique Mosetig est aussi catégorique que possible.

La Cour a cependant poussé plus loin encore ses investigations.

Il existe, en effet, un autre Mosetig, ex-commis principal au bureau militaire du ministère des chemins de fer d'Autriche-Hongrie, personnalité connue du service des renseignements. Or, si la note produite à huis-clos parle de M. le conseiller aulique Mosetig, la note lue en audience publique parle d'un « chef de section au ministère des Affaires étrangères d'une puissance de l'Europe centrale ».

Sur commission rogatoire, ce personnage est entendu dans sa déposition le 14 avril 1904, par le tribunal de Vienne (Autriche).

Il déclare (1) :

Quant à l'affaire Dreyfus, je n'en ai jamais parlé, ni avec un officier ni avec d'autres personnes, parce qu'elle ne m'intéressait en aucune façon. Je n'ai entendu d'ailleurs prononcer le nom de Dreyfus pour la première fois qu'à l'époque où les journaux autrichiens publiaient de courts articles sur sa première condamnation. *N'ayant jamais nulle part, ni en 1894, ni plus tard, tenu de propos de quelque importance sur l'affaire Dreyfus, je n'ai pu raconter à personne des conversations de ce genre.*
De même que je ne me suis jamais entretenu avec qui que ce soit de l'affaire Dreyfus, personne ne m'a dit non plus que Dreyfus et d'autres personnes étaient soupçonnés d'avoir trempé dans quelque affaire louche. Je n'ai jamais entretenu avec personne une correspondance se rapportant directement ou indirectement à l'affaire Dreyfus, *par conséquent pas non plus avec Adamilch, ou Adamovich, avec qui je n'ai, du reste, jamais été en correspondance.* Par suite, il m'est impossible de produire des lettres sur cette matière. Les noms de Cernuszky et Guénée ne me disent absolument rien.

p. 226

Ce Mosetig connaît-il du moins Adamovich ?
A cette question il répond.

Dans toute mon existence, je n'ai connu qu'un seul officier de cava-

(1) Enquête, t. 2, p. 121.

lerie autrichien du nom d'Adamovich, *et depuis une trentaine d'années je
l'ai perdu totalement de vue, il était originaire de la Lorraine.*

Cependant M. Mosetig croyait se souvenir d'avoir connu
un fonctionnaire de la direction des chemins de fer de l'Etat
portant un nom qui rappelait un peu celui d'Adamovich.

Tout se bornait, entre nous, déclarait-il, à des relations de service.
Jamais nous n'avons parlé entre nous de l'affaire Dreyfus. Ce fonctionnaire était originaire, je crois, de Vienne. En tout cas, ce n'était pas un
Serbe. Dans le cas contraire, je l'aurais bien discerné à son accent. Il
était âgé de 30 à 35 ans, de taille moyenne et brun. Je ne connais, du
reste, aucun autre Adamovich. Ma mémoire ne me trompe certainement
pas à cet égard, car ce nom n'est pas de ceux qu'on rencontre tous les
jours.

Invité à préciser ses souvenirs en ce qui concerne le fonctionnaire qu'il avait connu et dont le nom aurait rappelé
celui d'Adamovich, M. Mosetig comparaît à nouveau le lendemain, 15 avril 1904, devant le Tribunal (1) :

A comparu, porte le procès-verbal, M. Auguste Mosetig, qui nous a
soumis l'almanach des chemins de fer de l'Etat autrichien pour 1896,
d'après lequel la personne désignée hier sous le nom d'Adamitch ou
d'Adamovich s'appellerait en réalité Frédéric von Adamic, employé à
cette époque comme commis principal au bureau commercial de la circulation de la direction de l'exploitation des chemins de fer de l'Etat à
Vienne. J'ignore où il réside actuellement et s'il est encore en vie.

*Il est donc constant que Cernuszky faisait un faux témoi-
gnage lorsqu'il déclarait à Rennes que M. Mosetig, qualifié
tantôt conseiller aulique, tantôt chef de section au ministère
des Affaires étrangères d'Autriche, avait révélé, par l'intermédiaire de M. Adamovich, que Dreyfus était un espion au
service des puissances de l'Europe centrale.*

Mais il est tout à fait caractéristique que ce *nom de Mosetig, connu pour certaines raisons secrètes au service des*
p. 227 *renseignements se retrouve sur les notes rédigées d'avance
par le témoin Cernuszky pour les juges de Rennes.*

VIII. — Le second informateur de Cernuszky était, d'après
les notes par lui remises au Conseil de guerre de Rennes, le
comte de Schönbeck, officier supérieur de l'Etat-major allemand.

Ce comte de Schönbeck aurait révélé comme noms d'espions, outre celui de Dreyfus, ceux de Weil et de Lôb, Lebel
ou Leblois.

(1) Enquête, t. **2**, **122**.

Il est inutile de discuter longuement sur ce point, puisque la fausseté des déclarations de Cernuszky, relativement aux révélations de cet officier supérieur allemand von Schönbeck, est aujourd'hui reconnue par Cernuszky lui-même. Ces déclarations figurent en effet sous les articles 2 et 3 de la note lue en audience publique, et toute cette partie est rétractée par Cernuszky.

Cependant les révélations apportées par l'instruction à cet égard sont particulièrement édifiantes.

Il en résulte en effet :

Que von Schönbeck n'était pas un officier supérieur de l'Etat-major allemand, (il n'y en avait pas de ce nom), mais un lieutenant de dragons allemand, mis à la retraite en 1893 ;

Qu'en septembre 1894, Schönbeck n'était pas à Genève, mais à Paris ;

Qu'à Paris il habitait non pas au Nouvel-Hôtel, 49, rue Lafayette, mais d'abord à l'hôtel Magenta, puis 35, rue Marbeuf, puis enfin à l'hôtel Terminus, du 14 octobre au 13 novembre 1894 ;

Que Schönbeck ne s'est pas enfui précipitamment un peu avant l'arrestation de Dreyfus, mais qu'il a été arrêté le 13 novembre 1894 et condamné en 1895 à quatre ans de prison par la Cour de Paris, pour espionnage pratiqué au profit de l'Allemagne.

Le dossier de cette affaire, conduite dans le plus grand secret, a été produit à la Cour. Il n'a absolument rien de commun avec l'affaire Dreyfus.

Comme pour le nom de Mosetig, il est étrange de constater *que ce nom de Schönbeck, inconnu du public (1), mais bien connu du service des renseignements, se retrouve sur les notes rédigées à l'avance pour être remises par Cernuszky aux juges de Rennes.* Le fait devient plus caractéristique encore lorsqu'on constate, par la déposition du commissaire Tomps (2), *que les accusateurs de Dreyfus, avant l'ouverture du procès de Rennes, « avaient l'intention de mettre en cause un ancien lieutenant (Badois) : von Schönbeck, qui avait été* p. 228 *arrêté en France, condamné et détenu, et enfin libéré ».*

(1) Comme le déclare le général Roget lui-même (Déposition du 2 mai 1904. Enquête, t. 1, p. 612).
(2) Déposition du 27 avril 1904. Enquête, t. 2, p. 79.

IX. — Enfin le dernier article de la note lue en audience publique comme témoignage de Cernuszky porte :

Vers la fin de mai 1896, je reçus la visite d'un agent envoyé par le ministère de la Guerre, auquel je fis le récit ci-dessus. Ce récit donna lieu à la rédaction d'un procès-verbal signé de cet agent et de moi, *dans lequel je citai les noms des personnes aux gages des puissances étrangères et en particulier de Dreyfus.* Ce document doit exister au ministère de la Guerre. Je prie M. le Président de vouloir bien le faire rechercher.

Ce dernier article de la déposition de Cernuszky contenait comme les trois autres un faux témoignage .

Il y avait bien eu, à la date indiquée par Cernuszky, un et même deux rapports de l'agent Brucker, portant à la connaissance du service des renseignements les révélations de Cernuszky. *Mais ces rapports, dénonçant Hoffmann, étaient complètement muets en ce qui concerne Dreyfus.*

Aussi, comme à la suite de la déposition de Cernuszky, le Conseil de guerre faisait rechercher ces rapports, le service des renseignements déclara n'avoir absolument rien dans ses archives à cet égard. Il envoya à Rennes une note en date du 5 septembre 1899, ainsi conçue (1) :

5 *septembre* 1899.

COMPTE RENDU :

Le capitaine François, provisoirement chef de la section de statistique de l'Etat-major de l'armée, a l'honneur de rendre compte que, conformément aux ordres du ministre (note 335 — Cabinet — du 5 courant), il a procédé à des recherches dans les archives du service dans le but de retrouver le procès-verbal auquel M. Cernuszky a fait allusion dans sa déposition du 4 courant devant le Conseil de guerre de Rennes. *Jusqu'ici ces recherches, qui continuent, sont restées infructueuses.*

Le capitaine FRANÇOIS.

Au-dessous :

Vu, le général sous-chef d'Etat-major de l'armée...

DE LACROIX.

Sur la même note se lit une annotation du général de Gallifet ainsi conçue :

Il n'y en a pas même trace.

Fidèle à ses traditions, le service des renseignements avait, cette fois encore, trompé le ministre de ra Guerre.

p. 229 Quand au cours de l'instruction devant la Cour de Cassation, la Cour a voulu faire vérifier ce point, on a retrouvé facilement dans les archives, vers l'époque indiquée par Cer-

(1) Enquête, t. 1, p. 899.

nuszky (fin mai 1896) les rapports auxquels il faisait allusion. Ces rapports sont du 20 juin 1896, et rédigés par l'agent Brucker en ces termes :

Paris, 20 *juin* 1896.

Note (1)

Il y a quelques années, je fus chargé d'une enquête sur un nommé Hoffmann, sujet Autrichien, lequel avait de fréquentes relations avec le major Huehne. Aujourd'hui on me certifie que cet Hoffmann est un homme soldé par le gouvernement autrichien.

Il y a un an ou dix-huit mois, le prince Cernuszky, sujet Serbe, officier d'Etat-major Autrichien, a quitté l'Autriche précipitamment pour éviter son arrestation. Ce prince, malgré qu'il fût officier autrichien, eut toujours des amitiés pour la Russie et en plus il écrivait dans les journaux contre la politique serbe, qui fut à cette époque alliée de l'Autriche. Ce prince se réfugia à Paris : c'est ici qu'il fut prévenu, par un ami de Vienne haut placé dans le ministère des Affaires étrangères autrichien, qu'il se méfie d'un certain Hoffmann fréquentant le grand monde à Paris, malgré cela homme soldé par l'Autriche. Cet Hoffmann, par ses rapports mensongers, est arrivé à faire demander l'extradition du prince Cernuszky, mais la France a refusé. Ce prince, aujourd'hui marié avec une Française, Mme la comtesse de Serrurrier, m'a promis de fournir des renseignements sur Hoffmann, et en outre, il me donnera les noms de Français haut placés qui sont en relations avec cet Hoffmann.

Le prince Cernuszky avait droit hiérarchiquement à la couronne de Serbie : il a renoncé à ses droits ; par ce fait il a été de nouveau réintégré citoyen serbe.

Le complément de rapport, du même jour, porte :

Il y a un an à peu près que le prince Cernuszky a été dénoncé pour faits politiques par cet Hoffmann. C'est par un ami du prince, qui occupe un poste assez élevé au ministère des Affaires étrangères à Vienne, que M. Cernuszky fut prévenu qu'il se méfie d'un certain Hoffmann à la solde de l'Autriche, qui a été principalement chargé de surveiller la France. Le prince doit me renseigner sur les relations de cet Hoffmann avec certains Français haut placés.

Ces rapports sont confirmés par l'agent Brucker, qui, le 4 juin 1904, dépose ainsi qu'il suit (2) :

J'ai connu Cernuszky après son mariage, tout de suite après, parce que j'avais rencontré, avant le mariage, sa fiancée chez la couturière de celle-ci que j'allais voir assez souvent. Un jour, certains renseignements puisés à une source dont il a été déjà parlé souvent, m'ont appris qu'il y avait lieu de suspecter un monsieur du nom d'Hoffmann, un rentier fort riche, demeurant alors 1, avenue du Bois-de-Boulogne. Je ne puis plus me rappeler comment j'ai su que Cernuszky connaissait cet Hoffmann, et que je pourrais avoir par lui des renseignements sur ce dernier, d'autant plus que Cernuszky en voulait, paraît-il, à cet Hoffmann. Ils se connaissaient bien, mais ils n'étaient pas bien ensemble.

Je dois dire que Mme Cernuszky savait que j'étais attaché au minis- p. 230

(1) Enquête, t 1, p. 900.
(2) Enquête, 2, p. 162.

tère de la Guerre, et je me suis présenté chez Cernuszky auquel j'ai demandé, pour le Ministère, des renseignements sur Hoffmann.

Cernuszky m'a dit que Hoffmann était un espion, et qu'il travaillait pour le compte de son propre pays à lui Hoffmann.

Je vous ai dit que certains renseignements antérieurs m'avaient donné lieu de suspecter Hoffmann. Pour préciser un peu plus, j'avais su qu'il allait fréquemment à l'ambassade de son pays. C'était là la cause de mon soupçon, et c'est pour cela que je l'avais mis en renseignements, comme toute autre personne dans le même cas. Je mettais ainsi en renseignements toute personne venant un peu fréquemment à l'ambassade.

Cernuszky m'a donc dit que cet Hoffmann était un espion. Je n'en ai d'ailleurs jamais eu la preuve. J'ai fait un rapport, mais cela est loin, et il n'a peut-être pas été conservé.

. Pourquoi m'étais-je adressé à Cernuszky, c'est sans doute qu'on m'avait dit qu'il connaissait Hoffmann. On m'avait certainement dit qu'ils n'étaient pas bien ensemble. J'ai vaguement le souvenir qu'on m'avait dit qu'Hoffmann avait dénoncé Cernuszky qui avait été obligé de se sauver d'Autriche.

Il n'y a pas eu de vérification faite des dires de Cernuszky en ce qui concerne Hoffmann. C'est tout ce que je sais.

Il faut ajouter enfin que, dans sa lettre du 24 octobre 1904, Cernuszky confirme ses relations avec l'agent Brucker (1).

Ces révélations éclairent encore du même jour la déposition de Cernuszky à Rennes.

Le dernier article de sa déposition était faux comme les trois premiers.

Il était faux que Cernuszky, dans ses informations de 1896, eût révélé que Dreyfus était le principal espion des puissances centrales de l'Europe. Ses dénonciations s'étaient bornées au seul Hoffmann, son ennemi personnel ; et rien d'ailleurs n'était venu les confirmer. C'est par suite d'une audace singulière que Cernuszky, mêlant ses révélations sensationnelles de Rennes au souvenir de ses inimitiés personnelles, avait signalé le rapport de 1896 comme « *citant les noms des personnes aux gages des puissances étrangères et en particulier le nom de Dreyfus* ».

Son imposture à cet égard eût éclaté devant le Conseil de guerre, *si le service des renseignements, par une audace non moins grande, n'avait, opportunément pour l'accusation, trompé une fois de plus le ministre de la Guerre et les juges militaires.*

X. — De ces révélations deux conclusions se déduisent.

En premier lieu il est absolument certain que le témoi-

(1) Enquête, t. 2, p. 176.

gnage de Cernuszky était faux dans toutes ses parties. Cernuszky le reconnaît aujourd'hui lui-même pour deux articles (art. 2 et 3) ; et la preuve de la fausseté du témoignage est faite avec évidence pour les art. 1 et 4, comme pour les articles 2 et 3.

Le faux témoignage est établi aux yeux de tous, même p. 231 aux yeux du commandant Cuignet. Ce dernier a seulement déclaré, devant la Chambre criminelle, que l'inspirateur de ce faux témoignage était M. Reinach. D'après le commandant Cuignet (1), M. Reinach aurait voulu faire déclarer Dreyfus innocent en faisant affirmer sa culpabilité concurremment avec celle de Guénée (! ?).

Cernuszky qui, d'après tous les renseignements versés au dossier, est un déséquilibré dont les facultés mentales paraissent atteintes, n'est peut-être pas pleinement responsable. Il paraît avoir été surtout un instrument entre les mains des accusateurs de Dreyfus.

On comprend dès lors les propos qu'en 1901 il tenait à sa propriétaire, Mme Paul Dollingen, contestant la culpabilité de Dreyfus :

Peut-être, disait Cernuszky, si ce n'est pas lui c'est un autre, car on a certainement trahi... Vous savez bien. C'est quelqu'un qu'on a nommé.
— « Cependant, lui disait son interlocutrice, c'est vous qui l'avez fait condamner ». Et Cernuszky de répondre simplement : « A ce moment, je le croyais » ! ! ! (2).

Qui donc s'était emparé de cet esprit malade, qui lui avait donné les éléments de cette note, qu'il n'était même pas en état de reproduire de mémoire ?

Il est bien certain (et c'est la deuxième conclusion à tirer des révélations qui précèdent) que *le témoignage de Cernuszky était non seulement un témoignage faux, mais un témoignage inspiré.* C'est une déduction qui s'impose à l'esprit du commandant Cuignet lui-même : « *Cernuszky, dit-il, n'est pas venu de lui-même faire son témoignage* » (3).

XI. — Cernuszky était en effet bien loin d'apparaître à Rennes en prince justicier qui, de sa parole royale, vient démasquer un traître. Apeuré, et le regard méfiant comme un

(1) Cuignet. Déposition du 14 mai 1904. Enquête, t. 1, p. 776.
(2) Déposition de Mme Paul Dollingen, du 27 avril 1904. Enquête, t. 2, p. 113.
(3) Cuignet. Déposition du 4 mars 1904. Enquête, t. 1, p. 775 *in fine.*

criminel, il alléguait, comme explications de ses louches atti-
tudes, avoir de sérieuses craintes pour sa sécurité, à raison
de la possession d'une valise mystérieuse « contenant des documents si importants que le fait d'en être détenteur mettait
sa vie en danger » (1).

Il était, dit le témoin Gaillard qui avait été chargé, sur la demande de
Cernuszky, de veiller à la sécurité de sa personne, très nerveux, très
agité ; il voulait même une fois tirer des coups de revolver sur un journaliste qui avait forcé la consigne et était arrivé jusqu'à sa chambre.

p. 232   M. Paléologue qui, à la différence des juges, l'avait observé de sang-froid, déclare :

Il était visiblement très gêné, très troublé et sentait peser sur lui la
crainte d'une poursuite en faux témoignage (2).

Les dépositions de M. Semenoff, de M. Gaillard, de M. Paléologue, de M. Deglas (3) et de tous les témoins entendus
par la Cour sont absolument concordantes. Cernuszky, à Rennes, était sous l'empire d'une crainte et d'une terreur folles.
Il est impossible d'admettre *qu'il ait fait librement et sans
compensation un acte lui causant à lui-même tant d'épou-
vante.*

*Il était d'ailleurs incapable de formuler personnellement
son fameux témoignage.*

Il avait été obligé, trop peu sûr de pouvoir bien répéter
la leçon mal apprise, de faire lire sa note, rédigée d'avance,
en alléguant sa difficulté de parler la langue française ; et
cette allégation encore était un mensonge.

M. Deglas, son ami, en témoigne lui-même, quand interrogé sur la question de savoir si Cernuszky parlait couramment le français, il répond (4) :

Très couramment, avec seulement quelques tournures de phrases et
un certain accent étranger. Nous causions en français sans difficulté.

Même constatation était faite par Me Demange, qui ne
pouvait disimuler son étonnement de voir le témoin en

---

(1) Déposition Gaillard, du 11 juin 1904. Enquête, t. 2, p. 120.
(2) Paléologue. Déposition du 29 mars 1904. Enquête, t. 1, p. 358.
(3) Semenoff. Déposition du 27 avril 1904. Enquête, t. 2, p. 110, Gaillard. Déposition du 11 juin 1904. Enquête, t. 2, p. 120. Deglas. Déposition
du 14 mai 1904. Enquête, t. 2, p. 118. Paléologue. Déposition du 29 mars
1904. Enquête, t. 1, p. 358.
(4) Deglas. Déposition du 14 mai 1904. Enquête, t. 2, p. 117.

pleine possession de la langue française, dès qu'il n'était plus question d'exposer le contenu de sa note (1).

Enfin, complètement incapable de soutenir son personnage, Cernuszky prétexte une maladie subite, s'excuse près du président de ne pouvoir comparaître à nouveau devant le Conseil de guerre (2), et quitte Rennes précipitamment, après avoir prié son garde du corps « de présenter ses hommages à M. le colonel Fleur, avec lequel il avait eu'plusieurs rendez-vous » (3).

Certains anciens ministres ou officiers généraux faisant fonctions de commissaires du gouvernement : général Mercier, général Roget (4), M. Cavaignac (5), avaient bien reçu. aussi sa visite. Tous avaient bien compris l'effet considérable p. 233 qu'on pouvait attendre de ce témoin sur l'esprit complètement désorienté des juges ; mais, connaissant trop bien le dossier pour n'avoir pas reconnu qu'il s'agissait là d'un faux témoin, ils n'avaient pas voulu courir le risque de se faire les introducteurs de ce témoin près du Conseil de guerre.

Le général Mercier lui avait déclaré « que sa déposition était d'une grande importance et qu'il importait qu'elle se produisît (6) », tout en refusant d'intervenir personnellement à cet effet (7).

XII. — Si la fausse déposition de Cernuszky est de toute évidence une *déposition inspirée*, quelle était la source de l'inspiration ?

La source des renseignements énoncés et travestis dans la note n'est par douteuse. C'est le service des renseignements qui connaît Mosetig, le commis principal au bureau militaire du ministère des chemins de fer d'Autriche-Hongrie. C'est le service des renseignements qui connaît Schönbeck, condamné par arrêt du 15 février 1895 et libéré un peu avant le procès de Rennes. *C'est le service des renseignements qui, avant ce procès, manifestait le désir de faire jouer un rôle à*

(1) Rennes, t. 3-670.
(2) Rennes, t. 3-515.
(3) Déposition Gaillard, du 11 juin 1904. Enquête, t. 2, p. 120.
(4) Roget. Déposition du 2 mai 1904. Enquête, t. 1, p. 612.
(5) Cuignet. Déposition du 14 mai 1904. Enquête, t. 1, p. 773.
(6) Déposition Montéran du 9 mai 1904. Enquête, t. 2, p. 116.
(7) Déposition Deglas du 14 mai 1904. Enquête, t. 2, p. 119.

ce Schönbeck devant le Conseil de guerre (1). C'est le service des renseignements qui *avait reçu, par Brücker, les offres de service de Cernuszky.* C'est le service des renseignements qui, lors de la demande par le Conseil de guerre du rapport signalé par Cernuszky, *attestait, contrairement à la vérité, que ce rapport n'existait pas, afin de réparer la maladresse commise par le faux témoin,* et d'éviter de laisser dévoiler son imposture.

Enfin et comme pour donner aux dénonciations de Cernuszky *leur marque de fabrique,* trois noms d'officiers sont signalés comme noms d'officiers traîtres, et ce sont *trois noms d'officiers juifs* : Dreyfus, Crémieux-Foa et Weil.

Trois noms de civils s'y joignent ; et c'est, à côté d'Hoffmann, l'ennemi personnel de Cernuszky, le nom de Guénée. L'agent Guénée avait eu l'impertinence de déclarer à la Cour de Cassation que Dreyfus était la « tête de turc » du service des renseignements ; et il payait ainsi, après sa mort, sa traîtrise envers le service.

C'est enfin et surtout le nom de l'honorable Me Leblois, contre lequel s'étaient déchaînées les accusations ineptes du service et qui, devant le Conseil de guerre de Rennes, était encore, par ce même service, accusé avec Picquart d'infraction à la loi de 1886 sur l'espionnage.

Il est peut-être difficile de déterminer l'homme ou les
p. 234 hommes qui ont inspiré Cernuszky, mais il est facile de discerner la source où ce témoin a puisé les éléments de sa note : c'est au service des renseignements.

XIII. — Si l'on passe du domaine des déductions dans celui des témoignages apportés devant la Cour sur ce point spécial, on se trouve en présence d'affirmations catégoriques, formulant la même conclusion ; elles y ajoutent même cette circonstance aggravante que le témoignage faux de Cernuszky aurait été, non seulement inspiré, mais payé par le service des renseignements.

Il est malheureusement difficile, lorsqu'il s'agit de recueillir les témoignages relatifs à une affaire de subornation de témoin, de trouver des témoins d'une moralité au-dessus de tout soupçon.

_____

(1) Déposition Tomps du 27 avril 1904. Enquête, t. 2, p. 79.

Il est incontestable, par suite, que la plupart des témoignages entendus ne peuvent être accueillis sans une certaine réserve.

Mais, cette réserve faite, les renseignements venus tant de Nice que de Gênes, que de Bruxelles et de Paris, quoique différents en la forme, concordent tous sur le fond, et cette concordance serait assurément difficile à expliquer, s'il s'agissait là d'un roman.

Ce sont tout d'abord les révélations de Wessel-Helmuth, ex-lieutenant de l'armée allemande, indiquant que le faux témoignage Cernuszky fut concerté avec le service des renseignements par l'intermédiaire de Przyborowsky. Les détails de ce concert frauduleux sont exposés dans une lettre de Wessel-Helmuth à son avocat, M° Raimondo, en date du 24 avril 1903, alors qu'il était incarcéré à Gênes et sans communication possible avec les autres témoins.

Cette lettre concorde d'ailleurs avec les déclarations faites par le même Wessel, le 4 mai 1900, à M. Boissière, commissaire central à Nice (1).

Elle concorde encore avec les indications portées sur des papiers de Wessel saisis à Nice en avril 1900, et notamment avec la mention d'un carnet sur lequel on lit : « Czern. mitt G. Stab. — Czern. 30.000 und anderes. Math. fragen » (« Cernuszky avec l'Etat-major général. — Cernuszky 30.000 et autres. Demander Math. ») (2). Cette abréviation pouvait désigner Mathilde ou Mathieu.

Ce sont ensuite les révélations faites à Nice par Mathilde Baumler, qui a épousé Wessel-Helmuth, et qui fournit des renseignements corroborant les dires de Wessel : 1° dans une lettre du 25 avril 1903 à M. Gabriel Monod (3) ; 2° dans une déposition du 24 mars 1904 (4) ; 3° dans une seconde déposition du 14 mai 1904 (5). Mathilde Baumler, très catégorique en ce qui concerne l'achat du faux témoin Cernuszky par p. 235 le service des renseignements, se défend d'avoir joué un rôle quelconque dans les négociations ; et, d'accord avec Wessel, elle désigne Przyborowsky comme l'intermédiaire.

(1) Enquête, t. 2, p. 96 et suiv.
(2) Enquête, t. 2, p. 135.
(3) Enquête, t. 2, p. 59.
(4) Enquête, t. 2, p. 71.
(5) Enquête, t. 2, p. 83.

Ce sont ensuite les révélations de M. Jean Galmot, rédacteur au *Petit Niçois*, qui fait connaître, dans ses dépositions des 24 et 29 mars 1904, les renseignements par lui recueillis de Przyborowsky lui-même (1) ; ses affirmations sont aussi pleinement concordantes avec celles des autres témoins.

Ce sont ensuite les révélations de Bronislas Slaski, ami de Przyborowsky, qui donne, dans ses dépositions des 30 mars et 26 avril 1904 (2), des précisions inquiétantes s'accordant exactement avec les dépositions des autres témoins.

C'est ensuite M. Tomps qui, dans sa déposition du 27 avril 1904 (3), fait connaître les révélations à lui apportées en mai 1900 par Mathilde Baumler : il y a toujours concordance.

Enfin, dès le 10 décembre 1903, une lettre adressée au capitaine Targe par M. Mathieu, employé à l'Office spécial des recherches, 51, rue de Laeken à Bruxelles, s'exprimait en ces termes :

J'ai l'honneur de vous adresser un renseignement qui pourra vous être utile à l'enquête que vous poursuivez relativement à l'affaire Dreyfus, il est relatif au paiement de la somme de 20.000 francs payés à Cernuszky, pour son témoignage devant le Conseil de guerre qui jugeait Dreyfus.

On n'a sans doute pas trouvé le reçu dudit Cernuszky, car cette somme ne lui a pas été remise directement, mais par l'intermédiaire de Mathilde Baumler, le reçu doit se trouver au nom de cette femme.

Mathilde était à ce moment à Bruxelles et fréquentait la brasserie Muhlbauer, rue des Fossés-aux-Loups, 12. Je l'ai fort bien connue à cette époque, ainsi que son amant l'ex-officier prussien Wessel ; c'est par eux que j'ai été mis en relation avec M. Tomps, que j'ai servi jusqu'au jour où il a quitté ses fonctions à la sûreté générale pour aller prendre son poste de commissaire central à Dijon ou à Orléans.

Lorsque Mathilde a reçu les 20.000 francs, elle les a fait voir à plusieurs reprises, à la brasserie Muhlbauer, en les retirant de son corsage. Ce fait est connu de plusieurs témoins et notamment des garçons de la brasserie.

Elle a remis 1.000 francs à Przyborowsky, un faiseur, faisant partie de la bande cosmopolite, et qui est allé à Spa (hôtel de Flandre) et à Liège (hôtel de Marenne) en y laissant des malles ou valises qui sont encore en souffrance ; puis il a été ensuite et il est encore très probablement à Nice, où il a été employé comme indicateur sous les ordres du commissaire central de Nice ; il doit y rendre des services, connaissant tous les cosmopolites interlopes.

Quant à Cernuszky, il n'a touché que 8 à 10.000 francs au lieu de 20.000 francs, Mathilde en a gardé la grosse part pour elle. Il a été peu après expulsé et est parti en Hongrie.

(1) Enquête, t. 2, p. 65 et 71.
(2) Enquête, t. 2, p. 74 et 77.
(3) Enquête, t. 2, p. 79.

`Le commandant Targe a annexé cette lettre à sa déposi- p. 236
tion du 19 mars 1904 (1), à raison des constatations matérielles par lui faites sur les livres de la comptabilité du service des renseignements, constatations qui corroboraient les
articulations de M. Mathieu.

Il paraît hors de doute que Przyborowsky a tenu les propos qui sont rapportés par tant de témoins différents.

Tous ces témoignages ne diffèrent que sur un point : tous
affirment que Cernuszky fut un témoin acheté par le service
des renseignements ; tous affirment que Przyborowsky fut
l'intermédiaire. Mais alors que M. Mathieu fait également
participer Mathilde Baumler à cette œuvre de subornation
de témoin, celle-ci s'en défend énergiquement et rejette tout
sur Przyborowsky.

Przyborowsky est entendu à son tour. Dans ses dépositions des 23, 24 mars, 10 mai et 1er juin 1904, il refuse de se
reconnaître l'intermédiaire entre le service des renseignements et Cernuszky. Przyborowsky avoue avoir été l'agent
du service des renseignements, où il était désigné sous le
pseudonyme d'Alex. Il avoue être venu de Liège à Paris pendant le cours du procès Dreyfus à Rennes. Il avoue avoir, à
cette époque, eu des rendez-vous avec le capitaine Mareschal
(2). Il avoue avoir reçu différentes sommes d'argent du service (3). On relève d'ailleurs, dans le livre journal du service
des renseignements, des paiements faits à Przyborowsky
(Alex), les 4, 20, 28 août, 9, 13, 18 et 23 septembre 1899 (4). Il
avoue encore avoir déclaré au capitaine Mareschal que Mosetig était l'informateur dont lui, Przyborowsky, était l'intermédiaire (5). Il reconnaît aussi avoir fait connaissance à Monte-Carlo, en 1898, d'un Serbe nommé Adamovitch, reparti
peu après pour la Serbie, et avec lequel il n'a d'ailleurs pas
conservé de relations (6). Le capitaine Mareschal (7) confirme la déclaration de Przyborowsky en ce qui concerne
Mosetig.

(1) Enquête, t. 1, p. 61 et 62.
(2) Déposition du 10 mai 1904. Enquête, t. 2, p. 82.
(3) Déposition du 27 mai 1904 Enquête, t. 2, p. 123.
(4) Déposition Mareschal, du 7 mai 1904. Enquête, t. 2, p. 133.
(5) Confrontation Przyborowsky-Galmot, du 24 mars 1904. Enquête,
t. 2, p. 67.
(6) Déposition du 26 avril 1904. Enquête, t. 2, p. 77.
(7) Mareschal. Déposition du 7 mai 1904. Enquête, t. 2, p. 136.

Je n'ai vu le nom d'Adamovitch, dit le capitaine Mareschal, que dans les journaux, à propos de la reprise de l'affaire. Quant au nom de Mosetig, il m'a été donné par Przyborowsky comme étant le fournisseur dont il était l'intermédiaire. Le fournisseur de Przyborowsky était représenté par lui non comme un conseiller aulique, mais comme un employé des chemins de fer de l'Etat.

La note de Cernuszky s'inspirait donc visiblement, en ce qui concerne les noms mis en avant, des indications fournies par Przyborowsky au service des renseignements. Mais Przyborowsky prétend n'avoir pas été l'intermédiaire entre le capitaine Mareschal et Cernuszky. Il allègue comme preuve qu'il ne connaîtrait pas Cernuszky ; et cependant il est obligé d'avouer que, sur la photographie d'un groupe de personnages, il a désigné à Mathilde Baumler qui était Cernuszky ! (1)

XIV. — Il est certain, d'autre part, que le capitaine Mareschal et le capitaine François se sont vivement préoccupés, après le procès de Rennes, des révélations que pourraient faire Przyborowsky et Wessel au sujet de Cernuszky. Ils se sont livrés à d'étranges compromissions pour obtenir de ces agents, qu'ils avaient à leur merci, *des certificats tendant à les disculper d'une accusation non encore formulée !*

Przyborowsky et Wessel ont été sollicités par ces officiers dès les premiers mois de 1900. A tous deux, le capitaine Mareschal commande un rapport, aux termes duquel des démarches auraient été faites près d'eux par le commissaire Tomps, pour attester la subornation du témoin Cernuszky par le service des renseignements.

Le 10 mars 1900, le capitaine Mareschal est à Nancy où il réclame à Wessel un rapport en ce sens. Il réussit à l'obtenir, et envoie aussitôt à son chef, le capitaine François, un télégramme chiffré dont voici la teneur : « Affaire bonne voie, être obligé de rester pour déclaration de Wessel importante et curieuse, relative machinations Tomps Cernuszky, faire faire déclaration écrite (2). »

Le capitaine Mareschal, une fois nanti de son rapport, envoie Wessel à Nice, bien que connaissant les dangers d'arrestation encourus dans ladite ville par cet agent d'espionnage. Wessel lui rappelle ces dangers ; Mareschal affirme

(1) Déposition du 1ᵉʳ juin 1904. Enquête, t. 2, p. 128.
(2) Rapport Cassel. Affaire Dautriche.

que toutes les dispositions sont prises pour éviter tout ennui. Wessel arrive à Nice le 5 avril ; et il y est arrêté le 9 avril (1). Le commissaire central de Nice, M. Boissière, atteste d'ailleurs que, contrairement aux assurances données par Mareschal à Wessel, aucun avis ne lui fut donné d'avoir à surseoir à l'arrestation de Wessel (2).

Les cirrconstances de cette arrestation, exposées par M. Tomps, permettent de penser que les officiers du service des renseignements n'y furent pas étrangers : ils voulaient étouffer une rétractation possible de la part de Wessel. La lettre de reproches adressée par Wessel à Mareschal, le 1er mai 1900 (3), ne permet guère le doute à cet égard.

Le capitaine François prend aussitôt ses mesures pour sè saisir des papiers de Wessel, afin, dit-il, de les mettre hors des atteintes d'un gouvernement étranger ayant sollicité l'extradition. Il eut suffi, pour cela, de faire mettre Wessel en liberté. Mais ce que voulait le service des renseignements c'était désarmer Wessel, et le mettre hors d'état de rétracter son certificat du 10 mars.

Le capitaine Fritsch, parti pour Nice après avoir trompé le ministre de la Guerre, le préfet des Alpes-Maritimes et le commissaire spécial de Nice (4), s'empara des papiers de Wessel pouvant être compromettants pour le service des renseignements. Dans son zèle, il saisit même, par fraude (5), les papiers de Mathilde Baumler. Il fait le tri, retient les lettres du capitaine Mareschal à Wessel, mais fait remettre à un député (6), les photographies des deux lettres de Tomps, des 3 et 7 avril 1900, destinées à faire croire à une machination de la Sûreté générale contre le service des renseigne- P. ments. Or ces lettres, adressées à Mathilde Baumler, *sont d'un mois postérieures aux démarches faites par Mareschal à Nancy pour obtenir son certificat de Wessel.* Le commissaire Tomps, qui venait évidemment d'être saisi par Mathilde Baumler d'une articulation rétractant le certificat de Wessel, du 10 mars précédent, lui répondait par ces deux lettres qu'il ne pouvait accepter ces révélations sans preuves.

(1) Rapport de Wessel, du 22 juin 1900. Enquête, t. 2, p. 88.
(2) Enquête, t. 2, p. 95.
(3) Enquête, t. 2, p. 84.
(4) Déposition Cavard du 4 juin 1904. Enquête, t. 1, p. 894.
(5) Déposition Przyborowsky, du 23 mars 1904. Enquête, t. 2, p. 65.
(6) Capitaine François. Déposition du 9 mai 1904. Enquête, t. 2, p. 142.

L'événement prouvait donc que les officiers du service des renseignements, après avoir acheté de Wessel un certificat d'innocence, avaient agi prudemment dans leur intérêt en empêchant, par une arrestation et une saisie arbitraires, la rétractation du certificat obtenu à Nancy.

Comme Wessel, Przyborowsky est l'objet des mêmes sollicitations. Le 21 avril, un rapport analogue à celui de Wessel en date du 10 mars, lui est demandé par le capitaine Mareschal, qui lui en indique les termes et promet de le lui payer mille francs (1). Puis le service des renseignements s'occupe de lier Przyborowsky par un acte public. Sur les ordres du capitaine Fritsch, Przyborowsky est remis, par l'intermédiaire de l'agent Brucker, entre les mains de journalistes de l'*Eclair*, afin de lui faire rédiger une note résumée de son rapport. Cette note parut en fac-similé dans le journal l'*Eclair*, du 21 mai 1900. L'agent Brucker a bien essayé de nier le fait ; mais, confronté avec Przyborowsky, il fut obligé d'avouer. Il déclara alors avoir agi sur l'ordre du capitaine Fritsch (2).

P 239 Le capitaine François, obligé de reconnaître la matérialité des faits, a prétendu que Wessel, le 10 mars, et Przyborowsky, le 21 avril, avaient fait des rapports tout spontanés (3).

Mais on ne s'explique pas comment, dès le 10 mars 1900, Wessel à Nancy aurait pu faire spontanément un rapport sur de prétendues manœuvres de Tomps, alors que les actes incriminés de ce commissaire auraient eu lieu seulement en avril.

L'allégation du capitaine François, seulement invraisemblable en ce qui concerne le rapport de Przyborowsky, du 21 avril 1900, est impossible à admettre en ce qui concerne le rapport de Wessel, du 10 mars 1900.

Les procédés, au moins irréguliers, employés pour obtenir ces rapports et pour se saisir des papiers de Wessel, arrêté à Nice en des circonstances suspectes, sont bien faits pour corroborer les affirmations des témoins plus haut cités.

---

(1) Przyborowsky. Déposition du 1ᵉʳ juin 1904. Enquête, t. 2, p. 128.
(2) Przyborowsky. Déposition du 23 mars 1904. Enquête, t. 2, p. 124, et Brucker. Déposition et confrontation du 1ᵉʳ juin 1904. Enquête, t. 2, p. 160 et 161.
(3) François. Dépositions des 7 et 9 mai 1904. Enquête, t. 2, p. 140 et 141.

Le service des renseignements apparaît ici comme ayant usé de ses manœuvres habituelles, pour masquer la subornation du témoin Cernuszky, et l'empêcher de se révéler.

XV. — Des faits matériels d'une extrême gravité viennent encore confirmer ces conclusions.

La comptabilité du service des renseignements a été gravement altérée en vue de la justification d'une dépense suspecte de 25.000 francs, qui se place à la date du 16 août 1899, c'est-à-dire au cours du procès de Rennes.

Cette comptabilité a été, pour tout ce qui concerne l'affaire Dreyfus, l'objet de constantes falsifications.

On l'a falsifiée en y portant des dépenses fictives pour constituer la masse noire d'Henry, destinée aux rémunérations de services inavouables.

On l'a falsifiée pour en faire disparaître après coup les mensualités entrées en compte comme payées à Valcarlos.

On l'a falsifiée pour majorer les dépenses de la gestion Picquart, et justifier l'accusation de dilapidation forgée contre l'ancien chef du service.

Il s'agit maintenant de retrouver l'emploi d'une somme de 25.000 francs, dont la dépense s'est faite en conditions extraordinairement suspectes, et voilà qu'*on ne trouve encore sur les registres que des mentions falsifiées.*

Tous les falsificateurs de la comptabilité, soit pendant la gestion Henry, soit pendant la gestion de ses successeurs, ont allégué qu'il n'y avait pas de comptabilité régulière, que, s'agissant de fonds secrets, aucune comptabilité n'était admissible.

C'est là une erreur fondamentale. Tout maniement des fonds d'Etat exige une comptabilité. Tous les services ayant à leur disposition des fonds secrets sont tenus de justifier de leur emploi devant le ministre responsable, qui en rend compte d'ailleurs au Président de la République.

En l'espèce, il y avait du reste une comptabilité régulièrement organisée. Le général Gonse, lui-même, le rappelait à Rennes (1) :

La comptabilité du service, disait-il, est faite de telle façon qu'on sait p. 240
exactement, à un sou près, ce qu'on paye, et il faut que les archivistes, le

(1) Rennes, t. 1, p. 538.

sous-chef d'Etat-major et les différentes personnes qui voient la compta-bilité soient au courant.

Le général Roget avait rendu hommage, lui aussi, à la régularité et à l'exactitude de cette comptabilité (1).

Il avait même été fait appel à cette comptabilité pour élucider certaines questions au procès de Rennes (pièces 96 et 97 de la liasse 1 du dossier de Rennes).

Henry d'ailleurs, en créant sa « masse noire » par des dépenses fictives portées sur ses registres, reconnaissait implicitement, par là-même, qu'il était tenu de justifier, par sa comptabilité régulière, l'emploi des fonds. La constitution d'une « masse noire » n'eut été d'aucune utilité pour lui, s'il n'avait été obligé de fournir la justification de ses dépenses normales par des livres tenus correctement.

Au surplus, que la comptabilité soit obligatoire ou non, il suffit qu'elle existe *pour que les officiers chargés de la tenir aient l'obligation stricte de passer des écritures loyales et sincères.*

XVI. — Cinq registres constituaient cette comptabilité du service des renseignements (2).

1° *Un brouillard ou livre de caisse* tenu au jour le jour : il comporte le détail des recettes et des dépenses de service courant avec, en regard des entrées et des sorties d'espèces, l'objet et le nom ou pseudonyme de la partie prenante :

2° *Un livre journal ou journal de caisse*, destiné à la mise au net du précédent : il porte l'arrêté mensuel signé par le chef de service et visé par le chef de l'Etat-major de l'armée ;

3° *Un relevé de comptes ou Grand Livre*, qui classe les dépenses par comptes individuels des parties prenantes :

4° *Un carnet à souche* qui, pour chaque somme payée et inscrite aux différents registres, comporte, avec un numéro d'ordre, un talon et un reçu à détacher ; sur le reçu est apposée la signature du destinataire ou de l'officier intermédiaire.

Tels sont les quatre registres constituant la comptabilité de la *caisse ordinaire* du service, alimentée par un chèque mensuel de 40.000 francs.

(1) Rennes, t. 1-266.
(2) Rapport Cassel.

Mais il existe, en outre, une *caisse de réserve* où sont portés les reliquats laissés par les dépenses courantes, et où 'e
bureau des renseignements peut puiser, *mais seulement sur
autorisation du chef d'Etat-major*, quand les besoins du service l'exigent, ou qu'une occasion exceptionnelle nécessite
des ressources supplémentaires.

Les mouvements de fonds de cette caisse de réserve sont p. 241
constatés sur *le carnet de réserve*, où figurent, après autorisation inscrite du chef de l'Etat-major de l'armée, les entrées
et sorties des fonds.

Quand une somme est puisée dans la réserve pour le service courant, elle entre naturellement en recette sur le brouillard et le journal de caisse de ce service.

Tel est tout le mécanisme de cette comptabilité.

XVII. — Sur le livre journal on lit, à la date du 16 août
1899 :

*Austerlitz : documents : complément de 20.000 francs de la
réserve* .... *5.000 francs.*

Et à la même date, 16 août :

Berg : frais de voyage et gratification ...... *625 francs.*

D'après cette mention donc, la caisse ordinaire du service, à la date du 16 août 1899, déboursait seulement
5.625 francs, dont 5.000 francs payés à Austerlitz.

Ces 5.625 francs sont seuls portés en compte. Mais on voit
sur le même livre journal, une mention quelque peu anormale, indiquant que les 5.000 francs payés à Austerlitz *auraient formé le complément d'une somme de 20.000 francs
prise à la caisse de réserve pour payer audit Austerlitz, le
16 août 1899, une somme totale de 25.000 francs*, prix d'achat
de documents.

L'instruction s'est reportée au dossier Austerlitz, on y a
retrouvé tous les documents. Ceux livrés le 16 août 1899 *ont
été évalués par les officiers compétents entre 2.000 francs et
4.000 francs* (1).

A la rigueur, cette évaluation peut paraître justifier le
paiement de 5.000 francs fait à Austerlitz, et porté comme dépense sur le livre journal. *Mais à quoi correspondaient les
20.000 francs mentionnés comme prélevés sur la caisse de*

_____

(1) Conclusions du colonel Rabier. (Procès Dautriche).

18

réserve, et remis à Austerlitz pour achat de ces mêmes docu-
ments valant de 2.000 à 4.000 francs.

Interrogés sur la question de savoir s'ils avaient jamais
payé des documents 25.000 francs au cours de leur gestion,
les capitaines François et Mareschal *ont tous deux affirmé*
n'avoir jamais fait de paiements s'élevant à plus de
10.000 francs.

Mis en présence du livre journal, le capitaine Mareschal
atteste qu'il n'a jamais payé à Austerlitz que la somme
portée sur ce livre journal soit 5.000 francs. Quant aux
20.000 francs mentionnés comme pris à la réserve, *ils res-*
p. 242 *taient dans le bureau pour les besoins de la caisse du service*
courant (1).

Le capitaine François n'est pas moins affirmatif dans sa
déposition du 9 mai 1904 (2).

Mais en réalité, les 20.000 francs prélevés sur la réserve,
et qui seraient restés dans le bureau pour le service courant,
ne sont jamais entrés dans le compte du service courant.

Le livre journal ne les porte pas en recette et, par suite
ne les fait pas figurer davantage dans le compte des dépenses.

Que sont alors devenus les 20.000 francs ? Il demeure
impossible d'indiquer leur emploi. Les officiers Rollin,
Mareschal et Dautriche se concertent. Puis Dautriche,
comptable du service, écrit d'urgence au capitaine François,
le 15 mai 1904 (3), au lendemain d'une déposition où le plan
avait été arrêté entre lui, Rollin et Mareschal.

> Cher ami,
>
> J'ai été bien méchusé, lorsqu'à la suite de ma déposition du 9 mai,
> j'ai entendu Mareschal dire qu'il ne se rappelait pas du tout avoir donné
> 25.000 francs à A... Vous pourrez peut-être regretter d'avoir été aussi
> affirmatif, *et de ne pas m'avoir demandé au préalable si je pouvais vous*
> *aiguiller.*

Le capitaine Dautriche fait connaître au capitaine François les explications qu'il a imaginées après s'être concerté
avec le lieutenant-colonel Rollin.

(1) Mareschal. Déposition du 7 mai 1904, devant M. le conseiller Laurent Atthalin. Enquête, t. 2, p. 136.
(2) François. Déposition du 9 mai 1904, devant M. le conseiller Laurent Atthalin. Enquête, t. 2, p. 143.
(3) Lettre saisie chez le capitaine François, et versée au dossier. Enquête, t. 2, p. 147.

Il ne doit pas être inutile, ajoute-il, que je vous donne ces détails.
Il est entendu aussi que nous avons sorti des billets de banque allemands
de la réserve concurremment à 20.000 francs. Si le rendez-vous avec A
avait raté, on aurait tout simplement remis les 20.000 francs à la réserve,
et vous n'auriez pas eu à présenter le carnet de réserve au général De-
lanne.

Le concert est établi : MM. Rollin, François, Mareschal
et Dautriche affirmeront dorénavant qu'Austerlitz a reçu,
non pas 5.000 francs, mais 25.000 francs.

MM. Mareschal et François en sont quittes pour *déclarer*
que leurs premières dépositions étaient un tissu d'inexac-
titudes. Quant à la valeur des documents livrés par Austerlitz, le capitaine Mareschal déclarera *qu'il savait pertinem-*
ment les payer beaucoup au-dessus de leur valeur. Il a en
réalité donné un supplément de 20.000 francs à Austerlitz
pour le sortir d'embarras et l'encourager à lui apporter de p. 243
nouveaux documents. *On l'a d'ailleurs, à son retour, plai-*
santé sur la valeur des documents payés 25.000 francs (1).

XVIII. — Mais la comptabilité va-t-elle s'accorder avec
cette version concertée entre les quatre intéressés ?

Aucun des cinq livres de comptabilité ne s'accorde avec
les dires de Dautriche et consorts ; et des falsifications ont
été opérées pour tenter de les faire concorder avec le système imaginé à l'effet d'assigner un emploi licite aux 20.000
francs disparus.

a) Le livre journal dont il a déjà été parlé pourrait, à la
rigueur, s'accommoder à ce système, *grâce à la mention anor-*
male et singulière « complément de 20.000 francs de la réserve. »

b) Mais que va-t-on trouver sur le brouillard ou livre de
caisse ?

Ce registre est falsifié à l'endroit où il devrait reproduire
la fameuse mention : « complément de 20.000 francs de la
réserve. »

Les blancs du brouillard n'étaient pas suffisants comme
ceux du livre journal pour y ajouter après coup la mention
et alors on a été obligé de faire des grattages.

Le registre porte :

Août 1899.   Berg ....   625 francs.

(1) Confrontation Mareschal, Dautriche et Rollin, du 14 mai 1904. Enquête, t. 2, p. 159.

16 — 564 Austerlitz (somme complétant 20.000 francs pris
à la réserve) .... 5.000 francs.

21. — 565 Alex. documents .... 500 francs.

Les mots « Austerlitz, somme » sont écrits sur un grattage. Une expertise a eu lieu pour tenter de découvrir quels
étaient les noms grattés, que le capitaine Dautriche se refusait à indiquer. Elle établit *qu'il y avait primitivement deux
noms* ; que dans le premier de ces noms devaient se trouver
les lettres R o l ; que dans le second figurait la minuscule k ;
mais elle ne permet pas de déchiffrer avec certitude les noms
des agents, auxquels la falsification commise avait substitué
les mots : *Austerlitz, somme.*

De plus, même après le grattage, la longueur de la ligne
restant en blanc n'avait pas permis d'inscrire d'une écriture
normale la mention supplémentaire : les mots « complétant
20.000 francs pris à la réserve » sont tracés en caractères
resserrés et en abrégé.

Sans entrer dans le domaine des hypothèses, il suffit de
constater ici ce qui est certain. *La version présentée par les
officiers du service des renseignements n'est pas exacte puisqu'il a fallu falsifier le livre brouillard pour pouvoir la soutenir.*

p. 244   Ajoutons enfin que le livre brouillard, pas plus que le
livre de caisse, *ne porte comme entrés en compte les 20.000
francs pris à la réserve.* Cette anomalie n'a pu être corrigée
parce qu'il aurait fallu, après coup, rectifier toutes les addi-
tions des recettes et dépenses.

c) Le troisième livre de comptabilité (grand livre ou relevé
de comptes individuels) n'était pas plus que les précédents
d'accord avec le système imaginé par MM. Dautriche et Rollin. Aussi a-t-il été également falsifié, et cela au cours même
de l'enquête de la Chambre criminelle.

Pour être d'accord avec la version imaginée par les officiers du service des renseignements, il aurait dû porter au
compte Austerlitz, à la date du 16 août 1899, une somme de
25.000 francs, *Or le compte Austerlitz ne portait aucune mention de ce genre.* Dautriche falsifia encore ce troisième registre pour le mettre en harmonie avec ses allégations. *Il dut
reconnaître d'ailleurs avoir fait cette falsification le 16 mai
1904, après sa déposition devant M. le conseiller Laurent.*

Atthalin (1). Il alléguait comme excuse que ce registre ainsi falsifié était exclusivement pour son usage personnel. Mais le colonel Faurie, qui a été son chef de service, lui donne à cet égard un démenti formel (1). L'allégation de Dautriche fût-elle d'ailleurs exacte, ne justifierait pas la falsification de ce registre.

A la page 31 dudit registre, sous le nom d'Austerlitz, existait une ligne blanche précédant diverses inscriptions dont la première est du 19 décembre 1900. Après avoir gratté le chiffre *1900* qui était inscrit à la gauche de la ligne blanche, au-dessus du mot « Décembre », Dautriche inscrit la mention :

1899 août 16. Envoi n° 64. Documents 25.000.

Il rectifie, d'autre part, à la page 83, le compte Berg.

La falsification de ce troisième livre de comptabilité se passe de commentaire.

d) Le quatrième livre, carnet à souche, ne concorde pas davantage avec la version du service des renseignements. On y trouve bien encore une mention parlant d'une somme de 20.000 francs prise à la réserve. Mais sans même qu'il soit nécessaire de rechercher à quelle date a été inscrite cette mention, faite sans doute après coup, ce quatrième registre, même tel qu'il est actuellement, n'est pas non plus en harmonie avec le système Dautriche. Le talon portait, originairement la date du *21 août, date d'un versement fait à Przyborowsky (Alex.)* ; on a substitué à cette date celle du 16 août, et l'on a inscrit : « *n° 564*. Je reconnais avoir reçu la somme de 5,625 francs complétant une somme de 20.000 francs prise à la réserve ; le tout remis à Austerlitz et Berg (625 francs à ce dernier) » Ce reçu est du capitaine Mareschal.

p. 245

Mais *le reçu n° 564*, tel qu'on le fait figurer aujourd'hui dans le compte Austerlitz au livre des relevés des comptes individuels, afin de le faire cadrer avec le système Dautriche, *n'est pas un reçu de 5.625 francs : c'est un reçu de 25.000 fr.*

Il faudrait tout au moins compléter ce reçu n° 564 de 5.625 francs, dont 625 francs à Berg, par un reçu Austerlitz de 20.000 fr., à défaut d'un reçu du capitaine Mareschal. Aussi le lieutenant-colonel Rollin et le capitaine Mareschal

---

(1) Déposition du 26 mai 1904. Enquête, t. 2, p. 149.
(1) Rapport Cassel.

ont-ils soutenu que ce reçu d'Austerlitz existait. *Malheureu-sement le capitaine Dautriche qui ne peut le représenter, et pour cause, déclare ne l'avoir jamais vu* (1).

e) Reste un cinquième et dernier registre : le carnet de réserve. Pas plus que les quatre précédents, ce rernier regis-tre ne porte des mentions s'adaptant au système Dautriche.

Dans ce système, en effet, le carnet de réserve devrait contenir une autorisation du chef de l'Etat-major *permettant un prélèvement pour achat de documents à Austerlitz.*

Or le carnet porte :

Le général sous-chef d'Etat-major de l'armée autorise le prélèvement de 20.000 francs *pour assurer les besoins du service courant.* Paris, le 16 août 1899. Signé : Delanne.

A la page des dépenses une mention du capitaine Fran-çois porte .

16 août. Prélèvement *pour le service courant* (autorisation ci-contre) 20.000 francs.

Dautriche ici a bien encore écrit, après coup, « docu-ments fournis par Austerlitz ».

Mais *il n'a pu modifier les termes de l'autorisation donnée par le général Delanne.*

Celui-ci, d'ailleurs, déclare n'avoir aucun souvenir d'avoir autorisé un achat de documents coûtant 20.000 francs à la réserve. Il eut certainement demandé des explications sur un achat de cette importance. Il déclare même n'avoir connu pour la première fois le nom d'Austerlitz que le jour de sa déposition devant la Cour de Cassation (2). Les souvenirs du général de Lacroix concordent avec ceux du général Delanne. Bien que connaissant le nom d'Austerlitz, le géné-ral de Lacroix déclare ne voir aucune relation entre ce nom et la somme de 20.000 francs (3). Comme l'indiquaient ex-pressément les termes mêmes de l'autorisation de prélève-ment à la réserve, cette autorisation n'avait été demandée et accordée que pour les besoins du service courant. La preuve

p. 246 en est encore fournie d'autre part par la découverte, devant le Conseil de guerre Dautriche, d'une nouvelle fraude com-mise dans le service à cet égard.

Comme, pour autoriser un prélèvement en vue du service

(1) Dautriche. Confrontation du 14 mai 1904. Enquête, t. 2, p. 155.
(2) Rapport Cassel. Procès Dautriche.
(3) Général de Lacroix. Déposition du 4 juin 1904. Enquête, t. 2, p. 163.

courant, le général Delanne aurait pu se faire présenter les livres du service à l'effet de constater l'état de la caisse, *cet état lui-même avait été faussé* : on n'avait pas encore, à la date du 16 août, porté en recettes les 40.000 francs alloués le premier de chaque mois au service. *Cette inscription de recettes n'a été faite sur les livres qu'après la signature de l'autorisation de prélèvement à la réserve pour le service courant ; elle a été faite en interligne et elle a entraîné une surcharge de reports* (1).

On doit ajouter enfin qu'un prélèvement autorisé *le 16 août* n'aurait pu permettre de réaliser *ce même jour, 16 août,* un paiement à faire *à Zurich* entre les mains d'Austerlitz. Pour sortir de cette nouvelle difficulté, Dautriche a dû encore imaginer *une autorisation préalable de prélèvement, purement verbale,* qui aurait précédé l'autorisation régulière et écrite (2). Ce procédé, s'il avait été employé, aurait été assurément contraire à tous les règlements ; mais cette prétendue autorisation verbale n'a d'ailleurs laissé aucune trace dans les souvenirs d'aucune des personnes mises en cause.

XIX. — Ce qui ressort avec certitude de l'examen de cette comptabilité, c'est que le 16 août 1899 on a pris 20.000 francs à la réserve sous le prétexte d'assurer le service courant du bureau, et qu'en réalité ces 20.000 francs ne sont pas entrés dans le service courant.

Ces 20.000 francs ont disparu sans laisser de trace.

Pour tenter de leur trouver un emploi après coup, les officiers du service ont imaginé de porter de 5.000 francs à 25.000 francs le prix de documents achetés à Austerlitz.

La valeur réelle de ces documents est de 2.000 à 4.000 fr. ; et le capitaine Mareschal est obligé d'avouer lui-même que les 20.000 francs ont été ajoutés par lui *à titre de gratification,* comme encouragement à apporter d'autres documents !

Enfin le paiement de ces 20.000 francs de gratification à Austerlitz, à la date du 16 août 1899, n'avait laissé de trace sur aucun des cinq livres de la comptabilité. Pour l'y faire apparaître, les intéressés ont été obligés de falsifier ces re-

---

(1) Rapport Cassel. V. écritures. Procès Dautriche.
(2) Confrontation du 14 mai 1904. Enquête, t. 2, 158, *in fine.*

gistres ; et les mentions obtenues grâce à ces falsifications ne sont pas encore concordantes.

La Cour appréciera.

Ce qui, dans tous les cas, est indiscutable. :

p. 247   C'est que Cernuszky a fait devant les juges de Rennes un faux témoignage ; c'est que ce faux témoignage était apporté devant le Conseil de guerre par un homme épouvanté lui-même du rôle qu'on lui faisait jouer ;

C'est que Cernuszky était un agent inspiré par les accusateurs de Dreyfus, et se servant, pour sa déposition, de noms et d'indications secrètes dont le service des renseignements avait la clef ;

C'est que le service des renseignements a dissimulé le rapport Brucker-Cernuszky de juin 1896, qui aurait fait connaître aux juges de Rennes qu'Hoffmann était le seul espion prétendu, dénoncé par Cernuszky ;

C'est que les officiers du service des renseignements se sont, après le procès de Rennes, livrés à d'étranges compromissions avec Wessel et Pryborowsky, pour obtenir de ces agents des certificats dégageant le service d'une accusation de subornation de témoin non encore formulée ;

C'est que tout un ensemble de témoignages, ne pouvant être il est vrai accueillis sans réserve, mais du moins concordant absolument, présente la déposition de Cernuszky comme l'œuvre inspirée et payée par le service des renseignements ;

C'est qu'une somme de 20.000 francs a disparu de la caisse de réserve du service des renseignements à la date du 16 août 1899, que cette somme, dont le prélèvement à la réserve avait été autorisé pour les besoins du service courant, n'est jamais entrée dans ce service courant, et que des falsifications ont été opérées sur la comptabilité pour tenter d'en justifier l'emploi.

Le 28 avril 1900, le capitaine François écrivait (1) :

J'ai de gros soucis et de gros embarras de service en ce moment ; nous allons, je le crains, entrer dans une crise nouvelle plus terrible peut-être et plus grave dans tous les cas que la première. Comment en sortirai-je ? A la garde de Dieu. Mais j'ai toujours devant moi l'exemple de mes trois prédécesseurs ; le premier (Sandherr), mort fou ; le deuxième (Picquart), disqualifié et honni ; *le dernier* (Henry), *le meilleur de tous et le plus droit et loyal, suicidé d'un coup de rasoir.*

(1) Conclusions Rabier au procès Dautriche.

Il est à craindre que le capitaine François n'ait pas été d'humeur à se laisser, comme Picquart, disqualifier et honnir en cherchant la vérité et en défendant la justice.

Il est à craindre, au contraire, qu'il n'ait trop fidèlement suivi l'exemple de celui de ses prédécesseurs qu'il se proposait comme modèle, en faisant loyalement des faux, et en se livrant avec droiture aux plus abominables manœuvres, pour écraser le capitaine juif.

Quoi qu'il en soit, les faits examinés dans cette section (témoignage Cernuszky), comme ceux examinés dans les p. 248 sections qui précèdent, ne laissent plus, après l'instruction, rien subsister des accusations portées contre Dreyfus, et révèlent au contraire encore une série de fraudes et de crimes perpétrés contre lui.

SECTION XI

CRYPTOGRAPHIE. — SYSTÈME BERTILLON-VALERIO. —
SYSTÈME CORPS

Les mystères graphiques de MM. Bertillon, Valerio, Corps et « d'un ancien élève de l'Ecole Polytechnique » anonyme. — Les accusateurs de Dreyfus, réfugiés dans le redan Bertillon, proclament irréfutable une démonstration qu'ils reconnaissent n'avoir pas vérifiée. — Révélations de l'instruction. — L'étude de M. Monod (de l'Ecole normale supérieure et de l'Ecole des Hautes-Etudes) et le système Corps : aucune des parties du système Corps n'a de base réelle, et les différentes parties du système se contredisent entre elles.— L'Etude de M. Molinier (de l'Ecole des Chartes) : le gabarit de M. Bertillon est faux ; même exact, le gabarit n'aurait pu servir à écrire le bordereau ; l'écriture d'Esterhazy comparée au fac-similé du bordereau publié par le Matin. — Conclusion : le bordereau est de l'écriture normale et courante d'Esterhazy. — L'Etude de M. Maurice Bernard (de l'Ecole Polytechnique) : les erreurs de M. Bertillon et de ses commentateurs pour la reconstitution du bordereau, pour le repérage horizontal et les coïncidences, pour le repérage vertical, pour les localisations de lettres, pour la construction géométrique et kutschique. — L'épreuve de M. Bertillon à Rennes : tout, mesures, calcul et épreuve est truqué. — L'étude

de M. Painlevé (de la Sorbonne) membre de l'Académie des
Sciences : l'erreur fondamentale de M. Bertillon, l'erreur sur
le mot-clé, l'erreur sur les superpositions, l'erreur sur le réticulage du bordereau, l'erreur sur les localisations de lettres,
l'erreur sur le repérage des lignes et l'encoche. — Conclusion : les propositions de M. Bertillon sont contradictoires
entre elles ; ses mesures et ses calculs sont inexacts. — Les
planches de la « brochure verte » sont des faux. — L'étude
des docteurs Javal (de l'Académie de Médecine) et Héricourt
(de l'Ecole de Médecine) : la planche XIII de la « brochure
verte » est un faux. — Avis des experts : MM. Appell, Darboux et Poincarré. — Considérations générales. — Erreurs
de M. Bertillon dans les calculs et dans les formules. — Illégitimité de l'application du calcul des probabilités en l'espèce. — M. Bertillon en contradiction avec M. Corps et avec
p. 249 lui-même. — Examen du système Bertillon en détail. —
Toutes les constructions de M. Bertillon sont faites, non sur
le bordereau original, mais sur un bordereau faussement
reconstitué. — Examen des divers éléments des constructions Bertillon. — Les bords du bordereau faussement reconstitués d'après les données qui se contredisent. — Le réticulage modifié suivant les besoins de la cause. — Les repérages des polysyllabes et les coïncidences sont truqués. — Le
mot intérêt : la longueur de ce mot est faussée. — L'application du gabarit donne lieu à une série de coups de pouce. —
Le moulage, l'emplacement des jambages, l'espacement
moyen des lettres, les localisations des lettres initiales et non
initiales sont inexacts. — Les photographies composites reproduisent ce qu'elles doivent normalement reproduire, à
raison de la manière dont ont été construites les chaînes pho-
tographiées. — Le « mot-clé » n'est établi que par des mesures fausses (illusion ou supercherie ?) — La lettre du buvard
contenant le mot intérêt, est incontestablement de Mathieu
Dreyfus. — M. Bertillon reconnaît ne plus pouvoir faire aujourd'hui l'exercice de mémoire qui consiste à reproduire ou
essayer de reproduire quelques lignes du bordereau en écrivant sur son gabarit. — Le repérage des lignes n'est pas sérieux. — La vérification des prétendues superpositions des
mots montre que le bordereau n'a pas été écrit sur le gabarit.
— Vérification d'ensemble : ruine des constructions Bertillon. .. L'écriture d'Esterhazy et le fac-similé du bordereau

publié par le Matin : *M. Bertillon lui-même, avant la publication du* Matin, *avait reconnu dans l'écriture d'Esterhazy l'écriture du bordereau. — Les encoches : elles ne coïncident pas sur les originaux et elles ont été faites, l'une après le recollage du bordereau, l'autre après la saisie de la lettre de Mathieu Dreyfus. — Examen du système du commandant Corps. — Il est inconciliable avec celui de Bertillon. — Le quadrillage du commandant Corps ne s'applique ni au bordereau ni à la lettre de Mathieu Dreyfus. — Le commandant Corps reconnaît l'identité de l'écriture du bordereau et de l'écriture d'Esterhazy. Il affirme, sans preuve, que toutes les lettres d'Esterhazy sont des faux. — Conclusions générales des trois experts : tout est erroné dans les constructions des systèmes Bertillon et Corps. — Résumé.*

I. — Avec la section XI, l'exposant aborde l'examen du quatrième ordre de considérations, par lequel M. le commandant Cuignet s'efforçait, à Rennes, d'étayer le dernier système d'accusation imaginé contre Dreyfus.

L'exposant a montré, dans l'analyse du procès de Rennes (1), la nécessité où l'accusation s'était trouvée devant le Conseil de guerre, de se réfugier dans le « redan » de M. Bertillon.

Le bordereau attribué à Dreyfus est revêtu de l'écriture d'Esterhazy. Il n'est plus possible, à Rennes, de le contester. p. 250 En dépit de toutes les supercheries du service des renseignements pour tromper la justice et sauver Esterhazy, le forban, démasqué par l'instruction de la Cour de Cassation en 1899, a été, au lendemain de l'arrêt des Chambres réunies, acculé à l'aveu. Le bordereau porte bien son écriture, il le reconnaît.

C'est alors que le capitaine Valério s'écrie, du haut du « *redan* » Bertillon (2).

Le commandant Esterhazy a prétendu être l'auteur du bordereau. Il peut dire « je l'ai obtenu de mon écriture naturelle ». Nous lui répondrons « Ce n'est pas vrai, parce qu'il est démontré péremptoirement et géométriquement que le bordereau est un document forgé. »

Et M. Bertillon, opérant lui-même, tantôt dans « *la bat-*

(1) Voir plus haut, deuxième partie, section 2, p. 61 et suiv.
(2) Rennes, 2-397.

terie des doubles », tantôt dans les « *travaux des macula-tures machinées à double face* », clamait devant le Conseil de guerre :

« Je n'ai cure de l'écriture d'Esterhazy » (1). L'écriture du bordereau est une écriture sur gabarit et « l'écriture sur gabarit n'est pas une invention propre à l'accusé, mais une invention, un secret de chancellerie qui a été communiqué à plusieurs espions à la fois dans le but que, s'il arrivait malheur à l'un, on pût substituer l'un à l'autre (2). »

Il semble que de telles extravagances, imaginées pour transformer en une preuve de la culpabilité de Dreyfus un document d'espionnage portant l'écriture d'Esterhazy, eussent dû dessiller tous les yeux.

Mais la faculté de raisonnement a toujours été, en cette affaire, singulièrement oblitérée par la passion ; et, dans les accusations dirigées contre le capitaine juif, les accusateurs recherchaient moins les démonstrations, que les affirmations rendues incontrôlables par les voiles des mystères de tout genre.

Plus que tout autre, M. Bertillon, antisémite violent, a abusé de l'incompréhensible.

M. le commandant Corps avait, de son côté, découvert de nouveaux mystères d'écriture dont il avait fait part au Conseil de guerre, en de volumineux rapports écrits figurant au dossier.

Ses théories, comme celles de M. Bertillon, tendaient bien à démontrer que le bordereau était de Dreyfus, précisément parce qu'il portait l'écriture d'Esterhazy. Mais comme les affirmations particulières de M. Corps détruisaient celles spéciales à M. Bertillon, l'accusation avait prudemment négligé de citer comme témoin ce disciple imprudent du chef de l'anthropométrie.

p. 251   S'il s'était agi, en l'espèce, d'une affaire ordinaire, l'exposant eût pu négliger toutes ces débauches cryptographiques. Le simple bon sens en eût fait justice sans discussion. Mais il ne faut pas oublier que toutes les folies ont reçu droit de cité dans l'affaire Dreyfus, et s'y sont donné libre carrière.

Il fallait donc résolument pénétrer dans les dédales de toute cette fantasmagorie, et rechercher ce qu'ils dissimulaient. L'instruction de la Chambre criminelle n'a pas failli

(1) Rennes, 2-372.
(2) Rennes, 2-369.

à cette tâche. Ce sont les résultats de cette instruction qui sont examinés dans la présente section. Les conclusions auxquelles on aboutit encore sur ce point sont toujours les mêmes : les systèmes graphiques d'accusation édifiés contre Dreyfus n'avaient pour base encore, que la fraude plus ou moins consciente des accusateurs.

II. — D'après M. Bertillon, comme d'après M. Corps, le bordereau aurait été écrit sur une sorte de gabarit placé sous le papier pelure, et permettant une écriture géométrique soumise à des lois déterminées par ce gabarit. L'analyse géométrique de l'écriture du bordereau révélerait des coïncidences et des repérages décelant une écriture non spontanée. Le bordereau serait, en un mot, un document d'une écriture « forgée ». L'auteur de cette forgerie serait Dreyfus, parce que la clef de cette écriture géométrique serait un mot (le mot intérêt) trouvée dans une lettre saisie chez Dreyfus, mot qui, par la mesure de ses lettres, présenterait des particularités extraordinaires. Tel est le système de M. Bertillon.

La conception du système est la même chez M. Bertillon et chez M. Corps ; mais les types de gabarit imaginés par ces deux artistes cryptographes sont essentiellement différents. Forcément donc, l'un ou l'autre (sinon tous les deux) est victime d'une illusion. L'écriture prétendue géométrique du bordereau ne peut avoir été tracée sur le gabarit de M. Bertillon et sur celui de M. Corps, puisque ces types de gabarit ne concordent pas entre eux.

Il suffit d'ailleurs de se reporter au document lui-même pour constater l'allure cursive et rapide de l'écriture, qui exclut nécessairement l'hypothèse d'un calquage sur gabarit ou quadrillage.

De plus, la transparence du papier pelure laisse, au verso, apparaître les lignes écrites sur le recto, avec une visibilité telle, que la direction renversée de leurs lettres permet seule de ne pas les confondre avec les lignes du verso elles-mêmes. Or, deux de ces lignes du verso sont écrites exactement sur les lignes correspondantes du recto, lesquelles auraient ainsi masqué complètement à l'écrivain les traces du gabarit qu'il devait cependant suivre avec précision. En outre, quatre autres lignes du verso sont écrites partiellement sur les lignes correspondantes du recto ; et pour ces quatre parties p. 252

de ligne encore il y a, par conséquent, impossibilité pour l'écrivain d'écrire sur gabarit.

Ces réflexions préliminaires devraient suffire déjà à démontrer l'inanité du système Bertillon-Valério et du système Corps.

III. — Mais les accusateurs de Dreyfus ne s'arrêtent pas à si peu de chose ; et, au lendemain de l'arrêt du 5 mars 1904, déclarant recevable la demande de revision, paraissait une brochure intitulée : « Le bordereau, étude des dépositions de M. Bertillon et du capitaine Valério au Conseil de guerre de Rennes, par un ancien élève de l'Ecole polytechnique », accompagnée d'un atlas de planches. Cette brochure (désignée, à raison de la couleur de sa couverture, sous le nom de brochure verte) fut répandue à profusion dans le public et distribuée à tous les membres de la Cour. (Mais, de même qu'à Rennes, la défense avait été exclue de la distribution du réquisitoire du général Mercier, de même, devant la Cour, la défense fut exclue de la distribution de la brochure verte, ce qui semblerait indiquer que ces distributions, faites d'après un même plan, ont la même origine).

Devant la Cour, les accusateurs de Dreyfus se sont, à l'envi, réfugiés dans cette dernière « citadelle ».

M. le général Mercier (1) déclare la démonstration graphique de « l'ancien élève de l'Ecole polytechnique » absolument irréfutable. Mais, interpellé sur le point de savoir s'il se porte garant de l'exactitude des mesures et des planches, il décline toute responsabilité à cet égard. *Ainsi le général Mercier déclare irréfutable une démonstration dont il n'a même pas contrôlé la base !*

De même M. le général Zurlinden.

Lors de la première revision, M. le général Zurlinden, dans sa déposition du 14 novembre 1898 (2), déclarait que sa conviction avait été faite par la similitude existant entre l'écriture du bordereau et celle de Dreyfus :

L'examen que j'ai fait moi-même, disait-il, des différentes pièces du dossier judiciaire renfermant l'écriture de Dreyfus, m'a démontré que le bordereau avait été écrit par cet officier et que c'était bien son écriture

(1) Déposition du 26 mars 1904. Enquête, t. 1, p. 294.
(2) Cass., 1899, t. 1-44.

*courante et rapide. Le style du bordereau est du reste un peu lâche,
comme celui d'un document écrit rapidement.*

Lors de la deuxième revision, où il est établi que *l'écriture courante et rapide* du bordereau est celle d'Esterhazy et
non celle de Dreyfus, le général Zurlinden se rallie à l'hypothèse d'une écriture calquée sur gabarit (1). Peu lui impor- p. 253
tent ses contradictions, pourvu qu'il affirme la culpabilité du
juif. Mais, interpellé lui aussi, sur la question de savoir s'il a
vérifié ces mesures et constructions géométriques, il décline
prudemment, comme le général Mercier, toute responsabilité à ce sujet (2).

De même le colonel Du Paty de Clam.

L'officier de police judiciaire de 1894 s'est retrouvé, en
1904, avec la même brillante fertilité d'imagination, pour
exposer à la Cour un système de *démonstration par superposition d'encoches* qui, paraît-il, arrête aujourd'hui sa conviction (3). Mais, lui aussi, déclare n'avoir rien contrôlé par lui-
même : il se réfère aux constatations faites par d'autres et
non vérifiées.

Il est vraiment curieux que les accusateurs de Dreyfus
assurent tous aujourd'hui leur conviction sur une démonstration géométrique, *dont aucun n'a voulu vérifier le point de
départ. Il est non moins curieux que personne n'ait voulu
endosser la responsabilité de l'exactitude des assertions contenues dans la brochure publiée sur le travail Bertillon-Valério.*

M. le Procureur général et la Cour ont fait vainement
toutes diligences pour retrouver l'auteur de la brochure. Les
experts nommés par la Cour n'ont pas davantage ménagé
leurs démarches. Mais l'auteur préfère ne pas se révéler, dès
qu'il s'agit d'aborder avec des experts une discussion rigoureuse et précise. L'imprimeur lui-même déclare ne pas connaître le nom de l'auteur de la brochure : le manuscrit lui a,
dit-il, été remis par M. Devos, de la *Libre Parole*, et il a fait
un tirage de 3.000 exemplaires. C'est tout ce qu'il sait (4). De
son côté, M. Devos est interrogé sur commission rogatoire

(1) Zurlinden. Déposition du 29 mars 1904. Enquête, t. 1, p. 346 et 347.
(2) Zurlinden. *Ibid.*, p. 348.
(3) Du Paty de Clam. Déposition du 26 mars 1904. Enquête, t. 1, p. 195
et suiv.
(4) Rapport du 10 juillet 1904 (pièce 794).

par M. le juge d'instruction Boucard, le 10 juillet 1904 (1). Il invoque le secret professionnel, et allègue seulement que la brochure est dûe à la collaboration de plusieurs personnes. Pressé de questions, il reconnaît que les auteurs de la brochure verte ne peuvent se refuser à éclairer la justice, et promet de les mettre en demeure, par l'intermédiaire de la *Libre Parole*, de se faire connaître eux-mêmes. Mais l'appel est resté vain. Nul n'a voulu se reconnaître l'auteur de la brochure verte. Ceci suffirait à faire juger le mérite de l'œuvre.

IV. — Quelles sont, sur ces questions d'écriture géométrique et de cryptographie, les révélations de l'instruction de la Chambre criminelle ?

Les élucubrations de M. Bertillon et de ses commentateurs ont été étudiées :

p. 254 Par M. Gabriel Monod, membre de l'Institut, maître de conférences à l'Ecole normale supérieure, et président de section à l'Ecole des hautes études, qui a examiné spécialement le travail du commandant Corps ;

Par M. Molinier, professeur à l'Ecole des Chartes ;

Par M. Bernard, ancien élève de l'Ecole polytechnique, ingénieur au corps des Mines ;

Par M. Painlevé, membre de l'Académie des Sciences, professeur de mathématiques générales à la Sorbonne.

MM. Bernard et Painlevé se sont occupés surtout de la partie prétendue mathématique, et quoique leurs travaux soient rigoureusement indépendants, ils sont arrivés à des conclusions identiques.

Enfin, M. le docteur Javal, membre de l'Académie de Médecine, et M. le docteur Héricourt, que M. Alphonse Bertillon signalait lui-même, en 1898, comme les seuls savants ayant étudié la physiologie de l'écriture, ont examiné spécialement la planche publiée par la « brochure verte », comme fac-similé de l'écriture tracée par M. Bertillon, d'après son gabarit, devant les juges de Rennes : et ils ont fait, à cet égard, d'intéressantes découvertes.

Telles sont les diverses études que l'exposant a produites à la Cour. Elles ont montré ce que dissimulaient les mystères « des secrets de chancellerie » de M. Bertillon. Toutes

(1) Enquête, t. 2, p. 253.

ces études, entreprises par des hommes d'un caractère au-dessus de tout soupçon, qui ont tous honoré le pays par leurs travaux scientifiques universellement appréciés, aboutissent, par des chemins différents, à une conclusion toujours la même. Le système de M. Bertillon repose sur une base maté-riellement inexacte : les mesures de M. Bertillon sont fausses. La base matérielle fut-elle exacte, le système, qui prétend s'autoriser des principes du calcul des probabilités, est lui-même composé d'un ensemble de propositions erronées.

La Cour, pour ne laisser place à aucune équivoque, pour provoquer les vérifications les plus minutieuses et les plus rigoureuses, a, d'autre part, nommé trois experts à l'effet d'examiner tout l'ensemble de ces questions. Ces trois ex-perts sont :

MM. Appel, doyen de la Faculté des Sciences, membre de l'Académie des Sciences.

Darboux, secrétaire perpétuel de l'Académie des Sciences.

Poincaré, membre de l'Académie des Sciences, professeur de calcul des probabilités à la Sorbonne, dont le choix s'im-posait pour le contrôle des calculs de M. Bertillon.

Pour la vérification des mesures qui servent de base à tout le système Bertillon, il a été fait appel au bureau des Longitudes. M. Lœwy, directeur de l'Observatoire, assisté de MM. Puiseux et Morvan a procédé aux vérifications, en se p. 255 servant de l'appareil de précision construit pour l'étude des photographies à la lune.

Ainsi, les autorités scientifiques les plus considérables ont été appelées à étudier, avec les instruments de précision les plus perfectionnés, les élucubrations anonymes de la brochure verte, et les prétentions de MM. Bertillon, Valério et Corps.

L'exposant examinera successivement les révélations qu'ont apportées ces nombreuses études, minutieusement et scrupuleusement poursuivies par les savants les plus autori-sés.

A

Mémoire de M. Gabriel Monod, membre de l'Institut, maître de conférences à l'Ecole normale supérieure et président de section à l'Ecole des Hautes Etudes, en réponse au système du commandant Corps.

V. — A la suite de circonstances relatées dans son mémoire, M. Gabriel Monod s'est trouvé en relations avec le commandant Corps, qui est venu lui exposer son système, dans deux entrevues, dont la dernière en présence de M. Jacques Hadamard, professeur de mathématiques à la Sorbonne. M. Gabriel Monod résume ainsi le système de M. Corps :

Pour le commandant Corps, le bordereau est un document forgé. Dreyfus a écrit le bordereau d'une écriture cursive, en se servant d'un gabarit sous-jacent ou transparent, quadrillé, dont les quadrillages sont des carrés de 1 m/m 25 de côté, complétés par des diagonales menées de l'angle inférieur gauche à l'angle supérieur droit. La preuve que le bordereau est de lui se trouve dans le fait que le quadrillage qui s'applique au bordereau peut s'appliquer aussi à la lettre trouvée dans le buvard de Dreyfus. Mais comme il serait absurde de supposer qu'une écriture ainsi fabriquée, se trouve reproduire juste l'écriture d'Esterhazy, et que l'identité de l'écriture du bordereau et de celle d'Esterhazy n'est pas niable, M. Corps a été amené à nier l'authenticité des lettres d'Esterhazy qui ont été produites. Il y voit des faux, dont Esterhazy lui-même est en partie l'auteur. Et il trouve la preuve de cette falsification dans l'existence de certaines tares dans les lettres d'Esterhazy, qui reproduisent des tares du fac-similé du bordereau.

M. Monod indique ensuite, en suivant l'ordre des arguments de M. Corps, tels que celui-ci les lui a exposés, les objections que M. Hadamard et lui considèrent comme rendant complètement inadmissible le système Corps.

VI. — Voici l'essentiel des réfutations de M. Monod :

p. 256   L'hypothèse que le bordereau aurait été écrit sur un transparent n'est en rien démontrée par la possibilité d'appliquer au bordereau un réseau de lignes d'un écartement régulier. En effet, toute écriture un peu régulière peut rentrer dans un système de réseau mathématique de ce genre. De plus, nous avons fait remarquer à M. Corps que les calculs soi-disant exacts auxquels il s'est livré prêtent flanc à diverses objections. Il s'est servi, pour ses adaptations du bordereau au réseau mathématique, des photographies de Bertillon, où l'écriture a été légèrement truquée et régularisée pour rentrer dans ses calculs. De plus, il ne tient pas compte du fait que les mots commencent et finissent n'importe à quelle place de la première et de la dernière subdivision. De plus, j'ai exprimé au commandant Corps le doute qu'en écrivant rapidement et d'une manière cursive sur un transparent, on arrive à modifier les caractères essentiels de son écriture. J'ai prié le commandant Corps d'en faire devant moi : l'expérience. Il a écrit les mots « sans nouvelles », d'abord sur transparent, puis sans transparent, de son écriture ordinaire. L'expérience faite, je lui ai montré que si le « sans nouvelles » écrit sur transparent était plus régulier et plus grand que celui écrit à main libre, la forme de toutes les lettres restait essentiellement la même. D'ailleurs, un document de ce genre non signé est presque forcément écrit d'une écriture naturelle, car c'est à l'écriture que le destinataire doit reconnaître l'expéditeur. M. Hadamard a aussi demandé à M. Corps s'il s'était rendu compte des erreurs commises par M. Bertillon dans ses calculs de probabilités, et s'il s'était rendu compte qu'il avait commis les mêmes erreurs. M. Corps a répondu que non, que d'ailleurs, il ne s'en était pas préoccupé.

Nous lui avons fait remarquer que son système étant à la fois semblable à celui de Bertillon et différent, les deux systèmes se détruisent l'un par l'autre. C'est là qu'il faut chercher le motif pour lequel, à Rennes, on ne l'a pas laissé déposer. Si on avait vu défiler, l'un après l'autre, les systèmes Bertillon, Valério et Corps, l'impression d'absurdité et d'invraisemblable eût été trop forte.

Il y a un argument décisif contre l'hypothèse de M. Corps, d'après laquelle le bordereau aurait été écrit d'une manière cursive sur transparent. *C'est que, si le bordereau avait été écrit sur transparent, les lignes seraient espacées également, et surtout les lignes du verso seraient écrites dans les interlignes du recto. Or, les lignes du verso sont indifféremment écrites dans les interlignes ou sur les lignes mêmes du recto. Dans de telles conditions, l'usage du transparent devient impossible et inadmissible.*

M. Monod examine ensuite l'argumentation de M. Corps relative à la lettre de M. Mathieu Dreyfus, lettre à laquelle s'appliquerait aussi le gabarit Corps. Il s'exprime en ces termes :

Cette lettre, signée Mathieu, et qu'Alfred Dreyfus prétend être de son frère, est, d'après M. Corps, un exercice d'Alfred Dreyfus lui-même, pour se faire la main et se fabriquer une écriture altérée. La preuve en est, d'une part, que les mots de cette lettre rentrent dans les mesures du réseau mathématique qui s'applique au bordereau, et que, d'autre part, il y a des ressemblances indéniables entre l'écriture de cette lettre et celle du bordereau. Ce dernier point est le seul qui soit vrai dans tout ce que dit M. Corps sur cette question. Oui, il y a des points de ressemblance entre l'écriture de Mathieu Dreyfus et celle d'Esterhazy, et celle du bordereau par conséquent. M. Corps a été égaré, en ce qui concerne la lettre du buvard, par l'argumentation de Bertillon qui, sans vouloir dire si cette lettre était de Mathieu Dreyfus, d'Alfred Dreyfus ou peut-être même d'Esterhazy (car toutes les hypothèses se croisaient dans ce cerveau p. 257 ténébreux comme les chauve-souris), a affirmé, à Rennes, qu'elle était écrite, comme le bordereau, sur un gabarit avec le mot *intérêt* pour base. M. Corps n'admet pas cette idée, mais il admet que la lettre a été fabriquée par Alfred Dreyfus. *Je lui ai fait remarquer qu'il se trompait en assimilant l'écriture de la lettre du buvard à celle du bordereau, car il n'a pu faire rentrer l'écriture du buvard dans son réseau mathématique qu'en le plaçant de travers, tandis que l'écriture du bordereau s'y applique en le mettant droit. On peut donc, en entrant dans ses idées, considérer qu'il découle de ses observations mêmes la preuve mathématique que l'auteur de la lettre du buvard, qu'il soit Mathieu ou Alfred, n'est pas l'auteur du bordereau. Dès lors, tout l'échafaudage de ses démonstrations s'écroule.* Mais, de plus, il n'y a aucune raison de croire que la lettre du buvard n'est pas tout simplement une lettre de Mathieu. L'écriture en est identique à celle de toutes les lettres de Mathieu. J'ai, dès le surlendemain de notre conversation, envoyé à M. Corps une lettre de Mathieu, à moi adressée en novembre 1897; il a pu s'assurer que les deux écritures étaient identiques (1).

La vérité sur cette question d'écriture est celle-ci : le bordereau n'est nullement un document forgé. M. Bernard l'a surabondamment démontré à Rennes. Il est de l'écriture naturelle et cursive d'Esterhazy. Les démonstrations de MM. Giry, Molinier, Meyer sont convaincantes. L'écriture d'Alfred Dreyfus, si on l'analyse en regard de celle du bordereau et d'Esterhazy, en diffère sur tous les points : forme des lettres, mouvement des mots, liaisons des lettres groupées, dispositions des lignes, etc., mais elle n'en diffère pas radicalement, comme peuvent le faire deux écritures opposées comme inclinaison, dimensions, formes.

L'écriture de Mathieu Dreyfus, si on l'analyse de même, offre certaines ressemblances avec celle d'Esterhazy et du bordereau, dans les majuscules et dans certaines lettres, certaines liaisons, aussi par sa dimension. Mais elle offre aussi, quand on l'analyse, des divergences notables et elle ne rentre pas, ainsi que l'ont démontré les mesures mêmes de M. Corps, dans le même rythme et la même inclinaison des lettres.

VII. — Ainsi M. Monod établit :

1° Que les systèmes Corps et Bertillon de détruisent mutuellement ;

2° Que le bordereau, à raison de la disposition de ses lignes au recto et au verso, n'a pu être écrit sur un gabarit sous-jacent ;

3° Que la lettre dite « lettre du buvard » porte l'écriture naturelle de Mathieu Dreyfus, écriture qui ne s'adapte point, d'ailleurs, au gabarit imaginé par M. Corps.

p. 258   Il examine ensuite l'objection fondamentale que le bon sens suggère à tous les esprits raisonnables, et contre laquelle viennent nécessairement se briser tous les systèmes d'écriture mystérieuse sur gabarit.

(1) M. Corps, depuis qu'il a déposé son mémoire devant la Cour, et qu'il a été entendu par la commission des experts, a publié une brochure en « réponse au mémoire de M. Gabriel Monod. » Dans cette brochure, M. Corps continue à affirmer que la lettre dite « du buvard », signée de M. Mathieu Dreyfus, n'est pas de son écriture, qu'elle n'est pas d'une écriture naturelle, et qu'elle a été écrite au moyen de son quadrillage. Il suffit, pour répondre à M. Corps, de donner, dès maintenant, la conclusion très nette des experts, MM. Appel, Darboux et Poincaré, qu'on trouvera plus loin, dans l'étude de cette lettre à laquelle ils se sont livrés : « LA LETTRE DU BUVARD N'EST PAS TRUQUÉE ELLE EST DE L'ÉCRITURE NATU- RELLE ET COURANTE DE MATHIEU DREYFUS. »

Nous arrivons, dit M. Monod, *à la question centrale. Comment admettre que Dreyfus, en fabriquant une écriture artificielle, ait juste produit l'écriture d'Esterhazy ?* M. Corps prétend qu'Esterhazy a, dès 1897, peut-être 1896, cherché à se faire passer pour l'auteur du bordereau, qu'il a écrit des lettres imitées du bordereau, et que d'autre part, beaucoup de lettres fausses ont été fabriquées d'après le bordereau.

M. Monod rappelle les lettres innombrables d'Esterhazy, de toutes dates (lettres à Mme de Boulancy, lettres à Christian Esterhazy, etc.), d'une authenticité indiscutable et portant toutes les mêmes caractères graphiques que le bordereau. Il rappelle les lettres d'Esterhazy sur papier pelure, dont l'arrêt des Chambres réunies a proclamé l'authenticité, authenticité confirmée encore implicitement par la circulaire du tailleur Rieu, produite à Rennes par le général Mercier. Dans cette circulaire, en effet, M. Rieu (1), tailleur militaire, destinataire de la lettre sur papier pelure écrite par Esterhazy en 1892, affirme à ses clients militaires que ladite lettre a été saisie contre son gré par l'autorité judiciaire entre les mains de son mandataire M. Schmidt.

En réalité, cette déclaration de M. Rieu, et l'usage qui en a été fait par le général Mercier montrent clairement deux choses :

1° Que l'authenticité de la lettre est pour la seconde fois reconnue par M. Rieu (M. Rieu avait déjà, dans l'instruction de la Cour de Cassation, en 1899, reconnu cette authenticité sous la foi du serment (2).

2° Que si la lettre avait été remise aux accusateurs de Dreyfus, elle eut été détruite ou falsifiée comme toutes les pièces à la charge d'Esterhazy, tombées entre leurs mains.

M. Monod, après avoir signalé les extraordinaires inexactitudes des affirmations du général Mercier à Rennes, au sujet de la seconde lettre sur papier pelure, ayant pour destinataire M° Callé, discute la thèse graphique de MM. Corps et Bertillon, en ce qui concerne Esterhazy. Cette thèse fantastique est qu'Esterhazy, homme de paille payé par Dreyfus, *aurait appris à écrire, d'après le fac-similé incorrect du bordereau publié par le* Matin. Cette thèse oblige d'ailleurs à réputer fausses toutes les lettres et tous les documents écrits par Esterhazy, antérieurement à cette publication (10 novembre 1896).

(1) Rennes, t. 1-137.
(2) Cass., 1899, t. 1, p. 674 et suiv.

VIII. — Au point de vue graphique, M. Gabriel Monod,
p. 259 dans ses examens contradictoires avec M. Corps, est arrivé
aux constatations suivantes :

Nous avons, dit-il, longuement examiné avec M. Corps la photographie sur laquelle il a mis en regard, sur trois colonnes, une série de mots
pris dans le bordereau original, d'après une photographie fidèle, les
mêmes mots tels qu'ils sont reproduits dans le fac-similé du *Matin* et
une série de mots semblables ou analogues, empruntés aux lettres d'Esterhazy, qui ont servi aux experts de pièces de comparaison, et que
M. Corps croit fausses ou truquées, parce que, d'après lui, on y retrouve
les tares du fac-similé du *Matin* et des divergences avec l'écriture du
bordereau original. *Ce point est pour M. Corps le point capital, triomphal
de sa démonstration.* Pour nous, c'est sur ce point que nous avons pu
le mieux toucher du doigt le parti-pris involontaire qui a rendu M. Corps
victime d'une constante illusion.

Je n'ai, malheureusement, pas pu conserver les photographies de
M. Corps, ni en obtenir de lui un exemplaire, mais je les ai examinées
avec M. Hadamard d'assez près pour en rappeler et en discuter les deux
ou trois principaux points.

M. Corps trouve, dans une lettre d'Esterhazy, le mot *quelques* écrit
sans boucle au second *q*. Or, dans l'original du bordereau, on trouve les
trois *quelques* écrits avec une boucle au second *q*, tandis que le fac-similé
porte *quelque* sans boucle au second *q*. M. Corps en conclut que le
quelques de la lettre d'Esterhazy a été décalqué ou copié sur le fac-similé
du *Matin*. Mais nous lui avons fait remarquer que cela ne prouve rien.
Il y a, dans le fac-similé, une coupure entre *l* et *q*, provenant d'un défaut
du cliché, qui ne se retrouve pas dans le *quelques* d'Esterhazy. De
plus, à la ligne 8 du bordereau, il y a un *quelques* identique dans l'original
et le bordereau reproduit. Pourquoi le faussaire aurait-il copié le premier
et non le deuxième *quelque?* Enfin, quoi de plus naturel qu'un homme
habitué à écrire *quelque* avec une partie de l'*l* pleine et une boucle du *q*
à peine perceptible, écrive *quelque* sans plein de la boucle de *l* et sans
boucle au second *q*, un jour où il écrit un peu plus vite? De plus, nous
avons fait remarquer à M. Corps que dans le *quelque* de la troisième
ligne du bordereau reproduit, il manque, non seulement la boucle du
second *q*, mais aussi l's final. Or, l's final existe dans le *quelques* d'Esterhazy. Pourquoi n'aurait-il pas imité aussi cette tare?

M. Corps attache une grande importance au mot *renseignements*. Il
a trouvé une lettre d'Esterhazy où le mot *renseignements* est écrit, le
dernier *e* manquant. Il prétend que l'*e* manque aussi dans le fac-similé
et se trouve au contraire dans l'original du bordereau. M. Corps nous a
dit qu'il attachait une extrême importance à ce mot, car, nous dit-il, les
experts favorables à Dreyfus ont tiré avantage de cette absence de l'*e*
dans le bordereau et dans la lettre d'Esterhazy comme constituant une
preuve décisive en faveur de l'attribution du bordereau à Esterhazy. Il y
a là une série d'illusions. D'abord, il n'est pas vrai que, dans le fac-similé
du *Matin*, l'*e* de *renseignements* manque. Il est mal marqué, il n'a pas
de boucle, mais il est très visible. L'erreur de M. Corps vient de ce qu'il
a pris, pour faire sa photographie de comparaison, non pas le fac-similé
même du *Matin* ni la bonne reproduction qui se trouve à la fin de l'*Affaire
Dreyfus*, par Bernard Lazare, publiée chez Stock, en novembre 1897,
mais la détestable reproduction donnée en appendice au t. II du *Procès
Zola*, paru chez Stock en juin 1898. Par conséquent, le mot *renseignements* du fac-similé est identique à celui de l'original. Si Esterhazy a

omis l'*e* dans le mot *renseignements* recueilli par M. Corps, c'est parce p. 260
que sa main, très nerveuse, a l'habitude de se contracter à la fin des
mots, surtout des mots en *ment*, et souvent laisse tomber des jambages.

Enfin, M. Corps accorde une très grande importance au fait que, sur
plusieurs *i* des lettres d'Esterhazy il y a deux points au lieu d'un. Pour
lui, cela vient de ce qu'Esterhazy ou le faussaire ont voulu imiter les
doubles points qui se trouvent dans le fac-similé du bordereau, au mot
manière, de la ligne 5 par un effet de transparence, et au mot *disposition*
de la ligne 17, par suite de la déchirure de l'original. Mais nous lui avons
fait remarquer que l'*i* du mot *manière* porte trois points et non deux,
que l'*i* du mot *disposition* a un trait et un point, et non deux points ;
qu'enfin, si Esterhazy avait copié l'écriture du bordereau reproduit, il
aurait simplement imité l'écriture et la forme des lettres et non des
taches qui ont l'air de provenir d'une plume qui a craché. Dans les fac-
similés des lettres d'Esterhazy, il y a souvent des points et traits inutiles
au-dessus des lettres. Cela vient, je crois, de son nervosisme, ou peut-être
simplement de l'usage de plumes usées.

M. Corps a aussi relevé le mot *artillerie*, où, par suite de la déchirure le *t* s'arrête au ras de la ligne et où l'*i* est en dessous (c'est sur cet *i*,
simple accident fortuit, que le colonel Fabre a dénoncé Dreyfus comme
auteur du bordereau), et il a trouvé un mot dans une lettre d'Esterhazy,
où il y a un *t* qui s'arrête au-dessus de la ligne. Mais il est à remarquer :
1° que ni dans le bordereau, ni dans le fac-similé, le *t* ne s'arrête au-
dessus de la ligne. L'arrêt, dans le cas relevé par M. Corps dans la lettre
d'Esterhazy, est un simple accident. Ce qui est caractéristique dans
l'écriture d'Esterhazy, ainsi que dans le bordereau, c'est que les *t*, dans
l'intérieur de mots un peu longs, ne sont presque jamais liés à la lettre
suivante. Je lui ai aussi fait observer que, puisqu'il imagine qu'Esterhazy
copiait les tares caractéristiques du bordereau fac-similé afin de se faire
prendre pour son auteur, il est étrange qu'il ait omis d'imiter la plus
caractéristique de toutes ces tares, l'*i* au-dessous de la ligne. Il ne pouvait
pas savoir en 1896 et 1897 que cela venait d'une déchirure.

M. Corps a encore rapproché le mot *court* d'une lettre d'Esterhazy,
d'un des *vous* du fac-similé du bordereau, très légèrement différent de
l'original. Je lui ai fait remarquer qu'il eût mieux fait d'étudier tous les
vous d'Esterhazy et les 6 *vous* du bordereau, soit en original, soit en
fac-similé, qu'il aurait constaté qu'ils sont tous de la même écriture.

M. Hadamard a fait remarquer à M. Corps qu'il avait commis, dans
cette enquête comparative, la plus grave de toutes les erreurs de méthode, qu'il avait cru relever une dizaine de cas où les lettres d'Esterhazy
reproduisent des tares du fac-similé et que, même si ses observations
étaient justes, ce qui n'est pas, il aurait encore omis de relever les cas
bien plus nombreux où la comparaison conduit à des résultats contraires
à sa thèse. M. Corps a répondu qu'il n'avait pas de thèse, mais relevait
seulement des faits qui lui paraissaient dignes d'examen.

*En résumé, ce qui nous a paru ressortir de l'étude de M. Corps, c'est
que si les lettres d'Esterhazy, et en particulier les lettres Rieu et Callé
sont authentiques, comme cela n'est pas douteux, les observations de
M. Corps amènent à la certitude de l'identité de l'écriture du bordereau
et de celle d'Esterhazy, puisque pour lui, ces lettres offrent une copie
servile de l'écriture du bordereau. Son mémoire se trouve être une expertise en faveur de l'attribution du bordereau à Esterhazy.*

Telle est la première étude versée aux débats. De ce premier document produit à la Cour, il résulte donc déjà, avec

la dernière évidence, que l'étrange théorie si péniblement. édifiée par le commandant Corps, n'a pas une partie qui résiste à un instant d'examen.

Les contradictions qu'elle renferme, et les évidences aux- quelles elle se heurte, sont même de telle nature, que l'on imagine difficilement comment pareil système a pu être pro- duit dans un débat judiciaire.

B

IX. — L'étude qui précède émane d'une autorité appar- tenant à l'Ecole normale supérieure et à l'Ecole des hautes études.

Mais en pareille matière, il était bon d'avoir recours aussi aux lumières spéciales de notre Ecole des Chartes : la seconde étude, que doit maintenant analyser l'exposant, est due à M. A. Molinier, *professeur à l'Ecole des Chartes*.

C'est un examen critique de la « brochure verte ».

M. Molinier commence par exposer les différents systè- mes qui ont été mis en avant depuis 1894, et conclut ainsi :

Ces contradictions successives et parfois simultanées entre les tenants d'une même cause devraient suffire, en d'autres temps, à trancher la question : le bordereau ne peut raisonnablement à la fois être de l'écriture naturelle de Dreyfus (expertise de 1894), imité avec falsifications et re- touches de l'écriture d'Esterhazy (janvier 1898), écrit par Esterhazy de sa main naturelle (légende du bordereau annoté), obtenu à l'aide d'un gabarit et d'un réticule (système Bertillon), exécuté sur un quadrillage (système Corps). Il semble bien qu'il devrait suffire de constater ces contradictions imprudentes ; mais, comme l'a dit Pascal : *le monde se paie de paroles et peu approfondissent les choses ;* la critique, bien mieux, la simple lecture des élucubrations bertillonnesques n'est pas aisée, et beau- coup de lecteurs d'esprit paresseux pourront bien s'en tenir à l'audacieuse assertion du général Mercier : que le Bordereau est une véritable épure géométrique.

Il faut donc s'y résigner et examiner de près ce nouveau mémoire. La théorie de eBrtillon est purement géométrique ; laissant donc à d'autres le soin de traiter cette partie du sujet, je m'en tiendrai à quelques points de détail que tout profane, doué de raison, peut discuter et qui me paraissent de première importance.

Rappelons d'abord le point de départ : Bertillon affirme que le bor- dereau tout entier est écrit sur une ligne de direction ou gabarit, formée par le mot *intérêt* répété indéfiniment et sans intervalle, de façon à cons- tituer une chaîne continue ; cette chaîne donne naissance à une écriture rythmée, régulière, et cette écriture est à ce point régulière qu'on peut lui superposer un réticule dont les mailles servent d'appui aux lettres initiales ou finales de certains mots. Bertillon, ayant découvert dans le bordereau de nombreuses dérogations à ce système réticulaire, admet en outre comme prouvé que l'écrivain a employé deux gabarits ou chaînes dont le second est en recul sur le premier de 1 m/m 25.

Cette chaîne, il la constitue avec le mot *intérêt*, pris dans une lettre de Mathieu Dreyfus, appelée par lui « lettre du buvard », et trouvée en 1894 au domicile du capitaine.

M. Molinier fait aussitôt les objections suivantes : p. 262

Pourquoi Bertillon a-t-il pris un mot isolé, le mot *intérêt*, dans cette lettre du buvard ?

C'est qu'il a cru que les lettres *i n t e r e* du mot *intéresse* du bordereau (verso, ligne 6) se superposaient exactement aux lettres correspondantes du mot *intérêt* de la lettre. Or, cette première assertion est inexacte : cette partie du mot *intérêt* a 11 millimètres, la partie correspondante du mot *intéresse* en a 13. Voilà une première constatation désastreuse. La différence est minime, mais elle est essentielle, Bertillon se livrant à des raisonnements infinis sur des dimensions infimes, inférieures à 1 millimètre.

Autre constatation non moins grave : l'auteur du mémoire imprimé (page 26) dit que le bordereau ayant été déchiré, il a fallu le reconstituer, et il donne sa reconstitution (planche 3). Mais tout d'abord, il importe de remarquer que ces déchirures ne sont pas aussi nombreuses qu'on l'a dit faussement à Rennes, et qu'elles laissent intacts la plupart des mots ; elles n'en touchent au plus qu'un par ligne. Or, si nous examinons attentivement la planche 3, nous constatons certaines modifications regrettables dans les dimensions de plusieurs mots. Ainsi, sur le bordereau, le mot « extrêmement » (ligne 15), a 31 millimètres, sur la reconstitution 30 ; « difficile » (bordereau ligne 16), près de 18 millimètres, reconstitution 16 ; « très peu » (bordereau ligne 17), 25 millimètres, reconstitution 24.

De même, les lettres isolées sont sensiblement différentes : ainsi *t s* de renseignements (ligne 3) ; le premier *n* de intéressant (ligne 3) ; l'*a* de hydraulique (ligne 4) ; les deux *t* de cette (ligne 6) ; le *v* de couverture (ligne 7) ; l'*s* de modifications (ligne 8) ; l'*a* de apportées (ligne 8) ; etc.

J'en conclus que cette reconstitution, base de tout le raisonnement, est arbitraire et fantaisiste et que Bertillon l'a dessinée à la main en présence du bordereau. Elle est de même ordre et aussi peu authentique que la fameuse reconstitution du verso du document, faite sur papier pelure devant les juges de Rennes, dont on donne la reproduction (planche 13) ; mais ici les altérations sont beaucoup plus profondes ; à première vue, c'est bien l'écriture de la pièce originale, mais qu'on compare successivement chaque lettre et on reconnaîtra qu'il n'en est pas une qui n'ait été légèrement altérée. En somme, Bertillon a joué là une vraie scène de comédie, et il a prouvé à tout observateur de bonne foi, non pas que le bordereau était écrit sur gabarit, mais qu'à force d'étudier cette pièce pendant plus de cinq ans avec une obstination maladive, il avait fini, pour ainsi dire, par s'en pénétrer.

Ces remarques pourraient suffire. Si Bertillon s'est trompé lourdement sur la longueur du mot intérêt, base de son raisonnement, s'il a travaillé sur un document falsifié, tout son système est une pure invention.

X. — M. Molinier, après avoir ainsi établi que la base même du système Bertillon est matériellement inexacte, n'en poursuit pas moins son examen. Le gabarit dressé par

M. Bertillon est faux. Mais même si on le supposait exact, que se passerait-il ?

M. Molinier répond à cette question :

p. 263 L'écrivain emploie un gabarit en transparent ; comment se fait-il que des 12 lignes dont se compose la seconde page, six, la 3ᵉ, la 4ᵉ, la 6ᵉ, la 7ᵉ, la 8ᵉ et la 11ᵉ se superposent en tout ou en partie à des lignes du recto. Il nous semble qu'étant donné la nature du papier pelure, fort mince, il y a là une difficulté matérielle, et qu'en pareil cas l'auteur aurait grand'-peine à suivre le modèle, la ligne directrice qu'il n'apercevrait qu'à travers sa propre écriture.

Autre singularité : l'espion, s'il veut déguiser sa main, peut renverser son écriture, employer l'alphabet majuscule ou encore la machine à écrire ; qu'il prenne un de ces partis et tous les Bertillons du monde seront bien empêchés de trouver la clé du mystère. Au lieu de recourir à ce moyen sûr cet expéditif, après avoir préparé un double gabarit, il devra se livrer aux opérations suivantes ; nous citons l'ancien élève de l'Ecole polytechnique (planche 17) :

« Les choses se passent comme si les mots calqués et rapportés un à un, dont le bordereau semble avoir été composé, avaient été tout d'abord ordonnés sur le contexte primitif de ce document, non seulement d'après la verticale demi-centimétrique, mais aussi d'après les horizontales rigoureusement parallèles et uniformément écartées d'un centimètre ; c'est ce modèle, métriquement calibré en toutes ses proportions, qui aurait été ensuite recalqué sur le papier pelure du bordereau, en faisant glisser de haut en bas le bord gauche de cette feuille contre les divisions verticales symétriques, en ayant soin de s'arrêter méthodiquement pour le recalque de chaque ligne au point précis où la régiure symétrique horizontale du contexte rencontre successivement : 1° l'encoche ; 2° le bord supérieur côté gauche ; 3° le bord inférieur (idem) de la pelure. »

Tout cela est bien compliqué, bien long et bien minutieux, pour arriver à produire une écriture que les experts de l'accusation en 1894, et ceux de la défense depuis 1896 ont déclarée naturelle.

C'est au capitaine Dreyfus que Bertillon et son continuateur anonyme attribuent ce long travail ! Il est vrai que, prêtant leurs imaginations dangereuses aux autres, Bertillon et ses imitateurs affirment (p. 41) avoir trouvé trace de truquage analogue dans un brouillon écrit par le capitaine à la fin d'août ou au début de septembre 1904, écrit, disons-nous, dans un bureau étroit, à une table qu'il partageait avec un camarade, le capitaine Souriau.

Voit-on le capitaine Dreyfus établissant un gabarit sous les yeux de ses collègues pour écrire une lettre de service ?

Cette nouvelle hypothèse est un bel exemple des ravages qu'une idée fixe peut faire dans un cerveau mal équilibré.

Qui voudrait chercher la cause de ces aberrations singulières... et dangereuses, la trouverait dans l'abus des formules géométriques et dans une ignorance profonde, chez Bertillon, des lois physiologiques qui règlent, chez tout individu, le tracé de l'écriture. Etudiant les mots polysyllabiques qui se présentent deux fois dans le bordereau (il y en a treize), il a reconnu que quatre fois ces mots étaient repérés exactement sur le réticulage ; il a vu, dans ces coïncidences, la preuve que le bordereau était forgé ; *il aurait dû savoir, et cette ignorance est particulièrement regrettable chez un expert, que l'écriture de toute personne a son rythme, c'est-à-dire que les intervalles entre chaque lettre sont toujours sensiblement égaux.*

M. Molinier examine ensuite si l'écriture authentique
d'Esterhazy est soumise à cette loi du rythme. Il a pris un
brouillon d'Esterhazy, datant d'environ 1882, dont il a joint
l'original au mémoire remis à la Cour. Il y note un certain
nombre de mots redoublés et conclut, de toutes les coïncidences qu'il relève, qu'en acceptant la théorie de M. Bertillon, **p. 264**
ce brouillon d'Esterhazy, authentique et datant de 1882, est
un document forgé.

XI. — M. Molinier étudie alors à son tour l'extravagante
hypothèse d'Esterhazy, s'étudiant à imiter le fac-similé du
bordereau publié par le *Matin :*

Au surplus, il est un fait important et dont Bertillon, par suite d'un
parti pris singulier, n'avait pas tenu compte au début de ses recherches,
c'est que la forme elle-même des lettres dans le bordereau, forme indépendante du réticule et du gabarit, ne rappelle nullement l'écriture de
Dreyfus. Quand, plus tard, l'écriture d'Esterhazy lui fut montrée, il s'aperçut de la chose, mais toujours fécond en inventions romanesques, il
créa la théorie d'Esterhazy homme de paille, changeant sa main à dater
de 1896 pour le rendre semblable à l'écriture du bordereau. Il suffisait
d'examiner des lettres authentiques du commandant, antérieures à cette
date, pour reconnaître l'inanité de la conjecture ; l'examen de la pièce
de 1882 est, à cet égard, absolument décisif. L'ancien élève de l'École
Polytechnique a repris à son compte l'hypothèse et l'a longuement développée (p. 17-25). Examinons les arguments allégués par lui.

Dès le début, relevons une assertion quelque peu audacieuse. Suivant l'auteur, il aurait été prouvé surabondamment à Rennes qu'Esterhazy
n'a jamais été à même de livrer les documents énumérés au bordereau ;
or, ces documents n'ont jamais été vus par personne ; on n'a, sur eux,
que des renseignements vagues et toute l'argumentation des témoins à
charge se réduit à une série d'hypothèses gratuites, souvent contradictoires. Par une erreur de jugement singulière, commune à tous les esprits
peu logiques, ils ont voulu substituer aux preuves manquant une série
de suppositions. Il n'entre point dans l'objet du présent travail d'examiner
de près toutes ces allégations incohérentes ; mais on a le droit de rappeler : 1° que des témoignages formels ont prouvé qu'en 1894 Esterhazy s'intéressait tout particulièrement aux questions d'artillerie et qu'il
s'était fait prêter certaine réglette de tir, dont un officier d'infanterie
n'avait nul besoin ; 2° qu'il a été également prouvé qu'à la date attribuée
par l'Etat-major, — après ses variations habituelles, — au bordereau,
le capitaine Dreyfus ne pouvait, matériellement, écrire la dernière phrase
du document : « Je vais partir en manœuvres » ; une décision officielle en
fait foi.

Ces simples remarques montrent suffisamment combien téméraire —
pour ne pas dire plus, — est l'assertion de l'ancien élève de l'Ecole polytechnique.

Après cette parenthèse nécessaire, passons aux arguments produits
à l'appui de cette hypothèse d'Esterhazy homme de paille.

Naturellement, on commence par mettre en doute l'authenticité des
lettres sur papier pelure, de 1892 et 1894, fournies à la Cour de Cassation

lettres dont la graphie et le contexte constituent une charge si accablante pour le commandant, mais c'est là une allégation inadmissible. J'ai eu en mains ces lettres en février 1899, je les ai longuement examinées avec MM. Paul Meyer et Arthur Giry, mes collègues, et nous n'y avons rien noté de suspect. Notre témoignage, accepté par la Cour suprême, veut bien une affirmation tendancieuse de gens qui n'ont jamais examiné de près ces deux pièces. On doit donc rejeter comme inadmissibles et les insinuations du général Roget lors du procès de Rennes, et les affirmations de ses successeurs.

p. 2 5   L'ancien polytechnicien, au surplus, n'insiste pas et se borne à passer à des considérations d'un autre ordre. La preuve, dit-il, qu'Esterhazy est de connivence avec les défenseurs de Dreyfus, c'est qu'à dater de 1896, de la publication d'un fac-similé du bordereau par le journal le *Matin*, il a transformé son écriture de manière à la rapprocher, non de celle du bordereau original, qu'il ne connaissait pas, mais de celle de ce fac-similé où certains mots, par suite de l'imperfection du tirage, se sont trouvés déformés. L'auteur ici s'appuie sur un rapport inédit de Bertillon, datant de juillet 1898.

PREMIER ARGUMENT. — Un certain nombre de mots ou de parties de mots, figurant à la fois dans le bordereau et dans les lettres d'Esterhazy postérieures à 1896, présentent, dans ces dernières, des traces d'hésitation, comme si l'auteur s'attachait à copier un modèle. — L'argument est singulier et l'examen des reproductions données dans le mémoire ne le confirme pas. Bien mieux, on ne peut retrouver trace de ces hésitations dans les innombrables lettres d'Esterhazy à son cousin Christian, de 1897, où figurent beaucoup des mots employés par l'auteur du bordereau. Au surplus, notre contradicteur n'insiste guère et passe à l'examen minutieux d'un certain nombre de mots figurant à la fois dans le fac-similé du *Matin* et dans des lettres d'Esterhazy. Prenons successivement chacun de ses exemples.

1° Le mot *vous* est toujours tracé, dans le bordereau, le *v* lié à l'o. Dans la gravure du *Matin*, les deux lettres sont séparées et reparaissent telles dans les lettres d'Esterhazy postérieures à 1896. Même graphie, ligne 3 de la lettre de 1882, dont la photographie est ci-après. Les deux lettres, au contraire, sont liées à la ligne 7 d'une lettre à M⁰ Cabanes, du 11 septembre 1899, séparées à la ligne 6 du même document.

2° Dans le bordereau original, les deux *t* de *détenteur* sont barrés ; dans le fac-similé, la barre du premier *t* a disparu. De même, plus tard, chez Esterhazy, dans tous les mots ayant deux *t*, un seul est barré. Cette remarque repose sur une observation erronée ; dans le bordereau original, le premier *t* de détenteur n'est point barré. De plus, dans la lettre de 1882, Esterhazy omet souvent de barrer tous les *t* ; exemple : page 3, ligne 3, le mot *totalité*.

3° Les *J* initiaux, dans le bordereau, ont un délié qui n'est point marqué dans le fac-similé du *Matin* et qui est absent de l'écriture d'Esterhazy à dater de 1896. En effet, bien souvent Esterhazy écrit ses *J* avec un délié, mais un *J* sans délié existe dans la lettre de 1882, ligne 3, et ce même délié reparaît fréquemment dans les lettres à Christian, postérieures à 1896 ; il existe encore dans la lettre à Cabanes, de septembre 1899 (ligne 6). Tout ce qu'on peut en conclure, c'est qu'Esterhazy a employé les deux formes, donc l'argument ne porte pas.

4° ALTÉRATION DE MAJUSCULE. — Ici encore la lettre de 1882 (dernière ligne) porte un *J* majuscule avec boucle ; de même, page 3, ligne 5.

5° LES DEUX POINTS SUR L'*i*. — Par suite d'une erreur de tirage, le fac-similé du *Matin* met deux points sur le second *i* de *disposition*. L'auteur du Mémoire cite deux faits semblables chez Esterhazy, mais ici le point double est placé différemment. On doit voir là une coïncidence explicable par une erreur de plume. Je ne retrouve ce petit détail ni dans la lettre à Cabanes, de septembre 1899, ni dans les lettres de 1897 à Christian.

6° Un *m* mal raccommodé dans le mot *extrêmement* qu'Esterhazy aurait imité après 1896. Même forme dans le mot *compte*, lettre de 1882, ligne 16.

7° L'*a* du mot *partir* (bordereau, ligne 30) défiguré dans le fac-similé du *Matin*. Il aurait servi de modèle à Esterhazy à dater de 1896. — Esterhazy fait la lettre *a* de dix façons différentes (voir lettre de 1882, lignes 4, 5, 6). La forme, dite *altérée*, apparaît dans ce document (sixième avant-dernière ligne : *chaque*). Cette forme insolite ne figure pas dans les lettres à Cabanes, mais on y trouve l'*a* du bordereau original (lignes 1, 14, 15). Aucune conclusion à tirer du fait. **p. 266**

8° Le mot *quelques* altéré sur le fac-similé. — En effet, Esterhazy a employé parfois cette forme, mais la forme exacte du même mot dans le bordereau original paraît dans une lettre à Christian (4 avril 1897, date de la poste) écrite au temps même où, suivant notre contradicteur, Esterhazy n'aurait pas connu le bordereau original, mais seulement la reproduction du *Matin*. Inutile de conclure.

De cette discussion aride, il ressort que les prétendues preuves d'une imitation par Esterhazy, après 1896, de l'écriture du fac-similé du *Matin*, sont absolument illusoires. Mais il y a mieux ; nous soutenons que toutes les particularités de l'écriture du bordereau original figurent dans les pièces de la main du commandant, fort antérieures à ce même bordereau. Aux preuves données jadis, nous ajoutons un brouillon écrit par lui durant la campagne de Tunisie. On y relèvera tous les caractères de cette écriture si personnelle. Signalons seulement l'*e* ouvert de *nouvelles* (bordereau), de *reçois* (lettre) ; le mot *vous* (bordereau, ligne 1 ; lettre, ligne 1) ; les deux *formes* différentes de la lettre *d*, l'*e* en forme *d'i*, les *a* en forme de croix de Saint-André. Comparons encore le mot *guerre* (bordereau, ligne 18, et lettre, lignes 10 et 23) ; on y retrouve encore les deux *s*, cette vieille connaissance, l's longue suivant la courte. Il n'est pas une lettre, dans l'un des documents, qu'on ne retrouve dans l'autre. Tout homme de bons sens, soumettant les deux pièces à un examen comparatif, devra conclure que l'une et l'autre sont sorties de la même main.

XII. — M. Molinier aboutit à la conclusoin suivante :

L'auteur de la présente note a lu, avec une attention scrupuleuse, tout ce long mémoire, il a scruté les planches qui l'accompagnent et, comme en 1896, comme en 1899, il affirme aujourd'hui que le bordereau n'est ni de la main naturelle du capitaine Dreyfus, ni écrit par lui par autoforgerie. Il est de l'écriture naturelle et courante d'Esterhazy.

Ainsi, voici deux savants d'une autorité indiscutée, l'un fortement nourri de l'enseignement de l'Ecole normale supérieure et de l'Ecole des hautes études, l'autre plus spécialement adonné à l'étude des manuscrits, et professeur à l'Ecole des Chartes.

Tous deux étudient avec un soin scrupuleux et méticuleux les élucubrations de M. Bertillon et de ses quelques commentateurs : tous deux arrivent comme conclusion à en constater l'inanité absolue; tous deux arrivent à reconnaître, dans le bordereau, l'écriture normale et rapide d'Esterhazy, conformément d'ailleurs à l'aveu de ce dernier.

C

XIII. — Après l'avis d'autorités prises à l'Ecole normale supérieure, à l'Ecole des hautes études et à l'Ecole des Chartes, il importait de consulter aussi une autorité émanant de l'Ecole polytechnique, puisque l'auteur anonyme de la « brochure verte », se pare du titre d'ancien élève de l'Ecole polytechnique.

p. 267 Mais, tandis que l'auteur de la « brochure verte » n'ose pas, et pour cause, assumer la responsabilité des affirmations et des constructions géométriques présentées dans ladite brochure, l'ancien élève de l'Ecole polytechnique qui a étudié et critiqué cette « brochure verte », prend, lui, toute la responsabilités des études qu'il soumet à la justice, et il signe d'un nom qui fait également autorité, celui de MAURICE BERNARD, *Ancien élève de l'Ecole polytechnique, ingénieur au corps des mines.*

M. Bernard expose d'abord l'objet de son étude :

Une toute récente publication a paru ; elle est intitulée : *Le bordereau, étude des dépositions de M. Bertillon et du capitaine Valério au Conseil de guerre de Rennes, par un ancien élève de l'Ecole polytechnique.* Cette publication me permet de prendre le monstre corps à corps; puisque M. Bertillon, qui devrait être le premier à reconnaître son erreur, livre ses documents et fait le public juge, puisqu'enfin cette coûteuse brochure a été adressée gratuitement, à plus d'un millier d'exemplaires, indiquant par là l'importance qu'on lui attribue ; pour toutes ces raisons, j'ai consacré six semaines de mon temps à l'étude, dans l'espoir que, *battue en brèche de tous côtés aussi bien dans les chiffres qui servent de base que dans les raisonnements échafaudés sur ces chiffres, l'œuvre de M. Bertillon aura vécu.*

XIV. — M. Bernard expose tout d'abord le système de M. Bertillon ; et il a le rare mérite de l'avoir fait d'une manière intelligible. Il importe donc de reproduire cet exposé :

Le bordereau est-il forgé ?

1° Certains mots ou groupes de mots sont répartis horizontalement autrement que ne l'indique le calcul des probabilités (ou la loi du hasard), d'où forte présomption (ou même preuve) de forgerie.

2° La répartition, dans le sens vertical, des lignes du document n'obéit pas non plus à la loi du hasard ; d'où nouvelle présomption renforçant très vivement la précédente.

3° Certains mots, certaines parties de mots, certaines lignes ou certaines parties de ligne transportés les uns sur les autres offrent des coïncidences curieuses, qui renforcent l'impression de forgerie tirée de l'étude de la répartition horizontale.

Cet ensemble de constatations entraîne, pour M. Bertillon et ses commentateurs, la conviction mathématique que le bordereau a été forgé ; peu importe par qui, comment et dans quel but, et la première partie de l'expertise se termine là ; ruiner cette partie, c'est ruiner l'ensemble.

Comment et par qui a-t-il été forgé ?

4° Comparons ce document forgé avec des pièces authentiques de la main d'A. Dreyfus ; il y a des ressemblances et des différences graphiques ; il y a des coïncidences métriques ; or, si le bordereau est de la main d'un ennemi de A. Dreyfus, et truqué en vue de perdre celui-ci, les ressemblances s'expliquent, mais pas les dissemblances ; il y a donc autre chose que la simple machination d'un traître désireux d'aiguiller les soupçons sur un innocent ; il en résulte, sinon la preuve, du moins de très fortes présomptions de culpabilité contre Dreyfus.

Je prie les lecteurs qui me font l'honneur de me lire, de croire que je p. 268 n'invente rien ; l'argument est de M. Bertillon (il est vrai que ses commentateurs me l'ont pas repris et, me cantonnant sur le terrain scientifique, je ne lui ferai pas l'honneur de le discuter) ; il est, dans l'ordre chronologique, le premier de ces arguments psychologiques destinés à étayer l'édifice chancelant des calculs erronés, et finissant par former avec eux cette inextricable forêt qu'est l'expertise Bertillon.

5° La recherche des causes de dissemblances a amené M. Bertillon à examiner l'écriture de parents d'A. Dreyfus ; il a trouvé chez certains d'entre eux, et surtout chez Mathieu Dreyfus, plusieurs des graphismes par où le bordereau diffère des pièces authentiques de comparaison.

6° Il y a, dans la lettre de M. Dreyfus, dite du « buvard », un certain mot « intérêt »,que nous appellerons le mot-clé ; il existe aussi dans le papier une encoche. Cette encoche, combinée comme position et grandeur avec une irrégularité de découpure (encoche ?) du bord libre du bordereau, permet de retrouver le tracé de toutes les lignes du bordereau. Le mot-clé, convenablement redoublé, permet de constituer une chaîne, et sur cette chaîne, tous les éléments graphiques du bordereau viennent se grouper autrement que ne le permet la loi du hasard ; ce sont de nouvelles preuves de forgerie ou, si l'on préfère, c'est la réédition des preuves énoncées aux § 1°, 2°, 3° ; mais ces preuves indiquent en outre de quelle manière a été truqué le document incriminé.

7° Tous les éléments du mot-clé, par conséquent tous les éléments de la chaîne et tous ceux du bordereau, sauf certains détails de graphisme insignifiants, peuvent se reproduire avec la règle et le compas, grâce aux propriétés géométriques du mot-clé. Il en résulte que : « *Le bordereau est une véritable épure géométrique dont les lignes sont tracées suivant une loi déterminée* ». (Général Mercier, Rennes).

8° A. Dreyfus, seul placé pour construire avec la même clé des mots trouvés chez lui (dans une lettre de son frère ! !), au ministère et dans le bordereau est donc l'auteur de ce document forgé.

9° La preuve *a posteriori* du forgeage du bordereau, et du forgeage par le procédé du mot-clé intérêt, est que, en vingt minutes, M. Bertillon a pu, devant le Conseil de guerre de Rennes, reproduire les onze lignes du verso du document.

J'examinerai, bien entendu, ce qu'est cette reconstitution et sa valeur probante.

Pourquoi le bordereau a-t-il été forgé ?

Le « pourquoi » du truquage, s'il n'a pas été mieux compris (et pour cause) que le ● comment », est plus connu et presque célèbre sous le nom de « forteresse à deux redans » que 'lui avait donné M. Bertillon devant la Cour de Cassation ; lui et ses commentateurs ont renoncé à cette forme pittoresque d'explication, sans, malheureusement pour eux, pouvoir esquiver l'explication elle-même. Pourquoi un traître s'est-il livré à d'aussi prodigieuses dissimulations, quand il lui eût suffi de déguiser purement et simplement son écriture ?

p. 269 10° Sur ce point, les explications de M. Bertillon (Rennes, t. II, p. 333 et suivantes) sont non seulement confuses, mais rigoureusement contra-dictoires ; ce qu'il y a de plus clair est dit p. 319 ; je cite :

« Le scripteur du bordereau agissant ainsi aurait eu pour but d'arriver à confectionner rapidement un document truqué, de telle sorte que s'il avait été arrêté en flagrant délit, il eût pu démontrer géométriquement que le document était forgé et que, conséquemment, il était victime d'une machination. C'est ce que les criminalistes appellent un alibi de persé-cution. Mais, d'autre part, le fait d'écrire en prenant comme guide un modèle sous-jacent, en retardant suffisamment l'allure naturelle de sa main, lui permettait conjointement de déguiser son écriture suffisam-ment, de sorte qu'il était en même temps à même, si les circonstances de l'arrestation rendaient l'alibi de machination non présentable, de dénier simplement son écriture (Bertillon, Rennes, t. II, p. 319). »

Le capitaine Valério est presque muet sur le motif du forgeage ; il suppose que A. Dreyfus aurait paru, comme moyen de défense, retrouver pas à pas le procédé employé par lui-même (double-chaîne), en suggé-rant que cette pièce truquée ne pouvait provenir de lui (Rennes, t. II, p. 306).

L'anonyme est plus complet, sinon plus clair, et a été plus loin. Il dit ceci :

« A. Dreyfus aurait montré que, armé d'une règle divisée d'une part, de mots du ministère et de la lettre du buvard d'autre part, un faussaire peut, par une série de mesures et de décalques, reproduire un bordereau très présentable. (Pl. 16 et 17 de l'atlas.)

Je cite : « Constituons chaque ligne du document en calquant des mots authentiques, soit dans les minutes du ministère, soit dans la lettre du buvard, et reportons les mots bout à bout. Collons ensuite les lignes ainsi constituées à un centimètre d'intervalle, sur un papier quadrillé au demi-centimètre, comme on en trouve couramment dans le commerce (l'intervalle entre les lignes 14 et 15 étant augmenté d'un demi-centimètre) ; en calquant ce contexte suivant une loi fort simple, on peut reproduire le bordereau avec la plus grande exactitude. » (Voir pl. 16 et 17.)

Donc, Dreyfus serait arrivé « à imposer une quasi-certitude de machination, grâce à la précision et à l'ensemble des observations ».

C'est au fond, toujours la même tentative d'explication d'une chose presque inexplicable ; Dreyfus a voulu se ménager un moyen de défense (dont il est à noter, malgré toutes les insinuations contraires, qu'il n'a jamais usé ni tenté ou commencé d'user) pour le cas où les documents auraient été pris sur lui, comme si, dans ce cas, la seule ressource d'un traître n'était pas dans la dissemblance des écritures permettant d'affirmer qu'il vient de trouver les documents dans la rue !

Nous tous, appliquant, même mal, le système de M. Bertillon et arrivant aux mêmes conclusions que lui, nous nous fussions, comme lui, posé la question du « pourquoi du truquage », et, dans l'impossibilité absolue de la résoudre, nous aurions revu nos calculs, nos déductions, appelé des concours, pressenti une erreur.

M. Bertillon et ses commentateurs sont demeurés confiants dans ·la valeur scientifique et probante de leur travail ; le capitaine Valério seul a été conséquent avec lui-même, ne s'inquiétant même pas de savoir pourquoi Dreyfus avait forgé le bordereau ; il lui a suffi que le bordereau soit forgé.

Il me suffira, à moi, qu'il ne le soit pas, pour, à bon droit, n'avoir pas à me préoccuper de réfuter l'irréfutable, c'est-à-dire les explications que M. Bertillon a été obligé de trouver à l'acte de Dreyfus, prenant mille peines inutiles pour arriver à se faire démasquer et à rendre célèbre jus- p. 270 qu'à la fin des siècles la perspicacité de M. Bertillon.

Tel est l'exposé du système Bertillon.

XV. — Ce système est-il exact ?

M. Bernard examine d'abord la base même du système : le bordereau est-il un « document forgé » ?

J'attaque, dit-il, la démonstration de cette vérité :
Le bordereau n'a pas été forgé suivant un procédé qui puisse, en aucune façon, rappeler celui qu'invoque M. Bertillon ; toutes les conclusions qu'il a tirées de cette « forgerie », inexistante contre A. Dreyfus, tombent donc d'elles-mêmes.

Question préalable : les mesures sont-elles exactes ?

Question préalable : les documents sur lesquels M. Bertillon a pris ses mesures sont-ils les documents originaux ou des fac-similés photographiques de ces documents, ou des agrandissements non retouchés ? Comme le bordereau a été déchiré, recollé et reconstitué, la question se pose pour toutes les mesures qui débordent d'un morceau sur l'autre.

La reconstitution de M. Bertillon

Or, ce que M. Bertillon appelle « le bordereau », c'est un bordereau reconstitué et calqué, celui de la planche 3, sur lequel il a pris toutes ses mesures ; *ce bordereau n'est pas la photographie de l'original ;* il a été constitué pour effacer les traces des déchirures, en prenant comme base le filigrane à 4 millimètres du papier ,agrandissant à 10 diamètres chaque carré, lui donnant exactement 4 centimètres et les replaçant les uns à côté des autres. Sur ce canevas reconstitué, ramené à sa grandeur naturelle ($4^{m/m}$), les lettres du bordereau original ont été calquées, carré par carré ; M. Bertillon croit que le document ainsi reconstitué représente ce qu'était le bordereau avant toute déchirure.

Ce n'est certainement pas exact, et la raison en est facile à concevoir ; le « filigranage » à 4 millimètres du commerce n'est pas très précis ; exact dans l'ensemble, il ne l'est pas dans le détail ; la planche 2 de l'Atlas montre que certaines bandes n'ont que $3^{m/m}$ 1/2 à côté d'autres qui ont $4^{m/m}$ 1/2 ; de plus, l'épaisseur du trait du filigrane n'est pas inférieure à $0^{m/m}33$; l'erreur possible, en opérant comme l'a fait M. Bertillon, peut atteindre 3/4 de millimètre, c'est-à-dire dépasser sensiblement la précision des mesures faites sur le document (précision évaluée à 1/2 millimètre). Ces erreurs de reconstitution existent certainement.

Ecarts avec la réalité

Je travaille sur un document, identique au n° 1 (photographie du bordereau avec ses déchirures), mais bien supérieur comme finesse ; c'est une photographie datant d'octobre 1894, qui reproduit toute la netteté de l'écriture, et sur laquelle on peut prendre des mesures à moins de 1/2 millimètre près.

p. 271   Or, le mode de reconstitution a amené des erreurs *dans l'intérieur même des divers morceaux* ; les différences entre les distances homologues peuvent varier de 0 à 3/4 de millimètre (exemple, moitié gauche de la ligne 17) ; ces erreurs sont donc bien réelles et ne sont pas dues à une réfraction inégale du papier ; j'ignore ce que peuvent être ces différences entre les documents 1 et 3 (d'un fragment à l'autre), mais l'imprécision d'ensemble des mesures est, en tout cas, au moins égale à 3/4 de millimètre.

Ce qui m'excuse de ne pas écarter l'argumentation par la question préalable, c'est que ces erreurs de reconstitution sont elles-mêmes grossièrement soumises à la loi de hasard, et que, par suite, l'ensemble du document, même « reconstitué », doit paraître spontané si le document primitif l'est.

En résumé, le mode de reconstitution du document 3 devait amener et a amené des écarts pouvant atteindre 3/4 de millimètre, entre des longueurs homologues mesurées sur les deux documents ; je ne prétends pas, d'ailleurs, qu'on aurait pu faire mieux, mais il devient scabreux de faire sur le document 3 des mesures à 1/2 millimètre près et d'en tirer des conclusions de forgerie.

XVI. — Cette question préalable épuisée, j'entre dans le vif du sujet, pour ruiner, une à une, les déductions sur lesquelles M. Bertillon et ses commentateurs ont voulu établir la forgerie du bordereau et la culpabilité de A. Dreyfus.

J'ai divisé en plusieurs parties l'argumentation de l'expert ; je rappellerai ci-dessous le texte de chaque partie ; j'examinerai les dires de l'auteur et de ses deux commentateurs (quand ceux-ci ont cru trouver des arguments nouveaux), et je les combattrai, seul ou en m'aidant des travaux et de l'autorité de ceux qui ont étudié la question.

Je rappelle seulement que je ne m'attaque qu'aux arguments d'ordre scientifique, laissant de côté ceux de nature psychologique n°° 4, 5, 8, 10).

Réfutation du premier argument de l'expertise Bertillon.

Le truquage horizontal

Certains mots ou groupes de mots sont répartis horizontalement autre-ment que ne l'indique le calcul des probabilités, d'où forte présomption de forgerie.

Cet argument est, de beaucoup, le plus important ; d'abord, c'est le seul, absolument, le seul, qui ne présente aucun caractère psychologique ni subjectif ; tout le monde peut le discuter parce qu'il repose sur des mesures que chacun peut répéter, il est d'ordre strictement objectif. De plus, l'interprétation des premiers résultats obtenus a donné lieu, de la part de M. Bertillon, à une application du calcul des probabilités dans laquelle il a commis une erreur colossale, de nature à lui ancrer dans la tête, de bonne foi, et bien solidement, la conviction que le document est forgé ; comme il a vécu pendant quatre ans et demi face à face avec son erreur, sans que personne la relève, il ne faut pas trop s'étonner des montagnes d'erreurs secondaires entassées durant ce temps sur la pre-mière qui, je le répète, était capitale et tout à fait de nature à cristalliser la conviction d'un demi-savant, qui ignore sa demi-science, et la prend pour de la science entière. Je rappelle que nous sommes ici sur le terrain mathématique, où la science est une et *ne varietur*.

Erreur initiale de M. Bertillon

« Le bordereau », dit en substance M. Bertillon, « présente certaines particularités métriques ; dictez le bordereau à 200 millions de personnes, **p. 272** il y en aura un au plus présentant ces particularités ; donc le bordereau n'est pas un document naturel, c'est un document forgé. »

Sur ce point capital, M. Bernard avait, à Rennes, démon-tré la non forgerie du bordereau par un procédé très simple et qui est très frappant. Superposant au bordereau une grille dont les barreaux ont 5 millimètres d'écartement, il exami-nait comment les lettres de l'écriture du bordereau se pla-cent par rapport aux barreaux de cette grille. Or les résultats sont identiques à ceux que donnerait un document écrit d'une écriture naturelle, c'est-à-dire dont les lettres se distribue-raient au hasard par rapport aux barreaux de la grille (1). Une autre preuve de non forgerie du bordereau était tirée, par M. Bernard, d'une application du calcul des erreurs acci-dentelles. M. Bernard, dans le travail produit à la Cour, rap-pelle succinctement cette démonstration, et cite l'avis de M. Poincarré, soumis au Conseil de guerre :

(1) Rennes, t. 2, p. 440 et suiv.

M. Poincarré, dans sa lettre lue à l'audience du 4 septembre, s'exprimait en ces termes :

« Sur 13 mots redoublés, correspondant à 26 coïncidences possibles, l'auteur constate 4 coïncidences réalisées. Evaluant à 0,2 la probabilité d'une coïncidence isolée, il conclut que celle de la réunion des 4 coïncidences est de 0,0016. C'est faux, 0,0016 c'est la probabilité pour qu'il y ait 4 coïncidences sur 4. Celle pour qu'il y en ait 4 sur 26 est 400 fois plus grande. *Cette erreur colossale rend suspect tout ce qui suit* (1). »

M. Bernard, après avoir rappelé cet avis, continue ainsi :

J'ai interrompu l'ordre logique de mon exposition pour mettre en lumière et ruiner le raisonnement qui a aiguillé M. Bertillon dans l'idée de la forgerie et de la culpabilité d'A. Dreyfus, car, je ne saurais trop le redire à l'avance, tous les arguments subséquents et confirmatifs reposent sur des données subjectives et critiquables. Le premier anneau de la chaîne des déductions, le seul solide, parce que le seul objectif est brisé, et la chaîne est rompue. M. H. Poincaré la nettement vu ; je continue quand même.

Le dernier commentateur de M. Bertillon, l'anonyme, qui a quelque éducation scientifique, n'a pas repris l'erreur à son compte ; il a analysé, avec plus de sagacité, les mesures initiales, et en a tiré des conclusions moins écrasantes, mais cependant tout aussi nettement favorables à la thèse de la forgerie.

Il importe que je réfute cette analyse, et cela, j'en demande pardon au lecteur, ne peut pas se faire en quelque lignes ; le souci d'être clair et d'être compris de tous m'oblige à des développements et à des comparaisons que j'écourterai le plus possible.

Interrogation par la grille demi-centimétrique

Le procédé d'investigation est le suivant : On place sur le bordereau une grille à barreaux verticaux distants de 5 millimètres, et dont l'un coïncide avec le bord libre du papier. Puis l'on examine (ou on devrait examiner) de quelle façon divers éléments du bordereau se répartissent par rapport aux barreaux ; si cette répartition est comparable à celle qu'indique le calcul des probabilités, le document est réputé spontané (ou tout au moins indépendant, dans son tracé, de la grille qui sert à l'analyse) ; si la répartition est par trop différente de ce qu'indique le calcul, le document est suspect de forgerie.

Le procédé est licite, car il est scientifique ; il l'est d'une façon absolue, tant qu'il s'agit de calculer la répartition la plus probable des éléments du bordereau ; la question de savoir, quand il y a un écart sensible entre la répartition probable et la répartition réelle, si cet écart est imputable au hasard ou à une forgerie est infiniment plus délicate : c'est un de ces problèmes de « probabilité des causes » sur lesquels d'excellents géomètres se sont trompés ; mon maître, Joseph Bertrand et M. H. Poincaré ont toujours réagi contre l'emploi abusif du raisonnement là où il n'a que faire, et c'est une tendance à laquelle le commentateur anonyme de M. Bertillon n'a pas assez résisté.

(1) Rennes, t. 3-329.

p. 273

La catégorie des « Polysyllabes redoublés »

Quelle condition faut-il remplir pour interroger correctement la répartition de certains éléments d'une « catégorie » d'éléments du bordereau ? *Il faut que la catégorie renferme tous, absolument tous les éléments semblables (par exemple toutes les lettres, ou toutes les initiales, ou toutes les finales, etc.).* M. Bertillon n'a examiné qu'une catégorie, et cette catégorie a été mal constituée ; elle renferme le début de certains mots polysyllabiques redoublés et la fin de certains autres ; c'est une catégorie tronquée à laquelle le calcul ne s'applique pas, car, un choix étant fait pour éliminer certains éléments, la catégorie n'obéit plus à la loi du hasard.

Il est vrai que, page 51 du commentateur, je lis : « Dans l'espèce, nous avons montré que ces mots avaient été spécialement truqués ; donc ils forment bien un groupe distinct, et la catégorie qu'ils constituent n'est pas le moins du monde arbitraire. » La pétition de principe est évidente, et c'est grave dans un pareil sujet ; on interroge la catégorie pour savoir si le document est truqué, et on argue du truquage pour constituer la catégorie !

Il y a là, bel et bien, une erreur initiale qui empêche de soumettre au calcul la catégorie de M. Bertillon. Il faut la rectifier.

M. Bernard entre alors dans les détails les plus complets sur cette question et il aboutit à cette conclusion :

Ainsi, dès que les catégories deviennent un peu nombreuses ,les essais sont tout en faveur de la spontanéité du document. J'aurais été moins ému que M. Bertillon, pas ému du tout, même de la discordance révélée par la catégorie des polysyllabes.

Et M. Bernard recherche alors le pourquoi de cette discordance :

Cependant, j'aurais été jusqu'au fond des choses, et j'aurais cherché, au lieu d'affirmer la valeur probante de cette discordance, à me rendre compte de ce que pouvait être cette valeur probante.

Mais, ici, nous touchons au problème fort délicat de la probabilité des causes dont voici l'énoncé exact :

Les coïncidences trouvées peuvent-elles être attribuées au hasard !

Il y a des événements qui satisfont à la définition mathématique d'être p. 274 soumis à la loi du hasard, mais ils n'y satisfont qu'à une unique condition; *c'est que les épreuves soient répétées et nombreuses; plus elles sont nombreuses, plus l'expérience vérifie les résultats du calcul, mais les événements les plus naturels du monde n'y satisfont pas du tout, si les épreuves sont très peu nombreuses.* Dans une année entière, le rapport entre le nombre des rouges et celui des noires, à Monte-Carlo, est infiniment voisin de l'unité; il n'en est plus ainsi en une heure, et si l'on joue dix minutes ; ce rapport que la théorie prévoit comme égal, à 1, peut parfaitement être de 4, 5, et même davantage.

Nous voici en plein, maintenant, dans le problème de la probabilité des causes. Une série d'épreuves a révélé un écart entre la réalité et la probabilité calculée d'après la supposition que les événements sont purement fortuits. Cela veut-il dire que les événements ne sont pas fortuits ?

Oui, si les épreuves sont suffisamment nombreuses, non dans le cas contraire; voir sortir 3 fois le n° 6 en 30 coups de roulette ou 4 fois de suite la noire en 5 coups n'indique nullement que la roulette soit truquée.

Et M. Bernard donne la conclusion suivante sur la prétendue forgerie horizontale :

Le bordereau n'est pas forgé

XVIII. — M. Bernard réfute ensuite le deuxième argument de l'expertise Bertillon (le truquage vertical) :

« *La répartition, dans le sens vertical des lignes du document, n'obéit pas non plus à la loi du hasard, d'où nouvelle présomption de forgerie renforçant très vivement la première.*

M. Bertillon a trouvé que les lignes du bordereau (recto et verso) ne sont pas, non plus, disposées au hasard.; si on place, sur le bord libre du papier, une échelle divisée en sixièmes de centimètre, les lignes vont toutes aboutir sur une division de l'échelle ; de plus, les intervalles entre les lignes se succèdent dans un certain ordre, toujours le même. J'ajoute, pour être complet, que le fond d'une petite encoche du bord libre; et les bords supérieurs et inférieurs de la feuille font partie de la division en sixièmes de centimètre. Toutes ces coïncidences, contraires aux probabilités, montrent que le document est truqué dans le sens vertical comme il l'est dans le sens horizontal.

C'est par amour de la méthode et pour être complet que je discute le « truquage vertical ». En effet, un écart de 1/2 millimètre fait tomber les « lignes » de M. Bertillon hors des points de division de l'échelle à 1/6° de centimètre et supprime la présomption de forgerie ; or, dans le sens vertical, comme dans l'autre, les erreurs dues à la « reconstitution » atteignent ce chiffre.

Ainsi les lignes ne seraient pas disposées au hasard ? Quelles lignes ? Celles de M. Bertillon. Comment les a-t-il tracées ? A-t-il, prenant une définition quelle qu'elle soit, employé cette définition d'un bout à l'autre du document ? Alors je m'incline et je discute. A-t-il, au contraire, ne suivant aucune définition ou en suivant plusieurs (ce qui est la même faute), a-t-il tracé ses lignes « au sentiment » ? Alors je suis fixé ; inconsciemment, ses tracés passeront par les divisions de l'échelle, et il sera le seul à s'étonner de coïncidences qu'il aura crées de ses propres mains.

C'est, malheureusement pour l'expert, cette dernière hypothèse qui est la vraie ; il suffit de jeter un coup d'œil sur le dessin où est reproduit le

p. 275 « lignage » de M. Bertillon ; la ligne 3 coupe toutes les lettres, la ligne 5 les laisse toutes au-dessus d'elle ; la ligne 1 souligne les premiers mots de l'alignement, la ligne 18 ceux du milieu, la ligne 7 ceux de la fin, etc.

Et M. Bernard dit plus loin :

Quelle misère de voir accabler un homme sous le poids d'aussi massives explications quand le phénomène est si simple ! Le bord libre du bordereau n'est pas absolument perpendiculaire aux filigranes; or, très naturellement, ceux-ci ont grossièrement guidé l'écriture ; s'ils descendent d'un côté (recto), ils montent de l'autre (verso), et voilà tout le mystère ! Notons que M. Bertillon a signalé ce défaut de perpendicularité ; il a donc tenu l'explication entre ses mains, et il ne l'a pas donnée ; c'est peut-être le plus grand exemple de prévention — je veux encore dire inconsciente — à relever dans son œuvre.

XIX. — M. Bernard entreprend ensuite la réfutation du troisième argument de l'expertise Bertillon (coïncidences entre certains mots) :

« *Certains mots, certaines parties de mots, certaines lignes ou certaines parties de lignes transposées les unes sur les autres offrent des coïncidences curieuses qui renforcent l'impression de forgerie tirée de l'étude de la répartition horizontale* »

On dit ceci : des mots identiques ou analogues, transportés les uns sur les autres, soit en faisant coïncider les réticules, soit en les déplaçant de 1/2 ou 1/4 de réticule (2^m/^{m}50 ou 1^m/^{m}25), montrent de telles coïncidences qu'elles indiquent que ces mots ne sont pas d'une écriture spontanée, mais confectionnée par un procédé spécial.

M. Bernard montre alors qu'ici il n'y a qu'une réponse à faire. Il emprunte aux planches mêmes de M. Bertillon les mots en question, les superpose réticulairement et les met sous les yeux du public dans sa brochure. Et il ajoute :

Le public ne verra comme moi, j'en suis sûr, que de rares coïncidences, si rares et si frustes qu'il serait bien étonnant qu'il s'en produise moins en trente lignes d'une écriture rapide, émanée d'un scripteur qui, sans doute, a un type de graphisme bien arrêté et constant.

Et sur le même sujet, M. Bernard continue ainsi :

Devant le Conseil de guerre de Rennes, M. Bertillon a, suivant sa forte expression, indiqué une « superposition encore plus extraordinaire ». Si on transporte d'un seul bloc la ligne : « 5° Le projet de manuel de tir » sur la ligne : « Je vais partir en manœuvres », on constate que cette dernière est recouverte en entier, traits sur traits, initiales sur initiales, les *p* de *partir* se superposant exactement à celui de *projet*, et le *man* de *manœuvres* à celui de *manuel*? cette coïncidence absolue est accompagnée de la superposition exacte des réticules.

Ici encore M. Bernard fait le public juge, par un dessin tiré des planches de M. Bertillon, où l'on voit, en tout et pour p. 276 tout, coïncider quatre initiales et deux lettres *n*, et encore sans superposition des réticules : annoncer cela, dit-il, comme « un fait extraordinaire », comme « la superposition en bloc de deux lignes entières », *c'est un peu plus que de l'erreur*.

M. Bernard résume alors les conclusions relatives à la prétendue forgerie en déclarant :

Que ce qu'ont dit Bertillon et ses commentateurs sur la confection artificielle des mots polysyllabiques *est faux* ; que ce qu'ils ont dit sur leur emplacement rigoureusement déterminé dans le sens vertical *est faux* ;

que ce qu'ils ont dit des coïncidences dans le sens horizontal, avec une griffe demi-centimètrique, provient d'*inexactitudes de calcul ; que le bordereau est un document indubitablement spontané.*

XX. — M. Bernard passe ensuite à la réfutation du sixième argument Bertillon :

« *Il y a, dans la lettre de Mathieu Dreyfus, dite « du buvard » un certain mot « intérêt » que nous appellerons le mot-clé ; il existe aussi dans le papier une encoche. Cette encoche, combinée, comme position et grandeur, avec une irrégularité de découpure (encoche ?) du bordereau, permet de retrouver le tracé de toutes les lignes de bordereau. Le mot-clé convenablement redoublé, permet de constituer une chaîne, et, sur cette chaîne, tous les éléments graphiques du bordereau viennent se grouper autrement que ne le permet la loi du hasard ; ce sont de nouvelles preuves de forgerie ou, si l'on préfère, c'est la réédition des preuves énoncées aux paragraphes 1°, 2°, 3° ; mais ces preuves indiquent, en outre, de quelle manière a été truqué le document incriminé.* »

Il est impossible, je crois, d'être plus impartial dans l'exposé de l'hypothèse à combattre.

Dès le début, et pour n'y plus jamais revenir, je laisse de côté tout ce qui concerne les encoches, les divisions au sixième de centimètre, etc..., en un mot, tout le soi-disant truquage vertical. Je répète, une dernière fois, que le lignage » imaginé par M. Bertillon ne représente rien de réel, qu'il emprunte et délaisse tour à tour toutes les définitions qu'on peut donner de l'alignement, et que c'est seulement à ces conditions, *exclusives de toute discussion,* que les lignes paraissent aboutir à des points choisis.

Enfonçons-nous maintenant dans les soi-disant coïncidences des éléments du bordereau avec le mot clé « intérêt » redoublé de manière à constituer une double chaîne (gabarit, chaîne imbriquée de M. Bertillon) ; je remets à plus tard la formation « kutschique » du mot-clé, car, comme je l'ai dit à Rennes, la culpabilité du scripteur serait tout aussi grande s'il avait pris comme base $1^m/^m$ 1/2 au lieu de $1^m/^m$ 1/4 ; je conserve cependant, pour abréger le discours, le mot désormais immortel de «kutsch » avec son acception spéciale au sujet (longueur de $1^m/^m$25 devenant 5 millimètres sur les agrandissements).

On écrit les mots « intérêt » à la suite les uns des autres, on déplace la chaîne ainsi obtenue de $1^m/^m$25 et on forme une seconde chaîne ; l'ensemble des deux chaînes constitue le gabarit.

Ceci posé, on écrit le gabarit sur chaque ligne (?) du bordereau, réticules sur réticules, et on constate (disent l'expert et ses commentateurs).

p. 277   *Le « Moulage »*

1° *Que le tracé des divers mots du bordereau se moule avec la plus grande exactitude sur le gabarit.*

J'arrête l'argumentation ici, puisque le surplus dépend de cette première constatation.

Or, *je la nie absolument :* il n'y a là qu'un phénomène subjectif ; le moulage des lettres sur le gabarit, visible aux yeux de l'expert, est invisible aux miens.

Ici encore, dit M. Bernard, il n'y a qu'une façon de procéder : faire le public juge : et dans sa brochure il donne une planche avec le gabarit agrandi quatre fois et plusieurs mots placés sur ce gabarit. En réalité, dit-il, *il n'y a rien, rien, rien.* Et tout le reste, ajoute-t-il, qui découle de cette prémice « il y a un moulage sur le gabarit », est inexistant.

XXI. — Je continue pourtant ma route, poursuit M. Bernard.

On remarque encore, dit le commentateur :

2° Que les mots du bordereau commençant par la même lettre ont leurs initiales semblablement placées (localisées) sur les diverses lettres du gabarit. En d'autres termes, le scripteur, pour écrire un mot, le commence sur une lettre bien déterminée du mot-clé, puis trace le mot en suivant aussi exactement que possible le gabarit et en moulant la forme de ses lettres sur celles de la chaîne.

Bien entendu, dans la pensée de l'expert, c'est la distance des mots que le scripteur fait varier pour pouvoir localiser ses initiales.

Après ce que j'ai dit sur l'inanité du soi-disant « moulage », je ne puis plus considérer la double chaîne que comme un nouveau mode d'analyse du bordereau, créé par M. Bertillon, en rapport avec le premier, la grille (4 kütschs = 1/2 centimètre), mais plus complète et ayant le grand danger de laisser pénétrer et dominer les éléments subjectifs d'appréciation (voir le « moulage »). Je le suis cependant sur ce terrain, certain de le battre, à condition d'employer les armes mathématiques, définition correcte et numération exacte.

Les lettres *tt* du mot-clé « localiseraient » d'une façon anormale les lettres initiales suivantes du bordereau « *c, d, r, s, t, u, v, n* », auxquelles il faut ajouter la lettre *i*, puisque la lettre *i* du mot-clé est, pour former la chaîne, calée contre le second *t* et ne s'en distingue plus que par l'épaisseur d'un jambage.

Remarquons que, pour accroître la proportion des « localisations », l'expert a dû recourir à deux moyens : 1° *Choisir dans chaque ligne*, l'une ou l'autre des deux positions de début que peut affecter la double chaîne par rapport aux réticules (voir pl. 6 de l'atlas) ; 2° *rompre neuf fois la chaîne*. Malgré le très grave défaut de la méthode que présente cette manière de faire, je ne m'en préoccupe pas.

Mais défions-nous des mots vagues. Qu'est-ce que c'est que cette « localisation » ? Je prends le mot-clé, et je définis la ou les lettres *t*, comme M. Bertillon l'a fait dans la planche 9, par deux traits séparant cette lettre de ses voisines ; je recule l'ensemble de 1 m/m 25, et je forme la double chaîne, je transporte cette double chaîne sur les agrandissements de la planche 9, en observant, par la concordance des réticules, les données admises par l'expert dans la planche 6 ; je m'attache à toutes les lettres initiales « *c, d, r, s, t, u, v, n, i* » au nombre de 72 ; chaque fois qu'une de ces lettres tombe entièrement dans un des espaces affectés à la double lettre *t*, je dis qu'il y a « localisation » (concordance) quand elle n'y tombe pas du tout, il y a discordance ; quand elle y tombe en partie seulement, je note le cas comme douteux.

Voilà une définition de la « localisation » (je suis bien obligé d'en donner une en présence du silence de l'expert) à laquelle on ne refusera ni la précision, ni le bon sens.

p. 278

Sur 79 cas, je trouve 31 concordances, 29 discordances, 19 cas douteux ; pour ne pas allonger le raisonnement, j'attribue 10 des cas douteux (la moitié) aux concordances, et j'obtiens ainsi une proportion de $41/79 = 0.52$ des lettres initiales (dénoncées par l'expert) localisées sur le double tt.

Or, les lettres tt du mot-clé occupent sur la chaîne une longueur de 30 millimètres celles-ci étant formée de sections de 50 millimètres ; il y a donc, *grosso modo*, probabilité de $30/50 = 0.60$ pour que les éléments d'une certaine catégorie tombent (se localisent) sur les espaces tt ; cette catégorie est bizarre (certaines lettres initiales), mais comme elle est bien définie et nombreuse, elle est acceptable ; le calcul des probabilités donne 0,60, la réalité (après neuf entorses, les soi-disant ruptures de clé, qui sont bel et bien, en tout cas, des ruptures de chaînes) donne 0.52.

L'accord est parfait une fois de plus. *La double chaîne n'a pas servi à localiser les lettres initiales du bordereau*, celles-ci se révélant une fois de plus comme placées au hasard, non seulement par rapport à la grille, mais par rapport au gabarit.

XXII. — M. Bernard arrive ensuite à la réfutation du septième argument de l'expertise de M. Bertillon (prétendue formation kutschique du mot-clé) :

« *Tous les éléments du mot-clé, par conséquent tous les éléments de la chaîne, et tous ceux du bordereau, sauf certains détails de graphisme insignifiants, peuvent se reproduire avec la règle et le compas, grâce aux propriétés géométriques du mot-clé. Il en résulte que* « *le bordereau est une véritable épure géométrique dont les lignes sont tracées suivant une loi déterminée* » *(général Mercier, Rennes).* »

Tout le monde sait maintenant, que tous les éléments du mot-clé, même l'épaisseur d'un accent, même la courbure (!) des jambages, même la pente du mot, sont nettement des multiples de 1^m25 (le kütch) ; que cette grandeur est égale à la hauteur des lettres de l'exergue du demi-décime de la République, que son décuple est le demi-diamètre de ladite pièce ; que, par conséquent, le mot-clé satisfait à cette obligation (!) de pouvoir toujours être reproduit par le scripteur, pourvu qu'il ait un petit sou dans sa poche.

Personne, de M. Bertillon et de ses commentateurs, ne s'est demandé comment un mot écrit « *currente calamo* » par Mathieu Dreyfus pouvait présenter d'aussi invraisemblables propriétés, ou bien comment Alfred Dreyfus aurait pu insérer, enchâsser ce mot géométrique dans une lettre de son frère, ou enfin, pour épuiser (?) le champ des hypothèses, comment cette lettre, saisie avec dix autres, serait réticulée et gabariée par les soins d'Alfred Dreyfus tout en étant de Mathieu Dreyfus ; il y a là de quoi rendre neurasthéniques plusieurs générations de chercheurs.

Je préfère les décourager de suite en annonçant et démontrant, ce que le bon sens fait prévoir sans peine, que *toutes ces mesures kutschiques sont inexactes*, et que la formation géométrique du mot-clé, et par suite de la chaîne et du bordereau, est une illusion, une fantasmagorie, qui résultent, tout comme le soi-disant « truquage vertical », de l'oubli ou de l'absence d'une définition correcte.

p. 279

La première condition que doit remplir le gabarit, dit l'expert, c'est de pouvoir être reconstitué, même dans le cas où la lettre du buvard viendrait à être perdue : or, rien n'est plus simple, car le mot intérêt de cette lettre peut être reproduit exactement avec la règle et le compas. Les lettres occupent exactement 1 ou 2 kütschs, etc.

Ruinons cette première affirmation, la plus importante, celle relative à la longueur des lettres qui serait rigoureusement de 1 ou 2 kütschs.

Qu'est-ce que c'est que la « longueur d'une lettre » ? On peut en donner dix définitions différentes, qui seront également valables, à condition qu'on se tienne à celle qu'on aura choisie ; je vais en adopter une, qui conduit à des mesures se rapprochant de celles de M. Bertillon et, par suite, comparables aux siennes. Appelons « longueur d'une lettre » cursive la distance qui sépare les points où les liaisons antérieures et postérieures de cette lettre touchent l'alignement du mot ; si la lettre est pointue (n, m), le début est compté à partir du premier jambage.

M. Bernard met alors en regard les longueurs, d'après M. Bertillon, et celles que ses définitions attribuent aux lettres. Et il conclut ainsi :

Les longueurs de M. Bertillon décèlent un rythme géométrique, *les miennes ne révèlent absolument rien.*

Quant aux « longueurs de lettres » de M. Bertillon, elles offrent le même scandale que le tracé des « lignes » du bordereau.

Le premier *t* (ligne 10) est pris de tangence de délié à tangence de délié.

n (ligne 10) est pris de tangence du délié postérieur à l'angle rentrant de la lettre précédente.

Le premier *e* (ligne 10) est pris de tangence du délié antérieur à la verticale limitant la boucle de la lettre.

r (ligne 5) est pris de verticale limitant la boucle de la lettre précédente à la verticale limitant, *du même côté,* le jambage de la lettre à mesurer.

Le second *e* (ligne 10) est pris de cette verticale à l'angle intérieur de la boucle.

Le second *t* (ligne 5) est pris de l'angle intérieur de la boucle de la lettre précédente à la chute du jambage pointu qui termine la lettre.

La lettre *i* (ligne 5) est prise du milieu du délié antérieur à l'angle inférieur externe du jambage.

Sept lettres, sept définitions. — Je crois tout à fait inutile d'insister et d'examiner des agrandissements à vingt diamètres ; s'il n'y avait pas absence complète de méthode, il y aurait prévention bien coupable et, dans tous les cas, il est triste de voir avec quelle légèreté de pareilles mesures, aussi incohérentes, ont pu être adoptées comme base de raisonnements ayant des prétentions à la rigueur.

La conclusion de M. Bernard sur ce point est ainsi formulée :

Le mot-clé ne présente aucune particularité géométrique spéciale et son soi-disant rythme kutschique provient de mesures incorrectes, dont chacun peut se rendre compte.

XXIII. — Pour ne rien laisser dans l'ombre, M. Bernard étudie ensuite la prétendue localisation des lettres du bordereau.

Me voici maintenant, dit-il, prêt à étudier et à ruiner les affirmations **p. 280** du chapitre III du commentateur anonyme, intitulé : « Nouvelles vérifications de la thèse de M. Bertillon », et qui portent principalement sur une soi-disant « localisation anormale » des lettres (non initiales) du bordereau sur les lettres semblables du mot-clé.

On verra, une fois de plus, que le calcul correct fait apparaître la spontanéité là où un calcul faux paraît déceler la forgerie.

L'expert prétend que chaque lettre du mot-clé « localise » d'une façon anormale les lettres non initiales de même nature du bordereau ; les *t*, les *e*, les *n* du bordereau se rencontreraient deux fois plus souvent que ne le veut la loi du hasard, sur les *t*, les *e*, les *n*, de la double chaîne, et ce serait une nouvelle démonstration de la forgerie sans qu'on voie bien, d'ailleurs, comment ayant déjà localisé ses initiales, le scripteur aurait pu encore localiser les autres lettres, qui paraissent avoir leur emplacement déterminé ou presque, quand les initiales le sont ; mais passons.

Ici, l'erreur de calcul a lieu sur la « probabilité simple » qu'a une lettre de tomber (se localiser) sur une lettre de la *double chaîne*. Cette probabilité est, d'après M. Bertillon, le rapport entre la longueur de la lettre *dans la double chaîne* et celle du mot-clé ; c'est d'une approximation grossière, mais suffisante, eu égard à l'élasticité de vérification de l'expert ; je prends cette définition.

Quelle que soit la définition adoptée pour la longueur d'une lettre, si incorrecte que soit cette définition, la longueur de la même lettre, *dans la double chaîne*, s'obtient en ajoutant à la première la valeur du recul (1 kütsch) ; c'est une remarque très juste que le commentateur a su faire (p. 32), quand il s'est agi de critiquer un contradicteur, mais qu'il a malheureusement oubliée quelques pages plus loin.

Dans ces conditions, la somme des longueurs *qu'on doit* attribuer aux six (ou sept) lettres du mot-clé est formée par la longueur du mot, accru de six (ou sept) fois le recul, soit 17 kütschs en tout, au lieu de 10 ou 11 que lui donne M. Bertillon ; et cette nécessité est absolument indépendante de la répartition, entre les diverses lettres du mot-clé, de la longueur de ce mot.

Le fait que M. Bertillon (page 39 et tableau III) trouve une somme de longueur égale à 11 kütschs, prouve que ses longueurs (ou ses probabilités simples) sont fausses ; les prétendues « localisations » le sont donc également.

M. Bernard a alors calculé les probabilités correctes en prenant — suivant sa définition — la longueur de chaque lettre dans la *chaîne* et en acceptant, *sans les vérifier*, les coïncidences affirmées par M. Bertillon. Il aboutit à cette conclusion que la concordance entre les probabilités des coïncidences et l'existence réelle de ces coïncidences est absolument satisfaisante. Encore une interrogation, dit-il, qui tourne à la confusion de M. Bertillon ; *il s'agit, cette fois, d'une erreur de calcul.*

XXIV. — Enfin, M. Bernard arrive à la réfutation du 9e argument de l'expertise Bertillon :

« *La preuve* a posteriori *du forgeage du bordereau et du forgeage par le procédé du mot-clé est que, en vingt minutes, M. Bertillon a pu, devant le Conseil de guerre de Rennes, reproduire les onze lignes du verso du document.* »

Cette reproduction a été faite à l'audience du Conseil de guerre du **p. 281** 25 août 1899, et voici ce qu'en dit le commentateur anonyme (page 37) : « Telle est la clé du truquage ; le seul moyen de savoir si cette clé est bonne est de l'appliquer, et de constater le résultat obtenu. L'expérience a été faite au Conseil de guerre de Rennes, et avec plein succès. En un quart d'heure, M. Bertillon a reproduit devant les juges le verso, et cette reproduction s'est superposée sur l'original, ligne sur ligne, mot sur mot, trait sur trait. (Voir le fac-similé, planche 13).

« Ce stupéfiant résultat est la seule réponse à faire aux contradicteurs de M. Bertillon ; ceux-ci ont voulu faire croire que toute son argumentation reposait sur un calcul de probabilités ; démontrant que le calcul était faux, ils en ont conclu que la thèse était inexacte. En réalité, M. Bertillon avait procédé comme font tous les cryptographes qui étudient une dépêche chiffrée. Pour découvrir la clé, ils s'appuient au début, sur la probabilité de certains fragments, de certains signes répétés ; mais l'exactitude du déchiffrement qu'ils proposent n'est pas prouvée par ce calcul hypothétique. Elle ressort de l'application de la clé à la dépêche ; si la clé traduit cette dépêche, la clé sera bonne. »

Par excès de scrupule, et malgré la longueur de cette étude, je tiens à citer ce qui a paru probant pour les experts comme argument. Ainsi, c'est bien entendu ; y eût-il eu des fautes dans les déductions précédentes, n'y eût-il eu que cela (ce que j'ai montré), voici une nouvelle preuve indépendante de toutes les autres ; M. Bertillon, muni d'une seule *double chaîne*, a reproduit (?) le verso du bordereau ; donc le bordereau a été forgé et avec la *double chaîne*.

Cependant, l'assimilation avec l'emploi d'une clé à la lecture d'une dépêche chiffrée est toujours aussi fausse que celle que j'ai critiquée déjà (à propos des ruptures de clé). Une dépêche chiffrée est forcément truquée ; le fait qu'une « clé » découverte et appliquée à cette dépêche change un amas incohérent de lettres en un écrit parfaitement coordonné et ayant un sens prouve à l'évidence que cette « clé » est bien celle qui a servi à chiffrer et à brouiller le texte clair. Mais le bordereau n'est pas forcément truqué ; il y a, *a priori* énormément de chances pour qu'il ne le soit pas, et le f ait qu'après quatre ans d'études ininterrompues, M. Bertillon, dont nul ne conteste la puissance de travail, aidé des agents, des appareils, de l'argent de son important service d'anthropométrie judiciaire, le fait, dis-je, que M. Bertillon a reproduit d'assez près onze lignes du document étudié, peut, à la rigueur, prouver que le document a été truqué par le procédé mis en œuvre, mais il peut tout aussi bien démontrer que M. Bertillon a une bonne mémoire des chiffres, des yeux et de la main. Cette dernière hypothèse, exclusive de la forgerie, ni l'expert, ni ses commentateurs ne l'ont examinée ; ils ne l'ont même pas faite.

Je la trouve présentée, sous une forme particulièrement savoureuse, dans la lettre de M. Poincaré, lue à l'audience du 4 septembre 1899.

Ces coïncidences, quoique fortuites, peuvent néanmoins, une fois constatées, servir de moyen mnémonique. Quoi d'étonnant qu'après cinq ans d'apprentissage, elles puissent permettre de reconstituer le bordereau ? Un peintre peut faire de mémoire le portrait d'un homme, sans que cet homme soit truqué.

La comparaison est d'autant plus juste et adéquate au sujet que, si la reproduction du verso est ressemblante, elle n'est pas l'identité ; je ne parle même pas du graphisme, je parle des dimensions ; il y a, dans la longueur d'un mot, dans l'inclinaison d'une ligne, dans les rapports des diverses parties du verso, des différences toutes naturelles, et qui prouvent que le moyen mnémonique de M. Bertillon n'est bon que pour reproduire les dimensions principales du document ; il est d'ailleurs inopérant en ce qui concerne les détails intimes de l'écriture, ceux qui lui **p. 282** donnent sa physionomie. Un homme plus habile, doué de plus de mémoire encore, aurait fait mieux que M. Bertillon, par n'importe quel moyen d'ailleurs ; la mise au carreau vulgaire (craticulage), préconisée par M. Paraf-Javal, serait mon moyen de choix ; j'appliquerais sur le document une grille de 3, 4, 5 millimètres de côté, peu importe ; j'étudierais pendant quelques mois la répartition des éléments par rapport à ce carrelage, emmagasinant les formes dans mes yeux et les chiffres dans ma tête et j'arriverais à une reproduction au moins aussi bonne que celle de M. Bertillon ; au temps heureux, parce que lointain, où j'étais vraiment doué d'une façon remarquable sous le rapport de la mémoire, il m'aurait suffi de quelques jours.

Je n'aurais certainement pas été amené à en conclure que le bordereau était forgé et que la clé de la forgerie était le carrelage de 3 millimètres, qui m'aurait, par exemple, servi à le reproduire.

En résumé, M. Bernard conclut que tout est erreur dans le système de M. Bertillon et que les observations de ce dernier, soumises à des calculs rigoureux et à des observations précises, conduisent au contraire à cette affirmation très nette : le bordereau est indubitablement un document écrit spontanément.

D

XXV. — Une quatrième étude doit être présentée à la Cour.

Après avoir soumis les travaux de M. Bertillon et de ses commentateurs à des autorités prises à l'Ecole normale supérieure, à l'Ecole des hautes études, à l'Ecole des Chartes, à l'Ecole polytechnique, il restait à consulter une autorité prise à la Sorbonne.

La quatrième étude des mystères de M. Bertillon a donc été faite par *M. Painlevé, membre de l'académie des sciences, professeur de mathématiques générales à la Sorbonne.*

M. Painlevé commence par l'exposé du système de M. Bertillon :

Le système imaginé par M. Bertillon en 1894, développé par lui à Rennes, en 1899, repris, corrigé et amplifié dans une volumineuse brochure, par un anonyme qui s'intitule « un ancien élève de l'Ecole polytechnique », se résume ainsi :

Le bordereau est un document forgé. Des coïncidences, trop nom-breuses pour être fortuites, le prouvent, et notamment ce fait que les mots répétés sont superposables exactement. Le bordereau porte sur un bord une légère encoche qui a servi à régulariser l'écart des lignes. D'autre part, dans des minutes de Dreyfus écrites devant témoins au mi-nistère de la Guerre, et dans une lettre saisie chez lui (lettre du buvard) (1), *il y a des mots sur lesquels les mots identiques du bordereau, tels que manœuvres, artillerie, paraissent calqués. Enfin, cette lettre du buvard présente une déchirure qui semble correspondre à l'encoche du borde-reau.* p. 283

Toutes ces coïncidences tendraient (dans le système de M. Bertillon) à innocenter Dreyfus (brochure verte, pages 43-46), et à prouver qu'un inconnu a écrit le bordereau en décalquant de l'écriture de Dreyfus pour se dissimuler ou pour le perdre. Mais M. Bertillon semble ruiner cette interprétation en rétablissant le véritable procédé à l'aide duquel le bor-dereau a été écrit. Ce procédé serait le suivant :

Le scripteur du bordereau s'est servi, pour guider son écriture, d'une sorte de transparent que M. Bertillon appelle un gabarit, glissé à chaque ligne sous le papier-calque du bordereau. Ce gabarit se compose d'une double chaîne : la première chaîne est constituée par le mot intérêt, *cal-qué bout à bout indéfiniment et imbriqué* (sic), *c'est-à-dire écrit de façon que l'I initial se confonde avec le t final qui le précède ; la seconde chaîne est identique à la première, mais reculée de 1 millimètre 25.*

Le gabarit est calqué sur le mot intérêt *qui termine une ligne de la lettre du buvard. Ce mot lui-même n'est pas écrit d'une écriture naturelle, mais construit géométriquement. La lettre du buvard et les minutes de Dreyfus signalées plus haut sont écrites à l'aide du même gabarit. C'est ce qui explique pourquoi les mots répétés ou identiques dans ces divers documents sont superposables. Comme les minutes du ministère· de la Guerre sont sûrement de Dreyfus, Dreyfus et l'auteur du bordereau ont écrit en se servant du même gabarit, et par conséquent ne font qu'un.*

Tel est, résumé aussi exactement que possible, le système de M. Ber-tillon et de ses adeptes. Il importe de remarquer que si la seconde par-tie du système était détruite, mais la première vérifiée, ce système, au lieu de prouver la culpabilité de Dreyfus, obligerait M. Bertillon à conclure à son innocence et à une machination contre lui. C'est ce qu'a vu par-faitement l'auteur de la brochure verte : après avoir longuement expliqué que le mot « intérêt » de la lettre du buvard est construit géométrique-ment ainsi que la chaîne qui en dérive, il ajoute (page 32, ligne 7) : *Tou-tes les observations que nous ferons ultérieurement n'auraient aucune valeur si nous prétendions que le bordereau dérive d'un mot tracé et enchaîné d'une façon quelconque.*

Ainsi, M. Bertillon doit démontrer : 1° que le mot « intérêt » de la lettre du buvard est truqué et fabriqué ; 2° que les mots du bordereau et des minutes de Dreyfus qu'il prétend superposables ont été écrits à l'aide du même gabarit dérivé de ce mot « intérêt ». Autrement, son système aboutirait à innocenter Dreyfus.

La vérité, comme nous le verrons, c'est que les deux parties du sys-tème de M. Bertillon sont aussi mal fondées l'une que l'autre, et qu'il n'y a aucune conclusion d'aucune sorte à tirer de son travail.

(1) M. Bertillon déclare que cette lettre a été saisie dans le bureau de Dreyfus, *toujours à portée de sa main,* a-t-il affirmé devant la Cour de Cassation. En réalité, cette lettre a été saisie dans le *portefeuille* de Dreyfus qui était enfermé chez lui dans un tiroir.

XXVI. — M. Painlevé signale ensuite les motifs qui, d'après M. Bertillon, auraient incité Dreyfus à construire ce gabarit compliqué.

D'après M. Bertillon, Dreyfus a imaginé ces complications machiavéliques pour se garder contre le cas où le bordereau serait saisi chez lui (ou sur lui). Il aurait alors allégué que cette pièce avait sans doute été glissée chez lui par un ennemi qui l'aurait fabriquée en décalquant son écriture. Les coïncidences qu'auraient constatées les experts entre le bordereau d'une part, la lettre du buvard et les minutes authentiques d'autre part, eussent confirmé l'hypothèse d'une machination.

p 284 Ce moyen de défense, *inventé de toutes pièces par M. Bertillon*, admettons-le, si bizarre qu'il paraisse. Pour atteindre son but, Dreyfus n'avait qu'à écrire le bordereau d'une écriture dissimulée, tout en y intercalant quelques mots *calqués apparemment*, et calqués sur des mots de son écriture. De cette façon, le bordereau, s'il est intercepté après son expédition, ne le trahira pas ; s'il est saisi à son domicile les mots calqués, bien vite reconnus, feront croire à une machination. Au lieu de cela que fait Dreyfus, d'après M. Bertillon ? Il ne dissimule pas son écriture (puisque c'est une ressemblance graphique qui, précisément, le fait soupçonner), mais il emploie pour fabriquer le bordereau un procédé si subtil que tous les experts, en 1894, s'accordent à en trouver l'écriture courante et naturelle : pour déceler la « forgerie », il faut la divination « géométrique » et le mode d'expertise inusité de M. Bertillon. En un mot, Dreyfus forge le bordereau pour que le caractère artificiel du document soit évident et le sauve ; mais en même temps, il emploie des ruses extraordinaires pour que la forgerie soit impossible à apercevoir : voilà le système de M. Bertillon.

Et pour arriver à cet extraordinaire résultat, il faut que Dreyfus traîne au ministère de la Guerre son gabarit, ce gabarit si compromettant « qu'il doit être détruit après chaque missive terminée » (brochure verte, p. 31) ; c'est avec ce gabarit qu'il écrit certaines de ses minutes, sur du papier non transparent (comment s'y prend-il ?) dans une pièce où séjournent plusieurs officiers, à la même table qu'un camarade. — On croit rêver quand on voit accumuler de telles extravagances.

Autre argument de bon sens : l'écriture du bordereau et celle d'Esterhazy sont si évidemment identiques que M. Bertillon et ses partisans doivent en convenir. Ils déclarent, il est vrai, qu'Esterhazy a imité l'écriture du bordereau après la publication de ce document par le *Matin* : quant aux lettres antérieures d'Esterhazy ce sont des faux. Ces explications enfantines sont réfutées dans le Mémoire de M. Molinier (pages 11-12 ; mais il est un point sur lequel l'auteur de la brochure verte a eu soin de glisser et que je crois bon de signaler : à Rennes, pressé par la défense, M. Bertillon a reconnu que non seulement l'écriture d'Esterhazy était semblable à celle du bordereau, mais qu'elle répondait à ce même graphisme *géométrique* qui, d'après M. Bertillon, régit le bordereau. Autrement dit, *Esterhazy se servait, pour écrire, du même gabarit que l'auteur du bordereau*. M. Bertillon a même émis l'hypothèse que ce gabarit pourrait être une clef que certaines chancelleries transmettraient à leurs esprions. Mais le fait capital, c'est que, de l'aveu même de M. Bertillon, *son système permet aussi logiquement d'attribuer le bordereau à Esterhazy qu'à Dreyfus.*

Qu'importe ! répond M. Bertillon. Si c'est Esterhazy qui a écrit le bordereau, Dreyfus s'est servi du même gabarit pour écrire des minutes dont l'authenticité ne peut être contestée ; c'est donc aussi un traître.

Là encore on aboutit nécessairement à cette invraisemblance : Dreyfus employant le gabarit à son bureau du Ministère !

Dans une affaire qui aurait suscité moins de passions, le seul exposé des hypothèses de M. Bertillon, les formidables objections de bon sens qu'elles soulèvent et dont j'ai seulement indiqué quelques-unes, suffiraient à faire écarter unanimement ce système comme un tissu d'extravagances. Mais M. Bertillon et ses partisans ont déployé une telle ténacité, ils ont donné à leurs idées une apparence pseudo-scientifique si minutieuse et si sévère, que certains esprits, qui renoncent à approfondir ces complications, en semblent pourtant frappés. La terminologie mathématique appliquée à des matières qui ne la comportent pas, bien loin de renforcer **p. 285** un système, le rend suspect à tout mathématicien, mais elle peut faire quelque impression sur des lecteurs qui, peu rompus au langage géométrique, en ont pourtant le respect. Je crois donc utile de discuter point par point les étranges conceptions de M. Bertillon, encore que je ne m'y résigne pas sans scrupule. A réfuter longuement des absurdités compliquées, on risque de paraître leur accorder un crédit qu'elles ne méritent pas.

XXVII. — Après avoir ainsi exposé complètement le système Bertillon, M. Painlevé en présente la contre-partie :

Avant d'entrer dans le détail, j'indiquerai dans son extrême simplicité la contre-partie du système de M. Bertillon :

Le bordereau est de l'écriture naturelle d'Esterhazy ;

La lettre « du buvard » est de l'écriture naturelle de Mathieu Dreyfus ;

Les minutes du ministère de la Guerre sont de l'écriture naturelle d'Alfred Dreyfus ;

Les écritures d'Alfred et de Mathieu Dreyfus se ressemblent et ressemblent à celles d'Esterhazy (surtout celle de Mathieu).

M. Bertillon a pris, dans l'écriture de Mathieu Dreyfus, un mot formé de lettres qui sont parmi les plus employées, le mot « intérêt », (c'est pour cette raison qu'il présume que le mot a été choisi comme mot-clé, brochure verte, p. 38) ; avec ce mot, il a formé une double chaîne *dont il s'est servi pour repérer l'écriture du bordereau ;* c'est ainsi que nous employons une ficelle pour mesurer les dimensions d'un objet, mais sans croire pour cela que l'objet a été fabriqué à l'aide de cette ficelle. *C'est ainsi encore qu'on repère les points d'une côte ou d'une chaîne de montagnes à l'aide de la longitude et de la latitude, sans conclure de là que les phénomènes géologiques ont été guidés par les méridiens et les parallèles de nos cartes.*

Mais, dira-t-on, M. Bertillon, à l'aide de son procédé, a reproduit à Rennes le verso du bordereau et, de plus, il a signalé dans le bordereau de nombreuses coïncidences curieuses. — Rien de plus facile à expliquer.

M. Bertillon s'étant proposé de reproduire de mémoire le bordereau voici comme il procède : sous chaque ligne, il glisse son gabarit et s'en sert pour repérer les lettres les plus caractéristiques (initiales ou finales des mots, etc.). Il relie ses repérages à l'aide de remarques mnénotechniques, qu'il cherche les plus simples et les plus frappantes, et il en trouvera d'autant plus qu'il y passera plus de temps : par exemple, il dispose, à chaque ligne, le gabarit de façon que le plus grand nombre de lettres du bordereau soient écrites sur les lettres analogues du gabarit, etc. Moyennant un grand et long effort de patience, il est ainsi en état de reproduire, avec une certaine ressemblance, quelques lignes du bordereau.

Il faut bien se garder, d'ailleurs, de prendre au sérieux l'audacieuse affirmation de M. Bertillon, d'après laquelle les lignes qu'il a ainsi écrites se superposent aux lignes correspondantes du bordereau. Sur ses propres planches (et nous verrons plus loin combien ces planches sont « truquées » et suspectes), la reproduction apparaît comme *très grossière*. Comment en serait-il autrement puisque les jambages du bordereau ne sont nullement calqués sur les jambages du gabarit? Que le lecteur veuille bien jeter les yeux sur la planche 6 de la brochure verte. M. Bertillon ne craint pas de dire que le tracé des divers mots du bordereau se moule, *avec la plus grande exactitude,* sur le gabarit. *Or, s'il est un fait que cette planche met en évidence, c'est que sûrement le bordereau n'a pas été calqué sur le gabarit,* car l'écriture du bordereau chevauche sans cesse entre les deux chaînes sans s'inquiéter de leurs jambages; tandis que le scripteur du bordereau, s'il avait employé le procédé Bertillon, aurait suivi instinctivement le dessin tantôt d'une chaîne, tantôt de l'autre.

p. 286

En revanche le gabarit, avec sa double chaîne, apparaît comme un moyen commode de repérer, de *localiser* les lettres du bordereau. Et en fait, c'est à cela que M. Bertillon l'a employé. Il a pu reproduire ainsi le verso du bordereau, de telle façon que les mots de la reproduction occupent *à peu près* les mêmes positions que les mots correspondants du bordereau, et aussi que quelques accidents de l'écriture soient imités, *mais les lettres n'ont nullement la même forme dans le document et dans la reproduction.*

En un mot, *M. Bertillon a trouvé un procédé pour reproduire, avec une certaine approximation, une écriture quelconque.* Avec le gabarit qu'il a choisi, le procédé conviendra plus spécialement aux écritures dont les lettres ont sensiblement les dimensions de celles du mot « intérêt » du gabarit, en particulier aux écritures de Mathieu et d'Alfred Dreyfus. d'Esterhazy, et aux écritures semblables. On doit donc prévoir que le système de « graphisme géométrique » de M. Bertillon s'adaptera aussi bien au bordereau, aux lettres d'Esterhazy, à celles de Mathieu Dreyfus. aux minutes authentiques d'Alfred Dreyfus, *M. Bertillon le constate.* Ce seul fait amènerait tout homme raisonnable à conclure que son système s'applique à n'importe quelle écriture, et ne prouve nullement que cette écriture soit forgée. M. Bertillon, lui, va bravement à la conclusion opposée : Alfred Dreyfus, Esterhazy écrivent à l'aide du même gabarit, — sans doute aussi Mathieu Dreyfus : du moins il l'a insinué sans trop oser le maintenir, mais c'est une conséquence inévitable à son système. — Qu'on montre à M. Bertillon cent écritures de la même famille que celle d'Esterhazy, il constatera que son procédé s'adapte à toutes ces écritures, et en conclura que les cent « scripteurs » se sont servis du même gabarit, le gabarit de la trahison !

J'ajoute enfin que le commandant Corps a imaginé un tout autre procédé « géométrique » pour reproduire approximativement le bordereau (procédé qui s'applique aussi à n'importe quelle écriture). Comme le « scripteur » du bordereau n'a certainement pas empoyé à la fois les deux procédés, le système Corps et le système Bertillon, bien loin de s'appuyer, s'infirment ! Mais, d'une manière générale, on peut imaginer *une infinité* de procédés qui permettent de reproduire de mémoire une page d'écriture donnée, les uns plus simples, les autres plus compliqués que celui de M. Bertillon. La reproduction sera d'autant plus fidèle qu'on aura dépensé plus de temps d'attention à étudier la page d'écriture. Cela ne prouvera jamais que cette page a été écrite elle-même à l'aide du procédé qu'on adopte pour la reproduire.

En réalité, pour que la méthode soi-disant scientifique de M. Bertillon valût la peine d'être discutée il faudrait *qu'avant tout examen du bordereau* il eût commencé par définir, d'une façon précise et raisonnable, ce qu'il appellerait une *coïncidence*, de façon à pouvoir calculer (d'après le nombre de lignes et de lettres du bordereau) le nombre total des coïncidences *possibles*, la probabilité pour que le bordereau en renferme 100 ou 500, etc. Cela fait, si l'examen ultérieur du bordereau avait mis en évidence un certain nombre de coïncidences *beaucoup* plus grand que le nombre probable, il y eût eu lieu de discuter. Mais *une fois une certaine coïncidence constatée*, calculer la probabilité pour que *cette* coïncidence particulière se produise, et parce que cette probabilité est faible, en induire que la rencontre ne saurait être fortuite, c'est raisonner à la façon d'un cordonnier qui, possédant dans sa boutique cinquante formes de chaussures et trouvant, *après essais*, celle qui convient à un client, dirait : « La probabilité pour qu'une de mes cinquante formes de chaussures **p. 287** aille à un pied, est égale à 1/50, donc bien faible. Or, cette chaussure va à ce pied. Il y a là une coïncidence qui ne saurait être fortuite : cette chaussure a été faite sur ce pied. » Il n'y a pas de *formule de Bernouilli* qui tienne ! Quand c'est dans cet esprit qu'on emploie le calcul des probabilités, on ne saurait aboutir qu'à des énormités.

Quoique la critique détaillée de la méthode « scientifique » de M. Bertillon soit après ce qui précède, tout à fait superflue, j'examinerai pourtant brièvement les différentes parties de cette méthode. Ce sera l'occasion de montrer que les affirmations les plus tranchantes de M. Bertillon sont, ou dénuées de sens, ou matériellement inexactes, et que ses planches elles-mêmes sont sophistiquées.

XXVIII. — M. Painlevé étudie donc tout d'abord le fameux mot-clé. *Le mot intérêt de la lettre du buvard est-il forgé ?* (Brochure verte, pages 30-31, page 47 ; planches 4 et 5).

Le mot *intérêt* est fabriqué géométriquement, affirme M. Bertillon. *Le mot* intérêt *peut être reproduit exactement avec la règle et le compas*, écrit l'auteur de la brochure verte.

Cette phrase est une monstruosité scientifique. Elle ne peut s'expliquer que par une ignorance ou une incompréhension totale des mathématiques, ou par la volonté d'en imposer à ceux qui les ignorent. Il n'y a pas d'élève de mathématiques spéciales, qui ne sache qu'avec la règle et le compas on peut reproduire, avec une approximation aussi grande qu'on veut, n'importe quelle figure.

Voyons maintenant les arguments de M. Bertillon.

Tout d'abord chaque lettre du mot « intérêt » occupe un nombre *exact* de kutchs (un kutch vaut 1 millimètre 25). Ainsi *i* occupe *un* kutch, *n* en occupe *deux*, *t* en occupe *deux*, etc.

Mais où commence et où finit cette lettre ? C'est là une appréciation tout à fait arbitraire, et les planches mêmes de M. Bertillon (brochure verte, page 31) le montrent surabondamment.

En réalité, M. Bertillon a repéré à sa façon les différents jambages du mot « intérêt ». Il lui a plu d'employer à cet effet le *kutch* et le *sou*, parce qu'il a un esprit baroque. Il serait arrivé à un repérage plus simple et aussi exact à l'aide d'un vulgaire décimètre.

Poursuivons. Qu'on jette les yeux sur la lettre du buvard (fig. 2) et qu'on l'étudie attentivement : il est impossible de ne pas être frappé par le caractère naturel de l'écriture. En particulier, le mot « intérêt », placé à la fin d'une ligne, semble écrit précipitamment et penche légèrement comme les autres fins de ligne. Astuce ! déclare M. Bertillon (brochure verte, page 47). *Ce mot est rigoureusement repéré.* La preuve, c'est que sa pente est de 1/9. — (Il faut bien qu'elle soit de quelque chose !) — *et peut être obtenue par un ajustement très simple de l'épure du sou.*

Je prie les lecteurs qui ignorent la géométrie descriptive, de ne pas être dupes de cette formule apocalyptique, *qui n'a exactement aucun sens.* Si on prend la peine d'approfondir les planches de M. Bertillon (planches 4 et 5 de la brochure verte), on constate que M. Bertillon, pour réaliser la pente 1/9 (qui est grossièrement celle du mot intérêt), porte neuf fois bout à bout une certaine longueur et prend une fois cette longueur sur une direction perpendiculaire. C'est la définition même de la *pente*, comme la comprennent les cantonniers.

p. 288   ·En définitive, les découvertes géométriques de M. Bertillon, quand on les analyse, se réduisent à ceci :

La pente du mot « intérêt » est 1/9 ; sa longueur totale est d'environ 15 millimètres 5 ; mais si on arrête le mot au bas du dernier *t* sa longueur n'est plus que de 13 millimètres, et même, *en trichant un peu sur l'i*, que de 12 millimètres. Or, le 9ᵉ de 12 millimètres est 1,25 ! Extraordinaire coïncidence !

Nous sommes toujours en présence de la même illusion. Parce qu'il a plu à M. Bertillon d'employer un procédé bizarre pour reproduire approximativement le mot « intérêt », il en conclut que c'est à l'aide de ce procédé même que le mot est écrit.

XXIX. — M. Painlevé examine ensuite une deuxième question :

Les mots répétés du bordereau, et les mots communs au bordereau et aux minutes de Dreyfus se superposent-ils ? (Brochure verte, pages 26-28, pages 41-43 ; panches 14 et 15).

Le mot « quelques » est répété dans le bordereau. D'après M. Bertillon (brochure verte, page 27, ligne 4), ces deux mots « quelques » *sont entièrement superposables.* Or, quand on se reporte à la planche 6, où le bordereau est *localisé* sur le gabarit, on constate *qu'ils sont écrits sur des parties différentes de la double chaîne.* Si donc ils se superposaient, cette superposition ne serait nullement explicable par le calcage sur gabarit. Mais, en réalité, il suffit de les examiner attentivement pour voir qu'ils présentent les différences graphiques les plus notables ; ils ne se superposent que dans l'imagination de M. Bertillon.

Il en va de même pour toutes les superpositions qu'a cru discerner M. Bertillon. La plupart d'ailleurs, il l'avoue lui-même, ne s'obtiennent qu'en décomposant les mots en deux parties et en faisant glisser une des parties de 1 millimètre 25. Par exemple, prenons le mot *manœuvres* d'une minute de Dreyfus et le mot *manœuvres* qui termine le bordereau, mots que M. Bertillon déclare superposables. Le premier est plus court que le dernier d'un bon millimètre ; mais si on calque le premier deux fois, avec un écart de 1 millimètre 25, il est évident que le double calque ainsi obtenu recouvrira le dernier mot *manœuvres* du bordereau, et que ce mot commencera sensiblement avec le calque gauche et s'achèvera sensiblement avec le calque droit : autrement dit, le mot dans sa première partie accompagnera grossièrement le calque gauche, et dans sa seconde partie le calque droit. C'est là tout ce qui ressort des planches de M. Bertillon. M. Bertillon n'en conclut pas moins que ces apparences prouvent que les deux mots ont été écrits l'un et l'autre sur le gabarit en partant du même point de la chaîne, *mais le deuxième avec intercalation d'un glissement de 1 millimètre 25.*

Si les planches de M. Bertillon prouvent quelque chose, c'est que sûrement aucun des deux mots n'ont été calqués sur le gabarit.

Concluons : M. Bertillon, ayant en main le bordereau, dont l'écriture a sensiblement le même *calibre* que celle de Dreyfus, a choisi dans le bordereau deux mots : « artillerie », « manœuvre », fréquemment répétés dans les multiples minutes de Dreyfus au ministère de la Guerre, *et parmi tous ces mots répétés, il en a cherché qui eussent à peu près la même longueur que les mots* artillerie, manœuvres *du bordereau.* Il en a trouvé *deux :* il n'est pas douteux qu'on en pourrait trouver davantage.

Voilà à quoi se réduisent les « superpositions géométriques » de M. Bertillon.

Du propre aveu de M. Bertillon, il ne reste rien, nous l'avons dit, de son système, s'il ne démontre pas : 1° que le mot « intérêt » de la lettre du buvard est construit géométriquement ; 2° que les mots de certaines minutes de Dreyfus sont superposables aux mots identiques du bordereau. Nous venons de voir ce que valent ces démonstrations. p. 289

Bien qu'il soit superflu de poursuivre la discussion, nous allons continuer pourtant l'examen de la méthode de M. Bertillon. Jusqu'ici les erreurs que nous avons relevées peuvent s'expliquer par l'auto-suggestion, le parti-pris, la manie raisonnante qui possède beaucoup d'esprits faux. Mais en discutant la partie *arithmétique* (si j'ose dire) du système, nous allons constater que *les allégations les plus précises de M. Bertillon sont volontairement inexactes et ses planches elles-mêmes savamment falsifiées.* Je parle des planches de la brochure verte, les seules que j'aie eues en main. Mais qui donc, sinon M. Bertillon, peut être l'auteur des photographies reproduites dans cette brochure ?

XXX. — *Réticulage du bordereau.* (Brochure verte, pages 26-27, pages 50-55 ; planches 6, 9, 10 et 11).

Le mot-*clé* du gabarit imaginé par M. Bertillon a pour longueur 12 millimètres 50.

Si on le répète deux fois, la longueur ainsi obtenue sera égale à 5 demi-centimètres. Marquons sur cette longueur les 5 demi-centimètres ; par les points de division, menons des perpendiculaires à la chaîne : ce sont ces droites que M. Bertillon appelle RÉTICULES. La première chaîne s'obtient en répétant indéfiniment le double mot « intérêt » tel qu'il est placé, avec ses réticules ; pour avoir la seconde, il suffit de reculer la première (par rapport aux réticules) de 1 millimètre 25.

D'après M. Bertillon, le scripteur du bordereau en a écrit chaque ligne *en faisant coïncider un des réticules du gabarit avec le bord libre du bordereau.* Cette condition ne suffit pas à définir, sans ambiguïté, la position du gabarit sur chaque ligne ; car elle reste remplie si on fait glisser le gabarit de 1, de 2, de 3, etc., demi-centimètres. Mais *tous les cinq demi-centimètres* la chaîne occupe la même position par rapport au bord libre du bordereau (j'entends que le bord libre coupe la chaîne sur la même lettre du mot *intérêt*). On peut donc hésiter pour chaque ligne entre *cinq positions (et cinq seulement)* du gabarit.

Supposons tracés sur le bordereau lui-même des *réticules*, c'est-à-dire des lignes droites, parallèles au bord libre du papier et espacées de

1/2 centimètre à partir de ce bord libre (brochure verte, page 26) dans chacune des positions que M. Bertillon impose au gabarit, *les réticules du gabarit coïncident*, d'après ce qui précède, *avec les réticules du bordereau*. C'est la condition fondamentale (brochure verte, page 32, ligne 21) que supposent tous les raisonnements de M. Bertillon.

Ceci posé, M. Bertillon constate que l'écriture du bordereau semble en quelque sorte *se régler* sur les réticules du bordereau. Ce fait serait inexplicable si l'écriture du bordereau était libre. Il s'explique dans le système Bertillon, puisque le scripteur emploie comme guidage le gabarit dont les réticules coïncident avec ceux du bordereau.

Cet ajustement de l'écriture du bordereau aux réticules se manifeste pour M. Bertillon dans ce fait que le même mot, s'il est répété, commence presque toujours à la même distance du réticule qui le précède.

Le premier exemple que cite M. Bertillon est celui des deux mots *l'artillerie* de la ligne 11 et de la ligne 14.

p. 290 Vérifions cet exemple. Reportons-nous à la planche 9 (brochure verte), où les lignes 11 et 14 se trouvent reproduites agrandies quatre fois. Nous constatons en effet que la distance du bas de l'*l* au réticule précédent est sensiblement égale (pour les deux mots) à 8 millimètres, plus voisine de 7 millimètres 1/2 pour le second.

Mais examinons maintenant la planche 6 (brochure verte), où chaque ligne du bordereau est reproduite sur le gabarit (sans agrandissement) et recommençons les mêmes mesures : on trouve que pour le premier mot, la distance du bas de l'*l* au réticule précédent est de 2 millimètres 1/2, tandis que pour le deuxième mot elle est égale à 3 millimètre 1/2. *Si donc la planche 9 était un agrandissement exact, on devrait trouver 10 millimètres pour la première distance, et 14 millimètres pour la seconde (au lieu de 8 millimètres), soit une différence de 4 millimètres environ ; les deux mots, au lieu de confirmer les prévisions de M. Bertillon, les contredisent. Mais surtout les mesures si simples que nous venons de faire nous montrent (comparée à la planche 6) la planche 9 est falsifiée : les déplacements qu'entraînent ces falsifications atteignent jusqu'à 16 millimètres.*

Examinons de plus près ces extraordinaires divergences : nous constaterons que toute la ligne 14 occupe, sur la planche 6, par rapport aux réticules une position entièrement différente de celle qu'elle occupe sur la planche agrandie. *Bien plus, la même constatation s'étend à toutes les lignes.*

L'observation qui suit rend la chose frappante : sur les planches agrandies, chaque réticule est formé d'une seule droite parallèle au bord droit du papier. Il en devrait être de même sur la planche 6, pour les réticules du gabarit. Qu'on jette les yeux sur cette planche : on constate que les réticules du gabarit forment une série de petites lignes brisées, *différemment inclinées, qui ne se raccordent pas. Ainsi M. Bertillon affirme que, dans son système, le gabarit est toujours appliqué au bordereau, réticules sur réticules (et c'est là, je le répète une condition essentielle que supposent ses raisonnements) ; et il n'y a pas une ligne pour laquelle la chose est vraie.*

Comme ce sont les réticules du *gabarit* qui ont guidé le scripteur, les repérages normaux que M. Bertillon a relevés à l'aide de ses photographies agrandies perdent toute signification. Il n'y aurait lieu de discuter qu'un repérage *sincère* des mots redoublés (par rapport aux réticules du *gabarit*), le gabarit étant placé comme l'indique la planche 6, et placé sur une reproduction exacte du bordereau

Remarque. — Il était facile de prévoir que M. Bertillon ne pouvait appliquer le gabarit sur le bordereau, *réticules sur réticules*, puisque les lignes du gabarit (et par suite celles du bordereau) n'auraient eu alors aucune pente : or, les lignes du bordereau sont inclinées. M. Bertillon a bien pensé d'ailleurs à cette obliquité : dans un autre passage (brochure verte, page 37, ligne 8), il explique que, pour obtenir l'obliquité des lignes il faut amener le filigrane de la pelure, *qui est oblique par rapport au bord libre du papier, en coïncidence avec le quadrillage vertical de la feuille du gabarit.* Ainsi, dans la même brochure, à deux pages différentes, M. Bertillon *déclare que, pour tracer le bordereau, le scripteur a appliqué le gabarit sur le papier au bord libre du bordereau de façon que les réticules du gabarit fussent parallèles au bord libre du bordereau d'une part, aux filigranes du papier-calque d'autre part, et ces deux directions sont obliques.* Voilà la cohérence du système mathématique de M. Bertillon.

Comme il est impossible que l'auteur de la brochure verte, qui sait ses mathématiques, n'ait pas aperçu cette contradiction qu'un enfant comprendrait, il faut en conclure que l'exposé de la brochure verte n'est *qu'un long mensonge systématique.*

Je ne reviens pas ici sur l'erreur *colossale* qu'a commise, en 1894 et p. 291 en 1899, M. Bertillon, dans l'évaluation de la probabilité des repérages anormaux. Cette erreur, sur laquelle la brochure verte glisse modestement (page 50), a été relevée à Rennes par MM. Bernard et Poincaré. Il importe toutefois de remarquer que cette erreur a été l'origine et la base du système de M. Bertillon, et qu'il a travaillé des années sur le bordereau, convaincu de la rectitude de son calcul.

XXXI. — *Localisations anormales des lettres du bordereau.* (Brochure verte, page 33, pages 38-39).

M. Bertillon a signalé en outre deux sortes de *coïncidences anormales.*

Ces deux sortes de coïncidences sont, dit M. Painlevé, la localisation des lettres initiales et celle des lettres non initiales. M. Painlevé montre, dans le détail, comment M. Bertillon comprend le mot de localisation, et quels coups de pouce il donne dans le cours de son travail.

M. Painlevé poursuit ensuite ainsi :

Discussion des deux sortes de localisations. — Même en tenant compte du sens extrêmement large que M. Bertillon donne au mot *localisation,* il n'est pas douteux que le nombre total des localisations (initiales et autres), est très supérieur au nombre qu'indiquerait la probabilité, si sur chaque ligne du bordereau le gabarit était placé *au hasard.* C'est même à peu près la seule chose exacte que j'aperçois dans le système de M. Bertillon.

Mais cette surabondance de localisations, le système de M. Bertillon nous l'explique-t-il ? En aucune façon.

Prenons une des quatorze lignes entières du bordereau sur lesquelles le gabarit a été placé une fois pour toutes. Le scripteur, d'après M. Bertillon, l'a écrite en partant d'une certaine lettre du gabarit et en suivant ensuite ce gabarit *aussi exactement que possible.* Il ne dispose donc plus de son écriture ; s'il écrit, par exemple, dans le cours de la ligne, le mot *artillerie,* il ne dépendra pas de lui que le premier *i,* par exemple, tombe sur un *i* plutôt que sur un *r* de la chaîne. En un mot *les localisations seront aussi fortuites que si son écriture était naturelle.* Ou bien faut-il supposer qu'il calcule de tête la longueur des mots qu'il va écrire, qu'il choisit ses termes de façon que les autres qui les composent tombent de préférence sur les lettres identiques du gabarit? Quelle impossible folie ! Et dans quel but ?

La conclusion qu'entraîne nécessairement l'existence des localisations énumérées par M. Bertillon, c'est au contraire que le gabarit a été placé *après coup* sur chaque ligne du bordereau *une fois écrit*, et par quelqu'un qui cherchait à obtenir le plus grand nombre possible de coïncidences.

C'est précisément ce qu'a fait M. Bertillon : pour chaque ligne, il a déterminé, par tâtonnements, la position du gabarit qui donne le plus grand nombre de coïncidences ; parmi les 25 lignes entières, 11 se montraient réfractaires ; pour obtenir, coûte que coûte, de nombreuses coïncidences, M. Bertillon a changé, au cours de la ligne, la position du gabarit.

Cette conclusion inévitable, nous allons la vérifier d'une façon bien frappante. Considérons, sur le recto du bordereau, les dix lignes entières pour lesquelles M. Bertillon se contente du coup de pouce initial. Comme il *ajuste* son gabarit sur chaque ligne *en commençant par la droite*, c'est-à-dire par la fin de la ligne, c'est surtout dans cette partie de la ligne qu'il provoquera des coïncidences ; le commencement de la ligne *échappera* en quelque sorte à son gabarit. Or, considérons à part la première moitié de chacune de ces dix lignes, et faisons (en adoptant les nombres de M. Bertillon) la somme des localisations qu'elles renferment : nous trouvons un nombre conforme à la probabilité. Faisons le même calcul pour les dix fins de lignes ; nous trouvons un nombre bien plus fort. La vérification est saisissante, mais elle était inutile.

p. 292

En résumé :

1° *Les planches de M. Bertillon (du moins celles de la brochure verte) sont des faux ;*

2° *M. Bertillon affirme (et cette condition est indispensable à ses raisonnements) que le gabarit est toujours appliqué au bordereau, réticules sur réticules : il n'y a pas une ligne du bordereau pour laquelle cette affirmation soit vraie ;*

3° *Les nombreuses coïncidences (localisations) que signale M. Bertillon proviennent de ce fait qu'à chaque ligne, et souvent deux fois par ligne, il dispose son gabarit de façon précisément à obtenir le plus de coïncidences possibles.*

XXXII. — *Le repérage des lignes ; l'encoche.* (Brochure verte, pages 28, 29, 34, 37 ; planches 7, 8, 12,16 et 17).

« Le bordereau semble écrit négligemment », dit M. Bertillon (brochure verte, page 28); les lignes ne sont pas droites ; elles montent, elles descendent, comme si aucun soin n'avait été apporté à la confection du document, et pourtant les lignes descendantes se trouvent toutes au recto, les lignes montantes toutes au verso. Ce graphisme bizarre étonne à juste titre, puisqu'on a l'habitude de distinguer les écritures suivant leur allure générale ascendante ou descendante. »

« Ce graphisme bizarre », M. Bertillon en rend compte par une forgerie (*géométrique*, bien entendu) du bordereau, forgerie ou une certaine encoche du papier joue son rôle. Et il conclut triomphalement : « Ainsi se trouve expliquée cette différence de graphisme qui avait attiré l'attention de tous les experts, et qui est, non un mystère graphologique, mais simplement un phénomène géométrique ». (Brochure verte, p. 37).

Le phénomène est beaucoup plus simple, sinon géométrique : le papier du bordereau étant un papier pelure, les lignes écrites au recto ont fait *transparent* et guidé l'écriture au verso : le parallélisme des lignes sur les deux faces saute aux yeux. Il est singulier que M. Bertillon n'ait pas songé à ce gabarit !

Est-il nécessaire de discuter la « construction géométrique » de l'écart des lignes ? Elle repose tout entière sur cette affirmation que la distance de deux lignes quelconques est *rigoureusement* exacte à un nombre entier de 1/6 de centimètre. Par exemple, au verso, l'intervalle des lignes, d'après M. Bertillon, est « rigoureusement » constant et égal à 4/6 = 2/3 de centimètre (brochure verte, page 28).

Que peut bien signifier le mot « rigoureusement » quand il s'agit de l'écart de deux lignes d'écriture qui ne sont ni droites, ni géométriquement parallèles, qui ont une épaisseur, qui ne commencent pas à la même distance du bord, etc. ? La distance de deux « points » est définie « rigoureusement ». Mais qu'est-ce donc que la distance « rigoureuse » de deux lettres ? Toujours la même fausse précision, le même abus scandaleux de termes mathématiques pour en imposer à ceux qui les ignorent.

Pour moi, en mesurant de mon mieux des distances *grossièrement* · définies, je trouve que l'écart entre la seconde et la troisième ligne du verso dépasse à peine 6 millimètres, que l'écart suivant est presque égal à 7 millimètres, etc.

Pour ce qui est du recto, M. Bertillon est obligé d'admettre que les **p. 293** lignes présentent trois écarts distincts : 5/6, 6/6, 8/6, de centimètre. Mais, dit-il, toutes les lignes repérées sur le bord libre sont situées à un nombre *exact* en demi-centimètres soit du haut de la feuille, soit du bas, soit d'une certaine encoche qui mord sur le bord libre.

Audacieux charlatanisme ! Un point quelconque, pris au hasard sur le bord libre, est toujours (à moins d'un millimètre près) distant d'un de ces trois repères d'un nombre *exact* de demi-centimètres. Quelle que soit la manière dont le bordereau a été écrit, il est donc bien certain (avec la grossière approximation que comporte l'écriture) que la marque de M. Bertillon se vérifiera.

Poursuivons. D'après le système de M. Bertillon, si on superpose un calque du bordereau à un transparent dont les lignes soient espacées de 1/2 de centimètre, toutes les lignes du bordereau s'appliqueront sur le transparent. Mais M. Bertillon est obligé lui-même de reconnaître que cette adaptation est extrêmement grossière, que les lignes chevauchent sur le transparent, etc. Or, si les lignes étaient repérées comme le veut M. Bertillon, puisque chacune est écrite sur un gabarit rectiligne, l'adaptation du transparent au bordereau devait être presque parfaite.

Enfin pourquoi le scripteur a-t-il régularisé l'écart de ses lignes ? « C'est », dit M. Bertillon, « pour que le caractère artificiel du bordereau fût manifeste. » Mais alors pourquoi a-t-il dissimulé cette régularisation sur le recto ? « Parce que, » dit M. Bertillon, « sans cette précaution, les lignes du verso eussent coïncidé avec celles du recto et rendu le calquage difficile. »

Si cette raison était vraie, il n'est pas douteux que le scripteur eût commencé par espacer régulièrement les lignes de la première page (le recto), qui sont d'ailleurs plus nombreuses, et c'est au verso seulement qu'il se serait préoccupé de la coïncidence des lignes. Mais bien plus, cette coïncidence des lignes *n'est pas évitée* : la première ligne du recto coïncide avec la troisième du verso, ce qui rendrait tout calquage non pas difficile, mais impossible. Que reste-t-il donc des explications de M. Bertillon ?

Que dire des corrélations, soi-disant extraordinaires, établies entre les dimensions du bordereau, celles de la lettre du buvard, etc ? Si je casse au hasard en trois morceaux le bâton de cire qui est sur ma table, il me sera facile avec un peu d'application, d'établir entre les longueurs de ces morceaux et les dimensions du bordereau, l'écart des lignes, etc., des corrélations tout à fait analogues à celle qu'énumère M. Bertillon. Cela signifie-t-il que les trois morceaux de cire aient servi à confectionner le bordereau ?

XXXIII. — Enfin, M. Painlevé termine son étude par l'examen de « l'encoche ».

Reste enfin la question de *l'encoche* du bordereau.

Le bordereau porte, non pas une, mais un grand nombre d'encoches ; une des encoches situées sur le bord libre du bordereau est à une distance du bord supérieur (le plus éloigné) un peu plus grande que 15 centimètres. Or, la lettre du buvard porte, sur son bord inférieur, une déchirure dont la pointe est, d'après la brochure verte, *exactement* à la même distance du bord droit de la lettre.

Je fais toutes mes réserves sur le sens du mot *exactement* quand il s'agit de telles mesures, et d'un document qui a été déchiré, froissé, recollé, etc. Mais j'admets que les mesures de M. Bertillon ne soient pas, cette fois, falsifiées, c'est-à-dire (pour parler raisonnablement) que les deux longueurs dont il s'agit soient très sensiblement égales. J'admets de plus, *ce qui serait à démontrer*, que l'encoche du bordereau et la déchirure de la lettre du buvard existaient sur ces documents au moment de leur saisie. Qu'est-ce que cela prouve ?

p. 294

Mettons les choses au point. Le bordereau a été intercepté dans une ambassade : les raisons les plus concordantes l'imputent à Esterhazy. Contre Dreyfus, aucune charge, si faible qu'elle soit. ne subsiste. Si, pourtant : parmi les pièces saisies chez Dreyfus, il est une lettre qui porte une déchirure et la distance de cette déchirure au bord le plus éloigné est égale à la distance à un bord d'une des encoches du bordereau ! Voilà l'unique et suprême argument qui reste à M. Bertillon.

Tout d'abord, une question se pose : pourquoi Dreyfus a-t-il gardé chez lui une trace, une *empreinte*, qui d'après les adeptes de M. Bertillon suffit à l'accabler ? Pour repérer exactement sur le bordereau l'encoche (signe conventionnel) ? Mais ce résultat pouvait s'obtenir plus commodément à l'aide d'un moyen mnémotechnique, qui n'eût laissé, lui, aucun vestige. — M. Bertillon a trouvé une réponse (Brochure verte, page 44, ligne 6) : *Dreyfus a fait à dessein cette déchirure à la lettre du buvard pour fortifier l'hypothèse d'une machination dirigée contre lui.* La corrélation entre cette déchirure et l'encoche du bordereau, constatée par des experts, eût été « une preuve géométrique péremptoire » de cette machination. — Si donc la démonstration du truquage géométrique du bordereau est détruite (et nous savons ce qu'il en reste), voici M. Bertillon. de par son propre système, obligé de regarder l'*empreinte*, la fameuse empreinte, comme un argument en faveur d'une machination contre Dreyfus !

Mais je n'insiste pas sur ce point. Dans une question si claire, il n'est pas besoin de combattre l'absurde par l'absurde. Qui donc en effet, ne comprend qu'à comparer obstinément deux pièces quelconques, à y effectuer d'innombrables mesures, on finira toujours par apercevoir des corrélations entre certaines des mesures relevées sur les pièces. C'est pourquoi il m'importe peu que la corrélation entre la déchirure et l'encoche soit (comme je le présume) (1) inexacte. Si elle n'est pas exacte, un effort

(1) Sur les propres planches de M. Bertillon, il y a, entre les deux distances que M. Bertillon prétend rigoureusement égales, une différence

suffisamment prolongé en découvrira d'autres qui le seront. Qu'on prenne demain une lettre de M. Bertillon lui-même et qu'on la compare, avec une persévérance tenace, au bordereau : on parviendra toujours à découvrir quelques coïncidences que M. Bertillon sera contraint de déclarer *extraordinaires.*

Et cependant, il s'est trouvé un homme pour comparer l'encoche du bordereau à une serrure compliquée dont la clef aurait été trouvée chez A. Dreyfus, et pour déclarer que la preuve matérielle est faite « avec une évidence éclatante dont les annales judiciaires offrent peu d'exemples (1) ! »

La vérité, c'est qu'il n'existe pas, dans les annales judiciaires, d'exemple de pareille démence, provoquée par le parti-pris.

E

XXXIV. —A côté de tous ces représentants de la science française, empruntés à toutes nos grandes écoles supérieures, des physiologistes tout particulièrement autorisés d'après p. 294. M. Alphonse Bertillon lui-même ont encore apporté leur contribution à la manifestation de la vérité sur un point spécial.

Dans un mémoire publié en 1898 par la *Revue scientifique*, M. Alphonse Bertillon déclarait qu'à sa connaissance MM. Javal et Héricourt étaient les seuls savants ayant étudié la physiologie de l'écriture.

Or, ces deux savants, le docteur Emile Javal de l'Académie de médecine, et le docteur Héricourt, chef du Laboratoire de physiologie de la Faculté de médecine, se prononcent également sans hésitation contre les systèmes de M. Alphonse Bertillon ; et ils ont adréssé à M. le Procureur Général une courte notice avec pièces à l'appui, dans laquelle ils établissent que la planche XIII de la brochure verte (prétendu fac-similé de l'écriture kutschique tracée à Rennes par M. Bertillon sur son gabarit) est un faux grossier.

Un fac-similé publié par le journal *Le Petit Bleu*, du 26 août 1899, et reproduisant un spécimen d'écriture *préparé d'avance* par M. Bertillon, a été la matrice de ce faux, retouché d'autre part avec une photographie du bordereau. Le corps d'écriture tracé par M. Bertillon sous les yeux du Con-

---

de plus de 1 millimètre, et il est vraisemblable que sur les originaux la différence est au moins aussi grande. La soi-disant corrélation serait donc inexistante. (Note de M. Painlevé).

(1) *Le Courrier de Versailles et de Seine-et-Oise*, numéro du samedi 19 mars 1904.

seil de guerre, et qui ne reproduisait d'ailleurs qu'une partie du bordereau, n'a pas été coté et paraphé ni joint au dossier. Mais on constate, dans la sténographie des débats (1), que M. Bertillon a fait distribuer aux juges des photographies faites d'avance de spécimens d'écritures obtenus, d'après M. Bertillon, en se servant de son gabarit. Ce sont évidemment ces photographies qui ont été distribuées à Rennes aux journalistes, et spécialement au correspondant du *Petit Bleu*. On n'avait pu remettre aux journalistes le spécimen unique tracé sous les yeux du Conseil, et que le Conseil n'a d'ailleurs point fait photographier.

La fausseté des planches annexées à la brochure verte, déjà mise en évidence par M. Painlevé, est ici présentée avec plus de relief encore, parce que le procédé de falsification employé est très nettement révélé.

La planche XIII de la « brochure verte », fut-elle authentique, n'aurait en réalité rien prouvé, puisque, comme M. Bertillon a dû le reconnaître lui-même devant les experts, il y avait surtout, dans l'expérience par lui faite à Rennes, un exercice de pure mémoire.

Mais il est intéressant de dévoiler encore ici une manœuvre dolosive consistant à truquer les résultats de l'expérience de M. Bertillon à Rennes, afin de leurrer l'opinion publique, et sans doute aussi de surprendre la religion de la Cour suprême.

On comprend très facilement, après la lecture de ces multiples études, qui aboutissent toutes à la même conclu-
p. 296 sion, pourquoi le ou les auteurs de la brochure verte se sont obstinément dérobés à la discussion, et sont restés dans les voiles de l'anonymat. On comprend pourquoi le général Mercier, le général Zurlinden et le colonel du Paty, tout en célébrant les louanges de l'irréfutable démonstration de la « brochure verte », se refusaient à en prendre la responsabilité et à en garantir l'exactitude. *Auteurs et approbateurs savaient que calculs, mesures, planches, tout était falsifié dans cette brochure. Ce n'était encore là que la fabrication d'un faux contre l'officier juif pour égarer la justice et l'opinion publique.*

(1) Rennes, t. 2, p. 349 *in fine*.

F

XXX. — Les cinq études qui sont produites à la Cour et qui viennent d'être analysées suffiraient sans doute à faire justice des dernières manœuvres employées par les accusateurs de Dreyfus. Emanant d'hommes rompus à l'emploi des méthodes scientifiques et d'une honorabilité au-dessus de tout soupçon, ces études faisaient déjà la pleine lumière sur l'œuvre de M. Bertillon et de ses commentateurs.

L'instruction cependant a donné plus encore. Les professeurs de nos grandes écoles, qui ont étudié le système Bertillon, ont dû l'étudier d'après les planches photographiques de la « brochure verte ». Ils n'avaient pas entre les mains les documents originaux de M. Bertillon. La Cour a alors nommé trois experts chargés de procéder à la vérification des planches dressées par M. Bertillon lui-même, et d'entendre toutes les explications de M. Bertillon, de M. Corps et de leurs commentateurs. La Cour a désigné comme experts le doyen de la Faculté des sciences, le secrétaire perpétuel de l'Académie des sciences, et le professeur à la Sorbonne chargé du cours de calcul de probabilités.

C'est ainsi qu'aux hommes éminents dont les travaux viennent d'être analysés sont venus se joindre trois autres sommités scientifiques : MM. Appell, Darboux et Poincaré, tous trois membres de l'Académie des Sciences.

Les trois experts ont reçu de M. Bertillon toutes ses planches, ils ont entendu toutes ses explications et toutes celles de M. Corps. Ils ont fait procéder à des mesures de précision par le bureau des longitudes.

Ils sont arrivés ainsi à des constatations véritablement stupéfiantes sur l'œuvre de folie de M. Bertillon.

Ces constatations sont consignées dans un volumineux rapport qu'il reste maintenant à analyser.

XXXVI. — La Commission des experts relève tout d'abord une erreur de calcul dans le raisonnement Bertillon.

Ayant constaté 4 coïncidences sur les 26 initiales et finales des polysyllabes redoublés, dit-elle, M. Bertillon se demande quelle conclusion on en peut tirer. Il évalue à 0,2 la probabilité d'une coïncidence isolée et il en conclut que la probabilité de 4 coïncidences est $(0,2)4 = 0,0016$. Mais **p. 297** l'examen de plus superficiel montre que c'est là la probabilité pour qu'il y ait 4 coïncidences sur 4 ; celle de 4 coïncidences sur 26 est de 0.7, c'est-à-dire *quatre cents fois plus grande.*

Cette colossale erreur a dû être reconnue par M. Bertillon. Mais ce n'est là encore qu'un détail.

La Commission fait remarquer qu'il s'agit ici de recherdonc, non pas les formules de probabilité des effets, mais les *cause.* Il s'agit, en réalité, de déterminer, par le calcul des probabilités la cause des prétendues coïncidences de lettres constatées (forgerie, hasard, rythme naturel, etc.,). Ce sont donc, non pas les formules de probabilité des effets, mais les formules dites de probabilité des causes qu'il faut appliquer.

De là une nouvelle erreur fondamentale dans les raisonnements Bertillon.

D'autre part, comme éléments du calcul des probabilités des causes, il faut connaître : 1ᵉ quelle est avant l'événement la probabilité de la cause ; 2° quelle serait, pour chacune des causes possibles, la probabilité de l'événement constaté. Or, en l'espèce, cette probabilité *a priori* étant uniquement formée d'éléments moraux, échappe absolument au calcul.

Aussi, rappellent les experts, « Auguste Comte a-t-il dit avec juste raison, que l'application du calcul des probabilités aux sciences morales était le scandale des mathématiques. »

Ces premières observations suffisent déjà pour condamner définitivement le système Bertillon.

Toutefois, on a demandé aux experts d'appliquer le calcul des probabilités au problème posé par M. Bertillon ; ils le feront donc comme contraints et forcés, tout en ayant pleine conscience de l'illégitimité de cette application.

Mais, font-ils remarquer :

... dans l'impossibilité de connaître la probabilité *a priori*, nous ne pourrons pas dire : telle coïncidence prouve que le rapport de la probabilité de la forgerie à la probabilité inverse a telle valeur. Nous pourrons dire seulement, par la constatation de cette coïncidence : ce rapport devient tant de fois plus grand qu'avant la constatation.

Même après nous être ainsi restreints, disent les experts, il nous reste encore des pièges à éviter. On n'est jamais sûr d'avoir fait une énumération complète des causes possibles, et ici, cette énumération est à peu près irréalisable, puisqu'il faudrait rechercher toutes les manières possibles de truquer un document. Les experts, en présence de cette impossibilité

de faire une énumération complète des causes, adoptent le p. 298
point de départ de M. Bertillon lui-même. Ils supposent, contrairement à la réalité, que les causes possibles se réduisent à
deux : « le hasard et le mode particulier de forgerie imaginé
par M. Bertillon. »

La Commission continue ainsi :

Nous ne savons pas non plus quelle est la probabilité pour qu'une
coïncidence de nature donnée se produise, *à supposer* que l'auteur du
bordereau ait employé le système Bertillon.

Faute de pouvoir la déterminer, *nous admettrons toujours dans les
calculs l'hypothèse la plus favorable au système Bertillon.*

XXXVII. — *Cette rapide discussion nous a montré combien sont fragiles tous ces échafaudages logiques d'où l'on
voudrait faire dépendre l'honneur d'un homme ; et s'il fallait
quelque chose de plus, la multiplicité même de ces systèmes
nous fournirait une démonstration éclatante de cette fragilité.*

Nous avons deux systèmes en présence, celui de M. Bertillon et celui
de M. Corps. *Ils sont absolument incompatibles.* Les procédés qu'aurait
employés le traître ne sont pas les mêmes, d'après ces deux inventeurs,
non plus que les mobiles qui l'auraient fait recourir à la forgerie.

Et cependant, M. Corps, comme M. Bertillon, accumulent les coïncidences ; ils s'efforcent, par des arguments également probants, de mon-
trere qu'elles ne peuvent être dues au hasard.

*Mais si les coïncidences de M. Bertillon ne sont pas dûes au hasard,
c'est que le traître s'est bien servi du système imaginé par cet expert, et
alors, c'est que M. Corps a tort. Et si celles de M. Corps, qui ne le cèdent
en rien aux premières, ne peuvent pas être dues au hasard, c'est que
M. Corps a raison et que M. Bertillon a tort.*

*A moins que le mode de raisonnement lui-même ne soit vicieux, et ce
sera là notre conclusion.*

Pour réfuter à la fois M. Corps et M. Bertillon, il suffit donc de les
opposer l'un à l'autre. *Bien mieux, il suffirait d'opposer M. Bertillon à lui-
même.* En effet, il y a deux systèmes Bertillon, dont on peut se rendre
compte rapidement en consultant une brochure anonyme intitulée : *Le
bordereau par un ancien élève de l'Ecole polytechnique,* que nous appellerons, pour abréger : *La brochure verte.* Cette brochure est accompagnée
d'un atlas où l'on remarque deux planches, la planche 6 et la planche 9,
qui représentent les deux systèmes Bertillon.

Si alors les coïncidences de la planche 9 étaient réelles, comme elles
ne pourraient être dûes au hasard, elles prouveraient que le bordereau
n'a pas été calqué sur le gabarit de la planche 6, c'est-à-dire le mot
intérêt.

*S'il s'agissait d'un travail scientifique, nous nous arrêterions là ; nous
jugerions inutile d'examiner les détails d'un système dont le principe même
ne peut soutenir l'examen.*

Mais la Cour nous a confié une mission que nous devons accomplir
jusqu'au bout.

p. 299 XXXVIII. — Les experts pénètrent alors dans· le détail du système Bertillon et examinent d'abord la base du système, c'est-à-dire la *reconstitution du bordereau*.

La Commission fait observer d'abord que les mesures qui ont servi de base au système Bertillon n'ont pas été prises sur le bordereau original, mais *sur un document artificiel*, que l'on désignera sous le nom de *bordereau reconstitué*. Elle explique minutieusement comment M. Bertillon a fait cette reconstitution, en prenant pour point de départ les filigranes du papier original, supposés rectilignes, parallèles et rigoureusement équidistants de 4 millimètres, et elle conclut ainsi :

Quelles garanties offre une pareille reconstitution ?

Au point de vue métrique, elle serait exacte :

1° Si les filigranes du papier pelure étaient rigoureusement rectilignes ;

2° S'ils étaient rigoureusement parallèles et perpendiculaires ;

3° S'ils étaient rigoureusement équidistants ;

4° Si l'équidistance était rigoureusement de 4 millimètres.

En d'autres termes, tout se passe comme si M. Bertillon avait pris comme instrument de mesure, non pas un appareil de précision, non pas même un de ces mètres du commerce qui ont du moins subi le contrôle du vérificateur, mais tout simplement le filigrane du papier.

Nous verrons plus loin quelle confiance méritait ce singulier instrument.

Au point de vue graphique, les opérations auxquelles M. Bertillon a été obligé de se livrer, c'est-à-dire les calquages et les recalquages, les passages à la gouache, les retouches ne nous inspirent pas moins de défiance.

De là la nécessité de nous rendre compte de ce que valait l'instrument de mesure dont M. Bertillon s'était servi, c'est-à-dire le filigrane.

A cet effet, un morceau de papier détaché du bordereau, ne portant aucune trace de pli ou de déchirure, fut confié à M. Lœwy, directeur de l'Observatoire, qui, aidé de M. Puiseux, astronome titulaire et de M. Morvan, et se servant de l'appareil de précision construit pour l'étude des photographies de la lune, a mesuré la largeur et l'équidistance des traits.

Il a obtenu les résultats qui sont consignés dans un tableau annexe et que nous pouvons résumer ainsi qu'il suit :

Equidistance moyenne des traits..........	3 millimètres	93
— maximum	4	—	269
— minimum	3	—	6.5
Largeur maximum des traits...............	0	—	685
— minimum	0	—	400

Ainsi M. Bertillon a pris toutes ses mesures avec un mètre faux, parce que les divisions étaient trop petites, parce qu'elles étaient irrégulières, parce qu'elles étaient mal définies par suite de l'épaisseur des traits de division.

Des mesures analogues ont été prises sur la partie écrite du bordereau.

On voit ainsi que la moyenne d'un quadrillage est de 3,97 dans une région, de 3,95 dans une autre. De très grandes irrégularités apparaissent ; les dimensions d'un carré peuvent varier de 3,66 à 4,30.

Une objection resterait possible ; on pourrait supposer que, depuis **p. 300** dix ans, le papier s'est altéré et a subi un léger retrait, de sorte que les carrés, primitivement de 4 millimètres, se seraient abaissés à 3,95. Cela ne suffirait pas pour que la reconstitution de M. Bertillon pût être regardée comme exacte ; pour cela, il ne suffit pas que la moyenne des carrés soit de 4 millimètres, mais qu'aucun de ces carrés ne s'écarte beaucoup de 4 millimètres. Le retrait du papier aurait été à peu près uniforme, c'est-à-dire que les carrés, qui sont irréguliers aujourd'hui, l'auraient déjà été en 1894 et, par conséquent, que la reconstitution est fautive.

Mais cette discussion est inutile. Nous possédons, en effet, des clichés qui ont été pris par contact par M. Bertillon, en 1894, et où les filigranes sont apparents.

On a mesuré alors les dimensions du filigrane sur ces clichés, toujours par les mêmes procédés et avec les mêmes instruments.

Après avoir énuméré les résultats obtenus, la Commission conclut ainsi :

Ainsi, à l'encontre de ce qu'on aurait pu craindre, *le papier du bordereau n'a pas subi de retrait depuis* 1894.

Donc le quadrillage était, dès 1894, trop irrégulier pour servir de base à une reconstitution.

Donc la reconstitution du bordereau est fausse.

La Commission établit ensuite une nouvelle cause d'erreur dans la reconstitution de M. Bertillon. Non seulement l'intervalle entre les filigranes n'est pas de 4 millimètres, mais les filigranes ne sont pas parallèles.

On peut trouver des traits verticaux dont la distance varie de bas en haut du bordereau de 4 millimètres 11, à 4 millimètres 36, ou de 4,22 à 3,61 ou de 3,84 à 4,07 ou de 3,87 à 4,00.

Pour toutes ces raisons la reconstitution est inexacte ; ici encore nous devrions arrêter notre travail et considérer la question comme tranchée, mais nous croyons devoir pousser notre examen jusqu'au bout.

XXXIX. — Après avoir examiné la base des systèmes Bertillon, qui est *une reconstitution fausse du bordereau*, les experts étudient chacun des éléments de ces extraordinaires constructions, et tout d'abord *les bords du bordereau.*

Ils s'expriment ainsi :

Dans les constructions de M. Bertillon, les bords du bordereau jouent un rôle important ; nous verrons qu'il emploie tantôt *le bord réel*, tantôt *le bord idéal*, c'est-à-dire une ligne droite fictive épousant, aussi complètement que possible, la forme du bord réel.

Le bord réel, en effet, est loin d'être rectiligne ; d'abord il porte une encoche à laquelle on a attaché une grande importance et sur laquelle nous reviendrons plus loin. Mais même au-dessus de cette encoche, et même en faisant abstraction de nombreuses déchirures, le bord n'est pas du tout une ligne droite. La définition du « bord idéal » est donc forcément assez arbitraire.

p. 301 Mais il y a plus, le bord réel est-il lui-même bien défini? Si l'on compare les clichés successifs qui ont été pris, on voit que, dans les manipulations qu'ils ont subies, les bords du bordereau se sont altérés.

Bien mieux, M. Bertillon emploie, pour le repérage de l'encoche, non seulement le bord réel, qui peut avoir été altéré, mais qui du moins existe, *mais le bord de la seconde feuille qui n'existe plus*, puisque cette feuille est déchirée.

Pour déterminer ce bord imaginaire, il admet qu'il est symétrique du bord réel, par rapport au pli du papier et, pour déterminer le pli du papier, il se sert de ce qu'il appelle les maculatures.

Le papier a été replié, avant que l'œuvre fut sèche, ce qui a taché la seconde feuille; en admettant que chacune de ces maculatures est symétrique du trait mal séché qui l'a produite, on peut déterminer le pli du papier, à supposer qu'il doive être regardé comme une droite géométrique.

Malheureusement M. Bertillon a montré, dans sa déposition à Rennes, que les maculatures ne sont pas symétriques, il a même insisté sur ce fait où il voyait la preuve de je ne sais quelle mystérieuse machination.

Et, plus tard, c'est de cette symétrie qu'il veut faire la base de son calcul! Nous aurons à rappeler ces points quand nous parlerons de l'encoche et de ses relations avec la lettre du buvard.

XL. — Les experts passent ensuite au deuxième élément des constructions Bertillon qui est *le double réticulage*.

La Commission a expliqué, dans la partie de son rapport où elle a étudié la reconstitution du bordereau, par quelle suite d'opérations compliquées avaient été obtenus les clichés qui ont servi à faire la planche 9 de la brochure verte, et sur lesquels toutes les mesures ont été prises.

La Commission expose ensuite :

Nous avons vu également que sur cette planche M. Bertillon avait tracé une série de traits parallèles et équidistants qu'il appelle *réticules*.

Ces traits sont séparés de 5 millimètres en 5 millimètres, ils sont parallèles *au bord libre idéal* que nous avons défini plus haut, de sorte que leurs distances de ce bord libre sont des multiples de 5 millimètres.

M. Bertillon a cru remarquer que certains mots étaient semblablement placés par rapport à ces réticules et c'est ce qu'il appelle une coïncidence. Dire qu'il y a coïncidence entre deux lettres sous ce rapport, c'est donc dire que les distances de ces deux lettres au bord libre idéal diffèrent d'un multiple de 5 millimètres.

Mais à un moment donné, M. Bertillon a été conduit à modifier son système, et à construire une nouvelle planche qui est reproduite dans la brochure verte sous le nom de planche 6.

Sur cette planche, le mode de réticulage est entièrement différent (1).

D'abord les traits réticulaires ne sont plus des droites continues tirées

(1) La Commission rappelle, une fois pour toutes, que quand elle parlera de la planche 6 ou de la planche 9, ce sera uniquement pour abréger le langage, et qu'il s'agira non des planches mêmes de la brochure verte, qui peuvent être altérées par le tirage, mais des clichés obtenus par M. Bertillon et qui ont servi à la confection de ces planches.

de haut en bas de la feuille. Chaque ligne du bordereau est réticulée à part, de sorte que les traits réticulaires apparaissent comme une série p. 302 de lignes irrégulières.

Pour chaque ligne du bordereau, les réticules sont perpendiculaires à la direction générale de la ligne ; *cette direction n'a pas été déterminée d'après des règles fixes, elle a été estimée. Cette estimation, à cause de l'irrégularité de l'écriture, ne pouvait se faire que d'une façon très arbitraire.* M. Bertillon n'a rien fait pour atténuer cet inconvénient. Parmi les lignes qu'il trace, les unes coupent toutes les lettres, d'autres soulignent les premiers mots, d'autres les derniers, d'autres ceux du milieu ; *tout est abandonné au caprice.*

Quoi qu'il en soit, supposons la ligne tracée. M. Bertillon lui-même trace, en dessous, à une certaine distance, une parallèle et la prolonge jusqu'au bord libre réel ; *il fait varier cette distance de 1 millimètre 25 à 2 millimètres pour les besoins de la cause.* A partir de ce bord libre réel, nous porterons sur cette parallèle à la ligne une suite de longueurs égales à 5 millimètres, et par les points de division, nous mènerons des perpendiculaires à la ligne, ce seront les traits réticulaires.

Il y a donc une double différence entre le réticulage de la planche 9 et celui de la planche 6. Sur la planche 9, l'origine du réticulage est sur le bord idéal libre ; sur la planche 6, elle est sur le bord libre réel. Sur la planche 9, la direction des réticules est parallèle au bord libre idéal ; sur la planche 6, elle est perpendiculaire à « la direction générale des lignes. »

La Commission explique alors minutieusement comment ont été obtenus les clichés qui ont constitué la planche 6, et continue ainsi :

Ce sont ces clichés, résultat d'une longue série de transformations, qui ont servi à l'étude des localisations, à la photographie composite et qui, réduits de quatre fois, ont donné la planche 6 de la brochure verte.

Ce double réticulage est une chose grave ; les différences ne sont pas négligeables. L'examen le plus superficiel des deux grandes planches les fait apparaître ; c'est ainsi qu'à la ligne 14, le premier *r* du mot artillerie est à gauche de l'un des réticules et à droite de l'autre.

C'est surtout dans les lignes 14 et 18 que les divergences sont grandes, parce qu'à cause de « l'encoche », la distance du borde réel au bord idéal est notable.

Les deux systèmes de réticulage étant différents, les coïncidences que l'on aura constatées avec l'un d'eux ne pourront exister avec l'autre.

Ayant, en 1897, construit la planche 9, M. Bertillon s'est servi uniquement alors de cette planche, et c'est encore sur cette planche qu'il a relevé avec le plus de précision les coïncidences entre les polysyllabes redoublés.

Dès qu'il renonçait à ce système de réticulage pour adopter celui de la planche 6, ces coïncidences n'avaient plus de valeur, mais il crut néanmoins pouvoir en tirer argument devant la Cour de Cassation et à Rennes, en 1899, jugeant sans doute que les différences devaient être faibles. *Mais pour une raison ou une autre, il ne crut pas devoir avertir la Cour ou le Conseil de guerre de cette circonstance capitale.* Cependant il abandonna la coïncidence des mots *artillerie,* qui lui sembla tout à fait incompatible avec le système nouveau. Pour bien faire, il aurait dû également laisser de côté toutes celles où figurent des mots des lignes 14 à 18, qui sont par trop erronées, et en particulier celle des mots *disposition.*

ʼ. 303 Quoi qu'il en soit, on peut se demander pourquoi la coïncidence *d'artillerie*, abandonnée *par honnêteté* devant les juges de Rennes, réapparaît cinq ans après dans la brochure verte.

Il y a quelques jours, M. Bertillon a modifié encore une fois le réticulage de la ligne 14, mais la coïncidence qui existait sur la planche 9 n'a pas reparu, l'r d'artillerie est resté à droite du réticule.

On ne saurait trop s'étonner de voir de combien de manières différentes un même texte peut être calqué sur un même modèle.

XLI. — Le troisième élément des constructions Bertillon comporte le *repérage des polysyllabes* et la *probabilité des coïncidences*.

La Commission expose ainsi la question :

M. Bertillon a cru remarquer que les polysyllabes redoublés sont repérés semblablement par rapport aux réticules et il en conclut que le bordereau est truqué.

Il veut dire par là que, quand un même polysyllabe est répété deux fois dans la pièce, les distances au bord libre des initiales de ces mots semblables diffèrent entre elles d'un multiple de 5 millimètres. Il s'agit, soit du bord libre idéal, si l'on adopte le réticulage de la planche 9, soit du bord libre réel, si l'on adopte celui de la planche 6.

M. Bertillon justifie ce choix des polysyllabes redoublés par des arguments que nous ne voulons pas discuter. *Mais si l'on adopte les polysyllabes redoublés, il faut les prendre tous.* Pourquoi exclure *une* par exemple et admettre *note* ? M. Bertillon dit qu'il se borne aux polysyllabes de plus de trois lettres. On ne voit pas bien pourquoi il s'arrête à trois plutôt qu'à quatre.

Tout cela est purement arbitraire. Il semble qu'il exclut les polysyllabes pour lesquels il a constaté le défaut de coïncidence, et qu'il cherche *ensuite* les raisons qui devraient les faire excuser. De telles raisons, il est clair qu'on en trouve toujours. L'arbitraire est d'autant plus grand, que M. Bertillon admet certains polysyllabes *presque redoublés* comme *nouveaux* et *nouvelles*, et en rejette d'autres.

Les coïncidences peuvent-elles être attribuées au hasard ou sont-elles la preuve de forgerie ?

Pour le savoir, il faut chercher quelle est la probabilité des coïncidences constatées, à supposer qu'elles soient dues au seul hasard, et pour cela il faut d'abord chercher quelle est la probabilité d'une coïncidence isolée.

La Commission expose ensuite que « pour bien faire, il faudrait reprendre chacune des coïncidences signalées, et déterminer, par des mesures exactes, avec quelle précision elle est réalisée ». Il aurait fallu pour cela faire une reconstitution du bordereau plus exacte que celle de M. Bertillon, mais la Commission dut renoncer à reconstituer le bordereau, et elle procéda simplement par l'application de la loi des erreurs. Elle arrive alors à cette conclusion :

Ainsi les coïncidences sont plus précises sur la reconstitution qui est fausse que sur le bordereau véritable.

La Commission ajoute :

Voilà qui est bien paradoxal ! Comment cela se fait-il ? Est-ce que p. 304 cela est dû au hasard ? Ou bien *devons-nous conclure que ce n'est pas le bordereau, mais la reconstitution qui est truquée ?*

Fort heureusement, nous ne sommes pas acculés à une conclusion aussi sévère.

La Commission observe alors qu'une initiale n'est pas un point mathématique, et que le choix que l'on fait des points que l'on compare sur deux lettres semblables, mais qui peuvent différer beaucoup comme tracé, comporte beaucoup d'arbitraire. *M. Bertillon a profité de la latitude dont il disposait dans le choix de ces points de comparaison pour déplacer inconsciemment (?) les points de comparaison et améliorer peu à peu ses coïncidences.*

On peut donc, dit la Commission, expliquer le phénomène sans mettre la bonne foi de M. Bertillon en doute.

La Commission entre alors dans des considérations purement mathématiques sur le calcul des probabilités et, faisant l'application de ces considérations, arrive à cette conclusion très nette :

Rien ne prouve donc que le bordereau ait été truqué dans le sens horizontal.

XLII. — Vient ensuite un élément important des constructions de M. Bertillon, qui joue dans le système un rôle prépondérant : le *mot-clé.* Les experts examinent *le rôle du mot intérêt.*

La Commission s'exprime ainsi sur ce sujet :

Toutes les coïncidences dont nous avons parlé, *si elles avaient été réelles*, auraient pu prouver que le document était forgé, mais elles ne pouvaient désigner spécialement Dreyfus comme l'auteur de la forgerie.

C'est la découverte du buvard, et, dans cette lettre, du mot intérêt, qui mit Bertillon sur la voie de ce qu'il croyait être la vérité. Ainsi Dreyfus avait en sa possession une lettre où se trouvait le mot *intérêt.* Comment cela prouvait-il qu'il était l'auteur du bordereau où certaines distances étaient des multiples de 5 millimètres ?

Il fallait qu'il y eût, dans ce mot *intérêt*, quelque rapport avec cette longueur de 5 millimètres et, en effet , M. Bertillon a trouvé sur ce mot diverses paires de points remarquables, dont la distance était 12 millimètres 5, qui est à 5 millimètres comme 5 est à 2.

Sur un mot ou sur un trait quelconque, dont la longueur totale est supérieure à 12 millimètres 5, on pourra toujours trouver des points dont la distance soit précisément 12 *millimètres* 5. Que ces points soient remarquables, c'est une affaire d'appréciation, et l'attention de M. Bertillon était particulièrement éveillée.

Mais ces distances de 12 millimètres 5, constatées sur le mot intérêt, ne pouvaient avoir d'importance que dans la mesure où elles expliquaient ces distances de 5, 10, 15 millimètres, constatées sur le bordereau.

En fait, une seule d'entre elles jouait un rôle dans l'explication, mais il est nécessaire d'entrer ici dans quelques détails.

p. 305   D'après M. Bertillon, le bordereau a été calqué sur une chaîne où les mêmes lettres se reproduisaient périodiquement de 12 millimètres 5 en 12 millimètres 5 ; il en voit la preuve dans le rôle joué sur le bordereau par les multiples de 5, car, comme nous l'avons déjà dit, 12,5 est à 5 comme 5 est à 2.

Alors il reste à expliquer pourquoi le mot *intérêt* était plus propre à construire une chaîne où la période est de 12 millimètres 5, plutôt que tout autre mot pris dans toute autre lettre.

Voyons comment M. Bertillon cherche à l'expliquer.

Ce n'est pas que la longueur totale du mot soit de 12 millimètres 5, elle est de plus de 15 millimètres, mais M. Bertillon dit qu'en calant l'i du second mot intérêt sur le t du premier, les deux mots se trouvent à une distance de 12 millimètres 5. Or, en se reportant à tes propres figures, on voit que le mot de calage n'est pas exact et qu'en réalité il reste un blanc entre l'i et le t ; de plus, pour amener ce calage approximatif de l'i contre le t, il faut faire subir aux deux mots une série de rotations savantes qui sont longuement décrites dans les dépositions de M. Bertillon et dans la brochure verte.

La Commission indique alors la construction qui en résulte et poursuit ainsi :

C'est parce que le segment ainsi défini était égal à 12 millimètres 5, que les mots de la chaîne étaient espacés de 12 millimètres 5 et que les multiples de 5 millimètres jouaient un rôle si mystérieux.

Est-ce par hasard que sur le mot *intérêt* cette longueur est précisément de 12 millimètres 5, cette longueur que M. Bertillon juge remarquable parce qu'il l'a obtenue par une construction qu'il juge simple ?

Malheureusement les mesures prises sur le mot de la lettre du buvard par MM. Lœwy et Puiseux avec l'appareil de précision employé pour la lune n'ont pas confirmé ses vues.

Elles ont montré que cette longueur n'a qu'une valeur indécise, c'est-à-dire que sur n'importe quel mot on en trouvera d'aussi remarquables qui se rapprocheront tout autant de 12 millimètres 5.

C'est-à-dire que Dreyfus n'aurait pas été moins coupable si, au lieu de la lettre du buvard, on avait trouvé chez lui n'importe quelle lettre.

XLIII. — C'est cependant avec ce mot *intérêt*, dont il fausse la mesure, que M. Bertillon opère la *construction de la chaîne.*

La Commission explique comment M. Bertillon construit le gabarit :

On commence à écrire le mot *intérêt* de façon que la tangente commune à l'i et au dernier t soit horizontale. On lui imprime une rotation d'après une loi compliquée, puis un déplacement horizontal de 1 millimètre 25 ; on obtient ainsi un second mot *intérêt*. Le quatrième mot *intérêt* se déduit du troisième et le cinquième du quatrième, comme le troisième du second et le second du premier.

Nous avons donc cinq mots *intérêt* empiétant en grande partie les uns sur les autres ; déplaçons cette figure horizontalement de 12 millimètres 5, répétons ce déplacement deux fois ,trois fois, indéfiniment. C'est cette répétition qui nous donnera le gabarit. *Ce gabarit résulte de la superposition de cinq chaînes ;* la première chaîne, par exemple, étant formée par la répétition infinie du premier mot *intérêt*.

M. Bertillon n'a pas tardé à comprendre la nécessité d'alléger le système. Il a supprimé la première chaîne presque dès le début, la quatrième p. 306 et la cinquième n'ont joué qu'un rôle secondaire, et il a fini par y renoncer complètement. Au contraire, il a conservé la deuxième chaîne qu'il appelle chaîne rouge ou pointillée, et la troisième chaîne qu'il appelle la chaîne verte ou hachurée. On trace ensuite, sur le gabarit une série de traits équidistants de 5 millimètres, ce sont les traits réticulaires, et comme le double de 12,5 est un multiple de 5, tous les mots *intérêt* d'ordre pair d'une même chaîne sont placés de la même manière, par rapport aux réticules. Il en est de même de tous les mots d'ordre impair d'une même chaîne.

On place le gabarit sur le bordereau de façon que l'un des traits réticulaires vienne sur le bord libre. On dispose ainsi d'une assez grande latitude :

1° *Le gabarit peut occuper par rapport au bord libre cinq positions différentes, ce qui permet déjà d'amener une lettre donnée du bordereau sur telle lettre du mot* intérêt *que l'on veut, puisque ce mot n'a que cinq lettres différentes ;*

2° *L'inclinaison des lignes étant mal déterminée, il est facile en inclinant plus ou moins le gabarit, d'améliorer les coïncidences.*

Néanmoins cela n'a pas suffi et M. Bertillon a cru plusieurs fois nécessaire de faire subir au gabarit un glissement plus ou moins considérable au milieu de certaines lignes. Nous comptons onze de ces glissements, ou, si l'on aime mieux, de ces coups de pouce. La brochure verte n'en mentionne que neuf, mais c'est par erreur.

Quel résultat a donné ce travail gigantesque ? Nous avons vu que rien, dans les coïncidences signalées jusqu'ici, à supposer qu'elles fussent exactes, ne prouverait que le bordereau a été calqué sur le gabarit formé des mots intérêt. L'examen de la planche 6 a suggéré à M. Bertillon et au capitaine Valério d'autres arguments qu'il nous reste à examiner.

XLIV. — Le gabarit obtenu, surgit en effet la question du *moulage* des lettres du bordereau sur le gabarit.

Voit-on d'abord les traits du bordereau se mouler sur ceux du gabarit ? On le verrait que cela ne prouverait rien, puisque la reproduction du bordereau n'est pas exacte ; d'ailleurs il n'en est rien.

Il est vrai que les traits du bordereau ne sortent pas souvent de l'espace rempli par les traits du gabarit ; le contraire serait étonnant puisque avec deux chaînes l'une sur l'autre, il ne reste presque plus de place entre les deux traits, et qu'il n'en reste plus du tout si l'on prend quatre chaînes.

Quant au moulage proprement dit, c'est une affaire d'appréciation subjective sur laquelle aucune preuve sérieuse ne peut se fonder.

Pour nous, nous ne voyons rien du tout, mais il est possible que M. Bertillon voie quelque chose...

M. Bertillon a fait une tentative semblable sur la lettre du buvard, nous n'y signalons qu'une circonstance curieuse, c'est que le mot *intérêt* est celui qui s'écarte le plus du gabarit.

XLV. — Les experts examinent ensuite l'*emplacement des jambages*.

p. 307 M. le capitaine Valério a apporté au conseil de Rennes un autre argument. D'après lui, les jambages du bordereau auraient une tendance à s'espacer de 1 millimètre 25 en 1 millimètre 25 à partir du bord libre.

Si cette coïncidence était réelle, elle s'expliquerait aisément par le rythme naturel de l'écriture, régularisé par le filigrane.

Au contraire, elle ne s'expliquerait pas dans l'hypothèse du calquage, puisque les jambages du mot *intérêt* ne sont pas régulièrement espacés.

Mais elle n'est pas réelle. La photographie composite prise sur le bordereau entier le démontre, car on n'y voit qu'une masse confuse où n'apparaît aucune trace de distribution régulière.

XLVI. — Puis vient l'*espacement moyen des lettres* :

On a dit aussi que l'espace moyen occupé par les lettres du gabarit est de 2 millimètres 08 ce qui se rapproche d'une façon surprenante de l'espacement moyen des lettres du bordereau qui est de 2 millimètres 11.

Surprenante, en effet, si on a passé de temps èn temps, en calquant, de la chaîne verte à la chaîne rouge, ce qui eût dû chaque fois augmenter l'espace total de 1 millimètre 25.

On ne songe pas à tout. Nul doute, pourtant, qu'on eût pu facilement se mettre à l'abri de cette objection si on y avait songé.

Il faut observer, en effet, que l'espacement moyen est calculé en supprimant dans chaque mot la première lettre et la dernière lettre. Comme le point où commence et finit une lettre *à l'intérieur d'un mot* est très mal déterminé, cette évaluation est absolument arbitraire, *et on pourrait trouver tout ce que l'on voudrait.* On aurait donc aisément pu obtenir un chiffre très convenable.

XLVII. — Reste à examiner la *localisation des initiales*.

Ce qui serait plus spécieux, ce serait la localisation *prétendue* des lettres du bordereau sur celles du gabarit.

M. Bertillon annonce que certaines lettres initiales des mots du bordereau ont une tendance à se localiser toujours sur les mêmes lettres du gabarit.

La Commission entre alors dans les calculs les plus minutieux pour étudier ces prétendues localisations. Elle s'étonne des *41 coups de pouce* que M. Bertillon a donnés, et elle arrive à cette conclusion formelle :

Les prétendues localisations des lettres initiales doivent donc être regardées comme nulles et non avenues.

XLVIII. — Les experts examinent aussi la *localisation des lettres non initiales*.

L'étude des localisations des lettres non initiales par le capitaine Valério a été faite avec plus de soin.

La Commission fait deux remarques préliminaires ;

1° La planche 6 (où les localisations ont été étudiées) a été obtenue par une longue série d'opérations dont chacune comportait une chance d'erreur, parfois considérable. Les différences peuvent atteindre la valeur p. 308 d'une lettre. N'est-il pas vain, dans ces conditions, de rechercher des coïncidences de ce genre ?

2° L'effet du calquage ne devrait pas être de déplacer, par exemple, les *i* du bordereau de façon à ce qu'ils soient plus nombreux *dans le voisinage* des *i* du gabarit, mais ceux qui s'en seraient naturellement trouvés *voisins* devraient tendre à s'y appliquer *exactement*.

La Commission fait remarquer ensuite que le capitaine Valério étant mort, n'a pu lui donner d'explications : les experts ont été obligés de chercher sa définition « d'une localisation » sur la planche elle-même, ou du moins sur les clichés originaux qui ont donné naissance à cette planche.

Après avoir fait la vérification de toutes les localisations signalées et après avoir rectifié, par suite de cette étude, le nombre probable des localisations donné par M. Valério, la Commission arrive à cette conclusion :

Ainsi le nombre probable des localisations est, après rectification, à peine inférieur au nombre observé qui n'a ainsi plus rien de surprenant.

XLIX. — Enfin il reste à examiner la *photographie composite.*

La Commission expose ainsi cette question :

Il nous reste à examiner la photographie composite ; expliquons d'abord comment elle a été obtenue.

On a découpé des bandes de carton de 8 à 10 centimètres de largeur. On a décalqué sur ces bandes des calques pris sur une photographie à 6 diamètres du bordereau.

Mais on a eu soin de faire une sélection, et de reporter sur certaines bandes les calques pris sur la partie du bordereau considérée comme écrite en suivant la chaîne rouge, et, sur d'autres bandes, ceux qu'on regardait comme correspondant à la chaîne verte.

Une fois les décalques terminés, on a recouvert les bandes d'une teinte noire, en réservant seulement les traits décalqués qui apparaissent ainsi en blanc sur fond noir.

Remarquons cette série de calquages et de décalquages, cette application de badigeon noir ; chacune de ces opérations amenait une nouvelle altération des traits, et si l'on se rappelle que l'on était parti d'un original déjà erroné, c'est-à-dire du bordereau reconstitué de la planche 9, on voit que le résultat final ne pouvait être exact.

Si donc, par impossible, la photographie composite avait donné un résultat, ce résultat n'aurait pu être dû qu'au hasard.

Quoi qu'il en soit, on a fait défiler devant un objectif les bandes ainsi obtenues ; on prenait une pose de cinq secondes, puis on faisait avancer la bande de 12 millimètres $5 \times 6 = 75$ millimètres (puisqu'on avait travaillé sur un agrandissement à 6 diamètres du bordereau); on prenait une nouvelle pose de cinq secondes, et ainsi de suite indéfiniment.

On a obtenu ainsi trois photographies dites composites : l'une prise avec les bandes correspondant à la chaîne rouge, l'autre avec les bandes correspondant à la chaîne verte, la troisième avec toutes les bandes.

L'aspect de ces photographies est vague et indécis : sur celle obtenue avec l'ensemble des deux chaînes, il est impossible de rien distinguer, et c'est d'ailleurs le fait que M. Bertillon voulait mettre en évidence.

p. 309 Mais la photographie de la chaîne rouge seule et celle de la chaîne verte méritent d'être examinées avec plus d'attention.

Quelques personnes ont cru y voir quelque chose. Si elles n'avaient pas été victimes d'une illusion, le fait ne serait pas impossible à expliquer. Il faut se rappeler, en effet, qu'on a disposé arbitrairement quarante et une fois de l'origine du gabarit, et trente fois de son inclinaison, puisque chaque fois qu'on déplace le gabarit, on peut le plier dans cinq positions différentes et que l'inclinaison de chaque ligne est fort mal définie.

On a disposé de cette double latitude pour obtenir le plus grand nombre de coïncidences possibles sur l'une ou sur l'autre des deux chaînes. *On a fait ensuite une sélection en séparant les lettres qui s'appliquaient sur l'une des chaînes de celles qui s'appliquaient sur l'autre.* En appliquant ce traitement à un document quelconque, il ne serait pas étonnant qu'on arrivât à des apparences analogues de celles qu'on croit avoir remarquées.

Mais avant d'adopter cette explication ou d'en chercher une autre, il convient d'examiner d'abord s'il y a quelque chose à expliquer.

On n'aperçoit que des apparences confuses et fuyantes, où la suggestion peut nous faire voir tout ce que nous voulons, de même qu'elle nous montre à volonté, dans un même nuage, soit une baleine, soit une belette.

Nous avons prié M. Bertillon de calquer sur la photographie de la chaîne rouge les traits qui lui semblaient les plus apparents. Chacun de nous a ensuite répété cette opération. Les quatre calques obtenus sont annexés au rapport.

On sera frappé tout d'abord de la dissemblance de ces quatre calques : il est évidemment impossible de rien fonder de solide sur quelque chose d'aussi fugitif. L'examen des photographies elles-mêmes confirme cette impression.

Poussons cependant l'analyse un peu plus loin. Il est incontestable que M. Bertillon a écrit le mot *intérêt*; mais remarquons d'abord que l'*n* n'est pas à sa place; sur l'observation que nous lui avons faite, M. Bertillon a répondu que l'*n* ne se localisait pas sur l'*n*, mais sur l'*r*. Il reste à expliquer comment l'*n*, en se localisant sur l'*r*, a pu reproduire une apparence d'*n* à un centimètre de l'*r*; et si cette apparence d'*n* n'existe pas, comment M. Bertillon a vu un *n* non pas à sa bonne place, sans doute, mais entre l'*i* et le *t*. *C'est sans doute par autosuggestion.*

Le second *t* est évidemment dû aussi à l'autosuggestion. On voit, en effet, dans la partie supérieure du cliché, des traces de *t* à peu près également distribuées, sans qu'il y ait rien de particulier à l'endroit où M. Bertillon a cru en remarquer un.

Vers le premier *t*, nous remarquons deux *t* plus marqués et voisins l'un de l'autre; c'est pourquoi, sur son calque, M. Bertillon a tracé un délié ascendant fortement séparé du jambage du *t*. Cette disposition ne se retrouve pas sur la lettre du buvard. Au point où M. Bertillon a tracé un *e*, on distingue nettement un *a*; au point où il a tracé un *r*, on distingue nettement un *n*, et un *a* encore au point où il a placé le second *e*. Nous ne voyons qu'une tache noire encore indistincte où devrait être un *i*.

Que reste-t-il donc ? Il reste ceci : que les parties les plus foncées de la photographie correspondent comme position à certaines lettres du gabarit, à savoir : au *t*, à l'*e*, à l'*r* et à l'*e*. On voit quelque chose d'analogue sur la photographie de la chaîne verte, quoique avec beaucoup moins de netteté. Il ne pouvait d'ailleurs en être autrement, car les parties du bordereau calquées sur la chaîne rouge, ce sont, *par définition*, les parties dont les lettres occupent à peu près l'emplacement des lettres du **p. 310** gabarit rouge. Les parties du bordereau calquées sur la chaîne verte, ce sont, *par définition* celles dont les lettres n'occupent pas à peu près l'emplacement des lettres du gabarit rouge, c'est-à-dire qui tombent dans les intervalles des lettres du gabarit rouge, ou, ce qui revient au même, sur les lettres du gabarit vert.

La photographie composite ne nous montre donc absolument rien que ce que l'on pouvait prévoir.

M. Bertillon a tracé sur les deux épreuves qu'il nous a remises et qui sont annexées au rapport des traits rouges rectilignes. Nous avons, sur chacune d'elles, un trait horizontal représentant la ligne, et un trait incliné représentant l'inclinaison de nous ne savons quel jambage, le même sur les deux épreuves.

On remarque que cette inclinaison n'est pas la même, et M. Bertillon y voit une preuve nouvelle de son système, parce que pour passer d'une chaîne à l'autre, il faut une rotation.

Mais l'angle des deux traits en question est d'une dizaine de degrés, cela supposerait donc que la rotation, pour passer d'une chaîne à l'autre est de 10° ; d'où il résulterait que la fin du mot intérêt de la seconde chaîne serait à 2 millimètres et demi au-dessous de la première chaîne ; *or, sur les gabarits, cette distance est dix fois moindre.*

L. — Pour terminer l'examen des constructions de M. Bertillon, les experts se livrent à une étude approfondie du *mot-clé*, c'est-à-dire du *mot intérêt, et de l'épure du sou.*

La Commission expose ainsi la question :

Nous venons de voir que, dans son système, M. Bertillon fait jouer un rôle capital au mot *intérêt*, figurant dans une lettre de Mathieu Dreyfus, qui lui a été remise dans les circonstances suivantes :

Comme M. Bertillon demandait à M. d'Ormescheville de lui donner d'autres pièces de comparaison, celui-ci (1) *répondit qu'il n'en avait pas pour l'instant ; lorsque, cherchant dans sa mémoire, il ajouta : Pourtant, j'ai là, dans un buvard, une lettre de Mathieu Dreyfus, qui a été remise par Madame Dreyfus elle-même, le jour de l'arrestation et de la perquisition, au moment où du Paty allait se retirer. Cette lettre, la voici.*

Elle présente cette particularité d'être non datée, mais des renseignements qu'on y relate sur M. Dreyfus père permettent d'induire qu'elle remonte à plus d'un an (avant 1894).

On a appelé cette lettre : la lettre des obligations, à cause de son contenu, et aussi : la lettre du buvard. (Le buvard dont a parlé M. Bertillon dans le passage ci-dessus est celui de M. d'Ormescheville). Il termine pourtant sa déposition devant la Cour par cette affirmation : « Comme le moule de plâtre est retrouvé au domicile du faux monnayeur, nous trouvons chez lui, dans son buvard, toujours à portée de la main, le mot *clé* composé artificiellement (2). Or, d'après la première phrase que

(1) Cass., 1899, t. 1, p. 490.
(2) Cass., 1899, t. 1, p. 497.

nous venons de citer, M. Bertillon reconnaît que la lettre en question a
été remise spontanément par Mme Dreyfus à M. du Paty, quand celui-ci
se retirait, sa perquisition terminée ; il a même attribué à cette circonstance une grande importance, p. 491. La lettre en question ne pouvait
donc pas s'être trouvée dans le buvard placé sur la table de Dreyfus,
buvard dont le contenu avait évidemment été saisi par M. du Paty. Le fait
est d'ailleurs confirmé par l'ensemble des dépositions faites à ce sujet
devant M. le Conseiller Petilier).

p. 311

Cette lettre contient, vers le milieu du recto, tout près du bord, le mot
intérêt. Ce mot quoique paraissant écrit, comme le reste, d'une écriture courante, présente, pour M. Bertillon et ses commentateurs, des propriétés qui leur paraissent remarquables.

La Commission reproduit ensuite l'exposé que M. Bertillon a fait de ces propriétés dans sa déposition au cours de
l'enquête de la Cour en 1899 (1).

Puis, la Commission poursuit ainsi :

Les affirmations de M. Bertillon sont appuyées de dessins présentés
à la Cour en 1899 et au procès de Rennes, dont quelques-uns sont reproduits dans la brochure verte.

Le principal de ces dessins (planche 5 de l'atlas joint à la brochure
verte) a été appelé l'épure du sou. Dans ce dessin, M. Bertillon place sur
le mot *intérêt* une sorte de grille ou carreau, dont les traits forment des
carrés de 1 kütsch ou 1 millimètre 25 de côté et 1/4 de kütsch d'épaisseur.
Il y trace, en outre, des cercles dont les centres sont à une distance de
1 millimètre 25 les uns des autres et dont les rayons sont égaux au rayon
d'un sou, soit 12 millimètres 50. Ces cercles sont choisis de telle façon
que deux d'entre eux suivent grossièrement les courbes des jambages re-
liant les deux *t* aux lettres précédentes.

Nous devons d'abord faire toutes nos réserves sur le procédé qui
consiste à représenter le mot *intérêt* agrandi en le calquant et en l'entou-
rant d'un contour double dessiné d'un trait de plume, au lieu d'employer
des photographies agrandies. Ce trait a pour effet de donner au mot un
aspect géométrique délimité que n'ont pas les photographies ; *c'est donc
une altération de la physionomie du mot...*

Nous verrons tout à l'heure que *M. Bertillon se trompe dans ses
mesures*, et n'a pas le droit de qualifier d'exacts les nombres qu'il nous
donne. Nous verrons, en outre, qu'*il ne retient parmi toutes les longueurs
en nombre infini qu'on peut relever entre les divers points du mot que
celles qui sont favorables à sa thèse ;* enfin qu'il se laisse entraîner par
son imagination, quand il attribue à la distance de 1 millimètre 25 qui lui
à servi à construire son carreau, un rôle autre que celui qui résulte de sa
propre volonté. Mais nous admettons volontiers qu'avec ce carreau tel
qu'il l'avait construit, avec les mesures plus ou moins approchées qu'il
avait faites, les coïncidences et les discordances dont il se souvenait, il
ait pu proposer àla Cour de reproduire approximativement le mot *intérêt ; il n'y a là rien que de très connu.* Pour que la méthode suivie par
M. Bertillon prouve la construction artificielle du mot *intérêt*, il faudrait
établir qu'aucun mot écrit naturellement ne peut être mis sur le carreau,
repéré, mesuré et reconstruit après coup d'une façon approximative.

Or, M. Bertillon ne s'est pas occupé un seul instant de faire la contre-

(1) Cass., 1899, t. 1, p. 493 et suiv.

épreuve. Il s'est hypnotisé sur le mot *intérêt* et s'est émerveillé d'avoir trouvé un moyen mnémotechnique pour le reproduire.

La vérité est, qu'étant donné un mot quelconque d'une écriture courante, on peut le mettre au carreau comme on fait pour reproduire une carte ou un dessin...

La Commission, après avoir montré que chez M. Bertillon p. 312 la mémoire jouait un grand rôle dans sa reproduction personnelle du mot *intérêt*, alors qu'une construction géométrique régulière se fait sans appel à la mémoire, poursuit en ces termes :

Ainsi, M. Bertillon a appliqué au mot *intérêt*, qu'il a choisi dans la lettre du buvard, un procédé mnémotechnique de repérage et de reconstitution qui devait certainement lui permettre de le reconstituer approximativement à une époque où une étude et une analyse assidues de ce mot lui en avaient gravé dans la tête tous les détails. *Mais où M. Bertillon commet une erreur scientifique qui dépasse les limites mêmes du bon sens, c'est quand il croit montrer ainsi que le mot a été écrit précisément par le procédé mnémotechnique qui a servi à le repérer.* Comme il a employé une loupe pour étudier le mot, il va jusqu'à penser que le mot n'a pu être fait qu'avec une loupe.

La Commission soumet alors à la Cour un mot *intérêt*, d'une écriture incontestablement courante, qui peut se repérer facilement avec un carreau de 1 millimètre 50 et des cercles de 21 millimètres de diamètre d'une pièce de 20 francs. Dira-t-on alors, ajoute-t-elle, que le mot a été construit avec le carreau et la pièce de façon à former l'épure du louis ?

La Commission démontre ensuite, ce qu'elle a déjà déclaré plus haut, que M. Bertillon s'est trompé dans ses mesures.

Dans l'application de cette méthode générale au mot *intérêt*, M. Bertillon emploie un carreau de 1 millimètre 25. C'est son droit. Mais il prétend voir dans le mot *intérêt* lui-même, longueur du mot, pulsation des lettres, etc., des particularités qui se rattachent à cette longueur de 1 millimètre 25. Nous allons montrer qu'il n'en est rien. La plupart des mesures de M. Bertillon portent sur des objets mal définis et ces résultats se réduisent à ce fait que, sur le mot *intérêt*, on peut trouver des couples de points qui sont à des distances les uns des autres d'à peu près 1 millimètre 25 ou multiples de 1 millimètre 25. Il serait étonnant qu'il n'y en eût pas, et on en trouve tout autant qui sont avec la même approximation à des distances d'un nombre entier de millimètres.

La Commission examine ensuite en détail les mesures et les conventions de M. Bertillon. Voici les parties essentielles de ses observations :

1° *Longueur du mot.* Dans le repérage des mots redoublés, M. Bertillon fait cette convention, assurément discutable, qu'un mot commence au point le plus à gauche et le plus près de la ligne ou portée : Mais admettons cette convention et terminons de même un mot au point le plus à droite et le plus près de la ligne. *Dans ces conditions, le mot intérêt mesure 12 millimètres 703 et non 12 millimètres 50 ; si on allait au bout du t, ce qui serait naturel, on trouverait 15 millimètres 572.*

2° *Longueur du mot dans la chaîne.* Avec le mot *intérêt*, M. Bertillon fabrique une chaîne *qui est une création de son imagination* et qu'il définit à sa guise. Dans cette construction, il prend une fraction du mot ayant 12 millimètres 5 ; cela revient à dire que, sur une longueur supérieure à 12 millimètres 5, on peut en placer une égale à 12 millimètres 5, *vérité*

p. 313 *banale. C'est là le fait bizarre où le hasard n'a rien à voir et qui est en réalité dû à la seule volonté de M. Bertillon...*

3° *Longueur de la barre du t.* — Elle est de 3 millimètres 860 qui n'est pas un multiple de 1 millimètre 25, comme l'affirme M. Bertillon...

4° *Accent circonflexe.* — L'accent circonflexe a une forme particulière, il semble que l'auteur de la lettre ait fait, par mégarde, un accent aigu et que, pour corriger sa faute il ait fait ensuite un trait horizontal.*Dans la brochure verte, page 31, on remarque ce détail « profondément intéressant » (sic) que la distance mesurée parallèlement à la base des lettres du fond de l'angle rentrant inférieur gauche de l'accent à l'extrémité droite est égale à 1 millimètre 25. En réalité cette distance est de 1 millimètre 108...*

5° *Espacement des lettres.* — Si nous prenons l'épure du sou et la figure 31 de la brochure verte, nous voyons deux façons très légèrement différentes de placer le mot *intérêt* sur la ligne (c'est ce que M. Bertillon appelle les positions 1 et 0). La partie du mot qui a dix kütschs est, dans les deux figures, découpée par les parallèles équidistantes de 1 millimètre 25, dont la première passe par le point le plus bas de l'*i*. On dit alors (brochure verte, page 30) :

La lettre *i* occupe 1 kütsch ;
   —   *n*   —   2   —
   —   *t*   —   2   —
   —   *é*   —   2   —
   —   *r*   —   1   —
   —   *é*   —   2   —
   —   *t*   —   1   —

Mais il suffit de regarder ces figures pour voir que ces longueurs ne correspondent à aucune réalité, et, qu'après avoir divisé, à partir du point le plus bas de l'*i* la base arbitrairement choisie en dix parties égales, on a assigné une partie ou deux à chaque lettre en convenant, d'une façon arbitraire que les lettres commencent nécessairement au point de division ; mais cette convention n'a d'autres raisons d'être que le résultat même que l'on veut obtenir...

6° *Courbures des jambages.* — On lit dans la brochure verte (page 30).
Les courbes qui relient l'i à l'n, l'n au t, le t à l'é, le deuxième e au deuxième t sont des arcs de circonférences de 10 kütschs de rayon.
Cette proposition est entièrement fausse...

7° *Pente du mot.* — Le mot *intérêt* étant incliné sur la ligne, M. Bertillon mesure sa pente (terme mal défini). Il trouve, en adoptant une certaine définition, 1/9, ce qui n'a rien de kütschique, et cependant, il s'étonne. Il croit faire dériver cette pente du kütsch en remarquant qu'on peut l'obtenir en construisant un triangle rectangle dont un côté a 9 kütschs et l'autre 1, mais il aurait la même pente en prenant pour un côté 9 millimètres et pour l'autre 1...

Conclusions. — *En résumé le mot intérêt ne présente aucune particularité géométrique qui ne puisse présenter tout autre mot écrit d'une écriture courante, et son soi-disant rythme kûtschique provient de mesures incorrectes et incomplètes, de définitions arbitraires et contradictoires, et même d'erreurs.*

LI. — Toutes les constructions de M. Bertillon relatives au mot-clé ont comme complément nécessaire ses théories sur la *lettre du buvard*.

La Commission examine donc ensuite la lettre dite « lettre du buvard » :

La lettre du buvard est-elle de Mathieu Dreyfus ?   **p. 314**
Est-elle truquée ?

M. Bertillon admet que la lettre du buvard est de Mathieu Dreyfus, puisqu'il dit à la Cour de Cassation (1), en résumant ses observations sur la comparaison du bordereau et la lettre du buvard : *L'écriture de son frère* (du frère d'Alfred Dreyfus), *et quelque peu celle d'un autre membre de sa famille, nous fournit les originaux de toutes les formes de lettres signalées par les experts du bordereau comme des divergences graphiques.* » D'autre part, M. Bertillon croit que le mot *intérêt* de cette lettre est construit géométriquement, et à diverses reprises il laisse entendre que cette lettre pourrait avoir été écrite sur le gabarit, puisque c'est ainsi qu'il explique les soi-disant superpositions de mots que nous examinerons plus loin. Interrogé par nous, M. Bertillon n'a pas pu nous donner d'explications satisfaisantes sur la façon dont, d'après lui, la lettre du buvard avait été écrite.

Dès lors, nous avons regardé comme important d'étudier cette question en recherchant des termes de comparaison d'une authenticité indiscutable. Il a été mis à notre disposition des copies de lettres de la maison Dreyfus de Mulhouse, on y trouve des copies de lettres authentiques de Mathieu antérieures au premier procès. L'authenticité de ces registres est constatée par un notaire de Mulhouse.

Dans ces copies, les traits sont un peu épaissis par le fait que le papier a bu l'encre, mais les caractères généraux de l'écriture ne sont pas altérés ; des photographies de ces copies de lettres sont jointes au dossier ; on y remarque les caractères généraux suivants :

1° La ressemblance générale de l'écriture avec celle de la lettre du buvard ;

2° La confirmation du fait que Mathieu Dreyfus, en arrivant à la fin de la ligne, incline ses mots ;

3° Le mot *intérêt* se trouve plusieurs fois répété dans ces lettres ; on y trouve les même particularités que dans le fameux mot, l'*i* plus haut que l'*u*, les courbures des jambages des deux *t* grossièrement de même grandeur, le premier *e* un peu plus fort que le deuxième ;

4° Les mots *intérêts* se terminent par un *s*, sauf un dont le premier *t* s'arrête sur la ligne, comme dans le mot *intérêt* de l'épure du sou, mais sans présenter la petite crosse en retour. Cette dernière particularité, très caractéristique, se retrouve dans un grand nombre de mots du copie de lettres pour des *t* finaux ou pour des *t* précédant un levé de plume.

5° Dans le fameux mot *intérêt* distingué par M. Bertillon, les jambages joignant *t* à *e, e* à *r* ont une forme très spéciale. Ils forment une ligne droite depuis la base du *t* jusqu'au sommet de l'*r*. La même forme se retrouve exactement dans le mot *Ministère*.

(1) Cass., 1899, t. 1, p. 497.

CONCLUSION. — La lettre du buvard, pas plus que le mot intérêt, *n'est truquée. Elle est de l'écriture naturelle et courante de Mathieu Dreyfus.*

LII. — Les experts s'expliquent ensuite *sur le repérage des lignes du bordereau et sur la reproduction du bordereau par M. Bertillon.*

La Commission étudie très complètement ces deux questions ; quelques brèves citations feront comprendre toute l'importance de son travail :

p. 315   On n'a pas tardé à se rendre compte, dans le public, disent les experts que les premiers raisonnements de M. Bertillon, basés sur le calcul des probabilités, étaient radicalement inadmissibles. Aussi, s'est-on tourné volontiers vers un autre genre d'arguments, et l'on a prétendu que M. Bertillon, en reproduisant le bordereau, avait apporté une preuve irréfutable, matérielle, de la vérité de son système et de toutes ses affirmations.

C'est là, il faut l'avouer, un singulier raisonnement contre lequel nous devons nous élever tout d'abord avant de le discuter dans ses détails.

Un document écrit n'est autre chose qu'un dessin ; et tout dessin peut être reproduit avec une approximation aussi grande que l'on veut. et par des procédés aussi variés qu'on le veut.

C'est là une vérité sur laquelle nous n'avons pas besoin d'insister et qui a été pour ainsi dire connue de tout temps... (Application d'un réseau sur le dessin à reproduire).

Si l'on prend pour ce réseau deux systèmes de lignes droites rectangulaires on aura le procédé connu sous le nom de *mise au carreau*. En conclura-t-on que toute figure est obtenue par l'emploi d'un réseau quadrillé ?...

N'ayant pas trouvé dans le dossier de Rennes la reproduction de M. Bertillon, et désirant cependant nous rendre compte du procédé qu'il a employé, ne fut-ce que pour mieux comprendre les diverses parties de sa théorie si confuse et si compliquée, nous lui avons demandé de faire devant nous les opérations qu'il avait offert de faire devant la Cour de Cassation ou qu'il avait faites à Rennes, c'est-à-dire d'abord de retaire le gabarit, et ensuite, à l'aide de ce gabarit, de récrire le recto et le verso du bordereau. En dehors des notions que pouvait nous fournir cette reconstitution, il y avait intérêt pour la Cour à avoir une idée précise du temps qu'elle pourrait prendre, de celui qu'il faudrait pour la construction du gabarit d'abord, et pour celle du bordereau ensuite.

A notre grand étonnement, M. Bertillon a refusé très nettement de se prêter à cette épreuve.

Non seulement il n'a pas voulu, à l'aide d'un sou et d'une règle, reproduire le mot *intérêt*, alors que nous lui offrions même pour faciliter l'opération, un double décimètre ; mais il s'est aussi refusé à construire le gabarit formé en imbriquant le mot *intérêt ;* en même temps il a refusé, alors que nous lui offrions le gabarit tout fait, de reconstruire le bordereau...

Actuellement, nous a-t-il dit, sa mémoire lui faisait défaut, il n'était plus en mesure de reproduire le bordereau, et d'ailleurs une atrophie des muscles de la main fait de lui un très mauvais dessinateur...

C'est en vain que pour y suppléer, nous nous sommes adressés aux documents écrits que nous avions entre les mains. *Les planches de papier pelure que l'auteur de la brochure verte a encadrées dans son atlas sont d'une inexactitude flagrante que l'on impute à des erreurs d'impression.* Cet auteur ne s'est pas fait connaître, de sorte que nous n'avons pu rendre compte de ses observations. Il ne nous reste que la brochure verte, la déposition du capitaine Valério, à Rennes, les réponses et les planches de M. Bertillon. Nous allons exposer ce que nous avons pu tirer *de ces documents souvent contradictoires.*

Pour reproduire le bordereau, il faut d'abord reproduire les lignes les unes au-dessous des autres. Nous avons vu comment on reproduisait chaque ligne individuellement et nous avons déjà fait remarquer qu'aucune foi n'a été donnée pour l'écriture sur le gabarit ; qu'en admettant même qu'il fût employé comme simple moyen mnémotechnique de repérage,il y aurait des objections à son emploi tirées de ce que les lettres du bordereau sont quelquefois au-dessous du gabarit. Laissons de côté ces objections irréfutables et bornons-nous à indiquer comment a été obtenu le repérage vertical des lignes du bordereau.

p. 363

Nous commençons par le *verso...*

La proposition de M. Bertillon, appuyée par le capitaine Valério, est que toutes les lignes (sauf la dernière) sont à une distance l'une de l'autre égale à deux tiers de centimètre, la ligne 30 qui fait exception, étant à une distance double de la précédente...

Tel est le principe : avant de discuter, les experts font justice d'une remarque, que M. Valério avait été chargé de développer : si l'on prend les lignes du verso, disait M. Valério, elles sont successivement à un nombre exact de centimètres de l'encoche, du bord supérieur, du bord inférieur, les trois repères se présentant toujours à nous dans l'ordre fixe qui leur a été attribué au début.

S'il ne s'agissait pas de choses aussi graves, répondent les experts, on serait tenté de sourire en voyant qu'il est attaché tant d'importance à des choses si simples et l'on serait tenté de prononcer le mot de charlatanisme s'il ne s'agissait pas d'un procès qui a eu de si grandes conséquences. La proposition que M. Bertillon et M. Valério s'attachent à mettre en relief n'est pas autre que celle-ci : Si l'on prend des nombres entiers consécutifs, 0, 1, 2, 3, 4, 5, 6, 7, 8, 9, 10, et qu'on les divise par 3, ils laissent toujours comme reste soit 0, soit 1, soit 2, et les restes se présenteront toujours dans le même ordre.

Une fois exposé le système de M. Bertillon, il faut voir s'il se justifie. Ecartons tout de suite les relations des lignes avec les bords de l'encoche. Nous savons que celle-ci est postérieure à la confection du bordereau, que le bordereau n'a pas 206 millimètres 7, et que l'encoche n'est pas à une distance des bords égale à celle qui lui est assignée.

Tout ce qui reste du système de M. Bertillon c'est l'équidistance entre les lignes.

Ici, encore, il suffit de jeter les yeux sur la brochure verte pour être fixé...

Il suffit de regarder la planche 7 pour constater que *les coups de pouce* sont donnés...

Il nous reste à parler du point le plus délicat, de ce qui concerne l'inclinaison à donner aux lignes. On s'accorde à penser qu'elle est ascendante.

La Commission montre alors que la construction indiquée par l'auteur de la brochure verte (p. 37, ligne 8) pour l'inclinaison à donner aux lignes, est inadmissible :

Comme cette construction déplacerait notablement le point où le bord libre du bordereau coupe la ligne du gabarit, elle introduirait inévitablement *un troisième réticulage du bordereau très notablement différent des deux précédents et, par suite, ferait crouler tout le système...*

Tel est le système pour le verso. Pour le recto, il est infiniment plus compliqué, mais, comme la Commission le montre, il n' a pas plus de valeur. Elle conclut ainsi :

p. 346   *On a dit que le bordereau était une épure construite géométriquement dans toutes ses parties ? S'il en est ainsi, ce serait une épure construite par un arpenteur de dernière catégorie, d'instruction rudimentaire, et non par un ancien élève de l'Ecole polytechnique, par l'homme dont les dessins élégants, dont les calculs exécutés à l'Ile-du-Diable attestent l'instruction générale et l'habileté manuelle. Pour le but à atteindre, pour celui qu'on lui prête, combien de méthodes plus simples il aurait été capable d'imaginer. Les divergences, les exceptions qu'on rencontre à chaque pas dans la théorie précédente sont inspirées évidemment par le désir de faire cadrer la construction avec les particularités de l'écriture du bordereau. Nulle théorie générale n'est indiquée ni aperçue, et cependant il est établi, par le texte même du document, que l'écrivain du bordereau n'en était pas à son coup d'essai et avait dû écrire déjà bien des documents. En dehors de l'inexistence de l'encoche, la complication même des hypothèses que nous avons exposées, en les dépouillant même de tout ce qu'elles avaient d'ardu, est la meilleure preuve que les constructions bizarres et impossibles qu'on nous présente comme matériellement prouvées et qu'on a refusé d'ailleurs d'exécuter devant nous, n'ont jamais été employées.*

LIII. — C'est ensuite *sur les superpositions signalées dans le bordereau* que s'explique la commission des experts. Voici le résumé de ses observations :

Dans son étude des mots redoublés du bordereau, étude à laquelle il attache une extrême importance, M. Bertillon ne s'est pas borné à signaler ce qu'il appelle, en employant une expression dont nous tenons à lui laisser la pleine responsabilité, *des coïncidences limitées aux seules initiales ou aux seules finales ;* il a prétendu prouver que le repérage ou la coïncidence des initiales amène la superposition de quelques autres lettres.

Quant à celles qui ne se superposent pas, on les amène toujours à coïncider par des glissements ; et ces glissements sont bien loin d'être arbitraires, ils sont toujours de 1 ou 2 kütschs. — Cette assertion a été l'objet de vérifications qui ne lui ont pas généralement été favorables...

Nous avons déjà examiné ce qui concerne le repérage des initiales. Nous n'y reviendrons pas ici d'une manière systématique, mais nous devrons examiner si les coïncidences signalées par M. Bertillon sont réellement soumises à la loi géométrique qu'il indique et si elles dépassent ce que l'on doit s'attendre à trouver de ressemblance approchée dans deux mots écrits par la même personne, avec la même plume, sur le même papier et au même moment. Prenons, par exemple, le mot *manœuvre*, qui se trouve répété deux fois dans le bordereau et qui joue un si grand rôle dans la discussion de M. Bertillon.

Si l'on compare les mots *manœuvres*, des lignes 22 et 30 sur la planche 15 *bis* de l'album qui donne l'agrandissement à quatre des lignes du bordereau avec le réticulage, le gabarit et de petites verticales pointillées distantes de 1 kütsch, nous voyons que les jambages initiaux des deux mots commencent exactement sur une ligne pointillée. Par conséquent, deux lettres correspondantes de ces deux mots ne pourront être amenées en coïncidence, que si elles occupent exactement la même position par rapport aux verticales pointillées. Or. il n'en est pas ainsi ni de l'*a*, ni du premier *e*, ni du *v*, ni de l'*r*, ni du second *e*, ni de l's. *Donc il est certain que les coïncidences annoncées par M. Bertillon ne pourront se produire. Et ajoutons de plus que, comme les deux mots manœuvres commencent au même point du gabarit, il est aussi reconnu qu'aucune règle précise ne définit l'écriture sur gabarit puisque, si cette règle existait, les coïncidences se produiraient.* p. 318

L'auteur de la brochure verte, qui a comparé les deux mots précédents, *affirme* qu'un glissement de 1 kütsch amènerait à coïncider les deux finales *œuvres* des deux mots. Il ne s'est pas aperçu que, si cette coïncidence impossible était réalisée, elle devrait figurer non à l'actif, mais au passif du système, puisqu'elle serait obtenue, comme le prouve la planche 15, *avec des groupes de lettres écrits par des parties différentes du gabarit.* Ainsi celui-ci, non seulement ne produirait pas de coïncidences. mais il n'empêcherait pas certaines coïncidences de se produire. *Ainsi serait mise en évidence l'absence de toute dépendance entre l'écriture du bordereau et le gabarit sous-jacent.*

La question nous paraît jugée.

Cependant, pour ne laisser place à aucune objection, la Commission examine encore deux exemples : elle aboutit à des conclusions identiques. Elle donne, à cette partie de son étude, la conclusion générale suivante :

Au cours de cet examen, nous ne pouvons constater aucune relation constante entre l'écriture du bordereau et le gabarit imaginé par M. Bertillon.

LIV. — Après avoir procédé à toutes ces vérifications de détail, les experts font une étude d'ensemble sur le *bordereau et la lettre du buvard (bordereau et minutes, retouches).*

La Commission s'exprime ainsi :

Exposons d'abord les points essentiels de la thèse de M. Bertillon.

A Rennes (1), parlant du premier examen qu'il a fait du bordereau, M. Bertillon s'exprime comme il suit :

« *Dès le commencement de l'examen, je fus frappé par des coïnci-* « *dences nombreuses de formes graphiques absolument normales et par* « *conséquent très caractérisées. J'en fus même quelque peu inquiété :* « *je me demandai comment il était possible qu'une personne incontes-* « *tablement intelligente, comme le scripteur de cette missive semblait* « *l'indiquer par ses conclusions, puisse avoir écrit une lettre si crimi-* « *nelle sans presque déguiser son écriture... Enfin, autre sujet d'inquié-* « *tude : l'écriture portait de ci, de là, quelques retouches ou quelques* « *tremblements qui d'ordinaire caractérisent le calque.* »

Et M. Bertillon rappelle ses conclusions :

« *Si l'on écarte l'hypothèse d'un document forgé avec le plus grand* « *soin, il appert manifestement pour nous que c'est la même personne* « *qui a écrit toutes les pièces communiquées et le document incriminé.*

« *Au point de vue logique, cet avis signifiait simplement que je trou-* « *vais que les deux groupes de formes graphiques représentés par les* « *deux sortes de documents, étaient trop semblables pour être attribuées* « *au hasard.* »

Sans nous arrêter à cette forme de raisonnement déjà condamnée, suivons l'évolution du système de M. Bertillon, pour arriver aux compa-
p. 311 raisons qu'il fait du bordereau avec la lettre des obligations et les minutes du Ministère. Dans sa déposition à la Cour de Cassation (2). M. Bertillon dit, en se mettant quelque peu en contradiction avec la dernière phrase citée :

« *Dès le premier jour de l'enquête, en 1894, j'avais été frappé par la* « *présence de certaines divergences graphiques (entre le bordereau et* « *l'écriture d'Alfred Dreyfus). L's long par exemple dont l'ordre était* « *inversé dans le bordereau par rapport à l'écriture d'Alfred Dreyfus, le* « *double f en ligne brisée, une forme toute spéciale de l'o...*

A Rennes (3), M. Bertillon détaille les divergences entre le borde-dereau et l'écriture d'Alfred Dreyfus, il dit :

« *Les photographies que j'ai fait passer sous vos yeux vous ont montre* « *que l'écriture du bordereau ne correspond pas dans toutes les parties* « *à l'écriture de l'accusé. Est-ce que ces différences sont naturelles ou arti-* « *ficielles? Faut-il les qualifier, autrement dit, de déguisements ou de* « *divergences graphiques ?* »

Pour M. Bertillon, ces différences sont intentionnelles. Quand M. d'Ormescheville lui eut montré une lettre de Mme Dreyfus : « *Je fus stu-péfait* (4), *dit-il, d'apercevoir cette forme d'o négatif qui m'avait tant frappé.* »

Puis, ayant été mis en présence de la lettre des obligations de Mathieu Dreyfus, il remarque (5) :

« *Au point de vue graphique, cette lettre présente cette particularité* « *de nous offrir le modèle exact de toutes les formes d'écritures signa-* « *lées par les experts comme constituant des divergences graphiques* « *entre le bordereau et l'écriture authentique (le double S excepté re-* « *trouvé dans l'écriture de la lettre signée Alice et datée de Mulhouse).*

(1) Rennes, t. 2, p. 322.
(2) Cass., 1899, t. 1, p. 489.
(3) Rennes, t. 2-331.
(4) Cass., 1899, t. 1, p. 490.
(5) *Ibid.*, p. 491.

« *En outre, la même lettre nous offre un certain nombre de mots*
« *communs avec le bordereau et qui sont superposables à ce document,*
« *réticule sur réticule...* »

Voilà donc un premier point signalé par M. Bertillon et par ses commentateurs ; l'écriture du bordereau ressemble plus à l'écriture de Mathieu
Dreyfus qu'à celle d'Alfred Dreyfus ; des mots de la lettre des obligations se superposent, d'après eux, aux mêmes mots du bordereau.

On pourrait s'attendre à voir M. Bertillon conclure que c'est Mathieu
qui a écrit le bordereau ; mais non, M. Bertillon invoque un autre ordre
d'observations ; il a entre les mains, comme pièces de comparaison,
des minutes écrites par Alfred Dreyfus au ministère de la Guerre, et,
tout en constatant les divergences graphiques entre leur écriture et celle
du bordereau, il remarque que certains mots de cette minute peuvent
être rapprochés par leur emplacement et leur longueur des mêmes mots
du bordereau.

M. Bertillon résume ses observations de la manière suivante (1) :

« L'écriture de son frère (du frère d'Alfred Dreyfus) et quelque peu .
« celle d'un autre membre de sa famille nous fournit les originaux de **p. 320**
« toutes les formes de lettres signalées par les experts du bordereau
« comme divergences graphiques. D'autre part, nous découvrons : 1° Au
« ministère, 2° A domicile, les groupes de mots superposables que nous
« avons présentés. »

Pour M. Bertillon, les diverses coïncidences qu'il dit avoir observées
ne peuvent s'expliquer que de la façon suivante :

1° La lettre des obligations (dite du buvard) a été écrite sur la chaîne
construite par M. Bertillon avec le mot *intérêt* emprunté à la lettre même.

2° Alfred Dreyfus a écrit le bordereau sur la même chaîne, mais en
déguisant son écriture pour imiter celle de son frère et quelque peu
celle de sa femme.

3° Alfred Dreyfus écrivait certains mots des minutes du Ministère sur
la même chaîne, mais cette fois sans altérer son écriture.

Notons d'ailleurs que l'expression écrire sur la chaîne (ou le gabarit)
n'a pas de sens précis, et que M. Bertillon a été incapable de nous donner
une définition exacte de ce terme ; il a été également incapable de nous
expliquer comment, dans son système, la lettre du buvard a été faite sur
une chaîne fabriquée elle-même avec un mot emprunté à la lettre (voir
aussi *Procès de Rennes*, t. II, p. 376) ; enfin, il a été très obscur dans les
explications que nous lui avons demandées sur ce point : que l'emploi de
la chaîne modifiait l'écriture d'Alfred Dreyfus quand il écrivait le bordereau et ne la modifiait pas quand il écrivait au Ministère ; sa principale
explication est que l'emploi de la chaîne facilitait l'imitation de l'écriture
de Mathieu, en retardant l'écriture ? ?

La Commission entre alors dans le détail de la critique
des observations de M. Bertillon :

Critique. — Sans invoquer les arguments de bon sens qui se présentent immédiatement à tout esprit non prévenu, nous n'aurons pas de
peine à démontrer que M. Bertillon se trompe à cause du manque de
méthode scientifique déjà signalé.

1° Il ne donne pas de définitions précises sur le sens du mot *superposition,* sur les points qu'il compare, sur les directions dans lesquelles il
mesure les distances.

(1) *Ibid.*, t. 1, p. 497.

2° Il note seulement les faits qui lui paraissent favorables à sa thèse et ne mentionne pas les faits contraires.

3° Il ne fait pas les contre-épreuves nécessaires.

4° Il raisonne et mesure sur le bordereau reconstitué par lui, c'est-à-dire sur le bordereau artificiel, avec les erreurs systématiques qui ont déjà été signalées et qui modifient les positions des mots par rapport aux réticules, ainsi que leur longueur.

Dans les faits signalés par M. Bertillon, il n'y en a pas un seul qui ne soit une conséquence naturelle ou, si l'on préfère, une nouvelle constatation de ce fait reconnu par lui, à savoir que les écritures du bordereau, d'Alfred Dreyfus, de Mathieu Dreyfus, et nous pouvons ajouter d'Esterhazy sont de la même famille. C'est ce qui a fait attribuer au début de l'affaire la paternité du bordereau à Alfred Dreyfus, et c'est ce qui permet à M. Bertillon de dire qu'il a retrouvé dans l'écriture de Mathieu les différences signalées par les experts entre les écritures du bordereau et d'Alfred.

Dès lors, on peut s'attendre à trouver dans ces deux écritures d'Alfred et de Mathieu des mots ou des portions de mots ayant même longueur ou les portions similaires des mots correspondants du bordereau. Et même nous verrons que M. Bertillon arrive, par ses constatations, à vérifier une fois de plus que l'écriture de Mathieu ressemble plus à celle du bordereau que celle d'Alfred, puisqu'il a moins à torturer les mots de Mathieu que ceux d'Alfred pour arriver aux superpositions dont il se contente, et cela malgré le plus grand nombre des mots similaires d'Alfred qu'il avait à sa disposition.

p. 321

Examinons d'abord séparément les deux points visés par M. Bertillon :

1° Il existe sur le bordereau, d'une part, et sur les pièces que nous venons de citer d'autre part, des mots qui sont superposables.

2° Cette superposition a lieu avec superposition des réticules.

Les termes employés ont une apparence de précision et de rigueur qui, si l'on va au fond des choses, s'évanouit complètement et fait place à l'à peu près et à l'arbitraire.

La Commission examine alors les mots prétendus superposables, et dit ensuite :

On aurait pu croire que la première condition nécessaire pour que deux mots similaires soient superposables, c'est qu'ils soient approximativement de même longueur ; cette condition est quelquefois remplie, mais rarement ; la plupart du temps, les mots diffèrent de longueur : si nous prenons, par exemple, *modifications* (cote 4 et bordereau ligne 8) indiqués comme superposables, ces deux mots diffèrent en longueur de plus d'un intervalle réticulaire (planche 8 *bis*, carton vert de M. Bertillon), c'est-à-dire de plus de 5 millimètres.

Peut-être dira-t-on que les mots sont superposables quand les lettres ont les mêmes formes ; mais non, les rapprochements entre les mots du bordereau et ceux de la lettre du buvard (planche 77 *bis*) font ressortir des différences de lettres, par exemple *intérêt* et *intéressant, moins* et *moins ; les rapprochements entre les mots du bordereau et ceux des minutes rendent éclatante la différence entre l'écriture de Dreyfus et celle du bordereau.*

Enfin, serait-ce que les lettres occupent dans les mots similaires les mêmes emplacements relatifs ? Ce n'est pas encore cela, car, et c'est là un point capital, M. Bertillon se réserve de sectionner une ou deux fois les mots qu'il compare pour essayer d'en superposer tant bien que mal de petits tronçons par des glissements qu'il s'astreint à prendre égaux à 1 millimètre 25, ou 2 millimètres 50.

Même avec ces coups de pouce, les superpositions ne se réalisent pas ; les situations de certaines lettres s'améliorent, comme il était évident a priori, celles d'autres lettres deviennent moins bonnes ; d'ailleurs des glissements de longueurs différentes produiraient le même effet pour d'autres lettres, la valeur et le sens des glissements à employer dépendant évidemment des lettres qu'on veut amener aux mêmes places.

Ainsi aucun caractère simple, commun, n'apparaît dans les mots que M. Bertillon qualifie de superposables ; les superpositions indiquées ne sont donc plus qu'une affaire d'appréciation personnelle : M. Bertillon les voit, nous ne les voyons pas : elles n'ont aucune réalité.

La Commission entre alors dans quelques détails relativement à ces superpositions, en prenant successivement les mots de la lettre du buvard et ceux des minutes.

Voici ses conclusions pour les mots de la lettre du buvard :

Ainsi, même avec les mots reconstitués par M. Bertillon qui ont même longueur que ceux de la lettre du buvard, la superposition annoncée ne se fait pas. La coïncidence résultant de l'égalité des longueurs disparaît elle-même si on se reporte au bordereau réel, car la longueur des deux mots « quelques renseignements » est altérée. L'erreur probable de $0^{m/m}$ 4 et les superpositions vues par M. Bertillon, si insuffisantes soient-elles, n'existent même pas. La différence des deux couples de mots « quelques renseignements », même dans la reconstitution de M. Bertillon, est telle que le commandant Corps les place de façon tout à fait différente sur son quadrillage. Une autre remarque intéressante est que, dans le texte de la brochure verte, page 42, on ne fait pas glisser *an*, sans doute pour ne pas détruire la coïncidence des *g. Le système n'est même pas présenté de la même façon par tous les adhérents, et il s'agit de deux figures soi-disant superposables l'une sur l'autre d'une façon éclatante.* p· 322

La Commission examine ensuite les mots des minutes :

Dans les minutes écrites par Dreyfus au Ministère, les superpositions avec les mots du bordereau se font encore plus mal que les précédentes, car ici les différences de longueur et de forme des lettres des mots comparés sont plus accentuées. (Suivent les exemplaires.)

La conclusion des experts est la suivante :

Ainsi, dans les minutes, il n'y a que des superpositions relatives (en employant l'expression de M. Bertillon à propos des deux « artillerie ») avec une différence complète des écritures. Et il faut remarquer qu'ici M. Bertillon avait à sa disposition les minutes du Ministère où les mots du bordereau sont répétés en grand nombre, et où il aurait dû trouver beaucoup de mots à peu près superposables, *si les minutes et le bordereau avaient été écrits par la même personne avec ou sans gabarit...*

Son insuccès même est une preuve que les deux pièces sont de main différente.

La Commission examine ensuite les prétendues « superpositions réticules sur réticules », c'est-à-dire celles où non seulement les mots seraient superposables, mais encore où ils le seraient réticules sur réticules, suivant un système kütschique. Elle montre que ces superpositions n'existent pas dans la réalité ; que, pour en donner l'apparence, M. Bertillon a imaginé successivement les systèmes les plus variables et les plus différents ; *dans chaque cas, le réticulage suit une nouvelle règle.*

La Commission donne en ces termes sa conclusion générale résultant de l'étude détaillée qu'elle a faite des prétendues superpositions :

En résumé, les superpositions de mots, alléguées par M. Bertillon, n'ont aucune existence réelle, et ne révèlent aucun système kütschique.

La Commission fait ensuite la remarque caractéristique suivante :

p. 323   Ces prétendues superpositions seraient dues, d'après M. Bertillon, à ce que le bordereau, la lettre du buvard et les mots des minutes auraient été écrits sur le gabarit. Nous aurions pu, d'un mot, écarter tout le système de M. Bertillon relatif aux minutes, pour la raison suivante :

M. Bertillon nous a remis une chaîne rouge et verte grandeur naturelle ; en plaçant cette chaîne sous le papier des minutes contenant « artillerie », nous avons constaté qu'il était impossible d'apercevoir aucun détail de cette chaîne à travers le papier.

Dreyfus ne pouvait donc matériellement pas appliquer le système que lui prête M. Bertillon ; dès lors, le fait que M. Bertillon trouve quand même des coïncidences de l'ordre de celles que nous avons décrites, montre à nouveau le parti pris qui l'a guidé dans ses recherches.

La Commission signale également l'absence de contre-épreuve dans le système de M. Bertillon, et fait les remarques suivantes :

M. Bertillon aurait dû aussi chercher dans les lettres de Dreyfus, *dans les dictées faites à l'accusé et écrites manifestement à main courante,* s'il n'y avait pas de mots répondant aux mêmes conditions ; il l'a fait, dit-il ; *il a même trouvé des superpositions. « Quand on cherche »,* a-t-il ajouté, *« on trouve toujours »* (troisième déposition devant les experts). Que n'a-t-il reproduit et discuté ces superpositions ?

Enfin, un autre genre de contre-épreuve aurait dû être sérieusement fait par M. Bertillon, c'était d'essayer, entre l'écriture du bordereau et celle d'Esterhazy, des comparaisons aussi longues et aussi minutieuses que celles que nous avons décrites. Mais à notre demande, s'il avait fait des essais de ce genre, il a répondu par ce mot « typique »

« *CELA VA TROP BIEN* ».

Mot qui, dans son idée, se rattache à l'imitation intentionnelle du bordereau par Esterhazy.

Mais il oublie qu'il existe de nombreuses lettres antérieures à l'époque où Esterhazy a pu connaître le bordereau.

Enfin, la Commission expose que « M. Bertillon voit, dans

certains mots de la lettre dite du buvard, ou des minutes, ou du bordereau, des apparences qu'il interprète comme étant des traces de retouches indiquant un calque possible. » Mais la Commission fait remarquer « qu'en agrandissant des écritures courantes, à grande échelle, on obtient normalement des apparences de ce genre. » Les experts ont même fait une expérience concluante en agrandissant l'écriture de *M. Bertillon* lui-même. L'agrandissement fait apparaître les mêmes prétendues traces de retouches.

LV. — Les experts examinent ensuite les assertions extraordinaires de M. Bertillon sur *Esterhazy et le bordereau du Matin.*

Voici comment s'exprime la Commission :

Quand le colonel Picquart montra à M. Bertillon un billet d'Esterhazy, *bien avant la publication du Matin*, M. Bertillon déclara sans hésiter que l'écriture de ce billet était celle du bordereau, mais en ajoutant que l'au-**p. 324** teur était un homme payé pour s'exercer à imiter le bordereau (troisième déposition de M. Bertillon devant les experts, page 3). Nous pouvons d'ailleurs saisir d'une façon précise la pensée de M. Bertillon dans un rapport qu'il a fait le 6 juillet 1898. Ce rapport figure au dossier secret avec la note suivante du général Gonse : Rapport apporté par M. Bertillon auquel aucun rapport de ce genre n'avait été demandé. C'est probablement ce rapport que les auteurs de la brochure verte qualifient de très curieux, page 19. Voici comment raisonne M. Bertillon.

« L'observateur convaincu de la culpabilité de Dreyfus, qui compare « l'écriture d'Esterhazy avec celle du bordereau, est tout d'abord frappé « de l'impossibilité théorique de rencontrer autant de points communs « entre deux écritures de mains différentes. Supposons ce sosie graphi-« que découvert, il resterait à prouver comment cette heureuse rencontre « a pu tomber précisément sur un officier manifestement taré et notam-« ment connu par ses relations avec de hautes personnalités israélites. « Pour rendre admissible une accumulation de qualités aussi diverses « sur une seule tête, il faudrait au moins qu'il fût possible de rencontrer « dans le monde militaire plusieurs dizaines de sujets doués d'une écri-« ture semblable à celle du bordereau ; je ne crois pas m'avancer beau-« coup en déclarant que l'enquête la plus laborieuse n'y réussirait pas, « alors même qu'elle porterait ses investigations dans l'ensemble du pays « sans distinction de sexe et de profession. »

On ne saurait donner de preuves plus fortes que le seul auteur possible du bordereau soit Esterhazy, mais ce n'est pas là la conclusion de M. Bertillon.

« Ce sont des considérations de ce genre, dit-il, qui me firent déclarer, « il y a deux ans, dès la première inspection, que l'écriture d'Esterhazy « était une imitation continuelle de celle du bordereau. »

On voit comment M. Bertillon, en observateur convaincu de la culpabilité de Dreyfus, interprète les faits.

La Commission poursuit : M. Bertillon, dit-elle, dans le rapport précité, poursuit son idée en étudiant l'écriture d'Esterhazy comparée au fac-similé du *Matin*, et prétend montrer que l'écriture d'Esterhazy ressemble plus à la reproduction du *Matin* qu'au bordereau lui-même. Or, dit la Commission les points qu'il signale portent sur des détails infimes et mal interprétés.

La Commission les examine et dit ensuite :

Les auteurs de la brochure verte insistent, page 21, sur les remarques de M. Bertillon.

Mais ces arguments n'ont aucune valeur parce que :

1° Il existe au dossier de nombreuses lettres antérieures à la publication du *Matin*, contemporaines du bordereau et même antérieures au bordereau, qui présentent avec celui-ci une identité complète d'écriture ;

2° M. Bertillon, en disant au colonel Picquart, avant la publication du *Matin*, que l'écriture du billet d'Esterhazy est identique à celle du bordereau, a lui-même détruit toute argumentation tirée de la reproduction du *Matin...*

Il ne reste donc rien de la prétendue imitation du fac-similé du *Matin* par Esterhazy.

p. 325 LVI. — Enfin pour terminer leur travail sur les élucubrations de M. Bertillon, les experts étudient *les encoches.*

Il est à noter que ces encoches avaient été devant la Cour l'argument suprême de M. le colonel du Paty de Clam, pour établir la culpabilité de sa victime (1).

Voici les parties essentielles de l'étude de la Commission sur ce sujet.

Nous arrivons enfin au bout de cette voie où M. Bertillon et ses commentateurs, engagés par le parti pris et entraînés par le développement d'un système déraisonnable, aboutissent à une dernière théorie dont l'absurdité ridicule est rendue éclatante par les constatations matérielles que nous avons pu faire.

Cette théorie est basée sur deux entailles faites, l'une dans le bordereau, et l'autre dans la lettre du buvard, et appelées les encoches.

Le bordereau porte, sur le bord libre droit du recto, une entaille formée par un coup de ciseau longitudinal partant d'un point du bord, au-dessus du coin inférieur, et pénétrant avec une légère obliquité dans le papier jusqu'à un point où la languette de papier ainsi détachée a été arrachée ou peut-être coupée à son tour. On a ainsi ce qu'on appelle l'encoche du bordereau...

La lettre du buvard porte au bas une encoche dont les deux côtés forment un angle. Ces deux côtés sont faits par des coups de ciseaux successifs ; le fonds est un peu irrégulier et porte une petite fente ou déchirure provenant probablement d'un coup de ciseaux un plus plus profond ; cette petite fente ou déchirure a été appelée surencoche...

Ces deux encoches ont exercé les imaginations de M. Bertillon et des commentateurs qui ont fait jouer un rôle capital à l'encoche du bordereau dans le repérage des lignes.

(1) Enquête, t. 1, p. 195.

Puis, comme le système de M. Berlillon consiste à établir des rapports étroits entre le bordereau et la lettre des obligations, ils ont été frappés par la présence des encoches sur ces deux documents et, en essayant de les rapprocher comme ils avaient fait pour les mots similaires, *ils trouvèrent une position relative des deux feuilles de papier, dans laquelle les deux encoches occupent des positions assez voisines.* Il n'en a pas fallu davantage pour faire naître une théorie nouvelle que M. Bertillon expose dans la pièce annexe (note sur le calibrage du bordereau, 11 pages), et dont les résultats sont résumés par la planche 12 de l'atlas vert. M. Bertillon ayant, comme nous l'avons expliqué, trouvé des procédés mnémotechniques pour repérer approximativement l'écriture du bordereau, en a trouvé d'autres, comme tout le monde l'aurait fait, pour repérer les dimensions du bordereau en se servant de la lettre du buvard...

La conclusion de toutes les opérations de M. Bertillon est la suivante (atlas de la brochure verte, planche 12) :

« On fait coïncider l'un des bords du bordereau reconstitué, le bord
« supérieur avec le bord droit de la lettre du buvard et on abaisse le
« bordereau jusqu'au contact de son bord perpendiculaire (le bord droit)
« avec le sommet de la grande échancrure rectangulaire. En cette posi-
« tion on obtient, avec une grande précision, disent les auteurs de la
« brochure verte : 1° la détermination de la largeur de la feuille double p. 326
« du bordereau au moyen du milieu du bord supérieur de la lettre du
« buvard ; 2° le repérage de l'encoche du bordereau moyen de la petite
« fente qui surplombe la grande échancrure triangulaire. »

Mais cette opération est faite par M. Bertillon et les auteurs de la brochure avec le bordereau théorique reconstitué à 4 millimètres et complété par l'addition d'un feuillet qu'il n'est au pouvoir de personne de reconstituer.

Or, comme nous l'avons vu, la reconstitution de M. Bertillon est fausse, les dimensions de la partie existante du bordereau sont différentes de celles que leur imagine M. Bertillon dans sa théorie. Si la partie manquante était réellement symétrique de celle qui reste, par rapport au pli, ce qu'il est impossible de savoir exactement, la reconstitution de M. Bertillon ne fait que doubler l'erreur qu'il a faite sur la reconstitution de la moitié existante.

Donc la superposition indiquée n'a aucune réalité, elle n'a pas lieu avec les documents authentiques.

Nous aurions pu nous arrêter à ces conclusions, mais comme tout esprit ayant un peu de critique l'aurait fait, nous nous sommes demandés si ces fameuses encoches existaient sur les pièces originales qui, depuis leur saisie, ont passé par un grand nombre de mains et figuraient dans beaucoup de scellés et de dossiers.

Si une seule des encoches a été faite après la saisie des pièces, la manie raisonnante de M. Bertillon et de ses disciples éclate à tous les yeux. Or, nous avons établi que les encoches ont été faites toutes deux par les agents de la justice, celle du bordereau par la personne qui a fait le premier recollage du bordereau, celle de la lettre des obligations par la personne qui a mis la lettre des obligations avec d'autres pièces saisies chez Dreyfus, dans un scellé ouvert dont on a retrouvé la chemise avec les signatures de MM. du Paty de Clam, Gribelin et de Mme Dreyfus.

L'encoche du bordereau a été faite par la personne qui a recollé le bordereau. Lorsque le bordereau fut remis à M. Bertillon, il était recollé à l'aide de plusieurs bandes gommées. M. Bertillon commença par enlever la plus grande partie de ces bandes ; il nota leurs emplacements en calquant au travers des mots qu'elles recouvraient et les mit dans une enveloppe qui figure au dossier. Une fois ces bandes de collage enlevées, il devenait difficile de retrouver l'origine de l'encoche et il n'est pas étonnant qu'elle ait échappé aux personnes qui n'ont vu le bordereau que dans l'état où l'a mis M. Bertillon.

Mais il existe au dossier un cliché pris par M. Tomps du bordereau primitif immédiatement après son recollage. Sur ce cliché, les premières bandes de collage apparaissent très nettement. On y voit, en particulier, une bande qui recouvre le mot *extrêmement* et qui raccommode la déchirure oblique traversant ce mot. Cette bande est collée obliquement par rapport au bord libre, et *sa section le long du bord libre se confond exactement avec celle du bord libre du bordereau.* On voit ainsi l'origine de l'encoche : la bande de collage oblique dépassait primitivement le bord ; une fois le bordereau recollé, l'opérateur dût faire disparaître les portions de bandes qui dépassaient, il voulut couper la bande d'*extrêmement ;* son coup de ciseaux donné un peu obliquement par rapport au bord libre, entama légèrement le papier sous-jacent en en détachant une languette étroite qu'il dût ensuite enlever.

Telle est l'origine de l'encoche. Les photographies agrandies que nous avons fait tirer avec le cliché de Tomps montrent nettement que la **p. 327** bande gommée et le bordereau ont leurs bords exactement raccordés, ce qui n'arriverait pas si le même coup de ciseaux n'avait pas entamé les deux papiers. Ce n'est qu'au-dessus de la bande qu'une ondulation du papier du bordereau produit une discontinuité du bord, mais il n'en existe aucune à l'endroit recouvert par la bande et à l'endroit immédiatement voisin...

Nous avons d'ailleurs, après avoir retrouvé la bande de collage avec le calque du mot *extrêmement*, pu la remettre exactement à sa place et constaté que les bords des deux papiers coïncident.

En résumé, l'encoche du bordereau a été faite après sa reconstitution ; elle n'existait pas sur le bordereau original.

2° L'encoche de la lettre du buvard provient de ce que la lettre a figuré dans un scellé ouvert dont les pièces étaient maintenues à l'aide d'une ficelle passant dans une encoche au bas du scellé.

Il résulte d'une procédure instruite par M. le Conseiller Petitier qu'un certain nombre de pièces saisies chez Alfred Dreyfus, parmi lesquelles la lettre des obligations, la lettre du fusil de chasse, ont été, au ministère de la Guerre, placées dans ce qu'on appelle un scellé ouvert, portant le n° 19 dont la chemise, parafée par M. du Paty de Clam, Gribelin et Mme Dreyfus, a été retrouvée. M. Gribelin reconnaît que M. Cochefert lui a donné des indications pour la confection d'un scellé ouvert. Cette confection consiste, d'après M. Cochefert, à placer les pièces dans une chemise servant d'enveloppe en pratiquant, dans le bas, une entaille triangulaire destinée à retenir la ficelle du scellé à sa place ; cette ficelle passe d'ailleurs dans un trou perçant la chemise et toutes les pièces, puis les extrémités de la ficelle sont fixées au dos de la chemise et cachetées.

La chemise retrouvée répond parfaitement à ce signalement. Les pièces qu'elle contenait avaient été divisées en deux parties, les unes avaient été rendues à Mme Dreyfus, les autres étaient restées au dossier de l'affaire comme la lettre des obligations, la lettre du fusil de chasse, etc.

Or, toutes ces pièces portent les trous de la ficelle à la même place que la chemise et toutes celles d'entre elles dont le format est assez grand pour qu'elles atteignent le bas de la chemise, portent l'encoche à la même place que la chemise avec la même forme. Ainsi, sur la lettre des fusils de chasse, on voit l'encoche comme sur celle des obligations et le trou de la ficelle au point correspondant au trou du mot *puisque* de la lettre des obligations, a peu près à 105 millimètres au-dessus du fond de l'encoche. Un détail mérite d'être retenu comme montrant bien le défaut de méthode de M. Bertillon, c'est qu'il a reconnu avoir remarqué l'encoche sur les lettres qui lui ont été remises, celle des obligations et deux autres. Tout autre à sa place aurait cherché si ces encoches n'existaient pas également sur d'autres pièces du dossier.

En résumé, les encoches du bordereau et de la lettre des obligations ont été faites toutes deux après la saisie de ces pièces ; les théories développées à ce sujet par M. Bertillon et ses disciples non seulement n'ont aucun fondement, mais elles montrent, par un exemple qui peut être compris de tout le monde, le parti pris, le manque absolu de critique et d'esprit scientifique, le goût de l'absurde que nous avons constatés dans toutes les parties du système soumis à notre examen.

On peut ajouter qu'il est fort heureux pour le colonel du Paty de Clam que les experts aient constaté la non superposition des deux encoches sur les originaux des deux documents. Etant donné en effet l'époque à laquelle les deux encoches ont été pratiquées sur les documents, et l'étrange parti qu'en voulait tirer le colonel du Paty, pour établir la culpabilité de Dreyfus, cet officier de police judiciaire serait aujourd'hui véhémentement suspect d'avoir pratiqué lui-même, sur la lettre de Mathieu Dreyfus, une encoche superposable à celle du bordereau pour s'en faire une preuve à l'appui de l'accusation.

p. 328

LVI. — Les experts passent ensuite à l'étude du *système du commandant Corps.*

La Commission réfute en détail le système du commandant Corps, dont elle avait déjà montré, au cours des études précédentes, les invraisemblances et les inexactitudes :

La théorie de M. Corps a été rapidement exposée dans la déposition de M. le général Zurlinden (1).

Elle a été aussi étudiée par M⁰ Demange qui y fait une allusion rapide et discrète dans un passage de sa plaidoirie (2). On s'explique d'ailleurs très bien qu'à Rennes l'accusation n'ait pas jugé à propos de produire le témoignage du commandant Corps, car le système de cet officier supérieur, tout en se rapprochant de celui de Bertillon sur certains points particuliers, aboutissait cependant à une conclusion essentiellement différente. *L'impression que l'on comptait produire à l'aide des démonstrations soi-disant géométriques de M. Bertillon aurait été annulée, si l'on avait vu que des considérations de même nature conduisaient un officier du génie, ancien élève de l'Ecole polytechnique a repousser les par-*

(1) Rennes, t. 1, p. 211.
(2) Rennes, t. 3, p. 726.

lies du système de M. Bertillon que celui-ci regardait comme les mieux établies et les plus essentielles, et en particulier à faire intervenir un quadrillage là où M. Bertillon jugeait nécessaire d'employer son gabarit.

M. le commandant Corps a beaucoup regretté que les débats de Rennes aient été clos sans qu'il y ait été entendu, et lorsque dans ces derniers temps, l'affaire Dreyfus a été reprise, il s'est adressé, par une lettre datée du 25 décembre 1903, à M. le Président de la Chambre criminelle, en demandant à être convoqué à la Cour de Cassation. Il a joint à sa demande diverses photographies et un mémoire autographié, contenant un résumé de ses études et de ses conclusions.

La Cour nous ayant chargés d'examiner cet ensemble de travaux, nous avons convoqué M. le comamndant Corps, nous l'avons entendu à deux reprises différentes, et chaque fois nous avons fait consigner par les sténographes ses explications qu'il a signées ensuite et approuvées. Après ce court résumé, il ne nous reste plus qu'à faire connaître le résultat de notre examen.

Voici quel est le point fondamental du système du commandant Corps.

Traçons sur une feuille de papier des horizontales et des verticales à la distance uniforme de 1 kûtsch (1 millimètre 1/4), nous formons ainsi un système de carrés dont nous traçons les diagonales ascendantes.

p. 329 Nous formons ainsi un transparent que l'auteur du bordereau a glissé sous le papier pelure et dont il s'est ainsi servi pour guider son écriture et la modifier.

Comme l'hypothèse de M. Bertillon, celle du commandant Corps a du moins le mérite de la nouveauté.

C'est en vain que nous nous sommes adressés à M. Bertillon pour lui demander ce qu'il entendait par écrire sur son gabarit ; c'est en vain que nous nous sommes adressés au commandant Corps pour lui demander de définir la loi suivant laquelle son quadrillage aurait été employé ? Quand il y a des coïncidences de jambages, on les note à l'actif du système, mais aussitôt qu'il y a des discordances, on nous répond qu'il ne s'agit pas de suivre les traits du quadrillage avec une rigoureuse précision, comme si l'on voulait tracer un modèle d'écriture, ce qui dévoilerait immédiatement le procédé. Or, le procédé devait rester caché, puisque l'auteur avait comme unique but de modifier son écriture. Ici, comme dans bien des points du système Bertillon tout est porté à l'actif du système, les exceptions elles-mêmes qui sont voulues et préméditées.

Ce qu'il y a de particulièrement grave à objecter au système, en dehors de l'absence de toute définition, c'est le déplacement continuel que M. le commandant Corps est obligé d'imprimer à son transparent...

En réalité, M. le .commandant Corps place son quadrillage comme il l'entend, sous chaque mot ou même sous chaque partie de mot, et malgré tout, malgré l'épaisseur de certains jambages, qui est quelquefois considérable, le résultat obtenu n'est nullement probant.

A part quelques observations sur les barres des t, M. le commandant Corps n'a fait aucun calcul précis ; ce qui ne l'empêche pas de conclure qu'il a établi avec une probabilité voisine de la certitude, (il nous a même dit égale à la certitude,) que c'est à l'aide de son quadrillage que le bordereau a été écrit.

Cette première conclusion, nous nous accordons à la repousser de la manière la plus absolue. Nous pourrions nous arrêter ici, mais on va voir que les autres parties du système ne sont pas moins inadmissibles.

Après avoir trouvé comment le bordereau a été écrit, le commandant Corps se demande par qui il a été écrit. Il n'envisage que deux hypothèses, le bordereau a été écrit soit par Esterhazy, soit par Dreyfus. Le bordereau n'a pas été écrit par Esterhazy. Le commandant nous en donne deux raisons, l'une accessoire, parce que le quadrillage ne s'applique pas à l'écriture d'Esterhazy, l'autre pour lui décisive, *c'est qu'Esterhazy ignore absolument la manière dont le bordereau a été écrit.* Puisque, d'après le commandant Corps, tous les efforts d'Esterhazy ont tendu à faire croire que c'était lui qui avait écrit le bordereau, il n'aurait eu, pour entraîner la conviction, qu'à dévoiler le quadrillage d'après lequel a été écrit ce document. Cette raison paraissant sans réplique aux yeux du commandant, nous pourrions nous dispenser d'insister sur la question accessoire. Il importe de remarquer cependant qu'étant donné l'absence de toute définition et l'élasticité que le commandant Corps admet dans l'emploi de son quadrillage, nous ne voyons pas pourquoi on ne peut l'appliquer à toute écriture du calibre de celle d'Esterhazy, de Mathieu Dreyfus, d'Alfred Dreyfus, si on admet les déplacements continuels qu'il est permis, dans le système, d'imprimer au transparent.

Arrivons maintenant à ce qui concerne Dreyfus ; pourquoi est-il l'auteur du bordereau ? C'est parce que le quadrillage s'applique à la lettre du buvard.

Cette lettre, trouvée en la possession de Dreyfus, écrite très probablement par lui, certainement par le même procédé que le bordereau, démontre qu'il connaissait parfaitement ce système d'écriture. Tel est l'argument qui paraît décisif à M. le commandant Corps. p. 330

Pour juger si le quadrillage s'applique à la lettre du buvard, il suffira, croyons-nous, de jeter un simple coup d'œil sur la planche agrandie qui nous a été présentée par M. le commandant Corps où les mouvements de tangage du quadrillage ont une amplitude inusitée, sans que, d'ailleurs, on ait obtenu entre le quadrillage et l'écriture des coïncidences dont la définition même n'est pas donnée.

LVIII. — La Commission entre alors dans l'étude la plus minutieuse des arguments de détail donnés par M. Corps et poursuit ainsi :

Telle est la discussion précise du système du commandant Corps et des arguments par lesquels il prétend avoir établi :

1° Que le bordereau a été écrit par l'emploi du système du quadrillage ;

2° Qu'Alfred Dreyfus connaissait ce système de quadrillage qu'il a appliqué à la lettre du buvard, et que, par conséquent, lui seul peut être considéré comme l'auteur du bordereau.

Le commandant Corps n'a pas voulu se rendre compte de la faiblesse des arguments sur lesquels il établissait son système, *mais il a reconnu qu'il existe de nombreux points communs entre l'écriture du bordereau et celle des spécimens publiés de l'écriture d'Esterhazy. Il ajoute même loyalement que ces analogies sont tellement nombreuses et d'une nature si particulière, qu'il est absolument impossible qu'elles n'aient pas une cause autre que le hasard.* Il a donc cherché à les expliquer et voici les conclusions auxquelles il a été conduit.

« La plupart des lettres produites comme spécimens de l'écriture « d'Esterhazy auraient été retouchées ou fabriquées soit par lui-même, « soit de connivence avec lui, de manière à imiter l'écriture du borde- « reau.

« Ce qui est le plus probable, c'est que quelques individus sans

« scrupules voyant le désir de la famille et des amis de Dreyfus d'ar-
« river à la revision du procès, ont entrepris la fabrication de faux
« documents pour la rendre possible, en comptant, après la réussite de
« leur plan, exercer un chantage sur l'une ou l'autre partie et peut-être
« sur les deux. Esterhazy, qu'ils tenaient sans doute par quelque méfait
« connu d'eux a dû se prêter à leurs machinations.

« De leur côté, les agents de l'espionnage allemand ont encouragé
« et facilité ces manœuvres qui leur évitaient d'avouer leurs relations
« avec Dreyfus, jusque-là tenues secrètes même pour leurs chefs. »

Discuter ces affirmations dans toute leur étendue, ce serait reprendre
tout le procès. Nous avons demandé au commandant Corps s'il pouvait
nous indiquer quelque fait précis à sa connaissance personnelle, corroborant son hypothèse relative à des faussaires sans scrupules ou aux
agents de l'espionnage allemand. Sur sa préponse négative, nous lui avons
demandé quelles étaient les pièces attribuées à Esterhazy qu'il avait eu
l'occasion d'examiner et dont il contestait l'authenticité.

Il nous a cité d'abord la lettre du 17 avril 1892, dite lettre Rieu. Le
fait que la lettre aurait été extorquée, selon l'expression du commandant,
à M. Rieu, et serait restée plus d'un an en possession de M. Schmidt,
lui paraît tout à fait louche ; on ne saurait, d'après lui, attacher d'importance à la déposition de la dame Rieu, laquelle a cru reconnaître quelques
mots et chiffres écrits de sa main. « La lettre qu'on lui présente n'est pas
la lettre authentique d'Esterhazy, mais un calque de cette lettre fait sur
papier pelure, identique à celui du bordereau et sur laquelle on a reproduit exactement les annotations de la dame Rieu ; mais en déformant l'écriture de la lettre proprement dite, de manière à obtenir de nombreuses
analogies de détail avec l'écriture du bordereau. »

S'il en était réellement ainsi, M. le comamndant Corps, à qui nous
avons montré l'original de la lettre Rieu, aurait pu nous signaler bien
des preuves, ou des commencements de preuves de cette grave affirmation. Il s'est borné aux deux remarques suivantes :

Il attache une importance particulière à l'apparence exceptionnelle de
la lettre n dans le mot dans de la ligne 9 et le mot tiens dans la ligne 12.
La forme seule de cette n, qui paraît tremblée, suffit à prouver le
calque et à former sa conviction. Nous déclarons qu'elle n'a pas entraîné la nôtre...

M. le commandant Corps, qui n'a pu examiner la lettre Callé, insiste
au contraire sur une des dix lettres Guyot, celle qui est reproduite dans
l'enquête de la Cour de Cassation (1).

Suivant lui, tout ce qui, dans cette lettre, rappelle l'écriture du bordereau se trouve dans le passage suivant qui termine la première page :

*Non seulement je pars pour le camp, mais je pars en manœuvres
qui, pour les chasseurs alpins, durent six mois ; je ne tiens pas à trim-
baler ces papiers sur mon mulet de bât par 3000 mètres d'altitude, c'est
tout naturel.*

« Or, nous dit le commandant Corps, ces lignes qui n'ont, au point de
vue graphique, ni l'écartement ni la régularité des précédentes, n'en diffèrent pas moins au point de vue du style et ne renferment que des réflexions sans rapport direct avec le sujet. Si ces lignes étaient supprimées, l'ensemble de la lettre n'en serait que plus cohérent, la deuxième
page formant la suite naturelle de la première ; j'en conclurai que ces
six lignes qui, je le répète, sont seules probantes au point de vue de la
ressemblance avec l'écriture du bordereau peuvent très bien y avoir été

(1) Cass. 1899, t. 1, p. 694.

ajoutées ultérieurement sur une lettre antérieurement écrite par Esterhazy. »

L'examen de la lettre dont il est question nous a montré qu'elle était écrite, suivant une habitude courante, au recto du premier feuillet ; puis, à la suite au verso du second feuillet. Pour que l'hypothèse du commandant Corps fût exacte, il faudrait donc qu'après avoir écrit la première page de la lettre, le scripteur ait laissé en blanc six lignes au bas de cette page pour commencer la seconde page.

Nous avons ainsi discuté celles des affirmations de M. le commandant Corps qui nous ont paru les plus fondamentales dans son système. Cet examen nous a conduits à cette conclusion qu'elles n'ont aucune base solide, qu'elles sont même complètement inadmissibles et ne peuvent servir en rien à la manifestation de la vérité...

Dans l'exposé du système de M. Corps, nous avons soigneusement noté les analogies et les différences qu'il présente avec celui de M. Bertillon. *Au point de vue psychologique, nous dit le commandant Corps, l'intention prêtée au scripteur par M. Bertillon, de faire du bordereau une sauvegarde destinée à prouver qu'il est victime d'une machination, me paraît assez enfantine*, et je préfère croire qu'il a simplement cru déguiser son écriture sans y réussir complètement.

Au point de vue matériel, M. le commandant Corps substitue au gabarit de M. Bertillon le quadrillage plus simple que nous avons défini. Et nous ferons remarquer que *cette substitution implique, comme le commandant l'indique du reste dans son mémoire, qu'il ne peut admettre toutes les conclusions tirées par M. Bertillon de ses photographies composites. De même que M. Bertillon voit, sur la photographie composite, le mot intérêt, M. le commandant Corps, y voit apparaître son quadrillage.* Nous, nous ne voyons rien du tout, mais nous devons reconnaître que M. le commandant Corps a abandonné devant nous ce genre d'arguments.

Comme M. le commandant Corps est obligé de déplacer son quadrillage à plusieurs reprises, pour chaque ligne du bordereau, il ne croit pas à la rectitude de ces lignes, et ne considère nullement comme établies toutes les affirmations que nous devons à M. Bertillon et à M. le capitaine Valério relativement au repérage vertical des lignes du bordereau. Par contre, dans une note autographique qu'il nous a remise, il accepte comme rigoureuses les relations signalées par M. Bertillon entre l'encoche et l'échancrure de la lettre du buvard. *Dans sa pensée, l'encoche du bordereau ne pouvait servir à un repérage vertical des lignes, et il ne saurait admettre tout ce qui a été dit à ce sujet ; mais c'est un signe de reconnaissance convenu, une véritable signature du bordereau.*

Nous ne reviendrons pas sur cette question que nous avons déjà étudiée d'une manière très complète et sur laquelle nous pensons avoir fait la lumière.

LIX. — Voici enfin, pour terminer, les *conclusions générales de MM. Appell, Darboux et Poincaré.*

L'absurdité du système Bertillon est si évidente qu'on s'expliquera difficilement la longueur de cette discussion. On risquerait de n'en pas comprendre la nécessité si on ne se rappelait l'historique de l'affaire.

Quand le système fut, pour la première fois, connu du public, quand on apprit que le bordereau n'était pas l'œuvre des seules forces de la nature, ce fut un long éclat de rire. On n'a pas oublié le récit de ce siège épique, où certain redan, foudroyé par la batterie des *s* longs, se

p. 332

24

défendait héroïquement, jusqu'à ce qu'enfin, l'assaillant intimidé par les maculatures, reculât devant les initiales.

Ceux qui poussaient plus loin l'examen découvraient des choses non moins stupéfiantes. Au milieu d'un fatras incompréhensible, ils trouvaient des constatations dans le genre de celle-ci :

Il y a sur le mot *intérêt* deux points à peine perceptibles, dont la distance verticale représente précisément à l'échelle du 80.000°, l'équidistance normale des courbes de niveau de la carte d'Etat-Major. Cela peut-il être dû au hasard ?

Ainsi ce misérable, sur le point de trahir son pays, n'avait qu'une pensée : reproduire, en imitant l'écriture de son frère, l'équidistance des courbes de niveau.

Mais, à un certain moment, des hommes habiles comprirent quel parti on pouvait tirer de cette mine précieuse et inépuisable d'équivoque. Ils savaient que les rieurs se lassent et que les croyants ne se lassent pas ; ils savaient que le public ne fait pas attention à la valeur des arguments, mais au ton des argumentateurs. Et ils commencèrent à soutenir M. Bertillon, de leurs affirmations, tranchantes et réitérées.

Or, celui-ci avait un grand avantage ; l'obscurité de son système le défendait contre la critique, de même que la seiche s'entoure d'une nuage d'encre pour échapper à ses ennemis.

p. 333   *Son système variait constamment* et, par là, il pouvait prolonger la discussion, et cela pouvait faire illusion au public qui avait depuis longtemps renoncé à comprendre.

Il n'y a pas d'inventeur de la quadrature du cercle qui ne soit prêt à prolonger la résistance indéfiniment, du moment qu'on accepte de discuter avec lui. La mission dont nous étions chargés nous obligeait à examiner le système *comme s'il était sérieux*. Cet examen nous a conduits aux résultats suivants :

La reconstitution du bordereau est fausse, les erreurs sont généralement de un demi-millimètre et peuvent aller jusqu'à 1 ou 2 millimètres. *C'est de cette reconstitution fausse que M. Bertillon s'est uniquement servi.*

Ses planches sont le résultat d'un traitement compliqué infligé au document primitif et *d'où celui-ci est sorti altéré*. Il a subi une série d'agrandissements et de réductions photographiques et même de calquages, recalquages, découpages, collages, gouachages, badigeonnages et retouches.

On a employé deux réticules entièrement différents et l'on passe de l'un à l'autre suivant les besoins de la cause.

Nous avons montré, par l'application des règles du calcul des probabilités, que les coïncidences signalées en ce qui concerne le repérage horizontal des polysyllabes peuvent très bien s'expliquer par le hasard, et ne prouvent nullement que le document ait été forgé. *Ces coïncidences, en effet, ne sont qu'approchées.*

Elles seraient réelles qu'elles ne prouveraient pas à elles seules que ce document forgé l'a été par Dreyfus. Pour arriver à ce résultat, on invoque une lettre saisie chez lui, où se trouve le mot *intérêt*. Il faut donc trouver une relation de cause à effet entre ce mot et cette distance de 5 millimètres qu'on dit retrouver si souvent sur le bordereau. Telle est l'origine des élucubrations sans nombre que nous avons discutées dans notre chapitre sur le mot *intérêt*. Bornons-nous à dire que *ces mesures ne sont que grossièrement approchées.*

La localisation des initiales a été obtenue grâce à 41 coups de pouce.

Les localisations des non initiales ne dépassent pas le nombre probable, convenablement calculé.

Les arguments que M. Bertillon a tirés de l'application des mots du bordereau les uns sur les autres ou sur ceux de la lettre du buvard, *ont été réduits à leur valeur réelle, qui est nulle.*

Quant à l'application sur les mots des pièces de comparaison, notre examen prouve que M. Bertillon *a fait un choix tout à fait arbitraire* entre les mots très nombreux qu'il avait à sa disposition. C'est donc ou qu'il avait le désir de prouver la culpabilité, ou, ce que nous croyons de préférence, qu'*il a commis une grave erreur de méthode.*

. Nous avons demandé à M. Bertillon de reproduire devant nous, comme il l'avait offert à la Cour de Cassation et comme il l'avait fait à Rennes, le gabarit ainsi que le recto et le verso du bordereau. *Il s'y est refusé, alléguant que la mémoire et la main lui feraient également défaut.*

Il n'y avait donc là qu'un exercice mnémotechnique.

Nous n'insisterons pas sur le repérage vertical des lignes, où nous n'avons vu *qu'un théorème d'arithmétique aussi incontestable que naïf.*

Le bordereau n'ayant pas 207 millimètres, comme l'affirmait M. Bertillon, toutes les relations entre les lignes et les bords et l'encoche tombent d'elles-mêmes.

Nous avons établi, d'une manière incontestable pour tout esprit non prévenu, que l'encoche du bordereau de même que celle de la lettre du buvard, ont été faites postérieurement à la saisie des pièces. Cette démonstration, à elle seule, suffirait à faire crouler tout le système. p. 334

La photographie composite ne présente que des apparences confuses où l'auto-suggestion permet de voir tout ce qu'on y veut. La preuve, c'est que M. le commandant Corps avait cru tout d'abord y voir apparaître, non le mot *intérêt*, mais le squelette de son quadrillage.

M. le commandant Corps est intervenu spontanément dans l'affaire. il n'a donc pas eu à sa disposition tous les moyens de travail qu'a eus M. Bertillon ; *il s'est cependant servi de la reconstitution de M. Bertillon qui, comme nous l'avons vu, est fausse. Sur presque tous les points, son système est en désaccord avec celui de M. Bertillon, ce qui constitue un argument à la fois contre les deux systèmes.*

Ce que nous venons de dire suffit pour faire comprendre l'esprit de la méthode de M. Bertillon. Il l'a lui-même résumée d'un mot : « Quand on cherche, on trouve toujours. »

Quand une coïncidence est constatée, c'est une preuve accablante ; si elle fait défaut, c'est une preuve plus accablante encore, car cela prouve que le scripteur a cherché à détourner les soupçons.

On ne s'étonnera pas des résultats qu'il a obtenus par cette méthode. *La naïveté avec laquelle il en a dévoilé les secrets porterait à croire à sa bonne foi.*

En résumé, tous ces systèmes sont absolument dépourvus de toute valeur scientifique.

1° *Parce que l'application du calcul des probabilités à ces matières n'est pas légitime ;*

2° *Parce que la reconstitution du bordereau est fausse ;*

3° *Parce que les règles du calcul des probabilités n'ont pas été correctement appliquées.*

En un mot, parce que les auteurs ONT RAISONNÉ MAL SUR DES DOCUMENTS FAUX.

LX. — Ainsi, comme M. Gabriel Monod, de l'Institut,

de l'Ecole normale supérieure et de l'Ecole des hautes études; comme M. A. Molinier, de l'Ecole des Chartes ; comme M. Bernard, de l'Ecole polytechnique ; comme M. Painlevé, de l'Académie des sciences, professeur à la Sorbonne ; comme les experts en physiologie de l'écriture, le Dr Emile Javal, de l'Académie de médecine et le Dr Héricourt, de la Faculté de médecine ; les trois experts nommés par la Cour ; M. Appell, doyen de la Faculté des sciences, membre de l'Académie des sciences ; M. Darboux, secrétaire perpétuel de l'Académie des sciences ; M. Poincaré, membre de l'Académie des sciences, professeur de calcul des probabilités à la Sorbonne, condamnent unanimement, et dans toutes leurs parties, les obscurs et souvent contradictoires systèmes de MM. Bertillon, Valério et Corps. Ces systèmes n'avaient pour eux que leurs imprécisions et leurs obscurités mêmes. Dès qu'on a voulu les réduire à l'état de raisonnements rigoureux et de mesures précises, il n'en est rien resté. Les experts ne condamnent pas la loyauté de M. Bertillon, qui a pu être victime de ses illusions et de ses violents partis pris antisémites. On peut se demander cependant si l'aveuglement poussé à un point tel qu'il falsifie les mesures et les calculs, est encore compatible avec la loyauté.

p. 335 Les excuses invoquées par les experts en faveur de MM. Bertillon et Corps qui sont venus exposer devant eux leurs illusions, ne sont dans tous les cas certainement pas applicables aux auteurs anonymes de la « brochure verte » qui, manifestement, connaissaient la fausseté des planches par eux publiées, et qui se sont dérobés à toute vérification contradictoire. Elles ne peuvent être davantage applicables aux accusateurs proclamant le caractère irréfutable de la démonstration, et se refusant à prendre la responsabilité des assertions qui servent de base à cette démonstration.

Il n'est pas inutile d'exposer à cet égard, en un tableau synoptique, le résultat succinct des vérifications des experts sur chacun des éléments de ladite démonstration.

ÉLÉMENTS DE LA DÉMONSTRATION DE M. BERTILLON	RÉSULTATS DES VÉRIFICATIONS DES EXPERTS
Calculs.	Reconnus faux.
Formules.	Reconnues inexactes.
Emploi du calcul des probabilités.	Injustifié.
Reconstitution du bordereau.	Elle est fausse. Reconstitués inexactement et en tenant compte d'une symétrie que Bertillon a reconnu ne pas exister.
Bords du bordereau.	Modifié successivement par Bertillon suivant les besoins de son système.
Réticulage.	Bertillon fait un choix arbitraire des polysyllabes et donne des coups de pouce (inconscients !) pour obtenir des coïncidences.
Repérage des polysyllabes.	Toutes les mesures en sont truquées dans le système Bertillon.
Le mot intérêt *(mot-clé).*	Son application donne lieu à une série de coups de pouce.
Le gabarit.	
Moulage. — Emplacement des jambages. — Espacement moyen des lettres. — Localisation des lettres initiales et non initiales.	Grossièrement approchés, aucune mesure rigoureuse.
Prétendues reprises de plumes constatées dans les agrandissements d'écritures.	Taches se constatant dans tous les agrandissements d'écriture, et en particulier dans l'agrandissement de l'écriture de M. Bertillon.
Photographies composites.	Donnent ce qu'elles doivent donner à raison de la composition arbitraire des chaînes photographiées.
Lettre dite « du buvard ».	Faussement qualifiée de « truquée » : Elle est de l'écriture normale de Mathieu Dreyfus. **p. 336**
Reproduction du bordereau par M. Bertillon, à Rennes.	Exercice de mémoire que M. Bertillon se refuse de refaire aujourd'hui, parce que, dit-il, la mémoire lui ferait maintenant défaut.
Repérage des lignes.	Fantaisie grossièrement approximative.
Superposition de mots.	La vérification des prétendues superpositions de mots montre que le bordereau n'a certainement pas été écrit sur le gabarit Bertillon.

ÉLÉMENTS DE LA DÉMONSTRATION DE M. BERTILLON	RÉSULTATS DES VÉRIFICATIONS DES EXPERTS
Comparaison de l'écriture d'Es-terhazy et du fac-similé *du bor-dereau publié par le* Matin.	La reproduction prétendue de certaines tares du *fac-similé* dans l'écriture d'Esterhazy est purement imaginaire, et M. Bertillon recon-naissait d'ailleurs l'écriture du bordereau, dans celle d'Esterhazy avant la publication du *Matin*.
Encoches.	La coïncidence des deux enco-ches n'est que très approximative; les deux encoches ont d'ailleurs été faites après coup, l'une après le recollage du bordereau, l'autre après la saisie de la lettre de Ma-thieu Dreyfus.

ÉLÉMENTS DE LA DÉMONSTRATION DU COMMANDANT CORPS	RÉSULTATS DES VÉRIFICATIONS DES EXPERTS
Quadrillage du commandant Corps.	Incompatible avec le gabarit Bertillon ; ne s'applique d'ailleurs pas mieux que ce gabarit à l'écri-ture du bordereau, non plus qu'à l'écriture de la lettre « du buvard ».

Ce résumé rapide montrera à la Cour, bien qu'il soit for-cément incomplet, l'extraordinaire aveuglement de M. Ber-tillon et de ses commentateurs.

Y a-t-il eu simple aveuglement ou mauvaise foi ? La ques-tion ne comporte peut-être pas la même réponse pour tous. La Cour appréciera.

p. 337 Mais il est certainement sans exemple dans les annales judiciaires, qu'on ait jeté, en un procès criminel, un tel amas d'aberrations pour tenter d'attribuer à un accusé un docu-ment revêtu indiscutablement de l'écriture d'une autre per-sonne, acculée d'ailleurs à l'aveu.

Il est douloureux de constater que, pour faire justice de ces aberrations, en réalité mises à néant par le simple bon sens, il ait été nécessaire, à raison de l'exaspération des pas-sions, de faire appel aux sommités scientifiques du pays, et de faire perdre le temps de ces savants éminents pour la dis-cussion de pareilles puérilités.

La Cour excusera ces trop longues observations sur les « secrets de chancellerie » et les « redans » de M. Bertillon. Elles se justifient, de même que l'expertise, parce que les accusateurs de Dreyfus, ne pouvant plus nier l'évidence, se sont, en désespoir de cause, durant l'instance en revision, enfermés dans les derniers retranchements des fortifications nuageuses de M. Bertillon. Ils proclamaient tous que dans ces derniers retranchements ils étaient inexpugnables, tout en reconnaissant, avec la même unanimité, n'avoir rien vérifié des mesures et des calculs de leur « homme de génie ».

La Cour sait maintenant ce qu'il en faut penser. Il n'est plus possible d'affirmer, même du milieu des nuages, que l'écriture d'Esterhazy doit être géométriquement attribuée à Dreyfus.

Le quatrième et dernier ordre de considérations invoqué à Rennes par le « professeur en dossier secret », commandant Cuignet, n'était pas plus sérieux que les trois premiers.

Comme les trois premiers, il ne révèle à l'examen que la fraude des accusateurs de l'officier israélite, ou un aveuglement voisin de la folie.

SECTION XII

A côté du système d'accusation

a) PROPOS SUR LA CONDUITE DE DREYFUS
b) LOGOGRIPHES DU DOSSIER SECRET
c) TÉMOIGNAGES OFFICIELS DES GOUVERNEMENTS ÉTRANGERS

Coup d'œil d'ensemble sur les ruines du quatrième système d'accusation. — Ce qui, en dehors du système d'accusation, a été apporté aux juges de Rennes contre l'accusé.

A. Les témoignages d'ordre général ne concernant aucun chef d'accusation déterminé.

B. Les déductions et argumentations d'ordre général tirées du dossier secret et ne se référant à aucun chef d'accusation déterminé. p. 338

C. Les déclarations des gouvernements étrangers ; les documents et témoignages les concernant.

I. — L'exposant pourrait arrêter ici son examen du procès de Rennes ; la discussion du système d'accusation réédi-lié une quatrième fois devant le Conseil de guerre est en effet épuisée.

Les « quatre ordres de faits ou documents » constitutifs de ce système ont été successivement étudiés à la lumière des révélations nouvelles. Chacun d'eux n'a plus laissé apparaître à l'examen que l'innocence de l'accusé d'une part, la fraude et souvent le crime des accusateurs d'autre part.

a) *Sous les aveux légendaires*, dont l'irréalité avait été reconnue définitivement par l'arrêt des Chambres réunies du 3 juin 1899, il n'y avait que *les fraudes du général Gonse*, il n'y avait que *les complaisantes attestations* dont avaient « nourri le dossier » certains hommes, *chez qui la passion avait, à l'appel du général Gonse, effacé le souvenir des documents écrits par eux-mêmes en 1895.*

b) *Sous la démonstration technique relative au bordereau*, il n'y avait que des *faux* concernant M. de Valcarlos, des *dénaturations de documents*, des *fraudes* commises pour faire disparaître les pièces confirmant les dires de l'accusé. Si bien qu'une commission de quatre généraux étrangers à l'affaire, instituée pour l'examen des questions techniques, affirme aujourd'hui à l'unanimité :

Que certainement le bordereau n'a pu être rédigé par un artilleur.

Que probablement il vise les expériences d'artillerie faites au camp de Châlons en 1894.

c) *Sous le « troisième ordre de faits ou documents » concernant le dossier secret*, il n'y avait qu'un choix varié de pièces falsifiées ou dénaturées :

Falsification et dénaturation de pièces, dissimulation de documents, en ce qui concerne l'accusation de la livraison de plans directeurs effectuée par Dubois.

Dénaturation et dissimulation de pièces, en ce qui concerne l'accusation relative aux obus à mélinite, dont le secret avait été vendu par Boutonnet.

Dissimulation de pièces prouvant l'innocence de Dreyfus, en ce qui concerne l'accusation relative à l'obus Robin, dont les études successives avaient été vendues par Boutonnet et Greiner.

Faux et faux témoignages, en ce qui concerne la livraison des cours de l'Ecole de guerre, effectuée par des officiers étrangers admis dans nos écoles. p. 329

Fraudes en ce qui concerne la prétendue livraison de la minute du travail confidentiel sur la répartition de l'artillerie rourde aux armées, cette minute n'ayant jamais disparu du Ministère de la Guerre.

Faux, en ce qui concerne la prétendue livraison de l'organisation militaire des chemins de fer, non encore effectuée dix-huit mois après l'arrestation de Dreyfus.

Faux témoignage inspiré, sinon payé, par le service des renseignements, pour corroborer l'ensemble des accusations tirées du dossier secret.

d) *Sous le « quatrième ordre de faits ou documents », concernant l'écriture géométrique ou cryptographique*, il n'y avait qu'un *amas d'erreurs et de « coups de pouce »*, démontrant les illusions étranges du « génial » directeur de l'anthropométrie, et la mauvaise foi de ses commentateurs.

Tel se montre aujourd'hui le système d'accusation, qu'après la ruine des trois premiers, les accusateurs du capitaine Dreyfus avaient prétendu réédifier devant les juges de Rennes.

II. — Ayant ainsi constaté l'écroulement du quatrième système d'accusation après l'écroulement des trois premiers, l'exposant serait en droit de clore des observations déjà longues, et de conclure. Mais il faut montrer à la Cour que rien de ce qu'ont imaginé les accusateurs pour perdre l'officier israélite ne résiste à l'examen.

En outre des chefs d'accusation précis édifiés sur les fraudes du service des renseignements, et aujourd'hui réduits à néant, les accusateurs s'étaient plu à entasser sur leur victime quantité d'insinuations perfides qui, par leur multiplicité et leur imprécision, défiaient en quelque sorte la discussion.

L'exposant reprendra néanmoins une à une toutes ces articulations d'ordre général. Rien ne doit être laissé dans l'ombre ; la vérité entière doit être mise en pleine lumière, et de ce côté encore la pleine lumière éclairera malheureusement bien des vilenies des accusateurs. La haine contre ce juif « qu'innocent ou coupable », il était patriotique de maintenir dans son tombeau de l'Ile-du-Diable, afin de ne rien dévoiler des fraudes initiales du procès, semble s'être exaspérée de l'inutilité des efforts tentés pour créer des preuves : dols, mensonges et crimes *se sont multipliés avec les années.*

Lorsque Faustin Hélie exposait, dans son admirable traité de l'instruction criminelle, quels sont les fondements de la prescription, il s'exprimait en ces termes (1) :

> **p. 340** Les fondements de cette institution sont puisés dans des idées qui sont communes à tous les peuples ; c'est que l'utilité publique ne demande pas la poursuite des crimes, lorsqu'un temps plus ou moins long en a effacé la mémoire ; c'est qu'il serait injuste de poursuivre une accusation après qu'un grand nombre d'années s'est écoulé depuis la perpétration du crime, *parce qu'il est plus difficile à l'accusé de trouver les moyens de se justifier, et parce que le temps offre en même temps à la calomnie plus de facilité pour tronquer les souvenirs et falsifier les preuves.*

Ecrites depuis un demi-siècle, ces lignes sembleraient inspirées par le spectacle qu'a offert l'affaire Dreyfus dans ces dix dernières années. Déjà faussée à son origine par les haines antisémites, l'accusation n'a plus bientôt offert aux juges, à mesure que se déroulaient les années, que des souvenirs de plus en plus dénaturés et des preuves de plus en plus falsifiées par la calomnie.

III. — Si l'on s'efforce de classer et de cataloguer toutes ces articulations tendancieuses et générales, qui ne concernent aucun chef d'accusation déterminé, mais qui étaient destinées à troubler l'esprit des juges et à perdre l'accusé, on peut les ramener à trois grandes catégories.

Une première catégorie comprend tous les témoignages d'ordre général que l'accusation a été piteusement raccoler sur toute la surface du territoire, faisant appel à toutes les haines et à toutes les calomnies de bonne volonté, demandant à tous une anecdote qui pût jeter la défaveur sur l'accusé, un souvenir, une impression si confuse et si vague fût-elle.

Une deuxième catégorie réunit toutes les déductions tendancieuses que des esprits plus ingénieux que raisonnables ont tenté de faire sortir des pièces du dossier secret.

Une troisième catégorie enfin groupe tout ce qui est relatif aux déclarations officielles des gouvernements étrangers,

(1) Faustin-Hélie, t. 2, n° 1046.

aux manœuvres qui ont tenté de discréditer ces déclarations, aux témoignages recueillis à cet égard.

Chacune de ces trois catégories sera examinée sous un paragraphe spécial de la présente section.

A

TÉMOIGNAGES D'ORDRE GÉNÉRAL NE CONCERNANT AUCUN CHEF D'ACCUSATION DÉTERMINÉ

Premier groupe de témoignages d'ordre général. (Compétence spécial de Dreyfus ; furetage). — *Dépositions relatives aux connaissances de Dreyfus sur la question de chemin de fer : renvoi à la section 9. — Dépositions Besse et Lévêque ; Dreyfus n'avait fait qu'exécuter un travail d'état-major commandé par son chef. — Dépositions Ferret et Dervieu : étrange erreur présentant comme spécial à Dreyfus des actes de service exécutés conformément à une règle générale. — Attitude de Dreyfus incompatible avec le rôle d'espion qui* p. 341 *lui est prêté : dépositions Galopin et Ducros. — Comment l'accusation quémandait les témoignages tendancieux sur ce point : dépositions de M. et Mme Martinie.*

Deuxième groupe de témoignages d'ordre général (Femmes galantes, jeu, défaut de patriotisme). — Observation générale sur ces témoignages : même réputés exacts, ils ne prouveraient rien contre Dreyfus. — Déposition Gendron : elle n'établit rien de plus contre Dreyfus que contre Gendron. — Déposition Duchatelet : c'est une plaisanterie dont le témoin reconnaît lui-même l'inconsistance. — Déposition Du Breuil, son inanité : démentis donnés par d'autres témoins ; mentalité du témoin : ses déclarations depuis l'arrêt de Rennes. — M. Bertin Mourot : ce qu'il disait à Rennes et ce qu'il dit aujourd'hui : caractère de son témoignage. — Le général Le Belin de Dionne : aveu d'une injustice, et contradictions conscientes. — Le général Le Belin de Dionne contredit par le général Niox. — Comment s'élaborent les notes et attestations sur le capitaine israélite.

Troisième groupe de témoignages d'ordre général. (Rela-

*tions de Dreyfus avec l'étranger). — Déposition Lonquety :
elle ne prouve rien et le témoin refuse de confirmer l'allégation de l'accusation. — Le témoin Germain : il est démenti
par les personnes dont il invoque le témoignage, commandant d'Infreville et M. Kulmann. — Sa moralité. — Déposition Villon : elle est démontrée être un faux témoignage. —
Déposition Mertian de Muller : puérilité de son anecdote et
inconsistance de ses souvenirs. — Déposition Lemonnier :
son inanité ; son invraisemblance résulte des déclarations du
commandant Maistre et de la conduite du capitaine Lemonnier lui-même. — Déposition Fleur : ses racontars et leurs
motifs, supercherie dévoilée. — Comment se récoltaient les
dépositions tendancieuses et se recrutaient les faux témoins.
— Manœuvres concernant M. Martinie. — Le faux témoin
Savignaud et les manœuvres qui le concernent. — Le faux
témoin Penot. — La tentative de subornation exercée sur la
nourrice de la fille de l'accusé. — Manœuvres concernant le
témoin Paulmier. — Les faux témoins devant la Cour de Cassation : Kadur et la femme Bastian. — Conclusion.*

IV. — *Compétence spéciale de Dreyfus. — Furetage.* —
Un premier groupe de ces témoignages attestait les compé-
tences et connaissances spéciales de Dreyfus en matière de
mobilisation et d'organisation de chemin de fer, et ses prétendues habitudes de furetage. Dreyfus, suivant l'expression
du général Fabre, *s'instruisait trop* quand il était stagiaire à
l'Etat-major.

Tous ces témoignages (capitaine de Pouydraguin, général Vanson, général Fabre, colonel Bertin-Mourot, capitaine
p. 342 Boullenger, commandant Maistre, commandant Roy, capitaine Junck, général Roget, capitaine Linder, commandant
Cuignet, capitaine Besse, sergent Lévêque et garde Ferret)
ont déjà été examinés dans la section 9. Les faits nouveaux
ont démontré que tous ces témoins rendaient un hommage
inconscient à la loyauté de l'accusé, puisque l'organisation
militaire des chemins de fer, si bien étudiée par le capitaine
Dreyfus et si bien connue de lui, n'était encore que *promise*
aux agents *A. et B.* dix-huit mois après l'arrestation du malheureux capitaine.

Il est bon d'ajouter, relativement aux dépositions du capitaine Besse et du sergent Lévêque, attestant que Dreyfus

avait pris communication de la liste des quais militaires (1),
que cette communication n'avait même pas été demandée
par Dreyfus pour son instruction personnelle. Elle avait été
réclamée pour mettre à jour, sur l'ordre du commandant
Mercier-Milon, chef de Dreyfus, une carte militaire. Dreyfus
avait effectué le travail ordonné par son chef, et remis ensuite au capitaine Bretaud le document à lui confié par le
capitaine Besse. Le commandant Mercier-Milon et le capitaine Bretaud ont reconnu l'exactitude de ces faits (2).

*L'accusation avait donc tenté de transformer en une
preuve de trahison, l'exécution d'un travail ordonné par le
chef hiérarchique de Dreyfus.*

« Il s'instruisait trop », donc c'est un traître, articulait le général Fabre.
« Il exécutait des travaux d'état-major commandés par ses chefs »,
donc c'est un traître, insinuait le capitaine Besse.

V. — Le garde Ferret, appelé par le général Mercier,
avait allégué, à titre de renseignement et sans avoir prêté
serment que, fin 1893, à une heure environ, il avait vu dans
le cabinet du commandant Bertin-Mourot un civil avec
Dreyfus, alors attaché à ce bureau (3). Ce souvenir suspect,
endormi en 1894, mais opportunément réveillé par le général
Mercier chez le garde Ferret en 1899, était sans pertinence :
Dreyfus avait fait observer que si le fait s'était produit, le
civil aperçu par le garde Ferret devait être un des ingénieurs
du réseau de l'Est, qui venaient fréquemment dans cette
section pour conférer avec le commandant Bertin-Mourot (4).

Bien involontairement, le général Gonse a corroboré ces
explications en produisant deux lettres : l'une de M. Le Cha-
telier (5), ingénieur des ponts et chaussées ; l'autre de M. Ré-
voil (6), ingénieur de la marine, attestant qu'ils pénétraient
librement et sans laisser-passer dans les bureaux du ministère de la Guerre.

VI. — Le commandant Dervieu, après avoir attesté, lui p. 343
aussi, les connaissances techniques de Dreyfus en ce qui con-

(1) Besse. Rennes, t. 2, p. 71. — Lévêque, Rennes, t. 2, p. 296.
(2) Rennes, t 2, p. 72.
(3) Rennes, t. 2, p. 29.
(4) Rennes, t. 2, p. 33.
(5) Rennes, t. 2, p. 35.
(6) Rennes, t. 2, p. 35-36.

cerne les questions intéressant les frontières de l'Est, alléguait que Dreyfus venait quelquefois au bureau vers 11 heures 1/2 et qu'il y restait seul jusqu'à 2 heures (1). Il ajoutait :
« *Dreyfus est à ma connaissance le seul officier stagiaire qui
soit venu travailler entre 11 heures 1/2 et 2 heures*, heures
pendant lesquelles nous étions, nous, régulièrement absents ».

L'erreur commise par le commandant Dervieu, déposant
sous la foi du serment, est vraiment étrange : l'enquête l'a
démontré.

Le capitaine Junck a été interrogé sur ce point (2).

D. — Le capitaine Junck ne pourrait-il pas nous dire s'il n'était pas
d'usage qu'il y eut un officier qui restât de service spécialement au bureau
des chemins de fer pendant que les autres officiers allaient déjeuner, de
midi à 2 heures ?
R. — *C'était la règle absolue : il y avait toujours un officier dans chaque bureau. Cet officier ne venait pas à la séance du matin ; il arrivait à
11 heures 1/2 au moment où les camarades allaient déjeuner, et restait jusqu'au moment où la signature revenait du bureau du chef d'Etat-major.*
D. — Les stagiaires ?
R. — Les stagiaires contribuaient au service.

*Ici encore l'accusation avait donc produit, comme preuve
de trahison, l'exécution normale par Dreyfus d'un service qui
était de règle absolue.*

Il faut ajouter encore sur ce point que, pendant la période
du 16 août au 22 août 1894, époque d'un séjour de
Mme Dreyfus à Houlgate, le capitaine Dreyfus avait été régulièrement autorisé à ne prendre son service le lundi qu'à
11 heures 1/2 (3).

VII. — Pour en terminer avec les témoignages de ce
groupe, une observation générale doit être présentée. Tous
ces témoins s'accordent à déclarer que Dreyfus cherchait à se
rendre maître des connaissances spéciales d'un officier d'état-
major. (N'était-il pas pour cela en stage à l'Etat-major général ?) Tous reconnaissent qu'il ne dissimulait ni son désir de
s'instruire, ni ses connaissances acquises. Le général Roget
l'a même montré (4), faisant part de son savoir, au sujet des
expériences les plus récentes, pendant un dîner au cours

(1) Rennes, t. 2, p. 94, 95.
(2) Déposition du 30 avril 1904. Enquête, t. 1, p. 517.
(3) Rennes, t. 2, p. 97.
(4) Cass., 1899, t. 1, p. 85.

d'un voyage d'état-major, fin juin 1894, et conférant de ces expériences avec le général de Boisdeffre. Les attestations du capitaine de Pouydraguin et du général Vanson, produites par le général Mercier à Rennes (1), sont de même ordre. Le capitaine Dreyfus, en toute occasion, fait montre de ses con- p. 314 naissances techniques, et fait voir son désir de les augmenter.

Quoi de plus légitime pour un officier d'avenir qui espère parvenir aux plus hauts grades ? Mais quoi de plus incompatible avec le rôle de l'espion ?

Enfin il faut noter, avec le commandant Ducros (2) et avec le commandant Galopin (3), que le capitaine Dreyfus, pour ne pas négliger son service, a refusé cependant des occasions s'offrant à lui d'avoir des renseignements confidentiels sur les questions les plus nouvelles. Comment un espion aurait-il laissé échapper de pareilles aubaines ?

De ce premier groupe de témoignages, se dégage aujourd'hui la conclusion suivante : Dreyfus était parfaitement au courant des questions d'organisation militaire des chemins de fer, que convoitaient encore les agents A. et B. dix-huit mois après son arrestation. Dreyfus, comme tout officier d'avenir désireux de se faire bien noter, faisait montre de ses connaissances techniques. Bien que cherchant à s'instruire d'une manière générale, il s'acquittait avant tout des travaux qui lui étaient confiés ; et, pour ne pas les négliger, il refusait des occasions de prendre connaissance d'expériences secrètes, occasions qui eussent fait la fortune d'un espion.

Loin d'être accusateur, ce groupe de témoignages, rapproché des faits et déclarations recueillis par l'enquête, montre, au contraire, que tout dans la conduite de Dreyfus, excluait l'espionnage. Mais il montre, d'autre part, que l'accusation n'a pas craint de chercher à tromper les juges, en leur présentant comme faits suspects, des faits de service absolument corrects et normaux. Les dépositions de M. Martinie, contrôleur général de première classe, et de Mme Martinie ,reçues par M. le conseiller Le Grix au cours de l'enquête (4) montrent, d'ailleurs, qu'en vue du racolage de ces témoignages

(1) Rennes, t.1, p. 111 et 115.
(2) Rennes, t. 3, p. 182.
(3) Rennes, t. 3, p. 491.
(4) Enquête, t. 2, p. 226 et 227. — Conf. Déposition de M. le député Massé. Enquête, t. 1, p. 148.

tendancieux, des lettres anonymes étaient envoyées aux personnages militaires pour quémander leurs déclarations convoitées par le général Gonse.

VIII. — *Propos attribués à Dreyfus au sujet de femmes galantes, de jeu, de patriotisme.* — Un deuxième groupe de témoignages présente un ensemble de propos attribués à Dreyfus, soit sur ses prétendues relations avec des femmes galantes, soit sur ses prétendues pertes de jeu, soit sur le patriotisme.

Une constatation bien caractéristique doit être faite en ce qui concerne ces témoignages sur les questions de jeu et de femmes. On prétendait établir par là que Dreyfus avait de grands besoins d'argent, à raison de ses dépenses pour le jeu et les femmes, dépenses qu'il était obligé de dissimuler. Or, p. 315 pas un témoin n'a attesté avoir vu lui-même Dreyfus jouer et faire de grosses pertes d'argent ; pas un témoin n'a attesté avoir vu Dreyfus se livrer à d'importantes dépenses avec des femmes galantes. Les quelques témoins racolés par l'accusation sont venus apporter aux juges, non des faits constatés par eux-mêmes, mais des propos qu'ils auraient entendu tenir par Dreyfus.

C'eût donc été Dreyfus lui-même qui aurait publié avec ostentation les dépenses qu'il devait dissimuler !

Les propos prêtés à Dreyfus, s'ils n'ont pas, comme tant d'autres, été déformés par la passion, prouveraient donc uniquement, comme l'a justement fait observer le lieutenant-colonel Cordier (1), que « Dreyfus, le jour de son mariage, n'aurait pas pu porter la couronne d'oranger », et que, comme la plupart des jeunes officiers, il aimait à rappeler entre camarades ses bonnes fortunes et ses parties de plaisir.

On comprend bien qu'en ces conditions le général de Boisdeffre lui-même (2) ait trouvé la question « jeu et femmes » insuffisamment élucidée en 1894. Le malheur pour l'accusation est que, malgré ses invraisemblables procédés de racolage de témoins, elle n'ait rien trouvé en 1899 de plus qu'en 1894. On avait bien fait donner lecture, à l'ouverture des débats, de l'acte d'accusation d'Ormescheville, où il était fait

(1) Rennes, t. 2, 512.
(2) Boisdeffre. Cass., 1899, t. 1, p. 265-266.

état des faux rapports Guénée concernant un homonyme de Dreyfus, et détruits par le rapport de la préfecture de police qu'avait supprimé Henry en 1894. Mais ces faux et fraudes ne pouvaient plus produire effet puisqu'ils avaient été démasqués par l'instruction de la Cour en 1899. On était donc réduit aux témoignages... et quels témoignages ! Il reste à les analyser.

IX. — Le commandant Gendron (1) est venu déclarer qu'un de ses amis lui avait fait une révélation : Dreyfus fréquentait chez une demi-mondaine, Mme Derry. Mais le commandant Gendron était allé lui aussi chez cette femme. Elle. lui avait produit une fâcheuse impression dont il avait fait part à son ami ; et celui-ci lui avait répondu : « Après tout, je né comprends pas vos scrupules, *car d'autres officiers, brevetés comme vous, ou à l'Ecole de guerre, fréquentent cette personne, et entre autres Dreyfus* ».

Il n'y avait donc là, de l'aveu même du témoin, rien de spécial à Dreyfus. Nul, d'ailleurs, n'a articulé que cette fréquentation, éphémère et sans suite intime, eût entraîné Dreyfus à des dépenses excessives.

Il s'agissait là encore d'un témoignage tendancieux, et le témoin a fourni lui-même la mesure de la valeur de son témoignage. Après s'être posé pendant quatre ans d'angoissantes questions, il est venu, dit-il, faire ses révélations et soula- p. 346 ger sa conscience devant le Conseil de guerre de Rennes. Le témoin avait oublié qu'il s'était déjà livré à la même manœuvre lors du procès de 1894 (2) et que, par suite, sa conscience prétendue angoissée était libérée depuis cinq ans !

Le capitaine Duchâtelet, de son côté, traîné comme témoin par l'accusation devant le Conseil de guerre, a rapporté un propos qu'aurait tenu Dreyfus, un matin qu'ils passaient ensemble, à cheval, rue de Miromesnil : Dreyfus aurait parlé d'une femme habitant cette rue, et il aurait ajouté que « la dernière fois qu'il y était allé », il y aurait perdu « la forte somme (3) ». Mais le capitaine Duchâtelet ajoute que le propos fut tenu « *sur le ton de la plaisanterie* ».

(1) Rennes, t. 2, p. 66.
(2) Rennes, t. 2, p. 68, et p. 70 *in fine*.
(3) Duchâtelet. Rennes, t. 2, p. 98.

Enfin, interpellé par M⁰ Demange sur la question de savoir pourquoi il n'avait rien dit au procès de 1894, le capitaine Duchâtelet, honteux lui-même du rôle que lui faisait jouer l'accusation devant le Conseil de guerre de Rennes, répond :

> Je le dirai franchement au risque même de détruire ma déposition d'aujourd'hui : Comment, voilà un officier qui est accusé du plus grand des crimes, et moi j'irais dire : « Il m'a dit qu'il est allé chez une femme et y a perdu de l'argent » ! Non, je n'ai rien dit.

Cette déclaration, qui stigmatise l'accusation, rend superflue toute discussion du témoignage. Il faut ajouter cependant que Dreyfus, après avoir signalé certaines inexactitudes de mémoire, reconnues par le témoin lui-même, a déclaré ne pouvoir préciser quelles avaient été exactement les plaisanteries échangées, mais pouvoir affirmer qu'il n'avait pas parlé de perte de jeu, parce qu'il ne jouait jamais. Et en fait, depuis plus de dix ans que les accusateurs recrutent, par tous les moyens, des témoins à charge, ils n'en ont pas encore trouvé un seul affirmant avoir vu jouer Dreyfus !

X. — M. Du Breuil, ancien procureur de la République de Saint-Brieuc, a été entendu à titre de renseignement (1). Il venait raconter qu'en 1885-86, il avait dîné chez une dame Bodson, et que parmi les convives se trouvaient Dreyfus, alors célibataire, et un attaché à l'ambassade d'Allemagne. M. Du Breuil était d'ailleurs obligé d'avouer son impuissance à donner une désignation quelconque de cet attaché inconnu (2). Mais, il ajoutait que M. Bodson, aujourd'hui décédé, lui avait révélé les relations intimes de Dreyfus et de sa femme, et son propre désir de divorcer. Comme M. Du Breuil lui disait qu'il fallait, pour un divorce, fournir des preuves non équivoques à la justice, M. Bodson aurait répondu : « des preuves, j'en ai, j'en aurais même pour faire chasser Dreyfus de l'armée française ».

p. 317

D'éclatants démentis surgissaient immédiatement à cette déposition tendancieuse, qui, sur des faits d'ordre intime, s'efforçait de bâtir une accusation de trahison.

Dreyfus n'avait pas nié ses relations avec Mme Bodson, en 1885. Mais cette liaison n'avait jamais entraîné le jeune

---

(1) Dubreuil. Rennes, t. 2, p. 102 et suiv.
(2) Rennes, t. 2, p. 107, 108 et 109.

lieutenant en des dépenses exagérées : M. Du Breuil n'articulait rien à cet égard ; et en présence de la vilenie commise, la sœur de M. Bodson écrivait, à la date du 24 août 1899 (1), dès le lendemain de la déposition de M. Du Breuil :

Monsieur,

Le témoin Du Breuil ment.

M. Bodson, mon frère, avait trop le sentiment de sa dignité pour initier un étranger à ses soucis de ménage.

Mon frère est mort l'année dernière.

Confidente de mon frère, je proteste de la façon la plus formelle.

Ma belle-sœur a apporté en dot un million.

A la mort de son père, elle a hérité de 1.800.000 francs.

Elle a actuellement deux propriétés dans Paris.

Lors des relations du capitaine Dreyfus, elle était en instance de divorce.

Je suis tellement émue que je ne me sens pas le courage d'en dire davantage, mais je me mets à votre disposition pour plus amples renseignements.

Les renseignements donnés par la sœur de M. Bodson ont été confirmés devant le Conseil de guerre par M. Linol, avocat liquidateur de sociétés à Paris (2), qui a beaucoup connu M. et Mme Bodson. Mme Bodson, fille du Dr Flatet, avait une fortune considérable. M. et Mme Bodson recevaient beaucoup dans leur hôtel de l'avenue du Bois. On rencontrait chez eux « des députés, des fonctionnaires, des magistrats, des officiers ». On y recevait « une société un peu mélangée peutêtre, mais parfaitement correcte ». M. Linol ajoute :

J'ai revu M. Bodson quelque temps après la condamnation et la dégradation de Dreyfus, qui nous avaient vivement impressionnés. *M. Bodson qui, pour des motifs particuliers, n'aimait pas le capitaine Dreyfus, m'a déclaré de la façon la plus nette qu'il le considérait comme incapable de commettre le crime de trahison pour lequel il avait été condamné.*

Qu'était-ce donc que le témoin Du Breuil, qui, entendu à titre de renseignement, venait apporter au Conseil des racontars si étrangement déformés sous le souffle de la calomnie ?

L'exposant n'aura pas la cruauté d'insister sur un arrêt de p. 348 la Cour de Caen, du 8 février 1896, que la défense, outrée des procédés de M. Du Breuil, contraignit le témoin de verser au dossier (3), On lit, dans cet arrêt, que M. Du Breuil « sciemment a surpris la confiance » de son adversaire, « qu'il a obéi à une pensée de fraude ».

(1) Rennes, t. 2, p. 104.
(2) Rennes, t. 2, p. 190.
(3) Rennes, t. 3, p. 114.

Ce pouvait n'être là qu'un accident dans la carrière un peu agitée du témoin.

Mais depuis, de nouveaux documents ont surgi, qui font bien apparaître le caractère exact de la mentalité du témoin. Le Tribunal correctionnel de Coutances, par jugement du 8 février 1904, et sur appel, la Cour de Caen, par arrêt du 5 mai 1904, ont condamné M. Du Breuil à un mois de prison et 100 francs d'amende pour injure et diffamation. L'exposant produit (prod. 3), le numéro du *Petit Manchot* (journal de M. Du Breuil), en date du 4 juin 1904, qui, conformément à l'arrêt, publie le texte du jugement et de l'arrêt de condamnation.

Ces décisions relèvent que « Du Breuil, depuis quinze mois, a encouru trois condamnations correctionnelles, dont deux pour délits d'injures et diffamation ». La Cour de Caen relève le « caractère odieux » de la diffamation qu'elle réprime.

Sans chercher à accabler un homme sous le poids de ses mésaventures de journaliste, on doit constater ici que cette habitude de la diffamation disqualifie la valeur du témoignage. Le procédé employé par M. Du Breuil, qu'entraîne une imagination passionnée, est toujours le même : sur un fait vrai, il brode ses articulations diffamatoires.

M. Du Breuil a publié récemment une plaquette intitulée : « Mon rôle dans l'affaire Dreyfus ». (Prod. 4.) On y relève page 4 :

Ma déposition ne pourrait servir que comme indication. Pourquoi Dreyfus ne répondit-il pas : Il est parfaitement exact que j'aie dîné chez Bodson avec Du Breuil et un attaché allemand. Il eût pu ajouter : Qu'est-ce que cela prouve ? J'aurais répondu moi-même : « *Rien* ».

Ainsi M. Du Breuil estimait lui-même que sa déposition, *fût-elle exacte, n'eût rien prouvé*. Le procédé qui consiste à venir jeter à la tête de l'accusé des affirmations incontrôlables, non pour prouver quoi que ce soit, mais pour le perdre dans l'esprit de ses juges, n'en est que plus condamnable.

Dreyfus a reconnu ses relations avec M. et Mme Bodson, parce que le fait était vrai.

Il a nié avoir dîné chez eux avec un attaché allemand, sur la désignation duquel Du Breuil a obstinément refusé de donner aucun renseignement, parce que le fait était faux.

p. 349   Du Breuil ajoute (page 9 de son opuscule) :

« Je deviens défiant. Mes présomptions actuelles sont que Dreyfus est peut-être la victime des haines féroces des prêtres unis aux généraux issus des jésuitières » ; et il continue en déclarant que depuis plus de dix ans il a reconnu la nécessité de retirer aux Conseils de guerre leurs pouvoirs judiciaires. « A chacun son métier », dit-il, « et dans tout métier il faut faire un long apprentissage. »

Réfexion pleine de justesse. Mais il est permis de faire observer à M. Du Breuil que, si les juges militaires sont, à raison de leur inexpérience, plus exposés que d'autres aux erreurs, les témoins comparaissant devant eux devraient se montrer d'autant plus circonspects, et ne pas chercher à troubler leur esprit par des dépositions du genre de la sienne.

XI. — La même observation pourrait être faite au lieutenant-colonel Bertin-Mourot.

Outre ses déclarations attestant les connaissances de Dreyfus en matière d'organisation des chemins de fer, et les facilités qu'il aurait eues de livrer les secrets de cette organisation, le lieutenant-colonel Bertin Mourot rapportait lui aussi, au Conseil de guerre, un propos de Dreyfus. Ce propos était, paraît-il, antipatriotique. Revenant de la frontière, M. Bertin-Mourot racontait ses impressions pénibles « si près de cette ligne frontière tracée sur un sol natal avec, de chaque côté, un Dieu des armées différents. » Dreyfus l'aurait interrompu en disant : « Mais cela ne pourrait pas être pour nous autres juifs : partout où nous sommes, notre Dieu est avec nous » (1).

Dreyfus ne se souvient pas avoir tenu ce propos. Mais est-ce que tout homme religieux, à quelque religion qu'il appartienne, ne sent pas son Dieu près de lui, en quelque pays qu'il se trouve ? Et quelle preuve de trahison ou simplement d'antipatriotisme veut-on tirer de pareil propos ?

Le lieutenant-colonel Bertin-Mourot est interrogé à cet égard devant la Cour (2).

Un membre de la Cour. — Quel est le sens que vous attribuez à ces paroles ? J'avoue que je ne comprends pas.

R. — Je n'y attribue aucun sens, mais je voyais la question brusquement dévier. J'avais parlé de l'immensité, des astres qui tournent et du service militaire des Alsaciens ; l'un servira à Berlin et l'autre servira chez nous ; cependant tous les deux sont aussi bons Français. L'idée théologique de Dieu n'intervenait pas. Et brusquement, je vois ce simple récit

(1) Rennes, t. 2, p. 38 et 39.
(2) Enquête, t. 1, p. 549.

d'une impression se transformer en idée théologique, ce qui m'était désagréable.

Un membre de la Cour. — La phrase n'a pas un sens antipatriotique dans votre pensée ?

p. 350 R. — Entre officiers, nous ne causons pas de ces choses-là. Cela m'a été désagréable de voir avec quelle promptitude les choses et les idées se transformaient. J'aurais raconté cela devant d'autres, ils auraient dit : oui, oui, en effet. Quel est le fond de cette phrase, qu'a-t-il voulu dire ? Je n'en sais rien. On m'a dit : vous avez blessé les Juifs. J'ai cité simplement, *je voulais expliquer pourquoi il m'avait laissé une mauvaise impression, c'est son caractère. Je cherchai dans les souvenirs de nos contacts quels étaient les points sur lesquels il m'avait laissé une impression. Il y avait cette conversation. Si je creusais mes souvenirs, j'en trouverais d'autres de cet ordre.* Je voulais simplement expliquer son caractère.

Ainsi le colonel Bertin-Mourot ne peut expliquer la portée du propos, il ne sait pas ce que Dreyfus a voulu dire : il le reconnaît. C'est cependant ce propos dont il ignore le sens, qui lui a laissé une mauvaise impression sur le caractère de Dreyfus.

Le colonel Bertin-Mourot allègue d'autre part que Dreyfus lui parlait des chasses splendides qu'il y avait en Alsace. Il lui répondait : « Laissez-moi travailler. Je ne chasse pas » ; et il s'indigne d'avoir été ainsi dérangé de son travail par des conversations ne concernant pas le service (1). Il importe cependant de remarquer à cet égard que, dans l'échange de propos rappelé plus haut sur le « Dieu des armées », c'était le colonel Bertin-Mourot lui-même qui avait pris l'initiative d'une conversation étrangère au service.

Un incident caractéristique fait bien ressortir la valeur du témoignage du colonel Bertin-Mourot.

Mᵉ Labori rappelait à Rennes (2) qu'au lendemain de la condamnation de Dreyfus, il avait été très troublé par la conviction absolue de l'innocence de Dreyfus, affirmée par son confrère Mᵉ Demange, au caractère et à la loyauté duquel tout le Palais rend hommage. Mᵉ Labori avait eu l'occasion d'en faire part au lieutenant-colonel Bertin-Mourot, alors commandant ; il en avait obtenu cette réponse stupéfiante :

Mᵉ Demange, ne m'en parlez pas, c'est l'avocat de l'ambassade d'Allemagne. La preuve, la voici : Demange, en plaidant pour Dreyfus, n'a pas plaidé pour la première fois pour un espion ; il avait déjà été commis d'office pour un autre ; et on ne commet pas d'office un avocat comme Mᵉ Demange, sans qu'il y ait quelque chose là-dessous.

(1) Enquête, t. 1, p. 548.
(2) Rennes, t. 2, p. 63, 64 et 65.

M. Bertin-Mourot dut reconnaître l'exactitude de ces souvenirs. Il a expliqué ses propos en déclarant qu'il en voulait
à Mᵉ Demange d'avoir mal défendu Dreyfus ! !.

Ceci devient chez le témoin de l'incohérence.

Mᵉ Demange lui fit d'ailleurs observer qu'il n'avait pu
juger une défense prononcée à huis-clos. Il ajoutait à juste
titre que, commis d'office antérieurement pour défendre deux p. 351
espions, il avait considéré cette mission comme un témoignage de confiance en sa discrétion, et, par suite, comme un
honneur. Il terminait en disant :

> J'ai défendu ces deux espions qui ont été condamnés d'ailleurs, et je
> vous prie de croire qu'à l'innocence de ceux-là je n'ai jamais cru. Je les
> ai défendus comme je devais les défendre.

Les témoignages comme celui de M. Bertin-Mourot ne
prouvent assurément rien contre l'accusé ; mais destinés à
égarer l'esprit des juges, ils ne sont à l'honneur ni de l'accusation qui les sollicite, ni des témoins qui les apportent.

Le témoin Bertin-Mourot a prétendu relever, dans les
déclarations de Dreyfus, des inexactitudes qu'il qualifie de
mensonges. Ce témoin a ici particulièrement abusé des équivoques ; et le capitaine Dreyfus, dans ses observations devant
la Cour, en a bien montré le caractère (1).

Toutes les réponses et déclarations du capitaine Dreyfus,
en 1894, en 1899 et en 1904 sont, en effet, d'une parfaite concordance. Nul plus que lui, cependant, après ce qu'il a subi,
n'eût été plus excusable, s'il avait, dans ses réponses, commis
quelque confusion ou quelque inexactitude. L'absolue droiture du capitaine Dreyfus ressort avec évidence de l'ensemble
de ses déclarations. On n'en saurait dire autant du colonel
Bertin-Mourot.

XII. — Le dernier témoignage du groupe est celui du
général Le Belin de Dionne. Il est peut-être plus étrange
encore, et plus accablant... pour son auteur.

Le général Le Belin de Dionne déclare : (2).

> A la fin de ces examens, le capitaine Dreyfus et un de ses camarades,
> un israélite comme lui, sont venus réclamer en me disant qu'un examina-
> teur leur avait donné une très mauvaise note, la note o, parce qu'ils
> étaient juifs ; c'était la note d'aptitude au service d'État-major.

(1) Enquête, t. 1, p. 989 et 990.
(2) Rennes, t. 2, p. 179.

Le général Le Belin de Dionne déclare qu'il a recueilli alors de mauvais renseignements sur Dreyfus, se gardant bien d'ailleurs de préciser aucune des sources de ces mauvais renseignements, et il ajoute :

Lorsqu'on me donna tous ces renseignements, je pensais que le capitaine Dreyfus ne devait pas rester à Paris ni figurer à l'Etat-major général. Cependant je me trouvais en présence d'une injustice à réparer et je ne voulais pas que l'Ecole de guerre fût un lieu de persécution religieuse, je ne lui donnai donc pas une note très mauvaise ; *je lui donnai la note qu'il méritait et que j'avais donnée à tous ses camarades. Je laissai à la*
p. 352 *note donnée par l'examinateur tout son effet. L'effet de cette note était minime en effet, et le dommage presque nul ; au lieu de sortir le 5ᵉ il est sorti le 8ᵉ ou 9ᵉ et il a pu rester à l'Etat-major général.* Par conséquent, je ne me suis jamais expliqué ses plaintes et ses récriminations contre le mal qui lui a été fait et qui était absolument illusoire. Je dois dire, monsieur le président, que j'ai rendu compte de tout cela au ministre de la Guerre...

En 1898, le ministre a fait demander une note sur le capitaine Dreyfus. J'ai parlé de ce que je viens de vous dire. Cette note paraît être en discordance avec la note de l'inspection. Cela provient de ce que je ne savais pas les faits que je viens d'exposer au Conseil.

Quant aux faits qui amènent Dreyfus ici, je ne les connais pas. Je n'en ai jamais rien su.

Ainsi le général Le Belin de Dionne reconnaît qu'une injustice a été commise à l'égard de Dreyfus, *et qu'il a laissé produire à cette injustice dûment constatée tout son effet !*

Il semblerait qu'après cet aveu des excuses fussent dues au capitaine Dreyfus.

Loin de là, l'accusation a prétendu tirer de l'injustice commise à l'égard de Dreyfus une charge contre lui.

Cette injustice avouée, reconnue et non réparée, dira l'accusation, a dû ulcérer le cœur de Dreyfus : et c'est par vengeance qu'il aura trahi.

Un déboire cruel, écrit du Paty de Clam (1), dans son rapport au ministre de la Guerre, du 31 octobre 1894, attendait Dreyfus à sa sortie de l'Ecole de guerre : il n'est pas le premier, il n'est pas le second, il n'est pas le troisième, le capitaine Dreyfus est rejeté au 9ᵉ rang. La blessure fut profonde, cruelle, elle saigne encore, elle est incurable. Mme Dreyfus déclara, en présence de M. Gribelin, que son mari avait été malade de cette déception, il a eu des cauchemars. C'était bien la peine, disait-il, de travailler dans cette armée, où quoi qu'on fasse, on n'arrive pas selon son mérite ; lui-même parlait de ce qu'il appelait une infamie (2).

(1) Rapport Bard, p. 26.
(2) On cherche vainement dans toute l'instruction une trace quelconque de ce prétendu propos de Mme Dreyfus, qui ne se rappelle pas l'avoir tenu. Il est d'ailleurs inconcevable que l'officier de police judiciaire, même s'il ne l'a pas déformé, se soit cru autorisé à en faire état sans l'avoir authentiquement recueilli.

Le rapport d'Ormescheville s'exprime dans le même sens au sujet de l'incident de l'examen subi à la sortie de l'Ecole de guerre (1). Si bien qu'on voit l'accusation, devant un Conseil de guerre, faire grief au capitaine juif, d'une injustice commise à son égard !

Dreyfus a d'ailleurs déclaré qu'ayant pu, malgré cet incident, conserver un classement lui permettant d'entrer à l'Etat-major, il s'était borné à une réclamation près du général Le Belin de Dionne, qui l'avait reçu alors avec bienveillance, et que l'incident en était resté là, sans laisser d'autres traces (2).

A supposer même qu'il en fût autrement, écrit M. le Procureur Général **p. 353** dans son premier réquisitoire (3), il est peut-être permis de trouver une disproportion inadmissible entre le mécontentement que Dreyfus aurait légitimement éprouvé d'un acte qui ne lui avait, en réalité, causé aucun préjudice, et le crime abominable qui lui est imputé et qui n'aurait pourtant pas eu d'autre cause.

XIII. — Le général Le Belin de Dionne déclare qu'il a voulu, à la suite de la réclamation de Dreyfus, prendre ses renseignements sur cet officier.

J'ai appris, dit-il (4) qu'il n'était pas aimé de ses camarades et de ses chefs à cause de son caractère cassant, de sa nature haineuse, de son ostentation, et de l'intempérance de son langage. Il disait notamment que les Alsaciens étaient bien plus heureux sous la domination allemande que sous la domination française. Je sais que M. Dreyfus a nié le propos, mais les renseignements que j'apporte au Conseil sont des renseignements qui ont été contrôlés. Ils ne proviennent pas d'une source unique et présentent tous des garanties. Dreyfus connaissait un certain nombre de femmes galantes. Il s'en vantait et il se vantait surtout des fortes sommes qu'elles lui coûtaient. Je ne sais pas s'il dépensait de fortes sommes, mais je sais que lui, marié, père de famille, se vantait de ses relations avec des femmes galantes.

C'est la reproduction de l'attestation de complaisance délivrée le 1er juin 1898 par le général Le Belin de Dionne, et figurant au dossier secret.

A cette attestation l'exposant, en 1899, s'était borné à opposer les notes mêmes du général Le Belin de Dionne, don-

(1) Rennes, t. 1, p. 18.
(2) Dreyfus, Rennes, t. 2, p. 180 et 181.
(3) Revision du procès de Rennes, p. 362.
(4) Rennes, t. 2, p. 179.

nées à Dreyfus à sa sortie de l'Ecole de guerre et ainsi conçues (1) :

Physique assez bien ; santé assez bonne ; myope ; *caractère facile ; éducation bonne ;* intelligence très ouverte ; *conduite très bonne ; tenue très
bonne ;* instruction générale très étendue ; instruction militaire théorique
très bonne ;'pratique très bonne ; administrative très bonne ; connaît très
bien l'allemand ; monte très bien à cheval ; sert bien. Admis à l'Ecole n° 67
sur 81 ; sorti n° 9 sur 81 ; a obtenu le brevet d'Etat-major avec la mention
très bien. Très bon officier. Esprit vif, saisissant rapidement les questions,
ayant le travail facile et l'habitude du travail. *Très apte au service de
l'Etat-major.*

Signé : DE DIONNE.

Ces notes, comme il fut fait observer à Rennes au général
de Dionne (2) sont du 25 novembre 1892, postérieures, par
conséquent, aux prétendus mauvais renseignements fournis,
on ne sait comment ni par qui, au général de Dionne. Ces
notes indiquent, d'ailleurs, le classement définitif de sortie
(n° 9 sur 81), et sont donc rédigées, après la clôture de la
prétendue enquête du général de Dionne sur la réclamation
de Dreyfus. Elles sont en contradiction formelle avec les prétendus résultats de cette enquête, dont il est impossible de
trouver trace.

p. 351

L'exposant avait tenté, en 1899, d'expliquer les contradictions du général de Dionne par la déformation des souvenirs
de ce général sous l'empire des passions ambiantes. Il semble
résulter, des explications de M. Le Belin de Dionne à Rennes,
que ce n'était pas inconsciemment qu'en son certificat du
1er juin 1898, il altérait la vérité.

XIII. — La vérité sur ce point éclate aux yeux de tous,
et elle se formulait ainsi sous la plume du général Niox, dans
une lettre que cet officier général écrivait à M. Mathieu
Dreyfus, le 13 novembre 1894, c'est-à-dire avant la première
condamnation (Prod. 5).

(1) Cass., 1899. Débats, p. 585 et 586. — Ces notes sont celles de l'inspection générale de 1892. Il est à remarquer qu'à l'inspection générale précédente (1891), le général Le Belin de Dionne avait encore noté Dreyfus :
« *officier capable servant avec zèle et correction.* » L'inspecteur général
ajoutait : « *Les notes de cet officier ne parlent pas de son jugement qui
me paraît très droit et très sain. Ce n'est pas une qualité si commune.* »
Quels commentaires suggère aujourd'hui pareille note !
(2) Rennes, t. 2, p. 182.

15ᵉ BRIGADE D'INFANTERIE,
     LE GÉNÉRAL.

Paris, le 13 novembre 1894,

Monsieur,

Je reçois aujourd'hui à Paris votre lettre du 11 novembre adressée à Laval.

Les relations que j'ai eues avec votre malheureux frère n'ont aucun rapport avec la douloureuse situation présente. *Ce que je pourrais dire est connu de tout le monde. C'est que sa nomination à l'Etat-major de l'armée est la meilleure preuve de la confiance qu'on avait en lui.* Personne ne souhaite plus que moi voir détruire les lourdes accusations dont il est l'objet ; je ne suis malheureusement pas à même d'y contribuer.

Veuillez agréer, Monsieur, avec mes regrets et mes sympathies pour votre affliction, l'assurance de mes sentiments distingués.

Signé : Niox.

Ce n'est pas seulement d'ailleurs le général Niox qui affirme l'estime à laquelle on tenait Dreyfus. On trouve maintenant au dossier les notes de Dreyfus pour l'inspection générale de 1894. Dreyfus va quitter le ministère de la Guerre après ses deux années de stage, et *le général de Boisdeffre formule, de sa main, les notes que mérite cet officier, après ce stage de deux années au ministère.* Ces notes sont ainsi conçues :

Bon officier. Esprit vif, saisissant rapidement les questions, zèle, travailleur, favorablement apprécié partout où il a passé. Fera un bon officier d'Etat-major.

A l'inspection générale précédente (1893), le général Gonse avait donné comme note : « Les débuts à l'Etat-major de l'armée ont été bons et ils promettent. *Le capitaine Dreyfus est animé du désir de bien faire et d'arriver. Officier d'avenir* ». Et le général de Boisdeffre ajoutait : *Jeune officier* p. 355 *favorablement apprécié par ses chefs. Zélé et travailleur ; paraît devoir bien faire. » On s'explique mal comment ces notes de l'inspection générale avaient été supprimées du dossier pour faire place à l'attestation fausse du général Le Belin de Dionne.*

La déposition du général de Dionne ne peut donc en réalité faire de tort qu'à lui-même. Trop facilement il a cédé aux passions antisémites de son entourage.

Tel le général Roget faisait donner à Dreyfus, par le général Fabre, son unique mauvaise note, parce que, chargé de faire un travail d'écolier sur des transports fictifs, Dreyfus lui avait demandé de faire le transport de deux corps d'armée par leurs lignes de transport réelles, travail plus intéressant à raison de la réalité même de son objet :

> J'ai refusé, dit le général Roget, d'accéder à ce désir et j'ai conservé je l'avoue, une mauvaise impression de cette demande. C'est tout, d'ailleurs, ce que j'ai eu à lui reprocher, et c'était un officier remarquable sous tous les rapports (1).

Et c'est cette mauvaise impression, causée par cet unique motif, qui se traduit sous la plume du général Fabre ainsi :

> Officier incomplet, très intelligent et très bien doué, mais prétentieux et ne remplissant pas, au point de vue du caractère de la conscience et de la manière de servir, les conditions nécessaires pour être employé à l'Etat-major de l'armée.

Cette note, a dit le général Fabre dans l'instruction même du procès de 1894 (2), était la résultante des renseignements fournis sur le compte du capitaine Dreyfus par le commandant Bertin (lieutenant-colonel Bertin-Mourot), et le lieutenant-colonel (aujourd'hui général) Roget.

Ainsi s'élaborent attestations, notes et témoignages contre le capitaine israélite. Toujours, lorsqu'il s'agit de découvrir le fait précis servant de support à des allégations tendancieuses et hostiles, on trouve, soit des faits de service normaux et réguliers, soit des conversations banales et naturelles, soit même des injustices criantes, commises contre l'accusé lui-même.

Comme le premier, ce deuxième groupe de témoignages ne peut prouver quelque chose que contre les accusateurs.

XV. — *Relations de Dreyfus avec l'étranger.* — Un troisième et dernier groupe de ces témoignages d'ordre général, p. 356 ne visant aucun chef d'accusation déterminé, concerne les prétendues relations de Dreyfus avec l'étranger.

Un témoignage dont fait grand cas M. le général Roget, émane de M. Maurice Lonquety, ingénieur civil, ancien camarade de Dreyfus à l'Ecole polytechnique. M. Lonquety a déclaré avoir rencontré Dreyfus à Bruxelles, où, paraît-il, se trouve un centre d'espionnage important. L'accusation plaçait ce voyage en 1894. A Rennes, Dreyfus a rappelé certaines circonstances de cette rencontre qui ont été recon-

(1) Cass., 1899, t. 1, p. 95 in fine.
(2) Cass., 1899, t. 2, p. 41.

nues exactes par M. Lonquety. Tout s'est borné à une rencontre dans un restaurant : la Taverne Royale.

Quant à la date, M. Lonquety a dit, devant le Conseil de guerre, qu'il avait, dans une conversation banale, allégué comme possible la date de 1894 (1), mais que, comme témoin déposant sous la foi du serment, il ne pouvait rien préciser, ses voyages à Bruxelles étant extrêmement fréquents. Dreyfus a déclaré n'être jamais allé à Bruxelles qu'une fois : en revenant de l'Exposition d'Amsterdam. Une circonstance de la rencontre indiquée à Rennes (2) semblerait révéler, au surplus, que la rencontre à Bruxelles devait se placer peu de temps après la sortie de l'Ecole polytechnique des deux interlocuteurs. En effet, M. Lonquety s'est rappelé à Dreyfus comme « son conscrit ». Les souvenirs d'école n'étaient donc pas très loin. Or, Dreyfus a quitté l'Ecole polytechnique en 1880.

Dans l'interrogatoire que lui fit subir M. d'Ormescheville, le 19 novembre 1894, Dreyfus avait spécifié les voyages qu'il avait faits à l'étranger, et avait de lui même parlé de son voyage à l'Exposition d'Amsterdam et de son retour en France par Bruxelles.

A Rennes, Dreyfus, approximativement, fixait la date de son passage à Bruxelles à 1885 et 1886. M. Lonquety, tout en déclarant que cette date lui paraissait bien éloignée, se déclarait dans l'impossibilité de rien préciser comme date. Vérification faite, l'Exposition d'Amsterdam est de 1883. Le capitaine Dreyfus l'a signalé dans son mémoire personnel du 30 janvier 1904, produit à la chambre criminelle, avant l'arrêt du 5 mars 1904 (3).

Le général Roget (4) dans sa déposition du 7 mai 1904, déclare avoir eu l'impression d'audience que Dreyfus avait éprouvé un soulagement en voyant M. Lonquety d'accord avec lui.

Mais, allègue le général Roget, cet accord n'aurait pu subsister si, au lieu d'indiquer la date probable de 1885-86

(1) Rennes, t. 2, p. 183 et 184.
(2) Rennes, t. 2, p. 184.
(3) Mémoire de Dreyfus, du 30 janvier 1904. — Revision du procès de Rennes, p. 443. — Conf., déclaration Dreyfus, du 22 juin 1904. Enquête, t. 1, p. 992.
(4) Enquête, t. 1, p. 628.

pour l'Exposition d'Amsterdam, on avait indiqué la date vraie de 1883. M. Lonquety était, à cette date, élève à l'Ecole des p. 357 mines (élève externe puisque M. Lonquety est ingénieur *civil* des mines), et quand on est élève à l'Ecole des mines, dit le général Roget, on ne fait pas de voyage à Bruxelles (??) Il est à remarquer, à cet égard, que la permission accordée à Dreyfus pour ce voyage, et notée à son livret, en fixe la date à août-septembre 1883, c'est-à-dire à l'époque des vacances.

Toute cette discussion est singulièrement oiseuse. L'impression qu'a eue le général Roget (qui en a toujours de défavorables au capitaine israélite), même si elle correspondait cette fois à une réalité, n'eût été que la constatation d'un sentiment naturel chez un accusé. Chargé par les dépositions tendancieuses de quantité de témoins passionnés, le capitaine Dreyfus devait éprouver un sentiment de soulagement, quand, dans le nombre, il en rencontrait un de bonne foi.

Mais si on suppose, pour faire plaisir au général Roget, que Dreyfus ait fait un voyage à Bruxelles, en 1894, en quoi cela fortifie-t-il l'accusation ?

L'accusation imputait à Dreyfus l'envoi de documents à un agent habitant Paris, et c'est au domicile de cet agent à Paris que la lettre d'envoi (bordereau) a été saisie.

Dreyfus serait donc allé à Bruxelles pour envoyer de là à Paris les documents qu'il voulait livrer à l'Allemagne, ce qui serait manifestement absurde.

Si, d'autre part, Dreyfus est en relations avec le bureau d'espionnage de Bruxelles, on ne conçoit plus les relations infiniment plus dangereuses qu'il aurait inutilement suivies en même temps avec l'agent A.

Enfin, il ne suffit pas, pour articuler qu'un officier est en relations d'espionnage avec les agents de Bruxelles, d'établir que cet officier a été à Bruxelles. Or, M. Moutier, agent de notre service de renseignements à Bruxelles, qui ne pêche pas, assurément, par excès de sympathie pour le capitaine Dreyfus, dépose à cet égard en ces termes, le 27 avril 1904, devant M. le conseiller Laurent Atthalin (1).

En mai 1899, des articles ont paru dans la presse, où il était allégué que j'aurais prétendu avoir vu Dreyfus à Bruxelles, en des rendez-vous

(1) Enquête, t. 2, p. 101.

suspects. Le fait est faux absolument. Dreyfus venait-il oui ou non à Bruxelles à des rendez-vous suspects ou licites? Je l'ai toujours ignoré. De fait, je n'ai jamais ni vu ni connu l'ex-capitaine Dreyfus.

Qu'on rapproche de cette déposition celle de M. Lonquety, à Rennes, ainsi conçue :

J'ai souvenir d'avoir rencontré Dreyfus à une époque qu'il ne m'est pas possible de préciser exactement. C'était à Bruxelles ; je ne crois pas que nous nous soyons parlé, et il était seul. Je crois que c'est à ce moment-là, sans en être certain. D'ailleurs, le fait de nous rencontrer n'a p. 358 *absolument rien indiqué de particulier pour moi.*

Qu'on suppose que Dreyfus ait fait une confusion de date, et que sa mémoire, généralement fidèle, lui ait à tort suggéré le souvenir de l'Exposition d'Amsterdam, et d'un voyage unique à Bruxelles, à cette date.

Comment, de tout cela, pourrait-on encore tirer un grief contre Dreyfus ? En supposant exactes toutes les articulations du général Roget, qui ne sont point d'accord cependant avec les déclarations de M. Lonquety, la seule chose qui pourrait être reprochée à Dreyfus serait une erreur de mémoire. Le général Roget qui n'était pas accusé, qui n'a pas passé cinq ans à l'Ile-du-Diable, qui préparait ses dépositions à tête reposée, et qui déposait sous la foi du serment, a commis des erreurs de mémoire bien autrement graves que des erreurs de date. Peut-être a-t-il été, lui aussi, à Bruxelles. On n'en déduit pas cependant que le bordereau ait été envoyé par lui à l'agent A. à Paris.

Le fait que les accusateurs de Dreyfus en soient réduits à faire une charge d'un témoignage comme celui de M. Lonquety, suffirait à lui seul à montrer le néant de l'accusation. La manière dont M. Lonquety a subi, par l'intermédiaire de M. d'Ocagne, les suggestions des accusateurs de Dreyfus est d'ailleurs signalée par M. Painlevé (1). Le travail des accusateurs n'a pas donné, de ce côté, un résultat conforme à leurs espérances.

XVI. — Par lettre du 31 juillet 1899, M. Lucien Millevoye, député, rédacteur en chef de la *Patrie*, accréditait près du président du Conseil de guerre, le témoin Germain, piqueur.

Ce piqueur, entendu à titre de renseignement (2), racon-

(1) Painlevé. Déposition du 7 mai 1904. Enquête, t. 1, p. 647 et 648.
(2) Rennes, t. 3, p. 119 et 120.

tait qu'au service de M. Kullmann, industriel à Mulhouse, il avait accompagné à cheval à Habsheim, dans les environs de Mulhouse, son maître et un ami de ce dernier. Pendant ces manœuvres, M. Kullmann et son ami auraient causé avec un officier allemand, et Germain aurait entendu l'ami de M. Kullmann dire à ce dernier qu'il avait reçu la veille, du général allemand, une gracieuse réception. Germain a ajouté qu'il avait rencontré à Paris, au bois de Boulogne, ce même ami de M. Kullmann ; et le commandant d'Infreville lui aurait dit que ce personnage était le lieutenant Dreyfus.

Malheureusement pour Germain, son témoignage pouvait être contrôlé, d'après ses déclarations mêmes, par deux autres témoins : le commandant d'Infreville et M. Kullmann.

M. le commandant d'Infreville dépose, sous la foi du serment, devant le Conseil de guerre, et déclare (1) qu'il n'a p. 359 jamais désigné Dreyfus au piqueur Germain. Le pauvre piqueur est obligé d'avouer qu'il ignore comment et par qui le nom de Dreyfus lui a été donné pour celui du mystérieux ami de M. Kullmann.

M. Kullmann dépose à son tour (2) :

> Je ne suis jamais monté à cheval avec le lieutenant Dreyfus ; je ne suis jamais allé aux manœuvres aux environs de Mulhouse, et je donne le démenti le plus formel à l'assertion de Germain.

M. Kullmann ajoute qu'il est parfaitement possible qu'il ait lui-même assisté à des manœuvres avec d'autres, ou fait une promenade aux environs de Mulhouse en compagnie de Germain. Mais jamais il n'est sorti à cheval avec Dreyfus.

Invité à rechercher ce qui aurait pu donner naissance au racontar de Germain, M. Kullmann déclare qu'il était très lié avec le colonel Sandherr ; le colonel allait le voir à Mulhouse.

> Le colonel Sandherr, dit-il, est venu me raconter qu'un jour, étant en permission à Mulhouse, il s'était présenté devant le général ; que le général avait été très aimable avec lui et l'avait invité à assister le lendemain à des exercices de tir sur le champ de manœuvres aux environs de Mulhouse. Le colonel Sandherr m'a dit qu'il était très ennuyé d'être obligé d'y aller et qu'il tenait à ne pas se faire voir dans son pays d'origine, en compagnie des officiers allemands. Il assista à ces exercices, et me raconta qu'il était obligé de visiter le casernement de Mulhouse, parce que le général l'avait invité. Le soir, il vint encore me dire que le géné-

(1) Rennes, t. 3, p. 126.
(2) Rennes, t. 3, p. 129.

ral l'avait invité à revenir le voir le lendemain, et qu'il allait précipiter son départ et diminuer sa permission de trois jours. Il n'est resté qu'un jour et demi.

Il est à noter que le colonel Sandherr qui, à la différence de Dreyfus, a ainsi assisté officiellement à des exercices de manœuvres allemandes, n'a jamais, de ce chef, été accusé de trahison.

On ne voit donc pas bien encore la portée de la déposition inexacte, sinon mensongère, de Germain, même au cas où elle eût été conforme à la vérité.

Le piqueur Germain, après avoir eu le malheur d'être démenti par les deux témoins dont il avait invoqué le témoignage, le commandant d'Infreville et M. Kullmann, a eu un autre malheur.

Il avait subi une première condamnation correctionnelle en 1891 (1) ; il avait été condamné de nouveau pour abus de confiance, par la Chambre des appels correctionnels de Paris, le 8 juillet 1899. Mais la condamnation était prononcée par défaut ; et Germain faisait valoir à Rennes qu'il avait fait opposition, et que cette nouvelle condamnation n'était pas définitive. Elle l'est devenue par l'effet d'un arrêt contradictoire, rendu par la Cour de Paris, le 1er février 1900.

Tels sont les témoins que recrutaient les accusateurs pour p 360 apporter des « renseignements » aux juges de Dreyfus.

XVII. — Le boyaudier Villon, de Lyon, s'est de même offert pour fournir des révélations importantes au Conseil de guerre de Rennes. Il a été entendu, lui aussi, sans serment, à titre de renseignement (2).

Au printemps de 1894, dit-il, il était de passage à Berlin. Déjeunant à l'Hôtel central, il avait surpris une conversation entre deux officiers généraux ou supérieurs allemands qui parlaient en français. Leur conversation portait sur le frein hydraulique.

L'un de ces officiers dit à l'autre : C'est écœurant de voir des officiers de l'Etat-major français vendre leur pays de la sorte. L'autre répondit : Que veux-tu mon ami ! pour nous c'est un bien. Tu sais que nous attendons le plan de mobilisation de Dreyfus.

(1) Rennes, t. 3, p. 121.
(2) Rennes, t. 3, p. 136.

La teneur de ce témoignage suffit aujourd'hui à en révéler la fausseté.

C'est au *printemps 1894* que les officiers, s'entretenant des livraisons faites par Dreyfus, parlent du *frein hydraulique*. Or, d'après l'accusation elle-même, le bordereau attribué à Dreyfus et annonçant l'envoi du frein hydraulique est de fin août ou septembre 1894. Manifestement donc, le propos n'a pu être tenu au printemps 1894, et Mᵉ Demange en faisait la remarque dans sa plaidoirie (1).

Mais, d'autre part, les officiers imaginés par le boyaudier Villon disent, au printemps 1894 : « Nous attendons le plan de mobilisation de Dreyfus. » Pourquoi cela ? Parce qu'une pièce, faussement datée par l'accusation d'avril 1894, annonce l'envoi prochain aux agents A. et B. de l'organisation militaire des chemins de fer. On sait aujourd'hui que cette promesse d'envoi était, en réalité, du 28 mars 1895. Les officiers du boyaudier Villon ne pouvaient donc s'entretenir de cette promesse un an auparavant.

De toute évidence, le témoignage est foncièrement faux. Il est superflu, en ces conditions, d'insister sur les côtés ridicules et manifestement fantaisistes de la déposition ; sur ces officiers étrangers dont le boyaudier a reconnu le grade « parce qu'ils étaient d'un âge de 50 à 60 ans », mais dont il ne peut définir le costume, ni les insignes ; sur l'extraordinaire liberté d'allure de ces officiers d'Etat-major, qui clament les secrets de leur service des renseignements en plein restaurant ; sur la finesse d'ouïe du boyaudier, qui perçoit leur conversation, bien qu'étant dans une autre salle.

Des renseignements versés au dossier, il semble résulter que Villon était à Lyon au moment où il fixe son voyage en Allemagne. Les pièces remises par ce témoin au président du Conseil de guerre montrent, d'ailleurs, qu'il ne peut établir sa présence à Berlin au printemps 1894 (2).

p. 361

Différentes lettres envoyées à la défense représentaient le boyaudier Villon comme un homme aimant à produire des plaisanteries un peu lourdes. Produites devant la justice, ces plaisanteries-là sont qualifiées par le Code pénal. Il est vrai

(1) Rennes, t. 3, p. 669.
(2) Rennes, t. 3, p. 138 et 139.

• que le boyaudier avait pris la précaution de ne pas prêter serment.

XVIII. — M. Mertian de Muller, avocat à Lille, est, lui du moins, un homme honorable. Forcé, par les accusateurs, à venir apporter au Conseil de guerre sa petite historiette, il a refusé de prêter serment (1).

Cette petite anecdote est la suivante :

Le 5 novembre 1894 il visite un des châteaux de Postdam. On l'introduit dans une chambre à coucher très simple, qu'on lui dit être celle de l'empereur d'Allemagne. Sur un bureau, se trouve un numéro du journal la *Libre Parole* ; une mention au crayon bleu, inscrite sur ce journal, porte : « Der Kap. Dreyfus ist... » ; ici un mot dont M. Mertian de Muller ne se souvient plus..., mais qu'il traduit cependant. Cela veut dire, déclare M. Mertian de Muller : « Le capitaine Dreyfus est pris ».

Cette historiette est très goûtée du général Mercier qui l'a annoncée d'avance au Conseil de guerre (2). M. Mertian de Muller, bien que, comme avocat, il sache le respect dû aux débats judiciaires. et bien que souffrant en conséquence du rôle qu'on lui faisait jouer, a donc dû venir répéter au Conseil son anecdote.

On conçoit mal le parti qu'en pourrait tirer l'accusation, même si elle était authentique. La *Libre Parole* annonce que le capitaine Dreyfus est arrêté comme espion. Il importe à toutes les puissances, suspectes d'entretenir des espions en France, de vérifier si le capitaine arrêté est un des correspondants de leurs agents. Il n'y aurait donc rien d'anormal à ce qu'une note fût prise sur le journal, précisément pour faire procéder à cet égard à des vérifications qui, d'ailleurs, furent faites en Allemagne et en Italie.

L'anecdote ne signifie rien par elle-même. Mais est-elle d'ailleurs authentique ?

Les termes mêmes de la mention, tels que les cite M. Mertian de Muller, démontrent avec évidence que le témoin est victime d'une superposition de souvenirs, et qu'il n'a certainement pas lu, sur le journal aperçu à Postdam, la mention

_____

(1) Rennes, t. 2, p. 274.
(2) Mercier. Rennes, t. 1, p. 77 et p. 94.

qu'il rapporte : *cette mention a été certainement imaginée par un Français ; elle n'a pu être écrite par un Allemand.*

En effet le mot capitaine (kapitan) *désigne en allemand* p. 360 *un grade de l'armée de mer* (kapitän zur See), capitaine de vaisseau. Le capitaine, dans l'armée de terre, est hauptmann. Pour un Allemand donc, la mention imaginée par M. Mertian de Muller désigne sans équivoque possible un officier de marine.

Le dernier mot de la mention est inconnu. M .Mertian de Muller propose : gefangen, ce qui veut dire exactement *prisonnier de guerre.* Un Allemand, pour annoncer la nouvelle de l'arrestation du capitaine Dreyfus, publiée par la *Libre Parole,* eut, sans aucune hésitation, écrit : « Der hauptmann Dreyfus ist verhaftet ». La mention apportée par M. Mertian de Muller au Conseil de guerre de Rennes, n'est qu'*un thème fait par un mauvais écolier français, auquel on a donné à traduire les mots :* « *Le capitaine Dreyfus est pris.* »

A cet égard, une lettre de Mᵉ Thévenin, confrère de M. Mertian de Muller à Lille, envoyée à Rennes en double expédition, l'une à Mᵉ Demange, l'autre pour contrôle à M. Mertian de Muller lui-même, est produite par l'exposant (Prod. 6 et 7). Il a été fait allusion à cette lettre à Rennes par M. Mertian de Muller (1) et par Mᵉ Demange (2). La Cour verra, par la lecture de cette lettre, que jamais M. Mertian de Muller n'a été en état de donner le texte allemand de sa fameuse mention. M. Mertian de Muller a été, d'ailleurs, obligé de le reconnaître à Rennes.

On peut, dès lors, lui demander de quel droit, n'étant aucunement sûr du texte qu'il prétend avoir lu, il se, permet d'en donner une traduction.

Toutes ces puérilités sont vraiment déplacées dans un procès criminel.

XIX. — Une mention doit être faite du capitaine Lemonnier, dont l'état d'esprit est bien révélé par sa lettre du 19 août 1899 (3). Il n'a rien vu, rien constaté, mais il apporte

(1) Rennes, t. 2, p.- 277.
(2) Rennes, t. 2, p. 280.
(3) Rennes, t. 2, p. 87.

au Conseil de guerre... un propos qu'il prétend avoir entendu tenir par Dreyfus (1).

Une conversation s'était engagée au sujet d'une position stratégique dans les environs de Mulhouse, et Dreyfus aurait dit au capitaine Lemonnier :

> Je la connais fort bien cette position. Un jour, j'y ai suivi à cheval des manœuvres exécutées par les Allemands.

Le capitaine Lemonnier n'a fait aucune observation à Dreyfus au moment où le propos aurait été tenu, ce qui prouve qu'à ce moment il ne trouvait rien d'extraordinaire dans ce que disait Dreyfus. Le capitaine Lemonnier, qui appartenait, comme stagiaire à l'Etat-major de l'armée, à la même promotion que le capitaine Dreyfus, n'était pas encore parvenu, lors du procès de 1894, à découvrir une charge quelconque contre l'accusé dans les propos qui lui avaient été tenus. Bien plus, le commandant Maistre, qui assistait à la conversation des capitaines Lemonnier et Dreyfus, et qui se rappelle bien la discussion de Dreyfus sur la position voisine de Mulhouse, n'a gardé aucun souvenir du propos aujourd'hui prêté à Dreyfus par le capitaine Lemonnier (2). Ce propos, quel qu'il fût, ne devait donc pas suggérer des réflexions troublantes. Mais le temps et les passions ambiantes ont fait leur œuvre, et cinq ans après, le capitaine Lemonnier rapporte un propos dont il ne peut assurément garantir la teneur, mais dont il prétend déduire la preuve de relations très courtoises entre Dreyfus et les officiers allemands. p. 363

Le colonel Sandherr avait de ces relations courtoises avec les officiers allemands. Elles n'ont jamais été considérées comme preuve de trahison, et elle ne peuvent pas l'être. Le capitaine Lemonnier n'aurait sans doute pas, en effet, de relations très courtoises avec un officier allemand qu'il saurait être un traître trahissant l'Allemagne. On ne saisit donc pas l'argument que la haine antisémite a voulu tirer d'un propos, dont la teneur même n'a jamais été établie.

Mais en fait, il n'y a jamais eu entre Dreyfus et les officiers allemands de relations d'aucune sorte, ni courtoises, ni discourtoises.

(1) Rennes, t. 3, p. 131.
(2) Rennes, t. 2, p. 88.

Le capitaine Dreyfus a expliqué (1) qu'il avait fait, étant
à l'Ecole de guerre, une étude sur la position d'Altkirch qui
lui était bien connue ; qu'il avait été régulièrement à
Mulhouse chez ses frères pendant les mois de vacances avant
l'époque des passeports ; qu'il parcourait alors les environs
de Mulhouse à cheval ; qu'il avait parfois aperçu, de la sorte,
des troupes qui manœuvraient sur le champ de manœuvres
situé sur la route de Mulhouse à Bâle ; que jamais il n'avait
suivi officiellement ni officieusement des manœuvres allemandes ; que d'ailleurs, depuis l'époque des passeports, toute
permission d'aller en Alsace lui avait été rigoureusement
refusée.

Le témoignage du capitaine Lemonnier qui, même rigoureusement exact, n'aurait pu fournir une charge contre
Dreyfus, qui aurait simplement placé Dreyfus dans une situation analogue à celle du colonel Sandherr, peut donc uniquement servir à démontrer l'extraordinaire ingéniosité mise
en œuvre par les accusateurs pour déformer les faits les plus
simples, et pour apporter aux juges des charges fictives, à
défaut de charges réelles impossibles à découvrir.

Il faut d'ailleurs noter que le capitaine Lemonnier, en
s'efforçant à Rennes de dénaturer, après coup, (2), les explications données sur sa déposition par le capitaine Dreyfus,
p. 364 s'est lui-même rendu singulièrement suspect d'avoir dénaturé
de même, pour les besoins de la cause, les propos par lui
prêtés à l'accusé.

XX. — Plusieurs traits caractéristiques mesurent exactement la valeur du témoignage du colonel Fleur.

Dans sa déposition, le général Mercier avait cité une lettre
de l'agent A. à Suskind, en date du 29 décembre 1893. Par
cette lettre, l'agent A. recommande de remettre une avance
de 300 francs à « l'homme des fortifications de la Meuse »
qui lui vendait des plans directeurs. La lettre ajoute : « Si
la mère venait, donnez-lui la même chose, mais ne donnez
aucune avance sans livraison ».

Les sténographes avaient fait de « *la mère* » un nom pro-

(1) Rennes, t. 3, p. 134-135.
(2) Rennes, t. 3, p. 179.

pre « *Lamer* » ; l'erreur fut rectifiée par le général Mercier dans sa déposition imprimée (1).

Mais avant que cette rectification ne fut connue, le colonel Fleur avait déjà brodé un racontar *n'ayant d'autre base que cette erreur sténographique.*

Une villa, déclare-t-il dite « chalet normand », rue du Jardin Madame, à Villerville, a été achetée par Mme Bodson. Dreyfus y venait.. « Dans cette même villa, dit le colonel Fleur, Dreyfus se rencontrait avec un individu qui s'appelait Dr Lannemer, ou d'un nom à peu près comme cela, *qui est probablement le même que le Lannemer dont a parlé le général Mercier dans sa déposition au sujet de la lettre où il est dit : Si Lannemer vient, donnez-lui la même somme* » (2).

On peut ainsi juger de la valeur du témoignage et du témoin. Ajoutons que la supercherie, sur ce point, a encore été démasquée par une lettre de la sœur de M. Bodson, déclarant (3) : « Le chalet dont parle M. le colonel Fleur a été acheté par moi, sœur de M. Bodson, *le 4 mars 1895*, au Tribunal de Pont-l'Evêque. »

L'achat fait pour la sœur et non pour la femme de M. Bodson se place donc à une époque postérieure à l'arrestation de Dreyfus. Le chalet, ajoute la sœur de M. Bodson, a été vendu à *un docteur*, en l'étude de Me Chéron, notaire à Trouville.

On voit l'élégante broderie que le colonel Fleur avait su faire avec ces divers éléments.

Il en fit deux autres, *mais se garda bien cette fois de citer des noms, afin d'éviter tout contrôle.*

En chemin de fer, un Monsieur qu'il ne connaît pas et dont il ne peut donner aucun signalement lui dit : « Je suis grand industriel à Mulhouse. La trahison de Dreyfus ne nous p. 365 a pas étonnés, car nous l'avons vu avec la plus grande indignation à cheval, avec un général allemand, dans des manœuvres qui ont eu lieu dans les environs de la garnison de Mulhouse. » (Ce grand industriel de Mulhouse ne serait-il pas le piqueur Germain ?).

(1) Voyez Rennes, t. 1, p. 77.
(2) Rennes, t. 2, p. 259.
(3) Rennes. t. 2. p. 258.

L'articulation s'applique bien au colonel Sandherr. Le colonel Fleur voudrait l'appliquer à Dreyfus, comme l'avait
fait Germain. Plus prudent que Germain, dont l'imposture
avait été dévoilée par ceux-là mêmes dont il invoquait le
témoignage, le colonel Fleur désigne son interlocuteur : *un
monsieur anonyme dont le signalement est inconnu.*

Quant à l'indignation des Mulhousiens, on ne l'a jamais
vu se manifester que contre la condamnation d'Alfred
Dreyfus.

Autre racontar du colonel Fleur. Il a vu des personnes
non *dénommées* connaissant un jeune homme *anonyme* qui,
dans une maison *non déterminée*, copiait des documents *non
spécifiés* avec plans et dessins. Ce jeune homme anonyme,
qui n'a pas dit si les documents étaient d'ordre militaire, a
déclaré avoir été bien payé. Puis, au moment de l'arrestation
de Dreyfus, le jeune homme anonyme aurait reconnu les
traits de la personne le faisant travailler, dans les portraits
que publièrent alors de Dreyfus les journaux illustrés. (Il
est d'ailleurs à noter que les journaux illustrés n'ont jamais
donné de Dreyfus que des portraits absolument fantaisistes.)
Mais ici le colonel Fleur a fait lui-même une enquête sérieuse.
Il est allé personnellement dans la maison : il a interrogé
le concierge ; mais le concierge ne savait pas ce que voulait
dire le colonel Fleur (1). Le colonel Fleur a interrogé alors
un ancien locataire ; et celui-ci lui a révélé qu'il y avait eu
dans la maison un locataire du nom d'*Alfred.*

Dès lors, le doute n'est plus possible ; et pour le dissiper
complètement le colonel Fleur ajoute : « Un juif de Constantinople a eu à payer 80.000 francs pour la propagande dreyfusiste ».

Quel était le but du colonel Fleur en apportant au Conseil de guerre de Rennes toutes ces divagations ? Il le déclare
lui-même en toute simplicité : (2).

J'avais su que le colonel Cordier avait dit absolument le contraire de
ce que j'ai dit ; alors mon but était absolument de démolir ce qu'avait dit
le colonel Cordier.

Et pourquoi cette animosité contre le colonel Cordier qui

---

(1) Rennes, t. 2, p. 259.
(2) Rennes, t. 2, p. 260, *in fine.*

avait été lieutenant-colonel dans le régiment du colonel Fleur ? Les raisons en sont énumérées par le colonel Fleur lui-même (1) : 1° le colonel Cordier, après avoir déclaré en 1894 que Dreyfus était coupable, après avoir longtemps pro-clamé son loyal antisémitisme, déclare aujourd'hui qu'il y a p. 366 eu une erreur commise : cette déclaration est une trahison ; 2° le colonel Cordier a toujours affirmé que le colonel Pic-quart était un très honnête homme, et cela à l'époque même où le colonel Picquart était en prison ; 3° le colonel Cordier avait nié « l'existence du syndicat ».

Cette conduite du colonel Cordier était abominable, en effet, et devait légitimer l'animosité du colonel Fleur contre son ancien subordonné, le lieutenant-colonel Cordier. La reconnaissance de l'erreur commise a toujours été, aux yeux des accusateurs de Dreyfus, un crime impardonnable ; et tous les officiers qui s'en sont rendus coupables, en ont tous été très cruellement punis par leurs supérieurs hiérarchi-ques.

XXI. — Avec le colonel Fleur, dont les longs conciliabules avec le faux témoin Cernuszky (2) n'augmentent pas l'autorité, se termine la série des témoins qui, sans apporter au Conseil de guerre des faits précis sur des chefs déterminés d'espionnage, venaient déverser sur la tête de l'accusé tous les produits des haines antisémites.

Comment étaient provoqués et soigneusement récoltés ces produits ? L'enquête poursuivie par M. le conseiller Le Grix peut renseigner la Cour à cet égard. Les faits concernant M. le contrôleur général Martinie ont déjà été signalés au sujet du premier groupe de témoins (3).

La manière dont a été stylé le faux témoin Savignaud, qui avait mission de faire croire à des relations entre le colo-nel Picquart et M. Scheurer-Kestner, et de donner ainsi du corps à la légende du syndicat, n'est pas moins caractéristi-que. C'est le verre en main (4) que des officiers envoyés par

(1) Rennes, t. 2, p. 551 et 552.
(2) Déposition Gaillard, du 11 juin 1904. — Enquête, t. 2, p. 120.
(3) Dépositions de M. Martinie et de Mme Martinie. Enquête, t. 2, p. 226 et 227.
(4) Déposition Desvernines du 26 avril 1904. Enquête, t. 2, p. 213. — Comp. Déposition de Lavit. Enquête, 2, p. 212 ; et déposition Junck, Enquête, t. 2, p. 214.

le colonel Henry (capitaine Junck et contrôleur-adjoint de Lavit) allaient recevoir de Savignaud ses dépositions contraires à la vérité, dont la fausseté est établie par la correspondance même de M. Scheurer-Kestner (1).

La façon quelque peu étrange dont le service des renseignements a ensuite essayé de substituer les notes excellentes de M. Roques, ordonnance de Picquart, aux notes défavorables de Savignaud (2), n'est pas non plus sans suggérer quelque soupçon. Le dossier du ministère de la Guerre relatif à cet incident, et produit à la Cour, montre d'ailleurs, en dernière analyse, que le témoin Savignaud méritait peu de confiance, que les faits établissant son défaut d'honorabilité avaient été consignés dans un rapport du lieutenant-colonel Montézan, du 6 décembre 1898, et que ce rapport avait été dissimulé aux juges de Rennes. On s'était contenté, lorsque p. 367 la substitution du dossier Roques au dossier Savignaud n'avait plus été possible, de produire, en ce qui concerne Savignaud, des notes assez anodines du général Déchizele.

Tandis que M. Roques détruit la légende de M. Savignaud (3), ledit Savignaud demande pour les contester, s'il y a lieu, communication des notes défavorables données sur son compte par le général Déchizelle (4). Mais ensuite, il ne conteste pas ces renseignements d'ailleurs tronqués, s'efforçant seulement d'en atténuer la portée (5). Le témoin Savignaud demande acte au Conseil de guerre de ce que M. le sénateur Trarieux l'a accusé d'être *un imposteur et faux témoin* (6). Mais la poursuite en diffamation du témoin Savignaud eut été de la compétence de la Cour d'assises où la preuve peut être faite ; et le témoin Savignaud, au lieu de confondre M. le sénateur Trarieux devant la Cour d'assises, a préféré disparaître et se cacher, si bien que toutes les recherches de la Cour et du parquet pour le retrouver ont été infructueuses. Le témoin Savignaud est, au dire même du commandant Cuignet, « le type parfait de ce qu'on est convenu d'appeler au régiment, *un fricoteur* (7) ».

(1) Revision du procès de Rennes, p. 467 et suiv.
(2) Rennes, t. 2, p. 283. — *Adde* : Trarieux. Rennes, t. 3, p. 454 et suiv.
(3) Rennes, t. 3, p. 323.
(4) Rennes, t. 2, p. 295.
(5) Rennes, t. 3, p. 459.
(6) Rennes, t. 3, p. 515.
(7) Cass., 1899, t. 1, p. 378.

Un faux témoin de même ordre se retrouve encore en la personne du sieur Penot. Ce témoin avait déposé le 13 décembre 1897, dans l'instruction Ravary, sur l'affaire Esterhazy. Il avait affirmé que, connaissant personnellement le colonel Sandherr, il avait appris de l'ancien chef du service des renseignements lui-même la tentative de corruption dont il avait été l'objet. M. Mathieu Dreyfus aurait été offrir au colonel Sandherr une somme de 150.000 francs pour étouffer l'affaire de son frère, le capitaine Alfred Dreyfus.

C'était encore la « légende du syndicat » produite sous une autre forme.

Cité par l'accusation devant le Conseil de guerre de Rennes, M. Penot se déclare malade ; il fut alors donné lecture de sa déposition du 13 décembre 1897 (1). Mais le faux témoignage qui prétendait s'appuyer sur la parole même du colonel Sandherr fut immédiatement démasqué par la lecture d'un rapport du colonel Sandherr, relatant son entrevue avec M. Mathieu Dreyfus (2). Le général Mercier reconnut l'exactitude de ce rapport (3). *M. Penot était encore un faux témoin* recruté par les accusateurs de Dreyfus lors du procès Esterhazy, et appelé à la rescousse devant le Conseil de guerre de Rennes, pour écraser le capitaine israélite et ceux qui avaient pris sa défense.

La tentative de subornation de Mme Martinet, femme p. 368 *Dosjoub, qui a été la nourrice de la petite fille du capitaine Dreyfus n'est pas moins caractéristique* (4). et montre jusqu'où ont pu descendre les accusateurs du capitaine Dreyfus dans le racolage des témoins.

Même remarque encore en ce qui concerne Paulmier, ex-ordonnance d'un attaché militaire allemand à Bruxelles, à qui le service des renseignements veut absolument faire dire qu'il a vu chez son maître des pièces confidentielles signées Dreyfus. La Sûreté générale, à la demande du Minis-

(1) Rennes, t. 2, p. 185.
(2) Rennes, t. 2, p. 187.
(3) Rennes, t. 2, p. 555.
(4) Déposition de Mme Dosjoub, du 19 mai 1904. Enquête, t. 2, p. 221. — Conf. Déposition Bonnard du 18 mai 1904. Enquête, t. 2, p. 219. — Déposition de M. Dosjoub du 19 mai 1904. Enquête, t. 2, p. 214.

tère de la guerre, fait interroger Paulmier, qui affirme n'avoir jamais rien vu de semblable. Le commandant Cuignet attaque alors la Sûreté générale avec sa violence accoutumée. Le Ministre de la guerre envoie un de ses agents retrouver Paulmier, pour obtenir un rapport contraire. Mais Paulmier persiste à affirmer n'avoir jamais rien vu qui put accuser Dreyfus (1). Une note de la main du commandant Cuignet, figurant à ce dossier, montre cependant le ministère de la Guerre disposé, en cas de service rendu par ce témoin, à le faire dispenser des droits de chancellerie inhérents à sa demande de naturalisation alors pendante.

XXII. — La même série a continué devant la Cour de Cassation avec les témoins Kadur et femme Bastian.

Une lettre anonyme, datée de Bel-Abbés, 25 janvier 1904 (2), et adressée au général commandant le 18e corps d'armée, signale qu'un soldat du 1er régiment étranger, nommé Kadur, est un ancien officier du grand état-major à Berlin, et « qu'il a fait les actes des affaires Dreyfus ».

Immédiatement (3) on recueille les dires du précieux témoin, dont les incohérences auraient cependant dû éveiller la suspicion (4). Kadur, qui se rend compte que les extravagances de sa première déposition vont le rendre suspect, écrit alors à la Cour de Cassation, le 7 avril 1904 (5), qu'il a été mal interrogé dans une affaire aussi délicate.

Ma déposition, écrit-il, est conforme à la vérité, mais elle est incompréhensible parce que rédigée en style lapidaire (*sic*). Je supplie la Cour suprême de la considérer comme non avenue, si l'intention des autorités n'est pas de m'entendre à nouveau.

Le 27 avril 1904 le témoin Kadur, convoqué en conséquence à Paris, dépose devant M. le conseiller Laurent Atthalin, et fait un récit fantastique où les noms de Dreyfus et d'Esterhazy se mêlent à ceux d'un agent Lobé et d'une femme Elisa Saddach (6).

La vérification de ses dires, en ce qui concerne Lobé et

(1) Rennes. Confrontation Hennion et Cuignet, t. 3, p. 372.
(2) Enquête, t. 2, p. 14.
(3) Lettre du colonel Dantelle, du 29 avril 1904. Enquête, t. 2, p. 20.
(4) Enquête, t. 2, p. 17.
(5) Enquête, t. 2, p. 18.
(6) Enquête, t. 2, p. 21.

Elisa Saddach, est faite par la Sûreté générale : les indications qu'il a données ne sont pas reconnues exactes (1).

Un nouvel interrogatoire a lieu le 12 mai 1904 (2). Kadur s'attribue tour à tour les qualités et les états civils les plus fantaisistes. A mainte reprise, il est pris en flagrant délit d'imposture, et finalement, incapable de soutenir plus longtemps son personnage, il déclare:

> Tout ce que j'ai raconté est faux. Je n'ai jamais aidé en rien le service des renseignements (de Berlin). Je m'appelle Félix-Paul-Eugène Kadur, né le 18 mars 1879 à Fraustadt, province de Posen, de Adelaïd Kadur et Johann Kadur. Mon père est mort en 1882. J'ai un oncle, Gustave Kadur, qui habite Breslau Augustrass, 82. C'est pour me faire intéressant que j'ai raconté des histoires (3).

Puis, ainsi qu'il appert d'une lettre du ministre de la Guerre, du 5 juin 1904, Kadur a déserté (4).

Pas plus que pour le témoin Depert, en 1899, il n'a été possible pour le témoin Kadur, en 1904, de retrouver l'instigateur du faux témoignage.

Un légionnaire du nom de Puschel paraît avoir été en état d'éclairer la justice sur ce point (5). Mais, interrogé à cinq reprises différentes, il a toujours refusé de répondre (6). Il a simplement indiqué que Kadur ne se plaisait plus à la légion, et avait manifesté le désir de la quitter (7).

Quant à la lettre anonyme, origine de toutes ces dépositions, elle a été reconnue par un autre légionnaire, Gzorwenka (8), comme étant de l'écriture de Kadur.

Il devient difficile, en ces conditions, de savoir si l'on se trouve en présence d'un faux témoignage inspiré ou spontané.

Les vraisemblances semblent être cependant que Kadur, désireux de quitter la légion, a inventé ces histoires, non pour se rendre intéressant comme il le dit, mais simplement pour se faire conduire à Paris et déserter plus facilement.

(1) Rapport du 17 mai 1904. Enquête, t. 2, p. 24.
(2) Enquête, t. 2, p. 24.
(3) Enquête, t. 2, p. 31.
(4) Enquête, t. 2, p. 40.
(5) Déposition Kadur, t. 2, p. 26.
(6) Enquête, t. 2, p. 31, 33, 36, 38, 39.
(7) Enquête, t. 2, p. 38.
(8) Déposition du 19 mai 1904. Enquête, t. 2, p. 35.

XXIII. — Le faux témoignage de la femme Bastian paraît
bien, au contraire, avoir été inspiré.

p. 370   Il ne serait pas juste de se montrer sévère pour une pauvre femme dont la raison, succombant à toutes les manœuvres dont elle a été l'objet, n'est plus entière aujourd'hui (1).

Le capitaine François, dans sa déposition du 7 mai
1904 (2), déclare que Mme Bastian quitta l'ambassade de
l'agent A. le 15 juillet 1899.

> Mme Bastian, dit-il, toujours prise de cette peur dont je viens de
> parler, s'enferma, ne voulait plus recevoir personne ; *il fallait avoir un*
> *mot de passe pour entrer.* Nous étions toujours, au moyen d'un intermé-
> diaire, en relations avec elle. Elle était sujette à des sautes brusques
> d'opinion, déclarant un jour qu'elle tenait à être citée à Rennes, un autre
> jour ne voulant pas y aller, qu'il faudrait des gendarmes pour l'y trai-
> ner ; que si elle y allait, elle nierait tout. C'était une femme un peu
> affolée.

Le capitaine François est obligé de reconnaître que, seul,
le service des renseignements était en relations avec elle.
A la suite d'événements étranges, le gouvernement voulut
savoir ce qui se machinait chez la femme Bastian. *Personne*
ne put entrer en communication avec elle. Le ministre de la
Guerre interpella alors le capitaine François.

> J'indiquai au ministre, dit le capitaine François (3), que Mme Bas-
> tian n'ouvrirait pas sa porte parce qu'on n'avait pas le mot de passe, et
> qu'il n'y avait qu'une personne qui pouvait aller chez elle, cette personne
> était à Rennes. On la fit revenir par télégramme et elle s'assura, le len-
> demain, que Mme Bastian était encore chez elle. Ce ne fut que plus tard
> que Mme Bastian, devenue de plus en plus aigrie, vers la fin du mois
> d'août, le 22 à quatre heures du matin, avec son mari, eut besoin de
> prendre l'air et s'en alla à Marly. L'adresse était connue, elle était chez
> M. Legrand, 43, Grande-Rue, où elle était connue sous le nom de Zim-
> mermann. C'est à la suite de cela qu'on nous a accusés d'avoir fait dis-
> paraître Mme Bastian (4).

Que voulait donc le service des renseignements de la pauvre femme qu'il avait ainsi à sa merci, et que finalement il
n'a pas fait comparaître au procès de Rennes. Sans doute
il la jugeait hors d'état de remplir le rôle qu'il voulait lui
faire assumer ?

---

(1) Dépositions Lhommeau, Bailly, Pottier, Druon, Macaire, Leturgie.
Enquête, t. 2, p. 190 à 194.
(2) Enquête, t. 1, p. 639.
(3) *Ibid.* Enquête, t. 1, p. 640.
(4) Comp. Dépositions Victorien Sardou et de Flers. Enquête, t. 1,
p. 725 et 728. — J. Reinach. Enquête, t.1, p. 563.

Le 28 mars 1904, Mme Bastian dépose devant la Cour (1).
Elle est cette fois convenablement stylée, mais toujours dans
l'impossibilité de bien jouer son personnage. Son premier
cri est le suivant :

> J'ai vu Dreyfus chez le comte d'Arcô, qui demeurait à l'ambassade.
> Je l'y ai vu une fois dans une soirée : il donnait deux soirées, une la
> veille de Noël, l'autre la veille de l'an, c'est à une de ces deux soirées-
> là, mais je ne puis préciser. Un domestique nommé Joseph, dont j'ignore
> le nom de famille, m'a montré un monsieur avec un binocle et le nez **p. 371**
> busqué, habillé en civil, et m'a dit que c'était un capitaine français très
> bon pour l'allemand. Tout le monde était en habit et cravate blanche, il
> pouvait y avoir 100 ou 150 personnes, rien que des hommes. J'ai répondu
> au domestique : « très bon, très bon », mais c'était ironiquement, car
> j'ai le cœur français.
> D. — A quelle époque ?
> R. — La veille de la Noël ou du jour de l'an, peut-être sept ou
> huit mois avant l'arrestation de Dreyfus. Je l'ai dit au colonel Henry la
> première fois que je l'ai vu après cette soirée, et il m'a répondu : « Vous
> n'avez pas demandé son nom ? »
> D. — Comment avez-vous su que c'était Dreyfus ?
> R. — Lorsque le colonel Henry m'a montré la photographie de
> celui-ci, après son arrestation, j'ai répondu : « c'est bien ce type de figure-
> là ». Il m'a montré cette photographie un soir aux Champs-Elysées, sous
> un bec de gaz. C'était au moment où Dreyfus venait d'être arrêté ; je ne
> puis pas vous dire si c'est un ou deux jours après.
> D. — Comment n'avez-vous pas parlé de ce fait à des personnes qui
> auraient pu en témoigner en temps utile, par exemple à l'époque du pro-
> cès de Rennes, alors que vous aviez quitté l'ambassade en question, et
> que par conséquent vous n'aviez plus rien à craindre, et qu'il y avait un
> grand intérêt à ce que tout fût connu ?
> R. — Pourquoi ne m'a-t-on pas fait comparaître à Rennes J'étais toute
> prête à y aller, mais on ne m'y a pas appelée.

Ce Joseph (personnage mythique d'antichambre, dont le
nom, le domicile et les traces sont perdus), déclarant à la
femme Bastian qu'un officier français venu en soirée chez
le comte d'Arcô est « très bon pour allemand », semblerait
bien, si le récit était authentique, confier ainsi à la femme
Bastian qu'un généreux pourboire doit récompenser le domestique remettant à l'officier français son pardessus au ves-
tiaire.

Les « très bon, très bon ironiques » de la femme Bastian
« au cœur français » ne semblent pas devoir ajouter beaucoup
à l'importance diplomatique des confidences de Joseph.

Admettons cependant que Joseph, par son « bon pour
allemand », révèle un traître dans cet officier français venu

(1) Enquête, t. 1, p. 307.

ostensiblement à une soirée officielle du comte d'Arcô. Il est dans tous les cas certain que cet officier n'est pas Dreyfus.

Ici la qualité d'israélite, qui a attiré sur la tête du capitaine Dreyfus tant d'accusations saugrenues et de calomnies, devient une sauvegarde. Il n'y a pas, en effet, de relations entre le monde militaire et diplomatique officiel allemand et les israélites. Ce n'était donc pas un officier israélite qui se trouvait à la réception officielle du comte d'Arcô.

Une autre raison, plus personnelle à Dreyfus, s'oppose absolument à sa présence dans cette réunion mondaine, qui, d'après la femme Bastian, se place à la veille de Noël 1893 ou au 31 décembre de la même année. C'est en effet en décembre 1893 qu'Alfred Dreyfus a perdu son père. Une note **p. 372** du ministère de la guerre , se trouvant au dossier de Rennes (1), porte :

Dreyfus s'est rendu en permission de 8 jours en Alsace-Lorraine, à l'occasion de la mort de son père. L'autorisation du ministre a été envoyée par le cabinet du ministre au 4° bureau à la date du 11 décembre 1893.

C'est donc à peine si le malheureux capitaine, après avoir rendu les derniers devoirs à son père, était de retour à Paris, quand le comte d'Arcô donnait sa réception. Dans tous les cas, il est certain que son grand deuil ne lui eût pas permis d'assister à cette soirée mondaine. La cruauté dont avait fait preuve l'administration allemande à l'égard de Dreyfus, à l'occasion de ce douloureux voyage (2), ne devait d'ailleurs pas l'inciter à se présenter aux réceptions de l'ambassade d'Allemagne.

D'autre part, la femme Bastian a joué de malheur dans son signalement du capitaine Dreyfus. Elle n'indiquait qu'un signe de reconnaissance, et croyait évidemment ne pas pouvoir se tromper sur ce point. L'officier de Joseph « bon pour allemand » *avait un nez busqué*. Mais le capitaine Dreyfus, bien qu'israélite, n'a pas le nez sémite ; la Cour a constaté, lors de sa comparution, qu'il n'avait pas le nez busqué, et que le signalement de Madame Bastian, était complètement inexact (3).

(1) Dossier de Rennes. Liasse 1, pièce 37-2.
(2) Déclaration Dreyfus. Enquête, t. 1, p. 989.
(3) Enquête, t. 1, p. 993 et 994.

C'est cependant avec ce signalement inexact que Mme Bastian a pu reconnaître l'officier « de Joseph », sur une photographie de Dreyfus. à elle présentée par Henry.

Il est vrai que Mme Bastian n'avait vu qu'une fois l'officier « de Joseph », que c'est neuf ou dix mois après cette vision rapide qu'Henry lui aurait présenté la photographie de Dreyfus, et que cette reconnaissance sur photographie se faisait en des circonstances exceptionnellement favorables : c'était « *un soir aux Champs-Elysées, sous un bec de gaz* » ; et cela se passait *un ou deux jours après l'arrestation*, c'est-à-dire à une époque où Henry ne devait pas avoir encore de photographie de Dreyfus.

Henry lui-même n'avait pas souvenance de cette sensationnelle reconnaissance, faite par Mme Bastian, de l'officier « de Joseph », sur la photographie de Dreyfus.

Une question est posée à cet égard au colonel Picquart (1).

Lorsque le colonel Picquart a cru découvrir l'erreur judiciaire commise en ce qui concerne Dreyfus et qu'il s'en est ouvert à Henry, est-ce que le colonel Henry a parlé au colonel Picquart de la révélation qui lui aurait été faite par Mme Bastian, à savoir qu'elle aurait vu Dreyfus à l'ambassade d'Allemagne ?

, R. — En aucune façon.

D. — Vous n'avez pas su que Dreyfus ait jamais paru à l'ambassade d'Allemagne ?

R. — Jamais. D'abord, pour qui a l'habitude des Allemands, vous **p. 373** savez qu'ils n'admettent pas les israëlites dans leur armée. Par conséquent, ils n'auraient pas voulu en recevoir à l'ambassade.

Henry n'en a pas parlé davantage au capitaine Yunck (2).

Mme Bastian a évidemment raconté une histoire *inventée de toutes pièces*. Mais il est certain aussi que l'invention n'est pas d'elle. A travers toutes les incohérences de la déposition de Mme Bastian, il n'est pas bien difficile de discerner d'où lui est venue l'inspiration (3).

D. — Est-ce que vous n'avez jamais été questionnée par les journalistes.

R. — Oui, beaucoup à Paris, mais je ne les recevais pas. Mais depuis que je suis dans mon pays, j'ai eu la visite de deux journalistes de la *Libre Parole qui*, d'ailleurs, *ne m'ont rien dit que bonjour*. Ils étaient accompagnés d'une personne que je connais, il y a peut-être deux ou trois mois. Ils étaient accompagnés de M. Barbier, agent électoral ; un d'eux m'a dit s'appeler Roy, de la *Libre Parole :* il m'a dit qu'il voulait me con-

(1) Enquête, t. 1, p. 670 et 671.
(2) Enquête, t. 1, p. 513.
(3) Enquête, t. 1, p. 309 et 310.

naître, et Barbier a demandé ce qu'on m'avait fait pendant les dernières élections, ainsi qu'à mon mari.

Avant le procès de Rennes, un homme décoré est venu comme je déjeunais, et m'a demandé si je connaissais la femme Millescamps. J'ai soupçonné que c'était un Prussien, j'ai empoigné mon couteau et lui ai dit : «Tu vas me dire de la part de qui tu viens, ou je t'éventre comme un cochon. » Il m'a alors dit venir de la part de Waldeck-Rousseau, mais je ne me suis pas fiée à son boniment. Tout cela se passait avant le procès de Rennes. J'ai donné un tour de clef à ma porte pour l'empêcher de se sauver, et je suis descendue tout de suite l'escalier, j'ai dit à ma concierge d'aller chercher des agents, parce que j'avais un voleur chez moi. Je l'ai fait conduire chez M. le commissaire de police du quartier de la rue Surcouf, et l'ai accompagné. Là, je désirais parler au commissaire lui-même ; il nous a entendus, mais je ne sais pas comment l'affaire s'est terminée. Quelques jours après, la *Libre Parole* parlait d'une dame Bastian ; j'ai vu le journal, où il y avait une photographie d'une femme qui avait un couteau dans le dos ; cela m'a fait penser à moi, si cela m'arrivait aussi. Sur le portrait, cette femme était habillée en soldat. J'ai tant souffert, que je ne sais pas comment je ne suis pas devenue folle. C'était quelques jours avant le procès de Rennes, j'étais encore dans ma place, je ne l'ai quittée que peu après.

D. — Depuis, vous a-t-on encore fait des menaces ?

R. — Oui, dans mon pays, tout le monde me tourne le dos, je ne sais qui a pu me faire une pareille réputation.

D. — Vous avez reçu des secours d'une dame Jourdain, en avez-vous reçu d'autres personnes ?

R. — Oui, plusieurs personnes sont venues me voir rue Surcouf ; elles voulaient me voir ayant entendu parler de moi ; elles ne sont plus revenues. Mme Jourdain me donne 150 francs par mois depuis quatre ans. Sans elle, je serais morte de faim n'ayant pas cent sous et mon mari sur les bras. J'étais dans ma loge depuis quatorze ans, je n'avais plus aucun certificat, et je mourrais de faim à cause de ces sales juifs. Tout le monde a peur des juifs et personne ne veut voir cette pauvre femme que je suis. On me traite comme un chien ; il n'y a plus de Français en France, je suis contente d'être venue ici, je vais pouvoir dormir cette nuit. Vous ne m'auriez pas laissée dans cette situation si vous m'aviez connue ; je suis toute petite, mais je ne vous crains pas. Si vous aviez agi comme cela, et m'aviez laissé mourir de faim, vous seriez tous des lâches. Dire que c'est un sale coco de Dreyfus qui est cause que je suis en cet état. Ah ! si je le tenais entre mes mains. Vous voyez si j'ai souffert !

p. 374

D. — Avant le procès de Rennes, quelqu'un vous a-t-il interrogée ?

R. — Je n'avais jamais vu de juges en robes avant aujourd'hui. Le général Mercier m'a fait venir un soir chez lui, Mme Mercier était là. Il m'a dit : « Je vais être forcé de vous dénoncer et de vous faire citer à Rennes, mais vous aurez toujours une pension de 250 francs par mois toute votre vie ». Et après, va te promener, il n'a plus été question de rien.

D. — Lui avez-vous parlé de la visite de Dreyfus chez M. d'Arcô ?

R. — Je ne crois pas lui en avoir parlé. Après le procès de Rennes, je suis allée chez le général Mercier, je me suis mise à genoux (le témoin se met à genoux) et l'ai supplié de ne pas m'abandonner. Il m'a mise à la porte très malhonnêtement, en me disant : « et ne revenez plus ». Je lui avais écrit de mon pays, je lui ai demandé s'il avait reçu ma lettre, il m'a répondu que oui, mais qu'il ne m'avait pas répondu pour ne pas se compromettre. Oh ! les sales juifs, je voudrais être en face d'eux pour leur cracher à la figure ; je leur f... sur la g...... ».

XXIV. — Il serait cruel d'insister sur des vilenies, dont la malheureuse femme n'est pas responsable.

Ceux auxquels Henry s'adressait, au début de l'affaire Dreyfus, en les priant de « faire compléter sa petite enquête au plus vite », travaillaient encore les témoins au cours de la seconde revision.

Il est fâcheux d'autre part, pour le général Mercier, qu'à côté de ses manœuvres concernant M. de Valcarlos avant le procès de Rennes, on en constate encore à sa charge de même nature, en ce qui concerne la femme Bastian (1).

La longue série des dépositions tendancieuses entassant sur la tête de l'officier juif des calomnies d'ordre général est terminée. Nombre de faux témoignages évidents y ont été relevés. Ces allégations haineuses, lorsque par un point quelconque elles permettaient un contrôle, ont toutes été reconnues fausses. Mais c'est par leur imprécision que l'accusation espérait surtout perdre l'acusé, tout en échappant elle-même à la discussion.

Suivant l'expression de Faustin Hélie, rappelée au début même de cette section, les années écoulées « offraient à la calomnie plus de facilité pour tronquer les souvenirs et falsifier les preuves. » Jamais accusation n'a plus abusé de ces facilités : jamais accusation ne s'est livrée à plus viles manœuvres pour recueillir, et suggérer au besoin, des dépositions fausses : jamais accusation n'est descendue plus bas.

(1) M. le général Mercier reconnaît avoir fait venir Mme Bastian avant le procès de Rennes, et lui avoir fait espérer une pension sans prendre l'engagement personnel. Il se défend d'avoir parlé à Mme Bastian de ce qu'elle aurait à dire devant le Conseil de guerre. Déposition du 29 mars 1904. Enquête p. 313.

p. 375

B

LES DÉDUCTIONS ET ARGUMENTATIONS D'ORDRE GÉNÉRAL
TIRÉES DU DOSSIER SECRET
ET NE SE RÉFÉRANT A AUCUN CHEF D'ACCUSATION DÉTERMINÉ

Comment a été constitué le dossier secret : son répertoire dressé par le commandant Cuignet. — Première partie du dossier : « pièces se rapportant directement à l'affaire Dreyfus ». — L'épreuve de la dictée et les procédés d'instruction de M. Du Paty de Clam. — La copie du bordereau prise par Dreyfus et retrouvée à l'île de Ré. — Les expertises en écriture. — Déclaration du capitaine de Pouydraguin. — La pièce « Dreyfus Bois... » — Les plans directeurs. — Télégramme et memento « Doutes, preuves ». — Pièces concernant M. de Valcarlos. — La pièce Davignon. — Témoignage d'Henry au procès Zola. — Le télégramme de l'agent B. du 2 novembre 1894, et l'accusation de forfaiture dirigée par le commandant Cuignet contre la Chambre criminelle. — La pièce Collard. — La lettre du comte de Münster. — La pièce « Hanotaux retors ». — Les attachés militaires recherchant l'origine du bordereau. — L'espionnage continue après l'arrestation de Dreyfus (pièce 59). — Les voyages de B. à Rome. — Le rapport du colonel Schneider. — Les pièces sur les actes de trahison ayant paru imputables à Dreyfus. — Le capitaine Sommer, le commandant Barbier et le commandant Rivals. — Les faux rapports Guénée. — Le faux rapport Gonse sur les propos Hadamard-Painlevé. — La fausse attestation Le Belin de Dionne. — Les racontars d'un attaché militaire ; ceux du colonel Fleur. — Dreyfus et le général de Boisdeffre. — Dreyfus et le service pénitentiaire. — Les pièces mises au dossier comme ayant « un intérêt de rapprochement ». — Les accusateurs et la date du bordereau. — Le service des renseignements et ses notes sur les affaires Greiner et Boutonnet. — La surveillance au sujet de la question des plans directeurs. — Specimens d'écriture. — Renseignements accessoires. — Lettres intimes : chantage exercé par le service des renseignements. — Correspondance privée de B. à A., et les services rendus par Lemercier Picard au bureau des renseignements. — Dubois, la poudre sans fumée, et la femme

Bastian. — Le faux le plus célèbre d'Henry. — La pièce qui l'accompagne est un autre faux. — La pièce n° 371 est falsifiée. — Le faux Weyler et le faux similaire. — Le dossier secret annexe : documents prouvant les dénaturations commises dans les argumentations techniques. — Les documents Bertulus. — Le service des renseignements surveillant M. le sénateur ancien Garde des sceaux Trarieux, et M. J. Reinach, ancien député. — Le général Mercier et la femme Bertian. — La pièce CCC. — Ce que vaut le dossier secret et ce qu'il prouve.

XXV. — Dans ce deuxième paragraphe de la présente section, consacrée à toutes les articulations d'ordre général **p. 376** qui ne se réfèrent à aucun chef d'accusation déterminé, l'exposant doit s'occuper du dossier secret.

Tout ce qui, dans ce dossier, tendait à faire peser sur le capitaine Dreyfus une accusation nettement précisée, a déjà été examiné. Tous les chefs d'accusation extraits du dossier secret ont été étudiés un à un : à la lumière de l'instruction définitive faite devant la Cour, ils n'ont plus révélé que la fraude et parfois le crime des accusateurs. (Voir plus haut, sections IV, V, VI, VII, VIII et IX).

Mais, de même que parmi les témoins un grand nombre se bornaient à venir jeter sur la tête du capitaine israélite un racontar calomnieux, sans formuler une accusation précise, de même, dans le dossier secret, bon nombre de pièces n'offraient aucun sens nettement défini, et ne fournissaient aux commentateurs les plus tendancieux que de véritables logogriphes. Il est superflu d'ajouter que les procédés d'interprétation les plus fantastiques ont été employés pour faire sortir de ces pièces informes un commentaire accusateur pour Dreyfus.

Après avoir, dans le paragraphe précédent, examiné les témoignages d'ordre général qui, sans préciser aucune accusation, faisaient entendre aux juges une note défavorable à l'accusé, l'exposant doit, dans ce second paragraphe, étudier des pièces de même ordre se trouvant renfermées dans le dossier secret.

XXVI. — Souvent déjà, l'exposant a dû signaler l'extraordinaire abus qui a été fait des mystères et des secrets dans l'affaire Dreyfus.

La culpabilité de l'officier juif est un dogme affirmé dès l'origine par le service des renseignements ; et, suivant la nature des choses, ce dogme s'appuie sur des mystères.

Les mystères de M. Bertillon et de ses commentateurs étaient déjà d'une surprenante audace ; les mystères du dossier secret les surpassent peut-être encore ; et la méthode avec laquelle on a abusé l'opinion publique au moyen de ce dossier secret procède d'un esprit véritablement criminel.

L'effet produit par ce système d'une accusation qui affirme la culpabilité, mais qui refuse la discussion à raison du secret de ses preuves, et qui interdit, par là même, à la défense de détromper l'opinion publique, a été prodigieux.

On en trouve une manifestation bien caractéristique dans une lettre publique adressée, le 16 novembre 1902, par M. le colonel Bougon l'un des juges d'Esterhazy, au journal *le Siècle* (Voyez le *Siècle*, numéro du 18 novembre 1902, prod. 8.) On y lit :

> Votre rédacteur ne sait pas comment s'est formée l'opinion des juges de Dreyfus ; il a le droit de faire des hypothèses à ce sujet *mais il ne fera jamais croire, surtout après le jugement de Rennes, que les conseils de guerre ont condamné Dreyfus uniquement à cause du bordereau et de la prétendue similitude d'écriture.*

p. 377   Ainsi les esprits de bonne foi, qui ont suivi ou lu les débats de Rennes, ne peuvent admettre que le bordereau, base de l'accusation dirigée contre le capitaine Dreyfus, ait été la cause de sa condamnation. Pour raffermir leur foi au dogme de la culpabilité du juif, ils se réfugient dans le mystère du dossier secret.

Ce dossier n'a, en réalité, jamais eu de secret que la manière dont les pièces rassemblées en ses cotes mystérieuses parvenaient à notre service des renseignements. *Quant aux documents qu'il renfermait, tous ceux utilisés par l'accusation se trouvent cités ou analysés, soit dans la déposition du général Mercier, à Rennes, soit dans la déposition du commandant Cuignet devant la Cour de Cassation en 1899.*

Aujourd'hui, grâce aux manœuvres du général Mercier à l'égard de la femme Bastian, le secret de la surveillance spéciale de l'agent A. par l'intermédiaire de la femme Bastian n'en est plus un : et le dossier *secret* n'a plus rien de *secret*. Il est donc facile d'en montrer tout le néant.

C'est ce que fera l'exposant dans le présent paragraphe,

en reprenant pièce par pièce tous les documents qui composent ce dossier.

Le dossier secret, que tant de bonnes volontés s'exerçaient à « *nourrir* » sous la haute direction du général Gonse, a été remanié et « *amélioré* » à diverses reprises.

M. le général Gonse l'expose lui-même à Rennes (1).

> J'ai constitué deux ou trois dossiers secrets, peut-être même cinq ou six depuis 1896 jusqu'à 1898. Le dossier secret a été ainsi complété, amélioré, modifié, et il est arrivé, de trois ou quatre pièces dont il se composait en 1896, à en posséder une centaine. Par conséquent, ce dossier a été complété d'une façon successive et, après 1898, quand je l'ai remis à M. le ministre de la Guerre, il a été encore également complété.

M. le commandant Targe a produit à la Cour les six rapports présentant au ministre ces dossiers secrets successifs (2). Le premier est en date d'octobre 1897 ; le sixième, connu sous le nom de rapport Gonse-Wattine, est du 1er juin 1898.

Enfin le commandant Cuignet fut, en juillet 1898, chargé de reconstituer encore le dossier secret (3). Ce fut lui qui mit la dernière main à cette œuvre : il porta le nombre des pièces à 374.

D'une imagination toujours féconde en accusations, le commandant Cuignet, dans une lettre du 2 juillet 1904, lue à la Chambre des députés le 5 juillet, insinuait que des falsifications pouvaient avoir été commises.

Justement ému d'une pareille allégation, M. le commandant Targe a demandé la vérification du dossier par ceux qui, avant lui, en avaient été dépositaires. La vérification fut faite p. 378 le 11 juillet 1904, par le général Chamoin, le capitaine Hallouin et le capitaine Moreau. Ces officiers ont constaté que le dossier était toujours en l'état où ils l'avaient reçu des mains du commandant Cuignet lui-même. Ils déclinent d'ailleurs toute responsabilité en ce qui concerne la constitution même du dossier, œuvre personnelle du commandant Cuignet (4).

XXVII. — Le répertoire des pièces du dossier secret dressé par le commandant Cuignet et écrit de sa main est ainsi conçu :

(1) Rennes, t. 3, p. 348.
(2) Enquête, t. 1, p. 50.
(3) Rennes, t. 1, p. 489.
(4) Enquête, t. 2, p. 260 et 261.

DOSSIER SECRET DREYFUS

Répertoire général des pièces classées au dossier

OBSERVATION

Les numéros d'ordre sont reproduits sur chacune des pièces du dossier au crayon bleu. — Les divisions du répertoire correspondent aux divisions du dossier.

ANALYSE DES PIÈCES

Première Partie

A) *Le Bordereau*

Numéros d'ordre

1	Photographie du bordereau en (deux feuilles).
2	Photographie d'une lettre dictée à Dreyfus le jour de son arrestation.
3	Copie du bordereau trouvée dans les effets de Dreyfus au dépôt des condamnés de l'Ile-de-Ré.
4	Lettre du Directeur du Dépôt des condamnés au ministre de l'Intérieur.
5	Note du Directeur de l'Administration pénitentiaire (avec une annotation de la main de M. Barthou).
6	Deuxième note du Directeur de l'Administration pénitentiaire.
7	Lettre du Directeur de l'Administration pénitentiaire au Ministre de l'Intérieur.
8	Rapport de M. Bertillon sur les différences graphiques entre le bordereau original et la photogravure du *Matin*, neuf pièces jointes.
9	Note sur le résultat des expertises de 1894 et de 1897.
10	Note sur le bordereau de 1894 avec une annexe.

p. 379

Numéros d'ordre

	11	Déclaration du capitaine de Pouydraguin.
	12	Deuxième déclaration du capitaine de Pouy- draguin.
	13	Déclaration du capitaine Junck.
14 et	14 *bis*	Note-memento d'un agent étranger, avec tra- duction.

B) Documents antérieurs à l'arrestation de Dreyfus

	15	Feuille n° 12 du plan directeur d'Albertville.
	16	Note sur les plans directeurs.
17 et	17 *bis*	Lettre d'un agent étranger, avec traduction.
18 et	18 *bis*	Lettre d'un agent étranger, avec une note explicative.
19 et	19 *bis*	Brouillon de note en langue étrangère, avec sa traduction.
20 et	20 *bis*	Brouillon de note en français, avec une co- pie.
21 et	21 *bis*	Fragment de lettre en langue étrangère, avec sa traduction.
22 et	22 *bis*	Télégramme en langue étrangère, avec tra- duction.
23 et	23 *bis*	Brouillon de note en langue étrangère, avec traduction.
	24	Note explicative sur la pièce 23.
	25	Lettre au crayon, en français, où il est ques- tion de ce canaille de D.
	26	Lettre en français où il est question de l'or- ganisation militaire des chemins de fer.
	27	Copie partielle des cours de l'Ecole supé- rieure de guerre.
	28	Lettre en français d'un agent étranger.
29 et	29 *bis*	Lettre en langue étrangère où il est question de la copie d'un cours de l'Ecole supé- rieure de guerre, avec traduction.
	30	Note au sujet de la pièce 27.
	31	Inventaire des pièces et objets saisis au do- micile de Dreyfus.
	32	Note au sujet de cet inventaire et de la pièce 27.
	33	Rapport de M. G.
	34	Deuxième rapport de M. G.

Numéros d'ordre

35	Note du service des renseignements.
36 et 36 *bis*	Lettre d'un agent étranger à M. G., avec son enveloppe.
37	Carte-télégramme d'un agent étranger.
38	Carte-télégramme d'un agent étranger.
39 et 39 *bis*	Lettre d'un agent étranger, avec son enveloppe, portant le cachet personnel de l'expéditeur.
40	Lettre d'un agent étranger, où il est question du lieutenant-colonel Davignon.
41	Note explicative au sujet de la pièce 40.
42	Exposé des conditions dans lesquelles on fut amené à soupçonner Dreyfus.

p. 380 (en regard du n° 40)

C) Documents postérieurs à l'arrestation de Dreyfus

43	Déclaration du lieutenant-colonel Henry, au sujet d'un dossier secret, détenu par le colonel Sandherr.
44 et 44 *bis*	Texte en langue étrangère et traduction d'un télégramme chiffré.
45 et 45 *bis*	Lettre d'un agent étranger, avec sa traduction, où il est question du colonel Collard.
46, 46*bis* 46*ter*	Lettre d'un fonctionnaire étranger ; copie du texte et traduction.
47	Agrandissement photographique d'un mot de la pièce 46.
48 et 48 *bis*	Lettre d'un agent étranger avec traduction.
49 et 49 *bis*	Lettre d'un agent étranger avec traduction.
50	Note du service des renseignements.
51 et 51 *bis*	Lettre d'un agent étranger, avec traduction.
52 et 52 *bis*	Brouillon de rapport d'un agent étranger, avec traduction.
53 et 53 *bis*	Brouillon de note en langue étrangère, avec traduction.
54	Note du service des renseignements.
55 et 55 *bis*	Note en langue étrangère, avec traduction.
56 et 56 *bis*	Lettre d'un agent étranger, avec traduction.
57 et 57 *bis*	Rapport d'un agent étranger, avec traduction.

Numéros d'ordre

58 et **58** *bis* Deuxième rapport du même agent, avec traduction.

59 et **59** *bis* Brouillon de rapport en langue étrangère, avec traduction.

60 et **60** *bis* Lettre d'un agent étranger, avec une note explicative.

61 à **65** Cinq lettres ou fragments de lettres d'agents étrangers.

66 et **66** *bis* Rapport d'un agent étranger, avec sa traduction.

D) *Actes de trahison qui ont paru imputables à Dreyfus, indépendamment de la livraison de documents énumérés au bordereau*

67 Note sur quelques actes de trahison qui ont paru imputables à Dreyfus.

68 Note du service des renseignements au sujet de l'obus Robin.

69 Note de la direction de l'artillerie au sujet de l'obus Robin.

70 Note sur le séjour de Dreyfus à l'Ecole de Pyrotechnie de Bourges. p. 381

71 Déclaration du capitaine Rémusat.

72 Lettre du capitaine Rémusat.

73 Deuxième lettre du capitaine Rémusat.

74 Déclaration du général Langlois et du colonel Ruffay.

75 Collection de quatre fragments calcinés de papier pelure provenant de la copie d'une instruction confidentielle sur le chargement des obus en mélinite.

76 Note du service des renseignements au sujet des fragments réunis sous la cote 75.

77 Note de la Direction de l'artillerie, avec une reproduction des fragments calcinés.

78 Procès-verbal des constatations faites au sujet des fragments calcinés.

Numéros d'ordre

79   Tableau de comparaison des fragments calcinés avec l'instruction sur le chargement des obus en mélinite.

80, 80*bis* 80*ter*   Note concernant l'instruction sur le chargement des obus en mélinite, deux pièces jointes.

81   Déclaration du capitaine Sommer et du commandant Barbier.

82   Rapport de M. Bertillon sur l'expertise des quatre fragments calcinés.

83 et 83 *bis*   Note d'un agent étranger, avec traduction, au sujet de l'affectation de l'artillerie lourde aux armées.

84   Note du service des renseignements au sujet de la pièce 83.

E) Renseignements divers sur le déporté Dreyfus

85 à 95   Onze rapports au sujet de Dreyfus (jeu, femmes...).

96   Note au sujet d'une conversation tenue en 1897 par un membre de la famille Dreyfus.

97   Déclaration du général Le Belin de Dionne.

98   Copie d'une note du colonel Sandherr sur une entrevue avec les frères de Dreyfus.

99   Extrait d'un rapport adressé au ministre de la Guerre.

100   Lettre adressée au colonel Collard, du 2ᵉ bureau de l'Etat-major de l'armée.

101   Lettre adressée au ministre de la Guerre, par le colonel en retraite Fleur.

102 à 114   Treize lettres du déporté Dreyfus.

p. 382   115   Copie d'un rapport du Directeur de l'Administration pénitentiaire de la Guyane, sur l'attitude du déporté Dreyfus.

116   Copie d'un rapport adressé au Directeur de l'Administration pénitentiaire à la Guyane, sur l'attitude du déporté Dreyfus.

Deuxième Partie

Numéros d'ordre

117 à 122 — Pièces parvenues au service des renseignements en même temps que le bordereau de Dreyfus (1 bordereau, 5 originaux, 2 traductions).

123 et 123 *bis* — Lettre en langue étrangère avec traduction.

124 et 124 *bis* — Fragment de lettre en langue étrangère, avec traduction.

125 à 127 — Trois notes explicatives au sujet des pièces 123 et 124.

128 et 129 — Deux notes au sujet d'une affaire d'espionnage jugée en 1892.

130 — Note au sujet d'une affaire d'espionnage jugée en 1890.

131 à 140 — Une lettre et neuf rapports au sujet d'une enquête, faite en 1893, sur le personnel subalterne du ministère de la Guerre.

141 à 142 *bis* — Deux rapports en langue étrangère et deux traductions.

143 et 143 *bis* — Fragment de note en français, avec une note explicative.

144 — Minute d'un télégramme en langue étrangère.

145 et 145 *bis* — Lettre en langue étrangère avec traduction.

146 à 147 *bis* — Deux cartes de correspondance en français, avec deux copies.

148 — Lettre en français.

149 à 151 — Trois lettres en français (correspondance d'un agent étranger avec un ingénieur).

152 à 153 *ter* — Deux fragments de lettres en langue étrangère, deux traductions, une enveloppe.

154 — Une lettre en français.

155 à 156 *bis* — Deux lettres en langue étrangère avec une analyse sommaire de chacune d'elles.

157 — Minute d'une lettre-circulaire en français.

158 — Carte de visite d'un agent étranger avec un mot de son écriture.

159 à 233 — Soixante-quinze lettres, cartes-télégrammes... (correspondance intime).

Numéros d'ordre

234 à 235 — Deux notes sur l'auteur des pièces comprises sous les cotes 159 à 233.

236 à 317 — Quatre-vingt-deux lettres, cartes-télégrammes..... écrites par un agent étranger.

318 et 319 — Deux lettres écrites par le même agent.

p. 383 320 et 321 — Deux lettres écrites à ce même agent.

322 — Note explicative sur les pièces 320 et 321.

323 et 323 *bis* — Une lettre d'un agent étranger avec sa traduction.

324 et 325 — Deux notes au crayon d'un agent étranger.

326 à 334 — Neuf lettres ou rapports d'un agent étranger, avec quatre notes explicatives.

335 à 338 *bis* — Quatre lettres d'un fonctionnaire étranger avec quatre notes explicatives.

339 à 351 *bis* — Treize lettres ou rapports adressés à un fonctionnaire étranger ou écrits par lui, avec deux notes explicatives ou traductions.

352 à 354 — Trois lettres écrites par un agent étranger.

355 à 364 *bis* — Dix lettres écrites par un agent étranger.

Troisième Partie

365 — Lettre attribuée par le lieutenant-colonel Henry à un agent étranger et dont il s'est, par la suite, reconnu l'auteur.

366 — Enveloppe, avec suscription au crayon bleu, jointe par Henry à la pièce 365.

367 — Lettre au crayon bleu d'un agent étranger, ayant servi à la fabrication de la pièce 365.

368 — Enveloppe, avec suscription au crayon bleu jointe à la pièce 367.

369 et 369 *bis* — Reproduction, en fragments de papier calque, des pièces 365 et 367.

370 et 370 *bis* — Reproduction, en fragments de papier calque, des mêmes pièces 365 et 367, après échange entre ces pièces des fragments portant l'en-tête et la signature.

371 — Lettre au crayon d'un agent étranger où il est question de D... ?

Numéros d'ordre

372 et 372 *bis*   Photographie d'une lettre en caractères contournés, et copie de la même lettre en ca-
ractères ordinaires (lettre adressée à Dreyfus).

373   Note du service des renseignements sur la
pièce 372.

374   Original du faux Weyler.

374 *bis*   Enveloppe du faux Weyler.

PIÈCES ANNEXÉES AU DOSSIER SECRET ET COMMUNIQUÉES SOIT A LA COUR DE CASSATION, SOIT AU CONSEIL DE GUERRE, SUR LA DEMANDE DE CES JURIDICTIONS (1).

1° A la pièce 10. Lettre du 3ᵉ bureau de l'Etat-major de l'armée au 6ᵉ corps d'armée au sujet des troupes de couverture.

A la pièce 84. Note du 23 mars 1893 de la 3ᵉ direction. Or- p. 384
ganisation des batteries du 120 court.

Note du 27 mars 1893 (Etat-major 1ᵉʳ bureau) sur le même objet.

A. 1, 2, 3, 4. Documents saisis par M. Bertulus au domicile de Mme Pays (4 pièces).

A. 5. Dossier C. T. 16 pièces sous bordereau, plus deux enveloppes.

A. 6, 6 *bis*, 6 *ter*. Pièces relatives à la communication d'extraits du registre journal de la S. S. (1894-1896).

A. 7, 8, 9, 10. Quatre pièces avec traduction venues par la voie ordinaire en 1899.

A. 11, 11 *bis*, 11 *ter*. Au sujet de l'agent qui a fourni les lettres C. C. C.

Comme indication générale sur ce répertoire du dossier secret dressé par le commandant Cuignet, on doit rappeler ici que son auteur en disait lui-même devant la Cour en 1899 (2) :

Le dossier a été divisé en trois parties : la première partie renferme les pièces se rapportant directement à l'affaire

(1) Ce bordereau annexe a été dressé par le commandant Hallouin.
(2) Cass.. 1899, t. 1, p. 357.

Dreyfus ; la deuxième, celles qui n'ont, avec les pièces de la première partie, qu'un intérêt de rapprochement ; et enfin la troisième partie renfermant les pièces fausses ou suspectes.

XXVIII. — L'exposant reprend maintenant chacun des articles du répertoire général du dossier secret, dressé par le commandant Cuignet.

Le premier paragraphe de la première partie concerne *le bordereau.*

N° 1. *Photographie du bordereau.* — Le bordereau a déjà été discuté au point de vue de sa teneur et au point de vue de l'écriture. Il sera examiné en ce qui concerne la question du papier dans la partie du présent mémoire concernant Esterhazy. La photographie du bordereau figurant au dossier secret ne comporte aucune explication particulière.

N° 2. *Photographie d'une lettre dictée à Dreyfus le jour de son arrestation.* — Il s'agit ici de l'extraordinaire épreuve de la dictée.

M. le colonel Du Paty de Clam imagine, avant l'arrestation de Dreyfus, de lui dicter une lettre ainsi conçue :

Ayant le plus gros intérêt, Monsieur, à rentrer momentanément en possession des documents que je vous ai fait passer avant mon départ aux manœuvres, je vous prie de me les faire adresser d'urgence par le porteur de la présente qui est une personne sûre. Je vous rappelle qu'il s'agit : 1° note sur le frein hydraulique du canon de 120 et sur la manière dont il s'est comporté aux manœuvres ; 2° note sur les troupes de couverture ; 3° note sur Madagascar.

Dans son procès-verbal du 15 octobre 1894, M. le colonel Du Paty de Clam rend compte de cette épreuve, et il écrit (1) :

p. 385   Avons fait comparaître devant nous M. Alfred Dreyfus, capitaine breveté au 14ᵉ d'artillerie, stagiaire à l'État-major de l'armée, *à l'effet de procéder à son arrestation.* M. le capitaine Dreyfus ayant été introduit, nous l'avons invité à remplir une feuille de notes et à écrire sous notre dictée une note commençant par ces mots : « ayant le plus grave intérêt », et finissant par ceux-ci : « une note sur Madagascar », ces deux pièces jointes au dossier. L'écriture de cette lettre s'étant trouvée incorrecte à partir de la quatrième ligne, nous avons interpellé M. le capitaine Dreyfus pour lui en demander les motifs ; il nous a répondu : « J'ai froid aux mains ». Nous avons aussitôt procédé à son arrestation au nom de M. le ministre de la Guerre.

Dans son rapport du 31 octobre (2) M. Du Paty de Clam

(1) Rapport Ballot-Beaupré, p. 5.
(2) Rapport Bard, p. 24-25.

répète les mêmes faits, mais en signalant en plus un « rictus nerveux » de Dreyfus, qui n'était pas encore apparu à l'officier de police judiciaire, lors de la rédaction de son rapport du 15 octobre. Enfin dans sa déposition devant le Conseil de guerre de 1894, telle qu'elle est rappelée par le colonel Picquart, l'officier de police judiciaire Du Paty, sur l'observation de la défense que l'écriture de la dictée n'était pas tremblée, déclare : « Je voulais voir s'il était prévenu : interpellé brusquement par moi, il aurait dû trembler. Or il n'a pas tremblé : donc il simulait, il était prévenu ; un individu innocent qui serait arrivé là sans avoir rien à se reprocher aurait tremblé à mon interpellation ou aurait fait un mouvement (1) ».

L'examen du corps d'écriture tracé par Dreyfus ne révèle en réalité aucun tremblement. Mais les lettres, non tremblées, sont de dimensions un peu plus grandes à partir des mots : « Je vous rappelle (2) ».

Cet élargisement de l'écriture s'explique bien par le froid aux doigts de l'écrivain, dont l'émotion se serait traduite au contraire par un tremblement et un recroquevillement des lettres.

D'ailleurs, à l'endroit où commence cet élargissement de l'écriture, rien dans la lettre dictée ne rappelait encore les notes du bordereau. Il y était au contraire question d'un départ aux manœuvres, ce qui devait bien faire penser à Dreyfus qu'on ne faisait point allusion à sa personne, puisqu'il n'était pas allé aux manœuvres en 1894.

M. Cochefert, présent à la scène, a déclaré à Rennes n'avoir pas constaté de troubles chez Dreyfus pendant qu'il écrivait.

Ils m'ont paru, dit-il, *se manifester seulement après la première interpellation du commandant du Paty de Clam, qui s'est avancé vers le capitaine Dreyfus et lui a demandé : Mais, capitaine, pourquoi tremblez-vous, ou pourquoi tremblez-vous ainsi ? (3).*

Par contre, M. Cochefert révèle qu'on a, au moment de l'arrestation, présenté un revolver à Dreyfus, et que celui-ci p. 386

(1) Picquart, Rennes, t. 1, p. 380-381 ; Cass. 1899, t. 1, p. 129.
(2) Rennes, t. 1, p. 39.
(3) Rennes, t. 3, p. 520. Conf Conclusions de M le procureur général Revision du procès de Rennes, p. 166.

déclara : « Je ne veux pas me tuer parce que je veux vivre pour établir mon innocence » (1).

Le fait, étant gênant pour l'accusation, avait été passé sous silence par M. Du Paty de Clam, dans son procès-verbal du 15 octobre et son rapport du 31 octobre. Il était remplacé dans ces documents judiciaires par des allégations de tremblement et de rictus, faisant plus d'honneur à l'imagination de M. Du Paty de Clam qu'à la loyauté de son instruction.

Il faut rapprocher de ces procédés d'instruction celui de la lampe à projection, demandée au commandant Forzinetti, pour projeter des flots de lumière sur la figure de Dreyfus et le démonter (2). La note rédigée par M. Du Paty de Clam pour répondre au commandant Forzinetti sur ce point (3), laisse, au milieu de violentes attaques contre M. Forzinetti, apparaître une partie de la vérité.

Il faut rapprocher aussi de la mise en scène de la dictée, un autre procédé imaginé encore par le commandant Du Paty, à l'effet de recueillir des preuves de l'émotion de Dreyfus au cours de son interrogatoire ; le commandant Du Paty posait, dit-il, une question troublante à l'accusé au moment où il avait les jambes croisées, et le mouvement du pied de la jambe pendante, au moment où la question était posée, décelait la culpabilité aux yeux de l'officier de police judiciaire ! Ces démences ont forcé Me Demange à produire au Conseil de guerre de 1894 un certificat du docteur Lutaud, donnant l'explication toute naturelle du mouvement du pied placé dans cette position (4).

Il n'y a, en tout ceci, de charges à retenir que contre l'officier de police judiciaire.

XXIX. — N° 3. *Copie du bordereau trouvée dans les effets de Dreyfus, au dépôt des condamnés de l'Ile-de-Ré.* — N° 4. *Lettre du directeur du dépôt des condamnés au ministre de l'Intérieur.* — N° 5. *Note du Directeur de l'Administration pénitentiaire (avec une annotation de la main de M. Barthou).* — N° 6. *Deuxième note du Directeur de l'Administra-*

(1) Rennes, t. 3, p. 521.
(2) Forzinetti Rennes, t. 3, p. 105. — Cass. 1899, t. 1, p. 318-319.
(3) Enquête, t. 2, p. 310.
(4) Note Demange. Cass. 1899. Débats, p. 605.

tion pénitentiaire. — N° 7. *Lettre du Directeur de l'Administration pénitentiaire au ministre de l'Intérieur.*

Ces cinq pièces sont relatives à un incident de nature à
prouver l'innocence du condamné, mais qui, naturellement,
a été exploité contre lui par la presse du service des renseignements.

Le bordereau était la seule base de l'acte d'accusation
d'Ormescheville ; le bordereau était la seule charge que connût le capitaine Dreyfus. Encore le commandant Du Paty de p. 387
Clam ne le lui avait-il montré dans son intégralité qu'à la fin
de son instruction. Pendant tout le cours de cette instruction,
cet étrange officier de police judiciaire avait fait papilloter
sous les yeux de Dreyfus des lambeaux de photographie du
bordereau et des lambeaux de photographie de documents
écrits par lui, en le sommant de déclarer quels étaient les
fragments d'écriture qu'il reconnaissait comme émanant de
lui.

Il est extraordinaire que Dreyfus ne s'y soit pas trompé,
et ne soit tombé dans aucun des pièges que lui tendait le commandant Du Paty.

Cependant Dreyfus prend copie de ce bordereau qu'on lui
impute ; et cherchant toujours la clef de l'énigme, ne vivant
que pour arriver à prouver son innocence, il s'efforce, après
sa condamnation, d'emporter dans sa prison la copie du document accusateur, pour l'interroger à loisir, et lui arracher
quelque indice permettant d'arriver à la vérité.

Cette copie, trouvée à l'Ile-de-Ré dans ses effets, fait supposer aux fonctionnaires de l'Administration pénitentiaire,
ignorant tout du procès, qu'ils ont découvert un document
nouveau (1). De là, un échange de correspondance avec le
Gouvernement, et envoi à Paris de la pièce saisie, où on reconnaît une copie pure et simple du bordereau.

Tout homme de bonne foi et de bon sens, ne peut, en présence de cet incident, que faire le raisonnement de M. Puybaraud, rapporté par M. Reinach (2).

Lorsque Picqué saisit sur Dreyfus, à l'Ile-de-Ré, une copie du bordereau, Picqué avait envoyé la pièce à Paris, comme une preuve nouvelle
de la trahison. Puybaraud fit ce raisonnement : si Dreyfus était coupable.

(1) Conf. Déposition Picqué. Cas. 1899, t. 1, p. 806. — Rennes, t. 1,
p. 46 et le rapport du Dr Ranson. Rennes, t. 1. p. 47 et suiv.
(2) Enquête, t. 1, p. 562.

il n'aurait pas eu besoin de prendre avec lui une copie de la pièce écrite par lui. Il connaissait la pièce, il la connaissait suffisamment. S'il en a pris copie, c'est parce qu'il ne l'avait pas écrite, qu'il n'en était pas l'auteur, pour s'en souvenir, pour l'étudier, pour chercher à deviner...

Le président du Conseil de guerre de Rennes faisait observer justement que l'art. 112 C. just. militaire, donnait le droit au capitaine Dreyfus d'avoir copie des pièces de son dossier (1).

Il est douteux cependant, à raison du mystère dont on entourait le bordereau saisi à l'ambassade d'Allemagne, qu'on eût consenti à en remettre une copie officielle à Dreyfus.

Ainsi donc le capitaine Dreyfus n'avait pas vu les pièces communiquées secrètement à ses juges ; il en ignorait l'existence. Il ne connaissait que le bordereau ; et on lui supprimait la copie de ce document qu'il aurait eu le droit strict d'exiger.

p. 388 Et c'est dans ces conditions que le général Roget (2) a la cruelle ironie de faire grief à Dreyfus de n'avoir pas envoyé, du lieu de sa déportation, au ministre de la Guerre, une discussion ou argumentation détruisant les charges de l'accusation.

Ce sarcasme eût dû être épargné à la victime que ses accusateurs avaient mise dans l'impossibilité de se défendre.

XXX. — N° 8. *Rapport de M. Bertillon sur les différences graphiques entre le bordereau original et la photogravure du Matin. Neuf pièces jointes.*

Les élucubrations de M. Bertillon ont été étudiées par les experts (V. *supra*, section XI). La seule question qui se pose aujourd'hui à cet égard est celle de savoir s'il y a eu, de la part du directeur de l'anthropométrie, erreur inconsciente ou erreur volontaire.

M. le général Gonse lui-même paraît avoir reconnu que le génie de M. Bertillon, en l'occurence, manifestait véritablement trop de sans-gêne pour le bon sens, car il a inscrit de sa main, sur ce travail de M. Bertillon, une mention portant qu'il s'agissait là d'une étude *toute spontanée* du direc-

(1) Rennes, t. 1, p. 46.
(2) Cass., 1899, t. 1, p. 68, et Rennes, t. 1, p. 338.

teur de l'anthropométrie, *et non d'un rapport demandé par le ministre.* [1].

N° 9. *Note sur le résultat des expertises de 1894 et de 1897.* — Il s'agit là d'une note sur les expertises en écriture du procès Dreyfus en 1894 et du procès Esterhazy en 1897. Cette question ayant été complètement élucidée dans l'instruction de la Cour de Cassation en 1899, il n'y a plus besoin d'y revenir. L'exposant rappelle seulement que deux des experts en écriture de 1894, MM. Gobert et Pelletier, après avoir refusé en 1894 d'attribuer le bordereau à Dreyfus, ont en 1899 persisté à déclarer que le bordereau n'était pas de Dreyfus, mais en ajoutant cette fois qu'il était d'Esterhazy (1) ; qu'un troisième expert, M. Charavay, après s'être prononcé en 1894 contre Dreyfus, n'a plus maintenu son opinion devant la Cour de Cassation (2), et a reconnu très formellement son erreur à Rennes (3) en concluant nettement que le bordereau était l'œuvre d'Esterhazy.

Le quatrième expert en écriture de 1894 était M. Teysonnières, ancien conducteur des ponts et chaussées, qui a eu ensuite comme expert en écriture une carrière fort agitée. Tout en refusant de reconnaître son erreur de 1894, M. Teysonnières ne voit pas dans le bordereau l'écriture naturelle de Dreyfus. C'est son écriture *avec déguisement,* « c'est une écriture assez cursive tout en y trouvant une certaine hésita- **p. 389** tion (4) » M. Teysonnières a d'ailleurs refusé de se prononcer sur Esterhazy, alléguant qu'il avait eu trop peu de temps pour étudier les pièces (5).

MM. Couard, Varinard et Belhomme (6) experts au procès Esterhazy ont reparlé du calque de l'écriture Esterhazy.

MM. Meyer, Molinier et Giry, qui ont comparé au bordereau les deux écritures de Dreyfus et d'Esterhazy, n'hésitent pas à reconnaître la main d'Esterhazy dans l'écriture du bordereau (7).

La note 9 du dossier secret n'a donc plus aucun intérêt.

(1) Gobert. Cass., 1899, t. 1, p. 502 ; Rennes, t. 2, p. 207. — Pelletier. Cass., 1899, t. 1, p. 500 ; Rennes, t. 2, p. 470.
(2) Cass., 1899, t. 1, p. 501.
(3) Rennes, t. 2, p. 461.
(4) Rennes, t. 2, p. 459. — Conf. Trarieux. Rennes, t. 3, p. 415.
(5) Cass., 1899, t. 1, p. 505 ; Rennes, t. 2, p. 457.
(6) Cass. 1899, t. 1, p. 505 et suiv. ; Rennes, t. 2, p. 484.
(7) Cass., 1899, t. 1, p. 646 et suiv. ; Rennes, t. 3, p. 1 et suiv.

XXXI. — N° 10. *Note sur le bordereau de 1894 avec une
annexe*. — Cette note n'est autre que ce qu'on a appelé la discussion technique du bordereau, c'est-à-dire l'exposé des
hypothèses si copieusement développées par le général Roget
devant la Cour de Cassation et par le général Mercier à Rennes.

Cette discussion technique (examinée plus haut dans la
section III), se retourne aujourd'hui contre l'accusation.

N° 11. *Déclaration du capitaine de Pouydraguin*. — N° 12.
— *Deuxième déclaration du capitaine de Pouydraguin*. —
Le général Mercier a fait, dans son réquisitoire de Rennes,
usage de ces déclarations dont l'une est même intégralement
citée dans sa déposition (1). Ces déclarations ne prouvent
rien que la connaissance acquise par Dreyfus des questions
relatives à la concentration et à l'organisation des chemins
de fer. Elles constituent aujourd'hui, ainsi qu'on l'a fait remarquer (Voy. section IX), une reconnaissance de la loyauté
du capitaine Dreyfus. Même avant la découverte de la falsification de la pièce n° 26, relative à la livraison de l'organisation des chemins de fer, elles ne prouvaient rien contre
Dreyfus.

C'est ce qu'a reconnu l'auteur de ces déclarations, le capitaine de Pouydraguin, dans sa déposition du 19 avril 1904 (2).

Si de ces notes, dit-il, il peut se dégager une impression un peu
défavorable à Dreyfus, qui, dans un cas, m'avait rendu service, et dans
l'autre n'avait fait qu'exposer ses idées en matière de concentration, concentration que nous connaissions tous, c'est que je me trouvais à ce moment sous l'influence des idées régnant dans l'Etat-major de l'armée.
Mais depuis je dois déclarer que mes idées se sont modifiées à cet
égard et que, d'ailleurs, en rappelant tous mes souvenirs, je n'ai jamais
rien constaté à la charge de Dreyfus.

Le capitaine de Pouydraguin ajoute que, sollicité souvent
par Henry, puis par le général Mercier, de donner des attes-
p. 390 tations concernant Dreyfus, il peut affirmer « qu'aucun de
ces renseignements n'a pu être défavorable à Dreyfus, ni
contenir un fait établissant sa culpabilité. »

N° 13. *Déclaration du capitaine Junck*. — Le capitaine
Junck fournissait des renseignements sur les connaissances
techniques de Dreyfus, sur les propos à lui prêtés concernant

(1) Rennes, t. 1, p. 114. — Conf. Enquête, t. 2, p. 208.
(2) Enquête, t. 2, p. 211 et 212.

le jeu et les femmes. Il a reproduit les mêmes renseignements dans sa déposition tendancieuse (1), déjà discutée. Il
n'y a pas à y revenir, sauf pour signaler les contradictions de
ce témoin (2).

XXXII. — N°ˢ 14 et 14 *bis. Note memento d'un agent
étranger avec sa traduction.* — Ce memento est celui qu'a
cité le général Roget dans sa déposition devant la Cour de
Cassation (3) en 1899, et qui est analysé dans le mémoire de
l'exposant présenté à l'appui de la première demande de revision (4). Cette pièce, datant de septembre 1895, est connue,
à raison des deux premiers mots qu'elle porte, sous le nom
de « Dreyfus Bois... ». C'est un memento de l'agent A., dans
lequel il rapporte des propos du général de Boisdeffre, sur la
pièce « arrivée entre les mains d'un des attachés militaires »
et faisant ensuite « retour au bureau des renseignements ».

Il est évident que, loin de constituer une charge contre
Dreyfus, cette pièce, preuve des recherches faites par l'agent
A. pour déchiffrer l'énigme de l'affaire Dreyfus, montre bien
que cet agent A. n'était pas en rapport avec Dreyfus. Il suffit
de se référer à cet égard aux explications données par M. le
Procureur général dans son premier réquisitoire (5) et par le
capitaine Dreyfus dans son mémoire (6). La pièce n'a plus
d'ailleurs été invoquée à Rennes : le général Mercier a préféré, et pour cause, la laisser dans l'ombre. Le commandant
Cuignet la cite encore cependant (7), en attribuant les propos
du général de Boisdeffre à l'agent A. qui, dans son memento,
parlerait de lui-même à la troisième personne en même
temps qu'à la première. Cette dénaturation de la pièce commise à Rennes par le commandant Cuignet, comme devant
la Cour de Cassation en 1898, par le général Roget, ne parvient même pas à en faire une pièce à la charge de Dreyfus :
la démonstration en est faite dans les précédents mémoires
cités plus haut.

(1) Rennes, t. 1, p. 637.
(2) Rennes, t. 1, p. 652, 653, 654.
(3) Cass., 1899, t. 1, p. 62.
(4) Cass., 1899. Débats, p. 567. Rapport Ballot-Beaupré, p. 131.
(5) Revision du procès de Rennes, t. 2, p. 346.
(6) *Ibid.*, p. 429.
(7) Rennes, t. 1, p. 498.

XXXIII. — On arrive ainsi, en suivant l'ordre du répertoire du commandant Cuignet, au *deuxième paragraphe intitulé* : « *Documents antérieurs à l'arrestation de Dreyfus* ».

p. 391 Ce paragraphe débute par une série de pièces concernant les livraisons de plans directeurs.

Nº 15. *Feuille nº 12 du plan directeur d'Albertville.* — C'est un simple spécimen d'une feuille de plan directeur.

Nº 16. *Note sur les plans directeurs.* — Ce sont des renseignements sur la nature des plans directeurs et leur importance.

Nºˢ 17 et 17 *bis. Lettre d'un agent étranger avec traduction.* — Il s'agit d'une lettre du major Dahme, du service des renseignements de B..., envoyant à l'agent A. une certaine somme pour renouer les anciennes relations avec le fournisseur de plans directeurs. La pièce est du 1ᵉʳ décembre 1892.

Nºˢ 18 et 18 *bis. Lettre d'un agent étranger avec une note explicative.* — C'est une lettre de la même personne, faisant observer à un agent provocateur qu'il fournit des renseignements inexacts.

Nºˢ 19 et 19 *bis. Brouillon de note en langue étrangère avec sa traduction.* — Dans cette note, l'agent A. dresse une liste des plans directeurs à demander à son fournisseur.

Nºˢ 20 et 20 *bis. Brouillon de note en français, avec une copie.* — La pièce, du 28 juin 1893, indique une restitution de plans directeurs faite par l'agent A. à son fournisseur.

Nºˢ 21 et 21 *bis. Fragment de lettre en langue étrangère, avec traduction.* — Cette lettre annonce un envoi (probablement de fonds) fait par M. Muller, à l'agent A.

Toutes ces pièces étaient destinées à servir de base à l'accusation dirigée contre Dreyfus, d'avoir livré des plans directeurs à l'agent A.

Elles ont été discutées dans la section IV. On a vu, dans cette section, comment avait été composé le dossier secret sur ce point, quelles dissimulations et quelles fraudes avaient été commises à cet égard.

XXXIV. — Nºˢ 22 et 22 *bis. Télégramme en langue étrangère avec traduction.* — Nºˢ 23 et 23 *bis. Brouillon de note en langue étrangère avec traduction.* — Nº 24. *Note explicative sur la pièce 23.*

Le télégramme dont il est ici question est le télégramme adressé à l'agent A. de la capitale de son pays, le 27 décembre 1893. Ce télégramme, en langue étrangère, mais en clair, est ainsi conçu : « Choses aucun signe d'Etat-major ». Le service des renseignements substitue à ce texte, par voie d'interprétation, celui de : « Documents d'espionnage envoyés ne portent aucun signe indiquant qu'ils proviennent de l'Etat-major ».

Le brouillon de note n° 23, arrivé au service des renseignements par la voie ordinaire au commencement de janvier 1894, est présenté par M. le commandant Cuignet, dans sa note explicative n° 24, comme le memento servant de réponse à ce télégramme.

Il porte les mots « Doutes, Preuve, Lettre de service (patent), situation dangereuse pour moi avec un officier fran- **p. 392** çais. Ne pas conduire personnellement de négociations. Apporter ce qu'il a. Absolut ge... Bureau des renseignements. Aucune relation corps de troupes. Importance seulement sortant du ministère. Déjà quelque part ailleurs. »

Par cela même qu'il indique que l'agent A. hésite à entrer en relations avec l'officier s'offrant à lui, le memento ne peut être une réponse au télégramme se référant, d'après le service des renseignements, *à des documents déjà livrés*. L'agent A. se propose, *en janvier 1894*, de demander à l'informateur offrant ses services *d'apporter ce qu'il a*. Donc en décembre 1893, cet informateur ne le lui a pas encore apporté.

Quant à l'interprétation de ce memento, qui faisait partie des pièces communiquées secrètement aux juges de 1894, elle a été longuement discutée à Rennes (1).

Déjà l'exposant avait montré, dans son mémoire soumis à la Cour de Cassation en 1899 (2), que le texte du memento excluait Dreyfus. Il eût été facile à l'agent A., en ouvrant un annuaire militaire, de constater que Dreyfus était bien officier stagiaire à l'Etat-major de l'armée. Si, d'autre part, l'agent A. avait eu des doutes sur l'identité de la personne se présentant à lui comme le capitaine Dreyfus, stagiaire à

(1) Rennes, Mercier, t. 1, p. 80 ; Gonse, Rennes, t. 1, p. 543 ; Picquart, t. 1, p. 402 ; Cuignet, t. 1, p. 494.
(2) Cass., 1899. Débats, p. 572. Rapport Ballot-Beaupré, p. 132.

l'Etat-major de l'armée, il lui eût été facile *de vérifier personnellement cette identité*, car précisément, à l'époque du memento (premier semestre 1894), Dreyfus était attaché au 2e bureau, c'est-à-dire au bureau de l'Etat-major, où les attachés militaires avaient accès.

Certainement donc l'officier inspirant des doutes à l'agent A. n'était pas Dreyfus. Le memento, au contraire, s'adapte avec une singulière précision à la situation d'Esterhazy (1).

XXXV. — N° 25. *Lettre au crayon en français où il est question de « ce canaille de D... »* — Il s'agit d'une lettre reconnue, dès 1899, inapplicable à Dreyfus et visée dans l'arrêt des Chambres réunies du 3 juin 1899. Cette lettre, dont la date a été falsifiée, et qui faisait partie du dossier secrètement communiqué aux juges de 1894, est relative à la livraison des plans directeurs. Elle est d'ailleurs discutée dans la section IV (2).

N° 26. *Lettre en français où il est question de l'organisation militaire des chemins de fer.* — Cette pièce est une lettre de l'agent B. à l'agent A., audacieusement falsifiée par p. 393 Henry, qui avait substitué la date d'avril 1894 à la date réelle du 28 mars 1895, 3 heures du soir. La pièce est discutée dans la section IX.

XXXVI. — Vient ensuite une série de pièces concernant la livraison de cours de l'Ecole de guerre à l'agent A.

N° 27. *Copie partielle d'un cours de l'Ecole supérieure de guerre.* — C'est la copie faite par le comte d'A..., et venue de chez l'agent A. par la voie ordinaire.

N° 28. *Lettre en français d'un agent étranger.* — C'est une lettre du comte d'A..., jointe à la pièce précédente, pour permettre la comparaison d'écriture, et montrer que la copie des cours est bien de la main du comte d'A...

Nos 29 et 29 *bis. Lettre en langue étrangère où il est question de la copie d'un cours de l'Ecole supérieure de guerre, avec traduction.* — Il s'agit de la lettre d'envoi des cours de l'Ecole de guerre par l'agent A. à son service des renseignements.

(1) Conf. Réquisitoire du Procureur général et Mémoire d'Alfred Dreyfus (Revision du procès de Rennes, p. 341 et 423).
(2) Conf. Réquisitoire du Procureur général et Mémoire d'Alfred Dreyfus (Revision du procès de Rennes, p. 343 et 427).

N° 30. *Note au sujet de la pièce 27.* — Cette note indique la nature des cours de l'Ecole de guerre copiés par le comte d'A. et leur importance.

N° 31. *Inventaire des pièces et objets saisis au domicile de Dreyfus.* — N° 32. *Note au sujet de cet inventaire et de la pièce 27.* — C'est le procès-verbal dressé par le commandant Rollin et le capitaine Cuignet, procès-verbal dont les constatations ont été plus tard reconnues fausses par ces officiers, mais qui a été maintenu néanmoins au dossier secret sans procès-verbal rectificatif.

Cet ensemble de pièces a été discuté dans la section VII, où l'on a relevé les fraudes et faux témoignages concernant cette partie de l'accusation.

XXXVII. — La série de pièces suivante concerne les propos prêtés à M. de Valcarlos.

N° 33. *Rapport de M. G***.* — N° 34. *Deuxième rapport de M. G***.* — Ce sont les deux rapports de Guénée, datés de mars et d'avril 1894, et prétendant révéler, d'après M. de Valcarlos, qu'un officier de l'Etat-major fournissait des renseignements aux attachés militaires étrangers.

N° 35. *Note du service des renseignements.* — Cette note. rédigée par le général Gonse, est une relation de la déposition d'Henry devant le Conseil de guerre de 1894, relation faite d'après les indications mêmes d'Henry.

N°s 36 et 36 *bis. Lettre d'un agent étranger à M. G. avec son enveloppe.* — La lettre émane de M. de Valcarlos, et a été mise au dossier uniquement pour établir les relations de M. de Valcarlos avec Guénée.

N° 37. *Carte-télégramme d'un agent étranger.*

N° 38. *Carte-télégramme d'un agent étranger.* — Ces cartes émanent de M. de Valcarlos et sont adressées à l'agent A. Elles sont placées dans le dossier pour établir que M. de Valcarlos et l'agent A. étaient en relations mondaines.

p. 394

N°s 39 et 39 *bis. Lettre d'un agent étranger avec son enveloppe portant le cachet personnel de l'expéditeur.* — La lettre est de l'agent B.; elle est adressée à M. de Valcarlos, et prouve les relations mondaines existant entre ces deux personnes.

L'ensemble de ces pièces, nᵒˢ 33 à 39, a été examiné dans la section II. Il y avait là encore une série de manœuvres criminelles révélées par l'instruction.

XXXVIII. — N° 40. — *Lettre d'un agent étranger où il est question du lieutenant-colonel Davignon.* — N° 41 Note *explicative au sujet de la pièce 40.*

La pièce faisait partie du dossier communiqué secrètement aux juges de 1894. C'est une lettre de l'agent B. à l'agent A. ainsi conçue :

> J'ai écrit encore au colonel Davignon, et c'est pour ça que je vous prie, si vous avez l'occasion de vous occuper de cette question avec votre ami, de le faire particulièrement de cette façon que Davignon ne vienne pas à le savoir (du reste il ne répondrait pas), car il ne faut jamais faire voir qu'un agent s'occupe de l'autre.

Les attachés étrangers fréquentaient officiellement au deuxième bureau. Le colonel Davignon étant au deuxième bureau avec Dreyfus, le général Mercier (1) déduit de cette pièce que Dreyfus était l'ami de A. désigné dans la lettre, et que la recommandation de B. à A. de ne pas entretenir Dreyfus de la question devant Davignon, prouvait la trahison de Dreyfus.

L'inanité de cette version, déjà présentée devant la Cour de Cassation par le commandant Cuignet, en 1899, a été démontrée dans le mémoire produit par l'exposant, à la Cour, à cette époque ; et M. le président Ballot-Beaupré en faisait justice dans son rapport (2).

Sans revenir sur cette démonstration, il faut constater que « la lettre Davignon » est du commencement de janvier 1894, *c'est-à-dire de la même époque que le fameux memento* « *Doutes, preuve* ». *Comment l'agent A. peut-il avoir des doutes, en janvier 1894, sur un officier qui, non seulement est déjà en relations avec lui, mais qui est même* « *son ami?* »

Tous ces commentaires tendancieux se contredisent l'un l'autre, et montrent, par leur rapprochement, l'incohérence des allégations de l'accusation (3).

p. 393   XXXIX. — N° 42. *Exposé des conditions dans lesquelles*

(1) Rennes, t. 1, p. 80.
(2) Cass. 1899. Débats, p. 133 et 577.
(3) Conf. réquisitoire de M. le Procureur général et Mémoire de Dreyfus (Revision du procès de Rennes, p. 343 et 425).

on fut amené à soupçonner Dreyfus. — Cet exposé, dû au capitaine Cuignet, a été maintes fois présenté. Il est reproduit dans la lettre, en date du 16 septembre 1898, du général Zurlinden, ministre de la Guerre, au garde des Sceaux (1). C'est, dit l'exposé, la découverte par le colonel Fabre, de la similitude de l'écriture entre le bordereau et les pièces rédigées par Dreyfus, qui orienta les soupçons vers le malheureux capitaine.

XL. — Le répertoire du dossier secret, dressé par le commandant Cuignet, commence avec la pièce n° 43 un troisième *paragraphe intitulé « Documents postérieurs à l'arrestation de Dreyfus ».*

N° 43. *Déclaration du lieutenant-colonel Henry, au sujet d'un dossier secret détenu par le colonel Sandherr.*

De même que la pièce 35 relatait la déposition d'Henry faite devant le Conseil de guerre de 1894, de même la pièce 43 rapporte la déposition d'Henry au procès Zola. Cette déposition figure dans la sténographie du procès Zola, au tome 1er, p. 375 et 376. On peut y relever, en passant, un faux témoignage audacieux du colonel Henry. Le colonel Henry affirme en effet, sous la foi du serment, que la pièce : « Ce canaille de D... » n'a jamais eu aucun rapport avec le dossier Dreyfus, alors que cete pièce faisait partie du dossier secret commenté par Du Paty de Clam, à l'usage du Conseil de guerre de 1894.

Ce premier faux témoignage est immédiatement suivi d'un second, destiné à dissimuler la communication du dossier secret aux juges de 1894. Pour détruire «cette légende» dit le colonel Henry, *il faut préciser les dates. C'est le 15 ou 16 décembre 1894* qu'il a, sur l'ordre du colonel Sandherr, renfermé le dossier dans une enveloppe paraphée par lui et déposée dans son armoire secrète. Le dossier ainsi scellé *n'a quitté l'armoire secrète qu'en août ou septembre 1896*, quand Picquart le demanda à Gribelin.

Or, les débats du 1er Conseil de guerre s'étaient ouverts le *19 décembre 1894*. Donc les juges composant ce Conseil n'avaient pas reçu communication de ce dossier secret, remis en 1896 à Picquart (2).

(1) Rapport Bard, p. 125.
(2) Rapport Zola, t. 1, p. 376. Conf. Procès Zola, t. 2, p. 121.

Après ces deux faux témoignages le colonel Henry ajoute:

> Il faut vous dire que lorsque le colonel Sandherr m'a remis ce dossier, le 16 décembre 1894, je lui ai dit : « Mais comment se fait-il que vous n'ayiez plus besoin de ce dossier-là ? » — Il m'a répondu : « J'en ai un plus important et je vais vous montrer une lettre de ce dossier. » Il m'a fait voir une lettre en me faisant jurer de n'en jamais parler. J'ai juré. Il m'a montré une lettre plus importante encore que celles du dossier. Il m'a dit :
> p. 396 « J'ai avec cela quelques documents, mais je les garde par devers moi, et je m'en servirai si besoin est ». Je n'ai plus jamais entendu parler de ce second dossier ; jamais le colonel ne me l'a remis. Voilà l'histoire du dossier; quant à l'autre, je ne sais pas ce qu'il est devenu ; je ne l'ai jamais vu ; le colonel Sandherr m'en a parlé une fois seulement, *le 16 décembre 1894.*

Henry, dans ses faux témoignages, rapportait volontiers des propos à lui tenus, par des personnes décédées. Ce troisième faux témoignage était destiné à donner créance à la légende de la lettre de l'empereur d'Allemagne, où le capitaine Dreyfus était nommé en toutes lettres.

Les révélations de pièces secrètes faites par Sandherr à Henry seul, dissimulées par ce même Sandherr à son successeur, le colonel Picquart, dissimulées également par Sandherr au chef et au sous-chef d'Etat-major, dissimulées au ministre de la Guerre, sont certainement de nouveaux mensonges. Quant à une lettre de l'empereur d'Allemagne, désignant Dreyfus en toutes lettres, il est certain que le colonel Sandherr ne pouvait l'avoir en 1894, puisqu'au lieu d'arrêter immédiatement, ou tout au moins de surveiller Dreyfus, le service des renseignements n'a conçu de soupçons à son égard qu'après la découverte de la similitude de son écriture avec celle du bordereau.

La légende de la lettre de l'empereur d'Allemagne est d'ailleurs l'objet de la section XIII de la présente partie du mémoire : on y examinera le rôle d'Henry dans ces nouveaux faux.

XLI. — Nᵒˢ 44 et 44 *bis. Texte en langue étrangère et traduction d'un télégramme chiffré.* — Il s'agit, là encore, d'un faux ; mais la découverte en est déjà ancienne. Les faits révélés par M. Paléologue, au nom du ministre des Affaires étrangères, dans sa déposition du 5 janvier 1899 (1) ont fait connaître toutes les circonstances du faux.

Le texte authentique d'un télégramme chiffré, adressé le

(1) Cass., 1899. Débats, p. 508 et suiv.

2 novembre 1894, par l'agent B. à son Etat-major, est ainsi conçu :

Si le capitaine Dreyfus n'a pas eu de relations avec vous, il conviendrait de charger l'ambassadeur de publier un démenti officiel, afin d'éviter les commentaires de la presse.

A ce télégramme, le colonel Henry, le commandant Cuignet et le colonel Du Paty de Clam se sont efforcés de substituer un autre texte : ce texte n'a d'autre origine que leurs souvenirs : il a varié comme eux.

, Il a été d'abord (c'est la pièce n° 44) :

Le capitaine Dreyfus est arrêté. Le ministre de la guerre a la preuve de ses relations avec l'Allemagne. Toutes mes précautions sont prises (1).

Le commandant Cuignet en donne plus tard encore une nouvelle version (2).

Arrêté capitaine Dreyfus. Ministre de la Guerre a eu rapports sur p. 397 offre destinée à l'Allemagne. Cause instruite dans le plus grand secret. Reste prévenir émissaire.

En 1899, les Chambres réunies avaient entendu le général Chamoin, substitué au commandant Cuignet, et M. Paléologue (3). Le général Chamoin, tout en reconnaissant l'inexactitude de la traduction du télégramme, présentée dans la pièce 44, *insistait pour qu'elle fût attribuée à une simple erreur de mémoire*, provenant des souvenirs relatifs aux tâtonnements des cryptographes, lors de leurs recherches sur la clé du chiffre. Les explications réitérées de M. Paléologue établissent que la pièce n° 44 était non pas une simple *traduction erronée*, mais une *traduction forgée de toutes pièces. Il est d'ailleurs à remarquer qu'au moment où le colonel Henry introduisait dans le dossier secret ce texte apocryphe, il était nanti du texte véritable, que, sur sa demande, M. Paléologue lui avait communiqué à nouveau.*

L'exactitude de la traduction du ministère des affaires étrangères a d'ailleurs pu être contrôlée. Le décalque de la dépêche du 2 novembre 1894 a été retrouvé dans les archives de l'administration des Postes, et communiqué à la Cour (4)

(1) Cass., 1899. Débats, p. 511.
(2) Enquête, t. 1, p. 809.
(3) Cass., 1899. t. 2. p. 13 et suiv.
(4) Rapport Ballot-Beaupré, p. 169, *in fine*.

en 1899. Un procès-verbal a été dressé par MM. Chamoin, Cuignet et Paléologue (1).

Le commandant Cuignet, pour défendre alors contre l'évidence le faux commis encore par Henry, dans la pièce n° 44, a accusé de faux les ministres des affaires étrangères, MM. Hanotaux et Delcassé, ainsi que les fonctionnaires de l'administration des Postes. Il basait son accusation sur ce fait, affirmé par lui, que le décalque du télégramme chiffré retrouvé aux archives des postes ne lui apparaissait pas comme étant de la main de l'agent B. (2). Le fait est possible et même probable, les fonctionnaires, quand ils ont un télégramme chiffré à expédier, se bornant généralement à remettre à la personne chargée du chiffre le texte en clair, pour être traduit en langage chiffré. Mais on ne voit pas, si l'agent B. a procédé de la sorte, en quoi l'authenticité du décalque classé aux archives de la poste, en 1894, peut en être infirmée.

Il avait d'ailleurs, à Rennes, été fait appel par le général Roget (3), au témoignage du commandant Matton, sur cette question du déchiffrement du télégramme du 2 novembre 1894. Le commandant Matton a été entendu par la Cour le 26 mars 1904. Il lui fut demandé si dans les ébauches de p. 398 traduction communiquées par le ministère des Affaires Etrangères au service des renseignements, en 1894, on pouvait trouver quoi que ce soit contre Dreyfus. Il répondit (4).

Absolument pas ; même avec la traduction qu'on avait apportée tout d'abord et qui n'était pas du tout certaine, parce que, je le répète, il y avait aux mots plusieurs sens différents.

Les souvenirs de M. Delaroche-Vernet qui, comme le commandant Matton, a été mêlé à ces incidents en 1894, et qui a déposé à Rennes, sont sur ce point absolument concordants (5). Aucune ébauche de traduction communiquée au service des renseignements n'avait un sens accusateur pour

(1) Chamoin. Enquête t. 1, p. 329.
(2) Voir à cet égard la déclaration que fit le commandant Cuignet, le 27 avril 1899, contresignée du général Chamoin. Le général Chamoin n'a d'ailleurs fait qu'enregistrer la déclaration du commandant Cuignet, sans s'associer à ses déductions. (Déposition du commandant Targe, du 21 mars 1904, et documents cités. Enquête, t. 1, p. 102 et 103).
(3) Rennes, t. 2, p. 230.
(4) Enquête, t. 1, p. 243.
(5) Rennes, t. 1, p. 55 et suiv.

Dreyfus. La pièce n° 44 n'est donc pas le résultat des souvenirs déformés. C'est certainement un faux qu'Henry a introduit dans le dossier en pleine connaissance de cause, après avoir détruit le texte officiel que lui avait communiqué de nouveau M. Paléologue, en avril 1898 (1).

Il faut ajouter, d'autre part, avec le premier réquisitoire de M. le Procureur général (2) que « les deux rapports de B. à son chef les 1er et 8 novembre 1894, qui figurent au dossier, confirment la traduction officielle de la dépêche du 2 novembre 1894 et l'inexistence de toute relation entre B. et le capitaine Dreyfus. »

On doit rapprocher encore de tous ces documents concordants une autre pièce dissimulée au service des renseignements, et retrouvée au cours de l'enquête. Cette pièce, que cite le commandant Targe dans sa déposition du 19 mars 1904 (3), corrobore le télégramme et les rapports de l'agent B; elle montre le même état d'esprit dans tout l'entourage de l'agent B. au moment de l'arrestation de Dreyfus.

Il est bien caractéristique que le faux commis par Henry dans la pièce 44 ait été défendu contre l'évidence même par les accusateurs de Dreyfus.

A Rennes, le général Mercier, à l'instigation du colonel Du Paty de Clam, essayait encore de substituer une nouvelle version du télégramme du 2 novembre 1894, au texte authentique, et il tentait de surprendre la bonne foi du général Chamoin (4).

Dans l'enquête de la Cour de Cassation, le colonel Du Paty de Clam et le commandant Cuignet s'efforcent encore d'opposer leurs reconstitutions de souvenir aux textes offi- **p. 399** ciels (5). Cette discussion, même si elle n'avait pas été depuis longtemps élucidée, perdrait tout son intérêt aujourd'hui en présence de l'aveu fait par le colonel Du Paty. que le texte par lui proposé du télégramme du 2 novembre 1894 ne fournirait lui-même aucune preuve de culpabilité contre Dreyfus (1) ; mais, dit le colonel Du Paty, sans fournir de preuve de culpabilité, son texte du moins ne prouverait pas, comme le texte officiel, l'absence complète de rapport entre Dreyfus et l'agent B.

Quant au commandant Cuignet, après avoir accusé de faux les deux ministres des Affaires Etrangères Hanotaux et Delcassé, ainsi que l'Administration des postes ; après avoir accusé de faux accessoirement le colonel Bourdeaux (2), il accusait encore de forfaiture les membres de la Chambre criminelle ayant entendu sa déposition de janvier 1899, pour avoir, après cette déposition, livré à l'ambassade d'Italie le secret de la possession par notre service des renseignements du chiffre de l'agent B. (3).

En réponse à cette accusation véritablement insensée, l'exposant avait pu déjà placer sous les yeux du commandant Cuignet un bulletin de renseignements adressé le 23 novembre 1898, par le capitaine Junck, au ministre de la Guerre, et contenant une information de Rome, en date du 17 novembre 1898, ainsi conçue :

Les dernières publications concernant le télégramme chiffre de Panizzardi dont le texte aurait été communiqué par M. Hanotaux au ministère de la Guerre, ont produit ici une très vive impression. Le colonel Panizzardi est furieux, et hier il a dit à un de ses amis que l'Administration française viole couramment le secret postal et le secret télégraphique (4).

Donc avant la déposition du capitaine Cuignet, de janvier 1899, avant que rien de tous ces incidents fut révélé à la Cour, l'agent B. connaissait le secret qui, d'après le commandant Cuignet, aurait été livré par la Cour à l'ambassade d'Italie.

Il y a plus encore : dans le numéro de l'*Intransigeant*, du *20 novembre 1898*, que produit l'exposant (prod. 9), se trouve, sous la signature « Charles Roger », un article intitulé « Témoignages ».

Au milieu de ses injures coutumières, le publiciste annonce les prochaines dépositions des généraux Gonse et Roget et du capitaine Cuignet. Il met la Cour en demeure d'in-

(1) Enquête, t. 1, p. 951 et 952.
(2) Enquête, t. 1, p. 830. — (3) Enquête, t. 1, p. 816.
(4) Enquête, t. 1, p. 823.

terroger d'autre part « M. Picquart » sur certains points qu'il précise :

La Cour de Cassation, dit M. Charles Roger, a manifesté l'intention p. 400 d'entendre les témoignages des généraux Gonse et Roget, du capitaine Cuignet et de M. Picquart...

Cependant, quoi que complotent Labori et Picquart, si le président Lœw entend, par un reste de pudeur, sauvegarder les apparences, il faudra bien qu'il pose à l'ancien chef du bureau des renseignements *quelques questions sur les télégrammes chiffrés envoyés par l'attaché militaire étranger que l'on sait à son gouvernement et traduits par un secrétaire d'ambassade dont M. Hanotaux connaît admirablement le nom et l'adresse.* Car si Picquart peut ignorer, n'étant pas encore chef du bureau des renseignements, *le contenu du premier télégramme chiffré envoyé au moment de l'arrestation de Dreyfus* et même avant que cette arrestation fut connue du public (1), il ne saurait ignorer *que des télégrammes subséquents furent expédiés et également traduits par le même fonctionnaire du ministère des Affaires Étrangères...*

Il est entendu qu'il existe un dossier secret, quoique prétende certain avocat général de la Cour de Cassation dans les salons où il fréquente et qui garde ainsi de singulière façon, on en conviendra, le secret du huis-clos (2).

Il est non moins entendu qu'il y a gros danger, un danger réel, immédiat, on l'a vu par l'incident récent des lettres de Mlle de Münster, à rendre publiques certaines pièces de ce dossier...

Le traducteur des dépêches chiffrées adressées par un attaché militaire étranger, qui n'est pas allemand, à son gouvernement, est connu. Il est secrétaire d'ambassade dans une capitale de la Triplice. Il dira comment il a été mis en présence de la première dépêche, et comment, ayant découvert la clé du chiffre, il la traduisit et traduisit ensuite couramment les autres...

La Cour de Cassation a dirigé son enquête avec une telle mauvaise foi qu'elle a rendu urgentes certaines divulgations. Elle supportera elle seule, devant le pays, tout le poids des conséquences de son incurie, de sa légèreté ou de sa complicité, au choix.

Ce n'est assurément pas la Cour qui, le 20 novembre 1898, a livré des secrets qu'elle ignorait, et qu'on la sommait précisément de se faire révéler.

Ce n'est assurément pas la Cour qui livrait des renseignements à un journal, entretenant alors ses lecteurs des supplices imaginés par son rédacteur en chef, pour être appliqués aux membres de la Chambre criminelle.

Ce journal, qui était le porte-parole du service des renseignements, et qui avait été honoré de la visite de l'officier

(1) Il y a là une erreur : l'arrestation du capitaine Dreyfus avait été annoncée par la *Libre Parole*, sur l'information d'Henry, avant l'envoi du télégramme de l'agent B.

(2) Aucun avocat général n'assistait à l'instruction de la Chambre Criminelle en 1898-99.

d'ordonnance du général de Boisdeffre, puisait sans doute ses informations ailleurs qu'à la Chambre criminelle. La source de ces informations pourrait être connue du commandant Cuignet lui-même.

La pièce 44, dans laquelle le colonel Henry avait commis un nouveau faux, destiné à transformer la teneur d'un document prouvant l'innocence de Dreyfus en un texte équivo-

p. 401 que tendancieux, a été la base d'un amas d'ignominies commises par les accusateurs du capitaine Dreyfus.

. Il importe de constater, en terminant ces trop longues observations sur la pièce 44, que la divulgation ou déchiffrement des télégrammes de l'agent B., comme celle du rôle joué par la femme Bastian près de l'agent A., a été le résultat des manœuvres inavouables des accusateurs. En cherchant à fausser l'opinion publique et à troubler l'esprit des juges par leur machinations avec la presse et avec les témoins, les agents du service des renseignements n'ont jamais reculé devant ces divulgations ; et leurs divulgations étaient sans excuse parce qu'elles n'avaient même pas la vérité pour objet. Les accusateurs dévoilaient la source des renseignements, en même temps qu'ils falsifiaient les renseignements puisés à cette source. Ce n'était donc pas, comme ils l'ont allégué, un sentiment de patriotisme aveugle qui les faisait agir, c'était uniquement la peur de la révélation de la vérité sur les actes abominables commis par eux contre le capitaine Dreyfus.

XLII. — N⁰ˢ 45 et 45 *bis. Lettre d'un agent étranger avec sa traduction où il est question du colonel Collard.*— Le commandant Cuignet, dans sa déposition devant la Cour de Cassation en 1899, a argumenté sur cette pièce en ces termes (1) :

Quelque temps après, le service des renseignements recevait une lettre adressée à l'agent A. par un de ses amis. La lettre est datée du 18 novembre 1894 (n° 45) ; elle a donc été écrite au moment où la presse de tous les pays s'occupait activement des poursuites dirigées contre Dreyfus.

Faisant allusion à une réponse faite par le colonel Collard, chef du 2ᵉ bureau, à une demande de renseignements, cet ami dit à l'agent A. « En ce qui concerne la réponse de M. Collard, c'est un modèle ; mais je ne m'en étonne pas autrement, car c'est une manifestation de ce vieux

(1) Cass., 1899, t. 1, p. 363.

levain de haine qui existe toujours et qui n'a fait que croître avec les années ; ou bien Dreyfus joue-t-il un rôle dans cette affaire ? »

A propos de cette dernière phrase, on s'est demandé si, dans le cas où Dreyfus serait innocent, l'ami de A. ne profiterait pas de notre erreur pour nous tourner en ridicule, étant donné le ton général de persiflage de sa lettre à notre égard. *On a cru y voir un aveu de culpabilité par prétérition d'innocence.*

Tout ce que les commentaires les plus audacieux pouvaient tirer de cette pièce, c'était donc, suivant l'expression répétée du commandant Cuignet et du général Roget, une « preuve de culpabilité par prétérition d'innocence (1). »

En réalité ce qu'exprime la lettre est rigoureusement exact : le levain de haine amène les troubles dans les facultés de raisonnement.

La lettre est du 19 novembre 1894 : Dreyfus est arrêté. L' ami de l'agent A. se demande si Dreyfus joue un rôle dans l'affaire qui a motivé la réponse du colonel Collard. Si l'agent A. avait été en relations avec Dreyfus, il eût été ren- p. 402 seigné exactement sur la question qui se pose précisément dans cette lettre du 19 novembre 1894. La lettre constitue donc un indice d'innocence, et non une « preuve de culpabilité par prétérition d'innocence ». Il serait superflu d'insister (2) ».

XLIII. — Le répertoire du dossier secret arrive ensuite à une série de pièces que le commandant Cuignet « professeur en dossier secret » a groupées dans son argumentation. Ce sont : n°ˢ 46, 46 *bis*, 46 *ter*. *Lettre d'un fonctionnaire étranger, copie du texte et traduction.* — N° 47. *Agrandissement photographique d'un mot de la pièce 46.*

Cette pièce 46 est la lettre de M. de Münster écrivant à l'agent A. : « pour ce qui est de Dreyfus, on est tranquillisé et on finit par trouver que j'ai bien agi. »

N°ˢ 48 et 48 *bis. Lettre d'un agent étranger avec traduction.* — C'est une lettre du major Suskind à l'agent A., félicitant ce dernier d'une mutation. Les termes de cette lettre semblent indiquer, dit-on, qu'une disgrâce eût été possible pour l'agent A.

N°ˢ 49 et 49 *bis. Lettre d'un agent étranger avec traduc-*

(1) Roget, Cass., 1899, t. 1, p. 69.
(2) Conf. Cass., 1899. Débats, p. 579 ; M. le Procureur général (Revision du procès de Rennes, p. 164 et 347). — Mémoire de Dreyfus (*Ibid.*, p. 428).

tion. — Il s'agit d'une lettre datée de Sarbourg, 26 janvier 1894, par laquelle un sieur W., qu'on prétend chargé d'une mission d'espionnage pour le compte du pays de l'agent A., écrit à ce dernier : « Avec approbation de Son Excellence, je vous prie de vouloir bien copier à l'encre sympathique vingt pages intéressantes. »

N° 50. *Note du service des renseignements.* — C'est le commentaire de la pièce précédente. Le service des renseignements prétend déduire de la phrase extraite de la pièce 49, que M. le comte de Münster dirigeait le service de l'espionnage (? !).

N°ˢ 51 et 51 *bis. Lettre d'un agent étranger avec traduction.* — N°ˢ 52 et 52 *bis. Brouillon de rapport d'un agent étranger avec traduction.* — Ce sont une lettre au chancelier et un brouillon de rapport à l'Empereur, de M. von F..., au sujet de l'envoi d'un article publié par un officier français dans une revue française, sur le rôle social de l'officier. L'auteur de l'article avait manifesté le désir que son étude fût soumise à l'Empereur, l'Empereur ayant précisément rendu plusieurs décrets sur le rôle social des officiers. Le commandant Cuignet fait encore allusion à ces pièces 51 et 52 dans sa dernière déposition (1).

Sur ce groupe de pièces, « le professeur en dossier secret » argumente ainsi qu'il suit (2) :

p. 463 Le service des renseignements a pu se procurer une lettre écrite par un fonctionnaire étranger à l'agent A. (pièce 46). Dans cette lettre, datée du 17 janvier 1895, le fonctionnaire étranger, après une allusion à la démission de M. Casimir Périer, ajoute :

« Pour ce qui concerne Dreyfus, on est tranquillisé, et l'on finit tout de même par trouver que j'ai bien agi. Ce qui dernièrement a pu mettre N. en colère, à propos de cette question, nul ne le sait ici, pas même L. C'est probablement un nigaud qui aura jasé. A part cela, N. est gai et bien portant ; mais il veut tout faire par lui-même, et sa visite à V. a causé un grand émoi ».

Cette lettre, rapprochée de quelques autres antérieures à l'affaire Dreyfus, me paraît avoir un caractère tout particulier de gravité. Nous savons, en effet, notamment par les pièces 49 et 50, versées au dossier, que le fonctionnaire, auteur de la lettre 46 ci-dessus, s'occupe personnellement des affaires d'espionnage. Nous savons aussi que ces mêmes affaires d'espionnage, lorsqu'elles sont du ressort des agents tels que A., sont souvent soumises directement à N., ainsi qu'il résulte notamment des pièces 51 et 52 versées au dossier. Il semble résulter de ces deux dernières pièces que, dans un cas qui pouvait être identique à celui de

(1) Enquête, t. 2, p. 766 et 767.
(2) Cass., 1899, t. 1, p. 364.

Dreyfus, un prédécesseur de A., avant d'entreprendre les négociations directes, a cru devoir en référer à N. et prendre ses ordres.. Il est possible que A., en ce qui concerne Dreyfus, n'ait pas suivi la même règle, et ait agi en se couvrant seulement de la personnalité du fonctionnaire; les relations établies entre A. et Dreyfus n'auraient été connues de N. que postérieurement à l'arrestation de Dreyfus, et par l'indiscrétion de ce « nigaud » dont parle le fonctionnaire. Quant à la phrase « on est tranquillisé, et on trouve tout de même que j'ai bien agi », son explication paraît avoir été donnée par un des témoins entendus précédemment.

Toute l'inanité de cette argumentation, qui se compose de la réunion de pétitions de principes, a déjà été montrée dans le mémoire produit par l'exposant, lors de la première instance en revision (1).

De toutes ces pièces, le général Mercier ne retient à Rennes que la pièce 46. Il en donne, dit-il, une traduction littérale et exacte, et il cite les noms en toutes lettres (2).

Le greffier Coupois, lisant :

Lettre du comte de Münster au colonel de Schwartzkoppen, écrite de Berlin le 17 janvier 1895, le lendemain de la démission de M. Casimir Périer.

« En ce qui concerne Dreyfus on est tranquillisé ; on finit tout de même par trouver que j'ai bien agi. Ce qui, dernièrement, a pu mettre l'Empereur en colère à propos de cette question, nul ne le sait ici, pas même Hohenlohe... »

Il y a plusieurs mots rayés.

Le général Mercier. — Cette traduction est un peu trop libre et je l'ai fait remplacer par une traduction littérale et exacte. Elle n'est peut-être pas très française, mais c'est bien exact.

Le greffier Coupois, lisant. — « ...C'est probablement un nigaud, un dandy d'aide de camp qui aura jasé, c'est peut-être un dandy d'aide de camp, de ceux qui ne savent rien en dehors de leurs brandebourgs, peuvent et doivent deviner comme cela a transpiré dans le monde. »

Le général Mercier. — Vous voyez que cette phrase est un peu embrouillée ; mais, en définitive, il y a la révélation d'un fait qui s'est passé entre l'Empereur d'Allemagne, le comte de Münster et le colonel de Schwartzkoppen, qui n'est connu de personne à Berlin, pas même de Hohenlohe, comme le dit la lettre, fait qui a motivé un violent accès de colère de l'Empereur, et tout cela à propos de l'affaire Dreyfus. Vous voyez bien que l'affaire Dreyfus était pour beaucoup dans ce qui s'est passé à ce moment à la cour d'Allemagne, et quoiqu'il y ait là un mystère qui ne nous est pas tout à fait expliqué, vous voyez qu'on y connaissait l'affaire Dreyfus. On s'y intéressait vivement ; on y prenait une grande part, et il s'est produit des faits très graves à ce moment.

p. 404

De tout ceci, que peut-on déduire contre Dreyfus. Il est très certain que l'agent A. s'est livré à des pratiques d'espionnage. Il est très certain qu'en agissant de la sorte, il violait

(1) Cass., 1899. Débats. p. 579 à 581.
(2) Rennes, t. 1, p. 104.

non seulement les règlements internationaux et les lois de l'hospitalité, mais aussi les assurances formelles données par le gouvernement de l'empereur d'Allemagne et par l'ambassadeur, lors d'une précédent affaire où de semblables pratiques avaient été révélées.

Quand les journaux annoncèrent l'arrestation du capitaine Dreyfus accusé d'espionnage, le comte de Münster, à raison de ces engagements, fit des démarches pressantes pour obtenir du gouvernement français une déclaration officielle mettant l'Allemagne hors de cause (1).

Il est évident que pareille démarche n'eût pas été faite si le comte de Münster, avait connu ou même soupçonné des relations entre Dreyfus et l'agent A. Si, comme l'insinue le commandant Cuignet, le comte de Münster était à la tête du service d'espionnage, sa démarche, tendant à obtenir une reconnaissance par le gouvernement français que l'Allemagne n'était pour rien dans l'affaire Dreyfus, eût été la preuve, ou d'un extraordinaire cynisme de l'ambassadeur, ou de l'absence de toutes relations de Dreyfus avec l'Allemagne.

Il est bien établi, d'autre part, que les agents A. et B. ont été interrogés par leurs ambassadeurs et leurs gouvernements respectifs, et qu'ils ont dû avouer leurs pratiques d'espionnage.

On ne s'explique que trop, en ces conditions, ce qui a pu mettre l'Empereur en colère.

Il y a, dit le général Mercier, « la révélation d'un fait qui s'est passé entre l'empereur d'Allemagne, le comte de Münster et le colonel de Schwartzkoppen, qui n'est connu de personne à Berlin, pas même de Hohenlohe, comme le dit la lettre, fait qui a motivé la colère de l'Empereur et tout cela à propos de l'affaire Dreyfus. »

Quand le comte de Münster rendit compte à l'Empereur de sa démarche près du président Casimir Périer, il dut lui rendre compte aussi de ce qu'avait dû lui avouer le colonel de Schwartzkoppen. Il dut lui dire pourquoi, demandant une déclaration qui dégagerait l'ambassade d'Allemagne de l'af-

_____

(1) Déposition de M. le Président Casimir Périer. Enquête, t. 1, p. 675 ; — Déposition de M. Hanotaux. Enquête, t. 1, 590 ; — Déposition Dupuy. Enquête, t. 1, p. 847 *in fine*.

faire Dreyfus, il n'avait pu demander une déclaration la dégageant de toute compromission d'espionnage.

La colère de l'Empereur apprenant comment les engage- r. 405 ments pris par son gouvernement avaient été violés par son attaché militaire était assurément légitime. L'approbation de la conduite de l'ambassadeur et la menace d'une disgrâce pour l'attaché militaire (que cependant on ne pouvait frapper alors sans créer de multiples équivoques), s'expliquent d'une manière très naturelle. Mais tout cela demeure incompréhensible dans l'hypothèse de l'accusation présentant l'Empereur et M. de Münster comme les directeurs de l'espionnage, et comme connaissant, par suite, les relations de l'agent A. avec le capitaine Dreyfus.

En fait, l'ambassadeur et l'attaché militaire ne pouvaient faire que ce qu'ils ont fait : Ignorant les bases de l'accusation dirigée contre le capitaine Dreyfus, ils ne pouvaient d'abord que dégager leur ambassade de cette affaire. Lorsqu'une enquête plus approfondie eut révélé que le capitaine Dreyfus, sans relations avec l'agent A. n'avait été d'autre part en relations directes ou indirectes avec aucun autre agent, lorsque les publications faites eurent révélé à l'agent A. la confusion commise entre Dreyfus et Esterhazy, des déclarations officielles très nettes eurent lieu pour dégager la personnalité de Dreyfus, (celle d'Esterhazy, alors remercié par l'agent A., étant laissée dans une ombre des plus transparentes).

On ne trouve, dans ce groupe de documents du dossier secret, que des preuves manifestes de l'innocence de Dreyfus. Les commentaires incohérents et souvent contradictoires du service des renseignements en soulignent en quelque sorte l'importance ; ils tendent, en effet, non pas à tirer de ces documents une preuve de culpabilité de Dreyfus, impossible à déduire, mais à formuler une accusation de mauvaise foi contre l'empereur d'Allemagne, le comte de Münster et l'agent A., affirmant l'innocence de Dreyfus.

XLIV. — N°ˢ 53 et 53 *bis. Brouillon de note en langue étrangère avec traduction.* — Cette pièce porte la phrase : « Hanotaux retors se réjouit de ce qu'administration démentit ». On y trouve, d'autre part, un certain nombre de noms suivant celui de Dreyfus. Ce hiéroglyphe eut découragé les commentateurs les plus opiniâtres. « Le professeur en dossier secret » argumente néanmoins en ces termes : (1)

En octobre ou novembre 1895, le service des renseignements avait reçu une note-memento, de l'agent A. — Cette note n'est pas datée (n° 53), mais il semble que sa date puisse être retrouvée, grâce à une annotation au crayon portée au dos du memento.

p. 406   Cette annotation paraît viser les débats qui ont eu lieu à la Chambre des députés au sujet de l'issue d'un procès entre l'Etat et les Compagnies de chemins de fer de l'Orléans et du Midi. Je crois que ces débats sont du mois de juin 1895, et la note-memento dont il est question serait donc d'une date voisine de celle de ces débats. Dans ce document, l'agent A. paraît écrire à un de ses amis, dont le nom est inscrit en vedette et souligné deux fois ; ce nom est suivi du nom de Dreyfus et de l'indication du nom de quelques agents travaillant habituellement dans le même local que A. Il y est fait aussi allusion à un concierge, dont le fils a accompli son service militaire en France. Enfin la note-memento porte la phrase suivante : « Hanotaux retors, se réjouit de ce qu'administration démentit. « Administration » *doit* démentir (*doit* dans le sens de *il faut*). » Il me semble qu'il y a lieu de retenir, de cette note-memento, les points suivants : Le fait que le nom de l'ami est placé en vedette et souligné deux fois me paraît indiquer que ce qui va suivre constitue le canevas d'une lettre, d'un rapport, ou peut-être d'une conversation de A... avec son ami sur les sujets énumérés dans l'intérieur de la note. La première idée qui apparaît après la mention du nom de l'ami, c'est une idée qui se rattache à Dreyfus. Ce nom est suivi de celui d'un certain nombre d'agents travaillant habituellement dans le même local que A. et pour son compte. C'est un de ces agents qui, précisément, a copié les cours de l'Ecole de guerre dont j'ai parlé hier. Immédiatement après les noms de ces agents, A... évoque l'idée du concierge : il spécifie qu'il a un fils français. Or, si on se rappelle qu'à l'époque où cette note paraît avoir été écrite, on se préoccupait encore dans la presse de la condamnation de Dreyfus ; si on se rappelle surtout que la presse disait ouvertement que Dreyfus avait été condamné à la suite de relations entretenues avec A., ne semble-t-il pas naturel que A. recherche d'où a pu venir l'indiscrétion qui a permis de condamner Dreyfus ? Cette indiscrétion peut provenir de l'un des agents qui travaillent pour lui et qui sont au courant de ses relations d'espionnage ; elle peut provenir aussi, et plus vraisemblablement, de ce concierge qui a un fils français, qui est suspect par suite, ou au moins qui a des relations suspectes. Il me semble, quant à moi, si cette version est vraie, et elle me paraît vraie, que cette recherche de A. serait un aveu de la culpabilité de Dreyfus. Que veut dire encore cette phrase : « Hanotaux retors se réjouit de ce qu'administration démentit ».

Il semble que l'auteur du memento se réjouit lui aussi du démenti ; et y aurait-il lieu de se réjouir si le démenti ne devait pas couvrir des faits qui pourraient avoir pour lui des conséquences pour le moins ennuyeuses ? Enfin cette dernière phrase : « L'administration *doit* démentir », me paraît montrer le degré de créance qu'il convient d'accorder à certains démentis officiels et d'ailleurs de pure forme, dont on a beaucoup parlé depuis qu'ils se sont produits.

Le « professeur en dossier secret » aurait pu continuer longtemps à égrener ses hypothèses. Toutes ces hypothèses,

(1) Cuignet, Cass. 1899. 1, p. 365.

comme toutes les hypothèses contraires, peuvent évidemment se concilier avec un texte aussi imprécis que celui de la pièce 53.

Ces fantaisies sont examinées dans le mémoire produit par l'exposant lors de la première revision (1).

Comment le commandant Cuignet a-t-il deviné que « l'administration » qui démentit est l'ambassade d'Allemagne ? p. 407 Comment a-t-il deviné de quel démenti il est ici question et sur quoi il porte ? Comment a-t-il deviné que l'énumération de noms était une énumération de personnes à interroger ou à suspecter ? Le nom de Dreyfus figure dans cette énumération : l'agent A. va-t-il l'interroger ou le suspecter de s'être livré lui-même ? Si l'agent A. est en relations avec Dreyfus, comment, en consultant le dossier de Dreyfus, n'a-t-il pas constaté qu'elle était la pièce dérobée (bordereau) ? Comment n'a-t-il pas, en compulsant ce dossier, déterminé la personne qui a pu livrer la pièce ? Pourquoi l'agent A. est-il si ignorant de tout ce qui concerne son principal espion ? Cet espion, au moment de son arrestation, venait de lui livrer, d'après l'accusation, un lot de documents révélant tout ce qu'il y avait de plus secret à l'Etat-major, tout ce qui était essentiel à la défense nationale ; et l'agent A .n'a point l'air de s'en douter. Il recherche toujours ce que Dreyfus a bien pu lui livrer, et les personnes qui ont pu être des intermédiaires. Le concierge de l'ambassade aurait été mis par l'agent A. dans le secret de ses relations avec Dreyfus. Les hypothèses construites par le commandant Cuignet sembleraient en réalité devoir tourner contre l'accusation, car l'agent A. est vraiment par trop ignorant de tout ce qui concerne Dreyfus. Mais, en réalité, elles ne prouvent rien ni pour ni contre, parce qu'elles sont toutes gratuites.

Il faut d'ailleurs ajouter que le commandant Cuignet a renoncé lui-même à répéter ces incohérences devant le Conseil de guerre. A Rennes, la pièce « Hanotaux retors » est restée dans l'ombre.

XLV. — N° 54. *Note du service des renseignements.* — Il s'agit en réalité ici d'une note de l'ambassade de l'agent A. paraissant concerner le bordereau et l'auteur possible de sa

(1) Cass., 1899. Débats, p. 581. — Conf. Mémoire de Dreyfus (Revision du procès de Rennes, p. 430).

livraison au service des renseignements. Cette note se place au 5 novembre 1897, c'est-à-dire près d'un an après la publication du bordereau par le *Matin*. A cette date, l'agent A. est fixé sur la nature du document, venu, dit le service des renseignements, par la voie ordinaire, c'est-à-dire par Mme Bastian.

Nᵒˢ 55 et 55 *bis. Note en langue étrangère avec traduction.* — Cette note indique simplement que les appointements de Mme Bastian, à l'ambassade, ont été augmentés !

Nᵒˢ 56 et 56 *bis. Lettre d'un agent étranger avec traduction.* — C'est une lettre de M. von Funke, adressée de Madrid à Suskind, pour défendre son domestique des accusations dont il a été l'objet de la part de Mme Bastian.

De ces pièces, on n'a jamais essayé de tirer une argumentation quelconque. Elles semblent avoir été mises au dossier pour montrer la confiance qu'inspirait la femme Bastian.

p. 408   Nᵒˢ 57 et 57 *bis. Rapport d'un agent étranger avec traduction.* — Nᵒˢ 58 et 58 *bis. Deuxième rapport du même agent avec traduction.* — Ces rapports émanent de l'agent B. et sont adressés à l'ambassadeur d'Italie, M. Ressmann. Le rapport du 2 novembre 1894 vise l'article du journal *le Temps*, du 1ᵉʳ novembre 1894, relatif à l'arrestation de Dreyfus ; et il ajoute que la puissance en relations avec Dreyfus ne peut être que l'Allemagne, car, dit le rapport, s'il s'agissait de l'Italie, étant donné l'affaire Romani, on n'aurait pas manqué de nous nommer. Le commandant Cuignet donnait à Rennes la substance de ce rapport (1).

Il est à remarquer que ce rapport de l'agent B. à son ambassadeur concorde absolument avec son télégramme chiffré, adressé le même jour à son état-major. Dans les deux documents, non rédigés assurément pour tromper le gouvernement français à qui ils n'étaient pas destinés, l'agent B. déclare Dreyfus inconnu, allègue que la puissance intéressée doit être probablement l'Allemagne, et demande qu'on dégage l'Italie.

On n'arrive pas à s'expliquer par quelle aberration les accusateurs de Dreyfus, connaissant l'existence de ces rap-

---

(1) Rennes, t. 1, p. 492. Comp. le rapport de l'agent B. à son état-major (Cass. 1899, t. 1, p. 400).

ports au dossier secret, ont pu tenter de falsifier la traduction du télégramme chiffré du 2 novembre 1894.

XLVI. — Nᵒˢ 59 et 59 *bis. Brouillon de rapport en langue étrangère avec traduction.* — C'est un rapport de l'agent A. reçu au service en *février 1895* : il annonce à son Gouvernement l'envoi de pièces concernant les coupoles cuirassées et les fortifications de Toul. Il est indiqué que c'est là le complément d'un envoi du 14 *décembre* 1894. La pièce a été mise au dossier pour établir les manœuvres d'espionnage de l'agent A. *Mais les dates sont à retenir puisque les livraisons de documents à l'agent A., que révèle cette pièce, sont de plusieurs mois postérieures à l'arrestation de Dreyfus.*

Nᵒˢ 60 et 60 *bis. Lettre d'un agent étranger avec note explicative.* — Par cette lettre de B. à A., en date de janvier 1895, B. annonce qu'il est appelé à Rome.

Nᵒˢ 61 à 65. *Cinq lettres ou fragments de lettres d'agents étrangers.* — Les nᵒˢ 61 et 62 sont un télégramme et une lettre de B. à A., concernant un dîner. Le nᵒ 63 est une lettre de B. à A., du 7 novembre 1896 ; B. annonce qu'il est appelé à Rome. Il prie A. de demander qu'on ne fasse pas une enquête trop approfondie, parce que tout retomberait sur lui « qui est le petit poisson ». Le nᵒ 64 est encore une lettre de B. à A., annonçant qu'il est allé deux fois à Rome.

Enfin le nᵒ 65 est une lettre de A. à B., par laquelle A. paraît s'excuser des ennuis qu'il a occasionnés à son collègue B.

Ces cinq pièces ont été versées au dossier pour prouver les relations étroites qui existaient entre les agents A. et B. p. 409 Mais elles prouvent, d'autre part, les investigations minutieuses poursuivies par les gouvernements étrangers avant de faire leurs déclarations officielles au sujet de l'affaire Dreyfus.

Si, à la suite de ces recherches et de ces enquêtes multipliées, les gouvernements étrangers, sans plus nier les actes d'espionnage de leurs attachés militaires, et en restant à l'égard d'Esterhazy dans une réserve significative, ont proclamé qu'aucun de leurs agents n'avait été en relations directes ou indirectes avec Dreyfus, on ne peut, sans mauvaise foi, ne pas reconnaître l'importance capitale de ces déclarations officielles.

XLVII. — N°s 66 et 66 *bis*. *Rapport d'un agent étranger avec sa traduction*. — Cette pièce est très connue : c'est le rapport de l'attaché militaire autrichien, Schneider, auquel à tort ou à raison, on attribue la date du 30 novembre 1897.

L'allusion faite à M. Scheurer-Kestner semble bien justifier cette date. D'autre part, quand le général Mercier eut cité un fragment de ce rapport à Rennes (1), le colonel Schneider protesta avec éclat, et soutint qu'à cette date du 30 novembre 1897, son opinion sur la culpabilité de Dreyfus s'était déjà modifiée (2).

Le colonel Schneider paraît bien s'être trompé sur la date de la modification de sa conviction. M. le général Roget fait observer avec juste raison, dans sa déposition devant la Cour de Cassation (3), que le rapport se date lui-même de novembre 1897 par les indications qu'il donne sur M. Scheurer-Kestner.

Le général Roget ajoute (4) qu'aux manœuvres de septembre 1897, le colonel Schneider, en voyant le canon de 120 sur la route, aurait, devant un témoin, dit en s'adressant à un de ses collègues étrangers : « Ah ! voilà le canon de 120, le fameux canon, le frein hydraulique, vous voyez les canons livrés par Dreyfus ».

Que cette allusion aux termes du bordereau, alors publié depuis un an déjà, soit ou non une manifestation d'opinion en faveur de la culpabilité de Dreyfus, c'est évidemment une question d'impression sur laquelle on peut discuter. Mais il est probable, en effet, sinon certain, étant donné les termes de son rapport de novembre 1897, qu'en septembre de la même année, le colonel Schneider croyait encore à la culpabilité de Dreyfus, culpabilité qu'il ne pouvait d'ailleurs apprécier en connaissance de cause.

Ce qui est manifeste, d'après le propos même rapporté par le général Roget, c'est que le colonel Schneider n'était p. 110 pas tenu par l'agent A. au courant des livraisons de documents confidentiels à lui faites, sinon il n'eut certainement pas dit, à propos du canon de 120 court, que ce canon avait

(1) Rennes, t. 1, p. 76.
(2) Rennes, t. 1, p. 144.
(3) Enquête, t. 1, p. 625.
(4) Enquête, t. 1, p. 625 *in fine* et 626.

été livré par Dreyfus, il aurait su que ce canon avait été livré à l'agent A. par Greiner, le 1er février 1892 (1). Le colonel Schneider, comme collaborateur, ou simplement comme confident de l'agent A., aurait donc dit, en voyant le canon du 120 court : « Voilà le canon livré par Greiner ».

Le colonel Schneider, d'ailleurs antisémite sans doute, en sa qualité d'autrichien, a cru comme tout le monde et pendant longtemps à la culpabilité de Dreyfus. Il a pensé comme bien d'autres que, pour affirmer leur infaillibilité, les accusateurs de Dreyfus avaient des preuves éclatantes de la culpabilité du condamné. Ses yeux ne se sont dessillés que quand les prétendues preuves ont été discutées, et que l'inanité en est apparue à tous les esprits de bonne foi.

Sa conviction de l'innocence du malheureux capitaine Dreyfus est devenue alors aussi forte que sa foi ancienne dans la culpabilité ; et cette conviction s'est affirmée dans les télégrammes envoyés à Rennes en des termes suffisamment énergiques pour qu'il soit superflu d'y insister.

Quant à son rapport de novembre 1897, écrit au moment où il croyait à la culpabilité, *il est la confirmation éclatante de ce qu'ont proclamé les agents A. et B.* Ne connaissant rien des actes de Dreyfus ni des faits servant de base à l'accusation, les agents A. et B. n'ont découvert l'erreur commise, qu'au moment de la publication faite par le *Matin*, en novembre 1896, du fac-similé du bordereau.

C'est en novembre 1896 que les agents A. et B. ont découvert la méprise : Dreyfus condamné pour un acte commis par Esterhazy. *C'est à partir de novembre 1896* que les agents A. et B. proclament l'erreur commise.

Or, le colonel Schneider, *en novembre 1897*, s'exprime en ces termes dans son fameux rapport, dont voici le texte complet :

Depuis quelques jours le cas du capitaine Dreyfus, condamné en 1894 pour haute trahison, fait de nouveau beaucoup de bruit dans la presse.

Un des vice-présidents du Sénat, M. Scheurer-Kestner, serait sur la trace des preuves d'innocence du condamné, et il doit y avoir sous peu une interpellation à ce sujet à la Chambre. On ne sait qu'une chose jusqu'à présent, c'est qu'un certain nombre de journalistes ont interpellé M. Scheurer-Kestner, qui prétend que *l'on s'est trompé dans l'appréciation de l'écriture, que la trahison a bien eu lieu, mais que le traître était un autre que*

(1) Voir plus haut, p. 135.

Dreyfus. On avait déjà bien des fois émis pareille supposition, et je ne serais pas revenu là-dessus si, *depuis un an, je n'avais appris par de tierces personnes que les attachés militaires allemand et italien avaient soutenu la même thèse dans les salons, à droite et à gauche.* Ces indiscrétions ont-elles franchi les limites de certains cercles, et constituent-elles la base de la conviction de M. Scheurer-Kestner. C'est ce que l'on verra dans la suite. Mais cette supposition n'a rien d'invraisemblable.

p. 411   Je m'en tiens toujours et encore aux informations publiées autrefois au sujet de l'affaire Dreyfus, les considérant comme justes, et estimant que Dreyfus a été en relations avec des bureaux confidentiels allemands de Strasbourg et de Bruxelles, que le Grand Etat-major allemand cache avec un soin jaloux, même à ses nationaux.

Lorsqu'en 1894 je fis ma visite d'arrivée à Bruxelles à l'attaché militaire allemand, le major comte de Schmettau, il eut soin, sans aucune demande de ma part, de me déclarer que les attachés militaires allemands n'avaient qu'un rôle de représentation, et n'avaient rien à faire avec les questions confidentielles.

Deux années plus tard, je rencontrai à un bal de la cour le prince Frédéric de Hohenzollern, qui venait précisément de quitter le commandement du 3ᵉ corps d'armée et, auquel j'avais été présenté, dans le temps, à Bucharest.

— Comment cela vous va-t-il à Paris ?

— Très bien, Monseigneur, cela est très intéressant, mais il y a parfois trop de besogne pour un homme seul.

— Oui, oui, vous avez raison, dit le prince avec un air décidé et plein de significations : « c'est pour la même raison qu'aussi chez nous le nœud de la question git à Bruxelles ».

D'autre part, il est certain qu'il règne en France, depuis l'affaire Dreyfus, un sentiment antisémite officiel, bien accusé, qui ferme la plupart des carrières aux israélites, et contre lequel ceux-ci ont à lutter. Le moyen le plus sûr pour eux de réussir dans la lutte, serait de pouvoir prouver l'innocence de Dreyfus. Il n'y a qu'à attendre la production des preuves, puis la déclaration du ministre de la Guerre, que le chef d'Etat-major et ses officiers se sont trompés, que les *12 membres* (sic) du Conseil de guerre ont rendu à l'unanimité un jugement faux ! Mais il passera, d'ici-là, encore de l'eau sous le pont !

Ainsi voilà un rapport établi par un homme profondément convaincu de la culpabilité de Dreyfus ; et ce rapport constate que *depuis un an, c'est-à-dire depuis novembre 1896, date de la publication du fac-similé du bordereau par « le Matin », les agents A. et B. proclament l'erreur commise à l'égard de Dreyfus condamné pour le fait d'un autre.*

Le colonel Schneider est absolument certain de la loyauté de ces déclarations d'ailleurs désintéressées, il ne les conteste pas. Il cherche à les concilier avec la condamnation. Il émet l'hypothèse qu'en dehors du bordereau d'Esterhazy envoyé à l'agent A., il y a eu des actes d'espionnage de Dreyfus avec le bureau de Bruxelles.

Mais, d'autre part, *attaché militaire à Bruxelles en 1894.* il n'allègue pas avoir eu des indices de relations de Dreyfus avec ce bureau ; et, en fait, l'accusation n'a jamais relevé à la charge de Dreyfus un acte d'espionnage commis avec le bureau de Bruxelles.

Le rapport du colonel Schneider, qui témoigne d'une confiance si aveugle dans l'autorité de la chose jugée par les membres du Conseil de Guerre, et dont l'auteur n'en fut pas moins traîné dans la boue dès qu'il eut l'audace de changer d'opinion, contribue donc, lui aussi, lorsqu'on le rapproche p. 412 des autres éléments de l'instruction, à prouver la sincérité des déclarations des agents A. et B., et l'erreur commise dans la condamnation de Dreyfus.

XLVIII. — Un *quatrième paragraphe* de la première partie du dossier secret, comprenant les n°⁵ 67 à 84, concerne « *les actes de trahison qui ont paru imputables à Dreyfus indépendamment de la livraison de documents énumérés au bordereau* ».

Ces pièces ont été déjà discutées dans les sections précédentes.

N° 67. *Note sur quelques actes de trahison qui ont paru imputables à Dreyfus.* — La note est de 1898 et émane du capitaine Cuignet : elle tend à imputer à Dreyfus la livraison des secrets de l'obus Robin, la livraison d'une instruction secrète sur le chargement des obus en mélinite, et la livraison d'une minute du commandant Bayle sur la répartition de l'artillerie lourde aux armées. Après cette note générale, viennent les pièces 67 à 74 concernant spécialement l'obus Robin.

N° 68. *Note du service des renseignements au sujet de l'obus Robin.* — Cette note, du 10 mai 1898, émane du service des renseignements ; elle contient des affirmations notoirement inexactes et contraires aux renseignements donnés dans une Note de la Direction de l'artillerie en date du 26 mai 1898, qui, naturellement, avait été supprimée du dossier.

N° 69. *Note de la Direction de l'artillerie au sujet de l'obus Robin.* — C'est une Note du général Deloye, en date du 18 février 1898 : elle dissimule des renseignements contraires, qui étaient à ce moment déjà parvenus à la Direction de l'artillerie.

N° 70. *Note sur le séjour de Dreyfus à l'Ecole de pyrotechnie de Bourges*. — Elle émane du général Gonse et porte la date du 13 mai 1898 ; et on y retrouve encore des dénaturations et dissimulations de faits analogues à celles signalées dans les pièces précédentes (1).

N° 71. *Déclaration du capitaine Rémusat*.

N° 72. *Lettre du capitaine Rémusat*. — (Lettre à son camarade Valdant, du 24 juin 1898, à propos de sa citation comme témoin au procès Zola).

N° 73. *Deuxième lettre du capitaine Rémusat*, (Lettre analogue datée de Menton, du 3 juillet 1898).

N° 74. *Déclaration du général Langlois et du colonel Ruffey*. — C'est la déclaration des professeurs de l'Ecole de guerre, affirmant n'avoir jamais donné ordre à Dreyfus de les renseigner sur l'obus Robin (affirmation dont Dreyfus n'a jamais contesté l'exactitude).

Il est inutile de revenir sur l'examen de ces pièces, déjà étudiées dans la section VI (2).

p. 413 XLIX. — Viennent ensuite, sous les n°⁵ 75 à 82, la série de pièces concernant les obus à la mélinite.

N° 75. *Collection de quatre fragments calcinés de papier pelure, provenant de la copie d'une instruction confidentielle sur le chargement des obus en mélinite*. — Ce sont les fragments de la copie livrée à l'agent A., fragments parvenus au service des renseignements par la voie ordinaire.

N° 76. *Note du service des renseignements au sujet des fragments réunis sous la cote 75*. — C'est un rapport sur la question, rédigée le 10 mai 1898 par le général Gonse.

N° 77. *Note de la Direction de l'artillerie avec une reproduction des fragments calcinés*. — Cette note permet d'identifier les fragments de copie parvenus au service des renseignements et d'y reconnaître les débris d'une copie de l'instruction confidentielle du 12 juin 1889 sur le chargement des obus en mélinite.

N° 78. *Procès-verbal des constatations faites au sujet des fragments calcinés*.

(1) Voir plus haut, p. 201 et 202.
(2) Voir plus haut, p. 195.

N° 79. *Tableau de comparaison des fragments calcinés avec l'instruction sur le chargement des obus en mélinite.*

Comme la pièce 77, les deux pièces 78 et 79 sont relatives aux recherches faites, pour découvrir ce que représentaient les fragments de copie parvenus au service des renseignements.

N°s 80, 80 *bis*, 80 *ter. Note concernant l'instruction sur le chargement des obus en mélinite, deux pièces jointes.* — La note fait connaître comment a été élaborée, autographiée et distribuée l'instruction confidentielle du 12 juin 1889, dont on a reconnu le texte sur les fragments de copie livrée à l'agent A.

Toutes ces pièces ont été analysées et discutées dans la section V (1) : elles visent un acte d'espionnage commis par Boutonnet, et reporté par le service des renseignements sur la « tête de turc », c'est-à-dire sur l'officier israélite.

N° 81. *Déclaration du capitaine Sommer et du commandant Barbier.*

Le texte de cette déclaration, délivrée au général Gonse le 25 mai 1898, a déjà été cité (2). Il mérite d'être rapporté à nouveau :

> Un matin, dit le capitaine Sommer, au commencement de 1890, j'ai rencontré Dreyfus qui s'est plaint à moi de la façon brutale dont le capitaine Barbier venait de le mettre à la porte de son bureau. *Je me suis demandé depuis si cette sortie n'avait pas été motivée par l'attitude suspecte et embarrassée qu'aurait peut-être prise Dreyfus* à l'arrivée inopinée du capitaine Barbier dans son bureau.

Au dessous de cette déclaration, le commandant Barbier écrit qu'il *ne se rappelle rien. Il n'émet aucune appréciation* **p. 414** *sur Dreyfus*, et déclare seulement avoir eu en garde des documents confidentiels.

> Le fait relaté ci-dessus, dit-il, *est complètement sorti de ma mémoire :* cependant il me paraît très possible, étant donné que certaines expériences devaient demeurer confidentielles, et que le colonel directeur m'avait ordonné de ne pas divulguer certains documents dont j'avais la garde..

Les demandes que s'adressait à lui-même le capitaine Sommer au sujet de propos par lui prêtés à Dreyfus sur des incidents « possibles », étaient bien dignes de figurer dans

(1) Voir plus haut, p. 186.
(2) Cass., 1899, Débats, p. 634.

le dossier secret, à côté de toutes les pièces frelatées et de toutes les « hypothèses » qui s'y trouvent. Mais de telles déclarations, si elles sont indifférentes en ce qui concerne l'accusation, montrent bien l'esprit qui a présidé à la composition du dossier secret, et l'état d'âme des témoins à charge.

On doit rapprocher de cette pièce une lettre du chef d'escadron Rivals, que cet officier supérieur adressa, le 31 août 1899, au commissaire du gouvernement près le Conseil de guerre (1). Alors que la pièce 81 semblerait établir que les officiers de Bourges n'admettaient même pas d'autres officiers à pénétrer dans leur bureau, le commandant Rivals fait grief à Dreyfus de n'avoir pas admis un planton à pénétrer dans le sien. Le commandant Rivals ajoute que, d'après un bruit circulant depuis longtemps dans la garnison, Dreyfus aurait eu des poches à son gilet de flanelle ! « Ce fait, s'il est vrai, ajoute le commandant Rivals, me paraît réellement grave. »

La lettre du commandant Rivals eût été digne, elle aussi, des honneurs du dossier secret. Elle y eût été certainement versée si les hypothèses concernant les gilets de flanelle de Dreyfus eussent été, un an plus tôt, l'objet des préoccupations de cet officier supérieur.

N° 82. *Rapport de M. Bertillon sur l'expertise des quatre fragments calcinés.* — Ce rapport, du 2 juin 1898, est rapporté intégralement plus haut, dans la section V, où sont discutés tous les documents relatifs à la livraison de l'instruction confidentielle sur le chargement des obus en mélinite.

L. — Les deux pièces qui suivent, n°ˢ 83 et 84, concernent l'accusation de livraison à l'agent A. d'un document confidentiel sur l'attribution de l'artillerie lourde aux armées.

N°ˢ 83 et 83 *bis. Note d'un agent étranger avec traduction au sujet de l'affectation de l'artillerie lourde aux armées.* — C'est le memento de l'agent A., arrivé au service des renseignements le 28 décembre 1895. Ce document est cité et discuté plus haut, dans la section VIII (2).

N° 84. *Note du service des renseignements au sujet de la*

(1) Enquête, t. 2, p. 450.
(2) Voir plus haut, p. 222.

pièce 83. — Cette note est rapportée également et discutée p. 415 dans la section VIII, consacrée à cette étrange accusation, par laquelle le service des renseignements s'efforçait encore de rejeter sur la tête de l'officier israélite un acte d'espionnage *commis quinze mois après son arrestation.*

LI. — Avec la pièce 85 commence le quatrième et dernier paragraphe de la première partie du dossier secret. Ce paragraphe est intitulé : « *Renseignements divers sur le déporté Dreyfus.* »

Nᵒˢ 85 à 95. *Onze rapports au sujet de Dreyfus (jeu, femmes).* — Il s'agit là des rapports de Guénée sur la question jeu et femmes. L'auteur de ces rapports a lui-même déclaré que les renseignements par lui consignés dans ces rapports n'avaient aucune consistance, « qu'ils pouvaient se rapporter aussi bien à Dreyfus qu'à un autre (1) ».

La préfecture de police avait établi la confusion commise par Guénée, notamment entre Alfred Dreyfus et un homonyme (2). La minute du rapport de la préfecture de police, dont l'expédition avait été supprimée en 1894 par Henry, avait été retrouvée lors de la première revision en 1899. Les rapports de Guénée n'en ont pas moins été maintenus au dossier secret pour le procès de Rennes, et le rapport de la préfecture qui les détruisait n'y a pas été joint !

En d'autres rapports, Guénée, à l'instar du général Gonse dans la pièce 96, inscrivait des propos imaginaires qu'il attribuait au docteur Weill ou au grand rabbin. Le docteur Weill et le grand rabbin ont fait entendre, à Rennes, leurs protestations indignées contre ces nouveaux faux (3).

LII. — Nᵒ 96. *Note au sujet d'une conversation tenue, en 1897, par un membre de la famille Dreyfus.*

C'est une note du 8 mars 1898, où le général Gonse prétend rapporter *textuellement* une conversation entre M. Hadamard, cousin par alliance de Dreyfus, et M. Painlevé : il y consigne des propos contraires aux propos réels. MM. Pain-

(1) Cass., 1899, t. 1, p. 726.
(2) Conf. Déposition Lépine. Cass., 1899, t. 2, p. 11 et 12, et la note du 9 novembre 1894, Cass., 1899, t. 2, p. 349.
(3) Rennes, t. 3, p. 320 et 322.

levé et Hadamard se sont très justement élevés avec véhémence contre cette falsification et contre les procédés qu'elle implique (1).

Une note du colonel Du Paty de Clam, du 10 décembre 1897 (2), paraît avoir été l'origine de la pièce rédigée par le général Gonse.

p. 416 Dans la dernière enquête, M. Painlevé a montré que les procédés de falsification, en ce qui concerne la pièce 96, avaient été employés à des époques successives : c'était une pièce qu'on modifiait suivant les besoins du moment (3). Il n'y a que la vérité dont on n'ait tenu compte à aucune époque, dans la rédaction de ce document.

N° 97. *Déclaration du général Le Belin de Dionne.* — C'est une pièce qui vaut la précédente. Le général Le Belin de Dionne a délivré par complaisance, au général Gonse, le 1er juin 1898, une attestation diamétralement contraire à ce qu'il certifiait être la vérité en 1892. Toutes les explications relatives à ces aberrations de la passion ont été données au sujet du témoignage du général Le Belin de Dionne (4).

LIII. — N° 98. *Copie d'une note du colonel Sandherr sur une entrevue avec les frères Dreyfus.* Cette note, qui est d'ailleurs en réalité tout à l'honneur de la famille Dreyfus, a été lue au procès de Rennes (5). C'est au moyen de cette note qu'a été démasqué le faux témoignage du sieur Penot.

N° 99. *Extrait d'un rapport adressé au ministre de la Guerre.* — Le rapport émane d'un de nos attachés militaires à l'étranger. Comme presque tous les journaux à l'étranger signalaient l'erreur judiciaire manifeste dont avait été victime le capitaine Dreyfus, on avait extrait de ce rapport, en date du 6 mars 1898, une phrase affirmant que tous les journaux étaient entre les mains des juifs, mais que tout le monde était bien convaincu de la culpabilité du capitaine israélite. Cet extrait était digne du dossier secret.

(1) Cass., 1899, t. 1, p. 757 et suiv. — Rennes, t. 3, p. 331 et suiv., p. 341, p. 326 et 327.
(2) Enquête, t. 2, p. 333.
(3) Painlevé. Enquête, t. 1, p. 646.
(4) Voy. plus haut, p. 391. — Conf. Cass., 1899. Débats, p. 635.
(5) Rennes, t. 2, p. 187.

N° 100. *Lettre adressée au colonel Collard, du deuxième bureau de l'Etat-major de l'armée.* — La lettre, en date du 17 août 1898, est du même attaché militaire. Il y est dit que le régiment de l'agent A. a reçu le sobriquet de « régiment de Dreyfus ». L'auteur de la lettre croit, dit-il, qu'il a dû arriver quelque chose de désagréable à l'agent A.

N° 101. *Lettre adressée au ministre de la Guerre par le colonel en retraite Fleur.* — Le colonel Fleur, dans cette déclaration du 29 janvier 1898, y expose l'un des racontars dont est composée sa déposition analysée plus haut (1). Il s'agit de la conversation tenue en chemin de fer par personnes inconnues, devant M. Fleur. Cette déclaration a été lue aux débats devant la Cour de Cassation en 1899 (2).

N°ˢ 102 à 114. *Treize lettres du déporté Dreyfus.* — Ce sont les lettres adressées au général de Boisdeffre, par Dreyfus, emprisonné à l'Ile-du-Diable, lettres par lesquelles le malheureux capitaine faisait appel au chef d'Etat-major général comme à son défenseur naturel, et le suppliait de faire continuer les recherches concernant l'acte de trahison com- p. 117 mis en 1894 (3).

Et c'est en réponse à cet appel, que le général de Boisdeffre s'employa de son mieux à étouffer la vérité que venait de découvrir le colonel Picquart.

On comprend bien le flot d'indignation qui amena sur les lèvres de Dreyfus, au moment où le président du Conseil de guerre de Rennes lui demandait s'il avait quelque chose à dire au sujet de la déposition du général de Boisdeffre, cette parole pleine de reproche méprisant :

Je ne veux rien répondre au général de Boideffre (4).

N° 115. *Copie d'un rapport du Directeur de l'Administration pénitentiaire à la Guyane, sur l'attitude du déporté Dreyfus.* — N° 116. *Copie d'un rapport adressé au Directeur de l'Administration pénitentiaire à la Guyane, sur l'attitude du déporté Dreyfus.*

Pour apprécier ces rapports, pour voir comment, par un

(1) Voy., plus haut, p. 407.
(2) Cass., 1899. Débats, p. 634.
(3) Voir Cass., 1899. Débats, p. 314 et p. 679.
(4) Rennes, t. 1, p. 535.

monstrueux abus de pouvoir, la peine de la déportation prononcée contre l'officier israélite a été transformée par ses
tortionnaires en un emprisonnement cellulaire avec aggravation de la peine des fers, il suffit de se reporter au rapport
officiel sur le séjour de Dreyfus à l'Ile-du-Diable.

Il a été donné lecture de ce rapport à Rennes (1). Il est
utile d'en rapprocher l'observation par laquelle M. Fournier,
inspecteur général des services administratifs du ministère
de l'Intérieur (service pénitentiaire) terminait sa déposition
du 10 janvier 1899 devant la Cour de Cassation (2).

*J'appelle l'attention, disait M. Fournier, sur ce fait que, cinq personnes
appartenant au service pénitentiaire, ayant toutes approché Dreyfus, sont
restées toutes convaincues de son innocence.*

LIV. — Avec la pièce 116 se termine la première partie du
dossier secret.

Comme, d'après les déclarations mêmes du commandant
Cuignet (3), c'est dans *la première partie que sont renfermées les pièces se rapportant directement à l'affaire Dreyfus*,
on pourrait arrêter ici l'examen du dossier. Il semble superflu, en effet, d'examiner des pièces n'ayant plus de rapport
direct avec l'affaire Dreyfus.

Mais les accusateurs de Dreyfus ne manqueraient pas,
évidemment, malgré les déclarations du commandant Cuignet, de créer des équivoques sur cette seconde partie du
dossier, si l'étude en était négligée. Il faut donc poursuivre
p. 418 un examen, inutile sans doute au point de vue juridique,
mais rendu nécessaire par la déloyauté de l'accusation.

La deuxième partie du dossier, dit le commandant Cuignet (4), *renferme les pièces qui n'ont, avec les pièces de la
première partie, qu'un intérêt de rapprochement*.

Ces pièces sont jointes au dossier, soit pour permettre de
fixer une date, soit pour permettre de comparer les écritures,
soit pour montrer les relations d'espionnage qu'avaient entre
eux les agents A. et B.

Nos 117 à 122. *Pièces parvenues au service des renseigne-*

(1) Rennes, t. 1, p. 248 et suiv.
(2) Cass., 1899, t. 1, p. 406.
(3) Cass., 1899, t. 1, p. 357.
(4) Cass., 1899, t. 1, p. 357.

ments en même temps que le bordereau de Dreyfus (1 borde-
reau, 5 originaux, 2 traductions).

. Ces pièces, présentées comme ayant fait partie du même
envoi que le bordereau, sont datées respectivement des
21 août, 25 août, 26 août, 2 septembre et septembre 1894. On
en a déduit que le bordereau devait être approximativement
de fin août ou commencement de septembre 1894.

Il est à noter que ces renseignements n'avaient pas été
produits au procès de 1894. C'est qu'à cette époque, les souvenirs de chacun étaient trop précis pour que l'accusation
put équivoquer sur la question des manœuvres. Il était évident pour tous que Dreyfus, sachant depuis la fin de mai ne
pas pouvoir aller aux manœuvres, et n'y étant d'ailleurs pas
allé, n'avait pu écrire, à la fin d'août ou au commencement
de septembre, la phrase : « je vais partir aux manœuvres ».

On avait donc placé le bordereau en avril 1894, pour appliquer la phrase finale à un voyage d'Etat-major.

C'est seulement cinq ans plus tard, après avoir créé de
dolosives équivoques sur la décision prise à l'égard des stagiaires pour la question des manœuvres, après avoir supprimé du dossier les déclarations du capitaine de Pouydraguin détruisant ces équivoques, après avoir aidé à la déformation des souvenirs relatifs à cet objet, que les accusateurs
de Dreyfus ont établi la date véritable du bordereau. Après
avoir par des procédés inavouables, escamoté l'insurmonta-
ble objection que la phrase finale du bordereau placé en août-
septembre créait à l'accusation, les accusateurs espéraient,
avec cette date d'août-septembre, pouvoir établir leur argumentation technique d'une façon plus spécieuse.

Ces machinations, en ce qui concerne la date du bordereau, donnent la mesure de la bonne foi de l'accusation.

LV. — Les pièces qui suivent, n°s 123 à 129, ont trait à
l'affaire Greiner. On présente cette affaire d'espionnage
comme n'ayant aucun rapport avec l'affaire Dreyfus.

. N°s 123 et 123 *bis. Lettre en langue étrangère avec traduc-*
tion. — C'est une lettre de l'agent A., envoyant à son état- p. 419
major les rapports de la Commission de Calais sur le
120 court, livrés par Greiner.

N°s 124 et 124 *bis. Fragment de lettre en langue étrangère avec traduction.* — C'est encore une lettre de l'agent A., transmettant à son état-major le *bulletin des questions à l'étude*, pris par Greiner au ministère de la marine.

N°ˢ 125 à 127. *Trois notes explicatives au sujet des pièces 123 et 124.* — Ces trois notes sont : 1° une note du 24 mai 1898, relative au rapport de la commission de Calais ; 2° une note de la Direction de l'artillerie sur le *bulletin des questions à l'étude* ; 3° une note du service des renseignements, du 26 mai 1898. Ces notes tendent à établir que l'affaire Greiner n'a aucune connexité avec l'affaire Dreyfus.

L'affirmation est assurément exacte : les faits d'espionnage de Greiner n'ont aucune connexité avec les faits d'espionnage révélés par le bordereau. Mais pour que l'on pût considérer l'affaire Greiner comme absolument étrangère à l'affaire Dreyfus, il aurait fallu que le service des renseignements, ne s'efforçât pas de rejeter sur la tête du capitaine israélite les actes d'espionnage commis autrefois par Greiner.

Cette déclaration de non connexité entre les deux affaires est donc encore une équivoque, destinée à égarer la justice et à éviter l'examen du dossier Greiner.

N°ˢ 128 et 129. *Deux notes au sujet d'une affaire d'espionnage jugée en 1892.* — La première est une note du 24 mai 1898, émanant du service des renseignements : la seconde est une note du 28 juin 1892, produite à l'appui de la première. Elles indiquent les origines de l'affaire Greiner.

N° 130. *Note au sujet d'une affaire d'espionnage jugée en 1890.* — Cette note concerne l'affaire Boutonnet, présentée comme sans connexité avec l'affaire Dreyfus. La remarque déjà faite pour l'affaire Greiner s'applique encore ici, L'affaire Boutonnet n'a sans doute pas de rapport avec l'affaire Dreyfus. Mais le dossier Boutonnet est intéressant néanmoins à consulter, parce qu'on y trouve la preuve que certains faits, toujours portés à la charge du capitaine israélite par le service des renseignements, avaient été commis en réalité par Boutonnet.

LVI. — N°ˢ 131 à 140. *Une lettre et neuf rapports au sujet d'une enquête faite en 1893 sur le personnel subalterne du ministère de la Guerre.* — Ces rapports émanent de la préfecture de police, et ces dix pièces concernent la surveil-

lance de certains employés du personnel subalterne du ministère de la Guerre, au sujet de la fuite des plans directeurs.

Deux remarques sont à faire relativement à ces pièces.
La première concerne *la date de cette surveillance* : la surveillance de la préfecture de police s'exerce *en 1893* ; c'est
même *en 1892* qu'a lieu plus spécialement *la* surveillance
active de l'employé Duchet par les agents au service du ministère.

Cette observation a déjà été faite plus haut (1) au sujet ^p. 420^
de la pièce : « ce canaille de D... », que le service des renseignements a faussement datée d'avril 1894.

La deuxième remarque concerne le *personnel surveillé* :
c'est le *personnel subalterne*. Jamais, avant l'affaire Dreyfus,
le service des renseignements n'avait imaginé que le fournisseur de plans directeurs, payé *à raison de 10 francs le plan*,
et dans une situation si précaire qu'il était obligé de *solliciter des avances*, fût un officier d'état-major jouissant d'une
grosse fortune. C'était naturellement les employés besogneux
que l'on suspectait d'avoir joué ce rôle de fournisseur de
plans directeurs. Il a fallu toutes les suggestions des haines
antisémites pour faire mettre à la charge de Dreyfus une accusation aussi ridicule.

LVII. — Nᵒˢ 141 à 142 *bis. Deux rapports en langue étrangère et deux traductions*. — Il s'agit là de deux rapports sur
des questions banales émanant de l'agent A. et placés au
dossier comme pièces de comparaison d'écriture. L'un, en
forme de brouillon, non daté, paraît être de 1892 ; l'autre est
en date du 22 octobre 1896 : ce sont des rapports officiels sur
les manœuvres.

Nᵒˢ 143 et 143 *bis. Fragment de note en français avec note
explicative*. — C'est une note de l'agent A. sur le programme
de la visite des élèves de l'Ecole de guerre au polygone des
matelots. La pièce est de 1893. Le programme dont il s'agit
n'a évidemment rien de confidentiel. Mais on peut remarquer
qu'en cette année 1893, Dreyfus n'est plus à l'Ecole de
guerre ; que l'agent A. paraît, durant cette année 1893, être
tenu exactement au courant de ce que font les élèves de

(1) Voir plus haut, p. 180.

l'Ecole de guerre ; et que les cours de l'Ecole de guerre livrés à l'agent A. sont les cours professés en 1893-1894.

N° 144. *Minute d'un télégramme en langue étrangère.* — C'est un spécimen d'écriture de l'agent A., minute d'un télégramme banal envoyé au major Dahme.

N°ˢ 145 et 145 *bis. Lettre en langue étrangère avec traduction.* — La lettre est du *20 septembre 1897*, elle émane de l'agent A. et recommande un officier français qui sollicitait une permission pour aller en Alsace. Cette lettre ne concerne pas Dreyfus, enfermé à cette époque dans son cachot de l'Ile-du-Diable. Elle est assurément toute naturelle, et ne saurait être invoquée contre l'officier qu'elle concerne. Mais on doit faire remarquer que certains témoins ont osé alléguer contre Dreyfus de prétendues facilités à lui données pour aller en Alsace. On peut comparer les rigueurs dont Dreyfus a été l'objet lorsqu'il est allé en Alsace, au chevet de son père mourant, en décembre 1893 (1), et les recommandations de l'agent A. en faveur d'un autre officier se rendant en pays annexé. Si cette lettre, si correcte, avait concerné Dreyfus elle eut été certainement exploitée comme un argument décisif en faveur de l'accusation.

p. 421

N°ˢ 146 à 147 *bis. Deux cartes de correspondance en français avec deux copies.* — Ce sont là des spécimens d'écriture de l'attaché naval italien Rosellini. La première carte, du 7 mai 1894, envoie à l'agent A. des renseignements sur des essais de cuirasse ; la seconde, du 27 mai 1894, est une lettre banale.

N° 148. *Lettre en français.* — Spécimen d'écriture en français de l'agent A. : cette lettre, du 14 août 1894, est une lettre banale à une personne faisant des offres de service à son gouvernement.

N°ˢ 149 à 151. *Trois lettres en français (correspondance d'un agent étranger avec un ingénieur).* — Ces trois pièces paraissent se référer au même objet que la précédente. La première émane de l'agent A. ; elle est d'octobre 1894, et concerne un appareil pour torpille offert par un ingénieur. Les deux autres sont des lettres adressées par cet ingénieur à

(1) Enquête, t. 1, p. 989.

l'agent A. L'ingénieur fait connaître son nom et son adresse : il offrait un appareil inventé par lui, qui ne fut d'ailleurs pas accepté. Il ne s'agit pas d'espionnage.

Nᵒˢ 152 à 153 ter. *Deux fragments de lettres en langue étrangère, deux traductions, une enveloppe.* — La première lettre émane de l'agent A., elle est du 13 janvier 1894. L'agent A. accepte des plans directeurs au prix de 10 francs. Il s'agit des plans d'Albertville, Briançon, Mézières, Longwy, Montmédy et Péronne.

La seconde lettre émane de l'attaché militaire anglais Talbot : elle est adressée à l'agent A., auquel elle réclame le renvoi d'un rapport sur les manœuvres de cavalerie, On peut rapprocher de cette lettre les propos tenus par l'attaché militaire Talbot au général de Galliffet (1), sur les renseignements qu'offrait Esterhazy.

Nᵒ 154. *Une lettre en français.* — Lettre banale, de l'attaché militaire russe, baron de Fredericks, à l'agent A.

Nᵒˢ 155 à 156 bis. *Deux lettres en langue étrangère avec une analyse sommaire de chacune d'elles.* — La première adressée à l'agent A. par son frère, le 7 octobre 1896, contient des plaintes sur la banalité des manœuvres. La deuxième, du 27 octobre 1896, est une lettre par laquelle Weidt demande à l'agent A. des renseignements pour une conférence.

Nᵒ 157. *Minute d'une lettre circulaire en français.* — Cette lettre circulaire, émanant de l'agent A., est relative à un banquet à organiser pour le départ de l'attaché militaire espagnol Mendigoria.

Nᵒ 158. *Carte de visite d'un agent étranger avec un mot de son écriture.* — C'est un simple spécimen d'écriture de l'agent A. p. 422

LVIII. — Nᵒˢ 159 à 233. *Soixante-quinze lettres, cartes-télégrammes (correspondance intime). Nᵒˢ 234 à 235. Deux notes sur l'auteur des pièces comprises sous les cotes 159 à 233.* — Il s'agit ici de pièces révélant les relations de l'agent A. avec une dame, qui d'ailleurs est étrangère, et n'a

(1) Cass., 1899, t. 1, p. 217. — *Adde* : Cass., 1899, Débats, p. 138. — De Galliffet, Enquête, t. 1, p. 904.

nullement été impliquée dans des questions d'espionnage.
M. Wattine a expliqué que ces lettres avaient trouvé place
au dossier pour prouver l'authenticité des documents souvent
fort suspects arrivant par la voie ordinaire (1).

On peut se demander si ces pièces ne seraient pas plutôt
de nature à établir le caractère peu sérieux des communications de « la voie ordinaire » (femme Bastian).

Ce qu'on trouve au dossier secret est bien de nature à
justifier l'appréciation du général de Galliffet (2) :

> La femme Bastian, par ce que j'en ai entendu dire, m'a toujours paru
> une femme extrêmement dangereuse, en ce sens qu'*elle recevait, je crois,
> des deux côtés, si elle recevait quelque chose.*

Il est profondément regrettable de voir figurer au dossier
des pièces aussi suspectes, aussi étrangères à la discussion,
*et dont le service des renseignements paraît s'être servi en-
core dans ses honteuses manœuvres.* Il suffit, pour s'en rendre compte, de se reporter à la déposition du colonel Du Paty
de Clam (3), en date du 22 mars 1904.

> *Un autre membre de la Cour.* — Le témoin nous a dit tout à l'heure
> qu'il reviendrait sur ce point, que ses chefs lui avaient demandé des actes
> excessifs, d'accomplir certains faits qu'il ne croyait pas devoir accomplir
> par conscience.; est-ce que le témoin pourrait nous parler des faits qui
> lui auraient été ainsi demandés, imposés par ses chefs ?
> *Le témoin.* — Oui, Monsieur le Conseiller. On *a voulu faire usage, à
> un moment donné, de documents saisis dans les mêmes conditions que le
> bordereau, et qui pouvaient toucher à la vie intime d'un attaché militaire
> et à la vie intime d'une personne de la société.* J'ai trouvé qu'il n'était
> pas possible, quelles que fussent les circonstances, de jeter une pareille
> chose dans le débat.
> *M. le Conseiller.* — N'était-ce pas le général Gonse, précisément, qui
> avait demandé cela ?
> *Le témoin.* — Non, Monsieur le Conseiller ; autant que je puis me le
> rappeler, *c'est le colonel Henry qui avait proposé cela au général Gonse,*
> et je me suis élevé très vivement contre cette idée, j'ai même déclaré que
> si on en faisait usage, je donnerais ma démission.
> p. 423   *Un autre membre de la Cour.* — Est-ce que M. le colonel Du Paty de
> Clam voudrait nous dire comment on voulait en faire usage ?... Nous avons
> tous compris à quelles lettres le colonel Du Paty de Clam fait allusion...
> Peut-il nous dire dans quelles circonstances on voulait en faire usage,
> étant donné que les noms n'ont pas été prononcés ?
> *Le Témoin.* — Il m'est bien difficile, à une pareille distance, d'indiquer
> précisément dans quelles circonstances on voulait en faire usage, mais il

(1) Enquête, t. 1, p. 872.
(2) Enquête, t. 1, p. 899.
(3) Enquête, t. 1, p. 186.

me semble que c'était pour exercer une sorte de pression sur cet attaché militaire.

Mieux vaut ne pas insister sur ces ignominies.

N°s 236 à 317. *Quatre-vingt deux lettres, cartes-télégrammes écrites par un agent étranger.* — Ces lettres ou cartes-télégrammes, de l'agent B. à l'agent A., sont réparties, par M. le commandant Cuignet, en trois catégories, avec indication des allégations qu'on prétend justifier par chacune desdites catégories.

Première catégorie (n°s 236-246) « lettres prouvant les difficultés qu'éprouve l'agent B. à rencontrer l'agent A. »

Il est en effet fort extraordinaire que l'agent B. et l'agent A., collaborant à une œuvre d'espionnage, éprouvent le besoin de s'en entretenir constamment dans leur prétendue correspondance, alors que toute cette dangereuse correspondance aurait pu être si facilement remplacée par des communications verbales.

Mais on prétend établir les difficultés des rendez-vous entre l'agent B. et l'agent A., par des lettres où l'agent B. aurait trouvé précisément utile de constater lui-même ces difficultés... sans doute afin de tirer d'embarras le service des renseignements.

Deuxième catégorie (n°s 247-280) « lettres de B. à A., prouvant les relations d'espionnage entre les attachés militaires ». Ces relations paraissent établies ; mais les termes de certaines lettres semblent fort étranges, et sont bien de nature à en faire suspecter la sincérité.

Troisième catégorie (n°s 281-317) « lettres de B. à A., (nature des relations existant entre les deux attachés militaires)». Ici, le caractère suspect des lettres s'aggrave encore. On trouve, dans cette catégorie de lettres, des plaisanteries de « corps de garde », qui devaient venir plus facilement sous la plume d'un Guénée ou d'un Lemercier Picard, que sous la plume de l'agent B.

Or, il est impossible de nier aujourd'hui que Lemercier Picard ait été employé par le service des renseignements pour la fabrication des faux dont il avait besoin. Une ordonnance de M. le juge d'instruction Boucart, rendue sur une plainte en faux du colonel Cordier, a établi en effet qu'*une lettre produite par le service des renseignements comme ayant été*

p. 424 *écrite par le colonel Cordier à M. Mathieu Dreyfus était de la fabrication de Lemercier Picard* (1).

Vraies ou fausses, fabriquées ou non, toutes ces lettres, qui n'ont aucun rapport avec l'affaire Dreyfus, semblent n'avoir été mises au dossier, comme la correspondance intime visée plus haut, que dans un but de chantage à exercer à l'égard des agents A. et B.

Il ne faut pas oublier que *l'agent B. avait offert officiellement son témoignage en novembre 1897 et le 15 janvier 1898, et que le ministère de la Guerre, redoutant ce témoignage, était parvenu à le faire repousser par le ministre des Affaires étrangères* (2). Mais le service des renseignements prenait ses précautions pour pouvoir, le cas échéant, peser sur l'esprit du témoin.

LIX. N°ˢ *318* et *319. Deux lettres écrites par le même agent.* Lettres banales de l'agent B. fournissant de simples spécimens d'écriture.

N°ˢ *320* et *321. Deux lettres écrites à ce même agent.*

N° *322. Note explicative sur les pièces 320 et 321.* — Il s'agit de deux lettres signées Dubois, *des 27 et 29 octobre 1894*, offrant de vendre le secret de la poudre sans fumée ; la seconde lettre indique, d'autre part, que le signataire est détenteur d'une cartouche Lebel.

La note explicative n° 322 porte que cette affaire Dubois *n'offre aucune connexité avec l'affaire Dreyfus.* Il est à remarquer d'ailleurs que les *deux lettres sont postérieures à l'arrestation de Dreyfus.*

Mais on doit rapprocher de ces documents la déclaration de la femme Bastian, relative au même objet (3), et faisant encore bien apparaître le caractère de son témoignage.

D. — Vous nous avez parlé d'une lettre relative à la poudre sans fumée ; voudriez-vous vous expliquer ?

R. — Je suis entrée à l'ambassade, j'ai vu que le bureau de A..., qui laissait tous ses papiers éparpillés, croyant que je ne savais pas lire, une lettre ainsi conçue : « Monsieur, connaissant le secret de la poudre sans

(1) Colonel Cordier. Rennes, t. 2, p. 542. Comp. Déclaration Gribelin. Enquête, t. 1, p. 55. Séverine. Enquête, t. 1, p. 384. Voyez encore déposition Mayêt, Rennes, t. 3, p. 357.

(2) Paléologue. Cass., 1899, t. 1, p. 393 et la lettre de M. le comte Tornielli à M. le Ministre des Affaires étrangères. Cass., 1899, t. 1, p. 398.

(3) Enquête, t. 1, p. 308.

fumée, l'ayant à ma disposition, je pourrai la vendre à votre puissance », et signée F. S. Elle était toute cassée en petits morceaux ; le lendemain, je l'ai donnée au colonel Henry à 7 heures du matin.

D. — Comment se fait-il que vous l'ayiez lue, si elle était en petits morceaux ? ·

R. — Elle était sur le panier, sur les autres petits morceaux dans le panier, et j'ai même dit au colonel Henry : « Vous l'avez en petits morceaux ». J'avais moi-même prévenu le colonel Henry par un petit bleu, et j'avais mis l'en-tête de lettre relative à la poudre sans fumée. Il me répondit : « Tâchez de l'avoir et votre pain est assuré, vous ne rentrerez p. 425 pas à l'ambassade. »

D. — A quelle époque cela s'est-il passé ?

R. — La veille de l'arrestation de Dreyfus qui fut arrêté le jour où j'ai donné cette lettre ; j'ai vu son arrestation sur les journaux, le soir, sur *la Presse* : « Crime de haute trahison », et j'ai dit à mon mari : « Tiens, le voilà arrêté ».

N°⁸ 323 et 323 *bis. Une lettre d'un agent étranger avec sa traduction.* — Il s'agit là d'une lettre banale du major von Funke au major Suskind, en date du 2 novembre 1897.

N°⁸ 324 et 325. *Deux notes au crayon d'un agent étranger.* — Ce sont de simples spécimens d'écriture du major Suskind.

N°⁸ 326 à 334. *Neuf lettres ou rapports d'un agent étranger avec quatre notes explicatives.* — Ces pièces sont présentées comme émanant de l'attaché militaire autrichien Schneider, et comme fournissant des spécimens d'écriture qui permettent d'attribuer au colonel Schneider la pièce n° 66.

N°⁸ 335 à 338 *bis. Quatre lettres d'un fonctionnaire étranger avec quatre notes explicatives.* — Ce sont des lettres présentées comme spécimens d'écriture de M. de Münster.

N°⁸ 339 à 351 *bis. Treize lettres ou rapports adressés à un fonctionnaire étranger ou écrits par lui avec deux notes explicatives ou traductions.* — Ce sont des lettres ou rapports adressés aux Ambassadeurs d'Italie, MM. Ressman et Menabrea et placés au dossier comme spécimens d'écritures des agents dont ils émanent.

N°⁸ 352 à 354. *Trois lettres écrites par un agent étranger.* — Ces lettres sont des lettres officielles de l'agent A. au chef du deuxième bureau, et fournissant encore des spécimens d'écriture.

N°⁸ 355 à 364 *bis. Dix lettres écrites par un agent étranger.* — Ce sont des lettres de même nature écrites par l'agent B. au chef du deuxième bureau.

31

LX. — On arrive ainsi *à la troisième partie du dossier*. Cette troisième partie, dit le commandant Cuignet, « *renferme les pièces fausses ou suspectes (1)* ».

Il semble aujourd'hui que toutes les pièces du dossier auraient dû être classées dans cette troisième partie.

N° 365. *Lettre attribuée par le lieutenant-colonel Henry à un agent étranger et dont il s'est, par la suite, reconnu l'auteur.* — N° 366. *Enveloppe avec suscription au crayon bleu, jointe par Henry à la pièce 365.* — Il s'agit là du faux le plus connu du colonel Henry.

Le colonel Henry avait fabriqué une lettre de l'agent B. à l'agent A., prétendue reçue au service le 31 octobre 1896, et ainsi conçue :

MON CHER AMI,

« J'ai lu qu'un député va interpeller sur Dreyfus. Si on me demande à Rome nouvelles explications, je dirai que jamais j'avais de relations avec ce juif. C'est entendu, si on vous demande, dites comme ça, car il ne faut pas que l'on sache jamais personne ce qui est arrivé avec lui.

Signé : Alexandrine.

p. 426   Ce faux impudent avait été signalé à M. Cavaignac, ministre de la Guerre, comme une pièce nécessairement apocryphe, par le colonel Picquart, qui fut alors immédiatement incarcéré (2).

Le commandant Cuignet a expliqué à la Chambre Criminelle comment, après tant de raisons démonstratives du faux exposées au ministre de la Guerre et repoussées par lui, après les dénonciations officielles de l'agent B. et de l'ambassadeur d'Italie tenues comme non avenues, il avait réussi à convaincre M. Cavaignac par des constatations matérielles (3), et comment, après huit nouveaux parjures (4), Henry avait fini par avouer.

N° 367. *Lettre au crayon bleu d'un agent étranger ayant servi à la fabrication de la pièce 365.* — N° 368. *Enveloppe avec suscription au crayon bleu jointe à la pièce 367.* — N°ˢ 369 et 369 bis. *Reproduction en fragments de papier calque des mêmes pièces 365 et 367.* — N°ˢ 370 et 370 bis.

(1) Cass., 1899, t. 1, p. 357.
(2) Voir plus haut, p. 33. — Comp. p. 29 et suiv.
(3) Cuignet. Cass., 1899, t. 1, p. 339.
(4) Rapport Bard, p. 106. — Conf. interrogatoire d'Henry, *ibid.*, p. 98.

Reproductions en fragments de papier calque des mêmes piè-
ces 365 et 367, après échange entre ces pièces de fragments
portant l'en-tête et la signature.

Ces pièces indiquent le procédé de fabrication employé
par Henry pour la pièce 365, d'après le commandant Cuignet.
Il faut noter seulement que la pièce 367, manipulée par
Henry au moment où il fabriquait la pièce 365, présente elle-
même tous les caractères d'un autre faux (1).

LXI. — N° 371. *Lettre au crayon d'un agent étranger où*
il est question de D. — Cette pièce est encore un faux : elle
avait été présentée comme suspecte à la Cour, en 1899, par
le commandant Cuignet. La lettre D. lui paraissait retouchée.
M. Bertillon était venu à la rescousse avec un rapport du
13 avril 1899, présenté aux juges de Rennes, par lequel le directeur de l'anthropométrie reconnaissait l'altération et le
grattage du document à la place où figurait l'initiale accusatrice D., mais en alléguant que ces altérations et grattages
avaient eu pour objet de refaire une lettre D à la place de la
même lettre D existant antérieurement (? !)

Les tentatives de M. Bertillon pour sauver ce nouveau
faux ont définitivement échoué : la nouvelle instruction de
la Cour a établi que la pièce portait originairement la lettre P (2). Une main criminelle avait encore altéré le document pour y substituer une initiale accusatrice à la lettre
réelle.

LXII. N°ˢ 372 et 372 *bis. Photographie d'une lettre en ca-*
ractères contournés, et copie de la même lettre en caractè-
res ordinaires (lettre adressée à Dreyfus). — N° 373. *Note* p. 427
du service des renseignements sur la pièce 372. — N° 374. *Ori-*
ginal du faux Weyler. — N° 374 *bis. Enveloppe du faux*
Weyler. — Les pièces 372 à 374 *bis* sont toutes relatives au
faux Weyler. Les origines de ce faux sont exposées en ces
termes par le commandant Cuignet, dans sa déposition devant la Cour de Cassation en 1899 (3).

Presque en même temps que la production du faux d'Henry est arrivée
au ministère de la Guerre une lettre à l'adresse de Dreyfus ; cette lettre

(1) Rennes, t. 2, p. 216 et suiv., et t. 1, p. 512.
(2) Voyez plus haut, p. 181 et suiv.
(3) Cass., 1899, t. 1, p. 343.

était écrite en caractères bizarrement contournés, et était signée d'un sieur *Weyler*, qui annonçait à Dreyfus le prochain mariage de sa fille ; dans les interlignes on avait écrit à l'encre sympathique, *mais en caractères néanmoins assez apparents pour attirer l'attention,* cette phrase accusatrice : « Impossible comprendre dernière communication. Nécessaire revenir à l'ancien système. Faites connaître le mot des armoires où se trouvaient les documents enlevés. Acteur prêt à agir aussitôt. » Il me paraît certain que cette lettre, signée Weyler, a été faite pour augmenter les charges contre Dreyfus. Elle procède du même état d'esprit qui a conduit à confectionner le faux d'Henry. J'ai dit que cette lettre était écrite en caractères bizarrement contournés ; or, cette même écriture extraordinaire, et qu'il ne semble pas possible d'attribuer à deux personnes distinctes, se retrouve absolument identique dans un certain nombre de lettres émanant de la *femme voilée* de l'affaire Esterhazy : on est donc en droit d'admettre que la femme voilée et l'auteur de la lettre Weyler sont une seule et même personne. Comme la femme voilée n'est autre que Du Paty, c'est donc lui qui, en septembre 1896, écrivait aussi la lettre signée Weyler et destinée à augmenter les charges contre Dreyfus.

Le colonel Picquart, dans sa déposition devant le Conseil de guerre de Rennes, est entré dans plus de détails (1). Le faux Weyler était destiné à servir de base à la légende de l'homme de paille, créée par M. Bertillon et M. Du Paty de Clam. La famille Dreyfus aurait cherché quelqu'un, qui, moyennant une forte somme payée par elle, aurait proclamé l'erreur judiciaire de 1894, et se serait reconnu coupable à la place du condamné.

On doit noter, en passant, qu'Esterhazy, présenté par MM. Bertillon et Du Paty comme ayant joué ce rôle, a toujours soutenu au contraire la culpabilité de Dreyfus : il a prétendu même avoir, comme agent du service des renseignements, captant la confiance de l'agent A., découvert personnellement la trahison du capitaine israélite.

Il y aura lieu de revenir sur cette légende quand le rôle d'Esterhazy sera étudié dans la quatrième partie du présent mémoire.

Le faux Weyler, avec ses inscriptions mettant en œuvre la légende de l'homme de paille, et tracées à l'encre sympathique « *mais en caractères néanmoins assez apparents pour attirer l'attention* », sortait évidemment de l'officine du service des renseignements. Il est à remarquer cependant que M. Bertillon a dû trouver aussi le gabarit servant à tracer les caractères si bizarrement contournés du faux Weyler, car il en a fait faire un fac-similé d'une imitation si parfaite qu'on

p. 428

(1) Rennes, t. 1, p. 434.

le confond avec l'original. M. Bertillon connaissait même le papier du faussaire : son fac-similé était établi sur papier de même filigrane (1).

Le faux Weyler doublait un second faux conçu dans le même esprit. Cet autre faux a été dévoilé par le capitaine Dreyfus dans ses observations devant la Cour (2).

Après le procès de Rennes, dit le capitaine Dreyfus, en classant les lettres reçues à l'Ile-du-Diable, je fus tout surpris en retrouvant une lettre qui m'était parvenue en 1895 et à laquelle je n'avais rien compris, de voir qu'il était apparu dans les interlignes des phrases compromettantes. Je date cette lettre de 1895, car elle est visée par M. Guéguen, directeur du service pénitentiaire à Cayenne, en 1895, et qui fut relevé dans les premiers mois de 1896. Quoique j'eusse la conviction absolue que ces interlignes n'existaient pas quand la lettre me parvint, je fis demander à M. Guéguen s'il en avait le souvenir. M. Guéguen fit répondre que certainement les interlignes n'existaient pas quand la lettre lui parvint, car il ne me l'eût pas transmise et il l'eût signalée aussitôt, ce qui est l'évidence même.

L'encre avec laquelle ces interlignes avaient été écrites ne pouvait pas être de l'encre dite « sympathique », puisque cette encre n'apparaît que sous l'influence de la chaleur. Je cherchai quelle encre avait pu être employée, et j'arrivai à cette conclusion que l'encre employée était de l'encre dite « photographique », c'est-à-dire à base de sel d'argent. Cette encre, invisible au moment où on écrit, ne devient visible que sous l'action de la lumière, plus ou moins prolongée, suivant le degré de concentration de la solution. Il est évident que l'auteur de cette machination infâme pensait qu'elle apparaîtrait dans le trajet de Paris à Cayenne, M. Guéguen aurait avisé le ministre de la Guerre qu'un complice continuait un commerce illicite avec le prisonnier de l'Ile-du-Diable. Cette manœuvre fut déjouée, puisque la lettre placée sous l'enveloppe ne fut imprssion-née qu'à une date postérieure que je ne puis préciser, puisque je ne m'en aperçus qu'après le procès de Rennes. Il est de toute vraisemblance que la lettre dite « Weyler » fut fabriquée toujours par la même personne en voyant que sa première machination avait échoué, mais cette fois-ci, pour être sûr de la réussite, les interlignes furent écrites avec de l'encre sympathique. Si l'écriture des deux lettres est complètement différente, par contre, le sens des interlignes procède de la même idée. Je verse cette lettre au dossier.

La lettre versée au dossier par le capitaine Dreyfus est ainsi conçue :

MON CHER AMI,   p 429

Dans les tristes anniversaires qui vont re
   Fil rompu tachez renouer   urgent

(1) Rennes, t. 2, p. 384 et 385. — *Adde* Picquart. Cass. 1899, t. 1, p. 163. Rapport Bard, p. 116.
(2) Enquête, t. 1, p. 992 et 993.

venir, je tiens à vous dire toute la sympathie que
    nos dernières tentatives   ont échoué

m'inspire votre cruelle situation et vous exprimer
nous sommes obligés d'être très prudents

mon espoir qu'elle prendra bientôt fin, car o'est un
on a repris les recherches, on a   failli

état de chose bien terrible que nous serions désireux
tout découvrir   heureusement on a perdu

tous de voir cesser. La clé de ces mystères finira
    la piste tâcher

bien par se trouver et nous pourrons nous réjouir
          de faire sa-

tous ensemble.
voir où en était 2243 on connaît l'affaire du Jura 34

    Vos beaux-parents sont toujours bien courageux
l'absence ne diminue pas leur zèle et il est peu de

vos amis qu'il soit nécessaire de réchauffer.
la   est dans la grande chasse   signaler

    Bon courage, mon ami, soyez bien convaincu de
le fil avec le signe 201.12.4.

la sincérité des vœux que vous adresse votre vieux
cousin.   Signé : L. Bleriben (?)

C'est toujours le même état d'esprit qui, par la création de
faux multipliés, s'est efforcé de donner naissance à mille
légendes ténébreuses. C'est toujours le dogme de l'incarna-
tion de la Trahison en là personne du juif, qui s'entoure de
ces mystères édifiés sur le faux, et qui montre le malheureux
capitaine israélite trahissant tant qu'il respire, même dans
son cachot.

p. 430   LXIII. — Après la troisième partie « renfermant les pièces
fausses » (ou plutôt quelques-unes des pièces fausses), le
dossier secret ne présente plus qu'une annexe intitulée :
« *Pièces annexées au dossier secret et communiquées soit à la
Cour de Cassation, soit au Conseil de guerre, sur la demande
de ces juridictions* ».

    1° *A la pièce 10. Lettre du 3e bureau de l'Etat-major de*

*l'armée au 6ᵉ corps d'armée au sujet des troupes de couver-
ture.* — C'est cette lettre-circulaire, du 15 octobre 1894, envoyée aux commandants de corps d'armée le 17, qu'avait si
étrangement dénaturée le général Mercier dans sa discussion
technique du bordereau. L'examen du texte même de la circulaire annexée au dossier montre l'inanité de l'argumentation du général Mercier sur ce point spécial (1).

2° *A la pièce 84. Note du 23 mars 1893, de la troisième
direction : organisation des batteries de 120 court ; note du
27 mars 1893 (Etat-major, 1ᵉʳ bureau) sur le même objet.*

Ces pièces sont étudiées dans la VIIIᵉ section du présent
mémoire (2).

A 1, 2, 3, 4. *Documents saisis par M. Bertulus, au domicile de Mme Pays (4 pièces).* — La pièce A 1 ne fait pas, en
réalité, partie des pièces saisies. C'est une note d'Henry, sur
la conversation qu'il a eue avec M. Bertulus. La scène qui
s'est passée dans le cabinet de M. Bertulus, et que M. Bertulus a exposée devant la Cour de Cassation, montre le rôle
joué par Henry, dans les espionnages d'Esterhazy, sous un
jour singulièrement accusateur (3). Henry, dans sa note,
essaye d'expliquer la scène ; mais d'où vient le souci pris par
lui de rédiger, en revenant de chez M. Bertulus, une note en
vue d'exposer et commenter en un sens non défavorable pour
lui, les faits qui s'étaient passés chez le juge d'instruction ? Il
se rendait donc bien compte que sa conduite, dans le cabinet
du juge d'instruction, prêtait aux plus graves soupçons ?

La pièce A 2, est une note Strong Rowland, saisie chez la
femme Pays ; les pièces A 3 et A 4 sont des notes analogues
d'Esterhazy, qui collectionne divers racontars publiés par les
journaux de l'époque.

A. 5 Dossier *C. T. (16 pièces sous bordereau, plus deux enveloppes).* — Ces 16 pièces proviennent d'une surveillance
que le service des renseignements faisait exercer sur M. le sénateur Trarieux, ancien garde des Sceaux et sur M. le député
Reinach, notamment au sujet des visites par eux rendues à
M. le comte Tornielli, ambassadeur d'Italie. M. Trarieux a
d'ailleurs exposé de lui-même à la Cour de Cassation (4) et

(1) Voyez plus haut, p. 141.
(2) Voir plus haut, p. 222.
(3) Cass., 1899, t. 1, p. 227. Conf., Cass., 1899. Débats, p. 521 et suiv.
(4) Cass., 1899, t. 1, p. 464 et suiv.

p. 431 au Conseil de guerre (1) ses relations avec M. le comte Tornielli. M. Reinach a fait de même quand il a été entendu comme témoin dans la dernière enquête (2).

Ce sont précisément les éclaircissements par eux obtenus de M. le comte Tornielli, que MM. Trarieux et Reinach ont, avec l'assentiment de l'ambassadeur, apportés à la justice.

Le dossier C T ne révèle donc qu'une ignominie de plus du service des renseignements. Ce dossier a été, à la demande du commandant Cuignet (3), communiqué au Conseil de guerre. M. Trarieux a justement flétri ces agissements dans les lettres qu'il écrivit à cet égard à M. le général de Galliffet, ministre de la Guerre. M. Reinach fit de même dans une lettre adressée à l'ancien ministre de la Guerre, M. de Freycinet. La correspondance entre MM. Trarieux et Reinach et les anciens ministres de la Guerre a été publiée en annexe au procès de Rennes (4). Les deux ministres de la Guerre déclarent que ces turpitudes du service des renseignements ont été commises à leur insu.

M. de Freycinet, en ministre qui connaît les procédés du service des renseignements, ajoute philosophiquement : « *J'ai moi-même, étant ministre, figuré dans des rapports de cette nature et ne m'en suis point étonné* (5) ».

A 6, 6 bis, 6 ter. Pièces relatives à la communication d'extraits du registre-journal de la S. S. (1894-1896). — Ce sont des extraits de la comptabilité du service des renseignements qui avaient été demandés par le Conseil de guerre, relativement aux sommes allouées à la femme Bastian en septembre-octobre 1894 (date d'arrivée du bordereau), et en octobre-novembre 1896 (date d'arrivée du faux le plus connu d'Henry).

Il est à noter à ce sujet que si, comme l'allèguent les officiers du service des renseignements, la comptabilité du service est de pure fantaisie, on ne s'explique pas que des extraits en soient produits comme justification devant les tribunaux militaires.

A 7, 8, 9, 10. Quatre pièces avec traduction venues par la

(1) Rennes, t. 3, p. 424 et suiv.
(2) Enquête, t. 1, p. 550 et suiv.
(3) Rennes, t. 3, p. 352.
(4) Rennes, t. 3, p. 808 et suiv.
(5) Rennes, t. 3, p. 815.

voie ordinaire en 1899. — Ces pièces ne figurent au dossier, ainsi que l'indique la mention portée sur la cote les renfermant, que pour montrer que « *la source des renseignements n'est pas tarie* ».

Le commandant Cuignet avait signalé le fait au Conseil de guerre de Rennes (1).

La source a été tarie, en effet, uniquement par les agissements du général Mercier qui, à raison de ses manœuvres à p. 432 l'égard des témoins, a fait sortir Mme Bastian du poste occupé par elle (2),

A 11, 11 *bis* 11 *ter. Au sujet de l'agent qui a fourni les lettres CCC.* — Ces pièces concernent un racontar énoncé dans une lettre relative à un officier supérieur italien, qui a été désigné sous les initiales CCC. Le racontar avait été signalé à la Cour de Cassation en 1899 par M. Paléologue (3), qui avait fait connaître en même temps les renseignements donnés sur l'agent « emballé dans une voie où le zèle et l'imagination font les frais ». La Cour avait tenu néanmoins à faire préciser officiellement le degré de créance que méritait l'agent. Les trois pièces ici visées se réfèrent à cette vérification ; ce sont : une lettre de M. le premier président Mazeau, une lettre de M. le garde des Sceaux Lebret, une lettre de M. le ministre des Affaires étrangères avec note annexe. Ces documents figurent à l'enquête de la Cour de Cassation de 1899 (4) ; il en résulte « qu'aucune créance ne saurait être accordée aux correspondances de l'agent ».

L'évidente fausseté du racontar a été d'ailleurs mise en lumière par le capitaine Dreyfus, dans son mémoire personnel (5).

Avec ces pièces A 11, 11 *bis* et 11 *ter* se termine le dossier secret.

LXIV. — Tel était le dossier secret soumis aux juges de Rennes : c'était une collection de documents falsifiés et parfois fabriqués de toutes pièces, c'était un recueil de lettres intimes, dont les accusateurs se faisaient un moyen de chan-

---

(1) Rennes, t. 1, p. 497.
(2) Conf. Gén. Mercier. Enquête, t. 1, p. 312. Bastian. Enquête, t 1, p. 310.
(3) Paléologue. Cass., 1899, t. 1, p. 397 et 398.
(4) Cass., 1899, t. 2, p. 335 et 336.
(5) Revision du procès de Rennes, p. 429.

tage à l'égard de témoins redoutés, c'était un ensemble de notes pleines de renseignements dénaturés, qu'on plongeait dans les profondeurs du dossier secret pour en empêcher la vérification. C'était, au résumé, un amas d'ignominies ; et l'on comprend bien le cri d'indignation que la révélation de ces turpitudes amenait sur les lèvres de l'officier général chargé, sans étude préalable, de présenter ce dossier secret au Conseil de guerre de Rennes. Déposant le 29 mars 1904 devant la Chambre criminelle, le général Chamoin s'exprime en ces termes (1) :

> Puisque je parle du dossier, j'éprouve le besoin de vous dire (je continuerai tout à l'heure ma déposition) *combien j'ai été attristé, peiné et même écœuré* quand, après avoir pris connaissance du rapport de M. le Procureur général, j'ai vu que j'avais, moi, par ordre c'est vrai, mais, somme toute, moi, apporté un dossier qui contenait des faux, des faux si faciles à reconnaître, et que j'avais été peut-être, dans une certaine mesure l'artisan d'une impression qui avait pu amener, si légère soit-elle, une conviction dans l'esprit des juges qui étaient appelés à connaître et à donner leur avis, leur oui ou leur non, dans l'affaire Dreyfus !
>
> *J'avoue que depuis que j'ai lu ce rapport, je suis profondément attristé,* **p. 453** *je suis profondément écœuré ! Je tenais à le dire à la Chambre criminel'e, car enfin après une carrière heureuse, pleine de satisfactions, quand je rencontre sur ma route un devoir aussi pénible que celui-ci à accomplir, que j'ai accompli dans des conditions dans lesquelles ma conscience ne me reproche rien, avoir été peut-être dupe... mais complice jamais !...*
>
> Je vous demande pardon de mon émotion, elle dépasse les bornes que je m'étais fixées en entrant dans cette enceinte. Je vous prie de m'excuser.
>
> *M. le Procureur général.* — Elle est toute naturelle.
>
> *Le témoin.* — J'ai eu un mouvement peut-être exagéré, indigné, et que je n'aurais pas dû avoir devant vous.
>
> *M. le Procureur général.* — Voulez-vous me permettre de vous dire que jamais personne n'a eu la pensée d'une complicité de votre part. Jamais personne n'y a pensé.
>
> *Le témoin.* — Je vous remercie, Monsieur le Procureur général, vous me faites grand plaisir. Vous savez comme moi ce que sont l'opinion publique, les conversations, et quelle impression peuvent en retirer certains personnages. C'est pourquoi je me suis laissé aller à parler avec ce sentiment dont je m'excuse encore devant la Cour et qui a dû lui sembler dépasser les bornes.

LXV. — On ne peut évidemment rendre le général Chamoin responsable des folies criminelles du service des renseignements. Mais il eût mieux valu assurément, pour les accusateurs, obéir aux ordres que dictait la loyauté après la découverte du premier faux, et que formulait le général de Pellieux lui-même (2) en ces termes :

(1) Enquête, t. 1, p. 321.
(2) Déposition du colonel Ducassé. Enquête, t. 1, p. 714.

> Un dossier où il y a un faux est un 'dossier suspect ; on ne peut pas condamner sur un dossier suspect ; non seulement la revision s'impose, mais la cassation du procès, et *on ne peut pas réunir de nouveau un Conseil de guerre en lui donnant à juger sur un dossier contaminé.*

Il est certain que le dossier secret, composé avec des éléments fournis par le faussaire Henry, devait disparaître de tout débat judiciaire après la découverte du premier faux du colonel Henry. Lorsque M. Wattinne avait établi ce dossier d'après les documents d'Henry, il avait été le premier à lui dire (1), bien avant le général de Pellieux :

> S'il y a un seul faux dans les documents que vous nous présentez, toute l'affaire Dreyfus s'écroule.

Ce n'est plus aujourd'hui un faux qu'on découvre dans le dossier secret ; et rares en sont les pièces qui ne constituent pas le produit d'une manœuvre dolosive.

Ce que la loyauté commandait, la prudence le conseillait aussi aux accusateurs. C'est en maintenant contre l'évidence une accusation criminellement machinée, c'est en essayant de se couvrir de l'honorabilité inattaquable de notre corps d'officiers, et en cherchant, au nom de cette honorabilité même, à imposer leurs vilenies particulières au respect du pays tout entier, qu'ils ont rendu nécessaires les investiga- p. 434 tions mettant aujourd'hui en pleine lumière toutes leurs turpitudes.

Le général de Pellieux, qui n'y pouvait croire, avait cependant pressenti des choses inavouables.

> Je sais pertinemment, dit le colonel Ducassé (2), que le général de Pellieux ne tenait pas l'Etat-major, — *j'entends le bureau des renseignements et ceux qui tenaient à ce bureau,* — en grande estime. Il y avait vu des procédés qu'il condamnait ; il avait vu, dans la conservation des pièces qui étaient relatives au procès Dreyfus, des négligences qui étaient coupables dans un semblable service ; par conséquent, il considérait cela comme des choses mal menées, et il ne se cachait pas de dire que l'Etat-major général, *tel qu'il fonctionnait dans ce service, était à réorganiser de fond en comble, qu'il fallait y porter le fer et le feu. Je cite textuellement les mots que j'ai entendu prononcer peut-être dix fois.*

Que faut-il alors penser de ce même service et de ceux qui y étaient attachés, après la découverte de toutes ces falsifications de pièces, de toutes ces dénaturations de renseignements, des fabrications de documents, des altérations de

(1) Wattinne. Enquête, t. 1, 867, *in fine.*
(2) Enquête, t. 1, p. 711.

comptabilité, des dissimulations et suppressions de pièces à décharge, de ces constitutions de caisses noires pour payer les collaborateurs de manœuvres criminelles ?

Le dossier secret, tel qu'il a été constitué et mis en œuvre, n'est pas l'une des moindres hontes de l'affaire Dreyfus ; et si l'on n'en peut plus rien tirer aujourd'hui contre l'officier israélite qu'il devait accabler, il retombe de tout son poids sur les accusateurs.

C

LES DÉCLARATIONS DES GOUVERNEMENTS ÉTRANGERS ;
LES DOCUMENTS ET TÉMOIGNAGES LES CONCERNANT

Le général Mercier et ses accusations contre la diplomatie française et étrangère. — Déclarations de l'ambassadeur d'Allemagne et du président Casimir Périer, en 1894. — Correspondance entre l'attaché militaire d'Italie et son Etat-major au moment de l'arrestation de Dreyfus. — Ses déclarations et celles de l'ambassadeur d'Italie après le faux Henry. — Le ministère de la Guerre refuse le témoignage de Panizzardi. — Il connaît la fausseté de la pièce fabriquée par Henry, et à trois reprises il fait usage de ce faux. — Déclarations faites par l'ambassadeur d'Italie à notre ministre des Affaires étrangères, et par le ministre des Affaires étrangères d'Italie au parlement italien. — Ces déclarations catégori-

p. 435 *ques en ce qui concerne Dreyfus omettent volontairement de parler d'Esterhazy. — Déclarations faites par l'ambassadeur d'Allemagne à notre ministre des Affaires étrangères, et par le ministre des Affaires étrangères d'Allemagne au Parlement allemand. — Ces déclarations catégoriques en ce qui concerne Dreyfus allèguent ne pouvoir rien préciser en ce qui concerne Esterhazy. — Publication du* Moniteur officiel *de l'Empire allemand, au moment du procès de Rennes. — La communication de notre ambassadeur en Autriche. — Les déclarations de l'archiduc Victor à l'amiral Duperré. — Les déclarations faites à M. Gabriel Monod. — Les déclarations de l'agent B. au comte Casella. .. Les déclarations du colonel Schneider à M. Emile Picot. — Déclarations de M. le comte Tornielli à M. Trarieux.*

Les révélations nouvelles. — *Dans son argumentation contre la diplomatie italienne, le général Mercier fait usage d'un faux.* — *Le rapport de Fontenillat-Panizzardi ; dissimulation de ce document.* — *La lettre du colonel Chauvet.* — *Les lettres de M. Schwartzkoppen à M. Sandoz.* — *La lettre de M. Schwartzkoppen à M. Reinach.* — *La manœuvre des accusateurs à l'égard des attachés militaires et des gouvernements étrangers.* — *Les lettres du major Dahme au colonel Peroz.* — *Les lettres de M. de Münster.* — *Leur confirmation par une autorité plus haute : déposition à cet égard du prince de Monaco.* — *Les déclarations des ambassadeurs d'Italie, MM. Resmann et Tornielli, à M. Reinach.* — *Les déclarations du général Panizzardi à M. Sémenof.* — *Les procédés employés pour étouffer ces témoignages.* — *Conclusion.*

1. — Pour terminer cette douzième section, où se trouve réuni tout ce qui, en dehors du système d'accusation, a été soumis au Conseil de guerre de Rennes au cours des débats, il reste à examiner les déclarations des gouvernements étrangers, les documents et témoignages les concernant.

On trouve dans les déclarations officielles des gouvernements étrangers l'attestation très nette et très formelle de l'innocence de Dreyfus.

Comme tous ceux qui se sont permis d'opposer une contradiction aux affirmations des faussaires, les gouvernements étrangers ont été vivement attaqués par les accusateurs de Dreyfus.

En fait de diplomatie, disait le général Mercier à Rennes (1), je crois qu'il faut accepter avec une très grande réserve des déclarations de cet ordre. Naturellement, je n'entends pas dire du mal de M. Tornielli (ambassadeur d'Italie) personnellement, *mais je dirai que parfois notre propre diplomatie a été obligée de faire des déclarations absolument contraires à la vérité*, et je serai obligé de mentionner un fait de cette nature dans la suite de ma déposition.

Très heureusement pour l'honneur et le bon renom de la p. 436 France, cette appréciation de M. le général Mercier était fort incompétemment donnée ; et le fait visé dans cette étrange allégation, fait dont le général Mercier n'a d'ailleurs pas été témoin, *a été singulièrement dénaturé dans sa déposition.* M. le Président de la République, Casimir Périer,

(1) Rennes, t. 1, p. 82.

M. Hanotaux, ministre des Affaires étrangères et, M. Dupuy, président du Conseil, ont rétabli la vérité sur ce point.

Les déclarations diplomatiques, si elles laissent parfois certains actes dans l'ombre, si elles prêtent parfois à certaines équivoques, font du moins preuve des faits qu'elles affirment catégoriquement. Elles n'ont heureusement rien de commun avec l'affirmation du général Mercier au procès Zola, présentée sous la foi due à son serment et à sa parole d'honneur de soldat, qu'aucune pièce n'avait été illégalement communiquée au Conseil de guerre jugeant Dreyfus en 1894.

Il est véritablement stupéfiant qu'un général français, égaré par le souci de défendre ses propres vilenies, se soit abaissé au point d'essayer de porter atteinte à l'honorabilité de notre diplomatie.

Il est inouï qu'un ancien membre du gouvernement, cherchant une excuse à ses propres agissements, ne trouve que la calomnie à jeter à ses collègues (1).

II. — *En fait, les déclarations des gouvernements allemand et italien au sujet de l'affaire Dreyfus prêtaient-elles, en l'espèce, à une équivoque quelconque ?*

C'est ce qu'il importe maintenant d'examiner.

Au moment du procès de 1894, les ambassadeurs d'Allemagne et d'Italie, ignorant tout de l'affaire Dreyfus, n'avaient pu faire aucune déclaration précise.

Mais, comme l'ambassade d'Allemagne était spécialement visée par la presse, que renseignait le colonel Henry, M. le comte de Münster était intervenu.

En l'absence du ministre des Affaires Etrangères, il sollicite une audience du Président de la République, par l'intermédiaire du président du Conseil, auquel il remet un télégramme du Prince de Hohenlohe ainsi conçu : (2)

Sa Majesté l'Empereur, ayant toute confiance dans la loyauté du Président et du Gouvernement de la République, prie Votre Excellence de dire à M. Casimir Périer que, s'il est prouvé que l'Ambassade d'Allemagne n'a nullement été impliquée dans l'affaire Dreyfus, Sa Majesté espère que le Gouvernement de la République n'hésitera pas à le déclarer.

p. 437   Sans une déclaration formelle, la légende que la presse continue de propager sur le compte de l'Ambassade d'Allemagne, subsisterait et compromettrait la position du représentant de l'Empereur.

Signé : HOHENLOHE.

(1) Conf. Trarieux, Rennes, t. 3, p. 432-433.
(2) Enquête, t. 1, p. 673-674.

M. le Président de la République a rédigé lui-même, après son entretien avec M. de Münster, une relation authentique des communications échangées : il a versé ce document aux débats à l'appui de sa déposition. Les assurances données de part et d'autre y sont précisées ainsi qu'il suit (1) :

J'ai relu, dit M. le Président Périer, le premier paragraphe du texte du télégramme Hohenlohe et déclaré à mon interlocuteur que je lui dirais la vérité sur l'incident. J'ai, en lisant, souligné le mot *impliqué*, et lui dis que rien de ce que j'avais à lui communiquer n'*impliquait*, dans l'affaire Dreyfus, l'ambassade d'Allemagne.

Cet officier était, pour plusieurs motifs, l'objet de soupçons. On le surveillait (2). Entre temps, le Gouvernement a reçu publication d'une pièce anonyme *provenant, il en a la certitude, de l'ambassade d'Allemagne.*

Le comte de Münster m'interrompt pour me dire qu'il n'est pas possible que le document vienne de l'ambassade. Il a interrogé tout le monde et est certain qu'aucune pièce n'a pu nous être remise qui vint de l'ambassade. Il reconnaît qu'on y reçoit un grand nombre de lettres et de documents sans importance, mais un document important n'a pu être distrait.

Il est, ai-je répondu, fort possible que le document qu'on a établi émaner du capitaine Dreyfus (c'était alors ma pensée) n'ait pas été jugé important et qu'on l'ait jeté ou laissé sur une table. Quelle qu'en ait été l'importance ou la valeur, il suffit pour établir la culpabilité de Dreyfus, *mais nous ne rendons pas plus l'ambassade d'Allemagne responsable des papiers qu'elle reçoit, que le Gouvernement impérial ne peut nous rendre responsables des papiers qu'on nous apporte.* La pièce entre nos mains, le Gouvernement n'a eu qu'un souci : faire condamner un traître, *sans mettre en cause l'ambassade, qui n'était pas en cause,* et c'est pour éviter toute imprudence de langage, même de la part de la défense, que le huis-clos a été ordonné.

Tels sont les éclaircissements que, d'accord avec le président du Conseil, je puis donner, et je crois avoir ainsi répondu à l'appel qui était adressé à ma loyauté. C'est ce qu'on espérait de moi et je veux croire que cela suffit.

On ne voit rien dans ces déclarations qui soit contraire à la vérité.

M. Casimir Périer n'a même pas dissimulé que la base de l'accusation dirigée contre Dreyfus était *une pièce anonyme provenant de l'ambassade d'Allemagne.* Il a déclaré que l'ambassade d'Allemagne n'était pas impliquée dans l'affaire Dreyfus, en indiquant la raison de cette déclaration : c'est que

(1) Enquête, t. **1**, p. 674.
(2) Il est à noter, comme l'a reconnu M. Casimir Périer, sur interpellation de la défense (Enquête t. 1, p. 678, *in fine* et 679) que, dans la pensée de M. Casimir Périer, la surveillance et les soupçons dont il est ici question, n'étaient qu'une indication générale donnée à M. de Münster et ne visaient aucun fait précis antérieur à l'arrivée du bordereau.

« *nous ne rendons pas plus l'ambassade d'Allemagne respon-* *sable des papiers qu'elle reçoit, que le gouvernement impé-* *rial ne peut nous rendre responsables des papiers qu'on nous* *apporte* ».

p. 438   Rien de plus loyal et de plus correct que ces déclarations. Les deux pays avaient en réalité enfreint les règles du droit international : l'attaché allemand, contrairement à ces règles, s'était livré à des pratiques d'espionnage en nouant des rela- tions avec Esterhazy ; le service des renseignements français en retour, contrairement à ces mêmes règles, avait noué des relations avec la femme Bastian. La déclaration très mesu- rée et très correcte du président Casimir Périer évitait toute complication, sans altérer en rien la vérité.

Quant aux déclarations du comte de Münster, elles étaient tout aussi loyales. Il a interrogé tout le monde à l'ambassade, dit-il. Il reconnaît qu'on y reçoit un grand nombre de docu- ments sans importance, mais un document important n'a pu être distrait.

Or les documents venus par la voie ordinaire étant des *pièces recueillies par la femme Bastian dans la corbeille de* *l'agent A., ne pouvaient être considérés comme importants* *par ceux-là mêmes qui les jetaient au panier.*

Quant à affirmer à ce moment l'innocence de Dreyfus, l'ambassadeur ne pouvait, à cette époque, faire aucune décla- ration en pleine connaissance de cause. Le document ano- nyme dont lui a parlé M. Casimir Périer contient-il des offres de services ? Révèle-t-il des relations avec le bureau des ren- seignements de Berlin ? L'ambassadeur n'en sait rien. Au- cune enquête n'a été faite sur les relations possibles du ser- vice d'espionnage allemand avec Dreyfus ; et M. le comte de Münster se borne à affirmer qu'il n'y a pas de relations entre son ambassade et Dreyfus.

La correction de part et d'autre est absolue.

III. — Que se passait-il à la même époque à l'ambassade d'Italie ?

Celle-ci n'avait pas été, comme l'ambassade d'Allemagne, mise en cause directement par la presse du service des rensei- gnements. Mais l'alliance de l'Allemagne et de l'Italie lui créait une situation délicate.

Grâce à l'ignominie de la lettre d'Henry, en date du 27 oc-

tobre 1894, la *Libre Parole* publiait, le 1er novembre 1894, un
article sensationnel avec une manchette en caractères énormes, ainsi conçue : « *Haute trahison. Arrestation de l'officier
juif A. Dreyfus* (1) ». L'arrestation de l'officier israélite est
ainsi connue de tout le public.

Dès que ces détails sont révélés par la presse, l'attaché militaire d'Italie adresse au général commandant en second le
corps de l'Etat-major, à Rome, une note ainsi conçue :

L'arrestation du capitaine Dreyfus a produit, ainsi qu'il était facile **p. 439**
de le supposer, une grande émotion. Je m'empresse de vous assurer que
cet individu n'a jamais rien eu à faire avec moi. Les journaux d'aujourd'hui disent en général que Dreyfus avait des rapports avec l'Italie ; trois
seulement disent, d'autre part, qu'il était aux gages de l'Allemagne. Aucun journal ne fait allusion aux attachés militaires. Mon collègue allemand
n'en sait rien, de même que moi. J'ignore si Dreyfus avait des relations
avec le commandant de l'Etat-major (2).

Cette note, communiquée par M. le comte Tornielli, ambassadeur d'Italie, à M. le ministre des Affaires étrangères,
le 5 janvier 1899, a été soumise à la Cour.

Les commentaires de la presse se poursuivant sur cette
affaire, le même attaché militaire télégraphie, dès le lendemain, à son Etat-major général, pour confirmer sa note de la
veille et pour signaler que si les services de renseignements
italiens avaient été, comme lui, sans aucune relation directe
ou indirecte avec Dreyfus, il serait utile de publier une déclaration en ce sens afin d'éviter les commentaires de la
presse.

La Cour connaît ce télégramme qui n'était évidemment
pas fait pour les besoins de la cause de Dreyfus, et dont l'authenticité ne saurait être déniée (3).

M. le comte Tornielli a communiqué également au ministre des Affaires étrangères, le 5 janvier 1899, la réponse qui
fut faite télégraphiquement à l'attaché militaire d'Italie :

M. le général Marselli, commandant en second le corps d'Etat-major,
a répondu par le télégraphe au colonel Panizzardi que l'Etat-major se
trouvait dans les mêmes conditions, ce corps, et tous les services qui en
relèvent, n'ayant jamais eu de rapports directs ou indirects avec Dreyfus (4).

(1) Le numéro de la *Libre Parole* du 1er novembre 1894 a été annexé
par l'exposant à son mémoire produit dans la première instance en revision (Cass., 1899. Débats p. 587 et 599).
(2) Cass., 1899, t. 1, p. 400.
(3) Toutes les discussions auxquelles a donné lieu ce télégramme ont
été exposées plus haut, au sujet de la pièce 44 du dossier secret.
(4) Cass., 1899, t. 1, p. 400.

Il résulte donc, *des correspondances échangées par les autorités italiennes entre elles*, dès le jour où l'arrestation du capitaine Dreyfus fut connue du public, que jamais ce malheureux officier n'avait eu *de rapports directs ou indirects* avec un agent italien quelconque.

IV. — Survient la fabrication du faux le plus retentissant d'Henry. La presse du service des renseignements donne au public des indications sur les prétendues lettres de l'attaché militaire italien nommant Dreyfus en toutes lettres, ou le désignant par une initiale. Ces lettres de l'agent B., disaient les informations de la presse du service des renseignements, établissaient l'espionnage de Dreyfus, de connivence avec les attachés militaires A. et B.

C'est alors que, mis en cause à son tour, l'attaché militaire p. 440 italien, absolument certain de n'avoir jamais eu aucune relation directe ou indirecte avec Dreyfus, demande à son ambassadeur de faire une déclaration formelle en ce sens ; il va même plus loin : il offre son témoignage en justice.

M. Paléologue, délégué du ministre des Affaires étrangères, dépose en ces termes sur ces faits (1) :

Dans le courant de novembre 1897, le comte Tornielli eut occasion d'entretenir M. Hanotaux de la question Dreyfus. Il déclara que le colonel Panizzardi n'avait jamais entretenu de rapports avec Dreyfus ; il proposa même d'admettre M. Panizzardi à apporter son témoignage en justice.

Il ajoutait que les lettres attribuées par la presse au colonel Panizzardi, et qui auraient été échangées entre lui et tout autre officier étranger au sujet de l'affaire Dreyfus, étaient apocryphes.

Le 15 janvier 1898, l'ambassadeur d'Italie réitéra officiellement par écrit ses déclarations et sa proposition : il insistait de nouveau sur le caractère apocryphe des lettres que la presse prétendait avoir été adressées par le colonel Panizzardi à un de ses collègues étrangers. Après entente avec le ministre de la Guerre, le ministre des Affaires étrangères, se fondant, d'une part, sur des considérations d'ordre juridique et d'autre part, sur des considérations de politique générale, décida qu'il n'y avait pas lieu d'admettre le colonel Panizzardi à témoigner sur l'affaire Dreyfus. Cette décision fut notifiée oralement, le 28 janvier, au comte Tornielli.

Les lettres de M. le comte Tornielli, ambassadeur d'Italie à M. le ministre des Affaires étrangères, en date du 28 novembre 1897 et du 15 janvier 1898 ont été versées aux débats (2).

(1) Cass., 1899, t. 1, p. 393.
(2) Cass., 1899, t. 1, p. 398 et 401.

La première est ainsi conçue :

Le comte Tornielli, ambassadeur d'Italie à Paris,
à M. Hanotaux, ministre des Affaires étrangères.
(Particulière)
73, rue de Grenelle, ce 28 novembre 1897.

Mon cher Ministre,

Dans notre conversation d'hier au sujet de la publication que M. le colonel Panizzardi se voyait dans la nécessité de faire pour déclarer fausses les phrases que l'on prétend avoir été écrites par lui et qui auraient désigné Dreyfus soit par son nom, soit par une initiale, soit par un appellatif quelconque, je vous ai signalé un précédent dans lequel ce même officier avait été invité, par la justice française, à donner son témoignage sous serment. J'ai consulté, en rentrant à l'ambassade, les pièces conservées dans les archives et les souvenirs du colonel Panizzardi sur cette affaire.

Voici comment les choses se sont passées : Le juge d'instruction de Marseille qui suivait une information contre le sieur Chapus...

L'ambassadeur expose les détails de cette affaire Chapus et continue en ces termes :

Il n'y a pas une identité absolue entre le cas dont je viens de préciser **p. 441** les détails et celui qui nous a occupés dans l'entretien d'hier. Mais leur analogie est frappante, et il faut bien convenir que, pendant que de tous côtés on imprime que des lettres ou des phrases de lettres du colonel Panizzardi forment les pièces capitales d'un procès, cet officier a raison de demander ou bien que l'on cesse de parler de l'existence de ces lettres, et surtout d'en faire usage, ou bien qu'on l'entende sur la sincérité de ces pièces *qu'il déclare, sur l'honneur, ne pouvoir être que l'œuvre d'un faussaire.*

Veuillez, mon cher ministre, faire de cette lettre l'usage que vous jugerez à propos. Elle ne m'est inspirée que par le souci d'écarter tout incident pouvant rejaillir même plus tard d'une manière fâcheuse sur les rapports que je m'attache constamment à rendre de plus en plus meilleurs entre mon pays et le vôtre.

Croyez aux sentiments très dévoués de votre serviteur et ami.

Signé : G. Tornielli.

La seconde lettre, du 15 janvier 1898, qui avait cette fois un caractère absolument officiel, s'exprimait de la manière suivante :

Le comte Tornielli, ambassadeur d'Italie à Paris,
A M. Hanotaux, ministre des Affaires étrangères.

Paris, le 15 janvier 1898.

Monsieur le Ministre,

En prenant pour point de départ ce qui a été dit dans un acte judiciaire officiel publié ces derniers jours, la plupart des journaux rééditent les récits concernant des lettres échangées entre M. le colonel Panizzardi, attaché militaire de l'ambassade royale d'Italie, et un de ses collègues étrangers, au sujet de l'ex-capitaine Dreyfus.

Le souci du développement du caractère amical des relations de nos deux pays m'a déjà amené à entretenir Votre Excellence verbalement, à deux reprises, de ce sujet, et, dès le 27 novembre de l'année dernière, j'ai mis sous vos yeux la déclaration formelle signée par M. le colonel Panizzardi, opposant les dénégations les plus absolues à ces récits. J'ai eu alors l'occasion de prier Votre Excellence de vouloir bien prendre en considération que ceux-ci ne pourraient rester sans démenti, car non seulement la correction de la conduite de l'attaché militaire, mais même la rectitude personnelle de cet officier italien semblaient exposées au danger d'en souffrir atteinte.

C'est pourquoi, dans le même but amical, *je pense qu'il ne saurait être superflu que je déclare une fois de plus à Votre Excellence que M. le colonel Panizzardi n'a jamais eu, ni directement ni indirectement, ni de près ni de loin, de rapports avec Alfred Dreyfus, dont il a appris l'existence uniquement par le procès que tout le monde connaît.*

Il peut être utile qu'en même temps je rappelle au souvenir de Votre Excellence que, dans notre conversation du 27 novembre dernier, il a été question de la cause Chapus et de la procédure qui, en novembre-décembre 1893, a été trouvée bonne par deux de vos prédécesseurs et par le mien.

Veuillez agréer, etc.

Signé : G. Tornielli.

V. — C'est en présence de ces déclarations officielles, que

p. 442 le *témoignage en justice, offert par le colonel Panizzardi fut catégoriquement refusé par le ministre de la Guerre.*

C'est qu'au ministère de la Guerre *on n'avait pas été dupe du faux fabriqué par Henry.* Le colonel Du Paty de Clam lui-même, au vu du document fabriqué, en a signalé le caractère extraordinairement suspect (1). *Bien plus, dès son arrivée, le 1er novembre 1896 (2), la pièce fabriquée par Henry avait excité les soupçons.* Le général Billot, ministre de la Guerre, sans même faire la critique de la pièce, déclare qu'il considéra ce document comme d'une authenticité douteuse, à raison de son arrivée par trop opportune (3).

Enfin il est manifeste que si le document n'avait pas paru apocryphe, il eût été communiqué au colonel Picquart. Aucune accusation n'avait été formulée jusqu'alors contre le chef du service des renseignements, on lui reprochait seulement sa conviction bien arrêtée de l'erreur commise par le jugement condamnant Dreyfus. Le document fabriqué par Henry démontrait avec évidence que Dreyfus avait été, contrairement à l'opinion de Picquart, justement condamné. Il

(1) Du Paty de Clam. Déposition du 22 mars 1904. Enquête, t. 1 , p. 175..
(2) Gonse. Rennes. t. 1, p. 555.
(3) Billot. Déposition du 25 avril 1904. Enquête, t. 1, p. 447 ; Rennes. t. 1, p. 179.

est impossible d'expliquer, pourquoi, si on a cru à l'authenticité du document, on ne l'a pas montré au colonel Picquart. On eût ainsi, du même coup, détruit les soupçons du colonel Picquart, et ramené la bonne harmonie entre tous les officiers de l'Etat-major.

VI. — Pour expliquer cette singulière conduite, le général de Boisdeffre alléguait, à Rennes, contrairement aux affirmations de Picquart, que la pièce était arrivée en l'absence du chef de service. M. le général de Boisdeffre déposait en ces termes (1) :

Je dois dire, à cet égard, que M. Picquart était à ce moment absent, quand Henry a apporté cette pièce au général Gonse.

Le colonel Picquart a dit qu'il était à Paris et qu'on l'avait remise à son insu ; c'est une erreur certaine.

Le colonel Picquart était à ce moment absent pour deux ou trois jours, soit pour petite mission, soit pour une permission ; par conséquent, la remise de la pièce directement par le colonel Henry au général Gonse était parfaitement régulière.

Maintenant, la pièce n'a pas été montrée au colonel Picquart, parce que tel a été l'avis du ministre comme le mien ; et comme le départ du colonel était chose décidée, le ministre avait décidé qu'il était préférable de ne plus lui parler de rien, de ne plus rien lui montrer ayant trait à l'affaire Dreyfus, étant donné le parti pris qu'il paraissait avoir dans cette affaire.

Sans insister sur le caractère fantaisiste de cette explication, qui donne comme raison de la non communication de la p. 443 pièce au colonel Picquart, la profonde conviction chez ce dernier de l'erreur commise, conviction qu'aurait précisément détruite la pièce admise comme authentique, il suffit de relever ici l'inexactitude flagrante de cette partie de la déposition du général de Boisdeffre.

Cette déposition a été évidemment inspirée par une lettre du général Gonse à M. le premier président de la Cour de Cassation, en date du 13 mai 1899 (2), où on lit :

Le lieutenant-colonel Picquart prétend qu'il n'a fait aucune absence, soit en octobre, soit en novembre jusqu'au jour de son départ en mission, le 16 novembre de la même année ; c'est une erreur, Picquart s'est absenté du samedi 31 octobre dans l'après-midi, jusqu'au 3 novembre, dans l'après-midi ; j'ai vérifié le fait avant mon départ du ministère. Les officiers sous ses ordres pourraient sans doute confirmer mon témoignage ; s'est-il absenté pour un fait personnel, à l'occasion de la fête de la Toussaint, ou bien sous un prétexte de service, je ne m'en souviens pas ; mais

(1) Rennes, t. 1, p. 527.
(2) Cass., 1899, t. 2, p. 353.

le fait est là, et c'est tellement vrai que les officiers, notamment l'archi-viste Gribelin, le croyaient en mission.

Or ces assertions du général Gonse reposaient encore sur une falsification de la comptabilité du service des renseignements, qui a été démasquée par le colonel Picquart, lorsqu'au cours de la dernière enquête les registres lui furent représentés (1).

Voici comment s'exprime le colonel Picquart :

Le témoin. — Il y a une question que le général de Boisdeffre a effleurée aussi à Rennes. Il a dit que si on ne m'avait pas communiqué le faux Henry quand il a paru, c'est que j'étais absent... Il a dit qu'il y avait aussi d'autres raisons, que comme je paraissais absorbé, hypnotisé, on croyait inutile de me présenter cette pièce ; mais il a bien déclaré que j'étais absent. Le général·Gonse aussi l'a déclaré. Je dois dire que lors de l'enquête de la chambre criminelle en 1898, M. Gonse, avait également dit que j'étais absent ; bien plus, le général Gonse, devant un démenti que je lui avais donné à ce moment-là, s'est donné la peine d'écrire au président de la Cour de Cassation une lettre dans laquelle il dit : « le colonel Picquart était absent pour une mission ou en permission, depuis le 31 octobre dans l'après-midi jusqu'au 3 novembre dans l'après-midi ; j'ai vérifié le fait avant mon départ du ministère ; beaucoup d'officiers du bureau du colonel Picquart croyaient qu'il était déjà parti pour sa mission, notamment Gribelin ».

Eh bien, Messieurs, tout cela est complètement inexact. D'abord, je ne me suis pas absenté, j'en fais la déclaration formelle. On aurait pu équivoquer en disant : le 1ᵉʳ et le 2 novembre étaient des jours de fête : mais les dimanches et les jours de fêtes, quand j'étais à Paris, j'avais l'habitude de passer à mon bureau prendre connaissance du courrier. Mais il y a bien autre chose, c'est que le 1ᵉʳ novembre j'ai eu à faire à mon bureau une opération dont il reste une trace matérielle :

p. 444 Le commissaire spécial Tomps était revenu ce jour-là de mission, et j'avais à faire un paiement important, j'avais de plus à recueillir le compte rendu de sa mission, et M. Gribelin était présent... Si la Cour voulait bien me permettre de jeter un coup d'œil sur les registres de comptabilité, je vais lui montrer ce qui y figure...

M. le procureur général. — Voici ceux que j'ai.

Le témoin. — Le troisième registre me suffira peut-être. Je serai très désireux de voir le registre de Gribelin et puis le registre de caisse.

M. le Procureur général. — L'autre registre est en ce moment entre les mains de M. Atthalin qui instruit une autre affaire.

Le témoin. — Je trouve effectivement ici, au 1ᵉʳ novembre : « Dépenses pour Tomps, Mathilde, etc., **500 francs** ». C'était une somme assez considérable pour que M. Gribelin fût obligé d'ouvrir son coffre ; il ne pouvait l'ouvrir sans que je fusse présent puisqu'il avait une clef et moi une autre.

Je vais maintenant vous demander la permission de vérifier si cette somme est inscrite sur l'autre registre.

Un membre de la Cour. — C'est le brouillard cela ?

(1) Déposition du 9 mai 1904. Enquête. t. 1, p. 681 et suiv. — Comp. Gribelin. Déposition du 11 juin 1904. Enquête, t. 1, p. 913 et 914.

Le témoin. — Oui.

Sur le registre que je vous montre, la somme est portée à la date du 4, si bien qu'on pouvait prouver, pièces en mains, suivant l'expression heureuse de M. Gribelin, que je n'étais pas là le 1ᵉʳ novembre, qu'il n'y a aucune trace qui prouverait le contraire. Par contre, dans le registre sur lequel M. Gribelin porte ses inscriptions, au jour le jour, il y a bien l'indication du 1ᵉʳ novembre.

Du reste Temps a déposé, il se souvient très bien qu'il est venu le 1ᵉʳ novembre et qu'on lui a fait un paiement de 500 francs ce jour-là.

Mais ici, sur le registre de caisse, on a changé de date, si bien que le général Gonse a pu dire, et aurait pu prouver, que je n'étais pas là le 1ᵉʳ novembre en ne produisant pas ce registre.

Il est probable, que le registre n° 4, qui est une reproduction du registre n° 3, doit porter la même inscription.

Mais il y a plus : En disant que M. Gribelin croyait que je devais être parti en mission, le général Gonse savait parfaitement qu'il parlait à des gens qui n'étaient pas au courant de la routine du service. Or, M. Gribelin était chargé de payer les frais de route, de me faire parvenir ma correspondance, il ne pouvait ouvrir son coffre-fort sans moi. Par conséquent, si quelqu'un savait que j'étais parti, c'était M. Gribelin. En mettant dans sa lettre au président de la Cour de Cassation que M. Gribelin croyait que j'étais parti en mission, le général Gonse a fait une affirmation bien audacieuse.

A la vérité, la raison pour laquelle on ne m'a pas montré le faux Henry, ce n'est pas parce que je n'étais pas là, puisque j'y étais, c'est parce qu'on pensait que j'avais assez l'habitude de ce genre de questions pour découvrir que c'était un faux, et c'est ce qu'on ne voulait à aucun prix.

D'ailleurs, j'ai affirmé deux fois, sans même avoir vu la pièce, mais sur l'énoncé plus ou moins complet de ce qu'elle contenait, j'ai affirmé deux fois sa fausseté. Je l'ai affirmé une première fois au procès Zola, cela m'a valu d'être insulté publiquement par le général de Pellieux, et je l'ai affirmé une seconde fois lorsque M. Cavaignac a fait usage de cette pièce à la tribune de la Chambre ; *c'est à la suite de cela que j'ai été mis en prison.*

Du reste, l'espèce d'anxiété avec laquelle, à ce moment-là, le général Gonse me demandait si le ministre ne m'avait rien fait connaître, m'est revenue plus tard à l'esprit et m'a bien montré quelle crainte le général avait qu'on ne m'ait montré cette pièce. Le général Billot, lui, m'avait donné un très léger aperçu, il l'avait simplement mentionnée, il disait qu'il avait une pièce qui prouvait, d'une façon évidente, que Dreyfus avait **p. 445** eu des relations avec des attachés militaires étrangers.

VII. — *Ainsi le document fabriqué par Henry arrive au ministère de la Guerre avec une opportunité qui le rend suspect, même aux yeux du général Billot ; le colonel Du Paty en a reconnu le caractère apocryphe ; le document a été soustrait sous un prétexte mensonger (qu'appuyaient des altérations des écritures de comptabilité) à l'examen du colonel Picquart ; le témoignage du colonel Panizzardi directement mis en cause, offert par lui avec insistance, a été refusé ; le colo-*

nel Picquart qui, sans avoir vu le document, en avait affirmé
le caractère évidemment frauduleux, a été jeté en prison.

Et c'est dans ces conditions : 1° qu'il a été fait usage du
faux sur l'ordre du ministère de la Guerre, dans l'instruction
du général de Pellieux, relative au procès d'Esterhazy (1).

2° Qu'il a été fait usage du faux par le général de Pellieux, le général Gonse et le général de Boisdeffre au procès
Zola (2).

3° Qu'il a été fait usage du faux par M. Cavaignac, ministre de la Guerre, dans son discours à la Chambre du 7 juillet 1898, affiché dans toutes les communes de France (3).

Certains journaux italiens (4) annoncèrent qu'à la suite de
ces usages faits par les représentants du ministre de la
Guerre, du faux officiellement dénoncé par lui, M. l'ambassadeur d'Italie, comte Tornielli, avait demandé son rappel, et
qu'il était resté à son poste uniquement à raison des instances
pressantes du ministre des Affaires étrangères d'Italie, Visconti Venosta.

Le 30 août 1898, le colonel Henry avouait avoir fabriqué
lui-même la pièce dont l'ambassadeur d'Italie avait officiellement révélé le caractère apocryphe.

Il faut vraiment que le général Mercier soit acculé par
l'évidence aux pires expédients, pour qu'après de tels précédents, il essaye encore de faire prévaloir les pièces du faussaire Henry, sur les affirmations catégoriques des ambassadeurs.

VIII. — Au moment où M. l'ambassadeur d'Italie adressait à notre ministre des Affaires étrangères ses lettres des
28 novembre 1897 et du 15 janvier 1898, il y avait plus d'un
an que le journal le *Matin* publiant, comme preuve de la
trahison de Dreyfus (5), le fac-similé du bordereau d'après
la photographie de l'expert Teyssonnières, avait, contraire-

(1) Déposition Ducassé. Enquête, t. 1, p. 713 et 717.
(2) Procès Zola, t. 2, p. 117 et 118 (de Pellieux) ; p. 120-121 (Gonse) ;
p. 127 (de Boisdeffre).
(3) Cass., 1899, Débats, p. 547.
(4) *Corriere di Napoli*, 6 septembre 1898.
(5) Le *Matin* du 10 novembre 1896 intitulait son article : « La preuve.
— Fac-similé du bordereau écrit par Dreyfus. — Il faut en finir. — Le
bordereau et la lettre dictée. — Comparaison des signes. — Comment la
lumière a été faite. — *Pas de doute possible.* » (Prod. 10).

ment au but de sa publication, amené la révélation de l'erreur judiciaire.

Les attachés militaires A. et B. avaient reconnu l'écriture d'Esterhazy dans le fac-similé du bordereau, et comme le constate le rapport Schneider, ils signalaient depuis lors officieusement l'erreur commise. p. 446

Les enquêtes les plus minutieuses avaient été poursuivies; et le gouvernement italien, à la suite de ces enquêtes, ne s'était même pas contenté de la déclaration faite par son ambassadeur, le 15 janvier 1898, et formulée en ces termes :

M. le colonel Panizzardi n'a jamais eu, *directement ou indirectement, ni de près ni de loin, de rapports avec Alfred Dreyfus, dont il a appris l'existence uniquement par le procès que tout le monde connaît.*

Le 31 janvier 1898, le comte Bonin, sous-secrétaire d'Etat aux Affaires étrangères, répondant à une question de M. del Balzo sur l'action de la représentation diplomatique de l'Italie à Paris dans l'affaire Dreyfus, s'exprimait en ces termes :

Notre représentation diplomatique à Paris n'a pas été appelée à exercer dans l'affaire Dreyfus une action quelconque ; car il s'agit d'une affaire d'une nature très délicate, ayant un caractère exclusivement intérieur, dans laquelle les représentations étrangères, pour des raisons évidentes de correction internationale, doivent garder une réserve d'autant plus grande que sont plus vifs l'intérêt et l'émotion suscités en France.

Les journaux ont relaté le bruit suivant lequel des fonctionnaires de l'ambassade italienne auraient été cités à déposer.

Aucun acte de ce genre n'a jusqu'ici été notifié. S'il était notifié ultérieurement, il y aurait lieu d'examiner alors quelles instructions il conviendrait de donner à ces fonctionnaires, sous la réserve toujours des formes de procédure spéciale requises par l'extraterritorialité.

D'ailleurs, *je puis affirmer de la manière la plus explicite que, ni notre attaché militaire, ni aucun autre agent ou représentant du gouvernement italien n'ont eu jamais aucun rapport direct ou indirect avec Dreyfus.*

Cette déclaration a été placée sous les yeux de la Cour, par M. Paléologue en 1899, et, par M. Fouques Duparc le 2 juillet 1904, au nom du ministre des Affaires étrangères.

Le texte en avait été, en effet, adressé officiellement à notre ministre des Affaires étrangères par l'ambassadeur de France à Rome, le 1er février 1898 (1). Ce texte a été publié par le journal le *Temps*, du 2 février 1898 : le numéro du journal a été produit à la Cour par l'exposant, avec le mémoire concernant la première instance en revision.

(1) Cass., 1899, Débats ; p. 592.

Contrairement à ce qu'alléguait le général Mercier, *de telles déclarations ne laissent place à aucune équivoque* : elles dénient tout rapport d'espionnage avec Dreyfus, *direct ou indirect* ; et cette dénégation est formulée, *non seulement en ce qui concerne l'attaché militaire, mais encore en ce qui concerne tout autre agent ou représentant du gouvernement italien.*

p. 447 Il est à noter que, très catégoriques à l'égard de Dreyfus, *ces déclarations sont muettes à l'égard d'Esterhazy ; la Cour en sait la raison.*

L'exposant ne peut que répéter, à cet égard, ce que disait Mᵉ Demange dans sa plaidoirie à Rennes (1) : La Cour « a pu constater la grande attention que l'on a eue de ne pas prononcer le nom du commandant Esterhazy à côté de celui du capitaine Dreyfus. *Cette omission est significative et l'on sait (la Cour sait) qu'elle a été volontaire et délibérée. »*

IX. — Le gouvernement allemand avait naturellement suivi le même chemin que le gouvernement italien, dans la découverte de l'erreur judiciaire.

Le 17 novembre 1897, M. l'ambassadeur d'Allemagne faisait au ministre des Affaires étrangères une communication (2) aux termes de laquelle *l'attaché militaire allemand, colonel de Schwartzkoppen, protestait sur l'honneur n'avoir jamais eu, ni directement ni indirectement, aucune relation avec Dreyfus.* L'ambassadeur ajoutait ne pas avoir, en ce qui le concernait personnellement, entendu parler d'Esterhazy.

D'autre part, le 24 janvier 1898, M. de Bülow, secrétaire d'État aux Affaires étrangères, faisait officiellement au Reichstag la déclaration suivante au sujet de l'affaire Dreyfus :

Vous comprendrez que je n'aborde ce sujet qu'avec de grandes précautions. Agir autrement pourrait être interprété comme une immixtion de ma part, comme une immixtion de notre part dans les affaires intérieures de la France ; et nous avons constamment, et avec les plus grands soins, évité jusqu'à l'ombre d'une pareille immixtion. Je crois d'autant plus devoir observer une réserve complète à ce sujet, qu'on peut s'attendre à ce que les procès ouverts en France jettent la lumière sur toute l'affaire.

Je me bornerai donc à déclarer, de la façon la plus formelle et la plus catégorique, qu'entre l'ex-capitaine Dreyfus, actuellement détenu à

(1) Rennes, t. 3, p. 649.
(2) Paléologue. Cass., 1899, p. 389 et 392.

l'Ile-du-Diable, et n'importe quels organes allemands, il n'a jamais existé de relation ni de liaison de quelque nature qu'elles soient. Les noms de Walsin-Esterhazy, Picquart, je les ai entendus pour la première fois dans mon existence il y a trois semaines.

Quant à l'histoire de la lettre d'un agent mystérieux, soi-disant trouvée dans un panier à papiers elle ferait peut-être bonne figure dans les dessous d'un roman ; naturellement, elle est tout imaginaire et n'a jamais eu lieu en réalité.

Enfin, je désirerais constater avec satisfaction que l'affaire, dite « affaire Dreyfus », si elle a fait beaucoup de bruit, n'a en rien troublé, à ma connaissance, les relations uniformément tranquilles qui existent entre l'Allemagne et la France.

Bien moins encore, je n'ai entendu parler de facilités particulières qui p. 448 auraient été accordées de la part de l'Allemagne à l'ex-capitaine (1).

La Cour connaît ces déclarations, dont le texte lui a été soumis par MM. Paléologue et Fouques Duparc, délégués du ministre des Affaires étrangères, respectivement en 1899 et en 1904. Ce texte, officiellement communiqué le 25 janvier 1898 au ministre des Affaires étrangères, par l'ambassadeur de France à Berlin, a été publié par le journal le *Temps* (N° du 26 janvier 1898, produit avec le mémoire de l'exposant, relatif à la première instance en revision).

Le nom d'Esterhazy n'a plus été omis dans ces déclarations. Mais si ce nom a été prononcé, *ce fut pour indiquer qu'on ne pouvait rien dire à l'égard de celui qui le portait, et cette réserve, elle aussi, était singulièrement significative.*

M. le général Roget qui, trop souvent dans ses dépositions, a hasardé de téméraires affirmations, avait allégué que les déclarations du gouvernement allemand plaçaient Esterhazy et Dreyfus sur la même ligne. Il fut ramené à la réalité des faits par Mᵉ Demange (2).

Mᵉ Demange. — Maintenant, une question à M. le général Roget. Dans sa déposition, hier, faisant allusion à la déclaration qui a été produite au Parlement de la puissance de l'agent A., par le ministre des affaires étrangères, M. le général Roget a dit que cette déclaration excluait aussi bien Esterhazy que Dreyfus, que le ministre avait déclaré ne connaître ni l'un ni l'autre. Or, je rappelle à M. le général Roget les termes exacts de la déclaration. Je lui demande, à lui, qui est un esprit très fin, s'il ne voit pas une nuance entre cette déclaration qui concerne Dreyfus et ce qui a trait à Esterhazy :

« Je me bornerai donc à déclarer, de la façon la plus formelle et la « plus catégorique qu'entre l'ex-capitaine Dreyfus, actuellement détenu à « l'Ile-du- Diable, et n'importe quel organe allemand, il n'a jamais existé « de relations ni de liaison de quelque nature qu'elle soit. Les noms de Wal-

(1) Voyez Cass., 1899. Débats, p. 589.
(2) Rennes, t. 1, p. 335.

« sin-Esterhazy et de Picquart, je les ai entendus pour la première fois
« dans mon existence, il y a trois semaines ».

Je demande à M. le général Roget son appréciation ; s'il n'estime
pas, lui qui connaît très bien le langage diplomatique, le langage des
hommes d'Etat, qu'il y a une différence de nuance entre ce fait et une
dénégation absolue au point de vue des relations avec Dreyfus, et puis
ensuite cette indication quant au nom d'Esterhazy.

Le général Roget. — Il y a certainement une nuance.

M⁰ Demange. — Ah ! il y a une nuance ! (*Mouvement*).

Enfin, un incident très caractéristique se produisit au
procès de Rennes. Outré de l'intervention au débat *du faux
témoin Cernuszky*, étranger en relations avec le service des
renseignements (1), M⁰ Labori avait adressé en haut·lieu un
télégramme, demandant, au nom de la justice, une parole de
p. 449 vérité à qui pouvait la prononcer. Le 8 septembre, le *Moniteur officiel* de l'empire allemand publiait, en tête de sa partie officielle, une déclaration dont le texte, communiqué au
Conseil de guerre, par M. Paléologue, est conçu en ces termes (2)· :

Nous sommes autorisés à renouveler les déclarations ci-dessous que,
en ce qui concerne le capitaine français Dreyfus, le gouvernement impérial, tout en restant dans la réserve que commande la loyauté dans une
affaire intérieure d'une puissance étrangère, mais pour sauvegarder sa
dignité propre, a faites pour remplir son devoir d'humanité.

L'ambassadeur, prince de Münster, a remis, sur l'ordre de l'Empereur,
en décembre 1894 et en janvier 1895, à M. Hanotaux, ministre des affaires
étrangères, à M. Dupuy, président du Conseil, et au Président de la République, M. Casimir Périer, des déclarations réitérées que l'ambassade
allemande en France n'avait jamais entretenu de relations, ni directes
ni indirectes, avec le capitaine Dreyfus.

Le secrétaire d'Etat, M. de Bülow, a fait, le 24 janvier 1898, devant
la Commission du Reischstag, la déclaration suivante :

« Je déclare de la façon la plus formelle qu'entre l'ex-capitaine fran-
« çais Dreyfus, actuellement détenu à l'Ile-du-Diable, et n'importe quels
« organes allemands, il n'a jamais existé de relations, ni de liaisons, de
« quelque nature qu'elles soient ».

Il est hors de doute que pareille déclaration officiellement
publiée ne correspondait à aucune nécessité diplomatique ;
que l'on ne pouvait voir là que l'accomplissement d'un devoir
d'humanité ; que cette publication officielle serait incompréhensible et demeurerait véritablement inexplicable en cas
de culpabilité de Dreyfus.

X. — Ces déclarations directes n'avaient pas été les seules,

(1) Voir plus haut, section X.
(2) Rennes, t. 3, p. 674.

M. Paléologue avait signalé dans sa déposition, en 1899 (1),
« une dépêche émanant d'un représentant de la République à
l'étranger et tendant à indiquer que d'une part, Schwartzkoppen n'avait pas eu de relations avec Dreyfus, et d'autre part,
que le gouvernement allemand ignorait naturellement s'il
avait eu quelque relation suspecte avec un agent d'une autre
puissance ».

Cette dépêche, qui remonte à 1897, et qui émane de notre
ambassadeur à Vienne, a passé sous les yeux de la Cour.

D'autre part, M. Laroche, résident général des colonies,
avait fait connaître à la Cour les déclarations très nettes de
l'archiduc Victor, frère de l'empereur d'Autriche. M. Laroche déposait en ces termes le 16 janvier 1899 : (2)

Le 31 août dernier, le jour même où les journaux du matin annoncèrent la découverte du faux du colonel Henry et son arrestation, je quittai
Paris pour aller faire une visite dans le département de l'Orne, et je rencontrai, en chemin de fer, l'amiral Duperré : je suis ancien lieutenant
de vaisseau, et j'ai eu l'honneur de connaître l'amiral Duperré et d'être **p. 450**
en relations avec lui, soit dans la marine, soit depuis que je l'ai quittée.
Nous nous entretinmes longuement, en chemin de fer, et naturellement
nous nous entretinmes de la nouvelle sensationnelle du jour. L'amiral
ma rapporta qu'il avait eu, quelque temps auparavant, au sujet de l'affaire Dreyfus, une conversation avec l'archiduc Victor, frère de l'empereur d'Autriche, chez qui il est intimement reçu. L'archiduc lui avait
déclaré être certain, et lui avait donné sa parole d'honneur que le gouvernement allemand n'avait jamais eu aucune relation avec le capitaine
Dreyfus. L'amiral ajouta qu'il ne pouvait pas mettre en doute la sûreté
des informations, non plus que la sincérité de l'archiduc, qui lui avait
parlé spontanément et dont il connaissait la loyauté.

D'autre part encore, M. Gabriel Monod, entendu par la
Cour de Cassation, le 14 janvier 1899, lui avait apporté un
témoignage très précis sur les déclarations faites à l'étranger,
en ce qui concerne l'affaire Dreyfus.

Sa déposition était ainsi conçue : (3)

Pendant mon séjour à Rome, je me suis refusé à toute entrevue avec
des personnages politiques, qui aurait eu pour but de prendre des informations directes sur l'affaire Dreyfus. Mais j'eu eu soin de recueillir tous
les renseignements qui sont venus spontanément à moi, dans les réunions
où je me trouvais, ou par des amis qui me les apportaient, sans que je
les eusse sollicités. La concordance de ces renseignements m'a paru
offrir un réel intérêt : c'est ainsi que j'ai su de quelle manière M. Visconti-
Venosta, ministre des affaires étrangères, les généraux Ricotti et Cossenz,

(1) Cass., 1899, t. 1, p. 389, *in fine*.
(2) Cass., 1899, t. 1, p. 473.
(3) Cass. 1899, t. 1, p. 459 et 460.

le général Primerano, chef d'état-major général, s'exprimaient sur l'affaire Dreyfus. Ils affirmaient son innocence et s'étonnaient qu'une pareille erreur eût pu être commise. Le marquis Guerrieri m'a dit, il y a quelques seulement, en avoir causé plusieurs fois avec le *général Primerano, qui lui a affirmé qu'aucune pièce provenant de Dreyfus ne leur était parvenue, tandis qu'ils en avaient provenant d'Esterhazy.* Le marquis Guerrieri m'a dit également tenir de M. Chiala, ami du colonel (aujourd'hui général) Panizzardi, l'affirmation que la dépêche par laquelle l'attaché militaire italien annonçait à son gouvernement l'arrestation de Dreyfus contenait aussi l'affirmation qu'il n'y avait jamais eu aucun rapport entre Dreyfus et lui.

Mon ancien ami, le professeur Uzielli, de Florence, m'a raconté avoir rendu visite, au commencement de 1895, à un officier de ses amis, attaché à l'état-major général. Cet officier, qui avait la garde des papiers d'espionnage, lui dit que *Dreyfus n'avait jamais livré aucun document aux gouvernements étrangers. et que les documents qu'on prétendait avoir été livrés par lui l'avaient été par un officier supérieur en grade.*

Je puis ajouter que la reine d'Italie a déclaré à deux de nos amies, les demoiselles Amari, ainsi qu'au sénateur Bonfadini, qu'elle avait été très troublée par l'affaire Dreyfus, qu'elle avait pris des renseignements les plus précis à ce sujet, et qu'elle était certaine de l'innocence de Dreyfus.

Dans un dîner chez Mme Minghetti, auquel j'assistais, *le prince Lichnowski, secrétaire de l'ambassade d'Allemagne à Vienne, et ami personnel de M. de Schwartzkoppen, a raconté qu'il s'était entretenu avec ce dernier de l'affaire Dreyfus, que M. Schwartzkoppen lui avait affirmé n'avoir jamais eu aucune relation avec Dreyfus. et que, d'ailleurs, les* p. 451 *papiers mentionnés au fameux bordereau, dont on parlait tant, n'avaient qu'une faible valeur, sans du reste vouloir rien dire sur l'origine de ces papiers.* J'ai eu sous les yeux une lettre de Mme de Bülow. la femme du ministre des affaires étrangères d'Allemagne, adressée à une de ses amies de Rome et dans laquelle, au milieu de beaucoup d'autres choses, elle disait incidemment : « *Vous avez vu ce que mon mari a dit sur l'innocent Dreyfus. Tout ce que Zola a dit est vrai et toutes les réponses sont misérables.* »

Cette même dame m'a fait connaître le récit que lui a fait le docteur Mühling. Allemand établi à Rome, d'une visite qu'il a faite à M. de Schwartzkoppen, à Berlin, au mois de juillet. Il le trouva très triste et lui en demanda la cause. M. de Schwartzkoppen lui dit que c'était le sentiment de responsabilité qui pesait sur lui dans l'affaire Dreyfus. *M. Mühling lui ayant demandé pourquoi il ne s'expliquait pas publiquement, il répondit que, d'abord, on ne croirait pas, en France, à ses déclarations, qu'ensuite, s'il le faisait spontanément, il serait mal vu de ses camarades et de ses chefs; mais qu'il avait été prévenu que si son témoignage était invoqué par le gouvernement français, il recevrait l'ordre de déposer sur tout ce qu'il savait, soit entre les mains de l'ambassadeur de France à Berlin, soit auprès d'une autorité judiciaire.*

Je peux ajouter que M. Clark, fellow de Queen's-College à Oxford. m'a rapporté, au mois de septembre, *qu'il avait rendu visite au colonel Panizzardi, au moment où celui-ci allait quitter Paris, qu'il l'avait trouvé fort ennuyé des déclarations de M. Casella. qui l'obligeaient à renoncer à son poste d'attaché militaire, mais que ces déclarations étaient rigoureusement exactes.*

Les déclarations de M. le comte Casella, témoin cité au

procès Zola, mais à la déposition duquel durent renoncer MM[es] Labori et Clémenceau, par suite de l'arrêt de la Cour d'Assises interdisant toutes questions relatives à l'affaire Dreyfus, furent publiées par *le Siècle*, le 7 avril 1898 : elles figurent en annexe au compte rendu sténographique du procès Zola (1). Le Comte Casella rapporte des conversations qu'il eut avec les agents A. et B. ; tous deux lui ont affirmé l'innocence absolue du capitaine Dreyfus. Le comte Casella raconte, d'autre part, une entrevue tragique, entre l'agent A. et Esterhazy : son témoignage, sur ce point, a été confirmé par d'autres constatations, sur lesquelles il y aura lieu de revenir dans la partie du mémoire consacrée à Esterhazy.

A Rennes, M. Emile Picot, de l'Institut, avait fait connaître au Conseil de guerre les révélations du colonel Schneider, attaché militaire autrichien (2). En mai 1899, le colonel Schneider, édifié à cette époque par les confidences de ses collègues A. et B., avait non seulement affirmé à M. Emile Picot l'innocence de Dreyfus, mais avait nettement spécifié le rôle joué par Esterhazy en toute cette affaire. Les révélations du colonel Schneider sont d'autant plus significatives que leur auteur a été longtemps convaincu de la culpabilité de Dreyfus, et qu'il était animé de sentiments peu bienveillants pour les israélites en général. Son rapport-memento, de novembre 1897 (pièce 66 du dossier secret rapporté plus haut), en fait foi.

Le colonel Schneider suivait attentivement les débats de Rennes. Le télégramme qu'il adressa, au sujet de la pièce 66 p. 452 du dossier secret, en est la preuve (3). Aucune rectification ne fut envoyée par le colonel Schneider à la déposition de M. Emile Picot. Cette déposition est donc, en quelque sorte, ratifiée par le colonel Schneider lui-même : la profonde honorabilité de son auteur rendait d'ailleurs cette ratification superflue.

, Enfin M. le sénateur, ancien garde des Sceaux, Trarieux, a exposé à la Cour de Cassation, dans sa déposition du 16 janvier 1899 (4), le récit des faits recueilli de la bouche même

(1) Procès Zola, t. 2, p. 513 et suiv.
(2) Rennes, t. 3, p. 52 et suiv.
(3) Rennes, t. 1, p. 76 et 145. — Voir plus haut les explications concernant la pièce 66 du dossier secret.
(4) Cass. 1899, t. 1, p. 464.

de M. le comte Tornielli, ambassadeur d'Italie. En mars 1898,
M, le sénateur Trarieux, autorisé par d'anciennes relations
nouées à l'époque où il était ministre de la Justice, demanda à
M. le comte Tornielli de vouloir bien éclairer sa conscience.
Accédant à son désir avec une gravité et une émotion qui
frappèrent M. Trarieux lui-même, il lui exposa en ces termes
comment s'était produite l'épouvantable erreur judiciaire qui avait brisé le capitaine Dreyfus :

M. le comte Tornielli me rappela qu'il n'était pas encore à l'ambassade d'Italie au moment où avait été prononcée la condamnation de Dreyfus, en décembre 1894.

Il n'était venu à cette ambassade que deux mois plus tard, en février 1895 ; il n'avait donc pas pris part à ce qui s'était fait au moment même où son prédécesseur, M. Resmann, avait eu à se préoccuper de l'affaire Dreyfus, mais il en avait connu les résultats ; la presse française ayant indiqué que Dreyfus devait être poursuivi pour des relations d'espionnage entretenues avec des agents des gouvernements allemand et italien, M. Resmann avait cru devoir se renseigner sur ce qu'il pouvait y avoir de vrai dans ces indications, au moins en ce qui concernait son gouvernement ; il avait demandé à son gouvernement d'ouvrir une enquête, qui avait été portée jusque dans les corps de troupes et qui n'était pas encore achevée quand le comte de Tornielli lui succéda. C'est par l'examen de cette enquête, qu'il a compulsée dans ses moindres détails, que M. le comte Tornielli a su alors que jamais aucun agent du service des renseignements d'Italie n'avait eu de rapports avec le capitaine Dreyfus ; cette affirmation lui a été notamment, à fréquentes reprises, répétée par le colonel attaché à son ambassade, qui lui a même dit qu'avant le procès de 1894, il ne connaissait pas l'existence de Dreyfus. Ces renseignements, me dit le comte Tornielli, ne nous prouvèrent toutefois, à ce moment, qu'une chose, c'est que nos attachés militaires n'avaient rien à voir dans la condamnation de Dreyfus ; mais ils étaient insuffisants pour nous prouver que celui-ci eût été victime d'une erreur. Nous ignorions, en effet, à cette date, quelles étaient exactement les inculpations portées contre lui : il aurait pu avoir des relations avec des représentants de puissances autres que l'Italie, l'Autriche, la Russie, par exemple.

Ce ne fut que près de deux ans plus tard, à la fin de l'année 1896, que la lumière se fit complètement dans nos esprits. A ce moment furent publiés, d'abord en fac-similé dans le *Matin*, le bordereau qui avait été attribué à Dreyfus, et sur lequel sa condamnation avait été requise, ensuite la pièce secrète où se trouvent les mots : « Ce canaille de D... », et qui, aurait été communiquée, a-t-on prétendu, en dehors du débat contradictoire au Conseil de guerre.

p. 453   La révélation de ces documents précis permit alors aux attachés militaires des deux ambassades d'Allemagne et d'Italie de se rendre compte qu'une confusion avait été commise, et que Dreyfus avait été certainement victime d'une erreur. La pièce ce « canaille de D... » ne pouvait lui être applicable, car on n'avait jamais entretenu avec lui aucune relation, et, quant au bordereau, il était un trait de lumière ; les pièces qui s'y trouvaient énumérées avaient bien été communiquées à l'attaché militaire d'Allemagne, mais par un autre officier que Dreyfus ; de plus, l'écriture de ce bordereau était l'écriture même de cet officier. Les comparaisons étaient faciles ; l'attaché militaire dont il est question possède en main, me dit M. le comte Tornielli, une volumineuse correspondance de cet officier. Je me permis de demander alors à M. le comte Tornielli s'il tenait ces explications de l'attaché militaire d'Allemagne lui-même ; il me répondit que non ; mais que, les tenant de l'attaché de sa propre ambassade comme les ayant recueillies de son collègue, il les considérait comme absolument exactes, et il ajouta alors qu'il avait eu, au surplus, une preuve matérielle de leur exactitude ; il me dit que l'attaché militaire d'Italie avait eu l'occasion de recevoir, peu de temps auparavant, une lettre de son collègue d'Allemagne, expédiée de Berlin, et confiée aux soins d'un tiers, dans laquelle se trouvaient relatés les faits mêmes qu'il venait de m'expliquer ; cette lettre lui avait été lue ; elle était l'affirmation positive, d'une part, que son auteur ne connaissait pas Dreyfus, et, de l'autre, qu'il attribuait au commandant Esterhazy les faits mêmes dont, à tort, le Conseil de guerre de 1894 avait cru Dreyfus coupable.

M. le comte Tornielli, entrant, au sujet de cette lettre, dans plus de détails, me raconta un épisode que je crois utile de rappeler. Il me dit que le commandant Esterhazy avait cru devoir chercher une protection auprès de l'attaché militaire d'Allemagne, dès qu'il apprit qu'une plainte de la famille Dreyfus le menaçait. Il s'était rendu, un jour, au domicile de cet attaché militaire, dans le courant d'octobre 1897 et l'avait supplié d'intervenir pour empêcher l'action de la famille Dreyfus, en lui laissant supposer qu'elle se trompait. L'attaché militaire résistant à une pareille démarche, le commandant Esterhazy aurait alors exhibé un pistolet et menacé de se suicider, et c'est à grand'peine qu'il aurait été éconduit sans scandale. Il serait revenu peu de jours après, cette fois pleinement rassuré, annonçant qu'il n'avait plus rien à craindre, des officiers supérieurs lui ayant fait savoir qu'ils feraient tous leurs efforts pour le défendre contre les risques d'un procès.

Ces déclarations, qui éclairaient tout le procès, avaient une portée si considérable que le service des renseignements avait aussitôt, suivant sa coutume, établi un dossier contre M. Trarieux. Le commandant Cuignet vint de Rennes à Paris, chercher le dossier de la surveillance exercée sur M. le sénateur Trarieux, par les hommes à tout faire du bureau des renseignements. Ce dossier, par lequel le service essayait de bâtir une accusation de forfaiture et de trahison contre M. Trarieux, à raison de ses relations avec le comte Tornielli, a donc été versé au dossier secret : il ne montre que l'ignominie de ceux qui l'ont fait établir.

A ceux qui lui reprochaient d'invoquer « le témoignage de l'étranger », M. Trarieux a fait d'ailleurs, à Rennes, l'honneur d'une réponse aussi éloquente que décisive (1).

XI. — M. le général Mercier qui, pour essayer de justifier p. 454 son injustifiable conduite lors du procès de 1894, n'a reculé

(1) Rennes, t. 3, p. 428 et suiv.

devant rien, qui n'avait pas hésité à violer, au procès Zola, tout à la fois son serment et sa parole de soldat, qui n'avait pas hésité à faire détruire des pièces du procès de 1894 « pour ne fournir, a-t-il dit lui-même (1), aucun prétexte pouvant faire décider la revision », qui avait essayé de compromettre le bon renom de notre diplomatie, n'a pas manqué non plus de diriger ses attaques contre la diplomatie italienne, et spécialement contre M. le comte Tornielli.

Nous allons prendre, dit-il (2), la diplomatie italienne en pleine contradiction avec elle-même. Il se trouve au dossier secret une lettre de M. le commandant Panizzardi à Schwartzkoppen, lettre qui a été reçue, paraît-il, en 1894, mais qui avait été laissée de côté et qui n'est entrée dans le dossier secret qu'en 1896 ; car je n'ai pas connu cette lettre. En voici le texte :

Lettre de Panizzardi à Schwartzkoppen .Mars 1894.

« Le docteur m'a défendu de sortir. Ne pouvant aller chez vous de-
« main, je vous prie de venir chez moi dans la matinée, car D... m'a ap-
« porté beaucoup de choses très intéressantes. Il faut partager le travail,
« ayant seulement 10 jours de temps ».
On dit donc dans cette lettre : « D... m'a apporté des choses très intéressantes ». Or, le comte Tornielli a dit, dans ses déclarations à M. Trarieux, que l'initiale D, dans la lettre *ce canaille de D...*, devait être attribuée à un alcoolique nommé Dubois qui, effectivement, avait livré certaines choses à l'Italie, mais qui n'avait jamais rien livré d'intéressant. Si donc Dubois n'a jamais rien livré d'ntéressant, l'initiale D ne peut pas s'appliquer à lui. A qui donc s'applique-t-elle ? Vous voyez qu'il y a là une contradiction.

Il est très fâcheux pour le général Mercier, qu'après avoir tenté de faire prévaloir les assertions du faussaire Henry sur les déclarations officielles, il présente encore ici une argumentation ayant un faux pour base.

La pièce qu'il cite est une pièce falsifiée, dont le texte authentique portait, non pas : « car D. m'a apporté beaucoup de choses très intéressantes », mais : « car P. m'a apporté... etc. ».

Il n'y a aucune contradiction à dire que Dubois (« ce canaille de D. ») était un pauvre hère livrant des choses de médiocre intérêt, tandis que P. (officier étranger) apportait des choses très intéressantes.

Ce n'est pas la diplomatie italienne qui est prise en pleine contradiction avec elle-même, c'est le général Mercier qui est

(1) Rennes, t. 1, p. 163.
(2) Rennes, t. 1, p. 83.

pris, faisant, avec plus ou moins d'inconscience, usage de
faux. Il est à noter, en effet, que si, au moment où il déposait,
la lettre P. inscrite originairement sur le document cité
n'avait pas encore été déterminée, comme elle l'a été au cours
de l'instruction de 1904, la lettre D. inscrite par le faussaire
sur ledit document avait été déjà signalée comme fausse, ou
tout au moins suspecte.

XII. — La révélation définitive de la falsification de cette p. 455
pièce (sur laquelle toutes explications ont été données plus
haut) (1), n'a pas été la seule fournie par l'instruction sur cette
partie du procès.

Lorsque le général Mercier et ses subordonnés alléguaient,
à Rennes, que M. de Münster avait dû être trompé par son
attaché militaire, intéressé à lui dissimuler ses relations avec
Dreyfus (2), une pièce singulièrement significative était dissimulée dans les armoires secrètes du service des renseignements.

*Ce même attaché militaire, accusé de dissimuler à son
ambassadeur ses relations avec Dreyfus, avait donné sa parole
d'honneur de soldat que jamais il n'avait eu de rapports avec
le capitaine Dreyfus ; et cette parole d'honneur n'était pas
donnée à une personne qu'il eût intérêt à tromper : elle était
donnée à l'agent B., à celui qu'il faisait bénéficier des renseignements par lui recueillis.*

Le fait avait été signalé au général Gonse, par le commandant de Fontenillat (5), dans un rapport du 6 novembre 1897, dont les termes ont été confirmés devant la Cour,
sous la foi du serment, par le commandant de Fontenillat
lui-même, et qui est ainsi conçu :

Je me suis rendu le jeudi 4 novembre à 6 h. 1/2 du soir, au domicile
particulier du colonel B. pour le remercier d'avoir bien voulu me faire
connaître que S. M. le roi d'Italie avait daigné me décerner l'Ordre de la
Couronne.

Après quelques minutes de conversation banale, le colonel B. m'a dit :
A propos, savez-vous si l'interpellation Dreyfus a eu lieu aujourd'hui ; je

(1) Voir plus haut section IV, p. 181 et suiv.
(2) Rennes, t. 1, p. 83. — Ce passage de la déposition du général
Mercier est d'ailleurs inconciliable avec ce qu'il dit plus loin (Rennes, t. 1,
p. 105), au sujet de la pièce n° 46 du dossier secret, présentée comme
prouvant la connaissance, par M. de Münster et l'empereur d'Allemagne,
des agissements de l'Agent A.
(3) De Fontenillat. Déposition du 29 mars 1904. Enquête, t. 1, p. 301.

viens d'envoyer chercher le *Temps*, et je n'y ai rien vu ? — Je l'ignore, ai-je répondu ; je sors du ministère et je suis venu directement chez vous sans parler à personne. — Le Gouvernement doit être bien ennuyé, a ajouté alors le colonel. Voyez-vous, je suis persuadé, moi aussi, de l'innocence de Dreyfus. Et comme je protestais, disant que l'affaire avait été jugée : « Je vais vous dire une chose, mais je désire qu'elle ne soit pas répétée ; eh bien, A. m'a donné sa parole d'honneur que Dreyfus était innocent ». Et, comme je faisais un geste d'incrédulité, il a ajouté : « Je vous affirme que A. m'a donné cette parole d'honneur, au cours d'un entretien que nous avons eu ensemble sur cette question. D'ailleurs, depuis, j'ai eu l'occasion de voir aussi d'autres personnes en état d'être bien renseignées et qui m'ont également assuré son innocence.

M. le ministre de la Guerre, dans les notes annexées à sa dépêche du 19 octobre 1903, faisait suivre l'expédition de ce compte rendu du commandant de Fontenillat, de la remarque suivante (1).

p. 455 *Nota.* — L'original du présent compte rendu est contenu dans une chemise portant le mot *secret* de la main du général Gonse, et le mot Panizzardi de la main du commandant Cuignet.

Le fait que, connaissant cette pièce dissimulée aux juges, les accusateurs de Dreyfus aient tenu à Rennes, sous la foi du serment, les propos ci-dessus visés contre la loyauté des déclarations de l'étranger, constitue un véritable dol.

Le commandant Cuignet s'en est rendu compte, et s'est d'abord vivement défendu d'avoir connu ce document (2). Il ne l'a plus nié lorsqu'on lui a représenté les pièces ; il a reconnu son écriture sur la côte renfermant le rapport de Fontenillat (3). Il protesta alors n'avoir pas dissimulé spécialement cette pièce : son explication est que, par mesure générale, il avait exclu du dossier tous les témoignages émanant de l'étranger. Mais cette explication est inexacte. En effet, quand le commandant Fontenillat recueille le témoignage d'un officier étranger, affirmant en connaissance de cause, sous la foi due à la parole d'honneur d'un soldat, que Dreyfus est innocent, le commandant Cuignet, se substituant aux juges, apprécie sans doute que ce témoignage doit être supprimé du dossier. Mais, quand un autre officier français, M. de Foucault, recueille, d'un autre officier étranger, l'information que tous les journaux sont entre les mains des juifs, ou que le régiment de l'agent A. porte le sobriquet de « régi-

(1) Enquête, t. 1, p. 9.
(2) Enquête, t. 1, p. 747.
(3) Enquête, t. 1, p. 754.

ment de Dreyfus », le commandant Cuignet dépose pieusement ces informations de l'étranger dans le dossier secret
(pièces 99 et 100 du dossier secret). Ces procédés, pour constituer le dossier, se passent de commentaire.

Il apparaît à tous cependant, que ce soit chose exceptionnellement grave de supprimer cette parole d'honneur de soldat, donnée en faveur de Dreyfus, par qui détient la vérité.

Soldat étranger ! objecte-t-on. Mais, disait justement
M. Trarieux aux officiers de Rennes « bien qu'ennemis sur le
champ de bataille, les soldats étrangers connaissent les mêmes sentiments d'honneur, les mêmes devoirs de correction
et de probité que vous pratiquez (1) ».

Que le général Mercier ait le mépris de la parole d'honneur du soldat, il l'a prouvé dans sa déposition au procès
Zola, en violant la sienne. Mais le fait est peut-être unique ; et
toujours, jusqu'ici, la parole d'honneur, en tout pays, était
apparue comme inviolable et sacrée.

Le principe universellement admis est que la parole d'honneur s'impose au respect de tous ; *et ce principe s'applique,
même en temps de guerre, entre soldats ennemis* : les prison-
niers sur parole en constituent, en quelque sorte, la mise en
pratique.

Lorsque les chefs du colonel Picquart ont suspecté la
loyauté de certains de ses actes, c'est encore à sa parole d'hon- **p. 457**
neur qu'il a été fait appel pour dissiper les doutes (2),

La parole d'honneur, en tout temps, en tout lieu, et spécialement dans l'armée, a toujours été considérée comme la
garantie suprême de la vérité, et l'on éprouve quelque honte
à être obligé de rappeler de tels principes.

Le service des renseignements, qui a imaginé « le faux
patriotique » et la glorification des faussaires, qui proclame
ensuite de nulle valeur la foi due à la parole d'honneur,
semble, avec ses théories spéciales, créées à l'usage de l'affaire Dreyfus, ne rien vouloir laisser debout de ce qui fait la
dignité humaine.

XIII. — La parole d'honneur donnée par Schwartzkoppen
à Panizzardi au sujet de l'innocence de Dreyfus, n'a pas été

(1) Rennes, t. 3, p. 442.
(2) Picquart, déposition du 16 mai 1904. Enquête, t. 1, p. 832 et 833.

la seule affirmation catégorique de cet officier, révélée par l'enquête. La même affirmation a été donnée par lui à un colonel de l'armée suisse, le colonel Chauvet.

L'attestation donnée par ce dernier a été envoyée à M. le ministre de la Justice par M. Jules Andrade, professeur à la Faculté des Sciences de Montpellier, à qui elle avait été remise. Elle figure au dossier (1) et est ainsi conçue :

Thoune, le 6 juillet 1899.

M. le Professeur (Andrade)

Je reçois votre lettre du 5 courant et m'empresse de vous répondre. J'ai eu, en effet, l'honneur d'assister, en 1896, aux manœuvres d'armée près d'Angoulême. M. le colonel Schwartzkoppen se mit un jour à me parler, sans aucune provocation de ma part, de Dreyfus, et me dit, entre autres, qu'on avait commis, en 1894, une épouvantable erreur judiciaire, que Dreyfus était innocent et, en me montrant le colonel Du Paty de Clam, me dit « qu'il ne voudrait pas être dans sa peau, car c'était lui qui avait dirigé l'enquête ». Et comme je lui parlais des papiers qu'on avait retrouvés dans sa corbeille, il me dit, à peu près dans ces termes : « Croyezvous que je sois assez bête pour laisser des papiers compromettants dans mon panier, je sais trop bien où ils passent (2) ». Le colonel de Schwartzkoppen n'avait aucune raison de m'affirmer, sur l'honneur, qu'il n'avait eu aucune relation avec Dreyfus et je ne le lui ai pas demandé.

Encore une fois, je n'avais pas du tout provoqué cette conversation. Cette affaire ne me regardait pas, je ne l'ai pas allongée ; elle m'avait naturellement beaucoup frappé à cette époque, et je l'ai racontée à mon retour en Suisse à quelques camarades ; une âme bien intentionnée l'a publiée l'an dernier, je crois, à mon insu, dans les journaux ; cela m'a été très désagréable, car grand ami de la France, je ne veux pas me mêler de cette histoire ; aussi je m'en remets à votre loyauté et vous prie de ne **p. 458** faire aucun usage de ma lettre en faveur de la presse, et de ne pas mettre mon nom en avant. Je vous donne ces renseignements à titre particulier, lors même que je n'ai pas l'honneur de vous connaître.

Signé : Chauvet.

Ainsi, même avant de connaître exactement, par la publication du fac-similé du bordereau, la confusion commise entre Dreyfus et Esterhazy, grâce à la similitude de leur écriture, Schwartzkoppen, désigné par la presse comme étant le correspondant de Dreyfus, affirmait nettement l'innocence du malheureux capitaine. Cette affirmation n'était assurément pas faite pour tromper : elle s'adressait à un homme qui

---

(1) Enquête, t. 2, p. 504.

(2) Le colonel de Schwartzkoppen avait appris, en effet, par une femme Millescamps, condamnée pour espionnage, fin 1893, que les papiers jetés dans sa corbeille passaient le plus souvent entre les mains des agents du service des renseignements (Picquart, Cass., 1899, t. 1, p. 140 ; Cordier, Rennes, t. 2, p. 500).

n'avait provoqué aucune confidence, à un officier de l'armée suisse, qui n'était en rien mêlé à l'affaire Dreyfus, et qui, d'ailleurs, il le déclare lui-même, a toujours entendu rester ēn dehors de cette affaire et dēs passions suscitées par elle.

Il est impossible de discerner une raison quelconque permettant de suspecter la sincérité des déclarations toutes spontanées du colonel Schwartzkoppen au colonel Chauvet.

XIV. — *Les déclarations du colonel de Schwartzkoppen à M. de Münster, celles qu'il a faites au colonel Panizzardi, celles qu'il a faites au colonel Chauvet, déclarations toutes très catégoriques, ne sont pas les seules : l'enquête en a révélé d'autres, faites à M. Sandoz, de Mulhouse* (1).

Après l'échec de l'intervention de M. Scheurer-Kestner pour obtenir une instance en revision, M. Sandoz qui, en sa qualité de Mulhousien, était, comme M. Scheurer-Kestner, profondément convaincu qu'un membre de la famille Dreyfus était incapable de trahir, eut l'idée de s'adresser au colonel Schwartzkoppen pour lui demander « *de témoigner directement et personnellement en faveur de la vérité.* » Le colonel de Schwartzkoppen répondit *qu'il souhaitait ardemment la réparation de l'erreur qui avait été commise au préjudice du capitaine*, mais qu'il avait déjà fait toutes ses déclarations à ses chefs, qu'il ne pouvait donner un témoignage direct et personnel sans leur assentiment, et que « dans l'état de surexcitation de l'opinion en France, toute déclaration de sa part en faveur du capitaine serait plus nuisible qu'utile à ce malheureux officier. »

Après l'iniquité de Rennes, M. Sandoz, révolté par tant de parti pris, sollicita du colonel de Schwartzkoppen une entrevue pour M. Mathieu Dreyfus. Il en reçut la réponse suivante :

C. A. All. Frebbin 6 9-00.

Cher Monsieur,

Je viens de recevoir votre aimable lettre du 2 courant au manœuvre pour laquelle j'ai quitté Berlin le 3 de ce mois.

Je ne rentre pas qu'avant le 15. Je regrette de ne pas pouvoir recevoir M. M. Dr., à qui je ne pourrais que répéter ce que je vous ai déjà tant de fois dit : *que je n'étais jamais en relation avec son frère, que je ne l'ai jamais connu, que ni directement ni indirectement j'ai communiqué avec lui.*

p. 459

Enquête, t. 1, p. 28, 29, et 30.

Voila des communications tant de fois répétées par moi, par l'ambassadeur et par le sous-secrétaire de l'Etat. Je ne pourrais pas dire autre chose à M. D., c'est pourquoi je vous prie de dire à ce monsieur de ne pas se déranger pour me voir.

Agréez...

Signé : DE SCHWARTZKOPPEN.

Je compte sur votre discrétion ainsi que sur celle de M. M. D.

Signé : O. SCHW.

M. Sandoz insista, et reçut une nouvelle lettre datée de Weinheim, 24 septembre 1900.

Croyez-moi, écrivait alors le général de Schwartzkoppen, mon cher monsieur Sandoz, que rien ne me ferait plus grand plaisir que de pouvoir attribuer pour éclaircir la situation si pénible de M. M. D. Mais cela m'est absolument impossible, et je vous prie donc instamment de ne pas vouloir insister pour voir M. M. D. à qui je ne pourrais rien communiquer, rien répondre à ses questions...

J'espère que vous ne m'en voulez pas. *J'ai parlé, on n'a pas voulu me croire, je ne veux pas m'exposer à d'autres insultes, je ne veux pas qu'on se moque de moi.*

Voilà, *pour le moment,* mon dernier mot dans cette malheureuse affaire :

Signé : DE SCHWARTZKOPPEN.
général de brigade

Enfin, après l'arrêt de la Cour de Cassation, déclarant recevable la demande de revision, M. Sandoz écrit à M. de Schwartzkoppen pour obtenir de lui l'autorisation de produire ses lettres en justice. Il reçoit la réponse suivante :

Berlin, S. W. 11 21-5-04.

Monsieur,

Rentré d'un voyage d'inspection, je trouve votre aimable lettre du 15. *Je ne crois pas d'avoir le droit de vous refuser l'emploi de votre propriété, mes lettres, à un but dont vous croyez qu'il pourrait attribuer à manifester enfin définitivement la vérité. Je regrette de ne pouvoir vous fournir de nouveaux éléments à ce sujet, vu le manque de respect qu'on a, dans certains cercles, cru nécessaire d'attribuer à mes déclarations faites jusqu'à présent.*

Agréez...

Signé : DE SCHWARTZKOPPEN.
général de brigade

Cette correspondance est très nette et ne prête à aucune équivoque. Quel intérêt le général de Schwartzkoppen aurait-il eu à tromper M. Sandoz ? N'aurait-il pas eu, au contraire, **p. 460** intérêt à faire cesser l'insulte et le chantage dont il était l'objet de la part du service des renseignements, en ne formulant aucune déclaration d'innocence du capitaine Dreyfus ?

On retrouve encore ici, à côté des preuves d'innocence de Dreyfus, les constatations des procédés ignominieux employés par les accusateurs, pour étouffer la vérité et faire taire les témoins à décharge.

XV. — *Les déclarations de M. de Schwartzkoppen à M. de Münster (Communication diplomatique à M. Hanotaux, du 17 novembre 1897), au colonel Panizzardi (déclaration de Fontenillat, du 6 novembre 1897), au colonel Schneider (déposition de M. Emile Picot à Rennes), au colonel Chauvet (Attestation du colonel Chauvet, du 6 juillet 1899), à M. Sandoz (lettres de Schwartzkoppen, des 6 septembre 1900, 24 septembre 1900, 21 mai 1904) sont encore complétées par celles faites à M. Reinach.*

M. Reinach a entrepris un ouvrage historique considérable sur l'affaire Dreyfus : cette œuvre très remarquable est en cours de publication. Pour se documenter à titre d'historien, M. Reinach a fait appel notamment au témoignage de M. de Schwartzkoppen. Il reçut de lui la lettre suivante, datée de Weinheim en Badois, 14 juillet 1901 (1).

Monsieur,

Je vous remercie beaucoup de votre aimable lettre du 9 de ce mois que je n'ai reçue qu'hier ici ,en villégiature. Je suis désolé de ne pas pouvoir vous donner la réponse que vous désirez, mais comme je n'ai jamais ni parlé ni écrit sur l'affaire dont vous parlez, vous comprenez que je ne peux pas maintenant, sans violer le silence professionnel, faire exception, même vis-à-vis de l'historien dont j'admire la grande activité. *Je ne peux que répéter ce que le prince de Münster a déclaré au ministre des Affaires Etrangères en 1897 et ce que M. de Bülow a déclaré devant le Reichstag en 1898, que je n'ai jamais connu M. A. Dr., que je ne l'ai jamais vu et que je n'ai jamais eu de relations avec lui, ni personnellement, ni par intermédiaire !!! Avant que cette déclaration, la base de toutes autres recherches, n'est pas acceptée par ceux qui ont eu à débrouiller cette triste affaire, il me paraît sans succès et inutile d'en parler encore.*

Je regrette énormément que je ne peux pas vous donner une autre réponse, car, croyez-moi bien, Monsieur, qu'il me ferait grand plaisir si la vérité sur cette affaire éclaterait un jour.

Agréez, Monsieur, je vous prie, l'assurance de ma plus haute considération.

Signé : DE SCHWARTZKOPPEN.

Il y aura lieu de revenir sur la déposition très documentée de M. Reinach, qui corrobore et complète celle de M. Tra-

(1) Enquête, t. 1, p. 556.

rieux, en 1899, spécialement en ce qui concerne le rôle joué par Esterhazy.

Il suffit de relever ici une nouvelle déclaration de M. de Schwartzkoppen, affirmant l'innocence de Dreyfus, et l'absence totale de relations entre lui et le condamné.

p. 461 L'hypothèse d'un mensonge de M. Schwartzkoppen est, dans ce cas particulier, d'une absurdité évidente. En admettant même que M. de Schwartzkoppen voulut déguiser ses relations avec le capitaine Dreyfus, il pouvait refuser de répondre, se déclarer incapable de fournir un renseignement précis et certain, alléguer la possibilité de livraisons de documents fournis par un intermédiaire, sans qu'il en connût lui-même l'origine. Mais il est, au contraire, très formel et très catégorique : « *Je n'ai jamais eu des relations avec lui, ni personnellement, ni par intermédiaire* ».

L'allégation toute fortuite de mensonge, appliquée à des attestations de cette nature, est vraiment trop extravagante.

XVI. — L'irritation du général de Schwartzkoppen, voyant révoquer en doute la sincérité de ses déclarations officielles, et voyant préférer à sa parole d'honneur les documents fabriqués par le faussaire Henry, se conçoit trop facilement.

Sans doute ces *allégations systématiques contre la bonne foi de M. de Schwartzkoppen et les déclarations officielles des gouvernements étrangers ont été l'effet d'une manœuvre concertée, pour amener précisément l'ancien attaché militaire et son gouvernement à cet état d'esprit.*

De même qu'on enfermait dans le dossier secret des correspondances intimes pour s'en faire une arme de chantage contre l'attaché militaire, de même on proclame de nulle valeur ses déclarations, afin de l'amener à en refuser de nouvelles.

Le ministre de la guerre a fait repousser le témoignage en justice des attachés militaires au moment où il était officiellement offert. Aujourd'hui où, par leurs insultes gratuites. les accusateurs de Dreyfus ont amené les gouvernements étrangers à refuser par dignité de s'exposer à de nouvelles ignominies, le général Zurlinden publie des articles dans le journal le *Gaulois* (1), où il demande des déclarations complémentaires de la part de ces mêmes gouvernements. Les accusateurs espèrent sans doute pouvoir créer de nouvelles équivoques, au cas où un refus motivé par la dignité blessée viendrait à intervenir.

L'exposant, sans ignorer les difficultés créées par l'attiture outrageante des accusateurs, n'a pas hésité à saisir la Cour de conclusions déposées à la date du 26 mars 1904, par lesquelles il demandait le témoignage en justice des attachés militaires A. et B. Il importe de déterminer les responsabilités sur ce point, et de préciser, au cas où ce témoignage serait refusé, pour quelles raisons la défense est dépouillée d'un des moyens les plus puissants, comme le reconnaît le général Zurlinden, de faire éclater la vérité tout entière.

XVII. — A côté des multiples déclarations du colonel de p. 462 Schwartzkoppen, révélées par l'enquête, s'en placent d'autres non moins probantes, et découvertes également au cours de l'instruction.

Le lieutenant-colonel Peroz, de l'infanterie coloniale, a apporté à la Cour les déclarations du major Dahme, sous-chef du service des renseignements au grand Etat-major allemand, en 1894, en 1895 et en 1896. Le colonel Peroz dépose en ces termes (2) :

J'ai été mis en relations avec le major Dahme, parce qu'en 1899, ayant voulu suivre en amateur, avec l'autorisation du ministre, les manœuvres impériales allemandes, c'était le major Dahme qui était chargé de piloter les officiers étrangers assistant à ces manœuvres. Lui ayant été recommandé très particulièrement par l'attaché militaire allemand à Paris, le baron de Suskind, il m'avait témoigné une bienveillance particulière, et un soir, à Karlsruhe, à l'hôtel Zùm Erts Prinzen, après un dîner un peu allemand, beaucoup de champagne, etc., il a mis lui-même le sujet de la conversation sur l'affaire Dreyfus, et il m'a raconté des choses qui, certainement, seraient pour la connaissance de la vérité d'une importance je crois capitale, si j'avais été moi-même orienté à ce moment-là, et si j'avais su de quoi il parlait. J'ai retenu de cette conversation ce que vous verrez dans la lettre qui vous sera présentée par mon ami Sentupéry. J'en ai retenu ceci, comme le dira cette lettre : c'est que l'affaire Dreyfus serait en réalité l'affaire Esterhazy, l'affaire Lajoux et l'affaire d'un troisième personnage, lequel alors n'aurait été qu'un personnage inconscient du rôle qu'il aurait joué, c'est-à-dire que les deux premiers personnages,

---

(1) Journal le *Gaulois*, du 14 mars 1904. — Déposition Zurlinden, t. 1, p. 343.

(2) Déposition du 7 mai 1904. Enquête, t. 1, p. 649. — Conf., Reinach. Enquête, t. 1, p. 557 et 558.

naturellement, savaient très exactement ce qu'ils faisaient, et étaient payés pour cela ; quant au troisième, ce serait un homme dont on aurait joué. Or, comme le major Dahme, malgré mon insistance, se refusait à donner le nom du troisième personnage, je lui dis : « mais enfin, puisque vous ne voulez pas me donner son nom, moi qui ne connais rien à l'affaire Dreyfus, je mets tout naturellement un troisième nom, c'est celui de Dreyfus qui tombe absolument parfaitement ».

C'est alors que le major Dahme m'a juré sur l'honneur — rien ne l'y obligeait du reste — que jamais il n'avait entendu parler de Dreyfus autrement que par les journaux français et par le procès Dreyfus ; que jamais, ni lui, ni son gouvernement, n'avaient eu la moindre relation avec Dreyfus.

A ce souper était présent un personnage de la Cour de Prusse, dont je ne me rappelle plus le nom malheureusement, car ce sont des souvenirs déjà assez lointains ; mais je crois me rappeler que c'est le petit-fils de la princesse de Lieven ; mais enfin, c'est certainement un personnage notable de la Cour allemande. Il y avait également un capitaine d'Etat-major qui était attaché au comte de Schlieffen, le chef d'Etat-major de l'armée allemande, et tous les deux, non seulement ont corroboré les dires du major Dahme, au point de vue de l'innocence certaine de Dreyfus, d'un contact avec l'Allemagne ; mais encore ils se froissaient presque quand j'insistais après qu'eux-mêmes avaient insisté en sens contraire. En un mot, ces gens-là paraissaient d'une bonne foi parfaite. Je ne sais pas jusqu'à quel point les deux derniers étaient renseignés, mais enfin, le major Dahme l'était parfaitement. Je ne lui ai pas demandé les renseignements que je n'aurais pas manqué de lui demander aujourd'hui, parce que maintenant je sais ce que c'est que l'affaire Dreyfus et j'aurais certainement obtenu des choses plus précises.

Enfin, en résumé, d'après le major Dahme, d'une façon ferme, juré par lui, les fuites de 1894, les documents soustraits, le bordereau tout cela est le fait du commandant Esterhazy, de Lajoux, lequel Lajoux était un espion double, m'a-t-il expliqué, très fin, très adroit, très habile ; et enfin, un troisième personnage à peu près inconscient qui n'est pas Dreyfus.

p. 463

La déposition du colonel Peroz est confirmée par celle d'un de ses amis, M. Sentupéry (1), qui a versé au dossier les lettres à lui adressées par le colonel Peroz, au moment où le major Dahme avait fait ses déclarations.

Par une première lettre du 13 septembre 1899, le colonel Peroz avait seulement donné une indication générale sur ces déclarations. M. Sentupéry lui demanda de préciser, et reçut alors une nouvelle lettre du colonel Peroz, en date du 16 septembre 1899, ainsi conçue :

Mon cher ami,

Voici comment conclut l'officier en question — mais je ne te cite ses propres paroles qu'à la condition formelle que tu te feras, dans mon intérêt (car je ne veux, ni de près ni de loin, être mêlé à cette affaire) que tu te feras, dis-je un point d'honneur non seulement de ne pas me citer pas plus en conversation privée qu'en lettres particulières ou publiques. Voici, dis-je, ses conclusions :

(1) Sentupéry. Déposition du 7 mai 1904. Enquête, t. 1, p. 651.

Donc, trois complices : Esterhazy, Lajoux (espion double, fort habile) et un troisième, mêlé plus ou moins individuellement à cette affaire, dans laquelle les deux premiers, surtout le second, jouaient le rôle le plus actif.

Comme bien tu penses, j'ai voulu connaître le nom de ce personnage qui, quoique ignorant du rôle qu'il jouait, a rendu cependant inconsciemment, de grands services aux deux compères ; malgré mon insistance extrême, je n'ai pu le connaître.

Alors, ai-je dit, ce troisième personnage est Dreyfus, ou du moins, vous me le laissez admettre d'autant plus facilement que l'affaire, vue sous ce nouveau jour, devient claire ainsi que le rôle du capitaine stagiaire.

Je vous donne ma parole d'honneur, m'a-t-il été répondu, que ni directement, ni indirectement, nous n'avons eu de relations avec Dreyfus.

Je te prie de ne pas oublier, pour faire fond de ce qui précède au point de vue de tes convictions, que c'est un officier allemand qui parle. Si donc cet enchaînement de faits et de déclarations a été connu du Conseil, quoi d'étonnant que les juges, ne pouvant obtenir des représentants de la nation rivale sinon ennemie (à leurs yeux) le nom du troisième personnage, n'aient pas tenu autrement compte des déclarations d'innocence en faveur de Dreyfus, que pour faire bénéficier ce dernier, non seulement du doute, mais encore du rôle assez effacé et en quelque sorte inconscient qu'il aurait joué dans cette affaire.

Il est inutile de dire que les hypothèses ingénieuses par lesquelles le colonel Peroz essaie dans cette lettre d'expliquer l'étrange verdict du Conseil de guerre de Rennes sont tout à fait erronées. Jamais les membres du Conseil de guerre n'ont eu connaissance d'indications semblables.

Une nouvelle confirmation de ces déclarations, rectifiant p. 464 cependant sur un point le témoignage du colonel Peroz, s'est produite au cours de l'enquête : le colonel Peroz, à la suite de sa déposition devant la Cour, crut devoir en aviser le major Dahme (devenu colonel). Le 13 mai 1904, le colonel Dahme répondait à sa lettre dans les termes suivants (1).

Mon cher camarade,

Votre aimable lettre m'est parvenue aujourd'hui par Graudenz, ancienne garnison de mon régiment. Je vous remercie bien de m'avoir mis au courant des événements relatés dans notre lettre ; je comprends parfaitement les circonstances qui vous ont contraint d'agir en faveur d'un innocent et injuré. C'était mon indignation à cause du jugement du Conseil de guerre de Rennes qui m'a traîné plus loin dans votre conversation sur l'affaire Dreyfus, à Karlsruhe, que la prudence l'eût permetté. C'est vrai, j'étais loin de préméditer que cette conversation amènerait des conséquences ; néanmoins, je ne vous ai pas demandé le silence, et je n'ai aucun droit à vous reprocher d'indiscrétion.

J'ignore si j'aurai des ennuis, nos journaux ne s'occupent plus que d'une façon superficielle de l'affaire, le mien ne la mentionne même pas. Mais j'ai raison de regretter, en lisant votre récit de la conversation de Karls-

(1) Peroz. Déposition du 16 mai 1904. Enquête, t. 1, p. 845.

ruhe, qu'il ne m'a été possible de le corriger avant votre déposition devant la Cour de Cassation. Sans doute, ma défectuosité dans la conversation française a été la cause d'erreurs de votre part. C'est tout à fait impossible que j'eusse parlé d'une complicité de Lajoux ; au contraire, j'ai dit, comme tous les journaux l'ont rapporté, que Lajoux ait déposé devant la Cour de Rennes en faveur de Dreyfus et qu'il ait été maltraité par l'Etat-major, malgré les grands services rendus à celui-même. Tout ce que je vous disais n'était nullement un secret pour ceux qui avaient suivi avec attention le procès de Rennes et les traités de la Cour de Cassation qui amenèrent le second Conseil de guerre. Si j'ai parlé de complices — je ne m'en souviens plus — ça été à un tout autre que je visai. Je devais être persuadé que personne en France n'ignorât les vrais coupables, qui à cette époque étaient depuis longtemps à l'abri de toute persécution criminale, gardés l'un par la loi, qui ne permet pas de poursuivre un acquitté, l'autre par la mort.

Très correctement, vous avez reproduit mes paroles sur Dreyfus, ce qui est, à mon avis, la chose capitale. Mes mots ne contenaient, en outre, rien de nouveau ni pour le gouvernement, ni pour les juges français ; l'ambassadeur allemand et le chancelier de l'Empire l'ont prononcé, l'un à Paris au commencement de l'affaire, l'autre au Reichstag, avant ou durant le procès de Rennes. Mais cette triste affaire Dreyfus passait trop longtemps pour une affaire politique et non de justice.

Il me semble très invraisemblable que j'y sois mêlé directement ; bien, il se peut qu'on me fasse quelques inconvénients à Berlin, à cause de notre conversation de 1899 ; je n'y peux rien changer !

Je vous prie, mon cher camarade, de vouloir bien garder cette lettre entre nous deux et de me pardonner mon très mauvais français ; j'ai passé des années sans parler ni écrire français, même des journaux me manquent. Auriez-vous peut-être l'amabilité de m'envoyer les numéros des journaux qui s'occupent de votre déposition. Je serais mieux armé.

Je regrette infiniment votre mauvaise santé, etc...

p. 463 Le colonel Peroz, après lecture de cette lettre, qu'il a versée au dossier, ajoute :

Si j'ai passé outre, Monsieur le Président, à la recommandation de garder cette lettre entre le colonel Dahme et moi, c'est parce que je me suis trouvé dans un conflit de devoirs, où le premier, celui qui m'était imposé par la galanterie, me paraît de peu de conséquence à côté du second qui est l'accusation que j'avais portée contre Lajoux. Cette accusation pouvait le faire prendre, pour un temps au moins, comme coupable d'un crime dont il est lavé par celui-là même sur l'opinion duquel je me basais pour l'incriminer. Par conséquent, si je m'étais tu, j'aurais laissé peser sur Lajoux une accusation très grave. Je ne l'ai pas voulu.

Il serait superflu d'insister sur l'extrême importance de ces déclarations. Il suffit de constater ici que le major ou colonel Dahme, sous-chef du service des renseignements au grand Etat-major allemand en 1894, et par conséquent détenteur de la vérité concernant l'affaire Dreyfus, a donné lui aussi sa parole d'honneur que, ni directement ni indirectement, le service allemand n'avait eu de relations avec Dreyfus.

Jamais le major Dahme n'a été incriminé comme l'agent A. : il n'est pas impliqué dans l'affaire Dreyfus, il n'a aucun intérêt à se prononcer soit pour, soit contre Dreyfus ; sa déclaration a été spontanée ; nul ne l'a provoquée soit dans un sens, soit dans un autre. Quelles que soient les catégories que les accusateurs de Dreyfus prétendent établir, d'après leur nouvelle morale, entre les paroles d'honneur, il est impossible de ne pas classer la parole d'honneur du major Dahme, étant donné les circonstances où elle s'est produite, dans la catégorie des paroles d'honneur qui sont vraiment d'honneur.

XVIII. — Les déclarations nouvelles de Schwartzkoppen et du major Dahme qu'a révélées l'enquête, ne sont pas les seules recueillies dans l'instruction. Il en est d'autres qui émanent du comte de Münster.

Le comte de Münster est personnellement un homme très honorable, articulait le général Mercier, mais quand il fait des déclarations diplomatiques, il fait nécessairement de la diplomatie, et la diplomatie n'est que mensonge.

Or, l'instruction a révélé des déclarations du comte de Münster faites à titre purement privé, et en dehors de ses fonctions d'ambassadeur.

La première est du 13 mars 1898 (1). Elle est adressée à une dame de l'aristocratie hollandaise, placée, par conséquent, tout à fait en dehors des passions suscitées par l'affaire Dreyfus. Elle avait écrit à M. de Münster, qu'elle connaissait, pour lui rappeler qu'il y avait vraiment un devoir d'humanité à remplir envers le malheureux martyr de l'Ile-du- p. 466 Diable (2). M. de Münster lui répond :

> Madame,
> Tout en comprenant et en partageant les sentiments qui ont dicté votre aimable lettre du 11 de ce mois, je regrette vivement de ne pouvoir faire ce que vous me demandez. Lors de la première enquête contre Dreyfus, j'ai déclaré officiellement à M. Dupuy, alors président du Conseil, que l'ambassade d'Allemagne n'avait jamais connu Dreyfus, et que ni l'ambassade, ni les autorités militaires de Berlin, n'ont jamais eu de rapports avec lui.
> J'ai insisté pour que cette déclaration fut publiée. Quand la polémique au sujet de Dreyfus a recommencé cette année, le ministre des

(1) Enquête, t. 1, p. 26.
(2) Revision du procès de Rennes, p. 264 et 458.

Affaires étrangères a renouvelé les mêmes déclarations dans une commission du Parlement allemand.

Sans nous mêler des affaires intérieures de la France, nous ne pouvons pas faire plus. Si nous voulions même agir contre le droit international, nous ferions, j'en ai la conviction, plus de mal que de bien à
la cause du malheureux Dreyfus.

J'ai l'honneur, etc.

Signé : MUNSTER.

C'est, cette fois, l'homme privé qui parle à une personne
privée, ni française ni allemande, et il lui parle en homme
tristement ému de son impuissance à faire entendre la voix
de la vérité au milieu de la tempête des passions. L'homme
privé et honorable n'écrit pas une lettre diplomatique : pourquoi cet homme honorable aurait-il, dans cette lettre, fait
acte d'hypocrisie et de mensonge ?

Une deuxième lettre de M. de Münster a été écrite à une
époque où il n'était même plus ambassadeur. Elle est adressée de Buckebourg, le 20 mai 1901, à M. Reinach qui, pour
son « *Histoire de l'affaire Dreyfus* », lui avait demandé des
renseignements autorisés sur certaines questions. M. de
Münster répond (1) :

Cher Monsieur Reinach,

Le secret professionnel ne m'empêche pas de répondre à vos questions, car je connaissais moins que personne les relations d'Esterhazy et
de M. de Schwartzkoppen. Ce dernier savait que je ne permettais pas l'espionnage et m'a laissé dans l'ignorance de ses rapports avec Esterhazy.
Lorsque l'affaire Dreyfus a éclaté, j'ai demandé à Schwartzkoppen s'il
savait quoi que ce soit de Dreyfus. Il m'a assuré, de la manière la plus
positive, qu'il n'avait jamais eu de relations avec lui, j'ai fait écrire au
Ministère de la guerre et à l'Etat-major à Berlin, et j'ai eu la réponse
que l'officier Dreyfus n'était pas connu, et que nos autorités n'avaient
jamais eu de relations avec lui. C'est à la suite de ces déclarations formelles que j'ai eu les conversations, avec le président Casimir Périer et
M. Dupuy, que vous connaissez.

I. Quant à votre première question, je ne puis pas vous donner d'ici
les dates mêmes, mais je sais que le colonel, qui a été en Allemagne
pour assister à nos manœuvres, est parti de Paris au commencement
d'août et est rentré vers le 1ᵉʳ octobre.

p. 467   II. J'ai su, par d'autres, que les relations avec Esterhazy ont commencé en 1893, et ne l'a pas revu jusqu'à la scène où Esterhazy a voulu
que Schwartzkoppen déclare qu'il avait reçu le bordereau par Dreyfus.
Esterhazy a alors tiré un revolver de sa poche, disant qu'il voulait se
tuer, mais Schwartzkoppen l'a simplement mis à la porte.

III. Je ne crois pas que Schwartzkoppen a connu Esterhazy avant 1893.

(1) Enquête, t. 1, p. 17.

IV. J'ignore comment l'offre de service est parvenue, si verbalement ou par lettre.

V. Quant à la cinquième question, je n'en sais rien.

Signe : MUNSTER.

Pourquoi dans ces renseignements, donnés si simplement et fournis à l'historien par l'homme privé, ne faudrait-il voir encore qu'une série de mensonges ? Pourquoi toutes ces impostures, quand il eût été si simple de refuser de répondre, s'il y avait eu vraiment quelque chose à dissimuler ? Cette lettre n'a rien de diplomatique, elle émane d'un homme dont on proclame la loyauté, et on n'aperçoit aucune raison pour en suspecter la bonne foi. Bien plus, dans cette lettre privée (et il y aura lieu de revenir sur ce point, dans la partie de ce mémoire consacrée à Esterhazy), M. de Münster ne craint pas de s'exprimer librement sur les relations de l'agent A. avec Esterhazy. Il est impossible d'apercevoir une raison qui eût empêché M. de Münster de dire la vérité sur les relations de l'agent A. avec Dreyfus, alors qu'il ne dissimulait même pas les relations illicites ayant existé entre cet agent et un autre officier français.

Ainsi donc, les déclarations spontanées de M. de Münster, homme privé, à l'honorabilité duquel on rend hommage, confirment les déclarations du major Dahme et du colonel de Schwartzkoppen : Jamais il n'y a eu de relations directes ou indirectes entre Dreyfus et le service des renseignements allemand.

XIX. — Une confirmation de source particulièrement autorisée a été donnée à ces déclarations.

Pour en bien comprendre la portée, il faut se reporter d'abord à la déposition de M. Reinach (1) qui s'exprime en ces termes :

Lorsque je publiai cette lettre, au mois d'avril 1903, je reçus successivement deux lettres du prince de Monaco ; la première est datée du 28 avril 1903 :

Mon cher Reinach,

J'assiste avec une joie profonde à la marche de la vérité submergeant peu à peu ses tristes ennemis. Jamais son triomphe ne m'avait paru douteux, car elle est l'essence même de la nature, et le mensonge, d'invention humaine, passe avec ceux qui en meurent.

(1) Déposition du 2 mai 1904. Enquête, p. 555.

Souvent j'ai entendu le prince Münster parler conformément à ce
p. 468 *qu'il vous a écrit, et c'est là de l'histoire, ce qui restera de cette aven-*
ture sinistre. Il restera aussi le souvenir de vos efforts courageux pour
tuer l'erreur qui paralysait les généreuses qualités de ce pays.

Croyez, etc.

Signé : ALBERT, Prince de Monaco.

Et quelques jours après, le 3 mai 1903 :

Mon cher Reinach,

La lettre du prince de Münster est tellement significative qu'on ne
saurait souhaiter un fait nouveau plus capable de calmer les consciences.
Venant de l'homme respecté, influent et indépendant qu'était l'ambassadeur, une semblable affirmation contient la bonne parole, qui doit enfin
réunir les esprits divisés. Elle crie la vérité certaine, car un homme tel
que Münster, parvenu au terme de sa carrière, ne compromet pas sa
renommée dans une tromperie misérable et inutile. Je fais des vœux sincères pour que, cette fois, la justice remette chaque chose à sa place.

Croyez, mon cher Reinach, à mes sentiments affectueux.

ALBERT, prince de Monaco.

Le prince de Monaco s'était, depuis 1897, très vivement intéressé à
la campagne qui avait été entreprise pour la revision du procès de 1894,
et il avait eu à plusieurs reprises, tant à Berlin qu'à Kiel, des conversa-
tions avec l'Empereur d'Allemagne. L'Empereur dans ces différentes
conversations, avait affirmé au prince de Monaco que jamais, à aucun
moment, les différentes agences allemandes n'avaient eu de rapports avec
le capitaine Dreyfus, et il avait avoué les relations qui s'étaient produites
en 1893, entre Schwartzkoppen et Esterhazy.

Sans mettre directement en cause la haute personnalité
ainsi visée par la déposition de M. Reinach, il était possible,
avec quelque prudence diplomatique, d'obtenir de son altesse
sérénissime, le prince de Monaco, une confirmation ou un
désaveu.

Le 11 juillet 1904, le prince de Monaco répond à une question qui lui est posée suivant les formes diplomatiques (1).

D. — Votre altesse ne peut-elle pas affirmer en pleine connaissance
de cause que les affirmations de M. le prince de Münster et de M. de
Bülow, sur l'innocence de Dreyfus, étaient en absolue concordance avec
les déclarations et convictions intimes d'une personnalité plus haute
encore du pays de l'agent A ?

R. — Dans mes conversations avec des personnalités étrangères à
la France et placées de manière à connaître la vérité ,j'ai toujours entendu
affirmer nettement l'innocence du capitaine Dreyfus.

Et d'autre part, son Altesse Sérénissime le prince de
Monaco déclare (2) :

Je reconnais formellement les deux lettres que vous me représentez

(1) Enquête, t. 1, p. 252.
(2) Enquête, t. 2, p. 251.

et que j'ai, aux 28 avril et 3 mai 1903, adressées à M. Joseph Reinach. *J'ajoute que je maintiens absolument l'expression des sentiments qu'elles contiennent.*

Les conversations particulières des hautes personnalités **p. 469** étrangères avec le prince de Monaco n'avaient assurément rien de diplomatique, elles n'étaient motivées ou inspirées par aucune raison d'Etat, elles ne peuvent être suspectes. Il faudrait cependant les taxer aussi de mensonges, comme toutes les précédentes déclarations, si l'on devait suivre la thèse des accusateurs.

XX. — Comme les déclarations de M. de Münster et de M. de Schwartzkoppen, les déclarations de l'ambassadeur d'Italie et du colonel Panizzardi ont trouvé de nouvelles confirmations dans l'instruction de la Chambre criminelle.

M. Reinach fréquentait à l'ambassade d'Italie : il a recueilli des déclarations qui corroborent celles faites à M. Trarieux.

Ces déclarations lui ont été faites d'une part par M. le comte Tornielli, comme à M. Trarieux ; elles lui ont été faites, d'autre part, par M. Ressmann, ambassadeur d'Italie, au moment de l'arrestation de Dreyfus (1).

Les déclarations de M. Ressmann à M. Reinach concordent avec une lettre privée, écrite peu de jours avant sa mort à Mme la marquise Arconati Visconti : « Je sens la mort qui vient, écrivait M. Ressmann, mais elle ne me fait pas peur. Je souffre tant ! Je n'ai qu'un regret, c'est de mourir avant de voir proclamer l'innocence de ce malheureux Dreyfus (2). »

M. Ressmann faisait-il donc encore de la diplomatie mensongère sur son lit de mort, dans une lettre privée où il envisage sa fin prochaine ?

Les deux ambassadeurs, MM. Ressmann et Tornielli, dont les dires sont absolument concordants, qui ne faisaient assurément pas de diplomatie avec M. Reinach, auraient donc encore, d'après les accusateurs de Dreyfus, imaginé de toutes pièces, malgré leur honorabilité reconnue, une série de mensonges ?

(1) Reinach. Déposition du 30 avril 1904. Enquête, t. 1, p. 550.
(2) Voyez Rennes, t. 1, 280, en note.

Mensonges encore aussi sans doute, que les déclarations faites à Rome, par le colonel Panizzardi à M. Sémenoff.

M. Sémenoff, qui est russe, expose comment il a cru d'abord à la culpabilité de Dreyfus, comment il a conçu ensuite des doutes, et comment, en historien désintéressé, il a cherché à discerner la vérité. Il ajoute (1) :

p. 470 Je vous raconte ce début pour vous dire que depuis, soit en France, soit en dehors de la France je me suis adressé à toutes les personnes susceptibles de connaître la vérité. C'est ainsi que, étant délégué russe au Congrès de la presse, à Rome, sur la recommandation de personnages assez haut placés, j'ai pu voir le colonel, actuellement le général Panizzardi, précisément quelque temps après sa conversation avec un autre témoin, Henri Casella. Il m'a reçu comme un homme privé, et pendant une demi-heure, il n'a pas voulu me parler de l'affaire Dreyfus, mais je lui ai dit que je ne lui demandais pas une interview, que ce que je désirais c'était causer avec un homme qui était au centre de l'affaire, et connaître ce qu'il savait, ce qu'il sentait, ce qu'il pourrait me dire, ne lui cachant pas que tout en ne publiant rien de cela dans un journal, si je faisais un livre sur l'affaire, la conversation y figurerait. Je m'adressais donc à lui au point de vue historique.

Finalement, la conversation a commencé à rouler sur l'affaire ; pendant une heure et demie, il m'a raconté tout ce qu'il a pu ; *sur l'honneur et sur tout ce qui lui était cher, il m'a juré que jusqu'à son arrestation il ne connaissait pas Dreyfus, ni de nom, ni d'une autre façon*, que lui-même n'avait pas de relations directes avec la personne qui renseignait le colonel Schwartzkoppen. Pour la commodité de son travail, il demandait à M. de Schwartzkoppen de voir la personne qui le renseignait ; M. de Schwartzkoppen lui disait : Mon cher ami, je ne vous conseille pas de vous rencontrer avec cette personne, c'est une fripouille (ou quelque chose comme cela), vous n'auriez que des désagréments. *Quant à Dreyfus, ni lui ni A. n'ont eu de relations avec lui.*

Si tout cela est mensonge, il faut véritablement que le mensonge soit à l'état endémique chez le général Panizzardi. Il converse avec un russe, il le reçoit en homme privé, il a déclaré d'abord ne pas vouloir parler de l'affaire Dreyfus. Il lui est bien facile de persévérer dans cette attitude : rien ne l'oblige à révéler quoi que ce soit. Finalement, il révèle ce qu'il sait de l'affaire. Mais tout ce qu'il déclare et affirme si catégoriquement serait mensonger !

Et cependant le général Panizzardi est si sûr de sa conscience, si certain de n'avoir jamais eu de relations avec Dreyfus, directes ou indirectes, que sans avoir jamais vu la lettre le révélant comme un correspondant de Dreyfus, il affirmait, sur l'honneur, le caractère nécessairement apocryphe de cette lettre à lui attribuée.

(1) Sémenoff. Déposition du 18 avril 1904. Enquête, t. 1, p. 385.

Cette affirmation, qualifiée elle aussi d'imposture au moment où elle se produisait, a dû cependant, par la suite, être reconnue plus exacte que tous les serments du fabricant de « faux patriotiques ».

De quel droit, après cela, ceux qui célèbrent la loyauté du faussaire Henry, osent-ils suspecter la sincérité du général Panizzardi ?

XXI. — Les outrages adressés aux personnages étrangers, auteurs des déclarations diplomatiques ou privées qui viennent d'être rappelées, les menaces et injures formulées contre les officiers étrangers qui, détenteurs de la vérité sur l'affaire Dreyfus, se permettaient d'accomplir un devoir de conscience en la révélant, sont toujours la manifestation du même état d'esprit.

Toute personne faisant entendre une parole en faveur de Dreyfus doit être frappée.

Le colonel Picquart « ce monsieur qui porte encore l'uniforme », avait dit le général de Pellieux au procès Zola (1), p. 471 était, dès le 25 février 1898, mis en réforme, et payait de onze mois de prison son respect de la vérité.

Le lieutenant Chaplain qui, connaissant Zola, s'était permis de lui écrire une lettre amicale, lettre privée, que quelque louche manœuvre avait fait connaître au ministère de la guerre, était mis en non activité le 25 février 1898. Un dossier spécial avait même été constitué par ordre du chef d'Etat-major, en date du 1er décembre 1898, où l'on réunissait les notes ou fiches sur tous les officiers ou militaires ayant signé des protestations favorables à Dreyfus.Un dossier semblable avait été établi également pour les officiers de réserve ou de l'armée territoriale (2).

Le lieutenant-colonel Hartmann et le commandant Freystœtter, abreuvés d'amertumes, ont été l'objet d'inavouables pressions. Des procédés déloyaux ont été employés pour entraver leur déposition (3), voire même pour attaquer l'honorabilité du commandant Freystœtter (4).

(1) T. 2, p. 165.
(2) Targe. Enquête, t. 1, p. 108.
(3) Hartmann. Enquête, t. 1, p. 475. — Picquart *ibid.*, p. 840.
(4) Mercier, Rennes, t. 3, p. 537 et suiv.

Le commandant Ducros n'eut d'autre ressource que d'aller mourir au Tonkin.

Reinach, capitaine de l'armée territoriale, fut révoqué de son grade, le 25 juin 1898.

Grimaux, professeur de l'Ecole polytechnique, paya de sa mise à la retraite, le 24 avril 1898, son témoignage au procès Zola.

De même, Georges Duruy, pour avoir osé écrire que l'honneur de l'armée ne s'identifiait pas avec l'honneur d'Esterhazy, avait vu suspendre son cours à l'Ecole polytechnique.

Leblois avait été révoqué de ses fonctions d'adjoint au maire du VIIe arrondissement de Paris.

Les étrangers n'échappaient pas davantage à l'application du système général employé pour empêcher la vérité de se faire jour. Les correspondants de journaux étrangers envoyant, de France, des informations favorables à Dreyfus, étaient expulsés (1) ; les consuls de France à l'étranger, manifestant des sentiments semblables étaient révoqués (2). Même l'avocat de la légation des Pays-Bas, M. Israëls, correspondant du *Handelsblad* d'Amsterdam, avait dû, le 30 mars 1898, se démettre de son poste à la légation, sur l'intervention du gouvernement, mécontent des comptes rendus envoyés par lui en Hollande, sur le procès Zola.

Ces quelques exemples, entre tant d'autres, montrent que les procédés outrageants et les mesures de chantage prises à l'égard des officiers et personnages étrangers, n'avaient rien qui leur fût spécial.

p. 472 Mais ces procédés n'atteignent pas l'honorabilité des personnes contre qui ils sont dirigés : ils ne flétrissent que les accusateurs. Ils soulignent au contraire l'importance des témoignages qu'on voulait étouffer. Ces témoignages unanimes et concordants feraient, à eux seuls, la pleine lumière sur l'erreur judiciaire.

XXII. — L'exposant a terminé ainsi l'examen de tout ce qui, dans le procès de Rennes, a été versé dans les débats, à côté du système d'accusation proprement dit.

(1) Expulsion du correspondant des *Basler Nachrichten* du 8 février 1898.

(2) Révocation de M. Gréquier, consul de France à Gand, le 23 avril 1898.

Tous les éléments du système d'accusation ont été successivement examinés dans les onze sections qui précèdent. A la
base de chacun d'eux, la lumière projetée par l'instruction
n'a plus montré que la fraude des accusateurs.

Dans cette douzième section sont étudiées toutes les catégories de témoignages ou documents restant en dehors du
système d'accusation si péniblement réédifié à Rennes.

Destinés à accabler et à salir l'accusé, tous ces témoignages et documents révèlent uniquement aujourd'hui la vilenie
des agents de l'accusation.

On voudrait s'arrêter, clore la liste de toutes ces ignominies, cesser de remuer toutes ces tristesses ; il faut poursuivre cependant. D'autres dols criminels ont encore été commis
contre l'officier israélite. Une dernière manœuvre, dont il
n'existe assurément pas d'autre exemple dans les annales
judiciaires, doit être maintenant examinée pour terminer
l'étude du procès : « le faux impérial », la fausse lettre de
l'empereur d'Allemagne, ou le bordereau annoté.

SECTION XIII

ARTICULATIONS OU PIÈCES PRODUITES AUX JUGES EN DEHORS DES DÉBATS

**La lettre de l'Empereur d'Allemagne ou le bordereau annoté.
La légende russe.**

*Les deux versions successives de la légende du document
impérial. — Leur évidente fausseté. — Leur origine. — Le
faux témoignage d'Henry au procès Zola : son but. — Les
communiqués officieux sur la fausseté des prétendus documents. — Les tergiversations du colonel Henry. — Rôle joué
devant le Conseil de guerre de Rennes par les faux documents de l'Empereur d'Allemagne. — Comment le général
Mercier a préparé d'avance le commentaire de sa déposition,
et comment il en a fait connaître aux juges le sens secret.
— Sa déposition à Rennes. — Comment on l'a fait comprendre
aux juges à l'insu de la défense, et comment ces juges l'ont
comprise. — Il est certain que les juges ont retenu comme
élément de conviction un fait puisé par eux en dehors des dé-* P. 47

bats ; il paraît établi, d'autre part, qu'une pièce secrète leur a été communiquée en dehors de la défense. — La fausseté de la légende est aujourd'hui avouée par tous les accusateurs de Dreyfus. — Les journalistes qui ont lancé la légende la présentent comme un bruit courant dans les bureaux de rédaction. — Quelle impression ce bruit faisait sur les esprits. — Le colonel Stoffel. — La « nuit historique » du général Mercier est une « œuvre d'imagination ». — La légende russe. — Son origine. — Son développement. — Son inanité. — Conclusion.

I. — Tout le système d'accusation a été étudié en chacun de ses éléments dans les onze premières sections de cette troisième partie du mémoire.

Tout ce qui a été produit aux débats, même en dehors du système d'accusation (témoignages et documents d'ordre général, déclarations des gouvernements étrangers), a été examiné dans la douzième section de la même partie.

La lumière d'une instruction définitive, pénétrant en toutes ces parties diverses du procès, n'a montré partout que preuves d'innocence du malheureux capitaine israélite et dol criminel de ses accusateurs.

Il semblerait que tout soit épuisé, et qu'il ne reste plus rien à examiner de cette extraordinaire accusation. Il faut cependant, cette fois encore, comme lors de la première revision, consacrer un chapitre aux articulations ou pièces produites aux juges en dehors des débats.

Ces articulations ou pièces se référaient à une légende fort accréditée dans la presse. De même que l'un des faux fabriqués par Henry portait en toutes lettres le nom de Dreyfus, de même un autre document aurait, lui aussi, présenté cette particularité : Dreyfus y était nominativement désigné comme un traître, et ce document émanait de l'empereur d'Allemagne !

II. — M. Jaurès, dans son discours à la Chambre des députés, du 6 avril 1903 (1), et dans sa déposition du 18 avril 1904 (2), a montré les versions successives données à cet égard par la presse recevant les communications du

(1) Revision du procès de Rennes, p. 483 et suiv.
(2) Enquête, t. 1, p. 369.

colonel Henry. Il y a eu quelque flottement dans l'établissement de la légende. Elle se fait jour pour la première fois
dans un numéro de l'*Intransigeant*, du *12 décembre 1897* :
c'est alors Dreyfus qui, désespérant, en sa qualité de juif, de
parvenir aux sommets de la hiérarchie militaire française,
demande à l'empereur d'Allemagne de prendre du service
dans l'armée allemande... où les juifs ne sont pas admis à
titre d'officiers. Nonobstant ce léger obstacle, l'empereur
d'Allemagne lui répond, ou répond à M. de Münster, qu'il
accepte les propositions de Dreyfus ; mais Dreyfus restera
provisoirement détaché à l'État-major français, d'où il en-
verra des renseignements. Cette correspondance où, naturellement, Dreyfus est nommé en toutes lettres, a été saisie à
l'ambassade d'Allemagne, et elle a été l'origine de l'affaire.
Mais le comte de Münster s'est aperçu du larcin, et a exigé
la restitution des pièces : c'est là l'objet de son entrevue avec
le président Casimir Périer ; c'est la cause de cette terrible
« nuit historique » dont il sera question par la suite. Le gouvernement français a rendu les documents, mais en en con-
servant photographie. Telle est la première version.

p. 474

Dans la seconde version, il ne s'agit plus de lettres de
l'empereur d'Allemagne admettant Dreyfus dans les rangs
de l'armée allemande. Les faussaires ont sans doute appris
dans l'intervalle que les juifs n'avaient pas accès aux grades
d'officiers dans l'armée de l'empire allemand. On substitue
alors à cette correspondance de l'empereur d'Allemagne un
bordereau annoté.

Dreyfus a envoyé le fameux bordereau, écrit sur papier
fort. L'empereur d'Allemagne l'a renvoyé avec annotation
marginale ainsi conçue :

*Envoyez-moi le plus vite possible les pièces indiquées. Faites en sorte
que cette canaille de Dreyfus se dépêche.*

Signé : WILHEM (sic).

L'infortuné souverain de l'empire d'Allemagne a certainement grand besoin d'apprendre la langue allemande. Voulant exprimer, dans la note vue sur son bureau du château
de Postdam par M. Mertian de Muller, que le capitaine d'artillerie Dreyfus est arrêté pour espionnage, il écrit, dans sa
mention en mauvais allemand, qu'un capitaine de vaisseau
est prisonnier de guerre.

Voici maintenant qu'en signant sur le bordereau son annotation personnelle, (dont on cherche vainement l'utilité, et dans laquelle il a soigneusement inséré le nom du traître Dreyfus), il ne se rappelle plus l'orthographe de son propre nom d'empereur (*Wilhelm*).

Le bordereau annoté (comme les lettres de l'empereur d'Allemagne dans la première version) a été saisi à l'ambassade d'Allemagne. Il a été réclamé impérieusement, dans la nuit historique, à M. Casimir Périer, par M. de Münster, et il a été restitué après avoir été photographié. Mais, avant cette restitution et en vue du procès, on en avait fait prendre un décalque sur lequel on avait supprimé la mention impériale. C'est ce décalque qui figurerait maintenant au dossier comme document original.

Dans les deux versions, le fond de la légende est le même. On a seulement changé la nature du document autographe de l'empereur d'Allemagne, lorsqu'on s'est aperçu que la première version se heurtait à une impossibilité matérielle : l'exclusion des juifs du corps d'officiers dans l'armée allemande.

p. 475 Les journaux du service des renseignements qui ont propagé cette légende dans ses deux versions successives, ont été indiqués par M. Jaurès dans ses discours et dépositions susvisés. Il est inutile d'y revenir : un certain nombre de numéros de ces journaux ont d'ailleurs été annexés à la déposition de M. Jaurès.

III. — L'absurdité de ces faux documents impériaux est évidente pour tout esprit critique. M. Jaurès la montrait à la Chambre des députés en ces termes (1) :

M. Drumont nous a dit que nous étions étranges de contester *a priori* l'authenticité d'une pièce écrite ainsi par un souverain étranger; il nous a rappelé, dans un puissant article de la *Libre Parole*, que tous les grands souverains laborieux entraient dans le détail des affaires, que Louis XIV se faisait communiquer journellement les rapports de police, que Napoléon 1ᵉʳ entrait aussi dans les moindres détails d'administration de son immense empire, que Louis XV avait tout une police et toute une diplomatie occulte; il aurait pu ajouter qu'il nous reste du Comité de salut public des notes de police annotées de la main de Robespierre lui-même.

Mais, Messieurs, si nous contestons l'authenticité possible du document attribué à Guillaume II, ce n'est pas parce que les sou-

(1) Revision du procès de Rennes, p. 492.

erains ne peuvent pas s'intéresser aux choses de police, c'est parce
que, lorsqu'ils emploient des instruments de police, ils les traitent comme
es instruments, comme des choses, et qu'ils ne s'abaissent pas à les
njurier, parce qu'ainsi ils s'abaissent eux-mêmes ; c'est ensuite parce
qu'il est impossible d'attribuer à un souverain étranger une imprudence
que ses agents accrédités en France ne commenttaient pas.

Le bordereau n'est pas signé par celui qui l'a écrit. Les correspondants, les attachés militaires étrangers, Panizzardi et Schwartzkoppen,
dont on a cité dans toute cette affaire de si nombreuses dépêches et de
si nombreuses lettres, quand ils s'écrivaient, le faisaient sous de faux
noms. Et voici qu'il n'y a qu'un homme qui oublie ces précautions élémentaires, il n'y a qu'un homme qui prenne la peine d'inscrire, sur un
bordereau compromettant qu'il envoie à Paris, tout à la fois le nom du
traître et le nom de l'empereur, c'est Guillaume II !

J'ajoute, Messieurs, que si une pièce pareille avait existé, elle se
rattache aux événements de 1894, au premier procès de l'affaire ; elle
aurait donc, dès l'arrivée de ce bordereau, révélé aux bureaux de la
guerre le véritable nom du coupable. Or, il résulte de tous les documents officiels et judiciaires que, pendant trois semaines, on a été
obligé de faire une enquête à tâtons avant de faire porter l'accusation
sur tel ou tel homme.

Donc la pièce n'était pas arrivée alors ; donc c'est une pièce fausse ;
donc le colonel Henry ajoutait au faux que le général de Pellieux a
produit plus tard en cour d'assises, le faux le plus monstrueux, le plus
colossal d'une prétendue lettre de l'empereur allemand.

On peut ajouter que M. de Münster, après avoir, dans la
fameuse nuit historique, réclamé au gouvernement français
la restitution des lettres de l'empereur d'Allemagne ou du
bordereau annoté, révélant d'une manière explicite la trahison de Dreyfus, n'aurait pu faire, près de ce même gouvernement, sa démarche du 17 novembre 1897, par laquelle il affir- p. 476
mait l'inexistence de tout rapport direct ou indirect entre
Dreyfus et l'Allemagne.

Quelles auraient pu être, en effet, la raison et l'utilité de
cette démarche près d'un gouvernement qui, au su de
M. de Münster, aurait eu en mains des documents établissant
péremptoirement l'existence de rapports d'espionnage entre
Dreyfus et l'Allemagne ?

La démarche de M. de Münster, du 17 novembre 1897, est
la preuve évidente de l'inexactitude de la légende.

IV. — Mais si l'absurdité de la légende et la fausseté des
prétendus documents sont manifestes, quelle était l'origine
de ces informations ?

La source n'en est pas douteuse. Les journaux qui lan-
çaient ces informations dans le public étaient précisément
les journaux inspirés par le service des renseignements.

C'était du service des renseignements qu'était partie la lettre d'Henry faisant connaître à la *Libre Parole*, le 27 octobre 1894, l'arrestation de Dreyfus ; c'était de là qu'étaient parties toutes les indications sur la pièce « ce canaille de D... », sur les correspondances de A. et de B., signées des noms de *Maximiliane, Alexandrine, Chien de Guerre*. C'était de là encore qu'étaient parties les révélations signalées plus haut sur le déchiffrement des télégrammes de B. à son état-major. C'était de là que partaient toutes les informations plus ou moins dénaturées, suivant les besoins de la cause, sur les pièces secrètes. La caisse noire d'Henry, dans laquelle se trouvaient encore 25 ou 26.000 francs au moment du suicide d'Henry (1), contribuait sans doute à la diffusion de toutes ces mensongères affirmations.

Or, la première allégation de l'existence d'une lettre de l'empereur d'Allemagne, relative à l'affaire Dreyfus, vient d'Henry. Cette allégation est rapportée à la Cour de Cassation par M. Paléologue (2).

D. — Pourriez-vous nous dire ce qu'il y a de vrai dans des allégations portées à la tribune du Parlement qui, depuis, ont retenti dans la presse et qui font l'objet d'une déclaration adressée à M. le procureur général et qui vient de m'être remise, allégations relatives à une lettre de l'empereur d'Allemagne à son ambassadeur en France, dans laquelle il serait question de Dreyfus comme ayant été en relations d'espionnage avec le gouvernement allemand, et à un certain nombre de lettres que Dreyfus aurait adressées à ce gouvernement?

R. — A ma connaissance, il n'y a jamais eu aucun document de cette sorte. *La première et seule fois que j'ai entendu parler d'un document de ce genre, c'est le 2 ou 3 novembre 1897, par le colonel Henry qui, d'ailleurs, ne fit qu'allusion à l'existence d'une pareille pièce.* Ni avant, p. 477 ni après le procès Dreyfus, je n'ai été informé de l'existence d'une lettre de l'empereur d'Allemagne, ni de lettres de Dreyfus adressées à ce souverain. Les allégations auxquelles M. le président fait allusion me paraissent complètement erronées. La nature de mes fonctions me permet d'affirmer que, s'il avait existé des documents de ce genre, je ne l'eusse pas ignoré sans doute.

Ainsi c'est le *2 ou 3 novembre 1897* qu'Henry lance sa première allégation sur l'existence d'une lettre de l'empereur d'Allemagne : ce n'est encore qu'une allusion vague. Il s'adresse d'ailleurs à un interlocuteur qui n'aurait pu, à raison de ses connaissances personnelles, ajouter foi à de pareils racontars.

(1) Gribelin. Enquête, t. 1, p. 914 *in fine*. Voir plus haut, p. 105 et suiv.
(1) Cass., 1899, t. 1, p. 392-393.

Dès le *4 novembre 1897*, la *Libre Parole*, suivie le lende-main par l'*Intransigeant*, faisait aussitôt ses premières allu-sions, alors fort obscures, au document saisi, accablant pour Dreyfus, impossible à montrer, et restitué à l'ambassadeur d'Allemagne après avoir été photographié (1).

L'idée première avait germé dans le cerveau d'Henry au cours de son entretien avec M. Paléologue.

La *Libre Parole* la lance aussitôt dans le public ; puis on bâtit le roman et, le 12 décembre 1897, six semaines après cette première allusion à la lettre de l'empereur d'Allema-gne, l'*Intransigeant* formule la première version.

Le gouvernement français, en présence d'une telle aber-ration, crut devoir le jour même, 12 décembre, faire publier par l'*Agence Havas* une note ainsi conçue :

Le journal l'*Intransigeant* fait ce matin, à propos de l'affaire Dreyfus, sous ce titre : *La pièce secrète, la vérité sur le traître,* un récit inexact en tous points.

Nous sommes autorisés à dire que le Gouvernement donne le démenti le plus formel à ce récit, et affirme que les pièces visées dans cet article n'existent pas et n'ont jamais existé.

L'*Intransigeant* publia alors, le 14 décembre, un nouvel article affirmant l'exactitude de son information, et quali-fiant de mensonge nécessaire la note de l'*Agence Havas*.

Le gouvernement communiqua une nouvelle note, le 14 décembre, après ce nouvel article. Cette note commina-toire portait :

Le Gouvernement se préoccupe de la campagne d'inventions et de récits imaginaires poursuivie systématiquement par certains journaux. Il est résolu, si cette campagne continue, à prendre, avec le concours du Parlement, les mesures nécessaires pour y mettre fin.

En présence des affirmations réitérées d'un journal du matin, le Gouvernement oppose, de nouveau, le démenti le plus catégorique et le plus absolu aux allégations sensationnelles qui continuent à se pro-duire.

Le Gouvernement français paraît s'être beaucoup plus p. 478 ému des inconvenantes absurdités publiées par l'*Intransi-geant*, à l'instigation du service des renseignements, que le Gouvernement allemand lui-même.

Le 6 janvier, en effet, quatre jours avant l'ouverture des

(1) Raoul Allier. *Le Bordereau annoté*, p. 59 (Prod. 11). — Pour la commodité des recherches, l'exposant produit l'étude de M. Raoul Allier, où sont cités et analysés les principaux articles de journaux sur le bor-dereau annoté.

débats de l'affaire Esterhazy, les officieuses *Gazette de Cologne* et *Gazette de l'Alemagne du Nord*, publient une déclaration portant que « ni le gouvernement allemand, ni l'ambassade, ni des officiers allemands n'ont été, à un moment quelconque, en rapport avec Dreyfus. Elles ajoutent que, du côté de l'Allemagne, aucune objection ne s'élèvera pour que le jour le plus complet luise sur les débats de lundi prochain (1) ».

En réponse à ce communiqué officieux, *on fit le huis clos* pour le procès Esterhazy, sous le prétexte de convenances diplomatiques.

VI. — Le colonel Henry cependant, reconnaissant les insurmontables objections que rencontrait « la lettre de l'empereur d'Allemagne », telle qu'il la concevait et que l'*Intransigeant* l'avait lancée dans le public, veut se réserver les moyens de donner une nouvelle forme à son faux. Le 12 février 1898, il dépose au procès Zola (quelques-uns de ses faux témoignages à ce procès ont été déjà relevés dans la section précédente), et il déclare (2) :

Lorsque le colonel Sandherr m'a remis ce dossier, le 16 décembre 1894, je lui ai dit : « Mais comment se fait-il que vous n'ayez plus besoin de ce dossier-là ? ». — Il m'a répondu : « J'en ai un plus important, et je vais vous montrer une lettre de ce dossier. » — Il m'a fait voir une lettre en me faisant jurer de n'en jamais parler. J'ai juré. Il m'a montré une lettre plus importante que celle du dossier. Il m'a dit : « J'ai avec cela quelques documents, mais je les garde par devers moi, et je m'en servirai si besoin est ». Je n'ai plus jamais entendu parler de ce second dossier ; jamais le colonel ne me l'a remis. Voilà l'histoire du dossier : quant à l'autre, je ne sais ce qu'il est devenu : je ne l'ai jamais vu. le colonel Sandherr m'en a parlé une fois seulement, le 16 décembre 1894.

L'histoire de ce dossier mystérieux, dont Henry n'a vu qu'une pièce très importante et qui s'est égarée, a un but : elle permettra à Henry de produire la fausse lettre quand il lui aura donné sa forme définitive, en tenant compte des objections rencontrées par la première version. Il déclarera, en produisant son faux, qu'il vient de retrouver le dossier Sandherr, et que dans ce dossier figurait la pièce fabriquée par lui.

D'autre part, l'histoire du dossier secret disparu lui per-

(1) *Figaro* du 6 janvier 1898.
(2) Procès Zola, t. 1, p. 376.

met de supprimer la traduction du télégramme chiffré de l'agent B., en date du 2 novembre 1894. On articulera que cette pièce a été égarée avec le dossier Sandherr dont elle faisait partie, et Henry lui substituera la traduction fausse qu'il a imaginée (pièce 44 du dossier secret) (1).

Ce roman, raconté par Henry, au procès Zola, était ab- p. 479
surde : le colonel Sandherr aurait dissimulé des documents de cette importance au ministre de la Guerre, aux chef et sous-chef d'Etat-major et à son successeur comme chef du service des renseignements (colonel Picquart). Mais, sans aucune raison, par pur besoin d'expansion, il aurait montré ce qu'il avait de plus important à un subordonné, qui ne semblait pas devoir rester au service des renseignements, et auquel il ne donnait d'ailleurs aucune indication permettant de retrouver le fameux dossier en cas de besoin. Le racontar était inadmissible.

Mais si absurde qu'il fût, il donnait de grandes facilités à Henry, pour la fabrication et la modification de ses faux, car il lui permettait, dès qu'un faux était démasqué, d'en produire un autre pour accréditer la même légende : les pièces du dossier secret Sandherr, imaginé par Henry, se retrouvaient ainsi successivement.

VI. — Trois jours après la déclaration d'Henry au procès Zola, une nouvelle forme du faux apparaît. Les juifs n'étant pas admis parmi les officiers de l'armée allemande, il ne s'agit plus de la lettre de l'empereur d'Allemagne, accueillant dans son armée le capitaine Dreyfus, et le détachant comme espion à l'Etat-major français : c'est, cette fois, la légende du bordereau annoté qui se formule.

Elle est produite à Suresnes, par M. le député Millevoye (2). La mention inscrite par la main impériale sur le bordereau original est, ainsi qu'on l'a montré plus haut, d'une évidente fausseté. Sans incriminer la bonne foi de M. Millevoye, que ses passions politiques entraînaient trop facilement à faire crédit à des papiers de ce genre, et à considérer comme sincères les hommes lui apportant de pareilles

---

(1) Voir plus haut, dans la section XII B, les observations relatives à cette pièce.

(2) Jaurès. Enquête, t. 1, p. 371. — Discours à la Chambre des députés (Revision du procès de Rennes, p. 499).

informations, on peut s'attrister de ce que si peu de discerne-
ment et de sens critique ait été apporté en cette affaire par les
accusateurs du capitaine juif.

La légende propagée par M. Millevoye fut présentée par
les journaux du service des renseignements, après le suicide
d'Henry, comme l'explication d'un des faux avoué par lui.
Henry, en fabriquant la fausse lette de l'agent B., à
l'agent A., aurait voulu mettre à la disposition de ses chefs
un document plus facile à produire que les pièces émanant
de l'empereur d'Allemagne ; la production de ces dernières
aurait en effet, d'après les journaux du service des renseignements, entraîné de terribles complications diplomatiques (1).

p. 480 Il semble que les gouvernements français et allemand
aient envisagé d'un œil calme l'éventualité de ces productions sensationnelles. Certains journaux italiens (notamment
la *Tribuna*) donnaient une information de Paris, annonçant
que si des lettres de l'Empereur Guillaume étaient produites
dans un nouveau procès Dreyfus, l'ambassadeur d'Allemagne
demanderait ses passeports.

Un télégramme officieux envoyé de Berlin, en réponse à
ces informations, fut publié par la *Gazette de Cologne*, le
6 septembre 1898 ; il portait : (2)

*L'Allemagne ne songe pas à s'immiscer, de quelque manière que
ce soit, dans l'affaire Dreyfus, et à faire à l'ouvrage de faussaires mala-
droits l'honneur de le prendre pour objet d'une action diplomatique.*

Le lendemain 7 septembre, une nouvelle note officieuse
de la *Gazette de Cologne* s'exprimait en ces termes : (3)

Si les soi-disant feuilles d'Etat-major français continuent à vouloir
faire croire que la France, par tous les documents du procès Dreyfus,
va au devant d'une guerre menaçante avec l'Allemagne, elles peuvent
impressionner de la sorte une partie inconsciente de la population française, mais en aucune façon l'Allemagne. On sait à peu près aujourd'hui,
grâce aux communications de certaines feuilles, à quels documents ou
fait allusion, et qu'il s'agit certainement des prétendues lettres de l'Empereur allemand. Nous pouvons attendre ici avec un grand calme
ces publications, car il est à peine nécessaire de le dire, *il ne peut
s'agir que de faux ; un empereur allemand ne correspond pas avec les
espions au service de l'Allemagne.* Si quelque agent subalterne, ou voire
un officier supérieur, a falsifié le nom de l'Empereur, nous n'y verrions

(1) Le *Petit Journal*, du 3 septembre 1898, la *Patrie*, du 2 septembre,
la *Libre Parole*, du 3 septembre, *La Croix*, du 6 septembre 1898. — (Conf.
Raoul Allier. *Le Bordereau annoté*, p. 38 et suiv.
(2) Voir le *Temps*, du 11 septembre 1898.
(3) Raoul Allier. — *Le Bordereau annoté*, p. 41.

pas de raison pour que l'Allemagne déclare de ce chef la guerre à la France. Ce serait tout au plus pénible pour les officiers supérieurs qui auraient donné, ne fût-ce qu'un instant, dans le piège d'un faux aussi grossier que ridicule.

De ces notes officieuses on peut rapprocher une conversation particulière de M. de Münster avec le comte de Turenne. Dédaigneux de démentir officiellement des allégations aussi manifestement absurdes, M. de Münster en avait montré toute l'inanité dans un entretien privé avec M. le comte de Turenne. Celui-ci en déposait en ces termes devant la Cour de Cassation, le 24 janvier 1899 (1) :

Je n'ai aucune connaissance d'un document diplomatique constatant la culpabilité ou l'innocence de Dreyfus. Le seul fait que je puisse porter à la connaissance de la Cour, c'est une conversation que j'ai eu l'honneur d'avoir avec M. le comte de Münster, le 24 avril dernier. A cette époque, le bruit courait dans Paris que des lettres émanant de l'Empereur, et adressés soit à Dreyfus, soit à M. l'ambassadeur d'Allemagne, étaient renfermées dans un des dossiers. Personnellement, je ne croyais point à l'existence de ces lettres ; le soir dont il s'agit. M. de Münster m'ayant pris à part me parla des bruits courant sur l'existence de ces lettres. Il comprit aussitôt à ma réponse que je n'y croyais point : il me dit p. 481 qu'il en était heureux, et ajouta qu'il était très satisfait de pouvoir me confirmer dans mon opinion.

Quelques jours après, je rencontrai M. Hanotaux et je crus devoir lui faire connaître l'impression qui résultait pour moi de ma conversation avec M. de Münster. M. Hanotaux ne parut pas surpris et me remercia simplement.

Une note de l'*Agence Havas*, en date du 10 septembre 1898, communiquée par le gouvernement français d'autre part, était ainsi conçue :

Pour couper court à de prétendues informations puisées dans des journaux étrangers, nous sommes autorisés à déclarer qu'aucune communication, aucune démarche relative à l'affaire Dreyfus n'a été faite par aucun gouvernement étranger auprès du gouvernement français.

VII. — Henry, pour fabriquer ou faire fabriquer des autographes de l'empereur d'Allemagne, avait-il au Ministère des spécimens de l'écriture du souverain ?

La réponse à cette question se trouve dans les explications données à la Cour par le général de Boisdeffre.

M. le Procureur général demande au général s'il a jamais connu la lettre de l'empereur d'Allemagne ou le bordereau annoté par lui, dont il avait été tant question dans la presse officieuse du bureau des renseignements.

(1) Cass., 1899, t. 1, p. 612.

Le général de Boisdeffre répond : (1)

Jamais je n'ai entendu parler du bordereau annoté autrement que par des racontars ; par conséquent, jamais je n'y ai ajouté foi. Je croyais cela tout à fait invraisemblable, et c'est ce que j'ai répondu à M. de Freycinet qui m'a écrit pour me dire de lui donner des renseignements sur le bordereau annoté. Je lui ai répondu que jamais je n'en avais entendu parler. Je l'ai déjà déclaré devant la Chambre criminelle ; je ne peux que vous répéter cette déclaration. *Je n'ai jamais voulu répondre à toutes les inepties et injures qui m'ont été adressées à cet égard.*

Je l'avais d'ailleurs dit, je le répète, devant la Chambre criminelle, demandant qu'on ne mette pas cela dans ma déposition. Je lui ai dit : je ne peux m'expliquer l'histoire de la lettre de l'empereur d'Allemagne que parce que lorsque j'étais à Pétersbourg, aux manœuvres de 1890, où j'avais été invité par l'empereur Alexandre III, je m'y suis trouvé avec l'empereur d'Allemagne qui s'est montré très bienveillant à mon égard, comme officier français, et où nous avons eu ensemble des entretiens assez longs ; mais c'est surtout de la tactique que nous avons parlé, parce que c'était un terrain qui se prêtait à la discussion et qui ne pouvait amener aucun froissement. A la suite de certaines divergences d'opinion, notamment sur la tactique romaine, l'empereur m'avait dit : Eh bien, quand je serai rentré en Allemagne, je vous écrirai et je **p. 482** vous prouverai que mon opinion est meilleure que la vôtre. Je ne pensais pas qu'il prît la peine de m'écrire, lorsqu'en 1891, le major de Huehne, attaché militaire allemand, m'apporta divers plans et une lettre de huit pages de l'empereur d'Allemagne *propria manu.* Je n'en ai pas parlé, et j'ai communiqué cette lettre à mon chef, le général de Miribel, parce que je ne voulais pas conserver pour moi une lettre d'un souverain étranger. Je me suis dit : est-ce parce que l'on a su que j'ai reçu une lettre de l'empereur d'Allemagne qu'on a parlé de cette histoire ? Je ne peux m'expliquer l'histoire de la lettre de l'empereur d'Allemagne qu'en me disant qu'il s'agit peut-être de cette lettre de 1891.

M. le Procureur général. — En d'autres termes, vous n'avez eu connaissance du bordereau annoté par un souverain étranger que par les journaux, et vous tenez le fait comme invraisemblable ; pourquoi ?

R. — Parce que je ne vois pas bien l'empereur d'Allemagne annotant lui-même ce bordereau.

Les recherches faites par le commandant Targe, pour retrouver cette lettre autographe de huit pages de l'empereur d'Allemagne, dont le général de Boisdeffre s'était dessaisi au profit de l'État-major en 1891, n'ont pas abouti. La lettre autographe a disparu.

D'autre part, si Lemercier Picard avait été trouvé pendu en des circonstances si singulières en 1898, il restait toujours à la disposition d'Henry, Guénée et ses agents (2). Henry, comme il l'a prouvé dans la fabrication de la fausse lettre de l'agent B., ne dédaignait d'ailleurs pas d'opérer lui-même.

(1) Enquête, t. 1, p. 478.
(2) Déposition Mayet. Rennes, t. 3, p. 357, *in fine.* Voyez d'autre part les déclarations Decrion et Elodie Wathier, dans l'enquête de la Cour de Cassation de 1899. Rapport Ballot Beaupré, p. 85.

VIII. — Il semble cependant qu'après les deux versions successives lancées dans la presse, des lettres de l'empereur d'Allemagne et du bordereau annoté, Henry ait compris que de pareils faux seraient difficiles à faire accepter, et qu'il ait alors adopté une autre conception.

Esterhazy, dans sa déposition devant le Consul de France à Londres, s'est vanté d'avoir ouvert lui-même les yeux d'Henry sur l'absurdité des faux qui avaient été commis pour mettre en cause l'empereur d'Allemagne. Il dépose en ces termes (1) :

Il est un faux que l'on a fait disparaître avec le dossier ultra secret ; ce sont les lettres de l'empereur d'Allemagne. Ces lettres ont parfaitement existé, je ne les ai jamais vues, mais j'en ai entendu parler et je les ai toujours déclarées idiotes. Je prouve leur existence. Boisdeffre en parle à différentes personnes, à la princesse Mathilde, au colonel Stoffel. Rochefort, mis au courant par Pauffin de Saint-Maurel , raconte tout au long l'histoire dans l'*Intransigeant*. Je dis que c'est de la dernière imprudence, quand Millevoye, dans une réunion publique, Millevoye qui a été mis au courant au ministère de la Guerre, fait un long discours sur ces papiers. Je trouve Henry, j'ai avec lui une assez longue discussion, et le lendemain je reçois la lettre suivante par laquelle il se range à mon avis, après avoir évidemment consulté en haut : « C'est décidé, il faut faire le silence sur les épitres du Q. On en a stupidement paré. Donnez la consigne. Amitiés, Henry ». — Q désigne l'empereur d'Allemagne. Donc, les généraux de Boisdeffre et Gonse connaissaient l'existence de ces pièces puisqu'ils en ont parlé à plusieurs personnes ; donc ils savaient que c'étaient des faux, puisqu'ils ont consenti à leur disparition ; donc l'usage des faux ne leur inspirait aucune répugnance, et ce point est spécialement intéressant, puisqu'il prouve bien que l'histoire du faux Panizzardi n'est qu'un prétexte dans la mort d'Henry.

p. 483

M. Jaurès, dans sa déposition, fait remarquer qu'authentique ou fabriquée par Esterhazy, la lettre d'Henry à Esterhazy est toujours un indice fort grave. *Authentique*, elle prouve l'existence matérielle des fausses lettres de l'empereur d'Allemagne : *fabriquée par Esterhazy*, pour démontrer les relations étroites existant entre lui et « les grands chefs », elle prouve que l'existence matérielle des fausses lettres constituait précisément un des secrets de l'Etat-major, dont la connaissance était de nature à établir la réalité des relations confidentielles avec « les grands chefs » (2).

Quoi qu'il en soit et quel qu'ait été le rôle d'Esterhazy sur ce point, il paraît certain qu'Henry lui-même, dès mai 1898, avait compris l'impossibilité de faire admettre comme au-

(1) Déposition du 26 février 1900. — Enquête, t. 2, p. 489, *in fine*.
(2) Jaurès. — Enquête, t. 1, p. 375 et 376.

thentiques les faux documents attribués à l'empereur d'Allemagne. Il a dès lors cherché autre chose. La déposition de M. Wattinne en fait foi.

M. Wattinne a dressé, sous la haute direction du général Gonse, et sur les documents à lui présentés par Henry, un rapport concernant le dossier secret relatif à Dreyfus. Ce travail, connu sous le nom de rapport Gonse-Wattinne, a été commencé le 9 mai 1898 (1) ; il a été terminé et daté le 1er juin 1898.

En mai 1898, c'est-à-dire après que les deux versions de la lettre de l'empereur d'Allemagne et du bordereau annoté ont été déjà lancées dans le public, après qu'Henry a allégué devant le jury, au procès Zola, l'existence d'un dossier Sandherr particulièrement mystérieux, Henry, documentant et renseignant M. Wattinne, lui a-t-il montré quelque pièce secrète ? ou lui a-t-il révélé l'existence d'un document de l'empereur d'Allemagne, égaré depuis la mort de Sandherr ?

M. Wattinne répond : (2)

> R. — Jamais ; et je poussais le colonel Henry aussi loin que possible. Voici un souvenir qui m'est revenu hier et qui peut être assez intéressant : je disais au colonel Henry : « Est-ce bien tout ce que vous voyez dans votre mémoire ? rappelez-vous... » Et le colonel Henry me répondit : « Non... » Et il m'a laissé entendre qu'il était le continuateur et le défenseur des idées du colonel Sandherr. Je lui dis : « Mais, qu'avait-il contre Dreyfus ? » — « *Il avait quelque chose de particulier que je n'ai jamais connu* ». Nous avons cherché pendant plusieurs jours, je l'ai prié de rappeler ses souvenirs ; il a prétendu avoir fait des efforts et il est venu un jour me dire : « Je crois bien que c'était une lettre venant d'Alsace et touchant quelqu'un de sa famille ou de ses relations ; Sandherr m'a dit : Henry, la preuve de la culpabilité de Dreyfus, elle est dans le dossier secret, mais elle est surtout dans une lettre que j'ai là. »
> Je lui ai demandé où était cette lettre ; il m'a répondu qu'elle avait disparu au moment de la mort du colonel Sandherr, qu'il avait fouillé dans les papiers de ce dernier, mais qu'il n'avait rien trouvé... Comme tout cela était absolument vague, je l'ai considéré comme inexistant et il n'y en a pas un mot dans le rapport que vous avez sous les yeux... »
> Ah ! il mentait bien...

p. 484

Trois mois après, Henry se suicidait. La forme définitive à donner à ce nouveau faux n'avait pas encore été réalisée.

La lettre de l'empereur d'Allemagne et le bordereau annoté, dont la presse du service des renseignements a si souvent affirmé l'existence, ont-ils eu, au contraire, une exis-

(1) Déposition Wattinne. Enquête t. 1, p. 865.
(2) Enquête, t. 1, p. 877.

tence matérielle ? A-t-on effectivement fabriqué ces faux audacieux qu'on n'a jamais osé produire au grand jour ? S'est-on
borné, au contraire, à lancer une imposture ne s'appuyant
sur aucune pièce préalablement fabriquée ? Le texte de la
mention impériale sur le bordereau annoté ayant été publié,
il semble difficile d'admettre que le faux n'ait pas été matériellement réalisé.

IX. — Quel a été, devant le Conseil de guerre de Rennes,
le rôle joué par ces légendes et ces faux ?

S'il est malaisé de le déterminer avec exactitude, *il est du
moins un fait absolument certain, c'est que l'esprit des juges
a été obsédé par le bordereau annoté, c'est que ce bordereau
annoté a été un des éléments par eux apprécié dans leur for
intérieur pour se former une conviction, c'est qu'ils ont été
incités à se perdre dans des conjectures mystérieuses par les
savantes réticences du général Mercier sur ce point, et par les
assertions singulièrement téméraires du même général au
sujet de la prétendue « nuit historique ».*

D'autre part, il faut le remarquer, des articles de journaux *qui semblent bien avoir été concertés avec le général
Mercier,* avaient préparé et souligné les articulations implicites de sa déposition. Au moment où allait s'ouvrir le procès de Rennes, le 1er août 1899, le *Petit Caporal* publiait la
note suivante : (1)

Demain, nous publierons une communication des plus graves sur
la pièce secrète du procès Dreyfus. Cette communication traite aussi,
avec une compétence particulière la question des actes personnels de
l'empereur d'Allemagne dans cette affaire.
Nous croyons que la lecture d'une telle communication peut jeter
sur le drame qui va se dénouer à Rennes un jour nouveau.— P. H.

Puis, le lendemain, au lieu de la communication annoncée, le *Petit Caporal* insère une nouvelle note ainsi conçue : (2)

p. 485

Sous ce titre, nous annoncions hier que nous publierions aujourd'hui
une communication des plus graves sur la « pièce secrète » du procès
Dreyfus.
*Cette note nous a valu la visite d'un personnage dont le nom est inti-
mement lié à l'affaire Dreyfus et qui est appelé à se rendre à Rennes pour
déposer dans le procès, qui s'y déroulera la semaine prochaine.*

(1) Enquête, t. 1, p. 853. Conf. *Européen* du 7 mars 1903, p. 6. Le
Petit Temps du 14 mars 1903.
(2) Enquête, *Ibid.*

*Sur les instances de notre visiteur et pour lui laisser sa complète
liberté d'action et de déposition, nous avons consenti, dans l'intérêt de la
justice, à priver nos lecteurs d'un article véritablement sensationnel et
dont tous les termes étaient, nous en avons reçu l'affirmation catégorique,
l'expression de la vérité.*

« Cette vérité sera du reste démontrée au cours du procès d'une façon
irréfutable par le témoin auquel nous faisons allusion et — comme d'après
les renseignements qui nous parviennent, nous avons tout lieu de croire
que les juges du Conseil de guerre de Rennes, jugeant en leur âme et
conscience, ne se laisseront influencer par aucune cause étrangère à la
justice — c'est avec confiance que nous attendons leur verdict.

Signé : P. Halary.

M. Cunéo d'Ornano, qui était alors directeur du *Petit Caporal*, a été interrogé par la Cour sur cet incident. Bien que
le général Mercier soit très nettement désigné par ces notes
du *Petit Caporal*, M. Cunéo d'Ornano déclare : « Je serais
surpris qu'il fût le personnage en question, parce que je ne
crois pas qu'il soit jamais venu au *Petit Caporal* (1). »

En fait, la première démarche au *Petit Caporal* avait été
faite par M. Ferlet de Bourbonne ; et M. Ferlet de Bourbonne avait dit à M. Sémenof « *que le général Mercier lui-
même ou quelqu'un de sa part* était venu à la rédaction et
avait empêché la publication » (2).

Un autre document montre le général Mercier accréditant toujours la même information. Il est signalé par M. Reinach : c'est une lettre adressée le 3 août 1899 par M. de Saint-
Marc à M. Poujol de Fréchencourt, et figurant à la page 70
des documents de la Haute-Cour de Justice (affaire Buffet,
Déroulède, Guérin et autres, documents 11, groupe royaliste,
cote 7, pièce 15). M. de Saint-Marc écrit :

J'ai eu par mon ami de Fontars, hier soir, qui revenait de Paris, des
nouvelles *sur la future déposition du général Mercier qui aurait une photographie d'une pièce émanant de Guillaume II ; ce serait la preuve indéniable de la trahison de Dreyfus* (3).

Un troisième document est plus net et plus décisif encore,
parce qu'il montre le général Mercier indiquant aux juges
comment il faudra interpréter sa déposition :

Le procès de Rennes devait s'ouvrir le 7 août. La veille, le
Temps (daté du 7) publie une longue note qui a été dictée à

(1) Cunéo d'Ornano, déposition du 10 mai 1904. Enquête, t. 1, p. 853.
(2) Sémenof, Déposition du 18 avril 1904. Enquête, t. 1, p. 389.
(3) Enquête, t. 1, p. 575.

un rédacteur de l'*Agence Nationale par « une personne qui est restée dans l'intimité du général Mercier »*. Voici la plus p. 486 grande partie de cette note (1) :

Le général Mercier est parti pour Rennes sans consentir à recevoir aucun journaliste, à qui il avait consigné sa porte depuis plusieurs semaines. Vous pouvez donc démentir les propos qu'on lui prête ; car il s'est fait une règle absolue, qui a du reste été approuvée par ses amis, de ne pas laisser affaiblir, par une discussion publique préalable, dont il n'aurait pas le contrôle, les graves révélations qu'il se propose d'apporter au Conseil de guerre.

L'ancien ministre de la guerre se rend un compte très exact de la responsabilité qui lui incombe devant l'armée, devant la France et devant l'Histoire. Il entend l'assumer tout entière. Il a déclaré : « Je reste un accusateur », et il est parti pour Rennes dresser un réquisitoire documenté et sortir de la réserve dans laquelle il s'est volontairement enfermé jusqu'ici.

La raison d'Etat que l'on invoque pour motiver son silence à l'audience sur certains points et sur certains détails de l'affaire ne lui appartient pas à lui seul, a-t-il déclaré. Elle intéresse au même titre M. Casimir Périer, M. Dupuy et M. Delcassé, ministre des affaires étrangères. Mais le général Mercier est bien résolu, dans des incidents d'audience qu'il faut prévoir, à éclairer les débats sur ce point et à rectifier les inexactitudes de témoignages, si elles se produisaient ; il veut faire son devoir, tout son devoir.

Il a fallu, n'en doutez pas, au chef de l'armée des raisons de la plus haute gravité, pour résister aux objections diplomatiques de M. Hanotaux, et faire arrêter et juger le capitaine Dreyfus. *Le général de Boisdeffre est comme lui, en mesure de faire connaître la haute personnalité étrangère qui a informé officieusement le gouvernement que des renseignements venus de l'Etat-major français étaient fournis de Paris à l'Etat-major allemand.*

L'ambassade d'Allemagne est, sur ce point précis, mise directement en cause ; le général Mercier a entre les mains les preuves que l'ambassade est depuis longtemps devenue un nid d'espionnage. Un de ses prédécesseurs au ministère de la Guerre avait, une nuit, autorisé le colonel Vincent à faire visiter par le service d'espionnage le coffre-fort de l'attaché militaire allemand. *On photographia et copia à la hâte les renseignements que contenait le coffre.* Et c'est depuis cette époque que le ministre de la guerre a la clef du système pratiqué à l'ambassade.

Or, en matière d'espionnage, vous ne l'ignorez pas, *les preuves morales sont toujours plus nombreuses que les preuves matérielles*. Dans l'affaire Dreyfus les preuves matérielles abondent, le général Mercier l'affirme ; même dans le cercle étroit dans lequel le conseil de guerre est enfermé par l'arrêt de la Cour de cassation l'ancien ministre de la guerre est en mesure de fixer la religion du conseil de guerre.

Le général Mercier n'a du reste, été entendu jusqu'ici comme témoin dans un débat public que dans le procès Esterhazy.

A la Cour de cassation, le général a voulu se borner à ne pas donner à la Cour le moyen juridique cherché par elle de casser un jugement qu'il tenait pour justement rendu, mais devant les pairs qui doivent à nouveau juger un officier de l'armée française, *il est résolu du reste à aller plus*

---

(1) Raoul Allier. *Le Bordereau annoté*, p. 96.

loin, et à dire aux juges, à l'armée et au pays les raisons et les faits qui exigent une condamnation qui ne fait pas de doute pour lui du reste...

p. 487 Sur le bordereau et la discussion des experts à ce sujet, et qu'il tient pour exacte, le général réserve quelque chose dont ses amis n'ont pu lui arracher le secret. *Il connaît l'origine et la paternité du bordereau.*

Il s'est documenté de pièces justificatives qu'il a recueillies lui-même. Et si le conseil lui permet, sur documents, une démonstration scientifique appuyée sur des faits, *et confirmée par des incidents diplomatiques de la plus haute portée*, la déposition du général Mercier sera sensationnelle.

X. — C'est ainsi que se trouvait préparé, par des informations auxquelles le général Mercier ne peut être réputé étranger, le réquisitoire du principal accusateur de Dreyfus, accusant pour ne pas être lui-même accusé devant la Haute-Cour.

Les juges étaient prévenus qu'à raison de la gravité des incidents diplomatiques auxquels il ferait allusion, le Conseil devrait lire entre les lignes de sa déposition.

Cependant les débats s'ouvrent ; le général Mercier dépose le 13 août. Le 14 août il doit être interrogé par les défenseurs. Ce jour-là, tandis qu'avant l'audience Mᵉ Labori tombe sous la balle d'un assassin, le *Gaulois*, qui passait sous les yeux de tous les membres du Conseil de guerre, publie « une lettre ouverte au général Mercier ». Cette lettre ouverte provenait « d'un collaborateur masqué » c'est-à-dire inconnu à la rédaction du journal (1).

Elle était manifestement destinée à mettre en valeur pour les juges les sous-entendus de la déposition du général Mercier.

On y lisait : (2)

A M. le général Mercier

Général.

Dans votre déposition vaillante, loyale, irrésistible, vous avez dit une grande partie de la vérité ; mais l'avez-vous dite tout entière ? J'en doute et voici pourquoi : vous constatez que l'empereur d'Allemagne s'occupe journellement des affaires d'espionnage ; qu'à la suite de la remise du bordereau, l'empereur d'Allemagne a éprouvé une violente colère, telle que, pendant quelques heures, la guerre avait paru imminente ; mais ce que vous ne dites pas, c'est ce qui a d'abord irrité l'empereur au point de menaces de guerre et ce qui l'a ensuite calmé. Votre silence, sur ce point, laisse planer, sur votre déposition et sur toute l'affaire une obscurité redoutable... et que je sens dans les esprits. Un homme des plus sérieux m'a expliqué ainsi qu'il suit le drame dont vous n'avez soulevé qu'un coin.

(1) Robert Mitchell. Déposition du 23 avril 1904. — Enquête, t. 1, p. 442.

(2) Jaurès. Discours à la Chambre des députés. Revision du procès de Rennes, p. 535. — Raoul Allier. *Le Bordereau annoté*, p. 55.

Le bordereau avait été écrit par Dreyfus sur papier fort et envoyé au chef de l'espionnage allemand, l'empereur Guillaume.

En face de chaque pièce se trouvait indiqué le prix exigé. L'empereur renvoya le bordereau à Paris avec une note de sa main, en allemand, dont le sens était que *décidément cette canaille de Dreyfus était bien exigeant, qu'il fallait veiller à ce qu'il livrât le plus tôt possible les documents annoncés.*

Ce bordereau ainsi annoté fut remis au colonel Henry. On comprend **p. 488** l'émoi de l'ambassade d'Allemagne, quand on s'aperçut de la disparition du fameux document.

Le comte de Münster tempête, menace ; il ne se calme que sur la promesse solennelle de ne jamais parler de l'incident ; mais avant de communiquer aux ministres politiques le bordereau, le ministre de la Guerre en a fait faire une photographie ; vous possédez un des exemplaires de cette photographie et vous l'avez apporté sur vous à Rennes.

Ces faits expliquent le quiproquo d'Esterhazy ; pour motiver les poursuites sans découvrir l'empereur d'Allemagne, on chargea Esterhazy de décalquer sur papier pelure la photographie du bordereau, en omettant l'annotation de l'empereur d'Allemagne. *Ainsi, Esterhazy a pu dire avec vérité que le bordereau avait été écrit par lui, vous avez pu soutenir avec vérité qu'il était l'œuvre de Dreyfus.*

Si cette affirmation est très sérieuse et très exacte, confirmez-la : si elle est en partie erronée, rectifiez-la. Quoi que vous disiez, la France honnête et patriote l'acceptera comme l'expression définitive de la vérité.

D'autre part, *le 13 août 1899* encore, le journal le *Drapeau* publiait, en tête de ses colonnes, une lettre du 7 août, adressée par M. Paul Déroulède au directeur du *Drapeau*, M. Galli, alors à Rennes, pour suivre les débats. Cette lettre, également suggestive, portait : (1)

... Quant au général Mercier, que l'obstination des juifs va contraindre à violer des secrets d'Etat, dites-lui bien qu'il n'est pas un patriote qui puisse lui en faire un reproche, qu'il n'en est pas un qui ne lui en fasse un titre à la reconnaissance du pays. Mais qu'il ne taise plus rien de ce qui doit être utilement dit.

Sa longue réserve a suffisamment prouvé ses longs scrupules.

Quelles que soient désormais les conséquences de ces révélations, elles ne sauraient être pires ni plus dangereuses pour la Nation que les résultats de son premier silence...

Ainsi, de toutes parts, les juges sont avertis que le général Mercier est dépositaire de secrets diplomatiques redoutables, qu'il ne s'en expliquera pas ouvertement par patriotisme, mais que les juges devront le comprendre à demi mot.

La déposition s'encadre entre la note dictée à un rédacteur de l'*Agence Nationale* par « une personne qui est restée dans l'intimité du général Mercier », et la lettre ouverte au

(1) Raoul Allier. *Le Bordereau annoté*, p. 99.

général, publiée le 14 août dans les colonnes du *Gaulois*, par un « collaborateur masqué qui ne vient pas au journal ».

XI. — Le général Mercier dépose le 13 août.

Il était alors sous le coup d'une accusation qui devait le faire comparaître devant la Haute-Cour, à raison des actes par lui commis lors du procès de 1894. La Chambre des députés avait sursis à statuer sur la demande de mise en accusation jusqu'après le procès de Rennes.

p. 489   Le général Mercier rappelle cette situation aux subordonnés auxquels il s'adresse ; puis, conformément aux indications précises de la note du 6 août (publiée le 7), dictée à un rédacteur de l'*Agence Nationale* « par une personne restée dans son intimité », il s'exprime en ces termes : (1)

Pour se rendre compte de ce que j'ai fait en 1894, il faut se rappeler exactement quelle était la situation politique à ce moment-là. M. Hanotaux l'a définie en disant, dans sa déposition devant la Chambre criminelle, que la situation diplomatique devenait très délicate et qu'à un certain moment elle a été périlleuse. M. Casimir Périer, dans sa déposition devant la Chambre criminelle, a parlé de la démarche quelque peu insolite qui avait été faite auprès de lui par l'ambassadeur d'Allemagne, M. le comte de Münster. Il a même exposé, devant la Cour, la façon quelque peu insolite aussi dont il a cru pouvoir dédoubler sa personnalité en deux personnages bien distincts : un personnage officiel se retranchant derrière son irresponsabilité constitutionnelle, derrière la raison d'État pour refuser de répondre à la question de M. de Münster ; et un autre personnage privé, s'empressant de donner à M. de Münster les renseignements que, comme personnage officiel, il avait cru devoir lui refuser.

M. Casimir Périer n'a pas été jusqu'au bout dans sa déposition. Il n'a pas dit que ce même jour, nous sommes restés lui, Président de la République, M. Charles Dupuy, Président du Conseil, et moi, ministre de la Guerre, de huit heures du soir à minuit et demi dans son cabinet à l'Élysée, attendant le résultat des communications télégraphiques qui s'échangeaient entre l'empereur d'Allemagne et le comte de Münster. Nous sommes restés pendant quatre heures et demie à attendre si la paix ou la guerre allait sortir de cet échange de communications.

(M. Casimir Périer fait un geste de dénégation. Sensation).

Le général Mercier, continuant. — J'avais été prévenu, en effet, dans l'après-midi, *que la situation était très grave, que M. de Münster avait l'ordre de son souverain de demander ses passeports si on ne faisait pas droit à ses réclamations.*

J'étais par conséquent allé chez M. le Président de la République, en donnant l'ordre au chef d'État-major, M. le général de Boisdeffre, de se rendre au ministère de la Guerre et de m'y attendre avec le nombre d'officiers nécessaires pour expédier immédiatement, si besoin était, des télégrammes prescrivant la mise en vigueur des mesures préparatoires de la mobilisation. Vous voyez, messieurs, que nous avons été à deux doigts de la guerre.

(1) Rennes, t. 1, p. 96.

(M. Casimir Périer fait un geste pour demander la parole).

Le général Mercier, continuant. — Ce n'est qu'à minuit et demi que M. le Président de la République m'a prévenu que M. le comte de Münster acceptait définitivement, et son souverain aussi, l'insertion d'une note assez vague et mettant les ambassades hors de cause ; et c'est à cela que je faisais allusion tout à l'heure, quand je vous disais qu'il fallait ne pas prendre toujours pour argent comptant les assertions de la diplomatie, car il est certain que cette assertion n'était pas absolument exacte, mais qu'elle était dictée par la raison d'Etat.

Eh bien ! à ce moment-là, devions-nous désirer la guerre, devais-je, moi, ministre de la Guerre, par conséquent homme du gouvernement (et p. 490 gouverner c'est prévoir), devais-je désirer, pour mon pays, une guerre entreprise dans ces conditions ? Je n'hésite pas à dire non, et pour plusieurs raisons : d'abord, des raisons militaires : nous étions à ce moment-là, en pleine transformation du plan de mobilisation (je reviendrai là-dessus tout à l'heure à propos du bordereau) ; en outre, nous savions que l'Allemagne avait commencé la transformation de ses canons à tir rapide, qu'elle était même assez avancée dans cette transformation et je venais seulement d'obtenir du Parlement les premiers fonds nécessaires à la construction de quelques batteries pour faire une expérience en grand sur les canons à tir rapide, qui ont été mis complètement en service depuis. Nous étions, par conséquent, en état d'infériorité absolue. Au point de vue diplomatique, l'empereur Alexandre III venait de disparaître. Son successeur, l'empereur Nicolas, paraissait animé d'excellentes intentions, mais, en définitive, nous ne savions pas encore s'il ratifierait pleinement les conventions militaires conclues et signées avec son prédécesseur par M. Casimir Périer, président du Conseil et ministre des affaires étrangères, à ce moment. Au point de vue diplomatique, nous avions une crainte, une très grave incertitude devant nous : nous ne savions pas si la Russie marcherait avec nous. Enfin, pour notre situation morale devant l'Europe, il est incontestable que les prétextes, les mobiles sous lesquels aurait commencé cette guerre, ne nous mettaient pas dans une situation avantageuse ; les premiers incidents ne faisaient pas bon effet. Il est certain que nous pouvions arguer que nous étions dans le cas de légitime défense, que, sentant le sol miné sous nos pieds, nous n'avions pas d'autres moyens que la contre-mine pour nous défendre, mais cela, ce sont des raisonnements, et, dans le déchaînement de passions et d'intérêts qu'entraînerait une déclaration de guerre entre l'Allemagne et la France, les raisonnements qu'on ferait seraient pour peu de choses, on peut dire pour rien.

Ainsi, messieurs, je devais, par intérêt, et aussi par dévouement pour mon pays, faire tout ce qui était possible pour éviter la guerre.

D'autre part, devais-je laisser les juges du Conseil de guerre dans l'ignorance des charges qui pesaient sur Dreyfus ? Ces charges vous les connaissez ; ce sont différentes pièces secrètes, dont je vous ai fait donner lecture. Je vous en ai fait donner lecture pour en arriver à ce point-ci : Ces pièces constituaient, à ce moment, ce qu'on appelait le dossier secret. J'avais fait faire de ces pièces un commentaire pour mon usage personnel, et j'estimais qu'il était indispensable que les juges prissent connaissance de ces pièces et de ce commentaire.

Pouvais-je recourir au secret relatif du huis-clos ? Messieurs, je n'ai pas confiance dans les huis-clos et je crois que les révélations, les publications illicites, scandaleuses, que vous avez eues dans ces derniers temps, vous ont complètement édifiés à cet égard. La presse arrive à être en possession de tout ce qu'elle veut et elle le publie.

Ce ne sont pas les menaces du gouvernement qui l'en empêchent :

voilà la vérité. Dans ces conditions, je fis ce qui avait déjà été fait dans la plupart des affaires d'espionnage, aussi bien devant les tribunaux civils que devant les tribunaux militaires ; cela avait été fait notamment dans l'affaire Turpin et sans aucune protestation de la part de personne, bien que la chose eût été connue. Je mis sous pli cacheté les pièces secrètes dont je vous ai donné communication ainsi que le commentaire qui y était relatif, et je l'envoyai, le deuxième jour, je crois, ou en tout cas le matin du troisième, au président du Conseil de guerre en lui faisant dire que je n'avais pas le droit de lui donner un ordre positif, mais que je lui donnais un ordre moral, sous ma responsabilité, d'en donner communication aux juges du Conseil de guerre parce que j'esti-

p. 491 mais qu'il y avait là des présomptions graves dont il était indispensable qu'ils eussent connaissance. Vous avez cité le colonel Maurel comme témoin ; il vous renseignera sur ce qui s'est passé au Conseil de guerre. J'avais une déclaration écrite de lui ; je ne vous la remets pas. Dans son témoignage, il vous dira lui-même ce qui s'est passé et quelle est son impression. Ce que je puis vous dire, c'est que je ne l'ai pas vu, et que je ne l'ai même pas revu après le jugement. Il m'a renvoyé sous pli cacheté les pièces que je lui avais envoyées, et j'ai ignoré jusqu'à tout récemment s'il en avait ou non donné communication au Conseil de guerre. Ce n'est qu'après *la séance de la Chambre du 5 juin de cette année, séance où ma mise en accusation devant la Haute-Cour de justice a été demandée,* que je me suis cru en droit d'aller trouver le colonel Maurel et de me renseigner sur ce qui s'était fait au Conseil de guerre. Je ne l'ai su qu'à ce moment. Voilà, messieurs, la vérité sur la communication des pièces secrètes.

Le lendemain, 14 août, le général Mercier, après cette plaidoirie très habile, sinon très loyale, qui sollicitait, au nom du patriotisme, les circonstances atténuantes pour la forfaiture commise contre l'accusé en 1894, est interrogé par un membre du Conseil de guerre en ces termes (1) :

Un membre du Conseil de guerre. — Mon général, n'a-t-on jamais fait l'hypothèse que le bordereau sur papier calque pouvait être la copie d'un bordereau original ?

Le général Mercier. — J'ai vu cette *hypothèse* dans les journaux : mais elle n'a jamais été faite *à ce moment-là au ministère de la Guerre.* Nous avons toujours *admis* que le document sur papier pelure était bien le document original du bordereau.

Le même membre du Conseil de guerre. — C'est bien dans une ambassade étrangère qu'on l'a trouvé ?

Le général Mercier. — Dans une ambassade étrangère.

Cette réponse à double entente donne prise à toutes les équivoques, mais ne laisse aucun doute à ceux qui sont éclairés par la note publiée le 7 août, grâce aux soins « d'une personne restée dans l'intimité du général Mercier », et qui ont lu d'autre part la lettre ouverte au général Mercier, due à un « collaborateur masqué » du *Gaulois.*

(1) Rennes, t. 1, p. 140.

L'hypothèse n'a pas été faite à ce moment-là au ministère de la Guerre. On *A ADMIS* que le document sur papier pelure était bien le document original du bordereau.

On n'avait rien *à admettre* comme hypothèse sur ce point au ministère de la Guerre. On y savait, de façon certaine, quel avait été le document saisi. Si donc on *a admis* quelque chose, *c'est qu'à la réalité connue il a fallu substituer une chose admise, à raison des nécessités diplomatiques* et des exigences de M. de Münster dans la fameuse nuit historique imaginée par le général Mercier.

XII. — La défense, malheureusement, croyait encore à la loyauté de l'accusation. Elle ne pensait pas que rien put être p. 492 retenu pour le jugement, en dehors de ce qui était produit aux débats. Toujours exclue d'ailleurs des distributions d'imprimés faites aux juges, elle ignorait et la note des 6-7 août et la lettre ouverte du 14 août. La réponse équivoque du général Mercier, intelligible pour les seuls initiés, lui paraissait, dans ces conditions, exclure le bordereau annoté. Elle n'insista pas, en conséquence, sur ce point.

Mais pour les juges il était loin d'en être de même, et la preuve s'en trouve dans les questions posées deux jours plus tard par deux des membres du Conseil de guerre à Mme veuve Henry.

Le 16 août, Mme veuve Henry expose dans quelles conditions Henry a, chez lui, reconstitué le bordereau. Deux membres du Conseil de guerre l'interrogent alors (1) :

Un membre du Conseil de guerre. — Ce papier que votre mari dépouillait le soir, tard, *vous rappelez-vous si c'était du papier épais ?*
Mme veuve Henry. — Je n'ai pas vu le bordereau de près.
Le même membre du Conseil de guerre. — Mais vous l'avez vu travailler *sur ce papier ?*
Mme veuve Henry. — Il y avait des papiers de toutes sortes... Il était onze heures du soir, je n'ai pas vu.
Un autre membre du Conseil de guerre. — Voulez-vous nous dire, s'il vous plaît, si dans le bureau où travaillait le colonel Henry, il y avait une table ?
Mme veuve Henry. — C'était dans la salle à manger.
Le même membre du Conseil de guerre. — Il y avait une table, quand vous y étiez, vers onze heures du soir, et que le colonel Henry, était occupé à travailler ? Ce papier était sur la table ?
Mme veuve Henry. — Sur la table, tous les papiers étaient épars. Il y ayait une toile cirée qui couvrait toute la table.

(1) Rennes, t. 1, p. 263.

Le même membre du Conseil de guerre. — N'y avait-il pas une partie de la table qui était dégarnie de la toile ?

Mme veuve Henry. — Non. Je tiens à dire, au sujet du faux, que mon ami a cru, dans l'intérêt de la patrie, pouvoir se servir des éléments verbaux qui lui avaient été donnés quelques jours auparavant, pour ajouter une preuve nouvelle, convaincante et matérielle au dossier qui existait déjà. Vous m'avez compris ?

Me Demange. — Non.

Mme veuve Henry. — Des renseignements verbaux qui lui avaient été donnés quelques jours auparavant.

Le Président. — C'est bien de l'accusé, ici présent, que vous entendez parler ? Ces renseignements verbaux, votre mari vous en avait-il parlé auparavant ? Mais encore, qui lui avait donné ces renseignements ?

Mme Henry fait un geste d'ignorance.

Le papier du bordereau n'était-il pas *du papier épais* ? Henry n'a-t-il pas *travaillé sur ce papier* ? N'avait-il pas *dégarni de la toile cirée la partie de la table sur laquelle il travaillait* ?

Ces questions sont restées longtemps incompréhensibles pour la défense. C'est seulement lorsqu'après la grâce de Dreyfus, les journaux du service des renseignements insistèrent sur la légende du bordereau annoté (1), que les défenseurs de Dreyfus comprirent les préoccupations des membres du Conseil de Guerre.

Etait-ce Henry qui avait fait le décalque sur papier pelure du bordereau original sur papier épais ? Si oui, Henry avait dû *travailler sur le papier du bordereau*, et il avait dû le faire sur une table dégarnie de tapis, c'est-à-dire sur une surface plane, offrant le point d'appui solide et résistant qui est nécessaire au travail du décalque.

XIII. — *Les juges faisaient donc état, dans l'examen auquel ils se livraient pour se former une conviction, de l'articulation relative à l'existence d'un bordereau annoté par l'empereur d'Allemagne,* bordereau original restitué à l'ambassadeur, M. de Münster, sur sa réclamation.

Afin d'ailleurs qu'aucun doute ne pût subsister dans leur esprit sur la portée et le véritable sens de la déposition du général Mercier, la *Libre Parole* leur en envoyait, le 6 septembre 1899, *c'est-à-dire trois jours avant le verdict,* le commentaire autorisé.

(1) La *Vérité*, du 11 octobre 1899 ; *La Croix*, du 21 septembre 1899 ; puis encore l'*Intransigeant*, du 25 septembre 1900. — Jaurès. Déposition du 18 avril 1904. Enquête, t. 1, p. 372.

Dans le compte rendu sténographique révisé par le général Mercier et distribué par lui aux juges, à l'exclusion de la
défense, il était dit (1) :

> Je persiste donc à croire que le bordereau a été écrit par le capitaine
> Dreyfus, mais je n'attache pas grande importance à cette question *parce
> que, même si le bordereau a été écrit par un autre, son examen cryptogra-
> phique va démontrer qu'il n'a pu l'être que sous l'inspiration du capitaine
> Dreyfus.*

Devant la défense, en audience publique, il avait dit encore (2) :

> Je laisse de côté toutes ces considérations relatives aux écritures,
> parce que je considère qu'elles ont peu d'importance, attendu que *quelle
> que soit la personne qui a fait le bordereau, quelle que soit la personne
> qui l'a écrit, je persiste à croire qu'il est écrit de la main du capitaine
> Dreyfus,* parce que l'écriture du bordereau ressemble à celles de trois
> personnes, le capitaine Dreyfus, M. Mathieu Dreyfus, le commandant
> Esterhazy.

La défense interprétait ces déclarations comme des allu-
sions faites aux théories de M. Bertillon. Mais elles s'adap-
taient aussi bien à la légende du bordereau annoté.

Peu importe, en effet, qu'on ne reconnaisse pas la main de
Dreyfus, si le décalque du bordereau a été fait par une autre
main que la sienne. Il ne faut pas s'arrêter à ces questions
d'écriture, puisqu'on n'a plus le bordereau original, restitué
par nécessité diplomatique. L'auteur du bordereau original,
le véritable inspirateur de l'acte, quelles que soient les appré- p. 404
ciations sur l'écriture, n'en est pas moins Dreyfus : le général
Mercier l'affirme. C'est là ce que signifie sa déposition, et la
Libre Parole en avertit les juges trois jours avant le verdict,
dans son article du 6 septembre 1899. On y lit (3) :

> Les deux bordereaux. — L'extraordinaire visite de M. de Münster à
> l'Elysée devient au contraire tout ce qu'il y a de plus simple, de plus
> naturel et de plus logique, si l'on admet qu'en apprenant l'arrestation de
> Dreyfus l'Allemagne se soit sentie compromise, et qu'elle ait redouté
> qu'on ne retrouvât sur le document saisi quelques traces de cette com-
> promission. Plusieurs journaux, tant français qu'étrangers, ont un instant
> éventé cette piste que nous avons de bonnes raisons de croire des plus
> sérieuses.
>   Le vrai bordereau. — Mais si ce bordereau qu'on nous présentait jus-
> qu'à ce jour n'est pas le vrai bordereau, quel était donc le bordereau
> inconnu, et qu'est-il devenu ?

(1) Rennes, t. 1, p. 170, note 3.
(2) Rennes, t. 1, p. 140.
(3) Jaurès. Discours à la Chambre des députés. (Revision du procès
de Rennes, p. 537.)

Et après avoir raconté l'entrevue de M. Casimir Périer et de M. de Münster :

L'Allemagne, dit la *Libre Parole*, voulut bien passer l'éponge, mais à la condition qu'il ne serait jamais question du vrai bordereau. D'un commun accord il fut convenu que ce document serait dorénavant considéré non seulement comme n'existant plus, mais comme n'ayant jamais existé. Les deux gouvernements s'engagèrent à n'en jamais faire état, à n'y faire jamais la moindre allusion, quoi qu'il arrivât. Dès ce moment, et par cette grosse faute de M. Casimir Périer, l'affaire Dreyfus devenait un véritable casse-tête chinois, une énigme dont le secret ne pouvait être pénétré que par de très rares initiés...

L'annotation. — Qu'était maintenant ce véritable bordereau ? Dans sa teneur, il ne différait en rien du bordereau qui fut produit au procès de Rennes, et qui, selon toute vraisemblance, n'est qu'un fac-similé, une photographie. Mais le bordereau initial, le vrai, portait quelque chose de plus, quelque chose d'essentiel, une annotation écrite et signée de la main d'un très grand personnage.

Cette annotation, qui se composait de deux phrases, n'était pas écrite en français, cela va sans dire. Nous croyons cependant pouvoir affirmer que la traduction suivante en reproduit très fidèlement le sens : « Envoyez le plus vite possible lespièces mentionnées ; faites en sorte que la canaille de Dreyfus se hâte. »

Vous voudriez bien connaître le nom de l'annotateur ? Nous ne le dirons pas. Mais — écoutez, Messieurs — *nous pensons qu'en relisant attentivement certaines dépositions du procès de Rennes, il ne sera pas impossible de le deviner, avec quelque certitude de ne pas se méprendre.*

Ainsi on avertit les juges du véritable sens du témoignage du général Mercier.

Indépendamment de ces commentaires autorisés de la déposition du général Mercier, fournis aux juges par les journaux du service des renseignements, d'autres commentaires de même nature leur étaient donnés par tout leur entourage. p. 495 Le bordereau annoté était la base de toutes les argumentations au Cercle militaire, dans les salons que fréquentaient les juges (1), et spécialement chez le général de Saint-Germain, l'hôte du général Mercier.

M. Gribelin déclare avoir entendu parler à Rennes, pour la première fois, du bordereau annoté. Mais il reconnaît que là, tout le monde en parlait (2) :

D. — Qui en a parlé à Rennes ?
M. Gribelin. — Dans la Cour du lycée, il y avait un tas de gens. On disait : « Vous n'avez pas vu. Il y a un bordereau de l'empereur d'Allemagne »... Il n'y avait qu'à en rire.

(1) Jaurès. Enquête, t. 1, p. 378. — Le Héno. Enquête, t. 1, p. 494 et 495. — Sèmenoff. Enquête, t. 1, p. 390.
(2) Gribelin. Enquête, t. 1, p. 145.

XIV. — *Mais les juges n'en riaient pas* ; et les questions par eux posées le démontrent péremptoirement aujourd'hui où, en rapprochant ces questions des imprimés distribués au Conseil de Guerre, on peut en apprécier la portée.

Il est indiscutable que le bordereau annoté a été l'un des éléments d'appréciation retenus par les juges, puisqu'ils ont posé des questions relatives à cette pièce. Ce point est aujourd'hui péremptoirement établi.

Or, il est certain que cette pièce n'a pas été versée aux débats, ni communiquée à la défense. Il est non moins certain qu'aucun témoin n'en a révélé l'existence, tout au moins d'une manière intelligible pour la défense.

Si donc, comme cela est aujourd'hui évident, les juges ont fait état de cette pièce soit dans leurs délibérations communes, soit dans leur for intérieur pour se former une conviction personnelle, leur verdict est sans valeur.

Même au cas où, sans production occulte, les juges seraient allés d'eux-mêmes chercher en dehors des débats cet élément extrinsèque de conviction, l'arrêt de Rennes n'aurait plus aucune autorité de chose jugée. C'est là un principe fondamental dont la Cour suprême a fait de nombreuses applications. (Voy. notamment les arrêts cités au *Bulletin criminel.* Table 1888-1900. V° *Preuve*, n°° 13 à 25.)

Déjà à ce premier point de vue l'annulation de l'arrêt de Rennes s'imposerait.

XV. — Mais il apparaît bien aujourd'hui que le forfait judiciaire de 1894 a été renouvelé en 1899.

Mme Séverine l'indiquait dans sa déposition du 18 avril 1904 (1), mais ajoutait elle-même qu'il n'y avait à cet égard, dans sa déposition, qu'une simple indication.

Les déclarations de M. l'abbé Brugerettes sont peut-être plus caractéristiques. M. l'abbé Brugerettes rapporte, en effet, p. 496 le propos d'un juge de Rennes affirmant la culpabilité de Dreyfus, en ajoutant : « *Je connais des pièces absolument ignorées de tous ceux qui ont parlé de l'affaire* (2). »

Les défenseurs de Dreyfus sont cependant en droit d'exiger de pouvoir parler de l'affaire, sans ignorer les pièces qui sont connues des juges.

(1) Séverine, Enquête, t. 1, p. 382.
(2) Reinach, Enquête, t. 1, p. 561.

Mais à ces indications concordantes, deux dépositions particulièrement graves viennent encore s'ajouter. Si ces dépositions ne contiennent pas d'affirmations expresses, *il suffit de comparer l'attitude du juge de Rennes qu'elles concernent, avec celle du général Mercier lors de la première revision, pour dégager la vérité.*

Le 7 mai 1904, M. le Dr Dumas confirme, sous la foi du serment, une lettre par lui adressée le 12 novembre 1902 à l'avocat soussigné. Cette lettre relatait une conversation avec le commandant Merle sur les preuves de culpabilité de Dreyfus. On y relevait les passages suivants (1) :

— Cependant pour le capitaine Dreyfus, il me paraît qu'à votre place, je serais ravagé de doutes.

— Non, oh ! non ; la certitude était absolue.

— Absolue ? une certitude ; vous voulez dire votre conviction ?

— Oui, certainement, mais elle était absolue.

— Et cependant, moi qui ai suivi chaque ligne de ce procès, j'aurais acquitté sans l'ombre d'un doute.

— Il était impossible à un autre qu'un juge de se faire une conviction.

— Pourquoi ? puisque tout se passait au grand jour ?

— Non ! non ! pas tout.

— Mais alors enlevez-moi toute angoisse à ce sujet. C'est une véritable souffrance pour moi que de croire à l'innocence d'un homme deux fois condamné. Citez-moi la déposition qui vous a convaincu. Est-ce celle de Mercier ?

— Non, non. Mais nous parlons de l'affaire Dreyfus, et je n'en parle jamais. Il ne faut pas en parler, vous ne pouvez pas savoir.

— C'est donc le dossier secret qui vous a édifié ?

— Non, non, ne m'en parlez plus.

— C'est donc la déposition secrète de ce misérable Cernuszki ?

— Non, d'aucune façon. Ne vous occupez pas des dépositions ; on ne peut pas se faire une impression sur elles. Nous. avons eu des éléments que vous ne pouviez pas connaître et qui nous ont fixés.

— Enfin, voyons, le bordereau est d'Esterhazy. Il ne peut y avoir de doute.

— Laissez de côté Esterhazy et le bordereau ; tout cela n'a rien à faire là dedans.

— Mais alors, ce serait donc vrai, cette abominable histoire d'un bordereau portant une annotation signée de l'empereur d'Allemagne, d'un bordereau sur papier épais, et où Dreyfus serait nommé dans l'annotation.

— Quoi ? Que dites-vous ?

Le commandant Merle paraissait stupéfait et épouvanté. J'ai répété les mêmes termes.

. Ne parlez pas d'une affaire pareille. Il ne faut jamais en parler, cette affaire pourrait remonter sur l'eau.

p. 407 — Mais elle y est remontée, commandant. Une enquête va être demandée par la famille auprès des juges, pour savoir s'ils ont subi une pareille pression, une telle illégalité.

(1) Enquête, t. 2, p. 196.

— Ne parlez pas de cela. Je ne veux pas en parler.

Il fuyait, marchait vite, agité.

— Pourquoi, si vous êtes sûr de vous ? Pourquoi, si vous n'avez pas fait erreur ?

— Non, je n'ai pas fait erreur. Il était coupable.

— Mais si votre conviction s'était faite sur une pièce fausse ?

— Non, non, je ne veux pas parler.

— Mais vous pensez bien que je n'ai pas deviné cela. Si je le sais, c'est qu'on a parlé.

— Et qui ?

— Mais Mercier lui-même en a parlé. Il en a parlé à Emile Ollivier, à la princesse Mathilde. D'autres enfin ont parlé.

— En tout cas, ce n'est pas moi, non ce n'est pas moi qui ai parlé. Si quelqu'un a parlé, ce n'est pas moi.

Le 19 mai 1904, le commandant Merle dépose à son tour (1). Il n'a qu'une préoccupation : celle de n'avoir rien dit en ce qui concerne les communications de pièces secrètes:

> Je vois, dit-il, que ce Monsieur (Dʳ Dumas) avait probablement une mission pour tâcher de me faire parler et me faire tenir des propos que, pour rien au monde, je ne voulais tenir, *ayant pris pour règle de conduite de ne rien dire qui puisse être considéré comme portant atteinte au secret professionnel auquel j'étais astreint comme juge au Conseil de guerre.*
>
> De sorte qu'il n'y a de vrai, dans tout ce que dit M. Dumas, que ceci : nous nous sommes trouvés quelquefois ensemble ; le docteur a essayé d'amener une fois à Avignon la conversation sur l'affaire Dreyfus, mais je lui ai répondu que je tenais à conserver la discrétion la plus absolue sur cette affaire, et que je ne voulais en parler à personne pas plus à lui qu'à un autre. Alors le docteur ajouta : « Je sais que vous avez tous été de bonne foi, mais votre bonne foi a été surprise, parce que la déposition du général Mercier contient des choses qui ont été reconnues fausses depuis : *Je sais aussi qu'on vous a communiqué un bordereau signé de l'empereur d'Allemagne, et ce bordereau aujourd'hui a été reconnu faux.* » *Je lui ai répondu qu'il fallait cesser immédiatement toute conversation de ce genre,* sans quoi nous serions obligés de rompre tous rapports. Cette conversation a eu lieu à Avignon au mois d'octobre 1902.

Sur le point essentiel, les deux témoins sont d'accord :

Le Dʳ Dumas a interpellé le commandant Merle, sur le bordereau annoté par l'empereur d'Allemagne. Il lui a demandé si, comme il le croyait, communication de ce document avait été donnée aux juges de Rennes. *Le commandant Merle n'a pas osé dénier cette communication.*

Sur la raison de ce refus de réponse catégorique, les témoins sont en désaccord.

Je ne voulais pas porter atteinte au secret professionnel, p. 498 dit le commandant Merle.

(1) Enquête, t. 2, p. 199.

Ce motif est inadmissible. Mieux que tout autre, le commandant Merle savait, en effet, que la question de communication de pièces aux juges, en dehors des débats, étant extrinsèque à la délibération, n'est pas couverte par le secret professionnel. *Il n'y aurait plus sans cela aucune garantie pour les justiciables, mis dans l'impossibilité de faire la preuve des plus monstrueux abus de pouvoir commis contre leur honneur et leur liberté.*

M. le commandant Merle avait vu déposer devant lui le colonel Maurel et le commandant Freystœtter sur cette question de communication de pièces secrètes, à eux faite en leur qualité de juges.

Lorsqu'il allègue s'être refusé à répondre à raison du secret professionnel, *le commandant Merle sait donc parfaitement que cette allégation est de nulle valeur.* Le commandant Merle sait parfaitement qu'il aurait pu, très légitimement, détruire d'un seul mot la lourde responsabilité qui pèse sur les accusateurs de Dreyfus, en déniant toute production aux juges du bordereau annoté.

Son attitude et son refus de répondre sont identiques à ceux du général Mercier et du général de Boisdeffre, qui, lors de la première revision, refusaient de répondre à une question semblable.

L'interprétation d'un semblable refus de réponse se trouve inscrite dans l'arrêt des Chambres réunies, du 3 juin 1899 : c'est *un aveu.*

Quant à la raison de ce refus de réponse qu'aurait réellement donnée le commandant Merle au Dr Dumas, c'est. d'après la relation du Dr Dumas, qu'il *fallait empêcher l'affaire Dreyfus de remonter sur l'eau.* C'est (quoiqu'en d'autres termes) exactement la raison exprimée déjà par le général Mercier, pour tenter d'excuser la destruction du commentaire accompagnant les pièces secrètement communiquées aux juges de 1894 (1).

XVI. — Il est donc, en résumé, certain que les juges de Rennes ont retenu comme élément de conviction un fait puisé par eux en dehors des débats.

Il paraît, d'autre part, établi aujourd'hui, comme lors de la première instance en revision, qu'une communication

(1) Rennes, t. 1, p. 163.

secrète de documents a été faite aux juges en dehors de la
défense.

Quelle est la valeur de ces pièces secrètes, et comment les
apprécient aujourd'hui les accusateurs de Dreyfus eux-
mêmes ?

La valeur de tels documents est nulle, l'exposant a déjà,
au début même de la présente section, montré l'évidente
absurdité de la conception du colonel Henry, et du faux qui
l'avait réalisée. Mais il était intéressant de provoquer, dans **p. 409**
l'instruction même, des explications franches et nettes du représentant du ministre de la Guerre et des témoins à charge.

Ces affirmations ont été catégoriques, et ne peuvent prêter cette fois à aucune équivoque. Le commandant Targe a
compulsé tous les dossiers sans rien trouver qui pût même
faire soupçonner l'existence de documents de ce genre (1).
L'officier de police judiciaire de 1894, colonel Du Paty de
Clam, déclare (2) :

*J'ai la conviction absolue que le bordereau annoté n'a jamais existé
et s'il a existé, j'ai la conviction non moins absolue que c'est un document faux. Je ne peux être plus net. C'est une fable invraisemblable.*

Ce témoignage est à retenir, car le colonel Du Paty de
Clam a, mieux que personne, connu les origines de l'instruction contre Dreyfus ; et en fait de vraisemblance, il se contente toujours de peu, lorsqu'il s'agit de charger Dreyfus. Il
ajoutait foi aux articulations de MM. Bertillon et consorts,
sur les encoches du bordereau et de la lettre du buvard. Il
croyait aux fantaisies des mêmes auteurs sur Esterhazy
homme de paille, s'exerçant à écrire d'après le fac-similé du
bordereau publié par le *Matin*. Mais il ne peut admettre
l'existence du bordereau annoté, d'une absurdité par trop
énorme.

La déclaration du général Mercier est de même cette fois
des plus catégoriques. Il allègue avoir déjà tranché la question par sa déposition devant le Conseil de guerre de Rennes.
*Mais il est profondément regrettable que sa déposition à Ren-
nes n'ait pas eu la netteté et la franchise de sa déposition devant la Cour de Cassation.* Le 26 mars 1904, le général Mercier
dépose en ces termes devant la Cour suprême (3) :

(1) Targe. Enquête, t. 1, p. 78. — Conf. Chamoin. Enquête, t. 1, p. 338.
(2) Déposition du 22 mars 1904. Enquête, t. 1, p. 201.
(3) Enquête, t. 1, p. 256.

M. le Président. — Pouvez-vous nous dire s'il était question, à Rennes, d'un bordereau sur papier fort, dont le bordereau qui est connu ne serait qu'un décalque ?

Le témoin. — M. le Président, j'ai déjà répondu à cette question au Conseil de guerre de Rennes. Je n'ai jamais eu connaissance d'une telle pièce officiellement, pendant que j'étais ministre, ni pendant que j'étais en activité de service.

Maintenant, pour vous dire toute la vérité, puisque vous me la demandez, quelques semaines avant le Conseil de guerre de Rennes, j'ai été prié par M. le colonel Stoffel, ancien attaché militaire à Berlin, d'aller le voir ; il avait une communication à me faire. Je me suis rendu chez lui. Il m'a parlé alors, non pas d'un bordereau annoté, mais d'une lettre de l'empereur d'Allemagne au comte de Münster ; il m'a dit avoir vu la photographie de cette lettre : il m'en a récité le texte allemand ; il me l'a traduite en français ,et m'a dit qu'il croyait devoir porter cela à ma connaissance.

Je lui ai répondu que l'authenticité de cette lettre me paraissait très douteuse, que son contenu même ne me paraissait pas avoir de garanties d'authenticité,*et il m'a dit qu'il en avait parlé au comte de Münster avec qui il était personnellement très lié et que le comte de Münster ne lui avait pas démenti l'authenticité de cette lettre.*

Je lui ai répondu que cela ne me paraissait pas suffisant'; que, dans tous les cas, s'il désirait qu'il fût fait état de ce qu'il venait de me dire, il faudrait que ce fût lui qui vînt déposer devant le Conseil de guerre de Rennes, et qu'il décidât celui de ses amis en la possession de qui était la photographie de la lettre dont il me parlait, à venir apporter lui-même cette photographie au Conseil de guerre, et à expliquer comment elle était en sa possession.

Le colonel Stoffel m'a répondu qu'il ne voulait être mis en avant à aucun titre devant le Conseil de guerre de Rennes, ni son ami non plus. Par conséquent, il n'en a plus été question.

Voilà la seule connaissance que j'ai eue — et vous voyez de quelle façon vague — d'une soi-disant lettre de l'empereur d'Allemagne, dans laquelle il aurait fait personnellement mention de Dreyfus. Mais jamais dans aucun procès, ni dans celui de 1894, ni dans celui de 1899, il n'a été question, comme pièce authentique d'un bordereau quelconque autre que le bordereau sur papier pelure.

M. le Président. — Par conséquent, rien n'a pu donner lieu à cette légende.

Le témoin. — C'est une légende complètement inexacte; rien, rien, rien n'a pu y donner lieu.

Le général de Boisdeffre déclare de même (1) :

Jamais je n'ai entendu parler du bordereau annoté autrement que par des racontars : par conséquent jamais je n'y ai ajouté foi... Je n'ai jamais voulu, ajoute-t-il, répondre à toutes les inepties et injures qui m'ont été adressées à cet égard.

Recherchant l'origine possible du racontar, il indique la lettre de l'empereur d'Allemagne sur une question de tactique romaine qui lui fut adressée en 1894, et dont il a été question plus haut.

(1) Enquête, t. 1, p. 478.

p. 5C0

Je ne peux m'expliquer dit-il, l'histoire de la lettre de l'empereur d'Allemagne, qu'en me disant qu'il s'agit peut-être de cette lettre de 1891.

Le général de Boisdeffre repousse comme inadmissible, même *a priori*, cette histoire de lettre impériale et de bordereau annoté.

Même question est posée au général Gonse (1).

Avez-vous, pendant que vous étiez au ministère de la Guerre, entendu parler d'un bordereau annoté sur papier fort, dont le bordereau sur papier calque quadrillé ne serait qu'un décalque ?
R. — C'est toujours la même chose ! Jamais de la vie ! *C'est encore un roman* qui a été fait par M. Jaurès, qui a fait là-dessus un discours qui n'en finissait plus, mais *jamais de la vie, jamais*!

Le général Zurlinden déclare avoir entendu parler pour la première fois du bordereau annoté, lorsque M. Jaurès a dis- p. 501 cuté la question à la tribune de la Chambre (2).

Bordereau annoté ou lettre de l'empereur d'Allemagne, il ne se rappelle rien à cet égard. S'il en a entendu parler « cela est passé de son esprit comme *un de ces mille racontars qui n'ont aucune importance* (3). »

Bordereau annoté ou lettre impériale, pour le général Billot, c'est du roman « oui : des *romans de journaux*, il y en a tant : (4) ».

Le capitaine Mareschal (5), le capitaine François (6), le lieutenant-colonel Rollin (7), le commandant Pauffin de Saint-Maurel (8), ne connaissent rien à cet égard.

Le colonel Picquart déclare que ces légendes n'avaient pas encore pris naissance quand il était au ministère de la Guerre (9).

Le capitaine Junck (10), « sait que *c'est un canard qui a roulé dans la presse* ; mais jamais au service des renseignements on n'en a parlé ».

Le commandant Lauth (11) déclare :

(1) Enquête, t. 1, p. 221.
(2) Enquête, t. 1, p. 342.
(3) *Ibid.*, p. 348.
(4) Billot. Enquête, t. 1, p. 450.
(5) Enquête, t. 1, p. 633.
(6) Enquête, t. 1, p. 637.
(7) Enquête, t. 1, p. 368.
(8) Enquête, t. 1, p. 425.
(9) Enquête, t. 1, p. 669.
(10) Enquête, t. 1, p. 506.
(11) Enquête, t. 1, p. 525.

Ce sont des divagations. Je n'ai jamais entendu parler de cela au point de vue sérieux. Ce sont des divagations comme cinquante mille autres choses racontées dans les journaux. Jamais au ministère je n'ai entendu parler de cela.

Gribelin n'a entendu parler du bordereau annoté qu'à Rennes (1) : c'était un racontar dont *il n'y avait qu'à rire.*

M. Wattinne déclare que quand il en a parlé au moment de son travail sur le dossier secret, tout le monde, même le colonel Henry, *a haussé les épaules* (2).

M. de Freycinet n'en a entendu parler que pàr les journaux (3).

Le général Roget, à la demande, précisément de M. de Freycinet, s'est efforcé de découvrir ce qui avait pu donner naissance à ces racontars. Il dépose en ces termes (4).

p. 502

La question m'a été posée par M. de Freycinet, ministre de la Guerre en 1899 vers le mois de mars, ou le mois d'avril. Il m'a posé la question en me disant que M. Andrade, professeur à Montpellier, affirmait avec la plus grande instance qu'il y avait eu une pièce appelée le bordereau annoté. M. de Freycinet m'a demandé ce que j'en savais. Je lui ai répondu par une lettre qui doit être dans les dossiers du ministère, dans laquelle je lui disais que je n'en avais jamais entendu parler par personne, que je n'avais vu dans aucun bordereau une mention qui pût s'y rapporter, et que jamais, même par un bruit de couloir, on n'avait fait allusion à quelque chose comme cela devant moi.

A ce moment-là, ou un peu plus tard, j'ai vu la déposition faite par M. Paléologue devant la Chambre criminelle. C'est la première allusion que j'ai entendu faire à ce bordereau dans un document officiel. Je ne m'occupe pas de racontars de journaux ni de réunions publiques, mais j'ai lu dans le *Figaro*, qui a publié l'enquête de la Chambre criminelle. la déposition de M. Paléologue disant qu'Henry lui avait parlé de cette pièce-là. Je crois que M. Paléologue se trompe et qu'Henry lui a parlé — autant qu'on peut savoir quand on n'y était pas — de la lettre du comte de Münster dans laquelle il est question de l'empereur d'Allemagne. Maintenant, c'est une opinion.

La mentalité du commandant Cuignet se montre bien encore dans la déposition faite devant la Cour par cet officier.

Seul, en effet, il considère que la légende (absolument controuvée, il le reconnaît loyalement), n'est ni grotesque, ni ridicule (5).

En ce qui concerne le bordereau annoté d'abord, dit-il, eh bien oui, il est vrai qu'il a couru une histoire, une légende si l'on veut — car c'est

(1) Enquête, t. 1, p. 145.
(2) Enquête, t. 1, p. 876.
(3) Enquête, t. 1, p. 884.
(4) Enquête, t. 1, p. 597.
(5) Enquête, t. 1, p. 766 et suiv.

une légende — disant qu'il y avait au dossier des lettres de l'empereur d'Allemagne adressées à Dreyfus, ou bien qu'il y avait un bordereau annoté sur papier fort, annoté de la main de l'empereur d'Allemagne, que le bordereau su papier pelure n'était qu'un décalque où on avait eu soin de ne pas reproduire les annotations impériales, par un sentiment de haute convenance. Oui, cette histoire a eu cours, en effet.

M. le procureur général. — Pourriez-vous dire à quelle époque?

Le témoin. — Cela a eu cours au moment où l'on s'occupait de l'affaire Dreyfus.

M. le procureur général. — De 1894 à 1898?

Le témoin. — En 1898, j'ai vu cela dans les journaux. Cela n'a pas eu cours au ministère de la Guerre; et si cette histoire a eu cours, il n'y a pas lieu de s'en étonner outre mesure. Je vois, quant à moi, dans ce fait, la reproduction de ce qui se produit assez fréquemment toutes les fois que l'opinion publique se passionne à propos d'un événement quelconque : c'est ce qu'on a vu en 1870, c'est ce qu'on voit au sujet de la guerre russo-japonaise : les fausses nouvelles circulent et trouvent d'autant plus facile créance, qu'elles sont plus fantastiques.

Cette fausse nouvelle, cette légende, devait trouver d'autant plus facilement créance qu'elle n'était ni fantastique, ni grotesque, ni ridicule, car on sait bien, en France, que certains souverains étrangers ne dédaignent pas de diriger eux-mêmes leur service d'espionnage.

Le commandant Cuignet prétend trouver dans le dossier secret des pièces tendant à établir que l'empereur d'Allemagne s'occupait personnellement d'espionnage, et il conclut :

Et dans ces conditions, l'histoire du bordereau annoté, si elle eût été **p. 503** vraie — elle ne l'est pas — n'avait rien de fantastique.

Puis il ajoute :

Cette histoire n'est pas vraie. Au ministère de la guerre, jamais nous n'y avons cru; ce n'est pas moi qui ai dit cela, cela ne m'a pas été indiqué par les chefs sous lesquels je servais'; jamais je n'ai entendu parler par eux de l'existence d'un bordereau annoté sur papier fort, ni de lettre de l'Empereur; cela a pu exister dans certains salons, dans la presse, mais je ne sais pas d'où cela vient; c'est un de ces bruits nés à l'occasion d'un événement qui agite et passionne l'opinion.

Il critique ensuite M. Jaurès et son discours à la Chambre et déclare :

Pour attribuer la paternité de la légende du bordereau à l'Etat-major, on n'a que l'allusion, ou l'affirmation, comme déclare après M. Paléologue M. Jaurès, qu'aurait faite le lieutenant-colonel Henry. Or, *le colonel Henry n'était pas l'Etat-major : c'était une individualité de l'Etat-major, ce n'était pas tout l'Etat-major; ce n'est pas l'Etat-major qui a fait le faux, c'est Henry, une individualité.*

Ces dernières paroles sont pleines de sagesse, et on ne peut qu'y donner son entière adhésion. Aussi n'est-il pas exact de dire qu'en flétrissant les actes abominables commis par Henry, on s'attaque à l'honneur de l'armée. C'est au contraire en célébrant la loyauté du faussaire, en présentant

cette regrettable exception comme un type de vertus militaires à défendre envers et contre tous, que les accusateurs de
Dreyfus compromettent l'honneur de l'armée. L'honneur
de l'armée, on ne saurait trop le répéter, n'a pas à souffrir
des défaillances de quelques individualités, il est et demeure
fort au-dessus de tous ces débats.

XVII. — L'inexactitude du racontar étant reconnue par
tous les officiers mêlés à l'affaire Dreyfus, son absurdité
même étant également proclamée par tous, sauf par le commandant Cuignet, la Cour espérait que les journalistes ayant
lancé la légende dans le public en feraient au moins connaître l'origine.

Vain espoir !

M. Rochefort, directeur de l'*Intransigeant* (1), déclare :

Encore une affaire d'une certaine importance c'est l'annotation du
bordereau soi-disant par un souverain étranger. *Dans l'Intransigeant
comme dans tous les journaux on a recueilli cette information comme on
recueille les informations ordinaires, on ne les garantit pas pour cela. On
a fait de cela un fait nouveau. Or, cette annotation a été racontée, non par
nous autres, mais précisément par des amis de Dreyfus (! ! !)*

p. 504   M. Millevoye dépose à son tour (2) :

*Je n'ai vu aucun texte ; des bruits circulaient, c'était un bruit courant
dans les bureaux de rédaction à ce moment.* M. Jaurès se trompe quand il
prétend que ce fut une nouveauté. J'ai été appelé à en causer avec un
personnage, qui me confirma à peu près le texte que j'ai rappelé à la réunion de Suresnes.

M. Millevoye déclare qu'il *pouvait supposer* ce personnage très en situation de connaître le document ; et cependant ce personnage, qui reste naturellement dans les voiles
de l'anonymat, n'était ni de nationalité française, ni de nationalité allemande.

Loyalement, d'ailleurs M. Millevoye déclare :

Je ne me constitue ni accusateur, ni défenseur. Je vous ai dit ce
qu'était la pièce ; il vous appartiendra d'apprécier quel caractère elle peut
avoir à vos yeux : je vous répète en mon âme et conscience ce qui m'a
été dit : je ne puis en dire davantage :
D. — Vous ne vous portez pas garant de sa valeur ?
R. — Je l'ai dit moi-même.

M. Papillaud, de la *Libre Parole*, cité devant la Cour, a

(1) Enquête, t. 1, p. 419.
(2) Enquête, t 1, p. 414 et 415.

refusé de déposer, et a préféré se laisser condamner à l'amende, plutôt que de tenter une explication des abominables articles publiés par cette feuille.

M. Robert Mitchell, du *Gaulois*, est appelé de son côté devant la Cour, et fournit des explications très nettes (1).

La fameuse lettre ouverte au général Mercier publiée par le *Gaulois*, le 14 août 1899, est d'un collaborateur occasionnel et inconnu. Quant à lui, il tient du colonel Stoffel le renseignement suivant sur le bordereau annoté.

Le témoin. — A une époque qu'il me serait difficile de préciser, j'ai rencontré sur le boulevard, près du Crédit Lyonnais, le colonel Stoffel, avec lequel j'avais du reste d'anciennes relations. On a parlé naturellement de l'affaire Dreyfus (à cette époque c'était à peu près l'unique sujet de toutes les conversations), et le colonel Stoffel m'a dit qu'il existait une note, une annotation de l'empereur d'Allemagne, dans laquelle Dreyfus était nommé en toutes lettres.

M. le Président. — C'est tout ?

Le témoin. — Le colonel Stoffel ne m'a pas demandé le secret, j'ai répété le propos à différentes personnes, c'est ainsi qu'il a dû parvenir aux oreilles de M. Jaurès.

Un membre de la Cour — Le colonel ne vous a pas demandé le secret ?

Le témoin. — Non.

Un membre de la Cour. — Vous a-t-il dit de qui il tenait le renseignement ?

Le témoin. — Non.

J'ai entendu dire depuis qu'il avait, avec l'ambassade d'Allemagne, des relations personnelles qui auraient pu, peut-être, le mettre sur la voie du document, si ce document existe.

J'ajoute qu'en ce qui me concerne j'ai dit au colonel Stoffel qu'il me paraissait avoir été victime d'une mystification. C'était mon sentiment, et c'est encore mon sentiment personnel ; mais ce sentiment je ne le justifie par aucun document, aucune preuve, aucune affirmation ; je n'en sais rien. J'ai eu cette impression, mais ce n'est qu'une impression.

p. 505

XVIII. — « *Mystification, racontar, bruit courant dans les bureaux de rédaction,* » voilà comment les journalistes qualifient eux-mêmes les nouvelles sensationnelles par eux lancées dans la presse sur le bordereau annoté, et les lettres de l'empereur d'Allemagne.

Mais chacun, suivant son tempérament ou son sens critique, appréciait l'information. C'était pour les uns une fable ridicule, pour les autres un article de foi quasi religieuse. On a certainement évoqué le bordereau annoté dans les salons de la princesse Mathilde, sans qu'il soit possible d'apprécier au-

(1) Enquête, t. 1, p. 441 et 442.

jourd'hui, s'il a été parlé de ce bordereau comme d'une chose sérieuse ou comme d'une information de journal (1).

Ceux-là mêmes qui comprenaient l'absurdité de « l'information », comme le général Mercier et le général de Boisdeffre, semblent bien avoir laissé circuler le bruit avec complaisance, et peut-être même avoir aidé à sa circulation (2). Certains officiers ardents, comme le capitaine Begouen qui avait insulté M. le sénateur Trarieux, ne craignaient pas de se faire les propagandistes de ces racontars (3).

Mais les généraux Mercier et de Boisdeffre n'ont certainement pas entendu se porter garants de ces légendes, dont l'ineptie leur apparaissait manifeste (4).

Je répète, dit le général Mercier, dans sa troisième déposition du 2 mai 1904, que je n'ai pu affirmer à personne l'existence du document (bordereau annoté) parce que je n'y ai jamais cru.

Le général Mercier déclare, dans la même déposition, qu'il a eu une attitude semblable chez ses hôtes de Rennes, M. et Mme de Saint-Germain.

S'il en a été question ou si l'on m'a fait à ce sujet-là une demande, j'ai toujours *dû répondre* ce que je réponds aujourd'hui : c'est qu'il n'existe pas, *c'est une fable.*

XIX. — Au contraire, M. Ferlet de Bourbonne a cru à la légende. Si sa foi est un peu ébranlée aujourd'hui, elle paraît subsister néanmoins. Le colonel Stoffel lui avait parlé d'un serment diplomatique, serment échangé sur l'Evangile, par M. de Münster et M. Casimir Périer, de toujours déclarer inexistant le bordereau annoté saisi par le gouvernement français et restitué au gouvernement allemand. M. Ferlet de Bourbonne, qui est cependant un esprit religieux, n'a pas été épouvanté de ce serment solennel fait sur l'Evangile, de toujours mentir et se parjurer sur une question déterminée.

p. 506

(1) Reinach. Enquête, t. 1, 559 ; Strauss. Enquête, t. 1, p. 849 ; d'Ocagne. Enquête, t. 1, p. 632.
(2) Strauss. Enquête, t. 1, p. 850 ; Brissaud. Enquête, t. 1, p. 395 ; Weiss. Enquête, t. 1, p. 855.
(3) Chevrillon. Enquête, t. 1, p. 908.
(4) Boisdeffre. Enquête, t. 1, p. 478 ; Mercier. Enquête, t. 1, p. 256 et p. 584. (il est à noter au sujet de cette dernière déposition du général Mercier, que le témoignage de M. Brissaud ne visait pas la princesse Mathilde, mais une autre personne habitant, comme la princesse Mathilde, la rue de Berry). — Comp. Champreux. Enquête, t. 2, p. 204.

Le général Schneegans (1) et M. Frœhner (2), ont reçu aussi confidence des hypothèses si singulièrement bâties par le colonel Stoffel, « *homme enclin à se faire passer pour mieux renseigné qu'il n'était* (3) » : ils n'ont pu s'empêcher d'en sourire.

Le baron Rey-Roize (4), chez qui avaient été tenus les propos du colonel Stoffel, si sérieux aux yeux de M. Ferlet de Bourbonne, a confirmé l'existence de ces propos (tout en ne cachant pas n'en avoir pas reçu la même impression que M. Ferlet de Bourbonne). Le colonel Stoffel avait alors désigné M. de Münster comme son informateur.

Le colonel Stoffel, cherchant à convaincre M. Frœhner de la culpabilité de Dreyfus, avait invoqué comme principal argument l'autorité de la chose jugée par le Conseil de guerre (5). C'est, d'ailleurs, encore aujourd'hui la seule raison qu'invoque le général Billot (6). Comme le colonel Bougon (7), le colonel Stoffel considérait évidemment comme impossible que les Conseils de guerre eussent condamné Dreyfus uniquement à cause du bordereau et de la prétendue similitude d'écriture. Il cherchait en conséquence une raison occulte à cette condamnation : les hypothèses romanesques que les journaux affirmaient avec autorité, et que des personnages considérables colportaient gravement, prenaient alors à ses yeux la valeur de véritables témoignages.

Le colonel Stoffel a été entendu à son tour par la Chambre criminelle. Mais de même qu'il avait déclaré au général Mercier ne pas vouloir prendre, devant le Conseil de guerre, la responsabilité de ce qu'il avançait (8), de même, devant la Cour, il s'est refusé à garantir l'exactitude des allégations dont il s'était fait l'écho.

Il n'a, déclare-t-il, rien vu, rien vérifié, rien constaté, il n'a aucun document particulier, *il n'a « qu'une croyance »*.

---

(1) Enquête, t. 2, p. 206.
(2) Frœhner. Enquête, t. 2, p. 201. — Comp. Momméja. Enquête, t. 2, p. 203.
(3) Momméja. Enquête, t. 1, p. 204.
(4) Rey-Royze. Enquête, t. 1, p. 438.
(5) Enquête, t. 2, p. 202.
(6) Billot. Enquête, t. 1, p. 459.
(7) Voyez plus haut, p. 376, lettre du colonel Bougon, du 18 novembre 1902.
(8) Mercier. Enquête, t. 1, p. 256.

Je n'ai jamais vu de bordereau quelconque, contrairement à tous les récits fantaisistes qui ont été faits ; jamais, jamais, je n'ai vu un bordereau quelconque, et jamais je n'ai dit à quiconque au monde que j'eusse **p. 507** vu le bordereau ; tout ce qui a été dit là-dessus c'est erreur et mensonge. Je le répète, jamais moi ici présent, je n'ai vu un bordereau quelconque se rapportant à l'aiffaire Dreyfus, ni sur gros papier ni sur papier pelure ; je n'en ai jamais vu et comme je suis incapable de dire une chose contraire à la vérité, je n'ai jamais dit à personne au monde que j'eusse vu un bordereau. Maintenant si on me demande : « Croyez-vous à l'existence d'un bordereau quelconque? » Cela c'est autre chose ; mais je déclare que je n'en ai jamais vu un, et que je n'ai jamais dit à personne que j'en eusse vu.

On rapporte alors au témoin les propos qui lui ont été prêtés, et on lui demande :

Vous a-t-on fait parler à tort ?

R. — On n'a fait que cela M. le Président. Je n'ai jamais dit à personne que j'eusse vu le bordereau, ni une lettre d'un souverain étranger. Que j'eusse dit qu'il en existât un, c'est tout autre chose ; mais je n'ai jamais dit à personne que moi j'en eusse vu un.

D. — Ne vous a-t-on pas montré une photographie du bordereau ?

R. — Jamais.

D. — Ou d'une lettre ?

R. — Jamais je n'ai vu de photographie soit d'une lettre, soit du bordereau, soit de quoi que ce fut.

D. — Comment expliquez-vous qu'on ait pu vous faire parler avec cette précision.

R. — Je ne peux m'expliquer cela que d'une façon. Cela me fait sourire ! On m'a fait passer pour propagandiste, pour quelqu'un faisant de la propagande afin d'accuser Dreyfus que je ne connais pas ; je commence par dire que cela me fait sourire parce que personne n'est moins propagandiste que moi. Je vis tranquille, je ne vais nulle part, je ne vois personne. Sous prétexte que j'ai occupé certaines positions, on croit que je cours tout Paris pour faire de la propagande contre Dreyfus. Je vis tranquille, je m'occupe d'études, je ne vois personne. Mais il m'est arrivé comme à tout le monde de me trouver en compagnie de deux ou trois amis et de parler de l'affaire Dreyfus ; j'ai pu naturellement donner mon appréciation, faire connaître mon jugement, et alors les personnes qui m'ont entendu ont pu mal comprendre ou ajouter une raison quelconque ; mais encore une fois je reviens aux déclarations que j'ai faites tout à l'heure.

L'appréciation du colonel Stoffel est donc que le bordereau annoté a dû exister. Quel était le texte de ce document d'après le colonel Stoffel ?

A cette question, le témoin répond (1) :

Il était dans tous les journaux, ce n'est pas moi qui l'ai donné ; mais il était dans tous les journaux, il est connu. Mais je ne l'ai plus mot pour mot. Mais à peu près, selon moi, car enfin je ne peux pas vous donner la preuve. Qui me l'a dit ? Quel est le gros personnage ou quels sont les

(1) Enquête, t. 1, p. 401 et 402.

gros personnages qui m'ont instruit confidentiellement ? Je ne le dirai pas; mais que ce soit une lettre de l'empereur d'Allemagne, ou que ce soit une annotation comme on l'a dit, il était demandé qu'on envoyât le plus p. 508 vite possible les pièces indiquées sur le bordereau. « Envoyez le plus vite possible les pièces indiquées ; faites que cette canaille de Dreyfus se dépêche ». Voilà ce qu'il y avait en allemand, cela me revient maintenant. Vous me demanderez avez-vous vu cela ? Non je ne l'ai pas vu. Je vous cite le texte parce qu'il a été dans une foule de journaux.

Quant « au gros personnage » qui a donné au colonel Stoffel des informations auxquelles il ajoute foi, le colonel Stoffel refuse naturellement de l'indiquer, tout en laissant entendre que ce personnage serait M. de Münster. C'est d'ailleurs M. de Münster qu'il a désigné nominativement, chez M. le baron Rey-Roize, comme son informateur. M. Rey-Roize et M. Ferlet de Bourbonne l'affirment très catégoriquement (1).

M. le colonel Stoffel est alors interrogé de nouveau. On le met en présence des affirmations très précises de M. Ferlet de Bourbonne, et de M. Rey-Roize. Mais on ne peut plus alors obtenir du colonel Stoffel que des injures à l'adresse de M. Ferlet de Bourbonne :

Espèce d'aventurier qui est un être incomplet physiquement et intellectuellement (2).

et des sarcasmes à l'adresse de M. Rey-Roize :

Ce dernier est un « poète qui est toujours dans les nuages, il y a certains individus qui, pendant que l'on fait des récits comme cela, ne sont pas du tout présents à la conversation, et il n'a certainement pas écouté (3) ».

En dépit des dénégations, des injures et des sarcasmes du colonel Stoffel, il est manifeste que c'était bien à M. de Münster, son ami, que le colonel Stoffel prétendait faire endosser la responsabilité de ses racontars. Aussi, pour les concilier avec les déclarations officielles de M. de Münster, a-t-il été obligé d'imaginer l'hypothèse du serment diplomatique (4).

Le colonel Stoffel a oublié d'imaginer une autre hypothèse cependant nécessaire pour concilier les deux textes inconci-

(1) Rey-Roize. Enquête, t. 1, p. 440 ; — Ferlet de Bourbonne. Enquête. t. 1, p. 432.
(2) Enquête, t. 1, p. 578.
(3) Enquête, t. 1. p. 580.
(4) Enquête, t. 1. p. 578, in fine.

.

liables du bordereau et de l'annotation. L'empereur d'Allemagne écrit que cette canaille de Dreyfus doit envoyer le plus vite possible les pièces indiquées ; et il met cette mention en annotation sur un bordereau portant que les pièces indiquées sont envoyées !

L'empereur d'Allemagne et Dreyfus avaient-ils donc aussi échangé le serment diplomatique de tenir les pièces pour non envoyées ?

Il faut être indulgent au grand âge du colonel Stoffel, qui a 84 ans. Sa déposition dans l'enquête de la Chambre criminelle est la contre-partie de celle qu'il fit au procès Bazaine. Dans l'audience du 4 novembre 1873, au procès **p. 509** Bazaine, le colonel Stoffel affirmait ne pas croire à l'existence d'un document qui lui avait été remis. Dans l'audience du 2 mai 1904, au procès Dreyfus, il déclare, au contraire, croire à l'existence d'un document qu'il n'a jamais vu. Cela fait compensation ; et les injures prodiguées en 1873 au rapporteur du procès Bazaine, en 1904, à M. Ferlet de Bourbonne, harmonisent le tout.

XX. — Mais que devient, au milieu de cet effondrement de la légende du bordereau annotée, la fameuse nuit historique imaginée à Rennes, par le général Mercier, pour amener les juges au même état d'esprit que le colonel Stoffel, et pour leur faire ajouter foi à la réalité d'un racontar dont il reconnaît lui-même aujourd'hui l'absurdité ?

La nuit historique du roman s'est également évanouie pour faire place à la lumière des faits.

M. le Président de la République, Casimir Périer, a fait à cet égard une déposition documentée qui, très catégorique et très nette, ne laisse place à aucune équivoque. Il s'exprime en ces termes (1) :

La Cour se souvient que, lors du premier procès Zola, je me suis retranché derrière l'irresponsabilité constitutionnelle pour ne pas m'expliquer. Mais à partir du jour où, comparaissant devant la Cour de Cassation, j'ai pris le parti en présence de l'état dans lequel je voyais les esprits et même mon pays tout entier, de dire toute la vérité, je l'ai dite tout entière. En un mot, je me suis tu complètement, où j'ai dit complètement sans réticences et sans réserves, tout ce que je savais. Je l'ai dit devant la Cour de Cassation, sur interrogation, et à Rennes, ce n'est pas sur interrogation, puisque le président du Conseil de guerre m'a dit de faire un

(1) Enquête, t. 1, p. 673.

exposé général et complet de tous les faits qui étaient dans ma mémoire. J'ai donc tout dit. Je n'ai ni vu, ni eu connaissance d'un bordereau annoté de la main de l'Empereur ; je n'ai ni vu, ni eu connaissance d'une lettre écrite par l'empereur d'Allemagne.

La légende qu'on cherche à accréditer est bâtie de telle façon, que je ne sais pas quand nous en verrons la fin.

Cette légende est celle-ci : J'aurais, par raison d'Etat, remis un papier à M. l'ambassadeur d'Allemagne, et nous nous serions réciproquement donné notre parole de n'en jamais parler.

Je crains beaucoup que les mêmes personnes qui ont inventé cette légende persistent en disant, même quand je serai sorti d'ici, que naturellement je ne me suis pas expliqué, puisque, au point de vue international, j'ai promis de faire le silence sur cet incident ; que M. de Münster est mort et qu'il ne peut pas me dégager de ma parole, et qu'à l'heure présente je pourrais redouter moi-même qu'il y eut une complication étrangère, si je venais à révéler un secret que je dois emporter avec moi dans la tombe. Je crains donc beaucoup qu'on ait imaginé une légende qui ne tombera pas.

La Cour comprendra qu'étant donné les fonctions que j'ai remplies. j'ai beaucoup souffert de cette extraordinaire version. *Il peut appartenir à un homme public de commettre des fautes ; il y en a une que je puis être sûr de n'avoir pas commise ; je n'ai jamais été ni l'auteur ni le complice d'une humiliation nationale. Il ne s'est rien passé de pareil ; je n'ai* **p. 510** *jamais été sollicité de remettre une pièce et je n'en ai jamais remis.*

Si la Cour me le permet... je sais qu'il n'est pas d'usage que les témoins donnent lecture d'une pièce, mais ce n'est pas de ma déposition que je demande à donner lecture ; c'est d'une pièce très antérieure. L'entretien avec M. de Münster a eu lieu le 6 janvier. J'ai donné ma démission de Président de la République le 15. Entre le 6 et le 15 janvier, ne se sont pas écoulés beaucoup de jours. De là est venue cette légende que j'avais donné ma démission à cause de l'affaire Dreyfus ; l'affaire Dreyfus n'a été pour rien dans ma détermination.

Donc, *entre le 6 et le 25 janvier, j'ai rédigé moi-même de ma main, sur papier de la Présidence de la République, une relation de mon entretien avec M. de Münster. Si la Cour veut, je pourrai lui donner lecture de mon entretien avec M. de Münster. Elle me permettra de souligner d'avance ceci, c'est que non seulement on ne m'a pas sollicité de remettre un papier, que par conséquent je n'ai pas eu à en remettre, mais encore que j'ai eu une préoccupation constante au cours de cet entretien, celle, étant donné la situation réciproque de la France et de l'Allemagne, de ne rien faire qui pût paraître une humiliation de la France vis-à-vis de l'Allemagne, ni même une concession quelconque de la France vis-à-vis de l'Allemagne.*

Voici la lecture de cette pièce :

Entretien avec M. le comte de Münster, ambassadeur d'Allemagne, le 6 janvier 1895.

M. le président Casimir-Périer donne lecture de ce document intégralement reproduit dans sa déposition et résumé plus haut. Il se termine par ces mots :

L'entretien a pris fin à deux heures dix minutes.

M. le président Casimir-Périer continue en ces termes :

J'ajoute que M. le ministre des Affaires étrangères était à ce moment absent de Paris et dans le Midi. M. le Président du Conseil a immédiatement, par le télégraphe, avisé M. le ministre des Affaires étrangères de l'incident. M. le ministre des Affaires étrangères a répondu une dépêche dont je n'ai pas le texte ; mais mes souvenirs sont précis. M. Hanotaux pensait qu'il convenait de se retrancher derrière des nécessités gouvernementales pour ne pas s'expliquer. M. le président du Conseil, Charles Dupuy, et moi, nous ne partagions pas du tout ces sentiments. Je les partageais d'autant moins qu'il était fait appel, non pas seulement au Président de la République, mais à la loyauté personnelle de M. Casimir Périer, et que je considérais, par suite, qu'un incident diplomatique pouvait difficilement naître dans ces conditions, puisque ce n'était pas au chef d'État, mais à l'homme privé qu'on avait recours.

M. le Président du Conseil quand il a reçu la réponse de M. Hanotaux à laquelle je faisais allusion tout à l'heure me l'a communiquée ; je ne l'ai pas malheureusement ; mais en même temps, M. le président du Conseil m'a écrit la lettre que voici, qui est du 6 janvier, et que je puis également laisser entre les mains de la Cour :

p. 511   *M. le Président de la République,*

J'ai l'honneur de vous envoyer la dépêche du ministre des Affaires étrangères, qui sera lui-même ici ce soir.

Je me rendrai ce matin à l'Elysée à dix heures pour l'examen des pièces, et j'aurai l'honneur de demander à vous voir à dix heures trois quarts, comme il est convenu.

M. Nisard — il était alors directeur des affaires politiques au ministère — pense qu'il est bon de voir le dossier et de répondre à l'ambassadeur sans rien masquer de la réalité des faits.

Veuillez agréer, etc...

Je crois que cette lettre peut être utile aussi parce qu'elle indique bien que nous n'avions rien à cacher, et que le sentiment de M. Nisard était conforme au mien.

Je n'ai sur ce point particulier rien à ajouter. Je n'ai rien su de plus, touchant un incident diplomatique.

Si M. le Président me le permet, je pourrais ajouter un mot sur un autre point dont il a été question à Rennes, et j'avoue que si à Rennes je n'ai pas répondu séance tenante, c'est que je ne veux pas dire que je me trouvais en face d'une *œuvre d'imagination*, mais, dans tous les cas, on me mêlait à une affaire sur laquelle mes souvenirs étaient si incomplets, si imparfaits, presque non existants, qu'ayant juré de dire toute la vérité, j'ai préféré ne pas m'expliquer.

M. le général Mercier a déposé dans des termes dont la Cour se souvient en disant que le 6 au soir... il y a eu entre le général Mercier et le général de Boisdeffre un peu de flottement pour la détermination de cette date, mais M. le général de Boisdeffre dans sa déposition après le général Mercier, a cru pouvoir fixer cette nuit historique au 6. En effet, le général Mercier avait dit, grossissant cet incident diplomatique dont je viens de donner la mesure à la Cour, que le 6 au soir il avait passé avec M. Dupuy et avec moi une soirée atroce à l'Elysée, que M. le général de Boisdeffre était consigné au ministère de la Guerre pour recevoir un ordre de mobilisation, et que c'est vers minuit et demi qu'il a pu enfin recouvrer sa liberté, parce que je lui ai dit, à cette heure-là, que j'avais reçu la réponse de M. de Münster et que tout était accepté par le gouvernement allemand.

Voilà, je crois, ce qu'à dit à peu près le général Mercier à Rennes. J'ai recherché dans mes notes ; j'y ai été aidé par des personnes qui avaient reçu des lettres de moi, et voici ce que je puis dire sur la nuit historique. Tout d'abord la Cour comprendra que *si j'avais, Président de la République, traversé une nuit pareille ; si en partie par la réponse que j'avais faite à l'ambassade d'Allemagne, j'avais mis mon pays à deux doigts d'une déclaration de guerre il est vraisemblable à moins qu'on me considère comme le plus misérable des hommes, que ces souvenirs ne seraient pas sortis de ma mémoire. Je n'ai jamais eu un moment de trouble,* car lorsque j'ai dit à M. de Münster qu'il ne fallait même pas faire une note visant spécialement l'ambassade d'Allemagne, j'obéissais à cette préoccupation de ne pas mettre la France dans une situation particulière vis-à-vis de l'Allemagne ; et M. de Münster, me disant : « Il est probable que cela pourra aller ainsi », se contentait d'une note antérieure qui dégageait toutes les ambassades et légations étrangères à Paris.

Vous voyez donc qu'à aucun moment la conversation avec M. de Münster n'avait pris un caractère qui pouvait m'alarmer. Or, je disais tout à l'heure que j'avais fait appel à mes souvenirs et à mes notes ; je ne sais pas bien à quel moment les auteurs de la nuit historique veulent la **p. 512** placer, et voici pourquoi :

Le 6 au soir, qui est le jour adopté par le général Mercier et par le général de Boisdeffre, je n'ai pas dîné à l'Elysée ; j'ai dîné chez ma mère, rue Nitot. *Mes préoccupations n'étaient donc pas très vives, puisque je croyais pouvoir m'absenter de l'Elysée et me trouver en contact avec d'autres personnes,* nous étions, en effet, à peu près une dizaine de personnes, dont le commandant Moreau, qui était attaché à ma personne. Je ne suis certainement pas rentré à l'Elysée le 6 avant onze heures moins le quart ; de telle sorte que cette nuit historique n'a pu commencer au plus tôt que vers onze heures. Par conséquent, je ne crois pas qu'on puisse la placer au 6.

Il y a une autre raison pour cela : le général Mercier dit qu'il est parti de l'Elysée à minuit et demi emportant l'assurance que tout était arrangé. Or, il résulte, je crois, non seulement de ma propre déclaration faite devant la Cour de Cassation et devant le Conseil de guerre de Rennes, mais de beaucoup d'autres déclarations, que la réponse de l'Allemagne est arrivée deux jours après. De telle sorte que ce n'est pas le 6 au soir, que j'ai pu dire au général Mercier que tout était arrangé, car je n'en savais rien.

Alors, serait-ce le 7 ou le 8 ? Si c'était le 7 ou le 8 que la France était à la veille d'une guerre, et qu'il fallait lancer tout à coup des ordres de mobilisation *je fais remarquer que le 6 au soir, M. le Ministre des Affaires étrangères était de retour à Paris, et on m'accordera bien qu'il n'aurait pu se désintéresser de la situation et ne pas assister à cette nuit historique.* Voilà ce que je puis dire sur cette nuit historique.

Je n'ai, pour ma part, jamais considéré que l'incident auquel a donné lieu l'affaire Dreyfus fût un incident d'une gravité exceptionnelle ; je n'ai jamais eu la moindre crainte quant aux effets qu'il pouvait avoir sur les relations de la France et de l'Allemagne, et je répète encore une fois que mes souvenirs seraient très précis s'il en était autrement ; la relation de mon entretien prouve qu'il n'y a jamais eu aucune espèce d'acuité dans ces relations au sujet de l'affaire Dreyfus.

XXI. — M. Hanotaux confirme la déposition de M. Casimir Périer. Il était, au moment de ces incidents, en voyage de convalescence à Cannes. Il était absent du 27 décembre au 6 janvier. « La fameuse conversation sur laquelle on a épilogué doit être le 5 ou le 6 janvier (1) ». Le 7 janvier, il était de retour. Il n'a souvenance d'aucune nuit historique.

M. Dupuy (2) confirme de son côté tout ce qu'a déclaré M. Casimir Périer. Tout d'abord il déclare que, président du Conseil lors de l'affaire Dreyfus, en 1894, il n'a jamais connu de bordereau annoté ni aucun document analogue. C'est seulement en 1897, à la suite de l'article de Rochefort, qu'il en a entendu parler, et qu'il a fait passer, d'accord avec M. Méline, une note à l' *Agence Havas*, pour démentir le racontar de l'*Intransigeant*.

Quant à l'entrevue de M. de Münster, elle eut lieu un dimanche. M. Dupuy donne sur cette entrevue des détails analogues à ceux très complètement exposés par M. Casimir Périer. Puis il s'efforce d'expliquer (3) comment M. le général Mercier a pu peu à peu en arriver à imaginer la nuit historique, dont il est question dans sa déposition de Rennes :

p. 513

> A ce moment, il y avait, je dois le reconnaître, une certaine émotion, et le général Mercier, préoccupé des suites possibles d'un malentendu ou d'une insuffisante satisfaction du côté que vous savez, le général Mercier avait pris un certain nombre de mesures. Mais la question fut réglée comme je l'ai dit, sans autre conséquence ni incident.
> *Un membre de la Cour.* — Est-ce que vous, personnellement, vous avez eu ces inquiétures et ces craintes, au point de vue d'une rupture diplomatique, et d'une guerre pouvant s'ensuivre ?
> R. — Je dirai que j'ai éprouvé quelques préoccupations à cet égard, en constatant chez l'ambassadeur allemand une insistance marquée et un langage particulièrement pressant.
> *Un membre de la Cour.* — Ce jour-là ?
> R. — Oui, ce jour-là. Il avait reçu une dépêche de Berlin, et il demandait une réponse qui satisfît son souverain. La journée me donna l'impression que l'ambassadeur reflétait des préoccupations éprouvées à Berlin ; je le sentais au ton, d'ailleurs courtois comme à l'ordinaire, mais plus pressant, de sa conversation : Il lui fallait une réponse ; lorsque après les conversations que j'ai indiquées, nous pûmes la lui donner, cela fut fini.
> *Un membre de la Cour.* — Cela n'a pas dépassé cette mesure ?
> R. — Cela ne l'a pas dépassé. Je dois cependant marquer la préoccupation qui avait, dès le début, dû être ressentie plus fortement par le chef de l'armée, qui était appelée à faire face aux conséquences immédiates de l'incident, s'il avait eu des suites.

(1) Enquête, t. 1, p. 591.
(2) Enquête, t. 1, p. 847.
(3) Enquête, t. 1, p. 848.

Un membre de la Cour. — Le chef de l'armée n'avait pas à être en rapport avec M. de Münster ?

R. — Non.

Un membre de la Cour. — Il ne connaissait cela que par vous ?

R. — Uniquement. Je crois pouvoir répondre affirmativement que jamais M. le général Mercier n'a pu voir M. de Münster dans ces circonstances. Tout ce qu'il a pu savoir c'est par ses conversations avec moi, et, dans la soirée du même jour par l'entretien qui a eu lieu entre le Président de la République, le général Mercier et M. Dupuy, comme président du Conseil, ainsi que comme ministre des Affaires étrangères.

Un membre de la Cour. — On nous avait dit qu'il y avait un télégramme de l'empereur d'lAlemagne acceptant précisément la satisfaction qu'on voulait lui donner, et que les inquiétudes avaient cessé à ce moment. Ce télégramme serait arrivé dans la nuit.

M. le Procureur général. — Je n'ai pas le souvenir du télégramme dont parle notre collègue.

Un membre de la Cour. — Je crois que le général Mercier en a parlé, et c'est à ce moment que le général Mercier avait dit à M. de Boisdeffre : l'incident est clos et vous pouvez vous retirer.

Le témoin. — Je dois dire ici ce que je sais : je ne sais pas cela.

Un membre de la Cour. — Ce télégramme serait arrivé à l'Elysée avant le départ de M. le général Mercier.

R. — Le président du Conseil n'en a pas eu connaissance.

Un membre de la Cour. — Nous avons entendu M. le président Casimir Périer qui n'a fait allusion à aucun télégramme de cette nature.

Le témoin. — Et je dois ajouter qu'un télégramme pareil n'aurait pu **p. 514** être ignoré du président du Conseil.

XXII. — Même avec toutes ces explications bienveillantes que M. Dupuy a accordées à son ancien collègue, le général Mercier, comment le général Mercier a-t-il pu dire à Rennes (1) :

Nous sommes restés, lui, Président de la République, M. Charles Dupuy, président du Conseil et moi, ministre de la Guerre, de huit heures du soir à minuit et demi dans son cabinet, à l'Elysée, attendant le résultat des communications télégraphiques, qui s'échangeaient entre l'empereur d'Allemagne et le comte de Münster ?

C'était contraire à la vérité.

Comment le général Mercier a-t-il pu dire à Rennes :

J'avais été prévenu dans l'après-midi que la situation était très grave, que M. de Münster avait l'ordre de son souverain de demander ses passeports si on ne faisait pas droit à ses réclamations ?

C'était contraire à la vérité.

Comment le général Mercier a-t-il pu dire à Rennes :

Ce n'est qu'à minuit et demi que M. le Président de la République m'a prévenu que M. le comte de Münster acceptait définitivement, et son souverain aussi, l'insertion d'une note assez vague et mettant les ambassades hors de cause ?

(1) Rennes, t. 1, p. 97.

C'était contraire à la vérité.

Toutes ces altérations de la vérité commises par l'ancien ministre de la Guerre, que les juges devaient croire puisqu'il parlait sous la foi du serment, avaient pour but d'induire les membres du Conseil de guerre en erreur : elles tendaient à leur faire interpréter la déposition du général Mercier, dans le sens qui leur était révélé par « la personne restée dans l'intimité du général Mercier » en sa note à l'*Agence Nationale*, du 7 août 1899, comme par le rédacteur masqué du *Gaulois*, en sa lettre ouverte au général Mercier, du 14 août 1899.

Pour terminer sur cette question de la nuit historique, imaginée par le général Mercier à l'usage des juges de Rennes, on doit noter l'extrême embarras du malheureux général de Boisdeffre, obligé de venir au secours tout à la fois du général Gonse et du général Mercier.

Pour justifier les allégations du général Gonse en ce qui concerne la lettre du 6 janvier 1895, adressée au général de Boisdeffre et contenant des indications sur les prétendus aveux de Dreyfus, il faut que le général de Boisdeffre soit absent à cette date du 6 janvier 1895 (1).

p. 515 Mais pour justifier les allégations du général Mercier, en ce qui concerne la « nuit historique », il faut qu'à cette même date du 6 janvier 1895, le général de Boisdeffre soit consigné au ministère de la Guerre (2).

Devant la Cour de Cassation, le général de Boisdeffre a essayé de concilier les exigences contraires de ce double sauvetage, en déplaçant la date de la « nuit historique » qu'il transporte en décembre 1894.

Mais cette date est nécessairement fixée par la date même de l'entrevue de M. de Münster avec M. le Président Casimir Périer ; et « la nuit historique », si elle avait jamais existé, eût été forcément, comme d'ailleurs cela avait été indiqué à Rennes, la nuit du 6 au 7 janvier 1895.

On ne rencontre donc encore qu'incohérences et altérations de la vérité de ce côté de l'accusation.

Les juges du Conseil de Guerre ont été dolosivement trom-

(1) Voir plus haut, p. 75.
(2) De Boisdeffre, Rennes, t. 1, p. 531.

pés ; et cette tromperie s'est perpétuée par la suite, pour justifier aux yeux des officiers de bonne foi, comme le colonel
Bougon, le verdict de Rennes, en lui-même inexplicable si
on s'en tient aux seuls débats.

Sous cette dernière articulation des accusateurs, on ne
trouve encore que supercheries et manœuvres criminelles ;
et les procédés employés dans cette partie du procès de Rennes, comme d'ailleurs dans le procès de 1894, sont particulièrement odieux, parce que, mettant l'accusé dans l'impossibilité de se défendre, ils constituent un véritable assassinat judiciaire.

XXIII. — Un dernier mot doit être ajouté avant de clore
cette section, et en même temps la troisième partie du mémoire.

Une autre légende a été édifiée, en effet, contre le capitaine Dreyfus, pour remplacer la légende du bordereau annoté, s'effritant vraiment trop facilement lorsqu'on la soumettait à un examen critique : c'est la légende russe.

Cette dernière légende ne paraît pas avoir pris une place
sérieuse dans les débats de Rennes; mais l'enquête de la Cour
de Cassation en a recueilli l'écho, et quelques brèves explications sont ici nécessaires.

L'origine de la légende est assez difficile à déterminer. Il
semble cependant que l'idée de ce nouveau racontar à lancer
dans la presse ait germé au moment des conciliabules entre
Esterhazy, Du Paty de Clam, Henry et Gribelin ; qu'elle ait
été repoussée à ce moment comme trop absurde par les défenseurs officieux d'Esterhazy ; et qu'Esterhazy ait néanmoins publié le racontar.

Parmi les papiers saisis par M. Bertulus chez la femme
Pays et se trouvant aujourd'hui dans l'annexe du dossier
secret, figurent des notes sur les informations lancées ou à p. 516
lancer dans la presse, sur les conversations d'Esterhazy avec
M. Strong Rowland, correspondant de la *Saint-James
Gazette* (1).

Or la légende russe est lancée dans la *Saint-James
Gazette* du 16 mars 1898 (2). Le racontar a circulé ensuite

(1) Conf. Cass. 1899, t. 1, p. 740.
(2) Article traduit par le journal l'*Aurore* du 18 mars 1898.

dans la presse , si bien que le 11 juillet 1899 le général Fré-
déricksz, mis en cause, en sa qualité d'attaché militaire de
Russie, par cette nouvelle « information », fit publier un
démenti officieux (1). Une note de l'Agence Havas du
30 novembre 1898 l'avait déjà mis hors de cause.

XXIV. — Dans sa déposition au cours de l'enquête (2),
M. Reinach expose la légende, et indique comment le général
de Galliffet la recueillit lui-même.

Le témoin. — J'ai eu pendant de très longues années les relations les
plus affectueuses et les plus intimes avec M. de Galliffet, dont j'ai été l'officier d'Etat-major au titre territorial. A l'époque où M. le général de Galliffet a été ministre de la Guerre dans le cabinet présidé par M. Waldeck-
Rousseau, il était aussi convaincu que qui que ce soit qu'une erreur
judiciaire avait été commise en 1894 ; il me l'avait dit antérieurement à
plusieurs reprises, il me l'a écrit à l'époque où il était ministre de la
Guerre. Il quitta le ministère de la guerre en 1900 ; quelque temps après,
je rencontrai M. de Galliffet, avec qui je parlais de l'affaire : M. de Galliffet
m'affirma, encore une fois, qu'il considérait que le bordereau n'était pas
du capitaine Dreyfus, il me dit que le véritable traître, selon lui, était
Esterhazy, lequel avait deux complices, mais il ajouta que se trouvant à
Marienbad, il lui avait été dit par un personnage qu'il ne pouvait pas me
nommer, que Dreyfus avait eu des relations avec la Russie ; que le capitaine Dreyfus avait livré des documents à la Russie, pour démontrer que
les pièces fournies sous le ministère de M. Casimir Périer par le général
de Boisdeffre, au moment de la conclusion de l'alliance, étaient des pièces
inexactes et fausses. Je dis à M. de Galliffet que cette version était absolument absurde, que tout la contredisait, qu'il n'y avait pas un seul fait
qui pût la justifier d'une façon quelconque, mais comme cette légende a
beaucoup couru, a été très répandue, il me paraissait utile de signaler
qu'elle avait été acceptée à un certain moment par le général de Galliffet, et qu'il y a un intérêt certain à détruire toutes les légendes qui ont
pu être mises en circulation comme celle-là. J'ai même eu l'occasion, il y a
quelques mois, d'écrire dans un journal russe très répandu, un article,
sous forme d'interview, qui a été très reproduit en Russie, où je disais
que jamais, à aucun moment, le capitaine Dreyfus n'avait eu de rapports
avec la Russie ; j'y rappelais les démentis fréquents qui ont été donnés
par l'ambassade de Russie, elle-même, lorsque, pour la première fois,
cette version a été mise en circulation.

Je signalerai notamment, au mois de juillet 1899, que l'ambassade
russe publia une note, qui fut reproduite dans le journal *Le Temps*, où il
était affirmé de la façon la plus formelle que jamais à aucun moment le
gouvernement russe n'avait eu de rapports avec le capitaine Dreyfus.

p. 517 Le général de Galliffet interrogé sur ce point a confirmé
les dires de M. Reinach, mais en ajoutant que les propos qui

(1) *Le Temps* du 11 juillet 1899.
(2) Reinach. Enquête, t. 1, p. 569.

lui avaient été tenus à cet égard à Marienbad avaient été bien vagues (1).

Le propagandiste principal de cette légende russe paraît avoir été M. Rocheblave, qui a joué ici le rôle déjà joué par M. Ferlet de Bourbonne, pour la légende du bordereau annoté.

M. Rocheblave avait, déclare-t-il, offert sur cette question son témoignage à Rennes (2). Il a écrit deux fois au colonel Jouaust. Le président du Conseil de guerre n'a pas considéré de telles allégations comme sérieuses, et n'a pas fait venir le témoin.

Cité devant la Cour de Cassation, M. Rocheblave a long-temps refusé de parler. Pressé de questions et comprenant qu'il ne pouvait s'abstenir de donner son témoignage à la justice, après le lui avoir lui-même offert, il dépose enfin en ces termes (3) :

Cest une conversation que j'ai entendue à Paris, en 1899, dans l'été, d'une personne que je ne puis malheureusement pas mettre en cause ; (c'était là la difficulté), et qui parlait comme d'une chose sûre, connue, courante à Saint-Pétersbourg et qu'elle ne croyait pas m'apprendre, ceci : c'est que la version parfaitement accréditée, dans les milieux les plus offi-ciels militaires diplomatiques, à la Cour de Saint-Pétersbourg, était que le capitaine avait révélé à la Russie *le secret de la poudre sans fumée et celui de la différence des effectifs réels avec les effectifs portés sur le papier, pour la mobilisation française.*
J'ai été un peu étonné ; j'ai poussé la personne qui est entrée dans quelques détails ; mais elle venait de Russie, puis il s'était écoulé déjà un certain temps depuis qu'elle avait entendu ces propos : elle ne pouvait que se faire l'écho approximatif de ce qu'elle avait entendu dire ; n'y attachant de l'importance que parce que cette personne, quoique russe d'origine, est de cœur et de famille française. Cest pour cela aussi que cela m'inté-ressait, et elle disait, en somme ceci... (puisque vous me demandez de tout dire, je vais le dire), c'est que l'explication du procès Dreyfus était celle-ci : à la veille de la conclusion de l'entente franco-russe, l'em-pereur Aexandre III avait voulu avoir des renseignements sur les forces réelles de la France, sur les armements, sur les moyens de défense, par conséquent, sur les effectifs et sur les poudres... On avait cherché... Je répète que je ne me fais que l'écho d'un ouï-dire ; on avait cherché à trou-ver dans l'Etat-major quelques complaisances, quelques ouvertures, on n'avait pas réussi, et un jour, un officier de l'Etat-major russe, se trouvant à causer avec un officier de l'Etat-major prussien (ceci se passait à Ber-lin...) s'était plaint de l'échec qu'il avait éprouvé à Paris au sujet du secret si bien gardé. L'officier allemand en question avait répondu en riant : ici,

(1) Enquête, t. 1, p. 903.
(2) Enquête, t. 1, p. 1.000.
(3) Enquête, t. 1, p. 1.000.

ce n'est pas un secret, ce n'est pas difficile à savoir ; si vous voulez obtenir des renseignements, adressez-vous à telle personne. Il lui a cité le nom du capitaine Dreyfus.

L'officier russe, rentré chez lui, à Saint-Pétersbourg, aurait fait faire des ouvertures, aurait réussi, et par conséquent, ce qui avait été déjà livré à l'Allemagne, aurait été livré peu de temps après à la Russie. Là-dessus se fit l'entente franco-russe, et l'alliance une fois conclue, l'*Empereur russe, trouvant qu'il y avait quelque danger à ne pas mettre le nouvel ami au courant de ce qui se passait dans son État-major, aurait* **p. 518** *fait savoir, les uns ont indiqué par un renseignement donné directement et de sa propre main, les autres d'une autre manière, qu'il y avait dans l'État-major français une brebis galeuse ; il aurait même désigné d'une façon approximative l'endroit où se trouvait le traître. De là l'affaire Dreyfus, ni plus, ni moins.*

J'ai fait répéter à cette personne ce qu'elle m'avait dit : elle me l'a répété quelques jours après dans les mêmes termes, en insistant. Je lui ai demandé de se rappeler et de me citer des noms propres. Elle a beaucoup hésité ; elle m'en a finalement donné un, puis, elle s'est un peu repentie, je crois, de s'être tellement avancée : *elle m'avait fait promettre que son nom ne serait pas prononcé.* C'est une personne tout ce qu'il y a de plus honorable d'ailleurs, elle était seule, se trouvant veuve, elle pouvait avoir une situation difficile dans son pays.

Je ne lui ai pas caché que dans ce que je croyais l'intérêt français, je ferais usage de ce renseignement uniquement auprès des pouvoirs compétents, qui étaient qualifiés pour recevoir ce renseignement et ces indications. Elle m'a compris et ne s'y est pas opposée, tout en craignant un peu ; je lui ai promis que je ne la mettrais pas directement en cause, que j'assumerais le rôle peut-être un peu avancé du Monsieur qui vient répéter sous serment une conversation, qui affirme qu'elle a été tenue telle qu'il la déclare, et ne peut pas nommer la personne de qui il la tient.

Voilà dans quelles conditions j'ai écrit deux fois à M. le Président de Rennes en lui disant ce que je viens de vous dire, que je m'engageais à répéter ce que j'avais entendu, *que je ne pouvais pas témoigner d'autre chose, sinon de l'existence d'un bruit, d'une certaine version courante dans les milieux officiels, à Saint-Pétersbourg, que je ne pouvais pas la garantir, que je n'en pouvais pas citer l'auteur,* mais que j'affirmais, sur ma foi d'homme, que le propos avait été tenu, et que la chose n'avait pas un caractère de secret révélé à moi, mais d'une conversation venue tout naturellement, le jour même où nous avions été voir cette personne, ma femme et moi, alors qu'elle ne nous avait pas vus depuis longtemps et qu'elle nous aimait beaucoup ; après les embrassades, les paroles banales, elle était venue à parler de l'affaire ; je lui dis : qu'en pense-t-on à Saint-Pétersbourg ? C'était arrivé comme cela, et tout de go, si je puis employer cette expression, elle m'avait raconté cette histoire aussi spontanément que je vous la donne. Un point, c'est absolument tout. Voilà ce qui s'est passé.

Or, ce qui me faisait hésiter à vous en parler c'est parce que je me demandais si vous aviez connaissance du fait, si vous désiriez qu'on ouvrit cette espèce de dossier particulier qui se trouve être le mien dans l'affaire, laquelle m'est, du reste, parfaitement inconnue, et si vous vouliez que je m'avançasse, jusqu'à vous parler de ce qui n'est qu'un simple témoignage indirect. J'ajoute que la personne en question depuis lors ayant été en rapports avec moi, par correspondance pendant un an ou deux, au bout de ces deux années s'est arrangée de manière à ne pas répondre, ou a disparu, ou a quitté le pays, ou est morte, je n'en sais rien, c'est-à-dire que si, en faisant fond sur ses sentiments très français — car, je le répète, elle a des attaches françaises, — je pouvais espérer, il y a cinq ans, après lui avoir promis que je ne la mettrais pas en cause, en faisant appel à son bon cœur, arriver à donner corps à cette version, aujourd'hui je me trouve dans l'impossibilité absolue de vous indiquer quoi que ce soit, *puisque cette personne, je ne sais pas où elle est.*

D. — Vous verriez un grand inconvénient à la nommer ?

R. — Oui.

D. — Cette dame est-elle au courant des choses diplomatiques et militaires ?

R. — Assez par les alliances de sa famille ; c'est pour cela que le p. 519 témoignage avait pour moi une valeur ; cette personne m'était connue depuis longtemps, elle a été mariée en France à un fonctionnaire assez haut placé, qui était même des vôtres, c'était un magistrat, il est mort ; elle est retournée après dans son pays d'origine et depuis, mon Dieu, elle est devenue Russe ; mais Russe de naissance, elle n'en est pas moins ellemême d'origine également française ; son nom ou le nom de son grandpère est un très beau nom de France. Dans le cas actuel, il y a une question de galanterie, de convenance et de conscience pour moi à ne pas la nommer.

D. — La vérification serait d'ailleurs impossible, puisqu'elle a disparu.

R. — Impossible, vous avez vu mon hésitation de tout à l'heure. Vous voyez en même temps ce que j'ai pu dire à M. Dez, dans un moment d'impatience, d'assez net *quant à ma conviction*, cependant, sans aller jusqu'au mot de *preuve* ou à *l'indication d'un fait ; ce n'est pas un fait.* Vous voyez pourquoi j'épiloguais sur le mot *fait* et sur le mot *preuve.*

Je ne suis pas mêlé à l'affaire, je n'y ai été mêlé d'aucune façon et ce n'est pour moi que *l'écho d'une indication* qui m'est arrivée d'une façon soudaine, une révélation qui m'avait frappé en pleine poitrine ; *je n'avais que cela à apporter ; c'est aussi ce qui a amené mes hésitations. J'ai dit toute la vérité.*

XXV. — Toutes réserves faites en ce qui concerne la loyauté et la bonne foi du témoin, qui sont évidemment entières, il est profondément regrettable de voir apparaître encore une fois de ce côté de l'affaire, la silhouette par trop discrète d'une dame voilée.

Cette dame avait-elle, comme le pense M. Rocheblave, qualité pour être bien renseignée ?

Tel ne paraît pas être l'avis du commandant Lauth, qui, beau-frère de M. Rocheblave, a dû recevoir ses confidences. Interrogé sur la question de savoir s'il connaît quelque chose pouvant justifier l'accusation dirigée contre Dreyfus, relativement à des actes d'espionnage au profit de la Russie, le commandant Lauth déclare :

*Je n'en ai jamais entendu parler officiellement dans mon service,
ni par quelqu'un de qualifié (1).*

Le monde officiel russe, d'ailleurs, ne dissimulait pas qu'il
déplorait l'aveuglement du gouvernement français, luttant
alors pour empêcher la réparation d'une erreur judiciaire,
afin de ne pas laisser divulguer les manœuvres criminelles
commises en vue d'obtenir la condamnation de Dreyfus
en 1894.

Le sénateur russe Zakrewski, président de la Cour de Cassation de Russie, publiait le 23 avril 1898, dans l'*Indépen-
dance belge*, un article sur l'arrêt de la Cour suprême, rendu
dans l'affaire Zola. Il y déclarait que la Cour de Cassation
avait sauvé l'honneur de la magistrature en France.

L'opinion de la dame voilée russe ne devait donc pas rencontrer grand crédit en Russie.

p. 520   M. Du Paty de Clam, interrogé de son côté sur les allégations dirigées contre Dreyfus, relativement à la Russie, déclare que c'est là une information, non seulement inexacte,
mais *fausse* (2),

M. Gribelin (3) voit là un racontar de journal. Le général
Gonse (4), le général Mercier (5), le général Chamoin (6), le
général Zurlinden (7), le général Billot (8), le lieutenant-colonel Rollin (9), le commandant Pauffin de Saint-Morel (10),
M. Wattinne (11), qui, tous à des degrés divers, ont connu
les charges relevées contre Dreyfus et fouillé tous les dossiers
relatifs aux accusations dirigées contre lui, sont unanimes
à constater qu'on ne trouve pas même un indice pouvant
venir à l'appui de semblable articulation.

Telle est encore la constatation du commandant Targe,
qui s'est livré à cet égard, à une dernière vérification (12).

(1) Enquête, t. 1, p. 541.
(2) Enquête, t. 1, p. 201.
(3) Enquête, t. 1, p. 148.
(4) Enquête, t. 1, p. 239.
(5) *Ibid.*, p. 295.
(6) *Ibid.*, p. 338.
(7) *Ibid.*, p. 349.
(8) Enquête, t. 1, p. 458.
(9) *Ibid.*, p. 368.
(10) *Ibid.*, p. 428.
(11) *Ibid.*, p. 879.
(12) *Ibid.*, p. 78.

Enfin, l'absurdité même de la légende est, en quelques mots, mise en évidence par le général de Boisdeffre qui, interrogé sur le même sujet, répond en ces termes (1) :

Le témoin. — Je ne connais absolument rien qui puisse justifier l'accusation contre Dreyfus, d'avoir commis des actes d'espionnage auprès du gouvernement russe. Je dirai même que pour moi je n'y ai jamais attaché d'importance parce que c'est l'invraisemblance.

Quand j'ai négocié la convention militaire qui a été la première forme de l'alliance russe avec le général Obroutcheff, nous avons dû nous dire, à titre tout à fait confidentiel, l'un et l'autre, les points indispensables à notre situation militaire, qu'il nous fallait connaître pour pouvoir traiter et opérer de la sorte ; par conséquent, ni lui ni moi n'avions aucun besoin de nous servir d'espionnage pour ce fait. En dehors de cela, étant donné les termes dans lesquels nous étions tous les deux, si nous avions besoin d'un renseignement particulier sur une chose accessoire, nous nous le demandions d'une manière ouverte et officielle. Si je croyais pouvoir le lui donner, je le lui donnais, sinon je ne lui donnais pas, mais j'étais sûr de la loyauté du général Obroutcheff. Il n'avait pas à chercher à se procurer par l'espionnage des documents que je lui aurais refusés. Au point où nous en étions il n'était pas besoin de se servir d'un pareil moyen. Par conséquent, je me suis dit : Ce fait est invraisemblable.

Quand on fait des conventions de ce genre, il faut avoir confiance l'un dans l'autre. Je n'en ai entendu parler que par des racontars, et je n'y ai attaché aucune croyance.

XXVI. — Ainsi *l'écho d'une indication* qu'a entendu la p. 521 Cour, grâce à M. Rocheblave, doit encore aller se perdre dans la foule des bruits calomnieux lancés de toutes parts contre le capitaine juif.

Mais il est curieux de voir réunies et transformées en cette nouvelle légende un certain nombre d'allégations dont la fausseté, en leur forme primitive, avait déjà été établie. Le secret de la poudre sans fumée que la femme Bastian prétendait avoir été offert à l'Allemagne par Dreyfus, est présenté ici comme vendu à la Russie par le capitaine israélite, les pièces du dossier secret ne permettant pas, en effet, d'admettre l'allégation mensongère de la femme Bastian.

La révélation sur l'existence d'un officier traître au deuxième bureau de l'Etat-major est portée au compte de l'empereur Alexandre III, depuis qu'on ne peut plus en faire endosser la responsabilité à M. de Valcarlos.

Aussitôt démasqués, les mensonges renaissent sous une autre forme, et les légendes succèdent aux légendes.

(1) *Ibid.*, t. 1, p. 491.

Lorsqu'il est avéré que le bordereau envoyé à Schwartz-koppen n'est pas écrit par Dreyfus, et que l'attaché militaire allemand déclare n'avoir jamais eu de relations avec Dreyfus, les agents de la S. S. articulent que Dreyfus livrait ses documents par l'intermédiaire de Panizzardi. Quand il est avéré que Panizzardi n'a pas eu davantage de rapports avec Dreyfus, il est articulé que les relations de Dreyfus étaient nouées avec un bureau d'espionnage allemand à Bruxelles. Quand, en présence des démentis catégoriques ne permettant plus d'équivoques à cet égard, cette nouvelle articulation, lancée toujours sans preuve, est devenue impossible à soutenir, on fait paraître la légende du bordereau annoté pour écarter les démentis gênants. Quand la légende du bordereau annoté s'écroule à son tour, on en lance une nouvelle. Ce n'est plus au profit de l'Allemagne, ce n'est plus au profit de l'Italie que Dreyfus trahissait, c'est au profit de la Russie.

La légende russe s'évanouissant à son tour, ce sera demain au profit de la Chine ou du Japon que les trahisons de Dreyfus auront eu lieu.

Mais il faut que Dreyfus ait trahi, parce que, *officier israélite*, sa fonction nécessaire est de trahir. C'est là le dogme qui se formule au début même de l'affaire; c'est le dogme qu'on retrouve sous toutes les manœuvres criminelles qui se sont déroulées pendant plus de dix années ; c'est le dogme pour la justification duquel s'élaborent tous les mystères des dames voilées, des écritures cryptographiques, des encoches, des serments diplomatiques, des légendes de bordereau annoté ou lettres impériales, et des légendes russes.

Dans cette dernière section, comme dans les douze qui l'ont précédées, on ne trouve plus rien aujourd'hui que des charges contre les accusateurs.

Onze sections ont été consacrées à l'étude de chacun des
p. 522 éléments du système d'accusation réédifiée si péniblement à Rennes : et à la base de chacun de ces éléments d'accusation on n'a trouvé que la fraude.

Une douzième section a groupé tout ce qui, en dehors même du système d'accusation proprement dit, avait été apporté dans les débats contre le capitaine Dreyfus ; et en fouillant toutes ces articulations d'ordre général (témoignages, documents secrets, attaques pour discréditer les déclarations officielles des gouvernements étrangers), on n'a rencontré encore qu'une base de fraude et de mensonge.

Une dernière section enfin a dû être consacrée à ce qui fut apporté ou suggéré aux juges en dehors même des débats, et l'on y a retrouvé, sous une forme différente, mais non moins perfide, l'attentat judiciaire déjà perpétré en 1894.

Déloyale dès l'origine, avec les procédés irréguliers d'instruction du lieutenant-colonel Du Paty de Clam, les faux témoignages du commandant Henry et la forfaiture du général Mercier, l'accusation a évolué pendant dix années, roulant de déloyauté en déloyauté.

C'est que la fraude première entraîne à commettre des fraudes nouvelles ; c'est que, suivant l'expression de Faustin Hélie, le temps en s'écoulant offre à la calomnie plus de facilité pour tronquer les souvenirs et falsifier les preuves ; c'est aussi que la folie de l'antisémitisme, paralysant les cerveaux, arrêtait toute faculté de raisonner, et empêchait les accusateurs d'apercevoir l'abîme, où les faisaient glisser leurs efforts désespérés pour masquer leurs premières fautes.

Tout ce qui concerne le capitaine Dreyfus a été examiné dans cette troisième partie du mémoire, qui est relative à la répercussion des faits révélés par l'enquête sur l'accusation présentée aux juges de Rennes : et il semble que dès maintenant l'exposant pourrait conclure. Mais l'affaire Dreyfus ne peut se juger sans l'affaire Esterhazy. On ne peut sainement apprécier l'innocence de Dreyfus, sans étudier le rôle joué par Esterhazy, en ce qui concerne le bordereau, seule base judiciaire de l'affaire Dreyfus. Les deux instances Esterhazy et Dreyfus ne sont, en réalité, que des phases différentes d'une affaire unique : l'affaire concernant l'espion qui a écrit le bordereau. Avant de conclure, une dernière partie de la discussion doit donc être consacrée au commandant Esterhazy.

QUATRIÈME PARTIE

LE COMMANDANT ESTERHAZY

A

Le bordereau : *L'écriture dénonce Esterhazy. — Le papier dénonce Esterhazy. — Le style et la terminologie du bordereau dénoncent Esterhazy. — La démonstration de M. Havet. —La démonstration des généraux experts. — Les expressions familières d'Esterhazy. — Les notes dont le bordereau annonce l'envoi dénoncent Esterhazy. — Esterhazy a entre les mains, au moment de l'envoi du bordereau, des pièces se référant aux sujets des notes visées par le bordereau. — Conclusion.*

B

Les notes et documents du service des renseignements : *Le général Gonse s'oppose à ce qu'il soit question du bordereau en ce qui concerne Esterhazy. — Le Petit Bleu. — Le memento de l'agent A., de mars 1896. — Les visites d'Esterhazy à l'agent A. et la note reçue au service en avril 1895. — Richard Cuers : ses révélations sont repoussées. — L'agent Lajoux et le service des renseignements. — Les renseignements de Cuers rapprochés des dépositions Ecalle et Bousquet. — Coïncidence entre les renseignements et documents que possède Esterhazy et les renseignements et documents dont on constate la livraison à l'agent A. — Relations d'Esterhazy avec le service des renseignements, avec Weil, avec Henry, avec Guénée. — L'agent R. au camp de Châlons et la maison R. d'Esterhazy. — Le memento « Doutes preuves ». — Conclusion.*

C

Les déclarations des gouvernements étrangers et de leurs représentants : *Omission significative d'Esterhazy dans les déclarations officielles diplomatiques et parlementaires de l'Italie et de l'Allemagne. — Déclaration officielle de M. de Münster, concernant l'authenticité du Petit Bleu. — Déclarations officieuses concernant le rôle joué par Esterhazy. — Démarche d'Esterhazy chez l'agent A., au moment où il est dénoncé comme l'auteur du bordereau. — Lettre privée de M. de Münster. — Rappel de l'agent A. le jour même de la dénonciation d'Esterhazy. — Lettre du major Dahme. — Au-* p. 524 *tres déclarations concordantes. — Conclusion.*

D

Les charges morales : *Comment Esterhazy est entré dans l'armée. — Son absence de sens moral. — Ce qu'il pense de la France, de l'armée et de ses chefs. — Sa misère, ses expédients, son mariage, ses hontes. — Le Conseil d'enquête. — Les crises de détresse pécuniaire d'Esterhazy s'atténuent seulement pendant la durée du trafic de l'agent A. avec un officier français. — Tentatives d'Esterhazy pour entrer au ministère de la Guerre en 1896, c'est-à-dire quand l'agent A. met fin aux relations, à raison de l'insuffisance des renseignements fournis. — Conclusion.*

E

Les aveux et explications d'Esterhazy : *Caractère des aveux d'Esterhazy. — Sa thèse. — Une partie de cette thèse se heurte à l'évidence. — Une autre partie est corroborée par l'instruction. — L'arrivée du bordereau. — Les mensonges d'Henry. — Ses lettres à la femme Bastian. — Son attitude à l'égard de Dreyfus. — Caractère de l'association Henry-Esterhazy. — Mentalité d'Henry. — Ce qu'il faut retenir des déclarations d'Esterhazy. — La plaisanterie de « l'homme de paille ». — La légende du syndicat : on ne trouve comme syndicat que celui puisant ses subsides dans la «caisse noire» d'Henry. — Quels faits pourraient être allégués pour justi-*

38

fier l'allégation qu'Esterhazy est un homme de paille de la famille Dreyfus. — Actes de persécution contre Picquart, et de falsification de l'instruction Esterhazy. — Un faux pratiqué sur l'ordre d'informer : l'utilité de ce faux pour les accusateurs de Dreyfus. — Le raisonnement de M. Bertillon. — La certitude.

I. — Le rôle du commandant Esterhazy dans les faits imputés au capitaine Dreyfus est capital. L'affaire Dreyfus n'est autre en réalité que l'affaire Esterhazy.

En dépit de toutes les manœuvres criminelles employées par le service des renseignements pour sauver Esterhazy, et pour maintenir à l'Ile-du-Diable l'officier israélite, qu'innocent ou coupable il fallait « par patriotisme » proclamer un traître, la vérité s'est fait jour.

Elle s'est montrée si éclatante, si irrésistible, qu'Esterhazy, malgré tous ses puissants protecteurs avec lesquels il avait, suivant sa propre expression, *partie liée*, a été lui-même acculé à l'aveu.

Très brièvement, les éléments de l'accusation doivent être p. 525 repris au point de vue d'Esterhazy. L'évidence est telle, que la revue des diverses parties de l'accusation peut être rapide.

Successivement, l'exposant examinera au point de vue du commandant Esterhazy : 1° le bordereau, 2° les notes et documents du service des renseignements ; 3° les déclarations des gouvernements étrangers et de leurs représentants : 4° les charges morales ; 5° les aveux et explications d'Esterhazy.

A

LE BORDEREAU

II. — La base principale du procès Dreyfus-Esterhazy est toujours le bordereau. C'est le bordereau qui en a été le point de départ ; c'est le bordereau qui est présenté, avec juste raison, comme l'assise fondamentale de l'accusation, dans le seul rapport ou acte d'accusation qui ait jamais pu être rédigé contre Dreyfus, le rapport d'Ormescheville.

Ce bordereau doit être examiné :

1° Au point de vue de l'écriture ;

2° Au point de vue du papier ;

3° Au point de vue du style ;

4° Au point de vue des notes dont il annonce l'envoi.

III. — Au point de vue de l'écriture *il n'y a aucun doute,*

Les trois experts qui ont comparé l'écriture du bordereau avec celle de Dreyfus et avec celle d'Esterhazy sont unanimes : le bordereau n'est pas de Dreyfus, il porte l'écriture naturelle et courante d'Esterhazy.

Ces trois experts sont : M. Paul Meyer, membre de l'Institut, professeur au Collège de France, directeur de l'Ecole des Chartes (1) ; 2° M. Auguste Molinier, professeur à l'Ecole des Chartes (2) ; 3° M. Giry, professeur à l'Ecole des Chartes et à l'Ecole des Hautes-Etudes (3).

Les déclarations des experts qui, au début de l'affaire en 1894, avaient comparé l'écriture du bordereau avec celle de Dreyfus, ne sont pas moins caractéristiques.

Les deux experts qui, en 1894, avaient refusé de voir dans le bordereau un document écrit par Dreyfus, reconnaissent aujourd'hui dans ce document l'écriture naturelle d'Esterhazy. Ce sont : M. Gobert, expert près la Banque de France et la Cour d'appel de Paris (4), et M. Pelletier, expert près la Cour d'appel de Paris (5).

Plus caractéristique encore est la déposition de M. Charavay, archiviste paléographe, expert en écriture près le tribunal de la Seine. p. 526

On revient difficilement sur une erreur commise : l'affaire Dreyfus-Esterhazy l'a démontré surabondamment. Or, M. Charavay, expert au procès de 1894, qui avait vu dans le bordereau l'écriture déguisée du capitaine Dreyfus, reconnaît son erreur en 1899. L'écriture du bordereau est l'écriture d'Esterhazy. M. Charavay le déclare à Rennes en ces termes (6) :

Je demanderai simplement à ajouter un mot, monsieur le Président,

(1) Rennes, t. 3, p. 1.
(2) Rennes, t. 3, p. 17.
(3) Rennes, t 3, p. 32.
(4) Rennes, t. 2, p. 297.
(5) Rennes, t. 2, p. 470.
(6) Rennes, t. 2, p. 466.

et pour résumer ma déposition d'une façon aussi claire et aussi nette que possible. Je tiens à déclarer ceci, c'est qu'en 1894, abusé par une ressemblance graphique, je me suis trompé en attribuant la pièce appelée bordereau à l'auteur d'une écriture anonyme qui était celle du capitaine Dreyfus. Ayant trouvé un nouvel élément d'écriture, j'ai reconnu mon erreur et c'est pour moi un très grand soulagement de conscience de pouvoir devant vous, messieurs, et surtout devant celui qui a été victime de mon erreur, déclarer que je me suis trompé en 1894 et que j'estime actuellement que l'écriture du bordereau n'est pas l'œuvre graphique du capitaine Dreyfus, mais qu'elle est celle du commandant Esterhazy. *(Sensation.)*

Enfin, M. Teyssonnières, le dernier expert de 1894, qui, après quelques mésaventures, avait été réintégré comme expert près la Cour de Paris, grâce à l'intervention de M. Trarieux(1), a réédité, devant le Conseil de guerre de Rennes, son rapport de 1894. L'écriture du bordereau est, dit-il, une écriture déguisée.

Je pense, dit-il, que c'est une écriture assez cursive tout en y trouvant une certaine hésitation, voilà pourquoi je dis qu'il y a un certain déguisement, mais que sous ce déguisement le naturel reprend le dessus (2).

En ce qui concerne l'écriture d'Esterhazy, on trouve, suivant M. Teyssonnières, des analogies et des ressemblances. Mais le point placé sur le mot *officier* lui semble être un indice contraire, et il résume : il n'a pas eu le temps suffisant pour étudier l'écriture d'Esterhazy (3).

IV. — Les trois experts du procès Esterhazy ont toujours eu un rôle particulièrement ingrat. Comme le général de Pellieux, ils ont reçu, en 1897, la mission de rechercher si le bordereau était de l'écriture d'Esterhazy, après que la culpabilité certaine de Dreyfus leur eût été affirmée, avec documents faux à l'appui.

On conçoit que cette idée préconçue et affirmée avec autorité ait égaré leur jugement.

p. 527   Esterhazy néanmoins se montrait inquiet :

Comprenez-donc bien, écrivait-il à ceux qui avaient entrepris son difficile sauvetage, que *si vous êtes véritablement les maîtres de l'instruction et des experts, je ne puis que m'en rapporter à vous, mais que si cela vous échappe, comme je le crains, je suis dans l'obligation absolue de démontrer que le bordereau est calqué par Dreyfus avec mon écriture.*

(1) Conf. Trarieux, Rennes. t. 3, p. 413.
(2) Rennes, t. 2, p. 459.
(3) Rennes, t. 2, p. 457.

Cette lettre, saisie par M. Bertulus chez la femme
Pays (1), révélait bien qu'Esterhazy lui-même reconnaissait
impossible de dénier l'écriture tracée par lui sur le bordereau.
Mais les experts, orientés vers cette idée du calque par les
falsificateurs de l'instruction Esterhazy, écrivaient dans leur
rapport (2) :

> Nous reconnaissons bien, dans le bordereau, des formes de lettres
> qui sont caractéristiques de l'écriture de M. le commandant Esterhazy,
> mais là s'arrête la ressemblance... Peut-on admettre que le commandant
> ait pris à tâche de les reproduire (ces mots, ces lettres identiques à son
> écriture) en les traçant avec une application soutenue dans un écrit qu'il
> voulait faire imputer à une autre personne ? N'est-il pas plausible, au
> contraire, qu'une personne, possédant quelques spécimens de l'écriture
> du commandant, a imité cette écriture pour dissimuler sa personnalité
> graphique derrière celle du commandant... Supposons, supposez qu'un
> homme intelligent, comme il l'est ayant étudié l'écriture d'un autre
> homme et voulant l'imiter, donnât à ses s doubles une forme toute spé-
> ciale, il lui faudrait, pour déguiser sa personnalité graphique, choisir
> une autre forme, soit deux s longs soit deux s courts. N'est-il pas pré-
> sumable que pour imputer à Esterhazy la fabrication de ce document,
> et ayant remarqué la forme toute spéciale de ces s doubles, on ne s'en soit
> pas emparé pour les imiter ?

Telle est l'hypothèse que MM. Couard, Belhomme et Varinard, prenant comme point de départ la culpabilité certaine
de Dreyfus, avaient imaginée pour s'expliquer comment le
document imputé à Dreyfus présentait, d'une façon frappante, le graphisme d'Esterhazy.

L'explication était d'ailleurs encore peu satisfaisante : car
elle ne faisait pas connaître pourquoi Dreyfus, après avoir
ainsi imité, dans le bordereau, l'écriture d'Esterhazy afin de
pouvoir lui imputer le document accusateur, n'avait pas usé
du moyen de défense qu'il s'était ainsi préparé.

V. — *Au surplus, comme le remarque le général Zurlinden lui-même (3) « l'écriture du bordereau est une écriture
courante et rapide, et le style du bordereau est un peu lâche
comme celui d'un document écrit rapidement ».*

Il suffit d'ailleurs, lorsqu'aucune idée préconçue ne
fausse les observations, d'ouvrir les yeux et de comparer les
écritures. Suivant l'expression de M. Ballot-Beaupré, dans

(1) Réquisitoire de la première revision. Rapport Bard, p. 9.
(2) *Ibid.*, p. 7.
(3) Cass.: 1899, t. 1, p. 44.

p. 528 son rapport (1) : « *nombre de détails donnent aux moins experts une impression d'entière certitude* ».

Telle avait été en effet l'impression du colonel Du Paty de Clam et de M. Bertillon, lorsque le colonel Picquart leur avait présenté des spécimens de l'écriture d'Esterhazy sans leur désigner l'auteur. Tous deux avaient reconnu dans ces spécimens l'écriture du bordereau (2).

M. Bertillon n'a d'ailleurs jamais contesté cette identité d'écriture. Sur l'interrogation des experts commis par la Cour dans sa dernière enquête, il la reconnaissait encore en des termes bien typiques (3).

A Rennes, le capitaine Valério prétendait seulement qu'Esterhazy avait obtenu l'écriture du bordereau par un procédé géométrique (4).

M. Bertillon disait de même (5) :

> Je n'ai cure de l'écriture d'Esterhazy... L'écriture du bordereau est une écriture sur gabarit, et l'écriture sur gabarit n'est pas une invention propre à l'accusé, mais une invention, un secret de chancellerie qui a été communiqué à plusieurs espions à la fois, dans le but que, s'il arrivait malheur à l'un, on put substituer l'un à l'autre.

Mais des théories de M. Bertillon bâties sur une reconstitution fausse du bordereau avec des mesures inexactes et à grand renfort « de coups de pouce », il ne reste plus rien aujourd'hui, après le décisif rapport des experts nommés par la Cour.

L'écriture du bordereau n'est pas un « secret de chancellerie », ce n'est pas une écriture géométrique, c'est une écriture naturelle, et même, comme l'avait reconnu le général Zurlinden, une écriture courante et rapide. Or, de l'aveu unanime aujourd'hui, cette écriture naturelle, courante et rapide, c'est l'écriture d'Esterhazy.

La conclusion s'impose : Esterhazy est l'auteur du bordereau.

VI. — Au point de vue du papier, *il n'y a aucun doute*. La lettre d'envoi, dite *bordereau*, est écrite sur papier pe-

---

(1) Cass., 1899 ; Débats, p. 196.
(2) Picquart. Cass., 1899, t. 1, p. 154 et 155 ; Rennes, t. 1, p. 430.
(3) Voir plus haut, p. 323.
(4) Rennes, t. 2, p. 397.
(5) Rennes, t. 2, p. 372 et 369.

lure de nuance jaunâtre, filigrané au canevas, après fabrication, de rayures en quadrillage de 4 millimètres sur chaque sens.

Ce papier, à raison même de son caractère tout particulier, était de nature à attirer l'attention et à provoquer les recherches des fonctionnaires chargés de l'instruction.

Suivant procès-verbal du 17 octobre 1894, M. Cochefert, chef du service de la sûreté, détacha du bordereau un fragment de papier destiné à ces recherches. Mais les investigations de M. Cochefert furent infructueuses. Cependant un agent du service d'identification fut plus heureux. Il parvint p. 529 à trouver un papier pelure quadrillé offrant une assez grande ressemblance avec le papier du bordereau, quoique de nuance et de format un peu différents. Ce papier avait été trouvé chez M. Marion, fabricant de papier en gros, cité Bergère, 14 et 16, à Paris ; et ce négociant déclarait que le papier dont il fournissait un échantillon était de fabrication française, mais que le modèle n'était plus courant dans le commerce.

D'autre part, des perquisitions minutieuses étaient pratiquées chez le beau-père de Dreyfus, M. Hadamard, négociant en diamants, et employant, comme tel, des papiers d'enveloppe très minces. Différents échantillons de ces papiers furent saisis chez M. Hadamard ; mais aucun n'offrait de ressemblance avec celui du bordereau.

Quant à Dreyfus, il avait déclaré n'avoir jamais employé de papier semblable à celui du bordereau ; et rien n'a pu permettre de suspecter la sincérité de cette déclaration.

De son côté, Esterhazy, dans son interrogatoire du 7 décembre 1897, sans même être questionné à cet égard, déclarait : « J'ai toujours eu une écriture irrégulière ; c'est l'affaire des experts. J'écris comme j'écris et, *en tous cas, je n'ai jamais écrit sur du papier calque* ». (1). Le lendemain, revenant encore sur le même sujet, il ajoutait : « Je reconnais qu'il y a des mots qui ressemblent à mon écriture, et je déclare qu'il y en a d'autres très nombreux très dissemblables. Je nie de la façon la plus formelle être l'auteur de ce bordereau et m'en rapporte aux experts. Je tiens à faire re-

(1) Cass., 1899, t. 2, p. 110.

marquer qu'il est sur papier calque. Ordinairement on n'écrit pas sans raison sur papier calque (1) ».

Cependant l'instruction de la Cour de Cassation en 1898-1899, amène la saisie de deux lettres d'Esterhazy sur papier pelure. L'une, du 17 avril 1892, datée de Courbevoie, faisait partie d'un dossier constitué pour recouvrement d'une somme de 1.089 fr. 80, due par Esterhazy à M. Rieu, tailleur. Le dossier avait passé par les mains de M. Paul Schmidt, puis de Mᵉ Chartier avoué, et enfin de Mᵉ Prevost, avocat à la Cour d'appel. L'autre lettre était du 17 août 1894, adressée de Rouen par Esterhazy à son huissier de Paris, Mᵉ Callé. Ces lettres, reconnues par les destinataires, étaient d'ailleurs, même indépendamment de cette· reconnaissance, d'une authenticité indiscutable à raison des documents (livres de commerce et autres) dont les mentions concordaient exactement avec ces lettres elles-mêmes (2).

L'évidence est telle qu'Esterhazy, après avoir nié en décembre 1897 avoir jamais écrit sur papier pelure, est obligé, en 1899, de reconnaître, comme écrites par lui, les deux lettres saisies, et il déclare alors :

p. 530

> J'ai toujours eu et·je cherche encore à avoir du papier très mince : et comme militaire j'avais toujours de ces papiers minces et quadrillés qu'on trouve à très bon marché, qui sont très commodes parce qu'ils offrent un petit volume, et qui permettent au besoin avec leurs quadrillages qui tiennent lieu de graduation et leur transparence de décalquer aux manœuvres un bout de carte ou de faire un travail analogue (3).

Qu'était donc ce papier pelure quadrillé dont se servait habituellement Esterhazy, dont il s'était servi en 1892, et qu'il employait encore en août 1894, au moment où s'écrivait le bordereau ?

Une expertise est ordonnée par la Chambre criminelle. Les trois experts commis, MM. Putois, Choquet et Marion, soumettent à de multiples épreuves les papiers du bordereau et des deux lettres d'Esterhazy ; et le 26 novembre 1898, ils formulent leurs conclusions en ces termes (4) :

> Les divers examens, expériences et recherches qui précèdent nous ont amenés à formuler les conclusions suivantes :

(1) Cass., 1899, t. 2, p. 114.
(2) Conf. rapport Ballot Beaupré, p. 192 et suiv.
(3) Cass., 1899, t. 1, p. 597.
(4) Cass., 1899, t. 1, p. 686.

1° Les mesures extérieures des trois documents examinés sont les mêmes, représentant la feuille pliée in-octavo coquille du format français façonné ;

2° Les mesures du quadrillage sont les mêmes et dites *de 4 millimètres*, mesures usuelles en France, faites au canevas ;

3° La nuance du papier du bordereau et celle de la lettre de Rouen, du 17 août 1894, sont identiques ;

4° La nuance du papier de la lettre de Courbevoire, du 17 avril 1892, est d'une nuance légèrement plus blanche ;

5° Au toucher nous n'avons pas trouvé de différence appréciable ;

6° Ces papiers ont la même transparence ;

7° L'épaisseur ne varie sur chaque échantillon que de deux centièmes à deux centièmes un quart de millimètre et est la même pour les trois ;

8° Le poids peut être considéré comme identique ;

9° Le collage est le même ;

10° Les matières premières employées à la fabrication sont composées, dans les trois pièces, de cellulose, de bois chimique avec un très faible mélange de chiffon ;

11° Quant à la provenance, il ne nous est pas possible de la préciser exactement ; toutefois nous la supposons française.

En résumé, la pièce dite bordereau, la lettre du 17 août 1894 et la lettre du 17 avril 1892 nous présentent les caractères de la plus grande similitude.

Nous, arbitres soussignés, avons dressé le présent rapport en toute bonne foi et équité, à Paris, le 26 novembre 1898.

Sans connaître ce rapport, M. Gobert, expert de la banque de France, avait de même, après examen des lettres d'Esterhazy sur papier pelure, fait à la Cour les déclarations suivantes, le 18 janvier 1899 (1).

J'ai été très frappé de la similitude qui existe entre le papier du borde- **p. 531** reau et le papier d'une lettre signée par Esterhazy, écrite par lui à la date du 17 août 1894. Autant qu'il est possible de faire un rapprochement entre un papier aussi fatigué, aussi maculé que l'est le bordereau, et le papier de la lettre signée, on est en présence d'une similitude complète ; cela me paraît avoir d'autant plus d'intérêt que si le bordereau n'est pas daté, on sait qu'il est arrivé à l'Etat-major vers le 30 septembre 1894, ce qui fait que le terme de comparaison est concomitant comme date.

Mes appréciations peuvent présenter un certain intérêt, parce que mes fonctions d'expert à la Banque de France m'ont mis à même de connaître la fabrication du papier.

Ainsi, ce papier du bordereau, papier spécial se rencontrant rarement dans le commerce, dont on n'avait pu retrouver en 1894 aucun échantillon, malgré d'actives investigations, ce papier était celui qu'employait Esterhazy à l'époque même de l'envoi du bordereau.

VII. — Ces constatations étaient si accablantes, que le

(1) Cass., 1899, t. 1, p. 502.

Conseil de guerre de Rennes fit de ce côté encore un effort désespéré pour ruiner l'autorité de l'arrêt de la Cour de Cassation.

Sur l'offre qui fut faite par l'un des adversaires déclarés du capitaine Dreyfus, M. Levée, alors conseiller municipal de Paris, une contre-expertise eut lieu. M. Levée et M. Chauvin furent chargés de vérifier les conclusions des trois experts contradictoirement avec eux, et de comparer avec le papier du bordereau certains échantillons de papier pelure, que les accusateurs avaient été recueillir dans différentes maisons de commerce.

Cette contre-expertise eut lieu le 1er août 1899 (*pièce 41, liasse 1*) elle fut faite par les cinq experts Marion, Choquet, Putois, Levée et Chauvin, *et confirma les résultats de l'expertise faite devant la Cour de Cassation.* Les cinq experts constatèrent la dissimilitude existant entre le papier du bordereau et les divers échantillons de papier pelure recueillis dans le commerce ; ils constatèrent, d'autre part, l'extrême similitude existant entre le papier du bordereau et la lettre d'Esterhazy, du 17 août, *M. Levée déclarant seulement que le mauvais état des papiers à expertiser ne lui permettrait pas de formuler une opinion en ce qui concerne ce second point.*

Ainsi, l'effort tenté devant le Conseil de guerre, — et qui fait bien apparaître l'esprit des étranges débats de Rennes, — n'a fait que souligner l'extrême importance des constatations matérielles acquises grâce à l'instruction de la Cour de Cassation, en 1898.

De l'aveu unanime aujourd'hui, le papier si spécial du bordereau, c'est le papier qu'employait Esterhazy au moment où l'agent A. recevait ce document revêtu de l'écriture même d'Esterhazy.

La conclusion s'impose : Esterhazy est l'auteur du bordereau.

p. 532 VIII. — *Au point de vue du style, il n'y a aucun doute.*

Il faudrait citer ici toute la lumineuse démonstration faite à cet égard par M. Louis Havet, membre de l'Institut, professeur au Collège de France et à la Sorbonne (1).

---

(1) Rennes, t. 3, p. 247 et suiv.

M. Havet compare les lettres de Dreyfus, écrites toujours en un français très correct et souvent élégant, avec les lettres d'Esterhazy qui sont remplies de locutions vicieuses et de tournures de phrases purement germaniques. Il examine d'autre part le texte du bordereau, et y relève à chaque ligne des expressions et locutions germaniques familières à Esterhazy.

Au début de sa démonstration, M. Louis Havet disait (1) :

Je désire maintenant vous soumettre quelques observations, qui viennent corroborer celles que je viens de faire, et donner, je crois, la notion bien claire que le bordereau n'est pas écrit en français ordinaire. Il importe ici de compter les exemples. Chacun de nous, en effet, peut laisser échapper une incorrection ; tel est incorrect sur un point, bien que correct sur un autre. Personne n'écrit d'une façon impeccable. Mais si plusieurs incorrections s'accumulent, si, de plus, ces incorrections ont quelque chose de commun, un air de famille, si elles sentent l'influence d'une langue étrangère, elles peuvent constituer un indice, qui permet d'identifier leur auteur, ou du moins de l'enfermer dans un certain cercle, et qui permet, encore bien mieux, d'exclure de l'hypothèse les personnes dont la langue est en général plus correcte.

Comparant le style et la syntaxe grammaticale du bordereau avec le style et la syntaxe employés par Dreyfus dans ses lettres, M. Havet conclut (2) :

Vous voyez que dans le bordereau, qui est un texte en somme bien court, il y a un nombre remarquable d'incorrections, et que plusieurs de ces incorrections sentent nettement l'influence germanique. Cette simple observation, quand on connaît les lettres du capitaine Dreyfus, suffirait pour interdire absolument de lui attribuer la rédaction du bordereau. Je dis : absolument ; je n'ai pas d'hésitation à employer cet adverbe, de sens un peu grave. Je sais bien qu'on n'est pas habitué à tirer grand parti des éléments de jugement qui viennent de la grammaire et de la langue. Tout le monde est familier avec l'emploi qu'on peut tirer des formes de l'écriture, dans les expertises, pour juger si un document émane d'une personne ou d'une autre. Eh bien, la langue, dans certains cas du moins, peut fournir des indications — différentes quant à leur objet, analogues quant aux principes de méthode — qui présentent les mêmes degrés de certitude ou d'incertitude ; c'est-à-dire que quand les exemples sont nombreux et quand ils sont maniés par un esprit prudent, ils donnent des conclusions utiles ; quand ils sont mal maniés, naturellement, comme les les indications d'écriture, ils donnent des conclusions fausses. Il y a un grand profit à tirer de ces indications de grammaire ; elles ont, au point de vue de la méthode, une valeur tout à fait analogue à celle des indications d'écriture ; c'est ce que je vais faire comprendre.

Quand on raisonne sur le fond des choses, il y a chance pour qu'on p. 533 tourne dans un cercle vicieux, parce qu'on raisonne à la fois sur deux questions ; je vais prendre un exemple pour être bien compris. Je prends la phrase où il est question du frein hydraulique du 120. Il s'agit, pre-

(1) Rennes, t. 3, p. 250.
(2) Rennes, t. 3, p. 252.

mière question, de savoir si l'auteur du bordereau est le capitaine Dreyfus ou le commandant Esterhazy ; il s'agit, deuxième question, qui a été
amplement discutée et qui le sera peut-être encore, de savoir s'il s'agit
du frein hydraulique du 120 long ou du frein hydropneumatique du
120 court, question pour laquelle je ne suis pas compétent.

Voilà deux questions qu'on est obligé de trancher ; quand on discute
sur la personne, on discute aussi sur la chose, et, si on discute sur la
chose, on discutera forcément sur la personne ; il y a donc certaines
chances de cercle vicieux.

Au contraire, quand il est question d'écriture, il y a danger d'erreur,
mais pas de cercle vicieux, parce que la forme des jambages, la ressemblance des écritures, sont tout à fait indépendantes des circonstances
qui accompagnent le crime ; que tel homme soit ou non un traître, soit
à même de se procurer tel document, son écriture n'en sera pas modifiée. Il en est de même en matière de langue : pour moi, le bordereau
est d'Esterhazy ; la langue qui y est parlée est d'Estarhazy ; mais la trahison, celle que j'attribue à Esterhazy sans hésitation, est indépendante
des fautes de grammaire qu'il a commises. Au point de vue de la méthode,
le renseignement tiré de la langue donne des informations indépendantes
du fond. Elles ont une grande valeur, parce que, si l'on a commis une
erreur quelconque dans le raisonnement touchant le fond, il y a chance
que cette erreur soit corrigée par des renseignements puisés en dehors,
qui sont totalement indépendants, qui ne peuvent pas être faussés par
l'erreur initiale commise.

Puis, après avoir montré qu'on retrouve dans le bordereau tous les germanismes familiers à Esterhazy, M. Louis
Havet conclut en ces termes (1) :

J'abrège, parce que j'aurais vraiment trop d'exemples à citer.

Je crois que ces exemples, ceux que j'ai cités et ceux que je supprime pour être court, démontrent amplement que le commandant
Esterhazy est bien l'écrivain capable, au point de vue de la langue,
d'avoir rédigé le bordereau. Ce sont des fautes de même nature, des
impropriétés, des tournures exotiques, qui viennent de la même disposition d'esprit, du même état des connaissances. Par conséquent, non
seulement j'affirme qu'*il n'est pas possible, pour quelqu'un sachant faire
attention aux fautes de langue, d'attribuer le bordereau au capitaine
Dreyfus, mais qu'au contraire il est naturel de l'attribuer au commandant Esterhazy, comme, d'ailleurs, l'indiquent l'écriture et d'autres raisons.*

Assurément, la démonstration de M. Havet ne peut être
faite par tous, elle exige des connaissances spéciales comme,
d'ailleurs, les démonstrations procédant de l'étude de l'écriture, ou de l'étude du papier. Mais elle est très nette et particulièrement convaincante.

IX. — *La commission des généraux instituée pour l'étude*
p. 534 *des questions techniques s'est, d'autre part, livrée à un exa-*

(1) Rennes, t. 3, p. 258.

men de même nature en ce qui concerne la terminologie technique du bordereau.

Finalement, dit-elle, qu'il s'agisse du canon de 120 long et de son frein hydraulique, ou du canon de 120 court et de son frein hydropneumatique, *il paraît presque impossible d'admettre que la phrase qui s'y rapporte ait été écrite par un artilleur* (1).

Les conclusions sont les mêmes en ce qui concerne l'expression « s'est conduite » appliquée à la pièce de 120 (2).

Il en est encore de même pour ce qui, dans le bordereau, est relatif au manuel de tir. *Tout cela, dit la commission des généraux, n'a pu être écrit par un artilleur* (3).

Déjà le commandant Hartmann et le général Sebert (4) avaient fait observer qu'un artilleur aurait évidemment su ce qu'il y avait d'intéressant à prendre dans un manuel de tir, et n'aurait pas demandé à l'agent A. ce qu'il devait en faire copier.

De même encore le capitaine Moch (5) avait fait observer qu'un artilleur n'aurait pas commis, au sujet du titre du manuel, une méprise indiquant une ignorance complète des différents tirs d'artillerie.

Or cette analyse technique de la terminologie du bordereau confirme encore la démonstration de M. Havet. Le commandant Esterhazy s'intéressait spécialement à l'artillerie et au tir ; il se documentait sur ces questions (6). Mais il était cependant d'une « compétence médiocre en artillerie » (7).

X. — La démonstration, au point de vue du style et de la syntaxe a été faite de main de maître par M. Havet, qui était particulièrement qualifié pour cette étude.

Mais il n'est pas inutile d'ajouter que certaines particularités des expressions du bordereau étaient si caractéristiques, qu'elles ont frappé les personnes les plus étrangères aux études de linguistique et de syntaxe.

(1) Enquête, t. 1, p. 960.
(2) *Ibid.*, p. 962.
(3) *Ibid.*, p. 964.
(4) Hartmann. Cass., 1899, t. 1, p. 538 ; et Sebert, Rennes, t. 3, p. 175.
(5) Cass., 1899, t. 1, p. 512.
(6) Curé. Rennes, t. 2, p. 239.
(7) Le Rond. Rennes, t. 2, p. 115.

L'expression « je vais *partir en manœuvres* », est une incorrection qui ne se trouverait jamais sous la plume de Dreyfus : elle est familière à Esterhazy.

M. Cavaignac cite lui-même une lettre d'Esterhazy où il écrit : « Je pars en manœuvres de cadres (1). » Dans une autre lettre d'avril 1896, figurant parmi les pièces versées, en 1899, au dossier de la Cour de Cassation par M. Guyot (2), Esterhazy écrit encore : « Non seulement je pars pour le camp, mais *je pars en manœuvres* qui, pour les chasseurs alpins, durent six mois. »

p. 535

Dans une troisième lettre citée et versée au dossier Bertulus (3), Esterhazy écrit encore à la date du 29 juin 1894 : « Au moment de partir en manœuvres... » (Cette mention s'appliquait à des manœuvres de 1888).

Cette incorrection est si caractéristique, si contraire aux usages, que le colonel Du Paty de Clam, faisant subir à Dreyfus l'épreuve de la dictée, la rectifie lui-même par mégarde. Il dicte : « Ayant le plus gros intérêt, Monsieur, à rentrer momentanément en possession des documents que je vous ai fait passer avant mon départ *aux* manœuvres. »

De même, le colonel Du Paty dicte à Dreyfus « une note sur le frein hydraulique du canon de 120 et sur la manière dont il *s'est comporté* aux manœuvres. »

L'expression impropre « s'est conduite » se rectifie en quelque sorte instinctivement, en passant par la bouche du colonel Du Paty, tant l'impropriété et l'incorrection des expressions d'Esterhazy sont choquantes.

La démonstration, au point de vue du style, de la syntaxe, et de la terminologie technique est donc bien nette.

Le bordereau est écrit sur papier d'Esterhazy, de l'écriture d'Esterhazy, et dans la langue spéciale d'Esterhazy.

La conclusion s'impose : Esterhazy est l'auteur du bordereau.

XI. — *Au point de vue des notes dont le bordereau annonce l'envoi,* il faut se montrer un peu plus circonspect.

La démonstration ici n'a plus, en effet, de base solide : on

(1) Cass., 1899, t. 1, p. 20.
(2) Cass., 1899, t. 1, p. 694.
(3) Cass., 1899, t. 1, p. 230. — Conf. Rapport Ballot-Beaupré, p. 121.

ne peut plus raisonner sur des données certaines, comme le papier, l'écriture, les expressions employées.

On sait de quel papier l'auteur du bordereau a fait usage, on sait quels caractères d'écriture il a tracés sur ce papier, on sait de quelles expressions et de quelles tournures de langage il s'est servi, mais on ne sait pas quelles notes il a envoyées. On en est réduit, à cet égard, à des hypothèses, et c'est sur ces hypothèses qu'il faut bâtir le raisonnement. Dès lors, et à raison de sa base, le raisonnement lui-même a un caractère hypothétique.

Tout ce que l'on peut établir avec quelque degré de certitude, à raison des expressions employées par l'auteur du bordereau lui-même, c'est qu'*aux yeux du rédacteur, le document le plus important de l'envoi est le manuel du tir.*

Sans nouvelles de l'agent A., il envoie, sous forme de notes, « quelques renseignements intéressants », et un « document extrêmement difficile à se procurer. »

Les expressions employées ont ici une grande impor- p. 536 tance, parce que l'espion nécessairement fait, dans sa lettre d'envoi, valoir sa marchandise : et l'on peut être certain, d'après les termes qu'il emploie, que les notes ont une valeur marchande infiniment moins considérable que le manuel de tir.

Mais c'est là le seul élément, qu'au point de vue de la discussion, il soit possible de dégager avec quelque précision. Il y a là une indication sérieuse sur la valeur des notes, il n'y en a pas sur la teneur de ces notes elles-mêmes.

Il est toutefois une remarque particulièrement frappante qui ne peut pas ne pas être faite. Elle a été signalée par la commission des quatre généraux instituée pour l'étude des questions techniques. Elle se formule en ces termes (1) :

Les trois nouveautés essayées au camp de Châlons en 1894 étaient le manuel de tir ; le canon de 120 court (à noter que le canon de 120 long a été aussi tiré au camp de Châlons, avec son frein hydraulique) ; le projet de règlement sur les batteries attelées, *nouveautés qui se trouveraient ainsi faire justement l'objet des trois notes du bordereau se rapportant à l'artillerie.*

D'autre part, comme l'a fait remarquer l'exposant dans son mémoire à l'appui de la première demande de revision,

(1) Enquête, t. 1, p. 963, *in fine.*

le journal *la France militaire*, des 11 et 15 août 1894, signalant à ses lecteurs précisément les nouveautés à expérimenter au camp de Châlons, insistait sur l'expérience qui allait être faite du canon de 120 court *en tant que véhicule*. Comment résisteraient les affûts lorsque ces pièces particulièrement lourdes *seraient conduites* à travers champs et fossés ? C'était, d'après *la France militaire*, l'une des questions à étudier au camp de Châlons (1).

Si les renseignements intéressants de l'auteur du bordereau sont relatifs à cette question, on peut comprendre qu'il se soit servi de l'expression : *la manière dont s'est conduite cette pièce*. L'expression est au contraire absolument impropre, s'il s'agit de la manière dont la pièce s'est comportée pour le tir.

Il semble donc extrêmement vraisemblable que la source des renseignements intéressants envoyés par l'auteur du bordereau, se trouve dans les manœuvres exécutées au camp de Châlons au commencement d'août 1894.

Or Esterhazy assistait à ces manœuvres, bien que son régiment n'y eût aucune part. Le fait est reconnu. Il est d'ailleurs établi par les deux lettres d'Esterhazy : l'une du 11 août 1894, datée du camp de Châlons, où il est écrit : « je quitte le camp dans cinq jours (2) » ; l'autre du 17 août 1894, datée de Rouen (c'est une des lettres sur papier identique à p. 537 celui du bordereau), et commençant par ces mots : «J'ai reçu, en revenant du camp de Châlons où j'ai été passé quinze jours, votre lettre (3)... »

D'autre part, Esterahzy a eu manifestement un manuel de tir entre les mains. Il en avait demandé un d'abord inutilement au lieutenant Bernheim. Celui-ci lui avait répondu « qu'il ne pouvait lui envoyer ce manuel *parce qu'il s'en considérait comme personnellement responsable* et qu'il ne voulait pas risquer de le perdre par la poste (4) ». L'auteur du bordereau, reproduisant l'expression du lieutenant Bernheim à Esterhazy, écrit que les corps *sont responsables des manuels de tir* qui leur ont été envoyés.

(1) Cass., 1899. Débats, p. 386.
(2) Cass., 1899, t. 1, p. 663.
(3) Cass., 1899, t. 1. p. 662.
(4) Rennes, t. 3, p. 141.

Mais certainement Esterhazy a eu d'autre part le manuel de tir, car il a réclamé et obtenu du lieutenant Bernheim, *au mois d'août 1894, une réglette de correspondance* (1) *qu'il n'a jamais restituée.*

Or, comme le remarque le commandant Hartmann à Rennes (2) :

> Le projet de manuel de tir se comprend sans réglette de correspondance, mais la réglette de correspondance ne se conçoit pas sans manuel. Si donc il était démontré qu'un officier d'une des catégories en cause s'est procuré, en 1894, une réglette de correspondance, on devrait en conclure que certainement il a eu à sa disposition, la même année, un projet de manuel.

XII. — Qu'y avait-il dans les notes sur Madagascar et sur les troupes de couverture ? On ne peut encore faire ici que des hypothèses. Mais il est à remarquer que *les mêmes numéros de la* France militaire *traitaient à la fois de l'expédition projetée à Madagascar* (3), *du manuel de tir et des modifications aux formations de l'artillerie expérimentées au camp de Châlons en août 1894.* Il devait donc venir tout naturellement à l'esprit d'un informateur livrant des « renseignements intéressants » sur les expériences du camp de Châlons visées par la *France militaire*, d'y joindre une note sur Madagascar. Les éléments d'une pareille note pouvaient se recueillir assez facilement, même en dehors de toute velléité d'espionnage, ainsi que le prouve la publication faite à ce moment même dans le *Yacht*, par un ancien officier de marine, M. Emile Weyl (4).

Le séjour au camp de Châlons, durant ces manœuvres, devait de même suggérer l'idée d'une note sur les troupes de couverture : ce sujet est en effet toujours à l'ordre du jour dans les conversations au camp de Châlons (5). D'autre part, le journal des *Sciences militaires* publiait, en mai 1894, un article sur le *6ᵉ corps et les troupes de couverture* très docu- p. 538 menté (6).

---

(1) Bernheim. Rennes, t. 3, p. 143.
(2) Hartmann. Rennes, t. 3, p. 215.
(3) Hartmann. Cass., 1899, t. 1, p. 543.
(4) Voir plus haut, p. 133.
(5) Hartmann. Rennes, t. 3, p. 223 et Cass., 1899, t. 1, p. 541. — Conf., général Sebert. Rennes, t. 3, p. 172. — De Fonds Lamothe. Rennes, t. 3, p. 294-296 et 299-301.
(6) Hartmann. Cass., 1899, t. 1, p. 541.

Il serait téméraire d'affirmer que les revues des sciences militaires ne pouvaient fournir de renseignements suffisamment intéressants pour les agents A. et B., car on voit ces agents, dans les pièces du dossier secret, se préoccuper précisément des indications fournies par ces revues (Voyez notamment pièce 237 où il est question de la *Revue des Sciences militaires* ; pièce 256 qui vise la *Revue de l'infanterie* ; pièce 262 concernant la *Revue du Cercle militaire* ; pièce 264 visant la *Revue d'artillerie*).

Esterhazy d'ailleurs avait fait partie des troupes de couverture comme adjudant-major, au 18ᵉ bataillon de chasseurs à pied (1).

Enfin, quelle que soit la source où Esterhazy ait puisé ses renseignements sur les troupes de couverture, il est certain qu'en 1894 il avait des documents à cet égard.

Voici en effet, la lettre qu'il écrivait, le 2 mars 1894, à M. Grenier, et que M. Grenier a versée aux débats de Rennes (2) :

Merci mille fois pour Jules Roche ; mais d'abord je n'ai rien fait qui mérite qu'il s'occupe de moi, et ensuite ce ne serait pas le moment. Si, en le voyant, il vous témoigne quelque bienveillance à mon égard, vous serez seulement bien aimable de tâter le terrain et de voir si, à un moment prochain, quand je serai près d'avoir mes deux ans, je pourrai espérer un peu en lui ; alors je vous écrirai.

J'ai des documents qui établissent que le ministre s'est foutu d'eux l'autre jour à la commission de l'armée en disant que les effectifs dans l'Est répondaient à ceux des Allemands, et ils ne sont pas discutables, ce sont des situations de prise d'arme de troupes du 6ᵉ corps, où je vois des effectifs dérisoires, une compagnie entre autres où il y a vingt et un hommes bons pour prendre les armes, une autre où il y en a soixante-cinq, et cela, je le répète, au 6 corps.

Quant aux effectifs des autres corps d'armée, c'est funambulesque. C'est absolument comme la blague qu'il leur a foutue avec ses hommes qu'il fera rentrer, comme si ces hommes-là ne comptaient pas à l'effectif des présents, et si cela pouvait augmenter d'un chat le chiffre des présents le jour de la mobilisation. Il n'est pas permis de se moquer des gens de la sorte. Il va frapper la terre du pied encore une fois !

Si M. Roche veut mes situations, je les lui enverrai pour l'édifier simplement sur la bonne foi des renseignements qu'on donne.

XIII. — Enfin l'auteur du bordereau, employant la locution familière à Esterhazy, écrit : « Je vais partir en manœuvres ».

(1) Voir plus haut, p. 127.
(2) Rennes, t. 3, p. 556. Comp. lettre d'Esterhazy à M. Jules Roche, du 23 août 1894. Cass., 1899, t. 1, p. 698.

Or, à la date où est écrit le bordereau, le régiment d'Esterhazy va partir pour les manœuvres autour de Paris (manœuvres de forteresses de Vaujours).

On a allégué que, comme major, Esterhazy devait rester p. 539 à la garnison de Rouen et ne pas suivre son régiment. Mais il faut remarquer qu'Esterhazy avait assisté avec son régiment aux manœuvres de printemps, bien qu'il fût déjà major à cette époque (1). Il eût été bien extraordinaire qu'étant toujours aux manœuvres, même quand son régiment n'y était pas, Esterhazy, tout en se faisant porter peut-être comme présent à Rouen, sur ses écritures de major, n'eût pas suivi ces manœuvres autour de Paris. Il avait d'ailleurs annoncé à son huissier, Mᵉ Callé, dans sa lettre du 17 août 1894, qu'il viendrait à Paris très prochainement (2) ; et, en fait, on constate des retraits de fonds faits à son compte du Crédit Foncier, aux dates des 18 septembre, 4 et 25 octobre 1894.

Enfin, le 29 octobre 1894 (Dreyfus est déjà incarcéré depuis 15 jours), l'agent A. écrit à son ministre de la Guerre (3).

> J'ai l'honneur de transmettre ci-joint, à M. le ministre de la Guerre, les renseignements suivants qui proviennent d'une bonne source :
> 1° Les tableaux d'effectif réel de l'armée française ;
> 2° Les manœuvres de forteresse, de Paris ;
> 3° Les manœuvres de forteresse de Toul.
> J'ai l'honneur de vous prier de vouloir bien transmettre aussi ces documents au grand Etat-major général.

Sans insister plus qu'il ne convient sur ce qu'on appelle la discussion technique du bordereau, il faut constater qu'Esterhazy n'a pas simplement *pu avoir, mais qu'il a eu effectivement entre les mains des documents et renseignements sur les sujets de notes mentionnés au bordereau.* L'argumentation à ce point de vue est donc singulièrement plus précise en ce qui concerne Esterhazy, qu'en ce qui concerne Dreyfus.

Ainsi, au point de vue des notes dont le bordereau annonce l'envoi, tout désigne Esterhazy comme l'auteur de ce document.

La conclusion s'impose avec la certitude de l'évidence.

(1) Picquart. Procès Zola, t. 2, p. 104.
(2) Cass., 1899, t. 1, p. 662.
(3) Rennes, t. 3, p. 558.

Le bordereau est écrit sur le papier tout spécial dont se servait Esterhazy à la date même de son envoi.

Il est revêtu de l'écriture naturelle et courante d'Esterhazy.

Il est écrit dans la langue spéciale d'Esterhazy, avec ses germanismes, ses locutions vicieuses et sa terminologie technique incorrecte.

Il annonce l'envoi de notes sur des questions au sujet desquelles Esterhazy était documenté au moment même de
p. 540 *la rédaction de ce bordereau.*

Il indique un départ pour des manœuvres qui paraissent bien être les manœuvres de Paris de septembre-octobre 1894 ; et aussitôt ces manœuvres terminées, l'agent A. reçoit les renseignements confidentiels les concernant ; de plus, ces renseignements sont envoyés avec les tableaux d'effectif réel de l'armée française, tableaux alors aux mains d'Esterhazy, et communiqués par lui d'autre part à M. Jules Roche, en vue du contrôle des chiffres donnés officiellement par le ministre Mercier à la commission de l'armée.

On conçoit que devant une telle accumulation d'évidences, Esterhazy ait été finalement acculé à l'aveu.

LE BORDEREAU EST INDISCUTABLEMENT L'ŒUVRE D'ESTERHAZY

B

NOTES ET DOCUMENTS DU SERVICE DES RENSEIGNEMENTS

XIV. — Les multiples éléments de conviction qui, puisés dans le bordereau seul, désignent avec la certitude de l'évidence Esterhazy comme l'informateur de l'agent A., ne sont pas les seules preuves.

M. Cochefert déclarait aux juges de Rennes qu'il avait cru autrefois à la culpabilité de Dreyfus, mais que son opinion s'était modifiée, et qu'il aurait demandé en 1894 au ministre de la Guerre l'abandon des poursuites contre Dreyfus, s'il avait connu alors l'écriture d'Esterhazy (1).

_____

(1) Cochefert. Rennes, t. 1, p. 585 et 586.

A ce premier élément de conviction, qui déjà suffisait à lui seul pour modifier l'opinion de M. Cochefert, trois autres se sont encore ajoutés, au simple examen du bordereau. Comme l'écriture, le papier dénonce Esterhazy, le style et la terminologie dénoncent Esterhazy, le sujet des notes envoyées dénonce Esterhazy.

On s'explique trop bien qu'en de semblables conditions, le général Gonse se soit obstinément refusé à ce qu'il fût question du bordereau dans les investigations de Picquart, lorsque la trahison d'Esterhazy fut découverte par une autre voie.

Lorsque , par ordre du général de Boisdeffre, déclare le colonel Picquart (1), j'allai, le 3 septembre 1896, rendre compte au général Gonse du résultat de mon enquête au sujet d'Esterhazy et de Dreyfus, le général écouta mes raisons, ne les combattit pas, il fit seulement la grimace én me disant : « Alors on se serait trompé. » Puis il me prescrivit de ne pas me mêler de cette affaire. La lettre de septembre 1896 montre bien qu'il n'oppose à mon affirmation aucune affirmation contraire. A son retour à Paris, le 15 septembre, il fut plus net encore, et je crois devoir transcrire textuellement la conversation que j'eus avec lui à ce sujet, et qui ne s'effacera jamais de ma mémoire :
Le général : « Qu'est-ce que cela vous fait que ce juif soit à l'Ile-du-Diable ? » — « Mais s'il est innocent ? » — « Comment voulez-vous revenir sur ce procès, ce serait une histoire épouvantable, le général Mercier, le général Saussier sont engagés là dedans ». — « Mon général, il est innocent, cela doit suffire pour revenir là-dessus ; mais à un autre point **p. 541** de vue, vous savez que la famille travaille, qu'elle cherche partout le vrai coupable, et si elle le trouve, quelle sera notre posture ? » — « Si vous ne dites rien, personne ne le saura. » — « Mon général, ce que vous dites est abominable, je ne sais pas ce que je ferai ; mais, en tout cas, je n'emporterai pas ce secret dans la tombe. » Et je sortis précipitamment. Dès lors j'étais fixé.

Contre cette attestation du colonel Picquart, le général Gonse a protesté par une lettre lue à l'audience du 28 octobre 1898 (2). Le général Gonse n'avait à opposer à la parole de sa victime, que l'accusation de faux criminellement préparée dans les bureaux du service des renseignements contre le colonel Picquart !

Il est profondément regrettable pour le général Gonse, que *tous ses actes aient été toujours en absolue conformité avec les déclarations contre lesquelles il proteste.*

(1) Rapport du colonel Picquart au Garde des Sceaux, du 14 septembre 1898. — Rapport Bard, p. 113 et 114. — Conf. Picquart. Rennes, t. 1, p. 440.
(2) Compte rendu sténographique, p. 207.

XV. — Le document qui avait révélé au colonel Picquart les relations d'espionnage entre Esterhazy et l'agent A. est connu sous le nom de « petit bleu ».

C'était, en effet, une carte-télégramme bleue, portant la suscription : *Monsieur le commandant Esterhazy, 27 rue de la Bienfaisance, Paris*. Cette missive était ainsi conçue :

> Monsieur,
>
> J'attends avant tout une explication plus détaillée que celle que vous m'avez donnée l'autre jour sur la question en suspens. En conséquence, je vous prie de me la donner par écrit pour pouvoir juger si je puis continuer mes relations avec la maison R.

Le petit bleu portait la signature C. Il était arrivé par la voie ordinaire, en mars 1896, accompagné de fragments d'une lettre écrite au crayon noir et également signée C. Cette lettre, dont la partie centrale manquait, portait en haut, au crayon bleu, la mention « *à faire porter par le concierge* ».

Dans les fragments de phrase subsistant, il était parlé de conditions trop dures, et la lettre paraissait se référer au même objet que le petit bleu (1).

Ces pièces n'avaient pas été portées au destinataire puis-qu'elles venaient de la corbeille de l'agent A. Manifestement, les explications données par le colonel Schneider à M. Picot (2) révèlent exactement ce qui s'est passé. L'agent A. édi-fié, en mars 1896, sur la valeur des informations fournies par Esterhazy, se demandait alors s'il devait continuer les rela-tions. Il avait, dans cet état d'esprit, écrit le petit bleu, puis sans doute le brouillon de la lettre à faire porter par le con-cierge, puis enfin il avait tout déchiré et tout jeté au panier, en « déclarant qu'on n'avait décidément pas affaire à un homme semblable ».

p. 542

Le colonel Picquart, néanmoins très circonspect en la cir-constance, ne voulut pas voir en ces pièces une preuve déci-sive de relations d'espionnage entre l'agent A. et Esterhazy.

Sa religion eut sans doute été pleinement éclairée, s'il avait alors connu un document contemporain (de mars 1896), parvenu au service des renseignements à la même époque, et

(1) Picquart. Rennes, t. 1, p. 416 et suiv. ; Cass., 1899, t. 1, p. 144.
(2) Rennes, t. 3, p. 54

faisant connaître les préoccupations de l'agent A. au moment
où il écrivait, puis déchirait le petit bleu.

Henry n'avait pu dissimuler le petit bleu arrivé en son
absence et reconstitué par Lauth (1), qui y avait vu d'ailleurs
immédiatement la révélation d'un nouvel espion (2). Mais
le memento de l'agent A., arrivé également en mars 1896 et
ignoré de Picquart, n'a été exhumé que récemment des profondeurs des cartons où il avait été enfoui (3). Ce memento
était ainsi conçu (4) :

On a tenu ses engagements, lui ne les a pas tenus. Pas un seul renseignement dans lequel on puisse avoir confiance... n'est pas confirmé.
Les dossiers concernant les forteresses se contredisent. Noms des employés, du lieutenant-colonel... Canon. Voyage d'Etat-major.

Ainsi l'agent A., en mars 1896, a des doutes sur l'utilité
de ses relations avec un informateur dont les renseignements
lui paraissent suspects ou de peu de valeur. Il écrit, à la
même date, à un agent pour lui demander des explications,
afin de pouvoir juger s'il peut continuer ses relations avec la
maison R. ; et le destinataire de ce message est le commandant Esterhazy, 17, rue de la Bienfaisance.

Le rapprochement des deux documents ne pouvait laisser
aucun doute sur la nature des relations existant entre l'agent
A. et Esterhazy.

XVI. — Le colonel Picquart avait, de l'assentiment de ses
chefs, fait surveiller le commandant Esterhazy.

L'agent Desvernines expose à Rennes les résultats de sa
surveillance, et il déclare notamment (5).

J'oubliais de vous signaler, dans les relations que j'ai énumérées,
*les relations du commandant Esterhazy avec une ambassade étrangère
et avec l'attaché militaire de cette ambassade*. Ces relations, qui avaient
eu pour moi, au début, une grosse importance, n'en avaient plus ; on
n'attachait pas beaucoup d'importance à cela, on savait qu'il était en
relations avec cet attaché militaire qu'il avait connu dans son pays natal, p. 543
et la chose n'avait aucune importance pour moi.

Cependant les visites ostensibles faites à l'attaché mili-

(1) Lauth. Enquête, t. 1, p. 526 ; Rennes, t. 1, p. 618 et 632. — Picquart.
Rennes, t. 1, p. 417.
(2) Lauth. Enquête, t. 2, p. 50.
(3) Lettre du ministre de la Guerre du 19 octobre 1903. — Enquête,
t. 1, p. 5.
(4) Enquête, t. 1, p. 11.
(5) Rennes, t. 2, p. 253.

taire, par le commandant Esterhazy, qui avait alors environ 45 ans et qui était décoré de la Légion d'honneur, auraient pris une singulière importance, si Henry n'avait pas dissimulé encore, au plus profond des cartons du service, une note envoyée de Berlin en avril 1895. Cette note était ainsi conçue (1) :

> Vous avez à Paris un monsieur admirablement informé et qui est à la solde du lieutenant-colonel de Schwartzkoppen.
>
> Celui-ci dispose du reste de fonds relativement considérables pris sur le service des renseignements de Berlin, et au moyen desquels il a organisé à Paris un véritable service d'espionnage.
>
> Le lieutenant-colonel de Schwartzkoppen correspond, pour toutes ces questions, directement avec le Chef du grand Etat-major général, sans passer par le service des renseignements.
>
> La personne qui le renseigne à Paris serait *décorée de la Légion d'honneur et âgée de 45 ans environ*. Mais on ne sait si elle est civile ou militaire.
>
> *Elle va fréquemment à l'ambassade de la rue de Lille, en conservant à la boutonnière son ruban de la Légion d'honneur.*
>
> Elle remet de nombreux rapports au lieutenant-colonel de Schwartzkoppen. Le dernier remis est relatif à la fabrication, en France, d'un nouveau matériel d'artillerie. Tous ces rapports sont très goûtés au grand Etat-major général.

Cependant le même renseignement arrive de nouveau en 1896. *On ne parle plus, il est vrai, cette fois, de visites faites ostensiblement à l'ambassade d'Allemagne.* Mais le commandant Pauffin de Saint-Morel montrait au cours d'un voyage d'Etat-major, en 1896, au colonel Picquart, une lettre du colonel de Foucault, attaché militaire à Berlin, l'informant que Richard Cuers, mécontent et se disant congédié par ses chefs, était venu le voir et lui avait donné les renseignements suivants : le service allemand avait eu des relations d'espionnage avec un officier français de 45 à 50 ans, chef de bataillon, décoré, qui donnait des renseignements *surtout relatifs à l'artillerie et au tir ;* mais on avait fini par le remercier, ses documents étant de peu de valeur (2).

Or, le commandant Esterhazy avait fait copier chez lui, sous prétexte de conférences, des documents relatifs à l'artillerie et au tir. Il avait même reçu du capitaine Daguenet un

(1) Lettre du ministre de la Guerre, du 19 octobre 1903. — Enquête, t. 1, p. 5, et 11.

(2) Picquart. Rennes, t. 1, p. 422. — Enquête Tavernier, 23 septembre 1898. Lauth. Rennes, t. 1, p. 621.

document relatif au tir, qu'il n'avait pu restituer, prétendant l'avoir égaré (1).

Picquart organise une entrevue à Bâle, entre Richard
Cuers et les officiers de son service ; Lauth et Henry vont à
Bâle, le 6 août 1896, accompagnés de l'agent Tomps. Richard
Cuers confirme ses renseignements, déclare que jamais le
service allemand n'a eu de rapports avec Dreyfus. Il n'aurait **p. 544**
rien voulu ajouter de plus. L'agent Tomps avait été tenu à
l'écart ; et Richard Cuers se plaignit à M. de Foucault qu'on
l'avait empêché de parler davantage. Il semble bien aujour-
d'hui que les officiers du service des renseignements se soient
efforcés de lui faire dire le contraire de ce qu'il avait à révéler, et que, n'y étant point parvenus, ils l'aient présenté
comme un homme se refusant à parler (2). Picquart organisa
une seconde entrevue. Mais elle n'eut lieu qu'après son départ : Lauth et Junck allèrent retrouver Richard Cuers à
Luxembourg. Richard Cuers n'aurait voulu encore rien ajouter à ses précédentes déclarations, au dire des officiers du
service des renseignements (3).

Sur ces renseignements et indications de Richard Cuers,
l'instruction a révélé des faits graves (4) à la charge des officiers du service des renseignements.

Dès le mois d'août 1895, à Luxembourg, Richard Cuers
avait révélé à un agent du service, Lajoux, qu'une erreur
avait été commise en ce qui concerne Dreyfus.

Il ajoutait qu'il y avait à Paris un monsieur qui envoyait
à Berlin des rapports appréciés, notamment sur le matériel
d'artillerie. « *C'était un monsieur décoré, grand, mince,
ayant de longues moustaches légèrement grisonnantes* » (5).

Lajoux fit part de ces renseignements à Henry, qui ne lui
posa aucune question à cet égard. Mais quelques jours après
on lui signifia qu'il cessait de faire partie du service.

Lajoux se retire à Bruxelles. On lui fracture ses meubles
et on lui vole ses papiers (6). En septembre 1897, on lui en-

(1) Picquart. Cass., 1899, t. 1, p. 140 ; Mulot, Cass., 1899, t. 1, p. 780.
(2) Rennes, t. 1, p. 426 et 427
(3) Rennes, t. 1, p. 626 et 647.
(4) Déposition Lajoux, du 11 juin 1904. Enquête, t. 2, p. 42.
(5) Comp. Rapport du service des renseignements, du 27 décembre
1895. Rennes, t. 2, p. 27.
(6) Conf., Lauth. Rennes, t. 1, p. 614-615. — Lauth prétend faire remonter la responsabilité de cet acte à Picquart !

.voie Gribelin, accompagné de M. Moutier. On lui dicte une note comminatoire pour R. C., qu'on menace d'une dénonciation. On lui remet deux sommes de 300 et de 600 francs, et on l'embarque pour le Brésil avec sa famille, le 14 octobre 1897, à bord du *Maing* (1).

Après le suicide d'Henry, Lajoux revient et débarque à Gênes ; il écrit au ministère de la Guerre. Le commandant Rollin (2) lui enjoint de se présenter chez le consul où il trouvera des instructions, et le consul le réembarque sur la *Duchessa di Genova*, avec ordre de rester au Brésil, où une pension lui est servie. Mais Lajoux revient encore et débarque à Marseille, le 6 janvier 1900 : sa pension lui est aussitôt supprimée.

p. 545 Il est fort possible que, comme l'allègue le commandant Lauth, Richard Cuers n'ait fait ses révélations qu'avec l'assentiment de ses chefs. A l'époque où se plaçaient ses révélations en effet, les relations entre l'agent A. et Esterhazy étaient rompues, sauf peut-être à l'époque des premières révélations faites à l'agent Lajoux. Dans tous les cas, ces relations prenaient fin à la date du *petit bleu*, l'agent A. ayant reconnu qu'Esterhazy était surtout un escroc. Il est donc admissible que, pour remplir le devoir d'humanité leur incombant à l'égard de Dreyfus, les chefs de Richard Cuers se soient servi de son intermédiaire pour éclairer la justice française.

Dans une lettre adressée, le 15 juillet 1899, par Richard Cuers à M. Cornely et versée au dossier, le même agent affirme encore la méprise qui a été commise à l'égard de Dreyfus, et atteste que jamais aucun rapport d'espionnage n'eut lieu entre Dreyfus et les agents du service allemand (3). Il donne, dans cette lettre, l'explication de sa conduite. Quand l'erreur judiciaire fut devenue évidente pour lui qui détenait la vérité, l'idée du martyr subi par un innocent à l'Ile-du-Diable, l'a obsédé comme un remords. Sans vouloir en rien nuire à son pays, mais avec la ferme volonté de remplir tout le devoir de justice et d'humanité qui lui incombait, il a demandé à parler aux agents du ministère français

(1) Conf., Lauth. *Ibid.*
(2) Conf., Rollin. Rennes, t. 2, p. 10 et suiv.
(3) Reinach. Enquête, t. 1, p. 570.

pour leur démontrer l'erreur commise, mais uniquement pour cela. Ces agents lui ont fermé la bouche, ne voulant rien entendre en ce qui concerne l'affaire Dreyfus. Quand, après les débats de 1899, son rôle fut révélé au gouvernement allemand, il dut se justifier ; mais le motif de ses révélations étant bien précisé, il fut reconnu excusable.

Quel qu'ait été le mobile de Richard Cuers, dans ses révélations, il est dans tous les cas inexplicable qu'on n'ait tenu aucun compte de ses indications, qu'on n'ait pas cherché à les lui faire préciser au lieu de les arrêter sur ses lèvres, et que tout élément d'instruction favorable à Dreyfus ou dangereux pour Esterhazy ait toujours été dissimulé, sinon détruit, par les officiers du service des renseignements.

Comme la note de l'agent de Berlin, en date d'avril 1895, comme le memento de l'agent A., contemporain du *petit Bleu*, comme en un mot tout ce qui était accusateur pour Esterhazy, les révélations de Richard Cuers, de fin 1895, à Lajoux, et d'août 1896 à Lauth et Henry, furent tenues pour non avenues.

XVII. — Dans les maigres renseignements que Lauth et Henry rapportèrent de leur entrevue avec Cuers, on trouve cependant des faits caractéristiques.

La note rédigée par Lauth après l'entrevue, note qui lui fut représentée dans l'instruction de la Cour de Cassation, **p. 546** le 11 janvier 1899 (1), porte que le major ou chef de bataillon de 45 à 50 ans avait adressé à l'agent A. :

1° *Un rapport sur le nouveau fusil à l'essai à l'école normale de tir du camp de Châlons ;*

2° Un rapport sur le canon à tir rapide en essai en France;

3° Des renseignements sur le camp retranché de Toul ;

4° Des renseignements sur les ouvrages de fortifications des environs de Nancy.

Or, les témoins Ecalle et Bousquet (2) ont reconnu, devant la Cour de Cassation, *avoir été chargés par le commandant Esterhazy de dessiner les planches représentant les diverses pièces de mécanisme et l'ensemble d'un fusil qui rappelait, avec quelques modifications, le système du fusil Lebel.*

(1) Cass., 1899, t. 1, p. 420 et 421.
(2) Cass., 1899, t. 1, p. 793 et 805.

Le commandant Esterhazy leur avait déclaré qu'il s'agissait d'un fusil autrichien, auquel il avait apporté des modifications de son invention. Le travail était très pressé, disait-il, car il voulait soumettre son invention au ministre de la Guerre.

Ces rapprochements étaient singulièrement suggestifs. Ils furent signalés au commandant Lauth par la Cour de Cassation. Aussi le commandant Lauth, déposant à Rennes sur le même sujet, et indiquant les renseignements et documents livrés à l'agent A. par le commandant que signalait Cuers, omet, comme par mégarde, de parler du fusil (1).

XVIII. — Il est assurément caractéristique de constater qu'il y a toujours coïncidence entre les renseignements et documents que possède Esterhazy, et les renseignements et documents dont la livraison à l'agent A. est établie.

Esterhazy est nanti de renseignements sur le canon de 120 et de son frein hydraulique, sur la manière dont cette pièce s'est comportée ou conduite aux manœuvres de Châlons, sur les formations de l'artillerie.

Ces renseignements sont livrés à l'agent A. par le bordereau.

Esterhazy est nanti de renseignements sur les manœuvres de forteresse de Paris auxquelles son régiment a pris part.

Ces renseignements sont livrés à l'agent A. qui les transmet à Berlin, le 29 octobre 1894 (2).

Esterhazy est nanti de documents sur les effectifs réels de l'armée française.

p. 547 Ces documents sont livrés à l'agent A. qui les transmet également à Berlin, à la date du 29 octobre 1894 (3).

Esterhazy est nanti des plans et dessins sur le nouveau fusil dont il fait copier les planches sous des prétextes mensongers.

Ces documents encore sont livrés à l'agent A.

Esterhazy, après avoir éprouvé quelques difficultés à se procurer le manuel de tir de campagne a eu certainement

(1) Rennes t. 1, p. 624.
(2) Voir plus haut, p. 539.
(3) Voy. Rennes, lettre d'Esterhazy à M. Grenier, t. 3. p. 556 et lettre de l'agent A. t. 3, p. 558.

ce manuel de tir entre les mains, comme l'a démontré le commandant Hartmann.

L'agent A. reçoit l'offre de ce manuel, avec l'avis que ce document est très difficile à obtenir, et qu'il peut être donné en communication pendant très peu de jours seulement.

Le 27 septembre 1894 (1), l'agent A. réclame une réglette de correspondance.

Esterhazy obtient à cette époque, du lieutenant Bernheim, l'objet des convoitises de l'agent A., et, malgré les pressantes instances du lieutenant Bernheim et du commandant Graveteau, il ne restitue jamais la réglette de correspondance (2).

D'autre part encore, le lieutenant Bernheim a prêté au commandant Esterhazy un autre manuel d'artillerie, d'ailleurs peu confidentiel, « le règlement sur les bouches à feu de siège et de place 3e partie ». Il n'a jamais pu davantage rentrer en possession de ce document ; et ici encore on trouve une coïncidence de même nature, constatée dans les pièces relatives à l'espionnage des agents A. et B. Le fait a déjà été mis en évidence par M. le Procureur général, lors de la déposition du capitaine Bernheim (3).

Lorsque le capitaine Bernheim eut à nouveau déclaré devant la Cour qu'il avait envoyé à Esterhazy, fin août 1894, la réglette de correspondance et le règlement sur les bouches à feu de siège et place 3e partie, M. le Procureur général rappelle en ces termes les constatations faites.

M. le procureur général. — Je rappelle à la Cour ce détail, qui a une signification très grave : il y a, dans le dossier secret, du 1ᵉʳ septembre 1893, une lettre de l'agent militaire B. à l'agent A., disant :

« J'ai oublié de vous dire que la troisième partie du règlement sur les bouches à feu de siège, dont nous avons parlé avec S., n'est pas encore sortie. »

Ainsi donc, il avait été question entre A. et B. devant S., du règlement sur le service des bouches à feu de siège et de place, troisième partie. Le 1ᵉʳ septembre, la pièce n'était pas encore sortie et cela s'explique, vous dira la défense, puisque ce n'est que fin août 1893 que M. Bernheim a envoyé cette pièce au commandant Esterhazy qui la lui avait demandée.

D. — Cette pièce ainsi envoyée fin août 1893, et cette réglette de correspondance, ne les avez-vous pas réclamées à Esterhazy ? p. 548

R. — Plusieurs fois, soit par lettre, soit même en me dérangeant, venant à Paris, allant à son domicile où on ne le voyait pas, soit par des

(1) Cass., 1899, t. 2, p. 324.
(2) Rennes, t. 3, p. 141.
(3) Enquête, t. 1, p. 722.

démarches auprès du médecin-major Madelaine qui les lui a réclamées à maintes reprises de vive voix. Je n'ai jamais rien reçu ; cela ne m'a jamais été restitué, ni livre, ni réglette.

Le livre que j'ai entre les mains, règlement sur le service de bouches à feu, troisième partie, est un livre que j'ai emprunté à un de mes camarades, lieutenant à ma batterie pour le présenter à mon colonel, au moment où le général de Pellieux m'a demandé des renseignements que j'ai consignés dans le rapport du 20 novembre 1897.

Ces constatations et ces coïncidences répétées sont d'autant plus significatives, qu'on n'a pu en trouver une seule semblable, en ce qui concerne Dreyfus, en dépit des efforts et manœuvres déloyales du service des renseignements, multipliés pendant dix années ! Tout s'est réduit, en ce qui concerne Dreyfus, à de simples hypothèses.

XIX. — L'étude des dossiers secrets du service des renseignements est donc aussi accablante pour Esterhazy, que l'examen des divers éléments matériels du bordereau.

Il est manifestement établi, non seulement qu'Esterhazy est l'auteur du bordereau, mais qu'Esterhazy a été, pendant deux ans, un informateur habituel de l'agent A.

Les relations d'Esterhazy avec l'agent A. ne sont pas les seules établies par l'instruction : les relations d'Esterhazy avec le service des renseignements sont non moins certaines.

Esterhazy avait été affecté au service des renseignements en 1877-1878, sous les ordres du commandant Campionnet. Il s'y était lié d'étroite amitié avec deux officiers du même service, le lieutenant-colonel Henry (alors simple lieutenant), et l'officier d'armée territoriale Weil (1).

Les événements ont prouvé que la communauté d'opérations policières créait, entre les divers officiers de ce service, une confraternité un peu spéciale, et des liens de solidarité presque impossibles à rompre.

Les liens ainsi établis entre Esterhazy, Weil et Henry, ne se sont jamais rompus. On en constate l'existence, quelque soin qu'on ait mis à les nier et à en dissimuler la trace, en ce qui concerne Henry.

En ce qui concerne Weil, la continuation de relations fréquentes et suivies avec Esterhazy, n'est pas contestée. Weil était attaché à l'Etat-major du généralissime Saussier : il

(1) Cass., 1899 : Picquart, t. 1, p. 153 ; Weil, t. 1, p. 306 ; Esterhazy, t. 1, p. 580. — Rennes : Cordier, t. 2, p. 518.

était, pour Esterhazy, une source d'informations précieuses. Certains faits équivoques ont même fait naître des soupçons à l'égard de Weil. Il serait téméraire assurément de présenter p. 549 cet officier, comme un informateur conscient d'Esterhazy. Mais il est hors de doute que les informations données par Weil à son ami Esterhazy, aient été utilisées par ce dernier dans son trafic avec l'agent A.

M. Weil dépose qu'Esterhazy, étant venu tenir garnison à Courbevoie, en 1890-1891, vint depuis lors le voir fréquemment jusqu'en 1897 (1).

Quand, en novembre 1896, l'interpellation Castelin est annoncée, M. Weil reçoit une letre anonyme, l'informant qu'il va être signalé avec Esterhazy comme auteur de la trahison de 1894 (2).

La lettre est remise au général Billot, par l'intermédiaire de M. le député Adrien Lannes de Montebello, et il n'en est plus question.

Mais le *Matin* publie le fac-similé du bordereau le 10 novembre 1896, et Esterhazy, affolé, arrive à Paris : il se précipite chez M. Weil (3). Il était alors sous la surveillance de l'agent Desvernine, qui a attesté l'affolement d'Esterhazy et sa visite immédiate chez Weil (4).

Desvernine, d'autre part, constate, outre ces visites, un échange de correspondance extrêmement actif entre Esterhazy et une tierce personne. Il recherche quel peut être le correspondant d'Esterhazy ; et dans une note du 29 décembre 1896, il déclare :

La correspondance signalée précédemment est toujours aussi suivie et émane de la même personne *qui n'est autre que M. Maurice Weil.*

Dans une autre note, du 12 janvier 1897, le même agent déclare encore :

La correspondance avec M. Weil devient presque quotidienne, comme on en peut juger par les dates suivantes... (Suit l'indication des dates et des bureaux où les lettres sont mises à la poste).

On constate des lettres aux dates des 29 et 30 décembre 1896, 1, 3, 4, 5, 6, 8 janvier 1897. Dans la seule journée

(1) Cass., 1899, t. 1, p. 307.
(2) *Ibid.*, p. 309.
(3) Weil. Déposition du 15 juin 1904. Enquête, t. 2, p. 239.
(4) Desvernine. Enquête, t. 1, p. 521.

du 30 décembre 1896, il n'y a pas moins de trois lettres mises à la poste aux bureaux du boulevard Malesherbes, de la rue d'Amsterdam et de la rue Cambon !

M. Weil a reconnu, d'ailleurs, qu'il avait été en correspondance suivie avec Esterhazy (1). Mais par un hasard inexplicable, il a conservé la correspondance d'Esterhazy, antérieure à 1893, et n'a pas conservé celle de 1894-1895-1896 (2).

p 550

Les quelques lettres de M. Weil saisies chez Esterhazy, où celui-ci est qualifié de « bon et cher ami », où il est parlé de témoignage « d'amitié et de reconnaissance », montrent d'ailleurs l'affection qui unissait alors les deux anciens officiers du service des renseignements. M. Weil a, d'autre part, fait des démarches pour sortir Esterhazy de la détresse pécuniaire où il se trouvait après la rupture des relations avec l'agent A., c'est-à-dire à la fin de 1896 (3).

XX. — En ce qui concerne Henry, l'autre officier dont Esterhazy s'était trouvé le collègue au service des renseignements, la persistance des relations a été plus dissimulée.

Quand Picquart interroge Henry à cet égard, Henry répond évasivement. Picquart, sur ce point, dépose en ces termes (4) :

Avant de passer à mon entrevue avec le général Gonse, je crois nécessaire de dire un mot de l'attitude des officiers de mon bureau pendant mon enquête. Au début, Lauth seul connaissait le *Petit Bleu*, puisque Henry était absent. Lorsque celui-ci revint, je lui en parlai, soit que j'aie pris l'initiative de cette conversation, soit qu'il l'ait engagée lui-même, averti par Lauth. Je lui demandai s'il connaissait Esterhazy ; il me répondit : « oui », mais du ton que l'on emploie lorsqu'on parle d'une personne que l'on ne voit pas. Et effectivement, il ne me parla que du passé, me racontant qu'il avait été, avec Esterhazy et Weil, au service des renseignements en 1878 ; il ne me donna aucun détail intéressant sur Esterhazy et m'en donna seulement sur Weil, sans me dire que les relations entre ces deux personnes continuaient à l'heure actuelle. J'informai Henry que je m'étais réservé cette affaire, et que je la conduirais avec un seul agent que je lui nommai. Je ne me souviens pas que nous ayons parlé ensemble de cette affaire d'une manière particulière avant la fin de septembre ou le commencement d'octobre suivant : mais je sais par la déposition faite par Gribelin, devant le capitaine Tavernier, qu'Henry en parlait en sortant du bureau, lorsque, accompagné de Lauth, Gribelin et Junck, il rentrait chez lui. J'attire notamment

(1) Enquête, t. 1, p. 698.
(2) Enquête, t. 2, p. 240.
(3) Weil. Cass., 1899, t. 1, p. 307.
(4) Cass., 1899, t. 1, p. 157.

l'attention sur ce mot que, d'après Gribelin, Henry aurait prononcé un jour : « Son *petit bleu* ne vaut rien ; il n'a pas le cachet de la poste ». Dans la même déposition, Gribelin dit en propres termes qu'Henry appelait cette affaire « la marotte du colonel » ; je suis donc persuadé que, tandis que je poursuivais mon enquête avec toute la discrétion possible pour éviter des bavardages regrettables, j'étais épié par mes subordonnés, et qu'ils se communiquaient entre eux, à la sortie du bureau, leurs impressions sur ce que je faisais.

Cependant, Esterhazy et Henry étaient si loin de s'être perdus de vue, qu'Henry était encore à cette époque débiteur d'Esterhazy (1) ; et certes les débiteurs d'Esterhazy n'étaient pas nombreux.

Aussi, quand Esterhazy s'efforce de se faire agréer au ministère de la Guerre, Henry l'y aide de tout son pouvoir, et cela au printemps 1897 ! M. Grenier en témoignait ainsi qu'il suit devant la Cour de Cassation (2) :

p. 551

> Au moment où Esterhazy (printemps 1897) désirait entrer au ministère de la Guerre, il attribuait des résistances aux uns et aux autres ; un jour, parmi ceux qui étaient hostiles à son entrée au ministère, il me cita le nom d'Henry ; or, ce matin même, j'avais rencontré à la Sûreté générale le colonel Henry ; et, lui ayant dit : « Donnez donc un coup d'épaule à Esterhazy », il m'avait répondu : « Je l'aide de tout mon pouvoir, et cela affectueusement ». Je répétais le propos à Esterhazy, qui s'écria : « Eh bien ! il ne manquerait plus qu'Henry ne fût pas gentil ! »

Les relations amicales d'Henry et d'Esterhazy ne sont pas plus douteuses que celles d'Esterhazy et de Weil. Elles s'aggravent ici du mystère dont Henry a essayé de les entourer.

S'il faut en croire Lajoux, un « monsieur, grand, mince, ayant de longues moustaches grisonnantes », c'est-à-dire répondant au signalement donné par R. C... et au physique du commandant Esterhazy, se trouvait fréquemment dans les bureaux d'Henry, donnant sur la rue de l'Université (3). Lajoux déclare cependant n'avoir jamais supposé qu'Henry fût un complice (4).

Quand, en octobre 1897, M. Scheurer-Kestner entretient le ministre de la Guerre de sa conviction que Dreyfus a été condamné aux lieu et place d'Esterhazy, c'est du bureau des renseignements que part la lettre signée *Espérance* et aver-

(1) Cass., 1899, t. 1, p. 709. *Adde* : Rennes, t. 2, p. 6.
(2) Cass., 1899, t. 1, p. 714.
(3) Lajoux. Enquête, t. 2, p. 42.
(4) Lajoux. Enquête, t. 2, p. 44.

tissant Esterhazy ; c'est au bureau des renseignements que s'élabore la campagne en vue de la falsification de l'instruction Esterhazy ; et Henry y prend une part des plus actives, multipliant les entrevues clandestines avec Esterhazy, et correspondant avec lui au moyen d'une « grille », saisie par M. Bertulus chez la fille Pays (1).

Le lieutenant-colonel Henry, dit Du Paty de Clam, a correspondu avec Esterhazy à cette époque, à l'aide du chiffre qui avait été donné au service des renseignements (2).

Aussi, lorsque le 18 juillet 1898, M. le juge d'instruction Bertulus montre à Henry les pièces saisies chez Esterhazy, les indications sur l'entrevue de Bâle et Richard Cuers, les charges qui s'accumulent sur Esterhazy, les soupçons que font naître les complaisances coupables rencontrées par Esterhazy au service des renseignements, *Henry, six semaines avant son suicide, a une première vision de l'effondrement final* : il comprend que son œuvre de mensonge et de duplicité ne pourra plus résister longtemps à la lumière de la vérité (3).

XXI. — *Les relations étroites d'Esterhazy avec Weil sont*
p. 552 *donc certaines ; celles d'Esterhazy avec Henry ne le sont pas moins, et se présentent avec cette circonstance aggravante qu'elles ont été dissimulées.*

Mais ces relations n'étaient pas les seules qu'Esterhazy eût avec le service des renseignements. *Le commandant Esterhazy était également en relations avec Guénée, l'homme à tout faire du colonel Henry. Ces relations, comme celles avec le commandant Henry, étaient dissimulées.*

Le commandant Targe a apporté à la Cour la preuve de leur existence et de leur dissimulation tout à la fois (4).

Dans les papiers saisis au domicile de Guénée, à la mort de cet agent, et inventoriés par le commandant Rollin, l'agent Desvernines et M. Léon Guénée fils, on trouve une lettre d'Esterhazy à Guénée, sans date, où on lit :

J'ai montré votre brochure, *sans dire de qui elle venait bien entendu,*

(1) Esterhazy. Cass., 1899, t. 1, p. 584 *in fine.*
(2) Du Paty de Clam. Enquête, t. 1, p. 180.
(3) Bertulus. Cass., 1899, t. 1, p. 226 et 227. — Conf. Cass., Débats, p. 520 et suiv.
(4) Targe, Enquête, t. 1, p. 977 *in fine.* Déposition du 13 juin 1904.

car je ne vous connais pas. On ne vous la prendra pas, mais si vous permettez qu'on y prenne les indications des extraits de journaux, cela ne déflorera en rien votre œuvre pour le cas où vous la feriez paraître, et on vous payera 200 francs.

Puis Esterhazy incite Guénée à présenter son ami Weil comme parent de Panizzardi, intriguant avec Mathieu Dreyfus et le grand rabbin Zadock-Kahn.

Il faut observer en passant que Dreyfus, allié et ami du docteur *Weill* qui a témoigné à Rennes, n'a jamais connu ni même vu *M. Maurice Weil* attaché à l'Etat-major du général Saussier et grand ami d'Esterhazy (1).

XXII. — Une autre révélation non moins grave s'est fait jour dans la dernière enquête.

Le 13 juin 1904, le commandant Targe fait connaître les dossiers qu'il a retrouvés au service des renseignements, et dépose en ces termes (2) :

Le troisième dossier est relatif à un agent du service que j'ai désigné sous le nom de l'agent R. Cet agent était entré, par ordre du service, en relations avec des agents de puissances étrangères ; il recevait d'eux des questionnaires, il les communiquait immédiatement au service, et le service lui préparait des réponses destinées à dérouter, à égarer les recherches de l'étranger.

Il résulte du dossier qu'au mois d'août 1894, cet agent R... avait été envoyé au camp de Châlons par les agents des puissances étrangères, et qu'il avait reçu un questionnaire lui demandant de suivre les manœuvres qui se faisaient à ce moment au camp de Châlons, et notamment de regarder de très près le 120 court. Or, Messieurs, cet agent a envoyé des renseignements qui lui ont été donnés par le commandant Henry et le commandant Lauth, j'ai les minutes au dossier, et je vois par exemple, dans les renseignements fournis par le commandant Henry cette phrase : « J'ai appris aussi que la manœuvre avait aussi pour objet **p. 553.** *l'étude d'un nouveau règlement des batteries attelées et d'un nouveau règlement sur le tir, qui tous deux avaient réalisé un réel progrès. » Et plus loin : « voici ce que j'ai pu apprendre au sujet des batteries du 120 court, sur lesquelles j'ai concentré toute mon attention... » Suivent des détails sur les manœuvres de batteries de 120 court.*

Il résulte donc de ceci ce fait curieux qu'en 1894 une puissance étrangère recevait bien des renseignements sur les manœuvres, sur le règlement des batteries attelées, sur le 120 court, et qu'ils lui étaient donnés par un agent qu'elle croyait à elle, alors qu'il faisait partie de notre service des renseignements, et que les renseignements qu'il livrait lui étaient envoyés par le commandant Henry ou par le commandant Lauth.

Le commandant Lauth, interrogé sur ces faits le 26 août 1904, en a reconnu la rigoureuse exactitude (3). L'agent qui

(1) Déclaration de Dreyfus. Enquête, t. 1, p. 987.
(2) Enquête, t. 1, p. 978.
(3) Enquête, t. 2, p. 45 et suiv.

avait plusieurs pseudonymes était connu du service étranger sous le nom de R. ou R. B. Il a été envoyé aux manœuvres du camp de Châlons, en août 1894. Le questionnaire qu'il avait reçu de l'étranger était du *6 août 1894* (1) : et cet agent R. fournit des renseignements sur les questions à l'étude aux manœuvres de Châlons, questions que vise également le bordereau d'Esterhazy envoyé à l'agent A., fin août ou commencement de septembre, Esterhazy ayant été lui aussi à ces manœuvres du camp de Châlons.

Les rapprochements sont tellement impressionnants, ils éclairent les faits d'une lumière si intense, que le *commandant Lauth, interrogé sur la question de savoir si le bordereau d'Esterhazy ne viserait pas des renseignements de même nature et de même provenance, n'ose plus rien affirmer.*

Il doute : si Esterhazy avait reçu des notes analogues à celles de l'agent R., il en resterait trace au bureau des renseignements, à moins cependant, ajoute-t-il, qu'on ne les ait détruites. Mais c'est peu probable.

Il ne peut toutefois rien affirmer : ces travaux n'étaient pas de son service, *ils rentraient dans celui du commandant Henry* (2).

Esterhazy a-t-il, avec son bordereau, joué le même rôle que l'agent R ?

La présomption est grave, et il paraît bien vraisemblable *qu'Esterhazy et l'agent R. puisaient à la même source.*

Cette vraisemblance s'augmente encore lorsqu'on relit, après ces révélations, le texte du *petit bleu*, par lequel l'agent A., ayant des doutes sérieux sur la valeur et l'authenticité des renseignements livrés, demande à Esterhazy des explications détaillées, pour savoir s'il peut continuer ses relations *avec la maison R.*

Il semble que, tout au moins aux yeux de l'agent A., Esterhazy et l'agent R. fussent des agents travaillant en commun et en quelque sorte sous la même raison sociale.

XXIII. — Quand à la lumière de toutes ces révélations, **p. 554** on relit le memento « Doutes. Preuves... », qui a joué un si grand rôle dans le procès Dreyfus, le sens en apparaît manifeste. On est alors en janvier 1894, c'est le moment où

(1) Enquête, t. 1, p. 979.
(2) Enquête, t. 2, p. 47 et 48.

Esterhazy, aux abois, à bout d'expédients, fait ses offres de services à l'agent A. Il a fait miroiter aux yeux de l'agent A. sa qualité d'ancien officier du service des renseignements. Il n'est qu'un officier de troupes, cela est vrai, mais il a appartenu au ministère de la Guerre, par le service des renseignements, et il a encore des relations avec ce service.

L'agent A. hésite cependant, pèse le pour et le contre, et formule ses doutes.

« Doutes. Preuves. Lettre de service (patent). Situation dangereuse pour moi avec un officier français. Ne pas conduire personnellement de négociations. Apporter ce qu'il a. Absolu ge... (gevisheit ? certitude) bureau des renseignements (ces mots écrits en français). Aucune relation corps de troupes. Importance seulement sortant du ministère. Déjà quelque part ailleurs. »

L'idée qui paraît dominer dans ce memento est la suivante. Il y a du pour et du contre : si l'on était sûr que les renseignements proposés puissent être pris au ministère de la Guerre, par l'officier qui les propose, l'offre devrait être prise en considération. Mais à quoi bon nouer des relations avec des corps de troupes. Qu'il apporte ce qu'il a, on verra s'il y a absolue certitude que l'officier est en relations avec le bureau des renseignements.

Les mots « absolut ge... bureau des renseignements », dont les commentaires présentés par l'accusation n'ont jamais pu donner une interprétation acceptable, paraissent exprimer pour l'auteur une des principales raisons de se déterminer.

Le memento et les idées qu'il exprime s'adaptent avec une singulière précision à la situation toute particulière d'Esterhazy. Les derniers mots eux-mêmes « déjà quelque part ailleurs » s'expliquent facilement avec Esterhazy qui s'est déjà rencontré avec l'agent A. quelque part ailleurs (1). Si l'agent A. ne sait pas quelle est sa lettre de service et quelles sont ses relations avec le service des renseignements, il n'est pas sans le connaître un peu ; il l'a vu quelque part ailleurs ; ce n'est pas tout à fait un inconnu qui offre ses services.

La date du memento (janvier 1894), qui correspond d'ailleurs à une période d'extrême misère pour Esterhazy, paraît

(1) Desvernine. Rennes, t. 2, p. 253-254.

donc bien marquer le début des relations d'espionnage entre Esterhazy et l'agent A.

Le *petit bleu* (mars 1896), dans lequel l'agent A. montre
p. 555 qu'il est désabusé sur la valeur des renseignements fournis
par Esterhazy, fixe, d'autre part, la fin de ces relations.

Les notes et documents du service des renseignements
corroborent donc pleinement ce que déjà démontrait l'examen du bordereau dans ses divers éléments.

Esterhazy a été certainement en relations d'espionnage
avec l'agent A. Certainement aussi, il était resté en relations
avec des officiers et agents du service des renseignements,
auquel il avait été antérieurement affecté. Il apparaît bien
comme ayant joué double jeu, exploitant ces relations des
deux côtés, jouant un rôle d'escroc bien plus encore qu'un
rôle d'espion.

L'étude des notes et documents du service des renseigne-
ments fait apparaître des coïncidences et des constatations
absolument accablantes pour Esterhazy.

C

LES DÉCLARATIONS DES GOUVERNEMENTS ÉTRANGERS
ET DE LEURS REPRÉSENTANTS

XXIV. — Si l'examen de chacun des éléments matériels
du bordereau dénonce Esterhazy comme auteur de ce document avec la dernière évidence ; si les notes et documents du
service des renseignements mettent en pleine lumière le rôle
d'espion et d'escroc joué dans toute cette affaire par ce misérable officier, il est une partie du dossier où l'on va trouver
bien certainement l'affirmation de son innocence : c'est la
partie concernant les déclarations et attestations venues de
l'étranger.

Le bureau des renseignements a proclamé à mainte reprise, et les officiers qui y sont attachés ont affirmé, sous
la foi du serment, que les gouvernements étrangers et leurs
représentants faisaient invariablement des déclarations inno-
centant les personnes compromises à leur service.

A bien plus forte raison, ils ont dû faire des déclarations non équivoques attestant la parfaite innocence du commandant Esterhazy, déplorable victime d'un syndicat de juifs oppresseurs, de ce loyal officier qui personnifiait, au dire de ses défenseurs, l'honneur même de l'armée française.

Il n'en est rien : les gouvernements étrangers n'ont fait aucune déclaration officielle en faveur d'Esterhazy. Même, les réserves et réticences de ces déclarations, en ce qui concerne Esterhazy, laissent très clairement apercevoir la vérité.

Quant aux affirmations officieuses ayant la même origine, elles ont été des plus explicites, dès qu'Esterhazy eût été démasqué.

En ce qui concerne les déclarations officielles provenant de l'Italie, déclarations faites soit par l'ambassadeur à notre p. 566 ministre des Affaires étrangères, soit par le ministre des Affaires étrangères d'Italie au Parlement italien, pas un mot n'est prononcé au sujet d'Esterhazy.

Au moment où ces déclarations se produisent (28 novembre 1897 et 15 janvier 1898, pour les déclarations de l'ambassadeur (1), 31 janvier 1898, pour les déclarations du sous-secrétaire d'Etat aux Affaires étrangères) (2), les accusations pesant sur Esterhazy sont publiques ; elles sont l'objet de procès retentissants. Le gouvernement italien, qui avait affirmé n'avoir eu aucun rapport direct ou indirect avec Dreyfus, va faire évidemment la même déclaration pour Esterhazy. Mais non : rien n'est dit en ce qui concerne Esterhazy. On omet de parler de ce « loyal officier ». L'exposant a déjà rappelé que cette omission avait été *volontaire et délibérée* (3).

XXV. — En ce qui concerne les déclarations officielles provenant de l'Allemagne, on remarque la même omission significative dans les déclarations de M. de Münster au ministre des Affaires étrangères de France, le 17 novembre 1897. Dans celles faites au Reichstag par M. de Bülow, le secrétaire d'Etat aux Affaires étrangères se borne à dire : « Les noms de Walsin-Esterhazy, Picquart, je les ai entendus pour la première fois dans mon existence il y a trois

(1) Voy. plus haut, p. 440 et 441.
(2) Voy. plus haut, p. 446.
(3) Voy. plus haut, p. 447.

semaines ». Pourquoi ne pas joindre le nom de Walsin-Esterhazy à celui de Dreyfus, et ne pas les comprendre tous les deux dans une même déclaration d'innocence. Le contraste est si violent et si parfaitement significatif, que le général Roget lui-même a dû, sur ce point, s'incliner devant l'évidence (1).

XXVI. — Et cependant, l'Allemagne a fait plus encore.

Lorsque les manœuvres criminelles du service des renseignements, couvrant ses hontes de l'honneur de l'armée, eurent déchaîné sur le pays un ouragan de folie, lorsque le Parlement, aveuglé par ces ignominies, eut voté cette loi sans précédent qu'on appelle la loi de dessaisissement, lorsqu'il fut évident que le crime judiciaire perpétré contre Dreyfus allait se doubler d'un second crime judiciaire préparé contre Picquart, lorsqu'il devint certain que le colonel Picquart, jeté en prison pour avoir dénoncé la fausseté d'un document fabriqué par Henry, allait être condamné lui-même comme faussaire, sous le prétexte qu'il aurait fabriqué le *petit bleu* émanant de l'agent A., M. de Münster fit une nouvelle déclaration.

Il ne convenait pas à l'Allemagne, quel que fût son désir de ne pas s'immiscer dans les affaires intérieures de la **p. 557** France, d'assumer un rôle de complice, en laissant condamner le colonel Picquart, pour prétendue fabrication d'une pièce émanant en réalité de l'agent A.

Le 15 avril 1899, M. de Münster eut donc un nouvel entretien avec notre ministre des Affaires étrangères. L'ambassadeur d'Allemagne venait affirmer que le colonel de Schwartzkoppen reconnaissait avoir adressé au commandant Esterhazy un certain nombre de télégrammes, dits petits bleus ; qu'en ce qui concernait le petit bleu en question, il ne pouvait affirmer l'avoir écrit lui-même, parce qu'il ne l'avait pas vu, mais que toutefois il était probable qu'il l'eût écrit (2).

Cette communication officielle, faite au sujet du procès Picquart, était écrasante pour Esterhazy. Le colonel de Schwartzkoppen reconnaissait officiellement avoir été en correspondance avec Esterhazy, et lui avoir envoyé des communications comme celles inscrites dans le fameux « petit bleu »

---

(1) Voy. plus haut, p. 448.
(2) Paléologue. Rennes, t. 3, p. 476.

C'était, en réalité, l'aveu indirect, sans doute, mais non équivoque, de ses relations illicites avec Esterhazy ; et cet aveu trouvait place dans une communication officielle !

XXVII. — Il semble qu'après une déclaration officielle de cette importance, il soit superflu d'insister. Très brièvement, l'exposant rappellera les déclarations officieuses qui, par leur précision et leur concordance, apportent la certitude.

Les déclarations officieuses de l'ambassadeur d'Italie, comte Tornielli, à M. Trarieux (1), celles faites par le même ambassadeur et par son prédécesseur, M. Ressmann, à M. Reinach (2), celles faites par le colonel Schneider à M. Emile Picot de l'Institut (3), celles faites par le colonel Panizzardi au comte Casella (4) sont très nettes :

Le colonel de Schwartzkoppen reconnaît avoir eu des relations avec Esterhazy, qui s'était offert à lui comme informateur. Il a eu des hésitations, il a accepté les offres et a cru d'abord recevoir d'Esterhazy des informations de réelle valeur. Il a ensuite reconnu leur peu d'importance et a cessé ses relations en 1896. C'est la publication du fac-similé du bordereau attribué à Dreyfus, qui lui a dévoilé la méprise commise dans le procès de 1894.

Telles sont les déclarations officieusement répétées aux nombreux témoins qui les ont apportées à la justice.

Mais il est un fait, signalé dans ces déclarations, qui est particulièrement décisif. Il démontre, à lui seul, avec évidence, que Dreyfus a été condamné aux lieu et place d'Esterhazy.

Ce fait est ainsi exposé par M. Trarieux (5) :

p. 558

Dans cette lettre, l'agent A. ajoutait qu'au mois d'octobre 1897, au moment où M. Scheurer-Kestner annonçait ses révélations, le commandant Esterhazy avait été pris d'une terreur folle, et qu'un jour, dans les environs du 20 octobre, le dit commandant s'était présenté chez lui, à son cabinet, pour le supplier d'intervenir et de le sauver.

La démarche qu'il lui proposait de faire consistait à se rendre auprès de Mme Dreyfus ou tout au moins à lui envoyer un émissaire pour lui dire que vainement la famille Dreyfus chercherait à ouvrir une campagne de revision en faveur du capitaine ; que Dreyfus ne trouverait, ni à l'une ni à l'autre des ambassades, personne pour le défendre, parce qu'un point d'interrogation devait être dressé sur sa culpabilité.

(1) Rennes, t. 3, p. 424 et 425.
(2) Reinach. Enquête, t. 1, p. 552.
(3) Rennes, t. 3, p. 52.
(4) Procès Zola, t. 2, p. 513 et suiv.
(5) Rennes, t. 3, p. 425.

L'agent A., protestant alors contre une proposition de cette nature. Esterhazy aurait tiré un pistolet, aurait fait une scène de menaces et de violence, aurait parlé de se suicider, et ç'aurait été à grand'peine qu'on se serait débarrassé de lui (*Mouvement*).

Du reste, le lendemain, si je ne me trompe, peut-être dans la soirée même, Esterhazy était revenu chez l'agent A., cett fois complètement rassuré, et lui avait dit qu'il allait être soutenu par l'intervention de hautes influences qui lui avaient promis leur patronage, ce qui le mettait désormais à l'abri de toute crainte.

Or, il n'y a pas, en ce qui concerne la démarche d'Esterhazy chez l'agent A., que les déclarations concordantes, faites officieusement, par des personnes qualifiées aux témoins plus haut cités.

Au moment où le service des renseignements, en octobre 1897, prévient Esterhazy, par la lettre signée « Espérance », de la dénonciation qui va l'atteindre, Esterhazy arrive à Paris le 22 octobre. Il descend chez sa maîtresse, la fille Pays. Les preuves sont accablantes, il le sait et se sent perdu : il parle de suicide. La fille Pays, en femme pratique, se présente aussitôt chez le gérant de la maison qu'elle occupe, M. Autant, pour faire mettre en son nom le bail signé par Esterhazy, et pour protéger ainsi contre les revendications des héritiers d'Esterhazy le mobilier qui garnit son appartement (1).

Esterhazy, de son côté, est surveillé par l'agent Desvernines, qui le voit affolé, se précipiter à l'ambassade d'Allemagne où il reste une heure tout entière. Ceci se passe le 23 octobre 1897 ; en quittant l'ambassade d'Allemagne, il va au parc Montsouris, où l'attendent ses défenseurs officieux du service des renseignements (2).

La déposition de l'agent Desvernines n'est pas la seule qui corrobore l'affirmation de cette démarche si terriblement accusatrice. La déclaration du colonel Du Paty de Clam, dans l'enquête du général Renouard, ne laisse place à aucun doute.

p. 559   Esterhazy, dit le colonel Du Paty de Clam, dans son interrogatoire du 7 septembre 1898, *était affolé... Il est allé chez le colonel de Schwartz-koppen pour lui demander d'affirmer qu'il n'était pour rien dans l'affaire du bordereau. Il ne nous a parlé de cette démarche que dans une entre-vue postérieure. Je ne pouvais le laisser faire ; il fallait l'orienter et le canaliser* (3).

(1) Autant : Cass., 1899, t. 2, p. 220. — Procès Zola, t. 2, p. 156 ; Stock. Procès Zola, t. 2, p. 175.
(2) Desvernines. — Rennes, t. 2, p. 254. — Enquête, t. 1, p. 520.
(3) Dossier disciplinaire Du Paty de Clam. Cour Cass., 1899, t. 2, p. 192.

Cette démarche d'Esterhazy, fou de terreur, chez le colonel de Schwartzkoppen, contient un aveu tellement flagrant que, quand elle est signalée au général Roget par Mᵉ Demange, le général Roget, interpellé sur la signification qu'il reconnaît à cet acte d'Esterhazy, se dérobe en déclarant n'en avoir aucune connaissance (1). Lorsqu'après la déposition de l'agent Desvernines sur ce point, le général Roget est poussé dans ses derniers retranchements, cette fois, par Mᵉ Labori, le général est obligé de déclarer qu'il « tient le fait pour établi maintenant ». Mais il se dérobe à nouveau, en alléguant qu'il n'a pas à dire ce qu'il pense de ce fait établi (2).

XXVIII. — Un fait aussi considérable, après l'aveu officiel de l'authenticité du petit bleu, donne la certitude de l'évidence. Ce n'est cependant pas tout encore ; et dans cette seule partie du dossier, d'autres éléments importants de conviction s'ajoutent à ces évidences.

Quand M. Reinach, en qualité d'historien, s'adresse à titre particulier à M. de Münster qui a résilié ses fonctions d'ambassadeur, M. de Münster, après sa communication officielle sur l'authenticité du « petit bleu », estime qu'il n'y a plus aucune réserve à garder au sujet d'Esterhazy, et répond en toute simplicité aux questions de l'historien (3) :

...2° J'ai su par d'autres que les relations aves Esterhazy ont commencé en 1893, et ne l'a pas revu jusqu'à la scène où Esterhazy a voulu que Schwartzkoppen déclare qu'il avait reçu le bordereau par Dreyfus. Esterhazy a alors tiré un revolver de sa poche, disant qu'il voulait se tuer, mais Schwartzkoppen l'a simplement mis à la porte.

3° Je ne crois pas que Schwartzkoppen a connu Esterhazy avant 1893.

D'autre part, M. Reinach avait demandé à M. de Schwartzkoppen quelques dates relatives aux fonctions par lui remplies, et ces dates, rapprochées de celles qui concernent Esterhazy, ont une signification très précise.

M. Reinach, sur ce point, fait sa déposition en ces termes (4) :

Quelques mois après, au mois de février 1902, j'avais besoin de quelques renseignements complémentaires que je ne trouvais dans àucun document et je les demandai par lettre à M. de Schwartzkoppen. Il me répondit de Berlin, le 6 février 1902, la lettre suivante :

(1) Rennes, t. 1, p. 325 et 326.
(2) Rennes, t. 2, p. 255 et 256.
(3) Enquête, t. 1, p. 17. — (4) Enquête, t. 1, p. 557.

« Mon cher Monsieur Reinach,

p. 560 « En vous remerciant de votre aimable lettre du 3 février, que je viens de recevoir, je m'empresse de répondre aux questions que vous avez bien voulu me poser :

« 1° Je fus nommé pour Paris le 10 décembre 1801.

« 2° J'ai quitté Paris le 15 novembre 1897.

« 3° J'ai eu ma visite de congé chez M. Félix Faure, le 15 novembre 1897.

« 4° J'ai été nommé commandant du 2° régiment des grenadiers de la Garde, le 2 novembre 1897.

« 5° J'ai été nommé général le 24 février 1900.

« Agréez, mon cher monsieur Reinach, l'expression de mes meilleurs sentiments.

« *Signé* : DE SCHWARTZKOPPEN. »

Les dates que je demandais à M. de Schwartzkoppen avaient leur importance. J'ai donné lecture du passage de la lettre où M. de Münster fait allusion à la visite que le colonel de Schwartzkoppen reçut d'Esterhazy au mois d'octobre, le 27 octobre 1897, à l'ambassade d'Allemagne. C'est à la suite de cette visite que M. de Schwartzkoppen fit sa confession complète à M. de Münster et lui raconta ce qu'il ne lui avait pas encore dit ; il lui nomma, à cette époque, Esterhazy. M. de Münster écrivit à Berlin ; et à la date qu'indique M. de Schwartzkoppen, cinq jours après cette déclaration, le 2 novembre, il a été nommé commandant du 2° régiment de grenadiers de la Garde, ce qui n'était pas une disgrâce pour lui. Le 15 novembre, le jour même où Mathieu Dreyfus dénonçait Esterhazy dans sa lettre à M. le ministre de la Guerre, M. de Schwartzkoppen était rappelé à Paris et avait son audience de congé du Président de la République. En langage diplomatique, c'était une déclaration extrêmement claire et nette : lorsqu'un attaché militaire a été surpris en rapport avec un officier ou un fonctionnaire étranger, il est d'usage de le rappeler immédiatement. M. de Schwartzkoppen avait été maintenu à Paris malgré toutes les accusations qui avaient été portées contre lui depuis 1894, parce que son gouvernement savait qu'il n'avait eu, à aucun moment, de rapports avec Dreyfus ; le jour même où la dénonciation est faite contre le commandant Esterhazy, M. de Schwartzkoppen est rappelé, et est reçu avant de partir par le Président de la République.

XXIX. — Les preuves abondent et se multiplient dans les documents ici visés : le major Dahme, sous-chef du service des renseignements allemands, ne fait aucun mystère pour déclarer au colonel Peroz que Dreyfus est condamné aux lieu et place d'Esterhazy (1) ; et après la déposition du colonel Peroz, devant la Cour de Cassation, le lieutenant-colonel Dahme lui écrit encore (2), rectifiant une erreur commise en ce qui concerne Lajoux :

Si j'ai parlé de complices, — je ne m'en souviens plus — ça été à un tout autre que je visais. *Je devais être persuadé que personne en France n'ignorait les vrais coupables qui, à cette époque étaient depuis*

(1) Peroz. Enquête, t. 1, p. 649. — Sentupéry. Enquête, t. 1, p. 651.
(2) Peroz. Enquête, t. 1, p. 845.

*longtemps à l'abri de toute persécution criminale, gardés; l'un par la
loi qui ne permet pas de poursuivre un acquitté, l'autre par la mort.*

Ainsi se confirme qu'Esterhazy, dans ses rapports avec p. 561
l'agent A., n'a pas négligé de faire valoir ses propres relations avec le colonel Henry et les agents du service des renseignements.

A côté de ces déclarations si précises et si accablantes
pour Esterhazy, il suffit de mentionner, en terminant, les
informations envoyées par l'ambassadeur de la République à
Rome qui, au printemps 1898, signalait au ministre des Affaires étrangères, les relations ayant eu lieu entre Esterhazy
et les gouvernements étrangers (1).

De même, une autre information communiquée par
M. Paléologue, d'après un personnage étranger, en situation
d'être bien renseigné, signalait la présence au ministère de
la Guerre à Berlin de deux cent vingt-cinq documents livrés
par Esterhazy (2).

De même encore, le général Primerano, chef d'Etat-major de l'armée italienne, ne faisait pas difficulté de reconnaître devant le marquis Guerrieri, qu'il y avait au ministère de la Guerre d'Italie des pièces livrées par Esterhazy (3).

Esterhazy tenait boutique de renseignements et documents militaires, espionnant, fraudant, escroquant, battant
monnaie avec tout ce qui lui tombait sous la main. C'était le
courtier conu en marchandises d'espionnage.

Le général Talbot qui, comme colonel, avait été attaché
militaire anglais pendant six années à Paris, résumait en ces
termes la situation au général de Galliffet (4) :

Mon général, je ne sais rien de l'affaire Dreyfus ; pendant tout le
temps que j'ai été employé en France, je ne l'ai jamais connu ; mais je
suis étonné de voir le commandant Esterhazy en liberté, parce que nous
tous, attachés militaires en France, nous savions qu'avec un ou deux
billets de mille francs, le commandant Esterhazy nous procurerait les
renseignements que nous ne pouvions nous procurer directement au
ministère.

Le général Talbot a protesté, il est vrai, n'avoir jamais
eu personnellement de relations avec Esterhazy. Mais il reconnaît que le trafic du commandant Esterhazy était no-

(1) Cass., 1899, t. 1, p. 394. Paléologue.
(2) Paléologue, *Ibid.*, p. 396.
(3) Monod. Cass. 1899, t. 1, p. 460.
(4) Galliffet. — Cass., 1899, t. 1, p. 217.

toire (1) ; et le général de Galliffet a confirmé dans la dernière enquête sa première déposition (2).

Comme l'étude du bordereau, comme l'examen des notes et documents du service des renseignements, les déclarations des gouvernements étrangers et de leurs représentants fournissent un ensemble de preuves écrasant.

De ce côté encore c'est la certitude même qui se dégage de l'examen du dossier.

p. 562

D

LES CHARGES MORALES

XXX. — Si de trois côtés différents on trouve la preuve certaine de la culpabilité d'Esterhazy, si l'étude de chacun des éléments du bordereau désigne son auteur avec évidence, si les notes et documents du service des renseignements mettent en pleine lumière les trahisons d'Esterhazy, si les déclarations officielles des gouvernements étrangers et les informations officieuses de leurs représentants fournissent encore un autre faisceau de preuves irréfutables, l'accusation qui concerne Esterhazy, va-t-elle se heurter, comme en ce qui concerne Dreyfus, à un problème insoluble de psychologie ?

Le crime va-t-il apparaître comme dénué de cause et d'explication possible ?

En ce qui concerne Esterhazy, le crime n'est que trop explicable ; et l'absence de tout sens moral est telle chez cet homme, que la seule question possible serait de savoir si le commandant Esterhazy est pleinement responsable de ses actes.

Walsin-Esterhazy s'était engagé, en 1868, dans la légion pontificale d'Antibes ; il y avait été promu sous-lieutenant dès l'année suivante, puis était passé avec son grade dans la légion étrangère. Le 29 septembre 1870, grâce aux démarches de son oncle, M. de Beauval, il était admis au titre français, au 2ᵉ régiment de zouaves. Il a de brillants états de service au cours de la campagne de 1870. Mais il est permis à cet

---

(1) Cass. 1899. Débats, p. 138.
(2) Galliffet. Enquête, t. 1, p. 904.

égard de se montrer défiant ; car plus tard on trouvera à ces mêmes états de service une citation à l'ordre de l'armée manifestement apocryphe, que fit rayer le général Guerrier (1).

Les états de service d'Esterhazy pendant la campagne de 1870 avaient-ils la même authenticité que cette citation à l'ordre de l'armée ? La commission de revision des grades paraît avoir eu des doutes graves sur ce point : Esterhazy en deux mois était passé du grade de sous-lieutenant à celui de capitaine ; la commission le fit redescendre au grade de sous-lieutenant. Esterhazy allègue que « ce dur traitement qui eut sur sa carrière une désastreuse influence » tenait à ce qu'il s'était prononcé pour la continuation de la campagne (2). C'était, au dire d'Esterhazy « une des nombreuses infamies connues à l'actif de cette bonne armée » (3).

Les lettres écrites à M. Jules Roche par Esterhazy (4), montrent sa rancune implacable de la rétrogradation qu'il p. 563 a subie, comme les difficultés pécuniaires dans lesquelles il se débat constamment.

Ses lettres à Mme de Boulancy, sa cousine, dont il a aussi outrageusement abusé, montrent ce qu'il faut penser de son patriotisme et de sa moralité. Il y parle de « la France maudite », affirme qu'on « déshonore ses épaulettes » en servant sous les généraux français « saltimbanques, canailles, indignes farceurs ».

Si ce n'était la question de position, déclare-t-il, je partirai demain. J'ai écrit, à Constantinople, si on me propose un grade qui me convienne, j'irai servir là-bas ; mais je ne partirais pas sans avoir fait à toutes ces canailles-là une plaisanterie de ma façon.

Ces grotesques généraux... ont encore la botte prussienne marquée plus bas que le dos... ; poltrons et ignorants ils iront une fois de plus peupler les prisons allemandes... Je serais curieux de savoir quelle est la limite, si tant est qu'il y en ait une, de la patience de ce stupide peuple français qui est bien la plus antipathique race que je connaisse.

Puis vient la célèbre lettre du « uhlan », où Esterhazy regrette de ne pas être « capitaine de uhlans sabrant des Français », où il rêve comme d'une fête, de « Paris, pris d'assaut dans un rouge soleil de bataille et livré au pillage de cent mille soldats ivres ».

(1) Guerrier. Cass., 1899, t. 1, p. 616 et suiv.
(2) Lettre du 11 août 1896, à M. Jules Roche. Cass., 1899, t. 1, p. 699.
(3) Lettre d'Esterhazy, citée par Grenier. Rennes, t. 2, p. 5.
(4) Cass., 1899, t. 1, p. 699 et suiv.

Esterhazy a désavoué cette dernière lettre. Les experts Belhomme, Couard et Varinard, ceux-là mêmes « dont on était sûr » d'après l'expression d'Esterhazy, ont déclaré suspecte la lettre « du uhlan », dont la destinataire affirmait cependant l'authenticité. A la suite des dénégations d'Esterhazy en ce qui concerne cette lettre, Mme de Boulancy déposa une plainte en faux contre X. L'instruction se termina par une ordonnance de non-lieu le 22 mai 1898 : c'était infirmer le rapport des experts Belhomme, Couard et Varinard, dont les conclusions étaient d'ailleurs assez dubitatives.

Au surplus, les autres lettres suffisent malheureusement pour montrer l'état d'âme du commandant Esterhazy ; et cet état d'âme ne se reflétait pas seulement dans ses lettres :

> Esterhazy, dit M. Grenier, causait incessamment de ses lettres à Mme de Boulancy ; je veux dire par là qu'il tenait des propos injurieux pour la France et l'armée, tels qu'à diverses reprises, j'ai dû, ainsi que ma mère, le rappeler au respect de l'uniforme qu'il portait, et je dois constater qu'il acceptait ces rappels avec étonnement et tristesse de s'être laissé emballer (1).

Tel se manifestait l'attachement d'Esterhazy pour la France, et pour l'armée dont il faisait partie.

XXXI. — Esterhazy ne pouvait dissimuler ses embarras p. 564 d'argent. Il les a avoués. Ayant besoin de luxe, de femmes et de faste, Esterhazy était toujours à bout de ressources et quémandait partout. Il ne reculait pas devant l'aumône à recevoir, et fabriquait même des faux pour la provoquer (2). Il fait quêter aussi par son ami Weil en sa faveur, sous le prétexte qu'il a servi de témoin, dans le duel Crémieux-Foa contre Drumont (3).

Il roule, dans ses expédients, de plus en plus bas, puise dans la bourse de ses maîtresses pour éviter des poursuites judiciaires trop retentissantes, et regrette de ne pouvoir les faire assassiner ensuite par ses spahis de Sfax (4). Mme de Boulancy elle-même avait été victime de ses

(1) Grenier, Cass., 1899, t. 1, p. 713.
(2) Fausse lettre de Beauval pour obtenir un secours de M. de Rothschild. — Conf. Bertulus. Cass., 1899, t. 1, p. 229 et 230.
(3) Weil. Cass., 1899, t. 1, p. 307. — Lettre Esterhazy à Weil du 6 novembre 1896. Déposition Targe. Enquête, t. 1, p. 91.
(4) Lettre 8 à Mme de Boulancy. — Conf. Lettres saisies chez M⁰ Lortot Jacob suivant procès-verbal du 23 décembre 1897.

extorsions de fonds, et lui réclamait en 1885 une somme de 36.517 francs pour remboursement d'avances.

Comme officier du service des renseignements, Esterhazy « n'a pas fait autre chose que de disposer peut-être des fonds secrets pour son usage personnel », dit le général Roget (1).

En Tunisie il est mêlé à une affaire de malversations, et échappe à grand'peine au conseil d'enquête et au conseil de guerre (2).

Il s'efforce en 1885 d'épouser une « jeune fille avec tare » ayant cinq millions de dot. L'affaire échoue. Esterhazy, invoquant alors son titre d'ancien soldat de la légion pontificale, réussit à se faire introduire par un prêtre de Paris dans une vieille famille lorraine, la famille de Nettancourt. Il épouse le 6 février 1886 Mlle de Nettancourt-Vaubecourt qui lui apportait en dot 200.000 francs, et qui fut suivant l'expression de M. Grenier « sa pire victime digne de tout respect et de toute pitié » (3). Deux filles sont nées de cette union.

Mais pas plus que l'atmosphère d'honneur dont il avait été entouré près du général Grenier au moment où il était son officier d'ordonnance, les joies du foyer ne purent exercer leur influence moralisatrice sur l'esprit déséquilibré d'Esterhazy.

Il vient à Paris reprendre son existence de luxe et de désordre, cherchant à éblouir avec un faux titre de comte, dilapidant le patrimoine de sa femme, dotal cependant, au moyen d'une série de manœuvres frauduleuses constatées par un jugement du Tribunal de la Seine du 18 juillet 1901 ; escroquant son beau-frère, Jacques de Nettancourt (4) ; contes- p. 565 tant les signatures des billets par lui souscrits (5) ; escroquant aussi son neveu Christian Esterhazy, dont il engloutit toute la fortune dans ses spéculations avec les banques Rouanne, Chollet et Rousseau (6) ; cherchant ensuite pour

(1) Cass., 1899, t. 1, p. 97.
(2) Picquart. Procès Zola, t. 1, p. 295.
(3) Grenier. Cass., 1899, t. 1, p. 714.
(4) Rapport du procureur de la République de Paris. Dossier W. Esterhazy, n° 54.
(5) Plainte au procureur de la République de Paris, n° 33.625. — *Ibid.*
(6) Déposition Christian Esterhazy, et confrontation avec Walsin Esterhazy du 18 juillet 1898. Cass., 1899, t. 2, p. 243.

ce neveu l'affaire qu'il avait rêvée pour lui-même, c'est-à-dire le mariage avec une femme riche et tarée (1).

En 1897 il monte, en association avec une proxénète, une maison de rendez-vous rue du Rocher. Un rapport de police du 18 novembre 1897, qu'appuyaient des lettres d'Esterhazy et les déclarations de la proxénète établissait le fait. Le colonel Kerdrain l'exposait dans son rapport du 22 août 1898 (2).

Le conseil d'enquête d'Esterhazy n'a pas cru devoir en tenir compte (3). La mansuétude avec laquelle Esterhazy, chargé de tant de turpitudes, a été traité par le conseil d'enquête, a été un objet de profond étonnement, voire même de scandale.

Elle s'explique cependant par deux ordres de considérations : le premier vient de ce qu'Esterhazy, à raison même de son absolu déséquilibre moral, n'est pas pleinement responsable de ses actes ; le second procède de l'extraordinaire protection dont Esterhazy a été couvert par les chefs de l'Etat-major. C'est surtout cette dernière question qui a sollicité l'attention du Conseil d'enquête. Les officiers qui le composaient ont principalement recherché quels avaient été les motifs de l'intervention du colonel Du Paty dans toutes les affaires Esterhazy. Il apparaît aujourd'hui (4) qu'à leurs yeux le véritable accusé n'était pas l'officier dévoyé soumis à l'enquête, mais le guide de cet officier, c'est-à-dire le colonel Du Paty de Clam.

XXXII. — Le tableau des misères morales du commandant Esterhazy serait très long à exposer, s'il devait être complet. Mais il n'est pas besoin, alors surtout que de malheureuses femmes portent encore son nom, de détailler toutes ses tares. Il suffit de constater avec le général Roget « qu'au point de vue privé Esterhazy n'est pas défendable ; que tout ce qu'on peut dire à ce sujet, c'est qu'on peut être perdu de dettes sans être un traître, mais qu'au point de vue moral tout est possible avec un homme comme Esterhazy. »

(1) Dossier Walsin Esterhazy, pièces 30 et 35. — Conf. Targe, Enquête, t. 1, p. 91-92.
(2) Cass., 1899, t. 2, p. 173.
(3) Procès-verbal du conseil d'enquête Esterhazy. Cass., 1899, t. 2, p. 175-188.
(4) Targe. Enquête, t. 1, p. 79.

Toutefois, une précision se dégage encore de ce tableau des détresses d'Esterhazy. *C'est au commencement de 1894 que la détresse pécuniaire d'Esterhazy paraît la plus profonde. Il semble se produire ensuite une accalmie jusqu'en 1896, époque où la misère sévit à nouveau avec intensité, et* p. 566 *où Esterhazy considère son entrée au ministère de la Guerre comme son unique et dernière ressource.*

En juin 1894, Esterhazy écrit deux lettres ; l'une à son ami Weil, l'autre à M. de Rothschild. A Weil, il écrit (1) :

> Cette perte d'un héritage que nous étions en droit de regarder comme assuré et qui nous aurait sauvés, nous aurait permis de vivre, causée par l'intolérance stupide de cette famille sans cœur, la conduite inouïe de mon oncle, la santé de ma malheureuse femme, la destinée qui attend mes pauvres petites filles et à laquelle je ne puis les soustraire que par un crime, tout cela est au-dessus des forces humaines ; je ne manquais pas de courage, mais je suis à bout de forces morales comme de ressources matérielles.

Cette lettre est destinée à escroquer des secours au Grand Rabbin, sous le prétexte qu'Esterhazy, en servant de témoin à un israélite, Crémieux-Foa, aurait indisposé sa famille, et qu'à raison de cet acte il aurait été, grâce à l'intolérance religieuse de ses parents, frustré d'un héritage lui revenant légalement.

A la même époque, le 29 juin 1894, Esterhazy écrit dans le même but au baron de Rothschild, s'adressant à sa charité afin d'éviter « l'acte terrible qu'il va être obligé de commettre » (2). La misère d'Esterhazy à cette date est donc extrême. Or c'est dans ce premier semestre de 1894 qu'un officier français fait ses offres de service à l'agent A. ; c'est en janvier 1894 que l'agent A. exprime ses doutes sur l'utilité des services offerts ; c'est fin août 1894 qu'est écrit le bordereau.

Quelques secours sont alloués, Esterhazy reprend sa vie de luxe et de débauches. La misère s'est écartée. Elle revient plus terrible que jamais en 1896.

Chaque jour, en 1896, des effets pour des sommes les plus minimes demeurent impayés (250 fr. à la Banque de France ; 230 fr. à une dame Blanchet ; 228 fr., 186 fr., 450 fr.

(1) Lettre lue à l'audience du Conseil de guerre Esterhazy. Compte rendu sténographique (brochure Yves Guyot, *la Revision du procès Dreyfus*, p. 144. — Conf. *Ibid.*, p. 162 : Weil. Cass., 1899, t. 1, p. 308 et 310.
(2) Dossier de la Cour de Cassation 1899, 111, n° 6, pièce 4.

au Crédit Lyonnais). L'Administration des Contributions directes fait commandement sur commandement. Le fournisseur d'avoine prend jugement en justice de paix pour 262 francs ; le carossier multiplie ses réclamations ; un horloger se plaint au colonel de ne pouvoir obtenir du commandant Esterhazy paiement d'une somme de 20 fr. 25 (1) :

Le 6 novembre 1896 Esterhazy écrit à Weil (2) :

p. 567 Voici qu'il faut que je parte pour Rouen ; je pars d'ici après-demain soir. J'ai vendu, pour avoir de quoi.partir, les épaulettes, le ceinturon, la dragonne de mon père à un brocanteur de Châlons, et j'ai pour toutes ressources les 450 francs de ma solde, qui va être frappée d'opposition du cinquième.

Voici cinq mois que je lutte, cinq mois des plus horribles supplices qu'un être puisse supporter, et je suis encore plus désespéré que le premier jour, parce que toutes mes ressources se sont épuisées, que les espérances que j'avais se sont successivement évanouies, que mon cousin est mort.

Le 6 novembre, il y a cinq mois qu'il lutte en désespéré contre la misère : cette lutte a donc commencé vers le mois de mai ou juin 1896, et c'est au mois de mars 1896 que l'agent A. écrit au commandant Esterhazy pour lui demander des explications afin de savoir s'il peut continuer ses relations avec la maison R.

Le rapprochement de ces dates est d'une précision terrible. La misère chronique du commandant Esterhazy ne s'atténue que pendant la durée du trafic de l'agent A., avec l'officier français son informateur. Ce trafic commence au moment d'une crise de misère épouvantable pour Esterhazy en 1894 ; la cessation du trafic en 1896 correspond à un nouvel accès de détresse chez ce même Esterhazy.

Dans sa déposition du 22 décembre 1898 (3), M. Weil, sans se rendre compte alors de la portée accusatrice de ces indications, avait fourni déjà des renseignements généraux que sont venues préciser les lettres susvisées. Il déposait en ces termes :

Dès l'été 1894, comme vous le prouvera la lettre que je vous dépose, il me pria d'intervenir auprès de mes coreligionnaires : il m'avait montré, pour me convaincre, une lettre de M. de Beauval, son oncle.

Je suis en mesure d'affirmer que M. le Grand Rabbin obtint, dès ce moment, un secours assez considérable pour lui.

Dans l'intervalle, à une date qu'il serait facile de fixer en s'adressant

(1) Réquisitoire du Procureur général, p. 297.
(2) Enquête, t. 1, p. 91.
(3) Cass., 1899, t. 1, p. 307.

à M. Bernard, avocat, 11, rue Laffitte, j'avais donné à M. Esterhazy mon aval de garantie sur deux billets que j'eus à rembourser à l'échéance et qui s'élevaient à 2.500 francs.

Dans le courant de 1896, à l'automne, il revint me parler d'une situation encore plus difficile, me déclarant que les juifs étant cause de sa perte, c'était à eux de le sauver. Afin d'en finir, je lui demandai la somme dont il avait besoin ; il l'évaluait à 8.000 francs.

XXXIII. — Enfin la situation d'Esterhazy s'éclaire encore d'une lumière nouvelle ; les démarches qu'il entreprend acquièrent une signification de plus en plus précise.

C'est en mars 1896, que l'agent A. signifie au commandant Esterhazy que le caractère peu sérieux de ses renseignements va l'obliger à cesser les relations. Il a, après bien des doutes et des hésitations, en 1894, consenti à nouer des rela- **p. 568** tions avec un officier de troupes, mais l'expérience ne lui a pas semblé satisfaisante. C'est décidément du ministère de la Guerre seulement, que peuvent provenir les renseignements intéressants.

Esterhazy multiplie alors, en cette année 1896, les démarches pour entrer dans les bureaux de l'Etat-major (1). Comprenant les grosses difficultés que rencontrera pareille demande, puisqu'il n'a aucun titre à faire valoir, il sollicite subsidiairement une place au ministère, dans la direction de l'infanterie.

Pour me tirer d'affaire, écrit-il le 19 août 1896 à M. Jules Roche (2), *pour me sortir de cette si difficile position et me faire échapper à cet avenir, il ne faut qu'une chose, c'est que M. le ministre de la Guerre veuille bien, à la requête d'un personnage qui daigne s'intéresser à moi, non pas me prendre à son Etat-major, ce serait beaucoup trop demander, et je ne suis pas breveté, mais me faire entrer au ministère de la Guerre, à la direction de l'infanterie, où il y a des officiers non brevetés, Je serais sauvé, sinon je suis radicalement perdu.*

M. Jules Roche et M. de Montebello (3), le général Giovaninelli (4), que, sur la recommandation de Weil, le général Saussier avait mis en mouvement en faveur d'Esterhazy (5), tentèrent des démarches au ministère de la Guerre, afin de faire donner satisfaction à Esterhazy.

Fort heureusement la vigilance du colonel Picquart avait déjà démasqué le personnage. On entendait bien, au minis-

(1) Jules Roche. Cass., 1899, t. 1, p. 697.
(2) Cass., 1899, t. 1, p. 701.
(3) Cass., 1899, t. 1, p. 555.
(4) *Ibid.*
(5) Weil. Enquête, t. 1, p. 698 et 699 ; Billot. Enquête, t. 1, p. 452.

tèré de la 'Guerre, maintenir l'officier juif à l'Ile-du-Diable, afin de ne rien divulguer des fraudes commises en 1894, pour obtenir sa condamnation ; on entendait bien pour éviter à tout'prix la revision du procès Dreyfus, empêcher par de nouvelles fraudes la condamnation d'Esterhazy. Mais on savait parfaitement qu'Esterhazy était tout à la fois escroc et espion (1) ; et le ministre de la Guerre s'opposa résolument à l'admission d'Esterhazy dans les bureaux du ministère.

Toutes ces tentatives désespérées d'Esterhazy en 1896 pour entrer au ministère de la Guerre afin de sauver sa situation, c'est-à-dire de reprendre son commerce avec l'agent A., éclairent encore très nettement le rôle qu'il a joué.

XXXIV. — Ainsi ce n'est pas seulement l'étude du bordereau qui dans toutes ses parties dénonce avec évidence Esterhazy, comme l'auteur de ce document.

p. 569 Ce ne sont pas seulement les notes et documents du service des renseignements, qui fournissent la preuve certaine de l'espionnage d'Esterhazy.

Ce ne sont pas seulement les déclarations des gouvernements étrangers et de leurs représentants, qui établissent péremptoirement les relations illicites de l'agent A. avec Esterhazy.

Ce sont encore les charges morales, qui non seulement donnent de multiples explications· de la conduite d'Esterhazy, mais qui font de son crime une sorte de nécessité psychologique. C'est le tableau de sa détresse morale et pécuniaire, qui montre les dates des principales crises traversées par ce misérable, coïncidant exactement avec les dates du commencement et de la fin des relations d'espionnage avec l'agent A.

De tous côtés l'évidence surgit avec une force irrésistible : c'est la certitude.

(1) De Galliffet Cass., 1899, t. 1, p. 217.

E

LES AVEUX ET EXPLICATIONS D'ESTERHAZY

XXV. — Pitoyable et désemparé, Esterhazy avoue. Les faits et preuves matérielles l'écrasent, la dénégation est impossible. La paternité du bordereau est certaine, les relations d'espionnage avec l'agent A. sont évidentes. Esterhazy avoue donc.

Mais ce n'est même pas l'aveu d'un coupable chez lequel un reste de conscience fait naître le repentir ce n'est même pas l'aveu d'un criminel qui, une fois démasqué, retrouve assez de sens moral pour solliciter le pardon de sa victime.

C'est l'aveu du bandit chez qui la conscience est morte, qui est forcé d'avouer sous l'étreinte de l'évidence, mais qui jette son aveu avec la rage impuissante de ne pouvoir continuer à mentir.

Les faits matériels, il ne peut les contester : il ne peut nier que le bordereau soit de lui ; il ne peut contester que des relations d'espionnage aient existé entre lui et l'agent A. Mais il est un point qui échappe aux investigations matérielles, c'est la question d'intention. Esterhazy niera donc la seule chose qu'il puisse nier encore : l'intention criminelle.

Il a eu des relations d'espionnage avec l'agent A. ; il a touché une rémunération de l'agent A., parce qu'on ne trahit pas pour l'amour de l'art, et que le défaut de rémunération eût excité les défiances de l'agent A. Mais il n'avait en réalité aucune intention coupable. Les relations d'espionnage, il les a nouées et entretenues sur l'ordre et avec l'assentiment du service des renseignements, et son bordereau a été ainsi écrit « par ordre ». Telle est devenue sa thèse.

Esquissée pour la première fois lors du procès Zola de- p. 570 vant M. Chincholle (1), cette version se précise peu à peu dans l'esprit d'Esterhazy. Il la renouvelle devant M. Strong Rowland (2), devant Mme Berr (3), devant M. Serge Basset (4), devant M. Deffès (5).

---

(1) Cass.; 1899, t. 1, p. 267.
(2) Cass., 1899, t. 1, p. 743 ; Rennes t. 2, p. 287.
(3) Voyez le *Temps*, du 28 septembre 1898,
(4) Rennes, t 3, p. 386.
(5) Rennes, t. 3, p. 409.

Dans sa lettre à M. le Premier Président, du 13 janvier 1899 (1), il n'avouait pas encore la paternité du bordereau, mais il avouait déjà ses relations d'espionnage nouées « par ordre » avec l'agent A.

Aux juges de Rennes il écrit à nouveau. Les débats devant la Cour de Cassation et l'arrêt des Chambres réunies lui ont démontré l'inutilité de désavouer le bordereau. Il l'avoue donc, en même temps que ses relations avec l'agent A.

Nombreuses sont les lettres qu'il écrit au Commissaire du Gouvernement, au président du Conseil de guerre, au général Roget (2) : il ne varie plus dans sa thèse et ses aveux.

Sa version est toujours la même dans les déclarations officiellement recueillies par le Consul de France, à Londres, les 22, 26 février, 1er et 5 mars 1900 (3).

XXXVI. — Sans citer ces multiples documents dont le fond est le même, il suffit, pour l'exposé de la thèse, de se référer à la lettre du 6 août 1899, adressée par Esterhazy, au Commissaire du Gouvernement près le Conseil de guerre de Rennes.

La forme solennelle qu'Esterhazy a donnée à cette lettre semble en faire en effet sa déposition écrite devant le Conseil de guerre. Il s'exprime en ces termes :

> Je veux dire certaines choses et jurer la vérité devant Dieu auquel je crois de toutes mes forces, et par les deux sentiments qui restent aujourd'hui les seuls vivants dans con cœur : la mémoire sacrée de mon père qui fut un des plus glorieux chefs de l'armée française, et l'amour que j'ai pour mes enfants. Par cette mémoire qui fut jadis tout mon orgueil, par cette tendresse qui tient toute mon âme ; je jure la vérité des faits suivants.

Il déclare alors qu'il était lié d'amitié avec le colonel Sandherr, que le colonel Sandherr connaissait le trafic d'espionnage de l'agent A., qu'il y avait des fuites au ministère de la guerre, qu'enfin, en juillet 1894, le colonel Sandherr lui avait proposé d'entrer en relations avec l'agent A. Esterhazy a accepté la mission ; et il rend compte de cette mission en ces termes (4) :

p. 571 Très infatué de lui-même, infiniment moins au courant que je ne l'eusse cru, des choses les plus élémentaires de notre système militaire,

(1) Cass., 1899, t. 1, p. 509.
(2) Voyez ces lettres. Enquête, t. 2, p. 444, et suiv.
(3) Enquête, t. 2, p. 483.
(4) Enquête, t. 2, p. 447.

cet officier n'était pas très difficile à abuser. Je m'y employai de mon mieux, en me conformant strictement aux prescriptions qui m'étaient données, aux indications que je recevais.

Et c'est dans une discussion très vive, voulue par mon chef et amenée par moi, sur la supériorité du service des renseignements allemand comparé avec le service français, que M. de Schwartzkoppen, qui affirmait avoir à son service un grand nombre d'officiers français, fit allusion en propres termes à un officier dont il disposait : « au ministère de la Guerre, un capitaine ! et un artilleur encore ! » (sic).

Je rendis immédiatement compte au colonel Sandherr de cette conversation. « Je sais qui c'est et je tiens mon homme » me dit-il. Quelques jours après, il me dictait le bordereau que j'écrivis au crayon et recopiai chez moi, et que, conformément à mes instructions, je portai ensuite à l'ambassade d'Allemagne, profitant d'une époque où nous savions Schwartzkoppen absent de Paris, en congé.

Je ferai remarquer que ce bordereau ne pouvait en aucune manière s'appliquer à ma personnalité, que je n'ai jamais fourni et n'ai jamais été à même de fournir, quelles que soient les discussions qui aient eu lieu à ce sujet, sur les documents qui y sont énumérés, aucun renseignement, et n'ai jamais été, et n'ai jamais dû être désigné à aucune époque de l'année 1894, pour aller prendre part aux manœuvres.

Ce document a été pris à l'ambassade dans la loge du concierge, il a été pris intact, dans son enveloppe, et apporté par un sujet et employé allemand, notre agent. Il a été déchiré, pour faire croire qu'il venait du cornet.

Telle est la vérité absolue.

XXXVII. — Une partie de cette déposition se heurte à l'évidence. Que le colonel Sandherr eût des soupçons sur Dreyfus, et que, pour créer un document servant de base aux poursuites judiciaires, il ait fait établir le bordereau par Esterhazy, écrivant de son écriture naturelle, *c'est manifestement une absurdité.*

On a surveillé un certain nombre d'officiers du ministère de la Guerre, en 1894, et notamment le général Roget lui-même. On n'a exercé aucune surveillance sur Dreyfus. Tous les témoins de l'accusation ont été unanimes à reconnaître qu'avant la découverte de la similitude d'écriture existant entre le bordereau et les pièces écrites par Dreyfus, rien n'avait fait soupçonner l'infortuné capitaine. Si le colonel Sandherr avait eu des indices quelconques sur la culpabilité de Dreyfus, avant l'arrivée du bordereau, il aurait fait de ces indices l'objet d'un rapport au chef d'Etat-major.

D'autre part, créer un faux pour édifier sur ce faux une poursuite judiciaire, est non seulement un acte abominable, mais un acte criminel ; et, jusqu'ici, on a représenté le colonel Sandherr comme un honnête homme.

Enfin l'acte eût été aussi absurde que criminel. On conce-

vrait qu'un faussaire, pour perdre Dreyfus, eût fabriqué un
document reproduisant l'écriture même de Dreyfus ; mais
p. 572 que le faussaire emploie sa propre écriture naturelle et courante, dans la fabrication du document, c'est évidemment
inadmissible. Cependant, c'est là la thèse d'Esterhazy. Le
colonel Sandherr présente au Ministre comme preuve de la
culpabilité de Dreyfus, un papier qu'il a fait revêtir de l'écriture d'Esterhazy, puis, il fait sur ce document procéder à
une expertise en écriture qui deviendra la base des poursuites contre Dreyfus. C'est de la folie pure : le commandant
Esterhazy est obligé d'en convenir.

> Je n'ai rien à répondre, dit-il, à ce Bertillon, à ce fou misérable dont
> la place est à Bicêtre ou au bagne, et qu'en six lignes, je clouerais sans
> réplique autrement que par les discours idiots du juif Paraf...
> Il est désolant de ne pas avoir voulu dire la vérité, et le rôle de
> Sandherr qui expliquait tout. *Que ce soit odieux et stupide*, comme dit
> cet invraisemblable Gendron ! *Cela est. Que Sandherr ait cédé à un mo-
> ment de folie, que j'ai été fou d'y consentir, tout cela est possible : mais
> cela est* (1).

Il me semble que pour admettre des actes *odieux, stupides
et fous*, à la charge du colonel Sandherr, il faille autre chose
que la parole d'Esterhazy.

Cette partie des assertions d'Esterhazy n'a été imaginée
par le bandit, que pour venir au secours des accusateurs de
Dreyfus. Il leur devait bien cela, puisqu'eux-mêmes étaient
venus à son secours auparavant, et puisque, comme il le
disait, il y avait entre eux et lui « une partie liée devant être
gagnée ou perdue ensemble (2) ».

Ces absurdités sont donc inventées uniquement pour
permettre l'affirmation de la culpabilité de Dreyfus, tout en
reconnaissant la paternité du bordereau impossible à désavouer.

XXXVIII. — Mais, si l'affirmation d'Esterhazy concernant
Dreyfus est, de l'aveu même des accusateurs, manifestement absurde, il n'en est plus de même des autres affirmations d'Esterhazy, qui ont trouvé dans la dernière instruction
de sérieux points d'appui.

(1) Lettre du 29 août au général Roget. Liasse 2 du dossier de Rennes,
n° 52.
. (2) Télégramme d'Esterhazy à M⁰ Tézenas, du 26 août 1898. (Débats
devant la Chambre criminelle du 29 octobre 1898, p. 245.)

Esterhazy n'a-t-il pas joué le rôle d'espion double avec l'assentiment du colonel Sandherr, ou tout au moins du commandant Henry ?

Que ce rôle ait été joué par des agents du service des renseignements, le fait est aujourd'hui certain. Mais ce qui est frappant, c'est qu'*à la date où Esterhazy écrivait le bordereau, Henry faisait transmettre par un de ses agents doubles, l'agent R., des renseignements sur les objets mêmes des notes énoncées au bordereau.*

Employer pour ce rôle d'espion double un officier, était sans doute fort incorrect. Les chefs d'Etat-major ne l'eussent pas autorisé. Ils l'ont déclaré, et c'est probable. Mais le service des renseignements en général et Henry, en particulier, se souciaient assez peu de la correction et de l'autorisation des chefs dans l'organisation des « missions secrètes ».

Il est donc fort possible qu'Henry, envoyant ses faux renseignements par l'intermédiaire de l'agent R., ait, comme p. 573 « recoupement », suivant le terme consacré au service, expédié des renseignements de même nature à l'agent A., par l'intermédiaire d'Esterhazy.

XXXIX. — Pourquoi le bordereau arrivant au service des renseignements par la voie ordinaire n'a-t-il pas alors été détruit par Henry ?

La raison en est que le bordereau n'est pas arrivé par la voie ordinaire, et qu'il n'a pas été par suite remis à Henry.

L'état matériel du document montre que le bordereau ne sort pas de la corbeille, où la femme Bastian puisait les fragments de papier arrivant par la voie ordinaire.

Le souci qu'a pris Henry de déclarer que tel était bien l'origine du bordereau, alors qu'il venait d'avouer son faux, et qu'aucune question ne lui était posée sur cette origine du bordereau, paraît bien montrer qu'il avait de ce côté de grosses préoccupations.

C'est à moi, déclare-t-il (1) spontanément, qu'on a apporté le bordereau saisi en 1894. Il est venu par la voie ordinaire avec des documents que vous connaissez et dont l'authenticité est indiscutable. Toute autre version est contraire à la vérité et matériellement impossilbe.

La manière dont Henry exhibe le bordereau aux officiers du service des renseignements est encore plus suspecte.

(1) Rapport Bard, p. 104.

Le commandant Lauth dépose en ces termes, le 30 avril 1904 (1) :

M. le Procureur général. — Pourriez-vous expliquer les conditions d'arrivée du bordereau? Il est arrivé pendant que vous étiez au service ?

R. — A sept ou huit jours près...

M. le Procureur général. — Vous avez dit le 26 septembre.

R. — Oui, parfaitement.

M. le Procureur général. — En quel état était-il ?

R. — Il était déjà raccommodé quand je l'ai vu pour la première fois. C'était en été, j'avais l'habitude de monter à cheval le matin, avec Henry. Je demeurais au fond de l'avenue Duquesne, derrière Saint-François-Xavier, lui derrière l'Ecole militaire. En quittant mon domicile, je le trouvais à cheval devant sa maison. Un jour, vers 5 heures et demie du matin, comme d'habitude, je ne l'ai pas trouvé ; cela lui arrivait de temps en temps, je me promenais alors tout seul. J'ai fait ma promenade et je suis descendu de cheval vers 8 heures et demie. Je suis allé ensuite au ministère. Au moment où j'entrai dans le local affecté à la section de statistique et dont la porte était fermée au moyen d'un timbre électrique, la porte a résonné. Je suis entré et j'ai vu au fond du couloir, Henry qui sortait la tête de son bureau pour voir qui venait d'entrer. Au moment où il a vu que je passais pour entrer dans la pièce qui m'était affectée à moi et qui se trouvait à une certaine distance de la sienne, il m'a fait signe de venir. Je suis entré dans son bureau. Il avait sur la table des paquets comme ceux qu'on avait l'habitude de lui donner,
p. 574 provenant d'une ambassade étrangère. Entre autres, il avait un papier qui était déjà raccommodé. Il me dit : Regardez donc ce que je viens de trouver dans le paquet.

M. le Procureur général. — Il avait l'air très étonné ?

R. — Oui, *mais il l'avait déjà depuis un certain temps puisque le papier était raccommodé et pas fraîchement raccommodé. Il avait dû le raccommoder probablement la veille au soir où le matin de très bonne heure,* attendu qu'on prenait possession de ces paquets presque toujours le soir à la nuit tombée. On donnait rendez-vous à l'agent d'un côté ou de l'autre, du côté de Saint-François-Xavier ou de Sainte-Clotilde. Evidemment il avait dû avoir ce paquet de nuit, *c'est-à-dire la veille au soir ou l'avant-veille.* En tout cas, le papier était raccommodé. Il y avait autant que je me le rappelle 4, 5 ou 6 morceaux. Les morceaux n'étaient pas très petits. Nous nous sommes mis près de la fenêtre. Nous avons regardé ce qui se trouvait écrit sur ce papier. Nous avons été étonnés, nous demandant : qu'est-ce que cela peut être? Qui peut avoir écrit cela? Pendant que nous disions cela, est arrivé un autre de mes collègues, le commandant Matton. J'en ai reparlé depuis au commandant Matton, qui m'a dit : « Je ne suis pas sûr d'être arrivé au moment où vous regardiez ce papier » ; moi j'en suis certain. En outre, pendant que nous le regardions, est arrivé M. Gribelin. Nous nous sommes demandé de qui cela pouvait provenir, et nous sommes allés à notre travail : Henry a dû remettre ce papier au colonel Sandherr, et moi je n'en ai plus entendu parler.

Très peu de temps après, puisqu'on fixe l'arrivée de ce papier entre le 24, le 25, et le 26 septembre, le 4 octobre, je suis parti en permission.

(1) Enquête, t. 1, p. 524.

Il est absolument extraordinaire qu'Henry, s'il vient de recevoir le bordereau par la voie ordinaire, réunisse ainsi tous les officiers du bureau pour examiner la pièce, avant de l'avoir soumise au chef de service.

Le commandant Lauth est forcé de reconnaître que la conduite d'Henry, en cette circonstance, est tout à fait anormale.

Il dit en effet (1) :

Au commencement de l'année 1894, moi je venais d'arriver. Mais j'étais un jeune, j'étais le dernier venu, on ne se méfiait pas de moi ; il n'y avait aucune raison pour me mettre au courant de ce qui se passait entre le commandant Henry et le chef du service...

Un membre de la Cour. — Henry vous a montré le bordereau avant de l'avoir montré à ses chefs ? Le bordereau avait une certaine gravité, il tendait à faire suspecter quelqu'un au ministère de la Guerre, et il vous a montré le bordereau, à vous et à Gribelin, avant de le montrer à Sandherr, qui n'est arrivé qu'à 10 heures.

R. — Oui, ce serait un peu contraire à ce que je viens de dire, mais il était tellement abasourdi quand il a trouvé cela la veille au soir, que dès que quelqu'un est arrivé, je vois encore son geste. La sonnette électrique venant à résonner, le colonel Henry sort de la pièce où il était, regardant qui vient et disant tout de suite : Venez voir. Il est probable que s'il avait réfléchi, il se serait dit : Je ferais mieux de montrer cela au chef de service... Évidemment, cela ne concorde pas avec ce que je viens de dire.

Un membre de la Cour. — Il s'est conduit d'une façon un peu exceptionnelle dans cette circonstance.

XL. — Les souvenirs du commandant Lauth s'expliquent **p. 575** et concordent très bien, si l'on admet que le *bordereau n'est pas venu par la voie ordinaire*, *n'a pas été remis à Henry personnellement, mais au colonel Sandherr directement.*

Quand Henry a montré le bordereau à Lauth et à Gribelin, il ne venait pas de lui être remis comme il l'affirmait faussement. Lauth constate lui-même que le bordereau devait être là depuis un certain temps puisque « le papier était raccommodé et pas fraîchement raccommodé ».

D'autre part, le commandant Matton présent, dit le commandant Lauth, à l'exhibition du bordereau que faisait alors Henry, *ne voyait pas alors le document pour la première fois. Il en a eu connaissance en ce qui le concerne par le colonel Sandherr directement.* Il en témoigne en ces termes (2) :

Voici comment j'ai eu connaissance du bordereau :
En entrant comme tous les jours, ainsi que j'avais l'habitude de le

(1) Enquête, t. 1, p. 540.
(2) Enquête, t. 1, p. 240.

faire, dans le bureau du colonel Sandherr, pour lui présenter mes pièces à signer, il sortit du milieu de ses papiers une pièce et me dit : « Tenez, lisez ». Je pris la pièce, je la lus ; c'était le bordereau en question. Quand j'eus finis cette lecture, je dis au colonel Sandherr : « Cela me paraît grave ; celui qui a fait cela doit être de par ici, c'est-à-dire du ministère, et ce doit être un artilleur. » Voilà la première impression que j'exprimai immédiatement. Le colonel Sandherr ne me répondit rien. Il reprit la pièce, la remit dans ses papiers et ne m'en parla plus.

Que conclure de tout cela ? sinon que le bordereau n'est pas parvenu par la voie ordinaire ; qu'il a été remis directement au colonel Sandherr, et que, quand celui-ci l'a communiqué à Henry comme il l'avait communiqué au commandant Matton, Henry a immédiatement senti la nécessité d'accréditer parmi ses collègues, la version du bordereau arrivé par la voie ordinaire et remis entre ses propres mains.

Une autre impossibilité surgit d'ailleurs à la version d'Henry.

En effet, les indications de Lauth, qui concordent avec celles données par lui à Rennes, placent la scène de l'exhibition du bordereau par Henry, au 25 ou 26 septembre. Or Henry, rentrant de vacances n'a pu avoir de rendez-vous avec Mme Bastian *que le 26 au plus tôt*. Ceci résulte d'une lettre adressée par lui à Mme Bastian, le 25 septembre 1894, publiée par le journal l'*Eclair* le 4 mai 1904, et saisie par ordre de la Cour. La lettre porte :

Mardi, 25 septembre (1894).

Ma Cousine,

Me voici rentré en bonne santé, après avoir beaucoup chassé et beaucoup tué de perdrix. Je viens vous prier de présenter mes amitiés au cousin Auguste.

p. 576   Donc, le 25 ou 26 septembre, Henry ne pouvait exhiber aux officiers de son bureau un document venu par la voie ordinaire, à lui remis personnellement, déjà reconstitué (et pas fraîchement, dit le commandant Lauth).

Le document qu'il montrait était une pièce remise en son absence directement au colonel Sandherr. Il n'avait pas été apporté à Henry par la femme Bastian. Cette conclusion qui se déduit des faits et documents ci-dessus visés, est confirmée par la déposition de la femme Bastian elle-même, qui donne un éclatant démenti à la thèse imaginée par Henry. La femme Bastian n'était pas illettrée, comme on l'avait inexactement affirmé : elle lisait les pièces qu'elle apportait au service, et prétendait même apprécier leur importance.

C'est ainsi qu'elle avait lu la lettre relative au secret de la poudre sans fumée, (bien qu'elle fût déchirée en petits morceaux), et qu'elle avait prévenu aussitôt Henry par télégramme. Or, le bordereau était très peu déchiré et très facile à lire. La femme Bastian reconnaît cependant n'en avoir jamais eu connaissance (1). Le bordereau n'est donc pas venu par la voie ordinaire : il n'a pas été remis à Henry personnellement. '

XLI. — Le mensonge du 26 septembre 1894, d'Henry, présentant à ses collègues, comme venant de lui parvenir par la voie ordinaire, une pièce remise en son absence à Sandherr, corrobore singulièrement la thèse d'Esterhazy. Pourquoi ces dissimulations, en effet, et pourquoi Henry tient-il à ce que cette pièce déjà reconstituée depuis quelque temps, qu'il montre à ses collègues, soit considérée par eux comme venant de lui être remise par la femme Bastian ? Pourquoi plus tard, après l'aveu d'un de ses faux, s'empresse-t-il de renouveler encore d'office et spontanément cette affirmation inexacte ?

Quelle utilité y pouvait-il trouver, sinon celle de dissimuler son association clandestine avec Esterhazy ?

Et dans ce même interrogatoire, Henry dit encore (2) :

Je n'ai jamais vu le commandant (Esterhazy) venir au bureau qu'une fois en 1895 ; *il venait apporter au colonel des documents qu'il avait recueillis par hasard.*

Quand Esterhazy vient au bureau, c'est, dit le colonel Henry, au colonel Sandherr qu'il a affaire directement.

Henry tient à affirmer que le bordereau a été remis à lui-même, mais que les renseignements recueillis par Esterhazy étaient remis, au contraire, au colonel Sandherr.

Quant à ces renseignements apportés par Esterhazy, l'auteur du bordereau les aurait trouvés par hasard ! !

La manière dont ces informations secrètes parviennent **p. 577** comme par enchantement entre les mains d'Esterhazy constitue un mystère qu'Henry paraît préférer ne pas éclaircir.

Ces demi-aveux d'Henry donnent un réel appui aux assertions d'Esterhazy.

(1) Enquête, t. 1, p. 308. Déposition Bastian.
(2) Rapport Bard. p. 104. (Par inadvertance on a imprimé dans la publication du rapport Bard, le mot *documents* au lieu de *renseignements* qui figure dans le texte authentique).

XLII. — Tout aussi équivoque est l'attitude d'Henry à l'égard de la femme Bastian, dès que le bordereau lui a été communiqué par Sandherr.

Le bordereau, dit-il, est venu par la voie ordinaire. Si cela est vrai, il n'y a nulle inquiétude à avoir du côté de l'agent A. La femme Bastian prend ses papiers dans la corbeile de l'agent A. Donc l'agent A. ne peut faire, en ce qui concerne les papiers dérobés, aucune vérification. Il ne peut s'étonner que des papiers par lui jetés dans sa corbeille aient disparu, puisque précisément, s'il les a jetés dans sa corbeille, c'était pour qu'on l'en débarrasse.

De ce côté donc, nul souci. Mais il y a, au contraire, pour le service des renseignements, un très gros intérêt à ce moment à avoir le plus de documents possibles de la voie ordinaire. L'agent A. a reçu le bordereau qui lui fait des offres et lui pose des questions relativement au manuel de tir. Si, dans la corbeille, on trouvait les débris d'un de ces nombreux mementos, ou canevas de réponse, apportés par la femme Bastian, ce serait d'un grand secours pour l'instruction : la lumière pourrait se faire facilement.

Henry, s'il a quelque souci de contribuer à la découverte de la vérité, va donc évidemment prescrire à la femme Bastian, de redoubler de vigilance et de multiplier ses envois. *Henry lui prescrit au contraire de les cesser et de ne plus rien faire.*

Le mardi 25 septembre il lui avait écrit pour lui annoncer son retour. Tandis que la femme Bastian recevait sa lettre, Henry recevait le bordereau déjà reconstitué des mains du colonel Sandherr. Henry montre aussitôt le document à ses collègues, en leur affirmant que la femme Bastian (qu'il n'a pas encore vue) vient de le lui remettre ; et le surlendemain vendredi, il écrit à la femme Bastian :

Ma Cousine,

Je vous prie de ne rien faire pendant une quinzaine de jours au moins. Restez bien tranquille et écoutez-moi bien. Ne faites rien, nous avons le temps et nous pouvons bien nous reposer pendant quelque temps. Je vous expliquerai peut-être cela la première fois que j'aurai le plaisir de vous voir. Amitiés au cousin Auguste (1).

p. 578 S'il n'y a pas une association illicite entre Henry et Es-

(1) Lettre publiée par le journal l'*Eclair* du 4 mai 1904 (Voy. prod. n° 12) et saisie par la Cour de Cassation.

terhazy, s'il n'y a pas chez Henry le souci de masquer le véritable auteur du bordereau et d'empêcher la vérité de se faire jour, ces instructions d'Henry sont tout à fait incompréhensibles.

On est au 27 septembre 1894, la découverte de la trahison ne sera divulguée que le 1er novembre 1894. L'agent A. ignore tout, les mementos qu'il peut jeter dans sa corbeille peuvent être décisifs pour la découverte du coupable : *Henry prescrit à la femme Bastian de ne pas les recueillir.*

XLIII. — L'attitude d'Henry à l'égard de Dreyfus corrobore encore ces constatations.

Les soupçons s'orientent sur Dreyfus, mais on hésite à le poursuivre tellement l'accusation semble à son égard peu solide. Henry rend les poursuites contre Dreyfus nécessaires, en avertissant, par sa lettre du 27 octobre 1894, le journal la *Libre Parole*, qui, au nom de l'antisémitisme, exercera son chantage sur le ministre de la Guerre, et l'obligera à faire le procès.

Le jour de l'arrestation de Dreyfus, Henry chargé de conduire le malheureux officier à la prison du Cherche-Midi, rédige de suite un rapport mensonger pour créer une charge contre l'accusé (1).

L'accusation s'écroule devant le Conseil de Guerre, Henry se fait rappeler devant le Conseil, et fait un faux témoignage sensationnel qui emporte la condamnation.

Pourquoi tous ces actes criminels pour forcer la condamnation de Dreyfus, si Henry n'a pas le souci à ce moment de sauver le véritable coupable, son associé Esterhazy ?

Tous les actes d'Henry et toutes ses lettres corroborent donc les assertions d'Esterhazy : *les déclarations d'Henry à ses collègues du service, ses déclarations dans l'interrogatoire qu'il subit au sujet de ses faux, ses deux lettres des 25 et 28 septembre 1894 à la femme Bastian, sa lettre du 27 octobre 1894 à la* Libre Parole, *son rapport mensonger du 15 octobre 1894, son faux témoignage devant le Conseil de guerre, tout concorde pour attester l'existence d'une association entre Esterhazy et Henry.*

Et de tous ces faits et documents concordants, il faut rap-

---

(1) Rapport Bard, p. 105 et 106.

procher encore la lettre si terriblement significative du major Dahme au colonel Peroz (1) :

Si j'ai parlé de complices (d'Esterhazy), ça été à un tout autre que je visai. Je devais, être persuadé que personne en France n'ignorait *les vrais coupables qui à cette époque étaient depuis longtemps à l'abri de toutes persécution criminelle gardés l'un par la loi qui ne permet pas de poursuivre un acquitté, l'autre par la mort.*

p. 579   XLIV. — Faut-il en conclure qu'Henry fut un traître ? Cette conclusion heureusement n'est pas nécessaire ; et l'assertion d'Esterhazy peut être acceptée.

Henry et Esterhazy après avoir été associés à l'œuvre du service des renseignements, ont pu vouloir continuer leur association, et trafiquer de documents faux ou insignifiants avec l'agent A. Ce trafic avait l'avantage de rapporter des émoluments, puisque, frelatée ou non, l'agent A. payait évidemment la marchandise qu'on lui apportait.

La mentalité des deux officiers rend l'association vraisemblable. Henry, tout en se rendant compte du caractère illicite de pareille association, et en la dissimulant à ses chefs, devait la considérer comme patriotique, puisqu'il se livrait régulièrement, avec des agents du service, et notamment avec l'agent R. à des manœuvres semblables.

Révéler à ses chefs l'association blâmable qu'il avait conclue avec Esterhazy l'eût exposé à la perte de ses fonctions, voire même à un conseil d'enquête. Il ne pouvait ignorer en effet l'incorrection (pour ne pas dire plus) de la mission assumée, d'accord avec lui, par Esterhazy officier appartenant à l'armée française.

Henry la dissimule donc ; et le secret dont il l'entoure a l'avantage à ses yeux de renforcer encore l'œuvre de duperie entreprise à l'égard de l'agent A.

C'était une « œuvre patriotique » que de tromper l'agent A. par de faux renseignements : c'était le grand œuvre du service des renseignements. Henry, avec sa mentalité spéciale, a pu croire qu'il était de son devoir professionnel de le défendre par tous moyens, de ne pas démasquer Esterhazy ni en 1894, ni même plus tard, parce qu'il eût fallu en le démasquant révéler au public et, par suite, à l'agent A., qu'Esterhazy, espion double, livrait de faux documents.

(1) Enquête, t. 1, p. 845.

Henry devait penser d'ailleurs que, les soupçons se localisant sur les officiers de l'Etat-major, jamais, grâce aux précautions par lui prises, l'auteur du bordereau, Esterhazy, ne serait découvert. Quand les soupçons se portèrent sur un officier juif, l'erreur commise eut à ses yeux le triple avantage d'empêcher la ruine de son œuvre, de lui éviter des poursuites disciplinaires, et de purger l'Etat-major de l'armée des juifs qui y avaient pénétré en la personne de Dreyfus.

La condamnation du juif, en donnant satisfaction aux violentes passions antisémites de l'Etat-major, donnait une solidité nouvelle à l'œuvre du service des renseignements, car elle devait faire croire à l'agent A. que partie des indications livrées par les espions doubles provenait de Dreyfus.

D'autre part, quand Esterhazy déclare qu'il trompait l'agent A. et lui livrait de faux documents, il se trouve d'accord avec l'agent A. lui-même.

En effet lorsque le colonel Schneider communique à M. Emile Picot les révélations de l'agent A., il lui déclare p. 580 « *que Walsin Esterhazy était, à ses yeux, surtout un escroc.* »

C'était manifestement l'opinion de l'agent A., qui se traduisait dans son memento de mars 1896, et dans le *petit bleu* de la même date adressé à Esterhazy.

La rupture des relations effectuée spontanément par l'agent A. en 1896 démontre d'ailleurs péremptoirement, que l'agent A. a reconnu en Esterhazy un véritable escroc.

On arrive alors à une conclusion sensiblement conforme aux dernières déclarations d'Esterhazy. Le bordereau aurait été écrit par lui, mais il ne révélerait en aucune façon un acte d'espionnage, il ne serait que la mise en œuvre des procédés habituels du service des renseignements à l'égard de l'agent A.

C'eût été pour sauvegarder cette œuvre patriotique du service des renseignements, autant que pour sauver les officiers compromis au début de l'affaire Dreyfus, que tant d'actes abusifs et criminels auraient été commis. La fin patriotique justifiait les moyens. C'est ainsi « qu'innocent ou coupable », il était patriotique de laisser le juif dans son cachot mourir sous le poids de la condamnation infâme.

XLV. — Il paraît donc possible de répondre affirmativement aujourd'hui à la question que se posait M. Ch. Dupuy en 1898 (1) : « *Je me demande si nous n'avons pas été victime en 1894 d'une mystification* ».

La mystification serait venue d'Henry nourri dans les idées du service des renseignements, trompant et mentant « par devoir », fabriquant des faux « par patriotisme », défendant par tous moyens « l'œuvre de défense nationale » édifiée par son service, et compromise par lui avec son intelligence un peu fruste et sa mentalité de soudard.

Henry, dit le commandant Lauth (2) cherchant à expliquer le premier faux découvert, était un homme qui n'avait qu'un gros bon sens paysan, une certaine finesse avec la roublardise du paysan, mais il n'avait certainement pas l'intelligence voulue pour comprendre que ce qu'il a fait était une chose que l'on ne devait pas faire. Il a cru en faisant ce faux qu'il n'aurait pas de conséquences. Il a cru plutôt faire une chose bien maligne... C'était un homme qui avait passé sa vie à guerroyer au Tonkin, en Algérie, pendant quatorze ans dans le Sud Oranais, partout où un militaire pouvait aller... On savait qu'il n'avait pas l'envergure d'esprit voulue pour mener un service pareil :

Il écrit à sa femme après l'aveu du faux :

Tu sais dans l'intérêt de qui j'ai agi.

Et le commandant Lauth explique :

p. 581 Cela doit être dans l'intérêt du pays. Il avait une instruction rudimentaire, et il avait cherché à s'instruire lui-même. Ainsi il possédait chez lui, cela m'a été montré après coup par Mme Henry, un volume de Marc Aurèle. Dans ce volume il y avait des passages soulignés. Il avait lu cela avec l'instruction qu'il pouvait avoir. Il avait souligné des passages comme ceux-ci : que les intérêts particuliers n'existent plus lorsque les intérêts d'une nation sont en jeu... Je ne me rappelle pas la phrase de Marc Aurèle. Il s'était nourri d'idées comme cela : moi ou un autre nous ne sommes rien vis-à-vis de l'intérêt du pays.

Un membre de la Cour. — Il était exposé à mal comprendre Marc Aurèle.

Le colonel Henry, appliquant comme il les comprenait les maximes de Marc Aurèle, aurait ainsi sacrifié stoïquement le juif Dreyfus à l'intérêt du service des renseignements.

XLVI. — Les déclarations d'Esterhazy sont donc à retenir, mais à des titres divers.

L'aveu de ses relations d'espionnage avec l'agent A., l'aveu de la paternité du bordereau ne sont sortis de sa bouche que quand l'évidence les lui a arrachés.

(1) Dupuy. Cass., 1899, t. 1, p. 659.
(2) Enquête, t. 1, p. 534 et 535.

Les articulations concernant le but de la rédaction du bordereau qui, écrit à main courante par Esterhazy, devait prouver la culpabilité de Dreyfus, sont non seulement absurdes, mais contraires à tous les faits constatés, et constituent une injure gratuite à la mémoire du colonel Sandherr.

Les affirmations d'Esterhazy relatives aux relations d'espionnage ou contre-espionnage nouées par lui avec l'agent A., de l'assentiment et l'autorisation du service des renseignements, sont, au contraire, corroborées par tous les actes et les écrits d'Henry, par les appréciations des agents de.l'étranger qui ont pu juger les communications d'Esterhazy, et enfin par ce fait péremptoire et constant que l'agent A. a renoncé de lui-même, en 1896, à continuer ses relations avec Esterhazy, à raison de l'insignifiance et de l'inexactitude des renseignements fournis.

On ne sait toutefois jusqu'où serait allé Esterhazy, s'il avait pu, après avoir été remercié par l'agent A., se faire agréer au ministère de la Guerre, ainsi qu'il le sollicitait, et reprendre alors son trafic.

XLVII. — A tout cela les accusateurs de Dreyfus n'ont qu'une chose à répondre : Esterhazy est un homme de paille payé par la famille Dreyfus.

La plaisanterie peut paraître un peu lourde, et partant négligeable. Mais les plus grosses bouffonneries ont souvent, dans cette affaire, tenu lieu d'argument capital : la plaisanterie de l'homme de paille doit être examinée comme s'il s'agissait d'une chose sérieuse.

Pour étayer l'affirmation, on a d'abord, comme il est de rigueur en l'affaire Dreyfus, commencé par établir un faux : c'est le faux Weyler. Dreyfus était par cette fausse lettre prévenu, dans sa prison, que « l'acteur était prêt à agir ». On ne voit pas trop quel intérêt il y aurait eu pour la famille à faire cette dangereuse communication au capitaine Dreyfus. Mais, inutile pour la famille, cette communication était indispen- **p. 582** sable pour donner une arme au service des renseignements.

Le faux a été démasqué d'assez bonne heure : toutes les explications à cet égard ont été fournies dans l'examen du dossier secret (pièce n° 374).

En dehors de ce faux Weyler sorti de l'officine du service des renseignements, et attribué au colonel Du Paty par le commandant Cuignet, rien n'est produit au sujet d'une manœuvre quelconque de la famille Dreyfus.

Bien au contraire, la dignité de l'attitude de Mme Dreyfus et de M. Mathieu Dreyfus qui s'était plus spécialement constitué le défenseur de son frère, était de nature à leur concilier tous les respects.

Il est permis, en passant, de rendre hommage à la noblesse de caractère et à la grandeur d'âme de cette famille qui, torturée par les plus atroces souffrances morales, a su donner, au milieu des outrages d'une presse abominable, un admirable exemple d'abnégation de soi-même, de dévouement pour le martyr, et de respect pour la chose publique.

Aussi, quand récemment encore, le journal *La Patrie*, reprenant à son compte l'odieuse et absurde légende du syndicat, insinuait que d'équivoques manœuvres avaient jadis été employées en faveur de Dreyfus, lors du procès Esterhazy, le colonel Bougon, indirectement mis en cause, infligeait à ce journal un éclatant démenti.

Je dois à la vérité, écrivait-il, de rectifier les propos que vous m'attribuez et, par conséquent, votre interprétation en ce qui concerne le Conseil de guerre. Les partisans du condamné n'ont, du moins à ma connaissance, rien tenté pour influencer la décision des juges d'Eshazy, et je vous prie de croire qu'ils auraient été mal venus s'ils l'avaient osé (1).

XLVIII. — Quelques échos de la légende du syndicat sont encore parvenus à la Cour de Cassation, lors de sa dernière enquête. Il est triste de constater qu'ils ont été apportés par un général, le général Zurlinden. A vrai dire, la forme de la légende s'est singulièrement atténuée. Il ne s'agit plus aujourd'hui de rien de semblable à l'allégation du général Mercier à Rennes.

Devant le Conseil de guerre de Rennes, le général Mercier avait, en effet, osé s'exprimer en ces termes (2) :

Ce n'est qu'en 1896 qu'on s'attache à la piste d'Esterhazy, au moment où la campagne commença alors en grand, à coup de millions, comme vous le savez.

A cet égard, je tiens à vous faire part d'un propos que le général Jamont m'a autorisé à répéter devant vous. Ayant été voir M. de Freycinet, le lendemain du jour où il quittait le ministère de la Guerre, M. de Freycinet lui dit : « Le gouvernement dont je faisais partie et que je quitte, sait

(1) Journal *La Patrie* du 11 janvier 1904. — Prod. 13.
(2) Rennes, t. 2, p. 556.

que 35 millions sont venus soit de l'Allemagne, soit d'Angleterre, pour soutenir l'effort de la campagne dreyfusiste ».

M. de Freycinet était venu lui-même à Rennes rectifier p. 583 les commérages du général Mercier. Non seulement il attesta que sa conversation avec le général Jamont avait été abominablement défigurée par le général Mercier ; mais, tout en déplorant les discordes suscitées par l'affaire Dreyfus, il reconnut le désintéressement des défenseurs du condamné, il affirma ne connaître aucun fait ayant pu donner créance à la légende du syndicat et, en dépit des efforts désespérés du président pour lui fermer la bouche, il témoigna de son affectueuse estime pour Scheurer-Kestner (1). M. de Freycinet a répété encore ses explications devant la Cour de Cassation (2), rappelant même que le gouvernement de M. Dupuy, au moment où se publiait le racontar du général Mercier, avait fait paraître un démenti officiel par l'agence Havas. Ce démenti avait paru le 16 mars 1899. Il fut cité, et confirmé, à Rennes, par des attestations de M. Waldeck-Rousseau et de M. Barthou (3).

Le général Zurlinden a donc été obligé de se montrer plus prudent que le général Mercier, lorsque devant la Cour de Cassation il fit allusion encore à la campagne du « syndicat ». Il ne s'agit plus, cette fois, dans les termes où le général Zurlinden reproduit la légende, que des collectes faites dans un esprit de solidarité juive, pour alimenter la campagne de presse (4).

Mis en demeure de préciser les faits, il allègue des collectes faites « au fin fond de la Pologne, dans un endroit tout à fait écarté » ; et une contribution à la campagne accordée par le rabbin de Bayonne sur les fonds d'assistance.

L'articulation concernant « le fin fond de la Pologne » était trop vague pour être contrôlée. Mais le général avait eu l'imprudence de préciser davantage en ce qui concerne le fait de Bayonne. Ce dernier fait a donc été contrôlé, et la fausseté en est attestée par deux lettres en date des 2 et 3 mai 1904, l'une du grand rabbin de Bayonne, l'autre du

(1) *Ibid.*, p. 560 et 561.
(2) Enquête, t. 1, p. 890 et 891.
(3) Déposition de M. Trarieux. Rennes, t. 3, p. 446, 447 et 448.
(4) Enquête, t. 1, p. 344.

grand rabbin du Consistoire central, que produit l'exposant (prod. 14 et 15).

Enfin et dans le même ordre d'idées, M. Possien, qui avait publié un premier article en faveur de Dreyfus, dépose que ce premier article devait être suivi d'une série d'autres, conçus dans le même sens, et que, d'après ses renseignements, la série d'articles devait être payée à son directeur, M. Vervoort, une somme de huit mille francs, par M. Zadoc-Khan (1).

Il peut paraître superflu de démentir ce nouveau commérage, qui tombe de lui-même *puisqu'en fait, les articles n'ont* p. 584 *pas paru*. Néanmoins comme rien ne doit être laissé sans réponse, l'exposant produit le démenti formel et motivé de M. Zadoc-Kahn, en date du 10 mai 1904 (Prod. 16).

Des explications du colonel Picquart, il résulte au contraire que *le service des renseignements a acheté 300 francs, un article de M. Possien, en faveur de Dreyfus, pour l'empêcher de paraître* (2).

Enfin, ainsi qu'il fut fait observer au général Zurlinden, une campagne de presse a été faite contre Dreyfus, et en faveur des officiers compromis. Cette campagne glorifiait les faux, les transformait en actes d'héroïsme patriotique, préparait les lois de dessaisissement, exerçait son chantage sur tous ceux qui avaient à prendre part à l'affaire Dreyfus, traînait les magistrats dans la boue. Indépendamment des journaux, de luxueuses affiches illustrées reproduisant les traits et les mérites des « cinq ministres de la Guerre » ayant affirmé la culpabilité de Dreyfus (sans d'ailleurs connaître le dossier), étaient publiées et placardées partout. Qui donc faisait les frais de cette énorme campagne et de ces dispendieuses publications ? La question fut posée au général Zurlinden, qui se déclara dans l'impuissance d'y répondre (3).

Les révélations concernant la constitution de la « caisse noire » d'Henry, ont fourni la réponse que refusait le général Zurlinden.

L. — Indépendamment de ces manœuvres du syndicat de la « caisse noire », employées pour sauver Esterhazy, égarer

(1) Enquête, t. 1, p. 587 et 588.
(2) Enquête, t. 1, p. 836.
(3) Enquête, t. 1, p. 348.

la justice, et empêcher la découverte des crimes perpétrés contre l'officier israélite, quels sont donc les faits pouvant servir de base à l'audacieuse affirmation de certains accusateurs qu'Esterhazy aurait été un « homme de paille », se substituant volontairement à Dreyfus, moyennant indemnité payée par la famille ?

A défaut de faits articulés par les promoteurs de cette proposition, qui se bornent à une affirmation, il importe de rechercher quels ont pu être les actes concernant Esterhazy et son procès, susceptibles de motiver une appréciation aussi extraordinaire.

Quels sont ces faits ?

Ce ne sont pas sans doute les actes de persécution perpétrés sans relâche contre le colonel Picquart, dès qu'il eut découvert la culpabilité d'Esterhazy.

Ce n'est pas son éloignement du ministère de la Guerre, **p. 585** le retrait de ses fonctions, son envoi au milieu des assassins du marquis de Morès (1), qui démontrent qu'Esterhazy soit un homme de paille mis en avant par la famille Dreyfus.

Ce n'est pas la violation de la correspondance de Picquart (2), les perquisitions illégales à son domicile, la fabrication de la fausse lettre Speranza (3), suivie bientôt après de la fabrication de deux autres faux, les télégrammes Blanche et Speranza (4), qui fournissent des éléments de conviction à cet égard.

Si l'officine du service des renseignements, puissamment aidée par le colonel Du Paty, qu'inspire le général Gonse, travaille en grand à la fabrication des preuves, c'est probablement parce qu'elle n'en a pas.

Ce n'est pas davantage la menace d'une mise en réforme suspendue au-dessus de la tête de Picquart, tandis qu'il est appelé à témoigner au procès Esterhazy et au procès Zola (5), qui fournira des arguments à la thèse de l'homme de paille.

Ce n'est pas la mise en réforme du courageux et loyal

---

(1) Picquart, Rennes, t. 1, p. 461.
(2) Picquart, Rennes, t. 1, p. 457, 603. — Enquête, t. 1, p. 832. — Targe. Enquête, t. 1, p. 977.
(3) Picquart. Cass., 1899, t. 1, p. 192. Gonse, Rennes, t. 3, p. 274 et 277.
(4) Picquart. Cass., 1899, t. 1, p. 192 et 200. — Cuignet. Cass., 1899, t. 1, p. 345.
(5) Voyez plus haut, p. 28.

colonel, après son consciencieux témoignage, ce ne sont pas les persécutions contre tous les témoins favorables à Dreyfus ou contraires à Esterhazy, qui fortifieront cette thèse.

Ce n'est pas la fabrication du faux Henry destiné à faire dévier et à falsifier l'instruction Esterhazy, qui peut non plus être invoquée.

Ce ne sont pas davantage les déloyales accusations dirigées contre Picquart, au sujet de communications à Leblois, du dossier des pigeons voyageurs, du dossier Boulot, du dossier secret Dreyfus ; ce n'est pas la falsification du *Petit bleu* au service des renseignements ; ce n'est pas la criminelle accusation de faux, dirigée contre Picquart ; ce ne sont pas ses 80 jours de mise au secret et ses onze mois de prison préventive ; ce n'est pas le raccolage contre lui de faux témoins comme Savignau, Capiaux, Gribelin et autres (1) ; ce n'est pas les ignominies relatives à la dame voilée ; ce n'est pas la fabrication de fausses photographies reproduisant les prétendues entrevues de Carlsruhe ; ce n'est pas la falsification de la comptabilité destinée à étayer une accusation de dilapidation de fonds secrets, ou à démentir des témoignages au moyen de pièces fausses.

LI. — Que sera-ce donc alors ?

Sera-ce l'entrevue de Montsouris, préparée par Henry. Du Paty et Gribelin, où ces trois officiers, affublés de fausses barbes et de lunettes bleues, vont dicter à Esterhazy les mensonges de ses réponses à l'instruction de son procès ?

Sera-ce l'entrevue de même nature, au cimetière Montmartre, les communications incessantes des officiers du service des renseignements avec Esterhazy, soit directes soit par l'intermédiaire de Mme Pays ?

p. 536

Sera-ce la remise à Esterhazy du document libérateur, ou la dictée à lui faite, par les mêmes officiers, des lettres d'odieux chantage, adressées ensuite au ministre de la Guerre et au Président de la République (2) ?

Sans doute, ce n'est rien de tout cela, puisque, pour tenter une excuse de son abominable intervention dans le procès

(1) Picquart. Enquête, t. 1, p. 667 et 668.
(2) Voyez sur tous ces divers points les aveux de Du Paty de Clam, tant au Conseil d'enquête Esterhazy, que dans l'enquête du général Renouard. Cass., 1899, t. 2, p. 175 et suiv., et p. 189 et 207.

Esterhazy, le colonel Du Paty de Clam déclare précisément (1) :

Je n'ai pas cru pouvoir le laisser étrangler sans défense, ni le laisser s'affoler, et puis il fallait savoir qui était réellement Esterhazy. Plusieurs officiers consultés furent de mon avis. La première fois que je le vis, il était déjà prévenu, *sa sincérité me fit voir de suite que ce n'était pas un homme de paille.* Nous l'avons réconforté de notre mieux.

On ne voit pas en effet comment peut être qualifié homme de paille de la famille Dreyfus, cet homme qui (par sincérité, dit le commandant Du Paty), abonde toujours dans le sens des accusateurs de Dreyfus, nie effrontément les choses les plus évidentes, s'appuie pour se défendre sur les faux fabriqués au service des renseignements contre Dreyfus, qui, enfin, lorsque la vérité éclate définitivement, acculé à l'aveu, reconnaît être l'auteur des actes imputés à Dreyfus, mais en déclarant toujours impudemment, avec les faussaires, que Dreyfus est néanmoins coupable.

LII. — Assurément, suivant l'expression même du général Gonse, cet accusé qui reçoit de l'accusation les réponses à faire aux questions posées dans ses interrogatoires « était un accusé qui n'était pas ordinaire, c'était un accusé spécial (2) ».

Ainsi que le déclare Du Paty, les accusateurs le réconfortaient de leur mieux.

Le général Gonse avait bien interdit à Picquart de mêler la dangereuse question du bordereau à son instruction concernant Esterhazy. Mais il était impossible d'éviter cette question après la dénonciation d'Esterhazy. De là sa démarche affolée près de l'agent A., pour lui demander d'affirmer que le bordereau est l'œuvre de Dreyfus.

Est-ce là la preuve qu'Esterhazy est un homme de paille de la famille Dreyfus ?

Les experts seront vus, soyez tranquille, lui déclarent « ceux qui p. 587 le réconfortent de leur mieux ». — L'expert-chimiste sera vu également. Les autres vont très bien, ajoutent-ils encore (3).
— Si vous êtes véritablement les maîtres de l'instruction et des

(1) Conseil d'enquête, Esterhazy. Cass., 1899, t. 2, p. 177.
(2) Gonse. Rennes, t. 2, p. 161, 171 et 172.
(3) Esterhazy. Déposition devant le Consul de France. Enquête, t. 2, p. 492, 495.

experts, leur répond Esterhazy que l'évidence tient toujours en inquiétude, je ne puis que m'en rapporter absolument à vous, mais si cela
vous échappe comme je le crains, je suis dans l'obligation absolue de
démontrer que le bordereau est calqué par Dreyfus avec mon écriture (1).

Pour plus de sûreté, on fera déposer les experts à huis
clos. « Le huis clos, dit le général Gonse, rend les réponses
faciles et permet de supprimer les discussions dangereuses (2). »

Il semble bien que, si quelqu'un agissait derrière cet
« homme de paille », ce n'était pas la famille Dreyfus, mais
bien au contraire les accusateurs de Dreyfus, réglant impudemment tous les mouvements d'Esterhazy.

Aussi le commandant Ravary termine par un rapport pro-
posant une ordonnance de non lieu, l'instruction poursuivie
dans ces conditions invraisemblables et pourtant véritables.

LIII. — Mais ici se place un nouveau faux audacieux,
et particulièrement significatif.

Une simple ordonnance de non lieu eut rendu possible
une reprise de l'instruction sur nouvelles charges. Il faut un
arrêt d'acquittement rendant définitive la mise hors de cause
d'Esterhazy. Esterhazy ira donc devant un Conseil de guerre.

Mais on persuade à ce Conseil de guerre qu'en cas de
charges nouvelles, Esterhazy sera l'objet d'autres poursuites (3).

Pour que ces poursuites soient radicalement impossibles,
*pour que même les actes d'espionnage postérieurs au borde-
reau, soient couverts définitivement par l'arrêt rendu sur
cette instruction mensongère, un faux est pratiqué sur l'ordre
d'informer.*

L'ordre d'informer, écrit tout entier de la main du colonel de Villeroche, portait qu'Esterhazy était accusé d'avoir,
en 1894, pratiqué des machinations ou entretenu des intelligences avec une puissance étrangère.

Alors, quand les manœuvres destinées à fausser toute
l'intruction Ravary sur le bordereau eurent réussi, une main
criminelle gratta et supprima, sur l'original de l'ordre

(1) Rapport Bard, p. 81.
(2) Targe. Enquête, t. 1, p. 96. — Rapport général Gonse, 10 novembre 1896. Enquête, t. 1, p. 97.
(3) De Luxer. Enquête, t. 2, p. 236-237.

d'informer, et sur la copie conforme dressée par le colonel de Villeroche, les mots « *en 1894* ». Les traces du grattage, d'ailleurs non approuvé, sont encore très apparentes (1). Le p. 588 colonel de Villeroche a reconnu que la pièce avait été certainement altérée après être sortie de ses mains (2).

La mise en jugement s'effectue alors sans qu'aucune date soit attribuée aux faits imputés à Esterhazy, et l'acquittement couvre, en conséquence, tous les faits d'espionnage et trahison d'Esterhazy, jusqu'à l'époque où il est intervenu (11 janvier 1898). Le trafic d'Esterhazy avec l'agent A. ayant pris fin en 1896, les accusateurs de Dreyfus étaient désormais assurés qu'aucune poursuite ou condamnation d'Esterhazy ne pourrait intervenir pour faits d'espionnage avec l'agent A. On ne risquait donc plus à l'avenir de voir la foi en la légitimité de la condamnation de Dreyfus entamée, par une condamnation quelconque d'Esterhazy, relative à ses relations avec l'agent A.

Ce nouveau faux et l'idée qui l'inspirait, ne semblent pas indiquer non plus qu'Esterhazy fut un homme de paille de la famille Dreyfus.

LIV. — Quelle est donc enfin la raison justifiant cette géniale conception d'Esterhazy, homme de paille de la famille Dreyfus.

Il faut naturellement la chercher dans les œuvres de M. Bertillon, et spécialement dans son rapport du 6 juillet 1898, intitulé par le général Gonse : « Rapport apporté par M. Bertillon, auquel aucun rapport de ce genre n'avait été demandé ».

Ce rapport, cité par les experts, porte (3) :

L'observateur convaincu de la culpabilité de Dreyfus, qui compare l'écriture d'Esterhazy avec celle du bordereau, est tout d'abord frappé de l'impossibilité théorique de rencontrer autant de points communs entre deux écritures de mains différentes. Supposons ce sosie graphique découvert, il resterait à prouver comment cette heureuse rencontre a pu tomber précisément sur un officier manifestement taré et notamment connu par ses relations avec de hautes personnalités israélites. Pour rendre admissible une accumulation de qualités aussi diverses sur une seule tête, il faudrait au moins qu'il fût possible de rencontrer dans le monde militaire plusieurs dizaines de sujets doués d'une écriture semblable à

(1) Targe. Enquête, t. 1, p. 74.
(2) De Villeroche. Enquête, t. 1, p. 706 et 707.
(3) Enquête, t. 2, p. 378.

celle du bordereau ; je ne crois pas m'avancer beaucoup en déclarant
que l'enquête la plus laborieuse n'y réussirait pas, alors même qu'elle
porterait ses investigations dans l'ensemble du pays sans distinction de
sexe et de profession.

*La preuve qu'Esterhazy est l'homme de paille de la famille
Dreyfus, c'est donc la trop grande force des preuves démonstratives de la culpabilité d'Esterhazy.*

L'exposant est d'accord avec M. Bertillon sur un point :
les preuves de la culpabilité d'Esterhazy sont écrasantes.
Encore faut-il remarquer que M. Bertillon parle ici seulement
d'une partie de ces preuves.

p. 589   Il ne fait état, en ce qui concerne le bordereau, que de la
question écriture, négligeant la question du papier, la question du style et de la terminologie, la question des sujets visés
par le bordereau, toutes questions qui amènent à des conclusions accablantes pour Esterhazy.

M. Bertillon ne fait état, en ce qui concerne les preuves
morales, que des charges d'ordre général, il ne pénètre pas
dans le détail. Il ne relève pas les terribles accusations qui
se dégagent des deux grandes crises traversées par Esterhazy
en 1894 et en 1896, aux moments où commencent et où finissent les relations d'espionnage avec l'agent A.

M. Bertillon ne fait aucunement état des preuves écrasantes que fournissent les notes et documents du service des
renseignements, et de toutes ces pièces qu'on voit successivement passer des mains d'Esterhazy en celles de l'agent A.

M. Bertillon ne fait pas état davantage des déclarations
émanant des représentants de l'étranger, qui, officielles ou
officieuses, directes ou indirectes, expresses ou implicites,
fournissent un ensemble d'une précision et d'une concordance terrifiantes pour les défenseurs d'Esterhazy, si d'aven-
ture il en existe encore.

M. Bertillon oublie les aveux et les explications d'Esterhazy, qui, s'ils ne sont pas indistinctement admissibles,
fournissent, sous le contrôle des faits, des indications utiles,
et donnent la raison possible de la conduite et des actes du
colonel Henry.

M. Bertillon oublie de même de faire état des crimes que
nécessita l'acquittement d'Esterhazy, tout comme la condamnation de Dreyfus.

Et M. Bertillon n'examinant ainsi qu'une infime partie

des preuves de la culpabilité d'Esterhazy, trouve qu'il y en a déjà trop, que l'évidence a déjà trop de force.

Pour la culpabilité d'Esterhazy comme pour l'innocence de Dreyfus, ce qui se dégage nettement du dossier : C'EST LA CERTITUDE.

CINQUIÈME PARTIE p. 591

Conséquences juridiques à déduire des faits établis dans l'instruction

SECTION I : Moyens de cassation et de revision. — *Caractère de l'erreur commise. — Sa genèse. — Les quatre moyens de cassation. — Les treize moyens de revision.*

SECTION II : Conséquence de la revision. — *La cassation sans renvoi serait imposée par les principes relatifs à la prescription, à la qualification des faits, aux effets du décret de grâce, et par la règle du « non bis in idem ». — Raison pour laquelle il n'est point pris de conclusions relativement à l'application de ces principes. — Les deux principes qui imposent la cassation sans renvoi, et la raison pour laquelle il ne peut être renoncé à leur application. — 1° Impossibilité de procéder à de nouveaux débats entre toutes les parties. — 2° Impossibilité de renvoyer Dreyfus devant une nouvelle juridiction alors qu'il ne reste plus rien à juger. — Questions accessoires (indemnité, publicité de l'arrêt). — Conclusions.*

SECTION I

MOYENS DE CASSATION ET DE REVISION

I. — Les faits sont exposés : les conséquences juridiques restent à déduire.

Mais ces conséquences ressortent des faits eux-mêmes avec une telle force et une telle évidence, qu'il suffira sur ce point de brèves explications.

L'exposé des faits a nécessité au contraire des développements d'une longueur inusitée. La Cour voudra bien les excuser : c'était là une œuvre nécessaire.

Assurément, dans cette étude du dossier, où les preuves d'innocence surgissent irrésistibles de toutes parts, il eût été possible et même légitime, d'arrêter la discussion sans la poursuivre jusqu'au bout : chacun des chapitres qui précèdent se suffisait à lui-même, pour autoriser l'exposant à conclure à la revision de la condamnation prononcée en des conditions si étranges contre Dreyfus.

L'intérêt public exigeait davantage.

p. 592   Il serait puéril et vain de se dissimuler que l'affaire Dreyfus a fait éclater le cadre d'un procès judiciaire : la raison en est facile à déterminer.

C'est qu'ici on ne se trouve pas en présence d'une erreur judiciaire pure et simple, comme il s'en est trouvé toujours des exemples trop nombreux, et comme malheureusement il s'en trouvera fatalement toujours, tant que les hommes resteront des hommes.

C'est qu'ici l'erreur a été volontairement perpétuée après que la vérité s'était fait jour ; c'est qu'une coalition d'intérêts inavouables, se couvrant de l'idée sacrée de la Patrie et de l'honneur intangible de l'armée, s'est employée à étouffer la voix de la Justice et à masquer les fraudes commises par les accusateurs.

C'est que, par l'effet de ces manœuvres, un trouble profond a été apporté à la conscience publique ; c'est qu'une tempête de folie a été déchaînée sur le pays tout entier ; c'est que, par l'effet des sophismes s'efforçant de créer une antinomie entre le devoir patriotique et le devoir moral, les meilleurs esprits eux-mêmes n'arrivaient plus à discerner nettement les ordres de la conscience.

Il fallait donc, quelque travail et quelque tristesse qu'il en pût coûter, embrasser l'affaire dans son ensemble, projeter la lumière sur dix ans de calomnies, montrer la genèse de toutes ces misères morales, faire voir comment, la fraude appelant toujours la fraude, les premières fautes commises avaient engendré des crimes. Il fallait exposer comment la justice militaire avait été trompée, par ceux-là mêmes qui devaient être ses plus dévoués auxiliaires.

Il fallait clore définitivement une crise redoutable, provoquée, entretenue et prolongée par les créateurs d'équivoques, qui ont si criminellement exploité l'honneur de l'Armée et l'amour de la Patrie.

Il fallait, à cet effet, tout mettre en lumière et montrer que, grâce à l'instruction de la Chambre criminelle, il n'y a pas ici simplement des présomptions d'innocence et des motifs de revision, mais bien certitude de l'innocence absolue de Dreyfus, certitude de la perpétration par Esterhazy acquitté de l'acte imputé à Dreyfus condamné et, par suite, nécessité de la réhabilitation immédiate du malheureux officier si effroyablement martyrisé.

II. — La tâche est accomplie.

L'exposant a montré comment, à l'origine même de l'affaire, les fureurs antisémites s'étaient déchaînées, dès qu'un soupçon avait effleuré l'officier israélite parvenu, grâce à son intelligence et à son travail, à conquérir un poste dans l'Etat-Major de l'armée, en dépit de l'injustice déjà commise à son égard lors de sa sortie de l'Ecole de guerre.

Il a montré comment ces haines avaient été puissamment secondées par le colonel Henry, personnellement intéressé, semble-t-il, à ce que de déloyales combinaisons établies avec p. 593 le commandant Esterhazy ne fussent pas démasquées.

Il a montré comment Henry, par ses communications à la presse et le chantage exercé sur le ministre de la Guerre, avait rendu nécessaire une poursuite criminelle exercée sans preuve.

Il a montré comment le ministre de la Guerre, obligé ainsi par le chantage antisémite à maintenir contre l'officier juif une accusation dénuée de toute base sérieuse, avait été amené de la sorte, à constituer un dossier secret ; il a montré comment, sous l'empire des mêmes nécessités, le ministre de la Guerre avait été contraint, pour dissimuler l'insigniflance de son dossier secret, d'y faire joindre un commentaire tendancieux et perfide, et comment, pour empêcher que les yeux des juges ne fussent dessillés, dossier secret et commentaire avaient été, par un véritable guet-apens, dérobés à la connaissance de la défense et de l'accusé.

Il a montré comment Henry, pour forcer la condamna-

43

tion, avait créé des charges morales par des rapports mensongers, et créé des preuves par de faux témoignages.

Il a montré comment le dogme de trahison du juif avait été dès lors érigé, comme un article de foi également essentiel à l'honneur de l'Armée et à la défense de la Patrie.

Il a montré comment la vérité, au moment où elle apparaissait, devait être, en ces conditions, combattue par le crime, puisqu'elle ne révélait pas seulement une erreur judiciaire commise, mais aussi les fautes dolosives génératrices de cette erreur.

Il a montré comment les accusateurs, aprè la ruine successive de leurs systèmes d'accusation, en avaient, à quatre reprises, reconstruit de nouveaux avec des éléments frauduleux.

Il a montré comment le maintien volontaire de l'erreur judiciaire de 1894 avait imposé de nouvelles tromperies à l'égard de la justice militaire, et comment la fraude avait, de la sorte, engendré la seconde erreur judiciaire du 11 janvier 1898, emportant acquittement d'Esterhazy, et la troisième erreur judiciaire du 9 septembre 1899, emportant condamnation de Dreyfus.

III. — Cette nouvelle condamnation que le déplacement d'une voix dans le vote des membres du Conseil de guerre eût transformé en acquittement, cette condamnation dont l'autorité était ruinée par l'admission de circonstances atténuantes ne pouvant manifestement trouver leur source qu'en l'innocence même du condamné, est-elle sujette à revision ?

Doit-elle demeurer, au contraire, malgré la certitude absolue de l'innocence du condamné, comme une tache ineffaçable dans les annales de la justice ?

Fort heureusement, les causes de revision abondent.

p. 594   L'instance engagée étant une instance en revision, l'exposant n'insistera pas sur les violations de la loi qui déjà commanderaient, à elles seules, l'annulation de l'arrêt de Rennes.

Il se borne à rappeler que pour rendre possible une nouvelle condamnation, après le premier arrêt des Chambres réunies, quatre illégalités principales avaient été commises à Rennes (1) :

(1) Voir plus haut : deuxième partie, section 1, p. 42.

1° Violation des art. 445 C. instr. crim. et 108 du Code de justice milit., en ce qu'aucun nouvel acte d'accusation n'avait été rédigé pour servir de base aux débats devant la juridiction de renvoi.

2° Violation des articles 445 C. instr, crim. des règles de la compétence et de la chose jugée, en ce que le Conseil de guerre a évoqué des questions qui n'étaient pas renvoyées à son examen, et dont certaines étaient tranchées par arrêt définitif.

3° Violation des art. 7 et 128 du Code de justice milit., 270, 315 et 321 du Code d'instr. crim., en ce que les fonctions de commissaire du gouvernement ont été remplies en fait, non par un officier supérieur, mais par des officiers généraux, plus élevés en grade dans la hiérarchie militaire que le président du Conseil de guerre, officiers qui comparaissaient en qualité de témoins, mais qui, au lieu de déposer sur des faits positifs à leur connaissance personnelle, formulaient après prestation de serment les réquisitions mêmes du commissaire du Gouvernement.

4° Violation des droits de la défense à laquelle on imposait, d'une part, la continuation des débats après la tentative d'assassinat qui avait mis l'un des deux défenseurs dans l'impossibilité de remplir sa mission, et contre laquelle on renouvelait d'autre part, sous une autre forme, le guet-apens de 1894, par la production d'articulations ou pièces clandestines.

Comme en 1899, cette dernière illégalité fournit d'ailleurs, en sus du moyen de cassation, un moyen de revision.

IV. — A côté de ces moyens de cassation, surgissent de multiples moyens de revision. Pour dresser le tableau des faits nouveaux dont la révélation impose la revision de la condamnation, il suffit de reprendre sommairement les différentes parties de l'accusation présentée à Rennes. Chacune d'elles contient une fraude, et fournit son moyen de revision.

Premier fait nouveau (1). — Le premier ordre de faits ou documents mis en avant dans le système d'accusation réédifié à l'usage des juges de Rennes, concernait les préten-

_____

(1) Voir plus haut, troisième partie, section I, p. 72.

dus aveux de Dreyfus. C'est, il est vrai, par une illégalité flagrante, que cette question des aveux définitivement tranchée par l'arrêt des Chambres réunies, avait été reprise à Rennes.

Mais le Conseil de guerre a consacré toute une audience p. 595 (audience du 31 août 1899), aux témoins raccolés par le général Gonse, sur cette question des aveux.

L'enquête a démontré que les dépositions apportées par ces témoins, et les attestations que leur avait fait signer le général Gonse, étaient en discordance et parfois en contradiction flagrante avec les documents signés par ces mêmes témoins, à l'époque même des prétendus aveux.

La découverte du télégramme officiel du commandant Guérin, du 5 janvier 1895, jointe à celle de la lettre du colonel Risbourg, en date du 6 janvier 1895, et à la révélation de la fausseté des dates apposées par le général Gonse sur les pièces constituant son dossier « des aveux », montre d'une part l'inanité de la légende des aveux, et permet, d'autre part, de caractériser les procédés employés pour créer cette légende elle-même.

Deuxième fait nouveau (1). — L'étude du second ordre de faits ou documents présenté aux juges de Rennes, a révélé deux autres faits nouveaux, l'un concernant M. de Valcarlos, l'autre concernant la discussion technique proprement dite.

Les affirmations, prêtées à M. de Valcarlos, qu'il y avait au printemps 1894 un officier traître au deuxième bureau de l'Etat-major de l'armée s'écroulent comme la légende des aveux.

D'une part le témoignage de M. de Valcarlos attestant sous la foi du serment, le 22 mars 1904, qu'il n'a jamais rien dit de semblable, d'autre part la découverte des falsifications de comptabilité préparées pour exalter ou détruire le témoignage de M. de Valcarlos suivant qu'il confirmerait ou dénierait les propos à lui prêtés par les faussaires Guénée et Henry, prouvent d'une manière certaine, que l'existence d'un officier traître au deuxième bureau de l'Etat-major n'avait jamais été authentiquement affirmée.

(1) Voir plus haut, troisième partie, section II, p. 78 à 105.

La base de l'accusation dirigée contre Dreyfus est donc totalement ruinée par ce fait nouveau.

Troisième fait nouveau (1). — Le troisième fait nouveau concerne spécialement ce qu'on a appelé la discussion technique du bordereau.

Il réside dans la découverte soit de l'existence de nombreux documents dissimulés aux juges de Rennes, soit de la dénaturation de pièces visées devant ces mêmes juges.

Ce sont en ce qui concerne la première note du bordereau : 1° la révélation de l'erreur commise par le capitaine Le Rond, erreur signalée dans la déposition du général Balaman, du 13 juin 1904 (2) ; 2° les révélations apportées par le commandant Targe, sur les trahisons de Greiner et les documents par lui livrés, révélations dont le général Deloye a reconnu toute l'importance dans sa déposition du 25 avril 1904 (3).

Ce sont en ce qui concerne la deuxième note du bordereau, les révélations sur la dénaturation complète faite par le général Mercier, de la circulaire du 15 octobre 1894, relative aux troupes de couverture, dont les termes exacts ruinent en réalité l'argumentation technique présentée aux juges de Rennes (4).

Ce sont, en ce qui concerne la troisième note du bordereau, les révélations sur le dossier de la troisième direction **p. 596** relatif à l'organisation de l'artillerie dans le plan de 1895, et sur le projet de règlement des manœuvres de batteries attelées, qui montrent toutes les équivoques et tous les subterfuges de l'argumentation technique du général Mercier (5).

Ce sont, en ce qui concerne la quatrième note, les révélations de M. Hanotaux concernant la divulgation des secrets de l'expédition de Madagascar, et surtout celles de l'enquête du vice-amiral Human, relative aux informations publiées dans la presse à cet égard (6).

Ce sont, en ce qui concerne le manuel de tir, les révéla-

(1) Voir plus haut, troisième partie, section III, p. 105 à 143.
(2) *Ibid.*, p. 119. — (3) *Ibid.*, p. 119 et 120.
(4) Ibid., p. 125.
(5) *Ibid.*, p. 131.
(6) *Ibid.*, p. 133.

tions du commandant Targe, et la lettre du colonel Leclerc, du 19 avril 1899 (1).

Ce sont, en ce qui concerne la phrase finale du bordereau, le témoignage du capitaine de Pouydraguin, du 19 avril 1904, et la lettre du capitaine Janin, montrant non seulement l'impossibilité d'attribuer à Dreyfus la phrase finale du bordereau, mais encore le dol commis pour dissimuler, à cet égard, la vérité aux juges de Rennes (2).

Si l'on veut apprécier la portée de ces multiples révélations en ce qui concerne l'argumentation technique, il suffit de se reporter à l'avis du 18 mai 1904, formulé par la Commission des quatre généraux experts, instituée à cet effet.

Les quatre généraux bornant cependant leur examen aux seules questions techniques d'artillerie, déclarent à l'unanimité, après étude comparée du bordereau et des documents nouvellement révélés, que le bordereau, tel qu'il est conçu, n'a pu être écrit en 1894 par un artilleur.

A cet avis relatif aux questions d'artillerie et déjà décisif par lui-même, il faut encore joindre les documents et révélations ne concernant pas l'artillerie, notamment les faits monstrueux révélés par le capitaine de Pouydraguin.

Les révélations nouvelles ont eu ici pour effet non seulement de démontrer l'inexactitude matérielle de l'argumentation de l'accusation à Rennes, mais d'établir l'impossibilité technique d'attribuer le bordereau à Dreyfus.

Le fait nouveau transforme en une preuve d'innocence **p. 597** l'argumentation technique présentée comme une charge par l'accusation devant le Conseil de guerre de Rennes.

Quatrième fait nouveau (3). — L'étude du dossier secret (troisième ordre de faits et documents de l'accusation à Rennes) fournit aussi une ample moisson de révélations nouvelles.

La révélation de la falsification de la pièce n° 371, où l'initiale accusatrice D. avait été substituée par une main criminelle à la lettre réelle P., est un fait nouveau d'importance considérable, étant donné l'usage qui a été fait de cette pièce à Rennes.

(1) *Ibid.*, p. 137.
(2) *Ibid.*, p. 141 et 142.
(3) Voir plus haut, troisième partie. Section IV, p. 143 à 164.

On peut grouper autour de ce fait nouveau :

1° La dissimulation d'une pièce du 25 mai 1892, révélant la fuite de plans directeurs avant l'arrivée de Dreyfus au ministère (1) ;

2° La dissimulation d'un rapport du général Davignon, du 28 juillet 1898, faisant connaître que les fuites de plans directeurs ne provenaient certainement pas de l'Ecole de guerre (2) où Dreyfus était en 1892 ;

3° La dissimulation d'une pièce du 7 décembre 1897, faisant connaître qu'après la déportation de Dreyfus, les fuites de plans directeurs continuaient toujours (3) ;

4° La dissimulation d'une note de 1893, faisant connaître le prix et le mode de paiement des plans directeurs, qui excluait d'une façon péremptoire la personnalité de Dreyfus comme auteur possible de ces livraisons de plans directeurs (4) ;

5° La falsification de la date portée sur la pièce « Ce canaille de D. » (5).

L'ensemble de ces révélations nouvelles démontre encore avec évidence non seulement l'innocence de Dreyfus, mais la fraude de ses accusateurs.

Cinquième fait nouveau (6). — Le cinquième fait nouveau concerne l'obus Robin et le chargement des obus en mélinite. Il réside encore dans la révélation de pièces dissimulées :

1° Note du Comité de l'artillerie du 9 février 1899 ;

2° Note de l'Ecole de pyrotechnie, du 8 février 1899 (7) ;

3° Note de la direction de l'artillerie, du 23 mai 1898 (8) ;

4° Pièces du dossier Greiner (9), et du dossier Boutonnet (10).

(1) Voir plus haut, p. 153.
(2) *Ibid.*, p. 154. — Conf., p. 158, note 2.
(3) *Ibid.*, p. 154.
(4) *Ibid.*, p. 155.
(5) *Ibid.*, p. 156 et suiv.
(6) Voir plus haut. Troisième partie. Section V et VI, p. 165 à 173 et p. 173 à 181.
(7) *Ibid.*, p. 177 et 179.
(8) *Ibid.*, p. 178.
(9) *Ibid.*, p. 180. — (10) *Ibid.*, p. 171 et 180.

p. 598   Sur ce point encore, l'importance des révélations nouvelles est établie par l'avis des quatre généraux experts techniques.

Sixième fait nouveau (1). — Il concerne la question relative aux cours de l'Ecole de guerre. Il réside dans un faux
témoignage du lieutenant-colonel Rollin, mis en lumière par
la déposition du commandant Cuignet, du 14 mai 1904.

Si le Commissaire du Gouvernement n'a pas, à Rennes,
relevé ce chef d'accusation dans son réquisitoire, il n'en est
pas moins vrai que les pièces du dossier secret le formulaient
d'une manière impressionnante, et que la question des prétendus fascicules manquant aux collections saisies chez Dreyfus avait été retenue comme une charge grave par certains
membres du Conseil de guerre. Cela est établi précisément
par les questions posées au lieutenant-colonel Rollin, qui y
répondait.

Le sixième fait nouveau a donc une réelle importance.

Septième fait nouveau (2). — Ce fait est relatif à l'accusation concernant la livraison de documents sur l'attribution
de l'artillerie lourde aux armées.

Toute l'accusation reposait sur le prétendu fait de disparition d'une minute confidentielle du commandant Bayle,
relative à cet objet.

Les dépositions du commandant Targe et du capitaine
Hallouin ont établi que la minute du commandant Bayle,
d'ailleurs produite à la Cour, avait été retrouvée très facilement là où elle devait être classée, et où elle n'avait pas été
cherchée par les accusateurs.

La production de cette minute, que l'accusation prétendait disparue, est un fait nouveau qui se passe de commentaire.

Huitième fait nouveau (3). — Le huitième fait réside dans
la découverte d'un nouveau crime de faux. Il s'agit de la
falsification de la pièce 26 du dossier secret, dont la main
criminelle d'Henry avait changé la date, pour transformer
une preuve d'innocence de Dreyfus en une preuve de culpabilité.

(1) Troisième partie, section VII, p. 181 à 192.
(2) Voir plus haut. Troisième partie, section III, p. 192 à 202.
(3 Voir plus haut. Troisième partie, section IX, p. 203 à 214.

Neuvième fait nouveau (1). — Le faux témoignage sensationnel de Cernuszky, avec les circonstances aggravantes dans lesquelles il s'est produit, constitue le neuvième fait nouveau qui impose la revision.

On peut en rapprocher les révélations sur l'inexactitude de la déposition du commandant Dervieu (2), du témoin Du Breuil (3), sur le faux témoignage du boyaudier Villon (4), **p. 599** et du sieur Savignaud (5) sur la valeur du témoignage du colonel Fleur (6), sur le raccolage des témoins contre Dreyfus (7).

L'ensemble est édifiant.

Dixième fait nouveau (8). — L'étude concernant le quatrième ordre de considérations invoqué par l'accusation à Rennes (cryptographie) a révélé le dixième fait nouveau. La vérification des mesures et des planches de M. Bertillon effectuée par les savants les plus éminents, et à l'aide d'instruments de précision, a révélé que l'œuvre de M. Bertillon et de ses commentateurs était une œuvre de folie ou une œuvre d'imposture.

On objecterait vainement que la vérification des calculs effectuée à Rennes par M. Bernard avait déjà révélé le fait. Cette vérification forcément incomplète n'avait pu ruiner l'œuvre tout entière.

L'exercice mnémonique auquel s'était livré M. Bertillon en écrivant devant les juges une partie du bordereau avait pu faire impression. La preuve s'en trouve dans la « brochure verte » produite à la Cour, où postérieurement au procès de Rennes, certaines personnes, se déclarant en état de raisonner, affirment encore leur foi en l'œuvre de M. Bertillon (9).

La révélation de la fausseté matérielle de toutes les prétendues constatations et de toutes les planches de M. Bertil-

(1) Voir plus haut. Troisième partie, section X, p. 214 à 248.
(2) *Ibid.*, p. 343.
(3) *Ibid.*, p. 348.
(4) *Ibid.*, p. 360.
(5) *Ibid.*, p. 366.
(6) *Ibid.*, p. 364.
(7) *Ibid.*, p. 366 et suiv.
(8) Voir plus haut. Troisième partie, section XI, p. 248 à 337.
(9) *Ibid.*, p. 252.

lon, est un fait nouveau d'une importance d'autant plus considérable, que, comme on l'a montré (1), le système cryptographique de M. Bertillon était devenu une des assises nécessaires de l'accusation, après la constatation de l'identité d'écriture existant entre le bordereau et les lettres d'Esterhazy.

Le fait nouveau ruinant l'œuvre de M. Bertillon amène donc par là même l'écroulement total du système d'accusation, si péniblement réédifié pour la quatrième fois contre Dreyfus.

Onzième fait nouveau (2). — Le onzième fait nouveau est fourni par les déclarations officieuses émanant des personnages étrangers, qualifiés pour connaître la vérité.

Pour écarter les déclarations *officielles* de l'étranger, l'accusation alléguait que ces déclarations, dictées par la raison d'État, ne méritaient aucune créance. Cette allégation ne peut plus être reproduite contre des déclarations purement officieuses faites à titre privé, et dans des correspondances ou entretiens particuliers. Or l'instruction a révélé quantité de ces déclarations officieuses qui sont absolument formelles.

Comme ces déclarations, à raison de leur caractère purement privé, échappent à la fin de non-recevoir opposée par les accusateurs aux déclarations diplomatiques, elles ne peuvent pas, même dans la thèse des accusateurs, ne pas être retenues aux débats ; et retenues aux débats, elles ruinent totalement l'accusation.

Ce faisceau de déclarations officieuses et privées provenant des agents étrangers, qualifiés pour connaître personnellement la vérité sur les faits de l'accusation, comprend :

1° La déclaration du colonel Panizzardi au commandant de Fontenillat, du 6 novembre 1897 (3) ;

2° La déclaration du colonel de Schwartzkoppen au colonel Chauvet, de 1896 (4) ;

3° Les lettres du général de Schwartzkoppen, des 6 sep-

<p. 600 in margin>

(1) *Ibid.*, p. 61 et suiv.
(2) Voir plus haut. Troisième partie, section XII, § 3, p. 455 à 470.
(3) Voir plus haut, p. 455.
(4) *Ibid.*, p. 457.

tembre 1900, 24 septembre 1900 et 21 mai 1904, à M. Sandoz (1) ;

4° La lettre de M. de Schwartzkoppen à M. Reinach, du
14 juillet 1901 (2) ;

5° Les déclarations et lettre du major Dahme au colonel
Peroz, en date de septembre 1899 et du 13 mai 1904 (3) ;

6° La lettre du comte de Münster à M. Reinach, du
20 mai 1901 (5) ;

8° Les déclarations du prince de Monaco, du 28 avril 1903
et 11 juillet 1904 (6) ;

9° Les déclarations de M. Ressmann à Mme la marquise
Arconati Visconti et à M. Reinach (7) ;

10° Les déclarations du général Panizzardi à M. Semenoff (8) ;

*Il est à noter d'ailleurs que parmi ces déclarations, celles
du major Dahme au colonel Peroz et celles de M. de Münster
à M. Reinach, contiennent à côté de l'affirmation de l'innocence de Dreyfus, l'aveu formel des relations de l'agent A.
avec Esterhazy, ce qui constitue indiscutablement un fait
nouveau d'une importance considérable.*

Douzième fait nouveau (9). — Le douzième fait nouveau **p. 601**
est analogue à l'un des faits retenus par les Chambres réunies dans leur arrêt du 4 juin 1899. Il concerne la révélation
de la fausseté d'une des articulations de l'accusation, produite aux juges en dehors des débats et de la défense.

Il est certain que les juges ont fait état du bordereau
annoté, soit que le document leur ait été matériellement produit, soit qu'ils aient été chercher d'eux-mêmes en dehors
des débats cet élément d'appréciation.

(1) *Ibid.*, p. 459.
(2) *Ibid.*, p. 460.
(3) *Ibid.*, p. 462 à 464.
(4) *Ibid.*, p. 466.
(5) *Ibid.*, p. 466-467.
(6) *Ibid.*, p. 467-468.
(7) *Ibid.*, p. 469.
(8) *Ibid.*, p. 469.
(9) Voir plus haut. Troisième partie, section XIII, p. 472 à 523.

Il est certain que le général Mercier les a induits en erreur par son faux témoignage sur « la nuit historique », imaginée pour les besoins de sa défense personnelle.

Il est certain que nuit historique, bordereau annoté, lettre de l'empereur d'Allemagne sont autant d'impostures et de faux.

Ce fait nouveau encore impose donc aussi la revision.

Treizième fait nouveau (1). — Le treizième fait nouveau concerne Esterhazy et Henry. Sans descendre dans le détail des révélations nouvelles exposées dans la quatrième partie du présent mémoire, il suffit de rappeler ici les documents les plus importants révélés par l'enquête en ce qui concerne Esterhazy et Henry, et projetant sur l'affaire Dreyfus-Esterhazy une lumière décisive.

Ce sont :

1° Le memento de Schwartzkoppen de mars 1896 (2), qui, rapproché du *Petit bleu* de la même date, forme désormais une preuve complète des relations d'espionnage entre Schwartzkoppen et Esterhazy ;

2° Les notes d'un de nos agents de Berlin, d'avril 1895 (3), dont l'importance singulière se trouve soulignée, lorsqu'on les rapproche de la déposition Desvernine à Rennes. La constatation de visites fréquentes faites ostensiblement par Esterhazy à l'agent A. considérée, dit Desvernine, comme négligeable (4), eût pris un caractère d'une extrême gravité, si on s'était reporté aux notes de l'agent de Berlin, si soigneusement dissimulées ;

3° Les révélations relatives aux rapports clandestins d'Esterhazy et de Guénée (le bras droit d'Henry) (5) ;

4° Les révélations *relatives à l'agent R.* (6), qui, à l'époque même du bordereau, fournit à l'Allemagne, précisément sur les sujets visés au bordereau, des renseignements faux

(1) Voir plus haut. Quatrième partie, p. 523 à 587.
(2) Enquête, t. 1, p. 11. — Voir plus haut, p. 542.
(3) *Ibid.*, p. 11. — Voir plus haut, p. 543.
(4) Rennes, t. 2, p. 253, *in fine*. — Voir plus haut, p. 542-543.
(5) Targe. Enquête, t. 1, p. 979, Lauth. Enquête, t. 2, p. 45. Voir plus haut, p. 552.
(6) Targe. Enquête, p. 979 ; Lauth. Enquête, t. 2, p. 45. Voir plus haut, p. 552 et 553.

rédigés par Henry ; et ces révélations doivent être rappro- chées encore du *Petit bleu*, par lequel en mars 1896, l'agent A. demande à Esterhazy, si oui ou non il peut conti- **p. 602** nuer les relations *avec la maison R. ;*

5° Les révélations relatives à l'arrivée du bordereau qui n'est point parvenu par la voie ordinaire, révélations qui font apparaître la connivence d'Henry et d'Esterhazy. (Déposition de la femme Bastian, rapprochée des dépositions Lauth et Matton. — Lettres d'Henry à la femme Bastian, des 25 et 28 septembre 1894) (1).

L'ensemble de ces révélations sur le rôle joué respectivement par Henry et Esterhazy donne lieu à une reconstitution toute différente des faits servant de base à l'accusation. Il y a donc là un fait nouveau de la plus haute gravité.

Les déductions juridiques à tirer de l'étude du dossier et de l'instruction se résument donc en peu de mots, sans qu'il soit besoin d'entrer en de plus amples détails.

Quatre illégalités fondamentales eussent commandé la cassation de l'arrêt de Rennes ; treize moyens de revision en imposent l'annulation.

SECTION II

CONSÉQUENCES DE LA REVISION — LA CASSATION

I. — L'annulation de l'inique condamnation prononcée contre le capitaine Dreyfus est donc certaine.

Mais quelles seront les conséquences de cette annulation prononcée par voie de revision ? Cette revision entraînera-t-elle un renvoi devant une nouvelle juridiction ?

De multiples raisons d'ordre juridique s'opposeraient en réalité à ce renvoi.

Il faut d'abord observer que le dernier acte de poursuite valablement exercé contre Dreyfus remonte à l'arrêt du Conseil de revision en date du 31 décembre 1894. Depuis lors, sont intervenus, il est vrai, les actes du procès de Rennes. Mais l'ordre de mise en jugement du 23 juillet 1899, qui n'a

---

(1) Bastian. Enquête, t .1, p. 308 ; Lauth. Enquête, t. 1, p. 524 ; Matton. Enquête, t. 1, p. 240. Voir plus haut, p. 574 et suiv.

été précédé ni d'un nouvel ordre d'informer, ni d'un nouveau rapport, est à raison des violations de la loi déjà relevées plus haut entaché d'une nullité radicale (1).

Il en résulte que cet acte initial de la procédure de Rennes étant nul, toute la procédure qui l'a suivi est entachée du même vice, et tombe avec lui.

p. 603 On se trouve donc en présence d'un fait criminel ou délictueux remontant à plus de dix années, et pour lequel aucune action judiciaire n'est désormais possible aux termes des art. 637 et suiv., C. instr. crim., puisqu'aucun acte de poursuite valable n'a eu lieu depuis le 31 décembre 1894.

Il semblerait d'ailleurs difficile d'invoquer, comme interruptifs de prescription, les actes de poursuite dirigés contre Esterhazy. Pour n'en citer qu'une raison : on se trouve encore dans le procès Esterhazy en présence d'un ordre d'informer nul ! L'officier qui l'a rédigé, le lieutenant-colonel de Villeroche, a dû le reconnaître lui-même dans sa déposition du 9 décembre 1904 (2).

Sans même entrer dans ces questions de procédure, il est manifeste que les faits de la cause, en les supposant établis, ont été illégalement qualifiés. Jamais Esterhazy, pas plus que Dreyfus, n'a commis, en perpétrant les actes révélés dans les rapports Ravary ou d'Ormescheville, le crime prévu par l'art. 76 C. pén., c'est-à-dire le crime politique jadis commis par les émigrés.

Les rapports d'Ormescheville et Ravary visaient, en réalité, des faits prévus et qualifiés par la loi du 18 avril 1886 sur l'espionnage ; il suffit, pour s'en convaincre, de lire et de comparer les textes :

L'art. 76 C. pén. définit et punit la trahison :

Quiconque aura pratiqué des machinations ou entretenu des intelligences avec les puissances étrangères ou leurs agents pour les engager à commettre des hostilités ou entreprendre la guerre contre la France, ou pour leur en procurer les moyens, sera puni de mort.

(La peine de la déportation dans une enceinte fortifiée a été substituée à la peine de mort, en matière politique, par l'art. 5 de la Constitution du 4 novembre 1848.)

Les éléments du crime de trahison sont donc : 1° l'exis-

(1) Voir plus haut. Deuxième partie, section première, p. 43 et suiv.
(2) Enquête, t. 1, p. 706 et 707.

tence de machinations ou intelligences avec les puissances étrangères ou leurs agents, c'est-à-dire *la conspiration ;* 2° l'intention ou le but de provoquer des hostilités contre la France ou d'en procurer les moyens.

L'art. 1er de la loi du 18 avril 1886, d'autre part, punit d'un emprisonnement de 2 à 5 ans et d'une amende de 1.000 à 5.000 francs,

...tout fonctionnaire public, agent ou préposé du gouvernement qui aura livré ou communiqué à une personne non qualifiée pour en prendre connaissance, ou qui aura divulgué en tout ou en partie les plans, écrits ou documents secrets, intéressant la défense du territoire ou la sûreté extérieure de l'Etat, qui lui étaient confiés ou dont il avait connaissance à raison de ses fonctions.

Le rapprochement de ces deux textes impose une conclusion : elle est formulée en ces termes par M. le professeur Garraud, dans son *Traité de droit pénal.*

La loi exige, chez l'agent (dans l'art. 76 C. pén.) une intention caractérisée, une provocation par intelligences ou machinations à commettre des hostilités. p. 604

Les actes d'espionnage en temps de paix ne tombent pas sous le coup de l'art. 76. Ils sont aujourd'hui réprimés par la loi du 18 avril 1886 (1).

Telle est, en effet, la jurisprudence constante des tribunaux judiciaires. Un relevé des décisions rendues en pareille matière la met en évidence.

— Affaire *Blondeau,* 21 février 1889, 9e chambre du Tribunal de la Seine. — Blondeau, ancien sous-officier du génie, employé au ministère des Travaux publics, est condamné à cinq ans de prison et 1.000 francs d'amende, pour avoir offert en vente, à un agent allemand, le plan du fort de Liouville.

— Affaire *Wanauld,* dit *comte de Mahlberg,* 14 janvier 1890, 9e chambre du Tribunal de la Seine. — Wanauld est condamné à cinq ans de prison et 3.000 francs d'amende, pour avoir livré à l'agent d'une puissance étrangère des documents et renseignements énumérés dans un questionnaire que celui-ci lui avait dicté.

Affaire *Bonnet,* 10 octobre 1890, Tribunal de Nancy. — Bonnet, ancien officier, est condamné à cinq ans de prison

(1) Garraud. *Traité du droit pénal,* t. 2, p. 525 et 526. — Conf. 2e édit. du même ouvrage, t. 3, p. 280.

et 5.000 francs d'amende, pour avoir communiqué à l'agent d'une puissance étrangère, des plans et documents intéressant la sûreté de l'Etat.

— Affaire *Theyssen*, 11 avril 1901, 10ᵉ chambre du Tribunal de la Seine. — Theyssen est condamné à cinq ans de prison et 3.000 francs d'amende, pour avoir livré à un agent allemand des documents secrets.

— Affaire dite *de la mélinite*, 17 juin 1891, 10ᵉ chambre du Tribunal de la Seine. — Turpin est condamné à cinq ans de prison et 2.000 francs d'amende ; Triponé à cinq ans de prison et 3.000 francs d'amende et Feuvrier à deux ans de prison et 500 francs d'amende.

— Affaire *Aurilio*, 8 avril 1892, Tribunal de Toulon. — Aurilio, étudiant italien, est condamné à quatre ans de prison et 1.000 francs d'amende, notamment pour s'être procuré deux manuels et un cahier sur les torpilles.

— Affaire *Millescamps*, 23 janvier 1894, 8ᵉ chambre du Tribunal de la Seine. — La veuve Millescamps est condamnée à cinq ans de prison et 1.000 francs d'amende, pour avoir communiqué à diverses personnes une liasse de documents appartenant à un sieur X... agent français d'espionnage, et dont elle s'était emparée.

— Affaire *Guillot*, 23 janvier 1897, 9ᵉ chambre du Tribunal de la Seine. — Guillot, ancien capitaine d'infanterie, est condamné à cinq ans de prison et 3.000 francs d'amende, pour avoir livré divers documents ou renseignements, notamment le *Mémorial de l'artillerie* des années 1887, 1888, 1889, dont chaque exemplaire lui avait été payé 100 francs.

p. 605

— Affaire *Greiner*, 6 septembre 1892. Cour d'assises de la Seine. — Greiner, ancien sous-officier d'infanterie de marine, employé à l'Etat-major général de la Marine, est condamné à vingt ans de travaux forcés, pour avoir volé, dans les bureaux du ministère, des pièces et documents relatifs à la défense du territoire pour la plupart, absolument confidentiels, et pour avoir ensuite communiqué, à prix d'argent, ces pièces et documents à un officier attaché à une légation étrangère.

Le délit d'espionnage établi à la charge de Greiner était connexe aux crimes de vol qualifié, antérieurement commis par lui. A raison de cette connexité, Greiner fut traduit, pour tous les faits, devant le jury de la Seine.

La Cour de Cassation déclare de même que « l'inculpation d'avoir, depuis moins de trois ans, ayant eu connaissance de renseignements contenus dans des écrits ou documents secrets intéressant la défense du territoire ou la sûreté extérieure de l'Etat, communiqué ou divulgué lesdits renseignements, *renferme tous les éléments de fait constitutifs du délit prévu par les art. 1 et 2 de la loi du 18 avril 1886.*» (Crim., 23 janvier 1896, B. cr. 33-53.)

Or Dreyfus a été jugé à Rennes sur la question formulée par l'arrêt de renvoi en ces termes :

> Dreyfus est-il coupable d'avoir, en 1894, pratiqué des machinations ou entretenu des intelligences avec une puissance étrangère ou un de ses agents, pour l'engager à commettre des hostilités ou entreprendre la guerre contre la France, ou pour lui en procurer les moyens en lui livrant des notes et documents mentionnés dans le bordereau sus-énoncé.

Il est à remarquer que l'accusation ainsi formulée pouvait conduire, soit à l'application de l'art. 76 C. pén., soit à l'application de la loi de 1886, suivant que la livraison des notes et documents aurait été ou non accompagnée de machinations, de conspiration ayant pour but de provoquer des hostilités.

Aussi l'arrêt de la Cour de Cassation s'abstenait de qualifier les faits et de viser le texte applicable.

Or *rien dans les débats de Rennes n'a été articulé, ni en ce qui concerne l'existence d'une conspiration, ni en ce qui concerne l'intention de provoquer des hostilités.*

Aucun rapport n'a d'ailleurs été rédigé pour relever ces éléments essentiels du crime de trahison.

Aujourd'hui, après l'instruction, l'absence complète de ces éléments du crime de trahison dans les faits imputés à p. 606 Dreyfus et à Esterhazy, est absolument certaine.

A moins de décider que la livraison de documents intéressant la défense du territoire ou la sûreté extérieure de l'Etat *implique nécessairement* la conspiration et l'intention de provoquer des hostilités (*ce qui constituerait l'abrogation pure et simple de la loi du 18 avril 1886 et son remplacement par l'art. 76 C. pén.*), il est donc manifeste, aujourd'hui, que les faits relevés par l'accusation contiennent seulement les éléments du délit d'espionnage.

44

Or si l'on est en présence de faits qualifiés délit, il est certain qu'aucun acte de poursuite valable ou nul n'ayant été exercé depuis trois ans, la prescription de l'action publique interdirait tout renvoi.

III. — D'autre part encore, le décret de grâce, intervenu le 19 septembre 1899, sur l'initiative du ministre de la Guerre, ferait encore juridiquement obstacle au renvoi.

Il place en effet le bénéficiaire dans la situation légale du condamné qui a subi sa peine.

Or, comme l'établissait M. le Procureur général Renouard, dans un réquisitoire très fortement motivé, du 7 mai 1874, et comme l'a jugé la Cour de Cassation par arrêt du 15 mai 1874 (B. cr., 134-258), rendu sur ce réquisitoire, le condamné qui a prescrit ou subi sa peine, *ne peut plus revêtir à nouveau la qualité d'accusé.*

Après avoir payé sa dette à la société, il ne peut être renvoyé devant des juges appelés à décider s'il doit, en cas de culpabilité, *la payer une seconde fois.*

Nulle assimilation n'est possible entre le cas du condamné qui a subi sa peine et qui se pourvoit en revision, et celui du condamné qui vient de voir déterminer la peine à lui infligée par la société et qui se pourvoit en cassation.

Le premier a payé sa dette sociale, le second, loin de l'avoir payée, plaide pour faire déterminer l'étendue de cette dette sociale, non encore fixée par arrêt définitif.

Admettre qu'on puisse imposer au premier, pour les mêmes faits, une seconde dette sociale, après le paiement de la première, c'est violer d'une manière flagrante la règle du « *non bis in idem* ».

Cependant, la Cour a rendu des arrêts contraires à sa première jurisprudence. Ce revirement de jurisprudence a créé pratiquement des difficultés tellement inextricables, il expose à des iniquités tellement monstrueuses, qu'il ne peut être considéré comme définitif. Il est d'ailleurs aujourd'hui condamné par la doctrine (Voy., la dissertation de M. le professeur Appleton, dans la *Revue générale de Droit*, de 1904 (1) :

p. 637 l'étude de M. Manau, premier président honoraire de la Cour de Cassation, *Gazette des Tribunaux*, des 28 et 29 octo-

(1) Revue générale de Droit, 1904, p. 485.

bre 1902 ; et le commentaire de M. le professeur Garçon, *Journal des Parquets* 1903, première partie p. 28 et suiv.).

IV. — Ces multiples raisons imposeraient donc, une cassation sans renvoi.

Mais, comme en 1899, lors de la première revision, l'avocat soussigné doit s'incliner devant la volonté formelle du capitaine Dreyfus. *Il n'y aura donc, dans le présent mémoire, aucunes conclusions basées sur les principes concernant la prescription, la qualification légale des faits, le décret de grâce ou la peine exécutée.*

Toutefois, si le défenseur doit, en la cause, déférer aux scrupules honorables d'un officier martyr, il est un point sur lequel la conscience ne permet pas de transiger dans cette question de cassation avec ou sans renvoi.

Il est loisible à un avocat, pour donner satisfaction aux sentiments chevaleresques de son client, de fermer les yeux sur les questions qui viennent d'être rappelées.

Qu'une juridiction de renvoi, en effet, soit appelée à statuer sur une action publique en réalité éteinte par la prescription, que les faits soient illégalement qualifiés, que le condamné après la peine subie soit, par une fiction antijuridique autant qu'irrationnelle, revêtu à nouveau de la qualité d'accusé, ce sont là des erreurs de droit dont l'avocat peut, sur l'ordre de son client, endosser la responsabilité. Elles ne compromettent pas, en effet, la justice elle-même : elles laissent en pleine liberté la juridiction de renvoi statuer en toute équité sur la question capitale, c'est-à-dire sur la question d'innocence et de culpabilité.

Mais si la méconnaissance d'autres principes juridiques doit avoir pour effet nécessaire de jeter la juridiction de renvoi en de véritables embûches, et de la placer en conditions telles qu'elle se trouverait en quelque sorte fatalement vouée à l'erreur, l'avocat ne saurait user de la même condescendance, sans trahir son devoir d'auxiliaire de la justice.

Ceci dit pour déterminer nettement la raison qui a dicté les conclusions prises devant la Cour, l'exposant aborde l'examen des deux principes qui commandent en l'espèce la cassation sans renvoi, et dont la violation ferait des nouveaux débats tout à la fois un véritable piège tendu à la bonne foi des juges et une comédie indigne de la justice.

V. — L'art. 445, C. inst. crim., formule un principe général, dont il indique lui-même quelques applications.

La Cour de Cassation statue au fond sans cassation préalable ni renvoi, *lorsqu'il ne pourra être procédé de nouveau à des débats oraux entre toutes les parties.*

p. 608
Cette disposition a été introduite dans notre législation par la loi du 29 juin 1867. La question de savoir quelle serait la juridiction normale en matière de revision, dans quel cas il y aurait lieu à renvoi, et pourquoi il ne pouvait y avoir lieu à renvoi en cas d'impossibilité de nouveaux débats oraux entre toutes les parties, a été alors très nettement exposée. Si longue que soit la citation, il faut rappeler ici ce que disait à cet égard le remarquable exposé des motifs dû à M. le conseiller d'Etat Pinard (1) :

Juridiction. — Quelle sera la juridiction? Le Code d'instruction criminelle qui n'admet la revision au profit du décédé que dans un seul cas, et qui la limite aux crimes, attribue compétence à la Cour de Cassation et au Jury : à la Cour de Cassation vis-à-vis du condamné décédé, au jury, vis-à-vis des condamnés vivants. Le projet actuel qui élargit les conditions de la revision soulève à un point de vue plus général la question d'attribution. Doit-on donner tous les cas de revision à une seule juridiction. Doit-on, suivant les cas très différents de la revision, saisir des juridictions également différentes?

Un premier système constituerait la Cour de Cassation juge unique de la revision dans tous les cas. Que le débat oral et contradictoire soit possible ou impossible, que le condamné soit vivant ou décédé, que la lutte s'engage entre deux vivants ou entre deux morts, entre un vivant et un mort ou un absent, la Cour suprême serait seule investie du pouvoir de reviser. — En faveur de cette compétence, on peut insister sur le caractère élevé du tribunal auquel elle serait attribuée. Placé au-dessus de toutes les juridictions, il est le seul qui brise leurs sentences quand elles ont violé la loi. Par sa composition, comme par le caractère de ses attributions si délicates et si nombreuses, n'est-il pas naturellement indiqué comme le véritable juge de la revision? Il casse les arrêts : pourquoi ne les reviserait-il pas? Reviser n'implique pas en réalité un renvoi devant le même juge qui a rendu la première sentence ; mais reviser, implique un second examen offrant des garanties égales à celles qu'avait l'accusé lors de son premier procès. Or, rompu par une pratique quotidienne aux affaires les plus compliquées, le magistrat qui parvient à la Cour de Cassation après une longue carrière, saura, mieux qu'un autre, atteindre le double but qu'il faut poursuivre en matière de revision. Il s'agit de justifier et de proclamer l'innocence, ou de déjouer une trame ourdie souvent entre deux coupables. Pour venger l'homme injustement sacrifié, ou sauver la vérité judiciaire, le juge suprême donne les garanties cherchées. Ces garanties sont d'un ordre au moins égal à celles qui avaient entouré la première sentence. Elles grandissent peut-être, au lieu de s'affaiblir. — L'arrêt rendu par la Cour de Cassation aurait, en outre, l'avantage d'être motivé et des considérants pré-

(1) Dalloz, 1867, 4, 64.

cisant le passé, expliquant le présent, seraient un bénéfice pour tous. Le condamné, les témoins, le ministère public, ne sont-ils pas intéressés, à des degrés divers, à ce que la lumière soit ainsi faite ? — Si des charges matérielles s'élèvent encore contre le condamné, l'arrêt motivé peut dire les circonstances qui détruisent leur caractère apparent. Si les témoins ont été de bonne foi, l'arrêt peut sauver leur honneur en les signalant eux-mêmes comme les secondes victimes de l'erreur involontaire qu'ils ont déplorée. Si le ministère public a poursuivi, sans passion comme sans légèreté, l'arrêt peut expliquer à tous les fatales coïncidences qui l'ont trompé.

Il y aura toujours une distance immense entre un verdict nécessairement sans motifs comme celui du jury et un arrêt procédant au contraire par des considérants pour aboutir au dispositif. Le verdict n'affirme qu'un acquittement. Or, derrière tout acquittement, peut se placer le doute comme la certitude : le mystère est encore là. Le jury a-t-il cru à l'innocence ou n'a-t-il trouvé que des preuves insuffisantes ? Dans toute hypothèse, il doit se taire sur les charges de l'accusation, sur les témoins, sur l'action publique. L'arrêt, au contraire, affirme tout ce qui est essentiel en matière de revision : il précise, il met en relief chacun des éléments qui font la part de tous, et il proclame l'évidence là où l'évidence se fait. p. 609

Enfin, la Cour de Cassation, juge de la revision, ne brise que le mauvais jugement et ne laisse subsister que le bon ; elle n'anéantit pas deux fois la chose jugée, lorsqu'il n'est nécessaire de la détruire qu'une fois. Elle atteint le but, elle ne le dépasse pas. Le condamné bien jugé et qui a droit à garder le bénéfice d'un sentence qu'il a su rendre modérée par son aveu et son attitude, ne sera plus renvoyé à de nouveaux débats et exposé à une peine plus forte. La société et la partie civile, protégées par une répression justifiée et désormais acquise, n'auront plus à courir les chances nouvelles d'une condamnation dérisoire et d'un acquittement scandaleux.

A côté de ce système, qui attribue tous les cas de revision à la Cour de Cassation, un autre investirait, au contraire, soit le jury, soit la juridiction correctionnelle d'une compétence absolue. Dans le premier système, la Cour de Cassation est toujours juge ; dans le second, elle serait toujours exclue. Pour justifier cette attribution au jury et au juge correctionnel de tous les procès en revision, on met en relief des garanties que présentent ces deux juridictions pour la saine appréciation des questions de fait. En matière criminelle, le jury est réputé le meilleur juge de la culpabilité ou de l'innocence. L'accusé est là, écouté, interrogé, jugé par ses pairs. Il trouve en lui des hommes vivant de la même vie que lui, jugeant humainement les conditions humaines dans lesquelles il s'est trouvé, appréciant également le péril qu'il a pu faire courir à cette société dont ils représentent fidèlement les mœurs et les tendances. Aussi le débat oral et contradictoire que l'accusé soutiendra vis-à-vis d'eux inspire au législateur une telle confiance, qu'il proclame souveraine et sans appel de la décision qu'ils rendront.

En matière correctionnelle, le juge ordinaire est à son tour bon appréciateur des infractions multiples qui lui sont déférées sous le nom de délits. Il est placé près du délinquant, non loin du lieu où l'acte incriminé se commet ; il a l'expérience de ces faits quotidiens et la conscience exacte du milieu qu'il sauvegarde par sa répression. Puis, s'il n'est pas choisi, comme en matière criminelle, parmi les pairs du prévenu, les deux degrés de juridiction composent, pour ce dernier, les garanties que le solennel débat de la Cour d'assises donne ailleurs à l'accusé. Or, s'il en est ainsi, pourquoi ne pas attribuer la revision au juge qui a déjà prononcé ? Les garanties qu'il offre semblèrent bonnes la première fois ; elles seront au moins égales la seconde. La revision n'est, en réalité, qu'un second jugement motivé par la découverte d'un fait nouveau. Qui pouvait *juger* doit *rejuger*.

Le projet de loi n'admet aucun de ces deux systèmes absolus. Le premier offre d'incontestables avantages, mais il a le sérieux inconvénient d'enlever au jury une compétence reconnue, dans certains cas, par le code d'instruction criminelle et pratiquée depuis soixante ans. Le second part d'une idée juste quand il renvoie au juge ordinaire une cause qui peut se débattre encore dans les mêmes conditions que la première fois ; mais il méconnaît l'institution judiciaire à laquelle il s'adresse, quand il lui défère un procès pour lequel le débat oral et contradictoire ne peut plus se renouveler. *Ainsi l'institution du jury ne fonctionnerait plus avec les garanties qu'a voulues la loi, si on lui attribuait le jugement des décédés ou des absents. Pourquoi le juré* **p. 610** *est-il bon juge de l'innocence et de la culpabilité ? Parce qu'appelé à prononcer sur un de ses semblables, il le voit, il le touche, il l'entend. Ce n'est pas à l'instruction et au dossier qu'il demande des preuves pour absoudre. Il forme sa conviction tout entière d'après l'interrogatoire, les réponses, la physionomie de l'accusé lui-même. La défense personnelle, contradictoire, est ici l'élément essentiel qui permet à l'homme de bien juger l'homme. Quand le législateur choisit les jurés dans tous les rangs du milieu social, quand il leur impose le serment de l'article 312 cod. inst. crim., quand il leur confère le pouvoir d'interroger l'accusé, quand il leur donne les instructions de l'article 342 et leur demande un verdict sans motifs, il proclame bien haut qu'ils ne peuvent ni condamner ni absoudre des accusés qui ne sont pas là. Il fera plus : s'écartant sur ce point, des règles admises devant toutes les autres juridictions, il leur déniera formellement le droit de juger un accusé qui s'enfuit.*

L'aveu eût-il précédé la fuite, le jury est dessaisi par le seul fait de cet homme se dérobant à ses juges. On ne pourrait affirmer plus nettement la nécessité du débat contradictoire.

Dans la pensée du législateur, ne pas exiger ce débat solennel pour éclairer ce juge improvisé, c'eût été altérer les garanties qu'offre la juridiction du jury lui-même, méconnaître son principe et ôter à l'institution une partie de sa grandeur.

Si le jury ne peut juger ni l'absent ni le décédé, sa compétence s'affirmera-t-elle lorsqu'à raison de deux décisions inconciliables l'absent ou le décédé a un vivant pour contradicteur ? Pas davantage on ne peut ni scinder le procès, renvoyer l'absent devant le magistrat et laisser au jury le vivant. *La cause de cet absent et la cause de ce vivant n'en font plus qu'une : on ne saurait disjoindre sans compromettre le but qu'on poursuit. C'est parce que les deux arrêts sont inconciliables que le juge reviseur est saisi. Ce juge ne peut arriver à la vérité qu'en sacrifiant un des deux termes qui se contredisent, ou en découvrant entre eux le lien de conciliation qui ne s'est point révélé lors des premières sentences. Il faut qu'il soit le juge unique de ces deux termes, ou il ne faut pas reviser.* Or la présence du vivant ne saurait effacer l'impuissance du jury vis-à-vis de l'absent. Les conditions mauvaises dans lesquelles il se trouve pour juger cet absent ne se sont pas améliorées à raison de la présence d'un second accusé. Cette présence, au contraire, rend ces conditions plus défavorables, puisqu'elle crée une situation inégale à deux intérêts également sacrés. Ce décédé peut être l'innocent : il faut tenir une balance égale entre l'ombre et le vivant, entre l'absent et le présent. *Uniquement instruit par le débat oral, ne formant sa con-*

viction que sur les éléments du duel judiciaire qui se poursuit contradic-
toirement entre le ministère public et l'accusé, le juré serait ici de plus
en plus incompétent. Il ferait au vivant une situation privilégiée, au
mort, une situation d'infériorité : il sacrifierait le second au premier,
ou abdiquerait la mission difficile dont on voudrait l'investir, en rendant
un double verdict d'acquittement qui le dispenserait d'opter. Mieux vau-
drait encore lui attribuer la juridiction vis-à-vis d'un mort isolé ou vis-à-vis
de deux morts que vis-à-vis du mort et du vivant réunis.

La nature des choses imposait donc au projet de loi, un troisième
système moins absolu que les deux premiers. Attribuer toutes les causes
en revision de la Cour de Cassation, ce serait dessaisir à tort le jury dans
des cas où il peut fonctionner selon les conditions normales de son institution. Les attribuer toutes au juge ordinaire, ce serait oublier que,
dans certaines hypothèses, les garanties qui ont entouré le premier examen, ne peuvent plus se retrouver. Le projet fait dès lors cette distinction fondamentale : le débat peut-il s'ouvrir à nouveau, c'est-à-dire
contradictoirement, comme la première fois ? Le jury revisera en matière **p. 611**
de crimes, le juge correctionnel revisera en matière de délits : on leur
renverra ce condamné ou ces condamnés présents dont l'un au moins
a été mal jugé. *Le débat contradictoire ne peut-il plus s'ouvrir à raison*
d'un fait de force majeure qui s'impose au juge, comme le décès, l'absence,
la prescription de l'action ou celle de la peine ? La cour suprême devient
le tribunal de la revision.

Elle juge les mémoires et les absents... Ces mémoires, ces absents
ont-ils un vivant pour adversaire ? Elle est pour ces intérêts également
sacrés, qui seraient ailleurs inégalement représentés, inégalement défen-
dus, l'arbitre toujours impartial et toujours éclairé. Sans enlever aucun
justiciable à ses juges naturels, elle brisera, pour celui qui fut mal
jugé, la mauvaise sentence et ajoutera au verdict bien rendu l'autorité
d'un arrêt qui confirme.

En tranchant ainsi la question de juridiction, le projet de loi obéit à
la fois à la raison et à la tradition : à la raison, puisqu'il se pénètre
des conditions constitutives dans lesquelles fonctionnent les juges qu'il
saisit ; à la tradition, puisqu'il suit l'exemple du code d'instruction criminelle, qui déférait déjà les vivants au jury et la cause du mort à la Cour
de Cassation.

VI. — L'esprit de la loi est ainsi très nettement mis en
évidence ; et l'exemple cité par M. le conseiller d'Etat Pinard,
comme représentant précisément la situation qu'avait en
vue le législateur en formulant le principe, jette sur la question soulevée dans l'affaire actuelle, une lumière éclatante.

Un même fait a donné lieu à deux poursuites criminelles
distinctes. Deux arrêts concernant deux personnes différentes ont été rendus. Ces arrêts sont considérés comme inconciliables, ils sont annulés par la Cour de Cassation, jugeant
comme Cour de revision. La Cour doit-elle en ce cas renvoyer
la cause devant une nouvelle juridiction ?

Oui, répond le législateur de 1867, si les deux parties qui
ont été poursuivies séparément pour le même fait, peuvent

être renvoyées contradictoirement devant cette nouvelle juridiction. Non, dans le cas contraire. Si l'une de ces deux parties, poursuivies séparément pour le même fait, ne peut, pour une raison quelconque (décès, absence, folie etc.), comparaître contradictoirement avec l'autre, devant la juridiction de renvoi, c'est la Cour de Cassation seule qui peut statuer sur le fond.

Seule, en effet, la Cour, avec l'expérience et l'autorité de ses magistrats rompus aux difficultés que présentent les procès jugés sur pièces, en l'absence de toute comparution des accusés, seule la Cour de Cassation peut statuer en pareilles circonstances. Une juridiction de renvoi qui serait obligée de discerner le coupable entre deux personnes dont l'une ne comparaît pas, serait exposée à toutes les surprises et à toutes les erreurs. *Ou elle accorderait trop facilement créance à la partie comparante, ou, comme cela arrive trop souvent, elle se constituerait instinctivement et d'office le défenseur de la partie non comparante.*

Ces débats, non contradictoires et tronqués, où toute une partie du procès est dérobée aux juges, sont la pire des préparations d'un arrêt d'assises. La juridiction de renvoi est obligée de déterminer quel est le coupable : son principal élément d'information, dit M. le Conseiller d'Etat Pinard, c'est la comparution des personnes incriminées, leur attitude, leurs réponses aux questions posées, leurs contradictions. Or, c'est précisément ce principal élément d'information qui fait défaut, lorsque l'une des personnes incriminées, pour un motif de fait ou de droit, ne peut être renvoyée devant la nouvelle juridiction.

Dans ce cas, la Cour de Cassation seule peut et doit statuer sur le fond : la volonté du législateur est extrêmement nette.

M. Nogent Saint-Laurent, rapporteur au Corps législatif, formulait les mêmes principes que M. le Conseiller d'Etat Pinard.

p. 612

Dans les cas de revision, dit-il (1), *le débat contradictoire est réservé aux juridictions instituées pour les débats contradictoires. L'examen et le jugement sur pièces sortant des attributions des juridictions du droit commun, il a paru convenable de saisir alors la juridiction la plus élevée, celle qui offre les garanties les plus solides, celles qui est appelée à dominer et à régler la justice.*

(1) Rapport au Corps législatif, du 18 juillet 1867. — Dall. 1867-4-67, deuxième colonne.

VII. — Le texte d'ailleurs reflète bien dans l'esprit de la loi, tel qu'il est déterminé par le Conseiller d'Etat rapporteur.

Certains juristes l'interprètent comme désignant par le mot *parties* les seules *personnes figurant ou ayant figuré dans la même instance.*

Cette interprétation est certainement contraire à l'esprit de la loi, puisque précisément dans l'exemple donné par M. le Conseiller d'Etat Pinard, il s'agit de personnes qui ont bien été poursuivies pour le même fait, mais qui ont été l'objet de deux instances essentiellement distinctes.

Pareille interprétation ne paraît pas moins contraire au texte qu'à l'esprit de la loi. Le texte ne dit pas : « lorsqu'il ne pourra être procédé à des débats oraux *entre toutes les parties en cause* ». Il porte : « lorsqu'il ne pourra être procédé de nouveau à des débats oraux *entre toutes les parties* ».

Ce n'est donc pas seulement les parties en cause dans l'instance où figurait le condamné présumé innocent, qui sont ici visées, ce sont toutes les parties incriminées, poursuivies pour le même fait.

VIII. — Les mêmes précisions se rencontrent dans la discussion de la loi du 8 juin 1895. On les trouve formulées dans les débats auxquels a donné lieu l'art. 443, § 3.

Ce texte, tel qu'il fut voté par la Chambre des députés, disait expressément :

Dans les deux derniers cas le droit à la revision reste ouvert alors que l'auteur signalé d'un délit ou d'un crime, à l'occasion duquel a été prononcée une première condamnation, ou que le témoin soupçonné de faux témoignage, ne peuvent plus être poursuivis ou condamnés, par suite de décès, de prescription, d'irresponsabilité pénale ou d'excusabilité.

Le projet du Gouvernement n'admettait pas la revision en pareil cas.

M. Pourquery de Boisserin, étudiant le projet du Gouvernement, dans son rapport à la Chambre s'exprimait en ces termes (1) :

Il (le projet du Gouvernement) n'admet pas la possibilité de la revision dans les cas où un motif de fait ou de droit met obstacle à la condamnation du vrai coupable ou du faux témoin. Il supprime la disposition nouvelle introduite par la Chambre et commençant par ces mots : Dans ces deux derniers cas...

(1) *Journal officiel.* Ch. des députés. Documents. Session ordinaire 1894, t. 1, p. 1062. Annexe n° 730.

Le motif présenté par le Gouvernement est qu'il ne faut pas autoriser la prétendue victime d'une erreur judiciaire à mêler dans un procès en revision un tiers qui ne peut en fait ou en droit se défendre.

Le Sénat ne s'est pas arrêté devant cette mauvaise raison. Il n'a pas, il est vrai, reproduit le texte de la Chambre, mais il a maintenu formellement le droit de revision, nous le démontrerons.

L'honorable député rappelle alors que la disposition nouvelle votée par la Chambre a disparu du texte adopté par le Sénat, mais que cette suppression a été ordonnée à raison de l'inutilité de la disposition supprimée, en présence de la disposition générale du quatrième paragraphe de l'art. 443. Il cite à cet égard la déclaration expresse du rapporteur au Sénat, M. Bérenger ; puis il ajoute :

Le Sénat a donc maintenu le droit formel de revision, lorsque, dans les 2° et 3° cas de l'article 443, *l'auteur signalé d'un délit ou d'un crime, à l'occasion duquel a été prononcée une première condamnation ou que le témoin soupçonné de faux témoignage. ne peuvent plus être poursuivis ou condamnés par suite de prescription, d'irresponsabilité pénale ou d'excusabilité.*

La pensée du Sénat se manifeste hautement par l'adoption des règles de procédure déterminées par la Chambre.

L'article 445 porte dans son 4° paragraphe : « Lorsqu'il ne pourra être procédé de nouveau à des débats oraux contre toutes les parties notamment en cas de décès de contumace ou de défaut d'un ou de plusieurs des condamnés, d'irresponsabilité pénale ou d'excusabilité, en cas de prescription de l'action ou de celle de la peine. » *Si le Sénat avait entendu rayer de la loi l'extension donnée par la Chambre aux 2° et 3° cas prévus par l'art. 443, — extension déjà réclamée en 1867 — il n'aurait pas édicté la procédure à suivre dans les mêmes cas.*

Votre commission, à l'unanimité, m'a donné mandat d'insister sur ce point important, pour dissiper toute équivoque et mettre en évidence la volonté des deux Chambres. qui fonde envers et contre tous la volonté de la loi. Toute interprétation contraire serait une révolte contre la loi.

Ainsi la procédure à suivre dans le cas où l'auteur signalé d'un délit pour lequel a été condamné le demandeur en revision ne peut plus être poursuivi, c'est la procédure du non renvoi, c'est la procédure suivant laquelle la Cour de Cassation doit statuer sur le fond.

p, 614   Les déclarations faites à la Chambre des Députés par le rapporteur de la loi de 1895 sont extrêmement nettes à cet égard.

IX. — Aussi la doctrine est-elle unanime à reconnaître que la Cour de Cassation a seule qualité et compétence pour statuer sur le fond en pareil cas.

Cette unanimité des criminalistes sur la question est d'autant plus frappante, que certains d'entre eux expriment précisément le regret de voir ainsi le législateur augmenter les cas de cassation sans renvoi. Nonobstant ces regrets exprimés, leur opinion est très ferme, et va même jusqu'à critiquer quelques arrêts de tendance contraire rendus par la Cour de Cassation.

Dans une note doctrinale insérée au Sirey sous deux arrêts de cassation, M. le professeur Roux expose les deux opinions possibles sur la question. Il s'exprime ensuite en ces termes (1) :

La rédaction de l'article 445 semble plutôt favorable à la première opinion, quoique celle-ci étende, d'une manière regrettable, la cassation sans renvoi, qui constitue une anomalie. Sans doute, dans l'ancien article 446, il ne paraissait pas douteux que le mot « parties » fût alors synonyme de condamné, parce que les cas de révision, mentionnés par le texte (2e et 3e cas) supposaient une contradiction de condamnation sur le délit ou sur les preuves du délit. Comp. Cass., 27 novembre 1868 (S. 1869. 1. 45. — P. 1869. 72) : 23 novembre 1876 (S. 1877. 1. 44. — P. 1877. 71) : 3 juin 1881 (S. 1882. 1. 91. — P. 1882. 1. 184). Mais la situation est maintenant changée. Le cercle de la révision s'est élargi, et le procès peut intéresser l'honneur de personnes qui n'ont pas été condamnées et qui ne peuvent pas l'être. Dès lors, le motif bon ou mauvais, qui, en 1867, a fait écarter le renvoi devant un juge du fait, quand il y a des décès, des absences ou des causes d'extinction pour poursuites, s'applique avec une force égale, qu'il s'agisse de personnes non condamnées ou de personnes déjà condamnées, la révision effaçant les premières poursuites. Nous n'admettons pas qu'à lui seul, un faux témoignage, non constaté par une condamnation, soit une cause de révision au sens du § 4 de l'article 443 ; mais joint à d'autres circonstances, ce fait peut le devenir. Comment concevoir, dès lors, que la mort du faux témoin empêche le renvoi s'il a été condamné, ne l'empêche pas s'il ne l'a pas été ? Son intérêt n'est-il pas le même dans les deux cas ? Au reste, l'article 445 parle d'irresponsabilité pénale et d'excusabilité, expressions qui ne conviennent pas à une personne qui a été déjà condamnée. Elles font allusion à un paragraphe ajouté par la Chambre des Députés, aux nos 2 et 3 de l'article 443, et d'après lequel le droit de la révision restait ouvert, alors même que l'auteur signalé d'un délit ou d'un crime, à l'occasion duquel a été prononcée une première condamnation, ou que le témoin, soupçonné de faux témoignage, ne pouvaient plus être poursuivis ou condamnés par suite de décès, de prescription, d'irresponsabilité pénale ou d'excusabilité.

Ce paragraphe a disparu de la loi.

Mais il en subsiste un vestige dans l'article 445, qui permet d'affirmer que le mot « partie » a perdu sa signification ancienne pour en prendre une nouvelle, infiniment plus large. Pour ceux qui, avec MM. Bérenger **p. 615** et Pourquery de Boisserin (S. et P. Lois annotées de 1895, p. 1093, note 3. 3e col.), pensent que la disparition du paragraphe n'a en rien modifié les hypothèses de révision, l'interprétation précédente paraîtra plus nécessaire encore.

(1) Sirey, 1899. 1. 474.

X. — M. le professeur Garraud est non moins net et non moins ferme dans son *Précis de droit criminel* (1). D'autre part, dans une note insérée au Dalloz, il rappelle encore les principes en critiquant des arrêts de la Cour qui n'y semblent point conformes (2).

Peut-être, dit M. Garraud, la Cour n'a-t-elle pas suffisamment tenu compte, pour admettre cette solution, de deux considérations qui semblent imposer une interprétation plus large? On ne peut nier, en effet, que le motif, critiquable d'ailleurs, qui a porté le législateur de 1867 à donner à la Cour de Cassation la mission nouvelle de procéder au jugement du fond du procès, est tiré de l'impossibilité d'organiser un débat oral entre tous les intéressés. Dès lors, ce motif qui a fait écarter le renvoi devant un juge du fait quand il y a des décès, des absences ou des causes d'extinction des poursuites, s'applique, avec une force égale, qu'il s'agisse de personnes non condamnées ou de personnes condamnées, la revision remettant les choses en l'état. Par exemple, une revision est demandée pour faux témoignage ; comment la mort du faux témoin empêcherait-elle le renvoi si celui-ci a été condamné, et n'y ferait-elle pas obstacle s'il ne l'a pas été. L'intérêt de sa mémoire n'est-il pas le même dans les deux cas? Au reste, l'art. 445 cite, parmi les hypothèses dans lesquelles le renvoi n'a pas lieu, celles d'irresponsabilité pénale et d'excusabilité. Il vise évidemment des cas dans lesquels une condamnation n'a pas dû intervenir ; l'acquittement est, en effet, la solution la plus probable de ces situations (démence, contrainte, jeune âge). Comment admettre, par conséquent, qu'on ait entendu restreindre la règle de la cassation sans renvoi, au cas bien improbable où il y aurait une condamnation, et où la Cour de Cassation se trouverait en face de deux condamnés, dont l'un tout au moins, ne pourrait plus être poursuivi? L'origine même de cette disposition nous confirme dans cette opinion. La Chambre des députés avait ajouté aux nᵒˢ 2 et 3 de l'art. 443 un paragraphe, d'après lequel le droit à la revision existait, alors même que l'auteur signalé d'un crime ou d'un délit à l'occasion duquel une première condamnation avait été prononcée, ne pouvait plus être poursuivi ou condamné par suite de décès, de prescription, d'irresponsabilité pénale ou d'excusabilité. Ce paragraphe a disparu de la loi parce qu'il était inutile, le cas général de revision introduit par le § 4 de l'art. 443 ouvrant, dans toutes les hypothèses de fait nouveau, la porte de la revision. Mais il a laissé une trace dans l'art. 445, qui permet d'affirmer que le mot *parties* a pris, dans cette disposition, un sens plus large, qu'il se rapporte à toutes les personnes qui, étant intéressées à l'instance en revision, ne peuvent pas cependant, pour un motif quelconque, être déférées à un tribunal de répression ; ce qui se produit, non seulement lorsque l'action publique est, à leur égard, prescrite, mais aussi lorsqu'elles ont été acquittées ou sont décédées avant toutes poursuites. Il est, en effet, question, à titre d'exemple de cas où il ne peut être procédé à de nouveaux débats contradictoires entre « toutes les parties », précisément de l'hypothèse où l'une des « parties » n'est pas responsable (en cas d'irresponsabilité pénale ou d'excusabilité) et ne peut être un condamné. C'est donc bien que le mot « partie » à la signification « d'intéressé » et non de « condamné ».

(1) *Précis de droit criminel*, 8ᵉ édition, p. 937.
(2) Dalloz 1900, 1. 140.

XI. — Comme M. le professeur Roux, comme M. le pro- p. 616 fesseur Garraud, M. le professeur Jean Appleton, lui aussi, adopte sans hésitation cette interprétation de la loi de 1895.

Dans son étude sur *la Cassation sans renvoi en matière de revision criminelle* (1), il rappelle l'opinion de M. Roux et de M. Garraud, puis il ajoute :

Le bon sens paraît bien commander cette solution. Comment imaginer que la loi ait prévu l'impossibilité des débats oraux « entre toutes les parties », si elle n'avait voulu désigner par là que le seul condamné? D'ailleurs relisons l'article. L'un des cas dans lesquels il impose la cassation sans renvoi est celui où l'action publique est prescrite. Or, pour le condamné, il ne peut être question que de la prescription *de la peine* et non de celle de l'action. Il a été condamné, donc jugé ; et j'ajoute définitivement jugé, car la Cour de Cassation exige, pour la recevabilité de la demande en revision, que le jugement attaqué soit passé en force de chose jugée (arrêt D... du 29 octobre 1898). Par suite l'action publique, éteinte par le jugement de condamnation, n'a pu se prescrire. C'est la peine seulement que le condamné a soit exécutée, soit prescrite.

Lorsque l'art. 445 parle de la prescription de l'action, il ne peut donc viser qu'une *partie intéressée autre que le condamné*, par exemple le faux témoin ou le vrai coupable. C'est contre ceux-là, et non contre le condamné, que l'action publique a pu se prescrire.

La Cour de Cassation paraît bien admettre cette interprétation. Dans un arrêt des Chambres réunies du 15 mars 1900, elle attribue nettement la qualité de *partie* au faux témoin dont la déposition a entraîné la condamnation d'un innocent. Elle casse sans renvoi, « *l'ouverture de nouveaux débats oraux n'étant plus possible, soit sur le faux témoignage avoué par la fille Lucas, soit sur le vol dont a été inculpée la femme Bellegny* ».

On cherche vainement dans nos Facultés de Droit une note dissidente. Certains professeurs, comme MM. Roux et Garraud, expriment un regret ; mais le sens de la loi de 1895 ne paraît douteux à aucun. Le texte et l'esprit de la loi sont d'accord.

XII. — Il s'est trouvé cependant, à la Cour de Cassation, une certaine résistance à l'application intégrale de la loi de 1895 sur ce point.

Cette résistance ne se conçoit que trop facilement. Les regrets exprimés par MM. Roux et Garraud, de voir en certaines matières la Cour de Cassation transformée en juge du fait, devaient se rencontrer surtout dans la Cour elle-même.

(1) *De la Cassation sans renvoi en matière de revision criminelle*, par Jean Appleton, Paris, Fontesmoing, éditeur, p. 8.

Il est assurément pénible pour une juridiction dont la mission essentielle est de dire le droit sur les questions de principes, et qui, par son caractère même, se trouve placée au-dessus des passions suscitées par les irritantes questions de fait, de se voir attribuer compétence précisément pour statuer sur les affaires qui, de toutes, soulèvent le plus de passion : les affaires de revision.

p. 617 Les virulentes attaques dirigées contre la Cour de Cassation dans l'affaire actuelle, où la passion s'est exaspérée jusqu'à la folie, n'ont pu d'ailleurs, que confirmer les regrets excités dans la Cour par cette attribution de compétence.

On comprend dès lors que l'on trouve trace dans la jurisprudence d'une certaine hésitation. Néanmoins ces hésitations, comme le remarque M. Appleton, disparaissent : on en trouve la preuve dans l'arrêt des Chambres réunies du 15 mars 1900 (1) que cite l'éminent professeur.

Des arrêts antérieurs signalés comme étant de tendance contraire, et, pour cette raison, critiqués par la doctrine, deux sont spécialement visés : l'un est celui rendu par la Chambre criminelle dans l'affaire Vallé (Crim., 18 juin 1898. B. cr., 226-419) ; l'autre est l'arrêt rendu par les Chambres réunies dans l'affaire Dreyfus elle-même (Chambres réunies, 3 juin 1899, B. cr., 144-233).

Ces arrêts qui ne formulent d'ailleurs aucune solution doctrinale, ne peuvent fournir que des indications implicites; et ces indications sont loin de condamner d'une manière absolue la solution universellement admise par la doctrine.

Dans les deux arrêts, en effet, il est indiqué expressément par la Cour, *à titre de présomption d'innocence*, que l'écrit incriminé *paraît avoir été écrit par une personne autre que le condamné*. Ni dans l'affaire Dreyfus, ni dans l'affaire Vallé, il n'est reconnu par la Cour dans ses arrêts susvisés, que l'écrit incriminé *doit être attribué à telle personne déterminée*.

Les faits relevés créent aux yeux de la Cour la présomption que la similitude d'écriture ayant entraîné la condamnation du demandeur en revision, ne constitue plus une charge suffisante, puisqu'une autre personne, dont l'écriture présente avec celle du document incriminé une similitude

(1) Sirey, 1902. 1. 476.

au moins égale, a été acquittée. Telle est l'unique portée des arrêts de 1898 et de 1899.

XIII. — Aussi M. le président Ballot-Beaupré dans son savant rapport sur l'affaire Dreyfus, se place-t-il uniquement sur ce terrain de la présomption d'innocence. En ce qui concerne le renvoi à ordonner, M. Ballot-Beaupré se réfère aux réquisitions du Procureur général et aux conclusions de la défense, qui toutes deux demandaient le renvoi (1).

C'est seulement lorsqu'il examine quelle doit être, pour autoriser la revision, la portée du fait nouveau invoqué, que M. le président rapporteur examine incidemment la question (2). Il réfute alors l'argument tiré, pour l'interprétation de l'article 445, de ce qu'il ne peut plus être question en cet article de la prescription de l'action publique. Il établit que ce point de départ est faux, qu'on peut imaginer « une hypothèse d'un condamné pouvant encore bénéficier de la prescription de l'action publique ». Mais il ne s'attarde p. 618 pas à discuter les autres parties d'une démonstration qui n'était point présentée dans les conclusions, et qui, semble-t-il, n'avait même pas encore été formulée dans la doctrine.

M. le Président rapporteur déclare que la revision doit être ordonnée, alors que le fait nouveau, sans établir l'innocence, apporte une présomption d'innocence. Il rappelle le précédent de l'affaire Vallé, et il conclut en ces termes (3) :

Ainsi cassation bien que l'innocence ne fût pas d'ores et déjà établie bien qu'il y eut seulement des faits nouveaux pouvant être de nature à l'établir.

Et cassation avec renvoi bien qu'il n'y eut plus de débats oraux possibles avec la personne soupçonnée qui avait été acquittée.

Tels sont Messieurs, les principes que nous aurons à appliquer dans la cause.

XIV. — Tout autre est aujourd'hui l'espèce, et tout autre la question posée.

Esterhazy n'est plus une personne soupçonnée, c'est une personne convaincue d'avoir écrit l'acte incriminé, une personne qui a été acculée à l'aveu par la force de l'évidence.

(1) Cass., 1899. Débats, p. 177.
(2) Ibid., p. 36.
(3) Ibid., p. 37 in fine.

Si une charge quelconque pouvait dès lors être relevée contre Dreyfus, elle ne pourrait être invoquée que pour accuser Dreyfus d'avoir été le complice d'Esterhazy.

Esterhazy n'est donc pas seulement, en l'état des faits établis par l'instruction, *une partie, il est la partie principale dans toute poursuite criminelle basée sur le bordereau, parce qu'il est l'auteur de ce bordereau.*

Il n'a pas été, il est vrai, poursuivi dans la même instance que Dreyfus. Mais cette diversité d'instances, engagées pour le même fait contre plusieurs personnes, est précisément l'hypothèse en face de laquelle se plaçait M. le Conseiller d'Etat Pinard, dans son rapport de 1867.

Esterhazy est nécessairement partie dans la même poursuite criminelle, parce que poursuivi pour le même fait incriminé ; et cela est si vrai, il y a une telle solidarité entre les personnes poursuivies séparément pour le même fait, que les actes de poursuite dirigés contre l'une interrompent la prescription de l'action publique à l'égard de l'autre. (Conf. Cass. crim., 17 nov., 1899, B. cr., 329-549).

Esterhazy et Dreyfus *sont donc défendeurs solidaires à la même action publique dirigée contre eux à raison du même fait.*

Il est impossible de contester, à l'un ou à l'autre, la qualité de *partie* dans les instances où s'exerce cette action publique.

p. 619 XV. — Sans doute sous l'empire de la loi de 1867, toutes les *parties* poursuivies dans des instances différentes, dont avait à se préoccuper le juge de revision, étaient, en thèse générale, des *parties condamnées.* La loi de 1867 n'admettait pas en effet la revision pour fait nouveau ; et la seule hypothèse qui mît en conflit dans une instance de revision des personnes ayant été l'objet de poursuites distinctes à raison du même fait, était l'hypothèse d'une contradiction entre deux arrêts de *condamnation* inconciliables.

Les *parties* apparaissaient donc comme devant être toujours des *parties condamnées.*

Mais le conflit prévu et réglé par la loi de 1867, entre parties dans la même poursuite criminelle, condamnées par arrêts différents, se reproduit aujourd'hui par l'effet de la loi de 1895, entre mêmes parties dont l'une est condamnée et l'autre acquittée. Les faits nouveaux révélant l'erreur de l'ac-

quittement d'une partie constituent aujourd'hui une cause de
revision pour la condamnation d'une autre partie. Les mêmes
faits sont démonstratifs à la fois d'une double erreur, l'erreur
d'un acquittement et l'erreur d'une condamnation. Il faudrait
donc, afin d'arriver à la réparation de cette double erreur,
annuler en même temps l'arrêt d'acquittement et l'arrêt de
condamnation, pour renvoyer devant une même juridiction
les deux parties défenderesses à la même action publique, ac-
cusées du même fait, et ayant été toutes deux jugées d'une
façon erronée.

Telle serait effectivement la solution, si l'art. 409, C. instr.
crim. n'apportait un obstacle légal au renvoi devant une nouvelle juridiction d'une partie acquittée.

On se trouve donc précisément en présence de ce conflit
entre *parties* dans une même poursuite criminelle, dont l'une
peut encore comparaître à nouveau devant les tribunaux criminels, et dont l'autre ne peut plus légalement être renvoyée
devant le juge appelé à dire le dernier mot sur le conflit.

C'est précisément dans ce cas, où une juridiction de fait
doit, pour juger sainement, comme le faisait remarquer avec
beaucoup de force M. le conseiller d'Etat Pinard dans son
rapport sur la loi de 1867, avoir en face d'elle toutes les personnes déjà poursuivies pour le même fait et se renvoyant
mutuellement la paternité de l'acte incriminé.

C'est précisément dans ce cas, où un débat contradictoire
entre toutes ces parties est une condition indispensable pour
la rectitude du jugement d'une juridiction appelée à former
sa conviction uniquement d'après des impressions d'audience.

L'exactitude absolue des considérations formulées par
l'exposé des motifs de la loi de 1867, a été singulièrement
mise en relief par les événements qui se sont déroulés.

Et si l'avocat soussigné insiste avec la dernière énergie p. 620
pour que satisfaction soit donnée à ces principes, c'est, il le
répète, parce qu'il n'y a pas là une pure discussion de textes
ni une pure question d'interprétation, c'est parce qu'il s'agit
de savoir si la juridiction de renvoi, composée d'hommes absolument étrangers aux débats judiciaires et jugeant sans
même l'assistance d'un seul magistrat de carrière, *sera ou
non mise en état de pouvoir véritablement juger.*

Si la Cour estime que, nonobstant l'art. 409 C. inst. crim.,

Esterhazy acquitté peut encore être renvoyé devant un Conseil de guerre pour y être jugé contradictoirement avec Dreyfus, l'exposant n'a plus, en dehors des raisons d'ordre purement juridique, aucune objection à faire au renvoi. Peu importerait alors, au fond, que le Conseil de guerre, soit, par l'effet de violation de la loi, appelé à statuer sur une action publique périmée tant par prescription que par acquittement; peu importerait la qualification illégale des faits.

Ces violations de la loi n'empêcheraient pas au fond le Conseil de guerre d'arriver, sur la question capitale d'innocence ou de culpabilité, à juger avec les garanties indispensables pour la manifestation de la vérité.

Mais qu'une juridiction, inexpérimentée et sans guide, soit appelée à juger sur des débats tronqués, dont les parties essentielles auront été supprimées, que conviée normalement à choisir entre deux hommes et à se former une opinion d'après leurs explications orales et contradictoires, on lui supprime précisément, en l'espèce, l'un des contradicteurs nécessaires, *c'est là une provocation à l'erreur*, dont l'avocat soussigné ne veut à aucun prix, et sous n'importe quelle forme, accepter la responsabilité.

De ce chef, il conclut donc, et très fermement, à la cassation sans renvoi.

XVI. — Un deuxième principe exige impérieusement les mêmes conclusions.

L'art. 445 c. inst. crim., dans son cinquième paragraphe, dispose :

« *Si l'annulation de l'arrêt à l'égard d'un condamné vivant ne laisse rien subsister qui puisse être qualifié crime ou délit, aucun renvoi ne peut être prononcé.* »

Le texte est très clair et très net : il ne paraît prêter à aucune ambiguïté. Cependant ceux qui, comme M. le professeur Roux, estiment regrettable l'attribution à la Cour de Cassation d'une compétence spéciale pour les questions de fait, se sont instinctivement efforcés de restreindre cette compétence en limitant la portée du texte. Ils lisent alors l'article comme s'il portait :

Si l'annulation de l'arrêt à l'égard d'un condamné vivant ne laisse rien subsister qui puisse être qualifié crime ou délit

à l'égard d'une personne quelconque, aucun renvoi ne peut
être prononcé.

Il est difficile d'admettre, même en limitant la discussion **p. 621**
à une pure question d'exégèse, que pareille interprétation
soit légitime.

Le rédacteur du texte, en effet, a en vue spécialement le
condamné, il vise expressément l'annulation de l'arrêt
à l'égard du condamné. Dans cette même phrase, où se plaçant au point de vue du condamné, il envisage l'annulation
de l'arrêt, il parle ensuite de la qualification des faits : et
l'interprète imagine que pour cette qualification des faits imputés au condamné, ce n'est plus au point de vue du condamné que s'est placé le rédacteur de l'article !

Pareille interprétation est manifestement contraire à toute
méthode exégétique.

XVII. — Cependant, M. Roux, dans la note précitée (1),
adopte cette interprétation, que d'ailleurs il ne justifie point.

Il se borne à dire :

Il faut que la criminalité du fait disparaisse, complètement, non seulement *in personam* mais *in rem.* La loi est explicite ; rien qui puisse être
qualifié crime ou délit. Elle n'ajoute pas « à la charge du condamné »
estimant sans doute (??) que de nouveaux débats oraux, quoique l'innocence du condamné soit actuellement établie, peuvent apporter d'utiles
indices pour faire découvrir l'auteur encore inconnu d'un fait qui serait
demeuré délictuel (???).

M. Roux reproche au texte de n'avoir pas ajouté, après les
mots « qualifié crime ou délit », ceux de « à la charge du condamné ». Mais il ajoute lui-même en réalité, après ces mots
« qualifié crime ou délit », ceux de « à la charge d'une
personne quelconque» . Cette addition, ainsi qu'on l'a fait
remarquer déjà, est d'autant plus inadmissible que le texte
dispose et stipule « à l'égard du condamné », comme cela est
précisément spécifié à la ligne précédente.

La distinction entre la criminalité *in rem* et la criminalité
in personam est une distinction qui est d'ailleurs pratiquement irréalisable.

Il est impossible, pour déterminer si un fait peut être qualifié crime ou délit, de faire abstraction de la personnalité de
son auteur.

(1) Sirey 1899. 1. 475.

L'homicide peut être un crime ; les blessures et coups peuvent être crime ou délit.

Mais « il n'y a ni crime ni délit lorsque l'homicide, les blessures et les coups étaient commandés par la nécessité actuelle de la légitime défense de soi-même ou d'autrui. » (Art. 328, C. pén.).

Le fait d'homicide, de coups et blessures sera donc ou non qualifié crime ou délit, suivant la situation où se trouvait l'auteur présumé de ce fait. La qualification *in rem* ne peut donc être détachée de la qualification *in personam*.

p. 622   Le vol est un délit et peut devenir un crime. Mais les « soustractions commises par des maris au préjudice de leurs femmes, par des femmes au préjudice de leurs maris, par un veuf ou une veuve quant aux choses qui avaient appartenu à l'époux décédé, par des enfants ou autres descendants au préjudice de leurs pères ou mères ou autres ascendants, par des pères et mères ou autres ascendants au préjudice de leurs enfants, ou autres descendants, ou par des alliés aux mêmes degrés, ne pourront donner lieu qu'à des réparations civiles. » (Art. 380 c. pén.).

Le fait de soustraction frauduleuse peut donc être ou n'être pas qualifié délit, suivant la personnalité même de l'auteur du fait. La qualification *in rem* ne peut par suite être détachée de la qualification *in personam*.

Les faits de destruction ou dégradations d'objets mobiliers ou d'immeubles peuvent être délictueux. Mais il n'y aura plus délit, si l'auteur des actes abusifs est le propriétaire même des objets détruits. Le fait de destruction d'objets mobiliers sera donc ou non qualifié délit, suivant la personnalité même de son auteur. La qualification du fait *in rem* ne peut se concevoir indépendamment de la qualification *in personam*.

Il n'est guère possible d'imaginer un fait qui soit absolument délictueux ou qui soit absolument non délictueux. La raison en est facile à saisir. Le délit est une altération des rapports sociaux établis par la loi, soit entre les personnes elles-mêmes, soit entre les personnes et les choses. Mais ces rapports se différencient à l'infini, suivant la situation particulière de chaque personne : il est impossible, par suite, de qualifier un fait, au point de vue pénal, en faisant abstraction de la personnalité de son auteur.

La distinction proposée arbitrairement par M. Roux est donc juridiquement irréalisable. Il n'y a pas, à proprement parler, de criminalité *in rem*, il n'y a que la criminalité *in personam*. La situation juridique de l'auteur d'un fait incriminé, ses rapports avec la personne ou la chose lésée sont des éléments essentiels de la qualification du fait au point de vue pénal.

XVIII. — Il est peut-être superflu d'indiquer que cette distinction n'a jamais été imaginée par le législateur.

Nulle part, dans les travaux préparatoires, dans les discussions auxquelles a donné lieu soit la loi de 1867, soit la loi de 1895, il n'a été fait allusion à cette étrange distinction.

M. Roux la fait résulter uniquement de ce qu'après avoir déclaré considérer l'annulation de l'arrêt *à l'égard du condamné*, le texte ne répète pas les mots « à l'égard du condamné » quand il s'agit, dans la ligne suivante, de la qualification des faits.

Il aurait fallu cependant que les auteurs de la loi justifiassent par une raison quelconque cette distinction arbitraire. M. Roux ne pouvait pas ne pas comprendre la nécessité de cette justification ; et le législateur étant muet, il s'est efforcé p 623 avec beaucoup d'ingéniosité de donner, sous forme hypothétique, une indication de l'intention possible du législateur.

On a estimé *sans doute*, dit-il, que de nouveaux débats oraux, quoique l'innocence du condamné soit actuellement établie, peuvent apporter d'utiles indices pour faire découvrir l'auteur inconnu d'un fait qui serait demeuré délictuel.

Cet essai d'explication resterait manifestement inacceptable, M. Roux le reconnaît lui-même, lorsque, comme en l'espèce, l'auteur du fait incriminé n'est plus inconnu.

L'explication n'est pas plus acceptable quand cet auteur est encore inconnu : renvoyer devant un tribunal criminel une personne reconnue innocente, pour tenter de faire apparaître des indices permettant de découvrir l'auteur d'un fait supposé délictueux, serait tout à la fois une comédie indigne de la justice, et un abus de pouvoir véritablement dolosif.

On ne saurait, dans le silence de la loi et des travaux préparatoires, prêter une telle pensée au législateur.

Bien plus, on trouverait, dans les indications qui furent données en 1867 par le rapporteur, M. Nogent Saint-Laurent, la preuve que le législateur considérait bien la qualification des faits *in personam*, à l'égard du condamné, et non pas *in rem*.

La loi de 1867, pour la question qui nous occupe, n'envisageait qu'un cas de revision unique, celui où « lorsque, après une condamnation pour homicide des pièces seront représentées propres à faire naître de suffisants indices sur l'existence de la prétendue victime de l'homicide. » Elle disposait, en pareil cas : « Si l'annulation de l'arrêt à l'égard du condamné ne laisse rien subsister qui puisse être qualifié crime ou délit, aucun renvoi ne sera prononcé. »

M. Nogent Saint-Laurent, dans son rapport au Corps législatif du 29 juin 1867, fournit à cet égard les indications suivantes (1) :

Il peut arriver qu'un homme ait été condamné pour homicide et que la victime qui reparaît déclare qu'on s'est rendu coupable envers elle de coups et blessures. Dans ce cas, si le condamné est vivant, la qualification du fait change et la Cour prononce le renvoi devant le jury ou la juridiction correctionnelle suivant qu'il existe un crime ou un délit. Si le fait d'homicide ayant disparu il ne reste plus rien qui puisse être qualifié crime ou délit, la revision a lieu de plein droit.

C'est donc bien *au point de vue du condamné* que le législateur se place pour la qualification des faits. Si la prétendue victime articule qu'elle a reçu du condamné des coups et blessures, la qualification des faits est celle du délit, c'est le renvoi en police correctionnelle. S'il y a en ce qui concerne le condamné, des charges possibles relatives à l'intention de donner la mort, c'est le renvoi devant le jury. S'il n'y a même pas eu de coups portés par le condamné, ou si le condamné se trouvait en état de légitime défense, il n'y a plus aux termes de l'art. 328, C., p., ni crime ni délit ; et dans ce cas il n'y a pas de renvoi.

Mais M. Nogent Saint-Laurent n'a pas dit (ce qui eût été manifestement absurde) : « Si après l'innocence du condamné établie, la victime fournit la preuve que les coups et blessures lui ont été portées par une tierce personne, on renverra le condamné devant le jury. »

Pareille proposition eût évidemment soulevé un tolle général au Corps législatif : elle eût été certainement repoussée à l'unanimité si elle avait été formulée.

(1) Dalloz, 1867. 4. 67 (2ᵉ colonne).

Elle deviendrait cependant un article de loi, si l'on admettait l'arbitraire et inexplicable distinction de M. Roux.

XIX. — Pareille thèse, instinctivement inspirée par le désir de restreindre la compétence de la Cour de Cassation pour les questions de fait, ne pouvait prévaloir sur les dispositions de la loi, qui instituent au contraire la Cour juge suprême en matière de revision.

Aussi, M. Roux reconnaît-il finalement (1) que sa thèse est inconciliable avec les arrêts de la Cour de Cassation rendus par application de la loi de 1895.

La doctrine condamne d'ailleurs la thèse imaginée par M. Roux, pour l'interprétation de la loi de 1895 sur la revision.

M. Garraud, dans son *précis de droit criminel*, s'exprime en ces termes (2) :

La cause qui fait disparaître la criminalité du fait importe peu ; la loi n'a pas procédé à cet égard par voie d'énumération, elle n'a même pas éclairé la règle par des exemples comme dans le cas précédent de revision sans renvoi. Aussi la jurisprudence de la Cour de Cassation semble avoir puisé dans ce manque de précision légale, le droit, en quelque sorte *discrétionnaire*, d'annuler avec ou sans renvoi. La considération principale dont elle s'inspira est tirée *du degré de certitude auquel elle a pu arriver par ses recherches. La Cour opère la revision elle-même si elle obtient la certitude* de l'erreur. Elle renvoie devant le juge du fond, s'il reste un doute dans son esprit sur la culpabilité du condamné.

M. Victor Faidides dans une dissertation juridique publiée par la *Gazette des Tribunaux*, des 24-25 octobre 1898, n'est pas moins net (3).

Il faut bien remarquer, dit-il, que la Cour de Cassation, avant de se prononcer sur la demande en revision, ayant le droit d'employer tous les **p. 625** moyens pour rechercher la vérité, opère en réalité la revision. Et si elle obtient ainsi la certitude de l'erreur, rien ne subsistant plus du fait délictueux, il n'y a pas lieu à renvoi en vertu de l'art. 445 *in fine*. Ce n'est qu'au cas où la Cour aura simplement un doute sur la culpabilité du condamné, que, les faits délictueux subsistant, il y aura lieu à renvoi.

M. le professeur Appleton (4) adhère à la doctrine exposée par M. le professeur Garaud et par M. Victor Faidides.

(1) Sirey 1899, 2-475, troisième colonne.
(2) Garraud. Précis de droit criminel, huitième édition, p. 837-838.
(3) Victor Faidides. *Gazette des Tribunaux* 24-25 octobre 1898, p. 979. col. 4.
(4) Appleton. *De la cassation sans renvoi en matière de revision criminelle, p. 6 et 7.*

XX. — Si l'on constate ici encore dans les divers arrêts quelque hésitation, de la part de la Cour, à assumer la lourde tâche de juge suprême en matière de revision qui lui est impartie par le législateur, ces arrêts cependant mettent bien en évidence le principe directeur qu'a suivi la jurisprudence, et qu'a formulé M. Garraud :

La Cour opère la revision elle-même, si elle obtient la certitude de l'erreur. Elle renvoie devant le juge du fond, s'il reste un doute dans son esprit sur la culpabilité du condamné.

— Le 15 mai 1874, la Cour de cassation revise une condamnation prononcée contre un sieur Petit et casse sans renvoi :

« Attendu, est-il dit dans l'arrêt, que la procédure suivie contre Rouet a formellement démontré l'innocence de Petit, et que l'un des témoins entendus a même déclaré que Rouet lui avait fait l'aveu de sa culpabilité » (1).

Il suffirait de changer les noms des parties pour appliquer ce considérant à l'espèce actuelle.

— « Attendu, lit-on au contraire dans un arrêt Cauvin, du 23 avril 1896, que si la condamnation encourue par la fille Michel (pour faux témoignage), passée en force de chose jugée, provoquée par ses aveux et par sa propre déclaration, n'implique pas nécessairement l'innocence de l'accusé, puisqu'elle laisse subsister les autres charges qui pèsent contre Cauvin, il n'échet pour la Cour, alors qu'il y a possibilité de procéder à de nouveaux débats oraux devant le jury, de constater elle-même l'innocence ou la culpabilité de Cauvin (2). »

— Le 22 avril 1898 la Cour statue sur la revision d'une condamnation prononcée pour contravention à un arrêté d'expulsion. La demanderesse en revision prétend justifier de sa qualité de Française, ce qui établirait l'illégalité de l'arrêté d'expulsion et par suite l'impossibilité d'une contravention punissable. La Cour retient comme fait nouveau la découverte de la nationalité française de la condamnée, mais estimant sans doute la preuve non définitivement établie à cet égard, elle casse avec renvoi (3).

(1) Cass., 15 mai 1874. B. cr., 134-243.
(2) Cass., 23 avril 1896. B. cr., 140-215.
(3) Cass., 22 avril 1898. B. cr., 162-293.

— Le 6 juillet 1899 la Cour statue sur une affaire exacte-p. 626 ment semblable (revision de condamnation prononcée pour contravention à un arrêté d'expulsion). La question de nationalité lui paraît cette fois indiscutablement tranchée ; il y a certitude, elle casse sans renvoi (1).

— Le 22 janvier 1898 la Cour statue sur une affaire de désertion. Le fait de désertion est certain, constant ; rien n'est venu l'infirmer.

« Attendu, dit la Cour, que Chaïeb-ben-Amar, soldat au 1er régiment de tirailleurs algériens sous le numéro matricule 7823 a été déclaré déserteur le 12 février 1892, après avoir manqué à l'appel du 4 février. »

Ces faits de désertion ont amené, le 30 mars 1893, la condamnation par le Conseil de guerre d'Alger d'un individu prétendant s'appeler Chaïeb-ben-Amar. Plus tard il est reconnu que cet individu s'appelait Taïeb-ben-Amar, et n'avait rien de commun avec le déserteur Chaïeb-ben-Amar.

La condamnation est cassée, *et bien que la révélation entraînant la revision laissât subsister en leur entier les faits de désertion de Chaïeb-ben-Amar, pour lesquels Taïeb avait été injustement condamné, la Cour ayant la certitude que Taïeb n'était pas le déserteur réel du 12 février 1892, casse sans renvoi.*

« Attendu que l'annulation du jugement à l'égard de Taïeb-ben-Amar ne laissera rien subsister qui puisse être qualifié crime ou délit en ce qui concerne les faits pour lesquels cet individu a été condamné le 30 mars 1893, et que conformément au dernier paragraphe de l'article 445 du Code d'instruction criminelle il n'y a donc lieu de prononcer le renvoi de l'affaire (2). »

La criminalité du fait est ici certainement appréciée *in personam*, uniquement à l'égard du condamné Taïeb. Il n'est pas douteux, en effet, et la Cour le constate, qu'un fait de désertion a été commis le 12 février 1892 au 1er régiment de tirailleurs algériens. La revision prononcée *laisse donc subsister des faits pouvant être qualifiés délit à la charge d'une personne autre que Taïeb.* Mais la Cour a la certitude que l'auteur de ces faits n'est pas Taïeb, et elle casse sans renvoi.

(1) Cass., 6 juillet 1899. B. cr., 190-336.
(2) Cass., 22 janvier 1898. B. crim., 26-59.

— On peut rapprocher cet arrêt d'un arrêt Gautier rendu également sur une question de désertion le 19 juin 1899 (1), mais moins caractéristique parce que dans cette dernière espèce, l'instruction avait établi le caractère purement imaginaire des faits de la prévention. La Cour ici encore a la certitude que le demandeur en revision n'est pas coupable, et elle casse sans renvoi.

— Un arrêt du 26 juin 1896 souligne encore bien le principe directeur de toute cette jurisprudence.

p. 627   Il s'agit d'une question d'homicide par empoisonnement. Le procureur général estime que la preuve de l'innocence est établie avec certitude, et prend des réquisitions à fin de cassation sans renvoi. La Cour déclare, au contraire, que l'instruction « autorise le doute sur la culpabilité », et elle casse avec renvoi (2).

— Un arrêt du 11 janvier 1905 confirme de même ces principes. Un sieur Cabirol a reçu une pièce de 20 francs, à charge de rendre la monnaie qu'il n'a pas restituée. Il est condamné pour abus de confiance. Plus tard, il est révélé que la pièce de 20 francs a été rendue par inadvertance à une tierce personne, et que cette tierce personne l'a conservée au préjudice du légitime propriétaire.

La Cour déclare que « ces circonstances inconnues des premiers juges et révélées par l'enquête établissent d'une façon manifeste l'innocence de Cabirol » ; et elle casse sans renvoi bien que les faits matériels subsistent. La réception de la pièce de 20 francs par Cabirol à charge d'en rendre la monnaie, le refus de restituer la monnaie restaient toujours constants. Les éléments matériels du délit n'étaient aucunement détruits. Mais la Cour appréciant *in personam* la criminalité des faits, estimait et proclamait encore qu'il ne restait plus rien pouvant être qualifié crime ou délit.

XXI. — Cette revue rapide de la jurisprudence confirme donc la règle formulée par la doctrine : La Cour doit opérer la revision elle-même, si elle obtient la certitude de l'erreur ; elle doit renvoyer devant le juge du fond, si dans son esprit il reste un doute, s'il subsiste quelque chose à ses yeux qui

(1) Cass., 19 juin 1899. B. cr., 165-286.
(2) Cass., 26 juin 1896. Dalloz, 97-1-54.

puisse être encore qualifié crime ou délit à la charge du condamné, et qui puisse permettre la rédaction d'un nouvel acte
d'accusation contre lui.

On ne conçoit, en effet, ni théoriquement ni pratiquement
la cassation avec renvoi, dès que la Cour de Cassation reconnaît la certitude de l'innocence du demandeur en revision.
Le renvoi n'a été institué que pour le cas où il reste encore
à la charge de l'accusé quelque chose pouvant être qualifié
crime ou délit, pour le cas où les faits nouveaux sont « de
nature à établir l'innocence du condamné », mais n'établissent pas l'innocence. Si ces faits nouveaux établissent l'innocence, le renvoi est inadmissible.

M. le président Ballot-Beaupré le faisait remarquer dans
son rapport (1).

> Une présomption particulièrement grave d'erreur, disait M. le prési-
> dent Ballot-Beaupré est suffisante pour faire admettre la revision.
> C'est pourquoi la loi ne dit pas que les faits nouveaux doivent établir
> l'innocence. Si elle le disait, on ne comprendrait pas l'art. 445, qui, sans
> distinction entre les quatre cas de l'art. 443, pose, dans une mesure que
> nous aurons à préciser, le principe d'une cassation avec renvoi — avec
> renvoi devant un autre juge (Conseil de guerre, par exemple, ou jury de
> Cour d'Assises), qui, librement, dans l'indépendance de sa conscience,
> prononcera un verdict d'acquittement ou de condamnation.
> Les deux dispositions ne seraient pas conciliables.
> Car, s'il était vrai que pour être caractérisés dans le sens de l'ar-
> ticle 443-4°, les faits nouveaux dussent établir l'innocence, s'il était vrai
> que cette démonstration immédiate rendît seule la demande recevable, *la
> déclaration de recevabilité se confondrait par la force des choses avec la
> revision même, de telle sorte que le renvoi serait sans objet, ou plutôt
> présenterait l'inconvénient grave d'une contradiction à craindre entre
> votre arrêt et la décision ultérieure qui interviendrait définitivement.*
> Aussi la loi de 1895 parle-t-elle uniquement de faits qui sont *de nature
> à établir l'innocence* du condamné, qui sont de nature à l'établir, mais
> qui, peut-être, en dernière analyse, ne l'établiront pas.
> Dans ce système, aucune contradiction, juridiquement, n'existe entre
> votre arrêt déclarant la demande recevable et la décision ultérieure d'un
> autre jury ou d'un autre conseil de guerre, maintenant la condamnation ;
> la recevabilité est déclarée parce qu'en l'état, d'après les documents sou-
> mis à votre examen, d'après l'enquête (s'il en a été ordonné une) des faits
> nouveaux vous semblent de nature à établir l'innocence ; la condamnation
> est maintenue parce qu'à la suite de nouveaux débats, la culpabilité a été
> reconnue. Voilà, selon moi, le sens de la loi du 8 juin 1895.

p. 628

Après avoir ainsi très nettement montré que le renvoi ne
pourrait se concilier avec la reconnaissance de la certitude
d'innocence, faite par la Cour de Cassation ; après avoir ainsi
établi avec une très grande force, que le renvoi de l'affaire

(1) Cass. 1899. Débats, p. 31.

devant une juridiction quelconque ne pouvait être qu'une conséquence d'un arrêt laissant à cette juridiction quelque chose à juger, M. le président Ballot-Beaupré appliquait les principes aux faits révélés par l'instruction de 1899, et terminait en ces termes son très remarquable rapport.

L'innocence de Dreyfus, Messieurs, je ne vous demande pas de la proclamer. Mais je dis qu'un fait, inconnu des juges de 1894, est *de nature à l'établir,* que cela suffit, aux termes de l'art. 443, et que *par suite,* il y a lieu, en vertu de l'art. 445, d'ordonner le renvoi devant un nouveau Conseil de guerre, appelé à statuer définitivement, en pleine connaissance de cause. Je le dis avec une conviction ferme, avec le sentiment très vif des devoirs qui m'incombent, et de la responsabilité que j'assume : je mentirais à ma conscience si je vous proposais une autre solution.

Me trompé-je dans mes appréciations? Vous le déciderez, Messieurs : je m'incline d'avance, respectueusement, devant votre arrêt, quel qu'il soit.

XXII. — Le renvoi était donc ordonné en 1899, conformément à ces conclusions, *parce qu'il restait quelque chose à juger.*

L'attitude du ministère de la Guerre et de son délégué autorisait, en effet, le doute et les soupçons.

Quelle était la raison occulte de cette résistance opposée à la revision, par le délégué du ministère de la Guerre, commandant Cuignet ?

Etait-on en droit, d'autre part, d'affirmer la certitude que le bordereau fut l'œuvre d'Esterhazy, alors que celui-ci, bien qu'ayant tenu déjà des propos compromettants, se refusait encore à avouer ?

p. 629   Si fortes que fussent les présomptions d'innocence de Dreyfus, il restait quelque chose à élucider et à juger.

Il n'en est plus de même aujourd'hui. *Le ministre de la Guerre a demandé lui-même la revision de la condamnation.* Son délégué, le commandant Targe, avec une loyauté, une sincérité et un courage civique, auxquels il est légitime de rendre ici un public hommage, a puissamment contribué à projeter la lumière jusque dans les plus petits détails de l'affaire.

Partout la Cour a rencontré, non plus des présomptions, mais *la certitude de l'innocence de Dreyfus,* non plus des présomptions mais *la certitude que le bordereau est l'œuvre d'Esterhazy.*

Esterhazy, d'autre part, a aujourd'hui avoué. Il a renoncé à lutter contre les preuves qui l'accablent. Il a reconnu qu'il avait écrit le bordereau, et *il a signé son aveu.*

Les tentatives bizarres, faites par M. Bertillon et ses adeptes, pour expliquer comment le bordereau prétendu écrit par Dreyfus, se trouve revêtu de l'écriture d'Esterhazy, ont aujourd'hui piteusement échoué. *L'évidence aussi est faite à cet égard:* tout est faux, sinon criminel, dans la démonstration cryptographique que le génie de l'antisémitisme avait suggérée à M. Bertillon.

La certitude est faite sur l'innocence complète et absolue de Dreyfus. Il ne reste plus rien à juger. Le renvoi est donc incompatible avec les dispositions mêmes de la loi de 1895.

Il importe, au surplus, de remarquer que toutes les discussions de M. Roux sur la criminalité *in rem* et la criminalité *in personam* sont, en l'espèce, d'un médiocre intérêt.

Si l'on admet aujourd'hui, en effet, les explications données par Esterhazy sur son rôle d'espion double, le fait de l'envoi du bordereau effectué par lui, serait dépouillé de caractère délictueux aux yeux de la loi française.

Et il faut reconnaître que l'instruction a recueilli, à cet égard, tout un ensemble de présomptions graves, précises et concordantes, qui corroborent, avec une force singulière, la déclaration d'Esterhazy sur ce point.

D'autre part, Esterhazy a été jugé sur cette question du bordereau, et l'annulation de l'arrêt qui l'a acquitté n'est même pas demandée, dans l'intérêt de la loi, conformément à l'art. 409, C. instr. crim. L'arrêt d'acquittement est donc maintenu intact. Le respect de la chose jugée conduirait ainsi aujourd'hui à interpréter cet arrêt d'acquittement et les actes qui l'avaient préparé, dans le sens indiqué par Esterhazy : l'envoi du bordereau ne révélerait, de sa part, aucun acte de trahison ou d'espionnage effectif.

Quelle que soit, d'ailleurs, l'interprétation donnée à l'arrêt p. 630 acquittant Esterhazy, Esterhazy est définitivement jugé : en ce qui le concerne non plus, il n'y a plus rien à juger. L'action publique est comme périmée à son égard. *Il ne reste donc rien à juger à l'égard de personne par une juridiction de renvoi.*

Le renvoi, dans ces conditions, est aussi absurde qu'antijuridique.

XXIII. — Quels que soient les regrets manifestés par certains esprits à cet égard, la Cour de Cassation en matière de revision (comme d'ailleurs en matière disciplinaire, en matière de règlements de juges, en matière de suspicion légitime) est essentiellement juge du fait.

Apprécier si des faits nouveaux sont de nature à établir l'innocence d'un condamné est une question de pur fait ; instituer la Cour juge d'une question de cette nature n'est pas une innovation de la loi de 1895. Dès avant cette loi, la Cour avait, en matière de revision, à apprécier l'importance des faux témoignages invoqués comme cause de revision, et à examiner *en fait* si la condamnation du faux témoin impliquait l'innocence du condamné contre lequel le faux témoignage avait été porté (1).

Juge suprême, la Cour de Cassation est le juge naturel et nécessaire de tous les recours exceptionnels tendant à l'annulation des arrêts pour cause d'erreurs.

« Il a paru convenable, disait M. Nogent Saint-Laurent, dans son rapport concernant la loi de 1867, plus haut cité, de saisir (des questions de revision) la juridiction la plus élevée, celle qui offre les garanties les plus solides, *celle qui est appelée à dominer et à régler la justice* ».

C'est à la haute et légitime autorité de la Cour suprême que notre organisation judiciaire commandait en quelque sorte de faire appel, pour statuer sur les recours délicats et particulièrement troublants, relatifs aux revisions. La tâche est parfois lourde : l'affaire actuelle ne l'a que trop démontré. Mais plus la tâche est lourde et la responsabilité grande, plus impérieux est le devoir de ne pas s'y dérober.

XXIV. — Si de ce chef encore, l'avocat soussigné se voit contraint par sa conscience de prendre des conclusions très fermes et très nettes afin de cassation sans renvoi, c'est que, comme pour le chef précédent, l'abandon des principes conduirait à une véritable abdication de la justice, et exposerait aux pires embûches la juridiction de renvoi .

Il ne s'agirait pas seulement, en effet, de déférer en quelque sorte l'arrêt des Chambres réunies de la Cour de Cassation à une juridiction subalterne, et de convier cette juridic-

---

(1) Conf. Cass., 28 août 1884. B. cr., 273-459.

tion à contrôler une décision émanant de la Cour suprême, ce qui serait évidemment contraire à l'ordre des juridictions et par suite à l'ordre public.

Il s'agirait aussi de placer les juges de renvoi au milieu **p. 631** d'une inextricable confusion, où toutes les chances d'erreurs se trouveraient réunies, et où toutes les garanties de la justice seraient au contraire supprimées.

En effet, il ne serait plus possible de rédiger un acte d'accusation quelconque. On ne peut demander à un officier rapporteur, soit de prendre le contre-pied des faits indiscutablement établis, soit au contraire d'exposer ces faits en toute sincérité pour conclure que Dreyfus étant certainement innocent, il y a lieu de l'accuser et de le condamner.

Supprimera-t-on cet acte d'accusation, base essentielle des débats et guide nécessaire des juges ? C'est jeter alors les membres du Conseil de guerre au milieu des ténèbres, les obliger à chercher à tâtons où sont, parmi les mille calomnies de la légende, les articulations d'une accusation toujours vague et indéterminée ; c'est provoquer la préparation des innombrables pièges, que dans cette confusion et cette nuit propices, ne peuvent manquer de dresser tous les amours-propres froissés, et toutes les honorabilités compromises. C'est en un mot préparer un attentat contre la loyauté des juges de renvoi, et contre la dignité de la Justice elle-même.

Conscient de la responsabilité qu'il assume par ses conclusions, l'avocat soussigné se refuse à jouer un tel rôle, en fermant volontairement les yeux sur les violations de la loi et sur les conséquences qu'elles entraîneraient.

Il conclut donc à la cassation sans renvoi.

XXV. — La cassation sans renvoi impose l'examen d'une autre question, qui, elle, engage uniquement les intérêts purement privés du capitaine Dreyfus, et au sujet de laquelle les conclusions doivent être en conséquence dictées par sa volonté exclusive : la question d'indemnité.

Il eût été conforme à l'équité de demander une large indemnité pécuniaire pour toutes les souffrances physiques et morales, injustement infligées au capitaine Dreyfus, abstraction faite même des pertes matérielles. C'eût été aussi une satisfaction donnée à la morale publique, que le recouvrement de cette indemnité opérée par l'Etat, conformément à l'article 446, C. instr. crim., sur les faux témoins et autres auteurs des manœuvres abominables perpétrées pour tromper les juges.

Mais la volonté du capitaine Dreyfus est inébranlable. Ce n'est pas une indemnité qu'il réclame, c'est son honneur d'officier.

Soldat avant tout, le capitaine Dreyfus estime qu'ayant consacré sa vie à sa Patrie, celle-ci a pu disposer de lui et lui infliger des douleurs imméritées. Il a supporté toutes les angoisses, toutes les misères de l'Ile-du-Diable, comme il eût supporté toutes les souffrances d'une campagne atroce.

p. 632   Arrivé au terme de cette lutte épouvantable le capitaine Dreyfus, en soldat qui a loyalement fait son devoir, et qui toujours l'accomplit simplement, repousse l'indemnité qui lui est due, et ne veut que son honneur.

L'arrêt de revision doit proclamer que son honneur est intact, que toujours depuis 1894 son nom devait continuer à figurer aux contrôles de l'armée, parmi ceux de nos officiers les plus dignes de l'estime des chefs et de la confiance de la Patrie.

Le capitaine Dreyfus ne veut pas autre chose ; et l'on ne peut que rendre hommage à cette haute conception des devoirs et de la dignité du soldat.

XXVI. — Toutefois pour qu'au point de vue de la réhabilitation l'arrêt de revision produise tout son effet, il importe de lui assurer une large publicité, à raison du nombre et de l'importance des publications erronées, trop souvent mensongères, qui, sur toute la surface du territoire, ont pullulé pendant dix années, contre la malheureuse victime de l'erreur judiciaire.

Il n'y a d'ailleurs, à cet égard, aucune difficulté.

La Cour de Cassation peut ordonner l'affichage de l'arrêt de revision conformément à l'article 1036 du Code de procédure civile ainsi conçu :

« Les tribunaux, suivant la gravité des circonstances, pourront dans les causes dont ils seront saisis, prononcer même d'office des injonctions, supprimer des écrits, les déclarer calomnieux, et ordonner l'impression et l'affichage de leurs jugements. »

La Cour a souvent, même d'office, fait l'application de cet article en matière de revision (Cass., 15 mai 1874, B. cr., 134-238 ; 11 juin 1869, B. cr., 138-226 ; 27 novembre 1868, B. cr., 236-393).

Après l'arrêt du 3 juin 1899 qui se bornait à déclarer la revision recevable, et qui, ne statuant pas au fond, n'avait pas eu à se préoccuper de cette question de publicité à donner à la réhabilitation, la Chambre des députés avait compris qu'un devoir moral s'imposait à l'égard de l'officier si atrocement calomnié. Sur une motion en date du 5 juin 1899, elle avait voté l'affichage de l'arrêt de la Cour de Cassation dans toutes les communes de France.

Il appartient à la Cour de Cassation, d'ordonner la même publicité pour l'arrêt définitif que l'exposant demande à sa justice ; et cette publicité devra être complétée par l'insertion de l'arrêt dans cent journaux, au choix du capitaine Dreyfus.

Telles sont les conclusions de l'exposant.

XXVII. — En y faisant droit, la Cour mettra fin à une criminelle iniquité qui, depuis de trop longues années, pèse lourdement sur la conscience publique.

L'erreur judiciaire est une conséquence de la faillibilité de l'esprit humain. La découverte de pareille erreur n'a donc, p. 633 en elle-même, rien qui puisse atteindre l'honorabilité du juge. Le juge se grandit, bien au contraire, en sachant la reconnaître.

La Justice, en ne prétendant pas à une infaillibilité qui est au-dessus des forces humaines, mais en s'efforçant de rechercher et de réparer ses erreurs, augmente l'autorité nécessaire qui s'attache à son œuvre générale.

Mais l'affaire Dreyfus n'est pas malheureusement restée dans les limites d'une affaire de revision ordinaire. C'est qu'ici l'erreur initiale du juge avait *été provoquée* par ceux-là mêmes qui avaient mission d'éclairer sa religion. Dès lors, l'enchaînement des faits qui se sont déroulés se montre avec toute sa hideuse logique. Les auteurs responsables de l'erreur commise ayant, dès l'origine, trompé les juges et faussé la justice, ont entrepris d'entraver, par de nombreux crimes, la manifestation de la vérité.

Bénéficiant de l'affectueuse estime à laquelle les officiers de notre armée ont tout naturellement un droit acquis, ils ont prétendu se couvrir de l'honneur de l'armée elle-même pour perpétuer leurs forfaits.

Ils ont trompé leurs frères d'armes en exploitant l'idée de solidarité d'honneur. Ils ont osé évoquer à leur profit l'amour de la Patrie ; et ils ont ainsi réussi à susciter, dans le pays tout entier, un vaste conflit moral qui, franchissant bientôt les frontières, a élevé l'affaire Dreyfus au rang d'un épisode tragique de la lutte universelle entre la justice et la violence, entre la vérité et le crime.

Il appartient à la Cour suprême de mettre un terme à cette épouvantable crise.

Pour le lui permettre, il fallait dissiper l'équivoque créée dans le but de troubler les consciences ; il fallait exposer comment les auteurs des premières fraudes, pour n'avoir pas eu le courage moral d'avouer leurs fautes initiales, avaient été entraînés dans le crime ; il fallait montrer comment la justice militaire avait été dolosivement abusée par quelques individualités, dont le déshonneur reste, comme les actes déshonorants, nécessairement individuel.

C'est à cette tâche que s'est consacré l'exposant dans le douloureux examen qui précède.

La Cour, par l'arrêt solennel qu'elle est appelée à rendre, donnera à la justice outragée, une réparation malheureusement tardive ; elle rassurera la conscience publique trop longtemps angoissée ; elle ramènera enfin le calme et la paix dans l'esprit de tous les hommes de bonne foi, auxquels sont également chers le culte de la vérité et l'honneur de l'armée.

Par ces motifs,

L'exposant conclut à ce qu'il plaise à la Cour, toutes
p. 634 Chambres réunies, casser et annuler avec toutes conséquences de fait et de droit, le jugement du Conseil de guerre de Rennes, en date du 9 septembre 1899, déclarer qu'Alfred Dreyfus a été à tort et par erreur condamné par ledit jugement ;

Donner acte au capitaine Dreyfus de ce qu'il refuse l'indemnité offerte par la loi aux victimes des erreurs judiciaires ;

Ordonner que l'arrêt à intervenir sera imprimé, qu'il sera transcrit sur les registres du greffe du Conseil de guerre de Rennes, et que mention en sera faite en marge de la décision annulée ;

Ordonner en outre, l'affichage dudit arrêt dans toutes les communes de France, et son insertion, tant au *Journal Officiel* que dans cent journaux, au choix d'Alfred Dreyfus.

PRODUCTION

1° Déclaration de M. Risler, du 12 juillet 1904 ;

2° Déclaration de Mᵉ Demange ;

3° Journal *le Petit Manchot* (Du Breuil, directeur), du 4 juin 1904 ;

4° Plaquette de M. Du Breuil intitulée : « Mon rôle dans l'affaire Dreyfus » ;

5° Lettre du général Niox, à M. Mathieu Dreyfus, du 13 novembre 1894 ;

6°-7° Lettre de Mᵉ Thévenin, avocat à Lille, à Mᵉ Demange, et copie de lettre à M. Mertian de Muller, transmise par Mᵉ Thévenin, à Mᵉ Demange ;

8° Journal *le Siècle*, du 18 novembre 1902 ;

9° Journal *l'Intransigeant*, du 20 novembre 1898 ;

10° Article du *Matin*, du 10 novembre 1896, contenant le fac-similé du bordereau ;

11° *Le bordereau annoté*. Etude de critique historique par Raoul Allier ;

12° Journal *l'Eclair*, du 4 mai 1904 ;

13° Journal *la Patrie*, du 11 janvier 1904 ;

14° Lettre du grand Rabbin, de Bayonne , du 2 mai 1904 ;

15°-16° Lettres de M. Zadoc-Kahn, des 3 et 10 mai 1904.

HENRY MORNARD.

TABLE DES MATIÈRES

Pages

Préambule. — Division du Mémoire 5

PREMIERE PARTIE

Les systèmes successifs de l'accusation

SECTION I : PREMIER SYSTÈME D'ACCUSATION

Devant le Conseil de guerre de Paris : l'acte d'accusation d'Ormescheville 7

Rapport mensonger d'Henry du 15 octobre 1894 et son faux témoignage du 8 novembre 1894......................... 11

Suppression par le service des renseignements des rapports de la Préfecture de police................................ 12

Constitution d'un dossier secret 13

Faux témoignage d'Henry devant le Conseil de guerre 14

SECTION II : DEUXIÈME SYSTÈME D'ACCUSATION

Après la découverte de l'auteur du bordereau : Esterhazy. 17

Faux témoignages du général Mercier et du colonel Henry au procès Zola 19

Campagne de presse du service des renseignements 20

La falsification du Petit Bleu 21

Le faux Henry 22

L'instruction et le procès Esterhazy 24

Second système d'accusation : le rapport Gonse-Wattinne et le discours de M. Cavaignac 25

SECTION III : TROISIÈME SYSTÈME D'ACCUSATION

Après la découverte du faux Henry 29

Ruine du 2ᵉ système d'accusation : ses conséquences d'après le général de Pellieux............................... 30

Poursuites judiciaires machinées contre Picquart 31

Loi de dessaisissement 36

Troisième système d'accusation (devant la Cour de cassation) 38

Le témoin Depert 41

La fausse photographie contre Picquart 42

Dénaturation des faits par le général Gonse dans la pièce 96 42

La fausse attestation du général Le Belin de Dionne 42

La falsification par Henry et Du Paty de la pièce 44 43

La légende des aveux 43

Effondrement du troisième système d'accusation 44

DEUXIEME PARTIE
Le procès de Rennes

Pages

Préambule 46

SECTION I : LES ILLÉGALITÉS DU PROCÈS DE RENNES

Violation des art. 445 C. inst. crim. et 108 C. just. milit 47
Violation de l'arrêt de la Cour de cassation et des instruc-
tions ministérielles 50
Violation de l'art. 7 du C. just. milit........................ 52
Violation des droits de la défense 55
Production, comme en 1894, d'articulations clandestines 57

SECTION II : LE QUATRIÈME SYSTÈME D'ACCUSATION PRÉSENTÉ
AU CONSEIL DE GUERRE DE RENNES

L'accusation telle qu'elle se présentait légalement après
l'arrêt de revision.. 59
Nouvelle reconstruction illégale de l'accusation 62
Analyse des quatre ordres de « faits et documents » qu'elle
vise 63
Tableau récapitulatif de tout l'ensemble de l'accusation à
Rennes 77

TROISIEME PARTIE

Préambule 79

SECTION I : PROPOS DE DREYFUS
DEVANT LE CAPITAINE LEBRUN-RENAULT

L'impression du capitaine Lebrun-Renault 80
Constitution en 1897-1898 du « dossier des aveux » 81
Fausse date de la déclaration Lebrun-Renault 82
Date suspecte de la lettre du général Gonse 82
Lettre du colonel Risbourg, du 6 janvier 1895 85
Télégramme officiel du 5 janvier 1895, du commandant
Guérin 85

SECTION II : AFFIRMATIONS DE M. DE VALCARLOS

L'agent Guénée. Caractère de ses rapports 88
Rôle de M. de Valcarlos, d'après l'accusation à Rennes 94
Fabrication de nouveaux registres de comptabilité 95
La « caisse noire » d'Henry 104
Témoignage de M. de Valcarlos devant la Cour 106
Démarches faites près de M. de Valcarlos après le procès
de 1894 108
Démarche comminatoire faite près de M. de Valcarlos avant
Rennes 112

SECTION III : LA DISCUSSION TECHNIQUE DU BORDEREAU

Défaut de base de la discussion technique présentée par
l'accusation 119
Commission des généraux : ses conclusions 121

	Pages
Le bordereau ne peut avoir été écrit par un officier d'artillerie	123
Première note du bordereau	126
Deuxième note du bordereau	139
Troisième note du bordereau	144
Quatrième note du bordereau	149
Le manuel de tir	151
La phrase finale du bordereau	157

SECTION IV : LA LIVRAISON DES PLANS DIRECTEURS DE FORTERESSE, (LA PIÈCE : « CE CANAILLE DE D. »), ET LA PIÈCE 371 DU DOSSIER SECRET

Inanité de cette accusation constatée par l'arrêt du 3 juin 1899	162
Maintien de l'accusation à Rennes par le général Mercier	165
Déclaration sollicitée du capitaine de Pouydraguin	166
Argumentation du général Mercier	166
Dissimulation de pièces ruinant l'accusation	172
Falsification de la date de la pièce : « ce canaille de D. » et de l'initiale du nom dans la pièce 371	176

SECTION V : LIVRAISON D'UNE COPIE DE L'INSTRUCTION CONFIDENTIELLE DU 12 JUIN 1899 SUR LE CHARGEMENT DES OBUS EN MÉLINITE

Comment l'accusation a été formulée	186
Constatations du général Gonse, rapport de M. Bertillon	189
Révélations nouvelles : le dossier Boutonnet	193

SECTION VI : L'OBUS ROBIN

Formule de l'accusation contre Dreyfus	196
Déclaration de l'ingénieur Robin	198
Désaccord des témoins-experts, général Deloye et lieutenant-colonel Hartmann	198
Avis formulé le 18 mai 1904 par la commission des généraux	199
Inexactitudes et dissimulations dans la note du général Deloye, du 12 février 1899, et dans les pièces du dossier secret	200
L'espion Boutonnet, l'espion Greiner	204

SECTION VII : LES COURS DE L'ÉCOLE DE GUERRE

Formule de l'accusation contre Dreyfus	205
Procès-verbal du commandant Rollin et du capitaine Cuignet	208
Les révélations nouvelles	210
Les dissimulations à Rennes et le faux témoignage Rollin	214

SECTION VIII : ATTRIBUTION DE L'ARTILLERIE LOURDE AUX ARMÉES

Formule de l'accusation devant le conseil de guerre	217
Recherches de la minute du commandant Bayle	223
La minute du commandant Bayle retrouvée	225
Le commentaire du service des renseignements et le memento de l'agent A	227

SECTION IX : ORGANISATION MILITAIRE DES CHEMINS DE FER

Pages

La pièce n° 26 du dossier secret et l'accusation à Rennes.. 229
Révélations nouvelles : Henry avait porté la date d'avril 1894
  sur une pièce écrite le 28 mars 1895...................... 234

SECTION X : LE TÉMOIN CERNUSZKY

Témoignage sensationnel : effet produit................... 242
Teneur du témoignage...................................... 246
Fausseté du témoignage.................................... 250
D'où vient l'inspiration du faux témoignage............... 259

SECTION XI : CRYPTOGRAPHIE

SYSTÈME BERTILLON-VALÉRIO. —
SYSTÈME CORPS

Les mystères graphiques de MM. Bertillon, Valério, Corps
  et d'un « ancien élève de l'Ecole polytechnique »........ 281
L'étude de M. Gabriel Monod.............................. 290
L'étude de M. Molinier................................... 296
L'étude de M. Maurice Bernard............................ 302
L'étude de M. Painlevé................................... 318
L'étude des docteurs Javal et Héricourt.................. 331
Avis des experts : MM. Appell, Darboux et Poincaré....... 333
Résumé 371

SECTION XII : A CÔTÉ DU SYSTÈME D'ACCUSATION

Coup d'œil d'ensemble sur les ruines du quatrième système
  d'accusation 375

A. Les témoignages d'ordre général ne concernant aucun
  chef d'accusation déterminé.

Premier groupe.(Compétence spéciale de Dreyfus-Furetage):

Dépositions relatives à la question des chemins de fer...... 380
Dépositions Besse et Levêque............................. 380
Dépositions Ferret et Dervieu............................ 381
Attitude de Dreyfus : dépositions Galopin et Ducros........ 382
Dépositions de M. et Mme Martinie........................ 383

Deuxième groupe. (Femmes galantes. — Jeu. — Défaut de
  patriotisme) :

Observation générale sur ces témoignages................. 384
Déposition Gendron....................................... 385
Déposition Duchâtelet.................................... 385
Déposition Du Breuil..................................... 386
M. Bertin-Mourot... 389
Le général Le Belin de Dionne........................... 391
Le général Niox.. 395

Pages

Troisième groupe. (Relations de Dreyfus avec l'étranger) :
Déposition Lonquety.................................... 396
Le témoin Germain..................................... 399
Déposition Villon...................................... 401
Déposition Mertian de Muller.......................... 403
Déposition Lemonnier.................................. 404
Déposition Fleur...................................... 406
Manœuvres concernant M. Martinie..................... 409
Le faux témoin Savignaud.............................. 409
Le faux témoin Penot.................................. 411
Tentative de subornation de la femme Dosjoub.......... 411
Le témoin Paulmier.................................... 411
Kadur et la femme Bastian............................. 412

    B. *Les déductions et argumentations d'ordre général tirées*
        du dossier secret.

Comment a été constitué le dossier secret............. 420
Son répertoire dressé par le commandant Cuignet....... 423
L'épreuve de la dictée et les procédés d'instruction de
  M. Du Paty... 432
La copie du bordereau prise par Dreyfus............... 434
Déclaration du capitaine de Pouydraguin.............. 438
La pièce « Dreyfus Bois ».............................. 439
Les plans directeurs.................................. 440
Télégramme et memento « Doutes, Preuves »............ 440
Pièce concernant M. de Valcarlos...................... 443
La pièce Davignon..................................... 444
Témoignage d'Henry au procès Zola.................... 445
Le télégramme du 2 novembre 1894.................... 446
La pièce Collard...................................... 452
La lettre du comte de Münster......................... 453
La pièce « Hanotaux retors »......................... 457
Les rapports de l'agent B............................. 460
Le rapport du colonel Schneider....................... 462
Le capitaine Sommer, les commandants Barbier et Rivals.. 467
Les faux rapports Guénée.............................. 469
Le faux rapport Gonse, sur les propos Hadamard-Painlevé 469
La fausse attestation Le Belin de Dionne.............. 470
Dreyfus et le général de Boisdeffre ; Dreyfus et le service
  pénitentiaire 471
Pièces diverses....................................... 472
Correspondance privée de A. et de B. à A.............. 477
Dubois, la poudre sans fumée et la femme Bastian....... 480
Le faux le plus célèbre d'Henry et la pièce qui l'accompagne 482
La pièce n° 371 est falsifiée......................... 483
Le faux Weyler et le faux similaire................... 483
Le dossier secret annexe.............................. 486
Conclusion 489

Pages

C. Les déclarations des gouvernements étrangers ; les documents et témoignages les concernant

Le général Mercier et ses accusations contre la diplomatie française et étrangère.............................. 492

Déclaration de l'ambassadeur d'Allemagne et de M. Casimir-Perier, en 1894.................................... 494

Correspondance entre l'attaché militaire d'Italie et son Etat-major, en 1894.................................... 496

Les déclarations de l'agent B. et de l'ambassadeur d'Italie, au moment du faux Henry.......................... 498

Déclarations faites par l'ambassadeur d'Italie à notre ministre des Affaires étrangères, et par le ministre des Affaires étrangères au Parlement italien..................... 498

Déclarations faites par l'ambassadeur d'Italie à notre ministre des Affaires étrangères, et par le ministre des Affaires étrangères au Parlement allemand............... 506

Publication du *Moniteur officiel* de l'empire allemand, au moment du procès de Rennes......................... 508

La communication de notre ambassadeur en Autriche...... 509

Les déclarations de l'archiduc Victor à l'amiral Duperré.. 509

Les déclarations faites à M. Gabriel Monod.............. 509

Les déclarations de l'agent B. au comte Casella........... 510

Les déclarations du colonel Schneider à M. Emile Picot..... 511

Déclarations de M. le comte Tornielli à M. Trarieux........ 511

Dans son argumentation contre la diplomatie italienne, le général Mercier fait usage d'un faux................... 513

Dsisimulation du rapport de Fontenillat, relatif à Panizzardi. 515

La lettre du colonel Chauvet........................... 517

Les lettres de M. de Schwartzkoppen à M. Sandoz........ 519

La lettre de M. de Schwartzkoppen à M. Reinach.......... 521

La lettre du major Dahme au colonel Peroz.............. 523

Les lettres de M. de Münster........................... 526

Déposition du prince de Monaco........................ 529

Déclarations de MM. Ressmann et Tornielli à M. Reinach.. 531

Les déclarations du général Panizzardi à M. Semenof...... 532

Considérations et conclusion........................... 533

SECTION XIII : ARTICULATIONS OU PIÈCES PRODUITES AUX JUGES EN DEHORS DES DÉBATS

Les deux versions successives de la légende de la lettre de l'empereur d'Allemagne ou bordereau annoté........... 535

Le faux témoignage d'Henry au procès Zola.............. 542

Rôle joué par les faux documents de l'empereur d'Allemagne au procès de Rennes................................ 549

Comment le général Mercier a fait connaître aux juges le sens secret de sa déposition........................ 552

La fausseté de cette légende est aujourd'hui avouée par tous 564

Le colonel Stoffel.................................... 572

Pages

La « nuit historique » du général Mercier.................. 576
La légende russe, son origine, son développement, son
    inanité 583
Conclusion 589

QUATRIEME PARTIE
Le commandant Esterhazy

A. LE BORDEREAU

L'écriture, le papier, le style et la terminologie dénoncent
    Esterhazy 594
La démonstration de M. Havet............................... 602
La démonstration des généraux experts.................. 604
Les expressions familières d'Esterhazy.................... 605
Conclusion 611

B. LES NOTES ET DOCUMENTS DU SERVICE DES RENSEIGNEMENTS

Le général Gonse, en ce qui concerne Esterhazy.......... 612
Le « Petit Bleu ».. 614
Le memento de l'agent A. de mars 1896.................... 615
Les visites d'Esterhazy à l'agent A. et la note d'avril 1895.. 615
Richard Cuers... 617
L'agent Lajoux.. 617
Coïncidence entre les renseignements et documents possé-
    dés par Esterhazy et ceux dont on constate la livraison
    à l'agent A. 619
Relations d'Esterhazy avec le service des renseignements. 622
L'agent R. au camp de Châlons et la maison R. d'Esterhazy. 627
Le memento : « Doutes, preuve... ».......................... 628

C. LES DÉCLARATIONS DES GOUVERNEMENTS ÉTRANGERS
ET DE LEURS REPRÉSENTANTS

Omission significative d'Esterhazy dans les déclarations
    officielles 630
Déclaration officielle concernant l'authenticité du « Petit
    Bleu »... 632
Déclarations officieuses concernant le rôle joué par
    Esterhazy 633
Démarche d'Esterhazy auprès de l'agent A................. 634
Lettre privée de M. de Münster............................. 635
Lettre du major Dahme...................................... 636

D. LES CHARGES MORALES

Comment Esterhazy est entré dans l'armée. Son absence
    de sens moral... 638
Le conseil d'enquête.. 642
Les crises de détresse pécuniaire d'Esterhazy............. 642
Tentatives d'Esterhazy pour entrer au ministère de la
    Guerre, en 1896.. 645
Conclusion 646

E. Les aveux et explications d'Esterhazy

Pages

Caractère des aveux d'Esterhazy. Sa thèse............... 647
L'arrivée du bordereau.................................... 651
Ce qu'il faut retenir des déclarations d'Esterhazy.......... 658
La légende du syndicat.................................... 661
Actes de persécution contre Picquart et de falsification de
    l'instruction Esterhazy................................. 664
Un faux pratiqué sur l'ordre d'informer contre Esterhazy... 668
Le raisonnement de M. Bertillon,......................... 669
La certitude.. 671

CINQUIEME PARTIE

Section I : Moyens de cassation et de revision

Caractère de l'erreur commise. Sa génèse................. 671
Les quatre moyens de cassation........................... 675
Les treize moyens de revision............................ 675

Section II : Conséquence de la revision

La cassation sans renvoi serait imposée par les principes
    relatifs à la prescription, à la qualification des faits, aux
    effets des décrets de grâce, et par la règle du non bis
    in idem. Pourquoi il n'est pas pris de conclusions à
    cet égard... 685
Les deux principes qui rendent nécessaire la cassation sans
    renvoi : 1° impossibilité de procéder à de nouveaux débats
    entre toutes les parties................................ 691
    2° Impossibilité de renvoyer Dreyfus devant une nouvelle
    juridiction alors qu'il ne reste plus rien à juger......... 706
Questions accessoires (indemnité, publicité de l'arrêt)..... 719
Conclusions 722

Imp. Monod, Poirré & Jehlen réunies. 21, rue Ganneron, Paris.

LIGUE FRANÇAISE POUR LA DÉFENSE
DES DROITS DE L'HOMME ET DU CIT

LES DOCUMENTS JUDICIAIRES

DE

L'AFFAIRE DREYFUS

Le Procès Zola (2 vol.). Éditions du *Siècle* . . . . Épuisé

La Revision du Procès Dreyfus (Procès Esterhazy) par
M. Yves GUYOT. Édition du *Siècle* . . . .

**L'Instruction Fabre et les décisions judiciaires
ultérieures.** (Le procès du colonel Picquart et de Me Leblois.)
Édition du *Siècle* . . . . Épuisé

**La Revision du Procès Dreyfus à la Cour de Cassa-
tion** (compte-rendu sténographique " in extenso " — 27, 28 et
29 octobre 1898). Édition du *Siècle* . . . . 2 »

L'Affaire Dreyfus. Enquête de la Cour de Cassation
(Octobre 1898 — Février 1899). 2 gros volumes (ensemble) 7 »

**L'Affaire Dreyfus. Les Débats de la Cour de Cas-
sation** (29 mai — 3 juin 1899). 1 gros volume. 3 50

L'Affaire Dreyfus. Le Procès de Rennes (compte-rendu
sténographique, 7 août — 9 septembre 1899). 3 gros volumes
(ensemble) . . . . 15 »

L'Affaire Dreyfus. La Revision du Procès de Rennes
(Débats de la Chambre criminelle de la Cour de Cassation, 3, 4
et 5 mars 1904). 1 gros volume de 662 pages. . . . . . . 5 »
(Il a été tiré de ce volume quelques exemplaires sur papier de
Hollande. Ils sont mis en vente au prix de 20 francs l'un.)

L'Affaire Dreyfus. Le Procès d'Autriche (compte rendu
sténographique " in extenso " des débats, 25 octobre —
7 novembre 1904). 1 gros volume de 705 pages 7 50
(Il a été tiré de ce volume quelques exemplaires sur papier de
Hollande. Ils sont mis en vente au prix de 20 francs l'un.)

L'Affaire Dreyfus. La Revision du Procès de Rennes
(Débats de la Cour de Cassation, 15 juin 1906 — 12 juillet 1906
et annexes). 2 volumes (ensemble) . . . . 10 »

L'Affaire Dreyfus. La Revision du Procès de Rennes
(Mémoire de Me Mornard pour M. Alfred Dreyfus). 1 vol. in-8° 5 »

POUR PARAÎTRE PROCHAINEMENT :

—L'Affaire Dreyfus. La Revision du Procès de Rennes
(Réquisitoire écrit de M. le Procureur général Baudouin). 1 vol. 5 »

L'Affaire Dreyfus. La Revision du Procès de Rennes
(L'enquête de la Chambre criminelle). 2 vol. in-8° . . . . 10 »

Imp. Monod, Poiré & Jéhlea réunies, 21, rue Ganneron, Paris.

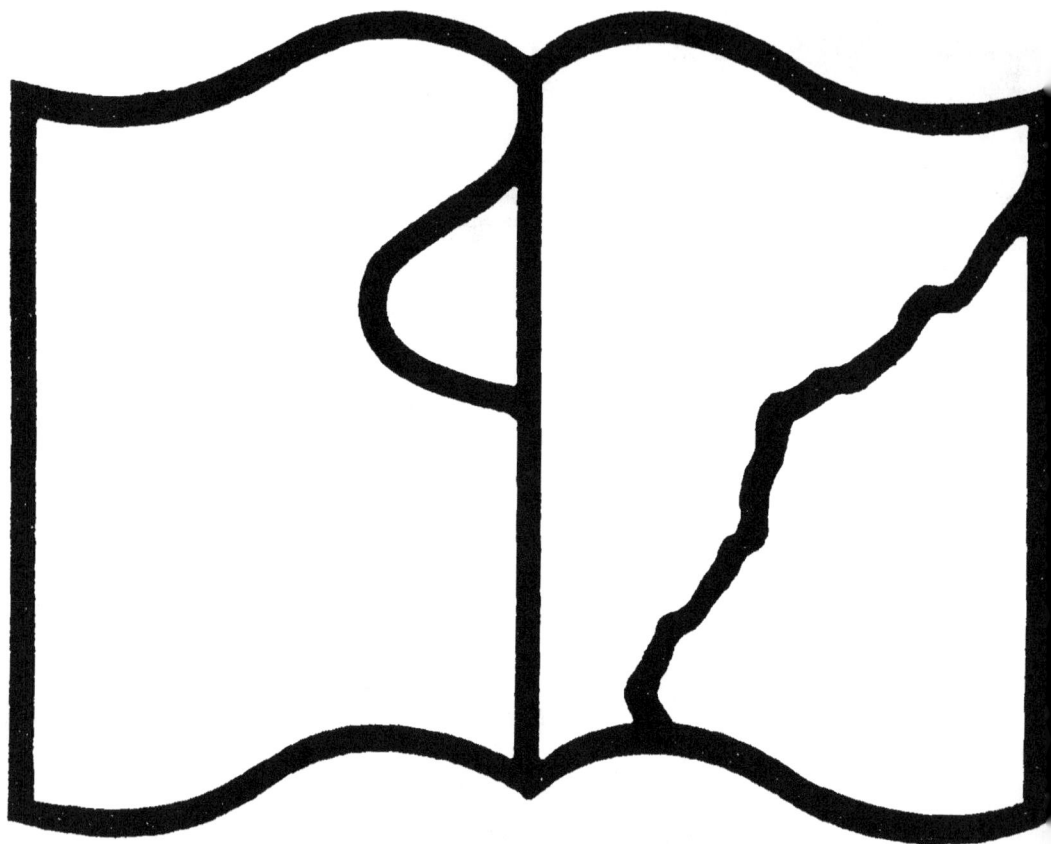

Texte détérioré — reliure défectueuse

NF Z 43-120-11

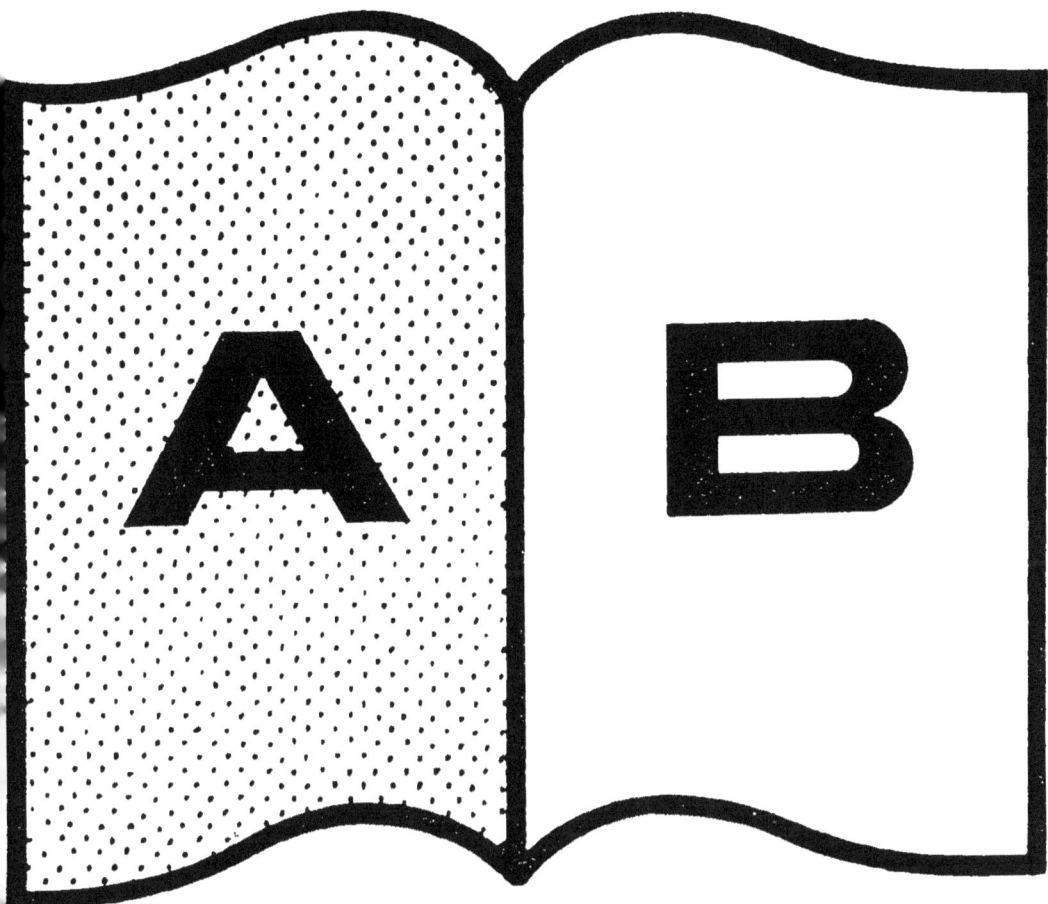

Contraste insuffisant

NF Z 43-120-14